Bernhard Kupfer
Lexikon der Nobelpreisträger

Bernhard Kupfer

Lexikon der Nobelpreisträger

Patmos Verlag

Die Deutsche Bibliothek – CIP-Einheitsaufnahme
Ein Titeldatensatz für diese Publikation ist bei Der Deutschen Bibliothek erhältlich.

Redaktion und Satz: Hubert Pfau, KH, Köln
Druck und Bindung: Freiburger Graphische Betriebe, Freiburg
ISBN 3-491-72451-1

INHALT

AUS DEM LEBEN, WERK UND TESTAMENT DES ALFRED NOBEL

Der Stifter des Nobelpreises, Alfred Bernhard Nobel, wurde am 21. Oktober 1833 in Stockholm geboren. Die Familie befand sich zu dieser Zeit in einer denkbar schlechten finanziellen Lage, der Vater hatte gerade den Bankrott seines Geschäftes – er stellte Apparate für chirurgische und militärische Zwecke her – erklären müssen.

Von 1841 bis 1842 besuchte A. Nobel die höhere Schule von St. Jakob in Stockholm. Von den 82 Schülern des ersten Schuljahres erhielt er das beste Zeugnis. Im Oktober 1842 folgte die Familie dem Vater nach Petersburg, er war bereits 1837 dorthin ausgewandert, wo sein neugegründetes Unternehmen bald einen guten Ruf erworben hatte. Der Vater hatte sich in Petersburg nur dadurch so erfolgreich behaupten und seine Fabriken und Werkstätten von Jahr zu Jahr vergrößern können, da er seine Dienste dem russischen Kriegsministerium angeboten hatte. Insbesondere die Konstruktion von See- und Landminen sicherten Immanuel N. in dem industriell noch rückständigen Rußland umfangreiche Aufträge.

In Petersburg erhielten seine Söhne Privatunterricht, und dieser muß sehr gut gewesen sein, denn alle drei Brüder wurden Persönlichkeiten von hervorragender wissenschaftlich-technischer und humanistischer Bildung. A. Nobel beherrschte in Wort und Schrift nicht nur Schwedisch und Russisch perfekt, sondern auch Englisch, Deutsch und Französisch. Um 1850 betrachtete der Vater die Ausbildung seiner Söhne als beendet. Robert und Ludwig N. traten als Mitarbeiter in die Fabrik ein, A. Nobel wurde auf Reisen geschickt. Die Familie war sich darin einig, daß er der Talentierteste sei und sein Wissen im Ausland vertiefen sollte.

Mitte 1850 war A. Nobel nach mehrjähriger Unterrichtung durch einen russischen Privatgelehrten in die USA geschickt worden, um dort praktische Kenntnisse im Kaufmannsberuf, aber auch im Ingenieurwesen, zu erwerben. Studienreisen führten ihn außerdem nach Hamburg, Italien und Paris, wo er sich im Privatlaboratorium von Professor Th. J. Pelouze mit chemischen Experimenten beschäftigte. 1852 nach Petersburg zurückgekehrt, trat er als Mitarbeiter in die Fabrik seines Vaters ein und unterstützte ihn bei der Herstellung und Verbesserung von Minen und Gewehren, aber auch bei der Umrüstung der russischen Flotte von Segel- auf Dampfturbinenantrieb. A. Nobel war seit Ende 1853 in verschiedenen Ländern Europas unterwegs, um geschäftliche Kontakte zu knüpfen und Erfahrungen auf Gebieten zu sammeln, die für die Weiterentwicklung des Petersburger Werkes notwendig waren. Doch nach Beendigung des Krimkrieges gab es kaum noch Rüstungsaufträge, und das Nobelsche Unternehmen stand im Jahre 1858 erneut vor dem Bankrott.

Zwei russische Professoren – sein einstiger Chemielehrer N. Sinin und der Pharmakologe J. Trapp – wiesen A. Nobel auf die enorme Explosivkraft des hochgiftigen Nitroglyzerins hin. Als sein Vater 1859 nach Schweden zurückgekehrt war, wandte er sich mit seinen Söhnen Alfred und Emil verstärkt der Sprengstoffproduktion zu. Ihr Interesse wurde auf die Erfindung des Italieners A. Sobrero gelenkt, der 1847 entdeckt hatte, daß sich durch Nitrieren von wasserfreiem Glyzerin in Nitriersäure eine ölige, farblose bis schwach bräunliche, geruchlose Flüssigkeit gewinnen ließ, die bei Erschütterung mit einer ungewöhnlich hohen Detonationsgeschwindigkeit explodiert. Wegen seiner außerordentlichen Gefährlichkeit wagte jedoch niemand eine Herstellung im größeren Maßstab.

Nachdem 1863 Immanuel N. bei einer Schausprengung vergeblich versucht hatte zu demonstrieren, daß er einen Weg gefunden hätte, Nitroglyzerin für die Sprengtechnik nutzbar zu machen, nahm sich A. Nobel dieser wichtigen Aufgabe an. Von diesem Zeitpunkt an hat er sich dann sein ganzes Leben lang bemüht, systematisch und auf wissenschaftlicher Grundlage den Weg zur Verwendung von Nitroglyzerin in der Sprengtechnik zu bahnen und ihn immer wieder zu verbessern.

Noch im Jahre 1863 führte A. Nobel seinen Brüdern Sprengversuche vor, bei denen er eine Mischung aus Schießpulver und Nitroglyzerin verwendete. Die grundlegende Idee, die er mit diesen Versuchen realisierte, bestand darin, das Nitroglyzerin nicht dem Pulver beizumischen, sondern durch eine gesonderte Zündladung zur Explosion zu bringen. Es gelang ihm, eine besondere Zündung zu ersinnen, die später als „Initialzündung" bezeichnet wurde. Technisch hat er sie durch seinen „Zündhut" bzw. die „Sprengkapsel" verwirklicht. Diese Sprengkapsel, anfangs eine mit Schwarzpulver gefüllte Kupferhülse, wurde in das „Sprengöl" eingelegt und über eine Zündschnur zur Explosion gebracht. Die dabei erzeugte Erschütterung bewirkt die nachfolgende Explosion des gesamten Nitroglyzerins. Diese geniale Erfindung von Sprengkapsel und Initialzündung legte A. Nobel zunächst in schwedischen, später auch in ausländischen Patenten nieder und gründete im Jahre 1864 in der Nähe von Stockholm eine Nitroglyzerinfabrik auf der Basis einer Aktiengesellschaft.

Neben der Problematik, das Nitroglyzerin kontrolliert zur Explosion zu bringen, beschäftigte sich A. Nobel auch mit der Verbesserung des Herstellungsverfahrens von Nitroglyzerin, um vor allem ein wirtschaftliches technisches Verfahren zu finden sowie dieses „Sprengöl" in eine Form zu bringen, die bei Transport, Lagerung und Anwendung die größtmögliche Sicherheit garantierte. Bedauerlicherweise lagen auf diesem Entwicklungsweg auch einige Explosionskatastrophen.

Eine der ersten Katastrophen mit dem neuen Produkt traf dann leider das Unternehmen Nobel selbst. Am 3. September 1864 ereignete sich in dem Labor auf Heleneborg eine starke Explosion, die das gesamte Laborgebäude zerstörte und fünf Menschenleben kostete, darunter der jüngste Bruder Oscar-Emil N. Der Verlust des Lieblingssohnes traf die Familie schwer, und der Vater erlitt kurz darauf einen Schlaganfall, von dem er sich für den Rest seines Lebens kaum mehr erholte, er starb am 3. September 1872 in Stockholm.

Die anfängliche Scheu vor dem neuen Sprengstoff wich schnell, als man erkannte, welche Möglichkeiten ihm innewohnten. Die Nachrichten über erste Erfolge bei Sprengarbeiten in Steinbrüchen, bei Tunnelarbeiten und in Grubenbetrieben in Schweden wurden schnell verbreitet, und es entstand an vielen Stellen der Welt Bedarf an diesem neuen Sprengstoff.

Nachdem die ersten Vorbehalte abgebaut waren, trat Sorglosigkeit im Umgang mit diesem scheinbar ungefährlichen Sprengöl ein, und es kam erneut zu folgenschweren Zwischenfällen. 1866 versank nach einer Explosion der Dampfer „European", der eine Ladung Nitroglyzerin an Bord hatte, mit 47 Menschen. In einem Lagerhaus in San Francisco explodierte eine Ladung Nitroglyzerin, dabei kamen 14 Menschen ums Leben. Auch die von N. errichtete Fabrik in Hamburg wurde durch eine Explosion zerstört. Die Nachrichten von den Unglücksfällen ließen ihn seine Anstrengungen verstärken, eine brauchbare Lösung für eine sichere Handhabung seines Sprengmittels zu finden. A. Nobel versuchte systematisch, die verschiedensten Materialien wie Schwarzpulver, Holzkohle, Sägespäne, Zement, Ziegelmehl und anderes als feste Adsorptionsmittel für das Nitroglyzerin einzusetzen. Als ein recht geeigneter Stoff erwies sich schließlich Kieselgur, da es mit dem Nitroglyzerin nicht reagierte. Die Nachteile des flüssigen Nitroglyzerins wie Stoßempfindlichkeit, Temperatureinflüsse usw. waren beseitigt, und durch das Kieselgur wurde das Nitroglyzerin handlicher und weniger gefährlich gestaltet. Diese neue Erfindung, von A. Nobel als „Dynamit" bezeichnet, wurde 1867 in Schweden, bald auch im Ausland patentrechtlich geschützt. Das Dynamit war eine der bedeutendsten Erfindungen N.s; denn es war nicht nur gefahrlos und auch viel sicherer zu transportieren als „Sprengöl", sondern auch fast unbegrenzt haltbar.

Im Jahre 1868 verlieh die Königliche-Schwedische-Akademie der Wissenschaften an Immanuel und Alfred Nobel den Letterstedt-Preis. Dem Vater wurde der Preis zuerkannt „für seine Arbeiten im Zusammenhang mit dem Gebrauch von Nitroglyzerin als Sprengstoff", dem Sohn „in erster Linie für die Erfindung des Dynamits".

A. Nobel beschäftigte sich in der Folgezeit vor allem damit, durch die Welt zu reisen, seine Erfindung in anderen Ländern patentieren zu lassen und Aktionäre zu suchen, die mit ihm auf der Grundlage seiner Patente neue Fabriken gründeten. So entstanden zwischen 1867 und 1873 insgesamt 15 Nobelsche Unternehmungen in 13 Ländern Europas und in den USA. Die Produktion von Dynamit in den ersten zehn Jahren nach seiner Erfindung entwickelte sich von 11 Tonnen im Jahre 1867 auf etwa 5000 Tonnen im Jahre 1876.

Im Jahre 1873 richtete sich A. Nobel einen festen Wohnsitz in Paris ein. Zwei Jahre später ließ er sich nördlich von Paris ein physikalisch-chemisches Laboratorium erbauen, um weitere Forschungen zu betreiben. Hier entdeckte er eine noch günstigere Aufbewahrungsform für Nitroglyzerin. Mit „Kollodium" vermischt, verwandelt sich das flüssige Sprengöl in eine gelatinöse Masse, die er „Sprenggelatine" nannte. Sie konnte in den verschiedensten Konsistenzen hergestellt werden, war äußerst schlagfest und sprengte chemisch noch wirksamer als die Gur-Dynamite. In den 18 Jahren seines Pariser Aufenthaltes beschäftigte sich A. Nobel neben einer ganzen Reihe von Verfahrensverbesserungen für die Sprengstoffherstellung auch mit anderen Fragen. So ließ er 1878 eine automatische Bremse für Lokomotiven patentieren sowie einen explosionssicheren Dampfkessel, 1879 ein Verfahren zur Reinigung von Gußeisen. Hinzu kamen eine ganze Reihe Erfindungen zur Erdöldestillation und zur Nutzung des Erdöls. Nach einer Aufstellung für seine Vermögensbilanz hatte A. Nobel mindestens 355 Patente in den verschiedensten Ländern. Als er sein vierzigstes Lebensjahr überschritten hatte, konnte er sich zu den wohlhabendsten Menschen seiner Zeit zählen und galt in der ganzen zivilisierten Welt als genialer Erfinder. Eines der wenigen Hobbys, das er sich leistete, war, daß er in seinem Wintergarten Orchideen züchtete, ansonsten spielte er noch gern Billard und Schach.

Politische Spannungen zwischen Frankreich und Italien führten auch zu Verleumdungen gegen A. Nobel, er wurde der Industriespionage bezichtigt, und sein Laboratorium wurde von der Polizei geschlossen. Unter diesen Bedingungen sah er sich gezwungen, Frankreich zu verlassen. Als neuen Aufenthaltsort wählte er ab 1890 San Remo an der italienischen Riviera, wo er bis zu seinem Tod lebte.

Während seiner Pariser Wirkenszeit hatte A. Nobel im Jahre 1876 die Bekanntschaft der österreichischen pazifistischen Friedenskämpferin Bertha v. Suttner gemacht, die kurzzeitig bei ihm als Privatsekretärin tätig war. Ihre spätere Tätigkeit als Friedenskämpferin hat er dann aufmerksam und bewundernd verfolgt und in Gesprächen und Briefen mit ihr über dieses für die Menschheit so wichtige Thema diskutiert. Sie animierte den Industriellen, einen Friedenspreis zu stiften. Das Ergebnis war die testamentarische Verfügung vom 27. November 1895 über die Stiftung des Nobelpreises.

Als A. Nobel am 10. Dezember 1896 an einer Gehirnblutung stirbt, hinterläßt er ein Vermögen von etwa 31 Millionen schwedischen Kronen. Seine von der Nobel-Stiftung ausdrücklich autorisierten Biographen führen 90 Fabriken in Europa, Amerika und Australien auf, als deren Direktor, Mehrheitsaktionär oder Aufsichtsratsvorsitzender er wirkte.

Aufgrund einer testamentarischen Verfügung werden 31,225 Millionen schwedische Kronen einer speziellen Nobel-Stiftung zugeführt, die von sechs Direktoren oder Verwaltungsratsmitgliedern geleitet wird. Die schwedische Regierung ernennt den Vorsitzenden und seinen Stellvertreter, während die Treuhändergesellschaft die übrigen vier Mitglieder bestellt. Ihnen obliegt die Einhaltung und Verwirklichung des Testaments. Der Aufstieg A. Nobels zur Weltberühmtheit begann vor allem nach seinem Tode, in der Stunde der Eröffnung des Testaments, in dem er verfügt hatte: „Das Kapital, vom Testamentsvollstrecker in sicheren Wertpapieren realisiert, soll einen Fonds bilden, dessen jährliche Zinsen als Preise denen zuerteilt werden, die im verflossenen Jahr der Menschheit den größten Nutzen geleistet haben. Die Zinsen werden in fünf gleiche Teile geteilt, von denen zufällt: ein Teil dem, der auf dem Gebiet der Physik die wichtigste Entdeckung oder Erfindung gemacht hat; ein Teil dem, der die wichtigste chemische Entdeckung oder Verbesserung gemacht hat; ein Teil dem, der die wichtigste Entdeckung auf dem Gebiet der Physiologie oder der Medizin gemacht hat; ein Teil dem, der in der Literatur das Ausgezeichnetste in idealistischer Richtung hervorgebracht hat; ein Teil dem, der am meisten oder besten für die Verbrüderung der Völker gewirkt hat und für die Abschaffung oder Verminderung der stehenden Heere sowie für die Bildung und Verbreitung von Friedenskongressen."

Die Auswahl der preiswürdigen Gebiete wird aus A. Nobels Lebenslauf plausibel: Mit dem Friedenspreis war erstmals die Idee einer Preisverteilung gekommen. In der Literatur sah er eine wichtige Quelle für die Verwirklichung seiner Idee von der humanistischen Bildung der Menschheit. A. Nobels Interesse galt neben seinen technischen Erfindungen vor allem der Literatur. Er veröffentlichte u. a. die Novellen „Im hellsten Afrika" (1861) und „Die Schwestern" (1862) sowie die Komödie „Der Patent-Bazillus" (1895). Mit den Preisen für Physik und Chemie wollte er eine gewisse Schuld abtragen, die er als Erfinder gegenüber der wissenschaftlichen Forschung empfand, die die Grundlagen für seine Erfindungen erarbeitet hatte und die in der Regel von der praktischen Nutzung keine finanziellen Vorteile hat. Schließlich sollte die Medizin unsere Menschheit erhalten helfen.

Die sich auf das „verflossene" Jahr beziehende zeitliche Festlegung A. Nobels wird von den preisverleihenden Gremien so interpretiert, daß auch länger zurückliegende wissenschaftliche Leistungen gewürdigt werden können, wenn sie sich neuerdings besonders weitgreifend ausgewirkt haben. Die Preisvergabe erfolgt als Einzelauszeichnung bzw. an zwei oder höchstens drei Personen. Dagegen ist die Auszeichnung größerer Wissenschaftlerkollektive oder wissenschaftlicher Einrichtungen nicht möglich. Allein der Friedensnobelpreis kann auch an Institutionen verliehen werden. In A. Nobels Testament heißt es: „Es ist mein ausdrücklicher Wille, daß bei der Preisverleihung keine Rücksicht auf die Zugehörigkeit zu irgendeiner Nation genommen wird, so daß der Würdigste den Preis erhält, ob er nun Skandinavier ist oder nicht."

Am 29.6.1900 wird die Nobel-Stiftung in Stockholm gegründet. Die nach ihren Statuten beauftragten Gremien wählen am 27.9.1900 die Stiftungsleitung, die dann ab 1.1.1901 die Verwaltung des Fonds übernimmt. Bei der Nobel-Stiftung handelt es sich um eine Art Investmentgesellschaft. Ihre Anlagepolitik konzentriert sich auf Aktien, festverzinsliche Wertpapiere und Immobilien. Das Grundkapital befindet sich hauptsächlich in Schweden und Norwegen. Die Preise sowie die Organisationskosten der Stiftung werden aus dem Nettoertrag dieses Kapitals bestritten; mit einem Zehntel des Ertrages wird das Grundkapital jährlich aufgestockt. In den siebziger Jahren betrug das Vermögen etwa 85 Millionen schwedische Kronen.

Die Nobelpreise gehören inzwischen zu den begehrtesten Preisen in den Naturwissenschaften, der Literatur und Politik, nicht so sehr wegen der damit verbundenen finanziellen Zuwendungen, sondern vor allem wegen des gesellschaftlichen Ansehens, das die Laureaten mit der Preisverleihung erlangen.

Einige Vorbemerkungen zum Nobelpreis

Nachdem im Juni 1898 alle erbschaftlichen Probleme durch entsprechende Vergleiche gelöst waren, konnten sich die Nachlaßverwalter über die Gründung einer Nobel-Stiftung ernsthafte Gedanken machen. So wurde ein Komitee gegründet, dem neben den Testamentsvollstreckern Vertreter der für die Preisverteilungen vorgesehenen Institutionen sowie der Familie Nobel angehörten. Am 29. Juni 1900 wurde in Stockholm von der schwedischen Regierung der „Vorschlag für die Gründungsstatuten der Nobel-Stiftung" genehmigt. Das norwegische Parlament hatte bereits im April 1897 zugestimmt, die Verleihung des Friedensnobelpreises zu übernehmen. Mit dem vom damaligen schwedischen König Oskar II. verkündeten Regierungsbeschluß vom Juni 1900 war die Stiftung Wirklichkeit geworden.

Die Nobel-Körperschaften:

1. Die Nobel-Stiftung, die sich aus 15 Kuratoren und einem Verwaltungsrat zusammensetzt. Die Kuratoren, je drei für einen Preis, werden von den preisverteilenden Institutionen gewählt und wählen dann ihrerseits den Verwaltungsrat, ausgenommen den Vorsitzenden und dessen Stellvertreter, die der schwedische König ernennt. Die Kuratoren überprüfen die jährliche Abrechnung des Verwaltungsrates sowie die Berichte der Rechnungsprüfer.
2. Vier Institutionen für die Preisverteilung:
   - die Königliche Schwedische Akademie der Wissenschaften in Stockholm für Physik und Chemie, ab 1969 auch Wirtschaftswissenschaften
   - das Königliche Karolinische Mediko-Chirurgische Institut in Stockholm für Physiologie und Medizin
   - die Schwedische Akademie in Stockholm für Literatur
   - das Nobelkomitee des Norwegischen Storting für Frieden.
3. Ein Nobelkomitee von drei bis fünf Personen, das für jeden Preis aus der jeweiligen preisverleihenden Körperschaft gebildet wird und Vorschläge für die Verleihung unterbreitet und eingehende Vorschläge begutachtet.
4. Vier Nobel-Institute für die preisverteilenden Institutionen:
   Bei der Akademie der Wissenschaften für Physik und Chemie, beim Karolinischen Mediko-Chirurgischen Institut für Neurophysiologie und für Zellforschung und Genetik, bei der Schwedischen Akademie mit der Nobel-Bibliothek für Publikationen über den Frieden und die Beziehungen der Völker untereinander.

Wie erfolgt nun die Auswahl der Preisträger?

Bis zum 31. Januar eines Jahres müssen die Vorschläge bei den Nobelkomitees eingegangen sein. Die Aufforderung dazu ergeht im Herbst des Vorjahres. Vorschlagsberechtigt sind beispielsweise für den Physik-Nobelpreis:

- schwedische und ausländische Mitglieder der Königlichen Akademie der Wissenschaften
- Mitglieder des Nobelkomitees für Physik
- frühere Nobelpreisträger für Physik
- ordentliche Professoren für Physik der Universitäten Uppsala, Lund, Oslo, Kopenhagen, Helsinki, des Karolinischen Mediko-Chirurgischen Instituts und des Königlichen Instituts für Technologie sowie beamtete Dozenten für Physik der Universität Stockholm
- Inhaber entsprechender Lehrstühle von mindestens sechs Universitäten oder vergleichbaren Institutionen, die von der Königlichen Akademie der Wissenschaften ausgewählt werden, um eine angemessene Verteilung unter den verschiedenen Ländern und Lehrstühlen zu gewährleisten
- Wissenschaftler aus aller Welt, die nach jährlicher Auswahl von der Akademie der Wissenschaften um ihren Vorschlag gebeten werden.

Analog sind die Bestimmungen für die Nobelpreise in Chemie, Physiologie und Medizin sowie Wirtschaftswissenschaften. Beim Literatur-Nobelpreis und beim Friedensnobelpreis gibt es Abweichungen entsprechend der Besonderheit der Gebiete und der etwas andersartigen Organisationsstruktur der verleihenden Körperschaften. Das Vorschlagsrecht für den Friedensnobelpreis haben die Mitglieder aller Parlamente der Welt, Mitglieder des Norwegischen Nobelkomitees, frühere Preisträger und Universitätsprofessoren für Politische und Rechtswissenschaften, Geschichte oder Philosophie, Mitglieder der Interparlamentarischen Union oder des Internationalen Schiedsgerichtshofes in Den Haag.

Die Preise werden ausschließlich Einzelpersonen zuerkannt, lediglich der Friedensnobelpreis kann auch an Institutionen vergeben werden.

Bis zum September des jeweiligen Jahres werden die eingegangenen Vorschläge von den Komitees begutachtet und dann der preisverteilenden Körperschaft unterbreitet, der allein die Entscheidung zufällt. Jährlich im Oktober geben die Nobelkomitees die Namen der Preisträger bekannt. Am 10. Dezember – dem Todestag Alfred Nobels – werden die Nobelpreise vom schwedischen König im Stockholmer Konzerthaus und der Friedensnobelpreis in der Aula der Osloer Universität verliehen.

Der Nobelpreis besteht aus einer Goldmedaille mit dem Bild Nobels, einem Diplom sowie einem Geldbetrag in jährlich wechselnder Höhe: 1901 noch 150.000 Schwedenkronen; 1960 – 226.000 Kronen; 1970 – 400.000 Kronen; 1980 – 880.000 Kronen; 1990 bereits 4 Millionen Kronen; 1994 – 7 Millionen Kronen und 1998 7,6 Millionen Kronen für einen ungeteilten Preis. Am Tag der Preisverleihung oder einem der folgenden Tage halten die Laureaten in der Regel einen Festvortrag, die sogenannte Nobelvorlesung. Ein Preis soll in der Regel für eine hervorragende Einzelleistung, nicht für ein Lebenswerk vergeben werden. Wird die Annahme eines Preises verweigert, wie 1964 von Jean-Paul Sartre (Literatur-Nobelpreis), oder wird der zugehörige Geldbetrag bis zum 1. Oktober des Folgejahres nicht abgeholt, fällt er an den Fonds zurück. Ein Preis kann bis zum folgenden Jahr zurückgehalten oder überhaupt nicht vergeben werden, wenn aus verschiedenen Gründen keine preiswürdige Leistung gefunden wird.

Da eine preiswürdige Leistung nicht immer nur von einer Person allein erbracht wurde, können bis zu drei Personen ausgezeichnet werden, dabei sind folgende Varianten möglich:

1. Verleihung an eine Einzelperson
2. Aufteilung des Preises je zur Hälfte auf zwei Personen für ein gemeinsames Werk
3. Gleiche Aufteilung auf zwei Arbeiten:
   - je zur Hälfte auf zwei Personen
   - zur Hälfte auf eine Person, die andere Hälfte zu gleichen Teilen auf zwei Personen
   - zur Hälfte auf eine Person, die andere Hälfte „gemeinschaftlich“ auf zwei Personen
4. Vergabe „gemeinschaftlich“ für eine Arbeit:
   - „gemeinschaftlich“ an zwei Personen
   - „gemeinschaftlich“ an drei Personen.

Es kann festgestellt werden, daß die Liste der Nobelpreisträger für Physik, Chemie und Medizin/Physiologie ein ziemlich vollständiges Verzeichnis der wichtigsten Entdeckungen und bedeutendsten wissenschaftlichen Autoritäten auf diesen Gebieten darstellt. Es muß aber auch erwähnt werden, daß so mancher hervorragende Wissenschaftler, dem aus wissenschaftshistorischer Sicht ein bedeutender Platz einzuräumen ist, nicht mit einem Nobelpreis geehrt wurde. In der Physik beispielsweise Arnold Sommerfeld, Ludwig Boltzmann, Robert Oppenheimer, Johannes Geiger oder Lise Meitner. In der Chemie Gilbert Lewis, Dmitri Mendelejew oder Fritz Straßmann und in der Medizin/Physiologie Rudolf Virchow, Ernst Haeckel, Joseph Lister, Theodor Boveri, Jonas E. Salk oder Rosalind Franklin.

Der Nobelpreis für Physik wurde bis einschließlich 2000 insgesamt 94mal an 161 Personen verliehen. Gerade die Physik-Nobelpreisträger gaben sowohl der naturwissenschaftlichen Grundlagenforschung als auch der angewandten Naturwissenschaft bedeutende Impulse. Ordnet man die Preise den entsprechenden physikalischen Teildisziplinen zu, so entfällt die überwiegende Mehrheit auf Atom-, Kern- und Elementarteilchenphysik, also die Grundlagengebiete der modernen Physik. Wie oft kam es und kommt es aber auch vor, daß bedeutende Entdeckungen und Erkenntnisse viele Jahre, mitunter Jahrzehnte auf ihre Anerkennung durch die Fachwelt warten. Aus der Berechnung der Zeiten, die zwischen der gewürdigten Entdeckung oder Erfindung und der Preisverleihung liegen, ergeben sich in der Physik durchschnittliche Zeitdifferenzen von etwa zehn Jahren, in Ausnahmefällen wurde aber auch eine mehr als 50 Jahre zurückliegende Leistung berücksichtigt (z. B. Ernst Ruska, Physik-Nobelpreis 1986). Es ist auch eine schwierige Aufgabe, in jedem Jahr denjenigen Physiker zu finden, der die wichtigste Entdeckung des vergangenen Jahres gemacht hat.

Der Nobelpreis für Chemie wurde bis 2000 insgesamt 92mal an 135 Personen vergeben. Ende des 19. Jahrhunderts verstärkte sich in der Chemie der Trend zur theoretischen Erklärung chemischer Reaktionen und zur Anwendung präziser physikalischer Meßverfahren. Werden in der Chemie ebenfalls vorwiegend Grundlagenarbeiten ausgezeichnet, so kann man mit einer gewissen Berechtigung feststellen, daß der Umfang der ausgezeichneten Arbeiten vielleicht noch breiter ist als in der Physik. Sie reichen von der Atomchemie bis zur Bio- und Agrochemie. Entdeckungen und Erfindungen, die eine direkte technische Nutzung (beispielsweise Adolf von Baeyer – grundlegende Arbeiten für die Farbenindustrie; Friedrich Bergius und Carl Bosch – Destillation von Benzin und Steinkohle; Kurt Alder und Otto Diels – Duftstoffe und Insektizide; Fritz Haber – Ammoniaksynthese; Giulio Natta und Karl Ziegler – hochpolymere Werkstoffe; Otto Wallach – synthetische Riechstoffe) erkennen ließen, wurden stärker honoriert als in der Physik.

Der Nobelpreis für Medizin und Physiologie wurde bis 2000 insgesamt 91mal an 172 Personen verliehen. Wie kommt nun die Physiologie als ein Teilgebiet der Biologie, das sich mit den Funktionen und Leistungen des Pflanzen- und Tierorganismus und seinen Zellen, Geweben und Organen befaßt, zu dieser besonderen Bedeutung? Wie bekannt ist, war Alfred Nobel besonders an der experimentellen Physiologie interessiert. „Physiologie“ stand für ihn für experimentelle theoretische Medizin ganz allgemein, d. h. als besonderer Teil der „übrigen Medizin“. Die Interpretation der Nobel-Stiftung „Physiologie oder Medizin“ dürfte deshalb zutreffen, wenn damit „alle theoretischen und praktischen medizinischen Wissenschaften“ gemeint sind. Zusammenfassend und einfach formuliert kann man sagen: Es handelt sich bei der Vergabe der Nobelpreise für Physiologie und Medizin um Auszeichnungen auf dem Gebiete der „Medizin im weitesten Sinne“. Mehrfach haben auch „Nichtmediziner“ wie Allen Cormack (Physiker), Godfrey Hounsfield (Elektroingenieur), Karl von Frisch (Zoologe), Paul Hermann Müller (Chemiker), Konrad Lorenz (Zoologe) und Nikolaas Tinbergen (Verhaltensforscher) den Medizin/Physiologie-Nobelpreis erhalten für bahnbrechende Beiträge zu den theoretischen Grundlagen der Medizin.

Der Nobelpreis für Literatur wurde bis 2000 insgesamt 93mal an 97 Personen vergeben. Lassen sich auf naturwissenschaftlichem Gebiet herausragende preiswürdige Leistungen noch verhältnismäßig objektiv bestimmen, so ist dies auf dem Gebiet der Literatur wesentlich schwieriger. Zum besseren Verständnis hier einige Bemerkungen über das Vorschlagsrecht und die Verfahrensweise für den Literaturpreis. Berechtigt, Kandidaten vorzuschlagen, sind Mitglieder der Schwedischen Akademie sowie Mitglieder anderer mit gleichartiger Organisation und Aufbau ausgestatteten Akademien, Institutionen und Gesellschaften, Universitätsprofessoren der Literaturgeschichte und der Sprachlichen Wissenschaften, frühere Nobelpreisträger für Literatur sowie die Vorsitzenden der Schriftstellerorganisationen, die für das literarische Schaffen ihres Landes repräsentativ sind.

So wurden beispielsweise 1961 insgesamt 56 Schriftsteller und 1963 sogar 81 Personen vorgeschlagen. Daraus ist abzuleiten, daß jeder Schriftsteller der europäischen und amerikanischen Länder, der einen guten Namen besitzt, wenigstens einmal unter diese vielen Kandidaten gerät. Die Nobel-Kommission trifft die Vorauswahl, dann die Auswahl. Die Empfehlungen der Kommission müssen von der Schwedischen Akademie nicht unbedingt befolgt werden; es sind mitunter sogar einstimmige Vorschläge einer Kommission von der zuständigen preisverteilenden Körperschaft nicht akzeptiert worden. Entscheidend soll sein, daß das vorgeschlagene Werk „in Form und Darstellung literarischen Wert" besitzt. Den Preis bekamen aber auch Historiker (Theodor Mommsen, Winston Churchill), Philosophen (Rudolf Eucken, Henri Bergson, Bertrand Russell) sowie Schriftsteller und Dichter, die heute kaum noch literarische Bedeutung haben (Sully Prudhomme, Frederic Mistral, Carl Gustav Heidenstam oder Erik Karlfeldt). Dreimal wurde der Preis abgelehnt: 1926 von George B. Shaw, 1958 von Boris Pasternak und 1964 von Jean-Paul Sartre. Shaw hat seine ablehnende Haltung revidiert und die Ehrung schließlich angenommen. Seine Kritik richtete sich gegen die späte Verleihung, er war fast siebzig Jahre. Pasternak hatte den Preis angenommen, daraufhin wurde er vom Sowjetischen Schriftstellerverband ausgestoßen, und er mußte die Ablehnung vornehmen. Sartre soll, als er von seiner Nominierung erfuhr, darum gebeten haben, nicht berücksichtigt zu werden. Die Schwedische Akademie war anderer Ansicht: Sartre schien ihr der Würdigste, und der Preis sei „eine Würdigung, die nicht durch eine Ablehnung verändert werden kann". Sartre lehnte die hohe Ehrung trotzdem aus persönlichen und objektiven Gründen ab.

E. Tegner, damals Direktor des Nobel-Instituts der Schwedischen Akademie, sagte: „Die Schwedische Akademie hegt nicht die Illusion, daß sie jemals in der Lage sein wird, einen Preis so zuzuerkennen, daß sie jeglicher Kritik entgehen kann."

Die Verleihung des Friedensnobelpreises ist besonders stark von Widersprüchen und Kontrasten geprägt, hier wurde auch am häufigsten auf eine Vergabe verzichtet, nur 79mal wurde bis 2000 der Preis an 87 Personen und 17 Institutionen vergeben. Im Unterschied zu den schwedischen Nobelkomitees gibt das norwegische Gremium kaum Begründungen für seine Preisvergaben. Die getroffenen Entscheidungen waren und sind bis in die heutige Zeit umstritten und am heftigsten angefochten. Zu den Trägern des Friedensnobelpreises gehört allerdings eine ganze Reihe von geachteten und schätzenswerten Persönlichkeiten, die mit viel Engagement und hohem individuellen Risiko für die Gedanken des Friedens und der Völkerverständigung eintraten. Stellvertretend sind zu nennen: Henri Dunant, Bertha von Suttner, Hjalmar Branting, Fridtjof Nansen, Aristide Briand, Jane Addams, Carl von Osseitzky, Emily Balch, Albert Schweitzer, Albert Luthuli, Linus Pauling, Martin Luther King, Willy Brandt, Mutter Teresa, Alva Myrdal, Desmond Tutu, Elie Wiesel, Aung San Suu Kyi und Rigoberta Menchu.

Im Jahre 1968 hat die Schwedische Reichsbank anläßlich ihres 300jährigen Bestehens den „Alfred-Nobel-Gedächtnispreis für Wirtschaftswissenschaften" gestiftet. Als zuerkennende Institution wurde die Schwedische Königliche Akademie der Wissenschaften benannt, seit 1969 wird der Preis vergeben. Die Statuten schreiben vor, daß „der Preis jährlich an eine Person vergeben werden soll, die im Bereich der ökonomischen Wissenschaft eine Leistung von eminenter Bedeutung hervorgebracht hat". Die Auswahlverfahren für die Gewinner des Ökonomie-Preises sind dieselben wie für die anderen Nobelpreise. Jährlich im Oktober wird ein Formular an die Inhaber von 75 Volkswirtschaftslehrstühlen in der ganzen Welt versandt, mit der Aufforderung, entsprechende Kandidaten vorzuschlagen. Etwa 150 bis 200 Vorschläge werden regelmäßig für den Ökonomie-Preis eingereicht. Gewöhnlich betreffen sie 75 bis 125 Kandidaten. Die vielleicht bedeutendste Tatsache ist nicht, wie viele Vorschläge auf einen Kandidaten entfallen, sondern wer die Vorschlagenden der verschiedenen Kandidaten sind. So können sehr kompetente Befürworter, deren Urteil beim Komitee hoch angesehen ist, einen starken Einfluß auf das Komitee ausüben, besonders wenn ihre befürwortenden Argumente überzeugend sind.

In der Regel werden zwei oder mehrere Studien über jeden Kandidaten angefertigt, dem die Auswahlkommission besondere Aufmerksamkeit schenkt. Nach einer Reihe von Sitzungen des Preiskomitees wird ein Preisvorschlag an die „sozialwissenschaftliche Klasse" der Akademie gesandt. Mitte Oktober geht der Report von der sozialwissenschaftlichen Klasse der Akademie an die Plenarsitzung weiter, wo das Komitee seinen Vorschlag unterbreitet, rechtfertigt und verteidigt. Schließlich wird in dieser Plenarsitzung in geheimer Abstimmung durch einfache Mehrheit gewählt.

Das Preiskomitee hat beschlossen, den Begriff der „ökonomischen Wissenschaft" weit zu interpretieren. Demnach werden Preise nicht nur an sogenannte „Ökonomen" verliehen, sondern auch an Personen, die wichtige wissenschaftliche Forschungsarbeiten bezüglich ökonomischer Probleme in benachbarten Disziplinen geleistet haben (Betriebswirtschaftslehre oder Wirtschaftsgeschichte). So können Preise auch für Leistungen im Grenzbereich zwischen Ökonomie und Politischer Wissenschaft vergeben werden.

Der Nobelpreis ist eine seit 1901 jährlich verliehene Auszeichnung für herausragende Leistungen in der Physik, Chemie, Medizin und Physiologie, Literatur, Wirtschaftswissenschaft (seit 1969) sowie für besondere Verdienste um den Erhalt des Friedens. Bis zum Jahr 2000 erhielten 695 Persönlichkeiten aus 45 Ländern und 17 Institutionen den Nobelpreis.

Eine systematische Aufschlüsselung bezüglich der Spezialgebiete, für die wissenschaftliche Nobelpreise vergeben wurden, gibt bemerkenswerte Einblicke in die Wissenschaftsentwicklung. Die meisten Preisträger kommen aus den industriell hochentwickelten Ländern. Mit Abstand an der ersten Stelle stehen die USA, die den entscheidenden Zuwachs erst nach dem Zweiten Weltkrieg erhielten, mit 229 wissenschaftlichen Nobelpreisen, gefolgt von Großbritannien mit 71 Nobelpreisen, Deutschland mit 63 Nobelpreisen, Frankreich mit 28 Nobelpreisen und Schweden mit 18 Preisen. Es ist aber auch zu berücksichtigen, daß etwa 25 Prozent der US-amerikanischen Nobelpreisträger ursprünglich nach Nationalität und Staatsbürgerschaft nicht diesem Lande angehörten.
Die sogenannte „Top Ten" der Nobelpreise von 1901 bis 2000 lautet:

1. USA mit 258 Preisen
2. Großbritannien mit 92 Preisen
3. Deutschland mit 74 Preisen
4. Frankreich mit 50 Preisen
5. Schweden mit 30 Preisen
6. Schweiz mit 18 Preisen
7. Rußland/UdSSR mit 17 Preisen
8. Italien mit 14 Preisen
9. Niederlande mit 15 Preisen
10. Österreich mit 14 Preisen

Die teilweise umfangreichen biographischen Angaben und die Darlegungen über die wissenschaftlichen Leistungen der Nobelpreisträger sollen dokumentieren, mit welch hohem persönlichen Einsatz, oftmals jahrzehntelang, um Neues gerungen wurde, wie sie sich aber auch oftmals gegen vorherrschende Anschauungen und Vorurteile durchsetzen mußten, um dem Fortschritt zum Erfolg zu verhelfen. Die Abhandlung über die Nobelpreisträger soll das Interesse des Lesers für prinzipielle Probleme wecken, die auf bedeutende wissenschaftliche Leistungen unserer Zeit Bezug nehmen.

Nachfolgend einige Besonderheiten zu den Nobelpreisträgern.

Außerordentlich gering ist der Anteil von Frauen unter den Nobelpreisträgern. Obwohl gleichberechtigt, mit nahezu gleichen Startchancen seit Ende des Ersten Weltkrieges, sind die Frauen prozentual doch nicht in gleichem Maße mit den gleichen Auszeichnungen versehen worden. Als Alfred Nobel ein Testament machte und die Nobelpreise ins Leben rief, durften Frauen in Deutschland noch nicht auf die Universitäten, und erst im Jahre 1921 konnten sie zum ersten Mal den Professorentitel erwerben.

Bis heute gingen 30 Nobelpreise – das sind umgerechnet 4,4 Prozent – an Frauen. Gewaltige Unterschiede ergeben sich hinsichtlich der verschiedenen Gebiete, für die die Nobelpreise verliehen werden. In den Fächern, die traditionell als „männlich" oder als „harte Naturwissenschaft" gelten, gibt es auch die wenigsten Nobelpreisträgerinnen:
Physik: Marie Curie (1903) und Maria G. Goeppert-Mayer (1963).
Chemie: Marie Curie (1911); Irene Joliot-Curie (1935) und Dorothy Hodgkin-Crowfoot (1964).
Medizin: Gerty Theresa Cori (1947); Rosalyn S. Yalow (1977); Barbara McClintock (1983); Rita Levi-Montalcini (1986); Gertrude Belle Elion (1988) und Christiane Nüsslein-Volhard (1995).

Die Barrieren für die Frauen waren offensichtlich geringer, wenn es um freiberufliches Schaffen als Dichterin und Schriftstellerin oder in der sozialen Friedensarbeit ging.

Der Literatur-Nobelpreis wurde bisher an neun Frauen vergeben:
Selma Lagerlöf (1909); Grazia Deledda (1926); Sigrid Undset (1928); Pearl S. Buck (1938); Gabriela Mistral (1945); Nelly Sachs (1966); Nadine Gordimer (1991); Toni Morrison (1993) und Wislawa Szymborska (1996).

Bei den Friedensleistungen außerhalb des eigentlichen politischen Tagesgeschehens scheint die Frau den Führungsanspruch für sich beanspruchen zu dürfen. Auch in den Preisverleihungskomitees des norwegischen Parlaments für den Friedensnobelpreis waren es früher weitgehend Männer, die über die Anerkennung der Preise zu entscheiden hatten. Hier hat sich in den letzten Jahren allerdings die Zusammensetzung des Nobelpreiskomitees im norwegischen Parlament verändert, und heute stellen die Frauen dort kaum noch eine Minderheit dar.

Der Friedensnobelpreis wurde an zehn Frauen vergeben:
Bertha von Suttner (1905); Jane L. Addams (1931); Emily G. Balch (1946); Mairead Corrigan (1976); Betty Williams (1976); Mutter Teresa (1979); Alva Myrdal (1982); Aung San Suu Kyi (1991); Rigoberta Menchu (1992) und Jody Williams (1997).

Als zweifache Nobelpreisträger wurden ausgezeichnet:
- Curie, Marie (1903 Physik und 1911 Chemie)
- Bardeen, John (1956 und 1972 Physik)
- Sanger, Frederick (1958 und 1980 Chemie)
- Pauling, Linus (1954 Chemie und 1962 Frieden)

Mit dem Nobelpreis ausgezeichnete Ehepaare:
- Curie, Marie und Pierre (1903 Physik)
- Joliot-Curie, Irene und Frederic (1935 Chemie)
- Cori, Gerty und Carl (1947 Medizin)
- Myrdal, Alva und Karl Gunnar (1982 Frieden und 1974 Wirtschaftswissenschaften)

Kinder von Nobelpreisträgern, die ebenfalls einen Nobelpreis erhielten:
- Bohr, Niels (1922 Physik) und Sohn Aage (1975 Physik)
- Bragg, William Henry und sein Sohn William Lawrence beide 1915 Physik
- Curie, Marie und Pierre (1903 Physik) und Tochter Irene Joliot-Curie (1935 Chemie)
- Euler-Chelpin, Hans (1929 Chemie) und Sohn Ulf Swante (1970 Medizin)
- Siegbahn, Karl Manne Georg (1924 Physik) und Sohn Kai Manne Börje (1981 Physik)
- Thomson, Sir Joseph John (1906 Physik) und Sohn George Paget (1937 Physik)

Jüngste und älteste Laureaten in den Preisarten:

Physik
Bragg 25 Jahre – Kapiza 84 Jahre
Anderson 31 J. – Ruska 80 J.
Dirac 31 J. – Van Vleck 78 J.
Heisenberg 31 J. – Paul 76 J.
Lee 31 J. – Ramsey 74 J.
Mössbauer 32 J. – Chandrasekhar 73 J.
Josephson 33 J. – Van der Waals 73 J.
Glaser 34 J. – Born 72 J.
Compton 35 J. – Fowler 72 J.
Laue 35 J. – Mott 72 J.

Chemie
Joliot, F. 35 Jahre – Pedersen 83 Jahre
Butenandt 36 J. – Wittig 82 J.
Rutherford 37 J. – Diels 74 J.
Joliot, I. 38 J. – Hassel 72 J.
Kuhn 38 J. – Staudinger 72 J.
Synge 38 J. – Baeyer 70 J.
Seaborg 39 J. – Mullikan 70 J.

Medizin
Banting 32 Jahre – Frisch 87 Jahre
Lederberg 33 J. – Rous 87 J.
Watson 34 J. – Hitchings 83 J.
Hill 36 J. – McClintock 81 J.
Baltimore 37 J. – Claude 75 J.
Bárány 38 J. – Levi-Montalcini 77 J.
Köhler 38 J. – Snell 77 J.
Meyerhof 38 J. – Moniz 75 J.
Robbins 38 J. – Sherrington 75 J.

Literatur
Kipling 42 Jahre – Mommsen 85 Jahre
Camus 44 J. – Seifert 83 J.
Lewis 45 J. – Heyse 80 J.
Buck 46 J. – Aleixandre 79 J.
Undset 46 J. – Churchill 79 J.
Brodsky 47 J. – Montale 79 J.
O'Neill 48 J. – Agnon 78 J.
Maeterlinck 49 J. – Gide 78 J.

Frieden
Corrigan 32 Jahre – Buisson 86 Jahre
Menchu 33 J. – Cassin 81 J.
Williams 33 J. – Mott 81 J.
Wałesa 40 J. – Beernaert 80 J.
King 45 J. – Myrdal 80 J.
Bunche 46 J. – Balch 79 J.
Ossietzky 46 J. – Passy 79 J.
Suu Kyi 46 J. – Schweitzer 77 J.
Fried 47 J. – Paz 76 J.

Wirtschaftswissenschaften
Arrow 51 Jahre – Coase 81 Jahre
Samuelson 55 J. – Haavelmo 78 J.
Sharpe 56 J. – Ohlin 78 J.
Klein 60 J. – Allais 77 J.
Debreu 62 J. – Schultz 77 J.
Becker 62 J. – Myrdal 76 J.
Simon 62 J. – Hayek 75 J.

Nobelpreisträger auf einen Blick

Physik

1901: Röntgen, Wilhelm C. (1845–1923) – Deutschland
1902: Lorentz, Hendrik A. (1853–1928) – Niederlande
Zeeman, Pieter (1865–1943) – Niederlande
1903: Becquerel, Antoine H. (1852–1908) – Frankreich
Curie, Marie (1867–1934) – Frankreich
Curie, Pierre (1859–1906) – Frankreich
1904: Strutt, John William (Lord Rayleigh) (1842–1919) – Großbritannien
1905: Lenard, Philipp E. A. (1862–1947) – Deutschland
1906: Thomson, Joseph J. (1856–1940) – Großbritannien
1907: Michelson, Albert A. (1852–1931) – USA
1908: Lippmann, Gabriel J. (1845–1921) – Frankreich
1909: Braun, Karl F. (1850–1918) – Deutschland
Marconi, Guglielmo (1874–1937) – Italien
1910: Van der Waals, Johannes D. (1837–1923) – Niederlande
1911: Wien, Wilhelm C. W. (1864–1928) – Deutschland
1912: Dalén, Nils Gustaf (1869–1937) – Schweden
1913: Kamerlingh Onnes, H. (1853–1926) – Niederlande
1914: Laue, Max von (1879–1960) – Deutschland
1915: Bragg, William H. (1862–1942) – Großbritannien
Bragg, William L. (1890–1971) – Großbritannien
1916: Kein Preis vergeben
1917: Barkla, Charles G. (1877–1944) – Großbritannien
1918: Planck, Max K. E. L. (1858–1947) – Deutschland
1919: Stark, Johannes (1874–1957) – Deutschland
1920: Guillaume, Charles-É. (1861–1938) – Frankreich
1921: Einstein, Albert (1879–1955) – Deutschland
1922: Bohr, Niels Hendrik D. (1885–1962) – Dänemark
1923: Millikan, Robert A. (1868–1953) – USA
1924: Siegbahn, Karl Manne G. (1886–1978) – Schweden
1925: Franck, James (1882–1964) – Deutschland
Hertz, Gustav L. (1887–1975) – Deutschland
1926: Perrin, Jean-Baptiste (1870–1942) – Frankreich
1927: Compton, Arthur H. (1892–1962) – USA
Wilson, Charles T. R. (1869–1959) – Großbritannien
1928: Richardson, Owen W. (1879–1959) – Großbritannien

1929: Broglie, Louis-Victor de (1892–1987) – Frankreich
1930: Raman, Chandrasekhara V. (1888–1970) – Indien
1931: Kein Preis vergeben
1932: Heisenberg, Werner K. (1901–1976) – Deutschland
1933: Dirac, Paul Adrien M. (1902–1984) – Großbritannien
Schrödinger, Erwin (1887–1961) – Österreich
1934: Kein Preis vergeben
1935: Chadwick, James (1891–1974) – Großbritannien
1936: Anderson, Carl D. (1905–1991) – USA
Hess, Victor Franz (1883–1964) – USA
1937: Davisson, Clinton J. (1881–1958) – USA
Thomson, George P. (1892–1975) – Großbritannien
1938: Fermi, Enrico (1901–1954) – Italien
1939: Lawrence, Ernest O. (1901–1958) – USA
1940: Kein Preis vergeben
1941: Kein Preis vergeben
1942: Kein Preis vergeben
1943: Stern, Otto (1888–1969) – USA
1944: Rabi, Isidor Isaac (1898–1988) – USA
1945: Pauli, Wolfgang (1900–1958) – Österreich
1946: Bridgman, Percy W. (1882–1961) – USA
1947: Appleton, Edward V. (1892–1965) – Großbritannien
1948: Blackett, Patrick M. S. (1897–1974) – Großbritannien
1949: Yukawa, Hideki (1907–1981) – Japan
1950: Powell, Cecil F. (1903–1969) – Großbritannien
1951: Cockcroft, John D. (1897–1967) – Großbritannien
Walton, Ernest T. S. (1903–1995) – Irland
1952: Bloch, Felix (1905–1983) – USA
Purcell, Edward M. (1912–1997) – USA
1953: Zernike, Frits (1888–1966) – Niederlande
1954: Born, Max (1882–1970) – Deutschland
Bothe, Walter W. (1891–1957) – Deutschland
1955: Kusch, Polykarp (1911–1993) – USA
Lamb, Willis E. (geb. 12.7.1913) – USA
1956: Bardeen, John (1908–1991) – USA
Brattain, Walter H. (1902–1987) – USA
Shockley, William B. (1910–1989) – USA
1957: Lee, Tsung Dao (geb. 24.11.1926) – China
Yang, Chen Ning (geb. 22.9.1922) – USA
1958: Frank, Ilja M. (1908–1990) – UdSSR
Tamm, Igor J. (1895–1971) – UdSSR
Tscherenkow, Pawel A. (geb. 28.7.1904) – UdSSR
1959: Chamberlain, Owen (geb. 10.7.1920) – USA
Segrè, Emilio G. (1905–1989) – USA
1960: Glaser, Donald A. (geb. 21.9.1926) – USA
1961: Hofstadter, Robert (1915–1990) – USA
Mößbauer, Rudolf (geb. 31.1.1929) – Deutschland
1962: Landau, Lew D. (1908–1968) – UdSSR
1963: Goeppert-Mayer, Maria (1906–1972) – USA

Jensen, Hans D. (1907–1973) – Deutschland
Wigner, Eugene P. (1902–1995) – USA

1964: Bassow, Nikolai G. (geb. 14.12.1922) – UdSSR
Prochorow, Alexander (geb. 11.7.1916) – UdSSR
Townes, Charles H. (geb. 28.7.1915) – USA

1965: Feynman, Richard P. (1918–1988) – USA
Schwinger, Julian S. (1918–1994) – USA
Tomonaga, Schinitschiro (1906–1979) – Japan

1966: Kastler, Alfred H. F. (1902–1984) – Frankreich

1967: Bethe, Hans A. (geb. 2.7.1906) – USA

1968: Alvarez, Luis W. (1911–1988) – USA

1969: Gell-Mann, Murray (geb. 15.9.1929) – USA

1970: Alfvén, Hannes O. G. (1908–1995) – Schweden
Néel, Louis E. F. (geb. 22.11.1904) – Frankreich

1971: Gabor, Dennis (1900–1979) – Großbritannien

1972: Bardeen, John (1908–1991) – USA
Cooper, Leon N. (geb. 28.2.1930) – USA
Schrieffer, John R. (geb. 31.5.1931) – USA

1973: Esaki, Leo (geb. 12.3.1925) – Japan
Giaever, Ivar (geb. 5.4.1929) – USA
Josephson, Brian D. (geb. 4.1.1940) – Großbritannien

1974: Hewish, Antony (geb. 11.5.1924) – Großbritannien
Ryle, Martin (1918–1984) – Großbritannien

1975: Bohr, Niels A. (geb. 19.6.1922) – Dänemark
Mottelson, Benjamin R. (geb. 9.7.1926) – Dänemark
Rainwater, Leo J. (1917–1986) – USA

1976: Richter, Burton (geb. 22.3.1931) – USA
Ting, Samuel C. C. (geb. 27.1.1936) – USA

1977: Anderson, Philip W. (geb. 13.12.1923) – USA
Mott, Nevill F. (1905–1996) – Großbritannien
Vleck, John H. van (1899–1980) – USA

1978: Kapiza, Pjotr L. (1894–1984) – UdSSR
Penzias, Arno A. (geb. 26.4.1933) – USA
Wilson, Robert W. (geb. 10.1.1936) – USA

1979: Glashow, Sheldon L. (geb. 5.12.1932) – USA
Salam, Abdus (1926–1996) – Pakistan
Weinberg, Steven (geb. 3.5.1933) – USA

1980: Cronin, James W. (geb. 29.9.1931) – USA
Fitch, Val L. (geb. 10.3.1923) – USA

1981: Bloembergen, Nicolaas (geb. 11.3.1920) – USA
Schawlow, Arthur L. (1921–1999) – USA
Siegbahn, Kai Manne B. (geb. 20.4.1918) – Schweden

1982: Wilson, Kenneth G. (geb. 8.6.1936) – USA

1983: Fowler, William A. (1911–1995) – USA
Chandrasekhar, Subrahmanyan (1910–1995) – USA

1984: Meer, Simon van der (geb. 24.11.1925) – Niederlande
Rubbia, Carlo (geb. 31.3.1934) – Italien

1985: Klitzing, Klaus von (geb. 28.6.1943) – Deutschland

1986: Binnig, Gerd (geb. 20.7.1947) – Deutschland
Rohrer, Heinrich (geb. 6.6.1933) – Schweiz
Ruska, Ernst A. F. (1906–1988) – Deutschland

1987: Bednorz, Johannes G. (geb. 16.5.1950) – Deutschland
Müller, Karl A. (geb. 20.4.1927) – Schweiz
1988: Lederman, Leon M. (geb. 15.7.1922) – USA
Schwartz, Melvin (geb. 2.11.1932) – USA
Steinberger, Jack (geb. 25.5.1921) – USA
1989: Dehmelt, Hans G. (geb. 9.9.1922) – USA
Paul, Wolfgang (1913–1993) – Deutschland
Ramsey, Norman F. (geb. 27.8.1915) – USA
1990: Friedman, Jerome I. (geb. 28.3.1930) – USA
Kendall, Henry W. (geb. 9.12.1926) – USA
Taylor, Richard E. (geb. 2.11.1929) – USA
1991: Gennes, Pierre-Gilles de (geb. 24.10.1932) – Frankreich
1992: Charpak, Georges (geb. 1.8.1924) – Frankreich
1993: Hulse, Russell A. (geb. 28.11.1950) – USA
Taylor, Joseph H. (geb. 29.3.1941) – USA
1994: Brockhouse, Bertram N. (geb. 15.7.1918) – Kanada
Shull, Clifford G. (geb. 23.9.1915) – USA
1995: Perl, Martin L. (geb. 24.6.1927) – USA
Reines, Frederick (1918–1998) – USA
1996: Lee, David Morris (geb. 20.1.1931) – USA
Osheroff, Douglas D. (geb. 1.8.1945) – USA
Richardson, Robert C. (geb. 26.6.1937) – USA
1997: Chu, Steven (geb. 28.2.1948) – USA
Cohen-Tannoudji, Claude (geb. 1.4.1933) – Frankreich
Phillips, William D. (geb. 5.11.1948) – USA
1998: Laughlin, Robert B. (geb. 1950) – USA
Störmer, Horst L. (geb. 6.4.1949) – Deutschland
Tsui, Daniel C. (geb. 1939) – USA
1999: 't Hooft, Gerardus (geb. 5.7.1946) – Niederlande
Veltman, Martinus J. G. (geb. 27.6.1931) – Niederlande
2000: Alferow, Zhores I. (geb. 1930) – Weißrußland
Kilby, Jack S. (geb. 8.11.1923) – USA
Kroemer, Herbert (geb. 25.8.1928) – Deutschland

Chemie

1901: van't Hoff, Jacobus H. (1852–1911) – Niederlande
1902: Fischer, Emil H. (1852–1919) – Deutschland
1903: Arrhenius, Svante A. (1859–1927) – Schweden
1904: Ramsay, William (1852–1916) – Großbritannien
1905: Baeyer, Adolf von (1835–1917) – Deutschland
1906: Moissan, Henri F. (1852–1907) – Frankreich
1907: Buchner, Eduard (1860–1917) – Deutschland
1908: Rutherford, Ernest (1871–1937) – Großbritannien
1909: Ostwald, Wilhelm (1853–1932) – Deutschland
1910: Wallach, Otto (1847–1931) – Deutschland
1911: Curie, Marie (1867–1934) – Frankreich
1912: Grignard, Victor A. F. (1871 –1935) – Frankreich
Sabatier, Paul (1854–1941) – Frankreich
1913: Werner, Alfred (1866–1919) – Schweiz
1914: Richards, Theodore W. (1868–1928) – USA

1915: Willstätter, Richard (1872–1942) – Deutschland
1916: Kein Preis vergeben
1917: Kein Preis vergeben
1918: Haber, Fritz (1868–1934) – Deutschland
1919: Kein Preis vergeben
1920: Nernst, Walther H. (1864–1941) – Deutschland
1921: Soddy, Frederick (1877–1956) – Großbritannien
1922: Aston, Francis W. (1877–1945) – Großbritannien
1923: Pregl, Fritz (1869–1930) – Österreich
1924: Kein Preis vergeben
1925: Zsigmondy, Richard A. (1865–1929) – Österreich
1926: Svedberg, Theodor (1884–1971) – Schweden
1927: Wieland, Heinrich (1877–1957) – Deutschland
1928: Windaus, Adolf O. R. (1876–1959) – Deutschland
1929: Euler-Chelpin, Hans K. A. S. von (1873–1964) – Schweden
Harden, Arthur (1865–1940) – Großbritannien
1930: Fischer, Hans (1881–1945) – Deutschland
1931: Bosch, Carl (1874–1940) – Deutschland
Bergius, Friedrich (1884–1949) – Deutschland
1932: Langmuir, Irving (1881–1957) – USA
1933: Kein Preis vergeben
1934: Urey, Harold C. (1893–1981) – USA
1935: Joliot-Curie, Frédéric (1900–1958) – Frankreich
Joliot-Curie, Irene (1897–1956) – Frankreich
1936: Debye, Peter J. W. (1884–1966) – USA
1937: Haworth, Walter N. (1883–1950) – Großbritannien
Karrer, Paul (1889–1971) – Schweiz
1938: Kuhn, Richard (1900–1967) – Deutschland
1939: Butenandt, Adolf F. J. (1903–1995) – Deutschland
Ružička, Leopold (1887–1976) – Schweiz
1940: Kein Preis vergeben
1941: Kein Preis vergeben
1942: Kein Preis vergeben
1943: Hevesy, Georg von (1885–1966) – Ungarn
1944: Hahn, Otto (1879–1968) – Deutschland
1945: Virtanen, Artturi J. (1895–1973) – Finnland
1946: Northrop, John H. (1891–1987) – USA
Stanley, Wendell M. (1904–1971) – USA
Sumner, James B. (1887–1955) – USA
1947: Robinson, Robert (1886–1975) – Großbritannien
1948: Tiselius, Arne W. K. (1902–1971) – Schweden
1949: Giauque, William F. (1895–1982) – USA
1950: Alder, Kurt (1902–1958) – Deutschland
Diels, Otto P. H. (1876–1954) – Deutschland
1951: McMillan, Edwin M. (1907–1991) – USA
Seaborg, Glenn T. (1912–1999) – USA
1952: Martin, Archer J. P. (geb. 1.3.1910) – Großbritannien
Synge, Richard L. M. (1914–1994) – Großbritannien
1953: Staudinger, Hermann (1881–1965) – Deutschland

1954: Pauling, Linus C. (1901–1994) – USA
1955: Vigneaud, Vincent du (1901–1978) – USA
1956: Hinshelwood, Cyril N. (1897–1967) – Großbritannien
Semjonow, Nikolai N. (1896–1986) – UdSSR
1957: Todd, Alexander (1907–1997) – Großbritannien
1958: Sanger, Frederick (geb. 13.8.1918) – Großbritannien
1959: Heyrovský, Jaroslav (1890–1967) – Tschechoslowakei
1960: Libby, Willard F. (1908–1980) – USA
1961: Calvin, Melvin (1911–1997) – USA
1962: Kendrew, John C. (1917–1997) – Großbritannien
Perutz, Max F. (geb. 19.5.1914) – Großbritannien
1963: Natta, Giulio (1903–1979) – Italien
Ziegler, Karl (1898–1973) – Deutschland
1964: Hodgkin, Dorothy C. (1910–1994) – Großbritannien
1965: Woodward, Robert B. (1917–1979) – USA
1966: Mulliken, Robert S. (1896–1986) – USA
1967: Eigen, Manfred (geb. 9.5.1927) – Deutschland
Norrish, Ronald G. W. (1897–1978) – Großbritannien
Porter, George (geb. 6.12.1920) – Großbritannien
1968: Onsager, Lars (1903–1976) – USA
1969: Barton, Derek H. R. (1918–1998) – Großbritannien
Hassel, Odd (1897–1981) – Norwegen
1970: Leloir, Luis F. (1906–1987) – Argentinien
1971: Herzberg, Gerhard (geb. 25.12.1904) – Kanada
1972: Anfinsen, Christian B. (1916–1995) – USA
Moore, Stanford (1913–1982) – USA
Stein, William H. (1911–1980) – USA
1973: Fischer, Ernst O. (geb. 10.11.1918) – Deutschland
Wilkinson, Geoffrey (1921–1996) – Großbritannien
1974: Flory, Paul J. (1910–1985) – USA
1975: Cornforth, John W. (geb. 7.9.1917) – Australien
Prelog, Vladimir (1906–1998) – Schweiz
1976: Lipscomb, William N. (geb. 9.12.1919) – USA
1977: Prigogine, Ilya (geb. 25.1.1917) – Belgien
1978: Mitchell, Peter D. (1920–1992) – Großbritannien
1979: Brown, Herbert C. (geb. 22.5.1912) – USA
Wittig, Georg (1897–1987) – Deutschland
1980: Berg, Paul (geb. 30.6.1926) – USA
Gilbert, Walter (geb. 21.3.1932) – USA
Sanger, Frederick (geb. 13.8.1918) – Großbritannien
1981: Fukui, Kenichi (1918–1998) – Japan
Hoffmann, Roald (geb. 18.7.1937) – USA
1982: Klug, Aaron (geb. 11.8.1926) – Großbritannien
1983: Taube, Henry (geb. 30.11.1915) – USA
1984: Merrifield, Robert B. (geb. 15.7.1921) – USA
1985: Hauptman, Herbert A. (geb. 14.2.1917) – USA
Karle, Jerome (geb. 18.6.1918) – USA
1986: Herschbach, Dudley R. (geb. 18.6.1932) – USA
Lee, Yuan T. (geb. 19.11.1936) – USA
Polanyi, John C. (geb. 23.1.1929) – Kanada

1987: Cram, Donald J. (geb. 22.4.1919) – USA
Lehn, Jean-Marie P. (geb. 30.9.1939) – Frankreich
Pedersen, Charles J. (1904–1989) – USA
1988: Deisenhofer, Johann (geb. 30.9.1943) – Deutschland
Huber, Robert (geb. 20.2.1937) – Deutschland
Michel, Hartmut (geb. 18.7.1948) – Deutschland
1989: Altman, Sidney (geb. 8.5.1939) – Kanada
Cech, Thomas R. (geb. 8.12.1947) – USA
1990: Corey, Elias J. (geb. 12.7.1928) – USA
1991: Ernst, Richard R. (geb. 14.8.1933) – Schweiz
1992: Marcus, Rudolph A. (geb. 21.7.1923) – USA
1993: Mullis, Kary B. (geb. 28.12.1944) – USA
Smith, Michael (1932–2000) – Kanada
1994: Olah, George A. (geb. 22.5.1927) – USA
1995: Crutzen, Paul J. (geb. 3.12.1933) – Niederlande
Molina, Mario J. (geb. 19.3.1943) – USA
Rowland, Frank S. (geb. 28.6.1927) – USA
1996: Curl, Robert F. (geb. 23.8.1933) – USA
Kroto, Harold W. (geb. 7.10.1939) – Großbritannien
Smalley, Richard E. (geb. 6.6.1943) – USA
1997: Boyer, Paul D. (geb. 31.7.1918) – USA
Skou, Jens C. (geb. 8.10.1918) – Dänemark
Walker, John E. (geb. 7.1.1941) – Großbritannien
1998: Kohn, Walter (geb. 9.3.1923) – USA
Pople, John A. (geb. 31.10.1925) – Großbritannien
1999: Zewail, Ahmed H. (geb. 26.2.1946) – Ägypten/USA
2000: Heeger, Alan J. (geb. 22.1.1936) – USA
MacDiarmid, Alan G. (geb. 1927) – USA
Shirakawa, Hideki (geb. 1936) – Japan

Physiologie/Medizin

1901: Behring, Emil A. von (1854–1917) – Deutschland
1902: Ross, Ronald (1857–1932) – Großbritannien
1903: Finsen, Niels R. (1860–1904) – Dänemark
1904: Pawlow, Iwan P. (1849–1936) – Rußland
1905: Koch, Robert (1843–1910) – Deutschland
1906: Golgi, Camillo (1844–1926) – Italien
Ramón y Cajal, Santiago (1852–1934) – Spanien
1907: Laveran, Charles L. A. (1845–1922) – Frankreich
1908: Ehrlich, Paul (1854–1915) – Deutschland
Metschnikow, Ilja I. (1845–1916) – Rußland
1909: Kocher, Emil T. (1841–1917) – Schweiz
1910: Kossel, Albrecht (1853–1927) – Deutschland
1911: Gullstrand, Allvar (1862–1930) – Schweden
1912: Carrel, Alexis (1873–1944) – Frankreich
1913: Richet, Charles R. (1850–1935) – Frankreich
1914: Bárány, Róbert (1876–1936) – Österreich
1915: Kein Preis verliehen
1916: Kein Preis verliehen
1917: Kein Preis verliehen

1918: Kein Preis verliehen
1919: Bordet, Jules (1870–1961) – Belgien
1920: Krogh, Schack A. S. (1874–1949) – Dänemark
1921: Kein Preis verliehen
1922: Hill, Archibald V. (1886–1977) – Großbritannien
Meyerhof, Otto F. (1884–1951) – Deutschland
1923: Banting, Frederick G. (1891–1941) – Kanada
Macleod, John J. (1876–1935) – Kanada
1924: Einthoven, Willem (1860–1927) – Niederlande
1925: Kein Preis verliehen
1926: Fibiger, Johannes A. G. (1867–1928) – Dänemark
1927: Wagner-Jauregg, Julius (1857–1940) – Österreich
1928: Nicolle, Charles J. H. (1866–1936) – Frankreich
1929: Eijkman, Christiaan (1858–1930) – Niederlande
Hopkins, Frederick G. (1861–1947) – Großbritannien
1930: Landsteiner, Karl (1868–1943) – Österreich
1931: Warburg, Otto H. (1883–1970) – Deutschland
1932: Sherrington, Charles S. (1857–1952) – Großbritannien
Adrian, Edgar D. (1889–1977) – Großbritannien
1933: Morgan, Thomas H. (1866–1945) – USA
1934: Minot, George R. (1885–1950) – USsA
Murphy, William P. (1892–1987) – USA
Whipple, George H. (1878–1976) – USA
1935: Spemann, Hans (1869–1941) – Deutschland
1936: Dale, Henry H. (1875–1968) – Großbritannien
Loewi, Otto (1873–1961) – Deutschland
1937: Szent-Györgyi von Nagyrapolt, Albert (1893–1986) – Ungarn
1938: Heymans, Cornelius J. F. (1892–1968) – Belgien
1939: Domagk, Gerhard J. P. (1895–1964) – Deutschland
1940: Kein Preis verliehen
1941: Kein Preis verliehen
1942: Kein Preis verliehen
1943: Dam, Henrik Carl P. (1895–1976) – Dänemark
Doisy, Edward A. (1893–1986) – USA
1944: Erlanger, Joseph (1874–1965) – USA
Gasser, Herbert S. (1888–1963) – USA
1945: Chain, Ernest B. (1906–1979) – Großbritannien
Fleming, Alexander (1881–1955) – Großbritannien
Florey, Howard W. (1898–1968) – Australien
1946: Muller, Hermann J. (1890–1967) – USA
1947: Cori, Carl F. (1896–1984) – USA
Cori, Gerty T. (1896–1957) – USA
Houssay, Bernardo A. (1887–1971) – Argentinien
1948: Müller, Paul H. (1899–1965) – Schweiz
1949: Hess, Walter R. (1881–1973) – Schweiz
Moniz, Egas (1874–1955) – Portugal
1950: Hench, Philip S. (1896–1965) – USA
Kendall, Edward C. (1886–1972) – USA
Reichstein, Tadeus (1897–1996) – Schweiz

1951: Theiler, Max (1899–1972) – USA
1952: Waksman, Selman A. (1888–1973) – USA
1953: Krebs, Hans A. (1900–1981) – Großbritannien
Lipmann, Fritz A. (1899–1986) – USA
1954: Enders, John F. (1897–1985) – USA
Robbins, Frederick C. (geb. 25.8.1916) – USA
Weller, Thomas H. (geb. 15.6.1915) –USA
1955: Theorell, Axel H. (1903–1982) – Schweden
1956: Cournand, André F. (1895–1988) – USA
Forßmann, Werner T. O. (1904–1979) – Deutschland
Richards, Dickinson W. (1895–1973) – USA
1957: Bovet, Daniel (1907–1992) – Italien
1958: Beadle, George W. (1903–1989) – USA
Lederberg, Joshua (geb. 23.5.1925) – USA
Tatum, Edward L. (1909–1975) – USA
1959: Kornberg, Arthur (geb. 3.3.1918) – USA
Ochoa, Severo (1905–1993) – USA
1960: Burnet, Frank M. (1899–1985) – Australien
Medawar, Peter B. (1915–1987) – Großbritannien
1961: Békésy, Georg von (1899–1972) – USA
1962: Crick, Francis H. C. (geb. 8.6.1916) – Großbritannien
Watson, James D. (geb. 6.4.1928) – USA
Wilkins, Maurice H. F. (geb. 15.12.1916) – Großbritannien
1963: Eccles, John C. (1903–1997) – Australien
Hodgkin, Alan L. (1914–1998) – Großbritannien
Huxley, Andrew F. (geb 22.11.1917) – Großbritannien
1964: Bloch, Konrad E. (geb. 21.1.1912) – USA
Lynen, Feodor F. K. (1911–1979) – Deutschland
1965: Jacob, François (geb. 17.6.1920) – Frankreich
Lwoff, André (1902–1994) – Frankreich
Monod, Jacques L. (1910–1976) – Frankreich
1966: Huggins, Charles B. (1901–1997) – USA
Rous, Francis P. (1879–1970) – USA
1967: Granit, Ragnar (1900–1991) – Schweden
Hartline, Haldan K. (1903–1983) – USA
Wald, George (1906–1997) – USA
1968: Holley, Robert W. (1922–1993) – USA
Khorana, Har G. (geb. 9.1.1922) – USA
Nirenberg, Marshall W. (geb. 10.4.1927) – USA
1969: Delbrück, Max L. H. (1906–1981) – USA
Hershey, Alfred D. (1908–1997) – USA
Luria, Salvador E. (1912–1991) – USA
1970: Axelrod, Julius (geb. 30.5.1912) – USA
Euler-Chelpin, Ulf von (1905–1983) – Schweden
Katz, Bernard (geb. 26.3.1911) – Großbritannien
1971: Sutherland, Earl W. (1915–1974) – USA
1972: Edelman, Gerald M. (geb. 1.7.1929) – USA
Porter, Rodney R. (1917–1985) – Großbritannien
1973: Frisch, Karl R. von (1886–1982) – Österreich
Lorenz, Konrad (1903–1989) – Österreich
Tinbergen, Nikolaas (1907–1988) – Niederlande

1974: Claude, Albert (1899–1983) – Belgien
Duve, Christian R. de (geb. 2.10.1917) – Belgien
Palade, George E. (geb 19.11.1912) – USA
1975: Baltimore, David (geb. 7.3.1938) – USA
Dulbecco, Renato (geb. 22.2.1914) – USA
Temin, Howard M. (1934–1994) – USA
1976: Blumberg, Baruch S. (geb. 28.7.1925) – USA
Gajdusek, Daniel C. (geb. 9.9.1923) – USA
1977: Guillemin, Roger C. L. (geb. 11.1.1924) – USA
Schally, Andrew V. (geb. 30.11.1926) – USA
Yalow, Rosalyn S. (geb. 19.7.1921) – USA
1978: Arber, Werner (geb. 3.6.1929) – Schweiz
Nathans, Daniel (1928–1999) – USA
Smith, Hamilton O. (geb. 23.8.1931) – USA
1979: Cormack, Allen M. (1924–1998) – USA
Hounsfield, Godfrey N. (geb. 28.8.1919) – Großbritannien
1980: Benacerraf, Baruj (geb. 29.10.1920) – USA
Dausset, Jean B. G. J. (geb. 19.10.1916) – Frankreich
Snell, George D. (1903–1996) – USA
1981: Hubel, David H. (geb. 27.2.1926) – USA
Sperry, Roger W. (1913–1994) – USA
Wiesel, Torsten N. (geb. 3.6.1924) – Schweden
1982: Bergström, Sune K. (geb. 10.1.1916) – Schweden
Samuelsson, Bengt I. (geb. 21.5.1934) – Schweden
Vane, John R. (geb. 29.3.1927) – Großbritannien
1983: McClintock, Barbara (1902–1992) – USA
1984: Jerne, Niels Kaj (1911–1994) – Großbritannien
Köhler, Georges J. F. (1946–1995) – Deutschland
Milstein, Cesar (geb. 8.10.1927) – Argentinien
1985: Brown, Michael S. (geb. 13.4.1941) – USA
Goldstein, Joseph L. (geb. 18.4.1940) – USA
1986: Cohen, Stanley (geb. 17.11.1922) – USA
Levi-Montalcini, Rita (geb. 22.4.1909) – Italien
1987: Tonegawa, Susumu (geb. 5.9.1939) – Japan
1988: Black, James (geb. 14.6.1924) – Großbritannien
Elion, Gertrude B. (1918–1999) – USA
Hitchings, George H. (1905–1998) – USA
1989: Bishop, Michael J. (geb. 22.2.1936) – USA
Varmus, Harold E. (geb. 18.12.1939) – USA
1990: Murray, Joseph E. (geb. 1.4.1919) – USA
Thomas, Edward D. (geb. 15.3.1920) – USA
1991: Neher, Erwin (geb. 20.3.1944) – Deutschland
Sakmann, Bert (geb. 12.6.1942) – Deutschland
1992: Fischer, Edmont H. (geb. 6.4.1920) – USA
Krebs, Edwin G. (geb. 6.6.1918) – USA
1993: Roberts, Richard J. (geb. 6.9.1943) – Großbritannien
Sharp, Phillip A. (geb. 6.6.1944) – USA
1994: Gilman, Alfred G. (geb. 1.7.1941) – USA
Rodbell, Martin (1925–1998) – USA
1995: Lewis, Edward B. (geb. 20.5.1918) – USA
Nüsslein-Volhard, Christiane (geb. 20.10.1942) – Deutschland

Wieschaus, Eric F. (geb. 7.6.1947) – USA
1996: Doherty, Peter C. (geb. 15.10.1940) – Australien
Zinkernagel, Rolf M. (geb. 6.1.1944) – Schweiz
1997: Prusiner, Stanley B. (geb. 28.5.1942) – USA
1998: Furchgott, Robert F. (geb. 4.6.1916) – USA
Ignarro, Louis J. (geb. 31.5.1941) – USA
Murad, Ferid (geb. 14.9.1936) – USA
1999: Blobel, Günter (geb. 21.5.1936) – USA
2000: Carlsson, Arvid (geb. 25.1.1923) – Schweden
Greengard, Paul (geb. 11.12.1925) – USA
Kandel, Eric R. (geb. 7.11.1929) – USA

Literatur

1901: Sully Prudhomme (1839–1907) – Frankreich
1902: Mommsen, Theodor (1817–1903) – Deutschland
1903: Bjørnson, Bjørnstjerne M. (1832–1910) – Norwegen
1904: Echegaray y Eizaguirre, José de (1832–1916) – Spanien
Mistral, Frédéric (1830–1914) – Frankreich
1905: Sienkiewicz, Henryk (1846–1916) – Polen
1906: Carducci, Giosue (1835–1907) – Italien
1907: Kipling, Rudyard (1865–1936) – Großbritannien
1908: Eucken, Rudolf C. (1846–1926) – Deutschland
1909: Lagerlöf, Selma (1858–1940) – Schweden
1910: Heyse, Paul (1830–1914) – Deutschland
1911: Maeterlinck, Maurice (1862–1949) – Belgien
1912: Hauptmann, Gerhart (1862–1946) – Deutschland
1913: Tagore, Rabindranath (1861–1941) – Indien
1914: Kein Preis verliehen
1915: Rolland, Romain (1866–1944) – Frankreich
1916: Heidenstam, Carl G. V. von (1859–1940) – Schweden
1917: Gjellerup, Karl A. (1857–1919) – Dänemark
Pontoppidan, Henrik (1857–1943) – Dänemark
1918: Kein Preis verliehen
1919: Spitteler, Carl (1845–1924) – Schweiz
1920: Hamsun, Knut (1859–1952) – Norwegen
1921: France, Anatole (1844–1924) – Frankreich
1922: Benavente y Martinez, Jacinto (1866–1954) – Spanien
1923: Yeats, William B. (1865–1939) – Irland
1924: Reymont, Wladislaw S. (1867–1925) – Polen
1925: Shaw, George B. (1856–1950) – Irland
1926: Deledda, Grazia (1871–1936) – Italien
1927: Bergson, Henri L. (1859–1941) – Frankreich
1928: Undset, Sigrid (1882–1949) – Norwegen
1929: Mann, Thomas (1875–1955) – Deutschland
1930: Lewis, Sinclair (1885–1951) – USA
1931: Karlfeldt, Erik A. (1864–1931) – Schweden
1932: Galsworthy, John (1867–1933) – Großbritannien
1933: Bunin, Iwan A. (1870–1953) – Sowjetunion

1934: Pirandello, Luigi (1867–1936) – Italien
1935: Kein Preis verliehen
1936: O'Neill, Eugene G. (1888–1953) – USA
1937: Martin du Gard, Roger (1881–1958) – Frankreich
1938: Buck, Pearl C. S. (1892–1973) – USA
1939: Sillanpää, Frans E. (1888–1964) – Finnland
1940: Kein Preis verliehen
1941: Kein Preis verliehen
1942: Kein Preis verliehen
1943: Kein Preis verliehen
1944: Jensen, Johannes V. (1873–1950) – Dänemark
1945: Mistral, Gabriela (1889–1957) – Chile
1946: Hesse, Hermann (1877–1962) – Schweiz
1947: Gide, André (1869–1951) – Frankreich
1948: Eliot, Thomas S. (1888–1965) – Großbritannien
1949: Faulkner, William (1897–1962) –USA
1950: Russell, Bertrand (1872–1970) – Großbritannien
1951: Lagerkvist, Pär F. (1891–1974) – Schweden
1952: Mauriac, François (1885–1970) – Frankreich
1953: Churchill, Winston L. S. (1874–1965) – Großbritannien
1954: Hemingway, Ernest M. (1899–1961) – USA
1955: Laxness, Halldor K. (1902–1998) – Island
1956: Jiménez, Juan R. (1881–1958) – Spanien
1957: Camus, Albert (1913–1960) – Frankreich
1958: Pasternak, Boris L. (1890–1960) – Sowjetunion
1959: Quasimodo, Salvatore (1901–1968) – Italien
1960: Saint-John Perse (1887–1975) – Frankreich
1961: Andrić, Ivo (1892–1975) – Jugoslawien
1962: Steinbeck, John E. (1902–1968) – USA
1963: Seferis, Giorgios (1900–1971) – Griechenland
1964: Sartre, Jean-Paul (1905–1980) – Frankreich
1965: Scholochow, Michael A. (1905–1984) – Sowjetunion
1966: Agnon, Samuel J. (1888–1970) – Israel
Sachs, Nelly (1891–1970) – Schweden
1967: Asturias, Miguel Á. (1899–1974) – Guatemala
1968: Kawabata, Yasunari (1899–1972) – Japan
1969: Beckett, Samuel B. (1906–1989) – Irland
1970: Solschenizyn, Alexander J. (geb. 11.12.1918) – UdSSR
1971: Neruda, Pablo (1904–1973) – Chile
1972: Böll, Heinrich (1917–1985) – Deutschland
1973: White, Patrick V. M. (1912–1990) – Australien
1974: Johnson, Eyvind (1900–1976) – Schweden
Martinson, Harry E. (1904–1978) – Schweden
1975: Montale, Eugenio (1896–1981) – Italien
1976: Bellow, Saul (geb. 10.7.1915) – USA
1977: Aleixandre y Merlo, Vicente P. M. C. (1898–1984) – Spanien
1978: Singer, Isaac B. (1904–1991) – USA
1979: Elytis, Odysseas (1911–1996) – Griechenland

1980: Miłosz, Czesław (geb. 30.6.1911) – Polen
1981: Canetti, Elias (1905–1994) – Österreich
1982: García Márquez, Gabriel (geb. 6.3.1928) – Kolumbien
1983: Golding, William G. (1911–1993) – Großbritannien
1984: Seifert, Jaroslav (1901–1986) – ČSSR
1985: Simon, Claude (geb. 10.10.1913) – Frankreich
1986: Soyinka, Wole A. (geb. 13.7.1934) – Nigeria
1987: Brodsky, Joseph A. (1940–1996) – USA
1988: Mahfus, Nagib (geb. 11.12.1911) – Ägypten
1989: Cela y Trulock, Camilo J. (geb. 11.5.1916) – Spanien
1990: Paz, Octavio (1914–1998) – Mexiko
1991: Gordimer, Nadine (geb. 20.11.1923) – Südafrika
1992: Walcott, Derek (geb. 23.1.1930) – Westindien
1993: Morrison, Toni (geb. 18.2.1931) – USA
1994: Oe, Kenzaburo (geb. 31.1.1935) – Japan
1995: Heaney, Seamus J. (geb. 13.4.1939) – Irland
1996: Szymborska, Wislawa (geb. 2.7.1923) – Polen
1997: Fo, Dario (geb. 24.3.1926) – Italien
1998: Saramago, José M. S. (geb. 16.11.1922) – Portugal
1999: Grass, Günter (geb. 16.10.1927) – Deutschland
2000: Xingjian, Gao (geb. 1.4.1940) – China

Frieden

1901: Dunant, Henri (1828–1910) – Schweiz
Passy, Frédéric (1822–1912) – Frankreich
1902: Ducommun, Élie (1833–1906) – Schweiz
Gobat, Charles A. (1843–1914) – Schweiz
1903: Cremer, William R. (1838–1908) – Großbritannien
1904: Institut für Völkerrecht
1905: Suttner, Bertha von (1843–1914) – Österreich
1906: Roosevelt, Theodore (1858–1919) – USA
1907: Moneta, Ernesto T. (1833–1918) – Italien
Renault, Louis (1843–1918) – Frankreich
1908: Arnoldson, Klas P. (1844–1916) – Schweden
Bajer, Frederik (1837–1922) – Dänemark
1909: Beernaert, Auguste M. F. (1829–1912) – Belgien
Estournelles, Paul d' (1852–1924) – Frankreich
1910: Internationales Ständiges Friedensbüro
1911: Asser, Tobias M. C. (1838–1913) – Niederlande
Fried, Alfred H. (1864–1921) – Österreich
1912: Root, Elihu (1845–1937) – USA
1913: La Fontaine, Henri (1854–1943) – Belgien
1914: Kein Preis verliehen
1915: Kein Preis verliehen
1916: Kein Preis verliehen
1917: Internationales Komitee vom Roten Kreuz
1918: Kein Preis verliehen
1919: Wilson, Thomas W. (1856–1924) – USA

1920: Bourgeois, Leon V. A. (1851–1925) – Frankreich
1921: Branting, Hjalmar K. (1860–1925) – Schweden
Lange, Christian (1869–1938) – Norwegen
1922: Nansen, Fridtjof (1861–1930) – Norwegen
1923: Kein Preis verliehen
1924: Kein Preis verliehen
1925: Chamberlain, Joseph A. (1863–1937) – Großbritannien
Dawes, Charles G. (1865–1951) – USA
1926: Briand, Aristide (1862–1932) – Frankreich
Stresemann, Gustav (1878–1929) – Deutschland
1927: Buisson, Ferdinand E. (1841–1932) – Frankreich
Quidde, Ludwig (1858–1941) – Deutschland
1928: Kein Preis verliehen
1929: Kellogg, Frank B. (1856–1937) – USA
1930: Söderblom, Nathan (1866–1931) – Schweden
1931: Addams, Jane L. (1860–1935) – USA
Butler, Nicholas M. (1862–1947) – USA
1932: Kein Preis verliehen
1933: Angell, Norman L. (1874–1967) – Großbritannien
1934: Henderson, Arthur (1863–1935) – Großbritannien
1935: Ossietzky, Carl von (1889–1938) – Deutschland
1936: Saavedra Lamas, Carlos de (1878–1959) – Argentinien
1937: Cecil of Chelwood, Edgar A. R. (1864–1958) – Großbritannien
1938: Internationales Nansenamt für Flüchtlinge
1939: Kein Preis verliehen
1940: Kein Preis verliehen
1941: Kein Preis verliehen
1942: Kein Preis verliehen
1943: Kein Preis verliehen
1944: Internationales Komitee vom Roten Kreuz
1945: Hull, Cordell (1871–1955) – USA
1946: Balch, Emily G. (1867–1961) – USA
Mott, John R. (1865–1955) – USA
1947: Gesellschaft der Freunde (Quäker) – Großbritannien / USA
1948: Kein Preis verliehen
1949: Boyd Orr of Brechin, John (1880–1971) – Großbritannien
1950: Bunche, Ralph J. (1904–1971) – USA
1951: Jouhaux, Léon (1879–1954) – Frankreich
1952: Schweitzer, Albert (1875–1965) – Frankreich
1953: Marshall, George C. (1880–1959) – USA
1954: UNO-Hochkommissariat für Flüchtlinge
1955: Kein Preis verliehen
1956: Kein Preis verliehen
1957: Pearson, Lester B. (1897–1972) – Kanada
1958: Pire, Dominique G. (1910–1969) – Belgien
1959: Noel-Baker, Philip J. (1889–1982) – Großbritannien
1960: Luthuli, Albert J. (1898–1967) – Südafrika
1961: Hammarskjöld, Dag H. A. C. (1905–1961) – Schweden

1962: Pauling, Linus C. (1901–1994) – USA
1963: Internationales Komitee vom Roten Kreuz
1964: King, Martin Luther (1929–1968) – USA
1965: UNICEF – Weltkinderhilfswerk der Vereinten Nationen
1966: Kein Preis verliehen
1967: Kein Preis verliehen
1968: Cassin, René (1887–1976) – Frankreich
1969: Internationale Arbeitsorganisation – IAO
1970: Borlaug, Norman E. (geb. 25.3.1914) – USA
1971: Brandt, Willy (1913–1992) – Deutschland
1972: Kein Preis verliehen
1973: Kissinger, Henry A. (geb. 27.5.1923) – USA
Lê Đuc Tho (1911–1990) – Vietnam
1974: MacBride, Sean (1904–1988) – Irland
Sato, Eisaku (1901–1975) – Japan
1975: Sacharow, Andrei D. (1921–1989) – Sowjetunion
1976: Corrigan, Mairead (geb. 27.1.1944) – Nordirland
Williams, Betty (geb. 22.5.1943) – Nordirland
1977: Amnesty International – AI
1978: Begin, Menachem (1913–1992) – Israel
Sadat, Muhammad A. as (1918–1981) – Ägypten
1979: Mutter Teresa (1910–1997) – Albanien
1980: Pérez Esquivel, Adolfo (geb. 26.11.1931) – Argentinien
1981: UNO-Hochkommissariat für Flüchtlinge
1982: García Robles, Alfonso (1911–1991) – Mexiko
Myrdal, Alva (1902–1986) – Schweden
1983: Wałesa, Leszek (geb. 29.9.1943) – Polen
1984: Tutu, Desmond M. (geb. 7.10.1931) – Südafrika
1985: Internationale Ärztebewegung zur Verhütung eines Atomkrieges
1986: Wiesel, Elie (geb. 30.9.1928) – USA
1987: Arias Sanchez, Oscar (geb. 13.9.1941) – Costa Rica
1988: UNO-Friedenstruppen
1989: Dalai Lama (geb. 6.6.1935) – Tibet
1990: Gorbatschow, Michail S. (geb. 2.3.1931) – Sowjetunion
1991: Aung San Suu Kyi (geb. 19.6.1945) – Birma
1992: Menchu, Rigoberta (geb. 15.1.1959) – Guatemala
1993: Klerk, Frederik W. de (geb. 18.3.1936) – Südafrika
Mandela, Nelson R. (geb. 18.7.1918) – Südafrika
1994: Arafat, Jasir M. (geb. 27.8.1929) – Palästina
Peres, Shimon (geb. 15.8.1923) – Israel
Rabin, Yitzhak (1922–1995) – Israel
1995: Rotblat, Joseph (geb. 4.11.1908) – Großbritannien
Internationale Pugwash-Konferenz
1996: Belo, Carlos F. X. (geb. 3.2.1948) – Osttimor
Ramos-Horta, José (geb. 26.12.1949) – Osttimor
1997: Williams, Jody (geb. 9.10.1950) – USA
Internationale Kampagne zum Verbot von Landminen
1998: Hume, John (geb. 18.1.1937) – Nordirland
Trimble, David W. (geb. 15.10.1944) – Nordirland

1999: Ärzte ohne Grenzen – Médecins Sans Frontières
2000: Jung, Kim D. (geb. 3.12.1925) – Südkorea

Wirtschaftswissenschaften
1969: Frisch, Ragnar A. K. (1895–1973) – Norwegen
Tinbergen, Jan (1903–1994) – Niederlande
1970: Samuelson, Paul A. (geb. 15.5.1915) – USA
1971: Kuznets, Simon S. (1901–1985) – USA
1972: Arrow, Kenneth J. (geb. 23.8.1921) – USA
Hicks, John R. (1904–1989) – Großbritannien
1973: Leontief, Wassily (1906–1999) – USA
1974: Hayek, Friedrich A. von (1899–1992) – Österreich
Myrdal, Karl G. (1898–1987) – Schweden
1975: Kantorowitsch, Leonid W. (1912–1986) – Sowjetunion
Koopmans, Tjalling C. (1910–1985) – USA
1976: Friedman, Milton (geb. 31.7.1912) – USA
1977: Meade, James E. (1907–1995) – Großbritannien
Ohlin, Bertil G. (1899–1979) – Schweden
1978: Simon, Herbert A. (geb. 15.6.1916) – USA
1979: Lewis, William A. (1915–1991) – Großbritannien
Schultz, Theodore W. (1902–1998) – USA
1980: Klein, Lawrence R. (geb. 14.9.1920) – USA
1981: Tobin, James (geb. 5.3.1918) – USA
1982: Stigler, George J. (1911–1991) – USA
1983: Debreu, Gerard (geb. 4.7.1921) – USA
1984: Stone, John R. N. (1913–1991) – Großbritannien
1985: Modigliani, Franco (geb. 18.6.1918) – USA
1986: Buchanan, James McGill (geb. 2.10.1919) – USA
1987: Solow, Robert M. (geb. 23.8.1924) – USA
1988: Allais, Maurice (geb. 31.5.1911) – Frankreich
1989: Haavelmo, Trygve M. (1911–1999) – Norwegen
1990: Markowitz, Harry M. (geb. 24.8.1927) – USA
Miller, Merton H. (1923–2000) – USA
Sharpe, William F. (geb. 16.6.1934) – USA
1991: Coase, Ronald H. (geb. 29.12.1910) – Großbritannien
1992: Becker, Gary S. (geb. 2.12.1930) – USA
1993: Fogel, Robert W. (geb. 1.7.1926) – USA
North, Douglass C. (geb. 5.11.1920) – USA
1994: Harsanyi, John C. (1920–2000) – USA
Nash, John F. (geb. 13.6.1928) – USA
Selten, Reinhard (geb. 5.10.1930) – Deutschland
1995: Lucas, Robert E. jr. (geb. 15.9.1937) – USA
1996: Mirrlees, James A. (geb. 5.7.1936) – Großbritannien
Vickrey, William S. (1914–1996) – USA
1997: Merton, Robert C. (geb. 31.7.1944) – USA
Scholes, Myron S. (geb. 1.7.1941) – USA
1998: Sen, Amartya K. (geb. 3.11.1933) – Indien
1999: Mundell, Robert A. (geb. 24.10.1932) – Kanada
2000: Heckman, James J. (geb. 19.4.1944) – USA
McFadden, Daniel L. (geb. 29.7.1937) – USA

PHYSIK

Alferow, Zhores Iwanowitsch – russischer Physiker
geb. 15.3.1930 in Vitebsk (Weißrußland)
Nobelpreis 2000, für die Entdeckung, daß sich schnelle elektrische und leistungsfähige optische Bauelemente aus geschichteten Halbleiterstrukturen herstellen lassen.
A. studierte am Fachbereich Elektronik des Elektrotechnischen Instituts W. I. Uljanow im damaligen Leningrad und beendete 1952 das Studium als Ingenieur. 1953 ging er an das Joffe-Institut und wurde 1967 Leiter des Forschungslabors. 1970 erwarb A. den Titel Doktor der Wissenschaften in Physik und Mathematik. 1973 übernahm er den Lehrstuhl für Optoelektronik an der Sankt Petersburger (damals Leningrad) staatlichen Technischen Universität. 1987 wurde er Direktor des Joffe-Instituts, und ein Jahr später wurde er zum Dekan der Fakultät Physik und Technologie der Universität ernannt. Im Dezember 1995 zog A. als Mitglied der Partei „Unser Haus Rußland" des damaligen Ministerpräsidenten Viktor Tschernomyrdin in die Staatsduma ein.

Der Physik-Nobelpreis 2000 geht an drei Pioniere der Informationstechnologie: den Deutschen Herbert Kroemer, den Russen A. und den US-Amerikaner Jack Kilby, der als einer der Väter des Mikrochips gilt. A.s Forschungen richteten sich seit Beginn der 60er Jahre auf die Halbleiterphysik, die Halbleiter- und Quantenelektronik und die technische Physik. Halbleiter sind Festkörper, die bei Zimmertemperatur eine elektrische Leitfähigkeit aufweisen und bei tiefen Temperaturen Isolatoren sind. Ihr elektrischer Widerstand fällt mit steigender Temperatur exponentiell ab. Werden Halbleiter aus verschiedenen, ultradünnen Materialschichten (von einer Dicke von etwa 10 Nanometern) kombiniert, spricht man von Halbleiterheterostrukturen. In diesen besitzen die Elektronen entlang der Grenzflächen eine besonders hohe Mobilität. Über die praktische Verwendung der Halbleiterheterostrukturen forschte A. sehr intensiv. Heterogene Halbleitersysteme eignen sich nicht nur für den Bau von Transistoren, sondern auch für den von Lasern.

Im Jahr 1963 entwickelte A., unabhängig von dem deutsch-amerikanischen Wissenschaftler H. Kroemer, der die gleiche Idee hatte, die Prinzipien eines Halbleiterlasers mit Heterostrukturen. 1969 stellte er eine Heterostruktur mit klar voneinander abgegrenzten Schichten her. Der technische Durchbruch gelang ihm 1970, als ein von ihm konstruierter Halbleiterlaser mit Heterostrukturen erstmals eine kontinuierliche Lichtabstrahlung bei Raumtemperatur aufwies. Damit war der Weg für die technische Anwendung geebnet. Der Halbleiterlaser zeichnet sich durch extrem kleine Abmessungen (Kantenlänge des Kristalls < 1 mm), hohe Verstärkung, sehr guten Wirkungsgrad und einfache Modulierbarkeit der Laserstrahlung durch Modulation des Pumpstromes bis in den Frequenzbereich von 10 GHz aus.

Mit einer Vielzahl von Erfindungen im Bereich der Halbleiterelektronik leistete A. einen wichtigen Beitrag zur Entwicklung der modernen Informationstechnologie. Moderne Halbleiterlaser findet man u. a. als „Lesekopf" für Bildplatte und Compact Disc, bei der optischen Datenübertragung mit Glasfasern im Internet, und auch lichtstarke Leuchtdioden für Verkehrsampeln werden mit Heterostrukturtechnik hergestellt.

Alfvén, Hannes Olof Gösta – schwedischer Physiker
geb. 30.5.1908 in Norrköping
gest. 2.4.1995 in Stockholm
Nobelpreis 1970, für Forschungen über Magneto-Hydrodynamik und seine grundlegenden Beiträge zur Plasmaphysik.
A., Sohn eines Mediziner-Ehepaares, besuchte die Schule in seiner Heimatstadt und studierte dann ab 1926 an der Universität Uppsala Naturwissenschaften, wobei die Physik im Vordergrund stand. 1934 promovierte er dort. Anschließend war A. bis 1937 als Dozent an der gleichen Universität tätig, danach ging er als Forschungsphysiker an das Nobel-Institut für Physik in Stockholm. 1940 erhielt A. eine Berufung als Professor für Elektrotechnik und Mechanik an die Königliche Technische Hochschule in Stockholm, von 1945 bis 1963 war er dort Professor für Elektronik und schließlich bis zu seiner Emeritierung 1973 Professor für Plasmaphysik. In den 70er Jahren hielt er Gastvorlesungen an den Universitäten von Chicago und San Diego.

A. erforschte auf dem Gebiet der Plasmaphysik die Wechselwirkungen zwischen Magnetfeldern und elektrisch leitfähigen Gasen und Plasmen. Seine preiswürdigen Arbeiten gehen bereits auf das Jahr 1942 zurück. Damals beschäftigte er sich mit der Entstehung von Nordlichtern und von sogenannten magnetischen Stürmen. Das sind Störungen des irdischen Magnetfeldes als Folge von Strahlungsausbrüchen der Sonne. Diese Strahlungsausbrüche erzeugen in den oberen Schichten der irdischen Atmosphäre elektrische Ströme, die dann ihrerseits das Magnetfeld der Erde durchdringen. Diese Wechselbeziehung von Strom und Magnetfeld in elektrisch leitenden Gasen ist die Grundlage der Plasmaphysik. Plasma, der Zustand des größten Teils der Materie im Weltraum, ist der vierte physikalische Zustand neben den festen, flüssigen und gasförmigen Stoffen. A. wies nach, daß ein Magnetfeld, das auf eine leitende Flüssigkeit einwirkt, Wechselwirkung zwischen hydrodynamischen Bewegungen und elektrischen Strömen verursacht. Diese von ihm entdeckten Wellenbewegungen wurden später A.-Wellen genannt, ihre Existenz konnte in den 50er Jahren in Laborexperimenten nachgewiesen werden, zunächst in flüssigem Metall, 1959 schließlich auch in Plasma.

Im Jahre 1965 wurde von A. eine recht bemerkenswerte kosmologische Theorie vorgelegt. Die von A. diskutierte kosmologische Theorie geht von den Antiteilchen aus, die zu den normalen Elementarteilchen völlig symmetrische Eigenschaften haben. Ein Atom, das statt aus Protonen und Elektronen aus Antiprotonen und Positronen aufgebaut ist, weist die gleichen physikalischen Eigenschaften auf wie „normale" Atome. Es ist deshalb denkbar, daß im Weltall Materie und Antimaterie gleich häufig vertreten sind; z. B. könnte im Mittel jeder zweite Stern aus Antimaterie bestehen. Bekanntlich vernichten sich Teilchen und Antiteilchen bei einer Begegnung durch „Zerstrahlung", so daß zuletzt Photonen und Neutrinos übrigbleiben. Ein von A. entwickeltes Modell der Kometenschweife wurde 1985 beim „Vorbeiflug" einer amerikanischen Raumsonde am Kometen Giaacobini-Zinner endgültig bestätigt.

A. warnte energisch vor den Risiken der Nukleartechnik und engagierte sich gegen den nuklearen Rüstungswettlauf der Weltmächte. Unter seinem Vorsitz wurde 1974 in Baden bei Wien die 24. Pugwash-Konferenz abgehalten. Über 100 Wissenschaftler aus Ost und West berieten über europäische Sicherheit und Abrüstung, das Nahost-Problem und Energiefragen. 1978 übte A. heftige Kritik an der Internationalen Atomenergieorganisation, der er vorwarf, sie habe mehr für als gegen die Herstellung und Verbreitung von Kernwaffen getan. In diesem Zusammenhang vertrat er auch die Ansicht, es werde keine Energiekrise geben, wenn die enorme Energieverschwendung gestoppt und alternative Energiequellen wie Kohle-, Sonnen-, Wasser- oder Windenergie besser genutzt würden.

A. veröffentlichte wichtige Arbeiten zur Elektrodynamik, zu Fragen der Entstehung des Sonnensystems und der Kosmologie. In deutscher Sprache erschienen „Kosmische Elektrodynamik" (1950), „Über den Ursprung des Sonnensystems" (1954), „Kosmische Elektrodynamik: Fundamentale Grundsätze" (1963), „Welten – Antiwelten" (1966), „Atome, Menschen und Universum" (1971). Zusammen mit seiner Frau schrieb er „Leben auf dem dritten Planeten" (1972).

Alvarez, Luis Walter – amerikanischer Physiker
geb. 13.6.1911 in San Francisco
gest. 1.9.1988 in Berkeley (Kalifornien)
Nobelpreis 1968, für die erste Elementarteilchenresonanz, das Omegameson, und für diese zu neuen Einsichten in die Theorie der Elementarteilchen führende Entdeckung.

A. studierte an der Universität Chicago Physik und erwarb 1934 den naturwissenschaftlichen Mastergrad. 1937 promovierte er. Anschließend ging er an das Physik-Department der Universität von Kalifornien in Berkeley. Hier wirkte er zuerst als Forschungsassistent, dann als Instruktor, Assistant und Associate Professor.

Von 1940 bis 1943 arbeitete A. in den geheimen Radarlaboratorien des Massachusetts Institute of Technology an der amerikanischen Ostküste, entwarf dort u. a. ein Bombenzielgerät und eine drahtlose Blindlandevorrichtung für Flugzeuge. Von 1943 bis 1945 wirkte er unter R. J. Oppenheimer in Los Alamos am amerikanischen Atombombenprojekt mit, kehrte danach wieder zu seinem früheren Arbeitsgebiet, der Kern- und Elementarteilchenphysik, zurück. Nach dem Kriege wurde er zum Professor für Kernphysik an die University of California in Berkeley berufen. Als einer der ersten wurde er in dem dort ansässigen Radiation Laboratory Mitarbeiter von E. O. Lawrence (Physik-Nobelpreis 1939), der hier im Jahre 1929 das erste Zyklotron gebaut hatte. Von 1954 bis 1959 war er Stellvertreter von Lawrence am Strahlungsinstitut, und nach dessen Tod wurde er 1959 mit der Leitung dieses Instituts beauftragt. 1978 wurde er emeritiert, war aber noch weiterhin tätig.

A. wies 1937 den Elektroneneinfang nach – die Kernumwandlung, bei der ein instabiler Atomkern ein Elektron seiner Atomhülle absorbiert und ein Proton unter Emission eines Neutrinos in ein Neutron verwandelt wird. In seinen Arbeiten über die kosmische Strahlung entdeckte er den Ost-West-Effekt, einen der geomagnetischen Effekte der kosmischen Strahlung. Nach Ende des Zweiten Weltkrieges verantwortete A. den Bau des ersten Protonen-Linearbeschleunigers.

A. hat sich aber auch mit ganz anderen Untersuchungen befaßt. So wies er mit Hilfe der kosmischen Strahlung nach, daß die Chephren-Pyramide bei Gizeh in Ägypten keine verborgene Schatzkammer enthält, wie manche Forscher gehofft hatten. Mit seinem Sohn Walter erarbeitete er auch die heute weitgehend akzeptierte Theorie, daß das Aussterben der Dinosaurier und anderer Tierarten vor 70 Milliarden Jahren an der Wende zwischen Kreide- und Tertiär-Zeit die Folge eines Einschlags eines Kleinplaneten oder Kometen war, der entscheidende klimatische Veränderungen herbeiführte.

Anderson, Carl David – amerikanischer Physiker
geb. 3.9.1905 in New York
gest. 11.1.1991 in San Marino (Kalifornien)
Nobelpreis 1936, für die Entdeckung des Positrons und die damit verbundene Bestätigung der Löchertheorie.

A., Sohn schwedischer Einwanderer, studierte Physik am California Institute of Technology in Pasadena und erhielt mit 22 Jahren seinen Abschluß als Physiker und Ingenieur. Bereits während seines Studiums forschte er auf dem Gebiet der Röntgenstrahlen, und in seiner Dissertation behandelte er 1930 die räumliche Verteilung der Photoelektronen, die aus verschiedenen Gasen durch Röntgenstrahlen erzeugt werden.

1932 beauftragte R. A. Millikan (Physik-Nobelpreis 1923) den jungen Physiker A., eine Nebelkammer mit sehr starkem Magnetfeld zur Beobachtung der Höhenstrahlung einzurichten. Bei der Höhenstrahlung ist es nun so, daß schon die reine Beobachtung einen großen experimentellen Aufwand erfordert. Noch größer wird natürlich dieser Aufwand, wenn die Beobachtung der Höhenstrahlung ersetzt werden soll durch Beobach-

John Bardeen

Niels Bohr

William Lawrence Bragg jun.

Louis-Victor de Broglie

Marie Curie

Murray Gell-Mann

Pierre-Gilles de Gennes

Werner Heisenberg

Lew Landau

Wolfgang Pauli

Max Planck

Erwin Schrödinger

tung einer künstlich erzeugten Strahlung ähnlicher Energie durch Teilchenbeschleuniger. A. entwickelte eine spezielle Nebelkammer, in der die hoch energiereichen Partikel durch eine Bleiplatte abgebremst wurden. Mit dieser Apparatur konnte er die Energie von kosmischen Strahlen in starken Magnetfeldern messen.

1928 hatte der britische Physiker P. Dirac (Physik-Nobelpreis 1933) in der nach ihm benannten Gleichung dem Elektron sowohl einen positiven wie einen negativen Energiezustand zugeordnet. Dies war eine physikalische Sensation, da das Elektron bislang als ausschließlich negativ geladenes Elementarteilchen betrachtet worden war. 1930 veröffentlichte Dirac seine Forschungsergebnisse mit dem Hinweis auf die Existenz von „Anti-Elektronen". Auf genau diese Teilchen war A. mit seinen Untersuchungen gestoßen, und er nannte die positiv geladenen Elektronen „Positronen", eine Bezeichnung, die sich bald durchsetzte.

Das Entdeckerglück lächelte A. noch ein zweites Mal zu. 1936/37 fanden er und S. H. Neddermeyer auf einer Nebelkammer-Fotografie, die auf einem Berggipfel in Colorado aufgenommen worden war, eine Bahn, deren Krümmung weder einem Elektron noch einem Proton entsprach, sondern einem Teilchen mit einer dazwischenliegenden Masse. Er nannte das Teilchen „Mesotron", eine Bezeichnung, die bald in „Meson" verkürzt wurde. Sowohl Positronen als auch Mesonen sind extrem kurzlebige Teilchen. Innerhalb einer Millionstel Sekunde zerfällt ein positiv geladenes Meson in Positronen und in Neutrinos, während ein negativ geladenes Meson in Elektronen und Neutrinos zerfällt.

A. verbrachte seine gesamte wissenschaftliche Laufbahn in Kalifornien, und er war ab 1939 Professor für Physik am California Institute of Technology in Pasadena. Während des Zweiten Weltkrieges war er mit militärischen Forschungsaufgaben beschäftigt, danach konzentrierte er sich weitgehend auf seine Lehrtätigkeit an der Universität, der er bis zu seiner Emeritierung 1976 treu blieb.

Anderson, Philip Warren – amerikanischer Physiker
geb. 13.12.1923 in Indianapolis (Indiana)
Nobelpreis 1977, für die grundlegenden theoretischen Leistungen zur Elektronenstruktur in magnetischen und ungeordneten Systemen.

A. studierte an der Harvard-Universität Physik. 1943 erwarb er den Bachelor of Science. Während des Zweiten Weltkrieges war er von 1943 bis 1945 am Marine-Forschungslaboratorium tätig, kehrte nach dem Krieg nach Harvard zurück, wo er von seinem Lehrer van Vleck in das Thema der Linienform bei Resonanzexperimenten eingeführt wurde. 1949 promovierte er zum Doctor of Philosophy. Zusammen mit dem englischen Physiker N. Mott erforschte A. 1961/62 am Cavendish Laboratorium in Cambridge das Verhalten von Elektronen in amorphen Materialien. 1975 übernahm er einen Lehrauftrag als Professor für Physik an der Princeton-Universität. Von 1976 bis 1984 war A. Direktor des Bell-Forschungslaboratoriums für Physik.

Obwohl die Königlich Schwedische Akademie der Wissenschaften ausdrücklich die Arbeiten zu elektronischen Korrelationen und der Wechselwirkung zwischen den Elektronen und den Atomkernen magnetischer und ungeordneter Materialien betont, würdigt sie damit doch ein Gesamtwerk der Preisträger, das fast kein Teilgebiet der modernen Quantentheorie des festen Körpers ausschloß und über Jahrzehnte hinweg zu gültigen Erkenntnissen führte.

Seit Beginn der fünfziger Jahre ist die Entwicklung der Quantentheorie des Antiferromagnetismus sehr eng mit dem Namen A.s verbunden. So trug er u. a. dazu bei, die Erkenntnisse über den antiferromagnetischen Grundzustand zu präzisieren. Er befaßte sich zum Beispiel mit dem Phänomen des Entstehens einer antiparallelen Spinordnung und berücksichtigte dabei die magnetische Wechselwirkung zwischen den Elektronen unabgeschlossener innerer Schalen. A. deutete den Mechanismus der Austauschwechselwirkung in den Oxiden und Salzen der Übergangsmetalle. Die magnetisch aktiven Gitterbausteine sind hier durch dazwischenliegende Atome so weit voneinander getrennt, daß die direkte Austauschwechselwirkung zwischen den Elektronen benachbarter Elementarmagnete zu gering ist, um die experimentell beobachteten Neel-Temperaturen des Übergangs zur antiferromagnetischen Phase zu erklären. Einer Idee Kramers folgend, entwickelte A. seine Idee vom sogenannten Superaustausch, bei dem die Austauschwechselwirkung zwischen den Elektronen der benachbarten Elementarmagnete indirekt über die dazwischenliegenden nichtmagnetischen Ionen vermittelt wird.

Appleton, Sir (ab 1941) **Edward Victor** – britischer Physiker
geb. 6.9.1892 in Bradford (Yorkshire)
gest. 21.4.1965 in Edinburgh (Schottland)
Nobelpreis 1947, für seine Untersuchungen auf dem Gebiet der Physik der oberen Schichten der Atmosphäre, insbesondere für die Entdeckung der „Appleton-Schicht" in der Ionosphäre.

A. besuchte die höhere Schule in Bradford und studierte dann Naturwissenschaften am St. John's College in Cambridge, wo u. a. Sir Joseph John Thomson (Physik-Nobelpreis 1906) und Lord Ernest Rutherford (Chemie-Nobelpreis 1908) seine Lehrer waren. 1920 erhielt A. eine Assistentenstelle in der Abteilung für experimentelle Physik im Cavendish Laboratorium in Cambridge und wandte sich Problemen der Atmosphärenphysik zu, die er mit Radiotechniken bearbeitete. Im Jahr 1922 ging er an das Trinity College, und 1924 erhielt A. die Wheatstone-Professur für Physik am King's College der Universität London, die er bis 1936 innehatte. 1936 kehrte er auf den Lehrstuhl für Naturphilosophie nach Cambridge zurück.

Bereits im Jahre 1929 hatte ihn die „Internationale Union für Radiowissenschaft" zu ihrem Präsidenten gewählt. Von 1939 bis 1949 wirkte A. als geschäftsführender Sekretär am englischen Institut für wissenschaftliche und industrielle Forschung.

A. galt als die führende Autorität auf dem Gebiet der drahtlosen Wellen. Die Verknüpfung elektrischer und magnetischer Felder zu fortschreitenden Wellen wurde bereits 1862 von dem britischen Physiker James Maxwell erkannt. 1888 erzeugte und untersuchte der deutsche Physiker Heinrich Hertz erstmals elektromagnetische Wellen im Ultrakurzwellengebiet. Der italienische Erfinder Guglielmo Marconi (Physik-Nobelpreis 1909) nutzte ab 1899 als erster derartige Wellen zur drahtlosen Nachrichtenübertragung und begründete damit die Funktechnik. Ende 1924 begann A. mit seinen Experimenten, die schließlich zur Entdeckung der nach ihm benannten Ionosphärenschicht führten. Durch besonders feine Methoden konnte er die Vorgänge der Atmosphäre genauer beobachten und erforschen. In Kooperation mit einer britischen Rundfunkgesellschaft sandte er Radiowellen in die Ionosphäre und untersuchte die Reflexionseigenschaften. Er konnte nachweisen, daß die von dem britischen Physiker Oliver Heaviside vermutete ionisierte Luftschicht im oberen Bereich der Erdatmosphäre – also ab etwa 100 km Höhe – tatsächlich existiert. Seine durchgeführten Experimente zur Wellenreflexion an der Ionosphäre schufen wichtige Voraussetzungen für die Entwicklung des drahtlosen Nachrichtenweitverkehrs auf Kurzwelle. 1940/41 hatte A. maßgeblichen Anteil an der Entwicklung der Radarortung von Flugzeugen.

Für seine außerordentlichen Verdienste bei der Entwicklung der Radiowissenschaft erhielt A. hohe Auszeichnungen.

Bardeen, John – amerikanischer Physiker
geb. 23.5.1908 in Madison (Wisconsin)
gest. 30.1.1991 in Boston (Massachusetts)
Nobelpreis 1956, für Forschungen über Halbleiter und die Entdeckung des Transistoreffektes.
Nobelpreis 1972, für seinen fundamentalen Beitrag zur Theorie der Supraleitfähigkeit.

B., Sohn eines Anatomieprofessors und späteren Dekans der medizinischen Hochschule an der Universität Wisconsin und einer Lehrerin, war ein ausgezeichneter Schüler und übersprang mehrere Klassen. Im Alter von 15 Jahren begann er ein Studium der Elektrotechnik, Mathematik und Physik an der Universität Wisconsin, wo er 1929 den Master of Science erwarb.

1933 nahm B. noch einmal das Studium der Mathematik und Physik in Harvard und am Institute for Advanced Study an der Universität Princeton auf, spezialisierte sich auf die Quantentheorie im Bereich der Festkörperphysik und promovierte 1936 bei E. Wigner (Physik-Nobelpreis 1963) zum Doctor of Philosophy.

Obwohl B. vorhatte, sich mit Kernphysik zu befassen, wurde er 1945 von Bell für die Festkörperphysikforschung angeworben, und damit begann seine wissenschaftliche Laufbahn in den Bell Telephone Laboratories in Murray Hill (New Jersey). Dort begann auch die fruchtbare Zusammenarbeit mit W. H. Brattain und W. Shockley (beide Physik-Nobelpreis 1956). Seit 1945 erstreckten sich seine Forschungen hauptsächlich auf elektrische Leitungen in Halbleitern und Metallen, Oberflächeneigenschaften der Halbleiter, Theorie der Supraleitung und Verteilung der Atome in Festkörpern. Unter Verwendung von Germaniumkristallen erfanden B. und Brattain 1948 den „Spitzentransistor", der Audiosignale ausführen konnte. Die Weiterentwicklung dieses elektronischen Bauelements zum Mikroschaltkreis mit seiner vielfältigen Anwendung in Elektronik und Computertechnik zählt heute zu den bahnbrechenden Entwicklungen unseres Jahrhunderts. Mit der Miniaturisierung und Integration der Bauelemente bildete sich nach 1970 die Mikroelektronik heraus.

1951 verließ B. die Bell Laboratories und übernahm eine Professur für Physik und Elektrotechnik an der Universität von Illinois in Urbana, die er bis zu seiner Emeritierung im Jahre 1975 innehatte. B. wandte sich dann verstärkt der Theorie der Supraleitfähigkeit zu.

Barkla, Charles Glover – britischer Physiker
geb. 7.6.1877 in Widnes (Lancashire)
gest. 23.10.1944 in Edinburgh (Schottland)
Nobelpreis 1917, für seine Entdeckung der charakteristischen Röntgenstrahlung der Elemente.

B. widmete fast sein gesamtes Forscherleben der Untersuchung der Röntgenstrahlen. Wie viele andere Wissenschaftler der Jahrhundertwende interessierte sich auch B. für die 1895 von dem deutschen Physiker Wilhelm Conrad Röntgen (Physik-Nobelpreis 1901) entdeckten und nach ihm benannten Strahlen. In seinen ersten Untersuchungen fand B. heraus, daß die Strahlen in Gasen eine Streuung erfahren und daß die Streuung proportional zum Molekülgewicht der Gase ist. Im Jahre 1904 zog er daraus folgenden Schluß: Je mehr Masse die Moleküle und Atome hatten, desto mehr geladene Teilchen enthielten sie, denn es waren die geladenen Teilchen, von denen die Streuung abhing. Dies war der erste Hinweis darauf, daß zwischen der Anzahl der geladenen Partikel eines Atoms und seiner Position im Periodensystem der Elemente ein Zusammenhang besteht. Durch seine Versuche bewies B. außerdem, daß Röntgenstrahlen transversale Wellen sind wie das Licht und nicht longitudinale wie der Schall. Seine Entdeckung der Polarisation der Röntgenstrahlung wurde eindeutig im Jahr 1912 durch den deutschen Physiker Max von Laue (Physik-Nobelpreis 1914) nachgewiesen.

Im Jahr 1906 wandte sich B. einem noch wichtigeren Problem zu, der sekundären Röntgenstrahlung, die entsteht, wenn Röntgenstrahlen auf Materie treffen. Er bewies, daß Röntgenstrahlen, je nachdem von welchem Element sie gestreut werden, eine unterschiedliche Durchdringungsfähigkeit entwickeln. Je höher das Atomgewicht eines Elements ist, desto durchdringungsfähiger sind die von ihm durch Streuung produzierten charakteristischen Röntgenstrahlen. Zur Erzeugung von Röntgenstrahlung beschoß B. Metalle mit beschleunigten Elektronen und stellte fest, daß die entstandene Strahlung aus zwei Anteilen besteht – aus der Bremsstrahlung (L-Strahlen) und der für das beschossene Element charakteristischen Eigenstrahlung (K-Strahlung). Bei seinen Forschungen fand B. heraus, daß die Eigenstrahlung eines Elements aus Anteilen verschiedener Wellenlängen besteht und daß man von diesen Wellenlängen auf die Anordnung der Elektronen in einem Atom schließen kann. Max von Laue hatte gezeigt, daß Kristalle in der Lage sind, Röntgenstrahlen zu beugen, und B. hatte nachgewiesen, daß Elemente dazu gebracht werden können, charakteristische Röntgenstrahlen zu emittieren. Damit war es nun möglich, die Wellenlängen der charakteristischen Röntgenstrahlen anhand der Beugung durch Kristalle präzise zu ermitteln.

Erstaunlicherweise hatte B. kaum wissenschaftliches Interesse für die Entwicklung der Quantentheorie. Seine Forschungen nach dem Ersten Weltkrieg waren für die Physik von wenig Bedeutung. Bereits 1909 hatte B. eine Berufung als Professor für Physik an das King's College in London erhalten, und 1913 wurde er auf den Lehrstuhl für Naturphilosophie in Edinburgh berufen.

Bassow (Basov), **Nikolai Gennadijewitsch** – sowjetischer Physiker
geb. 14.12.1922 in Usman bei Woronesch
Nobelpreis 1964, für grundlegende Arbeiten auf dem Gebiet der Quantenelektronik, die zur Konstruktion von Oszillatoren und Verstärkern auf der Basis des Maser-Laser-Prinzips führten.
B. absolvierte die Mittelschule in Woronesch, wurde dann im Zweiten Weltkrieg als Sanitäter ausgebildet und kam an die ukrainische Front. Nach dem Krieg setzte er seine begonnene medizinische Ausbildung nicht fort, sondern wechselte zur Physik. 1950 beendete er sein Studium am Moskauer Ingenieur-Physikalischen Institut, er war jedoch bereits seit 1948 Mitarbeiter des Lebedew-Instituts für Physik der Akademie der Wissenschaften der UdSSR. Bereits als Student war B. wegen seiner hervorragenden wissenschaftlichen Fähigkeiten in das Institut aufgenommen worden. Seit 1963 ist er Professor am Moskauer Ingenieur-Physikalischen Institut.

Gemeinsam mit A. M. Prochorow entwickelte B. 1952 eine prinzipiell neue Methode zur Generation elektromagnetischer Schwingungen mit Hilfe von Quantensystemen und schuf den ersten Molekulargenerator (Maser) mit einem Ammoniakmolekülstrahl. Von ihm stammt die Idee, Halbleiter für die Konstruktion von Quantengeneratoren im optischen Spektralbereich (Laser) anzuwenden, und er entwickelte Methoden für die Herstellung verschiedener Typen von Halbleiterlasern.

In der naturwissenschaftlichen Forschung werden Laser wegen ihrer hohen Intensität und Monochromasie in der Molekülspektroskopie, der Relativitätsforschung und Gravitationsforschung angewendet. Zur Bearbeitung von Werkstoffen eignet sich ein fokussierter Laserstrahl wegen der hohen Leistungsdichte zu feinsten Bohr-, Schneide- und Schweißarbeiten, da Metalle und Keramik unter seiner Einwirkung verdampfen.

B. schuf die physikalischen Grundlagen für Quantenfrequenzstandards, untersuchte Prozesse zur Erzeugung kurzer Impulse kohärenter Strahlung mit hoher Leistung, schlug thermische und chemische Methoden für das Pumpen von Lasern und die thermonukleare Synthese mit Hilfe von Hochleistungslasern vor und erhielt durch Laseraufheizung des Targets erstmalig thermonukleare Neutronen. Unter B.s Leitung entstand die erste Laseranlage zur sphärischen Targetbestrahlung für die thermonukleare Synthese. Von ihm stammt das Projekt eines thermonuklearen Reaktors auf Laserbasis. Er konzipierte und realisierte die Exzimer- und Elektroionisationslaser und förderte die Anwendung der Laser auf vielen Gebieten von Wissenschaft und Technik. Er erfand das Laserprojektions-Fernsehgerät auf der Grundlage von Halbleiterlasern mit Elektronenstrahlanregung. Bekannt sind auch seine Arbeiten über den Einsatz von Lasern in der Optoelektronik, der Technologie, in der Laserfunkortung des Mondes und in der Medizin.

Viel Zeit und Kraft widmet der Autor der gesellschaftlichen Arbeit. Er war Mitglied des Sowjetischen Komitees für die Verteidigung des Friedens und Chefredakteur der Zeitschrift „Die Natur".

Becquerel, Antoine Henri – französischer Physiker
geb. 15.12.1852 in Paris
gest. 25.8.1908 in Croisic (Bretagne)
Nobelpreis 1903, für die Entdeckung und Erforschung der natürlichen Radioaktivität.
B. stammte aus einer Familie, in der der Beruf des Physikers bereits zur Tradition geworden war: Sein Großvater war Professor am Museum für Naturgeschichte in Paris und gehörte zu den Begründern der Elektrochemie. Sein Vater erwarb sich Verdienste um die Erforschung der Fluoreszenz und um die wissenschaftliche Fotografie. So lag es nahe, daß Henri in ihre Fußstapfen treten und ebenfalls Physiker werden sollte.

Nach dem Lyzeum studierte B. von 1872 bis 1877 an der Eliteschule École Polytechnique in Paris Physik, danach erhielt er eine dreijährige Ausbildung zum Straßen- und Brückenbauingenieur am Corps des Ponts et Chaussees. Im Mittelpunkt seines Interesses stand jedoch die Physik. Seit 1892 befaßte er sich systematisch mit der Erforschung der Lumineszenz. Im Laboratorium seines Vaters untersuchte er die Phosphoreszenz vieler Stoffe, und gerade diese Beobachtungen führten B. schließlich zu jener Entdeckung, die seinen Namen später unsterblich machen sollte.

Am 20. Januar 1896 berichtete der berühmte französische Gelehrte und Mathematiker Henri Poincare (1854–1912) in einer Sitzung der Pariser Akademie der Wissenschaften über die Röntgenstrahlen. Unter den

Zuhörern befand sich auch B. Aufmerksam hatte er die vom Vortragenden nahezu beiläufig geäußerte Vermutung registriert, daß jede elektromagnetische Strahlung, also auch das Licht, fluoreszierendes Material zur Abgabe von Röntgenstrahlen anregen könne. Professor B., anerkannter Fachmann auf dem Gebiet der Fluoreszenz, fühlte sich von dieser Hypothese unmittelbar angesprochen, und er ging sofort daran, die geäußerte Vermutung zu prüfen. Er verpackte eine unbelichtete Photoplatte in schwarzes, lichtdichtes Papier, legte ein Kupferkreuz darauf, streute der Reihe nach alle ihm bekannten fluoreszierenden Substanzen auf das Paket und setzte diese Kombination dem Sonnenlicht aus. Das Ergebnis war, wie er vermutet hatte, durchweg negativ. Mit einer Ausnahme: Bei Uransalz zeigte sich nach dem Entwickeln auf der Photoplatte tatsächlich der Schatten eines Kreuzes. Mit großer Sorgfalt ausgeführte weitere Untersuchungen lieferten den Beweis: Alle Uransalze sandten eine Strahlung aus und schwärzten die Photoplatten. Zwar zufällig, doch mit Scharfsinn und Wachsamkeit hatte B. die natürliche Radioaktivität entdeckt.

Daß diese Zufallsentdeckung eine neue Epoche der Menschheit einleiten würde, nämlich das Atomzeitalter, konnte B. nicht ahnen. Am 2. März 1896 konnte er vor der Französischen Akademie der Wissenschaften über die Entdeckung einer natürlichen Strahlung des Elementes Uran berichten, welche ebenso wie die Röntgenstrahlen feste Körper durchdringen konnte. Als ein Echo ausblieb, verlor er das Interesse und wandte sich wieder seiner Fluoreszenzforschung zu.

Zu Ehren des Begründers der modernen Atomphysik erhielt die abgeleitete SI-Einheit der Aktivität einer radioaktiven Strahlungsquelle den Namen Bq (Becquerel). Vom Jahr 1891 an bekleidete B., in direkter Nachfolge seines Großvaters und Vaters, die beiden Lehrstühle für Physik am Musee d'histoire naturelle und am Conservatoire Nationale des Arts et Metiers in Paris.

Bednorz, Johannes Georg – deutscher Mineraloge und Physiker
geb. 16.5.1950 in Neuenkirchen (Westfalen)
Nobelpreis 1987, für die experimentelle Entdeckung der Hochtemperatur-Supraleitung.

B., Sohn eines Musiklehrers und einer Klavierlehrerin, studierte nach dem Abitur Mineralogie und Kristallographie an der Universität Münster und schloß 1976 mit dem Diplom ab. Bereits während seines Studiums hatte er sich 1972 und 1973 zu Praktika an der von Professor K. A. Müller geleiteten Physikabteilung des IBM-Forschungslaboratoriums in Rüschlikon (Schweiz) aufgehalten. Vor der Promotion im September 1982 an der Eidgenössischen Technischen Hochschule in Zürich kam er im Januar 1982 als wissenschaftlicher Mitarbeiter in die Physikabteilung des IBM-Forschungslaboratoriums und arbeitet dort seither mit K. A. Müller zusammen. An der Technischen Hochschule Zürich versieht B. noch einen Lehrauftrag.

1986 stellten Müller und B. bei der Untersuchung der Temperaturabhängigkeit des elektrischen Widerstandes von keramischen Proben, die durch Pressen von Oxiden des Bariums, Lanthans und Kupfers hergestellt worden waren, einen steilen Abfall des Widerstands bei Temperaturen von 30 bis 35 Kelvin fest; bei Temperaturen unterhalb 13 Kelvin beobachteten sie einen Übergang in den supraleitenden Zustand. In den folgenden Messungen entdeckten sie den Diamagnetismus der Proben und bestätigten das Auftreten von Supraleitung bei einer Temperatur von 30 Kelvin.

Mit Skepsis hatte die Wissenschaft zunächst reagiert, als Müller und B. im September 1986 in der deutschen „Zeitschrift für Physik" ihre bahnbrechende Entdeckung über neuartige keramische Supraleiter veröffentlichten. Nachdem jedoch die Resultate von Müller und B. durch eine Wissenschaftlergruppe der Universität Tokio bestätigt worden waren, setzte in der Physik der Supraleitung ein enormer Aufschwung ein. In der Schweiz, in Japan, in den USA, in der UdSSR und anderen Ländern wurde nachgewiesen, daß Metalloxidkeramiken Hochtemperatursupraleiter sind. Das Forschungsteam um Müller und B. suchte seit 1983 gezielt nach Materialien, um den 1973 erzielten Wert von 23,3 Kelvin (minus 250 Grad Celsius), der gleichsam als „Schallmauer" der Supraleitung galt, zu durchbrechen. Anstelle der bislang benutzten Metallegierungen schlugen sie dabei völlig neuartige Wege ein und stellten sich auf Oxidmaterial ein, das außer Sauerstoff, Kupfer eines oder einige sogenannte Bodenart-Metalle enthält.

In zwei Jahren hatte B. eine Vielzahl metallischer Oxide miteinander vermischt, homogenisiert, die Mixtur auf 1.000 Grad Celsius erhitzt und das dabei entstandene Material untersucht, ehe der erwünschte und von Müller vorhergesagte Effekt – das völlige Verschwinden des elektrischen Widerstandes – im Januar 1986 bei einer Keramik aus Barium, Lanthan, Kupfer und Sauerstoff auftrat: Bei minus 238 Grad Celsius begann der Strom in der Probe verlustfrei zu fließen. Das war eine neue Rekordmarke, und inzwischen hat die weltweite Suche nach neuen keramischen Materialien Verbindungen hervorgebracht, die bereits bei minus 178 Grad Celsius zu Supraleitern werden.

Das Preiskomitee der Schwedischen Akademie der Wissenschaften betonte in seiner Begründung zur Verleihung des Nobelpreises an Müller und B., daß es „der Traum vieler Forscher war, ein Material zu finden, das auch bei höheren Temperaturen supraleitend bleibt".

Bethe, Hans Albrecht – amerikanischer Physiker deutscher Herkunft
geb. 2.7.1906 in Straßburg
Nobelpreis 1967, für seine Arbeiten zur Theorie der Kernreaktionen, insbesondere seine Entdeckungen über die Energieerzeugung in Sternen.

B., Sohn eines Physiologen und Privatdozenten an der Universität Straßburg, verbrachte seine Kindheit und Jugend fast vollständig in der Gesellschaft von Erwachsenen. Der Vater sprach schon zeitig mit ihm über wissenschaftliche Dinge, und mit 14 Jahren befaßte sich B. mit der Differentialrechnung. Er besuchte das Goethe-Gymnasium in Frankfurt/Main und studierte ab 1924 Physik an der Universität Frankfurt. Er wechselte aber bald nach München, wo E. Schrödinger, W. Heisenberg und A. Sommerfeld zu seinen Lehrern gehörten. 1928 promovierte B. in München mit einer Arbeit über Quantenmechanik. Im gleichen Jahr erhielt er eine Anstellung als Privatdozent für theoretische Physik an der Frankfurter Universität. 1930 verbrachte B. jeweils einige Zeit in England, am Niels-Bohr-Institut in Kopenhagen und in Italien, wo er mit E. Fermi zusammenarbeitete. 1932 erfolgte seine Berufung als Professor an die Universität Tübingen, doch schon nach wenigen Monaten mußte er Deutschland verlassen.

Er fand zunächst in England Aufnahme und war von 1933 bis 1935 Dozent an den Universitäten in Manchester und Bristol. Dann folgte B. einem Ruf an die amerikanische Cornell-Universität in Ithaca, wo er zunächst als Assistenzprofessor und ab 1937 als ordentlicher Professor wirkte. Als er die Defizite in der amerikanischen Kernphysik erkannte, verfaßte er 1936/37 drei Aufsätze, die einen umfassenden Überblick über das gesamte Wissen der Zeit zur Kernphysik boten. Diese Artikel fanden große Beachtung und festigten seinen Ruf in der amerikanischen Physik.

B.s bedeutendste Leistung in der theoretischen Physik war seine Theorie zur Sonnenenergie. 1938 nahm er an einer astrophysikalischen Konferenz in Washington teil, Thema war die stellare Energieerzeugung, die in den Blickpunkt der Teilchenphysik gerückt war. Die eigentliche Energiequelle eines Sterns wie der Sonne war nicht bekannt. Weder die Schwerkraft noch gewöhnliche chemische Reaktionen konnten den ungeheuren Hitzeausstoß erklären. Die im Kosmos ablaufenden, energieliefernden Prozesse brachten F. Houtermans und R. Atkinson schon im Jahre 1927 auf die Idee, die Entstehung der Sonnenenergie durch atomare Kettenreaktionen zu erklären. Allerdings entsteht diese Energie nicht durch Spaltung der Atome, sondern durch Fusion der leichtesten Elemente wie Wasserstoff zu Helium. Einige Jahre später haben C. F. v. Weizäcker und B. unabhängig voneinander diese Reaktion als einen Kreisprozeß interpretiert, der sich unaufhörlich in einer Reaktionskette auf unserem natürlichen Energielieferanten, der Sonne, abspielt.

Als der Zweite Weltkrieg ausbrach, beteiligte sich B. zuerst an der Entwicklung der Radartechnik, leitete dann, von R. Oppenheimer 1942 zum Manhattan-Projekt geholt, von 1943 bis 1946 die Theoretische Abteilung im Atombombenentwicklungszentrum Los Alamos und war maßgeblich an der Entwicklung der Atombombe, später auch der Wasserstoffbombe beteiligt. Obwohl er wiederholt auf die Gefahren eines Atomkrieges hinwies, änderte er seine Meinung, als er zu der Überzeugung kam, daß die Sowjetunion zum Bau der Wasserstoffbombe in der Lage war, und nahm an der Entwicklung der Wasserstoff-Superbombe teil.

B. kehrte 1946 an die Cornell-Universität zurück und arbeitete an einer Vielzahl von theoretischen und angewandten physikalischen Problemen, darunter über die Schockwellentheorie und die als Mesonen bezeichneten Elementarteilchen. 1972 unterstützte er den Vertrag zur Reduzierung ballistischer Raketen. In den 80er und 90er Jahren trat er für die weitere Reduzierung der weltweiten Atomwaffenarsenale ein. 1975 trat er in den Ruhestand an der Cornell-Universität.

Binnig, Gerd – deutscher Physiker
geb. 20.7.1947 in Frankfurt/Main
Nobelpreis 1986, für die Konstruktion des Rastertunnel-Mikroskops, das den Aufbau von Oberflächen bis hinunter in die atomare Struktur enthüllt.
B. besuchte in seiner Heimatstadt das Gymnasium und studierte dann an der Johann-Wolfgang-von-Goethe-Universität in Frankfurt/Main Physik. Das Studium schloß er 1973 als Diplom-Physiker ab, danach beschäftigte er sich vorwiegend mit dem Phänomen der Supraleitfähigkeit. Im Oktober 1978 promovierte B. am Physikalischen Institut der Universität Frankfurt, wo er durch seine physikalischen Ideen und experimentelle Geschicklichkeit aufgefallen war. Anschließend ging er als Stipendiat des Computerkonzerns IBM an dessen Forschungslaboratorium nach Rüschlikon bei Zürich.

Hier entwickelte B. zusammen mit dem Schweizer Physiker Rohrer ein Instrument, das als Raster-Tunnelmikroskop weltbekannt werden sollte. Das Grundprinzip des Raster-Tunnelmikroskops besteht darin, die abzubildende Oberfläche mit einer feinen Nadelspitze berührungslos abzurastern, wobei Punkt für Punkt die dem (horizontalen) Oberflächenrelief folgende vertikale Bewegung der Nadel aufgezeichnet wird. Um Beschädigungen der abtastenden Nadel wie auch der Objektoberfläche zu vermeiden, ist darauf zu achten, daß die Metallspitze stets in einem geringen, konstanten Abstand von der Oberfläche gehalten wird. Das Regulativ für die Einhaltung dieses Abstands ist der Tunnelstrom, der bereits bei niedrigen Spannungen zwischen Nadelspitze und Oberfläche fließt, wenn sich die Nadelspitze in einem Abstand von etwa 1 Nanometer vor der Oberfläche befindet. Nach der klassischen Physik dürfte unter diesen Bedingungen noch kein Elektronenstrom fließen. Entsprechend der Quantenmechanik können aber die Elektronen einen vorhandenen Potentialwall durchtunneln und so den notwendigen Tunnelstrom liefern. Verglichen mit anderen Verfahren werden also weder Strahlenquellen (Licht- oder Elektronenquellen) noch irgendwelche optischen Elemente (Linsen) benötigt. Wenn man bedenkt, daß mit normalen Licht-Mikroskopen Vergrößerungen bis etwa 1.200fach, mit dem Elektronen-Mikroskop eine etwa 100.000fache Vergrößerung, mit dem Feldelektronen-Mikroskop und dem Feldionen-Mikroskop Vergrößerungen bis etwa millionenfach erreicht werden, kann die wissenschaftliche Tragweite der Entwicklung des Raster-Tunnelmikroskops erst in den richtigen Dimensionen eingeschätzt werden.

Eine so genaue Untersuchung von Oberflächen ist insbesondere für die Herstellung von Halbleitern und integrierten Schaltungen von großer Bedeutung. Seit 1987 ist B. als Honorarprofessor an der Ludwig-Maximilian-Universität in München tätig.

Blackett, Patrick Maynard Stuart, Baron B. of Chelsea (ab 1969) – britischer Physiker
geb. 18.11.1897 in London
gest. 13.7.1974 in London
Nobelpreis 1948, für die Weiterentwicklung der Anwendung der Wilsonschen Nebelkammer und seine damit gemachten Entdeckungen auf dem Gebiet der Kernphysik und der kosmischen Strahlung.
B. erhielt seine Ausbildung auf den Royal Naval Colleges Osborne und Dartmouth. Als 17jähriger trat er in die Königliche Marine ein und mußte im Ersten Weltkrieg an der Seeschlacht im Skagerrak teilnehmen. Im Jahre 1919 ging B. mit einigen Marineoffizieren zu einer wissenschaftlichen Spezialausbildung an die Universität Cambridge, und dort wurde er von der Physik derart fasziniert, daß er unverzüglich seinen Abschied von der Marine nahm. Ab 1919 studierte B. am Magdalen College in Cambridge Physik. Hier machte er seine ersten Fotos von Elementarumwandlungen mit Hilfe der Wilsonschen „Nebelkammer".

Dem Engländer C. T. R. Wilson war es gelungen, die Bahnen von Atomkernen und anderen geladenen Teilchen in einer Nebelkammer als Kondensspuren auch für das menschliche Auge sichtbar zu machen. Darauf aufbauend wurde von B. und dem jungen italienischen Wissenschaftler Occhialini die automatische Wilsonsche Nebelkammer entwickelt, die von hervorragender Bedeutung für die Kernphysik und für die Untersuchung der kosmischen Strahlung wurde, da sie in den 30er Jahren die einzige Quelle hochenergetischer Teilchen darstellte. B. nahm zahlreiche Aufnahmen von Kernspurbahnen in der Wilsonkammer auf und konnte die von Rutherford beobachtete Umwandlung bestätigen, daß beim Beschuß verschiedener gasförmiger Elemente mit Alphastrahlen ein Wasserstoffatom aus dem Kern des Stickstoffatoms abgesplittert wurde. Es spricht für die unwahrscheinlich niedrige Treffer- oder Umwandlungschance, wenn B. über 23.000 Aufnahmen auswerten mußte, um acht Bilder mit jener von Rutherford beobachteten Umwandlung zu entdecken.

1933 wurde B. Professor am Birkbeck-College in London, dort setzte er mit Occhialini die Erforschung der kosmischen Strahlen fort. 1937 wurde er Nachfolger von Sir Lawrence Bragg in Manchester, wo er den Lehrstuhl für Physik bis 1953 innehatte.

B. war ein hervorragender Experimentator, dem immer wieder aufschlußreiche Versuche einfielen, die er mit meisterhaftem Geschick in die Tat umzusetzen und mit sorgfältigster Kritik auszuwerten verstand. Das aus den Experimenten gewonnene zuverlässige Material hat wiederholt großen Entdeckungen den Weg bereitet oder ihnen eine nachträgliche Bestätigung und Sicherung gegeben.

Bloch, Felix – schweizerisch-amerikanischer Physiker
geb. 23.10.1905 in Zürich
gest. 10.9.1983 in Zürich
Nobelpreis 1952, für die Entwicklung verfeinerter Methoden zur Messung magnetischer Kraftfelder in Atomkernen.
B., Sohn eines Kaufmanns, wollte ursprünglich Ingenieur werden, entschied sich dann aber nach dem Abitur für ein Studium der Mathematik und Physik. Er studierte ab 1924 zuerst an der Eidgenössischen Technischen Hochschule in Zürich, seine Lehrer waren dort u. a. Debye, Weyl, Schorrer und Schrödinger. Dadurch lernte er die Wellenmechanik kennen, und sein Interesse an theoretischer Physik erwachte. 1927 wechselte er an die Universität Leipzig und promovierte ein Jahr später bei W. Heisenberg mit einer Arbeit über Quantenmechanik der Elektronen und Kristalle. Ab 1930 befaßte sich B. mit Spinwellen und schuf eine Theorie ferromagnetischer Stoffe, deren Temperatur wesentlich unter der Curie-Temperatur liegt.

Nach der nationalsozialistischen Machtübernahme verließ B., der jüdischen Glaubens war, 1933 Deutschland. Er arbeitete zunächst in Paris am Institut Henri Poincare und danach mit einem Rockefeller-Stipendium bei E. Fermi in Rom. Als Fermis Arbeitsstätte geschlossen wurde, folgte er 1934 einer Einladung der Stanford University in Kalifornien. Von 1934 bis 1936 war B. dort außerordentlicher Professor. 1936 übernahm er den Lehrstuhl für Theoretische Physik an der Stanford University in Palo Alto, den er bis zu seiner Emeritierung 1971 innehatte.

Auf dem Gebiet der Hochenergiephysik griff B. das Problem der Abbremsung schwerer Teilchen in stofflichen Medien auf und beschrieb deren auf elektromagnetischer Wechselwirkung beruhenden mittleren Energieverlust durch eine Differentialgleichung, die heute als Bethe-B.-Formel bekannt ist.

B. war von 1942 bis 1944 Mitarbeiter beim „Manhattan District Project" in Los Alamos zur Herstellung der ersten Atombombe. 1945 entwickelte er präzise Meßmethoden zur Bestimmung magnetischer Eigenschaften in Atomen flüssiger und fester Körper. 1954/55 war er Direktor beim Europäischen Rat für kernphysikalische Forschung (CERN) in Genf. Nach B. wurden Größen und Eigenschaften benannt: in der Festkörperphysik die B.-Funktion (Eigenfunktion der Elektronen im Idealkristall), die B.sche Gleichung (theoretische Beschreibung des Resonanzeffekts in der magnetischen Kernresonanz und in der paramagnetischen Elektronenresonanz) und der B.-Tunnel (lineare Kombination von Atomumlaufbahnen zur Berechnung von Bandstruktur und Energiespektren eines Elektrons im idealen Kristall).

Bloembergen, Nicolaas – amerikanischer Physiker niederländischer Herkunft
geb. 11.3.1920 in Dordrecht (Niederlande)
Nobelpreis 1981, für den Beitrag zur Entwicklung der Laserspektroskopie.
B., Sohn eines Chemietechnikers und einer Französischlehrerin, begann 1938 an der Universität von

Utrecht mit dem Studium der Physik. 1943 erhielt er hier sein Diplom, und ab 1945 setzte er sein Studium an der Harvard-Universität unter führenden Physikern wie J. Schwinger (Physik-Nobelpreis 1965), J. van Vleck (Physik-Nobelpreis 1977) und E. Purcell (Physik-Nobelpreis 1952) fort. Die Früchte seiner Forschungsarbeit unter Purcell finden sich wieder in seiner Dissertation über „Nuclear Magnetic Relaxation", mit der er 1948 an der Universität Leiden promovierte. In dieser Arbeit profilierte sich B. als Mit-Entwickler einer für das Verständnis des Atomkerns grundlegend neuen Methode, der sogenannten Kernresonanzspektroskopie, für die F. Bloch und E. Purcell 1952 den Nobelpreis erhielten. 1949 kehrte B. an die Harvard University zurück, wo er in die erlesene Society of Fellows at Harvard aufgenommen wurde. 1951 wurde B. dort außerordentlicher Professor und 1957 ordentlicher Professor für angewandte Physik. 1958 wurde er amerikanischer Staatsbürger. 1974 wurde B. zum Rumford Professor für Physik und 1980 zum Gerhard Gade University Professor ernannt.

Die Laserspektroskopie, zu deren herausragendsten Vertretern die beiden Preisträger A. L. Schawlow und B. zählen, bildet einen der jüngsten und in ihrer Auswirkung auf die Grundlagenforschung und ihre Anwendung expansivsten Forschungszweige der Physik. Die Anwendung des Lasers als weitgehend monochromatische, gebündelte und leistungsstarke Lichtquelle hat nicht nur die klassische Spektroskopie revolutioniert und unter Erweiterung der bekannten Methoden bislang unangreifbare Fragen beantwortet. Sie umfaßt heute eine Vielzahl völlig neuer Methoden und Forschungsrichtungen, die von der Untersuchung kohärenter Phänomene (optische Bistabilität, Superfluoreszenz, Laser) über Luftverunreinigungsmessung und Photochemie bis zum Laser als Frequenzstandard reicht.

Als einer der Begründer der „nonlinearen Optik", einer Feldtheorie über die Interaktion elektromagnetischer Strahlung und Masse, befaßte sich B. in den 60er Jahren insbesondere mit den nichtlinearen Effekten beim Bestrahlen bestimmter Kristalle mit Laser-Licht. Schawlow und B. haben nach der ersten Realisierung des Lasers 1960 durch T. Maiman wesentliche Impulse für die Entwicklung der Laserspektroskopie gegeben. Schon kurz nach der ersten Beobachtung der Frequenzverdopplung von Laserstrahlung in Kristallen im Jahre 1961 hat B. in einer Reihe von Veröffentlichungen die Theorie der Wellenausbreitung in nichtlinearen Medien entwickelt. Seine Untersuchungen zum Verhalten von Licht bei hohen Intensitäten und die notwendigen Verallgemeinerungen der klassischen Gesetze der Optik waren Ausgangspunkt für das weite Feld der nichtlinearen Optik.

Bohr, Niels Age – dänischer Physiker
geb. 19.6.1922 in Kopenhagen
Nobelpreis 1975, für die Entdeckung über den Zusammenhang zwischen kollektiven Bewegungen und Teilchenbewegungen in Atomkernen sowie darauf basierende Entwicklungen von der Theorie über die Struktur des Atomkerns.

53 Jahre nach seinem Vater, der auch sein wichtigster Lehrer war, erhielt Sohn Niels Age B. ebenfalls den Physik-Nobelpreis.

Fünf aufgeweckte Jungen (1916 Christian, 1918 Hans, 1920 Erik, 1922 Age und 1924 Ernest) sorgten für reichlich Abwechslung in der glücklichen Familie Bohr. Die Eltern ermöglichten ihren Kindern eine unbeschwerte Kindheit und eine vorzügliche Ausbildung. 1940 begann Age B. sein Physikstudium an der Universität Kopenhagen und assistierte seinem Vater, der sich zu dieser Zeit mit der Wechselwirkung von Teilchen und Materie befaßte. Im August 1943 übernahm die deutsche Wehrmacht die Befehlsgewalt auch in Dänemark, und im September mußte die Familie Bohr ihre Heimat verlassen, sie begab sich in das neutrale Schweden. Hier konnte Niels Bohr seine wissenschaftliche Arbeit fortsetzen, und auch Sohn Age erhielt eine Anstellung als Assistent. Ende 1943 gingen beide nach den USA als Konsultanten des amerikanisch-britisch-kanadischen Atombombenprojekts in Los Alamos (New Mexico). Im Mai 1945 konnten sie in ihre befreite Heimat zurückkehren. Nach dem Tod seines Vaters übernahm B. 1963 die Leitung des Niels-Bohr-Instituts für Theoretische Physik in Kopenhagen.

1950 entdeckte B. die sogenannte Kollektivanregung der Nukleonen, die sich als Oberflächenschwingungen und Rotationen der Atomkerne äußert. Der Durchbruch in den theoretischen Vorstellungen zur Theorie des Atomkerns gelang B., Benjamin Mottelson und Leo James Rainwater (beide ebenfalls Physik-Nobelpreis 1975) durch das von ihnen 1950/51 entwickelte Kollektivmodell.

Im Jahre 1953 erschien die entscheidende Arbeit von B. und Mottelson zu einem Modell, in dem sie ihre Vorstellungen vom Atomkern als Tropfen sowie von der Schalenstruktur miteinander vereint darlegten. Beim Studium der Kernanregungen entwickelten sie die Einteilchen- und Kollektivkonzeption weiter und gelangten schließlich zum vereinigten Kernmodell. Die Konzeption des Modells hat an Aktualität nichts eingebüßt. Seine Gültigkeit ist durch verschiedenartigste Experimente überprüft und gesichert.

Durch ihre fundamentalen Arbeiten haben sie dazu beigetragen, das komplizierte Problem zu lösen, die Energiezustände eines aus 100 oder 200 Teilchen bestehenden Atomkerns zu berechnen. Daß man heute die als diskrete Gammastrahlungslinien definierte Energie beobachtbarer Energiestufen solcher kompliziert aufgebauter Atomkerne auch theoretisch berechnen kann, ist das Verdienst der Wissenschaftler B., Mottelson und Rainwater.

Bohr, Niels Hendrik David – dänischer Physiker
geb. 7.10.1885 in Kopenhagen
gest. 18.11.1962 in Kopenhagen
Nobelpreis 1922, für seine Verdienste um die Erforschung der Struktur der Atome und der von ihnen ausgehenden Strahlung.

B., Sohn eines Physiologieprofessors, wuchs in einem Haus mit einer geistig höchst anregenden Atmosphäre auf, in der wissenschaftliche Diskussionen zur Tagesordnung gehörten. Sein zwei Jahre jüngerer Bruder wurde später ein genialer Mathematiker. Schon aus B.s Schulzeit ist bekannt, daß er ein außerordentlich schneller Denker war und besondere Begabung für die naturwissenschaftlichen Fächer zeigte. Nach dem Abitur studierte er ab 1903 an der Kopenhagener Universität Physik, Mathematik, Astronomie, Chemie und Philosophie. Für eine experimentelle Untersuchung über die Oberflächenspannung des Wassers erhielt er schon als Student im Jahre 1906 eine Goldmedaille der Königlich Dänischen Akademie der Wissenschaften. Während seines Studiums beschäftigte sich B. auch intensiv mit philosophischen Fragen. Er hörte Vorlesungen über formale Logik und Erkenntnistheorie. Im Jahre 1911 promovierte B. mit einer Arbeit über die Theorie der Metallelektronen, in der er zeigte, daß die magnetischen Eigenschaften der Metalle mit den Vorstellungen der klassischen Physik nicht verstanden werden können. Im gleichen Jahr ging er zu einem Studienaufenthalt nach England. Er arbeitete zunächst in dem berühmten Cavendish-Laboratorium der Universität Cambridge bei J. J. Thomson (Physik-Nobelpreis 1906). Im März 1912 wechselte er nach Manchester zu Rutherford, der auf den jungen B. als Wissenschaftler und als Mensch einen großen Eindruck machte und mit dem ihn bald eine tiefgehende und bleibende Freundschaft verband.

Das 1911 von Rutherford aufgestellte Planetenmodell des Atoms konnte weder die Linienspektren der Atome noch deren Stabilität erklären, da nach der klassischen Elektrodynamik ständig Energie durch Abstrahlung verlorengehen müßte. In einer radikalen Abkehr von der klassischen Physik gelang B. der entscheidende Durchbruch zu einer ersten Erklärung des Rutherfordschen Atommodells durch eine geniale Verbindung mit der Quantenhypothese von M. Planck und A. Einstein. Mit seinen Thesen konnte er ein befriedigendes Modell des Wasserstoffatoms aufstellen. Sein Atommodell, das eine für die damaligen physikalischen Vorstellungen völlig ungewohnte Kombination von Elementen der klassischen Physik und der Quantenphysik darstellte, wurde allerdings nicht von allen Physikern anerkannt.

Von 1916 bis 1919 war B. Vorsitzender der Dänischen Physikalischen Gesellschaft, und seit 1917 war er Mitglied der Königlich-Dänischen Akademie der Wissenschaften. Zielstrebig ging er an die Verwirklichung des ihn längere Zeit beschäftigenden Planes zur Gründung eines eigenen Instituts. Am 3. März 1921 wurde das Institut für Theoretische Physik der Universität Kopenhagen eröffnet, das sehr bald unter B.s Leitung eines der physikalischen Zentren in der Welt, zum „Mekka für die Atomforscher aller Länder", wurde. Im Sommer 1921 hielt er in Göttingen Vorträge über moderne Physik, die unter der Bezeichnung „Bohr-Festspiele" in die Wissenschaftsgeschichte eingegangen sind.

Auf der Grundlage des von A. Sommerfeld erweiterten Atommodells gelang B. 1922 eine Erklärung des chemischen Periodensystems, wobei er einen Schalenaufbau der Atome annahm. Etwa ab 1923 setzten auf der Grundlage der B.-Sommerfeldschen Atomtheorie jene Entwicklungen ein, die von 1925 bis 1927 in die Formulierung der nichtrelativistischen Quantenmechanik mündeten, welche ohne jeden Zweifel eine der bedeutungsvollsten wissenschaftlichen Revolutionen unseres Jahrhunderts darstellt. 1926/27 war W. Heisenberg Dozent für Theoretische Physik am B.schen Institut in Kopenhagen. Als Ergebnis vieler tiefgründiger Diskussionen im Rahmen der Kopenhagener Schule wurde 1927 Heisenbergs Unschärferelation und B.s Komplementaritätsprinzip vorgelegt. Beide stellen wichtige Aussagen innerhalb der sogenannten „Kopenhagener Deutung" der Quantentheorie dar. B.s Komplementaritätsauffassung läuft darauf hinaus, die logische Widerspruchsfreiheit der physikalischen Theorie durch Abwägen der Beobachtungs- und Definitionsmöglichkeiten für entsprechende Größenpaare herzustellen. B. hat den Komplementaritätsbegriff später auch verwendet, um Licht auf Sachverhalte des Lebens und Denkens außerhalb der Physik zu werfen.

Nachdem auf der Grundlage des B.schen Atommodells zwei methodisch relativ sauber zu trennende Forschungsgebiete der Atomphysik entstanden waren, hatten sich viele Wissenschaftler darauf konzentriert, die Gesetze des Atomaufbaus zu erkunden. Mit Hilfe des Rutherfordschen-B.schen Atommodells wurde es den Chemikern nun möglich, zahlreiche Eigenschaften der Elemente theoretisch zu deuten oder aus dem Atombau abzuleiten, zum Beispiel die Valenz, den Metallcharakter, den Nichtmetallcharakter, die Ionenbildung und den molekularen Aufbau der Gase. Während B. sich bis in die Mitte der dreißiger Jahre weiterhin intensiv mit den Grundlagenfragen der Quantenmechanik beschäftigte, konzentrierten viele der fähigsten Theoretiker bereits gegen Ende der zwanziger Jahre ihre ganze Aufmerksamkeit auf die Entwicklung der Kernphysik.

B. war unbestritten einer der großen Forscher und Wegbereiter auf dem Gebiet der Atom- und Kernphysik. Mit seinem Denken und seiner Persönlichkeit hat B. mehrere Generationen von Physikern entscheidend beeinflußt und ihnen geholfen, einen tieferen Zugang zu ihrer Wissenschaft zu gewinnen.

Born, Max – deutscher Physiker
geb. 11.12.1882 in Breslau
gest. 5.1.1970 in Göttingen
Nobelpreis 1954, für seine grundlegenden Forschungen in der Quantenmechanik, besonders für seine statistische Interpretation der Wellenfunktion.

B., Sohn eines Professors der Anatomie und Physiologie, ist, wie er später meinte, in der Schule ein „schlechter Rechner" gewesen. Das Universitätsstudium, das B. 1901 in Breslau begann, erstreckte sich zunächst auf mehrere Fachgebiete. Mit Astronomie beschäftigte er sich am meisten. Mathematik und Physik betrieb er anfangs nur nebenbei. Auch in der Biologie und in der Philosophie schaute er sich um.

Entscheidend für B.s wissenschaftliche Entwicklung wurde jedoch sein Studienaufenthalt in Göttingen, wo er auch sein Studium abschloß. Bereits ein Jahr nach seinem Eintreffen in Göttingen wurde B. Privatassistent bei dem genialen Mathematiker D. Hilbert, ein Zeichen dafür, daß der angehende Physiker schon damals über hervorragende mathematische Kenntnisse verfügte. Mit einer Arbeit aus dem Gebiet der Elastizitätstheorie erwarb B. im Jahre 1907 den Doktorgrad. Seine Dissertation trug den Titel „Untersuchungen über die Stabilität der elastischen Linie in Ebene und Raum, unter verschiedenen Grenzbedingungen". Den experimentellen Teil der Untersuchungen hatte er mit einfachen, selbstgebauten Apparaten in seiner Studentenbude ausgeführt. Im gleichen Jahr reiste B. für mehrere Monate nach Cambridge, um sich am berühmten Cavendish-Laboratorium weiterzubilden. Im Herbst 1907 kehrte er nach Breslau zurück, er wollte sich noch etwas gründlicher mit der experimentellen Arbeit vertraut machen. Ende 1908 reiste B. wieder nach Göttingen und erlangte hier im Herbst 1909 die Lehrbefugnis für Theoretische Physik. 1915 berief die Berliner Universität auf Vorschlag M. Plancks den hochbefähigten jungen Gelehrten zum außerordentlichen Professor für Theoretische Physik. Im Frühjahr 1919 ging B. als ordentlicher Professor an die Universität Frankfurt/Main, hier wurden seine Untersuchungen über die unmittelbare Messung der freien Weglänge neutraler Atome besonders bemerkenswert. 1921 wurde er an die „heimatliche" Universität nach Göttingen berufen.

In den zwölf Jahren seines Göttinger Wirkens begründete B. eine große Schule der theoretischen Atomphysik mit einer internationalen Schüler- und Mitarbeiterschaft. Sie wird gekennzeichnet durch Forscher wie Fermi, Dirac, Oppenheimer, Maria Goeppert-Mayer, Teller, Wigner, Pauling und andere namhafte Gelehrte. W. Pauli und W. Heisenberg waren B.s Assistenten. Um 1925 griff die Göttinger Schule in die Entwicklung der Quantenphysik entscheidend ein. Bereits 1924 hatte B. in einer Abhandlung den Ausdruck „Quantenmechanik" zuerst benutzt und in die physikalische Literatur eingeführt. Nun wurde B.s Wirksamkeit für die weitere Ausgestaltung der Atomphysik von besonderem Gewicht. In den Jahren bis 1927 erarbeiteten die theoretischen Physiker in Göttingen die Grundlagen der statistischen Atommechanik. Er selbst erdachte und begründete die wahrscheinlichkeitstheoretische Deutung der Quantenmechanik. Damit schuf B. jene „neue Art, über Naturerscheinungen zu denken", in der sein größtes wissenschaftliches Verdienst besteht.

Die Machtergreifung Hitlers setzte der Wirksamkeit auch dieses großen Wissenschaftlers in Deutschland ein jähes Ende. Im April 1933 wurde B. als Leiter seines Instituts an der Göttinger Universität beurlaubt. Sein Lehrbuch über Optik, das 1933 herauskam, durfte nicht mehr verbreitet werden. Im Mai 1933 verließ B. mit seinen Angehörigen das Deutsche Reich. Auf Einladung Rutherfords kam B. zunächst nach Cambridge. Die Dozententätigkeit, die B. dort ausübte, ließ sich mit seiner glanzvollen Stellung als Lehrstuhlinhaber in Göttingen nicht vergleichen. Der fünfzigjährige Gelehrte begann nun fast wieder da, wo er vor einem Vierteljahrhundert als junger Wissenschaftler angefangen hatte. Nach seiner Entpflichtung im Jahre 1953 entschloß er sich, trotz allem wieder in seine alte Heimat zurückzukehren, obwohl Einstein ihm davon abriet. Er übersiedelte 1954 nach Bad Pyrmont.

Bothe, Walter Wilhelm – deutscher Physiker
geb. 8.1.1891 in Oranienburg bei Berlin
gest. 8.2.1957 in Heidelberg
Nobelpreis 1954, für seine Koinzidenzmethode und seine mit deren Hilfe gemachten bahnbrechenden Forschungsarbeiten auf dem Gebiet der Kernphysik.

B., Sohn eines Kaufmanns, interessierte sich schon frühzeitig für die Naturwissenschaften und die Musik. 1908 nahm er in Berlin das Studium der Mathematik, Physik und Chemie auf. Unter den berühmten sieben Doktoranden, die M. Planck nur gehabt hat, war B. einer der begabtesten. Als Student arbeitete er über ein Thema aus der Lehre vom Licht und wurde 1914, allerdings nur für kurze Zeit, Assistent bei M. Planck an der Physikalischen Reichsanstalt in Berlin.

Nach dem Krieg fand B. eine Anstellung an der Physikalisch-Technischen Reichsanstalt in Berlin. Die Zusammenarbeit mit H. Geiger, der dort die Abteilung für radioaktive Forschung leitete, war für seinen weiteren wissenschaftlichen Weg entscheidend. Unter dem Einfluß von Geiger lernte B. mit dem Phänomen der Radioaktivität experimentell umzugehen. Er entwickelte sich so zu einem theoretischen wie experimentell besonders gut vorgebildeten Kernphysiker. Gemeinsam mit H. Geiger entwickelte B. im Jahre 1924 die Methode der Koinzidenzen zu großer Vollendung aus. Nachweisgeräte, die den Durchgang eines Teilchens durch einen elektrischen Impuls anzeigten, wurden so zusammengeschaltet, daß gerade nur immer das gesuchte „Ereignis" gezählt wurde.

Die Koinzidenzmethode benutzte B. im Jahre 1925 und auch etwa 16 Jahre später, um zu entscheiden, ob der Energiesatz und sein Komplement, der sogenannte Impulssatz, bei jedem einzelnen Stoß zwischen einem Lichtpartikel und einem Elektron gelten, wie Einstein und Compton angenommen hatten, oder ob jene Sätze nur im Durchschnitt für eine große Anzahl von Stößen gelten, wie N. Bohr und einige Mitarbeiter angenommen hatten. Durch die Untersuchung der Lichtpartikel und Elektronen nach dem Stoß mit der Koinzidenzmethode konnten B. und seine Mitarbeiter in überzeugender Weise zeigen, daß die Sätze bei jedem individuellen Stoß gelten. Dieses Ergebnis hatte prinzipielle Bedeutung für die Untersuchung der kosmischen Höhenstrahlung. Zusammen mit W. Kolhörster führte er 1929 die Koinzidenzmethode zur Analyse der kosmischen Höhenstrahlung ein. Das Ergebnis ihrer Versuche war die überraschende Deutung der Höhenstrahlung als Korpuskularstrahlung; sie war bis dahin als eine durchdringende Gammastrahlung angesehen worden. Seit Ende der 30er Jahre befaßte sich B. außerdem mit der Konstruktion eines Zyklotrons (Teilchenbeschleuniger). Diese mächtigen und teuren Apparate, die E. O. Lawrence (Physik-Nobelpreis 1939) erfunden hat, dienen dazu, Elementarteilchen im Feld eines riesigen Magneten so zu beschleunigen, daß sie nach Geschwindigkeit und Energie in der Lage sind, Atomumwandlungen und Kernveränderungen zu vollziehen. Seine Untersuchungen von Kernreaktionen und der Kerngammastrahlung führten zur Entdeckung der künstlichen Kernanregung.

1944 beendete B. in Heidelberg, wo er 1934 einen Ruf als Direktor des Instituts für Physik am Kaiser-Wilhelm-Institut für Medizinische Forschung angenommen hatte, seine Arbeiten: Der erste deutsche Teilchenbeschleuniger wurde in Betrieb genommen.

Bragg, Sir (seit 1920) **William Henry** – englischer Physiker

geb. 2.7.1862 in Westward bei Wigton (Cumberland)
gest. 12.3.1942 in London
Nobelpreis 1915, für seine Verdienste um die Erforschung der Kristallstrukturen durch Röntgenstrahlen.

B. gehört zu den hervorragenden Naturwissenschaftlern zu Anfang dieses Jahrhunderts. Er besuchte 1880/81 das berühmte Trinity College in Cambridge, wo er eine naturwissenschaftliche Ausbildung erhielt. Von 1881 bis 1885 studierte er an der Universität Cambridge Mathematik. Bereits mit 24 Jahren wurde B. als Professor für Mathematik und Physik an die Universität Adelaide in Australien berufen. Nach einem Vortrag in Neuseeland entschloß er sich, neuere Forschungen über das Elektron eingehender zu verfolgen.

Seine ruhmreiche Laufbahn als Experimentator begann er zwar erst im Alter von etwa vierzig Jahren, doch mit einer Reihe erstaunlicher Experimente um die Jahrhundertwende wurde die Fachwelt auf ihn aufmerksam. Sie betrafen zunächst die Radioaktivität, und zwar die Reichweite der Alphastrahlen in der Luft. 1904 wurde B. durch seine Untersuchungen der Alpha-, Beta- und Gamma-Strahlung radioaktiver Stoffe und ihrer Absorption durch Materie bekannt. Er fand die Möglichkeit, radioaktive Substanzen mit Hilfe der von ihnen ausgestrahlten Alpha-Teilchen zu identifizieren, da die Geschwindigkeit und damit die Eindringtiefe dieser Teilchen durch die strahlende Substanz bestimmt wird. Dabei wies er nach, daß die Eindringtiefe auch vom absorbierenden Medium beeinflußt wird. Nach England zurückgekehrt, wurde B. 1909 Professor für Physik an der Universität Leeds sowie 1915 an der Universität London.

1913 entdeckte B. mit Hilfe der Ionisationskammer die Reflexionsstrahlen und konstruierte das erste Röntgenstrahlspektrometer. Bei der von den beiden B.s entwickelten Reflexionsmethode zeigten sich auch die Röntgenspektrallinien des betreffenden Schwermetalls der Antikathode; man kann so mit einer monochromatischen Röntgenstrahlung arbeiten. Es war ein echter und für die Analyse der Kristallstrukturen sehr bedeutsamer Fortschritt, daß es B. und seinem Sohn gelang, durch Interferenz entstehende selektive Reflexionen von Röntgenstrahlen an den Netzebenen von Kristallgittern auszuführen und so die Problematik der Strukturanalyse vom Dreidimensionalen auf das Zweidimensionale zu reduzieren. Damit war der Grundstein für die sich so glanzvoll entwickelnde Röntgenstrukturanalyse der Kristalle gelegt, die zu einem der mächtigsten Hilfsmittel der modernen Mineralogie wurde.

Bragg, Sir (ab 1941) **William Lawrence** – englischer Physiker

geb. 31.3.1890 in Adelaide (Australien)
gest. 1.7.1971 in London
Nobelpreis 1915, für die Verdienste um die Erforschung der Kristallstrukturen durch Röntgenstrahlen.

B., Sohn des bedeutenden Physikers Sir William Henry Bragg, besuchte das St. Peters College und die Universität von Adelaide, wo er 1908 graduierte. Nachdem sein Vater den Lehrstuhl für Physik an der britischen Universität Leeds übernommen hatte, folgte auch der Sohn nach England. Er besuchte ab 1909 das Trinity College in Cambridge, wo er Mathematik, daneben auch Physik und Chemie studierte. 1914 wurde B. Fellow am Trinity College, dann Dozent in der naturwissenschaftlichen Fakultät.

Ab 1909 untersuchten Vater und Sohn B. Charakter und Eigenschaften unterschiedlicher Strahlungen und wandten sich besonders den Röntgenstrahlen zu. So konnte B. zeigen, daß unter bestimmten Bedingungen an Kristallen reflektierte Röntgenstrahlen Beugungseffekte ergeben (B.sches Gesetz), woraus auf die Anordnung der Atome im Kristallinnern geschlossen werden kann. 1913 veröffentlichte B. eine Arbeit über die Beugung kurzer magnetischer Wellen durch ein Kristall. Vater und Sohn analysierten mit dem Röntgenstrahlspektrometer zahlreiche Kristallstrukturen, maßen die Atomabstände und klärten so die Atomanordnung in Mineralen. Sie schufen eine Meßmethode für die Intensität der gebeugten Röntgenstrahlen, die ebenfalls zur Strukturaufklärung der Kristallgitter diente. Zusammen mit seinem Vater begründete B. die Kristallstrukturforschung durch die Drehkristallmethode. Mit dieser eigens entwickelten Methode wurden vorerst die Strukturen von Stein- und Kalisalz untersucht und bestimmt. Für ihre Forschungsarbeiten erhielten beide 1915 den Nobelpreis für Physik.

Seit der Entdeckung der Röntgeninterferenzen an Kristallen ist eine Vielzahl von Verfahren entwickelt worden, die jedoch sämtlich auf die aus der B.schen Gleichung folgenden Untersuchungsmöglichkeiten zurückgeführt werden können. Im Prinzip die gleichen Beugungsuntersuchungen wie mit Röntgenstrahlen können auch mit Elektronenstrahlen aufgrund ihrer

Welleneigenschaften durchgeführt werden. Auch für die Beugung solcher Strahlen gilt die B.sche Gleichung.

Brattain, Walter Houser – amerikanischer Physiker
geb. 10.2.1902 in Amoy (China)
gest. 13.10.1987 in Seattle (Washington)
Nobelpreis 1956, für die Untersuchungen über Halbleiter und die Entdeckung des Transistoreffekts.
B., Sohn eines amerikanischen Lehrers, der damals an einer chinesischen Schule unterrichtete, verbrachte die ersten Jahre in China, dann ging die Familie zurück in den US-Bundesstaat Washington, wo B. später das Whitman-College besuchte. Er studierte dann Physik an der Universität von Oregon und promovierte 1929 an der Universität von Minnesota in Minneapolis. Von 1928 bis 1929 war B. im Bureau of Standards in Washington tätig, wo er sich bereits dem Studium der Elektronenstrahlung erhitzter Gegenstände widmete. Diese Arbeiten setzte er nach 1929 als wissenschaftlicher Mitarbeiter im technischen Stab der Bell Telephone Laboratories in New Jersey fort, für die er zunächst bis 1941 und dann wieder von 1944 bis 1967 tätig war. Von 1962 bis zu seiner Emeritierung 1972 lehrte er als Gastprofessor am Whitman-College.

B.s Erkenntnisse beruhen auf seiner Forschertätigkeit über die Elektronenemission und Absorption an Festkörperoberflächen und über die elektrische Leitfähigkeit von Halbleitern. Seine Arbeit an Thermionen und das Studium der Elektronenemission von heißen Oberflächen führte zu größerer Kenntnis des Effekts der „Absorbed films" (mit einem Häutchen überzogene Filme) auf die Elektronenemission. Danach beschäftigte sich B. mit der elektrischen Leitfähigkeit und den Rektifikationsphänomenen (Reinigung durch Destillation) in Halbleitern, besonders beim Kupferoxid-Varistor (spannungsabhängiger elektrischer Widerstand), und studierte die Eigenschaften von Silikonen und des Germaniums.

Als in den dreißiger Jahren die Arbeitsfrequenz der Nachrichtentechnik in den Zentimeterwellenbereich vorzudringen begann, wurden die physikalischen Grenzen der Elektronenröhre erreicht. Für die Gleichrichtung wurde nun die Germaniumdiode eingesetzt, und man suchte ebenfalls nach Möglichkeiten, Halbleiterbauelemente als Verstärkerelemente zu benutzen. Der entscheidende Durchbruch auf dem Gebiet der Halbleiterforschung und -technik wurde mit der Realisierung des gesuchten Verstärkerbauelementes – des dann sogenannten Transistors – erzielt. Am 15. Dezember 1947 bemerkte B. bei einer spezifischen Versuchsanordnung einen signifikanten Verstärkungseffekt. Dieser „Spitzentransistor" war die erste Realisierung des gesuchten Halbleiterverstärkers – wenngleich er anders als der ursprünglich konzipierte Feldeffekt-Transistor funktionierte, der erst in den 50er Jahren realisiert wurde.

Mit seinen Forschungsarbeiten zur Halbleitertechnik wurde B. zum „Vater des Transistors", der enorme Bedeutung für die gesamte Funk- und Telefonindustrie und später auch für die Datenverarbeitung gewann. Mit der Entdeckung des „Transistoreffekts" (Verstärkung elektrischer Signale) entwickelten B., Bardeen und Shockley 1948/49 die ersten Transistoren, die nicht nur die Elektronenröhren in den Rundfunkgeräten verdrängten, sondern auch Funk, Telefon und Datenverarbeitung revolutionierten.

Braun, Karl Ferdinand – deutscher Physiker
geb. 6.6.1850 in Fulda
gest. 20.4.1918 in New York
Nobelpreis 1909, als Anerkennung des Verdienstes um die Entwicklung der drahtlosen Telegraphie.
B. begann nach erfolgreichem Abschluß des Fuldaer Gymnasiums 1868 in Marburg und ab 1869 in Berlin mit dem Studium der Mathematik und Naturwissenschaften. Recht schnell scheint man auf B.s wissenschaftliches Talent aufmerksam geworden zu sein, durfte er doch im Privatlaboratorium von H. G. Magnus, des Berliner Ordinarius für Physik, arbeiten. Im Mittelpunkt von B.s wissenschaftlichem Interesse standen damals Untersuchungen über Saitenschwingungen, womit er im Jahre 1872 auch an der Berliner Universität zum Doktor der Philosophie promovierte.

Da die wirtschaftlichen Verhältnisse B.s keine Karriere als Universitätslehrer zuließen, legte er 1873 in Marburg das Staatsexamen für Gymnasiallehrer ab und ging im folgenden Jahr als zweiter Lehrer der Mathematik und Naturwissenschaften an die Thomasschule nach Leipzig. Hier gelang B. 1874 seine erste große Entdeckung: Er bemerkte, daß „bei einer großen Anzahl natürlicher und künstlicher Schwefelmetalle der Widerstand derselben verschieden war mit Richtung, Intensität und Dauer des Stromes. Die Unterschiede betragen bis zu 30 Prozent des ganzen Wertes". Damit war der Gleichrichtereffekt an Kristallen entdeckt, dessen Tragweite erst in den folgenden Jahrzehnten voll sichtbar wurde, bei B.s Fachkollegen hingegen nur auf geringe Resonanz stieß. Dennoch begründete diese Entdeckung den wissenschaftlichen Ruf B.s. 1877 erhielt er eine Berufung als außerordentlicher Professor an die Universität Marburg, 1880 in gleicher Funktion an die Universität Straßburg, 1883 erhielt er dann eine ordentliche Professur in Karlsruhe, von 1885 bis 1895 war B. ordentlicher Professor in Tübingen, und von 1895 bis an sein Lebensende war er Ordinarius in Straßburg.

Ein erstes Anwendungsgebiet bot sich dem Gleichrichtereffekt jedoch schon im ausgehenden 19. Jahrhundert, indem Detektoren mit Spitzenkontakt zum Empfang von Funksignalen in der drahtlosen Telegraphie genutzt wurden. Entsprechende Anregungen waren von B. ausgegangen, als er sich 1897 der drahtlosen Telegraphie zugewandt hatte und dabei auch auf das Problem eines zuverlässigen Empfängers gestoßen war. Er erkannte, daß der zur damaligen Zeit übliche Kohärer mit viel zu großen Unsicherheiten behaftet war und so das Problem einer zuverlässigen und empfindlichen Empfangsanordnung für die elektromagnetischen Signale nicht grundsätzlich lösen konnte. Auf der Suche nach einem Ersatz für den Kohärer erinnerte sich B. seiner Leipziger Untersuchungen. Er ging dabei von der Überzeugung aus, daß die gleichrichtenden Kristalle einen Detektor abgeben mußten, vorausgesetzt natürlich, daß sie auch noch für Wechselströme von so hoher Frequenz, wie man sie in der drahtlosen Telegraphie verwendet, als Gleichrichter wirkten. Als entsprechende Versuche diese Vermutung um die Jahrhundertwende bestätigten, konnte der Kristalldetektor seinen Siegeszug in der Funktechnik beginnen. Über Jahre hinweg blieb er der billigste und verbreitetste Empfänger, bis zur Entwicklung der Vakuumröhre. Der Gleichrichtereffekt mündete schließlich Mitte unseres Jahrhunderts in die Entwicklung des Transistors ein und trug so zur Herausbildung der Halbleiterindustrie bei.

Seine Entwicklung der modernen Sende- und Empfangstechnik wurde schon bald industriell genutzt: B. arbeitete mit Siemens zusammen; aus der Fusion der B.-Siemens- mit der Slaby-Arco-AEG-Gruppe entstand 1903 die deutsche Telefunken-Gesellschaft. Die richtungsweisenden Arbeiten B.s auf dem Gebiete der drahtlosen Telegraphie machten das physikalische Institut der Universität Straßburg, dessen Direktor er im Jahre 1895 geworden war, zu einem geachteten Zentrum der Hochfrequenzphysik und ließen ihn selbst zum Haupt einer ganzen Schule von Hochfrequenzphysikern werden. Seinen Ruf als einer der bedeutendsten Hochfrequenzphysiker seiner Zeit hatte B. bereits 1897 mit einer Erfindung begründet, die seinen Namen mehr noch als die Arbeiten zur drahtlosen Telegraphie im Bewußtsein der Öffentlichkeit bewahrt hat. Gemeint ist die „B.sche Röhre" bzw. der Kathodenstrahloszillograph, dessen Verwendbarkeit sich heute auf viele Gebiete erstreckt, in denen man sich für rasch veränderliche Vorgänge interessiert. Er selbst erlebte nur den Anfang des gewaltigen Siegeszuges, den seine „Röhre" im 20. Jahrhundert antrat.

Trotz seiner angegriffenen Gesundheit hatte B. die Strapazen einer Amerikareise auf sich genommen, um durch sein Auftreten in einem Patentprozeß die Schließung der Großfunkstelle Sayville (der Gegenstation zum Sender Nauen) zu verhindern. Da der Prozeß sich hinzog, wurde er vom Kriegseintritt der USA überrascht. Als Kriegsinternierter lebte B. bis zu seinem Tode in Brooklyn. Zu B.s zahlreichen wissenschaftlichen Veröffentlichungen gehört das Hauptwerk „Drahtlose Telegraphie durch Wasser und Luft" (1901).

Bridgman, Percy Williams – amerikanischer Physiker und Wissenschaftstheoretiker
geb. 21.4.1882 in Cambridge (Massachusetts)
gest. 20.8.1961 in Randolph (New Hampshire)
Nobelpreis 1946, für seine Erfindung und Entwicklung von Apparaten zur Erzeugung von extrem hohen Drücken und für seine Entdeckungen auf dem Gebiet der Hochdruckphysik.

B. besuchte die Schulen in Newton (Massachusetts), wo ein Lehrer ihn für naturwissenschaftliche Arbeiten interessierte. Er studierte dann an der Harvard-Universität in Cambridge Physik, dort bestand er 1904 das Bachelor-Examen, und 1905 erhielt er den Master of Arts. Bereits als Student beobachtete er die Zustandsänderung der Materie bei hohen Drücken.

Die physikalischen Eigenschaften der Stoffe ändern sich bei hohen Drücken teilweise grundlegend. Die Viskosität von Flüssigkeiten und die Plastizität fester Körper steigen stark an. Bei vielen Stoffen treten irreversible oder reversible Phasenumwandlungen auf. Als dem jungen B. während seiner Doktorarbeit, bei der es im Rahmen einer optischen Untersuchung aus ganz anderen Gründen um die Herstellung hoher Drücke ging, seine selbstkonstruierte Apparatur um die Ohren flog, ersann er ein verbessertes Dichtungsverfahren für den Kolben. Bei seinen weiteren Experimenten erreichte er zunächst Drücke bis etwa 7.000 bar. 1908 promovierte B. an der Harvard-Universität in Philosophie und Naturwissenschaften. Im selben Jahr wurde er bereits Fakultätsmitglied, war dann ab 1910 Instruktor für Physik, ab 1913 außerordentlicher Professor, und 1919 erhielt er eine Berufung als Ordinarius. 1926 erreichte B. die höchste Stellung, die die Harvard-Universität auf naturwissenschaftlichem Sektor zu vergeben hat, die eines Hollis-Professors für Mathematik und Naturphilosophie. Er behielt sie bis 1950 und wurde dann Higgins-Universitätsprofessor. 1954 wurde er emeritiert.

Für die Weiterführung seiner experimentellen Arbeiten über hohe Drücke mußte B. die dazu notwendigen Apparaturen größtenteils selbst entwickeln. Mit einem neuartigen, aus zwei verbundenen Containern bestehenden Apparat konnte er Flüssigkeiten bei hohen Drücken untersuchen. So mußten beispielsweise für die Stempel neuartige Stähle und hitzebeständige Metallverbindungen eingesetzt werden. Mit verbesserten Dichtungsverfahren konnte B. im Laufe der Zeit Drücke bis zu 425.000 bar herstellen. Damit entdeckte er neuartige Festkörpermodifikationen, von denen man unter diesen extremen physikalischen Bedingungen bis dahin nichts wußte. Im Jahre 1914 konnte B. durch Erhitzen von weißem Phosphor bei Drücken von über 1.000 MPascal eine schwarze Phosphormodifikation herstellen, die ausgesprochen metallische Eigenschaften aufwies. Es wurden auch die elektrischen Eigenschaften der Metalle, die Viskosität der Flüssigkeiten und die Wärmeleitfähigkeit von Gasen unter hohem Druck untersucht.

Der Nobelpreis wurde B. für die Erfindung und Konstruktion einer Maschine verliehen, mit der ein Druck von 2,722 Millionen Kilogramm erzeugt werden kann, was den Druckverhältnissen in 965 Kilometer Tiefe unter der Erdoberfläche entspricht.

Brockhouse, Bertram Neville – kanadischer Physiker
geb. 15.7.1918 in Lethbridge (Provinz Alberta)
Nobelpreis 1994, für bahnbrechende Leistungen bei der Entwicklung von Neutronen-Streuungstechniken für das Studium kondensierter Materie.

Nach dem Besuch der High School absolvierte B. von 1939 bis 1945 seinen Militärdienst bei der kanadischen Kriegsmarine. Danach studierte er zunächst an der University of British Columbia, erwarb 1947 den Bachelor of Arts und wechselte anschließend an die University of Toronto. Hier erhielt er 1948 den Master of Arts und promovierte 1950 im Fach Physik. Von 1950 bis 1960 arbeitete B. als wissenschaftlicher Mitarbeiter am Forschungsreaktor der Atomic Energy of Canada in Chalk River (Provinz Ontario). Von 1960 bis 1962 hatte er dort die Leitung der Abteilung für Neutronenphysik inne. 1962 folgte B. einem Ruf als Professor für Physik an die McMaster University in Hamilton, an der er auch bis 1984 einen Lehrstuhl bekleidete. Von 1967 bis 1970 war er auch Leiter des Physik-Institutes.

Fast ein halbes Jahrhundert nach ihren bahnbrechenden Entdeckungen in der Neutronenforschung ist dem US-Amerikaner C. G. Shull und B. der Nobelpreis zuerkannt worden. Ihre Entdeckungen machten sie nach Ende des Zweiten Weltkrieges an den ersten Kernreaktoren in den USA und Kanada. Sie hatten wegbereitende Verfahren entwickelt, wie mit Neutronen sowohl die Struktur als auch die Bewegung von Materie auf atomarer Ebene untersucht werden konnte. Während Shull Neutronenbeugungstechniken zur Untersuchung der atomistischen Struktur kondensierter Materie in Oak Ridge (USA) entwickelte, konzentrierte sich B. am kanadischen Atomreaktor in Chalk River auf den Einsatz der Neutronenspektroskopie als Methode zum Studium der Dynamik der Bausteine im Festkörper. Eine moderne Festkörperphysik und Strukturforschung an Materialien ist ohne die fundamental wichtigen Beiträge der Neutronenstreuung nicht vorstellbar, wozu Shull und B. mit ihrem Lebenswerk Wegbereiter waren.

Die physikalischen Eigenschaften der langsamen Neutronen machen die Neutronenstreuung zu einer wichtigen Methode bei der Aufklärung atomarer und molekularer Strukturen in kondensierter Materie. Langsame Neutronen haben die vorteilhafte Eigenschaft, daß nicht nur ihre Wellenlängen mit den Entfernungen zwischen den Atomen übereinstimmen, sondern daß auch ihre kinetischen Energien vergleichbar sind mit den Bewegungsenergien der Atome eines Festkörpers. Dadurch können Gitterschwingungen und Neutronen Energie austauschen. Wegen der herausragenden Rolle des Wasserstoffs beim Aufbau organischer Stoffe und von Bio-Molekülen ist insbesondere die verschiedene Streukraft des Protons und des Deuteriums bei der Strukturaufklärung mit Neutronenstreumethoden von besonderem Nutzen.

Broglie, Louis-Victor 7. Herzog von – französischer Physiker
geb. 15.8.1892 in Dieppe
gest. 19.3.1987 in Paris
Nobelpreis 1929, für die Entdeckung der Wellennatur der Elektronen.

Die Familie de Broglie hatte seit Generationen Soldaten, Diplomaten und Politiker höchsten Ranges für Frankreich gestellt. Beinahe wäre auch Louis der Familientradition gefolgt. Er besuchte das Lyzeum Janson-de-Sailly und studierte dann bis 1909 Geschichte, insbesondere Rechtsgeschichte und politische Geschichte des Mittelalters, an der Pariser Sorbonne, wo er promovierte und sich zunächst auf eine Beamtenlaufbahn vorbereitete. Vielleicht wäre er Diplomat geworden, wäre nicht sein älterer Bruder Maurice schon vor ihm aus der Familientradition ausgeschert. Maurice hatte sich der Physik zugewandt und durfte sich im Familienschloß sein eigenes Laboratorium einrichten. Der Einfluß des um 17 Jahre älteren Bruders brachte Louis dazu, sich im Alter von 28 Jahren der Physik zuzuwenden. Im Jahre 1911 begann B. mit dem Studium der Mathematik und Physik, doch der Erste Weltkrieg unterbrach sein Studium für mehrere Jahre. Erst nach der Entlassung aus dem Heeresdienst im Jahre 1919 konnte B. seine Studien wieder aufnehmen.

Im November 1924 hatte B. an der Pariser Sorbonne seine berühmt gewordene Doktorarbeit unter dem Titel „Untersuchungen zur Quantentheorie" verteidigt. Wie viele junge Physiker war B. von Einsteins Relativitätstheorie und Plancks Quantentheorie fasziniert. Diese beiden bedeutenden Theorien hatten die Physik revolutioniert, obwohl ihre Auswirkungen in den zwanziger Jahren erst ansatzweise erkannt wurden. Einstein hatte gezeigt, daß Licht sich manchmal wie ein Hagel winziger Partikel verhalten konnte, woraus B. folgerte, daß Teilchen sich vielleicht auch wie Wellen verhalten könnten. Durch eine Reihe komplizierter mathematischer Ableitungen fand er heraus, daß der Impuls eines festen Teilchens sich durchaus zur Wellenlänge in Beziehung setzen läßt, mit der man normalerweise Licht- oder Schallwellen mißt. Er machte als erster den Vorschlag, daß die Materie neben ihrem korpuskularen ähnlich wie Licht auch Wellencharakter besitzen könne. Seine Idee der „Materiewellen" nahm einige der bedeutendsten Fortschritte in der modernen Physik vorweg, vor allem auf dem Gebiet der Atom- und Nuklearstruktur.

Später befaßte sich B. mit der Quantenfeldtheorie der Elementarteilchen und mit Wellengleichungen für Teilchen mit höherem Spin, wobei er mit seiner „Fusionsmethode" u. a. eine Neutrinotheorie des Lichts formulierte; außerdem galten seine Bemühungen einer kausalen, nichtstatistischen Deutung der Quantenmechanik im Rahmen einer nichtlinearen Wellenmechanik. Mit seinen Ideen hat er wesentlich zum Übergang von der klassischen deterministischen Physik zu der auf statistischen Aussagen beruhenden modernen Physik beigetragen. B. war von 1932 bis 1962 Professor für Theoretische Physik an der Pariser Sorbonne.

Chadwick, Sir (ab 1945) **James** – britischer Physiker
geb. 20.10.1891 in Manchester
gest. 24.7.1974 in Cambridge
Nobelpreis 1935, für den experimentellen Nachweis des bis dahin unbekannten Neutrons.

C. war das älteste von vier Kindern eines Wäschereibesitzers. Er besuchte die Manchester Secondary School und studierte ab 1908 mit Hilfe eines Stipendiums Physik an der Universität von Manchester. Nach Abschluß des Studiums blieb er noch zwei Jahre in Manchester, um bei Ernest Rutherford (Chemie-Nobelpreis 1908) über die Emission von Gammastrahlen aus radioaktivem Material zu arbeiten. Im Jahr 1913 ging C. an die Physikalisch-Technische Reichsanstalt in Berlin zu Hans Geiger, der gerade einen Detektor für Radioaktivität entwickelt hatte. Hier untersuchte C. die Natur des elektromagnetischen Spektrums und wandte sich dann den als Betateilchen bekannten radioaktiven Strahlen zu. Mit dem Ausbruch des Ersten Weltkrieges wurde er als „feindlicher Ausländer" interniert, durfte jedoch im Gefangenenlager wissenschaftliche Forschungen betreiben und beschäftigte sich mit der photochemischen Reaktion von Kohlenstoff und Chlor. 1918 kehrte C. nach England zurück und arbeitete am Physikalischen Institut der Universität Manchester unter E. Rutherford über verschiedene Probleme der Radioaktivität. 1935 folgte C. einem Ruf der Universität Liverpool, wo er eine Professur für Physik übernahm.

In den 20er Jahren lieferte C. grundlegende Forschungsarbeiten über die Struktur des Atomkerns und über Kernumwandlungen der leichten Elemente durch Beschuß mit Alphateilchen. Anfang der 30er Jahre hatten verschiedene Forscher wie Walter Bothe (Physik-Nobelpreis 1954) in Heidelberg und Frederic Joliot-Curie in Paris eine neuartige Strahlung entdeckt, konnten sie jedoch nicht interpretieren. 1932 erforschte C. die intensive Strahlung, die freigesetzt wurde, wenn das Metall Beryllium mit Alphateilchen (Heliumkernen) bombardiert wurde. Er zeigte, daß das Beryllium Sekundärteilchen emittierte, die ihrerseits Protonen aus einem nahegelegenen Zielkern aus Kohlenwasserstoffparaffin entfernten. Wie C. durch komplizierte Berechnungen darlegte, ließ sich durch die Annahme dieses Verhaltens erklären, daß die Alphateilchen neutrale Partikel von annähernd gleicher Masse wie die Protonen aus den Kernen der Berylliumatome entfernen. Mit weiteren Untersuchungen, diesmal durch Beschuß von Boratomen mit Alphastrahlen, konnte C. schließlich die Masse des neuen Teilchens bestimmen, das er „Neutron" nannte.

C.s Entdeckung war ein bedeutender Durchbruch, und das Neutron erwies sich bald als wertvolles Hilfsmittel für die Forschung. Da es ladungsfrei ist, wird es von elektrischen Feldern nicht abgelenkt, und seine gegenüber dem Proton etwas größere Masse machte es besonders geeignet zur Erforschung der Atome. Heute können die Physiker Atome mit Neutronenstrahlen beschießen und so deren Inneres weit tiefer durchdringen als je zuvor.

Chamberlain, Owen – amerikanischer Physiker
geb. 10.7.1920 in San Francisco
Nobelpreis 1959, für die Entdeckung des Elementarteilchens Antiproton.

C., Sohn eines Radiologen, zog 1930 mit seinen Eltern nach Philadelphia, wo er die Germantown Friends School besuchte. Er studierte dann Naturwissenschaften an der Universität Dartmouth in Neuengland und an der University of California in Berkeley Physik, unterbrach aber 1942 sein Studium und ging nach Los Alamos, wo er an der Herstellung der ersten Atombombe mitarbeitete und am ersten praktischen Versuch mit dieser Waffe am 16. Juli 1945 auf dem Versuchsgelände bei Alamogordo in New Mexico teilnahm. Als Mitarbeiter am Atombombenprojekt „Manhattan" gewann er Erfahrung mit der nuklearen Auftreff-Wahrscheinlichkeit bei mittleren Energien der Neutronen und mit spontaner Spaltung schwerer Elemente. Nach Kriegsende setzte C. am Argonne National Laboratory in Illinois seine Arbeiten auf dem Gebiet der Kern-, insbesondere der Teilchenphysik fort. Gleichzeitig nahm er sein Physikstudium an der dortigen Universität wieder auf und promovierte 1948 an der Universität Chicago. Im gleichen Jahr nahm er einen Lehrauftrag an der Physikalischen Fakultät der Universität von Kalifornien in Berkeley an. Seit 1958 hat er dort einen eigenen Lehrstuhl für Physik.

In Berkeley arbeitete C. seit 1950 zusammen mit Emilio Segrè (ebenfalls Physik-Nobelpreis 1959) an der Proton-Proton-Streuung und dem Polarisationseffekt bei der Protonenstreuung, gipfelnd in der Entdeckung des Antiprotons im Jahre 1955. Erst mit der Entwicklung des „Bevatron", des ersten Großbeschleunigers für Protonen, wurde es möglich, jene für die Erzeugung von Antiprotonen notwendigen Energien zu erreichen, die beim Aufprallen der beschleunigten Partikel auf die Zielatome freizusetzen waren. Zur Identifizierung des Antiprotons entwickelten sie eine besondere Filtrier- und Verifikationsvorrichtung.

Chandrasekhar, Subrahmanyan – amerikanischer Astrophysiker indischer Herkunft
geb. 19.10.1910 in Lahore (Pakistan)
gest. 21.8.1995 in Chicago
Nobelpreis 1983, für seine theoretischen Studien der physikalischen Prozesse, die für die Struktur und Entwicklung der Sterne von Bedeutung sind.

C. wurde als drittes von zehn Kindern eines indischen Regierungsbeamten und Musikwissenschaftlers und einer Literaturwissenschaftlerin geboren. Er ist ein Neffe des indischen Physik-Nobelpreisträgers V. Raman. Von 1922 bis 1925 besuchte C. die Hindu-High School in Madras und studierte dann am Presidency College der dortigen Universität Physik und Astronomie. Nach seiner Graduierung 1930 setzte er sein Studium mit einem Regierungsstipendium am Trinity College der Universität Cambridge in England fort und promovierte dort 1933. Das letzte Studienjahr verbrachte er bei N. Bohr am Institut für Theoretische Physik in Kopenhagen. Nach seiner Promotion setzte C. seine wissenschaftliche Laufbahn zunächst am Trinity College fort, wechselte 1937 aber an die Universität von Chicago, wo er ein Jahr später zum Assistenzprofessor, 1942 zum außerordentlichen, 1944 zum ordentlichen Professor, 1947 zum Distinguished Service Professor für Theoretische Physik und 1952 zum Morton D. Hull Distinguished Service Professor berufen wurde. 1953 wurde er amerikanischer Staatsbürger und 1986 emeritiert.

Als Student von R. H. Fowler befaßte sich C. in seinem ersten Jahr am Trinity College besonders mit dem Verhalten sterbender Sterne. Als 21jähriger veröffentlichte er drei Arbeiten, in denen er den gängigen, weitgehend auch von Fowler vertretenen Theorien des britischen Astronomen A. Eddington widersprach, wonach Sterne wie die Sonne am Ende ihrer Lebenszeit stets zu planetengroßen Endgebilden mit einer Dichte von zehn Tonnen pro Kubikzentimeter schrumpften (Weiße Zwerge). Nach C. sei diese Annahme jedoch nur für kleinere Sterne mit einer Masse unter 1,44mal der unserer Sonne haltbar. In Untersuchungen von Modellen Weißer Zwerge fand C. eine genauere Beziehung zwischen der Masse und dem Radius dieser Sterne. Diese Abhängigkeit konnte am zuverlässigsten am Sirius-B überprüft werden, dem ersten Weißen Zwerg, der entdeckt worden war, weil er die größte der zuverlässig gemessenen Massen besitzt. Günstige Bedingungen für die Beobachtung dieses Weißen Zwerges, der zum hellsten Doppelstern am Himmel gehört, bieten sich etwa alle 50 Jahre, deshalb konnte Sirius-B mit Hilfe der besten terrestrischen Teleskope sowie im Kosmos stationierter UV- und Röntgenteleskope erst in den sechziger, siebziger Jahren beobachtet werden. Wie sich zeigte, ist der Radius dieses Weißen Zwerges zweimal kleiner, als aus den Messungen vor 50 Jahren geschlossen worden war. Damit fand C.s Theorie ihre glänzende Bestätigung.

Charpak, Georges – französischer Physiker
geb. 1.8.1924 in Dabrovica (Polen)
Nobelpreis 1992, für seine Erfindung und Entwicklung ortsempfindlicher Detektoren zur Registrierung ionisierender Teilchen, insbesondere die Erfindung der Vieldraht-Proportionalkammer.
C. wurde als Jude von den deutschen Besatzern verfolgt, 1943 in das Konzentrationslager Dachau verschleppt und 1945 von den Alliierten befreit. Nach dem Kriege ging C. nach Frankreich und erhielt 1946 die französische Staatsbürgerschaft. Er absolvierte das Lycée Saint Louis in Paris, das Lycée de Montpellier und die École des mines de Paris. Er graduierte zum Bergbau-Ingenieur und wurde 1955 am College de France zum Doktor der Physik promoviert. C. wirkte dann als wissenschaftlicher Mitarbeiter am Nationalen Wissenschaftszentrum in Frankreich (CNRS), wechselte 1959 an das Europäische Kernforschungszentrum (CERN) in Genf, wo er bis heute tätig ist, auch nach seiner Emeritierung im Jahre 1991. Außerdem bekleidet C. seit 1984 die Joliot-Curie-Professur an der Pariser Hochschule für Physik und Chemie.

Schon vier Physiker haben den Nobelpreis für wichtige Entdeckungen erhalten, die ihnen nur mit Hilfe der Vieldraht-Proportionalkammer gelangen. Mit dieser Methode entdeckten die Amerikaner B. Richter und S. Ting 1974 das Charm-Quark (ladungsartige Quantenzahl), wofür sie 1976 den Physik-Nobelpreis bekamen. Auch der Italiener C. Rubbia und der Niederländer S. Van der Meer wurden mit den neuen Detektoren fündig. Sie entdeckten 1983 am CERN-Institut die sogenannten intermediaren Bosonen der schwachen Wechselwirkung und erhielten dafür ein Jahr später ebenfalls den Nobelpreis. 1992 ist endlich auch der Erfinder selbst mit dieser höchsten wissenschaftlichen Auszeichnung geehrt worden. Die sogenannten Drahtkammern haben die Experimentiertechnik an den großen Hochenergie-Beschleunigeranlagen seit Beginn der 70er Jahre grundlegend revolutioniert. Von C. konzipierte Detektoren haben überdies auch in anderen Bereichen wie in der Kern- und Schwerionenphysik, in der Astrophysik, in der Medizin, Biologie und Geologie für den Nachweis von geladenen Teilchen und von Röntgen- und Gammastrahlen große Bedeutung erlangt.

C. hatte sich überrascht über die Entscheidung des Nobelpreiskomitees geäußert. Die Auszeichnung sei ihm „nicht unbedingt für die eleganteste seiner Arbeiten“ zugesprochen worden, äußerte er nach der Preisverleihung. Das Preisgeld von umgerechnet 1,8 Millionen Mark komme ihm aber für seine Forschungsarbeiten sehr gelegen: „Jetzt wird es mir möglich sein, auf anderen Gebieten zu arbeiten, die mehr anwendungsbezogen sind.“ An der Pariser Hochschule für Physik und Chemie arbeitete C. Anfang der 90er Jahre an neuen Labortechniken zur Entwicklung von Medikamenten.

Chu, Steven – amerikanischer Physiker
geb. 28.2.1948 in St. Louis (Missouri)
Nobelpreis 1997, für die Entwicklung eines Verfahrens, Atome mit Laserstrahlen abzukühlen und dann festzuhalten (Atomfalle).
Nach Abschluß der High School studierte C. Naturwissenschaften an der Universität von Rochester. Danach wechselte er an die Universität von Kalifornien in Berkeley, studierte hier Physik und promovierte 1976. Von 1983 bis 1987 war C. Leiter der Forschungsabteilung für Quantenelektronik bei den Bell Laboratories in Holmdel (New Jersey). 1987 erhielt er eine Berufung als Professor für Physik und Angewandte Physik an die Stanford Universität in Palo Alto (Kalifornien), an der er seither den Theodor-and-Frances-Geballe-Lehrstuhl innehat.

Die Träger des Physik-Nobelpreises 1997 C. Cohen-Tannoudji, W. D. Phillips und C. entwickelten Methoden, mit denen Atome und Moleküle leichter untersucht werden können. Bei Zimmertemperatur bewegen sich Atome im Gaszustand mit einer Geschwindigkeit von rund 4.000 Kilometern pro Stunde, so daß sie schnell aus dem Beobachtungsfeld verschwinden. Bei einer Kühlung verlangsamen sich die Teilchen zwar, die Gase kondensieren aber erst zu einer Flüssigkeit und gefrieren später zu festen Stoffen. Dabei kommen sich die Atome und Moleküle zu nahe, als daß sie untersucht werden könnten. Mit den Methoden der drei Nobelpreisträger werden die Atome mit Laser gekühlt, in Atomfallen festgehalten, um im abgebremsten Zustand genau untersucht zu werden.

C. hat u. a. einen „atomaren Springbrunnen" konstruiert, in dem lasergekühlte Atome aus einer „Falle" wie Wasserstrahlen nach oben spritzen. Wenn die Atome den Scheitelpunkt ihrer Bahn erreicht haben, erleiden sie fast einen Stillstand. In diesem Zustand werden sie Mikrowellen ausgesetzt, die die innere Struktur der Atome erspüren. Die Physiker erhoffen sich von dieser neuartigen Technik, daß demnächst Atomuhren konstruiert werden könnten, die eine hundertfach größere Genauigkeit als die bislang bekannten erreichen.

Cockcroft, Sir (ab 1948) **John Douglas** – britischer Physiker
geb. 27.5.1897 in Todmorden (Yorkshire)
gest. 18.9.1967 in Cambridge
Nobelpreis 1951, für seine Pionierarbeit auf dem Gebiet der Atomkernumwandlung durch künstlich beschleunigte atomare Teilchen.

C. war das älteste von fünf Kindern eines Textilfabrikanten. Bereits frühzeitig interessierte er sich für Physik, erhielt aber 1914 ein Stipendium für ein Mathematikstudium in Manchester. Der Erste Weltkrieg unterbrach sein Studium, und er mußte als Funker in der Artillerie dienen. Nach dem Krieg studierte C. in Manchester zunächst Elektrotechnik, wandte sich dann aber ab 1922 in Cambridge wieder dem Mathematik- und Physikstudium zu. Nach dem Examen ging er als Assistent an das Cavendish-Laboratorium, und im Anschluß an seine Promotion im Jahr 1928 wurde er Mitglied des berühmten Forscherteams um Ernest Rutherford (Chemie-Nobelpreis 1908).

Dort wandte er sich der Kernphysik zu und baute für E. Rutherford Magnete für die Alpha- und Beta-Spektroskopie. Noch in den zwanziger Jahren waren Alphateilchen aus natürlichen Kernumwandlungen die einzigen Partikel, die für den Beschuß von Atomen zur Verfügung standen. Ihre Möglichkeiten waren jedoch erschöpft, da sie von C.s Lehrer E. Rutherford bereits ausreichend untersucht waren. Somit stand C. vor dem Problem, einen Weg zu finden, andere energiereiche Teilchen zu erzeugen. Die erste künstlich ausgelöste Elementumwandlung im Jahre 1919 war noch durch die energiereichen Alphateilchen des Radiums herbeigeführt worden. Jetzt wollte man wissen, ob auch künstlich beschleunigte Protonen oder Alphateilchen dieselben Prozesse auslösen können. Zusammen mit seinem irischen Kollegen Ernest Walton (ebenfalls Physik-Nobelpreis 1951) entwickelte C. im Jahr 1929 ein Gerät, mit dem sehr hohe Spannungen aufgebaut werden konnten. Ziel war es, Protonen so stark zu beschleunigen, daß sie eine deutlich höhere Energie aufwiesen als die natürlich ausgesandten Alphateilchen. Im Jahr 1932 gelang es C. und Walton, Lithiumatome mit derartigen hochenergetischen Protonen zu beschießen und Helium in Form von Alphateilchen zu erzeugen. Damit glückte zum ersten Mal eine Kernumwandlung allein durch künstliche Beschleunigung von Teilchen ohne Verwendung natürlicher Radioaktivität. Alle diese Teilchen werden längst nicht mehr nur für Forschungszwecke beschleunigt, sie finden Anwendung bei der Lösung technischer Aufgaben, so werden Teilchenbeschleuniger auch in der Industrie eingesetzt, beispielsweise, um Blasen in Metallverschalungen aufzuspüren, und in der Medizin zur Behandlung von Krebs.

1934 übernahm C. das Mond-Institut der Royal Society und 1939 den Jackson-Lehrstuhl für Naturwissenschaften in Cambridge. Von 1941 bis 1944 leitete er die Forschungsabteilung für Luftabwehr (Radarforschung) im britischen Verteidigungsministerium. Sowohl während des Zweiten Weltkrieges als auch danach arbeitete C. mit an der Entwicklung der Atombombe. Zu diesem Zweck war er von 1944 bis 1946 Direktor der Abteilung Atomforschung des Nationalen Forschungsrates in Kanada, wo er den Bau von Atomreaktoren überwachte. Zwischen 1946 und 1958 war C. Direktor des neugegründeten britischen Atomforschungszentrums in Harwell. 1959 kehrte er ins akademische Leben zurück und wurde Rektor des Churchill College in Cambridge. Er machte dieses neugegründete College zu einer hervorragenden akademischen Institution und blieb im Amt, bis er mit 70 Jahren plötzlich starb.

Cohen-Tannoudji, Claude – französischer Physiker
geb. 1.4.1933 in Constantine (Algerien)
Nobelpreis 1997, für die entwickelten Verfahren, Atome mit Laserlicht zu kühlen und einzufangen.

C.-T. besuchte das Lycee Bugeaud in Algier und studierte dann an der École Normale Superieure in Paris. Von 1967 bis 1973 wirkte er zunächst als Dozent und dann als Professor an der Pariser naturwissenschaftlichen Fakultät, 1973 erhielt C.-T. eine Berufung als Professor für Atom- und Molekularphysik an das Pariser College de France.

C.-T. entwickelte seit Mitte der 80er Jahre zusammen mit den gleichfalls ausgezeichneten US-amerikanischen Physikern S. Chu und W. D. Phillips ein Verfahren, Atome mit Hilfe von Laser-Licht abzukühlen und einzufangen (Atomfalle). Mit den Methoden der drei Nobelpreisträger werden die Atome mit Laser gekühlt, in Atomfallen festgehalten, um im abgebremsten Zustand genau untersucht zu werden. Bei normaler Raumtemperatur befinden sich die Atome und Moleküle der Luft in heftiger Bewegung. Die Bewegungsrichtungen sind bei Geschwindigkeiten von etwa 4.000 Kilometern pro Stunde völlig ungeordnet. Bei niedrigeren Temperaturen werden sie zwar langsamer, eine wichtige Voraussetzung, um sie genauer beobachten und studieren zu können, doch kondensieren sie dann auch zu Flüssigkeiten, die schließlich zu Festkörpern erstarren. In diesen beiden Zuständen sind aber die Abstände zwischen den Teilchen wieder zu gering, um eine genaue Untersuchung zu gewährleisten. Ein Ausweg besteht darin, die Versuche in ein Vakuum zu verlegen. Dort läßt sich die Dichte so gering halten, daß die Gase sich nicht verflüssigen oder verfestigen. Doch selbst bei minus 270 Grad Celsius bewegen sich die Teilchen mit rund 400 Kilometern pro Stunde noch zu schnell. Erst bei einem millionstel Grad über dem absoluten Nullpunkt (–273,15 Grad Celsius) kommt man bei freien Wasserstoffatomen auf Geschwindigkeiten von weniger als einem Kilometer pro Stunde. Bei dieser Geschwindigkeit ist es nun möglich, mit ausgefeilten Methoden Messungen durchzuführen.

In der Zeit von 1988 bis 1995 hat C.-T. ein entsprechendes Verfahren entwickelt.

Compton, Arthur Holly – amerikanischer Physiker
geb. 10.9.1892 in Wooster (Ohio)
gest. 15.3.1962 in Berkeley (Kalifornien)
Nobelpreis 1927, für die Entdeckung und Deutung eines nach ihm benannten Effekts, der die Streuung von Röntgen- oder Gammastrahlen an freien Elektronen der Atomhülle oder an Materie mit niedriger Atommasse beschreibt.
C. wuchs in einer religiös geprägten Umgebung auf. Er studierte Physik und Mathematik an der Universität Princeton und promovierte 1916. Mit einem Stipendium konnte C. 1919/20 bei Ernest Rutherford (Chemie-Nobelpreis 1908) in Cambridge (Großbritannien) weitere Studien betreiben. Hier wurde er mit den Arbeiten von Charles Barkla (Physik-Nobelpreis 1917) über die Streuung von Röntgenstrahlen und mit der klassischen Streutheorie von Joseph Thomson (Physik-Nobelpreis 1906) vertraut, die ihn zu seinen späteren Forschungen auf dem Gebiet der Wellenmessungen entscheidend anregten. 1920 wurde C. als Professor und Leiter der Abteilung Physik an die Washington-Universität in St. Louis berufen. 1923 folgte er einem Ruf an die Universität von Chicago, wo er bis 1945 den Lehrstuhl für Physik innehatte. Von 1945 bis 1953 war er Professor für Physik und Kanzler der Universität von St. Louis und ab 1954 Professor für Naturphilosophie.

C. hat sich besonders auf dem Gebiet der Wellenmessung hervorgetan und wurde so ein bedeutender Wegbereiter der Wellenmechanik. 1918 begann er mit theoretischen und experimentellen Studien über Röntgenstrahlstreuung. 1923 streute er Röntgenstrahlen an Elektronen und beobachtete mit der Ablenkung zugleich eine Frequenzänderung der Strahlung, wie sie für Quanten theoretisch gefordert wurde (C.-Effekt). Damit war bewiesen, daß die Röntgenstrahlen ebenso wie das Licht quantenhaften Charakter besitzen. Andere Röntgenstudien brachten die Entdeckung der totalen Reflexion von Röntgenstrahlen und ihre Beugung durch Gitter. Der C.-Effekt weist einerseits die quantenhafte Struktur der elektromagnetischen Strahlung nach und ist andererseits ein Beweis dafür, daß auch Prozesse zwischen Mikroobjekten durch Energie- und Impulserhaltungssatz geprägt sind. Die Theorie von C. wurde durch eine Reihe weiterer Experimente überzeugend bestätigt. Zur Formulierung der theoretischen Grundlagen führte C. das „Photon" ein und beschrieb den C.-Effekt als Konsequenz einer Kollision zwischen Photon und Elektron, wobei das Photon einen Teil seiner Energie verliert. Diese Theorie bezog den Teilchen- und Wellencharakter der elektromagnetischen Wellen mit ein, womit C. wissenschaftliches Neuland betrat.

Cooper, Leon Neil – amerikanischer Physiker
geb. 28.2.1930 in New York City
Nobelpreis 1972, für seinen fundamentalen Beitrag zur Theorie der Supraleitfähigkeit.
Nach seinem Abschluß an der Bronx High School of Science studierte C. Physik an der Columbia University. Bereits während seines Studiums galt sein besonderes Interesse der Quantenfeldtheorie. Mit einem Forschungsstipendium der National Science Foundation war C. für das akademische Jahr 1954/55 zunächst am Institute for Advanced Study in Princeton tätig, bevor er für zwei Jahre eine Forschungsstelle unter J. Bardeen an der University of Illinois annahm. Seit 1958 lehrt C. an der Brown University in Providence (Rhode Island), zunächst als außerordentlicher, seit 1962 als ordentlicher Professor. 1966 folgte die Berufung zum Goddard University Professor, 1974 schließlich erhielt er den Thomas J. Watson Sr. Lehrstuhl mit gleichzeitiger Ernennung zum Ko-Direktor des Brown's Center for Neural Sciences.

Die drei Wissenschaftler J. Bardeen, J. R. Schrieffer und C. wurden mit dem Nobelpreis ausgezeichnet für die quantenmechanische Deutung der Supraleitung, eines Phänomens, das sich fast ein Vierteljahrhundert dem theoretischen Verständnis entzogen hatte. Bereits im Jahre 1911 hatte H. Kamerling Onnes entdeckt, daß manche Metalle in der Nähe des absoluten Nullpunktes (minus 273 Grad Celsius) plötzlich den elektrischen Widerstand verlieren. Elektrische Ströme können dann in einem geschlossenen Stromkreis unbegrenzt lange fließen, ohne daß eine elektrische Spannung aufrechterhalten werden muß. Es hat zwar nicht an Versuchen gefehlt, diesen Befund und andere damit verknüpfte Effekte zu erklären, diese Theorien hatten jedoch nur beschreibenden Charakter und sagten nichts aus über das mikrophysikalische Verhalten der für die elektrische Leitfähigkeit verantwortlichen Elektronen.

Der nächste Schritt zum Verständnis der Supraleitfähigkeit wurde von C. getan. Er zeigte 1956, daß zwei Elektronen mit entgegengesetztem Spin an der Oberfläche einer vollbesetzten Fermikugel einen gebundenen Zustand bilden, wenn ihre Wechselwirkung anziehend ist. Die Bindungsenergie dieses Elektronenpaares (C.-Paar genannt) erreicht ihren Maximalwert, wenn die Impulse der beiden Elektronen entgegengesetzt gerichtet sind. C. vermutete, daß das Auftreten des supraleitenden Zustandes mit der Instabilität der normalen Konfiguration der Elektronen gegenüber der Bildung gebundener Elektronenpaare zusammenhängt. Auf C.s Ergebnis bauten dann auch Bardeen und Schrieffer bei ihrer Behandlung des supraleitenden Grundzustandes auf. Alle Elektronenpaare in einem Supraleiter verhalten sich also wie eine geschlossene Einheit, und diese kollektiv verkoppelten Elektronenpaare können sich widerstandslos im Kristallgitter bewegen, was die Supraleitfähigkeit hervorruft.

Cronin, James Watson – amerikanischer Physiker
geb. 29.9.1931 in Chicago
Nobelpreis 1980, für die Entdeckung von Verletzungen fundamentaler Symmetrieprinzipien im Zerfall von neutralen langlebigen K-Mesonen.
C., Sohn eines Altphilologie-Professors, studierte Mathematik und Physik an der Southern Methodist University in Dallas. Anschließend setzte er sein Physikstudium an der University of Chicago fort und promovierte 1955 mit einer Arbeit aus dem Bereich der experimentellen Kernphysik. 1958 wechselte er zur Princeton University über, an der er 1964 zum ordentlichen Professor für Physik ernannt wurde. 1971 wechselte C. an die University of Chicago, wo ihm für seine weitere Forschungsarbeit der neue Teilchenbeschleuniger am Fermi National Accelerator zur Verfügung stand. 1976 übernahm er eine Gastprofessur an der Harvard University.

Den Nobelpreis 1980 erhielten zu gleichen Teilen C. und V. L. Fitch für ihre Untersuchungen, die ein vertieftes Verständnis der Symmetrie zwischen Materie und Antimaterie ermöglicht haben. Bei der Untersuchung des Zerfalls neutraler K-Mesonen stellten sie fest, daß dabei grundlegende Symmetrieprinzipien verletzt werden. In der Natur gibt es drei wichtige Symmetrieoperationen: erstens die Raumspiegelung, auch Paritätsoperation P genannt, zweitens die C-Operation als Vertauschung aller Teilchen gegen ihre Antiteilchen und drittens die Operation T der Zeitumkehr. In der Physik hat man ständig zu überprüfen, ob die Natur symmetrisch gegenüber diesen Symmetrien ist. Seit 1957 weiß man, daß die Spiegelsymmetrie P und die Teilchen-Antiteilchen-Symmetrie C verletzt sind. Allerdings waren die damals bekannten Prozesse symmetrisch gegenüber einer kombinierten CP-Operation. Lange Zeit hatte man angenommen, daß die Natur zwischen links und rechts nicht unterscheiden könne. Ein physikalischer Vorgang und sein räumliches Spiegelbild sollten in der Natur gleichermaßen möglich sein. Dies ist jedoch nicht der Fall. In den fünfziger Jahren haben die in den USA tätigen chinesischen Wissenschaftler T. D. Lee und C. N. Yang gezeigt, daß die Spiegelsymmetrie beim radioaktiven Betazerfall verletzt wird (sie erhielten dafür 1957 den Nobelpreis).

1964 beobachteten C. und Fitch bei Experimenten am Protonenbeschleuniger von Brookhaven zur Untersuchung des Zerfalls neutraler K-Mesonen, die beim Beschuß eines Berylliumtargets mit Protonen mit einer Energie von 30 GeV entstehen, daß die kurzlebigen Teilchen nach kurzer Flugstrecke „ausgestorben" waren und ein Strahl langlebiger K-Mesonen übrigblieb. Es zeigte sich, daß nicht alle Partikel wie erwartet in drei Pionen zerfallen, sondern daß bei etwa zwei von 1.000 Zerfällen nur zwei Pionen entstehen. Wesentlich für das Gelingen des Experiments war, daß sich C. schon seit einigen Jahren mit der Entwicklung von Funkenkammern befaßt hatte und somit über eine hervorragende Experimentiertechnik verfügte.

Curie, Marie – französische Chemikerin und Physikerin polnischer Herkunft
geb. 7.11.1867 in Warschau
gest. 4.7.1934 in Sancellemoz (Savoyen)
Nobelpreis 1903, Physik, für ihre Arbeiten über die von Henri Becquerel entdeckten Strahlungsphänomene.
Nobelpreis 1911, Chemie, für die Entdeckung der radioaktiven Elemente Radium und Polonium.
Marie C. erhielt als erste Frau einen Nobelpreis und ist außerdem die einzige Wissenschaftlerin, die zweimal mit einem Nobelpreis geehrt wurde.

Marie Sklodowska, so ihr Mädchenname, war das jüngste von fünf Kindern. Ihre Mutter war Pianistin und Sängerin, ihr Vater Lehrer für Physik und Mathematik. Im Hause der Familie Sklodowska herrschten ausgezeichnete Bedingungen für die geistige Entwicklung der Kinder. Im Laufe der Jahre machte die intellektuelle Entwicklung der kleinen Marie rasche Fortschritte. Sie besuchte zusammen mit ihrer Schwester Helena ein Pensionat, dann das Gymnasium, das sie 1883 als beste Schülerin und Trägerin einer Goldmedaille beendete. Um einen Beitrag zum väterlichen Finanzhaushalt zu leisten, die Mutter starb bereits mit 42 Jahren, arbeitete Marie als Hauslehrerin auf dem Lande und in Warschau. Durch den Besuch von Vorlesungen der sogenannten „Fliegenden Universität" – einer illegalen Institution, gedacht als Ausgleich für fehlende polnische Hochschulen – erwuchs das Interesse Maries für die Naturwissenschaften. Angeregt durch andere Frauen, denen der Besuch von Hochschulen in Petersburg oder im westlichen Ausland gelungen war – in Polen wurden keine Frauen zum Studium zugelassen –, bereitete sie sich für ein Studium der Fächer Mathematik und Physik vor. Im Alter von 24 Jahren hatte sie so viel Wissen erworben und Geld gespart, daß sie ein Physikstudium an der Pariser Sorbonne aufnehmen konnte. Nach Erhalt der Lehrerlaubnis für Physik und Mathematik begab sie sich nach Warschau, doch in Polen konnte sie keine Anstellung als wissenschaftliche Mitarbeiterin finden, und so kehrte sie 1895 nach Paris zurück, freudig erwartet von Pierre Curie, mit dem sie seit 1894 befreundet war. Am 26.7.1895 wurden beide standesamtlich getraut.

Ab 1897 arbeitete Marie mit ihrem Mann an der Erforschung der von Becquerel entdeckten Strahlen aus Uraniumsalzen. Sie maßen die von diesen Salzen ausgehenden Strahlungsintensitäten mit Hilfe von piezoelektrischem Quarz und suchten gleichzeitig nach anderen, ähnliche Strahlen aussendenden Substanzen, die sie zunächst in Thoriumsalzen fanden. Marie prägte den Begriff der Radioaktivität für die Eigenschaft bestimmter Stoffe, Strahlung auszusenden. Bei systematischen Mineraluntersuchungen fanden sie ein Mineralsalz (Pechblende), das besonders intensiv strahlte.

Damit begann der heroische Lebensabschnitt Maries und ihres Mannes. Im Verlauf einiger Jahre bahnten die jungen Wissenschaftler unter großen Opfern und vor allem auf Kosten ihrer Gesundheit der Wissenschaft und Technik einen neuen, bisher nicht bekannten Weg. Sie lüfteten eines der großen Geheimnisse der Materie. Nach langwierigen chemischen Trennprozessen konnten sie 1898 die zwei neuen, radioaktiven Elemente Polonium und Radium nachweisen. Von 1898 bis 1900 veröffentlichte Marie selbst oder gemeinsam mit ihrem Mann 13 wissenschaftliche Arbeiten über die Eigenschaften der radioaktiven Elemente. 1900 erhielt sie die Berechtigung, an der Hochschule für Mädchen in Sevres bei Paris Vorlesungen über Physik zu halten. 1903 promovierte Marie mit einer Arbeit über die Uranstrahlung. Am 6. Dezember 1904 kam Maries zweite Tochter Eve zur Welt, doch dieses freudige Ereignis wurde kurze Zeit später überschattet durch den Tod ihres Mannes Pierre, der am 19. April 1906 an den Folgen eines Verkehrsunfalles starb. Nun mußte sie das gemeinsame wissenschaftliche Werk nach besten Kräften allein fortsetzen.

Am 13.5.1906 faßte der Rat der Mathematisch-Naturwissenschaftlichen Fakultät der Sorbonne einstimmig den Beschluß, die Vorlesungen an dem von Pierre C. innegehabten Lehrstuhl Marie zu übertragen. Obwohl die Wissenschaftlerin formal nicht zum Professor ernannt wurde, war sie die erste Frau, die in Frankreich eine derartige Stellung im Hochschulwesen errang. Von 1906 bis 1910 konnte sie mit A. L. Debierne auf elektrolytischem Wege elementares Radium herstellen und dessen Atommasse bestimmen, so daß dieses Element in das periodische System eingeordnet werden konnte.

Trotz des weltweiten Ruhmes blieb die zweifache Nobelpreisträgerin immer eine einfache Frau. Als sie am 4. Juli 1934 an den Folgen der radioaktiven Strahlung, der sie sich in langen Jahren ihrer Arbeit ausgesetzt hatte, starb, war nicht nur das mit großen persönlichen Opfern verbundene Leben einer großen Wissenschaftlerin, sondern auch das eines vorbildlichen Menschen zu Ende gegangen. C. gehört mit Recht zu den herausragenden Frauenpersönlichkeiten der Wissenschaftsgeschichte des 19. und 20. Jahrhunderts.

Curie, Pierre – französischer Physiker und Chemiker
geb. 15.5.1859 in Paris
gest. 19.4.1906 in Paris
Nobelpreis 1903, für die Entdeckung der Radioaktivität.

C., Sohn eines atheistisch und antiklerikal gesinnten Pariser Arztes, hat seine gesamte Kindheit zu Hause verbracht. Er ist nie zur Schule gegangen, zuerst unterrichtete ihn die Mutter, dann der ältere Bruder und der Vater. Mit vierzehn Jahren begab er sich unter die Obhut eines Privatlehrers, und er erzielte schnelle Fortschritte beim Lernen, so konnte er bereits als Sechzehnjähriger die Reifeprüfung ablegen. Er nahm ein Hochschulstudium an der Sorbonne auf, erwarb mit achtzehn Jahren das Lizentiat und wurde 1878 Assistent an der Mathematisch-Naturwissenschaftlichen Fakultät der Pariser Universität.

Bereits zu Beginn seiner wissenschaftlichen Arbeit errang C. beachtenswerte Ergebnisse. Durch seine Forschungen über die elektrischen Eigenschaften der Kristalle, die zur Entdeckung der Piezo-Elektrizität führten, durch die Erkenntnis des Zusammenhangs von Magnetismus und Temperatur sowie durch die Konstruktion einer Präzisionswaage – C.-Waage genannt – hatte er sich als Experimentalphysiker um sein Fachgebiet verdient gemacht. Unter seinen theoretisch-physikalischen Entdeckungen wurde die des Symmetrieprinzips, das er an elektrischen und magnetischen Feldern näher erforschte, für die Zukunft besonders wichtig.

Auf der Suche nach einem Labor lernte Marie Sklodowska Anfang 1894 Pierre C. kennen, und aus der Begegnung dieser beiden, ganz der physikalischen Wissenschaft verschworenen Menschen erwuchs bald eine enge Freundschaft. Im Juli 1895 fand die Hochzeit statt, nun begann die gemeinsame wissenschaftliche Arbeit, wenn auch zunächst nicht an einem gemeinsamen Forschungsthema. C., der in seiner spärlichen Freizeit seinen Kristallforschungen nachgegangen war und nur beratend an den Untersuchungen seiner Frau mitgewirkt hatte, begann sich nun unmittelbar an ihren Arbeiten zu beteiligen. Gemeinsam mit ihr suchte er nach dem vermuteten, bisher unbekannten chemischen Element mit der großen Strahlungskraft. So begann im Frühjahr 1898 jene beglückende wissenschaftliche Arbeitsgemeinschaft zwischen Marie und Pierre C., die acht Jahre lang – bis zu dem tragischen Ende Pierres – andauerte. Im Juli 1898 gelang den beiden Wissenschaftlern die Absonderung eines stark strahlenden Elementes mit charakteristischen Eigenschaften, ihm gab Marie zu Ehren ihrer polnischen Heimat den Namen Polonium. Das Polonium wurde als eine Begleitsubstanz des Wismuts erkannt. Ende des Jahres 1898 entdeckten Marie und Pierre ein weiteres radioaktives Element, diesmal als Begleitsubstanz des Bariums. Es hatte eine noch stärkere Strahlungsaktivität, sie nannten es daher „Radium", das „Strahlende". Beide Elemente waren physikalisch einwandfrei festgestellt.

In den sechs Jahren, die auf die Entdeckung des Radiums folgten, veröffentlichten die beiden Gelehrten über 30 wissenschaftliche Forschungsarbeiten, zum Teil gemeinsam mit anderen Physikern und Chemikern. Die Untersuchungen über die physiologische Wirkung der Radiumstrahlen, über die Radioaktivität der Gase im Wasser der Thermalquellen und über die Verwendung des radioaktiven Zerfalls zur Messung erdgeschichtlicher Zeiträume sind dabei besonders bemerkenswert. C. hatte als einer der ersten durch gefährliche Selbstversuche, die zu einer schweren Radiumverbrennung führten, die physiologische Wirkung des Radiums erprobt. Bald begann eine umfassende Forschungsarbeit auf diesem Gebiet. Die Radiumtherapie – auch C.-Therapie genannt – trat der Röntgentherapie an die Seite und entwickelte sich zu einem wichtigen Zweig der praktischen Medizin.

Nach der Verleihung des Nobelpreises setzte der Weltruhm mit einem Schlage ein. Doch in der Laufbahn von Marie und Pierre ging es nur schleppend vorwärts. Die mit dem Nobelpreis erhaltenen Geldmittel nutzten sie für die Anstellung eines technischen Gehilfen, und sie erwarben einige Geräte und Rohstoffe, deren Anschaffung ihre Verhältnisse bisher überstieg. Pierre gab sein Lehramt an der Fachschule für Physik und Chemie auf, um sich ganz der Forschungsarbeit zuzuwenden. Erst 1905 wurde C. zum Mitglied der Pariser Akademie der Wissenschaften gewählt. Im gleichen Jahr wurde für ihn endlich auch ein Lehrstuhl für Physik an der Pariser Universität errichtet, allerdings ohne Labor, weil dafür die Geldmittel noch immer fehlten.

Ein Jahr später endete das Leben eines großen Gelehrten viel zu zeitig, als er in der belebten Rue Dauphine unter die Räder eines schweren Pferdefuhrwerks geriet.

Dalén, Nils Gustav – schwedischer Physiker und Ingenieur
geb. 30.11.1869 in Stenstorp (Westergotland)
gest. 9.12.1937 in Lidingö/Stockholm
Nobelpreis 1912, für seine Erfindung automatischer Regulatoren, die in Kombination mit Gas-Akkumulatoren zur Beleuchtung von Leuchttürmen und Leuchtbojen zu verwenden sind.
D. interessierte sich bereits in seiner Schulzeit für Mechanik und technische Erfindungen. Doch nach dem Willen der Eltern sollte er sich auf die spätere Arbeit auf der elterlichen Farm vorbereiten. Aber die Neigung zur Technik war stärker, er durfte das Chalmers-Institut in Göteborg besuchen, wo er eine Ausbildung als Ingenieur erhielt, die er 1896 erfolgreich abschloß. Während seines Studiums befaßte sich D. mit Kompressoren und anderen technischen Ausrüstungen, außerdem experimentierte er auch mit Unipolarmaschinen und ihrem Einsatz als Niederspannungs-Hochstromgeneratoren im Zusammenwirken mit sehr schnellen Dampfturbinen. Im Jahr 1901 wurde er technischer Leiter einer schwedischen Carbid- und Acetylenfirma, ab 1906 war er Chefingenieur einer Gas-Akkumulatorenfirma.

D. erwarb sich große Verdienste um die Entwicklung der Acetylengewinnung und um die Verwendung des Acetylens für Beleuchtungszwecke. Er arbeitete besonders konsequent daran, seine Erfindung des pneumatischen Akkumulators für Acetylen in beweglichen Beleuchtungen nutzbar zu machen, vorwiegend aber für Leuchttürme und Leuchtbojen an schwer zugänglichen Stellen oder bei Signalanlagen der Eisenbahn. D.s erste Arbeiten galten der automatischen Steuerung für Leuchttürme. Er konstruierte Regulatoren, die auf Sonnenlicht reagierten, sie aktivierten die Leuchttürme automatisch bei Dämmerung und schalteten sie im Morgenlicht aus. Im Jahr 1901 erfand D. den explosionssicheren Acetylen-Gasbehälter (Gas-Akkumulator), der für die Leuchtfeuer von größter Bedeutung werden sollte. Er entwickelte das D.-Blinklicht, bei dem automatische Regulatoren die Acetylenzufuhr zu einem Gasbrenner und die Zündung so steuern, daß Lichtblitze von 0,1 Sekunden Dauer (Dunkelperiode 0,9 Sekunden) erzeugt werden.

Im Jahr 1906 hatte der hervorragende Ingenieur sein Forschungsziel erreicht: Das erste automatische Leuchtfeuer der Welt, das Gasfeten-Leuchtfeuer auf einer Insel im Kalmar Sund, brannte unbewacht, mit einem Acetylen-Gasblinker ausgerüstet, sechs Monate lang ohne Ausfall. Kleine unbemannte eiserne Türme für Gasfeuer wurden danach überall gebaut und standen längere Zeit hoch im Kurs. Noch 1910 hatte das deutsche Seeamt festgestellt, daß weite Teile der europäischen Küsten nicht ausreichend mit Seezeichen ausgerüstet seien. Beim Testen mit den neuartigen Speichern für das Acetylen gab es 1912 eine Explosion, bei der D. erheblich verletzt wurde und er sein Augenlicht einbüßte. Nach der Genesung setzte er unbeirrt seine Arbeiten fort, und seine Firma erhielt den lukrativen Auftrag, den 1914 eröffneten Panamakanal mit Leuchtsignalen auszustatten.

Mit seiner Ingenieurkunst hat D. die Sicherheit der Schiffahrt wesentlich beeinflußt und zahlreiche Menschen vor schrecklichen Schicksalen bewahrt.

Davisson, Clinton Joseph – amerikanischer Physiker
geb. 22.10.1881 in Bloomington (Illinois)
gest. 1.2.1958 in Charlottesville (Virginia)
Nobelpreis 1937, für die experimentelle Entdeckung der Beugung von Elektronen an Kristallgittern.
D. studierte an der Universität von Chicago und der Princeton-Universität in New Jersey Mathematik und Physik. 1911 promovierte er bei Owen Richardson (Physik-Nobelpreis 1928) in Princeton. Von 1911 bis 1917 war er wissenschaftlicher Mitarbeiter am Carnegie Institute of Technology in Pittsburgh, danach arbeitete er bis 1946 in der Forschung bei der Western Electric Company, ab 1925 bei den Bell Telephone Laboratories in New York. Ab 1947 war D. Professor für Physik an der University of Virginia in Charlottesville.

D. befaßte sich vor allem mit den physikalischen Problemen bei Elektronenröhren, besonders mit der thermionischen Elektronenemission, und er leistete Pionierarbeit in der Elektronenmikroskopie. Der französische Physiker Louis de Broglie (Physik-Nobelpreis 1929) hatte vermutet, daß Elektronen und darüber hinaus alle Teilchen Wellencharakter hätten. Doch niemand war seitdem auf ein Teilchen gestoßen, das sich wie eine Welle verhalten hätte. Anfang der 20er Jahre untersuchte D. die Reflexion von Elektronen an einem metallenen Nickel-Target in einer Vakuumröhre. Dabei stellte er fest, daß ein Elektronenstrahl nicht nur reflektiert, sondern auch gebeugt wurde, wie es auch mit Röntgenstrahlen geschehen würde. Beugung (Diffraktion) war eine charakteristische Eigenschaft von

Wellen. Ebenfalls 1927 schickte der britische Physiker G. P. Thomson (Physik-Nobelpreis 1937) einen Strahl schneller Elektronen durch eine dünne Goldfolie und wies dabei auch die Diffraktion von Elektronen nach.

In der Zeitschrift „Nature" vom 16. April 1927 gaben D. und der amerikanische Physiker L. H. Germer mit dem Beitrag „Die Streuung von Elektronen durch ein Nickel-Einkristall" die erste Veröffentlichung ihrer später so berühmt gewordenen Versuche, mit denen sie die Welleneigenschaften der Elektronen direkt im Versuch nachwiesen. Von D. und Germer wurde erstmals ein Nachweis des Welle-Teilchen-Dualismus der Elektronen bei ihrer Streuung an Kristallgittern durch Beobachtung von Interferenzen ihrer Materiewellen geführt. Es wurde ein Nickelkristall mit einem Strahl monoenergetischer Elektronen bestrahlt und die Anzahl der an der Kristalloberfläche reflektierten (gestreuten) Elektronen in Abhängigkeit vom Streuwinkel gemessen. Dabei ergaben sich für bestimmte Streuwinkel Intensitätsmaxima, die sich nur als Interferenzerscheinungen von Wellen deuten ließen, die am periodischen Kristallgitter gestreut wurden.

Weitere Arbeiten D.s galten der Wärmestrahlung und thermoionischen Vorgängen, jenem Teil der Elektronik, der sich mit der thermischen Emission und dem Verhalten der auf diese Weise emittierten Elektronen im Vakuum befaßt.

Dehmelt, Hans Georg – amerikanischer Physiker deutscher Herkunft
geb. 9.9.1922 in Görlitz
Nobelpreis 1989, für den Beitrag zur Entwicklung der Ionenfallentechnik.

D. machte 1940 am Gymnasium Zum Grauen Kloster in Berlin sein Abitur, und nach Ableistung des Kriegsdienstes von 1940 bis 1945 sowie anschließender Gefangenschaft bis 1946 studierte er bis 1950 Physik in Breslau und an der Universität Göttingen, wo auch sein wissenschaftlicher Werdegang begann. In seiner Dissertation befaßte er sich mit Untersuchungen zur Kernquadrupolresonanz in Molekülen, die sich als sehr wichtig für das Studium der chemischen Bindung erwiesen haben. 1952 ging D. in die USA an die Duke University in Durham (North Carolina). 1955 wechselte er an die University of Washington in Seattle, an der D. 1956 als Assistant Professor, von 1957 bis 1961 als Associate Professor und ab 1961 als Professor für Physik lehrte. Auf Einladung der Alexander-von-Humboldt-Stiftung arbeitete er auch in der Bundesrepublik.

In der physikalischen Grundlagenforschung konzentrierten sich D. und die beiden anderen Nobelpreisträger auf die Entwicklung von extrem präzisen Meßverfahren, die, die Möglichkeiten der Physik entscheidend erweiternd, Vorgänge in der Hülle von Atomen oder Zustände von geladenen Teilchen oder Atomen mit einer zuvor ungeahnten Genauigkeit zu erforschen und zu bestimmen halfen. Er war maßgeblich beteiligt an der Entwicklung von Magnetometern, die auf dem Prinzip des optischen Pumpens beruhen. Diese Arbeiten wurden so weit vorangebracht, daß ein serienmäßiger Bau und der Einsatz in Satelliten möglich wurde. Das Speichern und Kühlen geladener Teilchen und das Bestimmen ihrer Eigenschaften in Paul- und Penning-Fallen gelang D. und Mitarbeitern mit höchster Präzision. Ausdruck dessen ist die Tatsache, daß ein isoliertes Elektron monatelang in einer Falle gefangengehalten werden konnte und dieses Elementarteilchen seine Geheimnisse preisgeben mußte. Die ersten Versuche, Atome und Ionen „einzufangen", um sie im Ruhezustand zu studieren, wurden in den 50er Jahren in W. Pauls Labor in Bonn unternommen. 1973 gelang es D. zum ersten Mal, einzelne Elektronen in einer Penning-Falle zehn Monate lang gefangen zu halten. Durch Beobachtung über einen so langen Zeitraum konnte er den sogenannten g-Faktor auf ein Hundertmilliardstel genau bestimmen. Der g-Faktor ist eine fundamentale Naturkonstante, über die die Grundeigenschaften des Elektrons miteinander verknüpft sind: die elektrische Elementarladung, die Masse, der Eigendrehimpuls (Spin) und das magnetische Moment. Fortschritte im Verständnis der fundamentalen Wechselwirkungen in der Natur und deren Beschreibung im Rahmen elektroschwacher Theorien erlauben es heute, den g-Faktor extrem genau zu berechnen.

Die drei Wissenschaftler D., Paul und Ramsey haben es möglich gemacht, die Eigenschaften einzelner Atome oder Moleküle zu studieren, und damit zum Beispiel die Grundlagen der Technik moderner, hochpräziser Atomuhren gelegt.

Dirac, Paul Adrian Maurice – britischer Physiker
geb. 8.8.1902 in Bristol
gest. 20.10.1984 in Tallahassee (Florida)
Nobelpreis 1933, für die Entdeckung neuer produktiver Formen der Atomtheorie.

D., Sohn eines Schullehrers, der aus der Schweiz ausgewandert war, und einer Engländerin, zeigte eine frühe Begabung, vernachlässigte aber die humanistischen Fächer und war kein Musterschüler. Von 1918 bis 1921 studierte er Elektrotechnik an der Universität Bristol, konnte dann aber keinen Arbeitsplatz finden. In dieser Zeit entwickelte sich sein Interesse für die Relativitätstheorie. 1923 ging D. an die Universität von Cambridge mit dem Ziel, Physiker zu werden. Er studierte Mathematik und Naturwissenschaften am St. John's College, wo er 1926 promovierte. Ab 1927 gehörte er zum Lehrkörper in Cambridge. 1929 las er als Gastprofessor an den amerikanischen Universitäten von Wisconsin und Michigan sowie 1931 an der Princeton-Universität. 1930 hatte D. eines der ersten und einflußreichsten Lehrbücher für Quantenmechanik, „Die Prinzipien der Quantenmechanik", veröffentlicht. Im gleichen Jahr war er Mitglied der Royal Society geworden, und 1932 erhielt er mit dem Lucasian Chair in Cambridge denjenigen Lehrstuhl für Mathematik, den einst I. Newton innehatte.

Kurz nach dem Erscheinen von Heisenbergs Matrizenmechanik entwickelte D. im Herbst 1925 seine eigene Version der Quantenmechanik, die sich von der Darstellung der deutschen Physiker M. Born und E. P. Jordan durch logische Klarheit und Allgemeingültigkeit abhob. Gleichzeitig mit E. Fermi, aber unabhängig von ihm, gelangte er 1926 zu einer wellenmechanischen Behandlung gleichartiger Teilchen (Elektronen, Protonen, Neutronen), die zur „Fermi-D.-Statistik" führte. Ausgehend von der Wellengleichung E. Schrödingers, gelang D. 1928 mit der „D.-Gleichung" eine Vereinigung der Quanten- und der Relativitätstheorie, aus der sich die Eigenrotation des Elektrons, der Spin, ganz natürlich ergab. D.s Gleichung markierte einen Wendepunkt in der modernen Physik. Sie vereinheitlichte zum ersten Mal die zwei revolutionären Theorien dieses Jahrhunderts: die spezielle Relativitätstheorie Einsteins und die Quantentheorie von Heisenberg und Schrödinger.

Tief verzweifelt über die mathematischen und begrifflichen Schwierigkeiten der Quantenelektrodynamik wandte sich D. um 1935 von der aktuellen Physik ab. In den folgenden Jahren beschäftigte er sich mit kosmologischen Problemen und stellte 1937 die „D.-Hypothese" auf, derzufolge sich die Gravitationskonstante aufgrund der Ausdehnung des Weltalls langfristig verkleinert, was zu einer allmählichen Ausdehnung der Erde führen müßte.

Einstein, Albert – deutscher Physiker

geb. 14.3.1879 in Ulm
gest. 18.4.1955 in Princeton (USA)
Nobelpreis 1921, für seine Verdienste um die theoretische Physik, besonders für seine Entdeckung des Gesetzes des photoelektrischen Effekts.

E.s Vorfahren, jüdische Handwerker und Händler, waren seit etwa 300 Jahren in Schwaben seßhaft. Sein Vater betrieb in Ulm ein Geschäft. Er übersiedelte jedoch bald nach der Geburt des Sohnes mit seiner Familie nach München. Mit 13 Jahren bekam der wißbegierige Knabe die „Naturwissenschaftlichen Volksbücher" von A. Bernstein in die Hand, eine volkstümliche Gesamtdarstellung der Ergebnisse der Naturwissenschaft, und er las diese Bändchen mit atemloser Spannung.

Im Herbst 1896 nahm E. in Zürich das Hochschulstudium auf, er wollte Physiklehrer werden. Weitgehend mittellos, die Eltern konnten ihren Sohn nur wenig unterstützen, mußte er während seines Studiums nicht nur auf alles Überflüssige, sondern auch auf manches Notwendige verzichten. Nach der Abschlußprüfung war der junge Diplomlehrer für Physik zwei Jahre lang ohne feste Anstellung. Da ihm eine Anstellung als Assistent an der Technischen Hochschule Zürich versagt blieb, nahm er schließlich die Arbeit als Beamter am Eidgenössischen Patentamt in Bern auf. Die Berufstätigkeit ließ ihm genügend Zeit, seinen wissenschaftlichen Gedanken nachzugehen.

Mit drei großen Gruppen von theoretischen Entdeckungen trat E. ab 1905 kurz nacheinander hervor, deren jede geeignet war, dem Verfasser unsterblichen Ruhm zu verschaffen. In seiner Theorie der Brownschen Bewegung gab er auf rein klassischer Grundlage einen direkten und abschließenden Beweis für die atomistische Struktur der Materie. Der zweite große Forschungskomplex, mit dem E. in das fachwissenschaftliche Leben eintrat, ist unmittelbar mit Plancks Quantenhypothese verbunden und setzt sie voraus. Ohne Rücksicht auf die in der Optik herrschenden Lehrmeinungen wandte er die Plancksche Hypothese auf das Licht an. Er kam auf diesem Weg zu der Auffassung, daß man dem Licht eine körnige Struktur zuschreiben müsse. Die Lichtquantenlehre oder Photonentheorie E.s besagt, daß das Licht zwar eine im Raum sich stetig ausbreitende Wellenerscheinung ist, daß die Lichtenergie jedoch nur an bestimmten Stellen so zusammengeballt, gleichsam – wie E. es bildhaft ausdrückte – in Form von „Erbsen" auftritt, daß sie physikalisch wirksam wird. Die geniale Deutung des lichtelektrischen Effektes wurde zehn Jahre nach ihrer Veröffentlichung durch die Experimente des amerikanischen Physikers Millikan als richtig erwiesen. Sie gehört seither zu den experimentell am besten gesicherten Theorien der Physik. Die Lichtquanten-Auffassung bildete einen der fundamentalsten Beiträge zur Quantentheorie überhaupt. Schon deswegen muß E. als einer ihrer großen Mitbegründer betrachtet werden.

Die dritte große Abhandlung, an der E. in seinen freien Stunden arbeitete, begründete seinen eigentlichen Weltruhm: eine neue Lehre von Zeit, Raum, Bewegung, Masse und Energie. Die Relativitätstheorie wurde E.s bekannteste, aber auch zunächst am meisten umstrittene Leistung. Mit der Schaffung der Relativitätstheorie griff E. in die herrschenden Naturauffassungen tiefer ein als mit allen seinen übrigen Entdeckungen. Die Relativitätstheorie enthält eine grundsätzlich neue Raum-Zeit-Lehre. Während Newton Raum und Zeit als voneinander getrennte, philosophisch absolute Kategorien ansah, entdeckte E. den dialektischen Zusammenhang von Raum und Zeit, die bei ihm zu einer vierdimensionalen höheren Einheit, der sogenannten Raum-Zeit, verschmelzen. Durch diesen Tatbestand werden der Raum für sich, die Zeit für sich und damit verbunden mehrere andere physikalische Begriffe (Länge, Zeit, Masse, Energie usw.) zu relativen Größen. Aus dieser Erkenntnis resultiert der Name „Relativitätstheorie".

E. schloß 1915 nach siebenjährigem Ringen seine allgemeine Relativitätstheorie und Gravitationslehre ab, er lieferte weitere wesentliche Beiträge zur Quantentheorie, und er begründete eine völlig neue Ansicht über den Aufbau des Weltalls. Die allgemeine Relativitätstheorie ist unbestreitbar E.s genialste Tat. Aus ihr haben sich Vorhersagen neuer, bis dahin ungeahnter Erscheinungen ergeben. Zu ihnen gehört vor allem die Ablenkung der Lichtstrahlen im Schwerefeld der Sonne. Als diese theoretische Voraussage 1919 durch die Ergebnisse einer englischen Sonnenfinsternisexpedition praktisch bestätigt wurde, war E. mit einem Schlag der berühmteste Physiker der Welt. Mit Recht sagte später M. Planck, E. sei nicht nur einer unter vielen hervorragenden Physikern, sondern der Physiker, durch dessen Arbeiten die physikalische Erkenntnis in unserem Jahrhundert eine Vertiefung erfahren habe, deren Bedeutung nur an den Leistungen Keplers und Newtons gemessen werden könne. In seinen letzten Jahrzehnten hat sich E. um die Schaffung einer „einheitlichen Feldtheorie" bemüht, die als weitere Verallgemeinerung der Relativitätslehre gedacht war und die Erscheinungen des elektromagnetischen Feldes und des Gravitationsfeldes sowie nach Möglichkeit auch der übrigen physikalischen Felder in einem einheitlichen Formelsystem beschreiben sollte.

E. war jedoch nicht nur einer der größten Forscher in der Weltgeschichte der Naturwissenschaft, sondern auch einer der fortschrittlichsten Gelehrten seiner Zeit. Aktiv wandte er sich gegen die erneut wachsende Kriegsgefahr, und auch gegen Hunger und Not der arbeitenden Menschen setzte er sich ein. 1926 unterzeichnete er mit M. Gandhi, R. Tagore, H. Barbusse und anderen ein pazifistisches Manifest gegen den Krieg. Wie die Forscher Marie Curie und H. Lorentz gehörte er der Völkerbundskommission für internationale Zusammenarbeit an. Im Herbst 1933 trat E. die ihm schon länger angebotene Forschungsprofessur in Princeton (USA) an, das auch sein letzter Wohnsitz werden sollte. Obwohl E. mit dem deutschen Faschismus nicht mehr direkt konfrontiert war, zog er sich auch jetzt nicht in seine Wissenschaft zurück.

Das Ringen gegen den Einsatz von Kernwaffen bestimmte sein gesellschaftliches Denken und Handeln im letzten Jahrzehnt seines Lebens. Noch in den letzten Wochen seines Lebens unterzeichnete er den von B. Russell und ihm selbst verfaßten Aufruf zu Frieden und Verständigung, der als Russell-E.-Manifest zur Geburtsurkunde der internationalen Pugwash-Konferenzen gegen den Atomkrieg geworden ist. Bis zuletzt blieb er ein überzeugter Verfechter der gesellschaftlichen Verantwortung des Wissenschaftlers. Als der Physiker mit den kühnsten und umwälzendsten Erkenntnissen der Neuzeit wurde E. zum Begründer eines neuen physikalischen Weltbildes und eines alle bisherigen Grenzen sprengenden naturwissenschaftlichen Denkens.

Esaki, Leo – japanischer Physiker
geb. 12.3.1925 in Osaka
Nobelpreis 1973, für seine Entdeckungen bezüglich der Tunneleffekte in Halbleitern und Supraleitern.
E., Sohn eines Architekten, besuchte die Doshisha Mittelschule und die Daisan High School in Osaka, 1959 promovierte er an der Universität Tokio zum Doktor der Physik. Zu weiteren Forschungen ging er dann nach den USA an das Thomas-J.-Watson-Forschungszentrum der Firma International Business Machines Corporation (IBM) in Yorktown Heights bei New York. 1965 wurde er „IBM Fellow", die höchste Forschungsposition, die das Unternehmen zu vergeben hatte. Hier spezialisierte er sich auf die Entwicklung von Halbleiter-Supragittern. Von 1976 bis 1992 war E. Direktoriums-Mitglied der IBM Japan, seit 1976 außerdem Direktoriumsmitglied der Yamada Science Foundation. Seit 1992 ist er Präsident der Universität von Tsukuba, Ibaraki, Japan.

In der ausführlichen Begründung der Wissenschafts-Akademie heißt es, durch die „Pioniertaten" der drei Nobelpreisträger I. Giaever, B. D. Josephson und E. sei das Studium des Tunnel-Phänomens zu einem großen und sehr aktiven Forschungsfeld entwickelt worden, das „teils viele wichtige Resultate grundlegenden Charakters ergeben, teils neue Wege für technische Anwendungen eröffnet hat". E. hat 1958 durch scheinbar einfache Experimente die Existenz eines neuen Tunnel-Phänomens in Halbleitern nachgewiesen. Er arbeitete mit kleinen Kristallgleichrichtern (Halbleiterdioden) und wies beim Durchgang von Elektronen durch extrem dünne Halbleiter-Grenzschichten zwischen unterschiedlich dotierten Halbleitern den sogenannten Tunneleffekt nach. Der Tunneleffekt ist eine mit den Gesetzen der klassischen Mechanik nicht zu erklärende quantenmechanische Erscheinung. Er wurde erstmals im Zusammenhang mit dem Alphazerfall der Atomkerne von dem amerikanischen Physiker G. Gamow im Jahre 1928 diskutiert. Der Tunneleffekt ist auf vielen Gebieten der Atom-, der Festkörper- und der Kernphysik sowie der Chemie von großer Bedeutung. Zum Beispiel müssen geladene Teilchen eine durch die elektrostatische Abstoßung hervorgerufene Coulombbarriere überwinden, um in einen Atomkern eindringen zu können und dort eine Kernreaktion auszulösen. Umgekehrt muß ein Alpha-Teilchen, das einen radioaktiven Kern beim Alpha-Zerfall verläßt, diesen Wall von innen nach außen überwinden. Der Tunneleffekt spielt weiterhin eine Rolle bei der Behandlung der spontanen Kernspaltung, ferner der Feldemission von Elektronen aus Metalloberflächen und der Elektronenleitung durch Kontaktstellen.

Josephson, E. und Giaever gelang es, den Tunneleffekt in supraleitenden Medien theoretisch und experimentell in den Griff zu bekommen. Der besonders von E. erforschte Tunneleffekt in halbleitenden Festkörperkristallen hat in fast allen Bereichen der modernen Elektronik Anwendung gefunden.

Fermi, Enrico – italienischer Physiker
geb. 29.9.1901 in Rom
gest. 28.11.1954 in Chicago
Nobelpreis 1938, für die Bestimmung von neuen, durch Neutronenbeschuß erzeugten radioaktiven Elementen und die in Verbindung mit diesen Arbeiten durchgeführte Entdeckung der durch langsame Neutronen ausgelösten Kernreaktionen.
F., Sohn eines Eisenbahnbeamten und einer Lehrerin, interessierte sich bereits als Zehnjähriger für Mathematik und Physik. Er besuchte dann ein Gymnasium, das er 1918 mit sehr guten Noten abschloß. Anschließend begann F. an der Elitehochschule Scuola Normale in Pisa ein Physikstudium. Seine Lehrer konnten ihm jedoch nicht viel Neues bieten, und so beschäftigte er sich im Selbststudium vornehmlich mit

Arbeiten von Planck, Bohr und Sommerfeld zur Quantentheorie, die in Italien noch weitgehend unbekannt waren.

F. gilt als einer der bedeutendsten Physiker des 20. Jahrhunderts, der maßgeblichen Einfluß auf die Quantentheorie, die Festkörperphysik und die Physik kosmischer Strahlen und Magnetfelder hatte.

Angeregt durch die Entdeckung der künstlichen Radioaktivität, begann er im Physikalischen Institut der Universität Rom systematisch, ein Element nach dem anderen mit Neutronen zu beschießen, er hatte sich in den Kopf gesetzt, alle Elemente des Periodensystems bis zum Uran zu testen. Mit Enttäuschung stellte das Forscherteam jedoch fest, daß bei den ersten acht Substanzen keinerlei künstliche Radioaktivität zu erkennen war, doch beim neunten Element, Fluor, begann das selbstgebaute Zählrohr zu ticken. Wie sich bald herausstellte, wurden noch zahlreiche andere chemische Grundstoffe durch Neutronenbestrahlung aktiviert. Unter Aussendung von Betastrahlen wandelten sich diese aktivierten Substanzen zumeist in Atome des nächsthöheren Elements um, damit hatte F. die „durch Beschießen mit Neutronen induzierte Radioaktivität" gefunden.

Da er mit Repressalien durch die faschistische Regierung rechnen mußte, reiste er nach der Nobel-Preisverleihung nicht wieder nach Italien, sondern mit seiner Familie in die USA, wo er 1939 eine Professur an der Columbia University in New York erhielt. Er etablierte sich schnell als einer der führenden amerikanischen Kernphysiker und begann sich mit der Uranspaltung zu beschäftigen. Im Sommer 1941 hatten die USA begonnen, die Atombombe zu entwickeln. Auch F.s Arbeiten zur Schaffung eines Kernreaktors wurden in das Atombombenprogramm einbezogen und entsprechend unterstützt. Im Dezember 1942 wurde unter der Tribüne eines Sportstadions in Chicago unter Regie von F. ein Atommeiler aus sechs Tonnen Uran, 36,6 Tonnen Uranoxid und 315 Tonnen reinstem Graphit aufgeschichtet. Zum ersten Mal produzierte eine „Uranmaschine" laufend Energie, damit war eine sich selbst erhaltende Kettenreaktion in Gang gesetzt worden, moderierfähig und keinesfalls explosiv. Damit war F. eine kontrollierte Kettenreaktion und eine der bedeutendsten technisch-experimentellen Leistungen gelungen.

F. trug wesentlich zur Theorie der Elementarteilchen und der kosmischen Strahlen bei und führte wichtige Experimente mit Pionen durch, die an Atomkernen gestreut werden. Ebenso beteiligte sich F. an der damals aufkommenden Urknalltheorie des Universums. In Chicago gehörte er zu den Pionieren bei der Benutzung von Beschleunigern (Zyklotron) und elektronischen Rechenanlagen in der Elementarteilchenphysik.

F.s letzte Arbeiten galten der Hochenergiephysik, wo ihm 1951 der Nachweis von Elementarteilchenresonanzen gelang. Ihm zu Ehren wurde das Element mit der Kernladungszahl 100 von zunächst Centurium („das Hundertste") später in Fermium umbenannt.

Feynman, Richard Phillips – amerikanischer Physiker
geb. 11.5.1918 in Far Rockaway (New York)
gest. 15.2.1988 in Los Angeles
Nobelpreis 1965, für die Arbeiten, in denen eine relativistische Formulierung der Quantenelektrodynamik gegeben wurde.

F. besuchte die Far Rockaway High School, wo er bereits als Schüler in einem kleinen Laboratorium arbeiten konnte. Doch schon damals war erkennbar, daß seine größte Begabung in der Mathematik lag. Mit 15 Jahren konnte er bereits auf ein umfassendes Wissen über die Integral- und Differentialrechnung zurückgreifen. Nach Beendigung der High School studierte F. an der Technischen Hochschule in Cambridge, dem Massachusetts Institute of Technology. An dieser Elitehochschule wurden seine mathematischen Fähigkeiten als herausragend anerkannt, doch schon bald fühlte er sich zur theoretischen Physik hingezogen. Im zweiten Studienjahr besuchte er bereits Vorlesungen, die höhersemestrigen Studenten oder Doktoranden vorbehalten waren, und später erhielt er Privatunterricht in Quantenmechanik. 1939 erlangte er den Bachelor of Science und ging dann an die Princeton-Universität in New Jersey, wo er im Jahr 1942 promovierte. Im gleichen Jahr wurde F. Mitglied eines Wissenschaftlerteams, das am Projekt der Atombombe in Princeton arbeitete. Von 1943 bis 1945 war er direkt in Los Alamos (New Mexico) tätig. 1945 nahm er eine Stelle an der Cornell University in Ithaca (New York) an und erhielt kurze Zeit später eine Berufung als Professor für Physik. 1950 wechselte F. zum California Institute of Technology in Pasadena, wo er im Jahr 1959 Professor für Theoretische Physik wurde.

Mit der Verleihung des Nobelpreises an Tomonaga, Schwinger und F. wurden Arbeiten ausgezeichnet, die gegen Ende der 40er Jahre durchgeführt wurden, an wissenschaftlicher Aktualität aber nichts einbüßten. Den drei Wissenschaftlern war es gelungen, Kriterien zur Berechnung der Wechselwirkung zwischen elektromagnetischen Felderscheinungen und dem Teilchencharakter elektrischer Ladungen zu entwickeln. Von verschiedenen Ansätzen ausgehend, entwickelten Schwinger und F. unabhängig voneinander Methoden, die einen Meilenstein für die weitere Entwicklung eines wesentlichen Zweiges der Physik, nämlich der Quantenelektrodynamik, bedeuteten. Mit ihrer relativistischen Quantenfeldtheorie gelang ihnen die Beschreibung der Wechselwirkung zwischen den Elektronen und dem elektromagnetischen Feld bzw. zwischen allen geladenen Partikeln und diesem Feld. In der Quantenelektrodynamik wird die Kraft von Ladung zu Ladung durch die sogenannten Photonen übertragen, die sowohl Wellen- als auch Teilchencharakter haben.

An der Cornell-Universität gelangte F. schließlich zu jener Methode, die später als „F.-Diagramm" bekannt wurde und die wohl seine bedeutendste und ureigenste Leistung in der Physik darstellt. Ein F.-Diagramm ist eine schematische Darstellung von möglichen (nicht tatsächlichen) Flugbahnen von Elektronen, deren Segmente durch Pfeile gekennzeichnet werden, und von Photonen, deren Bahnen als Wellenlinien dargestellt sind. Die F.-Diagramme sind in der Theorie der kondensierten Materie ebenso wie in der Quantenstatistik unerläßlich geworden.

Die Bedeutung von Schwinger und F. läßt sich am besten an dem Beitrag ermessen, den sie zur Entwicklung des Standardmodells der Elementarteilchen und ihren Wechselwirkungen geleistet haben. In diesem Modell wird von den Quarks und Leptonen als den elementaren Bestandteilen der Materie ausgegangen.

Fitch, Val Logsdon – amerikanischer Physiker
geb. 10.3.1923 in Cherry County (Nebraska)
Nobelpreis 1980, für die Entdeckung von Verletzungen fundamentaler Symmetrieprinzipien im Zerfall von neutralen K-Mesonen.
F. mußte vor dem Studium seine Dienstzeit in der US-Armee ableisten. Als junger Soldat kam er 1942 nach Los Alamos, um am Manhattan-Projekt (US-amerikanisches Atombombenprojekt) zu arbeiten. In drei Jahren erlernte er hier als Techniker moderne experimentelle Methoden und konnte einige der größten Physiker bei der Arbeit beobachten wie Enrico Fermi (Physik-Nobelpreis 1938), Niels Bohr (Physik-Nobelpreis 1922), James Chadwick (Physik-Nobelpreis 1935) und Isidor Rabi (Physik-Nobelpreis 1944). Nach dem Krieg studierte F. Physik an der McGill-Universität in Montreal und schloß dort 1948 mit dem Bachelor of Engineering ab. An der Columbia-Universität in New York setzte er sein Physikstudium fort und promovierte 1954. Er war 1953/54 Lehrbeauftragter an der Columbia-Universität, dann von 1954 bis 1956 an der Princeton-Universität. Nach mehrjähriger Tätigkeit als Assistenzprofessor wurde F. 1960 in Princeton zum ordentlichen Professor ernannt. Von 1968 bis 1976 war er dort „Class-1909"-Professor für Physik, seit 1976 sitzt er auf dem Cyros-Fogg-Brackett-Lehrstuhl für Physik. Von 1970 bis 1973 war er Mitglied des wissenschaftlichen Beraterkomitees des US-Präsidenten.

F. ist durch seine Arbeiten zur Kern- und Mesonenphysik, zur Physik der Elementarteilchen bekannt geworden. Gemeinsam mit Leo James Rainwater (Physik-Nobelpreis 1975) entdeckte er 1953 experimentell die Müonenatome, bestimmte die Masse des positiven Müons und maß mit hoher Genauigkeit die Kernradien der Elemente von Aluminium bis Wismut. 1956 erbrachte F. bei der Untersuchung von K-Mesonen den experimentellen Nachweis der Gleichheit der Lebensdauern geladener K-Mesonen bezüglich ihres Zerfalls in zwei und in drei Pionen; dieses experimentelle Resultat führte Tsung Dao Lee und Chen Ning Yang (beide Physik-Nobelpreis 1957) zur Schlußfolgerung über die Nichterhaltung der räumlichen Parität bei den schwachen Wechselwirkungen. Bis zur Mitte der 50er Jahre wurde angenommen, alle Naturgesetze seien invariant (unveränderlich) gegenüber einer Spiegelung (P) an den drei Koordinatenebenen, d. h., sie dürften sich beim Übergang vom rechtshändigen zum linkshändigen Koordinatensystem nicht ändern. Einer solchen Symmetrie entspricht in der Quantenmechanik das Gesetz von der Erhaltung der räumlichen Parität. Die zweite Annahme betraf eine Invarianz bezüglich der Ladungskonjugation (C), d. h. bezüglich des Austausches aller Teilchen eines Systems durch Antiteilchen (Gesetz von der Erhaltung der Ladungsparität), sowie eine Invarianz hinsichtlich der Zeitumkehr (T).

Cronin und F. haben Anfang der 60er Jahre ein Experiment ersonnen, um die CP-Invarianz beim Zerfall neutraler K-Mesonen zu prüfen. Von diesen Elementarteilchen gibt es zwei Sorten, ein relativ kurzlebiges und eines, das etwa zwanzigmal länger lebt. Diese Partikel sind eine Mischung aus Materie und Antimaterie. Cronins und F.s Untersuchungen galten drei untereinander in Verbindung stehenden Symmetriegesetzen der Physik. Aus ihren Forschungsergebnissen ging hervor, daß man zwischen Materie und Antimaterie auf absolute und nicht nur auf relative Weise unterscheiden kann. Durch die Entdeckung der Verletzung der Symmetriegesetze wurde erklärbar, wie es in einem sehr heißen und symmetrischen Universum möglich war, daß Materie und Antimaterie sich nicht sofort gegenseitig vernichteten. Die Verletzung der CP-Symmetrie in der Mikrowelt kann wichtige Folgen für astrophysikalische Prozesse haben; möglicherweise hängt die Baryonensymmetrie des Weltalls mit der Nichterhaltung der CP-Parität zusammen.

Fowler, William Alfred – amerikanischer Astrophysiker
geb. 9.8.1911 in Pittsburgh (Pennsylvania)
gest. 14.3.1995 in Pasadena (Kalifornien)
Nobelpreis 1983, für theoretische und experimentelle Studien der Kernreaktionen, die für die Bildung der chemischen Elemente im Weltall von Bedeutung sind.
F., Sohn eines Buchhalters, studierte Physik am California Institute of Technology in Pasadena, wo er 1936 mit einer Arbeit über nuklearphysikalische Probleme promovierte. Anschließend arbeitete er drei Jahre lang als Forschungsstipendiat in Nuklearphysik am dortigen Kellog Radiation Laboratory. 1946 erhielt er einen Lehrstuhl für Astrophysik am California Institute und wurde 1970 zum Institutsprofessor für Physik berufen.

F. gehört zu den Begründern der Astronuklearphysik. Seine Arbeiten haben in vielerlei Hinsicht zur Herausbildung der modernen Vorstellungen über die Mechanismen der Energiegeneration in Sternen und die Bildung der chemischen Elemente beigetragen.

F. hatte sich bereits vor dem Zweiten Weltkrieg als Kernphysiker einen Namen gemacht. Nachdem er in der militärischen Forschung und Waffenentwicklung tätig war, begann er anschließend, die Ende der dreißiger Jahre von Hans Bethe (Physik-Nobelpreis 1967) und Carl Friedrich von Weizsäcker begonnenen Arbeiten über die Kernreaktionen im Zentrum der Sonne weiterzuführen. Er bezeichnete die Elemente im All als

„universalen Pudding, der aus bestimmten Zutaten besteht", und betrachtete es als seine Aufgabe, das „Rezept" für die Mischung zu finden. F. zeigte auf, daß den Gesetzen der Kernphysik zufolge nur Wasserstoff und Helium aus dem Urknall hervorgegangen sind und die allermeisten schweren Atomkerne in den Sternen entstanden sind. Bei Untersuchungen von Kernreaktionen unter Beteiligung leichter Kerne beschäftigte sich F. zusammen mit Ch. und T. Lauritsen 1946 mit Geschwindigkeitsmessungen von Kernreaktionen, die im Innern von Sternen, unter anderem in der Sonne, ablaufen können.

Mitte der fünfziger Jahre wandte sich F. dem Ursprung der chemischen Elemente zu. Als die Experimente zur Registrierung der Sonnenneutrinos begannen, präzisierte F. den Proton-Proton-Zyklus und wies darauf hin, daß eine der Ketten dieses Zyklus zu einem instabilen Bor-8-Kern führt, bei dessen Zerfall hochenergetische Neutrinos emittiert werden. Dann arbeitete F. mit Hoyle an Modellen supermassiver sternähnlicher Objekte und nahm damit die Entdeckung der Quasare vorweg. Etwas später berechnete er gemeinsam mit Hoyle und Wagoner die Synthese der chemischen Elemente im expandierenden heißen Weltall. Bis ins hohe Alter bestimmte er maßgeblich die Forschung der Astrophysik, und auch über seinen Tod hinaus wird F. als unumstrittene Autorität auf diesem Gebiet gelten. F. fungierte als Vorsitzender verschiedener wissenschaftlicher Konferenzen.

Franck, James – amerikanischer Physiker deutscher Herkunft
geb. 26.8.1882 in Hamburg
gest. 21.5.1964 in Göttingen
Nobelpreis 1925, für die Entdeckung der Gesetze, die bei dem Zusammenstoß eines Elektrons mit einem Atom herrschen.

F., Sohn einer alteingesessenen Hamburger Bankiersfamilie jüdischer Abstammung, begann 1901 in Heidelberg ein Jura- und Ökonomiestudium. Seit frühester Jugend galt sein Interesse aber der Naturwissenschaft. Während des Studiums machte er Bekanntschaft mit M. Born, der ihm den Rat gab, ein Physikstudium aufzunehmen. Dazu ging er 1902 nach Berlin. 1911 habilitierte er sich für Physik und machte Bekanntschaft mit G. Hertz.

1913 sorgten die beiden jungen Physiker F. und G. Hertz in Fachkreisen für großes Aufsehen. Ihre harmonische Zusammenarbeit im Physikalischen Institut der Friedrich-Wilhelm-Universität Berlin führte nach nur zweijähriger Forschung zu einem spektakulären Ergebnis. Ihre experimentell durchgeführten Untersuchungen über die Energieabgabe von Elektronen beim Zusammenstoß mit Gasatomen waren eine großartige Bestätigung der Grundvorstellungen der modernen Atomtheorie: der Planckschen Quantenhypothese und der 1913 aufgestellten Bohrschen Theorie der Spektrallinien. Bei den F.-Hertzschen Versuchen handelt es sich um eine Verfeinerung der ursprünglichen Lenardschen Idee, durch Netze und Zwischenelektroden, durch Brems- und Schutzfelder Räume zu schaffen, in denen die Elektronen entweder mit Gasatomen zusammenstoßen oder gegen elektrische Felder anlaufen müssen. F. und Hertz haben mit ihren Arbeiten ein neues Kapitel in der Physik begründet, die Lehre von den Stößen von Elektronen einerseits und von Atomen, Ionen, Molekülen oder Molekülgruppen andererseits.

Die Bedeutung dieser Experimente für die Atomphysik wurde 1925 mit der Verleihung des Nobelpreises für Physik an F. und Hertz gewürdigt.

Im Jahre 1921 wurde F. auf Drängen von M. Born gleichzeitig mit ihm als Professor für Experimentalphysik an die Universität Göttingen berufen. Born und F. waren seit ihrer Studienzeit in Heidelberg Freunde. Es ist hauptsächlich ihr Verdienst, daß Göttingen in den zwanziger Jahren eine so große Anziehungskraft auf junge Physiker aus der ganzen Welt ausübte. F. verzichtete weitestgehend auf eigenes Experimentieren, er regte die Forschungsarbeiten an und ließ dann seinen Assistenten und Schülern große Freiheit. Feste Regelung und Ansporn gaben die wöchentlich stattfindenden Rundgänge durch die Labors in Begleitung der Assistenten und der meist ausländischen Gäste. Er sah die Fortschritte, gab Anregungen und war dabei stets offen für andere Vorschläge, auch für Kritik. In dieser Zeit wurde die neue Quantenmechanik durch Born und Heisenberg entwickelt. Hier hatte F. auch an der Entwicklung der theoretischen Vorstellungen über den Bau der Atome und Moleküle und den Verlauf der in ihnen sich abspielenden Prozesse wesentlich mitgewirkt.

Am 7. April 1933 war von den Nazis das Gesetz zur Wiederherstellung des Berufsbeamtentums erlassen worden. Hinter dieser Bezeichnung verbarg sich die rücksichtslose Säuberung des Staatsapparates von Angestellten, die „nicht geeignet" oder „nicht arisch" waren. Daraufhin legte Professor F. aus Solidarität mit seinen jüdischen Fachkollegen sein Ordinariat an der Universität Göttingen nieder und emigrierte wie viele andere Wissenschaftler in die USA. 1933 erhielt F. eine Anstellung an der John-Hopkins-Universität in Baltimore, 1934 war er Gastprofessor bei N. Bohr in Kopenhagen, ging 1935 wieder nach Baltimore und wurde 1938 Professor für Physikalische Chemie und Leiter des Photosynthese-Laboratoriums an der Universität Chicago.

Während des Zweiten Weltkrieges beteiligte sich F. an der technischen Nutzbarmachung der Kernenergie im ersten Atomreaktor in Chicago, und er hat dann auch an der Entwicklung der Atombombe mitgearbeitet. Als er jedoch erfuhr, daß die Atombombe noch nach dem Zusammenbruch des Nationalsozialismus gegen Japan eingesetzt werden sollte, warnte er im Juni 1945 in einem Bericht an die amerikanische Regierung vor einem Abwurf auf lebende Ziele. Dieser von sieben führenden Wissenschaftlern unterzeichnete „F.-Report" stand am Anfang aller Bestrebungen zur Ächtung von Kernwaffen. Obwohl dieser verzweifelte Versuch erfolglos blieb, trug er mit dazu bei, vielen Wissenschaftlern ihre Verantwortung bewußt zu machen.

Frank, Ilja Michailowitsch – sowjetischer Physiker
geb. 23.10.1908 in St. Petersburg
gest. 22.6.1990 in Moskau
Nobelpreis 1958, für die Entdeckung und Interpretation des Tscherenkow-Effekts.

F., Sohn einer Akademikerfamilie, sein Vater war Professor für Mathematik, seine Mutter Ärztin, studierte Physik an der Moskauer Staatsuniversität. 1930 graduierte er und forschte anschließend über photochemische Reaktionen am Leningrader Institut für Optik. 1944 erhielt F. eine Berufung als Professor für Physik an die Moskauer Universität, und von 1946 bis 1956 war er außerdem Leiter des dortigen Labors für radioaktive Strahlung. 1946 wurde er auch Direktor des Atomkern-Laboratoriums am Lebedew-Institut, und ab 1957 leitete er das Laboratorium für Neutronenphysik im Vereinigten Institut für Kernforschung in Dubna.

F., Kernphysiker sowie Spezialist für Photochemie und physikalische Optik, wurde 1937 mit der Deutung und Theorie des sogenannten Tscherenkow-Effekts bekannt. Professor P. A. Tscherenkow (ebenfalls Nobelpreis für Physik 1958) konnte 1934 feststellen, daß das von dem Ehepaar Pierre und Marie Curie entdeckte und von dem französischen Radiologen L. Mallet näher beschriebene blaue Licht bei nuklearen Prozessen immer dann eintritt, wenn die Geschwindigkeit der Elektronen größer ist als die Phasengeschwindigkeit des Lichts in der Flüssigkeit. Das bläulichweiße Leuchten sind die elektromagnetischen Kopfwellen des im Medium sich schnell bewegenden geladenen Teilchens. Die genaue Erklärung und Deutung des Phänomens wurde dann Ende der dreißiger Jahre von F. und dem bedeutenden theoretischen Physiker I. J. Tamm (ebenfalls Physik-Nobelpreis 1958) auf der Grundlage der klassischen Maxwell-Gleichungen und der Quantenmechanik gegeben.

Die verhältnismäßig späte Ehrung dieser Arbeiten mit dem Nobelpreis für Physik lag wohl darin begründet, daß der Tscherenkow-Effekt erst in der neueren Zeit große praktische Bedeutung erlangt hatte. Auf seiner Grundlage wurden Atomzähler entwickelt, die inzwischen in Atomlaboratorien in aller Welt zum Einsatz gelangen, um das Verhalten hochgeladener Atomteilchen zu beobachten. Mit Hilfe einer Photozelle mit Vervielfacher kann die Tscherenkow-Strahlung zur Zählung von Alpha-Teilchen, schnellen Protonen, Elektronen und Mesonen verwendet werden. P. führte viele Experimente im Bereich der Nuklearphysik durch und arbeitete von Anfang an mit dem Physiker S. I. Wawilow (1891–1951) und P. A. Tscherenkow an verwandten Problemen wie Dopplereffekt in einem Brechungsmedium, Durchgangsstrahlung und die Paarerzeugung aus einem Gammaquant.

Friedman, Jerome Isaac – amerikanischer Kernphysiker
geb. 28.3.1930 in Chicago
Nobelpreis 1990, für seine bahnbrechende Forschung die unelastische Streuung von Elektronen an Protonen und gebundenen Neutronen betreffend, die von höchst wesentlicher Bedeutung für die Entwicklung des Quarkmodells in der Teilchenphysik war.

F. studierte Physik an der University of Chicago und wechselte schließlich an das Massachusetts Institute of Technology in Cambridge, wo er 1967 zum ordentlichen Professor für Physik berufen wurde. Von 1980 bis 1983 war F. Direktor des kernwissenschaftlichen Laboratoriums, und seit 1983 leitet er das Department für Physik.

Auf der Suche nach einem besseren Verständnis der Struktur aller Materie haben die Nobelpreisträger H. W. Kendall, R. E. Taylor und F. mit ihren Arbeiten zur Erforschung der innersten Struktur des Atomkerns wesentlich beigetragen. Seit Beginn des 20. Jahrhunderts ist die Wissenschaft der inneren Struktur der Atome auf der Spur. Bis Mitte der zwanziger Jahre wurde angenommen, das Atom bestehe aus Protonen und Elektronen, es waren die beiden einzigen bekannten subatomaren Teilchen. In den dreißiger Jahren waren die Entdeckung des Neutrons, es sollte sich später als das hilfreichste Teilchen zum Auslösen von Kernreaktionen erweisen, und die Aufschlüsselung des Atomkerns in Protonen und Neutronen durch Werner Heisenberg ein entscheidender Schritt in der Systematisierung des Aufbaus der Materie. 1935 hatte der japanische Physiker H. Yukawa die Existenz von mittelschweren Teilchen vorausgesagt, deren Masse zwischen derjenigen eines Elektrons und derjenigen eines Protons liegen müsse. 1947 entdeckte C. F. Powell solche Teilchen und nannte sie Pionen.

Auf der Jagd nach immer kleineren Materie-Teilchen stießen die drei Physiker H. W. Kendall, F. und R. E. Taylor Anfang der 70er Jahre auf bis dahin nicht nachgewiesene Bausteine der Atomkerne, auf die Quarks. Im 1966 errichteten drei Kilometer langen linearen Teilchenbeschleuniger in Stanford (Kalifornien) hatten sie Elektronen auf 20 Milliarden Elektronenvolt beschleunigt und auf ein Stück feste Materie, das Protonen enthält, „geschossen". Die Elektronen sollten quasi als Sonden die Struktur der Protonen ausloten und z. B. durch ihre Ablenkung beim Aufprall Aufschluß über die Dichte der Kerne geben. Überraschend große Streuungswinkel einer großen Anzahl der aufprallenden Elektronen im sogenannten inelastischen Bereich ließen darauf schließen, daß das Proton nicht homogen sein könne, sondern selbst wieder aus Substrukturen besteht. Die dem Quarkmodell entsprechende Annahme dreier punktförmiger Streuzentren wurde durch diese Streuexperimente bestätigt.

Darüber hinaus ergaben die gewonnenen Daten, daß ein Teil des übertragenen Impulses durch Kraftfelder, die die Quarks zum Nukleon zusammenbinden, aufgenommen wird. Dieser elektrisch neutrale „Klebstoff" wird als Gluonen bezeichnet. Die Beobachtungen von F. und seinen Mitarbeitern bestätigten das Ordnungsmodell der Quarks als physikalische Realität. Alle Materie auf Erden besteht nach diesen Erkenntnissen zu 99 Prozent aus Quarks mit den zugehörigen

Gluonen. Der kleine Rest besteht aus Elektronen. Quarks sind bis heute allerdings nie einzeln, sondern nur im Verbund nachgewiesen worden. Ebensowenig gibt es Hinweise darauf, ob sie selbst aus noch kleineren Elementarteilchen bestehen.

Gabor, Dennis – britischer Physiker ungarischer Herkunft
geb. 5.6.1900 in Budapest
gest. 9.2.1979 in London
Nobelpreis 1971, für die Erfindung und Entwicklung der holographischen Methode, mit der zweidimensionale Bilder dreidimensional dargestellt werden können.
G. studierte an der Budapester Technischen Universität und beendete sein Studium als Elektroingenieur mit dem Diplom 1924 an der Charlottenburger Technischen Hochschule in Berlin. Von 1927 bis 1933 beschäftigte sich G. am Deutschen Forschungsinstitut für Hochspannungsfragen und bei Siemens & Halske mit Problemen der Elektrizität. Er befaßte sich mit der Physik der Gasentladungen und entwickelte zahlreiche Erfindungen auf diesem Gebiet. 1934 ging G. nach England und unterzeichnete mit British Thomson Houston Company einen Vertrag über den Verkauf einer seiner Erfindungen. Seine Forschungen führten ihn dann allmählich zur Optik und Informationstheorie hin. 1949 nahm G. seine Lehrtätigkeit am Imperial College of Science and Technology der Universität London auf und wurde dort 1958 Professor für Angewandte Elektronenphysik, 1967 ließ er sich emeritieren. Er gehörte dem Imperial College als Senior Research Fellow bis ins hohe Alter an und arbeitete seit 1967 als Leiter der Forschungslabors des Columbia Broadcasting Systems (CBS) in Stanford (USA).

Berühmt wurde G. durch die Erfindung der Holographie. 1948 hatte er ein optisches Abbildungsverfahren mit kohärentem Licht entwickelt, das eine Aufzeichnung und Wiedergabe von Objekten in dreidimensionalen, also räumlichen Strukturen ermöglicht. Bedeutung erlangte die Holographie jedoch erst, als mit dem Laser 1960 eine kohärente Lichtquelle mit wesentlich höherer Intensität verfügbar war als die bis dahin allein einsetzbare spektral gefilterte Strahlung thermischer Lichtquellen. Während ein gewöhnliches Foto nur die Intensitätsverteilung eines Gegenstandes in zwei Dimensionen darstellt, ist in einer Holographie die gesamte dreidimensionale Struktur des Objekts als Amplituden- und Phasenverteilung gespeichert. Dies geschieht, indem – ohne Verwendung einer Linse – auf einer hochauflösenden Fotoplatte ein Interferenzbild gespeichert wird. Dieses Interferenzmuster entsteht aus zwei sich überlagernden Bildern des beleuchteten Gegenstandes – dem „echten" Bild des Objektes sowie einem über einen Spiegel gelenkten „Referenzbild" desselben Gegenstandes. Wenn das entstandene Interferenzmuster mit kohärentem Licht beleuchtet wird, erscheint das holographische Bild. Es kann – wie ein wirklicher Gegenstand – aus verschiedenen Blickwinkeln und mit verschiedener Schärfentiefe räumlich betrachtet werden. Die Holographie kann eingesetzt werden für die exakt vorbestimmte Umformung von elektromagnetischen (Optik, Radar) oder mechanischen (Akustik, Seismik) Wellenfeldern. Weitere Anwendungsgebiete sind die holographische Mikroskopie, die Datenverarbeitung sowie die Erfassung sich sehr schnell bewegender Objekte, die dann nachträglich vermessen werden können. Die Holographie wird seit Ende der 60er Jahre auch von Künstlern verwendet.

Gell-Mann, Murray – amerikanischer Physiker
geb. 15.9.1929 in New York City
Nobelpreis 1969, für seine Entdeckungen im Blick auf die Klassifizierung der Elementarteilchen und deren Wechselwirkung.
G.-M., Sohn jüdischer Einwanderer, wurde bereits als Fünfzehnjähriger für ein Physikstudium an der Yale-Universität in New Haven zugelassen, das er 1948 beendete. Danach erhielt er die Möglichkeit, ein Graduiertenstudium in theoretischer Physik am Massachusetts Institute of Technology in Cambridge aufzunehmen.

Im Alter von 21 Jahren beendete er sein Studium mit dem Doktorgrad. Im Januar 1951 ging G.-M. an das Institute for Advanced Study in Princeton. Auf Anraten des Institutsdirektors R. Oppenheimer begann er, sich mit den Problemen der Teilchenphysik zu beschäftigen. In seinen ersten Arbeiten beschäftigte sich G.-M. mit der Einteilung von physikalischen Partikeln, die kleiner als Atome sind, den sogenannten Elementarteilchen. Dazu zählen neben Protonen und Neutronen zum Beispiel Mesonen, Hyperonen und Quarks.

1952 ging G.-M. an das Institut für Kernforschung der Universität von Chicago, wo er als Assistenzprofessor und als außerordentlicher Professor tätig war. Auch hier galt sein besonderes Interesse den neuen kurzlebigen Elementarteilchen, die Anfang der 50er Jahre bei Kollisionsversuchen in Beschleunigern entdeckt worden waren und deren Verhalten beim Zerfall nicht erklärt werden konnte. Bei diesen Experimenten wurden wesentlich mehr Partikelarten zutage gefördert als die bis dahin bekannten Protonen, Neutronen und Elektronen. Zwei dieser Teilchen – K-Mesonen und die schweren Hyperonen – zeigten im Experiment ein seltsames Verhalten: Während beide Teilchen durch starke Wechselwirkungen entstanden, zerfielen sie unerwartet durch die langsamere schwache Wechselwirkung. Sie hatten also eine gleichsam erhöhte Lebensdauer. Dies trug den beiden Partikeln die Bezeichnung „strange particles" (seltsame Teilchen) ein. Insgesamt faßte G.-M. die Elementarteilchen in Zweier- und Dreiergruppen zusammen, innerhalb derer sich nur die Ladung unterschied. Um Elementarteilchen wie K-Mesonen und Hyperonen besser beschreiben zu können, fügte G.-M. 1953 den Quantenzahlen eine weitere, die „Strangeness", hinzu. Nach seiner Hypothese konnten Teilchen mit von Null verschiedener „Strangeness" paarweise (jeweils Teilchen und Antiteilchen) durch

Prozesse der starken Wechselwirkung erzeugt werden, jedoch nicht einzeln zerfallen. Nur die schwache Wechselwirkung sollte in der Lage sein, den Zerfall dieser Teilchen zu bewerkstelligen. Mit dieser Hypothese konnte G.-M. Ordnung in das merkwürdige Verhalten der V-Teilchen bringen.

1955 erhielt er eine Professur am California Institute of Technology (Caltech) in Pasadena, von der er im Jahre 1993 seinen Abschied nahm, um als Professor am Santa Fe Institute in New Mexico zu wirken.

Anfang der 60er Jahre gelang es G.-M., die mittlerweile recht groß gewordene Familie der neuen Teilchen, die man insbesondere mit Hilfe der Teilchenbeschleuniger in Berkeley entdeckt hatte, durch ein Symmetrieschema zu beschreiben, das eine Erweiterung seines „Strangeness"-Formalismus darstellte. Die Zusammenfassung der Teilchen erfolgte ähnlich wie im chemischen Periodensystem der Elemente in Gruppen von acht oder zehn Teilchen, die sich nur hinsichtlich ihrer Masse und Ladung unterscheiden. Die Analyse der Elementarteilchen führte G.-M. 1964 zur theoretischen Annahme, daß es noch drei kleinere Bausteine der Materie geben müsse, die jeweils ein drittzahliges Vielfaches der Ladung eines Elektrons bzw. eines Protons tragen. Er nannte die Bausteine „Quarks". Aus diesen Teilchen sollen alle Teile der Materie bestehen.

G.-M.s Arbeiten zur Teilchenphysik waren das Fundament, auf dem das heutige Theoriegebäude des „Standardmodells" der Physik der Elementarteilchen errichtet wurde.

Gennes, Pierre-Gilles de – französischer Physiker
geb. 24.10.1932 in Paris
Nobelpreis 1991, für seine Entdeckung, daß Methoden, die zur Beschreibung der Ordnung in einfachen Systemen entwickelt wurden, verallgemeinert werden können und auch für komplizierte Formen der Materie gelten, insbesondere für flüssige Kristalle und Polymere.
G. absolvierte ab 1951 ein Physikstudium an der École Normale Superieure in Paris. Nach dem Diplom war er ab 1955 als Ingenieur bei der französischen Atomenergiebehörde beschäftigt. Bereits 1961 folgte er einem Ruf als Professor für Festkörperphysik an die Universität in Paris/Orsay. 1971 erhielt G. eine Professur am Pariser College de France, und 1976 wurde er zudem Direktor der École de Physique et Chimie in Paris.

G. wandte sich Ende der 60er Jahre Systemen zu, die heute unter dem Begriff Komplexe Flüssigkeiten zusammengefaßt werden. Dazu zählen Flüssigkristalle, Polymere, Gele, Klebstoffe und Mikroemulsionen. Hervorzuheben sind seine Arbeiten über Flüssigkristalle. Flüssigkristalline Materialien, deren Moleküle sich durch eine starke Anisotropie (Richtungsabhängigkeit der verschiedenen physikalischen Eigenschaften und Stoffwerte eines Körpers oder Stoffes) auszeichnen, sind wegen ihres reichen Phasenverhaltens theoretisch sehr interessant. So sind vor allem in Kristallen niederer Symmetrie nicht nur die Elastizität, die Spaltbarkeit und Härte, sondern auch die elektrischen, magnetischen und optischen Größen sowie die Wärmeleitung und Lichtausbreitung anisotrop.

Einen großen Raum seiner Forschungen nimmt die Theorie zu Defekten und Texturen in Flüssigkristallen ein. Darüber hinaus legte G. auch die Grundlage für Theorien zur Dynamik von Flüssigkristallen in den verschiedenen Phasen. Solche Überlegungen zu realen Systemen sind außerordentlich wichtig für den technischen und kommerziellen Einsatz von Flüssigkristallen. Sie werden inzwischen in vielen Bereichen praktisch angewendet, so beim Nachweis von Schädelfrakturen oder aber auch für molekulare Schalter.

Das derzeitige Arbeitsgebiet von G. ist die Polymertheorie, die er revolutionierte. Polymermoleküle sind Fadenmoleküle, also sehr lange Ketten aus einzelnen Monomeren. Durch spezielle chemische Prozesse (Polymerisation) lassen sich lineare Ketten erzeugen, die bis zu eine Million Monomere enthalten. Sie sind die Elementarbausteine der Kunststoffe, die in sehr vielen Eigenschaftsformen vorliegen: von sehr weich und deformierbar (Polyethylen) bis hin zu hart und glasig (Plexiglas). Um solche makroskopischen Eigenschaften vorherzusagen, müssen die mikroskopischen Details der einzelnen Polymere oder Makromoleküle verstanden werden.

G. hat mit seinen Arbeiten einen enormen theoretischen und experimentellen Wirkungsbereich erschlossen. Auch wenn dies reine Grundlagenforschung ist, hat er zugleich eine solidere Grundlage geschaffen für die technische Nutzung von flüssigen Kristallen und Polymeren. Seine Forschungen wirken sich vor allem im Bereich der Computer- und Unterhaltungselektronik aus.

Giaever, Ivar – amerikanischer Physiker und Biologe norwegischer Herkunft
geb. 5.4.1929 in Bergen
Nobelpreis 1973, für Entdeckungen bezüglich der Tunneleffekte in Halbleitern und Supraleitern.
G. studierte ab 1948 Physik und Maschinenbau an der Technischen Universität in Trondheim und erwarb 1952 einen akademischen Grad. 1954 ging er nach Kanada und beteiligte sich an einem Weiterbildungsprogramm für Ingenieure bei der General Electric Company. 1956 wechselte G. an das Forschungs- und Entwicklungszentrum des Konzerns in Schenectady im US-Staat New York über. Seit 1958 ist G. am General Electric Research and Development Center als Coolidge Fellow tätig gewesen. 1964 promovierte er zum Doktor in Physik.

Der Physik-Nobelpreis 1973 wurde an drei Forscher zu ungleichen Teilen für Entdeckungen bezüglich der Tunneleffekte in Festkörpern verliehen. B. D. Josephson erhielt eine Hälfte für seine theoretischen Voraussagen der Eigenschaften des Suprastroms durch einen Tunnelübergang. L. Esaki und G. teilten sich die andere Hälfte für ihre Entdeckungen bezüglich Tunneleffekten in Halbleitern und Supraleitern. Den drei Forschern gebührt der Verdienst, in voneinander unabhängiger wissenschaftlicher Arbeit den quantenmechanischen Tunneleffekt – hierunter versteht man die Fähigkeit atomarer Teilchen, isolierende Barrieren zu durchdringen, die nach der klassischen Physik für diese Teilchen unüberwindbar sind – in supraleitenden Medien theoretisch und experimentell dargelegt zu haben.

1960/61 führte G. Experimente durch, bei denen supraleitende Elektronen eine zwischen zwei Supraleitern befindliche dünne Isolatorschicht aus Metalloxid durchtunneln; auf diese Weise gelang eine direkte Bestimmung der im Anregungsspektrum eines Supraleiters auftretenden Energielücke. Aufgrund von theoretischen Arbeiten hatte G. vorausgesagt, daß bei supraleitenden Metallen auch Elektronenpaare durch eine isolierende Barriere „tunneln" können, ohne daß sie dem bisherigen Experimentalwissen entsprechend gebrochen werden müßten. Dies äußert sich experimentell darin, daß der elektrische Widerstand der Oxidschicht null wird, sich die „Barriere" also selbst wie ein Supraleiter verhält.

G.s Tunneleffekt in Supraleitern ist zu einem sehr effektiven Werkzeug geworden, um Energielücke und Elektronenzustandsdichte von Supraleitern zu bestimmen. Seine Tunnelexperimente inspirierten eine Reihe von Wissenschaftlern und Technikern zu genaueren Analysen.

Seit 1988 hat G. sowohl eine Professur am Physics Department des Rensselaer Polytechnical Institute als auch an der University of Colorado inne.

Glaser, Donald Arthur – amerikanischer Physiker
geb. 21.9.1926 in Cleveland (Ohio)
Nobelpreis 1960, für die Erfindung der Blasenkammer.
G. studierte zunächst Komposition am Cleveland Institute, entschied sich aber nach Absolvierung der höheren Schule für die Naturwissenschaften. Er studierte Mathematik und Physik. 1949, im Jahr seiner Promotion, übernahm er eine Lehrstelle als Instruktor für Physik an der Universität von Michigan in Ann Arbor. Im Jahre 1959 nahm er einen Ruf an die Universität von Kalifornien in Berkeley an, wo er seit 1964 Professor für Physik und Molekularbiologie ist.

Gegenstand der Forschungen von G. waren Elementarteilchen. Er verbesserte die Nebelkammer, und 1952 gelang ihm dann die Erfindung der Blasenkammer zum Nachweis von kernphysikalischen Reaktionen bei Teilchenbeschleunigern. 1953 präsentierte G. die erste Blasenkammer, die mit flüssigem Wasserstoff betrieben wurde. Die erste von G. entwickelte Blasenkammer hatte ein empfindliches Volumen von drei Kubikzentimetern, moderne Blasenkammern an großen Beschleunigern haben Volumina von mehreren Kubikmetern und sind damit technisch außerordentlich aufwendige und kostspielige Einrichtungen.

Die Blasenkammer stellt ein mit durchsichtiger, nahezu siedender Flüssigkeit gefülltes Gefäß dar, in dem diese durch plötzliche Druckminderung, die eine Expansion zur Folge hat, überhitzt wird, so daß durchgehende ionisierende Teilchen durch örtliches Aufheben des Siedeverzuges Dampfbläschen erzeugen, welche die Bahnspur der Teilchen sichtbar machen. Weil die Zeit, in der nach dem Teilchendurchgang günstige Bedingungen für die Bläschenbildung herrschen, sehr kurz ist (im Mikro- bis Nanobereich), muß die Expansion bereits kurz vor dem Teilchendurchgang erfolgen. Das läßt sich an Beschleunigern durch die Synchronisation der Expansion mit dem Teilchenimpuls des Beschleunigers realisieren, womit die optimale Empfindlichkeit der Blasenkammer beim Teilchendurchgang erreicht wird. Als Flüssigkeiten werden flüssiger Wasserstoff, flüssiges Propan oder Helium verwendet.

G. entwickelte mehrere Typen von Blasenkammern für Studien über die Physik energiereicher Nukleonen und für Experimente über Elementarteilchen. Dadurch konnte man die Lebensdauer, Zerfallswege und den Spin der Lambda-Hyperonen, der K-Mesonen und der Sigma-Hyperonen erkennen sowie differentielle Kreuzschnitte für die Produktion solcher Teilchen durchführen. Die von G. entwickelte Blasenkammer findet heute vor allem bei Teilchenbeschleunigern Anwendung, mit denen das Studium der Elementarteilchen betrieben wird. Mit Hilfe der Blasenkammern gelangen bedeutende Entdeckungen neuer und bis dahin nur theoretisch behaupteter kurzlebiger Elementarteilchen. In den Großbeschleunigerzentren werden heute vor allem zum Studium von Neutrinoreaktionen sehr große Blasenkammern (Durchmesser bis zu 4 m) verwendet, deren empfindliches Volumen bei etwa 50 bis 500 Litern liegt.

Glashow, Sheldon Lee – amerikanischer Physiker
geb. 5.12.1932 in New York City
Nobelpreis 1979, für den fundamentalen Beitrag zur Entwicklung einer Theorie zur Beschreibung der einheitlichen Natur der schwachen und der elektromagnetischen Wechselwirkung.
G. zeigte frühes Interesse an der Physik. Ab 1950 studierte er an der Cornell-Universität. 1955 graduierte er an der Harvard-Universität. In Harvard begann die Zusammenarbeit mit J. Schwinger (Physik-Nobelpreis 1965), einem der Architekten der Quantenelektrodynamik, und in diese Zeit fällt G.s erste Begegnung mit den schwierigsten Problemen der theoretischen Physik.

In den 50er Jahren hatte die Physik vier Naturkräfte identifiziert: die Schwerkraft, elektromagnetische Kräfte sowie die starke und schwache Wechselwirkung. Die starke Wechselwirkung respektiert alle Erhaltungssätze und Symmetrien mit Ausnahme der unitären und ist für den Zusammenhalt des Atoms verantwortlich. Die schwache Wechselwirkung, die zum Beispiel den Beta-Zerfall der Atomkerne bewirkt, ist heute nur teilweise verstanden; an ihr nehmen außer dem Photon alle Elementarteilchen teil. Der elektromagnetischen Wechselwirkung unterliegen alle elektrisch geladenen Teilchen, sie wird durch die Quantenelektrodynamik beschrieben.

1956 hatte J. Schwinger versuchsweise vorgeschlagen, die schwache Wechselwirkung und die elektromagnetischen Kräfte in einer einzigen, kohärenten Theorie zusammenzufassen. Er gab G. dieses Thema für dessen Dissertation. 1958 diskutierte G. die Möglichkeiten einer Theorie der schwachen Wechselwirkung in seiner Doktorarbeit, die nach ihrer Veröffentlichung auch nur zögernd anerkannt wurde. Auf Einladung von M. Gell-Mann (Physik-Nobelpreis 1969) übernahm G. 1960 ein Forschungsstipendium am California Institute of Technology. 1961/62 lehrte G. als Professor an der Stanford-Universität in Palo Alto, danach war er bis 1966 Professor an der Universität von Kalifornien in Berkeley. Seit 1966 ist G. Professor an der Harvard-Universität und gleichzeitig auch Berater der Brookhaven National Laboratories.

Die drei Nobelpreisträger des Jahrgangs 1979 A. Salam, S. Weinberg und G. haben unabhängig voneinander in einer Reihe von Arbeiten zu neuen Erkenntnissen in der Elementarteilchenphysik beigetragen. Dabei lieferte G. bedeutende Arbeiten zur Theorie der Elementarteilchen und ihrer Wechselwirkungen. Die Entwicklung dieser Theorie ist ein bemerkenswerter Erfolg in der Erkenntnis der Materiestruktur, in der Lösung eines wissenschaftlichen Grundproblems. Während der letzten Jahrzehnte wurden bei experimentellen Untersuchungen an den größten Beschleunigern zahlreiche Elementarteilchen mit unterschiedlichen Eigenschaften entdeckt und studiert. Es gelang, ein elegantes Schema für die Klassifizierung der Elementarteilchen und ihrer Wechselwirkung aufzustellen.

Gell-Manns ursprüngliche Theorie ging davon aus, daß die drei als „up", „down" und „strange" bezeichneten Quarks die Bausteine der Hadronen, der schweren Elementarteilchen, bilden. G. und J. D. Bjorken schlugen ein viertes Quarkteilchen vor, das sie „charm" nannten und das ihrer Meinung nach der Theorie größere Einheit verlieh. Wie G.s früherer Artikel wurde auch diese Arbeit zunächst ignoriert, da ihm vor allem der experimentelle Nachweis fehlte. Zwei wichtige Entwicklungen führten dann zu einer grundlegenden Umwälzung in der Physik, die im neuen Standardmodell ihren Abschluß fand. Die eine war die Vervollständigung der Theorie der elektromagnetischen und schwachen Kräfte durch den amerikanischen Physiker S. Weinberg Mitte der 60er Jahre und unabhängig von ihm durch den pakistanischen Physiker A. Salam. Die andere betraf ein Problem im Zerfallsschema der „strange particles", das G. als „strangeness-changing neutral currents" (SCNC) bezeichnete (Strangeness veränderte neutrale Ströme). G. und seine Mitarbeiter erkannten, daß das Problem zu beseitigen war, wenn man das vor Jahren vorgeschlagene vierte Quarkteilchen „charm" in die Berechnung mit einbezog.

Die Entdeckung des Charm führte zur Bildung einer umfassenden Theorie, zum „Standardmodell", das das sogenannte „bootstrap"-Modell ablöste. Obwohl noch viele Fragen offen sind, beschreibt die „Standardtheorie" die fundamentalen Kräfte und Materieteilchen, aus denen das physikalische Universum besteht und die zur Erklärung der Entstehung der Welt herangezogen werden können. Die Standardtheorie faßt die starken und schwachen Wechselwirkungskräfte und die elektromagnetischen Kräfte unter einem konzeptionellen Dach zusammen und beinhaltet die Möglichkeit einer großen vereinheitlichenden Theorie.

Goeppert-Mayer, Maria – amerikanische Physikerin deutscher Herkunft
geb. 28.6.1906 in Kattowitz
gest. 20.2.1972 in San Diego (Kalifornien)
Nobelpreis 1963, für die Entwicklung der Schalentheorie des Atomkerns.

Maria G. erhielt nach M. Curie als zweite Frau den Physik-Nobelpreis.

Als sie drei Jahre alt war, zogen ihre Eltern nach Göttingen. 1921 beendete G. die Volksschule, mußte das Abitur aber in Hannover als „Externe" an einer Knabenschule ablegen, weil die Mädchenschule wegen Geldmangel schließen mußte. Im Frühjahr 1924 begann sie das Studium der Mathematik an der Universität Göttingen. 1927 wechselte G. von der Mathematik zur Physik, denn schon als Studentin begeisterte sie sich für die damals geschaffene Quantenmechanik. Nach ihrer Doktorprüfung im Jahre 1930 begab sie sich mit ihrem Mann J. Mayer in die Vereinigten Staaten.

G.-M. ergatterte einen Job als Deutschkorrespondentin bei einem Physikprofessor an der Johns-Hopkins-Universität. Ein Dachzimmer im Universitätsgebäude konnte sie für eigene Forschungen nutzen. Neun Jahre arbeitete sie dort auf verschiedenen Gebieten der Physik und der Chemie, veröffentlichte mehrere Artikel und bildete Studenten aus. Ihre wissenschaftliche Arbeit begann G.-M. mit der Färbung organischer Moleküle. Zusammen mit H. C. Urey (Chemie-Nobelpreis 1934) beschäftigte sie sich dann mit der Trennung von Uran-Isotopen, und zwar speziell durch photochemische Reaktionen. 1941 übernahm sie eine Stelle als naturwissenschaftliche Lehrkraft am Sarah Lawrence Frauen-College in Brouxville (New York). 1946 kam G.-M. nach Chicago und wurde Professor am Institut für Nuklearforschung.

In Chicago, wo die Physiker Teller und Fermi bereits wirkten, drang sie bald tiefer in die Nuklearphysik ein. Von ihr wurde 1948 erkannt, daß es eine ganze Reihe von Atomkernen mit ausgezeichneten Nukleonzahlen gibt, die durch ihre hohe Stabilität und ihren kugelsymmetrischen Bau auffallen. Sehr intensiv befaßte sie sich nunmehr mit dem Rätsel des Atomkerns. Jeder Kern läßt sich charakterisieren durch zwei Zahlen: die Zahl der Protonen und der Neutronen. Die Summe der beiden ergibt das Atomgewicht des Kerns. G.-M. legte lange Listen mit Protonen- und Neutronenzahlen an und erkannte dabei, daß in diesen Kernen entweder die Zahl der Protonen oder die Zahl der Neutronen ganz besonders waren. Es waren die Zahlen 2, 8, 20, 28, 50, 82 und 126. Zum Beispiel besitzt der Sauerstoff mit je acht Protonen und Neutronen im Kern eine besonders große Stabilität. Das am Ende der radioaktiven Zerfallsreihen stehende und darum besonders stabile Blei weist 82 Protonen und 126 Neutronen im Kern auf. Natürlich liegt die Vorstellung nahe, daß diese Stabilität jeweils abgeschlossenen Schalen im Atomkern entspringt. Doch wenn man versucht, aus dieser Reihe der Zahlen ein entsprechendes Bildungsgesetz abzuleiten, dann erleidet man zunächst Schiffbruch. Der Ausweg wurde durch die Einführung der zweierlei Kernkräfte gefunden, und Streuexperimente mit Elektronen konnten diese theoretischen Überlegungen und Berechnungen bestätigen.

Nach vielen Diskussionen mit E. Fermi publizierte sie im April 1950 in dem Fachblatt „Physical Review" die sensationelle Arbeit mit dem Thema: „Kern-Konfigurationen nach dem Spin-Bahn-Kopplungsmodell." G.-M. hatte beinahe schon zu lange gezögert, denn etwa einen Monat zuvor hatte der deutsche Kernphysiker H. D. Jensen eine Arbeit in der deutschen Zeitschrift „Natur" veröffentlicht, die genau zu den gleichen Ergebnissen kam. Sie trafen sich im Sommer 1950 in Heidelberg, und ein Jahr später beschlossen sie, zusammen ein Buch über den Bau der Atomkerne zu schreiben. 1963 teilten sie sich die Hälfte des Physik-Nobelpreises.

1960 erhielt G.-M. an der Universität in San Diego eine Professur in Physik.

Das von G.-M. und H. D. Jensen ausgearbeitete und maßgeblich weiterentwickelte Schalenmodell stellt den Atomkern so dar, als habe er die Struktur einer Schale ähnlich wie das Atom als Ganzes, wobei die nuklearen Protonen und Neutronen in gewissen Bahnen angeordnet sind, vergleichbar mit den Bahnen, auf denen die Elektronen um den Kern kreisen.

Guillaume, Charles-Édouard – französisch-schweizer Physiker
geb. 15.2.1861 in Fleurier (Kanton Neuenburg, Schweiz)
gest. 13.6.1938 in Sevres (Frankreich)
Nobelpreis 1920, als Anerkennung des Verdienstes, das er sich durch die Entdeckung der Anomalien bei Nickel-Stahl-Legierungen erworben hat, die den Bau wissenschaftlicher Präzisionsmeßgeräte und exakte physikalische Messungen ermöglichten.

G. studierte Mathematik und Physik an der Eidgenössischen Technischen Hochschule in Zürich, wo er auch promovierte. Im Jahre 1883 erhielt G. eine Assistentenstelle beim Internationalen Büro für Maße und Gewichte in Sevres bei Paris.Von 1915 bis zu seiner Pensionierung 1936 war er Direktor dieser Institution. Zuerst beschäftigte er sich in Sevres mit der Eichung von Thermometern. Er war auch an der präzisen Bestimmung des Volumens von einem Kilogramm Wasser beteiligt.

Ab 1890 begann G. mit der Suche nach Werkstoffen für sichere Vergleichsmaße. Im Jahre 1799 wurden Prototypen von Metern und Kilogramm aus Platin hergestellt. Zugleich offenbarten sich Probleme hinsichtlich der Sicherung der Maßeinheiten, da die Vergleichsmaße beispielsweise auf Temperaturschwankungen reagierten. Bei dem Studium über Maße entdeckte G. die ausgezeichneten Qualitäten des Nickels. In jahrelanger Entwicklungsarbeit hat er im Zeitraum von 1896 bis 1919 herausgefunden, daß sich Metallegierungen herstellen lassen, deren Wärmeausdehnung sehr gering ist.

Dabei entdeckte er eine besondere Nickel-Stahl-Legierung und entwickelte das „Invar", einen legierten Stahl mit einem Gehalt von 0,3 bis 0,5 Prozent Kohlenstoff und 33,5 Prozent Nickel. Das Invar hat eine sehr geringe Wärmeausdehnung, eine geringe Wärmeleitfähigkeit sowie einen hohen elektrischen Widerstand. Damit war endlich ein idealer Werkstoff für konstante Vergleichsmaße und verschiedene Präzisionsinstrumente gefunden. Im weiteren erkannte G., daß der Werkstoff auch hinsichtlich des Elastizitätsmoduls temperaturunabhängig ist, wenn man der Nickel-Stahl-Legierung noch eine bestimmte Menge Chrom hinzusetzt. Aufgrund dieser Eigenschaften und wegen der im Vergleich zu Platin niedrigen Kosten wurden die legierten Nickelstähle zu wichtigen Materialien bei der Herstellung wissenschaftlicher Instrumente.

Daneben erarbeitete G. umfassende Regeln zur Sicherung der Genauigkeit periodischer Messungen und von Chronometern. So bestimmte er beispielsweise das Volumen eines Liters, das nach Definition von einem Kilogramm reinen Wassers bei vier Grad Celsius eingenommen wird.

Die Schwedische Akademie der Wissenschaften würdigte G.s Arbeiten zur Präzisionsmessung und damit für die Entwicklung der modernen Wissenschaft und Technik, schließlich wurde die Entwicklung der Wissenschaft auch vom Fortschritt der präzisen Meßmethoden vorangetrieben.

Heisenberg, Werner Karl – deutscher Physiker
geb. 5.12.1901 in Würzburg
gest. 1.2.1976 in München
Nobelpreis 1932, in Würdigung seiner Arbeiten zur Begründung der Quantenmechanik.

H. gehörte zu den bedeutendsten theoretischen Physikern des 20. Jahrhunderts. Er zählte zu den Begründern der Quantenmechanik, entwickelte die grundlegende Theorie von der Struktur der Atomkerne, befaßte sich mit den Eigenschaften der Elementarteilchen und versuchte, sie mit einer einheitlichen Formel zu beschreiben.

H., Sohn eines Professors für Mittel- und Neugriechische Philologie, wandte sich dem Studium der theoretischen Physik bei A. Sommerfeld an der Universität München zu. Im Juli 1923 promovierte er. Im Juli 1924 habilitierte er sich an der Universität Göttingen mit einer quantentheoretischen Arbeit über den anomalen Zeeman-Effekt.

Ein Erholungsurlaub auf Helgoland erlaubte es H., sich intensiv mit den Problemen des Atombaus und ihrer mathematischen Formulierung zu befassen. Das Wasserstoffatom als einfachstes Atom schien für die Überlegungen geeignet; die Linien des Wasserstoffspektrums waren gut bekannt. Unbewußt verwendete H. bei seinen Berechnungen die Matrizenrechnung, um die inneratomaren Vorgänge beschreiben zu können. Schließlich verfaßte er seine entscheidende Arbeit „Über quantentheoretische Umdeutung kinematischer und mechanischer Beziehungen", in der sich die geniale Verbindung von philosophisch-methodologischen und physikalischen Erwägungen in seinem Denken offenbart. Zusammen mit M. Born und P. Jordan schrieb H. Ende 1925 die berühmte sogenannte „Dreimännerarbeit" „Zur Quantenmechanik", womit die entscheidenden Schritte zur Begründung der Matrizenmechanik durchgeführt waren.

In Zusammenarbeit mit N. Bohr ging es nun insbesondere um die physikalische Ausdeutung der mathematischen Grundlagen der Quantenmechanik. Im Frühjahr 1927 ordneten sich Gedanken bei Bohr zum „Komplementaritätsprinzip" und bei H. zur „Unschärferelation", den zwei grundlegenden Bausteinen der „Kopenhagener Deutung" der Quantenmechanik, nach der ein Elektron sowohl Teilchen- als auch Wellencharakter besitzt.

Mit 26 Jahren wurde H. als ordentlicher Professor an das Institut für Theoretische Physik der Universität Leipzig berufen. Viele bekannte Atomforscher waren dort H.s Schüler oder Mitarbeiter.

Die Entdeckung des Neutrons im Februar 1932 gab den ersten Anstoß zur Lösung des Problems der Erklärung der Eigenschaften der Atomkerne. Atomkerne bestehen nicht aus Protonen und Elektronen, wie bisher angenommen worden war, sondern aus Protonen und fast gleich schweren, elektrisch neutralen Neutronen. Auf der Basis dieser Annahme erklärte H. die Struktur der Atomkerne; dazu brauchte er nur die bewährte nichtrelativistische Quantenmechanik anzuwenden.

Bereits vor seiner Beschäftigung mit der Theorie der Atomkerne reichte H. eine längere Studie mit dem Titel „Theoretische Überlegungen zur Höhenstrahlung" zur Publikation ein. Damit eröffnete er eine Reihe von Pionierarbeiten, die sich mit Elementarteilchenprozessen bei höchsten Energien beschäftigten, die nur in der kosmischen Strahlung vorkommen. Insbesondere interessierte sich H. für das Verständnis der Vielteilchenerzeugung, der sogenannten „Schauer" in der Höhenstrahlung. 1938 gelang es ihm mit H. Euler, die Eigenschaften des als „harte Komponente" bekannten durchdringenden Anteils der kosmischen Strahlung auf den Zerfall der Mesotronen zurückzuführen.

Nach der Machtergreifung der Nationalsozialisten blieb H. trotz zahlreicher Diffamierungen in Deutschland. 1939 übernahm er die Leitung des Uranvereins, deren Mitglieder die deutsche Atombombe bauen sollten. 1942 wurde H. zum Direktor am Kaiser-Wilhelm-Institut für Physik in Berlin-Dahlem berufen und zugleich zum Professor an der Berliner Universität. Da der Zeitpunkt einer kriegstechnisch anwendungsbereiten Realisierung der Kernenergie Ende 1941 jedoch noch nicht absehbar war, wurden die Forschungen nur noch im relativ kleinen Rahmen weitergeführt. Nach Kriegsende verbrachte H. über neun Monate in amerikanischer und englischer Internierung, ehe er 1946 nach Deutschland zurückkehrte und in Göttingen das Institut als Max-Planck-Institut für Physik wieder aufbauen konnte. Es wurde im Jahr 1958 nach München verlegt und zum Max-Planck-Institut für Physik und Astrophysik erweitert, wo H. bis Ende 1970 als Direktor wirkte.

In seinen späten Jahren erwies sich H. als entschiedener Gegner von Atomwaffen, so gehörte er zu den Mitunterzeichnern der Mainauer Erklärung von 1955 und des Göttinger Appells von 1958, in denen sich Wissenschaftler gegen die atomare Aufrüstung wandten.

Hertz, Gustav Ludwig – deutscher Physiker
geb. 22.7.1887 in Hamburg
gest. 30.10.1975 in Leipzig
Nobelpreis 1925, für die Entdeckung der Gesetze, die bei dem Zusammenstoß eines Elektrons mit einem Atom herrschen.

1908 ging H. an die Berliner Universität, die durch Helmholtz, Kirchhoff und andere große Gelehrte zu einem internationalen Anziehungspunkt für junge Physiker geworden war. 1911 promovierte er. Noch im gleichen Jahr wurde er Assistent am Physikalischen Institut der Universität Berlin.

Hier begann die Zusammenarbeit mit J. Franck, mit dem H. seinen ersten großen wissenschaftlichen Erfolg erringen sollte. Bei den Versuchen von Franck und H. wurden die Stöße untersucht, welche in Dampfform verteilte Quecksilberatome erleiden, wenn sie von beschleunigten Elektronen getroffen werden. Um diese Wechselwirkungen zwischen Elektronen und Atomen zu ermitteln, wurden Elektronen, die von einer geeigneten Quelle ausgingen, durch ein elektrisches Spannungsfeld beschleunigt.

Im Ersten Weltkrieg wurde H. schwer verwundet. Nach seiner Genesung legte er 1917 seine Habilitationsarbeit vor und wurde Privatdozent an der Berliner Universität. Am 1. Dezember 1925 übernahm H. die Leitung des Physikalischen Instituts an der Universität Halle. Ein Jahr später folgte er der Berufung zum ordentlichen Professor an die Technische Hochschule in Berlin-Charlottenburg. Hier entwickelte er in den Jahren 1932 bis 1934 das Gasdiffusionsverfahren. Mit der „Gastrennungsmethode" zur „Isotopentrennung" hatte er ein Verfahren entwickelt, mit dem die Möglichkeit gegeben wurde, chemisch gleichartige Atome, die sich nur geringfügig in der Masse unterscheiden, voneinander zu trennen. Als nach der Entdeckung der Kernspaltung durch O. Hahn Ende des Jahres 1938 die Möglichkeit einer Kernreaktion über die Trennung der Uran-Isotope 235 und 238 erkannt wurde, gewann die H.sche Isotopentrennung ungeahnte technische Bedeutung.

Da ein Großvater von H. jüdischer Abstammung war, wurde er 1933 für unwürdig erklärt, weiterhin Studenten prüfen zu dürfen. Daraufhin legte er sein Ordinariat an der Technischen Hochschule nieder und übernahm 1935 die Leitung eines Forschungslabors der Siemens-Werke in Berlin. Nach Kriegsende kam H. aus Berlin in die UdSSR, wo er mit einigen früheren Schülern und Mitarbeitern sowie gemeinsam mit sowjetischen Physikern am Kernforschungszentrum in Suchumi am Schwarzen Meer arbeitete. 1954 folgte H. einem Ruf der Universität Leipzig und übernahm den Lehrstuhl für Experimentalphysik an der Karl-Marx-Universität. Ein Jahr später übernahm er auch die Leitung des Physikalischen Instituts. Hier widmete sich H. der Physik der Elektronen und Halbleiter sowie der Hochvakuumtechnik. Außerdem beteiligte er sich am Aufbau kerntechnischer Einrichtungen.

Als Gegner der Atomrüstung warnte H. in mehreren Petitionen vor dem Mißbrauch der Kernenergie, darunter die Mainauer Erklärung der Nobelpreisträger von 1955 und die Göttinger Erklärung von 1957. Nach seiner Emeritierung 1961 zog er nach Ostberlin.

Hess, Victor Franz – amerikanischer Physiker österreichischer Herkunft

geb. 24.6.1883 auf Schloß Waldstein bei Deutschfeistritz in der Steiermark

gest. 17.12.1964 in Mount Vernon (USA)

Nobelpreis 1936, für die Entdeckung der kosmischen Strahlung.

H. studierte an der Universität in Graz von 1901 bis 1905 Mathematik und Physik. Nach seiner Promotion wurde er 1910 Privatdozent für Physik am Radium-Institut der Universität Wien.

In dieser Zeit rätselten die Physiker, warum es in der Luft der Atmosphäre neben den Atomen und Molekülen auch Ionen gibt. In der Luft findet man Elektronen, geladene Atome und Moleküle, denen Elektronen fehlen, also Ionen. Unsere Luft ist ionisiert, auch wenn weit und breit kein radioaktiver Stoff in der Nähe ist. Die Lösung dieser Frage regte H. zu seinen Ballonflügen an. Hier konnte er die Ionisation der Luft in Höhen von mehr als 5.000 Metern über dem Meeresspiegel mit Elektroskopen messen. Bei den Ballonflügen hatte er festgestellt, daß die elektrische Leitfähigkeit der Luft, die am Erdboden weitgehend durch die Strahlung radioaktiver Zerfallsprodukte des Thoriums und des Urans erzeugt wird, in der hohen Atmosphäre nicht abnimmt, sondern zunimmt. Da die Ionisierung der Luft in großen Höhen nicht von den radioaktiven Zerfallsprodukten herrühren kann, zog H. daraus den Schluß, daß eine aus dem Weltraum kommende Strahlung die Erdatmosphäre durchsetzen müsse. Offensichtlich kommt eine Art radioaktiver Strahlung aus dem Weltall, trifft die Atome und Moleküle der Luft und ionisiert sie. Bei dieser „kosmischen Strahlung" oder „Höhenstrahlung" mußte es sich um eine Strahlung radioaktiver Stoffe handeln, die eine außergewöhnlich große Durchdringungsfähigkeit besitzen, da sie ja die ganze Atmosphäre durchläuft und bis zur Erdoberfläche gelangt.

Die kosmische Ultrastrahlung steht heute im Mittelpunkt physikalischer Forschungen, und sie hat sich als ein wichtiges Hilfsmittel zur Untersuchung von Kernzerfallsvorgängen erwiesen.

Von 1921 bis 1923 wirkte H. in Washington als Leiter eines Radium-Forschungsinstituts und als beratender Physiker im Ministerium. Im Jahre 1925 erhielt er eine Berufung als ordentlicher Professor an die Grazer Universität. 1931 folgte er einem Ruf als Ordinarius und Vorstand des Instituts für Strahlenforschung nach Innsbruck. Hier beteiligte er sich an der Errichtung eines Observatoriums zur Untersuchung der kosmischen Strahlung.

1938 verließ H. mit seiner jüdischen Frau seine Heimat und suchte in den USA ein neues Arbeitsfeld. Hier erhielt er eine Professur an der Fordham-Universität in New York, an der er bis zu seiner Emeritierung im Jahre 1958 wirkte.

Hewish, Antony – britischer Physiker und Radioastronom

geb. 11.5.1924 in Fowey (Cornwall)

Nobelpreis 1974, für seine bahnbrechende Teleskopkonstruktion und die Entwicklung eines Registrierverfahrens, das die immer genauere Ortung der kosmischen Radioquellen ermöglichte.

H., Sohn eines Bankiers, arbeitete nach seinem Physikstudium bei Martin Ryle (Physik-Nobelpreis 1974) in der Forschungsabteilung für Radioastronomie am Cavendish Laboratory in Cambridge. 1952 promovierte er. Von 1954 bis 1962 war er stellvertretender Direktor der Forschungsabteilung am Cavendish Laboratory. 1969 wurde H. Fachprofessor für Radioastronomie in Cambridge, seit 1971 ist er dort ordentlicher Professor.

Mit Ryle und H. erhielten erstmalig Astronomen einen Nobelpreis, und zwar in Anerkennung ihrer Pioniertaten auf radioastronomischem Gebiet. Seine ersten Arbeiten gehörten in das Grenzgebiet zwischen Radioastronomie und Ionosphärenphysik. Er untersuchte die Bedeutung von Inhomogenitäten in der Ionosphäre hinsichtlich Ausbreitung und Reflexion von Radiowellen.

Während seiner späteren Szintillationsbeobachtungen der Radioquellen im m-Wellenbereich konstruierte H. aus sehr vielen einzelnen Dipolantennen eine großflächige Antenne, um die Empfindlichkeit des gesamten Systems und vor allem die kurzzeitige Registrierung eines Signals beträchtlich zu erhöhen. Mit seinem neuen Radioteleskop beobachtete im Sommer 1967 die H.-Gruppe erstmals eine stellare Radioquelle mit streng periodischen Intensitätsschwankungen. Es waren Energieaussendungen einer bis dahin unbekannten Klasse von Sternen, der Radiopulsare. Ebenfalls 1967 wurden erstmalig extrem schwache Radioquellen entdeckt, die eine merkliche Strahlung nur während eines Ausbruchs von wenigen Millisekunden Dauer zeigen. Diese Pulse treten streng periodisch auf. Beim Crabnebel-Pulsar NP 0532, dem Überrest der Supernova vom Jahre 1054, schwankt die Helligkeit auch im optischen und im Röntgenbereich mit der gleichen Periode. Da außerdem der Pulsar mit der zweitkürzesten Periode am Ort einer prähistorischen Supernova steht, wird allgemein angenommen, daß die Pulsare

Überreste von Supernovaausbrüchen sind. Wegen der kurzen Zeitskala der Intensitätsschwankungen können die Pulsare nur kleine Körper mit Durchmessern von einigen zehn Kilometern sein. Vermutlich handelt es sich bei ihnen um rasch rotierende Neutronensterne, in deren sehr starken Magnetfeldern elektrisch geladene Teilchen längs der Feldlinien auf extrem hohe Geschwindigkeiten beschleunigt werden. Aus der Verteilung der bislang nachgewiesenen Pulsare, bis Ende der 90er Jahre waren mehrere hundert Pulsare entdeckt worden, in Entfernungen bis zu 150.000 Lichtjahren und mit einer Häufung gegen die flache Scheibe unseres Milchstraßensystems, wird die Gesamtzahl der Pulsare im ganzen Milchstraßensystem auf etwa 50.000 geschätzt.

Hofstadter, Robert – amerikanischer Physiker
geb. 5.2.1915 in New York City
gest. 17.11.1990 in Palo Alto (Kalifornien)
Nobelpreis 1961, für seine bahnbrechenden Untersuchungen der Elektronenstreuung an Atomkernen und für die dabei erzielten Entdeckungen über die Struktur der Nukleonen.

H. studierte am City College of New York Mathematik und Physik. 1938 promovierte er an der Princeton University in New Jersey. Ab 1940 unterrichtete er Physik an der Universität von Pennsylvania. 1946 folgte er einem Ruf als Assistant Professor an die Princeton University. 1948 war H. maßgebend an der Entwicklung eines „Lichtfunken"-Detektors beteiligt, womit eine wichtige Basis für das Szintillations-Spektrometer gelegt wurde, eines der grundlegenden Meßinstrumente im Bereich der nuklearen Strahlungsforschung. 1950 ging H. als ordentlicher Professor für Physik an die Stanford University in Palo Alto (Kalifornien).

H. hat mit seinen Forschungen über den Atomkern und die Nukleonen deren Strukturen enthüllt, die von grundlegender Bedeutung für das Verständnis dieser unvorstellbar kleinen Systeme sind. Er befaßte sich zuerst mit Infrarotspektren einfacher organischer Moleküle und besonders mit der partiellen Erklärung der Struktur der Wasserstoffbindung. Dann begann er mit Arbeiten über die photoelektrische Leitfähigkeit in Willemitkristallen. Das führte zur Entdeckung komplizierter, erwärmender Ströme, die die Existenz von Schalenzuständen in Kristallen bewiesen.

An der Stanford-Universität in Palo Alto bewies er mit den ab 1953 unternommenen H.-Versuchen, daß die atomaren Elementarteilchen nicht „elementar", sondern aus den seit den 60er Jahren vermuteten Urbausteinchen, den sogenannten „Quarks", aufgebaut sind. Mit dem 3 km langen Linearbeschleuniger brachte H. Elektronen auf eine Energie von einer Milliarde Volt und gewann anhand des Aufpralls der hochenergetischen Teilchen auf die Protonen und Neutronen Erkenntnisse über die Struktur der Atomkerne, ihre Massen- und Ladungsverteilungen. Ausgehend von den Forschungsergebnissen, wonach Elektronen eine wellenförmige Natur zuzuschreiben sei, deren Länge mit steigender Energie abnimmt, war es mittels des Teilchenbeschleunigers möglich, Wellenlängen von Elektronen derart zu verkürzen, daß sie kleiner als Atomkerne wurden. So stellte sich heraus, daß die durchschnittliche Dichte der unterschiedlich großen und schweren Atomkerne annähernd gleich ist, wobei sich ihr Volumen proportional zur Anzahl ihrer Bausteine (Protonen und Neutronen) verhält. Für die Ladung von Proton und Neutron fand H., daß beide ein positiv geladenes Zentrum haben, das von Pi-Mesonenwolken umgeben ist. Während im Proton beide Mesonenwolken positiv geladen sind und dem Proton nach außen eine positive Elementarladung geben, ist im Neutron die innere Pi-Mesonenwolke negativ geladen, so daß die Gesamtladung des Neutrons null wird.

Hulse, Russell Alan – amerikanischer Astrophysiker
geb. 28.11.1950 in New York City
Nobelpreis 1993, für die Entdeckung eines neuen Pulsartyps im Weltall, der zur Untersuchung der Gravitation besonders geeignet ist.

H. studierte Physik und promovierte 1975 bei J. H. Taylor an der University of Massachusetts in Amherst. Später arbeitete er als Plasmaphysiker am Plasma Physics Laboratory der Princeton University in Cambridge (Massachusetts).

Den beiden Nobelpreisträgern H. und J. H. Taylor war bereits im Juli 1974 mit Hilfe des 305-m-Radioteleskops in Arecibo auf Puerto Rico die Entdeckung eines neuen Typus von Pulsaren gelungen. Mit dem Radioteleskop fanden sie zahlreiche, regelmäßig wiederkehrende Signale. Nachdem die betreffende Himmelsregion ein zweites Mal beobachtet worden war, konnten 40 neue Pulsare identifiziert werden. Mit ihren Arbeiten haben die beiden Astronomen ein „neues, revolutionierendes Weltraumlaboratorium" erhalten, mit dem man A. Einsteins Relativitätstheorie eindrucksvoll bestätigen und alternative Schwerkrafttheorien überprüfen könne.

Pulsare sind rasch rotierende Neutronensterne, deren gebündelte Radiostrahlung entlang der Magnetachse entweichen kann und wie ein kosmisches Leuchtfeuer regelmäßig am Himmel aufblitzt, wenn sie auf einen Beobachter zielt. Das Leben eines Sterns beginnt in einer kühlen Wolke von interstellarem Gas und kann in einer Explosion, einer „Supernova", enden. Ist dieses helle „Feuer" am Himmel verraucht, kann der Stern plötzlich verfallen und zu einem schnell um die eigene Achse rotierenden Neutronenstern werden. Weil er hierbei regelmäßige Lichtpulse aussendet, haben Astronomen ihm den Namen „Pulsar" gegeben.

Als H., damals Doktorand an der University of Massachusetts, und sein Doktorvater J. Taylor am Arecibo Observatorium in Puerto Rico 1974 mit der Welt größtem Radioteleskop den Himmel nach Pulsaren absuchten, empfingen sie plötzlich regelmäßig blinkende Radiosignale, die sich von den bisherigen Exemplaren unterschieden. Das Überraschende bei dem von H. und Taylor entdeckten Pulsar PSR 1913 + 16 (PSR ist die Bezeichnung für Pulsar, 1913 + 16 für seine Lage am Himmel) im Sternbild Adler, rund 23.000 Lichtjahre vom Sonnensystem entfernt, war nun, daß sich eine Pulsfrequenz, der mittlere Zeitraum von etwa 0,05903 Sekunden zwischen zwei Pulsspitzen, von einem Tag zum nächsten geringfügig verändert. Nach einiger Detektivarbeit stellte H. fest, daß die Frequenz im Verlauf von 7 Stunden und 45 Minuten periodisch schwankt. Daraus läßt sich folgern, daß der Neutronenstern alle 7 Stunden 45 Minuten einmal um einen anderen Körper kreist. Nähert sich der Pulsar auf dieser Bahn der Erde, so kommen die Pulse in schnellerer Folge, entfernt er sich, so kommen sie seltener an.

Jensen, Hans Daniel – deutscher Kernphysiker
geb. 25.6.1907 in Hamburg
gest. 11.2.1973 in Heidelberg
Nobelpreis 1963, für die Entwicklung der Schalentheorie des Atomkernes.

Nachdem J. Ende der dreißiger Jahre in Physik promoviert hatte, erhielt er 1946 einen Lehrstuhl für Physik an der Technischen Hochschule Hannover. 1949 erhielt er eine Berufung als ordentlicher Professor für Theoretische Physik an die Universität Heidelberg.

Zur Erklärung der besonders hohen Stabilität der Atomkerne bei bestimmten Nukleonenzahlen entwickelte J. zusammen mit O. Haxel und J. E. Süss, aber unabhängig von Maria Goeppert-Mayer (ebenfalls Physik-Nobelpreis 1963) das Schalenmodell der Atomkerne.

Die Struktur der atomaren Elektronenhülle wird vor allem durch die Angabe der von Elektronen besetzten, durch jeweils einen vollständigen Satz von Quantenzahlen charakterisierten Einteilchenzustände (Orbitale), die Elektronenkonfiguration, beschrieben, die energetisch deutlich unterscheidbare, als Schalen bezeichnete Gruppen bilden. Die Schalenstruktur ist, zusammen mit den aus ihr resultierenden atomaren Eigenschaften wie Ionisierungsenergie und Atomradius in der Gesamtzahl der Elektronen und damit in der Ordnungszahl der Atome periodisch; hierauf beruht die Struktur des Periodensystems der chemischen Elemente. Eine ähnliche, allerdings nur energetische und nicht räumliche Schalenstruktur zeigen auch die Atomkerne, und zwar sowohl in der Zahl ihrer Protonen als auch in der ihrer Neutronen. Die entsprechenden Nukleonenzahlen, bei denen sich gewisse Eigenschaften der Kerne, vor allem die Kernbindungsenergie, stark ändern, sind die magischen Zahlen.

J. suchte anfangs möglichst im alten Bild zu bleiben und dachte nur an den Drall (Spin) des gesamten Kerns, um die „magischen" Nukleonenzahlen erklären zu können. Eine physikalische Zeitschrift lehnte es damals ab, seine Arbeit über die Nukleonenzahlen zu veröffentlichen, mit der Bemerkung, das sei nicht Physik, sondern ein Spiel mit Zahlen. Doch 1955 war es dann soweit, zusammen mit Maria Goeppert-Mayer veröffentlichte er ein Werk mit dem Titel „Elementartheorie zur Schalenstruktur des Atomkerns".

Dieses Kernmodell brachte eine Erklärung für die schon lange vorher bekannten Beobachtungstatsachen, daß nach ganz bestimmten Nukleonzahlen – 2, 8, 20, 28, 50, 82 und 126 – sprunghafte Änderungen, Unstetigkeiten bei einer ganzen Reihe von Kerneigenschaften eintreten. Die „magischen" Zahlen finden ihre Erklärung im Rahmen des Schalenmodells des Atomkerns, in dem sie abgeschlossene Schalen kennzeichnen. Atomkerne mit solchen Nukleonenzahlen zeigen auffallende Eigenschaften: Sie sind besonders stabil, haben niedrige Protonen- bzw. Neutroneneinfangquerschnitte und hohe Anregungsenergien; von ihnen existieren besonders viele stabile Isotope und Isotone, und bei ihnen treten Maxima der Elementenhäufigkeit auf.

In der nationalsozialistischen Zeit hatte J. mehrfach Schwierigkeiten mit den damaligen Machthabern, weil er verfolgten jüdischen Physikern geholfen hatte.

Josephson, Brian David – britischer Physiker
geb. 4.1.1940 in Cardiff (Wales)
Nobelpreis 1973, für seine theoretischen Untersuchungen, nach denen der Strom in Supraleitern durch eine Tunnelbarriere auch dann noch fließt, wenn der Stromkreis durch dünne Isolationsschichten unterbrochen ist.

J. ist einer der jüngsten jemals von der Schwedischen Akademie der Wissenschaften ausgezeichneten Forscher. Er studierte Physik am Trinity College der Universität von Cambridge. 1964 promovierte er. Seit 1972 ist er Professor an der Universität Cambridge.

J. arbeitete 1962 als Forschungsstudent bei B. Pippard am Physics Department der Universität Cambridge über Randeffekte der Supraleitfähigkeit. Im gleichen Jahr sagte er aufgrund von theoretischen Arbeiten voraus, daß bei supraleitenden Metallen auch Elektronenpaare durch eine isolierende Barriere „tunneln" können, ohne daß sie dem bisherigen Experimentalwissen entsprechend gebrochen werden müßten. Dies äußert sich experimentell darin, daß der elektrische Widerstand der Oxidschicht null wird, sich die „Barriere" also selbst wie ein Supraleiter verhält.

J. konnte auch zeigen, daß der Suprastrom durch die Barriere sehr stark von einem angelegten Magnetfeld abhängt. Dieser Effekt bildet die Grundlage für die Konstruktion von Magnetometern extrem hoher Empfindlichkeit. 1963 gelang erstmals der experimentelle Nachweis des J.-Gleichstromeffekts an einer Zinn-Zinnoxid-Zinn-Tunnelverbindung. Aus den von J. abgeleiteten Formeln ergab sich, daß der Suprastrom durch die isolierende Schicht nur floß, wenn keine Spannung angelegt wurde; beim Einschalten einer Gleichspannung ging der Strom gegen null. Ebenfalls 1963 wurde der J.-Wechselstromeffekt beobachtet. Er zeigte, daß eingestrahlte Mikrowellen sich mit der J.-Schwingung überlagern können, was zu Stufen in der Strom-Spannungs-Kennlinie führt. Ein erster, direkter Nachweis des J.-Wechselstromes gelang Ivar Giaever (ebenfalls Physik-Nobelpreis 1973) im Jahre 1965.

Die praktische Bedeutung des J.-Effekts liegt darin, daß der fließende Strom durch einen „Interferenzeffekt“ zustande kommt und deshalb sehr leicht von außen beeinflußbar ist, beispielsweise durch schwache Magnetfelder. Die sogenannten J.-Dioden erlauben den Einsatz magnetisch steuerbarer Schaltelemente in der Computerentwicklung, die in wenigen billionstel Sekunden das Ein- und Ausschalten von Rechnerströmen besorgen, ebenso wie die Messung kleinster Magnetfelder und elektrischer Ströme, wie sie zum Beispiel von den im Elektrokardiogramm registrierten Herzströmen hervorgerufen werden. Der J.-Effekt wurde weiterhin für den Nachweis und die Demodulation von Hochfrequenz-Strahlung sowie für Hochfrequenz-Generatoren im Gebiet zwischen Mikrowellen und Ultrarotfrequenzen verwendet.

Kamerlingh Onnes, Heike – niederländischer Physiker und Chemiker
geb. 21.9.1853 in Groningen
gest. 21.2.1926 in Leiden
Nobelpreis 1913, aus Anlaß seiner Untersuchungen über die Eigenschaften von Körpern bei niedrigen Temperaturen, die unter anderem zur Darstellung von flüssigem Helium geführt haben.
K., Sohn eines Fliesenfabrikanten, studierte von 1871 bis 1873 in Heidelberg bei R. Bunsen und G. Kirchhoff Chemie und Physik. 1878 ging er als Assistent für Physik an die Universität Leiden. Nachdem er sich 1879 in Groningen promoviert hatte, wurde K. 1882 zum Professor für Experimentalphysik an der Universität in Leiden ernannt.

Zu seinen Arbeiten bei tiefen Temperaturen wurde K. durch die Theorien des niederländischen Physikers J. D. van der Waals (Physik-Nobelpreis 1910) über die Kontinuität des Gas-Flüssigkeits-Überganges angeregt. Besonders interessierten ihn die Korrektionsglieder, die dem Druck und dem Volumen hinzugefügt werden müssen, damit vor allem das Verhalten der Gase bei der Verflüssigung beschrieben werden kann.

In dem im Jahre 1894 von ihm gegründeten Leidener Kältelaboratorium für tiefe Temperaturen konnte er 1906 eine Anlage in Betrieb setzen, die stündlich drei bis vier Liter flüssigen Wasserstoff (Siedepunkt minus 253 Grad Celsius) lieferte. Nur das Helium war trotz vieler Versuche in anderen Ländern noch nie verflüssigt worden. Am 10. Juli 1908 gelang K. bei einer Temperatur von minus 269 Grad Celsius die Verflüssigung des Heliums unter normalem Druck. K. sah sich nun veranlaßt, sein Kältelaboratorium immer mehr auszubauen und es zu einem Forschungsinstitut für alle mit der Physik der tiefen Temperaturen zusammenhängenden Fragen umzuwandeln. Er untersuchte mit seinen Mitarbeitern vornehmlich optische, elektrische und magnetische Phänomene.

Bei der Untersuchung von Materialeigenschaften nahe dem absoluten Nullpunkt machte K. im Jahre 1911 die erstaunliche Entdeckung, daß bei einer ganz bestimmten, sehr tiefen Temperatur Quecksilber für den elektrischen Strom praktisch widerstandslos wird. Als K. in einem Kapillarröhrchen aus Glas Quecksilber in einem Bad von siedendem flüssigen Helium unter gewöhnlichem Druck abkühlte, beobachtete er ein normales Sinken des Widerstands. Als er die Temperatur, die bereits minus 268,9 Grad Celsius betrug, noch etwas weiter senkte, stellte er fest, daß der Widerstand auf einen so kleinen Wert sank, daß eine Messung unmöglich wurde. Die gleiche Erscheinung fand K. auch bei Zinn, Blei und anderen Metallen und gab ihnen den Namen „Supraleiter“.

Supraleitung bedeutet Stromtransport ohne Energieverlust, ermöglicht durch die Paarung der für den elektrischen Strom verantwortlichen Elektronen im Supraleiter bei genügend tiefen Temperaturen.

Im Jahre 1921 übernahm K. den für ihn gegründeten Lehrstuhl für Theoretische Physik an der Universität Leiden.

Kapiza, Pjotr Leonidowitsch – sowjetischer Experimentalphysiker
geb. 9.7.1894 in Kronstadt
gest. 8.4.1984 in Moskau
Nobelpreis 1978, für seine grundlegenden Erfindungen und Entdeckungen in der Tieftemperaturphysik.
K. begann 1912 sein Ingenieurstudium am Polytechnischen Institut in St. Petersburg. 1918 beendete er sein Studium und wurde einer der ersten Mitarbeiter des neugegründeten staatlichen Instituts für Physik und Technik unter Leitung von Professor Joffe. Die ersten Jahre nach der Oktoberrevolution wurden für K. besonders bedrückend, als kurz hintereinander seine beiden Kinder und seine Frau an der Spanischen Grippe starben. Professor Joffe nahm ihn 1921 als Assistent auf seine Reise nach Großbritannien mit. Im Cavendish-Labor legte er 1923 seine Habilitationsschrift vor. Er entwickelte eine neuartige Methode zur Erzeugung starker Magnetfelder und baute einen Generator für superstarke Magnetfelder auf. Bei seinen physikalischen Untersuchungen entdeckte er, daß der elektrische Widerstand von Metallen in stärkeren Magnetfeldern von einer quadratischen Abhängigkeit in eine lineare übergeht (K.s Gesetze des Magnetwiderstandes).

K. hatte sich nun die Aufgabe gestellt, die elektrischen und magnetischen Eigenschaften insbesondere von Metallen bei tiefen Temperaturen zu untersuchen. Das Mond-Labor wurde 1931 gebaut, und K. wurde zu seinem Direktor ernannt. Dort stellte er im April 1934 sein erstes flüssiges Helium her. Als er im August 1934 in die Sowjetunion reiste, wurde ihm die Rückkehr nach England verweigert. Im selben Jahr wurde er zum Direktor des Instituts für Physikalische Probleme der Akademie der Wissenschaften der UdSSR in Moskau ernannt.

K. konstruierte erstmals eine Maschine zur Herstellung flüssigen Heliums, mit der man ohne vorhergehende Abkühlung des Edelgases durch flüssigen Wasserstoff Helium in großen Mengen verflüssigen konnte. Dies bedeutete eine neue Epoche der gesamten

Tieftemperaturphysik. Ab 1937 wirkte K. als physikalischer Leiter des obersten Atomenergie-Gremiums der Sowjetunion. Im gleichen Jahr entdeckte er, daß sich Helium unterhalb einer Temperatur von minus 271 Grad Celsius und einem Druck von 0,4 Megapascal superfluid verhält. In diesem Zustand fließt Helium II praktisch reibungsfrei und hat eine 100mal höhere Wärmeleitfähigkeit als Kupfer, der beste Wärmeleiter unter normalen Bedingungen. Seine Entdeckung der „Supraflüssigkeit" wurde Anfang Dezember 1937 in der Zeitschrift „Nature" veröffentlicht. In den Arbeiten von 1937 bis 1941 wurden weitere anomale Erscheinungen des flüssigen Heliums gefunden, insbesondere, was die Wärmeausbreitung betrifft. Seine experimentellen Arbeiten bildeten die Grundlage für die Entwicklung einer neuen Richtung, der Physik der Quantenflüssigkeiten.

1939 wurde K. zum Professor für Tieftemperaturphysik an der Moskauer Universität ernannt. Von 1943 an leitete K. einen Sauerstoff-Industriekomplex. Im August 1946 wurde K. wegen politischer Unstimmigkeiten vom Ministerrat seiner Direktorenstellung im Sauerstoff-Industriekomplex und am Institut für Physikalische Probleme enthoben. 1955 wurde er wieder Direktor seines ehemaligen Instituts. Er widmete sich nun der Hochleistungselektronik und konstruierte neue Generatoren für Hochfrequenzstrahlung.

Kastler, Alfred Henri Frederic – französischer Physiker
geb. 3.5.1902 in Gebweiler (Elsaß)
gest. 7.1.1984 in Bandol (Südfrankreich)
Nobelpreis 1966, für die Entdeckung und Entwicklung optischer Methoden zur Beobachtung Hertzscher Resonanzen in Atomen.

K., Sohn eines Kaufmanns, studierte von 1921 bis 1926 Naturwissenschaften an der École Normale Superieure in Paris. Er schloß mit der Promotion ab. Von 1926 bis 1931 war er Lehrer. Danach wechselte er in die Hochschullaufbahn und erhielt 1938 eine Berufung als ordentlicher Professor für Physik an die Universität Bordeaux. Von 1945 bis 1968 lehrte K. als ordentlicher Professor an der Naturwissenschaftlichen Fakultät der École Normale. Von 1968 bis zu seiner Emeritierung im Jahr 1972 leitete er als Direktor die französische Forschungsorganisation CNRS.

K. konzentrierte sich auf neue Methoden zur Analyse der Streuung von Licht an Atomen. In der Nachkriegszeit waren seine Forschungen den angeregten optischen Zuständen von Atomen gewidmet: Seine Untersuchungsmethode erhielt die Bezeichnung Doppelresonanzmethode. Sie bildete die Grundlage für das optische Pumpen und die Orientierung von Atomen in polarisiertem Licht. Mit diesem experimentellen Verfahren wurden zahlreiche Quantenübergänge von Atomen im Hochfrequenzgebiet, eine Reihe von Mechanismen für den Übergang von Atomen aus angeregten Zuständen in den Normalzustand sowie virtuelle Übergänge untersucht. Mit seiner Methode wurden Atome mit Licht solcher Frequenzen angestrahlt, die von den Atomen absorbiert werden und zwischenzeitlich einen Zustand hoher Energie erreichen, bevor sie ihrerseits wieder Licht aussenden. Laser- und Masertechnik beruhen mit auf seinen Forschungen, die K. zunächst in seinem Pariser Laboratorium mit Natrium-Atomen durchführte.

Mit weiteren Analysen der atomaren Prozesse bei der Streuung von resonanter Strahlung gelang es K. Anfang der 50er Jahre, die Methode des „optischen Pumpens" vorzuschlagen, die später eine wichtige Rolle bei der Entwicklung des Lasers (Lichtverstärker) spielen sollte. Mit diesen Verfahren können durch Lichteinstrahlung in Materie die Besetzungszahlen bestimmter Energiezustände gegenüber dem Gleichgewichtszustand bedeutend erhöht werden. Durch „optisches Pumpen" können die relativen Besetzungszahlen von Energieniveaus in Atomen, Ionen, Molekülen und Festkörpern verändert und Ordnungszustände hervorgerufen werden. Bei Kombination des „optischen Pumpens" mit Verfahren der Hochfrequenztechnik wurde es möglich, die auf der magnetischen Wechselwirkung zwischen Elektronen und Atomkern beruhende Hyperfeinaufspaltung der Energiezustände eines Atoms mit bis dahin unerreichter Präzision zu messen. Das „optische Pumpen" ermöglichte die Konstruktion von empfindlichen Magnetometern und den Bau von hochpräzisen Atomuhren.

Kendall, Henry Way – amerikanischer Kernphysiker
geb. 9.12.1926 in Boston (Massachusetts)
Nobelpreis 1990, für seine bahnbrechenden Forschungen betreffend die unelastische Streuung von Elektronen an Protonen und gebundenen Neutronen, die von höchst wesentlicher Bedeutung für die Entwicklung des Quarkmodells in der Teilchenphysik waren.

K. studierte Physik am Amherst College in Massachusetts, wechselte dann an das Massachusetts Institute of Technology (MIT) in Cambridge und promovierte 1955. Von 1956 bis 1961 hatte er einen Forschungsauftrag an der Stanford-Universität in Palo Alto (Kalifornien). 1967 erhielt er am MIT eine Berufung zum Professor für Physik.

Die drei Preisträger Jerome Isaac Friedman, Richard Edward Taylor und K. sind die Schlüsselpersonen einer Forschergruppe, die in einer Reihe von Untersuchungen klare Anzeichen dafür fand, daß in den Protonen und Neutronen des Atomkerns eine innere Struktur besteht. Die drei Forscher wurden für ihre wegweisenden Untersuchungen in den späten 60er Jahren zur tiefinelastischen Streuung hochenergetischer Elektronen am Nukleon ausgezeichnet. Diese Experimente haben sich in der Teilchenphysik als von grundlegender Bedeutung für die Entwicklung des Quarkmodells und der Aufklärung der Struktur des Nukleons erwiesen.

Die Systematisierung der inneren Struktur der Atome und ihrer Klassifizierung wurde durch die Einführung dreier Bausteine erleichtert, der sogenannten Quarks. Aus diesen drei Quarks und ihren Antiteilchen ließen sich fortan alle bekannten Hadronen konstruieren. Friedman, Taylor und K. wiesen durch ihre Pionierarbeit den Weg, die Quarks als die im Nukleon gebundenen Konstituenten direkt zu beobachten, und zwar mit Hilfe der tief-inelastischen Streuung von energiereichen Elektronen, Myonen oder Myon-Neutrini an Nukleonen.

Den Preisträgern des Jahres 1990 gebührt das Verdienst, das Streuungsphänomen in den Folgejahren empirisch tatsächlich auf der Ebene von Nukleonen nachgewiesen und damit die Hypothese untermauert zu haben, daß diese eine innere Struktur – sogenannte harte Streuungszentren – besitzen. In Fortsetzung früherer Untersuchungen, in denen man mit dem Elektron gewissermaßen als Sonde die Nukleonenstruktur (Protonen und Neutronen) erforscht hatte, hatten Friedman, K. und Taylor Anfang der 70er Jahre am drei Kilometer langen Teilchenbeschleuniger der Stanford University in Palo Alto (Kalifornien) Elektronen auf 20 Milliarden Elektronenvolt beschleunigt und auf ein Stück feste Materie, das Protonen enthält, geschossen. Überraschend große Streuungswinkel einer großen Anzahl der aufprallenden Elektronen im sogenannten inelastischen Bereich ließen darauf schließen, daß das Proton nicht homogen sein könne, sondern selbst wieder aus Substrukturen bestehen müsse. Die dem Quarkmodell entsprechende Annahme dreier punktförmiger Streuzentren wurde durch diese Streuungsexperimente bestätigt.

Die Beobachtungen von K. und seinen Mitarbeitern bestätigten das Ordnungsmodell der Quarks als physikalische Realität. Alle Materie auf Erden besteht nach diesen Erkenntnissen zu 99 Prozent aus Quarks mit den zugehörigen Gluonen. Der kleine Rest besteht aus Elektronen.

Kilby, Jack St. Clair – amerikanischer Elektroingenieur

geb. 8.11.1923 in Jefferson City (Missouri)

Nobelpreis 2000, für seinen großen Anteil an der Entwicklung von integrierten Schaltkreisen, der Väter moderner Mikroprozessoren.

K. studierte Elektrotechnik an der University of Illinois. Im Jahr 1958 entwickelte er bei der Firma Texas Instruments Inc. in Dallas einen Schaltkreis mit Hilfe von geliehenem und improvisiertem Material.

Im Jahr 1958 hatte K. eine zündende Idee, als er sich mit Widerständen und Kondensatoren beschäftigte. Bislang mußten die Bauteile miteinander verlötet werden, wollte man einen Schaltkreis bauen. Der junge Physiker zeigte, daß man einen kompletten Schaltweg aus einem einzigen Stück Halbleitermaterial (Germanium) fertigen konnte. Nachdem er seine Idee hatte patentieren lassen, kamen rasch die ersten integrierten Schaltungen auf den Markt. Darin waren zahlreiche elektrische Bauteile auf einer winzigen Halbleiterscheibe derart verknüpft, daß ein Verdrahten und Verlöten der Transistoren überflüssig wurde.

Der erste Mikrochip, den K. im September 1958 in einer Labordemonstration präsentierte, war nur halb so groß wie eine Büroklammer und legte den Grundstein für die Entwicklung von komplexeren Chips, auf denen eine Vielzahl von elektronischen Komponenten integriert wurde. Zusammen mit dem 1990 verstorbenen Mitbegründer des Chipriesen „Intel", Robert Noyce, gilt K. als Erfinder des Mikrochips. Man kann wohl ohne Übertreibung sagen, daß diese Erfindungen die gesellschaftliche Entwicklung weltweit beeinflußt haben. In der Folgezeit beschäftigte sich K. mit der militärischen, industriellen und kommerziellen Anwendung dieser Mikrochip-Technologie. Er war auch maßgeblich an einer der ersten Anwendungen des Mikrochips in einem Taschenrechner im Jahre 1965 beteiligt.

Ausgehend von den Leistungen K.s wurde 1970 der erste „Mikroprozessor" geboren. Er hat einen grundlegenden Wandel im Aufbau vieler Geräte ausgelöst und übt durch seine kostengünstigen und vielseitigen Einsatzmöglichkeiten einen zunehmenden Einfluß aus, der auch über den rein technischen Bereich hinausgeht. Im Laufe der Jahre fanden Mikrochips nicht nur in Computern und wissenschaftlichen Geräten, sondern auch in zahlreichen Alltagsgeräten Anwendung.

1978 erhielt K. eine Berufung als „Distinguished Professor" für Elektrotechnik an die Texas University, die er 1984 beendete. Danach beschäftigte er sich vorwiegend mit Beratungstätigkeiten für die Industrie und die Regierung.

Der integrierte Schaltkreis sei zwar eher eine technische Erfindung als eine Entdeckung, argumentierte das Nobelkomitee, der Chip berühre jedoch eine Vielzahl physikalischer Fragen, und seine Entwicklung habe die Erforschung der Physik fester Materialien deutlich vorangebracht.

Klitzing, Klaus von – deutscher Physiker

geb. 28.6.1943 in Schroda (Sroda, Wojwodschaft Poznan)

Nobelpreis 1985, für seine Leistungen auf dem Gebiet der Festkörperphysik, insbesonders aber für die Entwicklung des Quanten-Hall-Effekts.

K. studierte ab 1962 Physik an der Technischen Universität Braunschweig. 1972 promovierte er in Würzburg.

1978 habilitierte er sich in Würzburg mit einer Arbeit, die sich mit dem Hall-Effekt befaßte, den er zunächst an modernen Hochleistungstransistoren der Firma Siemens untersuchte. Von August 1979 bis Oktober 1980 konnte er seine Untersuchungen am Hochfeld-Magnetlabor in Grenoble (Frankreich) fortsetzen. Dort gelangen K. in der Nacht zum 5. Februar 1980 die entscheidenden Messungen, die zur Entdeckung des sogenannten Quanten-Hall-Effektes führten. Bei der Untersuchung des Hall-Effekts im zweidimensionalen Elektronengas eines Feldeffekt-Transistors, der sich in einem starken Magnetfeld befindet, beobachtete K. ein gänzlich anderes Verhalten des Hall-Widerstands mit Änderung der Gatespannung und damit der Elektronenkonzentration. Im Unterschied zum klassischen Hall-Effekt, bei dem der Hall-Widerstand mit steigender Elektronenkonzentration monoton abfällt, fand K. in den Experimenten „Stufen“ auf der entsprechenden Kurve, und zwar an den Gatespannungswerten, an denen der gewöhnliche Widerstand im Kanal auf null abfällt. In diesen Experimenten zeigte sich, daß der Hall-Widerstand mit Änderung der Elektronenkonzentration zeitweilig nahezu konstant bleibt, dann steil abfällt usw.

Nach Rückkehr in die Bundesrepublik trat K. 1980 eine Professur an der Technischen Universität München an, und seit Januar 1985 ist er Mitglied des Direktorenkollegiums des Stuttgarter Max-Planck-Institutes für Festkörperforschung.

Die Entdeckung des Quanten-Hall-Effekts ist eines der herausragendsten Ereignisse in der Festkörperphysik während des letzten Jahrzehnts. Dieser Effekt soll u. a. zur internationalen Festlegung des Eichnormals für den elektrischen Widerstand genutzt werden, und er wird vermutlich mit der sehr genauen Messung sogenannter Naturkonstanten ein besonders interessantes Forschungsgebiet erschließen. Auch die Weiterentwicklung der Mikroelektronik dürfte durch K.s Erkenntnisse wesentlich beeinflußt werden.

K. nutzte die Publizität der Nobelpreisverleihung zu einem Appell an die Verantwortlichen in Politik und Wirtschaft, sich für ein langfristiges Konzept der Grundlagenforschung in der Bundesrepublik und in Europa einzusetzen.

Kroemer, Herbert – deutsch-amerikanischer Physiker
geb. 25.8.1928 in Weimar
Nobelpreis 2000, für die Entwicklung von Halbleiterheterostrukturen für Hochgeschwindigkeits- und Optoelektronik.
K. studierte Physik und promovierte 1952 an der Universität Göttingen. 1954 ging er in die USA, wo er 1968 eine Professur für Physik an der Universität von Colorado in Boulder erhielt und 1976 eine Berufung an die Universität von Kalifornien in Santa Barbara. Hier setzte er sich für einen Ausbau der Forschung auf dem Gebiet der Halbleiter ein.

Wie keine andere Technik vorher hat in den vergangenen Jahrzehnten die moderne Informationstechnologie unsere Gesellschaft revolutioniert. Noch nie waren Informationen so schnell und in solch einer Fülle jederzeit verfügbar. Doch wären diese Entwicklungen nicht denkbar ohne jene Wissenschaftler, die erst die Grundlagen dafür geschaffen haben. Für die Elektronik ist das Material der Wahl heutzutage der Halbleiter Silizium.

Doch bereits Ende der 50er Jahre fand K. heraus, daß sich für Transistoren auch andere halbleitende Materialien eignen. Der Physiker konzipierte 1957 den ersten Transistor, der aus mehreren Halbleiter-Schichten bestand, sogenannten Halbleiterheterostrukturen. Er erkannte, daß sich ein solcher Transistor besonders für die Hochfrequenztechnik eignen würde, bei der schnelle Signale übermittelt werden müssen. Mit Heterotransistoren ausgerüstete Verstärker werden beispielsweise in der Satelliten-Kommunikationstechnik und in Basisstationen der Mobiltelefone eingesetzt.

Im Jahr 1963 veröffentlichte K. – etwa zur gleichen Zeit wie der russische Physiker Zhores Alferow in Leningrad, jedoch unabhängig von ihm – in einer amerikanischen Fachzeitschrift die Prinzipien für einen Halbleiterlaser mit Heterostrukturen. Die Forschungen von K. stellten einen wichtigen Beitrag zur modernen Informationstechnologie dar. Die ganze Nachrichtentechnik und Medientechnik wäre ohne den Halbleiterlaser nicht denkbar. Laserdioden finden sich in den Glasfaserkabeln zur Datenübertragung, in CD-Geräten, in Laserzeigern und in Verkehrsampeln. K. arbeitete dann auf dem Gebiet der Experimentalphysik und erwarb sich den Ruf eines Pioniers der Molekularstrahlepitaxie, mit deren Hilfe er dünne Kristallschichten auf einer Silizium-Oberfläche auftragen konnte. Da sich die Epitaxie-Schicht sehr langsam aufbaut, können sehr perfekte Einzelkristalle praktisch ohne Störstellen im Gitter mit hervorragenden elektrischen und magnetischen Eigenschaften hergestellt werden.

Zusammen mit seinen wissenschaftlichen Mitarbeitern untersuchte K. Supraleiter-Halbleiter-Hybridstrukturen, bei denen in einer bestimmten Zusammensetzung die supraleitenden Elektroden eine Supraleitung in dem Halbleiter anregen.

Kusch, Polykarp – amerikanischer Kernphysiker
geb. 26.1.1911 in Blankenburg (Harz)
gest. 20.3.1993 in Dallas (Texas)
Nobelpreis 1955, für seine genaue Bestimmung des magnetischen Moments im Elektron.
K. studierte an der Case Western Reserve University in Cleveland Physik und promovierte 1936 an der Universität von Illinois. Er lehrte dann von 1937 bis 1941 als Privatdozent an der Columbia-Universität in New York. Von 1949 bis 1972 hatte er einen eigenen Lehrstuhl für Kernphysik an der Columbia-Universität inne und von 1974 bis zu seiner Emeritierung 1982 einen an der Universität von Texas in Dallas. Von 1949 bis 1952 war K. für die physikalische Abteilung des Verteidigungsministeriums tätig gewesen.

Die beiden Nobelpreisträger K. und W. E. Lamb machten wichtige Entdeckungen auf dem Gebiet der Wellenmechanik atomarer Teilchen. Sie waren Schüler von I. I. Rabi (Physik-Nobelpreis 1944) und haben die Forschungen von P. A. M. Dirac (Physik-Nobelpreis 1933) über die atomare Struktur des Wasserstoffs fortgesetzt. Unabhängig voneinander arbeitend, kamen sie zu den gleichen Ergebnissen. K. befaßte sich mit den Kleinstvorgängen der Wechselwirkung zwischen Molekül- und Atombestandteilen. Er erkannte, daß sich das magnetische Moment anomal verhält, die genaue Bestimmung dieser Größe wurde unter Verwendung von Atom- und Molekularstrahlen entscheidend gefördert.

Zusammen mit W. E. Lamb führte K. eine „Präzisionsmessung des magnetischen Moments des Elektrons“ durch, nach der dieses um einen Prozent größer als das Bohrsche Magneton ist. Die extrem winzigen Vorgänge, die die beiden Kernphysiker durch die Theorie der Wechselwirkungen bei Elektronen nachweisen konnten, erhielten durch ihre Forschungsarbeiten eine ganz neue Gestalt, und damit schufen K. und Lamb die sogenannte Quantenelektrodynamik. Ihre Entdeckungen trugen dazu bei, die Grundtheorien über die Komponenten des Universums – Materie und Strahlung – zu festigen.

Als Mitarbeiter von I. I. Rabi war K. an der Entwicklung der Atomstrahlresonanzmethode beteiligt, einer Präzisionsmethode der Hochfrequenzspektroskopie zur Bestimmung der elektrischen und magnetischen Momente von Atomkernen sowie der Hyperfeinstruktur von atomaren Energietermen durch Beeinflussung eines von starken inhomogenen Magnetfeldern abgelenkten Atom- oder Molekülstrahls durch ein magnetisches Hochfrequenzfeld.

Lamb, Willis Eugene – amerikanischer Kernphysiker
geb. 12.7.1913 in Los Angeles
Nobelpreis 1955, für seine Entdeckungen über Verschiebungen in der Feinstruktur der Spektrallinien des Wasserstoffatoms.
L. studierte Naturwissenschaften, insbesondere Chemie an der Universität von Kalifornien in Berkeley. Danach konzentrierte er sich an der gleichen Universität auf das Studium der Physik und promovierte 1938 bei Professor Robert Oppenheimer. Nach dem Krieg befaßte er sich mit der Anwendung neuer Methoden der Spektralanalyse auf das Wasserstoffatom.

1947 entdeckte L. beim Wasserstoffatom die nach ihm benannte, sehr kleine Verschiebung (L.-Shift) des Elektrons. Die festgestellte „Zitterbewegung" des Elektrons an seinem Ort ist für die Bestimmung seiner Bindungsenergie an den Atomkern wichtig und führte auch zu einer Revision der Theorie über die Wechselwirkungen zwischen Elektronen und elektromagnetischer Strahlung. Von 1951 bis 1956 wirkte L. als Physik-Professor an der Stanford-Universität in Palo Alto (Kalifornien). Von 1956 bis 1962 war er Wykeham-Professor für Physik an der Universität Oxford, anschließend an der Yale-Universität in New Haven (Connecticut). 1974 erhielt er eine Berufung als Professor für Physik und Optik an die Universität von Tucson (Arizona).

Zusammen mit Polykarp Kusch (ebenfalls Physik-Nobelpreis 1955) hat L. neue Entdeckungen auf dem Gebiet der Wellenmechanik atomarer Teilchen gemacht. Unabhängig voneinander arbeitend, kamen sie beide zu den gleichen Ergebnissen. Ihre Entdeckungen beziehen sich auf das Verhalten eines Elektrons zu dem elektromagnetischen Feld, das es umgibt. Ihre Untersuchungen führten zu Entdeckungen, die bestehende Theorien über die Hauptkomponenten des Universums, Stoff und Strahlung, festigten. L. lieferte außerdem wesentliche Arbeiten zur Theorie und Wechselwirkung von Neutronen und Materie, zur Theorie des Beta-Zerfalls (eine der beiden Arten des radioaktiven Zerfalls instabiler Atomkerne), zur Fluktuation in kosmischen Strahlenschauern, zur Paar-Produktion (Erzeugung eines Teilchen-Antiteilchen-Paars unter Umwandlung von Energie in Materie), über die Quadrupel-Wechselwirkungen in Metallen, über die Aussendung von Elektronen durch metastabile Atome, über diamagnetische Korrekturen für nukleare Resonanzexperimente, über die Theorie und Konstruktion von Magnetron-Oszillatoren, zur Theorie der Mikrowellenspektroskopie und der Theorie der elektrodynamischen Energie-Level-Verschiebungen sowie über die Feinstruktur bei Wasserstoff, Deuterium und Helium.

Die Entdeckung der L.-Verschiebung mit Hilfe der Atomstrahlresonanzmethode war einer der Anstöße zur Entwicklung der Quantenelektrodynamik, mit der diese Verschiebung berechnet werden kann.

Landau, Lew Dawidowitsch – sowjetischer Physiker
geb. 22.1.1908 in Baku
gest. 1.4.1968 in Moskau
Nobelpreis 1962, für seine bahnbrechenden Theorien über kondensierte Materie, besonders des flüssigen Heliums.
L., Sohn eines Chefingenieurs einer Ölgesellschaft und einer Ärztin, studierte an der Universität Baku an der physikalisch-mathematischen und an der chemischen Fakultät. 1927 schloß er an der physikalischen Abteilung der Universität Leningrad ab. 1929 erhielt L. ein Forschungsstipendium, das ihn u. a. nach Berlin, Göttingen und Cambridge führte. 1932 ging er nach Charkow, wo er die Theoretische Abteilung des neu gegründeten Ukrainischen Physikalisch-technischen Instituts übernahm. 1933 erhielt er außerdem die Professur für Theoretische Physik am Institut für Mechanik und Maschinenbau. Ohne Vorlage einer Dissertation, aber aufgrund seiner Verdienste wurde ihm 1934 der Doktortitel verliehen. 1935 erhielt L. eine Professur für Allgemeine Physik an der Universität Charkow.

L.s Hauptleistungen fallen in das Gebiet der Theorie der Festkörper. 1933 sagte L. das Phänomen des Antiferromagnetismus voraus und stellte eine entsprechende Theorie auf. Damit wurde die Frage nach der internen Struktur von Magneten eröffnet und die Domänentheorie des Ferromagnetismus begründet. Es folgte 1937 die allgemeine Theorie der Phasenübergänge der ersten und der zweiten Art. Anfang des Jahres 1937 folgte L. einem Ruf an das Physikalische Institut in Moskau, wo er die Leitung der Abteilung Theoretische Physik übernahm. Bei einer Arbeit über Höhenstrahlung begründete er 1938 die Kaskadentheorie der Elektronenschauer.

Bei Phasentransformationen entdeckte L. an flüssigem Helium das Phänomen der Suprafluidität, bei der ein Stoff ab einer bestimmten, stoffcharakteristischen Sprungtemperatur seine viskosen Eigenschaften verliert. 1941 formulierte er die Theorie der Suprafluidität auf quantenmechanischer Grundlage, mit der erstmals die Eigenschaften von Flüssigkeiten vollständig beschrieben wurden. Während des Zweiten Weltkrieges war er als Berater für das sowjetische Nuklearprojekt tätig.

In den Nachkriegsjahren setzte L. seine Forschungen über den kondensierten Zustand der Materie fort. 1950 stellte er zusammen mit W. Ginzburg die phänomenologische Theorie der Supraleitung auf, die die elektromagnetischen Eigenschaften dieser Leiter bei niedrigsten Temperaturen zusammenfaßte. Ein anderer Beitrag L.s zur Physik der Supraleitung bestand in der Klärung der Natur des sogenannten Zwischenzustandes. Er zeigte, daß hier kein neuer Zustand vorliegt, sondern daß in Wirklichkeit der Supraleiter aus aufeinanderfolgenden dünnen Schichten der normalleitenden Phase und der supraleitenden Phase besteht. Zwischen 1956 und 1958 entwickelte L. eine Theorie des flüssigen Helium-3, des Heliumisotops mit der Masse 3. Es gehorcht der Fermi-Statistik und hat daher ganz andere Eigenschaften. Die Theorie der Fermi-Flüssigkeit wird nicht nur auf Helium, sondern auch auf Systeme von Elektronen in Metallen angewandt, die ebenfalls mit Hilfe von Quasipartikeln beschrieben werden können.

L.s Arbeit zur Theorie der kondensierten Materie, insbesondere der Metalle und Quantenflüssigkeiten, ist nicht nur wegen ihrer besonderen Ergebnisse, sondern auch aufgrund der darin entwickelten Methoden wichtig. Mit seinen Leistungen auf fast allen Gebieten der theoretischen Physik gehört L. zu den einflußreichsten Physikern des 20. Jahrhunderts.

Laue, Max von – deutscher Physiker
geb. 9.10.1879 in Pfaffendorf bei Koblenz
gest. 24.4.1960 in Berlin
Nobelpreis 1914, für seine Entdeckung der Beugung von Röntgenstrahlen beim Durchgang durch Kristalle.
In Posen verlebte L. seine frühe Kindheit, in Berlin und Straßburg hat er die Schule besucht und die ersten Anregungen zur Beschäftigung mit naturwissenschaftlichen Fragen empfangen. Das Studium der Physik und Mathematik betrieb er zunächst an der Universität Straßburg. Daß die theoretische Physik sein eigentliches Arbeitsgebiet ist, wurde L. während der folgenden vier Semester in Göttingen klar. An der Berliner Universität erwarb er bei M. Planck, dem führenden theoretischen Physiker Deutschlands, den Doktorgrad. Nach seiner Habilitation ging er als Privatdozent nach München.

An der Münchner Universität gab es für sein engeres Forschungsgebiet, die physikalische Optik, besonders günstige Voraussetzungen. Die Experimentalphysik vertrat Röntgen, als theoretischer Physiker wirkte A. Sommerfeld, aber besonders ausgeprägte Überlieferungen gab es auf dem Gebiet der Mineralogie und der Kristallforschung. In den Sammlungen der Münchner Institute konnte man überall Gittermodelle der Kristalle sehen. Die Physiker lebten hier gleichsam inmitten der Vorstellungswelt der Raumgitterstruktur der Kristalle und – dank der Wirksamkeit von Sommerfeld – der Wellennatur der Röntgenstrahlen.

Unter diesen besonderen Umständen gelang L. seine geniale Entdeckung. Weltbekannt wurde sein Name im Jahre 1912, als ihm und seinen Mitarbeitern W. Friedrich und P. Knipping die Entdeckung der Röntgenstrahlinterferenzen an Kristallen gelang. Angeregt durch die Arbeiten Röntgens und einer intensiven Beschäftigung mit kristallographischen Fragen, war L. auf die Idee gekommen, zu prüfen, ob ein Kristall für Röntgenstrahlen dasselbe darstellt wie ein Beugungsgitter für gewöhnliches Licht. Nach Monaten intensiver Arbeit konnten sie die ersten L.-Diagramme vorlegen. Zu den Versuchen verwendeten Friedrich und Knipping anfangs einen Kupfervitriol-Kristall, der in willkürlich gewählter Richtung durchstrahlt wurde: ohne Rücksicht auf die Stellung der Kristallachsen oder auf sonstige kristallographische Gesichtspunkte. Für das Gelingen des Experiments war es ausschlaggebend, daß Friedrich aufgrund seiner röntgenfotografischen Praxis von vornherein eine vielstündige Belichtungszeit einsetzte, weil er sicher war, daß nur so die schwachen Beugungsstrahlen fotografisch wirksam werden konnten.

Die Durchstrahlung von Zinkblende, Steinsalz und anderen Kristallen des regulären Systems – unter Beachtung der kristallographischen Gesetzmäßigkeiten – ergab nun jene wundervollen fotografischen Bilder der abgebeugten Gitterspektren, die unter der Bezeichnung „L.-Diagramme" in kurzer Zeit weltberühmt wurden. Durch diese Entdeckung, das Gegenstück zur Hertzschen Entdeckung der langen elektromagnetischen Wellen, wurden die Röntgenstrahlen erstmals einwandfrei als kurzwellige elektromagnetische Strahlung nachgewiesen.

Die epochemachende Einsicht L.s hat nicht nur grundlegende physikalische und technische Bedeutung erlangt und zur Schaffung neuer Forschungszweige insbesondere im Grenzgebiet von Physik und Mineralogie geführt, sondern ist auch für bestimmte philosophische Grenzfragen der Physik ungemein wichtig geworden. Sie trug entscheidend dazu bei, die Atomlehre endgültig zu sichern. In den Jahren des Ersten Weltkrieges wurde er von der deutschen Heeresleitung mit „kriegswichtigen" Aufträgen beschäftigt. Er war an der Entwicklung von Elektronenröhren für die drahtlose Telegraphie beteiligt. L. wirkte als Professor in Zürich, Frankfurt und Berlin. In seiner Berliner Zeit hat er sich vor allem mit dem Problem der Supraleitung beschäftigt. 1957 gehörte er zu den Initiatoren des „Göttinger Appells".

Laughlin, Robert B. – amerikanischer Physiker
geb. 1950 in Visalia (Kalifornien)
Nobelpreis 1998, für seine bahnbrechenden Arbeiten zur Entdeckung des sogenannten fraktionalen Quanten-Hall-Effekts und insbesondere für seine Theorie von der neuen Quantenflüssigkeit und ihrer Quasiteilchen.
L. studierte von 1968 bis 1974 Physik an der University of California in Berkeley. 1979 promovierte er am Institute of Technology in Cambridge (Massachusetts). Seit 1985 ist L. Professor für Physik an der Stanford University in Palo Alto.

Der deutsche Physiker H. L. Störmer und sein amerikanischer Kollege D. C. Tsui stießen im Jahr 1982 bei einem Experiment auf Elektronen in bis dahin unbekannter Gestalt. Die Teilchen bildeten eine neue Art von Quantenflüssigkeit, die mit den Quantenflüssigkeiten verwandt ist, die bei Supraleitung und in flüssigem Helium auftreten. Die Erklärung für das Phänomen, dessen Erforschung vertiefende Einsichten in die innere Struktur und Dynamik der Materie geben kann, ist L. gelungen. Letztlich geht das ungewöhnliche Phänomen auf den Hall-Effekt zurück: Wenn sich elektrisch geladene Teilchen in einem Magnetfeld bewegen, werden sie von einer Kraft beeinflußt und zur Seite abgelenkt. Mit dem Hall-Effekt läßt sich sowohl in Leitern als auch in Halbleitern die Ladungsträgerdichte ermitteln. Um 1980 ging man bei den Versuchen zum Hall-Effekt zu extrem niedrigen Temperaturen und sehr starken Magnetfeldern über.

Für die Entdeckung des ganzzahlig quantifizierten Hall-Effekts hat Klaus von Klitzing 1985 den Nobelpreis für Physik erhalten. In verfeinerten experimentellen Studien des Quanten-Hall-Effekts bei noch niedrigeren Temperaturen (im Millikelvinbereich) und stärkeren Magnetfeldern fanden Störmer, Tsui und Mitarbeiter 1982 ganz neue Plateaus des Hall-Widerstands, die auch zwischen den ganzzahligen lagen. Die Erklärung für diesen überraschenden „fraktionierten Quanten-Hall-Effekt" fand L. ein Jahr später. Nach seiner Deutung zwingen die niedrige Temperatur und das starke Magnetfeld das Elektronengas zur Kondensation in einen völlig neuen Typ von Quantenflüssigkeit. Normalerweise können Elektronen, weil sie zur Gruppe der sogenannten Fermionen gehören, nicht kondensieren. Bei den Experimenten binden sie sich stattdessen an die Flußquanten des Magnetfelds. Zwar lag die Entdeckung über eine neue Art von Quantenflüssigkeit ca. 15 Jahre zurück, doch erst kurz zuvor war es mehreren Forschergruppen erstmals gelungen, die gebrochenzahligen Ladungen der Quasiteilchen in Experimenten direkt nachzuweisen. Damit konnte L.s Theorie bewiesen und die Zwischenstufen in den Messungen von Störmer und Tsui erklärt werden.

Damit hat der Quanten-Hall-Effekt ein völlig neues Forschungsgebiet eröffnet, das unser Verständnis elementarer Wechselwirkungen zwischen den Grundbausteinen der Materie immens erweitern wird.

Lawrence, Ernest Orlando – amerikanischer Physiker
geb. 8.8.1901 in Canton (Illinois)
gest. 27.8.1958 in Palo Alto (Kalifornien)
Nobelpreis 1939, für die Erfindung und Entwicklung des Zyklotrons und die durch dieses Gerät erzielten Ergebnisse, insbesondere im Hinblick auf künstliche radioaktive Elemente.
L. studierte Physik an der Universität Minnesota in Minneapolis. 1925 promovierte er an der Yale University in New Haven. Ab 1930 wirkte er bis zu seinem Tode als ordentlicher Professor an der Universität von Kalifornien in Berkeley.

Die Experimente der Curies und der Rutherfordschen Schule hatten gezeigt, daß man mit den aus radioaktiven Elementen kommenden Teilchenstrahlen entscheidende Erkenntnisse über den Bau der Atome gewinnen kann. Rutherford hatte die erste künstliche Umwandlung des Atoms eines chemischen Elements in das eines anderen mit Alphastrahlen, die von einem anderen Element ausgingen, bewerkstelligt. Wenn es gelingen würde, geladene Teilchen auf hohe Geschwindigkeiten zu bringen, so wäre man unabhängig von radioaktiven Stoffen. Man müßte nur die Teilchen auf Energien von einigen MeV beschleunigen.

L. und seinen Mitarbeitern gelang bei der Beschleunigung von Teilchen mit einem Kunstgriff der Durchbruch, indem sie Teilchen unter Zuhilfenahme großer Elektromagnete in Spiralbahnen zwangen. Auf diese Weise konnten sie nach und nach auf hohe Energien beschleunigt werden, damit war im Jahre 1929 das Zyklotron erfunden. Das Zyklotron beruht auf einem sehr interessanten Prinzip, nämlich der sehr oft wiederholten Beschleunigung durch die gleiche, nicht sehr hohe Spannung, und hat daher unter anderem den großen Vorteil, die so schwer zu erzeugenden und zu bändigenden hohen Spannungen zu vermeiden.

1932 wurde das erste von L. konstruierte Zyklotron in Betrieb genommen. Die Polschuhe hatten einen Durchmesser von 95 cm, sein Magnet enthielt 60 Tonnen Eisen und 10 Tonnen Kupfer. Wenn man das Zyklotron mit Deuteronen beschickt, so treten sie mit einer Energie von 9 MeV aus, d. h. so, als hätten sie eine Spannung von 9 Millionen Volt durchlaufen. Daß die Umlaufzeit einer Sorte geladener Teilchen im Magnetfeld für die schnellen wie für die langsamen Teilchen dieselbe ist, daß also alle Teilchen einer Sorte im gleichen Rhythmus ihre Kreise ziehen, darauf beruht das Prinzip des Zyklotrons. Mit der von L. erfundenen Anordnung wurden viele radioaktive Isotope entdeckt, ebenso zwölf synthetische Elemente.

In den letzten Monaten des Jahres 1941 konstruierte L. das Calutron (California University Cyclotron), ein umgebautes Zyklotron zur Trennung und Anreicherung von Isotopen. Das Fundament enthält 1.200 Tonnen Beton, der Magnet 3.700 Tonnen Eisen und 300 Tonnen Kupfer. In einmonatigem Betrieb konnte L. ein zehntausendstel Gramm mit U-235 angereichertes Uran erhalten. Da etwa 30 Kilogramm angereichertes Uran für eine Atombombe benötigt werden, schätzte L. ein, daß 2.000 Calutrons von je 1,2 Meter Durchmesser nötig wären, diese Menge in 300 Tagen zu produzieren. 1943 richtete man in Los Alamos (Neu Mexico) ein Laboratorium ein, in dem die ersten Atombomben gefertigt wurden. Das Uranisotop, das über Hiroshima explodierte, stammte aus einer von L.s Maschinen. In den Kontroversen um den Bau der amerikanischen Wasserstoffbombe fand man L. unter den Befürwortern.

Lederman, Leon Max – amerikanischer Physiker
geb. 15.7.1922 in New York City
Nobelpreis 1988, für die Entdeckung des Myon-Neutrinos und die für dieses Experiment entwickelte Methodik zum Erzeugen von Neutrinostrahlen mit einem Beschleuniger.

L. befaßte sich in der ersten Zeit auf dem College besonders mit Chemie. Nach Kriegsende faßte er den Entschluß, Physiker zu werden. Er begab sich zu weiteren Studien an die Columbia-Universität. 1951 promovierte L. An der Columbia-Universität wurde er 1958 auch zum Professor für Physik ernannt. Darüber hinaus leitet er seit 1979 das Fermi-Beschleunigungslaboratorium in Batavia (Illinois).

In den Jahren 1959 bis 1962 hatte L. zusammen mit J. Steinberger und M. Schwartz im Brookhaven Laboratory auf Long Island mit Neutrinostrahlen experimentiert und ein Verfahren entwickelt, um die sogenannte schwache Kraft im Atomkern analysieren zu können. Die Energieerhaltung und die schwache Kraft sind wesentlich dafür verantwortlich, ob und wie leicht ein Proton oder ein Neutron in einem Kern zerfällt. 1933 beschrieb E. Fermi den gesamten Vorgang, das Neutron zerfällt im Kern in ein Proton, ein Elektron und ein Neutrino. Bis Anfang der 60er Jahre war man darauf angewiesen, zur Beobachtung der schwachen Kraft im Atomkern den radioaktiven Zerfall zu untersuchen – ein zufälliger Prozeß, bei dem überdies lediglich Neutrinos geringer Energie entstehen. Um energiereiche Neutrinos zu erzeugen, beschleunigten die Forscher Protonen in einem Synchrotron auf hohe Geschwindigkeit. Anschließend ließ man die Teilchen auf Berylium prallen, dabei entstanden andere Elementarteilchen, sogenannte Pionen. Um den Strahl von unerwünschten Teilchen zu reinigen, schickte man ihn durch eine mehr als dreizehn Meter dicke Stahlwand. In dem nachgeschalteten Detektor beobachteten die Forscher insgesamt 56 Neutrinotreffer in Atomkernen und entdeckten das bis dahin unbekannte Myon-Neutrino.

Ein Neutrino hat fast keine Eigenschaften: keine Masse (oder sehr wenig), keine elektrische Ladung, keinen Radius, und auf das Neutrino wirkt keine starke Kraft ein. 1930 führte W. Pauli das Neutrino als hypothetisches Teilchen ein, um die Energie- und Impulsbilanz beim Beta-Zerfall radioaktiver Elemente zu erhalten. Nach der Entdeckung des Neutrons erhielt das Neutrino von E. Fermi seinen heutigen Namen. Neutrinos werden künstlich in Kernreaktoren und mit Hilfe von Teilchenbeschleunigern erzeugt, auf natürliche Weise in kosmischen Prozessen, wie sie zum Beispiel in der Sonne und in der Supernova ablaufen.

Der erste direkte Nachweis gelang 1956 mit einem Elektron-Anti-Neutrino. 1962 entdeckte L. mit dem Synchrotron von Brookhaven das Myon-Neutrino, das Tau-Neutrino wurde erst nach der Entdeckung des Tau-Leptons (1975) nachgewiesen. Weil Neutrinos nur der schwachen Wechselwirkung unterliegen, stellen sie nützliche Sonden zur Untersuchung der inneren Struktur der Hadronen sowie zur Erforschung der schwachen Wechselwirkung dar.

Lee, David Morris – amerikanischer Physiker
geb. 20.1.1931 in Rye (New York)
Nobelpreis 1996, für die Entdeckung der Suprafluidität in Helium-3.

L. studierte Physik an der Harvard University in Cambridge und an der University of Connecticut. 1959 erhielt er den Doktorgrad an der Yale University. Seit 1960 ist er Professor an der Cornell University in Ithaca. Er wirkte außerdem als Gastprofessor in Gainesville (1974/75) und in San Diego (1988).

Die Physiknobelpreisträger 1996 L., R. Richardson und D. Osheroff hatten an der Cornell-Universität in Ithaca nach einer „magnetischen Ordnung" in tiefgekühltem Helium gesucht. Gefunden haben sie dabei die „Suprafüssigkeit" von Helium-3, eine Entdeckung, mit der viele ihrer Kollegen schon nicht mehr gerechnet hatten. Das Edelgas Helium zeigt eine Reihe von ungewöhnlichen physikalischen Eigenschaften, die hauptsächlich auf reine Quanteneffekte zurückzuführen sind. Als einzige Substanz besitzt es keinen Tripelpunkt und bleibt bei Normaldruck bis in die Nähe des absoluten Nullpunkts flüssig, da die Nullpunktsenergie der Atome größer ist als die in einem Helium-Kristall wirksamen Van-der-Waals-Bindungskräfte.

Ende des Jahres 1971 waren L. und R. Richardson an den magnetischen Eigenschaften von festem Helium-3 im Millikelvin-Bereich interessiert und betrauten deshalb ihren Doktoranden D. Osheroff mit der Aufgabe, Helium-3 mit der Pomeranchuk-Methode zu kühlen und mit Hilfe der Kernspinresonanz(NMR)-Methode die Möglichkeit eines Übergangs zwischen mehreren möglichen antiferromagnetisch geordneten Phasen des festen Helium-3 in der Nähe des Schmelzdrucks zu untersuchen. Bei diesen Forschungsarbeiten entdeckten die Wissenschaftler, daß Helium-3 in einen superfluiden Zustand versetzt werden kann, bei einer Temperatur von nur zwei Tausendstel eines Grades Kelvin über dem absoluten Nullpunkt, d.h. bei einer Temperatur tausendmal kälter als der ungefähr zwei Grad höher liegende Übergangspunkt des normalen Helium-Isotopes Helium-4. Schon bald gab es auch für dieses unerwartete Phänomen eine Erklärung: Zwei Helium-3-Atome können sich zu einem Paar zusammenschließen, das dann über einen ganzzahligen Spin verfügt und sich wie ein Boson verhält. Eine ähnliche Annahme fand sich schon in der sogenannten BCS-Theorie, die alle physikalischen Effekte und Erscheinungen in Supraleitern 1. Art erklärt und auch quantitativ befriedigend beschreibt. Danach folgen Elektronen in ihrer Eigenschaft als Fermionen (genauso wie die Helium-3-Atome) zwar der Fermi-Dirac-Statistik, können sich aber in stark abgekühlten Metallen zu sogenannten „Cooper-Paaren" zusammenfinden und dann als Bosonen auftreten. L., Richardson und Osheroff gelang nun der Nachweis für den gleichen Effekt bei Helium-3.

Die Entdeckung der Superfluidität von Helium-3 hat vor allem theoretische Bedeutung. Superfluides Helium-3 ist eine von nur drei auf der Erde bekannten Supraflüssigkeiten.

Lee, Tsung-Dao – amerikanischer Physiker chinesischer Herkunft
geb. 24.11.1926 in Shanghai

Nobelpreis 1957, für seine grundlegenden Forschungen über die Gesetze der sogenannten Parität, die zu wichtigen Entdeckungen über die Elementarteilchen führten.
L. studierte an der Nationalen Chekiang-Universität in Kweichow und an der Nationalen Südwest Universität in der Provinz Yünnan. Während der Kriegsjahre mußte er seine Hochschulstudien unter schwierigen finanziellen Verhältnissen durchführen. 1946 erhielt er von der chinesischen Regierung ein Stipendium für ein Zusatzstudium an der Universität Chicago. 1950 promovierte L. 1956 erhielt er einen Lehrstuhl als ordentlicher Professor für Physik an der Columbia-Universität.

L. erforschte das eigenartige Verhalten der subatomaren K-Mesonen. 1955 beobachteten die Kernphysiker bei bestimmten K-Teilchen, daß sie auf unterschiedliche Weisen zerfielen, die nicht den herkömmlichen Regeln entsprachen. Beim Studium der Mesonen war man auf die anscheinend naturgesetzwidrige Tatsache gestoßen, daß die sogenannten Tau-K- und Theta-K-Mesonen trotz scheinbar spiegelbildlicher Identität sich nicht paarig verhielten, sondern sich bei dem einen Teilchen in drei, bei dem anderen nur in zwei sogenannte Pi-Mesonen weiterverwandelten.

Eine Erklärung konnte erst gefunden werden, als die beiden Physiker L. und Yang davon ausgingen, daß eines der angenommenen Grundprinzipien der Physik, die „Erhaltung der Parität", bei schwachen Wechselwirkungen nicht gilt. Während bis dahin allgemein davon ausgegangen wurde, daß bei allen Wechselwirkungen von isolierten Elementarteilchensystemen die Parität erhalten bleibe, es also auch in der Elementarteilchenphysik nicht möglich sei, zwischen links und rechts zu unterscheiden, wiesen L. und Yang darauf hin, daß diese Annahme für die schwache Wechselwirkung noch nicht experimentell überprüft worden sei. L. und Yang haben mehrere Versuche aufgeführt, von denen der eine die Beta-Radioaktivität des Kobalt-60 behandelt. Sie untersuchen darin die Winkelverteilung der Elektronen, die in Richtung des Magnetfeldes ausgesandt werden, nach dem die Kobaltkerne, auf tiefe Temperaturen gebracht, orientiert sind.

Anfang des Jahres 1957 wurde an der Columbia-Universität in New York von L., Yang und der Physikerin Chien-Shiung Wu ein Experiment mit dem Kobaltkern-60 durchgeführt, das über Paritätserhaltung oder Paritätsverletzung entscheiden sollte. Die Forscher zeigten, daß die beim Beta-Zerfall von Kobalt-60 entstehende Elektronen überwiegend linkshändig sind, d.h. ihr Spinvektor ihrem Impulsvektor entgegengerichtet ist. Wenn dagegen die Parität bei diesem Zerfall erhalten bliebe, müßten ebenso viele der durch ihn entstehenden Elektronen rechtshändig sein wie linkshändig. Aus sehr allgemeinen und für die Elementarteilchenphysik und Quantenfeldtheorie fundamentalen Prinzipien wird gefordert, daß unter der gleichzeitigen Anwendung zweier weiterer Transformationen zusammen mit der Paritäts-Transformation, nämlich der Ladungskonjugation und der Zeitumkehr, alle physikalischen Gesetze und damit auch die schwache Wechselwirkung invariant sind.

L. und Yang konnten nun erklären, daß das Paritätsgesetz eben insoweit nicht gilt, als ein subatomares Teilchen seinem Partnerteilchen im Einzelverhalten nicht zu gleichen braucht, sondern zweifach sein kann, etwa vergleichbar einem linken und rechten Handschuh.

Lenard, Philipp Eduard Anton – deutscher Physiker
geb. 7.6.1862 in Preßburg (Bratislava)
gest. 20.5.1947 in Messelhausen (Baden)
Nobelpreis 1905, für seine Arbeiten über die Kathodenstrahlen.
Von 1880 bis 1886 studierte L. Mathematik und Naturwissenschaften. 1886 promovierte er in Heidelberg. Hier führte L. dann die ersten Untersuchungen durch, um das Wesen der Kathodenstrahlen zu erforschen. 1892 wurde er Assistent bei H. Hertz in Bonn.

Nachdem Hertz entdeckt hatte, daß dünne Metallblätter Kathodenstrahlen durchlassen, faßte L. sofort den Plan, den Strahlen durch ein dünnes Metallfenster aus dem Raum, in welchem sie entstehen, einen Weg ins Freie zu eröffnen. Einige Wochen später hatte L. die Kathodenstrahlröhre mit dem „L.-Fenster" geschaffen, einer Aluminiumfolie, die er an dem einen offenen Ende der Röhre aufklebte. So konnte er in evakuierten Räumen die Kathodenstrahlen untersuchen und ihre Eigenschaften exakt studieren. Seine Entdeckung, daß die Kathodenstrahlen auch außerhalb der Entladungsröhre bestehen können, haben der physikalischen Forschung neue Gebiete eröffnet. Die darauf folgenden wichtigen Entdeckungen von Röntgen, der Curies und Becquerel können als Früchte dieses Anstoßes betrachtet werden.

L. hatte ursprünglich die Ansicht vertreten, daß die Kathodenstrahlen wahrscheinlich von ähnlicher Natur seien wie die Lichtwellen. Allmählich erkannte er aber, daß diese Strahlen aus elektrisch geladenen kleinen Teilchen bestehen und daß diese Elementarteilchen (Elektronen) in den Atomen und Molekülen als wesentliche Bausteine enthalten sein müssen. Aus der Ablenkung, die schnelle Kathodenstrahlen beim Durchgang durch Metallplättchen erleiden, konnte L. errechnen, daß nur ein ganz kleiner Teil des Raumes, den ein Körper einnimmt, wirklich mit Materie, mit undurchdringlichem Stoff erfüllt ist; der ganze übrige Raum ist leer und nur von starken Kraftfeldern erfüllt, die den festen Zusammenhalt der Atome und Moleküle bewirken. Schnelle Elektronen können diese Kraftfelder durchdringen, nur ganz wenige stoßen auf die festen Bestandteile der Atome, die wir heute Atomkerne nennen, und werden dabei abgelenkt.

1896 folgte er einem Ruf als ordentlicher Professor für Theoretische Physik nach Heidelberg. Mit dem finanziellen Ertrag des Nobelpreises baute L. dort später ein neues physikalisches Institut, das er bis zur Erreichung der Altersgrenze im Frühjahr 1931 leitete.

Seine „völkischen" Tendenzen und seine schon in den frühen 20er Jahren scharf geäußerte antisemitische Einstellung trieben ihn in das Fahrwasser Hitlers.

Trotz dieser Mängel dürfen die bleibenden Verdienste L.s, er entwickelte 1903, acht Jahre vor dem Atommodell von E. Rutherford, das „Dynamidenmodell", das erstmals von einer „löchrigen" Struktur der Materie sprach, im Gegensatz zu der traditionellen Vorstellung eines massiven Atomkerns, nicht vergessen werden.

Lippmann, Gabriel Jonas – französischer Physiker
geb. 16.8.1845 in Hollerich (Luxemburg)
gest. 13.7.1921 auf einer Seereise zwischen Kanada und Frankreich
Nobelpreis 1908, für die von ihm entwickelte, auf Interferenzen (Überlagerungen) beruhende Methode zur fotografischen Farbwiedergabe.

L. absolvierte ein Lehrerstudium an der École Normale, das er jedoch ohne Examen beendete. Seinen Lebensunterhalt verdiente er sich als Hilfslehrer für Mathematik und Physik. Im Jahr 1873 wurde er im Rahmen einer wissenschaftlichen Mission der französischen Regierung nach Deutschland delegiert, um seine Kenntnisse an führenden Instituten zu erweitern. An der Pariser Sorbonne wurde er 1883 zum Professor für Mathematische Physik ernannt.

Was L. über den engeren Kreis der Wissenschaftler hinaus berühmt machte, war sein im Jahr 1891 entwickeltes Verfahren zur Farbfotografie, das später nach ihm benannt wurde. 1893 gelang es ihm nach Überwindung vieler Schwierigkeiten mit seiner genialen auf dem Interferenzphänomen (Überlagerungserscheinungen beim Zusammentreffen von zwei oder mehr Wellenzügen mit ausreichender Kohärenz) fußenden Methode, Farben fotografisch wiederzugeben. Anstelle von Farben und Pigmenten benutzte L. die natürlichen Farben der jeweiligen Lichtwellenlängen. Es mag für die Wissenschaftler der damaligen Zeit schon aufregend gewesen sein, zum ersten Mal Farbaufnahmen mit gewöhnlichen Fotoplatten zu sehen.

Bei L.s Methode wurden Lichtwellen durch einen Quecksilberspiegel auf der Schichtseite gezwungen, in der fotografischen Schicht stehende Wellen zu erzeugen, so ergeben sich in der fotografischen Platte Schwärzungsschichten, die beim Betrachten im weißen Licht durch Interferenzeffekte wieder die Farben erscheinen lassen, die vorher zur Belichtung verwendet wurden. Neben dem Fortschritt in der Fotografie erbrachte diese Erfindung zudem den wichtigen Beweis der Existenz von stehenden Lichtwellen. Diese direkte Methode der Farbfotografie war allerdings durch stundenlange Belichtungszeiten sehr aufwendig, und es konnten keine Kopien des Originals angefertigt werden. So eindrucksvoll diese Methode auch war, sie ist technisch überholt, markierte aber einen wichtigen Schritt in der Entwicklung der Farbfotografie.

Das Nobelkomitee hat von Zeit zu Zeit wohl auch auf solche, nicht unbedingt im Brennpunkt des allgemeinen Interesses stehende Sonderleistungen hinweisen wollen. Der Präsident der Schwedischen Akademie der Wissenschaften, K. B. Hasselberg, sagte in seiner Laudatio: „L.s Farbfotografie markiert einen weiteren Schritt vorwärts, der für die Kunst der Fotografie von großer Bedeutung ist. Seine Methode lieferte uns als erste nicht nur ein Bild von der Form seines Objekts mit seinem Licht- und Schattenspiel, sondern auch von seinen Farben."

Lorentz, Hendrik Antoon – niederländischer Physiker
geb. 18.7.1853 in Arnheim
gest. 4.2.1928 in Haarlem
Nobelpreis 1902, als Anerkennung des außerordentlichen Verdienstes, das er sich durch Untersuchungen über den Einfluß des Magnetismus auf die Strahlungsphänomene erworben hat.

L., Sohn eines Pflegeheimbetreibers, nahm 1870 das Studium der Mathematik und Physik an der Universität in Leiden auf. Im Sommer 1875 reichte er seine Dissertation ein. Bis 1877 wirkte er auch als Lehrer an einer Abendschule. Er beschäftigte sich zu dieser Zeit mit der kinetischen Gas- und Wärmetheorie sowie mit der Leitung von elektrischem Strom in fester und flüssiger Materie. Später wurde er auf den Lehrstuhl für Theoretische Physik an der Universität Leiden berufen. 1882 gab L. ein „Lehrbuch der Differential- und Integralrechnung für Studierende der Naturwissenschaften" und 1893 ein zweibändiges „Lehrbuch der Physik" heraus.

1892 begann L. unter Berücksichtigung der Arbeiten J. C. Maxwells mit der Formulierung einer Elektronentheorie, die sich in Etappen vollzog. Erste Vorarbeiten waren die Untersuchungen der Elektrizitätsleitung in Elektrolyten und Gasen. Man sprach damals noch von positiven und negativen Ionen, da das Elektron noch nicht entdeckt war. Es ist sein Verdienst, zwischen diesen geladenen und ungeladenen Materieteilchen und dem Äther eine klare Trennung herbeigeführt und damit die moderne Vorstellung eines physikalischen Feldes vorbereitet zu haben. 1895 führte er die „L.-Kraft" ein, mit der die Bewegung einer elektrischen Ladung in einem Magnetfeld erklärt wurde. Mit der mathematischen Formulierung dieses Phänomens schuf L. das Grundgesetz der Ablenkung bewegter geladener Teilchen in magnetischen Feldern. In seinem 1895 veröffentlichten „Versuch einer Theorie der elektrischen und optischen Erscheinungen in bewegten Körpern" zeigte L., daß sich auch das Ätherdrift-Experiment durch die Elektronentheorie mit ihrer Auffassung des ruhenden Äthers vereinbaren läßt. Mit den „L.-Transformationen von Geschwindigkeiten und Beschleunigungen" von 1899 stellte er den Zusammenhang zwischen Lichtgeschwindigkeit und Masse eines Ladungsträgers dar. Die universelle Gültigkeit der „L.-Invarianz" für alle physikalischen Theorien hat sich jedoch erst im weiteren Verlaufe herausgestellt; heute gehört diese Invarianz zu den unabdinglichen Forderungen, denen jede physikalische Theorie genügen muß. Die von Einstein später vorgenommenen Verallgemeinerungen und Deutungen ihres physikalischen Inhaltes knüpften direkt an die von L. für den elektrodynamischen Bereich geleisteten Vorarbeiten an.

Eine besondere Leistung bedeutete auch seine Voraussage des „Zeeman-Effekts", wonach die von seinem ehemaligen Schüler P. Zeeman erstmals beobachteten Spektrallinien des Lichtes durch ein Magnetfeld beeinflußt werden.

Nach 35jähriger Lehrtätigkeit verließ L. im Jahre 1912 die Universität Leiden, um die Leitung der physikalischen Abteilung der Teyler-Stiftung zu übernehmen.

Mit L. Boltzmann und Lord Kelvin gehörte L. zu den herausragenden Physikern des ausgehenden 19. Jahrhunderts, die den Bau der klassischen Physik vollendet haben.

Marconi, Guglielmo – italienischer Physiker und Nachrichtentechniker
geb. 25.4.1874 in Bologna
gest. 20.7.1937 in Rom
Nobelpreis 1909, als Anerkennung seiner Verdienste um die Entwicklung der drahtlosen Telegrafie.
Nach unregelmäßigem Schulbesuch hörte M. Physikvorlesungen in Bologna bei Professor Righi, der damals gerade die ersten Experimente mit elektromagnetischen Wellen wiederholte. Hier setzte M. an und begann seine Untersuchungen mit der Absicht, die elektromagnetischen Wellen für die Telegrafie durch den Raum zu benutzen. Nach einigen zaghaften Versuchen stellte er drei wesentliche Elemente zusammen. Auf der Senderseite einen Funkeninduktor und eine Funkenstrecke, auf der Empfängerseite die Antenne und den Kohärer. Es gelang ihm Anfang des Jahres 1896, die ersten Signale im Freien mehrere hundert Meter weit zu übertragen. Nach weiteren Versuchen meldete M. seine Erfindung am 2. Juni 1896 zum Patent an, und er bot sie auch der Regierung seines Landes an, die aber nicht von der Wichtigkeit der Entdeckung zu überzeugen war. Verärgert wanderte er nach England aus. England war als Inselstaat besonders an drahtlosen Verbindungen in alle Welt interessiert, und so verfolgten die Postverwaltung und die Marine M.s Experimente mit großer Spannung.

Am 10. Mai 1897 begannen die historischen Versuche am Bristol-Kanal. Mit staatlicher Hilfe errichtete er auf Lavernock Point die erste funkentelegrafische Station. 30 Meter hoch war der Antennenmast, und die Empfangsstation wurde ca. 5 Kilometer entfernt in einer Bretterbude auf der Insel Flatholm im Kanal installiert. Nach einigen Fehlversuchen tastete M. persönlich das Telegramm. Bei jedem Morsebuchstaben sprangen die Funken über. Kurz darauf kam die Antwort. Nun waren alle Zweifel behoben. Das war die neue Technik, mit der Nachrichten über Meere und Länder fliegen konnten. Weil es das Ziel war, die zu überbrückenden Entfernungen zu vergrößern, baute M. die Sende- und Empfangsantennen immer höher und verstärkte die Kraft der elektrischen Wellen.

Die Engländer gaben M. eine Subvention von 15.000 Franken und gründeten zu seiner Unterstützung 1897 die erste radiotechnische Gesellschaft, die „Wireless Telegraph and Signal Company". Damit begann der Siegeszug der drahtlosen Telegrafie, im Jahre 1899 die Überwindung des Ärmelkanals, 1901 gelang es ihm, 400 km zu überbrücken, und am 9. September 1902 glückte der berühmte Telegrammwechsel zwischen der M.-Station Poldhu (Cornwall) und dem italienischen Kreuzer „Carlo Alberto" über eine Entfernung von 1.540 km. Damit war endgültig der Beweis erbracht, daß die von ihm genutzten Hertzschen Wellen der Erdkrümmung folgen und damit einen weltweiten Funkverkehr ermöglichen.

Meer, Simon van der – niederländischer Physiker und Ingenieur
geb. 24.11.1925 in Den Haag
Nobelpreis 1984, für seinen Beitrag zur Entdeckung zweier kurzlebiger Elementarteilchen, der geladenen W-Bosonen und des neutralen Vektorbosons Z.
V. d. M. studierte an der Technischen Hochschule in Delft, wo er sich vor allem auf Meß- und Kontrolltechnologien spezialisierte. Seit 1956 arbeitete v. d. M. bis zu seiner Pensionierung im Jahr 1990 am Europäischen Zentrum für Elementarteilchenforschung in Genf.

Bereits 1976 hatte Carlo Rubbia (Physik-Nobelpreis 1984) mit der Idee auf sich aufmerksam gemacht, die Beschleuniger der Hochenergiephysik für die Kollision von Protonen mit Antiprotonen einzusetzen und damit W- und Z-Partikel zu erzeugen; v. d. M. steuerte dazu die geniale Methode der „stochastischen Kühlung" bei, die es erlaubte, die für die Experimente erzeugten Antiprotonen zu sammeln und zu Strahlenpaketen zu bündeln, mit denen sich die von Rubbia angestrebten Kollisionen durchführen ließen. Unter Leitung von C. Rubbia und v. d. M. registrierten 1983 am Europäischen Kernforschungszentrum in Genf über 100 Wissenschaftler aus aller Welt die seit langem gesuchten Teilchen „W-Plus", „W-Minus" und „Z-Null". Diese Partikel gehören zu den Überträgerteilchen der schwachen Kraft, die für den radioaktiven Zerfall und für die Energieproduktion der Sonne verantwortlich ist. Die schwache Wechselwirkung ist eines der vier fundamentalen Kraftfelder des Universums. Dazu gehören noch die elektromagnetische Kraft, sie bestimmt die Wechselwirkung elektrisch geladener Teilchen; die starke Kraft, die die Teile des Atomkerns zusammenhält, und die Schwerkraft, die für die Bewegungen und Positionen aller Objekte zueinander auch im Bereich der Sterne verantwortlich ist. Wer aber kann sagen, ob jede dieser Kräfte wirklich fundamental ist oder ob nicht vielmehr übergeordnete Gesetzmäßigkeiten bestehen, aus denen sich das Wirken dieser Kräfte vom Standpunkt einer einheitlichen Theorie aus erklären ließe?

Eine erste klare Antwort, nämlich daß zwischen den elektromagnetischen Kräften und der schwachen Wechselwirkung ein tiefer Zusammenhang besteht, konnte in den letzten Jahren aufgrund scharfsinniger theoretischer Überlegungen und experimenteller Hinweise gegeben werden. Rubbia und v. d. M. hatten entscheidenden Anteil an einem experimentellen Ergebnis auf diesem Gebiet, das den praktischen Beweis für die Richtigkeit der theoretisch bereits vollzogenen Vereinheitlichung von elektromagnetischer und schwacher Wechselwirkung erbracht hatte.

1984 warteten die CERN-Forscher, an ihrer Spitze auch v. d. M., mit mehreren konkreten Hinweisen auf die Existenz eines neuen Elementarteilchens auf, des aus theoretischen Gründen schon lange postulierten „Top" oder „T-Quark", des 24. und letzten noch fehlenden Mosaiksteinchens auf dem Wege zum modernen Weltbild der Physiker.

Michelson, Albert Abraham – amerikanischer Physiker
geb. 19.12.1852 in Strelno bei Lemberg
gest. 9.5.1931 in Pasadena (Kalifornien)
Nobelpreis 1907, für die Erfindung seiner optischen Präzisionsinstrumente und seine damit ausgeführten spektroskopischen und metrologischen Untersuchungen.
M.s Eltern emigrierten, als er vier Jahre alt war, über New York und Panama an die Westküste Nordamerikas, wo sie Händler für die Goldgräber Kaliforniens und Nevadas wurden. M. bewarb sich in San Francisco um ein Stipendium für den Besuch der United States Naval Academy in Annapolis (Maryland), das ihm nach anfänglicher Ablehnung aufgrund eines Empfehlungsschreibens des örtlichen Kongreßabgeordneten an den amerikanischen Präsidenten dann doch 1869 gewährt wurde. 1873 legte M. sein Examen ab und fuhr zunächst ein Jahr zur See, bevor er 1875 an der Marineschule als Lehrer für physikalische Wissenschaften angestellt wurde.

1878 begann M. eine Arbeit, die sich zu seinem Lebenswerk entwickeln sollte, nämlich die genaue Messung der Lichtgeschwindigkeit. Bei der Vorbereitung einer Demonstration der Lichtgeschwindigkeit nach der Foucaultschen Drehspiegelmethode kam ihm der Gedanke einer wichtigen Verbesserung. Er stellte die Lichtquelle in den Brennpunkt der Linse, so daß ein paralleles Lichtstrahlenbündel entstand, das die Verwendung eines viel längeren Lichtweges ermöglichte. Er erreichte so eine viel größere Genauigkeit als seine Vorgänger. Bei weiterführenden Studien in Europa kam ihm die Idee zu seinem berühmten Interferometer, das eine logische Erweiterung der damals bekannten interferometrischen Verfahren war. Einige Zeit später unternahm er mit Hilfe eines verbesserten Interferometers zum ersten Mal sein berühmtes Experiment zur Feststellung der Bewegung der Erde durch den Raum.

Im März 1881 wurde M. zum Professor für Physik an der Case School for Applied Sciences in Cleveland (Ohio) ernannt. Bereits in seiner ersten Versuchsreihe 1882 erwies sich M.s Messung der Lichtgeschwindigkeit mit 299.854 km/s als so präzise, daß sie erst nach 45 Jahren von ihm selbst korrigiert wurde. M.s vielfältige Anwendungen der verschiedenen von ihm erfundenen bzw. optimierten Interferometer waren jeweils bahnbrechende Pionierleistungen, denen sehr bald Praxisanwendungen folgten.

In Worcester (Massachusetts) maß er am Lick-Observatorium die Durchmesser der Galileischen Jupitermonde mit einer neuen Interferenzmethode. 1893 wurde er Direktor des physikalischen Instituts der University of Chicago.

In den Jahren von 1889 bis 1893 bestimmten M. und E. W. Morley im Zuge der Urmeter-Festlegung die Wellenlänge der roten Linie im Cadmium-Spektrum. Bei dieser Arbeit konnten sie auch die Feinstrukturen verschiedener Spektrallinien bestimmen. Für die Feinstrukturanalyse von Spektrallinien eignet sich besonders das von M. 1897 erfundene Stufengitter, bei dem die Interferenzen durch Vielfachreflexion an einem treppenförmigen Glaskörper erzeugt werden und das er selbst auch zur Analyse des 1896 entdeckten Zeeman-Effektes einsetzte.

M. war der erste amerikanische Nobelpreisträger in den Naturwissenschaften, und seine Arbeit galt als richtungsweisend für die Physik in Amerika.

Millikan, Robert Andrews – amerikanischer Experimentalphysiker
geb. 22.3.1868 in Morrison (Illinois)
gest. 19.12.1953 in Pasadena (Kalifornien)
Nobelpreis 1923, für seine Forschungen über den photoelektrischen Effekt und die Elementarladung der Elektrizität.
M. studierte ab 1887 alte Sprachen und mußte zur Finanzierung seines Studiums Vorbereitungskurse in Physik abhalten. In Chicago promovierte er 1895 in Physik und wurde 1907 zum Professor ernannt.

Die direkte Messung der absoluten Ladung des Elektrons, wie sie von 1909 bis 1913 in dem berühmten „Öltröpfchenversuch" in immer verbesserten Verfahren von M. und seinen Schülern durchgeführt wurde, war von großer Wichtigkeit für die Physik. Mit seiner Öltröpfchenmethode gelang M. der Nachweis des quantenhaften Auftretens kleinster Elektrizitätsmengen. Damit hatte er den Beweis geliefert, daß im Bereich der Elektrizität quantenhafte Erscheinungen auftreten, die erkennen lassen, daß die quantenhafte Natur der Elementarvorgänge eine allgemeinere Eigenschaft darstellt, die sich nicht nur auf die Strahlungserscheinungen beschränkt.

Nach der Rückkehr von einer Vortragsreise durch Deutschland begann M. 1912 eine Versuchsreihe zum Photoeffekt. In deren Verlauf konnte er dann 1915 die zugehörige Einsteinsche Gleichung erstmals direkt aus Meßwerten bestätigen. Zudem gelang es ihm, einen exakten Wert für das Plancksche Wirkungsquantum zu bestimmen. Auch eine aus den früheren Jahren in Chicago stammende Idee konnte er verfolgen, den Austritt der Elektronen aus Metallen mittels intensiver elektrischer Felder zu erzwingen. Ein unmittelbares Ergebnis dieser Experimente war die Kenntnis der Bedingungen für die technische Konstruktion von Apparaten, die ungewöhnlich hohe elektrische Spannungen aushalten, was der Entwicklung der sehr hochvoltigen

Röntgenstrahlen- und Beschleunigungsröhren, die zum Studium der Kernphysik benutzt werden, einen enormen Auftrieb gab.

Von 1921 bis 1946 war M. Direktor des Norman Bridge Institute für Physik am California Institute of Technology in Pasadena.

Mössbauer, Rudolf – deutscher Physiker
geb. 31.1.1929 in München
Nobelpreis 1961, für seine Forschungen über die Resonanzabsorption der Gammastrahlen und seine damit verbundene Entdeckung, die den Namen „Mössbauer-Effekt" trägt.
Nach der Schulzeit arbeitete M. in Industrielaboratorien, danach begann er an der Technischen Hochschule München Physik zu studieren. 1958 veröffentlichte M. seine Dissertation über „Kernresonanz-Fluoreszenz von Gammastrahlen im Iridium 191". Es war der entscheidende Schritt zur Entdeckung eines Effekts, der später nach ihm benannt wurde. 1961 wurde M. am Kalifornischen Technologischen Institut in Pasadena zum Professor ernannt. 1964 kehrte er nach Deutschland zurück und wurde ordentlicher Professor für Experimentalphysik an der Technischen Universität München. 1972 ging er für fünf Jahre nach Grenoble an das Institut Max von Laue – Paul Langevin. 1977 kehrte M. an die TU München zurück, um dort in seiner ehemaligen Forschungsgruppe wieder auf dem Gebiet der Gamma-Resonanzspektroskopie zu arbeiten.

M. hat der Experimentalphysik und der Kernphysik durch den sogenannten „M.-Effekt" extrem genaue Zeitmessungen möglich gemacht und einen Zeitmaßstab von bis dahin unvorstellbarer Genauigkeit gegeben. Es ist somit möglich geworden, Bewegungen von Gammastrahlenquellen in Richtung auf den Beobachter auch dann noch nachzuweisen, wenn ihre Geschwindigkeit nur ein tausendstel Millimeter in der Sekunde beträgt. M. entdeckte, daß die Verschiebung der Quantenenergie durch den Rückstoß praktisch ausgeschlossen wird, wenn man die strahlenden bzw. die absorbierenden Kerne in das Kristallgitter eines Festkörpers einbaut, da der Rückstoß dann nicht mehr auf das einzelne Atom, sondern auf den gesamten Kristall übertragen wird. Befinden sich die ausstrahlenden bzw. absorbierenden Atomkerne in einem Kristallgitter, so kann mit einer gewissen Wahrscheinlichkeit die Emission oder Absorption der Gammaquanten rückstoßfrei verlaufen. Da beim M.-Effekt die natürliche Linienbreite erhalten bleibt, bietet er eine präzise Methode zur Messung sehr kleiner Energieveränderungen. Man kann ihn zur Bestimmung von Energieverschiebungen der Kernniveaus durch äußere Einwirkungen auf die strahlenden oder absorbierenden Kerne benutzen, so wurden mit Hilfe des M.-Effektes wichtige Untersuchungen zur experimentellen Überprüfung der Relativitätstheorie durchgeführt.

Der riesige Anwendungsbereich dieser Absorptionsmethode wird offenbar, wenn man berücksichtigt, daß die verwendbaren radioaktiven Kerne in verschiedensten chemischen Verbindungen genutzt werden können und sich durch Diffusion in verschiedenste Materialien einbringen lassen, so daß das Studium innerer Felder in einer nahezu ungeheuren Mannigfaltigkeit von Umgebungen möglich ist. Eine genaue Kenntnis dieser inneren Felder ist von großer Bedeutung für die Fortentwicklung unserer Anschauungen über die Natur der diese Felder produzierenden Mechanismen.

Mott, Sir (seit 1962) **Nevill Francis** – britischer Physiker
geb. 30.9.1905 in Leeds
gest. 8.8.1996 in Milton Keynes
Nobelpreis 1977, für seine grundlegenden theoretischen Leistungen zur Elektronenstruktur in magnetischen und ungeordneten Systemen.
M. studierte Mathematik sowie Theoretische Physik am St. John's College in Cambridge. Anschließend setzte er seine Forschungsarbeiten bei N. Bohr in Kopenhagen und bei M. Born in Göttingen fort. Mit 28 Jahren erhielt er eine Berufung als ordentlicher Professor für Theoretische Physik an die Universität Bristol. Während des Zweiten Weltkrieges arbeitete M. für die britische Armee im Bereich Entscheidungs- und Planungstheorie sowie Radar und Flugzeugabwehr. Von 1954 bis 1971 lehrte er als Cavendish Professor für Physik an der Universität Cambridge.

Die gegenwärtige technische Entwicklung von modernen Materialien wäre ohne die Beiträge von P. W. Anderson (ebenfalls Physik-Nobelpreis 1977) und M. undenkbar. Die Festkörperforschung hat sich über viele Jahrzehnte fast ausschließlich mit perfekten Kristallen befaßt und hat speziell in der heutigen Halbleitertechnik große wirtschaftliche Bedeutung gewonnen. Seit einigen Jahren wendet sich aber das Interesse der Physiker zunehmend auch Materialien zu, in denen die Atome nicht die regelmäßige Anordnung eines Kristallgitters einnehmen, sondern völlig ungeordnet sind wie in Gläsern. Zum theoretischen Verständnis der elektrischen Eigenschaften solcher Substanzen haben Anderson und M. ganz entscheidende Beiträge geleistet. In einer Publikation von 1958 hat Anderson erstmals gezeigt, daß die Beugung von Elektronen auf zwei Mechanismen beruhen kann. Zum einen gehört ein Teil der Elektronen wie in Kristallen dem gesamten Festkörper an und kann sich ungestört bewegen. Zum anderen gibt es Elektronen, die lokalisiert sind und sich springend von einem Platz zum anderen durch das Material bewegen. Diese Theorie hat M. weiter ausgebaut und das Interesse der Forscher auf diese Phänomene gerichtet.

Die klassischen Resultate, die M. in seiner Theorie atomarer Stöße erhalten hat, sind fester Bestandteil der Lehrbücher über Quantenmechanik. Seine bedeutendsten Arbeiten betreffen jedoch die Festkörpertheorie. Zusammen mit Wannier sagte er ein neues Quasiteilchen, das Wannier-M.-Exziton, voraus. Wenn in einem Kristall genügend energiereiche Lichtquanten eingestrahlt werden, werden Elektronen aus dem Valenzband unter Überspringen der Energielücke in das Leitungsband angeregt, und es bilden sich Elektron-Loch-Paare. Infolge der Anziehung zwischen den negativ geladenen Elektronen und den quasipositiv geladenen Löchern können diese Teilchen unter geeigneten Bedingungen beisammenbleiben, indem sie sich wechselseitig umkreisen und gemeinsam durch das Gitter bewegen. Energetisch entsprechen diese Exzitonen diskreten Anregungszuständen, deren Energie etwas kleiner ist als der Bandabstand. Mit optischen Mitteln konnten diese Quasiteilchen nachgewiesen werden, und der stromlose Transport von Anregungsenergie durch Exzitonen vermag verschiedenartige, sonst schwer verständliche Effekte im Ergebnis einer Lichteinstrahlung in Festkörpern zu erklären. M. erklärte den Übergangsmechanismus eines Kristalls aus dem metallischen in den dielektrischen Zustand bei Temperatur- und Druckänderung, den sogenannten M.-Übergang.

Von M. stammt die Idee, daß Metalle eine minimale Leitfähigkeit haben können, und er fand auch die sehr wichtige Abhängigkeit der Leitfähigkeit in ungeordneten Systemen von der Temperatur, das sogenannte M.sche Gesetz.

Mottelson, Benjamin Roy – dänischer Physiker amerikanischer Herkunft
geb. 9.7.1926 in Chicago (Illinois)
Nobelpreis 1975, für die Entdeckung über den Zusammenhang zwischen kollektiven Bewegungen und Partikelbewegungen in Atomkernen sowie darauf basierende Entwicklungen von der Theorie über die Struktur des Atomkerns.
M. erhielt eine Offiziersausbildung bei der US-Marine. Nach dem Krieg studierte er Physik an der Purdue University in Lafayette. 1950 promovierte er an der Harvard University. Von 1953 bis 1957 war M. Mitglied einer Forschungsgruppe bei der Organisation Europeenne pour la Recherche Nucleaire (CERN) in Genf. Seit 1957 ist M. als Professor am Nordischen Institut für Theoretische Atomphysik (Nordita) in Kopenhagen tätig. 1981 wurde er Direktor des Instituts.

M. arbeitete viele Jahre mit A. Bohr auf dem Gebiet der niederenergetischen Kernphysik. Die Forschungsergebnisse von J. Rainwater (ebenfalls Physik-Nobelpreis 1975) über die Struktur des Atomkerns bildeten den Ausgangspunkt für eine von M. und A. Bohr entwickelte umfassende Theorie nuklearen Verhaltens. Beim Studium der Kernanregungen entwickelten die beiden Wissenschaftler die Einteilchen- und Kollektivkonzeption weiter und gelangten in den Jahren 1952/53 zu dem sogenannten „Kollektiven Modell" des Atomkerns.

In ihrem Modell versuchten die Physiker, die Vorstellungen vom Atomkern als Tropfen sowie von der Schalenstruktur miteinander zu vereinen. Man stellt sich danach vor, daß der Atomkern nicht unbedingt rund wie ein Wassertropfen, sondern zum Beispiel zigarrenförmig sein kann. Dieser deformierte Kern, ein Ellipsoid, kann als Ganzes rotieren, und auch seine Oberfläche kann in Schwingungen geraten. In dem Kern bewegen sich die einzelnen Bestandteile, Protonen und Neutronen, sozusagen unabhängig voneinander. Diese Vorstellung stimmt nun erstaunlich gut mit den tatsächlichen Beobachtungen überein. Insbesondere die Verhaltensweisen mittelschwerer Atomkerne, darunter die sogenannten Seltenen Erden, lassen sich nun verstehen. Das „Kollektive Modell" versetzte M. und A. Bohr in die Lage, die Beschaffenheit deformierter Kerne vorauszusagen und die Voraussagen experimentell zu überprüfen. Die Übereinstimmung von Theorie und Praxis, Vorhersagen und experimentellen Ergebnissen auch anderer Forscher war verblüffend.

Auch nach 1953 haben Bohr, M. und Rainwater noch wichtige ergänzende Arbeiten zum Verständnis der Atomkerne veröffentlicht. Insbesondere die dänischen Forscher bestätigten mit ihren experimentellen Ergebnissen den Ruf des Instituts für Theoretische Physik an der Universität Kopenhagen als „Mekka der Atomphysiker".

Müller, Karl Alexander – schweizerischer Physiker
geb. 20.4.1927 in Basel
Nobelpreis 1987, für die bahnbrechende Entdeckung von Supraleitung in keramischen Materialien.
M. studierte an der Eidgenössischen Technischen Hochschule in Zürich Physik und promovierte dort 1958. 1962 habilitierte er sich an der Universität Zürich und wurde zum Lehrbeauftragten für Festkörperphysik und 1971 zum Titularprofessor der Universität ernannt. Von 1973 bis 1985 leitete er die Physikabteilung des Rüschlikoner Labors und besitzt seit 1982 die privilegierte Stellung eines IBM-Fellows, was ihm eine bevorzugte wissenschaftliche Arbeit in der Forschung ermöglichte.

Georg Bednorz und M. fanden einen ersten Weg zur Herstellung der sogenannten „Hochtemperatur"-Supraleiter. Das von M. im Jahre 1983 initiierte Forschungsprojekt zur Entwicklung von Hochtemperatur-Supraleitern – die Idee dazu kam ihm in einem Klostergarten auf Sizilien, wo er 1983 an einer Sommerschule für Physiker teilnahm – führte schließlich im Januar 1986 zum Erfolg. Zusammen mit Bednorz gelang ihm der Nachweis, daß in stromdurchflossenen Leitern die Wechselwirkung der Elektronen untereinander erhöht werden kann und damit die bisherigen Grenzen supraleitender Metallegierungen durchbrochen werden konnten.

Die „Sprungtemperatur", bei der Normalleitung in Supraleitung übergeht, lag seit 1973 bei minus 250 Grad Celsius und galt seither als Schallmauer. Außerdem waren für die Supraleiter nur intermetallische Werkstoffe bekannt, deren Sprungtemperatur unterhalb von 24 Kelvin lag. Zum Erreichen der Supraleitung bedurfte es aufwendiger und teurer Kühlverfahren, etwa mit flüssigem Helium. M. kam auf den Gedanken, daß die Supraleitung bei bestimmten Metalloxiden ebenfalls auftreten könnte. Zusammen mit Bednorz begann er zu forschen, wobei M. die theoretischen Grundlagen entdeckte, und Bednorz konnte experimentell nachweisen, daß eine Verbindung aus

Kupfer, Barium, Lanthan und Sauerstoff bereits bei minus 238 Grad Celsius supraleitend wird, was nach der Veröffentlichung der Entdeckung im September 1986 alsbald weltweit bestätigt werden konnte. Unter Wissenschaftlern fand dieses Ergebnis starke Beachtung. Physiker und Metallurgen in verschiedenen Ländern „bauten" in rascher Folge neue oxidische keramische Werkstoffe zusammen, die eine Supraleitung bei immer höheren Temperaturen ermöglichen.

Néel, Louis Eugène Félix – französischer Physiker
geb. 22.11.1904 in Lyon
Nobelpreis 1970, für seine Entdeckungen auf dem Gebiet des Antiferromagnetismus und Ferromagnetismus, die wesentlich zum Verständnis der magnetischen Eigenschaften von Festkörpern beigetragen haben.
N. studierte von 1924 bis 1928 an der École Normale Supérieure in Paris. An der Hochschule in Paris wurde er 1928 Dozent, und vier Jahre später promovierte er an der Universität Straßburg. Von 1937 bis 1976 war N. Professor für Physik an der dortigen Universität und an der Universität Grenoble, wo er wesentlichen Anteil daran hatte, daß Grenoble hohes Ansehen in der wissenschaftlichen Welt erlangen konnte. Die entscheidende Weichenstellung in der wissenschaftlichen Karriere N.s erfolgte bereits 1928, als er Assistent von Pierre Weiss an der Universität Straßburg wurde, der als Begründer der Theorie des Ferromagnetismus gilt. Der Ferromagnetismus, der nur im kristallinen Zustand der Materie auftritt, wird durch die magnetischen Momente der Elektronenspins verursacht. Diese sind so aneinander gekoppelt, daß sie dazu tendieren, sich sämtlich parallel zueinander auszurichten, wobei sich ihre magnetischen Momente addieren.

Bei seinen Forschungen fand N., daß in bestimmten „antiferromagnetischen" Materialien Gruppen von Atomen ihre Elektronenspins jeweils entgegengesetzt ausrichteten, so daß insgesamt kein magnetischer Effekt auftritt. Den drei Arten des Magnetismus – Dia-, Para- und Ferromagnetismus – fügte N. im Jahr 1932 eine vierte hinzu, den Antiferromagnetismus, den sogenannten „verborgenen" Magnetismus einiger Übergangsmetalle (z. B. Chrom, Mangan, Samarium, Europium) und ihrer Verbindungen, der wie der Ferromagnetismus auf Austauschkräften zwischen ihren in den Kristallgitterplätzen befindlichen nicht abgeschlossenen inneren Elektronenschalen und damit einen Spin besitzenden Ionen beruht. Aus energetischen Gründen stellen sich jedoch im Gegensatz zum Ferromagnetismus die Spins benachbarter Ionen beim Antiferromagnetismus antiparallel ein. N. gab eine genaue Beschreibung des Verhaltens dieser neuen künstlichen Materialien und erklärte damit bislang verwirrende experimentelle Beobachtungen.

1948 entwickelte N. das Konzept des Ferrimagnetismus, einer vorwiegend beim Magnetit und allen Ferriten auftretenden magnetischen Erscheinung des kristallinen Zustands der Materie, bei der im Unterschied zum Antiferromagnetismus die sich ausbildenden Spinstrukturen in Form ferromagnetischer Untergitter wegen des komplizierten chemischen und kristallographischen Aufbaus ferrimagnetischer Materialien (Ferrimagnetika) nicht übereinstimmen, so daß sich ihre magnetischen Momente nicht kompensieren. Auf seinen Erkenntnissen beruht die Herstellung stark magnetisierbarer, zum Teil auch nichtelektrischer keramischer Werkstoffe, wie sie in der Elektrotechnik für den Bau von Informationsspeichern in Computern, Lautsprechermagneten und magnetischen Oxyden unentbehrlich geworden sind. Seine Studien über granulierte ferromagnetische Materialien lieferten eine Erklärung für die ungewöhnlichen magnetischen „Gedächtniseigenschaften" bestimmter mineralischer Ablagerungen, aus denen man Rückschlüsse auf Richtungs- und Stärkeänderungen des Erdmagnetfeldes ziehen konnte.

Osheroff, Douglas Dean – amerikanischer Physiker
geb. 1.8.1945 in Aberdeen (Washington)
Nobelpreis 1996, für die Entdeckung der Superfluidität in Helium-3.
O. studierte Physik am California Institute of Technology. An der Cornell University in Ithaca promovierte er 1973. 1987 erhielt O. eine Berufung als Professor für Physik an die Stanford University in Kalifornien.

Das Edelgas Helium verflüssigt sich bei extrem tiefen Temperaturen. Nahezu alle bekannten Stoffe weisen bei Temperaturänderungen mit Hilfe der klassischen Physik erklärbare Phasenumwandlungen auf, gehen bei Abkühlung vom Gaszustand zum flüssigen und dann zum festen Zustand über. Helium ist das einzige Element, das bei Abkühlung unter normalen Druckverhältnissen nicht fest wird. Statt dessen macht es etwa zwei Grad Kelvin über dem absoluten Nullpunkt (minus 271 Grad) eine merkwürdige Verwandlung mit: Flüssiges Helium wird zu superfluidem Helium. Dieses Phänomen ist mit der klassischen Physik nicht mehr erklärbar.

O., der jüngste der drei Nobelpreisträger und damals noch Doktorand, hatte bei den Versuchen winzige Sprünge in der Druckkurve einer Probe bemerkt. Diese Unregelmäßigkeiten hätten die Forscher als Ungenauigkeiten der selbstgebauten Meßapparatur deuten können. Doch D. M. Lee, R. C. Richardson und O. waren damals fälschlicherweise davon überzeugt, die gesuchte Ordnung im kalten Helium gefunden zu haben. Davon zeugt ihre erste Veröffentlichung im Fachblatt „Physical Review Letters". Unstimmigkeiten in dieser Erklärung jedoch ließen ihnen keine Ruhe.

Ergänzende Messungen zeigten, daß sie die Supraflüssigkeit von Helium-3 entdeckt hatten. Danach hatten Wissenschaftler auf der ganzen Welt vor allem in den 60er Jahren intensiv gesucht. O. hatte als erster bei der Auswertung der Untersuchungsanordnung den überraschenden Phasenübergang entdeckt. Ende des Jahres 1971 erhielt er von D. M. Lee und R. C. Richardson die Aufgabe, Helium-3 mit der Pomeranchuk-Methode zu kühlen und mit Hilfe der Kernspinresonanz-Methode die Möglichkeit eines Übergangs zwischen mehreren möglichen antiferromagnetisch geordneten Phasen des festen Helium-3 in der Nähe des Schmelzdrucks zu untersuchen. Während des langsamen Komprimierens entlang der Schmelzdruckkurve fielen O. zwei ganz kleine, aber reproduzierbare Anomalien auf, die er zunächst der festen Phase zuschrieb. Seine sorgfältigen und systematischen Untersuchungen ergaben jedoch bald, daß er erstmals den Übergang in zwei verschiedene superfluide Phasen des Helium-3 beobachtet hatte. Die Entdeckung der Superfluidität von Helium-3 bestätigt einige Vorhersagen der Quantentheorie und spielt eine wichtige Rolle bei der Theorie der sogenannten „Strings", mit welcher manche Physiker zu einer Vereinheitlichung heute noch divergierender physikalischer Erklärungsmodelle zu gelangen hoffen.

Paul, Wolfgang – deutscher Physiker
geb. 10.8.1913 in Lorenzkirch bei Riesa
gest. 6.12.1993 in Bonn
Nobelpreis 1989, für seine Beiträge zur Entwicklung der Ionenfallentechnik, insbesondere für die Entwicklung der „Paul-Falle", eines elektrischen Vierpolfeldes zum Einschluß und zur Untersuchung weniger Ionen oder Elektronen über genügend lange Zeiten.
P. studierte Physik und Ingenieurwissenschaften in München und Berlin. 1939 promovierte er. 1944 wurde er Dozent, und 1952 wurde P. ordentlicher Professor für Experimentalphysik und später Direktor des Physikalischen Instituts an der Universität Bonn. Er lehrte und arbeitete vor allem über Atomphysik und Strahlungsphysik und gehörte zu den 18 deutschen Kernphysikern, die im April 1957 vor den Gefahren der Atomwaffen warnten.

P. hat sich bereits in den späten vierziger Jahren eingehend mit den Fokussierungseigenschaften elektrischer und magnetischer Multipolfelder für elektrisch geladene und neutrale Teilchen beschäftigt. Zusammen mit H. Friedburg nutzte er als erster im Jahre 1951 ein statisches magnetisches Sechspolfeld zur Fokussierung neutraler Kaliumatome. 1954 zeigten P. und Mitarbeiter, daß in den Fällen, in denen das magnetische Dipolmoment des Teilchens der Magnetfeldstärke proportional ist, auch mit Hilfe von Quadrupolfeldern eine Fokussierung erzielt werden kann. Es folgten eine Reihe von Arbeiten, die elektrostatische Multipolfelder zur Fokussierung polarer Moleküle benutzten.

Die Beschäftigung mit elektrischen und magnetischen Multipolfeldern haben P. und H. Steinwedel im Jahre 1953 zur Erfindung des nach P. benannten Massenfilters inspiriert, welcher nur ein quasistationäres elektrisches Wechselfeld benutzt, also ohne Magnetfeld auskommt. Dieser P.sche Massenfilter hat viele experimentelle Anwendungen gefunden, so in der Restgasanalyse, beim Studium molekularer Prozesse, bei der Diagnostik von Festkörperoberflächen und bei Weltraumexperimenten. Die preisgekrönte Entwicklung der „P.schen Ionenfalle", die P. und E. Fischer erstmals im Jahre 1959 realisieren konnten, kann als eine dreidimensionale Erweiterung dieses Quadrupol-Massenfilters angesehen werden. Damit wurde es möglich, die Elementarteilchen lange genug zu beobachten, um deren Eigenschaften sehr präzise zu bestimmen. Lebensdauer und Gewicht konnten jetzt – weitgehend unbeeinflußt von der Gegenwart benachbarter Atome – vermessen werden. In den 80er Jahren entwickelte P. mit seinen Söhnen und zwei weiteren wissenschaftlichen Mitarbeitern einen supraleitenden Speicher für Neutronen, die sogenannte Neutronenflasche Nestor, die am Institut Laue-Langevin in Grenoble eingesetzt wird. Eines der Ziele dieses Experimentes war die Neubestimmung der Lebensdauer des freien Neutrons.

Mit der Forschung an isolierten Atomen, Ionen und Elektronen ist wohl eines der aufregendsten Kapitel zeitgenössischer Physik geschrieben worden. Ungeachtet seiner Emeritierung 1980 leistete P. am Physikalischen Institut in Bonn weiter wissenschaftliche Arbeit.

Pauli, Wolfgang – amerikanischer Physiker österreichischer Herkunft
geb. 25.4.1900 in Wien
gest. 15.12.1958 in Zürich
Nobelpreis 1945, für die Entdeckung des als „Pauli-Prinzip" bezeichneten Ausschlußprinzips.
Schon als Gymnasiast studierte P. während der Schulstunden heimlich Einsteins Relativitätstheorie und darum beschloß er, theoretischer Physiker zu werden. Gegen Ende des Ersten Weltkrieges begann P. mit dem Studium der Theoretischen Physik an der Universität München. Nach der Promotion wurde er 1921 kurzzeitig Assistent bei M. Born und J. Franck in Göttingen, doch schon 1922 ging P. auf Einladung von N. Bohr ein Jahr nach Kopenhagen. N. Bohr und sein Kreis in Kopenhagen beschäftigten sich mit dem schwierigen Problem des Atombaus. Im Herbst 1923 kehrte er nach Deutschland zurück, habilitierte sich 1924 an der Hamburger Universität und wurde 1926 zum außerordentlichen Professor ernannt.

Seine wissenschaftliche Arbeit konzentrierte sich nun auf die von Bohr gewissermaßen erratene quantentheoretische Deutung des periodischen Systems der Elemente, und hier gelangen P. in den Jahren 1924/25 zwei grundlegende Entdeckungen, die für das Verständnis der Atomstruktur unentbehrlich geworden sind. Bohr hatte bei seiner Theorie des periodischen Systems den etwas vagen Begriff der Resonanz zwischen den Elektronenbahnen gebraucht. P. ersetzte diesen Begriff durch eine ganz andersartige Vorstellung: „Jede Quantenbahn im Atom kann nur durch ein Elektron besetzt werden." Dieses P.sche „Ausschließungsprinzip" lieferte unmittelbar den Schlüssel zum völligen Verständnis des periodischen Systems. In Verbindung mit der von Goudsmit und Uhlenbeck eingeführten Vorstellung einer Kreiselbewegung des Elektrons konnten alle wichtigen Einzelheiten in den Spektren der verschiedenen Atome mit Hilfe des P.-Prinzips qualitativ verstanden werden. Dieses Prinzip ist für die Atomphysik grundlegend geworden. Es erklärt den periodischen Aufbau des Systems chemischer Elemente, die Stabilität chemischer Verbindungen und ist auch für das Verständnis der Struktur der Atomkerne unentbehrlich. Für diese Entdeckung ist er dann zwanzig Jahre später mit dem Nobelpreis geehrt worden.

1928 wurde P. als ordentlicher Professor für Theoretische Physik an die Eidgenössische Technische Hochschule nach Zürich berufen. Von einer kurzen Unterbrechung in den Jahren des Zweiten Weltkrieges abgesehen, ist er diesem Lehramt trotz vieler Angebote aus Universitäten anderer Länder bis zu seinem Tode treu geblieben. In die erste Zeit seiner Züricher Wirksamkeit fällt eine weitere wichtige Entdeckung. Er konnte durch eine sorgfältige Analyse der Beobachtungen beim Beta-Zerfall die Existenz eines neuen Elementarteilchens, des sogenannten Neutrinos, vorhersagen. Der direkte experimentelle Nachweis dieses Teilchens wurde erst viel später mit den modernsten Hilfsmitteln der Atomtechnik geführt.

Penzias, Arno Allan – amerikanischer Astrophysiker deutscher Herkunft
geb. 26.4.1933 in München
Nobelpreis 1978, für seine Arbeiten zur Entdeckung der kosmischen Mikrowellen-Hintergrundstrahlung.
P. studierte am City College und an der Columbia-Universität in New York Physik, wo er 1962 auch promovierte. Bereits 1961 war P. in die Bell-Telephone-Laboratorien in Holmdel (New Jersey) eingetreten, und in dieser Firma hat sich auch sein weiterer Berufsweg vollzogen. Von 1962 bis 1972 war er Mitglied des technischen Forschungsteams, anschließend übernahm er die Leitung der Radiotechnischen Forschungsabteilung, und seit 1974 ist er Leiter der Radiophysikalischen Forschungsabteilung von Bell-Telephone.

Zusammen mit Robert W. Wilson (ebenfalls Physik-Nobelpreis 1978) begann er 1964 Radioemissionen aus unserer Galaxis – der Milchstraße – zu untersuchen. Sie maßen den Radiostrahlungsstrom im Dezimeterwellenbereich, und zwar in der Ebene unserer Milchstraße. Da die Strahlung unserer Milchstraße im Zentimeterwellenbereich sehr schwach sein muß, beschlossen die beiden Wissenschaftler, den Himmel im Radiobereich bei einer Wellenlänge von 7,35 cm zu beobachten. Während sie 1965 mit einer für die Satellitenbeobachtung entwickelten Antenne nach Erhöhung der Empfangs-Empfindlichkeit das Milchstraßensystem nach Radiostrahlung absuchten, stellte sich im 7,35 cm-Wellenbereich ein Signal ein. Wilson und P. konnten nach langwierigen Messungen zeigen, daß dieses Signal, eine Radiostrahlung im Wellenbereich zwischen 2 mm und 10 cm, die Erde mit gleicher Intensität aus allen Himmelsrichtungen erreicht. Die Form des Spektrums dieser Radiostrahlung, die nach den Messungen von P. und Wilson gleichmäßig im All verteilt zu sein scheint, entspricht der eines „Schwarzen Körpers" bei einer Temperatur von 2,7 Kelvin, knapp drei Grad über dem absoluten Nullpunkt von minus 270 Grad Celsius. Die mittlere Energiedichte dieser Strahlung übersteigt die mittlere Energiedichte der optischen Strahlung (von allen Sternen im Weltall zusammengenommen) um das Hundertfache. P. und Wilson gelang damit eine der wichtigsten astrophysikalischen Entdeckungen, nämlich der sichere Nachweis einer Hintergrundstrahlung im Weltall.

Das Spektrum dieser Hintergrundstrahlung kann weder von Sternen noch von interstellarer Materie oder von irgendwelchen anderen bekannten Radioquellen stammen. Die Entstehung der beobachteten Strahlung konnte auf der Grundlage des sogenannten „heißen" Weltmodells erklärt werden, demzufolge das expandierende Weltall in frühen Evolutionsstadien heiß war. Die Materie und die mit ihr im thermodynamischen Gleichgewicht stehende Strahlung hatten eine so hohe Temperatur, daß thermonukleare Reaktionen durchaus möglich waren, deren Folge die Entstehung von Helium aus Wasserstoff sein konnte. In den darauffolgenden Expansionsstadien des Weltalls kühlten sich die Materie und die Strahlung ab, die Materie kondensierte zu Galaxien, Sternen und Planeten. Die sogenannte 3-K-Strahlung war der erste wirklich zwingende Beweis für die Richtigkeit der heute allgemein anerkannten Urknall-Theorie .

Perl, Martin Lewis – amerikanischer Physiker
geb. 24.6.1927 in Brooklyn (New York City)
Nobelpreis 1995, für seine bahnbrechenden experimentellen Leistungen im Bereich der Leptonenphysik, insbesondere für die Entdeckung des Tauons.
P. studierte Chemie am Polytechnischen Institut in Brooklyn und Physik an der Columbia University in New York und promovierte 1955 in Physik. 1963 folgte er einem Ruf als ordentlicher Professor für Physik an die Stanford University in Kalifornien.

P. interessierte besonders die Frage, was das Elektron vom Muon, also die beiden geladenen Leptonen der ersten und zweiten Familie, unterscheidet. In seinen Experimenten Ende der sechziger Jahre wurden Elektronen bzw. Muonen hoher Energie auf Protonen geschossen und das Energiespektrum der auslaufenden Leptonen als Funktion des Streuwinkels gemessen. Alle Experimente zeigten jedoch keinen signifikanten Unterschied zwischen Elektron und Muon. Die Erklärung hierfür steht noch aus und wird heute im Standardmodell dahingehend „gelöst", daß man identische Wechselwirkungen der Mitglieder in den verschiedenen Familien annimmt. Als P. sich mit diesem Problem beschäftigte, war noch keines der Quarks oder Leptonen der dritten Familie bekannt. Man hatte auch noch nicht alle Mitglieder der zweiten Familie entdeckt: Das Charm(c)-Quark fehlte noch.

P. erschien der Elektron-Positron-Vernichtungsprozeß als beste Möglichkeit, nach möglichen sequentiellen geladenen Leptonen zu fahnden. Die sequentiellen Leptonen lassen sich theoretisch gut verstehen: Ihre Eigenschaften sind in Bezug auf ihre elektromagnetischen und schwachen Wechselwirkungen identisch. Lediglich eine pro Familie charakteristische Leptonzahl unterscheidet die verschiedenen Spezies und hat somit ein eigenes (masseloses) Neutrino zu jedem geladenen sequentiellen Lepton zur Folge. Die Suche nach schweren Leptonen ist ganz offensichtlich die Suche nach charakteristischen Zerfällen, die unter anderem immer Neutrinos enthalten. Für den Nachweis solcher komplexen Endzustände ist demnach ein Detektor nötig, der vor allem in der Lage ist, die Endzustandsteilchen zu identifizieren, also Elektronen von Muonen und Hadronen zu unterscheiden.

Beim Bau des Speicherring SPEAR (Elektron-Positron-Speicherring) wurde ein neuartiger Detektor konzipiert, der für diese Teilchenidentifikationsaufgabe gut gerüstet war: Diesen optimierten P. und seine Mitarbeiter speziell für die Suche nach schweren Leptonen. Es dauerte dann noch einige Jahre, bis alle wesentlichen Eigenschaften des Tau-Leptons, insbesondere die komplizierten Zerfallskanäle mit Hadronen und die genauen Werte für die Masse und die Lebensdauer, bestimmt wurden. P. und seinen Mitarbeitern gelang 1976 der Nachweis eines bis dahin nicht erwarteten neuen Leptons, des Tau-Leptons oder Tauons, das als schwerer „Bruder" von Elektron und Muon eine neue Familie der Quarks und Leptonen notwendig machte. Schon 1977 wurde der erste Vertreter des Quark-Dubletts der dritten Generation, das Bottom-Quark, gefunden. Der letzte noch ausstehende Vertreter der dritten Familie, das Top-Quark, wurde erst 1995 entdeckt.

Perrin, Jean-Baptiste – französischer Physikochemiker
geb. 30.9.1870 in Lille
gest. 17.4.1942 in New York
Nobelpreis 1926, für seine Arbeiten über die diskontinuierliche Struktur der Materie und speziell für seine Entdeckung des Sedimentationsgleichgewichts.
P. begann im Jahre 1891 ein Studium an der École Normale Supérieure in Paris. Hier wurde er durch seinen Lehrer M. Brillouin mit den Auffassungen zum diskontinuierlichen Aufbau der Materie und den Auseinandersetzungen mit den gegensätzlichen Vorstellungen W. Ostwalds und E. Machs vertraut. Nach Abschluß seines Studiums war er von 1894 bis 1897 Vorlesungsassistent für Physik und begann mit Untersuchungen an Kathoden- und Röntgenstrahlen.

Einen wesentlichen Schritt bei der Untersuchung der Kathodenstrahlen kam man voran, nachdem P. im Jahre 1897 in seiner Dissertation festgestellt hatte, daß die Strahlen negative Ladungen mit sich führen, die sich bei der Ablenkung im magnetischen oder elektrischen Feld wie winzige elektrisch geladene Teilchen verhalten. Trotz dieser hervorragenden Erkenntnisse in der damaligen Zeit mußten noch weitere wichtige Fragen beantwortet werden, zum Beispiel welche Ladung und Masse besitzen die elektrisch geladenen Teilchen, welche Geschwindigkeit erreichen sie usw.

1897 erhielt P. eine Dozentenstelle für Physikalische Chemie an der Universität Paris, und 1910 erhielt er dort eine Berufung als ordentlicher Professors, wo speziell für ihn ein Lehrstuhl für Physikalische Chemie eingerichtet wurde.

P. wies 1895 die negative Ladung der Kathodenstrahlen nach und bestätigte experimentell die kinetische Theorie der Gase und Lösungen sowie die von A. Einstein angegebenen Formeln für die Brownsche Molekularbewegung. Er hatte ab 1906, angeregt von der Erfindung des Ultramikroskops durch H. Siedentopf und R. Zsigmondy, begonnen, das Verhalten kolloidaler Partikel zu untersuchen. Er entdeckte, daß aus dem in Sedimentationen, Emulsionen und kolloiden Lösungen sich einstellenden Gleichgewicht der Dichteverteilung die wirkliche Atomgröße mit großer Genauigkeit berechnet werden kann.

Bedeutend waren vor allem P.s Arbeiten über die Brownsche Molekularbewegung, die ihn zu verschiedenartigen Verfahren der Bestimmung der Avogadroschen Konstante und zu einer Korrektur ihres bislang für richtig gehaltenen Wertes führten. Der italienische Naturforscher A. Avogadro stellte im Jahre 1811 das Gesetz auf, daß bei gleicher Temperatur und gleichem Druck gleiche Volumina verschiedener Gase gleich viel Moleküle enthalten. Mit seinen Arbeiten und zahlreichen Veröffentlichungen trug P. zur Durchsetzung und Popularisierung des modernen Atomismus bei.

In der Folgezeit wirkte P. verstärkt an der institutionellen und organisatorischen Entwicklung naturwissenschaftlicher Forschung in Frankreich mit. 1940 mußte P. aus politischen Gründen Frankreich verlassen und ging in die USA.

Phillips, William Daniel – amerikanischer Physiker
geb. 5.11.1948 in Wilkes-Barre (Pennsylvania)
Nobelpreis 1997, für die entwickelten Methoden, Atome mit Laserlicht zu kühlen, um sie einzufangen und Messungen an ihnen durchführen zu können.
P. studierte Physik am Juniata College in Huntington. Er promovierte 1976 am Massachusetts Institute of Technology in Cambridge. 1978 ging er als Forschungsmitarbeiter an das National Institute of Standards and Technology und wirkte hier bis Ende der 80er Jahre. Von 1990 bis 1996 war P. Leiter der Forschungsgruppe für lasergekühlte und eingefangene Atome an der Abteilung für Atomphysik in Cambridge. Seit 1992 ist er Professor für Physik an der University of Maryland.

Chu, Cohen-Tannoudji und P. fanden heraus, daß Atome, die bei normaler Temperatur etwa 4.000 Kilometer pro Stunde schnell sind, bei einem millionstel Grad über dem absoluten Nullpunkt (–273,15 Grad Celsius) das Tempo auf einen Kilometer pro Stunde reduzieren. Bei dieser Geschwindigkeit sind einzelne Atome durch besondere Verfahren isolierbar. Die drei Preisträger entwickelten nun Verfahren, Atome mit Hilfe von Laser-Licht abzukühlen und einzufangen. Nicht gelöst war zu diesem Zeitpunkt das Problem, daß sich die Atome wegen der Schwerkraft nicht fixieren ließen, sondern rasch sanken, also aus dem sogenannten „optischen Sirup" herausfielen, bevor man sie untersuchen konnte.

Bereits Anfang der 80er Jahre hatte P. Magnetfelder eingesetzt, um Teilchen in Atomstrahlen abzubremsen und zu stoppen. Er nutzte dabei den Zeeman-Effekt, wonach das Magnetfeld die charakteristischen Energien der Atome beeinflußt und ihre Energieniveaus aufteilt. Dadurch wiederum nimmt die Wahrscheinlichkeit zu, daß ein Teilchen auf ein Photon mit passender Energie stößt. Durch Kombination des von Chu angewandten Laser-Verfahrens gelang es nun P. mit seiner eigenen Magnetfeldmethode, eine magneto-optische „Falle" zu konstruieren. Durch den Einsatz des Magnetfeldes konnte der Schwerkraft entgegengewirkt werden. Die Atome ließen sich so in die Richtung des Mittelpunkts der „Falle" ziehen.

Im Jahre 1988 erreichte P. bei seinen Versuchen eine Abkühlung der Natriumatome auf 40millionstel Grad über dem absoluten Nullpunkt. Diese Temperatur lag weit unter dem bisher aufgrund des Doppler-Effektes theoretisch für möglich gehaltenen Wert. Die verwendeten Verfahren stießen allerdings immer noch auf natürliche Grenzen. Wenn die Atome nämlich die Energie der Laserphotonen absorbieren und wieder emittieren, verändert sich durch den Rückstoß grundsätzlich ihr Bewegungszustand. Diese Prozesse geben den Atomen eine geringe, aber nicht zu ignorierende Geschwindigkeit und dem Gas damit eine Temperatur. Die von Chu, Cohen-Tannoudji und P. entwickelten Methoden, Atome mit Laserlicht zu kühlen und einzufangen, führten weltweit zu verstärkten Forschungen im Bereich der Atom- und Molekularphysik sowie der Optik.

Planck, Max Karl Ernst Ludwig – deutscher Physiker
geb. 23.4.1858 in Kiel
gest. 4.10.1947 in Göttingen
Nobelpreis 1918, als Anerkennung des Verdienstes, das er sich durch seine Quantentheorie um die Entwicklung der Physik erworben hat.

P., Sohn eines Professors der Rechtswissenschaft an der Universität Kiel, verließ seine Geburtsstadt schon mit neun Jahren, als sein Vater an die Universität München berufen wurde. Obwohl man ihm vom Physikstudium abriet, da nach Ansicht seiner Lehrer in der Physik im wesentlichen alles erforscht sei und es nur noch Lücken auszufüllen gäbe, studierte P. trotzdem Mathematik und Physik an der Münchener Universität. Im Alter von 21 Jahren promovierte P. Fünf Jahre lang lehrte er als Privatdozent in München, und mit 27 Jahren folgte er dann einer Berufung als Professor für Theoretische Physik an die Universität seiner Geburtsstadt. In Kiel wirkte P. acht Semester. 1892 wurde er zum ordentlichen Professor für Theoretische Physik an der Berliner Universität ernannt. Ab der Jahrhundertwende wurde er zum führenden Theoretiker unter den Physikern Deutschlands.

In seine Berliner Frühzeit fällt der erste große wissenschaftliche Meinungsstreit des Forschers: die Auseinandersetzung mit der „Energetik". Bei seinen klassischen Untersuchungen zur Wärmestrahlung, die er um 1896 begann, stützte sich P. auf die Forschungsergebnisse mehrerer Physiker. Auf dem Kirchhoffschen Gesetz der Hohlraumstrahlung und auf dem Wienschen Strahlungsgesetz baute P. auf, als er die Energieverteilung im Normalspektrum der strahlenden Wärme untersuchte. Dabei entdeckte er eine neue Naturkonstante, das P.sche Wirkungsquantum. Im Oktober 1900 leitete er durch eine geniale Interpolation das richtige Gesetz der schwarzen Wärmestrahlung ab (P.sches Strahlungsgesetz). Das „elementare Wirkungsquantum" widersetzte sich hartnäckig allen Bemühungen, es im Gefüge der Physik unter Beibehaltung der geltenden Lehrsätze unterzubringen. Es erwies sich – wie de Broglie sagte – als ein „Störenfried". Es zwang die Physiker zu einem radikalen Umdenken in den Grundfragen ihrer Wissenschaft. Mit der nachfolgenden Publikation von nur neun Druckseiten „Zur Theorie des Gesetzes der Energieverteilung im Normalspektrum" wurde der Grundstein für die Quantentheorie gelegt. Soweit sich die Physiker der Jahrhundertwende um P.s Quantenauffassung kümmerten, begegneten sie ihr mit tiefem Mißtrauen.

Der erste Physiker, der die Entdeckung des elementaren Wirkungsquantums begeistert aufgriff und sie schöpferisch weiterführte, war Einstein. Er übertrug 1905 P.s genialen Gedanken der quantenhaften Aufnahme und Abgabe der Energie der Wärmestrahlung auf die Strahlung überhaupt und begründete so eine neue Lehre vom Licht. Mit Hilfe des P.schen Wirkungsquantums konnten wichtige allgemeine Zahlen bestimmt werden, wie beispielsweise das Gewicht des Wasserstoffatoms.

Bis zum Herbst 1926 war P. Professor an der Berliner Universität, dann trat er in den Ruhestand. Die letzten Jahrzehnte im Leben des berühmten Physikers wurden überschattet von der tiefen Sorge um die Zukunft der deutschen Nation und um den Fortbestand der deutschen Wissenschaft. Als Präsident der Kaiser-Wilhelm-Gesellschaft und als einer der Vorsitzenden der Berliner Akademie der Wissenschaften hatte P. wissenschaftspolitisch verantwortliche Stellungen inne. Sein Lieblingssohn Erwin wurde nach dem 20. Juli 1944 als Mitwisser der Verschwörer um Graf Stauffenberg verhaftet und trotz eines Gnadengesuchs seines weltberühmten Vaters im Januar 1945 hingerichtet. P. zu Ehren wurde die Kaiser-Wilhelm-Gesellschaft zur Förderung der Wissenschaften im Sommer 1947 in „Max-Planck-Gesellschaft" umbenannt.

Powell, Cecil Frank – britischer Physiker
geb. 5.12.1903 in Tonbridge (Kent)
gest. 9.8.1969 auf der Alpe Giumello am Comer See
Nobelpreis 1950, für die Entwicklung der fotografischen Methode zur Untersuchung der Kernvorgänge und die damit verbundene Entdeckung des Mesons.

P., Sohn eines Waffenhändlers, studierte am Sidney Sussex College der Universität Cambridge Naturwissenschaften. Ab 1925 arbeitete er als Forschungsassistent. 1927 promovierte P. 1935 nahm er an einer Expedition zur Erforschung der vulkanischen Tätigkeit in Britisch West-Indien teil.

P. gelang 1947 die Entdeckung des sogenannten Pi-Mesons, eines neuen Elementarteilchens, das er mit Hilfe der von ihm entwickelten Photoemulsionstechnik in Aufnahmen, die auf dem Jungfraujoch in den Berner Alpen sowie in 5.000 Meter Höhe in den bolivianischen Anden gemacht wurden, im Augenblick der Explosion fotografisch nachweisen konnte. Mit seiner Entdeckung bestätigte P. nach 12 Jahren eine Voraussage H. Yukawas, der die Existenz der Mesonen auf theoretischem Wege ergründet hatte. Den Zerfall eines Pi-Mesons in ein Müon und Müon-Neutrino konnte P. ebenfalls darstellen.

Mit dieser Entdeckung leitete er die Identifizierung zahlreicher Elementarteilchen ein. Mesonen gehören zur Familie instabiler Elementarteilchen und haben in der Theorie der Elementarteilchen Bedeutung für die Struktur der Nukleonen sowie als Vermittler (Feldquanten) der Kräfte zwischen den Nukleonen (Mesonen-Theorie der Kernkräfte). Im Jahre 1949 hatte P. in der Höhenstrahlung das Kaon oder K-Meson entdeckt. Auf sogenannten Kernspurplatten, die längere Zeit der kosmischen Strahlung ausgesetzt waren, konnte er dieses Elementarteilchen nachweisen.

P. war von 1948 bis 1963 als Melville Wills Professor für Physik und seit 1964 als Vizekanzler an der Universität Bristol tätig. Während dieser Zeit wurde Bristol zu einem Zentrum der Elementarteilchenphysik. Die sowjetische Akademie der Wissenschaften wählte ihn 1958 zum Mitglied ihrer Klasse für physikalisch-mathematische Wissenschaften. 1967 wurde ihm die höchste wissenschaftliche Auszeichnung der Sowjetunion, die Lomonossow-Medaille, verliehen. Von 1961 bis 1963 war P. Vorsitzender des Komitees für Wissenschaftspolitik des Europäischen Zentrums für Atomforschung (CERN), von 1959 bis 1963 Präsident der Kommission für Kosmische Strahlung im Rahmen der Internationalen Union für reine und angewandte Physik. Seit 1965 gehörte P. dem britischen wissenschaftlichen Forschungsrat und der Behörde für Atomphysik an. Er sprach sich auch gegen die militärische Nutzung der Kernenergie aus und gehörte zu den Gründern der Pugwash-Bewegung.

Im Alter von 65 Jahren erlag P. während eines Urlaubs in Italien einem Herzanfall.

Prochorow, Alexander Michailowitsch – sowjetischer Physiker
geb. 11.7.1916 in Atherton (Nordaustralien)
Nobelpreis 1964, für grundlegende Arbeiten auf dem Gebiet der Quantenelektronik, die zur Konstruktion von Oszillatoren und Verstärkern auf der Basis des Maser-Laser-Prinzips führten.

P.s Eltern wurden von der zaristischen Regierung wegen revolutionärer und politischer Tätigkeit nach Sibirien verbannt, von dort flüchteten sie 1911 nach Australien. 1923 kehrte die Familie nach Rußland zurück. P. studierte später Physik an der Leningrader Universität. Von 1941 bis 1944 diente er in der Roten Armee. 1951 promovierte er. Seine Untersuchungen der Rotations- und Vibrationsspektren von Molekülen führten P. auf das Gebiet der Quantenelektronik und zur Zusammenarbeit mit N. G. Bassow, mit dem er sich auf die Erforschung molekularer Oszillatoren spezialisierte. 1954 wurde P. zum Direktor des Oszillations-Laboratoriums am Lebedew-Institut ernannt, und 1957 erhielt er eine Berufung als Professor an das Nuklear-Physikalische Forschungsinstitut der Moskauer Universität, wo er kurze Zeit später das Radio-Spektroskopie-Laboratorium begründete. 1983 wurde er zum Vizedirektor des Allgemeinen Physik-Instituts der Sowjetischen Akademie der Wissenschaften ernannt.

P. ist als einer der Begründer der Quantenelektronik bekannt, die von den Erscheinungen der induzierten Strahlung ausgeht und bereits 1917 von Einstein postuliert wurde. Wir wissen, daß Licht wie auch Mikrowellen eine elektromagnetische Strahlung darstellen, die Energie mit sich führt. Diese Strahlung wird von sogenannten angeregten Atomen emittiert, die einen gewissen Überschuß an Energie besitzen. 1955 entwickelten Bassow und P. die „negative Absorption“, dann den Maser. Im Zuge der Weiterentwicklung ihrer ersten Molekulargeneratoren und Molekularverstärker, die in der Lage sind, schwächste Radiosignale, wie sie zum Beispiel aus dem Weltraum empfangen werden, in meßbare Größen zu verstärken, entwickelten Bassow und P. allmählich nicht nur Quantengeneratoren und Mikrowellen-Strahlungsverstärker, sondern 1958 auch solche für den optischen Wellenbereich, die sogenannten „Laser“. Bereits 1951 hatte C. H. Townes (ebenfalls Nobelpreis 1964) die Idee, Entwicklung und Bau eines Molekülverstärkers anzugehen, der die natürlichen Schwingungen der Materie verstärkt. Von ihm stammt auch der Name „Maser“ (Microwave amplification by stimulated emission of radiation).

Die Maser-Methode dient der Verstärkung oder Erzeugung elektromagnetischer Wellen durch Nutzung der Anregungsenergie von Molekülen und Atomen. Das Laser-Prinzip ermöglicht es, daß Lichtwellen in einem enggebündelten, außerordentlich intensiven Strahl zusammengefaßt werden können. Laser-Licht-Strahlen eignen sich zum Bohren und Schweißen bis hin zur Chirurgie. Das Laser-Maser-Prinzip ist auch von großem Wert für die Funkverbindung im Weltraum und das Sammeln neuer Informationen von entfernten Planeten. P. konzentrierte sich dann auf die Weiterentwicklung der Maser- und Laser-Technologie.

Die Quantenelektronik hat die Optik in grundlegender Weise ungewandelt.

Purcell, Edward Mills – amerikanischer Physiker
geb. 30.8.1912 in Taylorville (Illinois)
gest. 7.3.1997 in Cambridge (Massachusetts)
Nobelpreis 1952, für die Entwicklung verfeinerter und vereinfachter Methoden zur Messung magnetischer Kraftfelder im Atomkern.

Ab 1929 studierte P. Physik an der Purdue University in Lafayette (Indiana). 1938 promovierte er an der Harvard-Universität. Von 1940 bis 1946 war er mit einer Studiengruppe an der Entwicklung der Radar-Technik am Laboratorium für Strahlenforschung am Massachusetts Institut für Technologie tätig. 1949 erhielt P. einen Lehrstuhl für Physik an der Harvard-Universität. Von 1957 bis 1966 gehörte er dem wissenschaftlichen Beraterstab der US-Präsidenten an.

Nach dem Zweiten Weltkrieg galt P.s besondere Aufmerksamkeit der Untersuchung des Verhaltens von Atomkernen in magnetischen Feldern, bei der er sich auf seine Erfahrungen bei der Radarentwicklung (Mikrowellenstrahlung, Funkwellenfrequenzen) stützen konnte. Das Neutron ist kein elektrisch geladenes Teilchen und dürfte deshalb eigentlich kein magnetisches Feld haben. Aber F. Bloch bewies, daß es doch ein magnetisches Feld hatte. Das magnetische Moment des Neutrons wurde ungefähr zur selben Zeit (1939) auf andere Weise von P. bestimmt.

Die Suche nach neuen Wegen zur exakten Messung der nuklearen Kräfte unter dem Einfluß des Magnetismus führte zur Entwicklung der sogenannten Kernresonanz-Methode, mit der das Verhalten und die Eigenschaften von Atomkernen beobachtet und quantitativ bestimmt werden können. Chemische Substanzen können gewisse Frequenzen von Mikrowellenstrahlen absorbieren, wenn sich diese Substanzen in einem starken, beständigen und homogenen magnetischen Feld befinden. Die absorbierten Frequenzen hängen von den magnetischen Eigenschaften der beteiligten Atome ab. Atomkerne fungieren als winzige Magnete mit Spin, und diese können zu einem magnetischen Feld ausgerichtet werden, um die Mikrowellenabsorption zu verstärken. Bloch und P. entwickelten 1946 unabhängig voneinander die Technik der Kernspinresonanz (abgekürzt NMR – Nuclear Magnetic Resonance), die auch einen Blick ins Innere von lebenden Organismen ohne mechanischen Eingriff gestattete. Da Mikrowellen viel weniger Energie haben als Röntgenstrahlen, schaden sie dem Gewebe auch weniger. F. Bloch und P. haben zur gleichen Zeit und unabhängig voneinander eine Methode erarbeitet, mit der die Messungen magnetischer Kraftfelder in den Atomkernen mit der Genauigkeit bis zu einem Millionstel auf induktivem Wege verfeinert werden konnten. NMR ist seither zu einer Standardmethode geworden, und auch die Computertomographie und die Kernspintomographie in der Medizin beruhen auf diesem Prinzip.

P. entdeckte auch eine dem atomaren Wasserstoff zukommende Linie im Ultrakurzwellenspektrum der Milchstraße mit. Damit wurden experimentell Hypothesen bestätigt, die von Astronomen über das Vorhandensein neutralen Wasserstoffs im Weltraum aufgestellt worden waren.

Rabi, Isidor Isaac – amerikanischer Kernphysiker
geb. 29.7.1898 in Rymanow/Galizien (heute Polen)
gest. 11.1.1988 in New York City

Nobelpreis 1944, für die von ihm entwickelte Molekularstrahl-Resonanzmethode zur Aufzeichnung der magnetischen Eigenschaften der Atomkerne.

R. entstammte einer jüdisch-orthodoxen Arbeiterfamilie, die ein Jahr nach seiner Geburt in die USA auswanderte. Er begann 1916 ein Studium der Elektrotechnik an der Cornell-Universität in Ithaca (New York). Er spezialisierte sich dann auf dem Gebiet der Physik und promovierte 1927 an der Columbia-Universität, wo er nach einem Stipendium für einen zweijährigen Europaaufenthalt, den er in den Zentren der sich entwickelnden Quantenmechanik verbrachte, im Jahr 1929 auch seine Hochschullaufbahn begann. Von 1937 bis 1967 hatte er dort einen Lehrstuhl für Physik inne.

Im Jahr 1930 begann R. mit Forschungen über die magnetischen Verhältnisse im Atomkern. Die von ihm entwickelte Molekularstrahl-Resonanzmethode ist gegenüber des Stern-Gerlach-Versuchs eine verfeinerte Methode zur Bestimmung magnetischer Kernmomente mittels eines dünnen Atom- bzw. Molekülstrahls. Durch thermisches Verdampfen in einem Ofen und Ausblenden an einem schmalen Eintrittsspalt wird ein Strahlenbündel von Molekülen der untersuchten Substanz erzeugt. Die Strahlen durchlaufen in einer Vakuumkammer nacheinander drei starke Magnetfelder. Nach dem Prinzip der R.-Methode lassen sich aus Nukleonen- oder Kernstrahlen auch polarisierte Teilchenstrahlen absondern.

1937/38 war es R. gelungen, den Kernspin des Natriums nachzuweisen und magnetische Kernmomente sowie die Hyperfeinstruktur von Spektrallinien zu bestimmen. Seine Resonanzmethode bildete die Grundlage für die weitere Entwicklung hochfrequenzspektroskopischer Resonanzmethoden wie Kernresonanz oder Elektronenspinresonanz, die heute zu den wichtigsten Forschungsverfahren zählen, um die Struktur von Molekülen oder die Dynamik chemischer Reaktionen aufzuklären. Außerdem arbeitete R. über die räumliche Quantisierung (Messung des Kernspins und der nuklearen Bewegungsgrößen), die magnetischen Bewegungsgrößen von Protonen und Deuteronen sowie die Radio-Frequenzspektren der Atome. Auch die medizinisch bedeutsame Kernspintomographie beruht auf seinen Forschungsergebnissen.

R. war mehrere Jahre Vorsitzender des Komitees der wissenschaftlichen Berater des Präsidenten der USA. Er gehörte auch dem Beratenden Komitee der Vereinten Nationen für die friedliche Nutzung der Atomenergie an und war 1955, 1958 und 1964 Vizepräsident der Internationalen Konferenzen für die friedliche Anwendung der Atomenergie. Er war der führende Geist hinter Präsident Eisenhowers Programm „Atome für den Frieden" gewesen, und aufgrund seiner Empfehlungen wurde 1954 in Genf das Europäische Zentrum für Hochenergie- und Elemtarteilchenphysik CERN gegründet. R. war Mitglied der amerikanischen Delegation bei der UNESCO und Delegierter der USA beim Wissenschaftskomitee der NATO.

Rainwater, Leo James – amerikanischer Physiker
geb. 9.12.1917 in Council (Idaho)
gest. 30.5.1986 in Yonkers (New York)
Nobelpreis 1975, für die Entdeckung über den Zusammenhang zwischen kollektiven Bewegungen und Partikelbewegungen in Atomkernen sowie darauf basierende Entwicklungen von der Theorie über die Struktur des Atomkerns.
R. studierte zunächst Chemie am California Institute of Technology (Caltech) in Pasadena, dann Physik an der Columbia-Universität in New York. 1946 promovierte R. 1952 wurde er ordentlicher Professor für Physik an der Columbia-Universität. 1983 wurde er zum Michael I. Pupin-Professor für Physik ernannt.

R. machte erstmalig 1950 mit einem relativ kurzen Beitrag in der „Physical Review" über die Wechselwirkung zwischen Kernteilchen, die einen „inneren Kern" bilden, und den äußeren, sogenannten Valenzkernteilchen, die die innere Form des Kerns beeinflussen können, auf sich aufmerksam. Er wies darauf hin, daß ein Atomkern permanent verformt werden kann, wenn sich eine Mehrzahl von Valenzkernteilchen in gleichartigen Bahnen bewegt. R. führte die Konzeption eines elliptisch deformierten axialsymmetrischen Potentials ein, in dem sich die Nukleonen bewegen. Durch diese Erweiterung des Schalenmodells, das ursprünglich auf ein sphärisches Potential beschränkt war, kann man die unerwarteten Meßergebnisse ohne weiteres verstehen, da sich nun alle Nukleonen auf veränderten Bahnen bewegen und einen Beitrag zum Quadrupolmoment liefern.

Im Jahr 1953 haben Age Bohr, Benjamin Mottelson (beide ebenfalls Physiknobelpreis 1975) und R. ein Modell entworfen, in dem sie versucht haben, die Vorstellungen vom Atomkern als Tropfen sowie von der Schalenstruktur miteinander zu vereinen. Man stellt sich danach vor, daß der Atomkern nicht unbedingt rund wie ein Wassertropfen, sondern zum Beispiel zigarrenförmig sein kann. Dieser deformierte Kern, ein Ellipsoid, kann als Ganzes rotieren, und auch seine Oberfläche kann in Schwingungen geraten. In dem Kern bewegen sich die einzelnen Bestandteile, Protonen und Neutronen, sozusagen unabhängig voneinander. Diese Vorstellungen stimmen nun erstaunlich gut mit den tatsächlichen Beobachtungen überein. Insbesondere die Verhaltensweisen mittelschwerer Atomkerne, darunter die sogenannten Seltenen Erden (z. B. Lanthan, Zer, Samarium, Terbium, Ytterbium), lassen sich nun verstehen.

R. führte die Flugzeitmessung in der Neutronenspektroskopie ein, hierzu verwendet man zum Beispiel eine impulsgesteuerte Neutronenquelle und ein impulsgesteuertes Nachweisgerät. Bei Kernreaktionen werden zur Neutronenspektroskopie häufig Flugzeitmessungen durch Koinzidenzmessungen zwischen den Neutronen und den gleichzeitig bei der Reaktion entstandenen geladenen Teilchen realisiert.

Raman, Sir (ab 1929) **Chandrasekhara Venkata** – indischer Physiker
geb. 7.11.1888 in Trichinopoly (heute: Tiruchirapalli)
gest. 21.11.1970 in Bangalore
Nobelpreis 1930, für seine grundlegenden Arbeiten über die Lichtstreuung und für die Entdeckung des nach ihm benannten Effekts.
Ab 1903 besuchte R., Sohn eines Mathematik- und Physiklehrers, das Presidency-College in Madras. 1907 schloß er das Studium mit Auszeichnung ab. Da es damals in Indien unmöglich war, als Physiker angestellt zu werden, arbeitete er von 1907 bis 1917 als Finanzbeamter. Seine Forschungen über die Lichtstreuung und Saitenschwingungen mußte R. als Mitglied der Indischen Naturforschenden Gesellschaft in seiner Freizeit betreiben. 1917 nahm R. unter erheblichen finanziellen Einbußen eine Professorenstelle am neugegründeten Institut für Physik an der Hindu-Universität in Kalkutta an.

Der Anstoß für seine mit dem Nobelpreis geehrte Arbeit kam im Sommer 1921 auf der Schiffsrückreise von einem Kongreß in England. Er war beeindruckt von der herrlich blauen Opaleszenz des Mittelmeeres und vermutete, daß die Erscheinung durch die Streuung des Sonnenlichts an den Wassermolekülen hervorgerufen wird. Von diesen Beobachtungen angeregt, führte er nach der Rückkehr intensive Untersuchungen darüber durch, wie Licht von Flüssigkeiten, Festkörpern und Gasen gestreut wird.

R. und Krishnan beobachteten die Streuung monochromatischen Lichtes an reinen Flüssigkeiten und Gasen. Neben der normalen Streustrahlung erhielten sie Licht verschobener Frequenzen. Der Abstand dieser verschobenen Linien von der Spektrallinie des eingestrahlten monochromatischen Lichtes blieb derselbe, als sie zu einer Lichtquelle anderer Frequenz übergingen. Er untersuchte den Effekt an verschiedenen Substanzen und lieferte die theoretische Erklärung. Ein auf ein Molekül auffallendes Lichtquant hebt dieses in einen höheren Anregungszustand und verliert dabei selbst Energie. So kann die Streustrahlung eine höhere oder niedrigere Frequenz als das eingestrahlte Licht besitzen. Am 16. März 1928 gelang es R. und seinen Mitarbeitern, im Streuspektrum vieler Substanzen verschobene Linien spektrophotographisch festzustellen.

Das R.-Spektrum wird durch den speziellen Bau des Moleküls bedingt, gehört also zu den sogenannten Molekülspektren. Mit ihm läßt sich ein wichtiger Aufschluß über die räumliche Anordnung der Atome und über die Art der chemischen Bindung im Molekül gewinnen; wichtige Konstitutionsprobleme konnten auf diese Weise geklärt werden. Dieser neue optische Effekt von der „kombinierten Dispersion des Lichts" ist seither als R.-Effekt bekannt.

Neben seinen Forschungsarbeiten bemühte sich R. ganz entscheidend um die Entwicklung der physikalischen Forschung in Indien.

Ramsey, Norman Foster – amerikanischer Physiker
geb. 27.8.1915 in Washington
Nobelpreis 1989, für die von ihm erfundene Methode der voneinander getrennten oszillierenden Felder und ihre Anwendung auf Atomuhren.

R. studierte an der Columbia University in New York. 1940 promovierte er. Seit 1950 hat R. an der Harvard University den Lehrstuhl für Physik inne. 1958/59 war er im NATO-Hauptquartier mit der Aufgabe betraut, alle für die Westverteidigung nutzbaren Forschungsarbeiten der einzelnen NATO-Mitgliedstaaten zu koordinieren.

R.s Arbeiten haben die Entwicklung der Atomuhren mit einer Ganggenauigkeit von eins zu zehntausend Milliarden ermöglicht. Damit wird ein Weg gekrönt zu den genauesten Messungen einer physikalischen Größe, die es gegenwärtig überhaupt gibt. Die von den Physikern erwünschte Reduzierung der Meßunsicherheit beim Bestimmen von magnetischen Momenten – u. a. zum Nachweis von Anomalien bei den magnetischen Momenten, zum Untersuchen der Hyperfeinstruktur von Atomspektren, zum Bestätigen relativistischer Korrekturen – wurde 1949/50 durch die von R. eingeführte Methode der getrennten oszillierenden Felder eingeleitet. Damit war der entscheidende Schritt zu den genauesten Messungen getan, deren Potential bis heute noch nicht erschöpft ist und die neben physikalischem Grundlagenwissen viele metrologische und technische Anwendungen brachten.

Gegenwärtig bilden zehn mit hohem Aufwand realisierte Primärnormale in metrologischen Staatsämtern die metrologische Basis für die Internationale Atomzeit TAI (Zeitskala auf der Basis der SI-Sekunde, bildet z.Z. das genaueste, gleichmäßigste Zeitmaß, das auf der ganzen Welt verfügbar ist und vom Bureau International des Poids et Mesures in Paris in Zusammenarbeit mit etwa 30 Zeitdiensten in der ganzen Welt berechnet wird) und die koordinierte Weltzeit UTC (entspricht weitgehend der TAI-Zeitskala und wird alle ein bis zwei Jahre zur Angleichung an die Erdrotation um ganze Sekunden gegenüber TAl verstellt), die letztlich die Grundlage für alle nationalen Zeitskalen ist. Neben diesen Primärnormalen sind seit den siebziger Jahren transportable, industriell gefertigte Cäsium-Frequenznormale verfügbar, die nach demselben Prinzip arbeiten. Damit hat die Methode der getrennten oszillierenden Felder nach R. eine neue Epoche der Präzisionsmessung physikalischer Größen eingeleitet. Bezog sich das zunächst nur auf die Größen Zeit und Frequenz, so hat sich dies inzwischen auf andere Größen wie Länge und elektrische Spannung ausgedehnt.

R. fand die Speichermöglichkeit von Wasserstoffatomen über etwa eine Sekunde in einem Glaskolben beim Realisieren des Wasserstoffmasers eines weiteren atomaren Frequenznormals hoher Stabilität. Dehmelt und Paul entwickelten die sogenannte Ionenkäfigtechnik, mit der durch geeignete elektromagnetische Felder einzelne Ionen und andere geladene Teilchen über Stunden in einem kleinen Volumen „gefangen"gehalten werden und wechselwirken können. Beide Verfahren wurden von den Preisträgern bereits in den fünfziger Jahren gefunden. Aber erst heute können die durch systematisches Weiterentwickeln und technologisches Verfeinern dieser Verfahren gewonnenen, bisher einmaligen Ergebnisse ihren vollen Wert für die Entwicklung der Physik, der Metrologie und der Technik zeigen.

Reines, Frederick – amerikanischer Physiker
geb. 16.3.1918 in Paterson (New Jersey)
gest. 28.8.1998 in Irvine (Kalifornien)
Nobelpreis 1995, für seine bahnbrechenden Leistungen in der Leptonenphysik, insbesondere für den Nachweis des Neutrinos.

R. studierte am Stevens Institute of Technology in Hoboken und erwarb 1939 den Ingenieurstitel. Danach studierte er Physik an der New York University und promovierte 1944. 1959 folgte er einem Ruf als Professor für Physik an das Case Institute of Technology. Danach wechselte R.an die University of California in Irvine. 1988 wurde er emeritiert.

Ein Teilchen wie das Neutrino wurde 1931 von W. Pauli (Physik-Nobelpreis 1945) postuliert, um das beim Beta-Zerfall von Atomkernen beobachtete Kontinuum des Elektronen- bzw. Positronenspektrums ohne Verletzung des Energiesatzes und des Impulssatzes erklären zu können; nach der Entdeckung des Neutrons erhielt das Neutrino von E. Fermi seinen heutigen Namen. Neutrinos werden künstlich in Kernreaktoren und mit Hilfe von Teilchenbeschleunigern erzeugt, auf natürliche Weise in kosmischen Prozessen, wie sie zum Beispiel in der Sonne und in Supernovas ablaufen. Selbst W. Pauli, N. Bohr und andere Physiker waren lange Zeit nicht restlos von der realen Existenz des Neutrinos überzeugt. Nach der Entdeckung des Neutrons und der Untersuchung von Kernen mit gleicher Zahl von Protonen und Neutronen wurde aber klar, daß ein weiterer fundamentaler Erhaltungssatz im Beta-Zerfall verletzt zu sein schien, nämlich die Erhaltung des Drehimpulses. Die Neutrino-Idee wurde von E. Fermi in eine überaus erfolgreiche Theorie des Beta-Zerfalls umgesetzt, die alle Aspekte der Kern-Beta-Übergänge beschrieb.

Zusammen mit C. Cowan entwickelte R. Anfang der 50er Jahre die Idee, Kernreaktoren als Neutrinoquellen zu nutzen. Um einen eindeutigen Beweis für Neutrinoreaktionen zu erbringen, mußten R. und Cowan eine Vielzahl von komplizierten Experimenten durchführen. Nach dem Aufbau eines neuen und innovativen Detektors konnte ein eindeutiges Neutrinosignal von etwa drei Ereignissen pro Stunde gefunden werden. Diese Ereignishäufigkeit war bei abgeschaltetem Reaktor nicht vorhanden. Sie führten dann eine Serie verschiedener Tests durch, um ihre Beobachtung und Interpretation zu überprüfen: Alle Tests hielten der Neutrinohypothese stand, andere in den Detektor einfallende Strahlung außer Neutrinos wurde ausgeschlossen. So konnten R. und Cowan schließlich die gesicherte Entdeckung des Neutrinos der Fachwelt mitteilen.

Mit ihren genialen Forschungsarbeiten ist es R. und Cowan gelungen, das Neutrino aus einem Zustand als „Phantasiefigur" zu befreien und seine Existenz als real vorhandenes Teilchen zu beweisen. Ihre Entdeckungen sind eine weitere Bestätigung für das Standardmodell der Teilchenphysik.

Richardson, Sir (ab 1939) **Owen Williams** – britischer Physiker
geb. 26.4.1879 in Dewsbury (Yorkshire)
gest. 12.2.1959 in Alton (Hampshire)
Nobelpreis 1928, für seine Arbeiten über die thermionischen Phänomene und besonders für die Entdeckung des nach ihm benannten Gesetzes über den Zusammenhang zwischen der absoluten Temperatur einer Metalloberfläche und der Stromdichte der aus ihr austretenden Elektronen.

Mit einem Stipendium studierte R. von 1897 bis 1904 am Trinity College in Cambridge und an der Universität London Physik und Chemie. R. wurde im Jahre 1906 als Professor an die Universität von Princeton in New Jersey (USA) berufen. Von 1914 bis 1944 wirkte er an der Universität London als Professor für Physik.

Der Mitbegründer der modernen Atomphysik, der britische Physiker J. J. Thomson, hatte im Jahr 1899 erkannt, daß ein erhitzter Kohlenstoffaden bei hohen Temperaturen negativ geladene Elementarteilchen (Elektronen) aussendet. Im Auftrag seines Lehrers Thomson untersuchte R. 1903 diesen Effekt und fand heraus, daß ein hocherhitztes Metall Elektronen abgibt. Bei höheren Temperaturen können die Elektronen nicht von dem Körper festgehalten werden, sondern sie werden emittiert. Er führte dafür 1909 den Begriff thermionische Emission ein. Thermionen sind positive Ionen, die unter Zufuhr thermischer Energie (Wärme) bei höheren Temperaturen aus den Oberflächen von Festkörpern (nicht sehr reine Metalle oder Metallsalze) austreten. Mit zunehmender Temperatur erhält ein immer größerer Teil der Leitungselektronen eine so große kinetische Energie, daß diejenigen mit einer hinreichend großen Bewegungskomponente senkrecht zur Oberfläche die dort vorhandene, für die Austrittsarbeit des elektronenemittierenden Stoffes verantwortliche Potentialschwelle überwinden können und ins Freie gelangen. Diese Glühelektroden umgeben den durch Elektronenverlust sich positiv aufladenden Körper in Form einer Raumladungswolke, so daß eine weitere Elektronenemission erschwert wird.

R. untersuchte experimentell die Temperaturabhängigkeit des aus Glühelektroden austretenden Sättigungsstromes und fand unter der Annahme, daß die Elektronen aus dem Metallinneren durch einen Potentialwall verdampfen, mit Hilfe der kinetischen Gastheorie 1911 dafür eine Formel, die gut mit seinen Experimenten übereinstimmte. Die exakte Erklärung gelang schließlich auf quantentheoretischer Grundlage. Seine Erkenntnis war von Bedeutung für die Entwicklung der Glühkathoden in den Elektronenröhren, wichtigstes Bauelement der frühen Nachrichtentechnik.

Richardson, Robert Coleman – amerikanischer Physiker
geb. 26.6.1937 in Washington
Nobelpreis 1996, für die Entdeckung der Suprafluidität in Helium-3.

R. studierte Physik am Virginia Polytechnical Institute und an der Virginia State University. 1966 promovierte er. 1975 wurde er zum ordentlichen Professor an der Cornell University in Ithaca berufen.

Nahezu alle bekannten Stoffe weisen bei Temperaturänderungen mit Hilfe der klassischen Physik erklärbare Phasenumwandlungen auf, gehen bei Abkühlung vom Gaszustand (z. B. Wasserdampf) zum flüssigen (z. B. Wasser) und dann zum festen (z. B. Eis) Zustand über. Helium ist das einzige Element, das bei Abkühlung unter normalen Druckverhältnissen nicht fest wird. Statt dessen macht es etwa zwei Grad Kelvin über dem absoluten Nullpunkt (minus 271 Grad) eine merkwürdige Verwandlung mit: Flüssiges Helium wird zu „superfluidem" Helium. Die leichten Atome Helium-4 und Helium-3 bleiben selbst bei den tiefsten Temperaturen flüssig und bilden nur unter Druck feste Phasen aus. Man nennt sie Quantenflüssigkeiten, weil die Ursache dafür in den quantenmechanischen Nullpunktschwingungen liegt, die verhindern, daß man Teilchen kleiner Masse auf einen engen Raum lokalisieren kann, wie es für Gitteratome im Festkörper nötig wäre. Wenn eine Flüssigkeit „superfluid" wird, ist die Bewegung der Atome nicht länger zufallsbedingt, sondern sie treten statt dessen bei jeder Bewegung in Wechselwirkung. Dadurch besitzt die Flüssigkeit keine innere Reibung mehr und auch keine Oberflächenspannung, sie kann die Wände eines Gefäßes hoch- und über die Kante hinauskriechen, und wenn man sie in Drehung versetzt, rotiert sie weiter bis in alle Ewigkeit. Diese Erkenntnisse bezogen sich auf „normales" Helium mit dem Atomgewicht 4.

Das wesentlich seltenere Helium-3, wegen seiner ungeraden Zahl von Partikeln zur Klasse der „Fermionen" (Teilchen mit halbzahligem Spin) zählend, folgt der sogenannten „Fermi-Dirac-Statistik" (Quantenstatistik für ein thermodynamisches System aus gleichartigen, nicht unterscheidbaren Teilchen mit halbzahligem Spin). Demzufolge ging man bis in die 70er Jahre davon aus, daß das Helium-3-Isotop nicht im niedrigsten Energiezustand kondensiert werden könne, also kein vergleichbar ungewöhnliches Verhalten nahe am absoluten Nullpunkt zeigen würde.

1971 entdeckten Lee, Osheroff und R. im Tieftemperaturlabor der Cornell University mittels einer selbstgebauten Apparatur, daß auch Helium-3 in einen superfluiden Zustand versetzt werden kann, bei einer Temperatur von nur zwei Tausendstel eines Grades Kelvin über dem absoluten Nullpunkt, d. h. bei einer Temperatur, tausendmal kälter als der ungefähr zwei Grad höher liegende Übergangspunkt des normalen Helium-Isotopes Helium-4.

Die Entdeckung der Superfluidität von Helium-3 hat vor allem theoretische Bedeutung. Sie bestätigt einige Vorhersagen der Quantentheorie und spielt eine wichtige Rolle bei der Theorie der sogenannten „Strings" (mikroskopisch, saitenförmig ausgedehnte Objekte).

Richter, Burton – amerikanischer Physiker
geb. 22.3.1931 in New York City
Nobelpreis 1976, für experimentelle Beobachtungen der neuen Mesonen, die zur Entdeckung der Quantenzahl Charm führten.
Ab 1948 studierte R. am Massachusetts Institute of Technology in Cambridge, wo er 1956 auch promovierte. 1967 wurde R. zum ordentlichen Professor ernannt. Seit 1984 fungiert er als Direktor des Linear-Beschleuniger-Zentrums der Stanford-Universität.

Der Nobelpreis wurde R. und C. C. Ting, die unabhängig voneinander an zwei der größten Teilchenbeschleunigern der Welt arbeiteten, für die Entdeckung eines neuartigen, sehr schweren Elementarteilchens zuerkannt.

Die Entdeckung des sogenannten „Charm"-Teilchens steht in engem Zusammenhang mit einer lange Zeit unbestätigten Theorie, wonach sich alle „Elementarteilchen" der Materie wiederum aus noch kleineren Grundbausteinen, den sogenannten „Quarks" zusammensetzen. Anders als frühere Teilchenbeschleuniger war der Linearbeschleuniger in Stanford dank höherer Energieleistungen in der Lage, sowohl Elektronen als auch Positronen zu generieren. Damit war es grundsätzlich möglich geworden, Elektronen und Positronen mittels gegenläufiger Rotation in einem gemeinsamen Speicherring zur Kollision zu bringen.

1970 wurde unter R.s Leitung mit dem Bau eines solchen Speicherrings, des „Stanford positron-electron accelerating ring", begonnen. Mitte 1974 stellte sich am Protonenbeschleuniger im Nationallaboratorium Brookhaven und bei einem Experiment am drei Kilometer langen Linearbeschleuniger in Stanford heraus, daß man einem recht sonderbaren Teilchen auf der Spur war. Seine Masse war mehr als dreimal so groß wie die des Protons des Wasserstoffatomkerns. Besonders verblüffend war, daß dieses Partikel rund tausendmal länger lebte, als es nach den herkömmlichen Vorstellungen zu erwarten war. Demnach durfte ein Teilchen entdeckt worden sein, das aus neuartigen Quarks besteht, und diese Quarks müßten eine neue Quanteneigenschaft der Materie besitzen. Die neue Quanteneigenschaft nennt man Charm. Die Entdeckung des Charm-Teilchens durch Ting und R. hat die Theorie weitgehend bestätigt, daß nicht drei, sondern insgesamt vier verschiedene Quark-Teilchen am Aufbau der Materie beteiligt sind.

Unter Charm kann man sich eine ladungsartige Qualität vorstellen, aus deren Vorhandensein oder Nichtvorhandensein sich das Verhalten von Elementarteilchen bei Wechselwirkung mit anderen Teilchen vorherbestimmen läßt. Ladungsartige Qualitäten entscheiden darüber, ob und wie ein Teilchen auf die sogenannten starken Kräfte im Innern des Atomkerns oder auf die schwachen Kräfte anspricht, die unter anderem für den radioaktiven Zerfall der Materie verantwortlich sind.

Jedes Elementarteilchen hat seinen artspezifischen Steckbrief, eine Kombination von Quantenzahlen, die es von allen anderen Teilchenarten unterscheidet. Als neues Unterscheidungsmerkmal ist jetzt „Charm" hinzugekommen.

Rohrer, Heinrich – schweizerischer Physiker
geb. 6.6.1933 in Buchs bei St. Gallen
Nobelpreis 1986, für Erfindungen auf dem Gebiet der Mikroskopie, insbesondere für die Konstruktion des Raster-Tunnel-Mikroskops.
R. studierte von 1951 bis 1955 an der Eidgenössischen Technischen Hochschule in Zürich Mathematik und Physik. Seit 1963 ist er im IBM-Forschungslabor in Rüschlikon bei Zürich beschäftigt.

Mit dem von G. Binnig und R. entwickelten und realisierten Raster-Tunnel-Mikroskop ist eine neue Seite in der Entwicklungsgeschichte der Mikroskopie aufgeschlagen worden. 1981 haben die beiden Wissenschaftler das erste Raster-Tunnel-Mikroskop in Rüschlikon konstruiert, ein Mikroskop, das statt mit freien Elektronen mit den gebundenen Leitungselektronen des Festkörpers arbeitet. Das Gerät funktioniert nach folgendem Prinzip: Eine nadelförmige Sonde, deren Achsen senkrecht zur Oberfläche der Probe gerichtet sind, tastet diese punktweise ab. Der Abstand zwischen der Oberfläche und der Spitze der Sonde, der nur einen Nanometer beträgt, wird automatisch konstant gehalten. Zu diesem Zweck wird zwischen der Sonde und der untersuchten Probe eine kleine Potentialdifferenz erzeugt; dann entsteht aufgrund des Tunneleffekts zwischen der Probenoberfläche und der Spitze ein feiner Elektronenstrahl. Das Auflösungsvermögen des Raster-Tunnel-Mikroskops wird durch die minimalen Verschiebungen der Spitze in horizontaler und vertikaler Richtung bestimmt. Die Realisierung einer kontrollierbaren Verschiebung der Größenordnung 0,1 bis 0,01 Nanometer ist Binnig und R. mit Hilfe einer Anordnung mit piezoelektrischen Platten gelungen, deren Abmessungen sich in Abhängigkeit von der Größe der angelegten Spannung ändern. Die experimentelle Technik erlaubt es, die zwischen einzelnen Atomen an der Oberfläche wirksamen Bindungen sichtbar zu machen.

R. glaubt, daß mit Hilfe dieser Raster-Tunnel-Mikroskopie beispielsweise in gezielt verunreinigtem Silizium die Positionen der Fremdatome, die entscheidend für die Eigenschaft des Halbleitermaterials und für die Leistung von daraus hergestellten Chips sind, erkannt werden können.

Röntgen, Wilhelm Conrad – deutscher Physiker
geb. 27.3.1845 in Lennep (Rheinland)
gest. 10.2.1923 in München
Nobelpreis 1901, als Anerkennung des außerordentlichen Verdienstes, das er sich durch die Entdeckung der nach ihm benannten Strahlen erworben hat.
Nach dem Abschluß von ingenieurwissenschaftlichen Studien wandte sich R., Sohn eines wohlhabenden Kaufmanns und Tuchfabrikanten, der experimentellen Physik zu. Richtungsweisend für sein weiteres Leben

wurde seine Bekanntschaft mit A. Kundt, einem hochbegabten Physiker und Professor am Züricher Polytechnikum. Mit Kundt hatte R. einen Lehrer gefunden, der in ihm die Liebe zur Experimentalphysik weckte und ihm besonders die Fähigkeit, mit selbstgebauten Apparaturen zu experimentieren, vermittelte. Mit 24 Jahren begann R. Physik zu studieren und wurde Kundts Assistent. Als Kundt 1870 an die Universität Würzburg berufen wurde, nahm er seinen bewährten Assistenten mit. Trotz seiner ausgezeichneten fachlichen Leistungen und eines zweifachen Hochschuldiploms gelang es R. hier nicht, die Zulassung zur Habilitation zu erreichen. Er hatte kein Gymnasium besucht und konnte kein Reifezeugnis vorlegen. Mit Unterstützung des großen Farbstoffchemikers A. v. Baeyer glückte es dem jungen Physiker, an der Reichsuniversität in Straßburg im Jahre 1874 die Lehrbefugnis zu erwerben. 1879 erhielt R. den Lehrstuhl für Experimentalphysik an der Universität Gießen. Hier machte er seine erste wichtige Entdeckung. Es gelang ihm, das Magnetfeld einer bewegten elektrischen Ladung nachzuweisen. Auch Arbeiten zur Kristallphysik sind aus den Gießener Jahren zu nennen, unter ihnen die Studien über die elektrischen Eigenschaften des Quarzes. 1888 erhielt R. das ehrenvolle Angebot, als Nachfolger von F. Kohlrausch an der Universität Würzburg zu wirken. Als angesehener Fachgelehrter wurde R. 1894 zum Rektor der Universität Würzburg gewählt.

Ein Jahr später, am 8.11.1895, glückte R. die Entdeckung, die seinen Namen um den Erdball trug. Unter den Themen, die damals von den Physikern bearbeitet wurden, nahmen die Kathodenstrahlen, ihre Eigenschaften und ihre Natur einen besonderen wichtigen Platz ein. Der junge Physikprofessor R. hatte den Wunsch, sich eingehender mit diesen seltsamen Strahlen und mit den Vorgängen, die sich bei ihrer Entstehung in der Entladungsröhre abspielten, zu befassen. Er ahnte damals nicht, daß die Beschäftigung mit diesen Strahlen ihn zur Entdeckung einer ganz neuen Strahlung führen werde. Die entscheidende Entdeckung lag in der Beobachtung, daß ein Kristallschirm in dem Augenblick aufleuchtete, in dem die Entladungsröhre eingeschaltet wurde, und das Kristall auch in größerer Entfernung weiterleuchtete, obwohl es keine Lichtstrahlen treffen konnte. Am 23.1.1896 wurde der Öffentlichkeit zum ersten Male R.s Entdeckung vorgeführt. Der Anatom Kölliker legte seine Hand auf die in Papier gewickelte photographische Platte, und das Durchleuchtungsbild des Handskelettes wurde noch während des Vortrags entwickelt.

In der ärztlichen Praxis setzten sich die Röntgenstrahlen am frühesten durch. Neben der Röntgendiagnostik begann sich die Röntgentherapie zu entwickeln. Krebs, Tuberkulose und andere Krankheiten wurden mit den neuen Strahlen bekämpft. Da die Gefährlichkeit der Röntgenstrahlen anfangs unbekannt war und die Ärzte ohne alle Schutzmaßnahmen arbeiteten, waren Strahlenschädigungen sehr häufig. Neben ihren Auswirkungen auf Technik und Medizin hatte die Entdeckung tiefgreifende theoretische Folgen. Der Ausbau der Lehre von der Atomhülle und die Erforschung der Gitterstruktur der Kristalle wären ohne sie unmöglich gewesen. Die Auffindung der Radioaktivität wurde sogar unmittelbar durch R.s erste Mitteilung angeregt.

Vier Jahre nach seiner Strahlen-Entdeckung erhielt R. einen Ruf an die Universität München. Hier blieb er bis an sein Lebensende. Als erster Wissenschaftler der Welt bekam R. im Dezember 1901 den Nobelpreis für Physik.

Rubbia, Carlo – italienischer Experimentalphysiker
geb. 31.3.1934 in Gorizia (damals Görtz/Friaul)
Nobelpreis 1984, für seinen grundlegenden Beitrag zur Entdeckung zweier kurzlebiger Elementarteilchen, der geladenen W-Bosonen und des neutralen Vektorbosons Z.
R. studierte an der Scuola Normale Superiore der Universität Pisa Physik. Nach seiner Promotion 1957 lehrte er dort zwei Jahre. 1961 ging er als Hochenergiephysiker an das Europäische Zentrum für Elementarteilchenforschung CERN in Genf. An der Harvard-Universität übernahm R. 1986 die Higgins-Professur für Physik. 1989 wurde er zum CERN-Generaldirektor gewählt.

Eine wichtige Etappe in der Erkenntnis der fundamentalen Gesetzmäßigkeiten der Struktur der Materie war die Aufstellung der Theorie der elektroschwachen Wechselwirkung, welche die elektromagnetische und die schwache Wechselwirkung vereinigte. Diese Theorie sagte die Existenz der intermediären Vektorbosonen „W-Plus", „W-Minus" und „Z-Null", von denen die schwache Wechselwirkung übertragen wird, sowie als Folge neue Prozesse voraus, die durch die neutralen Ströme bedingt sind. Die zweite dieser Voraussagen wurde 1973 experimentell bestätigt, als man Prozesse fand, die von neutralen Strömen verursacht werden. Dann wurde gezeigt, daß die Theorie der elektroschwachen Wechselwirkung die Gesamtheit der Prozesse der schwachen Wechselwirkung richtig beschreibt. Ihre glänzende Bestätigung fand sie jedoch in der Entdeckung der intermediären Vektorbosonen in den Jahren 1982 und 1983. Die Bezeichnung der entdeckten „W-Plus-", „W-Minus-" und „Z-Null-Teilchen" als „intermediäre Vektorbosonen" verrät bereits ein wichtiges Grundkonzept der vereinheitlichten Quantenfeldtheorien. Sie alle beschreiben nämlich die bekannten Wechselwirkungen zwischen zwei Elementarteilchen durch den Austausch eines dritten Teilchens, welches die Kräfte zwischen ihnen vermittelt und deshalb „intermediär" genannt wird. Um diese Teilchen im Labor zu erzeugen, bedarf es wegen ihrer Masse sehr hoher Energien.

Es war R., der im Jahr 1976 vorschlug, im damals soeben fertiggestellten 450 GeV-SPS-Beschleuniger bei CERN Protonen auf deren negativ geladene Antiteilchen, die Antiprotonen, zu schießen. Anstatt also einen ganz neuen Beschleuniger zu bauen, konnte R. das CERN-Management für den Umbau des Superprotonensynchrotrons (SPS) zu einem Proton-Antiproton-Kollider gewinnen. Dadurch wurden Kollisionsenergien von 540 GeV verfügbar, ausreichend für die Erzeugung der neuen Teilchen in Quark-Antiquark-Stößen. Damit die Zahl der Stöße zwischen Protonen und Antiprotonen das experimentell notwendige Mindestmaß erreicht, muß man mindestens etwa 50 Milliarden Antiprotonen über Zeiträume von Tagen im SppS-Kollider speichern.

Zwei große Experimentiergruppen widmeten sich seit Mitte 1981 unter Leitung von R. und Pierre Darriulat der Suche nach den Vektorbosonen. Hunderte von Wissenschaftlern und Technikern hatten am CERN zwei Versuche 20 bis 60 Meter unter der Erdoberfläche aufgebaut, die Underground-Area-Experimente UA-1 und UA-2. Zu Beginn des Jahres 1983 konnten die beiden Gruppen die ersten Teilchen der gesuchten Art in ihren Detektoren beobachten. Inzwischen wurden von beiden Gruppen insgesamt 103 W-Bosonen und 17 Z-Null-Bosonen über ihren Zerfall in Leptonen (Elektronen, Müonen und Neutrinos) nachgewiesen.

Ruska, Ernst August Friedrich – deutscher Elektroingenieur
geb. 25.12.1906 in Heidelberg
gest. 27.5.1988 in Berlin
Nobelpreis 1986, für grundlegende Arbeiten in der Elektronenoptik und die Konstruktion des ersten Elektronenmikroskops.
R., Sohn des Orientalisten Professor Julius R., studierte an den Technischen Hochschulen in München und Berlin und erwarb 1933 den Doktorgrad. 1928/29 entwickelte er einen Versuchsaufbau im Rahmen der Forschungsarbeiten für den Hochspannungsoszillographen. Mit dieser Versuchsapparatur hatte R. 1929 das erste einfache magnetische Elektronenmikroskop geschaffen. 1931 konnte R. als erster eine zweistufige elektronenoptische Abbildung auf dem Leuchtschirm beobachten und fotografieren. Die Apparatur funktionierte in vorausberechneter Weise, ähnlich dem lichtoptischen Mikroskop, wenn die Vergrößerung von rund 17fach auch noch sehr bescheiden war, so hatte R. damit das erste zweistufige magnetische Elektronenmikroskop verwirklicht. Ende 1931 reichte er zusammen mit M. Knoll bei den „Annalen der Physik" eine Darstellung der Ergebnisse der elektronenoptischen Arbeiten ein. Sie hatten inzwischen Vergrößerungen um 150fach erreicht. In dieser Veröffentlichung prägten sie nunmehr auch den Begriff „Elektronen-Mikroskop", der damit erstmals in der wissenschaftlichen Literatur verwendet wurde.

Ab 1937 übernahm R. die Forschungsstelle für Elektronenmikroskopie der Firma Siemens & Halske AG. Diese Firma war bereit, das Elektronenmikroskop zu einem kommerziellen Gerät zu entwickeln. In einer ehemaligen Gewehrfabrik und Großbäckerei in Berlin begann die Elektronenmikroskopie-Gruppe mit ihrer Arbeit. Nach einer erstaunlich kurzen Zeit stand Anfang 1938 das erste Labormuster für den Erprobungsbetrieb bereit. Im Jahre 1939 stellte die Siemens-Gruppe das erste in Serie gefertigte Elektronenmikroskop der Welt vor. Bis zum Jahre 1945 wurden etwa 30 Geräte von diesem Typ gefertigt. Das erste Exemplar kaufte das IG-Farben-Werk Hoechst für sein Physikalisches Laboratorium.

1955 übernahm er als Direktor die Leitung des für ihn geschaffenen Instituts für Elektronenmikroskopie der Max-Planck-Gesellschaft in Berlin-Dahlem. Als Dozent hielt R. ab 1944 Vorlesungen in Berlin. 1974 wurde er emeritiert. Die Leitung des Max-Planck-Instituts Berlin gab er 1978 ab.

Das Elektronenmikroskop übertrifft nach fünfzigjähriger Entwicklungszeit das Lichtmikroskop in der Auflösung um den Faktor Tausend. Atomgitter von Metallen und anderen Stoffen werden aufgelöst und Atome sichtbar gemacht. Viele der bedeutenden Nachkriegsentdeckungen in der Physik, Chemie, Biologie und Medizin wären ohne dieses Elektronenmikroskop, an dessen Fortentwicklung R. bis zum Jahre 1974 beteiligt war, nicht möglich gewesen.

Ryle, Sir (ab 1966) **Martin** – britischer Physiker und Radioastronom
geb. 27.9.1918 in Brighton
gest. 14.10.1984 in Cambridge
Nobelpreis 1974, für seine entscheidenden Arbeiten bei der Entdeckung der Pulsare.
R. studierte Physik am Bradfield College und am Christ Church in Oxford. Von 1948 bis 1959 war R. Dozent für Physik an der Universität Cambridge, 1959 erhielt er dort eine Berufung als Professor für Radioastronomie.

R. beschäftigte sich im Zweiten Weltkrieg mit Radarstörungen und bereits damals war bekannt, daß auf der Sonne gewaltige „Radiostürme" auftreten, die die Radargeräte im Meterwellenbereich ausschlagen lassen. Das Problem der solaren Radiogeräusche war hochaktuell, und so begann R. mit Radiobeobachtungen der Sonne. Er wollte die Winkelausdehnung der Quellen dieser Radiogeräusche auf der Sonne messen. Aber seine Antennen besaßen nur eine geringe Richtwirkung und eigneten sich nicht für dieses Vorhaben. Er beschloß deshalb, ein dem Michelson-Interferometer, das im optischen Bereich für die Messung der Fixsterndurchmesser verwendet wurde, analoges Gerät im Radiobereich einzusetzen. Damit war das erste Radiointerferometer geboren. Das R.sche Radiointerferometer mit einer mehrere Kilometer langen Basis erwies sich einem „Radiospiegel" von dieser ungeheuren Dimension als gleichwertig. Die Bedeutung der neuen Beobachtungstechnik wird sofort klar, wenn man bedenkt, daß im Zentimeter-Wellenbereich zur Erzielung des gleichen Auflösungsvermögens, wie es die optischen Instrumente besitzen, für die Parabolantennen der Radioteleskope Durchmesser von mehreren Dutzend Kilometern erforderlich wären.

Während der Arbeiten am Radiointerferometer erkannte R., daß auf diese Weise nicht nur die scheinbaren Durchmesser der Radioquellen ermittelt werden können, sondern auch ihre Radiobilder. Verfügte er nämlich über eine hinreichende Zahl an Beobachtungspunkten von einer Radioquelle – diese erhielt R. durch Variation von Basislänge und Orientierung des Zwei-Antenneninterferometers –, dann konnte er eine detaillierte Karte dieser Quelle konstruieren. Damit wurde eine Aufgabe gelöst, die bislang nur ein gigantischer Radiospiegel hätte bewältigen können.

Ende der vierziger Jahre begann die Zahl der entdeckten Radioquellen rasch anzusteigen. Einer der ersten, der erkannte, welche Möglichkeiten die Untersuchung der entfernten extragalaktischen Radioquellen für die Kosmologie eröffnet, war R. 1948 entdeckte R. zusammen mit Smith die stärkste extragalaktische Radioquelle der nördlichen Himmelshalbkugel. Inzwischen sind in den Katalogen weit über 5.000 weitere stellare Radioquellen registriert. Dem 2. Cambridger Radioquellenkatalog des Nordhimmels entnahm er das Beobachtungsmaterial für die Konstruktion eines Diagramms, um Aussagen über die Verteilung der Radioquellen im Weltall zu erhalten. Das Diagramm wird laufend ergänzt, da die Durchmusterung des Himmels immer vollständiger wird. In letzter Zeit sind aber auch vielfach Experimente vorgenommen worden, bei denen mit Hilfe extrem genauer Atomuhren Messungen über interkontinentale Distanzen erfolgten. Damit wurde eine Auflösung erreicht, die selbst die Genauigkeit der besten Lichtteleskope weit in den Schatten stellt.

Radiointerferometrische Messungen haben entscheidend dazu beigetragen, die Struktur von Radioquellen aufzuklären, und Hinweise auf die physikalischen Vorgänge gegeben, die zur Emission von Radiowellenstrahlung führen. Vor allem für die Untersuchung der sogenannten Quasare, die nach heutigen Vorstellungen extrem weit von unserer Milchstraße entfernt sein sollen, ist diese Methode von großer Bedeutung, da sie wichtige Daten liefert für die kontroverse Frage, ob das Weltall in einem „Urknall" entstanden ist oder nicht. Die außergewöhnliche Präzision der Radiointerferometrie ist auch für die Geophysiker von Interesse, denn sie gestattet auch, geringfügige Abstandsänderungen zwischen zwei Antennen zu messen, so daß wichtige Aussagen über die Kontinentalverschiebung oder über andere geotektonische Vorgänge möglich sind.

Salam, Abdus – pakistanischer Physiker
geb. 29.1.1926 in Jhang (Provinz Punjab, Pakistan)
gest. 21.11.1996 in Oxford (Großbritannien)
Nobelpreis 1979, für die Mitwirkung an der Theorie der Vereinigung schwacher und elektromagnetischer Wechselwirkung zwischen Elementarteilchen, einschließend unter anderem die Voraussage von schwacher neutraler Strömung.
S. besuchte das Regierungs-College an der Punjab University in Lahore und absolvierte seine Studien in Mathematik und Theoretischer Physik dann am St. John's College und dem Cavendish Laboratorium in Cambridge (England). 1950 promovierte er. Er lehrte von 1951 bis 1954 als Professor für Mathematik am staatlichen College in Lahore. 1957 wurde S. zum Professor für Theoretische Physik am Imperial College of Science and Technology der Universität London berufen. 1993 hatte er seine Professur niedergelegt, wirkte aber noch als Forscher am Department of Physics.

Nach dem heutigen Stand der Wissenschaft gibt es vier verschiedene Grundhälften der Natur. Sie werden auch Wechselwirkungen genannt, die durch bestimmte Teilchen vermittelt werden: die starke und die schwache Wechselwirkung, die elektromagnetische Wechselwirkung und die Gravitations-Wechselwirkung. Alle bekannten Kräfte im wahrnehmbaren Universum lassen sich einer dieser vier Wechselwirkungen zuordnen.

Ein bedeutsames Resultat erbrachten die grundlegenden Arbeiten S.s zum Aufbau einer einheitlichen Theorie der elektromagnetischen und der schwachen Wechselwirkung. Im Jahre 1967 wurde die Theorie der elektroschwachen Wechselwirkung aufgestellt, die alle damals bekannten Fakten beschrieb und eine Vielzahl neuer Erscheinungen voraussagte. Da die elektromagnetischen, für Anziehung und Abstoßung von Ladungen verantwortlichen, und die schwachen, bei der Radioaktivität in Erscheinung tretenden Kräfte oft streng analog wirken, faßten die drei Physiker S., S. Weinberg und S. L. Glashow beide Wechselwirkungen mathematisch zusammen. Viele Voraussagen der Theorie der elektroschwachen Wechselwirkung fanden experimentelle Bestätigung: Die Theorie der elektroschwachen Wechselwirkung ist ein großer Schritt auf dem Wege zur Schaffung einer einheitlichen Theorie aller bekannten Wechselwirkungsarten.

1976 wandte sich S. der Untersuchung der Symmetrieeigenschaften der Elementarteilchen zu. Nach Entdeckung der Nichteinhaltung der räumlichen Teilbarkeit bei schwachen Wechselwirkungen, die zum Beispiel den Beta-Zerfall des Neutrons und noch anderer Teilchen bedingen, formulierte S., unabhängig von L. D. Landau (Physik-Nobelpreis 1962), T. D. Lee und C. N. Yang (beide Physik-Nobelpreis 1957), die Hypothese über die Einhaltung der sogenannten kombinierten Teilbarkeit.

Neben seiner Forschungstätigkeit war S. national und international in politischen und wissenschaftlichen Gremien vielfältig engagiert.

Schawlow, Arthur Leonard – amerikanischer Physiker
geb. 5.5.1921 in Mount Vernon (New York)
gest. 28.4.1999 in Stanford (Kalifornien)
Nobelpreis 1981, für seinen Beitrag zur Weiterentwicklung der Spektroskopie, insbesondere für die Untersuchung von Phänomenen, die nur mit Hilfe von Lasern nachweisbar sind.
S. studierte Mathematik und Physik an der Universität von Toronto. 1949 promovierte er. 1961 erhielt er einen Lehrstuhl für Physik an der Stanford-Universität in Palo Alto (Kalifornien). 1991 wurde er emeritiert.

S. arbeitete zusammen mit C. Townes daran, das Maserprinzip von den Mikrowellen bis in den optischen Bereich zu erweitern. Das Problem beim Übergang von Mikrowellen in den sichtbaren Spektralbereich bestand in erster Linie darin, eine geeignete Anordnung zu finden, die eine optimale Rückkopplung für die im Lasermedium erfolgende Verstärkung von Lichtwellen durch induzierte Emission gewährleistete. Die dazu notwendige Beschränkung auf wenige Eigenschwingungen erreicht man für Mikrowellen durch einen geschlossenen Resonator etwa vom Ausmaß der Wellenlänge, also im Zentimeterbereich. Das Verdienst von S. und Townes bestand darin, mit dem Fabry-Perot-Resonator eine solche Anordnung auch für den optischen Spektralbereich gefunden zu haben, wo die Wellenlänge sehr viel kleiner ist als praktisch mögliche Resonatordimensionen.

Die faszinierende Eigenschaft der Laserstrahlung war die Grundlage für die in den 60er Jahren einsetzenden Arbeiten zum Einsatz des Lasers für Präzisionsmessungen. Auch S. hatte sehr bald erkannt, daß die extrem schmalbandige Laserstrahlung qualitativ neue Experimente in der Spektroskopie von Atomen und Molekülen ermöglichte, die sowohl neue Erkenntnisse über die energetische Struktur von Atomen und Molekülen als auch präzisere Werte für die Atom- und Molekülkonstanten versprachen. Die spektroskopischen Arbeiten führten bei gasförmigen Medien an eine Auflösungsgrenze. Diese Grenze ist nicht durch die Breite der Laserlinien bestimmt, sondern durch die Dopplerbreite der Atom- und Molekünlinien.

Einen entscheidenden Durchbruch bedeutete daher Ende der 60er Jahre die nichtlineare Absorptionsspektroskopie, die durch Kombination von selektiver Anregung und Sättigung bei der Absorption dopplerfreie Messungen gestattete und damit die spektrale Auflösung um mehrere Größenordnungen erhöhte. Ein Schwerpunkt der Forschungsarbeit von S. und seinen Mitarbeitern war in den Folgejahren, diese und verwandte Methoden der hochauflösenden Laserspektroskopie auszuarbeiten, zu verfeinern und anzuwenden. 1972 gelang es S. in enger Zusammenarbeit mit T. W. Hänsch in Stanford, die ersten, vom sogenannten Doppler-Effekt freien optischen Spektren atomisierten Wasserstoffs zu gewinnen und mit bislang nicht erreichter Genauigkeit die Rydberg-Konstante zu messen. Die genaue Kenntnis der Rydberg-Konstante ist wichtig für den Vergleich der Quantentheorie der Atomspektren mit experimentellen Befunden sowie wegen ihrer Abhängigkeit von den drei Fundamentalkonstanten Elektronenmasse, Elektronenladung und Plancksches Wirkungsquantum. Viele der für die hochauflösende Laserspektroskopie richtungsweisenden neuen Methoden gehen auf Ideen von S. zurück.

Schrieffer, John Robert – amerikanischer Physiker
geb. 31.5.1931 in Oak Park (Illinois)
Nobelpreis 1972, für die quantenmechanische Deutung der Supraleitung (verlustlose Stromleitung) bei extrem tiefen Temperaturen.

S. studierte an der Universität von Illinois in Urbana Physik und promovierte 1957. 1962 ging S. an die Universität von Pennsylvania in Philadelphia, wo er 1964 zum Professor für Physik ernannt wurde. Von 1969 bis 1975 war er Physikprofessor an der Cornell-Universität in Ithaca (New York), und seit 1980 lehrt er an der Universität von Kalifornien in Santa Barbara.

Im Jahre 1911 entdeckte der niederländische Physiker Heike Kamerlingh Onnes (Physik-Nobelpreis 1913), daß manche Metalle in der Nähe des absoluten Nullpunktes (minus 273 Grad Celsius) plötzlich den elektrischen Widerstand verlieren. Man nannte die ungewöhnliche Erscheinung Supraleitung. Seit dieser Zeit wurden tausende Supraleiter entdeckt bzw. geschaffen, aber bei allen bewegte sich die Sprungtemperatur im Bereich von nur wenigen Kelvin. Derartig tiefe Temperaturen können nur durch die Kühlung des jeweiligen Materials mit flüssigem Helium erreicht werden. Die Aufwendungen dafür sind sehr hoch, und daher war eine praktische Nutzung der Supraleitfähigkeit beschränkt.

1950 fand Bardeen heraus, daß die Isotope bestimmter Elemente bei unterschiedlichen Temperaturen supraleitend werden. Das ließ darauf schließen, daß zwischen den Elektronen und den Schwingungen des Atomgitters, das sie durchlaufen, eine einzigartige Wechselwirkung besteht. Nach einer ersten, unvollständigen Version der Theorie arbeiteten Bardeen, Cooper und der Doktorand S. weiter an dem Problem. 1957 verkündeten sie eine allgemeine Theorie der Supraleitung. In der nach den drei Nobelpreisträgern Bardeen, Cooper und S. benannten BCS-Theorie wird die quantenmechanische Deutung der Supraleitung gegeben. Nach dieser Theorie beruht der supraleitende Zustand einer Substanz darauf, daß bei den Temperaturen in der Nähe des absoluten Nullpunktes eine anziehende Kraft zwischen Elektronen entsteht, die zur Bildung von Elektronenpaaren führt. Die Gesetze der Quantenmechanik sorgen dafür, daß diese Paare sich nicht mehr ungeordnet verhalten und demzufolge die ihnen zugeordneten Materiewellen mit gleicher Länge und Phase schwingen. Alle Elektronenpaare in einem Supraleiter verhalten sich danach wie eine geschlossene Einheit, und diese kollektiv verkoppelten Elektronenpaare können sich widerstandslos im Kristallgitter bewegen, was die Supraleitfähigkeit hervorruft.

Amerikanische Wissenschaftler erreichten dann die zunächst für unmöglich gehaltene Sprungtemperatur von 92 Kelvin mit einem keramischen Supraleiter. Die BCS-Theorie wurde zum Ausgangspunkt für Forschungen, die bis heute andauern und neue Technologien von weltweiter ökonomischer Bedeutung nach sich zogen. Hocheffiziente supraleitende Motoren, Generatoren und andere Geräte versprechen wesentliche Veränderungen in der Elektronik des 21. Jahrhunderts.

Schrödinger, Erwin – österreichischer Physiker
geb. 12.8.1887 in Wien
gest. 5.1.1961 in Wien

Nobelpreis 1933, für die Entdeckung neuer produktiver Formen der Atomtheorie.

Die Neigung zu den Naturwissenschaften war schon in den Schuljahren so eindeutig, daß es für S. keinen Zweifel über die Berufswahl geben konnte. Im Herbst des Jahres 1906 ließ er sich an der Universität Wien für die Fachrichtungen Mathematik und Physik immatrikulieren. Im Jahre 1910 erwarb er den Doktorgrad. Danach leistete er zunächst seine einjährige Militärdienstzeit im österreichischen Heer und kehrte dann als Praktikumsassistent an das physikalische Institut der Wiener Universität zurück. 1921 erging an ihn der Ruf der Züricher Universität auf den Lehrstuhl für Theoretische Physik.

Hier beschäftigte er sich mit Fragen der Gas- und Reaktionskinetik, dehnte seine Untersuchungen zur spezifischen Wärme fester Körper auf Gase aus, und dann gelang ihm seine große Leistung: die Schaffung der Wellenmechanik. Unter Benutzung der Beziehungen zwischen Wellenoptik und Strahlenoptik erweiterte S. die Wellengleichung de Broglies, die sich auf kräftefreie Bewegungen bezog, für den Fall der Wirkung von Kräften. Er ging davon aus, daß alles zugleich Partikel und Wellenfeld ist. Seine Ergebnisse veröffentlichte S. unter dem Titel „Quantisierung als Eigenwertproblem". Diese Aufsätze, in denen der Forscher eine Brücke zwischen Makromechanik und Mikromechanik zu schlagen versuchte, enthalten die berühmt gewordene Differentialgleichung für das Wellenfeld des Wasserstoffatoms, durch die – nach Plancks Worten – „die bis dahin etwas mysteriöse Wellenmechanik mit einem Schlage auf eine feste Grundlage gestellt wurde". Die „S.-Gleichung" gehört zu den am häufigsten benutzten Formeln in der physikalischen Weltliteratur des Atomzeitalters. Die erste Mitteilung S.s vom März 1926 enthielt jene entscheidende Ergänzung der Theorie de Broglies, die es erlaubte, die Einwirkung von einzelnen Atomen und Atomgruppen auf die Elektronenstrahlen mathematisch zu berechnen.

Anknüpfend an seine epochemachenden Abhandlungen hat sich S. in den nachfolgenden Jahren um die konkrete Ausgestaltung und Nutzung der Wellenmechanik verdient gemacht. Insbesondere seine Arbeiten zur Störungstheorie halfen die Grundlage für jene Vielzahl von Anwendungen zu schaffen, die in der Folgezeit ausgearbeitet wurde und die S.-Gleichung zu einem der wichtigsten Hilfsmittel der modernen Physik werden ließ, deren Anwendungsbereich von der Festkörper- bis zur Elementarteilchenphysik reicht. Mit seiner Wellenmechanik war S. in die erste Reihe der Physiker seiner Zeit aufgerückt, und sein Name war zugleich für eine der renommierten Physikprofessuren interessant geworden. 1927 folgte er einem Ruf nach Berlin als Nachfolger von Planck, der ein Jahr zuvor entpflichtet worden war.

Als Gegner der faschistischen Gewaltherrschaft verließ S. 1933 seine Wirkungsstätte und ging nach Irland. 1956 kehrte er in seine Vaterstadt zurück. Am Physikalischen Institut der Wiener Universität übernahm er einen persönlichen Lehrstuhl, hier war er dann noch zwei Jahre tätig. 1957 erfolgte die Emeritierung. Als angesehener Wissenschaftler verlebte S. die letzten Lebensjahre relativ zurückgezogen in dem idyllischen Alpendorf Alpbach.

Schwartz, Melvin – amerikanischer Physiker
geb. 2.11.1932 in New York City
Nobelpreis 1988, für die Neutrinostrahlen-Methode und den Nachweis der Paar-Struktur der Leptonen durch die Entdeckung des Myon-Neutrinos.

S. studierte an der Columbia University in New York Physik und promovierte 1958. Von 1963 bis 1966 lehrte er hier als Professor für Physik. Ab 1966 lehrte S. an der Stanford-Universität in Palo Alto (Kalifornien) Theoretische Physik, und er blieb auch nach seiner Emeritierung 1983 dem Institut als beratender Professor verbunden. Nachdem S. seine Forschertätigkeit aufgegeben hatte, errichtete er in Mountain View (Kalifornien) ein eigenes Unternehmen im Bereich der elektronischen Informationsverarbeitung, das er bis heute leitet.

Bereits im Jahre 1959 hatte S. die Idee gehabt, Neutrinostrahlen „in ein aktives Werkzeug der Forschung" umzuwandeln. Der Bau von neuen Teilchenbeschleunigern mit Energien von 10 GeV und mehr stimulierte auch Ideen, damit intensive Neutrinoströme zu erzeugen. Ganz entscheidend war es, die Möglichkeit, die Zwei-Neutrino-Frage und damit die Existenz des Myon-Neutrinos mit Hilfe intensiver Pionstrahlen am Beschleuniger zu entscheiden, auch experimentell realisieren zu können. Neutrinos sind neutrale Elementarteilchen, die mit normaler Materie nur eine sehr schwache Wechselwirkung eingehen und deswegen größere Materieansammlungen nahezu ungehindert durchqueren können.

Lederman, S. und Steinberger bemerkten als erste, daß man die Neutrinos auch in Experimenten beobachten könnte, in denen die Neutrinos beim Zerfall von sehr schnell bewegten Pionteilchen erzeugt werden (ein Pion zerfällt in ein Myon und ein Neutrino). Sie konstruierten als erste einen Neutrinostrahl, der durch den Zerfall der Pionen entsteht. Das erste Neutrino-Experiment begann Anfang 1962 an dem gerade in Betrieb genommenen Protonensynchrotron des Brookhaven National Laboratory an der Ostküste der USA. Ein wesentliches Element des Neutrino-Experiments war die gewaltige Abschirmung des eigentlichen Detektors. Sie bestand aus einer in Flugrichtung 13 Meter dicken Stahlwand. Die Pionen oder die beim Zerfall entstehenden Myonen wurden durch die Stahlwand absorbiert, nicht aber die Neutrinos. Letztere wurden durch einen Teilchendetektor, eine Funkenkammer, nachgewiesen. Die Forscher fanden heraus, daß diejenigen Neutrinos, die vom Pionzerfall stammen, sich bei der Wechselwirkung mit der Materie immer in Myonen verwandeln und nicht in Elektronen. Damit war man sicher, daß es mindestens zwei verschiedene Neutrinos in der Natur gibt.

Das Neutrinoexperiment von Lederman, S. und Steinberger zeigte auch die Möglichkeit auf, Experimente mit hochenergetischen Neutrinos erfolgreich durchzuführen. Neutrinostrahlen sind ein ideales Werkzeug, um die innere Struktur der Atomkernmaterie zu untersuchen. Mit diesem Experiment, das man als Beginn der Neutrinophysik bezeichnen kann, stand nun ein Verfahren zur Verfügung, die sogenannte „schwache Kraft" im Atomkern detailliert zu untersuchen.

Schwinger, Julian Seymour – amerikanischer Physiker
geb. 12.2.1918 in New York City
gest. 16.7.1994 in Los Angeles
Nobelpreis 1965, für seine grundlegenden Arbeiten auf dem Gebiet der Quantenelektrodynamik.
S., Sohn eines Modedesigners und Kleiderfabrikanten, begann mit 16 Jahren ein Physikstudium am New Yorker City College. 1939 promovierte er an der Columbia-Universität. Zwischen 1935 und 1942 veröffentlichte der damals noch sehr junge S. 32 Arbeiten, von denen sich ein Großteil mit Fragen der Kernphysik befaßte. S. wurde 1947 auf den Lehrstuhl für Physik in Harvard berufen. 1973 übernahm S. den Lehrstuhl für Physik an der Universität von Kalifornien in Los Angeles, wo er auch bis zu seinem Eintritt in den Ruhestand im Jahr 1988 verblieb.

R. P. Feynman und S. entwickelten unabhängig voneinander Methoden, die einen Meilenstein für die weitere Entwicklung eines wesentlichen Zweiges der Physik, nämlich der Quantenelektrodynamik, bedeuteten. Mit ihrer relativistischen Quantenfeldtheorie gelang ihnen die Beschreibung der Wechselwirkung zwischen den Elektronen und dem elektromagnetischen Feld beziehungsweise zwischen allen geladenen Partikeln und diesem Feld. Ihre Ergebnisse galten auch für die allgemeinere Quantenfeldtheorie, welche alle grundlegenden Wechselwirkungen durch Austausch von bestimmten Feldpartikeln, der Quanten, zu erklären versucht.

Im Jahr 1966 begann S. an einer neuen, phänomenologischen Theorie über die elektromagnetischen und nuklearen Wechselwirkungen von Teilchen zu arbeiten. Trotz der klaren Darstellung seiner sogenannten „Quellentheorie" ist sie bei den meisten Physikern nicht auf Zustimmung gestoßen.

Die Wissenschaft stand nach der Entdeckung neuer Elementarteilchen vor der schwierigen Aufgabe, deren Verhaltensweisen zu ergründen. Den Forschungen der drei Nobelpreisträger S. Tomonaga, R. P. Feynman und S. ist es zu verdanken, daß die Zusammenhänge des Verhaltens gewisser Elementarteilchen und Lichtquanten im magnetischen Feld erkannt und mathematisch berechnet werden konnten.

S.s Forschungen erstreckten sich weiter auf die Existenz zweier verschiedener Neutrino-Arten, die mit den Elektronen bzw. Myonen verbunden sind. Das wurde dann auch experimentell bewiesen. Insbesondere gelangen ihm auf theoretischem Weg Erkenntnisse bei experimentell noch unbekannten Partikeln. Für die Entwicklung einer geschlossenen relativistischen Quantentheorie, welche die Wechselwirkungen zwischen elektrisch geladenen Elementarteilchen und dem elktromagnetischen Feld beschreibt, erhielten R. Feynman, S. und S. Tomonaga den Physik-Nobelpreis. Ihre Theorie wurde unter der Bezeichnung „renormierte Quantenelektrodynamik" bekannt. Feynman und S. fanden mathematische Methoden, die sich auch auf anderen Gebieten der Elementarteilchenforschung sowie der Physik insgesamt als äußerst nützlich erwiesen.

Segrè, Emilio Gino – amerikanischer Kernphysiker italienischer Herkunft
geb. 1.2.1905 in Tivoli bei Rom
gest. 22.4.1989 in Lafayette (Kalifornien)
Nobelpreis 1959, für die Entdeckung des Antiprotons.
S. studierte vier Jahre lang an der Universität Rom Ingenieurwissenschaften, wechselte dann 1927 zur Physik und erwarb 1928 bei Professor E. Fermi den Doktorgrad. 1930 erhielt er ein Rockefeller-Stipendium und arbeitete auf dem Gebiet der Molekularstrahlen im Institut von O. Stern (Physik-Nobelpreis 1943) in Hamburg und dann auf dem Gebiet der Atomspektroskopie im Laboratorium von P. Zeeman (Physik-Nobelpreis 1902) in Amsterdam. 1932 wurde er Dozent an der Universität Rom. Er entdeckte 1937 das Element Technetium mit, das eine Lücke im Periodensystem ausfüllte, aber nur durch Kernumwandlungen erhalten werden kann. 1938 wurde S. durch das neue Rassengesetz aus dem faschistischen Italien vertrieben. 1946 wurde er Professor für Physik in Berkeley, wo er bis zu seiner Emeritierung 1972 tätig war. 1974 ernannte man S. zum Professor für Kernphysik an der Universität Rom.

Im Jahre 1928 sagte der englische Physiker und Nobelpreisträger Dirac, es müsse zum Elektron ein „spiegelverkehrtes Double" geben, das sich von diesem nur durch das Vorzeichen der elektrischen Ladung unterscheide. Diese Vorhersage wurde 1932 durch Versuche bestätigt, und das neuentwickelte Teilchen erhielt die Bezeichnung Positron. Das Positron erwies sich als das erste uns bekannte Antiteilchen. Die Gesetze der Physik, auf die sich Dirac bei seiner Vorhersage stützte, gelten im gleichen Maße auch für alle anderen Teilchen. Daher gelangten die Physiker noch in den Jahren vor dem Ersten Weltkrieg zu der Überzeugung, daß es zu jedem Teilchen ein Antiteilchen geben muß.

Etwa ab dem Jahre 1934 wurde die Kernphysik das eigentliche Forschungsgebiet von S., er gehörte damals einem Team um Professor Fermi an, das an der Herstellung künstlicher Radioaktivität durch Neutronenbeschießung arbeitete. Er nahm damals an der Entdeckung der „langsamen" Neutronen durch diese Forschungsgruppe teil und leistete als ihr Mitglied schon zu dieser Zeit einen entscheidenden und grundlegenden Beitrag zur Entwicklungsgeschichte der Atomenergie.

In Berkeley arbeitete S. zunächst als Forscher im Radiation Laboratory, und er fand bei künstlichen Kernreaktionen mit den Wissenschaftlern D. R. Corson und K. R. Mackenzie im Jahre 1940 das Element Astatin. Zusammen mit I. W. Kennedy, G. T. Seaborg und A. C. Wahl gelang ihm 1941 die Entdeckung des Plutoniumisotops 239, das sie im Zyklotron von Berkeley durch Uranspaltung gewannen. Aus diesem Material bestand übrigens eine der drei während des Zweiten Weltkrieges benutzten Atombomben.

Im Herbst 1955 gelang es S. und seinen Schülern, darunter auch O. Chamberlain, mit dem er seit 1950 zusammenarbeitete und der ebenfalls den Nobelpreis für Physik 1959 erhielt, Antiprotonen zu erzeugen. Antiprotonen sind Elementarteilchen der Antimaterie, durch deren Entdeckung die von Dirac aufgestellte Theorie über das Vorhandensein einer elektrischen Symmetrie in der Natur endgültig bestätigt werden konnte. Voraussetzung für die Lösung des Problems war der Bau des „Bevatrons", des 6,2 GeV-Protonensynchrotrons im Lawrence Berkeley Laboratory der Universität von Kalifornien.

Shockley, William Bradford – amerikanischer Physiker
geb. 13.2.1910 in London
gest. 12.8.1989 in Palo Alto (Kalifornien)
Nobelpreis 1956, für seine Untersuchungen an Halbleitern und die Entdeckung des sogenannten Transistoreffekts.

S. kehrte im Alter von drei Jahren mit seinen Eltern aus England in die USA zurück. Er absolvierte das Studium der Physik an der University of California in Los Angeles und am California Institute of Technology in Pasadena. 1936 promovierte er. Im gleichen Jahr begann S. eine Tätigkeit als Forschungsmitarbeiter bei den Bell Telephone Laboratories in Murray Hill (New Jersey), einem der größten Industrieforschungsunternehmen.

Am 29.12.1939 machte S. eine erste Eintragung in seinem Arbeitsbuch über die Möglichkeit eines Halbleiterverstärkers auf der Basis des damals am besten bekannten Halbleiters Kupferoxid. Halbleiter sind Festkörper, die bei Zimmertemperaturen eine elektrische Leitfähigkeit aufweisen und bei tiefen Temperaturen Isolatoren sind. Ihr elektrischer Widerstand fällt mit steigender Temperatur exponentiell ab. 1940 vervollkommnete er seine Arbeiten mit dem Vorschlag eines Feldeffekttransistors. Ein wesentlicher Schritt zur Untersuchung und Aufbereitung geeigneter Halbleitermaterialien wurde Anfang der 40er Jahre bei den Bell-Laboratories mit Experimenten an Silizium und Germanium für den Einsatz als Mikrowellendetektoren eingeleitet.

S., John Bardeen und Walter H. Brattain (beide ebenfalls Physik-Nobelpreis 1956) spielten eine herausragende Rolle bei den halbleiterphysikalischen und -elektronischen Untersuchungen. Der geistige Inspirator innerhalb des Forschungsteams war zweifellos S., Brattain war ein sorgfältiger Experimentator, und Bardeen gab als theoretischer Physiker wichtige Erklärungen. 1947 wurde von Brattain der Punktkontakttransistor erfunden, damit war die zielgerichtete Suche nach einem neuen elektronischen Bauelement von Erfolg gekrönt. Anfang 1948 gelang S. die Realisierung des Flächentransistors. Die eigentliche Erfindung des Transistors erfolgte zwischen Dezember 1947 und Januar 1948. Mit seinen grundlegenden Arbeiten stellte S. den Zusammenhang zwischen den physikalischen und elektrophysikalischen Kenngrößen des Transistors, wie Konzentration der Akzeptoren und Donatoren, Lebensdauer der Ladungsträger, Beweglichkeit, und seinem Kennlinienverhalten her. Im Jahr 1950 veröffentlichte er das erste Fachbuch zur Halbleiterelektronik.

Eine weitere hervorragende wissenschaftliche Leistung hat S. 1952 mit der Ausarbeitung des Konzeptes und der Theorie des Sperrschichtfeldeffekttransistors erbracht.

Neben seiner Industrietätigkeit war S. von 1954 bis 1955 Gastprofessor am California Institute of Technology in Pasadena. Von 1958 bis 1975 lehrte er als Professor für Ingenieurwissenschaften und angewandte Wissenschaften an der Stanford University in Palo Alto.

Shull, Clifford G. – amerikanischer Physiker
geb. 23.9.1915 in Pittsburgh (Pennsylvania)
Nobelpreis 1994, für bahnbrechende Leistungen bei der Entwicklung von Neutronenstreuungstechniken für das Studium kondensierter Materie, insbesondere für die Entwicklung der Neutronenbeugungstechnik.

S. studierte Physik an der New York University und promovierte 1941. Er erhielt eine Berufung als Professor für Physik an das Massachusetts Institute of Technology in Cambridge, wo er bis zu seiner Emeritierung 1986 einen Lehrstuhl bekleidete.

Am Kernreaktor in Oak Ridge war S. Mitglied einer Arbeitsgruppe unter E. O. Wollan geworden, die sich mit der Möglichkeit der Entwicklung von Neutronenstrahlen und der Strukturbestimmung befaßte. Obwohl die Beugung von Neutronen sehr bald prinzipiell nachgewiesen wurde (1927 Elektronenbeugung durch Davisson und Thomson; 1932 Entdeckung des Neutrons durch Chadwick), erlaubten die damaligen schwachen Neutronenquellen keinen praktischen Einsatz. Mit der Verfügbarkeit wenn auch einfacher und schwacher Kernreaktoren nach Ende des Zweiten Weltkrieges waren es dann die „Pioniere" S., der Neutronenbeugungstechniken zur Untersuchung der atomistischen Struktur kondensierter Materie entwickelte, und B. Brockhouse, der die Neutronen-Spektroskopie als Methode zum Studium der Dynamik der Bausteine im Festkörper einsetzte.

S.s Studium einfacher Kristalle legte den Grundstein für die Deutung der sehr komplizierten Strukturen, die durch die heutigen Neutronenkristallographen analysiert werden. Zur Bestimmung der atomaren Struktur entwickelte er dabei eine Neutronenstreuungstechnik, die auf der Diffraktion elastisch gestreuter Neutronen beruht. Als Materiewellen haben langsame Neutronen

Wellenlängen, die mit den Abständen der Atome eines Festkörpers vergleichbar sind. Daher werden sie von Kristallen ähnlich wie Röntgenstrahlen ohne Energieverlust gebeugt. Ein Unterschied besteht allerdings darin, daß Röntgenstrahlen mit der Elektronenhülle wechselwirken, während die ungeladenen Neutronen an den Atomkernen gestreut werden.

Die klassische Methode der Zwei-Kristall-Neutronendiffraktometrie wurde von S. und seinen Mitarbeitern entwickelt. Unter Ausnutzung der Laue-Braggschen Beugungsbedingung wirken Einkristalle als wellenlängenselektive Spiegel und können somit als sogenannte Neutronenmonochromatoren eingesetzt werden. Monochromatoren filtern aus dem kollimierten „weißen" Neutronenstrahl vom Reaktor Neutronen einer bestimmten Wellenlänge heraus und lenken diesen monochromatischen Strahl auf die Probe. Die an der Probe gestreuten Neutronen werden dann mittels Detektoren winkelabhängig registriert. Damit registrierten S. und seine Mitarbeiter die erste Laue-Aufnahme von Natriumchlorid mit Neutronen, die ersten Neutronenpulverdiagramme von Graphit, Aluminium, u. a., führten das erste Beugungsexperiment mit Wasserstoff und Deuterium im Kristall durch und benutzten erstmalig die Methode bei strukturellen Ordnungsproblemen in Legierungen.

Neben diesen fundamentalen Arbeiten zur Aufklärung chemischer Strukturen gelang S. zusammen mit Smart bereits 1949 der Nachweis einer antiferromagnetischen Ordnung in Manganoxid. Dieses Experiment eröffnete das vollständig neue Feld der Untersuchung magnetischer Materialien. Mit der von S. entwickelten Methode der polarisierten Neutronenstreuung gelangen bedeutsame Beiträge zur magnetischen Kristallographie.

In den bahnbrechenden Arbeiten von S. ist eindrucksvoll dokumentiert, wie die Entwicklung neuer Methoden der Neutronenbeugung zu fundamental neuen Erkenntnissen der Struktur kondensierter Materie führte. Der Einsatz der Neutronenstreutechniken ergab eine Vielfalt neuartiger Ergebnisse in der Grundlagenforschung, u. a. bei der Aufklärung der Struktur von Viren und bei der Entwicklung von Abgaskatalysatoren.

Siegbahn, Kai Manne Börje – schwedischer Physiker

geb. 20.4.1918 in Lund

Nobelpreis 1981, für seinen Beitrag zur Entwicklung der hochauflösenden Elektronenspektroskopie.

S., Sohn von K. M. G. Siegbahn, der 1924 den Nobelpreis für Physik erhielt, studierte an der Universität Uppsala Physik, Chemie und Mathematik. 1944 promovierte S. an der Stockholmer Universität in Physik. Von 1954 bis zu seiner Emeritierung 1983 war er Professor für Physik an der Universität Uppsala.

S.s Arbeiten auf dem Gebiet der Elektronenspektroskopie basieren auf dem sogenannten photoelektrischen Effekt. Untersuchungen zum Energiespektrum der durch Röntgenstrahlung ausgelösten Elektronen sind bereits in den ersten Jahrzehnten des 20. Jahrhunderts in Angriff genommen worden, und ihre Ergebnisse stellten eine der ersten experimentellen Grundlagen für die Entwicklung der Quantenmechanik dar. Wenn Ultraviolettlicht oder Röntgenstrahlung auf einen Festkörper treffen, so werden Elektronen herausgeschlagen, deren Energie für die Atome charakteristisch ist. Auf diese Weise lassen sich nicht nur die Elemente identifizieren, man kann auch ihre Konzentration bestimmen. Der besondere Vorteil des Verfahrens besteht jedoch darin, daß es auch zur Strukturaufklärung chemischer Verbindungen beitragen kann.

Nach Arbeiten zur Beta- und Gammaspektrometrie begann S. Anfang der fünfziger Jahre sein Programm zur Untersuchung der energetischen Spektren von durch Röntgenstrahlen ausgelösten Elektronen. Aufbauend auf Verfahren zur Analyse der beim radioaktiven Beta-Zerfall entstehenden Elektronen haben S. und seine Mitarbeiter Instrumente entwickelt, die es ermöglichen, die Elektronenenergie sehr genau zu messen und Spektren mit hoher Auflösung aufzuzeichnen. Er entwickelte ein Elektronenspektrometer mit doppelter Fokussierung und Monochromatisierung der Röntgenstrahlung; als Prototyp für dieses Spektrometer diente ein von ihm 1946 für die Kernspektroskopie konstruiertes Beta-Spektrometer. In diesem Gerät erhielt S. Elektronenspektren mit sehr schmalen Linien, deren Maxima den Bindungsenergien der Elektronen in den Atomen entsprechen. Mitte der fünfziger Jahre bestimmte S. die Bindungsenergien der Elektronen in allen Elementen des Periodensystems, wobei er einen höheren Grad an Genauigkeit erreichte, als die Röntgenspektroskopie gestattete. Da Elektronenspektren sehr empfindlich auf die Umgebung des strahlenden Atoms reagieren, wurde die Elektronenspektroskopie zu einem effektiven Verfahren für die Untersuchung chemischer Verschiebungen, die vom Charakter der Bindung, der Zusammensetzung und der Struktur des Komplexes abhängen, mit dem das betreffende Atom gekoppelt ist. Nach dieser Methode kann man die Strukturformel der Substanz ermitteln.

Heute ist die Elektronenspektroskopie zu einem unentbehrlichen Hilfsmittel zur Analyse von Festkörperoberflächen geworden. Dies ist vor allem für die Untersuchung von Katalysatoren oder von Korrosionsprozessen in Werkstoffen von Bedeutung. „Electron Spectroscopy for Chemical Analysis" (ESCA) nennt sich die von S. und seinen Mitarbeitern entwickelte Methode der Elektronenspektroskopie.

Siegbahn, Karl Manne Georg – schwedischer Physiker

geb. 3.12.1886 in Oerebro

gest. 26.9.1978 in Stockholm

Nobelpreis 1924, für seine grundlegenden Forschungen und Entdeckungen auf dem Gebiet der Röntgenspektroskopie.

S., Sohn eines Bahnhofsvorstehers, studierte an der Universität Lund, wo er 1911 promovierte und 1920 eine Berufung auf den Lehrstuhl für Physik erhielt und auch ein Spektrographisches Laboratorium gründete.

Nach der Entdeckung der Röntgenstrahlinterferenzen widmete sich S. ab 1912 vorwiegend der Physik der Röntgenstrahlen und ihrer Spektroskopie. Er entwickelte neue Untersuchungsmethoden und Instrumente, außerdem verbesserte er Vakuumpumpen und Röntgenröhren, damit ermöglichte er wesentliche Steigerungen der Strahlungsintensität, und die Meßgenauigkeit für seine Spektrographen und Gitter konnte erheblich verbessert werden. Mit seinen Mitarbeitern untersuchte S. systematisch die K-, L- und M-Serien fast aller chemischen Elemente, wobei eine große Zahl neuer Spektrallinien gefunden wurde. 1924 gelang ihm mit seinen Mitarbeitern der Nachweis der Brechung von Röntgenstrahlen an einem Glasprisma.

1923 wurde S. als Professor für Physik an die Universität Uppsala berufen, wohin er dann mit seinem Laboratorium übersiedelte. Hier wandte er sich dem Problem zu, die Röntgenspektroskopie nach längeren Wellenlängen, als es die Kristallgitter zuließen, auszudehnen und schließlich den Anschluß an die optische Spektroskopie zu erreichen. Für diesen Zweck entwickelte S. spezielle Geräte, mit denen es gelang, Strichgitter herzustellen, die sowohl für die Beugung optischer Strahlung als auch für die Röntgenstrahlbeugung geeignet waren.

Im Jahr 1937 erhielt S. eine Forschungsprofessur für Experimentalphysik an der Schwedischen Akademie der Wissenschaften, die er bis 1953 ausübte. Als das Physik-Department des Nobel-Instituts der Akademie der Wissenschaften entstand, wurde er der erste Direktor und wirkte in Stockholm bis 1964.

In den jahrelangen Untersuchungen gelang es S., die Gesetzmäßigkeiten der Röntgenspektren vieler Elemente aufzufinden und zu deuten. Aus diesen Ergebnissen konnten wichtige Folgerungen für den Aufbau der Elektronenhüllen der Atome gezogen werden. Diese Erkenntnisse formten im wesentlichen unser Bild von der Anordnung der inneren Elektronenschalen in den Atomen der chemischen Elemente. Als man erkannte, daß mit allen elektromagnetischen Wellenerscheinungen auch quantenhafte Effekte verbunden sind, lag es nahe, solche Effekte auch bei den Röntgenstrahlen zu suchen. Schon die Aussendung und Absorption der von S. untersuchten Linienspektren waren Quantenvorgänge. Mit seinen neuen Präzisionstechniken konnten zuverlässige Begründungen für die quantenmechanische Auslegung von atomaren Strahlungsprozessen gegeben werden.

Von 1947 bis 1957 gehörte S. dem Nobelpreiskomitee für Physik der Schwedischen Akademie der Wissenschaften an.

Stark, Johannes – deutscher Physiker
geb. 15.4.1874 in Schickenhof (Bayern)
gest. 21.6.1957 in Traunstein
Nobelpreis 1919, für seine Entdeckung des optischen Doppler-Effekts bei Kanalstrahlen und der Zerlegung der Spektrallinien im elektrischen Feld.

S. studierte Physik an der Universität München und promovierte 1897. 1900 habilitierte er sich in Göttingen. 1906 erhielt S. eine Berufung als außerordentlicher Professor nach Hannover und 1909 als Ordinarius nach Aachen. In diesen Jahren gelang S. die Entdeckung des optischen Doppler-Effektes an Kanalstrahlen. Um neue Aufschlüsse über den bis dahin unverstanden gebliebenen Aufbau der Atome zu gewinnen, beobachtete er in Aachen die Lichtaussendung von Atomen, die einem elektrischen Feld ausgesetzt waren. 1917 nahm S. eine Berufung als Professor nach Greifswald an und 1920 ging er in gleicher Funktion an die Universität Würzburg.

Im Juni 1934 wurde S. von den Nationalsozialisten zum Präsidenten der Physikalisch-Technischen Reichsanstalt in Berlin ernannt. Als Vertreter der „Deutschen Physik" bekämpfte S. später zusammen mit P. Lenard (Physik-Nobelpreis 1905) die Quanten- und Relativitätstheorie als „jüdische Geistesprodukte". S. hatte aber trotz seiner politischen Negativhaltung auch hervorragende wissenschaftliche Leistungen aufzuweisen.

Durch seine epochemachenden Untersuchungen über den sogenannten optischen Doppler-Effekt der Kanalstrahlen wurde ein Einblick in die innere Struktur der Atome und Moleküle gewonnen. Seine Entdeckung von der Aufspaltung der Spektrallinien in elektrischen Feldern hat neue Gebiete für das Studium der Einwirkung der Atomionen aufeinander und auf die Moleküle erschlossen. 1927 hatte S. zusammen mit R. v. Hirsch eine unsymmetrische, also in zwei Richtungen verschiedene Verteilung der Stärke der Kanalstrahlenlinien entdeckt und 1937 an weiteren Grundstoffen bestätigt gefunden. Aus diesen Versuchen folgerte S., daß die Strahlung eines Elektrons nicht nach allen Seiten gleichmäßig weggeht, sondern in Form eines Lichtkörperchens nur in eine einzige Richtung. Das würde aber bedeuten, daß Elektron und Proton nicht irgendwie kugelförmig sein können, denn bei einem kugelförmigen Gebilde sind alle Richtungen gleichwertig. Es müßten vielmehr bei ihnen bevorzugte Richtungen vorhanden sein, in denen gewisse Vorgänge stärker auftreten als in anderen Richtungen. Diese Erscheinung nennt man Axialität, weil sie auf bevorzugten Achsen beruhen kann. So könnte erklärt werden, daß Licht nur in bestimmten Richtungen das strahlende Elektron verläßt und daß das Licht selbst irgendwie eine axiale Struktur hat. Die Erscheinung, daß Spektrallinien in mehrere Komponenten aufgespalten werden, wenn sich die Atome während der Lichtemission in einem starken elektrischen Feld befinden, entdeckte er 1913 und wird als S.-Effekt bezeichnet.

Steinberger, Jack – amerikanischer Physiker deutscher Herkunft
geb. 25.5.1921 in Bad Kissingen
Nobelpreis 1988, für seine experimentellen Forschungen über Neutrinos sowie für die Entwicklung der Neutrinostrahlen-Methode und den Nachweis der Paarstruktur der Leptonen durch die Entdeckung des Myon-Neutrinos.

An der Universität Chicago studierte S. zuerst Chemie und nach dem Zweiten Weltkrieg Physik. 1948 promovierte er. 1950 erhielt er eine Berufung als Professor für Physik an die Columbia-Universität in New York, wo er bis 1970 lehrte. Zwischen 1959 und 1968 war S. mehrmals als Gastforscher am Europäischen Zentrum für Elementarteilchenphysik CERN in Genf tätig. 1968 wechselte er als ständiger Mitarbeiter zum Europäischen Kernforschungszentrum in Genf und leitet dort vor allem Versuche in der Elementarteilchen-Physik.

Mit der Verleihung des Nobelpreises für Physik an Leon Max Lederman, Melvin Schwartz und S. wurden Forschungsarbeiten aus den 60er Jahren gewürdigt, die ein besseres Verständnis der internen Struktur und der Dynamik der Materie ermöglichen.

Die Entdeckung des Myon-Neutrinos durch S. und damit der Paarstruktur der Neutrinos hat die Erforschung von Struktur und Dynamik der Materie entscheidend vorangetrieben. Ein Teilchen wie das Neutrino (stabiles, elektrisch neutrales Elementarteilchen) wurde bereits 1931 von Wolfgang Pauli (Physik-Nobelpreis 1945) postuliert, um das beim Beta-Zerfall von Atomkernen beobachtete Kontinuum des Elektronen- bzw. Positronenspektrums ohne Verletzung des Energiesatzes und des Impulssatzes erklären zu können; nach der Entdeckung des Neutrons erhielt das Neutrino von Enrico Fermi seinen heutigen Namen.

In S.s erster Publikation im Jahre 1948 befindet sich auch der erste Hinweis auf das von ihm später mitentdeckte Myon-Neutrino. Bei der Interpretation seiner Meßergebnisse von Zerfällen kosmischer Myonen stellte er die Hypothese auf, daß das Myon wahrscheinlich in ein Elektron und zwei Neutrinos zerfällt. Im Sommer 1962 war es dann soweit, am Protonenbeschleuniger der Brookhaven National Laboratories in Upton hatten die Wissenschaftler erstmals nachgewiesen, daß es zwei verschiedene Neutrinos gibt: Das Elektronen-Neutrino, das beim Zerfall in Elektron plus Neutrino auftritt, und das My-Neutrino, das zusammen mit dem Myon entsteht. Myonen, Elektronen und die jeweils dazugehörenden Neutrinos gehören zur Gruppe der Leptonen.

Die Neutrinophysik hat dann in den Folgejahren eine entscheidende Rolle bei der Erforschung der grundlegenden Naturkräfte gespielt. Die experimentelle Neutrinophysik hat sich durch den technologischen Fortschritt sowohl beim Beschleunigerbau als auch bei den Nachweisdetektoren sehr rasch entwickelt. Interessanterweise erbrachte sie jedoch nicht nur bedeutende Beiträge auf dem Gebiet der Elementarteilchenphysik. Neutrinos sind gleichermaßen für astrophysikalische Prozesse bedeutsam.

Stern, Otto – deutsch-US-amerikanischer Physiker
geb. 17.2.1888 in Sohrau (Oberschlesien)
gest. 17.8.1969 in Berkeley (Kalifornien)
Nobelpreis 1943, für seine experimentellen Beiträge zur Entwicklung der Molekularstrahlmethode und seine Entdeckung des magnetischen Moments des Protons.

S., Sohn einer wohlhabenden jüdischen Kaufmannsfamilie, studierte Naturwissenschaften in Freiburg im Breisgau und München. Anschließend studierte er Physikalische Chemie an der Universität Breslau, wo er 1912 promovierte. Er ging dann als Assistent zu Albert Einstein (Physik-Nobelpreis 1921) an die Universität Prag, und noch im gleichen Jahr folgte er Einstein nach Zürich, wo er sich 1913 habilitierte. Von 1915 bis 1921 arbeitete S. als Privatdozent am Institut für theoretische Physik in Frankfurt am Main. 1923 wurde er ordentlicher Professor für Physikalische Chemie an der Universität Hamburg.

Zusammen mit dem Physiker Walther Gerlach versuchte S. mit Hilfe der Methode der Atom- bzw. Molekularstrahlen die Frage der Richtungsquantelung im Magnetfeld zu entscheiden, die von der Bohr-Sommerfeldschen Quantentheorie gefordert wurde, der klassischen Physik jedoch widersprach. 1920/21 konnte die Richtungsquantelung von Silberatomen durch S. und Gerlach nachgewiesen werden.

Der berühmte „Stern-Gerlach-Versuch" wies erstmals das magnetische Moment einzelner Atome nach und zeigte, daß der Strahl des Atoms entsprechend seinen Einstellungsmöglichkeiten zum Magnetfeld in ebenso viele Teilstrahlen aufgespalten wird. Dieser Versuch bewies die Richtungsquantelung unmittelbar im Experiment und hat mit Recht großes Aufsehen erregt. Seine vollständige Deutung lieferte aber erst die Mitte der zwanziger Jahre entstandene Quantenmechanik. Durch ihre kühne Versuchsanordnung haben S. und Gerlach nicht nur die räumliche Quantelung der Atome im Magnetfeld klar dargelegt, sie haben auch die atomistische Natur des magnetischen Moments bewiesen.

S. stellte ein Programm der Probleme auf, die mit Hilfe seiner Methode bearbeitet werden konnten, so u. a. die Messung magnetischer Momente des Atomkerns und Momente höherer Ordnung, die Messung elektrischer Dipolmomente, die Frage der Kräfte zwischen Molekülen und die Existenz von den Broglie-Wellen. 1933 gelang es S., das magnetische Moment des Protons zu messen, und überraschenderweise ergab sich ein um den Faktor zweieinhalb größerer Wert als theoretisch vorausberechnet, eine Tatsache, die erst viele Jahre später eine ausreichende Erklärung fand.

1933 mußte S. seine Stellung in Hamburg aufgeben, und er emigrierte nach den USA. Am Carnegie Institute of Technology in Pasadena (Kalifornien) erhielt er eine Professur für Physik, die er bis zu seiner Emeritierung im Jahre 1945 ausübte.

Störmer, Horst Ludwig – deutscher Physiker
geb. 6.4.1949 in Frankfurt/Main
Nobelpreis 1998, für seine bahnbrechenden Arbeiten zur Entdeckung des sogenannten fraktionalen Quanten-Hall-Effekts.

1974 legte S. am Physikalischen Institut der Universität Frankfurt seine Diplomprüfung ab. 1977 schloß er an der Universität Stuttgart seine Dissertation ab. Nach seiner Promotion ging S. in die USA und wurde wissenschaftlicher Mitarbeiter bei den Bell Telephone Laboratories in Murray Hill (New Jersey).

Im dortigen Physiklabor beobachteten S. und der amerikanische Forscher D. C. Tsui Anfang der 80er Jahre das Verhalten von Elektronen unter extremen Temperatur- und Kräfteschwankungen. 1982 stießen sie bei einem Experiment auf Elektronen in bis dahin unbekannter Gestalt. Die Teilchen bildeten eine neue Art von Quantenflüssigkeit, die mit den Quantenflüssigkeiten verwandt ist, die bei Supraleitung und in flüssigem Helium auftreten. Letztlich geht das ungewöhnliche Phänomen auf einen 1879 von dem amerikanischen Physiker E. H. Hall entdeckten und nach ihm benannten Effekt zurück: Wenn sich elektrisch geladene Teilchen in einem Magnetfeld bewegen, werden sie von einer Kraft beeinflußt und zur Seite abgelenkt. Mit dem Hall-Effekt läßt sich sowohl in Leitern als auch in Halbleitern die Ladungsträgerdichte ermitteln.

S. und D. C. Tsui hatten bei den Bell Laboratories den „quantisierten Hall-Effekt" untersucht. Dieser Effekt beschreibt, wie ein Strom von Elektronen in einem dünnen Leiter auf ein Magnetfeld reagiert. Das Magnetfeld lenkt die Elektronen zu einer Seite ab, und es entsteht ein elektrischer Widerstand quer zum Leiter.

Die von S. und Tsui im Jahre 1982 durchgeführten Messungen, für die sie die Meßplättchen auf knapp oberhalb des absoluten Temperatur-Nullpunkts bei minus 273 Grad Celsius kühlten und eine noch höhere Magnetflußdichte (etwa dreißigmal stärker als bei Hall) verwendeten, sorgten unter Physikern für eine Überraschung, denn der Hall-Effekt hatte hierbei seine bisher typische Eigenschaft verloren. Das Experiment zeigte u. a., daß die Werte für den Hall-Widerstand bei extrem hohen Magnetfeldern viel höher lagen als die früher festgestellten Werte. Außerdem fanden sich bei der Messung der Widerstandsänderung Zwischenstufen, die sich nicht mehr als ganzzahlige, sondern nur noch als gebrochenzahlige Vielfache beschreiben ließen.

Rund ein Jahr nach dieser Entdeckung lieferte Robert B. Laughlin (ebenfalls Physik-Nobelpreis 1998) eine Erklärung für diesen „bruchteilsquantisierten Halleffekt": Das ungewöhnliche Verhalten der Elektronen im kalten Magnetfeld ist möglich, indem die Träger der elektrischen Ladung mit den magnetischen Flußquanten eine Bindung eingehen. Diese zusammengesetzten Teilchen kondensieren zu einer Quantenflüssigkeit und können quantenmechanische Zustände einnehmen, die einzelnen Elektronen nicht erlaubt wären. Fließen weitere Elektronen in diesen Quantensee, regen sie die Quantenflüssigkeit an, sogenannte Quasiteilchen zu bilden, die einen Teil der Elektronenladung tragen. Die Quasiteilchen sind dabei keine Teilchen im eigentlichen Sinne, sondern als „gemeinsamer Tanz der Elektronen in der Quantenflüssigkeit" zu verstehen, wie es das Nobelkomitee ausdrückte.

Der Quanten-Hall-Effekt hat ein völlig neues Forschungsgebiet eröffnet, das unser Verständnis elementarer Wechselwirkungen zwischen den Grundbausteinen der Materie immens erweitern wird.

1992 wurde S. Direktor des Physikalischen Forschungslabors der Bell Laboratories. Im September 1998 übernahm er eine Professur an der Columbia University in New York.

Strutt, John William, Baron Rayleigh (ab 1873) – britischer Physiker
geb. 12.11.1842 in Langford Grove (Essex)
gest. 30.6.1919 in Terling Place (Essex)
Nobelpreis 1904, für seine Untersuchungen über die Dichte bekannter Gase und für seine im Zusammenhang damit gemachte Entdeckung des Edelgases Argon.

S. wurde als ältester Sohn des Second Baron Rayleigh (John James Strutt) geboren. Er studierte Mathematik am Trinity College in Cambridge. 1865 beendete er das Studium. Anschließend richtete sich S. auf dem Familiensitz in Terling Place ein eigenes Laboratorium ein. Hier führte er die meisten seiner fast legendären Experimente durch. 1878 veröffentlichte er sein berühmtes Werk „The Theory of Sound" („Theorie des Schalls"), das zu einem wertvollen Ratgeber bei den neueren Arbeiten über Schwingungen geworden ist. Im Jahre 1879 übernahm er den Lehrstuhl für Experimentalphysik und wurde gleichzeitig Direktor des Cavendish-Laboratoriums in Cambridge. 1887 wurde er Professor für Naturphilosophie an der Royal Institution in London, wo er bis 1905 blieb. Von 1885 bis 1896 war er Sekretär der Royal Society, und von 1905 bis 1908 war S. Präsident der renommierten „Königlichen Gesellschaft" der Naturwissenschaftler in London. 1908 kehrte er nach Cambridge zurück, wo er bis 1914 Rektor der Universität war.

Eine Glanzleistung von S. war die Entdeckung und Isolierung des Edelgases Argon. Bei der Dichtemessung von Gasen wurde er mit einem ungewöhnlichen Rätsel konfrontiert. Beim Sauerstoff fand er durch die Messungen stets die gleichen Dichten, unabhängig davon, auf welche Weise er ihn gewonnen hatte: entweder durch die Freisetzung aus chemischen Verbindungen oder aus der Luft. Anders lagen die Dinge beim Stickstoff. Stickstoff aus der Luft wies bei jeder Messung eine etwas höhere Dichte auf als der bei der chemischen Reaktion freigesetzte Stickstoff. Er nahm an, daß die Ursache in der Verunreinigung zu suchen ist, die bei der Gewinnung des Stickstoffes aus der Luft entstehen konnte. Aber es ließ sich experimentell keinerlei Verunreinigung nachweisen. Er veröffentlichte daher dieses „Rätsel" in der Zeitschrift „Nature".

Im Jahre 1892 interessierte sich auch der schottische Chemiker W. Ramsay für dieses Problem, und gemeinsam mit S. führte er die weiteren Untersuchungen durch. Im Jahre 1894 fanden sie im Spektrum des Gases, das nach der Bindung des Stickstoffs aus der Luft an Magnesium zurückblieb, eine neue Spektrallinie. Sie bedeutete die Entdeckung eines damals noch unbekannten, im Vergleich zum Stickstoff etwas dichteren Gases, des chemischen Elementes Argon.

1904 erhielt S. dafür den Nobelpreis für Physik und Ramsay den für Chemie.

Tamm, Igor Jewgenjewitsch – sowjetischer Physiker
geb. 8.7.1895 in Wladiwostok
gest. 13.4.1971 in Moskau
Nobelpreis 1958, für die theoretische Erklärung des Tscherenkow-Effekts auf der Grundlage der klassischen Maxwell-Gleichungen und der Quantenmechanik.
T. studierte Physik und Mathematik an der Moskauer Universität. 1917 wurde er Abgeordneter des Ersten Allrussischen Sowjetkongresses in Petrograd. 1921 unterrichtete er Physik am Polytechnikum in Odessa. 1930 wurde T. ordentlicher Professor für Theoretische Physik der Moskauer Staatlichen Universität.

Seine erste größere Arbeit behandelte die Quantentheorie der Lichtstreuung in Kristallen, wobei er den Begriff der Photonen einführte. 1931/32 befaßte er sich eingehend mit der quantenmechanischen Beschreibung der Metalle und diskutierte beispielsweise den Fotoeffekt in Metallen. Als sich T. 1934 mit Fermis Arbeiten zum Beta-Zerfall befaßte, erarbeitete er eine erste Theorie der Kernwechselwirkungskräfte, die davon ausging, daß der Proton-Neutron-Wechselwirkung ein Elektron-Neutrino-Austausch zugrunde liegt. Tscherenkow untersuchte zu dieser Zeit die Lumineszenz von Uransalzen. Dabei fand er neben der Lumineszenz ein zusätzliches schwaches Leuchten, das sich bei weiterer Analyse als elektromagnetische Strahlung schnell bewegter geladener Teilchen herausstellte. 1937 konnte T. gemeinsam mit I. M. Frank eine Theorie dieses Effektes aus der Sicht der klassischen elektromagnetischen Theorie aufstellen. Die sogenannte Tscherenkow-Strahlung gewann in der Folgezeit außerordentliche Bedeutung für den Nachweis schnell bewegter, geladener Teilchen. Auf seiner Grundlage wurden Atomzähler konstruiert.

Der Tscherenkow-Effekt führte 1955 in Berkeley zur Entdeckung der Antiprotonen. Für die Erforschung der kosmischen Strahlungen hat der Tscherenkow-Effekt ebenfalls neue Wege geöffnet. Frank, T. und Tscherenkow hatten auf der Grundlage dieses Effekts ein neues und außerordentlich wirksames Gerät zur Registrierung kosmischer Strahlen entwickelt, den sogenannten Tscherenkow-Messer. In den sechziger Jahren beschäftigten T. Fragen der Elementarteilchenphysik und die Schaffung einer universellen Quantentheorie.

Taylor, Joseph Hooton – amerikanischer Astrophysiker
geb. 29.3.1941 in Philadelphia
Nobelpreis 1993, für die Entdeckung eines neuen Pulsarsystems im Weltall.
T. studierte Physik und promovierte 1968 an der Harvard-Universität zum Doktor der Astronomie. Nach seiner Assistententätigkeit erhielt er eine Professur an der Universität von Massachusetts in Amherst. Danach erhielt T. eine Berufung auf einen Lehrstuhl im Physik-Department der Princeton-Universität in New Jersey.

T. und R. Hulse wurden für die Entdeckung eines neuen Typus von Pulsar ausgezeichnet. 1967 wurde am Cavendish Laboratory in Cambridge durch Jocelyn Bell der erste Neutronenstern aufgefunden. Während einer Himmelsdurchmusterung im Radiowellenbereich fand sie eine schwache Radioquelle, die sich rasch änderte. Diese Radiopulse waren so schnell, aber auch so regelmäßig, daß man dieses Objekt einen Pulsar nannte. Bald darauf wurden neue Pulsare entdeckt, heute sind über 300 bekannt. Heutzutage ist die Meinung, daß es sich bei den Pulsaren um Neutronensterne handelt, generell anerkannt.

1974 empfingen T. und Hulse am Arecibo Observatorium in Puerto Rico plötzlich regelmäßig blinkende Radiosignale, die sich von den bisherigen Exemplaren unterschieden. Die beiden Forscher waren auf einen „Doppel-Pulsar" gestoßen. Dieser „Doppel-Pulsar" war eine wissenschaftliche Sensation und erregte großes Interesse bei den Astrophysikern. Die große Leistung von T. und Hulse bestand nun darin, erkannt zu haben, daß ihr Doppel-Pulsar sich als ein „neues, revolutionierendes Weltraumlaboratorium" zur Überprüfung von Einsteins Relativitätstheorie eignete und man außerdem alternative Schwerkrafttheorien überprüfen könne. Da Neutronensterne keine Atmosphäre haben, gibt es auch keine Materie, die von dem einen zum anderen strömt. Der Doppel-Pulsar ähnelt daher einem System von zwei Kugeln, die sich allein durch die Schwerkraft beeinflussen. Eine genaue Uhr (der Pulsar) in einer engen Bahn um einen Begleiter stellt ein gutes Laboratorium für die Durchführung von Experimenten dar. In einem solchen Sternsystem können Gravitationstheorien getestet werden. Die meisten Theorien sagen ähnliche Beträge für die Apsidenbewegung voraus, aber diejenigen Theorien, die wie Einsteins allgemeine Relativitätstheorie die Emission von Gravitationswellen voraussagen, unterliegen noch mindestens einem weiteren Test.

Hulse und T. stellten fest, daß sich die Umlaufzeit der beiden Neutronensterne tatsächlich um jährlich 75 Millionstel Sekunden verringerte, ein Wert, der bis auf weniger als ein Prozent genau der Vorhersage Albert Einsteins entsprach, eine wahrlich wissenschaftliche Glanztat.

Taylor, Richard Edward – kanadischer Physiker
geb. 2.11.1929 in Medicine Hat (Alberta)
Nobelpreis 1990, für seine bahnbrechende Forschung die unelastische Streuung von Elektronen an Protonen und gebundenen Neutronen betreffend, die von höchst wesentlicher Bedeutung für die Entwicklung des Quarkmodells in der Teilchenphysik war.
T. studierte Physik an der University of Alberta in Edmonton. Er ging dann in die USA und promovierte 1962 an der Stanford University in Kalifornien. Nach seiner Promotion wechselte T. an das Stanford Linear Accelerator Center der Stanford University, wo er seit

1962 zum wissenschaftlichen Mitarbeiterstab gehört und 1970 zum Professor für Physik berufen wurde.

Die drei Preisträger des Jahrgangs 1990 J. Friedman, H. Kendall und T. sind Schlüsselpersonen einer Forschergruppe, die in einer Reihe von Untersuchungen klare Anzeichen dafür fand, daß in den Protonen und Neutronen des Atomkerns eine innere Struktur besteht. Die Entdeckung wurde gemacht, als Strahlen eines riesigen Elektronenmikroskops eines drei Kilometer langen Teilchenbeschleunigers in Kalifornien Protonen und Neutronen durchleuchteten. Gemäß dem von M. Gell-Mann (Physik-Nobelpreis 1969) und unabhängig von G. Zweig entwickelten Quarkmodell sind die Quarks die fundamentalen Bausteine der hadronischen Materie.

Friedman, Kendall und T. wiesen durch ihre Pionierarbeit den Weg, der uns in die Lage versetzt hat, die Quarks als die im Nukleon gebundenen Konstituenten direkt zu beobachten, und zwar mit Hilfe der tief-inelastischen Streuung von energiereichen Elektronen, Myonen oder Myon-Neutrini an Nukleonen. Mit Hilfe der elastischen Streuung hochenergetischer Elektronen am Proton konnte Ende der 50er Jahre erstmals die räumliche Verteilung der elektrischen Ladung und des Magnetismus im Inneren des Protons bestimmt werden. Bei diesen Untersuchungen fanden R. Hofstadter (Physik-Nobelpreis 1961) und seine Mitarbeiter heraus, daß elektrische Ladung und magnetisches Moment nicht etwa punktförmig im Proton konzentriert, sondern wolkenartig über einen Bereich mit einem charakteristischen Radius verschmiert sind.

In den 60er Jahren wurden weltweit neue große Hochenergie-Elektronenbeschleuniger in Betrieb genommen. In Stanford verfügte man am drei Kilometer langen Elektronen-Linearbeschleuniger über die weltweit höchste Elektronenenergie von 21 GeV. Dies erwies sich für die Erhellung der körnigen Struktur des Nukleons durch tief-inelastische Streuung als von ausschlaggebender Bedeutung. Dem tief-inelastischen Bereich wurde etwa ab 1967/68 in Stanford große Aufmerksamkeit gewidmet, wesentlich beteiligt an den Experimenten waren Friedman, Kendall und T. Im Verlauf dieser Experimente entdeckten sie zum Erstaunen vieler, daß die Wahrscheinlichkeit einer stark unelastischen Streuung beträchtlich größer war als vermutet. Im Verlauf der Jahre 1968/69 wurde allmählich klar, daß man eine innere Struktur der Nukleonen, das heißt die Quarkstruktur, beobachtet hatte. Damit wiederholte sich hier, wenn auch auf einer höheren Ebene, eines der dramatischen Ereignisse in der Geschichte der Physik – die Entdeckung des Atomkerns.

Die Beobachtungen von T. und seinen Mitarbeitern bestätigten das Ordnungsmodell der Quarks als physikalische Realität.

Thomson, Sir (ab 1943) **George Paget** – britischer Physiker
geb. 3.5.1892 in Cambridge
gest. 10.9.1975 in Cambridge
Nobelpreis 1937, für die experimentelle Entdeckung der Beugung von Elektronen an Kristallgittern.

T., einziger Sohn des Physik-Nobelpreisträgers von 1906, Sir Joseph John Thomson, studierte bei seinem Vater am Trinity College Physik. 1914 wurde er Dozent in Cambridge. Im Ersten Weltkrieg mußte T. u. a. viele Testflüge für aerodynamische Zwecke ausführen. 1915 wurde er schwer verwundet. 1922 wurde er ordentlicher Professor für Naturphilosophie an der Universität Aberdeen.

Hier untersuchte er die Beugung von Elektronen in Kristallen, womit er die de-Broglie-Theorie des Elektrons verifizierte. Darüber schrieb er mehrere Arbeiten wie „Wellenmechanik des freien Elektrons" und „Das Atom". 1927 ließ T. Elektronenstrahlen dünne Goldfolien durchdringen und entdeckte auf einer dahinter aufgestellten Fotoplatte anhand der typischen Beugungsmuster die Wellennatur der Elektronen – 30 Jahre nachdem sein Vater die Elektronen entdeckt hatte. Für den damit erbrachten Beweis des von Louis Victor de Broglie (Physik-Nobelpreis 1929) behaupteten Welle-Teilchen-Dualismus erhielt T. den Physik-Nobelpreis zusammen mit dem amerikanischen Physiker Clinton Joseph Davisson, der den Wellencharakter der Elektronen gleichzeitig und unabhängig fand.

1930 erhielt T. einen Lehrstuhl für Physik am Imperial College of Sciences and Technology an der Universität London, den er bis zu seiner Emeritierung 1952 innehatte. Von 1952 bis 1962 war er Professor am Master of Corpus Christi College in Cambridge. In den 30er Jahren setzte T. seine Arbeiten auf dem Gebiet der Elektronenbeugung und der Erforschung der Eigenschaften der Elektronen fort und wandte sich außerdem verstärkt der Kernphysik zu. Als die Kriegsgefahr naherückte, wirkte er auch als Berater der britischen Regierung und empfahl 1941 der Regierung von Premierminister Winston Churchill den Bau einer Atombombe.

T. hat zahlreiche Arbeiten auf dem Gebiet der Aerodynamik, der Atomforschung und der Strahlenkunde veröffentlicht. Hochinteressant war die 1955 veröffentlichte Schrift „Ein Physiker blickt in die Zukunft" und ein Buch über seinen Vater „J. J. Thomson und das Cavendish Laboratorium".

Thomson, Sir (ab 1908) **Joseph John** – britischer Physiker
geb. 18.12.1856 in Cheetham Hill bei Manchester
gest. 30.8.1940 in Cambridge
Nobelpreis 1906, in Anerkennung des großen Verdienstes, das er sich durch seine theoretischen und experimentellen Untersuchungen über den Durchgang der Elektrizität durch Gase erworben hat.

T. studierte Mathematik und Physik an der Universität Manchester. Bereits im Jahr 1884 wurde er zum Mitglied der Royal Society in London gewählt. 1884 wurde der 28jährige T. auch zum „Cavendish"-Professor für Experimentalphysik an der Universität Cambridge ernannt. Das von James Maxwell im Jahr 1871 gegründete Cavendish-Laboratorium wurde durch T.s Ideen und Arbeiten zum Mittelpunkt der experimentellen Forschung in England erhoben. Es sammelte sich eine große Zahl ausgezeichneter Schüler um ihn, u. a. Ernest Rutherford (Chemie-Nobelpreis 1908) und William Bragg (Physik-Nobelpreis 1915).

T. wurde schon sehr früh in seiner Laufbahn als Physiker vom Begriff der Energie gefesselt, und so beschäftigte er sich auch zunächst mit Problemen der elektrischen Gasentladungen. Die größte Leistung T.s aus dieser Zeit war zweifellos sein Anteil an der Entdeckung des Elektrons und ganz besonders der Beweis, daß die Kathodenstrahlen aus Partikeln bestehen, deren Masse viel kleiner ist als die Masse des leichtesten Atoms. Im Jahre 1884 veröffentlichte T. eine Arbeit, in der er den Zusammenhang der elektrischen Ladung der Materieteilchen mit der chemischen Bindung vermutete. Mitte der 90er Jahre wies er die elektrische Leitfähigkeit von Gasen in evakuierten Gefäßen unter Röntgenbestrahlung nach, klärte die Natur der dabei auftretenden Kathodenstrahlen als Ströme freier Elektronen auf und bestimmte die elektrische und magnetische Ablenkung der Kathodenstrahlen sowie mit J. S. E. Townsend das Verhältnis von Masse zu Ladung der Elektronen.

Als T. die Existenz des Elektrons nachwies, wurde auch die These hinfällig, wonach das Atom der kleinste Materiebaustein sei. Am meisten überraschte er die Wissenschaftler mit der Hypothese, daß die scheinbare Masse der Elektronen fast zweitausendmal geringer war als die des leichtesten Atoms, des Wasserstoffatoms. Die Forschungen von Rutherford erbrachten schließlich den unerträglichen Beweis dafür. Der Nachweis von Elektronen in Atomen führte T. und W. Thomson im Jahre 1898 zu dem nach ihnen benannten Thomsonschen Atommodell. 1899 wies T. gleichzeitig mit P. Lenard nach, daß auch beim Photoeffekt und beim glühelektrischen Effekt Elektronen emittiert werden.

1919 ging er in den Ruhestand. T. war zweifellos einer der ideenreichsten und fruchtbarsten Physiker, und er beeinflußte in großem Maße die Entwicklung der Physik. Mehr als 100 wissenschaftliche Abhandlungen aus fast allen Gebieten der experimentellen und theoretischen Physik sind während seiner Lehrtätigkeit in Cambridge erschienen.

t'Hooft, Gerardus – niederländischer Physiker
geb. 5.7.1946 in Den Helder (Niederlande)
Nobelpreis 1999, für seine entscheidenden, die Quantenstruktur betreffenden Beiträge zur Theorie der elektroschwachen Wechselwirkung in der Physik, mit denen er die Theorie der Elementarteilchenphysik auf festeren mathematischen Grund gestellt hat.
T'H. studierte ab 1964 Physik und Mathematik an der Universität von Utrecht. Bereits ab 1969 arbeitete t'H. als Doktorand am Institut für Theoretische Physik bei Professor M. Veltman. 1972 promovierte er. Im Februar 1977 wurde er an der Universität Utrecht zum ordentlichen Professor für Physik berufen. Er war mehrfach Gastprofessor an Universitäten der USA.

Mit Ausnahme der Gravitation fügen sich die elektromagnetische, die starke und die schwache Kraft in das Standardmodell der Elementarteilchenphysik ein. Das theoretische Fundament des Standardmodells war aus mathematischer Sicht von Anfang an unvollständig. Es schien unwahrscheinlich, daß sich daraus jemals meßbare physikalische Größen berechnen ließen.

Das Verdienst von Martinus Veltman (ebenfalls Physik-Nobelpreis 1999) und t'H. war es nun, einen mathematischen Weg entdeckt zu haben, der das Standardmodell auf eines der fundamentalsten Prinzipien der Physik, die sogenannte „Eichsymmetrie", stellte. Aufgrund dieses Prinzips kann man in der klassischen Elektrodynamik die elektrischen und magnetischen Felder mit Hilfe von elektrischen Potentialen darstellen. Diese lassen sich unter symmetrischen Gesichtspunkten austauschen bzw. transformieren, etwa mittels Addition einer Konstanten, ohne daß sich die Felder ändern. Nur Änderungen des Potentials zeigen eine physikalische Wirkung.

T'H. hat sich auch in jüngster Zeit mit eichtheoretischen Fragen in der Elementarteilchenphysik befaßt. Einen weiteren Forschungsschwerpunkt bildet das Problem der Schwerkraft und der Existenz sogenannter schwarzer Löcher in der Quantenphysik, für das das Standardmodell bislang noch nicht greift. Zwar konnten schwarze Löcher bislang noch nicht eindeutig nachgewiesen werden, aber es gibt starke theoretische Gründe für ihre Annahme.

Ting, Samuel Chao Chung – amerikanischer Kernphysiker chinesischer Herkunft
geb. 27.1.1936 in Ann Arbor (Michigan)
Nobelpreis 1976, für seine Pionierarbeit bei der Entdeckung eines schweren Elementarteilchens einer neuen Art, des J/Psi-Teilchens.
T., Sohn eines chinesischen Professoren-Ehepaares, wurde geboren, als sich seine Eltern besuchsweise in den USA aufhielten, und erhielt so durch Zufall der Geburt die amerikanische Staatsbürgerschaft. 1956 begann er ein Studium an der Universität von Michigan. Mit der Promotion schloß er 1962 seine akademische Ausbildung ab. Seine wissenschaftliche Forschungsarbeit nahm T. 1963 am Europäischen Kernforschungszentrum (CERN) in Genf auf. 1969 wurde er Ordinarius für Physik am Massachusetts Institute of Technology (MIT) in Cambridge.

Burton Richter (ebenfalls Physik-Nobelpreis 1976) und T. entdeckten 1974, unabhängig voneinander, ein neuartiges, sehr schweres Elementarteilchen. Mitte 1974 stellte sich in Brookhaven und bei einem ganz anderen Experiment in Stanford heraus, daß man einem recht sonderbaren Teilchen auf der Spur war. Seine Masse war mehr als dreimal so groß wie die des Protons des Wasserstoffatomkerns. T. und seine Gruppe untersuchten Energiespektren von Elektron-Positron-Paaren, die in Stößen von Protonen (schweres, elektrisch positiv geladenes Elementarteilchen) mit Atomkernen am Protonenbeschleuniger in Brookhaven bei New

York erzeugt wurden. Richter experimentierte am vier Kilometer langen Elektron-Positron-Collider des Stanford Linear Accelerator Center in Palo Alto (Kalifornien), wo gegenläufige Strahlen von Elektronen und Positronen zur Kollision gebracht wurden. Die Existenz eines neuen Teilchens zeigte sich in beiden Fällen durch eine unvermittelte starke Erhöhung der Reaktionsrate bei einer genau bestimmten Energie im Elektron-Positron-System. Die 14köpfige Brookhaven-Gruppe nannte es J-Teilchen, die Stanford-Gruppe (35 Wissenschaftler) Psi-Teilchen.

Besonders verblüffend war, daß dieses Partikel rund tausendmal länger lebte, als es nach den herkömmlichen Vorstellungen zu erwarten war. Die meisten Teilchen innerhalb des Atomkerns sind sehr kurzlebig, so daß dieses neue Teilchen eine gänzlich unerwartete Struktur innerhalb des Kerns bedeutete. Nach der Theorie waren die Eigenschaften nur erklärbar, wenn die Grundbausteine der Materie, die drei von Murray Gell-Mann (Physik-Nobelpreis 1969) vorhergesagten „Quarks", um einen vierten erweitert werden, das „Charm-Quark". Die Entdeckung des Charmoniums (Anti-Charm) und des Charmquarks erweitert die Zahl potentieller Elementarteilchen beträchtlich. Gleichzeitig – und das ist besonders wichtig – wächst die innere Ordnung in dem chaotischen Bild, das wir bisher von den Hadronen haben. Die neuen Teilchen können entscheidend zum besseren Verständnis der starken Wechselwirkung (Hadronen) wie auch der schwachen Wechselwirkung (Leptonen) beitragen.

Tomonaga, Schinitschiro – japanischer Physiker
geb. 31.3.1906 in Tokio
gest. 8.7.1979 in Tokio
Nobelpreis 1965, für die verdienstvollen Arbeiten auf dem Gebiet der Quantenelektrodynamik.
Auf die Physik wurde T., Sohn eines Professors für Philosophie, aufmerksam, als A. Einstein 1922 eine Vortragsreise durch Japan unternahm. Ab 1925 studierte T. Physik an der Kaiserlichen Universität Kyoto. 1932 ging er an das Institut für chemische und physikalische Forschungen in Tokio, wo er über zehn Jahre wirkte. Gegen Ende 1937 wurde T. durch ein Austauschstipendium ein Aufenthalt in Leipzig bei W. Heisenberg ermöglicht. 1939 promovierte er an der Universität Tokio. 1941 erhielt T. eine Professur an der dortigen Universität für Literatur und Naturwissenschaften. 1949 wurde er durch J. R. Oppenheimer an das Institute for Advanced Study in Princeton gerufen. Er widmete sich danach vor allem pädagogischen und wissenschaftspolitischen Fragen. Von 1963 bis 1969 war er Präsident des Japanischen Rates für Wissenschaft.

Die Physiker R. Feynman, J. Schwinger und T. erhielten den Nobelpreis für ihre Arbeiten, die sie unabhängig voneinander in den Jahren von 1947 bis 1949 auf dem Gebiet der Quantenelektrodynamik geleistet haben und die bis heute nichts an wissenschaftlicher Aktualität eingebüßt haben. 1942 legte T. die Konvergenzformulierung der Quantenfeldtheorie vor, nach der der Begriff des Quantenzustandes als relativistisch kovariant generalisiert wurde. Die Quantenelektrodynamik war die dritte Stufe in der Entwicklung der Quantenlehre, die ursprünglich erst die Atomforschung ermöglichte. Es wurde notwendig, die elektromagnetischen Vorgänge im Atom zu einem gesonderten Forschungsbereich zu machen. Daraus entstand die Quantenelektrodynamik.

Da bei ihr der Feldbegriff in den Mittelpunkt trat, entwickelten Heisenberg, Pauli und Dirac Ende der zwanziger Jahre mathematisch widerspruchsfreie Gedanken zur Quantenlehre. Es traten aber Schwierigkeiten auf, da an bestimmten Stellen des errechneten Feldes die Feldstärke in der Richtung auf „unendlich" zu liegen schien, man nennt das Divergenzen. Feynman, Schwinger und T. fanden einen Ausweg aus diesen Schwierigkeiten. Nach bestimmten Regeln für das normale Verhalten muß der Wirkungsbereich des Feldes, das die Quantenelektrodynamik beschreibt, in der Umgebung jener Divergenzen begrenzt sein: So haben die Arbeiten der drei Nobelpreisträger die Wechselbeziehungen zwischen elektrisch geladenen Teilchen und elektromagnetischen Feldern geklärt. Wie das Verleihungskomitee in seiner Begründung betont, hat sich der hier so erfolgreiche methodische Trick auch ganz allgemein in der Physik als recht brauchbar erwiesen.

Townes, Charles Hard – amerikanischer Physiker
geb. 28.7.1915 in Greenville (South Carolina)
Nobelpreis 1964, für grundlegende Arbeiten auf dem Gebiet der Quantenelektronik, die zur Konstruktion von Oszillatoren und Verstärkern auf der Basis des Maser- und Laserprinzips führten.
T. studierte an der Furman University und an der Duke University in Greenville. 1939 promovierte er am California Institute of Technology in Pasadena. Von 1950 bis 1961 wirkte er als ordentlicher Professor am Physik-Department der Columbia-Universität in New York. Von 1961 bis 1969 war T. Professor für Physik am Massachusetts Institute of Technology in Cambridge, und danach ging er als Professor an die University of California in Berkeley.

T. stellte sich in den 40er Jahren die Frage, sein besonderes Interesse galt der Weiterentwicklung der Radartechnik, warum nicht kürzere Mikrowellen erzeugt werden können als die bisher bekannten, indem man die molekulare und atomare Aktivität dafür einsetzt. Bei der Suche nach einem Mikrowellensender hoher Leistung kam T. 1951 auf die Idee, statt einer der herkömmlichen elektronischen Schaltungen gewisse Eigenschaften von Molekülen für die Erzeugung von Mikrowellen heranzuziehen. Er erkannte 1951 das Prinzip der „induzierten Emission", wobei thermisch angeregte Ammoniakmoleküle durch einen eingestrahlten Mikrowellenimpuls sich gegenseitig zur Abstrahlung von Mikrowellen anregen wie bei einer Kettenreaktion. Dabei entsteht eine intensive Mikrowelle mit konstanter Frequenz. Im Dezember 1953 hatte T. eine entsprechende Apparatur fertiggestellt, mit der Mikrowellen erzeugt werden konnten. Seine Studenten bildeten das Kunstwort „Maser“ aus „Microwave Amplification by Stimulated Emission of Radiation“, auf deutsch Mikrowellenverstärkung durch angeregte Aussendung von Strahlung.

Maser werden in höchstempfindlichen Verstärkeranlagen der Radioastronomie, in Anlagen zur Signalübertragung von Raumsonden und künstlichen Satelliten eingesetzt, sie sind die ersten geräuschlosen Ultrakurzwellenverstärker. Gegen Ende der fünfziger Jahre wurden dann auch Festkörpermaser von T. und anderen Wissenschaftlern gebaut. Mit diesen Masern lassen sich Mikrowellen verstärken, die schwächer sind als das Störspannungsrauschen. Das bedeutet, daß sehr schwache Signale wesentlich erfolgreicher verstärkt werden konnten. Durch die Radioastronomie konnten auch kosmische Maser-Quellen nachgewiesen werden, die unter anderem auf Übergängen im Hydroxylradikal, im Wasser und auch in komplizierten Molekülen beruhen.

Die Anwendung des Maserprinzips auf Licht unter Heranziehung der induzierten Emission (wurde bereits 1917 von A. Einstein theoretisch vorausgesagt) wurde 1958 von A. L. Schawlow (Physik-Nobelpreis 1981) und T. vorgeschlagen, die theoretischen Grundlagen wurden auch von N. G. Bassow und A. M. Prochorow (beide Physik-Nobelpreis 1964) geschaffen. Damit war der Laser (Light amplification by stimulated emission of radiation – Lichtverstärkung durch stimulierte Strahlungsemission) geboren. Die große Strahlungsleistung, die in einem Strahl auf kurze Entfernung übertragen wird, konnte in der Medizin für bestimmte Augenoperationen (Punktschweißen von Netzhautablösungen) ebenso nützlich angewendet werden wie bei der chemischen Analyse, wobei Substanzen verdampft und dann spektrographisch untersucht werden.

Tscherenkow, Pawel Alexejewitsch – sowjetischer Physiker

geb. 28.7.1904 in Nowa Tschigla (Oblast Woronesh)

Nobelpreis 1958, für die Entdeckung und Interpretation des nach ihm benannten Effekts.

T., dessen Eltern einfache Landarbeiter waren, wuchs in ärmlichen Verhältnissen auf. Er erhielt einen Studienplatz für Physik an der Universität Woronesh, wo er 1928 sein Examen machte. 1930 erhielt er eine Anstellung am Physikalischen Institut der Akademie der Wissenschaften in Moskau.

Unter Anleitung des Akademiemitglieds S. I. Wawilow, eines bekannten sowjetischen Physikers, untersuchte T. dort zu Beginn der 30er Jahre die Lumineszenz der reinen Flüssigkeiten unter Einwirkung von Gamma-Strahlen. Im Jahr 1932 entdeckte er den Effekt der Lichtanregung, der heute beim Betrieb von Kernreaktoren als ungewöhnlich eindrucksvolle Leuchterscheinung beobachtet werden kann. T. konnte 1934 feststellen, daß das vom Ehepaar Pierre und Marie Curie entdeckte und von dem französischen Radiologen L. Mallet näher beschriebene blaue Licht bei nuklearen Prozessen immer dann eintritt, wenn die Geschwindigkeit der Elektronen größer ist als die Phasengeschwindigkeit des Lichts in der Flüssigkeit.

1935 promovierte T. 1936 wurde er Professor am Moskauer Ingenieur-Physikalischen Institut, und 1940 promovierte er ein zweites Mal. 1936 lieferten die sowjetischen Physiker I. J. Tamm und I. M. Frank auf der Grundlage der klassischen Thermodynamik die theoretische Erklärung für den sogenannten T.-Effekt. Nach der Ausmessung der spektralen Verteilung der Strahlung gelang 1937 der photographische Nachweis der charakteristischen Eigenschaften des T.-Effektes. Es handelt sich um eine Strahlung, theoretisch erklärt als elektromagnetische Strahlung des sichtbaren und ultravioletten Bereichs, die emittiert wird, wenn sich geladene Teilchen in einem durchsichtigen Medium mit einer Geschwindigkeit bewegen, die größer ist als die Phasengeschwindigkeit des Lichtes in diesem Medium. Anstatt durch schnelle Teilchen wie Elektronen, Mesonen, Protonen oder Teilchen der kosmischen Strahlung kann die T.-Strahlung auch durch energiereiche Gammastrahlung über die von diesen erzeugten Compton-Elektronen ausgelöst werden. In der Kernphysik dient der T.-Effekt als eine wichtige Nachweismethode für hochrelativistische Teilchen.

Von 1948 bis 1951 war T. Professor am Moskauer Kraftwerk-Institut, und danach wurde er Direktor des Laboratoriums für Neutronenphysik am Vereinigten Institut für Kernforschung bei Moskau. Hier entwickelte er ein Meßgerät, mit dem die Geschwindigkeit von Teilchen unabhängig von ihrer Masse registriert werden kann. Dieser sogenannte T.-Zähler ist ein Meßgerät zum Nachweis hochenergetischer Elektronen, Gamma-Quanten, Protonen und Mesonen durch die von ihnen emittierte T.-Strahlung. Der T.-Zähler fand schnell Anwendung in der Hochenergiephysik.

Tsui, Daniel C. – amerikanischer Physiker chinesischer Herkunft

geb. 1939 in Henan (Zentralchina)

Nobelpreis 1998, für seine bahnbrechenden Arbeiten zur Entdeckung des sogenannten fraktionalen Quanten-Hall-Effekts.

T. absolvierte das Studium der Physik an der Universität von Chicago, wo er 1967 promovierte. 1982 ging T. an die Princeton-Universität in New Jersey, wo er seitdem als Professor für Elektroingenieurwesen wirkt.

Im Jahr 1982 stießen H. L. Störmer und T. bei einem Experiment auf Elektronen in bis dahin unbekannter Gestalt. Die Teilchen bildeten eine neue Art von Quantenflüssigkeit, die mit den Quantenflüssigkeiten verwandt ist, die bei Supraleitung und in flüssigem Helium auftreten. Die beiden Forscher interessierten sich für den Grundzustand eines zweidimensionalen Elektronengases, das nach Überlegungen von E. Wigner (Physik-Nobelpreis 1963) für Temperaturen nahe dem absoluten Nullpunkt einen Elektronenkristall bilden sollte. Die von ihrem Kollegen A. C. Gossard hergestellten Halbleiterproben mit sehr hoher Beweglichkeit der Ladungsträger kühlten Störmer und T. bis unter ein Kelvin ab; außerdem verwendeten sie extrem starke Magnetfelder von bis zu 30 Tesla, etwa dem Millionenfachen des Erdmagnetfeldes.

Der normale Hall-Effekt beschreibt, wie ein Strom von Elektronen in einem dünnen Leiter auf ein Magnetfeld reagiert. In einem stromdurchflossenen Leiter, in dem senkrecht zur Stromrichtung ein magnetisches Feld wirkt, wird senkrecht zu den elektrischen magnetischen Feldlinien durch die Lorentz-Kraft eine Spannungsdifferenz, die Hall-Spannung, aufgebaut. K. v. Klitzing stellte fest, daß sich der Widerstand eines stromdurchflossenen Plättchens nicht linear, sondern stufenförmig in Abhängigkeit von der Magnetfeldstärke verändert. Da diese winzigen Stufen im Verhältnis ganzer Zahlen zueinander stehen, wurde seine Entdeckung auch als „ganzzahliger Quanten-Hall-Effekt" bekannt. In verfeinerten experimentellen Studien des Quanten-Hall-Effekts bei noch niedrigeren Temperaturen (im Millikelvinbereich) und stärkeren Magnetfeldern fanden H. L. Störmer, T. und Mitarbeiter im Jahre 1982 ganz neue Plateaus des Hall-Widerstands, die auch zwischen den ganzzahligen lagen.

Die Erklärung für diesen überraschenden „fraktionierten Quanten-Hall-Effekt" fand der dritte Preisträger R. B. Laughlin ein Jahr später. Nach seiner Deutung zwingen die niedrige Temperatur und das starke Magnetfeld das Elektronengas zur Kondensation in einen völlig neuen Typ von Quantenflüssigkeit. Normalerweise können Elektronen, weil sie zur Gruppe der sogenannten Fermionen gehören, nicht kondensieren. Bei den Experimenten binden sie sich statt dessen an die Flußquanten des Magnetfelds. Bei der Bildung des speziellen Plateaus, das Störmer und T. zuerst entdeckt haben, fangen die beteiligten Elektronen jeweils drei Flußquanten ein. Dadurch entsteht eine Art zusammengesetzter Teilchen, die sich wie Bosonen verhalten und sich einer Kondensation nicht mehr widersetzen. Das ungewöhnliche Verhalten der Elektronen im kalten Magnetfeld ist möglich, indem die Träger der elektrischen Ladung mit den magnetischen Flußquanten eine Bindung eingehen. Diese zusammengesetzten Teilchen kondensieren zu einer Quantenflüssigkeit und können quantenmechanische Zustände einnehmen, die einzelnen Elektronen nicht erlaubt wären. Fließen weitere Elektronen in diesen Quantensee, regen sie die Quantenflüssigkeit an, sogenannte Quasiteilchen zu bilden, die einen Teil der Elektronenladung tragen.

Van der Waals, Johannes Diderik – niederländischer Physiker
geb. 23.11.1837 in Leiden
gest. 8.3.1923 in Amsterdam
Nobelpreis 1910, für seine Arbeiten über die Zustandsgleichung der Gase und Flüssigkeiten.

V. d. W. entstammte einer armen Leidener Familie, und er mußte sich selbst die erforderlichen Kenntnisse in Mathematik, Physik und Chemie erarbeiten, um 1862 zur Leidener Universität zugelassen zu werden. 1873 promovierte er dort in Physik mit der Dissertation „Über die Kontinuität des gasförmigen und flüssigen Zustandes". Im Jahre 1877 erhielt V. d. W. den Lehrstuhl für Physik an der Universität Amsterdam, von dem er 1908 zurücktrat.

Die positive Aufnahme seiner Forschungsarbeit in Leiden beflügelte V. d. W., sich an der Verbesserung der damals in der Wissenschaft gängigen unzulänglichen Beschreibungen des Gasverhaltens zu versuchen. Die gesamten Kenntnisse beruhten letztlich auf einem einzigen Lehrsatz, dem Boyle-Mariotteschen Gesetz, das den Zusammenhang von Veränderungen in Druck, Volumen und Temperatur eines Gases darlegte. Dieses Gesetz lieferte gute Annäherungswerte, aber es war nicht in jedem Fall präzise. V. d. W. konzentrierte sich nun darauf, herauszufinden, warum sich dieses Gesetz bei realen Gasen als nicht völlig exakt erweist. Er wußte, daß es sich hauptsächlich auf die kinetische Gastheorie gründet, die von zwei wichtigen Voraussetzungen ausgeht: daß erstens zwischen den Gasmolekülen keine Anziehungskraft wirkt und daß zweitens die Moleküle zwar lokalisierbar sind, aber keine fest umrissene Form haben. Beides leuchtete V. d. W. nicht recht ein, da ihm bekannt war, daß geringe Anziehungskräfte zwischen Molekülen existieren und daß sie zwar extrem klein sind, aber eine bestimmte Form haben. Nach mehreren Jahren sorgfältiger Arbeit formulierte V. d. W. im Jahre 1873 seine Zustandsgleichung, die weitgehend das Verhalten realer Gase erfaßt. Mit ihr lassen sich Veränderungen des Druckes, des Volumens und der Temperatur verblüffend genau bestimmen.

Die V. d. W.sche Zustandsgleichung hat zwar heute nur noch beschränkte praktische Bedeutung, gibt aber eine gute Darstellung des Einflusses der Wechselwirkungskräfte und der Eigenvolumina der Teilchen auf den realen Gaszustand. Sie kann beispielsweise dazu benutzt werden, die physikalische Struktur der Gase auf riesigen Planeten wie dem Jupiter zu bestimmen. Auch wird sie noch heute auf fast allen ingenieurtechnischen Gebieten praktisch angewandt, bei denen Gase eine wichtige Rolle spielen. Bekannte Beispiele dafür sind das Kühlen und Einfrieren von Lebensmitteln.

Die Aufstellung der Zustandsgleichung war seine erste große Leistung, und die Verbesserung dieser Gleichung wurde zu seiner Lebensaufgabe. 1880 gelang V. d. W. seine zweite große Entdeckung. Er fand das Prinzip der übereinstimmenden Zustände, welches besagt, daß sich die Verhaltensweisen aller Substanzen in gleicher Weise mathematisch beschreiben lassen, wenn man ihre Zustandsgrößen Druck, Volumen und Temperatur auf die kritischen Daten bezieht. In seinen Gleichungen wird der Zusammenhang der Zustandsgrößen der realen Gase und der Flüssigkeiten näherungsweise beschrieben. Als V. d. W.sche Kräfte bezeichnet man deshalb auch die zwischenmolekularen Kräfte, die für die Abweichung realer Gase vom idealen Verhalten verantwortlich sind.

Im Jahre 1889 vollbrachte V. d. W. seine dritte große Leistung, die Theorie der binären Gemische wurde von ihm erklärt.

Veltman, Martinus J. G. – niederländischer Physiker
geb. 27.6.1931 in Waalwijk (Niederlande)
Nobelpreis 1999, für seine entscheidenden, die Quantenstruktur betreffenden Beiträge zur Theorie der elektroschwachen Wechselwirkung in der Physik, mit denen er die Theorie der Elementarteilchenphysik auf festeren mathematischen Grund gestellt hat.
V. beendete 1961 ein naturwissenschaftliches Studium an der Universität Utrecht mit der Promotion in Physik. Bereits 1966 wurde er an seiner Alma Mater zum Professor für Physik berufen, diesen Lehrstuhl bekleidete er bis 1981. Danach übernahm er die John-D.-MacArthur-Professur für Physik an der University of Michigan in Ann Arbor (USA) und wurde 1998 emeritiert.

Den theoretischen Physikern Gerardus t'Hooft (ebenfalls Physik-Nobelpreis 1999) und V. ist es gelungen, durch zahlreiche Beiträge das sogenannte Standardmodell der Teilchenphysik weiterzuentwickeln.

Inzwischen sind über 200 Elementarteilchen bekannt, deren Zahl noch weiter anwachsen dürfte. Allen Teilchen ist gemeinsam, daß sie sich durch geeignete Stoß- oder Zerfallsprozesse ineinander umwandeln lassen oder aus Energie erzeugt werden können. Die Physiker mußten nun eine gewisse Ordnung in dem „Elementarteilchenzoo" schaffen. Aus den Modellen wurde im Laufe der Zeit das, was man heute als Standardmodell der Elementarteilchenphysik bezeichnet. Das Verdienst V.s und t'Hoofts ist es, einen mathematischen Weg gefunden zu haben, das Standardmodell auf eines der fundamentalsten Prinzipien der Physik, die sogenannte „Eichsymmetrie", zu stellen.

Aufgrund dieses Prinzips kann man in der klassischen Elektrodynamik die elektrischen und magnetischen Felder mit Hilfe von elektrischen Potentialen darstellen. Diese wiederum lassen sich unter symmetrischen Gesichtspunkten austauschen bzw. transformieren, etwa mittels Addition einer Konstanten, ohne daß sich die Felder ändern. Nur Änderung des Potentials zeigt eine physikalische Wirkung. Anders als in der klassischen Physik ist es in den Theorien, die auf der Quantenmechanik beruhen, entscheidend, in welcher Reihenfolge solche Eichtransformationen vorgenommen werden. Dies gilt insbesondere für die Theorie der elektroschwachen Wechselwirkung, die in den 60er Jahren entwickelt wurde. Darin sind die schwache Wechselwirkung, die den radioaktiven Zerfall beschreibt, und die elektromagnetische Kraft zusammengefaßt.

V. und t'Hooft entwickelten dazu ein Computerprogramm, das die komplizierten Ausdrücke aller bis dahin bekannten Quantenfeldtheorien vereinfachte und Berechnungen möglich machte. Durch diesen Erfolg war es erstmals möglich, experimentell gewonnene Größen mit großer Genauigkeit theoretisch zu berechnen.

Vleck, John Hasbrouck van – amerikanischer Physiker
geb. 13.3.1899 in Middletown (Connecticut)
gest. 27.10.1980 in Cambridge (Massachusetts)
Nobelpreis 1977, für seine fundamentalen Untersuchungen der elektrischen und magnetischen Eigenschaften von ungeordneten (nichtkristallinen) Systemen.
V. studierte Physik an der Universität von Wisconsin in Madison und an der Harvard-Universität in Cambridge (Massachusetts), an der er 1923 promovierte. Von 1945 bis 1949 war er hier Direktor des Physik-Departments, und von 1951 bis zu seiner Emeritierung 1969 war V. Professor für Mathematik und Naturphilosophie.

Die Ideen V.s spielten eine zentrale Rolle bei der Entwicklung des Lasers. Er gilt allgemein als „Vater des modernen Magnetismus". V. lieferte wesentliche Beiträge zur Theorie der magnetischen Eigenschaften von Festkörpern. Besonders bedeutsam waren seine Arbeiten zum Verhalten paramagnetischer Ionen in diamagnetischen Materialien. Diese Analysen bildeten u. a. eine entscheidende Voraussetzung für den Einsatz derartiger Festkörpersysteme zum Bau von Quantenverstärkern im Mikrowellenbereich, der sogenannten Maser. V. ging unter anderem der Frage nach, wie sich der Einbau von magnetischen Fremdatomen in einem Festkörperkristall auswirkt, wie etwa das Kristallfeld gestört wird. Das ist für das elektrische und magnetische Verhalten dieser Materialien von großer Bedeutung.

Er war der erste Physiker, der Anfang der dreißiger Jahre eine vollständige, quantenmechanisch begründete Theorie des Magnetismus entwickelte. In diesen Jahren verfaßte V. mehrere Arbeiten zur Quantentheorie der chemischen Bindung und schuf die Grundlagen für die Untersuchung der optischen Spektren und der magnetischen Resonanzen in paramagnetischen Kristallen. Ihr Wissen um die Eigenschaften einer großen Klasse magnetischer Stoffe – der magnetisch geordneten Kristalle – verdankt die moderne Physik V., der feststellte, welche Rolle die verschiedenen Arten von Wechselwirkungen der Elementarteilchen in diesen Kristallen spielen. Die magnetische Resonanz gehört zu den Untersuchungsverfahren der Experimentalphysik mit dem höchsten Auflösungsvermögen. Hier hat V. die Methode der Momente in der Theorie der magnetischen Resonanz ausgearbeitet, die Spintemperatur für die Erläuterung der dynamischen Kernpolarisation eingeführt und andere Probleme gelöst.

V. hat auch eine Erklärung des sogenannten Jahn-Teller-Effekts gegeben, der auf die Wechselwirkung zwischen Störatomen und Wirtkristall zurückzuführen ist und der darauf beruht, daß durch lokalisierte magnetische Momente der Kristall in der Umgebung verzerrt und so seine Symmetrie gestört wird. Das wiederum hat Auswirkungen auf die elektronischen Eigenschaften. Später begründete V. die „Ligandenfeld-Theorie" zur Erklärung der chemischen und physikalischen Eigenschaften von Komplexen der Übergangsmetalle.

Walton, Ernest Thomas Sinton – irischer Atomphysiker
geb. 6.10.1903 in Dungarvan (County Waterford)
gest. 25.6.1995 in Belfast
Nobelpreis 1951, für die Pionierarbeit auf dem Gebiet der Atomkernumwandlung durch künstlich beschleunigte atomare Partikel, mit der er eine völlig neue Epoche in der Kernforschung eingeleitet hat.
W. studierte am Trinity-College der Universität Dublin Physik und Mathematik. Aufgrund hervorragender Leistungen konnte er mit einem Stipendium das Cavendish-Institut der Universität Cambridge besuchen, wo er im Bereich der Kernphysik bei Ernest Rutherford (Chemie-Nobelpreis 1908) arbeitete. 1931 promovierte er.

Die zwei Schüler Rutherfords, J. D. Cockcroft und W., erschlossen der Kernphysik neue Wege, als ihnen im Jahre 1932 am Cavendish Laboratory der Universität Cambridge die erste Kernumwandlung leichter Elemente durch künstlich beschleunigte Protonen gelang. Der Atomkern des Lithiums, des nach Wasserstoff und Helium leichtesten Elements, wandelte sich durch den Beschuß in Helium um. Zusammen mit Cockcroft (ebenfalls Physik-Nobelpreis 1951) benutzte W. eine sogenannte Kaskadenschaltung zur Durchführung der ersten Kernreaktion mit künstlich beschleunigten Protonen, sie wird deshalb auch „Cockcroft-W.-Kreis" genannt. Der Kaskadengenerator oder Cockcroft-W.-Generator ist ein Gerät zur Erzeugung hoher Gleichspannungen von einigen hundert kV bis etwa 3 MV bei großen Stromstärken bis zu einigen 10 mA. Kaskadengeneratoren werden in der Technik zur Prüfung von Isolatoren, in der Kernphysik zum Betrieb von Teilchenbeschleunigern verwendet.

Der Entdeckung W.s und Cockcrofts kam deshalb besondere Bedeutung zu, da man bisher angenommen hatte, daß für den Beschuß mit Heliumkernen mehrere Millionen Volt Spannung erforderlich seien, ein Vielfaches dessen, was Ende der 20er Jahre überhaupt erzeugbar erschien. Die Idee, für den Beschuß Alphastrahlen anzuwenden, kam W. nach dem Studium der Veröffentlichungen des russischen Physikers G. Gamow (er hatte 1928 die Theorie des natürlichen Alpha-Zerfalls entwickelt), der es für wahrscheinlich hielt, daß – entgegen der klassischen Teilchenlehre – einige subatomare Partikel wie etwa die Alpha-Partikel sich vom Kern lösen könnten. Es zeigte sich, daß bei einem Beschuß leichter Atome durch zehn Millionen positiv aufgeladener Alpha-Teilchen durchschnittlich eine Kernspaltung glückte.

1932 setzte W. in Cambridge seine Forschungsarbeit auf dem Gebiet der Atomkernumwandlung fort, nachdem er die Ernennung zum Clerk Maxwell Scholar erhalten hatte. 1934 kehrte er als Dozent an das Trinity College der Universität Dublin zurück. Von 1946 bis zu seiner Emeritierung 1974 war W. dort Professor für Natur- und Experimentalphilosophie.

Die Schwedische Akademie der Wissenschaften brachte in ihrer Würdigung zum Ausdruck, daß die beiden Preisträger W. und Cockcroft mit ihrer Arbeit eine völlig neue Epoche in der Kernforschung eingeleitet haben.

Weinberg, Steven – amerikanischer Physiker
geb. 3.5.1933 in New York City
Nobelpreis 1979, für seine Mitwirkung an der Theorie der Vereinigung schwacher und elektromagnetischer Wechselwirkung zwischen Elementarteilchen, die unter anderem die Vorhersage der schwachen neutralen Ströme einschloß.
W. studierte Physik an der Cornell-Universität in Ithaca (New York). 1957 promovierte er an der Princeton-Universität in New Jersey. 1959 begann er seine physikalische Forschungsarbeit am Lawrence Radiation Laboratory in Berkeley. 1960 erhielt er eine Berufung als Professor für Physik an die dortige Universität. Von 1969 bis 1983 wirkte W. als ordentlicher Professor für Physik an der Harvard-Universität in Cambridge. Seit 1983 ist er Professor für Physik an der Universität von Texas in Austin.

Im Jahre 1967 schlugen W. und – unabhängig von ihm – der pakistanische Physiker Abdus Salam (ebenfalls Physik-Nobelpreis 1979) eine Theorie vor, mit der man die schwache und elektromagnetische Wechselwirkung einheitlich beschreiben kann. Die Theorie geht davon aus, daß die Elementarteilchen von vier verschiedenen Kräften zusammengehalten werden: der Gravitation, den schwachen und den starken nuklearen Wechselwirkungen und den magnetischen Wechselwirkungen. Mit der elektromagnetischen Kraft, die zum Beispiel das Atom zusammenhält, und mit der schwachen Kraft, die beim radioaktiven Zerfall eine Rolle spielt, beschäftigten sich Sheldon Glashow (ebenfalls Physik-Nobelpreis 1979), Salam wie auch W. und sie fanden, daß diese als einzige Kraft anzusehen seien, die lediglich in verschiedenen Formen in Erscheinung tritt. Bei extrem hohen Energieniveaus lassen sie sich nicht mehr unterscheiden. Diese Theorie nimmt u. a. die Existenz einer neuen Art schwacher Wechselwirkung an, bei der die reagierenden Partikel ihre Ladungen nicht verändern. Dieses Verhalten gleicht dem bei der elektromagnetischen Wechselwirkung, und man sagt, daß die Interaktion über einen schwachen neutralen Strom verläuft. Man muß diesen Vorgang in Gegensatz bringen zum Beta-Zerfall des Neutrons, bei dem die Ladung sich verändert und das Neutron sich in ein Proton verwandelt.

Das Glashow-W.-Salam-Modell erwies sich nicht nur als renormierbar, es führte auch eine neue Naturkonstante ein, etwa vom gleichen Rang wie die elektrische Elementarladung: Der sogenannte W.-Winkel beschreibt die Mischung von elektromagnetischer und schwacher Wechselwirkung. Ein Ergebnis der neuen Theorie war die Vorhersage, daß es neben den bekannten elektromagnetischen auch „schwache" Prozesse geben müsse, die ohne Ladungsänderung der beteiligten Partner vor sich gehen. Diese Prognose konnte inzwischen bestätigt werden.

Wien, Wilhelm Carl Werner – deutscher Physiker
geb. 13.1.1864 in Gaffken bei Fischhausen (heute Kaliningrad)
gest. 30.8.1928 in München
Nobelpreis 1911, für seine die Gesetze der Wärmestrahlung betreffenden Entdeckungen.
W. studierte an den Universitäten Göttingen, Heidelberg und Berlin, wo er 1886 auch promovierte. 1892 habilitierte sich W. an der Universität Berlin und wirkte dann als Privatdozent. 1900 wurde er an die Universität Würzburg berufen, wo er 20 Jahre in Forschung und Lehre tätig war. Danach wirkte er als Experimentalphysiker in München.

W.s Hauptinteresse gehörte den optischen Untersuchungen und er wies nach, daß die Maxwellsche elektromagnetische Lichttheorie nicht ohne weiteres im Stande ist, die charakteristischen Tatsachen der Metalloptik, im sichtbaren Spektrum, zu erklären. Er führte zahlreiche hydrodynamische Untersuchungen theoretischer Natur durch, so über den Einfluß des Windes auf die Gestalt der Meereswellen, und untersuchte die Gesetze der Wärmestrahlung. Durch eine glückliche Kombination thermodynamischer Betrachtungen mit dem Dopplerschen Prinzip in seiner Anwendung auf die Lichtreflexion an bewegten Spiegeln gelangte er zu einem allgemeinen Satz betreffs des Einflusses der Temperatur auf die Energieverteilung im Spektrum schwarzer Körper, dem nach ihm benannten „Verschiebungsgesetz". Als es ihm aber drei Jahre später in Zusammenarbeit mit O. Lummer gelungen war, einen schwarzen Körper in einer für genauere Messungen geeigneten Form zu realisieren, zeigte es sich, daß das W.sche Verschiebungsgesetz ein vollkommen exaktes Naturgesetz darstellt, welches zu den Fundamenten der ganzen Strahlungstheorie zählt.

Mit dem Verschiebungsgesetz konnte das Energiemaximum für jede Temperatur berechnet werden, wenn es für eine bekannt war. Es wurde auch verständlich, daß die Wärmestrahlung bei niedrigen Temperaturen unsichtbar ist und daß erst bei 6.000 Grad Kelvin ihr Maximum in den sichtbaren Bereich des elektromagnetischen Spektrums rückt. Andererseits konnte aus dem gemessenen Energiemaximum im Spektrum der Sonne oder eines Fixsternes auf ihre Temperatur geschlossen werden. Für die Verteilung der Strahlungsintensität auf die einzelnen Wellenlängen stellten sowohl Rayleigh als auch zwei Jahre später W. eine Gleichung auf; während aber das Strahlungsgesetz von Rayleigh nur für große Wellenlängen den gemessenen Werten entsprach, galt das von W. nur für kurze Wellenlängen.

Das W.sche Verschiebungsgesetz für die Strahlung des schwarzen Körpers war eine wesentliche Vorstufe zur Quantentheorie.

Wigner, Eugene Paul – amerikanischer Physiker ungarischer Herkunft
geb. 17.11.1902 in Budapest
gest. 1.1.1995 in Princeton (New Jersey)
Nobelpreis 1963, für die Entwicklung der Theorie der Atomkerne und der Elementarteilchen sowie für die Entdeckung und Anwendung der grundlegenden Symmetrieprinzipien.
W. studierte zuerst in Budapest, dann von 1920 bis 1924 an der Technischen Hochschule in Berlin-Charlottenburg. 1925 promovierte er. Von 1936 bis 1938 war er Professor für Physik an der Universität von Wisconsin und anschließend bis 1971 Inhaber des berühmten Thomas-D.-Jones-Lehrstuhls für Mathematische Physik am Palmer Physical Laboratory von Princeton.

W. gehörte zu den bedeutendsten Theoretikern der Elementarteilchenphysik. Zu weitreichenden Einsichten in den Aufbau der Materie führten seine Überlegungen zur Raumspiegelung, Zeitumkehr sowie seine Entdeckung und Anwendung fundamentaler Symmetrie-Prinzipien bei zahlreichen Kernprozessen. Er war einer der ersten Physiker, die die Gruppentheorie in die Quantentheorie einführten und so zur Lösung quantenphysikalischer Probleme beitrugen. Auf diesem Wege erklärte er 1927 die Gesetzmäßigkeit der Atomspektren. Er erkannte, daß innerhalb der Quantenmechanik ganz allgemeine Symmetrieeigenschaften viele Phänomene in der Theorie vom Aufbau der Materie beherrschen müssen. Darauf begründete Methoden der Forschung stellen heute die wichtigsten Mittel in den Bemühungen dar, die Physik der Elementarteilchen zu verstehen. 1933/34 folgten Arbeiten über die Theorie des metallischen Zustandes, und zusammen mit F. Seitz entwickelte er eine Methode zur Berechnung von Quantenzuständen in einem Metallgitter („W.-Seitz-Methode"). 1934 erforschte W. Wechselwirkungen der Elektronen und die Kohäsion in Metallen, 1935 arbeitete er an einer Theorie der Kernkräfte (W.-Kraft), und 1936 folgte eine Theorie des Neutroneneinfangs.

Gemeinsam mit dem Physiker G. A. Breit entwickelte W. unabhängig von N. Bohr das Konzept des „Zwischenkerns", das zu einem wichtigen Hilfsmittel bei der Deutung von Kernreaktionen wurde. Die mathematische Ausarbeitung führte zur grundlegenden „W.-Breitschen-Resonanzformel". Er hat mit seinen schon länger zurückliegenden, zum Teil noch mit E. Fermi während des Krieges ausgeführten Untersuchungen über die Vorgänge bei der Umwandlung und Spaltung von Atomkernen die Grundlage für die Entwicklung der modernen Atommodelle geschaffen. Man kann W. als den großen Pionier dieser Arbeiten bezeichnen.

In den vierziger Jahren betrieb er Forschungen zur Resonanzabsorption. Ab 1949 forschte W. über die Bedeutung der Invarianz und der Symmetrieprinzipien in der Mikrophysik. Die kernphysikalische Forschung verdankt W. viele neue Einsichten, u. a. die Erkenntnis, daß in Kernreaktoren eine gefährliche Energieballung möglich ist. Dieses Phänomen wird als „W.-Effekt" bezeichnet.

Wilson, Charles Thomson Rees – britischer Physiker
geb. 14.2.1869 in Glencorse bei Edinburgh
gest. 15.11.1959 in Carlops nahe Edinburgh

Nobelpreis 1927, für seine Entdeckung der Methode, durch Dampfkondensierung die Bahnen elektrisch geladener Partikel sichtbar zu machen.

Im Alter von 15 Jahren begann W. ein Studium am Owens College in Manchester, wo er sich zuerst der Zoologie, Botanik und Geologie zuwandte. Im Jahre 1889 ging er an das Sidney Sussex College in Cambridge, um Physik und Chemie zu studieren. Im Jahre 1900 wurde W. zum Mitglied der Royal Society gewählt. Von 1925 bis 1934 war er Jacksonien-Professor für Theorie der Naturwissenschaften an der Universität in Cambridge.

W. berichtete später, daß ihn die Beobachtungen von grandiosen Lichterscheinungen in Wolken und Nebeln auf dem Gipfel des höchsten Berges in Schottland, des 1.343 hohen Ben Nevis, auf dem er sich im Herbst 1894 einige Wochen aufhielt, dazu angeregt hatten, solche Erscheinungen im Laboratorium selber zu erzeugen. 1895 konstruierte W. einen ersten Apparat, mit dem er die Bedingungen untersuchen konnte, unter denen Wasserdampf bei plötzlichem Druckabfall, den er durch Volumenänderung mittels Anschluß eines evakuierten Gefäßes erreichte, in staubfreier Luft kondensiert. Er fand 5 : 4 als das für die Niederschlagsbildung von Tröpfchen kritische Verhältnis der Volumina. Im Jahre 1896 setzte W. seine „Expansionskammer" der unmittelbar vorher entdeckten Röntgenstrahlung aus und stellte fest, daß jetzt beim selben Volumenverhältnis schlagartig ein dichter Nebel entsteht. Daraus schloß er, daß die Kondensationskerne in diesem Falle statt Staubteilchen die entstandenen Ionen sein müßten.

Im Frühjahr 1911 lieferte er die ersten fotografischen Aufnahmen der Bahnen von Alpha-Teilchen und der von Röntgenstrahlen ausgelösten Elektronen mit der sogenannten Expansions-Nebelkammer. Er hatte seine Nebelkammer so weit verbessert, daß durch spezielle Beleuchtung fotografische Aufnahmen möglich wurden und durch Anlegen eines elektrischen Feldes Staubfreiheit der gesättigten Luft gewährleistet war, so daß nur Ionen als Kondensationskerne auftraten. Damit war die „W.sche Nebelkammer" geboren. In der Nebelkammer werden nach W. durch adiabatische Expansion übersättigte Dämpfe hergestellt, aus denen sich längs der Bahn eines ionisierenden Teilchens Nebeltröpfchen an den Ionen als Kondensationskeime absetzen. Die Spuren der Teilchen werden stereofotografisch aufgenommen; aus ihren Richtungen und Längen, der Bahnkrümmung im Magnetfeld sowie der Tröpfchendichte lassen sich Winkelbeziehungen, Energie und Masse der an Kernreaktionen beteiligten Kernteilchen bestimmen.

Besonders in Kombination mit Magnetfeldern haben die Beobachtungen in Nebelkammern viele wertvolle Erkenntnisse geliefert. In der Kern- und Teilchenphysik hat sich die Nebelkammer als ein wichtiges Detektorinstrument erwiesen.

Wilson, Kenneth Geddes – amerikanischer Physiker
geb. 8.6.1936 in Waltham (Massachusetts)

Nobelpreis 1982, für seine Theorie über kritische Phänomene bei Phasenumwandlungen.

Als Sechzehnjähriger wurde W. zum Studium der Physik und Mathematik an der Harvard University in Cambridge zugelassen. Am California Institute of Technology in Pasadena promovierte er 1961. 1970 erhielt er eine Professur für Physik an der Cornell-Universität in Ithaca (New York).

Mit der Preisverleihung an W. wurde eine Einzelleistung gewürdigt, seine fundamentalen theoretischen Arbeiten zur Methode der Renormierungsgruppe hatten ein prinzipielles Verständnis und einen enormen Aufschwung in theoretischen und experimentellen Untersuchungen von Phasenübergängen zur Folge. Eis, Wasser, Dampf oder der Verlust der Magnetisierung bei extremer Abkühlung sind temperaturabhängige Phasenübergänge, deren kritische Phänomene eine Vielzahl komplizierter mikrophysikalischer Prozesse ausmachen. Ihre experimentelle Erforschung und mathematische Beschreibung liegt nun im Bereich des Möglichen aufgrund des methodischen Ansatzes von W., der das komplexe Problem in eine Sequenz überschaubarer und lösbarer Probleme zerlegt hat.

Phasenumwandlungen kommen in der Physik in einer ganzen Reihe von Systemen vor. Solche Übergänge vollziehen sich nicht schlagartig, sondern fließend in einem sich konventionellen Meßmethoden weitgehend entziehenden Prozeß.

W. hat in seinen Arbeiten effektive Schemata zur Berechnung der kritischen Indizes vorgeschlagen. Bei der quantitativen Beschreibung der kritischen Erscheinungen muß die konkrete Form der Abhängigkeit der effektiven Energie von der Teilchenzahl berücksichtigt werden. Auch für diese komplizierte Systematik haben W. und sein Mitarbeiter Fisher eine effektive Lösung gefunden, sie entwickelten hierzu 1972 die Methode der Lambda-Entwicklung, damit konnten die kritischen Indizes berechnet werden, und sie stimmten mit einer Genauigkeit von einem Prozent mit den experimentellen Werten überein. Allerdings können die von W. vorgeschlagenen formalen Methoden nicht alle spezifischen Besonderheiten eines konkreten Systems berücksichtigen, auch eine genaue folgerichtige Theorie der „kritischen Phänomene" ersetzen sie nicht. Dennoch hat sich W.s Verfahren dank der Klarheit der Beschreibung und der Genauigkeit quantitativer Berechnungen als fruchtbar erwiesen und einen großen Beitrag zur Entwicklung der Theorie der „kritischen Phänomene" geliefert. Hinter seiner Theorie steht die Idee, daß beim Phasenübergang am kritischen Punkt nicht atomare Distanzen, sondern größere Abstände der miteinander in Wechselwirkung tretenden Materieteilchen entscheidend sind.

Seine Arbeiten sind aber auch für die Elementarteilchen-Physik von großer Bedeutung. Sie haben einen neuen Zugang eröffnet, um die die Teilchentheorie beschreibende sogenannte Quantenfeldtheorie mit dem Computer berechenbar zu machen.

Wilson, Robert Woodrow – amerikanischer Astrophysiker
geb. 10.1.1936 in Houston (Texas)
Nobelpreis 1978, für die Entdeckung der kosmischen Mikrowellen-Hintergrundstrahlung. Dadurch wurde die sogenannte Urknall-Theorie über die Entstehung des Universums in einem zentralen Punkt bestätigt.
W. studierte an der Rice-Universität in Houston und am California Institute of Technology in Pasadena, wo er 1962 promovierte. Seit 1976 ist W. Leiter der Abteilung für Radiophysik bei den Bell Telephone Laboratories in Holmdel (New Jersey).

Die Entdeckung der sogenannten kosmischen Hintergrundstrahlung gelang den beiden Wissenschaftlern W. und A. Penzias eher zufällig, während sie mit einer für die Satellitenbeobachtung entwickelten Antenne nach Erhöhung der Empfangsempfindlichkeit das Milchstraßensystem nach Radiostrahlung absuchten und dabei fanden, daß der gesamte Weltraum von einer gleichmäßig verteilten Radiostrahlung erfüllt ist. Die Form des Spektrums dieser Radiostrahlung entspricht der eines „Schwarzen Körpers" bei einer Temperatur von 2,7 Kelvin, knapp drei Grad über dem absoluten Nullpunkt. Die Theorie hatte bereits eine Temperatur der Hintergrundstrahlung von 6 bis 10 Kelvin vorausgesagt, die Beobachtungen zeigten nun, daß sie bei 3 Kelvin (minus 270 Grad Celsius) liegt. Die Entdeckung der Mikrowellen-Hintergrundstrahlung durch Penzias und W. eröffnete der Untersuchung des Weltalls neue Möglichkeiten. Sie wird gewissermaßen als der Nachhall aus der letzten Phase des „Urknalls" verstanden, mit dem vor Milliarden Jahren das Universum entstanden sein soll. Die Entdeckung dieser von Penzias und W. 1965 erstmals beobachteten, sehr gleichmäßigen (isotropen) kosmischen Hintergrundstrahlung ist damit eine starke Stütze für die Theorie vom Anfang des Universums im „Urknall" und ein wichtiger Schritt der Radioastronomen zur Erforschung der Rätsel des Kosmos.

Die kosmische Hintergrundstrahlung wird als Relikt einer Materieansammlung („Feuerball") extrem hoher Temperatur und Dichte zu Beginn der Entwicklung des Weltalls („Urknall") gedeutet, deren anfänglich ebenso hohe Temperatur infolge der Expansion des Weltalls auf den heutigen Wert abgeklungen ist. Weitere Arbeiten bei den Bell Laboratories führten später zum Durchbruch der Urknalltheorie als Standardmodells der Kosmologen. In den Folgejahren wurde die Intensitätsverteilung dieser kosmischen Hintergrundstrahlung am Himmel genauer gemessen und mit ihrer Hilfe gelang es, die Geschwindigkeit unserer Erde relativ zu einem Koordinatensystem zu bestimmen.

Yang, Chen Ning – amerikanischer Physiker chinesischer Herkunft
geb. 22.9.1922 in Hofei (Provinz Anhui)
Nobelpreis 1957, für grundlegende Forschungen über die Gesetze der sogenanntOen Parität, die zu wichtigen Entdeckungen über die Elementarteilchen führten.
In Kunming studierte Y. an der Nationalen Südwest Universität Physik. Im Jahre 1942 blieb er nach seiner Habilitation an der Universität Tsing-Hua, um sich der Forschung zu widmen. 1948 promovierte Y. Von 1955 bis 1965 lehrte er als Professor für Theoretische Physik an der Universität Princeton. Seit 1965 ist er „Albert E. Einstein"-Professor für Naturwissenschaften an der New York State University

Die beiden Wissenschaftler Y. und T. D. Lee (Physik-Nobelpreis 1957) legten eine theoretische Arbeit vor, in der sie die Gültigkeit der Paritätserhaltung bezweifelten und darüber hinaus einige Experimente angaben, die zu einer Entscheidung darüber führen könnten, ob das Gesetz gilt oder nicht. Vor dieser Entdeckung war die Erhaltung der Parität als eines der Grundprinzipien der Quantenmechanik angesehen worden. Das Paritätsprinzip besagt, daß die Elementarteilchen als Komponenten paarig ablaufender nuklearer Prozesse in ihrem Verhalten jeweils wie spiegelbildlich identisch sein müssen. Beim Studium der Mesonen (kurzlebige, beim Zerfall von Atomkernen freiwerdende Teilchen), von denen man bisher etwa 20 Arten unterscheiden gelernt hat, war man durch schwierige, aber geniale Experimente auf die anscheinend naturgesetzwidrige Tatsache gestoßen, daß die sogenannten Tau-K- und Theta-K-Mesonen trotz scheinbar spiegelbildlicher Identität sich nicht paarig verhielten, sondern sich bei dem einen Teilchen in drei, bei dem anderen nur in zwei sogenannte Pi-Mesonen weiterverwandelten.

Y. und Lee konnten nun erklären, daß das Paritätsgesetz eben insoweit nicht gilt, als ein subatomares Teilchen seinem Partnerteilchen im Einzelverhalten nicht zu gleichen braucht, sondern zweifach sein kann. Die Forscher fragten sich, auf welche Experimente man sich für die Sicherung des Rechts-Links-Symmetrieprinzips berufen könne. Kurz zusammengefaßt, erkannten sie: Atomkerne eines radioaktiven Isotops des Metalls Kobalt werden bei sehr niedrigen Temperaturen einem magnetischen Feld ausgesetzt, wobei sie genau wie Kompaßnadeln eine bestimmte Richtung annehmen. Von da an gelangten Lee und Y. zu ihrer Auffassung, daß bei schwachen Wechselwirkungen die Symmetrie gestört sei. Genauere Untersuchungen haben nun gezeigt, daß auch die schwache Wechselwirkung die Parität verletzt, d. h. unsymmetrisch gegenüber Raumspiegelungen ist. Seit diesen genialen Untersuchungen steht fest, daß die großen „Invarianz-Prinzipien" der Natur zwar ihre Gültigkeitsbereiche haben, aber keineswegs grundsätzlich gelten.

Yukawa, Hideki – japanischer Physiker
geb. 23.1.1907 in Tokio
gest. 8.9.1981 in Kyoto
Nobelpreis 1949, für seine auf der Theorie der Kernkräfte beruhende Vorhersage der Existenz der Mesonen.
Y. studierte von 1926 bis 1929 Physik an der Kaiserlichen Universität in Kyoto. 1932 wurde er zum Lektor ernannt und übernahm sogleich eine Vorlesung über Quantenmechanik. 1938 promovierte er, und im

Herbst 1939 ging Y. als Professor für Theoretische Physik an die Universität von Kyoto, wo er bis zu seinem Abschied von der aktiven Hochschultätigkeit im Jahr 1970 blieb.

1933 wandte Y. seine Aufmerksamkeit den Kernkräften zu. Angeregt durch Arbeiten der Physiker P. Dirac, W. Heisenberg und A. Sommerfeld, beschäftigte er sich mit der Erforschung der Struktur von Atomkernen. Für den Zusammenhalt des Atomkerns machte Heisenberg sogenannte Austauschkräfte verantwortlich, deren Natur er jedoch nicht näher begründete. Mit diesen Austauschkräften befaßte sich Y. und stellte bei Berechnungen fest, daß die Kräfte, die beim Austausch von Protonen und Neutronen entstehen, zu klein waren, um den Zusammenhalt des Kerns zu garantieren. Daraus leitete er seine Theorie der Kernkräfte ab, in der er von der Existenz einer bisher nicht bekannten Kraft im Kern ausging, an die er mehrere Anforderungen stellte. Sie mußte stark genug sein, um die abstoßenden Kräfte zwischen den Protonen überwinden zu können, und sie mußte mit zunehmendem Abstand vom Kern schnell an Kraft verlieren, da sie außerhalb des Atomkerns nicht nachweisbar war. Aus diesen Überlegungen schloß Y. auf ein Teilchen, das diese Kraft zwischen Protonen und Neutronen überträgt. Das Teilchen, das er als „Meson" bezeichnete, mußte eine etwa 200mal so große Masse wie das Elektron haben und starken Wechselwirkungen mit dem Kern unterliegen. 1935 veröffentlichte Y. seine Theorie.

Y.s Teilchen wurden erst 1947 von dem britischen Physiker C. Powell (Physik-Nobelpreis 1950) und seinen Mitarbeitern in Bristol anhand von Spuren entdeckt, die es in Photoemulsionen hinterließ. Auf sogenannten Kernspurplatten, die längere Zeit auf den Höhen der peruanischen Anden der kosmischen Strahlung ausgesetzt waren, konnte Powell das von Y. vorausgesagte Pion nachweisen und dessen Zerfallsprozeß erklären. Es zeigte sich, daß die Myonen nur eine schwache elektromagnetische Wechselwirkung aufwiesen und daß sie für die starken Nuklearkräfte keine Rolle spielten. Sie gehören somit zur Familie der Leptonen, zu denen auch Elektronen und Neutrinos zählen. Die Teilchen aus Y.s Theorie, die Pionen, konnten nach ihrer Entdeckung in der Höhenstrahlung auch in dem großen Protonenbeschleuniger in Berkeley erzeugt und untersucht werden. Damit wurde Y.s Theorie glanzvoll bestätigt.

Y. war der erste Japaner, der mit dem Nobelpreis ausgezeichnet wurde. Diese hohe Ehrung war nach den verheerenden Geschehnissen der Kriegsjahre eine ungeahnte Ermutigung für das gesamte japanische Volk.

Zeeman, Pieter – niederländischer Physiker
geb. 25.5.1865 in Zonnemaire
gest. 9.10.1943 in Amsterdam
Nobelpreis 1902, als Anerkennung des außerordentlichen Verdienstes, das er sich durch die Untersuchungen über den Einfluß des Magnetismus auf die Strahlungsphänomene erworben hat.

Z. begann 1885 mit dem Studium der Naturwissenschaften an der Universität Leiden. Sein Lehrer war dort u. a. H. A. Lorentz (Physik-Nobelpreis 1902). 1893 promovierte er, ging 1897 an die Universität von Amsterdam, wo er bis 1935 wirkte. 1900 erhielt Z. eine Berufung als Professor für Experimentalphysik, und 1908 wurde er Leiter des Physikalischen Instituts.

Im Jahre 1895 wurde von H. Lorentz aufgrund seiner Elektronentheorie ein Effekt vermutet, der darin besteht, daß die Energieniveaus die Atomhülle und damit die Spektrallinien bei Einwirkung eines äußeren Magnetfeldes auf ein Atom aufspalten. Diese Theorie wurde nun von Z. gründlich weiter untersucht. Z. beschäftigte sich zunächst mit dem magnetooptischen Kerr-Effekt. Der schottische Physiker hatte 1876 bemerkt, daß Licht bei Reflexion an einem magnetisierten Eisenspiegel in seinem Polarisationszustand verändert wird. Bei seinen Experimenten kam Z. zu der Fragestellung, ob nicht auch die Lichtquelle bei einer Magnetisierung Spuren davon im entsandten Licht zeige. Ihm kam der Gedanke, das Magnetfeld schon auf die Lichtquelle, also bei der Emission von Spektrallinien, einwirken zu lassen. 1896 konnte er die ersten Mitteilungen über die magnetische Aufspaltung von Spektrallinien veröffentlichen. Er untersuchte die Natriumdoppellinie und stellte eine Verbreiterung fest sowie an den Rändern eine eigentümliche Polarisation.

Lorentz entwarf nun die Theorie für die Aufspaltung einer Spektrallinie, und Z. verbesserte seine Apparatur hinsichtlich der Stärke der Magnete und des Auflösungsvermögens seines Spektroskopes, und er fand auch eine geeignete feine Linie, die blaugrüne im Spektrum des Kadmiums. Somit konnte Z. die Lorentzschen Voraussagen der Aufspaltung in ein Triplett oder Duplett bestätigen und ebenfalls die Polarisationszustände der einzelnen Komponenten. Damit war aber nicht nur das Gegenstück zur magnetischen Drehung der Polarisationsebene endlich gefunden, die eigentliche Bedeutung der Entdeckung zeigte sich darin, daß die Elektronentheorie von H. Lorentz diese Aufspaltung in allen damals bekannten Einzelheiten zu deuten vermochte. Hat sich diese Übereinstimmung auch nicht allen weiteren Ergebnissen gegenüber bewährt, so müssen wir doch auch heute den „Z.-Effekt" als den ersten unmittelbaren Beweis dafür betrachten, daß im Atom Elektronen vorhanden sind und daß ihre Bewegung die Lichtemission verursacht. Dadurch hat Z.s Entdeckung die Weiterentwicklung der Physik entscheidend beeinflußt.

Der Astronom G. H. Hale entdeckte bei der systematischen Suche nach Auswirkungen des Z.-Effektes die Magnetfelder der Sonnenflecken, was von größter Bedeutung für die Astrophysik war, da hiermit zum ersten Mal Magnetismus außerhalb der Erde nachgewiesen wurde.

Zernike, Frits – niederländischer Physiker
geb. 16.7.1888 in Amsterdam
gest. 10.3.1966 in Naarden

Nobelpreis 1953, für die von ihm angegebene Phasenkontrastmethode, insbesondere für seine Erfindung des Phasenkontrastmikroskops.

An der Universität Amsterdam studierte Z. zunächst Chemie, anschließend Physik und Mathematik. 1915 promovierte er. Im Jahre 1920 wurde Z. auf den Lehrstuhl für Theoretische und Technische Physik sowie Theoretische Mechanik an der Groninger Universität berufen, den er bis 1958 innehatte.

Die wichtigste wissenschaftliche Leistung Z.s liegt auf dem Gebiet der Mikroskopie. Ab 1930 untersuchte er optische Probleme und entwickelte die Phasenkontrastmethode. Ausgangspunkt war für ihn die Abbesche Theorie. Der deutsche Physiker Ernst Abbe und alle seine Nachfolger führten die Kontraste im mikroskopischen Bild allein auf die unterschiedliche Lichtdurchlässigkeit in den verschiedenen Objektbereichen zurück. Bis zu Z.s Erfindung halfen sich die Mikroskopiker mit den verschiedensten und im Laufe der Zeit von ausgezeichneten Wissenschaftlern hochentwickelten Färbemethoden weiter, um etwas sehen zu können.

Der niederländische Physiker hatte nun den genialen Einfall, die gesetzmäßige auftretende Verschiebung der Phasenlänge des Lichts in den Bereichen veränderter Brechzahl oder Dicke zur Kontrasterzeugung auszunutzen. Wie E. Abbe, so ging auch Z. bei seinen Betrachtungen zur Bildentstehung von der Beugung des Lichts aus. Er nahm am Beugungsbild, das in der hinteren Brennebene des Objektivs entsteht, mit einer sogenannten Phasenplatte einen Eingriff in den Strahlengang vor, wodurch er die Phase des ungebeugten Lichts so verschob, daß bei Interferenz des gebeugten mit dem ungebeugten Licht nun ein kontrastreiches Bild entstand, das aussah, als stammte es von einem ganz normalen mikroskopischen Objekt mit örtlich unterschiedlicher Lichtdurchlässigkeit.

Es gelang Z., Objekte unter der Linse des Mikroskops mit Lichtwellen zu färben, um so eine bessere Beobachtungsmöglichkeit zu schaffen, ohne das lebende Zellen angegriffen oder gar getötet werden. Diese Beobachtungsmöglichkeit am lebenden Material hat viel zur Kenntnis von der Struktur der Zellen beigetragen und Einblicke in die Lebensprozesse, die teilweise im Film festgehalten werden konnten, gegeben.

Mit der Entwicklung der Phasenkontrastmikroskopie ging er in die Geschichte der Physik ein. Nach dem Zweiten Weltkrieg wurden Tausende Phasenkontrast-Mikroskope für die naturwissenschaftliche Forschung und für die Medizin hergestellt. Die Phasenkontrastmethode wird beispielsweise bei der Suche nach Fehlern in Spiegeln und Teleskoplinsen angewandt.

CHEMIE

Alder, Kurt – deutscher Chemiker
geb. 10.7.1902 in Königshütte (Chorzow, Polen)
gest. 20.6.1958 in Köln
Nobelpreis 1950, für die Entdeckung und Entwicklung der sogenannten Dien-Synthese über die Bildung von chemischen Bindungen zwischen Kohlenstoffatomen.
A., Sohn eines Lehrers, verbrachte eine unbeschwerte Kindheit und Jugend in Oberschlesien. Im Jahr 1918 zogen seine Eltern nach Berlin, und der junge A. besuchte ein Gymnasium. 1920 begann er ein Chemiestudium an der Universität Berlin, doch schon zwei Jahre später zog es ihn an die Universität Kiel. Obwohl er als junger Student durch seine Experimente bereits herausragte, hatte wohl niemand die Leistung vorausgeahnt, mit der er sich bereits wenige Jahre später neben die Elite der Großen in der chemischen Forschung stellte. In seiner Dissertation über die Grundlagen der Azoester-Reaktion, die A. im Jahre 1926 bei Professor Otto Diels (ebenfalls Chemie-Nobelpreis 1950) erarbeitete, wurden von ihm bereits Forschungsergebnisse vorgelegt, die schon kurze Zeit später wesentlichen Einfluß auf die Dien-Synthese haben sollten. Die Diels-A.-Reaktion sollte eines der wichtigsten Syntheseverfahren der organischen Chemie werden, das sich besonders zur Darstellung zahlreicher Naturstoffe bewähren würde. Es war in der Tat eine sensationelle Leistung, die der junge Assistent Ende des Jahres 1927 in Gemeinschaftsarbeit mit dem Professor O. Diels vollbracht hatte. Als 25jähriger konnte A. als gleichberechtigter Mitarbeiter an einer bahnbrechenden Entdeckung seinen Namen neben den seines bedeutenden Lehrers setzen. Die von ihnen systematisch untersuchte Reaktion zwischen Butadien (vom Butan abgeleiteter Kohlenwasserstoff mit zwei konjugierten Doppelbindungen) und Acrolein (ungesättigter Aldehyd, der leicht polymerisiert), bei der zwei Kohlenstoff-Kohlenstoff-Bindungen neu geknüpft werden, war in der chemischen Literatur schon vorher beschrieben worden, doch ihr großes Synthesepotential und die vielfältige Anwendungsmöglichkeit bei der künstlichen Herstellung von Naturstoffen hatten die Chemiker noch nicht erkannt.

A. habilitierte sich 1930 in organischer Chemie und wurde schon vier Jahre später zum außerordentlichen Professor an der Universität Kiel ernannt. Von 1936 bis 1939 war er Abteilungsleiter im wissenschaftlichen Laboratorium der Farbwerke Bayer in Leverkusen. Hier beschäftigte er sich vorwiegend mit der Synthese von künstlichem Gummi. 1940 erhielt A. eine Berufung als ordentlicher Professor für Experimentalchemie und Chemische Technologie an die Universität Köln, wo er unter den schwierigen Kriegsbedingungen seine Arbeiten über die Anknüpfung von Dienophilen an Diene fortsetzte. Für die weitere Entwicklung und Ausgestaltung der Dien-Synthese lag sein Anteil besonders in der Bearbeitung des systematischen Teils. Er vertiefte sich dazu hauptsächlich in stereochemische Forschungen, die die Lagerung und Umlagerung der Atome im Raume der einzelnen Moleküle zu ergründen haben.

Im Laufe der Jahre konnten O. Diels und A. ihre Gemeinschaftsarbeit vorantreiben und die Entdeckung entscheidend vervollkommnen. Die Dien-Synthese wurde zu einem der wichtigsten Hilfsmittel der organischen Chemie entwickelt. Das Verdienst dieser Reaktion besteht in der richtigen Deutung einzelner Beobachtungen. Sie nimmt mit ihren unerschöpflichen Variationsmöglichkeiten einen so hervorragenden Platz in der organischen Chemie ein, daß sie als unentbehrliche Verfahrensweise gilt, und aus der technisch-chemischen Industrie ist sie überhaupt nicht mehr fortzudenken. Zahlreiche Natur- und Kunstprodukte, die vorher auf synthetischem Gebiet äußerst schwierig herzustellen waren, lassen sich durch die Dien-Synthese gewinnen. Die Herstellung von Kunstharz, die Lackindustrie, die Textilindustrie, die Parfümproduktion und die Arzneimittelindustrie wären ohne die Diels-A.-Reaktion nicht denkbar.

A. wandte sich später der Stereochemie zu und konnte den bisher umstrittenen Ablauf der Polymerisation des Zyklopentadiens aufklären, wobei es ihm gelang, auch diese in das Schema der Dien-Synthese einzugliedern. 1955 gehörte A. zu einem Kreis von Nobelpreisträgern, die eine Deklaration unterzeichneten, in der die Länder zum Verzicht kriegerischer Auseinandersetzungen aufgerufen wurden.

Altman, Sidney – kanadischer Biophysiker
geb. 8.5.1939 in Montreal
Nobelpreis 1989, für die Entdeckung der chemische Prozesse beschleunigenden Eigenschaften der in allen Lebewesen vorkommenden Ribonukleinsäure.
A. studierte Physik am Massachusetts Institute of Technology in Cambridge und beschäftigte sich außerdem mit Molekularbiologie. 1964 erwarb er den Bachelor of Science in Kernphysik, wechselte dann an die University of Colorado und promovierte 1967 mit einer biophysikalischen Arbeit über Desoxyribonukleinsäure. Danach setzte er seine Studien zunächst an der Harvard-Universität in Cambridge (England) fort und stieß dort 1969 zur Arbeitsgruppe von F. Crick (Medizin-Nobelpreis 1962). 1971 wechselte A. als Assistenzprofessor an das Department of Biology an der Yale University in New Haven (Connecticut), wo er 1980 zum ordentlichen Professor für Biologie ernannt wurde.

In der Begründung des Nobelpreis-Komitees heißt es, A. und Thomas R. Cech hätten unabhängig voneinander entdeckt, daß Nukleinsäuren nicht nur genetische Informationen tragen und überführen, sondern auch als Biokatalysatoren wirken können. Bis dahin lautete ein zentraler Glaubenssatz der Biologie, daß nur Proteine in ihrer Eigenschaft als Enzyme chemische Reaktionen katalysierten. Warum aber sollten eigentlich nicht auch andere biologische Makromoleküle katalytische Eigenschaften aufweisen, zum Beispiel die Ribonukleinsäure (RNA). Mit ihrer unerwarteten Entdeckung haben die beiden Wissenschaftler nicht nur das grundlegende Verständnis für die Lebensprozesse auf molekularem Niveau verändert, sondern auch einen wichtigen Grundsatz erarbeitet, im Rahmen der Gentechnologie neue Abwehrformen gegen Virusinfektionen zu erarbeiten.

Mit den von Cech und A. gelieferten Erkenntnissen scheint auch ein vorläufiges Ende auf die lange Zeit geführte Diskussion gefunden zu sein, ob denn die ersten Lebensmoleküle aus Desoxyribonukleinsäure oder Proteinen bestanden haben. Es liegt nun nahe, anzunehmen, daß – wie es das Nobelpreis-Komitee formulierte – „Ribonukleinsäure das erste Lebensmolekül auf Erden war, das gleichzeitig Erbanlage und Enzym sein konnte". Die Wissenschaftler werden wohl einige Kapitel der Biochemie-Lehrbücher umzuschreiben haben, denn es gilt auch, die Mechanismen der molekularen Evolution zu überdenken.

Anfinsen, Christian Boehmer – amerikanischer Biochemiker
geb. 26.3.1916 in Monesen (Pennsylvania)
gest. 14.5.1995 in Randallstown (Maryland)
Nobelpreis 1972, für seine Arbeiten über Ribonuklease, insbesondere die Verbindung zwischen Aminosäurereihen und biologisch wirksamen Konformationen.
A., Sohn norwegischer Immigranten, die sich im US-Bundesstaat Pennsylvania niedergelassen hatten, studierte an der University of Pennsylvania Organische Chemie und erhielt 1939 den Master of Science. Anschließend absolvierte A. ein Forschungsjahr am Carlsberg Laboratorium in Kopenhagen, 1943 promovierte er an der Harvard University in Biochemie. A. übernahm dann eine Lehrtätigkeit am Department für biologische Chemie der Harvard Medical School in Boston. Von 1944 bis 1946 diente er als Zivilist beim US Office of Scientific Research and Development. 1947 verbrachte er ein Forschungsjahr in der Abteilung für Biochemie am Medizinischen Nobel Institut in Stockholm. Nach seiner Rückkehr in die USA wurde A. zum Associate Professor an der Harvard Medical School berufen. Danach war er von 1950 bis 1962 Leiter des Laboratoriums für Zellphysiologie und Stoffwechselforschung am National Heart Institute in Bethesda (Maryland). Dann ging er für ein Jahr als Professor an die Harvard Medical School zurück, 1963 übernahm er die Leitung des Laboratoriums für chemische Biologie am Nationalen Institut für Arthritis und Stoffwechselkrankheiten in Bethesda. 1981 wurde A. emeritiert, übernahm aber 1982 nochmals einen Lehrstuhl für Biologie an der Johns Hopkins University.

A., S. Moore und W. Stein suchten und fanden die Antwort auf eine Frage, die für die Molekularbiologie äußerst wichtig ist – die Frage nach dem Zusammenhang zwischen Struktur und Funktion von Eiweißmolekülen. Damit haben die drei Nobelpreisträger auf einem ebenso wichtigen wie komplizierten Wissenschaftsgebiet Pionierarbeit geleistet. A. wählte Anfang der 60er Jahre die Ribonuklease als sein bevorzugtes Untersuchungsobjekt. Das hatte zwei Gründe: Einerseits war es bereits zum damaligen Zeitpunkt möglich, Ribonuklease zu isolieren und in hoher Reinheit zu gewinnen; andererseits kannte man schon zahlreiche chemische und physikalisch-chemische Eigenschaften dieser Substanz. Jede Zelle enthält Hunderte von verschiedenen Enzymen, eines davon, die Ribonuklease, sorgt dafür, daß überschüssige Erbsubstanz (Ribonukleinsäure) abgebaut wird. Die entscheidende Leistung der drei Nobelpreisträger war die Aufklärung der komplizierten Raumstruktur des Ribonukleasemoleküls.

Arrhenius, Svante August – schwedischer Physikochemiker
geb. 19.2.1859 auf Gut Wijk bei Uppsala
gest. 2.10.1927 in Stockholm
Nobelpreis 1903, als Anerkennung des außerordentlichen Verdienstes, das er sich durch seine Theorie über die elektrolytische Dissoziation um die Entwicklung der Chemie erworben hat.
Der wohl berühmteste schwedische Chemiker mußte einen beschwerlichen Weg zurücklegen, bis seine epochemachenden Entdeckungen von der Fachwelt anerkannt wurden.

A., Sohn eines Landvermessers und späteren Verwaltungsdirektors der Universität Uppsala, lernte schon mit drei Jahren Lesen und rechnete dann bald die Zahlenkolonnen für seinen Vater aus. Bereits während der Schulzeit zeigte sich seine Begabung für die Naturwissenschaften. Mit 17 Jahren bezog er die Universität Uppsala und studierte Physik im Hauptfach sowie Mathematik im Nebenfach. Aufgrund ungünstiger Studienbedingungen wechselte er 1881 an die Universität Stockholm, dort setzte er sein Physikstudium fort und untersuchte die elektrische Leitfähigkeit stark verdünnter wäßriger Lösungen.

Seine Doktorarbeit enthielt bereits die Grundzüge der Dissoziationstheorie. Die Vorstellung, daß Salze, Säuren und Basen in wäßriger Lösung mehr oder weniger in frei beweglichen Ionen vorliegen, war für das Denken der damaligen Chemiker derartig neu, daß man ihr zunächst fast ausnahmslos mit großer Skepsis und Zurückhaltung begegnete, ja sie sogar für Unsinn hielt. Hieraus erklärt sich auch, daß A. für seine Dissertation eine schlechte Beurteilung erhielt, die ihm nicht einmal die Berechtigung zur Lehrtätigkeit gab. Heute ist sie jedoch die Grundlage der Elektrolytchemie. Durch seine Forschungen konnte A. die heute noch gültigen quantitativen Angaben über den Zerfall machen und zeigen, daß die Säurestärke in Abhängigkeit zu ihrer elektrischen Leitfähigkeit steht. Er stellte damit die erste allgemeingültige Säure-Base-Theorie auf. Durch

Svante Arrhenius

Adolf Baeyer

Elias Corey

Petrus Debye

Richard Ernst

Otto Hahn

Dorothy Crowfoot Hodgkin

Willard Libby

Linus Pauling

Ernest Rutherford

Frederick Sanger

Hermann Staudinger

seine Arbeiten über Elektrochemie gehörte A. zu den Mitbegründern der Physikalischen Chemie. Trotz aller Beweise war die Dissoziationstheorie noch lange Zeit bei vielen Chemikern umstritten, zu ihrer endgültigen Anerkennung haben besonders die Arbeiten von W. H. Nernst und F. W. Ostwald beigetragen.

1889 wurde er Assistent am Physikalisch-Chemischen Institut der Universität Leipzig. 1891 übernahm A. die Leitung eines physikalischen Labors in Stockholm, und 1895 erhielt er eine Berufung als Professor. 1903 begann Schweden mit dem Bau eines Nobel-Instituts für Physikalische Chemie, dessen Direktor A. im Jahre 1905 wurde. Dann befaßte er sich mit kosmischer Physik und schrieb ein zweibändiges „Lehrbuch der kosmischen Physik" (1903). Darin entwickelte er die Lehre vom Strahlungsdruck an den Kometen in der Sonnenkorona, dem Zodiakallicht (schwache, sich längs des Tierkreises bzw. der Ekliptik erstreckende Leuchterscheinung am nächtlichen Himmel über den Stellen des Sonnenauf- und -untergangs) sowie seine Theorie des Vulkanismus und seine Arbeiten über Klimaänderung. 1908 veröffentlichte A. sein Werk „Das Werden der Welten", in dem er sich mit der Genese der Planeten und Kometen befaßte. Er vertrat die Ansicht, daß überall im Universum Leben möglich sei. Er widersprach der Theorie des Physikers R. J. E. Clausius, daß die Planeten aufgrund maximaler Wärmeaufnahme verglühen würden.

Aston, Francis William – britischer Chemiker und Physiker
geb. 1.9.1877 in Harborne bei Birmingham
gest. 20.11.1945 in Cambridge
Nobelpreis 1922, für seine Entdeckung einer großen Zahl von Isotopen in mehreren nichtradioaktiven Elementen mit Hilfe seines Massenspektrographen sowie für seine Entdeckung des sogenannten Gesetzes der Ganzzahligkeit.
A. gilt als einer der Wegbereiter der Kernforschung. An der Universität Birmingham begann er ein Chemiestudium mit dem Schwerpunkt Stereochemie. Von 1900 bis 1903 arbeitete er als Chemiker in einer Brauerei, konnte aber mit einem Stipendium an der Universität Birmingham weiter studieren und wandte sich nun stärker der Physik zu. 1910 wurde A. Assistent bei J. J. Thomson (Physik-Nobelpreis 1906) am Cavendish-Laboratorium in Cambridge. In einer von Thomson entwickelten Apparatur wurden unter Leitung A.s positiv geladene Ionen je nach dem Verhältnis ihrer Ladung zu ihrer Masse unterschiedlich stark abgelenkt und erzeugten so verschieden starke Schwärzungen auf einer Fotoplatte. Als Folgerung deutete sich an, daß die Atome eines Elements nicht alle das gleiche Gewicht aufwiesen. Nach seiner Promotion und seinem Einsatz im Krieg verbesserte er die von seinem Lehrer entwickelte Methode der Ablenkung positiver Strahlen.

1921 erhob man ihn zum Mitglied der Royal Society. A.s Untersuchungsapparat erhielt den Namen „Massenspektrograph", weil durch ihn Ionen mit unterschiedlichen Massen getrennt und durch Linien auf einer fotografischen Platte sichtbar gemacht wurden. Der Massenspektrograph zeigte auf, daß die meisten stabilen Elemente eine Mischung von Isotopen unterschiedlicher Masse, aber mit gleichen chemischen Eigenschaften waren. Es gelang ihm, 212 der insgesamt 287 stabilen Isotope aufzufinden.

Ende des Jahres 1920 war A. überzeugt, daß die Massen aller Atome mit sehr großer Genauigkeit ganzzahlige Vielfache der Masse des Wasserstoffatoms waren. Der Grund, daß eine Reihe von Elementen nicht ganzzahlige Atomgewichte besaß, lag darin, daß sie aus einer Mischung von Atomen mit unterschiedlichen ganzzahligen Atomgewichten bestanden. Ein weiterer verfeinerter Massenspektrograph versetzte A. in die Lage, die Massenzahlen noch genauer zu bestimmen. Dabei stellte sich heraus, daß die Massenzahlen von den ganzzahligen Werten um einen kleinen Betrag mal nach oben und mal nach unten abwichen. Die Ursache dieser Massenunterschiede lag in den unterschiedlichen Bindungsenergien der Atomkerne, also in den unterschiedlichen Energien, die beim Aufbau der Atomkerne aus den Grundbausteinen eine Rolle spielen. Aus den dabei gewonnenen Erkenntnissen formulierte A. 1921/22 das Gesetz der Ganzzahligkeit der Atommassen von Isotopen, das für die theoretische Entwicklung der Atomphysik eine große Rolle spielte.

Bereits in seiner Rede anläßlich der Verleihung des Nobelpreises warnte A. vor den Gefahren einer kriegerischen Nutzung der Kernenergie. Kurz vor seinem Tod wurden die Befürchtungen durch die Atombombenabwürfe auf Hiroshima und Nagasaki bestätigt.

Baeyer, Adolf Ritter von – deutscher Chemiker
geb. 31.10.1835 in Berlin
gest. 20.8.1917 in Starnberg (Bayern)
Nobelpreis 1905, als Anerkennung des Verdienstes, das er sich um die Entwicklung der organischen Chemie und der chemischen Industrie durch seine Arbeiten über die organischen Farbstoffe und die hydroaromatischen Verbindungen erworben hat.
B. begann das Studium der Physik und Mathematik an der Universität Berlin, wandte sich jedoch nach dem einjährigen Militärdienst dem Studium der Chemie in Heidelberg bei Bunsen und Kekule zu. Bunsen führte den „Anfänger" in die analytische Methodik ein, von Kekule wurde er auf das Gebiet der organischen Radikalchemie geführt. 1858 promovierte er in Berlin. 1860 habilitierte sich B. Er suchte nun eine Arbeitsstelle und bekam über Beziehungen ein bescheidenes Lehramt für Organische Chemie am Gewerbeinstitut mit 600 Talern Gehalt, das er zwölf Jahre lang behielt.

Hier versammelte sich um B. seine erste Schule. Die ersten Jahre waren der Untersuchung der Harnsäure gewidmet. Sie brachte in das Labyrinth der Purinderivate Ordnung. Dann wurde die Reihe der Arbeiten über den Indigofarbstoff eröffnet. Mittels der berühmt gewordenen Zinkstaubdestillation gelang 1866 die Reduktion des natürlichen Indigo bis zum Stammkörper Indol. Die von B. entwickelte Zinkstaubdestillation aromatischer Verbindungen führte zur Konstitutionsaufklärung und Synthese des Alizarins. Mit der Alizarinsynthese gelang erstmals in der Geschichte der Chemie die Herstellung eines „natürlichen" Farbstoffes. Die Alizarinsynthese begründete zugleich einen wichtigen Zweig der Teerfarbenindustrie in Deutschland. B. stellte eine große Anzahl sehr umfassender und schwieriger Untersuchungen an über die sogenannten hydroaromatischen Verbindungen, durch die er eine Brücke über die Kluft geschlagen hat, die bis dahin die aliphatischen und die aromatischen Stoffe scharf getrennt hatte. Wichtig war hier die Synthese der Terpine, die die wesentlichen Bestandteile der in der Natur vorkommenden flüchtigen Öle bilden.

1872 berief man B. als Professor für Chemie an die Universität Straßburg. Nach Justus v. Liebigs Tod im Jahre 1873 wurde er dessen Nachfolger an der Universität München. Hier wirkte B. fast vier Jahrzehnte.

In der ersten Hälfte der Münchener Periode war das Hauptwerk die Indigoarbeit; ihren wichtigsten Abschnitt eröffnete die Untersuchung des Weges vom Isatin, dem Oxydationsprodukt des Farbstoffes, zum Indigoblau und die synthetische Darstellung des Isatins. Über mehrere Zwischenetappen gelang es B., das Isatin in den Farbstoff Indigo zu überführen. 1880 synthetisierte er Indoxysäure und Indoxyl Indigo. Er erhielt darauf das erste Indigopatent. Ein geeigneteres Prinzip für den technischen Prozeß fand, auf der Grundlage von B.s Arbeiten, Heumann in Zürich: Man verknüpft zwei Kohlenstoffatome mit einem in das Benzol eingeführten Stickstoffatom und schließt dann den Indolring. 1897 brachte die BASF erstmals großtechnisch hergestelltes synthetisches Indigo auf den Markt, und binnen weniger Jahre wurde das Naturprodukt vom Weltmarkt verdrängt.

Barton, Sir (seit 1972) **Derek Harold Richard** – britischer Chemiker
geb. 8.9.1918 in Gravesend (Kent)
gest. 16.3.1998 in College Station (Texas, USA)
Nobelpreis 1969, für seine Arbeiten bei der Entwicklung des Konformationsbegriffs und seiner Anwendung in der Chemie.
B. besuchte die Tonbridge School und studierte dann am Gillingham Technical College. 1938 wechselte er an das Imperial College of Science and Technology an der Universität London und erwarb 1940 den Bachelor of Science in Organischer Chemie. 1942 promovierte B. zum Doctor of Philosophy und 1949 zum Doktor der Wissenschaften. 1957 wurde er Professor für Organische Chemie am Imperial College.

B. arbeitete über die physikalischen und chemischen Eigenschaften von Terpenen und Steroiden. Er stellte als erster gesetzmäßige Zusammenhänge zwischen der Konformation und der Reaktivität organischer Verbindungen fest. Es gelang ihm, durch die genaue Kenntnis der Zusammensetzung und der Bewegungen komplizierter organischer Moleküle, der Konformation, natürlich vorkommende Verbindungen, u. a. Sexualhormone und Cholesterin, präparativ herzustellen.

Das chemische Verhalten einer Substanz ist durch ihre Konstitution und ihre Konfiguration bestimmt. Trotz dieser festgefügten Form verfügen viele Moleküle über eine „innere" Beweglichkeit und Flexibilität, deren Ausdrucksform Konformation genannt wird. Eine Änderung der Konformation kann bei Naturstoffen zum Verlust ihrer biologischen Aktivität führen. Die Konformation ist von großer Bedeutung für das chemische Reaktionsvermögen eines Moleküls. Unter Konformation versteht man die Form, die das Molekül unter Ausnutzung der vorhandenen Beweglichkeit annimmt. Dabei spielen mehrere Faktoren wie Spannungen und Dichte, Anziehung und Abstoßung zwischen den einzelnen Gruppen oder Atomen eine Rolle. Oft sind viele Konformationen möglich, aber einige davon sind stabiler und daher begünstigt. Die Kenntnis der Konformation ist daher von großer Bedeutung, wenn es gilt, das „Verhaltensmuster" eines Moleküls zu erklären oder vorauszusagen. Odd Hassel (ebenfalls Chemie-Nobelpreis 1969) hat gezeigt, wie schwere Atome, die zu einem Ring verbunden sind, sich zueinander verhalten. Diesen Gedanken hatte B. aufgegriffen und die Untersuchungen auf größere Moleküle mit komplizierten Ringsystemen ausgedehnt, die eine große Rolle in der Natur spielen. Er erforschte die Zusammenhänge zwischen den „Konformationen" genannten Strukturen und Bewegungen komplexer Moleküle und ihren chemischen Reaktionen.

Weitere Arbeitsgebiete B.s waren die Biosynthese von Alkaloiden, Radikalreaktionen und die Konstitution von Naturstoffen. Schließlich gelang es ihm, die Steroide herzustellen, die eine große Rolle in der chemischen Forschung spielen.

Berg, Paul – amerikanischer Biochemiker und Molekularbiologe
geb. 30.6.1926 in New York
Nobelpreis 1980, für seine grundlegenden Arbeiten über Nukleinsäure-Biochemie, unter besonderer Berücksichtigung von Hybrid-Desoxyribonukleinsäure.
B. studierte an der Pennsylvania State University, wo er 1948 abschloß. An der Case Western Reserve University (Ohio) promovierte er 1952. Seit 1959 ist er Professor für Biochemie an der Medizinischen Fakultät der Stanford-Universität (Kalifornien).

Mit der Verleihung des Nobelpreises an B., W. Gilbert und F. Sanger wurden Leistungen ausgezeichnet, die in der biomedizinischen Forschung weitaus mehr Bedeutung erlangt haben als in der Chemie. Vordergründig bedienten sich die Preisträger zwar chemischer und biochemischer Verfahren, sie nutzten diese aber zur Analyse und zum Aufbau von Nukleinsäuren, die bei allen Lebensprozessen als Erbsubstanz entscheidende Faktoren ausüben.

Die Voraussetzungen für die „Genchirurgie" sind Anfang der 70er Jahre durch die Entdeckung der sogenannten Restriktions-Enzyme geschaffen worden, für die W. Arber, D. Nathans und H. Smith 1978 mit dem Medizin-Nobelpreis ausgezeichnet wurden. Diese Enzyme werden von den verschiedensten Bakterien produziert. Sie können die Desoxyribonukleinsäure (DNA) des Erbmaterials erkennen und so spalten, daß die von verschiedenen Organismen stammenden DNA-Stücke wie genormte Bausteine aneinanderpassen. Mit anderen Enzymen, den Ligasen, können diese Bruchstücke auf einfache Weise fest und dauerhaft miteinander verbunden werden. Bereits 1972 hatte B. entdeckt, wie sich mit Enzymen die langkettigen DNA zerschneiden und nach Belieben wieder zusammenkleben lassen. Er war der erste Molekularbiologe, der die Erbsubstanzen verschiedenster Organismen mit Enzymschere und Enzymklebstoff zu einem einzigen Hybrid-DNA-Molekül zusammensetzte. 1978 konnte B. über den maßgerechten Einbau eines Kaninchengens in ein Virusmolekül, deren gemeinsame Übertragung in Affenzellen und das tatsächliche Funktionieren des übertragenen Gens in der Empfängerzelle berichten. Damit hatte er erstmals ein Hybrid-Molekül hergestellt, das aus DNA-Teilen verschiedener Arten (Bakterien und Viren) besteht.

B. hat aber auch vor den Risiken der Genmanipulation gewarnt, da mit dieser Entdeckung Leben im Reagenzglas gezielt manipuliert werden könnte. 1973 legten sich die Genchirurgen in einem bis dahin einmaligen Akt der freiwilligen wissenschaftlichen Selbstkontrolle ein mehrjähriges Moratorium für bestimmte, besonders virulente Experimente auf.

Bergius, Friedrich – deutscher Chemiker
geb. 11.10.1884 in Goldschmieden bei Breslau
gest. 30.3.1949 in Buenos Aires
Nobelpreis 1931, für Verdienste um die Entdeckung und Entwicklung der Hochdrucktechnik in der chemischen Industrie.
B. lernte durch seinen Vater schon früh, mit Chemikalien umzugehen und im Labor zu experimentieren, denn er besaß eine chemische Fabrik, in der südfranzösisches Bauxit zu reiner Tonerde für die Aluminiumherstellung aufbereitet wurde. Nach dem Besuch des Realgymnasiums war er als Volontär im Laboratorium der „Friedrich-Wilhelmshütte" in Mülheim/Ruhr tätig. Ab 1900 studierte B. an den Universitäten von Breslau und Leipzig Chemie und Chemische Technologie. 1907 promovierte er in Leipzig mit der Arbeit „Über absolute Schwefelsäure als Lösungsmittel".

1913 habilitierte er sich mit einer Arbeit zur „Anwendung hoher Drucke bei chemischen Vorgängen und eine Nachbildung des Entstehungsprozesses der Steinkohle". Diese Arbeit steht im unmittelbaren Zusammenhang mit dem im gleichen Jahr von B. entwickelten Prinzip der Kohleverflüssigung durch Hydrierung unter hohem Druck. Die theoretischen Überlegungen, die er an seine physikalisch-chemischen Untersuchungen knüpfte, und die weitgreifende Behandlung der Kohleprobleme führten B. zu dem Schluß, daß das von den Reaktionsbedingungen stark abhängige Hydrierungs-Dehydrierungs-Gleichgewicht der Kohle sich unter sehr hohem Wasserstoffdruck zu den wasserstoffreicheren Kohlenwasserstoffen vom Typ des Erdöls verschieben und damit eine „Kohleverflüssigung" möglich sein müßte. Um die notwendigen experimentellen Untersuchungen ausführen zu können, hatte er sich schon 1910 in Hannover ein Privatlaboratorium eingerichtet. Hier studierte B. die Kohleentstehung durch Inkohlung von Torf, Holz, Cellulose usw. bei erhöhter Temperatur und bei erhöhtem Druck. Mit Unterstützung militärischer Stellen gründete B. im Jahre 1918 das Konsortium für Kohlechemie, das in Mannheim-Rheinau eine Großversuchsanlage zur Kohlehydrierung baute.

Inzwischen interessierte sich auch der IG-Farben-Konzern für die großtechnische Synthese kettenförmiger Kohlenwasserstoffe. Dort war ja die Ammoniaksynthese entwickelt worden, und mit der Methanolsynthese hatte M. Pier mit seinen Mitarbeitern bis 1923 ein zweites katalytisches Hochdruckhydrierverfahren entwickelt und in die Produktion überführt. 1924 wurde Pier von der Leitung der BASF beauftragt, Untersuchungen auf dem Gebiet der Kohle- und Ölhydrierung auszuführen. Er untersuchte daraufhin das B.-Verfahren, das bis dahin ohne Katalysatoren arbeitete und nur mäßige Ausbeuten in unzureichender Qualität lieferte. Dennoch dauerte es noch bis 1927, ehe das katalytische Kohlehydrierungsverfahren nach B. und Pier im IG-Farben-Konzern großtechnisch durchgeführt werden konnte. Beim B.-Pier-Verfahren wird durch katalytische Hochdruckhydrierung von Kohle oder Kohleteer bei 400 bis 500 Grad Celsius und bis 700 Bar die Kohle mit Wasserstoff in zwei Stufen weitgehend zu flüssigen Kohlenwasserstoffen abgebaut, weshalb man dabei auch von der Kohleverflüssigung spricht. Kraftstoff konnte nun mit einem Verfahren aus den unterschiedlichsten Sorten von Erdöl, Schieferöl, Braunkohle und Braunkohlenschwelteer, Erdölkrackrückständen, Steinkohle und Steinkohlehochtemperaturteer hergestellt werden. Die erste Anlage hatte am 1. April 1927 in Leuna den Betrieb aufgenommen.

1947 ging B. als wissenschaftlicher Berater der Nationalen Brennstoff-Direktion der argentinischen Regierung nach Buenos Aires, wo er zwei Jahre später verstarb.

Bosch, Carl – deutscher Chemiker, Ingenieur und Industrieller
geb. 27.8.1874 in Köln
gest. 26.4.1940 in Heidelberg
Nobelpreis 1931, für die Verdienste um die Entdeckung und Entwicklung der chemischen Hochdruckverfahren.
B., Sohn eines schwäbischen Geschäftsmannes, hatte sich schon als Schüler im Nebengebäude des elterlichen Anwesens ein kleines Laboratorium eingerichtet und entschloß sich im Jahre 1896, an die Universität Leipzig zu gehen. Hier widmete er sich vornehmlich der organischen Chemie, promovierte 1898 und blieb noch zwei Jahre in Leipzig Assistent für Analytische Chemie bei Wislicenus. Im Jahre 1899 trat B. als Chemiker in die Badische Anilin- und Sodafabrik in Ludwigshafen ein. Hier arbeitete er zunächst in der Schwefelsäurefabrik und befaßte sich viel mit Fragen der Wärmewirtschaft; er baute einen Generator zur Vergasung von Braunkoh-

lenbriketts und schlug die Verwendung von Gasmotoren an Stelle von Dampfmaschinen vor.

Vom Jahre 1903 an hatte B. schließlich das Arbeitsgebiet, das ihn besonders interessierte, den Stickstoff. Er war von 1903 bis 1908 zunächst mit dem Problem der Luftstickstoffbindung beschäftigt und versuchte, über die Zyanidsynthese zu Ammoniak zu gelangen. Er entdeckte in dem Verfahren zur Ammoniakgewinnung, das Ostwald entwickelt hatte, einen Fehler und wurde daraufhin von der Firma mit Forschungsaufgaben auf dem Gebiet der Stickstoffchemie betraut. Als 1909 F. Haber in Karlsruhe seine Laborversuche zur Ammoniaksynthese abschloß, versuchte B. diese Ergebnisse technisch im großen Maßstab zu nutzen. Nach fünf Jahren hatte B. die Ammoniaksynthese vom Laborversuch bis zur Großtechnik entwickelt – zweifellos eine technische Glanzleistung von geschichtlicher Bedeutung, die ihm außerdem zahlreiche Patente einbrachte.

Bei Kriegsausbruch gab B. 1915 der Obersten Heeresleitung, die es versäumt hatte, die für die Herstellung von Sprengstoff und Pulver notwendigen Vorräte an Chilesalpeter anzulegen, sein berühmtes Salpeterversprechen: die Munitionsherstellung für die Armee mit Hilfe des aus Ammoniak gewonnenen Salpeter sicherzustellen. Er machte sich später schwere Vorwürfe, zur Verlängerung des Krieges beigetragen zu haben. B. war seit 1914 stellvertretender Direktor in der Badischen Anilin- & Soda-Fabrik (BASF) in Ludwigshafen und wurde 1916 Mitglied des Vorstandes. 1919 wurde B. Vorstandsvorsitzender der BASF und nahm als Sachverständiger an den Versailler Friedensverhandlungen teil. Er hatte großen Anteil daran, daß die deutsche chemische Großindustrie vor der Zerschlagung gerettet wurde, indem er sich bereit erklärte, eine Stickstofffabrik in Frankreich zu errichten.

Haber und B. schufen mit der Ammoniaksynthese eine ganz neue Technik, bestimmten so den Lauf des Zeitalters in ganz wesentlichen Zügen, denn zur Erhöhung des Pflanzenertrages in der Landwirtschaft ist die Mineraldüngung von größter Bedeutung, wobei die stickstoffhaltigen Dünger eine ausschlaggebende Rolle spielen.

Boyer, Paul Delos – amerikanischer Biochemiker
geb. 31.7.1918 in Provo (Utah)
Nobelpreis 1997, für seine grundlegenden Arbeiten über die innere Struktur und Funktionsweise zweier zentraler Enzyme der Energieversorgung in der Zelle, insbesondere für die Klärung der enzymatischen Grundlagen der Synthese von Adenosintriphosphat.
B. studierte Biochemie an der Brigham-Young-Universität. Danach wurde er Forschungsassistent an der University of Wisconsin in Madison und promovierte 1943. Von 1956 bis 1963 hatte er an der Universität von Minnesota die Hill-Professur für Biochemie inne. 1963 erhielt er eine Berufung als Professor für Chemie an das Department für Chemie und Biochemie der Universität von Kalifornien in Los Angeles, dem er auch nach seiner Emeritierung 1989 noch verbunden blieb.

Die drei Nobelpreisträger B., John E. Walker und Jens C. Skou haben bahnbrechende Arbeiten über Enzyme unternommen, die an der Umsetzung der energiereichen Verbindung Adenosintriphosphat (ATP) beteiligt sind. Das ATP zählt als universeller Energietransporteur aller lebenden Zellen zu den wichtigsten Molekülen der Biochemie. Da ATP in der Zelle ständig gebraucht wird (im Ruhezustand verbraucht ein Mensch ca. 1,5 Kilogramm ATP pro Stunde, und bei harter körperlicher Arbeit kann dieser Wert auf das Zehnfache ansteigen), muß es auch ständig neu produziert werden, dafür sorgt überwiegend das Enzym ATP-Synthase, mit dem sich besonders B. und Walker befaßten.

B. begann Anfang der 50er Jahre mit seinen Studien zur Synthese von ATP. ATP kann bei Hydrolyse zu Adenosindiphosphat (ADP) und anorganischem Phosphat relativ viel Energie freisetzen. Am benötigten Ort zerfällt energiereiches ATP in ADP plus Phosphat und ein Quantum Energie. Dann werden ADP und Phosphat eingesammelt und wieder zusammengebacken zu ATP. Walker und B. haben jene Vorgänge exakt untersucht, bei denen das ATP aus ADP und Phosphat sozusagen „zusammengeschweißt" wird. Zusammen mit seinen Mitarbeitern fand B., daß nicht die eigentliche Synthese von ATP Energie benötigt, sondern daß vielmehr die Bindung von ADP und Phosphat an das Enzym und die Freisetzung von ATP Energie erfordern.

Anfang der 80er Jahre sorgte B. für wissenschaftliches Aufsehen, als er auf der Basis biochemischer Daten ein Modell vorstellte, wie das ATP mit Hilfe des Enzyms ATP-Synthase hergestellt werden könnte. Walker konnte dann später durch Strukturanalysen der ATP-Synthase die Richtigkeit des von B. aufgestellten Modells beweisen.

B. lieferte mit seinen biochemischen Forschungsarbeiten die Grundlagen zur Erschließung der Gesetzmäßigkeiten, nach denen die Energiezufuhr im Stoffwechsel geregelt ist.

Brown, Herbert Charles – amerikanischer Chemiker britischer Herkunft
geb. 22.5.1912 in London
Nobelpreis 1979, für die Entwicklung von Bor- bzw. Phosphorverbindungen in wichtigen Reagenzien innerhalb organischer Synthesen.
B. verlebte bereits seine Schulzeit in Chicago. Nach dem Tod des Vaters führte er die Eisenwarenhandlung weiter, besuchte aber daneben ab 1929 die High-School. Er verkaufte dann den Laden und hatte verschiedene Jobs. 1933 begann er das Chemiestudium am Crane Junior College und besuchte daneben Abendkurse am Armour Institut (Illinois Institute of Technology) in Chicago. 1934 wechselte B. zum Wright Junior College und danach zur Universität Chicago über, wo er im folgenden Jahr graduierte. 1938 promovierte er über die Reduktion von Carbonylverbindungen mit Diboran. Eines der wichtigsten Ergebnisse, die er in dieser Zeit erzielt hat, war die Entdeckung von Natriumborhydrid, das heute in der organischen Chemie als Reduktions-

mittel dient. Während des Zweiten Weltkrieges arbeitete er innerhalb eines Verteidigungsprogramms technische Verfahren zur Herstellung von Diboran und Natriumborhydrid aus. 1947 berief man ihn zum Professor für Chemie an die Purdue-Universität in West Lafayette (Indiana), dort erhielt B. 1959 die R.-B.-Wetherill-Professur, die er von 1960 bis 1978 als Forschungsprofessur versah. Er wurde 1985 emeritiert.

In Detroit und Lafayette betrieb B. umfassende Forschungen zur Entwicklung neuer Reduktionsmittel für organische und anorganische Verbindungen, die auf bestimmte Typen funktioneller Gruppen selektiv wirken, ohne die anderen in Mitleidenschaft zu ziehen. Forschungen auf diesem Gebiet sind inzwischen in vielen anderen Laboratorien verschiedener Länder im Gange, und die Ergebnisse finden in der Laborpraxis wie auch in der Industrie breite Anwendung. G. Wittig und B. haben durch die Entwicklung neuer präparativer Arbeitsmethoden die synthetische organische Chemie wesentlich bereichert. Dabei spielten die sogenannten „elementorganischen" Verbindungen (in ihnen sind ein oder mehrere Kohlenstoffatome mit anderen Fremdatomen als Kohlenstoff, Wasserstoff, Sauerstoff, Stickstoff oder Halogen verknüpft) eine beträchtliche Rolle, und beide verwendeten in mehreren Fällen Lithiumverbindungen als Ausgangsstoffe. Durch diese Arbeiten wurde der Zugang zu zahlreichen auch technisch wichtigen Verbindungen wesentlich erleichtert oder überhaupt erst möglich.

Besonders bekannt wurde B. durch seine Arbeiten auf dem Gebiet der Hydroborierung. Die heute allen Chemikern vertraute Additionsreaktion von Diboran an Olefine (ungesättigte Kohlenwasserstoffe) konnte lange Zeit nur unter harten Reaktionsbedingungen – hohem Druck und hoher Temperatur – vollzogen werden. B. und seinem Mitarbeiter Ras ist es 1956 gelungen, mit Hilfe von Ethern nach dieser Reaktion unter milden Bedingungen bei hoher Ausbeute bororganische Verbindungen herzustellen. Die von B. und seinen Schülern sowie von vielen anderen Chemikern weiterentwickelte Hydroborierungsreaktion ist heute fester Bestandteil der organischen Chemie. Die Substitution des Bor enthaltenden Teils des Moleküls gegen funktionelle Gruppen führt zu verschiedenartigen Derivaten. Die Anwendung dieser Methode in der organischen Synthese gestattete die Herstellung einer Vielzahl schwer zugänglicher organischer Verbindungen.

Buchner, Eduard – deutscher Chemiker
geb. 20.5.1860 in München
gest. 13.8.1917 in Foscani (Rumänien)
Nobelpreis 1907, für seine biochemischen Untersuchungen und die Entdeckung der zellfreien Gärung.

B. entstammte einer alten bayerischen Gelehrtenfamilie. Sein Vater war Arzt und Professor der gerichtlichen Medizin in München, sein Bruder Hans ist als Professor für Hygiene und Nachfolger M. Pettenkofers berühmt geworden. Der frühe Tod seines Vaters zwang ihn, sein 1878 an der Technischen Hochschule in München begonnenes Chemiestudium aus finanziellen Gründen abzubrechen und in einer Münchener Konservenfabrik zu arbeiten. Hier kam B. erstmals mit Gärungsproblemen in Berührung, die später seine Lebensaufgabe werden sollten. Auf Anraten seines Bruders setzte er dann das Studium fort. 1884 ließ er sich an der Universität München für Chemie und Pflanzenphysiologie immatrikulieren. Seine 1886 veröffentlichte Arbeit über den Einfluß des Sauerstoffs auf Gärungen zeigte, daß Gärung nicht an Sauerstoffabwesenheit gebunden ist. Damit widerlegte B. die Auffassung des berühmten französischen Naturwissenschaftlers Louis Pasteur, daß Sauerstoff gärungsfeindlich sei.

1891 habilitierte sich B. mit Untersuchungen über das Pyrazol, den stickstoffhaltigen Grundkörper des Antipyrins. Nach seiner Habilitation wurde er 1893 Privatdozent an der Universität Kiel. 1896 erhielt B. eine Berufung als außerordentlicher Professor für Analytische und Pharmazeutische Chemie an die Universität Tübingen, wo er seine Arbeiten über Gärungsprobleme wieder aufnahm.

Seine Entdeckung der zellfreien Gärung war der Ausgangspunkt für die stürmische Entwicklung der Enzymchemie. Sie überwand gleichzeitig den alten Streit zwischen den Pasteur- und den Liebig-Schülern, denn nach Pasteur war alkoholische Gärung an den Lebensprozeß der Hefezellen gebunden, dagegen war sie nach Liebig ein rein chemischer Prozeß ohne direkten Zusammenhang mit diesen Lebensprozessen. Auch bei anderen Fermentationsprozessen konnte B. die zellfreie Gärung nachweisen. 1898 erhielt B. eine Berufung als ordentlicher Professor für Allgemeine Chemie an die Landwirtschaftliche Hochschule in Berlin und wurde gleichzeitig Privatdozent an der dortigen Universität. 1909 ging er als Professor für Physiologische Chemie an die Universität Breslau und 1911 als Professor an die Universität Würzburg.

1914 wurde B. zum Kriegsdienst eingezogen, und er starb 1917 an den Folgen einer Verwundung in Rumänien.

Butenandt, Adolf Friedrich Johann – deutscher Biochemiker
geb. 24.3.1903 in Bremerhafen-Lehe
gest. 18.1.1995 in München
Nobelpreis 1939, für seine Arbeiten auf dem Gebiet der Hormonforschung.

B., Sohn eines Kaufmanns, interessierte sich schon in der Schule leidenschaftlich für Chemie und Biologie. Ab 1921 studierte er Naturwissenschaften an der Universität Marburg. 1924 wechselte er zur Universität Göttingen über, wo er sich unter dem Einfluß von A. Windaus der Chemie zuwandte. 1927 promovierte er. Seine experimentelle Arbeit begann im Januar 1928 mit Plazenta-Rohölen und wurde ein Jahr darauf mit Schwangerenharn-Konzentraten fortgesetzt, deren Fraktionierung nach insgesamt 1.090 Parallelversuchen Ende Juli 1929 zu den ersten Kristallen des Geschlechtshormons Östron führte.

1931 habilitierte sich B. für Organische und Biologische Chemie und wurde Leiter der Biochemischen Abteilung des Chemischen Instituts der Universität Göttingen. 1933 erhielt er eine Berufung als ordentlicher Professor und Direktor des Organischen Instituts an die Technische Hochschule in Danzig. 1935 bestimmte B. die Konstitution des Schwangerschaftshormons Progesteron, das die Gebärmutter für die Eiaufnahme nach der Befruchtung vorbereitet und schwangerschaftserhaltend wirkt, und des männlichen Sexualhormons Testosteron, das in den Hoden gebildet wird. Mit der dadurch ermöglichten Synthese der Geschlechtshormone schuf er die Voraussetzungen für die Entwicklung der Anti-Baby-Pille. 1936 berief man B. zum Direktor des Kaiser-Wilhelm-Instituts für Biochemie in Berlin-Dahlem. Die Auszeichnung mit dem Nobelpreis mußte er auf Geheiß der Nationalsozialisten ablehnen. Erst 1949 konnte er die Medaille und Urkunde entgegennehmen, das Preisgeld war inzwischen verfallen. 1944 war B. mit seinem Institut nach Tübingen verlegt worden, wo er im Frühjahr 1946 Ordinarius für Physiologische Chemie wurde. Einen Ruf an die Universität Basel lehnte er 1948 ab. 1953 wechselte B. nach München, wo er drei Jahre später die Leitung des Max-Planck-Instituts für Biochemie übernahm. 1954 gelang ihm die Isolierung und Kristallisation des Verpuppungs- und Häutungshormons des Seidenspinners. 1959 stellte er erstmals den Sexuallockstoff des Seidenspinners in reiner Form dar und erklärte den chemischen Aufbau. Damit hatte er die Basis für die Entwicklung von Methoden der biologischen Schädlingsbekämpfung geschaffen.

Für unendlich viele werdende Mütter sind B.s Forschungen bisher zum Segen geworden. Aus der gynäkologischen Behandlung ist sein Schwangerschaftshormon nicht mehr fortzudenken.

Calvin, Melvin – amerikanischer Chemiker
geb. 8.4.1911 in St. Paul (Minnesota)
gest. 8.1.1997 in Berkeley (Kalifornien)
Nobelpreis 1961, in Anerkennung seiner Forschungen über den chemischen Ablauf der Kohlensäureassimilation in den Pflanzen.
C., Sohn russischer Immigranten, besuchte das Michigan College für Bergbau und Technik. Er studierte dann Chemie an der Universität von Minnesota, wo er 1935 mit einer Arbeit über Probleme der Katalyse promovierte. 1941 übernahm C. einen Lehrauftrag in Chemie an der University of California in Berkeley. Während des Zweiten Weltkrieges arbeitete er von 1941 bis 1944 für das National Defense Research Council und 1944/45 für das Manhattan-Atombombenprojekt. 1945 kehrte C. als außerordentlicher Professor für Chemie an die Universität in Berkeley zurück, wurde 1946 zum Direktor der Gruppe für chemische Biodynamik am Lawrence-Strahleninstitut und 1947 zum ordentlichen Professor ernannt. Neben seiner Lehr- und Forschungstätigkeit beteiligte sich C. weiterhin beratend an sicherheitstechnischen Fragen, so von 1951 bis 1955 als Berater der Forschungsabteilung der amerikanischen Luftwaffe und 1955 als Mitglied der US-Delegation bei der Internationalen Konferenz für die friedliche Nutzung der Kernenergie in Genf. 1960 wurde C. Direktor des Laboratoriums für chemische Biodynamik und 1967 stellvertretender Direktor des Lawrence Radiation Laboratory.

An der University of California in Berkeley widmete C. zuerst sein Interesse theoretischen Aspekten der Struktur bei dem Verhalten organischer Moleküle, zunächst bei organischen Farbsubstanzen. Seine Untersuchungen der Blutgruppenfaktoren führten zur Isolierung des Rhesus-Antigens. Weitere Forschungen betrafen die Karzinogenese, die Untersuchung von krebserregenden oder -fördernden Faktoren. Besonders hervorzuheben sind C.s Pionierarbeiten zur Photosynthese. Zwei Entdeckungen, die während der Kriegsjahre gelangen, ließen sich für seine Arbeiten ausnutzen. 1940 hatte man gefunden, daß das normale Kohlenstoffisotop C 12 durch Neutronenbeschuß in einem Reaktor Neutronen aufnahm und in das radioaktive C 14 überging. Das Kohlenstoffatom war nun markiert und ließ sich leicht wiederfinden. Mittels C 14-Markierung wurde der Mechanismus der Kohlendioxidassimilation bei Grünalgen untersucht und bis 1955 aufgeklärt.

Im September 1976 überraschte C. die Fachwelt mit der Ankündigung, im Süden Kaliforniens „Benzinbäume" zu pflanzen. Bei der Besichtigung eines brasilianischen Zuckerrohranbaugebietes war C. erstmals auf solche „Benzinbäume" gestoßen, Pflanzen, die sogenannte Terpene, dem Dieseltreibstoff ähnlich, erzeugen. Eine kommerzielle Nutzung scheitert jedoch noch an den Förderkosten, die erst durch einen deutlich höheren Ölpreis auf dem Weltmarkt gedeckt würden.

Cech, Thomas Robert – amerikanischer Chemiker
geb. 8.12.1947 in Chicago
Nobelpreis 1989, für die Entdeckung der katalytischen Eigenschaften der Ribonukleinsäure.
C. studierte Chemie an der University of California in Berkeley, wo er 1975 promovierte. Danach lehrte und forschte er zunächst am Biologie Department des Massachusetts Institute of Technology in Cambridge als Mitglied des Amerikanischen Krebsforschungsinstitutes. Seit 1983 ist er Professor für Chemie und Biochemie am Department of Chemistry an der University of Colorado in Boulder.

In den 70er Jahren untersuchten Altman und C., wie die Übersetzung des DNA-Codes in den RNA-Code vonstatten geht. Nicht alle in den DNA-Molekülen gelagerten und auf das RNA-Molekül übertragenen Informationen sind jedoch für die Herstellung von Proteinen erforderlich. Dies bedeutet, daß eine Zelle die RNA-Moleküle zerschneiden, die „unnötigen" Bereiche abtrennen und die „brauchbaren" wieder zusammensetzen muß. Dazu bedarf es wie bei allen biologischen Reaktionen wiederum der Enzyme. Bei der Suche nach Proteinen, die bei diesem Prozeß als Katalysatoren eine Rolle spielten, entdeckten Altman und C., daß die gesuchten Enzyme nicht aus Proteinen, sondern aus RNA-Molekülen selbst stammten. C. entdeckte bei der Untersuchung des bewimperten Einzellers Tetrahymena, wie ein RNA-Molekül sich selbst zerschneiden und danach die Abschnitte, die die Erbinformation enthielten, wieder zusammensetzen konnte. Damit war ihm 1982 erstmals der Nachweis gelungen, daß die RNA in sich selbst eine biokatalytische Funktion haben kann. Mittlerweile kennt die Wissenschaft fast 100 RNA-Enzyme, auch Ribozyme genannt.

Mit den von Altman und C. gelieferten Erkenntnissen scheint auch ein vorläufiges Ende auf die lange Zeit geführte Diskussion gefunden zu sein, ob denn die ersten Lebensmoleküle aus DNA oder Protein bestanden haben. Schon frühzeitig war nämlich von C. selbst, aber auch von anderen Wissenschaftlern darüber spekuliert worden, daß es früh in der Evolution keine Enzyme im klassischen Sinne gegeben haben kann und daß daher RNA-Moleküle vielleicht damals selbst ihre eigene Replikation in die Hand genommen und katalysiert haben. In der Tat konnte C. dann zeigen, daß eine solche RNA-katalysierte RNA-Replikation mit einem modifizierten Intron chemisch möglich ist.

In der Begründung des Nobelpreis-Komitees heißt es, Altman und C. hätten „unabhängig voneinander entdeckt, daß Nukleinsäuren nicht nur genetische Informationen tragen und überführen, sondern auch als Biokatalysatoren wirken können". Mit ihrer unerwarteten Entdeckung haben die beiden Forscher nicht nur das grundlegende Verständnis für die Lebensprozesse auf molekularem Niveau verändert, sondern auch einen wichtigen Grundstein gelegt, im Rahmen der Gentechnologie neue Abwehrformen gegen Virusinfektionen zu erarbeiten.

Corey, Elias James – amerikanischer Chemiker
geb. 12.7.1928 in Methuen (Massachusetts)
Nobelpreis 1990, für seine grundlegenden Arbeiten zur künstlichen Herstellung seltener Naturprodukte, mit der die Massenproduktion von Medikamenten möglich wurde.
C. studierte Chemie am Massachusetts Institute of Technology in Cambridge, wo er 1951 promovierte. Danach ging er an die University of Illinois in Champaign-Urbana und erhielt 1955 seine erste Professur. Seit 1959 ist er Professor an der Harvard University, Department of Chemistry, in Cambridge. Dank seiner bereits in jungen Jahren durchgeführten hervorragenden Arbeiten über den stereochemischen Verlauf von Reaktionen erwarb sich C. den Ruf eines „Wunderkindes" der organischen Chemie. Über dreißig Jahre hat er Pionierleistungen auf dem Gebiet der synthetischen organischen Chemie vollbracht. Sein besonderes Augenmerk galt dabei dem Aufbau „chiraler" Moleküle, die wie etwa die linke und die rechte Hand als Bild und Spiegelbild vorkommen, aber nicht deckungsgleich sind. Für die Medizin ist dabei von Bedeutung, daß die eine Form für den Körper lebenswichtig sein kann, die spiegelbildlich zusammengesetzte Form jedoch nutzlos oder gefährlich sein kann. Die Gewinnung bzw. Herstellung solcher chiraler Moleküle wurde durch C.s theoretische Beiträge im Bereich der organischen Synthese zu einem rational begründeten und wirkungsvollen Handwerk.

Zu C.s bekanntesten Syntheseerfolgen gehören die Gibberelline-Säure, ein Pflanzenhormon, das sich überwiegend in rasch wachsendem Gewebe findet und bei vielen Pflanzen die Blütenbildung fördert sowie Zellteilung und Fruchtwachstum stimuliert; weiterhin das Gingkolid, die aktive Substanz im Extrakt des Gingko-Baumes, der in China und Japan in der volkstümlichen Heilkunde benutzt wird und die Gehirndurchblutung fördern soll.

Anfang der 60er Jahre prägte C. den Begriff der „retrosynthetischen Analyse". Vom Aufbau des „Zielmoleküls" ausgehend, entwickelte er systematische Methoden, um die Struktur nach bereits bekannten oder leicht synthetisierbaren Bausteinen abzusuchen. Sobald man diese „rückwärts gerichtete" Analyse abgeschlossen hat, kann man beginnen, das Molekül aufzubauen. In den letzten Jahren hat C. eine Reihe sehr effektiver „chiraler" (griech. cheir – Hand), enzymähnlicher Katalysatoren entwickelt, die nur die eine Spiegelbild-Isomere des gewünschten Stoffes wiedergeben. Diese chemischen Enzyme („Chemzyme") sind einfach, können ohne Schwierigkeiten wiedergewonnen und in manchen Fällen sogar zu ihrer eigenen Herstellung benutzt werden. Die Herstellung dieser chemischen Werkzeuge steht noch an ihrem Anfang. Von ihrer Weiterentwicklung versprechen sich die Wissenschaftler eine wesentliche Erleichterung bei der Synthese chiraler Naturstoffe und Arzneimittel.

Cornforth, Sir John Warcup – australisch-britischer Chemiker
geb. 7.9.1917 in Sydney (Australien)
Nobelpreis 1975, in Anerkennung der von ihm durchgeführten stereochemischen Untersuchungen enzymkatalysierter Reaktionen von Steroiden in biologischen Systemen mit Hilfe der sogenannten „Indikatormethode".
C., Sohn eines Engländers und einer Australierin, hatte bereits als Kind erste Probleme wegen abnehmender Gehörfähigkeit. Er war an Otosklerose (zur Schwerhörigkeit führende Verknöcherung des Mittelohres) erkrankt und bereits mit zwanzig Jahren völlig taub. Nach dem Besuch der High-School begann C. 1933 ein Chemiestudium an der Universität von Sydney, das er vier Jahre später mit Auszeichnung abschloß. 1939 erhielt er zusammen mit einer Studienkollegin, die später seine Frau wurde, ein Stipendium für ein Auslandsstudium an der Oxford-Universität in England, wo beide 1941 zum Doktor der Chemie promovierten. Im Laboratorium von R. Robinson (Nobelpreis 1947) an der Oxford University beschäftigte sich C. vor allem mit der Synthese von Steroiden.

C. hatte sich unter dem Einfluß Robinsons dem Steroid-Gebiet zugewendet. Einen ersten Höhepunkt hatten diese Forschungen im Jahre 1951, als er gleichzeitig mit R. B. Woodward (Nobelpreis 1965) die erste Totalsynthese eines Steroids durchführte. Danach klärte C. die Struktur des Cholesterols endgültig auf, indem er und G. Popjak dieses kohlenstoffatomweise abbauten. Ab 1962 beschäftigte er sich dann mit der Stereochemie enzymkatalysierter Reaktionen. In einer großen Untersuchungsreihe leistete C. einen fundamentalen Beitrag zur Entwicklung der hocheffektiven Methode markierter Verbindungen. Der Einbau von Verbindungen in die Zelle, deren Moleküle in ganz bestimmten Positionen Atome des einen oder anderen Isotops (meist radioaktive) enthalten, gestattet, das Schicksal der markierten Atome zu verfolgen und festzustellen, wie durch aufeinanderfolgende Reaktionen aus relativ einfach gebauten Vorläufern das Molekül einer komplizierten natürlichen Verbindung entsteht. Die Untersuchungen von C. stellen ohne Zweifel eine der klassischen Seiten der bioorganischen Chemie dar und sind ein Beispiel für eine Forschung, die auf die Aufklärung der intimsten Funktionsmechanismen der lebenden Zelle gerichtet ist.

Als großes Verdienst von C. und V. Prelog würdigte die schwedische Akademie ihre grundlegenden Forschungen über die Bildung sogenannter „Chirale", organischer Moleküle, die in zwei spiegelbildlichen Formen vorkommen können, die sich voneinander unterscheiden wie rechte und linke Hand. Beiden Forschern gelang es vor allem, die Vorgänge bei der Bildung dieser „Chirale" durch Enzyme zu klären. Ferner verdankt die Wissenschaft C. grundlegende Erkenntnisse über den Glyoxylsäurezyklus bei Mikroorganismen und Pflanzen. Bis 1975 war er Gastprofessor an der Universität Sussex in Brighton, danach an der gleichen Universität bis 1982 Royal Society Professor.

Cram, Donald James – amerikanischer Chemiker
geb. 22.4.1919 in Chester (Vermont)
Nobelpreis 1987, für Arbeiten auf dem Gebiet der supramolekularen Chemie, insbesondere für die Entwicklung und Verwendung von Molekülen mit strukturspezifischer Wirkung von hoher Selektivität.
C. studierte am Rollins College (Florida). Anschließend ging er an die Universität Nebraska in Lincoln und erwarb hier 1942 den Master of Science. 1945 ging C. an die Harvard-Universität in Cambridge und promovierte als National Research Fellow 1947. Seitdem wirkte er an der Universität California in Los Angeles, seit 1957 als ordentlicher Professor für Chemie. 1984 wurde er emeritiert.

Die Schwedische Akademie der Wissenschaften betonte, daß die Forschungsarbeiten von C., Pedersen und Lehn große Bedeutung für die Entwicklung der Koordinationschemie, der organischen Synthese, der analytischen Chemie sowie der bioorganischen und bioanorganischen Chemie haben. Er untersuchte den Verlauf bei der Addition organometallischer Verbindungen an eine Carbonylgruppe, die einem Chiralitätszentrum benachbart ist. Die Ergebnisse faßte er 1952 in der C.schen Asymmetrie-Induktionsregel zusammen. Daneben standen Untersuchungen am Kohlensuboxid, über die Erhöhung der Aktivität von Carbanionen durch Verwendung von Dimethylsulfoxid als Lösungsmittel oder zum Problem der Razemisierung/Inversion beim Wasserstoff-Deuterium-Austausch. Auch die weiteren Arbeiten befaßten sich mit Problemen des Reaktionsablaufes (u. a. 1953 Neber-Umlagerung; 1957 Wagner-Meerwein-Umlagerung; 1964 Allylumlagerung). In den letzten zwei Jahrzehnten hat sich C. vor allem auf dem Gebiet der supramolekularen Chemie profiliert, einer vergleichsweise jungen Forschungsrichtung, die zu erklären versucht, wie sich unterschiedliche Moleküle im Körper erkennen und miteinander verbinden.

Um in eine Zelle zu gelangen, so fanden die drei Nobelpreisträger C., Pedersen und Lehn heraus, bedienen sich Moleküle spezieller „Wirts"-Moleküle, die in ihrem hohlräumigen Inneren das „Gast"-Molekül durch die Zellmembran schleusen. Verallgemeinert nannte C. dieses interessante Gebiet Wirts-Gast-Chemie. Dieses Forschungsgebiet begann mit den Arbeiten Pedersens, der 1967 die Kronenether synthetisierte. Dieses Prinzip wurde von C. systematisch weiterentwickelt.

Crutzen, Paul Josef – niederländischer Meteorologe und Chemiker
geb. 3.12.1933 in Amsterdam
Nobelpreis 1995, für seine Arbeiten zur Chemie der Atmosphäre, insbesondere über Bildung und Abbau von Ozon.
C. studierte in Amsterdam Tiefbau und war als Ingenieur tätig. Mit seiner finnischen Frau ging er dann nach Stockholm, studierte an der dortigen Universität Meteorologie, graduierte 1968, war von 1969 bis 1971 Assistent an der Universität Oxford und promovierte 1973 an der Universität Stockholm. Von 1974 bis 1977 war C. als Berater und Wissenschaftler, von 1977 bis 1980 als ranghöchster Wissenschaftler und Direktor der Air Quality Division am National Center for Atmospheric Research in Boulder (Colorado) tätig. Seit 1979 ist er Honorarprofessor an der Scripps Institution of Oceanography der University of California in San Diego. Seit 1980 ist C. Direktor der Abteilung Chemie der Atmosphäre am Max-Planck-Institut für Chemie in Mainz. Seit 1993 ist er außerdem Honorarprofessor an der Universität Mainz.

C., der Mexikaner M. Molina und der Amerikaner F. S. Rowland entdeckten, wie empfindlich die Ozonschicht auf Luftverunreinigung reagiert. „Es hat sich gezeigt, daß die dünne Ozonschicht eine Achillesferse der Menschheit darstellt", betonte das Nobelkomitee in Stockholm. Die Ozonschicht ist der Bereich der irdischen Lufthülle in einer Höhe von 15 bis 50 Kilometern. Sie schützt die Erde vor der energiereichen ultravioletten (UV-)Strahlung der Sonne, die Krebs auslösen, das Immunsystem schwächen und das Erbgut schädigen sowie zu Ertragseinbußen in der Landwirtschaft führen kann. Die Unversehrtheit der Ozonschicht in der Atmosphäre als UV-Filter ist wesentliche Voraussetzung für das gesunde Leben von Menschen, Tieren und

Pflanzen. Der wichtigste Beitrag von C., Molina und Rowland besteht darin, daß sie die vom Menschen verursachten Verunreinigungen als wesentliche Quelle des Ozonabbaus nachgewiesen haben. Durch den Abbau der Ozonschicht wird eine Erwärmung der Erde erwartet. Mitte der 90er Jahre gab es ein etwa 32 Quadratkilometer großes Ozonloch über dem Südpol (dreimal die Fläche der USA). Über der nördlichen Halbkugel waren etwa 20 Prozent der Ozonschicht zerstört. Fachleute und Wissenschaftler gehen davon aus, daß jedes Prozent Ozon weniger etwa zwei Prozent mehr UV-Strahlung durchläßt und diese wiederum zu einem Anstieg der Hautkrebsrate um drei Prozent führt.

Trotz der Einleitung von Gegenstrategien, so durch das weltweite FCKW-Verbot ab 1996 und die Anwendung von teilhalogenierten FCKW, ist vorerst noch ein weiterer Abbau der Ozonschicht insbesondere über den Polkappen zu erwarten. Fachleute gingen 1994 davon aus, daß das Ozonloch in der Atmosphäre in etwa 50 Jahren verschwinden würde, wenn von der Staatengemeinschaft die beschlossenen Schutzmaßnahmen eingehalten werden. Viel beachtet und umfangreich diskutiert wurde auch C.s Theorie vom „nuklearen Winter", Untersuchungen und Prognosen über den potentiellen Einfluß eines nuklearen Krieges auf die Atmosphäre.

Curl, Robert Floyd – amerikanischer Chemiker
geb. 23.8.1933 in Alice (Texas)
Nobelpreis 1996, für die Entdeckung der Fullerene, einer neuen Form des Kohlenstoffs mit kugelförmigen Molekülen.
C., Sohn eines Methodistenpriesters, besuchte die High-School in seiner Heimatstadt, wo bereits seine ungewöhnliche Begabung für chemische Experimente erkannt und gefördert wurde. Er studierte dann Chemie an der Rice University in Houston (Texas). Zu weiterführenden Studien ging er an die University of California in Berkeley und promovierte hier 1957. Danach erhielt C. eine Forschungsstelle an der Harvard University in Cambridge (Massachusetts), wo er sich mit der Mikrowellenspektroskopie beschäftigte. Diese Methode ermöglicht es, Moleküle durch ihre Rotationsbewegungen im gasförmigen Zustand und durch die Schwingungen der Atome des Moleküls zu untersuchen. 1958 kehrte C. an die Rice University zurück und erhielt eine Stelle als Assistant Professor. 1963 wurde er zum außerordentlichen Professor ernannt, 1967 erhielt er eine Berufung als ordentlicher Professor.

C. untersuchte instabile, kurzlebige Moleküle, die im gasförmigen Zustand während chemischer Reaktionen auftreten. 1984 lud er den britischen Chemiker Harold W. Kroto (ebenfalls Chemie-Nobelpreis 1996) nach Houston ein, wo sie zusammen mit dem amerikanischen Chemiker Richard E. Smalley (ebenfalls Chemie-Nobelpreis 1996) an der Rice University ihre gemeinsamen Forschungen fortführten. Bereits 1985 machten sie eine sensationelle Entdeckung: Bei Experimenten fanden sie zufällig eine dritte Form von Kohlenstoff. Alle Organismen bestehen aus chemischen Verbindungen, deren Hauptbestandteil Kohlenstoff ist. Bis 1985 waren von der elementaren Form des Kohlenstoffs zwei Modifikationen bekannt, der Diamant und Graphit. Chemisch gebunden findet sich Kohlenstoff als Hauptbestandteil von Kohle, Erdöl und Erdgas. Wie sehr die Eigenschaft eines Feststoffs von seiner Kristallstruktur abhängt, wird vom Kohlenstoff auf besonders extreme Weise vorgeführt. In der Form von Graphit ist er auffallend weich, seine Mohs-Härte liegt zwischen 0,5 und 1; Diamant andererseits ist der härteste aller Stoffe mit einer Mohs-Härte von 10. Daneben gibt es noch weitere Formen des Kohlenstoffs mit mehr oder weniger geordneter bzw. amorpher Struktur. Dazu gehören Aktivkohle, Kohlenstoffasern, Ruß, diamantähnlicher Kohlenstoff und Fullerene.

Die Gruppe all dieser neu entdeckten sphärischen Kohlenstoffmoleküle bezeichnet man heute kurz als „Fullerene". Ob die „Buckyballs" aber tatsächlich einmal unseren Alltag verändern oder Laborkuriositäten bleiben, ist noch ungewiß. Zumindest wird der erstaunliche Stoff schon heute industriell hergestellt – er könnte in Zukunft beispielsweise die Basis für einen idealen Schmierstoff bilden.

Debye, Peter Joseph Wilhelm – amerikanischer Physiker und Physikochemiker niederländischer Herkunft
geb. 24.3.1884 in Maastricht
gest. 2.11.1966 in Ithaca (New York)
Nobelpreis 1936, für seine Beiträge zu unserer Kenntnis der Molekularstrukturen durch seine Forschungen über Dipolmomente, über die Beugung von Röntgenstrahlen und an Elektronen in Gasen.
D. begann nach Abschluß der Höheren Bürgerschule in Maastricht mit 17 Jahren ein Studium der Elektrotechnik an der Technischen Hochschule in Aachen. Zu seinen Lehrern gehörten M. Wien (Experimentalphysik) und A. Sommerfeld (Mechanik). 1905 hatte D. seine Hauptprüfung als Diplom-Ingenieur mit Auszeichnung bestanden – die Diplomarbeit behandelte ein Problem aus der Theorie der Wirbelströme. Sommerfeld begeisterte D. derart für die physikalische Forschung, daß er ihm 1906 an die Universität München als Assistent folgte, wo Sommerfeld den Lehrstuhl für Theoretische Physik übernommen hatte. In seiner Habilitationsschrift von 1910 behandelte D. die Theorie der Elektronen in Metallen mit Methoden der statistischen Mechanik nach Boltzmann-Gibbs. Bereits mit 27 Jahren wurde er als Nachfolger A. Einsteins außerordentlicher Professor für Theoretische Physik an der Universität Zürich. 1912 kehrte er in seine Heimat zurück und wurde Professor für Theoretische Physik an der Universität Utrecht. Da die experimentellen Möglichkeiten dort sehr bescheiden waren, nahm er 1914 eine Berufung als Professor an die Universität Göttingen an, damals eine der Hochburgen der theoretischen Physik.

Trotz häufiger Hochschulwechsel konnte D. bis etwa 1916 auf vielen unterschiedlichen Arbeitsgebieten wichtige Ergebnisse vorlegen. Als Assistent Sommerfelds gelang D. im Jahre 1910 die einfachste und durchsichtigste Ableitung der Planckschen Strahlungsformel. 1912 beschäftigte er sich mit der Erklärung der Temperaturabhängigkeit der Dielektrizitätskonstanten. Er stellte die These auf, daß Moleküle elektrische Dipole sind, womit er die Theorie der polaren Moleküle begründete. Aufgrund seiner Arbeit wurde die Einheit des elektrischen Dipolmoments „Debye" genannt. Ebenfalls 1912 führte D. das Einsteinsche Konzept der spezifischen Wärmen fort. In seiner „D.schen Theorie" übertrug er das Problem auf feste Körper und legte dar, daß thermische Gitterschwingungen Eigenschwingungen sind und daß der atomare Bau durch eine Maximalschwingung erfaßt wird. Mit der D.-Temperatur führte er eine Kennung ein. Nach M. v. Laues (Physik-Nobelpreis 1914) Entwicklung der Röntgenbeugung als Methode zur Kristallstrukturbestimmung stellte D. den Einfluß der wärmeinduzierten Atomschwingung bei der Röntgenbeugung dar, indem er zeigte, daß dadurch die resultierende Amplitude geschwächt wird. Als Korrekturfaktor führte er 1915 den D.schen Wärmefaktor ein.

1935 wurde er Direktor des neuen Kaiser-Wilhelm-Instituts für Physik in Berlin. 1936 übernahm er den Lehrstuhl für Experimentalphysik als Nachfolger von W. F. H. Nernst (Physik-Nobelpreis 1920) an der Universität Berlin. Zu seinen Berliner Arbeiten gehört die Theorie für das 1938 von K. Clusius und G. Dickel in München entwickelte Isotopentrennverfahren. Dieses Trennrohrverfahren erlangte im deutschen Uranprojekt zeitweilig als eine eventuelle Möglichkeit zur Trennung von Uranisotopen eine gewisse Bedeutung. Als nach Ausbruch des Zweiten Weltkrieges der „Ausländer" D. nicht zur Annahme der deutschen Staatsbürgerschaft zu bewegen war, konnte er nicht länger als Direktor fungieren und erhielt Hausverbot. Er nutzte eine Einladung zu Vorlesungen an der Cornell University in Ithaca und emigrierte Anfang 1940 in die USA. 1946 wurde D. amerikanischer Staatsbürger. 1948 wurde er an der Cornell University zum Ordinarius für physikalische Chemie und Leiter der chemischen Fakultät ernannt. Auch nach seiner Emeritierung 1952 blieb er aktiv wissenschaftlich tätig.

Deisenhofer, Johann – deutscher Biophysiker
geb. 30.9.1943 in Zusamaltheim bei Dillingen
Nobelpreis 1988, für die Aufklärung der dreidimensionalen Struktur des photosynthetischen Reaktionszentrums von Purpurbakterien.
D., Sohn eines Landwirts, besuchte das Augsburger Holbein-Gymnasium und studierte nach dem Abitur ab 1963 Physik an der Technischen Universität München. Von 1971 bis 1974 arbeitete er an seiner Dissertation bei Professor R. Huber am Max-Planck-Institut für Biochemie in München-Martinsried. 1987 habilitierte er sich an der Technischen Universität München. Seit Anfang 1988 hat er eine Professur an der University of Texas und arbeitet am Howard Hughes Medical Institute in Dallas.

D. ermöglichte durch seine Weiterentwicklung der Röntgenstrukturanalyse, d. h. der Untersuchung durch kurzwellige elektromagnetische Strahlung, die Erkenntnisse über den dreidimensionalen Aufbau und die Funktion von Eiweißmolekülen aufzuhellen. Zwischen 1982 und 1985 forschte D. in der von Professor R. Huber geleiteten Arbeitsgruppe am Max-Planck-Institut an den Grundlagen der Photosynthese, die heute der wichtigste chemische Prozeß auf der Oberfläche unseres Planeten überhaupt und fast die einzige Quelle alles gegenwärtigen Lebens ist. Bei Untersuchungen über die elementaren Mechanismen der Photosynthese ist es R. Huber und seinen Mitarbeitern im Max-Planck-Institut für Biochemie erstmals gelungen, die Raumstruktur zweier Protein-Pigment-Komplexe aufzuklären, die an den Lichtreaktionen der Photosynthese beteiligt sind: zum einen die Struktur eines Proteins, das Licht einfängt, sammelt und weiterleitet, zum anderen die Struktur eines photosynthetischen Reaktionszentrums, das den lichtgetriebenen Transport von Elektronen durch die Membran vermittelt. Die Aufklärung der Struktur des Reaktionszentrums lieferte erstmals Einsicht in den Feinbau einer „biologischen Photozelle", die eine Schlüsselrolle bei der Photosynthese spielt. Zugleich gelang damit die erste vollständige Röntgenstrukturanalyse eines membrangebundenen Proteins, das im Gegensatz zu Proteinen außerhalb von Membranen nicht wasserlöslich und deshalb schwierig zu isolieren und rein zu kristallisieren ist.

Den Forschern R. Huber, D. und H. Michel war es zum ersten Mal gelungen, einen unmittelbaren Einblick in den Feinbau einer biologischen Photozelle zu erhalten. Sie klärten die atomare Struktur des photosynthetischen Reaktionszentrums von Purpurbakterien mittels der Röntgenstrukturanalyse. Zum einen wurde mit der Struktur zugleich die Funktion dieses molekularen „Energiewandlers" einsichtig, zum anderen stellt das Reaktionszentrum sowohl die komplizierteste als auch die erste membrangebundene Eiweißstruktur dar, deren atomarer Bau vollständig aufgeklärt werden konnte.

Diels, Otto Paul Hermann – deutscher Chemiker
geb. 23.1.1876 in Hamburg
gest. 7.3.1954 in Kiel
Nobelpreis 1950, für die Entdeckung und Entwicklung der Dien-Synthese.
In der Gelehrtenfamilie Diels schlugen drei Brüder die Hochschullaufbahn ein. Der älteste wurde Botaniker, der zweite, Otto, Chemiker und der jüngste Slawist. Der Vater, der berühmte Altphilologe Hermann D., der sich besonders mit griechischer Philosophie und Medizin beschäftigte, war Gymnasiallehrer in Berlin und seit 1882, nach seiner Aufnahme in die Preußische Akademie der Wissenschaften, dort Universitätsprofessor. So war Berlin der Schauplatz für D.s Schulzeit und auch für die Studienjahre. Schon als Schüler führte er zusammen mit seinen Brüdern chemische Experimente durch. Er studierte ab 1895 Chemie an der Universität Berlin und

promovierte 1899 mit einer Arbeit über Cyanfarbstoffe. D. hielt 1904 nach seiner Habilitation zum Privatdozenten erste Vorlesungen. Bereits 1907 veröffentlichte D. sein Lehrbuch „Einführung in die organische Chemie", das mehrfach aufgelegt und für die Chemiestudierenden zu einem Begriff wurde. 1914 wurde er zum außerordentlichen Professor an der Universität Berlin ernannt. 1916 erhielt D. eine Berufung als ordentlicher Professor und Direktor des Chemischen Instituts der Christian-Albrecht-Universität in Kiel.

Zur Konstitutionsaufklärung des Cholesterins hat D. einen bedeutsamen Beitrag geliefert. Es glückte ihm, diesen Körper auf ein aromatisches Grundskelett zurückzuführen, und zwar mit der von ihm 1927 in die chemische Praxis eingeführten „Selen-Dehydrierung". Diese Methode wurde für die Erforschung der Struktur von Naturstoffen unentbehrlich. Zusammen mit seinem Assistenten K. Alder (ebenfalls Nobelpreis 1950) entwickelte D. im Verlauf von über 20 Jahren einen der zentralen Reaktionstypen der modernen Chemie. 1928 gelang es beiden Wissenschaftlern, aus Maleinsäureanhydrid und Cyclopentadien eine neue Ringverbindung zu erzeugen. Im Verlauf ihrer Arbeiten zeigten sie, daß Reaktionen dieses Typs schon bei milden Temperaturen und mit hoher Effektivität ablaufen können.

Die Veröffentlichung über die Anlagerung von Dien-Kohlenwasserstoffen bedeutete eine echte Sensation für die Fachwelt. Diene sind ungesättigte aliphatische oder zyklische Kohlenwasserstoffe mit zwei Doppelbindungen. Der theoretische Aspekt der D.-Alder-Reaktion lieferte neue grundlegende Einsichten in die Abläufe organisch-chemischer Reaktionen. Ganze Industriezweige sind ohne die D.-Alder-Reaktion überhaupt nicht mehr denkbar. Diese Reaktion führte zu neuen, auch industriell bedeutsamen Synthesen von Riechstoffen, Campher, Stickstoffheterocyclen und zu Ausgangsmaterialien für Farbstoffe, Hilfsmitteln für Kunstfasern u. a.

Eigen, Manfred – deutscher Physikochemiker und Molekularbiologe
geb. 9.5.1927 in Bochum
Nobelpreis 1967, für die Erforschung außerordentlich schnell ablaufender chemischer Reaktionen.

E., Sohn eines Kammermusikers, wollte nach dem Vorbild des Vaters zunächst Pianist werden. Von 1945 bis 1950 studierte E. an der Universität Göttingen Physik und Physikalische Chemie und promovierte 1951 zum Doktor der Naturwissenschaften. Von 1951 bis 1953 war er wissenschaftlicher Mitarbeiter am Institut für Physikalische Chemie der Universität Göttingen, wechselte 1953 als Assistent an das Max-Planck-Institut für Physikalische Chemie in Göttingen, wo er 1958 zum Wissenschaftlichen Mitglied aufstieg. 1962 wurde er hier Leiter der selbständigen Abteilung für Chemische Kinetik und 1964 Direktor dieses Instituts. Seit 1985 ist E. Direktor des Max-Planck-Instituts für Biophysikalische Chemie in Göttingen.

E. entwickelte die Relaxationsmethoden zur Untersuchung schneller Reaktionen im Nanosekundenbereich. Den sogenannten „Relaxationsverfahren" ist gemeinsam, daß ein im chemischen Gleichgewicht befindliches System durch einzelne (Druck, Temperatur, elektromagnetisches Feld) oder periodische (Schallwellen) schnelle Einwirkungen von außen gestört wird. Es treten dann kleine Konzentrationsänderungen ein, die – infolge ihrer Kleinheit vergleichsweise langsam – bis zum ursprünglichen Gleichgewichtszustand zurückgebildet werden. Diese „Relaxationsmessungen" wurden durch E. zu unübertroffener Meisterschaft entwickelt. Mit dieser Methode konnten unter anderem wichtige Fragen der Biochemie, so die der Steuerung der Enzymaktivität, die wiederum viele Stoffwechselvorgänge in der Zelle regelt, geklärt werden.

E. entwickelte auf der Grundlage der Arbeiten Schramms eine Theorie der präbiologischen Evolution, die sich vor allem auf eine Erklärung der Entstehung von Informationen von sich selbst organisierenden Systemen konzentriert. Die Kopplung von Eiweißmolekülen und Nukleinsäuren betrachtet E. als den Ursprung des Lebens. Die Untersuchungen von Schramm und E. sprechen dafür, daß die präbiologische Evolution auf der Ebene molekulardisperser chemischer Systeme begann. Das besondere Verdienst E.s ist in den theoretischen Verbindungen von Prinzipien der Biologie mit Prinzipien der Physik zu sehen. Er selbst betonte, daß mit seinen Untersuchungen dem Biologen gezeigt werden soll, daß Lebensvorgänge von physikalischen Prinzipien kontrolliert werden, die sich einer quantitativen Formulierung nicht entziehen.

Zu E.s vielbeachteten Veröffentlichungen gehören u. a. „Das Spiel. Naturgesetze steuern den Zufall" (1975), in dem er darlegt, wie sich die Grundelemente des Spiels – Zufall und Notwendigkeit – vom Aufbau der Moleküle bis hin zu ökonomischen Gesetzmäßigkeiten nachweisen lassen, und „Stufen zum Leben" (1987), in dem er eine systematische molekularbiologische Rekonstruktion der Evolution vornimmt.

Ernst, Richard Robert – Schweizer Physikochemiker
geb. 14.8.1933 in Winterthur, Kanton Zürich
Nobelpreis 1991, für seine bahnbrechenden Beiträge zur Entwicklung der hochauflösenden magnetischen Kernresonanz(NMR)-Spektroskopie.

E., Sohn eines Professors für Architektur, studierte an der Eidgenössischen Technischen Hochschule in Zürich Chemie. Nach seiner Promotion war E. kurzzeitig als wissenschaftlicher Mitarbeiter am Labor für Physikalische Chemie an der ETH tätig. Danach ging er in die USA und arbeitete fünf Jahre in der Forschungsabteilung der „Varian Associates" in Palo Alto (Kalifornien), einer auf Spektrometer spezialisierten Firma. 1968 kehrte E. an die ETH nach Zürich zurück, wo er sich im gleichen Jahr am Institut für Physikalische Chemie habilitierte. Seit 1976 ist er dort ordentlicher Professor.

Die NMR(nuclear magnetic resonance)-Spektroskopie wurde 1945 unabhängig voneinander von F. Bloch und E. Purcell (beide Physik-Nobelpreis 1952) und ihren

Mitarbeitern entdeckt. In den ersten Experimenten ging es darum, die magnetischen Momente von Atomkernen möglichst genau zu messen. Diese spektroskopische Methode gilt trotz ihrer großen praktischen Bedeutung als schwer beschreibbar und experimentell sowie theoretisch aufwendig. Sie konnte sich nur durchsetzen, weil sie geradezu einzigartige Möglichkeiten zur Untersuchung von Struktur und Dynamik in kondensierter Materie bietet. E. hat die Grundlagen dafür geschaffen, daß das Informationspotential der NMR-Spektroskopie heute tatsächlich genutzt werden kann. Dazu war gegenüber den ursprünglichen Meßverfahren zunächst eine erhebliche Steigerung der Nachweisempfindlichkeit erforderlich, die E. durch Einführung der Fourier-Spektroskopie im Jahr 1966 zusammen mit dem Amerikaner W. A. Anderson gelang. Anstatt die Frequenz der Radiowellen kontinuierlich zu verändern, setzten sie die Materialproben kurzen, intensiven Radiofrequenzschwingungen aus, maßen das Signal als Funktion der Schwingungszeit, wiederholten die Messungen in Sekundenabständen, addierten die Signale in einem Computer und übertrugen sie mittels einer mathematischen Operation in ein auswertbares NMR-Spektrum.

Diese Arbeiten wurden zur Grundlage der modernen Kernspinresonanz-Spektroskopie. Längst ist dadurch die NMR-Spektroskopie als Methode der Strukturforschung in Chemie, Biologie und Medizin der Röntgenstreuung ebenbürtig.

Euler-Chelpin, Hans Karl August Simon von – schwedischer Chemiker deutscher Herkunft
geb. 15.2.1873 in Augsburg
gest. 6.11.1964 in Stockholm
Nobelpreis 1929, für seine grundlegenden Untersuchungen über die Zuckervorgänge und den Anteil der Enzyme an diesem Vorgang.

E.-Ch., Sohn eines Generals, beschäftigte sich zunächst mit der Malerei und begann ein Studium als Lenbach-Schüler an der Kunstakademie in München. Doch schon bald widmete er sich ausschließlich der Naturwissenschaft. Die Beschäftigung mit der Farbenlehre führte ihn zur physikalischen Chemie, und er studierte ab 1893 in München Chemie. Ab 1897 arbeitete E.-Ch. als Assistent bei Svante Arrhenius (Chemie-Nobelpreis 1903) in Stockholm. Viele hervorragende Wissenschaftler wie die Nobelpreisträger Emil Fischer, Max Planck und Otto Warburg waren ebenfalls seine Lehrer. Aufgrund seiner Leistungen auf dem Gebiet der organischen Chemie bekam er 1899 eine Dozentenstelle für Physikalische Chemie an der Universität Stockholm. 1902 nahm E.-Ch. die schwedische Staatsbürgerschaft an. 1906 wurde er ordentlicher Professor für Allgemeine und Organische Chemie an der Universität Stockholm, außerdem Direktor des Allgemeinen Chemischen Labors. 1929 wurde er Direktor des Instituts für Vitamine und Biochemie seiner Universität.

Die Entwicklung der biochemischen Teildisziplinen zur eigenen Wissenschaft ist auf das engste mit dem Namen und mit der Arbeit E.-Ch.s verknüpft. Er wird mit Recht als einer der Pioniere bei der Erforschung der Mikrowelt der Wirkstoffe bezeichnet. Seine Forschungen umfaßten viele Gebiete der Chemie und Biochemie, der Schwerpunkt lag jedoch bei der Enzymchemie.

Er begann mit reaktionskinetischen Untersuchungen der Rohrzuckerspaltung, bestimmte die Molekularmassen von Enzymen, gelangte über Enzym-Inhibitions-Versuche zur Zwei-Affinitäts-Theorie für die Saccharase und erkannte die zusammengesetzte Natur der Enzyme. Seine 1923 aufgenommenen Untersuchungen der niedermolekularen Fraktion des Gärungsfermentes, der Cozymase, führten 1935/36 zur Aufklärung der Konstitution als Nicotinsäureamid-adenin-dinucleotid. Die Erkenntnisse über die Wirkungsweise der Cozymase führten mit der Formulierung „Ferment ist gleich wirkungsspezifisches Coferment plus substratspezifisches Apoferment" zu einer Modernisierung der Zwei-Affinitäts-Theorie. In weiteren Arbeiten beschäftigte sich E.-Ch. mit den Eisen-Porphyrin-Verbindungen der Hefen, mit der Phosphorylierung, der De- und Umphosphorylierung der Gärung, mit der Rolle des Nicotinamids, des Vitamins B 1 und zusammen mit Karrer des Vitamins A im Stoffwechsel, mit Studien der Enzyme von Pflanzenmutanten, mit Reduktionen und mit der Enzymchemie von Tumoren. 1929 entdeckte E.-Ch. die Identität des Pflanzenfarbstoffes Karotin mit dem Provitamin A, und 1931 gelang es ihm, das Vitamin A rein herzustellen. Auch bei der Aufklärung der Beschaffenheit des Vitamins C war er beteiligt.

1941 wurde E.-Ch. emeritiert, führte jedoch seine Forschungsarbeiten weiter. Als Vorstand des Stockholmer Instituts für Vitaminforschung widmete er sich den verschiedensten biochemischen Problemen, vor allem aber der Krebsforschung.

Fischer, Emil Hermann – deutscher Chemiker
geb. 9.10.1852 in Euskirchen
gest. 15.7.1919 in Berlin
Nobelpreis 1902, als Anerkennung des Verdienstes, das er sich durch seine synthetischen Arbeiten auf dem Gebiet der Zucker- und Puringruppen erworben hat.

F. wurde als achtes Kind eines Kaufmanns geboren. 1867 besuchte er das Gymnasium in Bonn, und schon damals machte sich seine besondere Begabung für Mathematik und Physik bemerkbar. 1871 begann F. ein Chemiestudium in Bonn, siedelte dann an die Universität Straßburg über und kam dort unter die Obhut des genialen Chemikers Adolf von Baeyer (Nobelpreis 1905). 1874 erwarb er die Doktorwürde und folgte seinem Lehrer als Unterrichtsassistent an die organische Abteilung im Institut A. v. Baeyers in München.

Schon 1875 gelang F. die Entdeckung des Phenylhydracins, nach eigener Darstellung rein zufällig, weil er das Experiment eines Praktikanten kontrollieren mußte. Phenylhydracin bildet mit den verschiedenen Zuckerarten gut kristallisierende, schwerlösliche Verbindungen, mit ihrer Hilfe konnte F. die einzelnen

Zuckerarten voneinander trennen, so daß sie der Identifikation und chemischen Untersuchung zugänglich waren.

1882 erhielt er eine Berufung als Professor an die Universität Erlangen, wo er seine bahnbrechenden Arbeiten über die Synthese der im Naturreich weitverbreiteten Indolverbindungen begann. Die großen Erfolge F.s, die die Welt der Chemiker in Staunen versetzten, überraschten gerade dadurch, daß sie mit einem Minimum von theoretischen Voraussetzungen auskamen und ihr Ziel lediglich durch klare, folgerichtige Anwendung dieser wenigen Voraussetzungen und in der Hauptsache durch geistreich ersonnene und kunstvoll durchgeführte Experimente erreichten. Das klassische Beispiel waren seine Zuckerarbeiten. 1890 gelang F. die Synthese von Traubenzucker aus Glyzerin. Nachdem er von 1885 bis 1892 eine Professur in Würzburg innehatte, trat er 1892 die Nachfolge A. W. v. Hofmanns als Lehrstuhlinhaber an der Berliner Universität an. Hier setzte er seine Zuckerforschungen fort, und es wurden die zahlreichen natürlichen und künstlichen Zucker in ein übersichtliches System eingeordnet. Durch seine Untersuchungen über die Harnsäuregruppe mit Purin als Stammkörper sowie den bekannten Abkömmlingen Theobromin und Coffein hat F. die Grundlagen für die Chemie der Zellkerne geschaffen. In die Berliner Zeit fallen die Untersuchungen über die Eiweißstoffe, Anzahl und Verhältnis ihrer einfachen Baustoffe, der Aminosäuren, wurden festgestellt und die sogenannten Peptide isoliert. Auch der Medizin schenkte er eine Reihe wertvoller Heilmittel, so das bekannte Veronal; ferner das verwandte Medinal und Luminal, das Sajodin und Sabromin, das Elarson und Solarson.

F.s Arbeiten erschlossen außer neuen Synthesewegen bewußt die Zusammenhänge innerhalb des Stoffwechsels der lebenden Substanz. Er führte die Zucker und Proteine auf ihre chemischen Bauprinzipien zurück und zeigte deutlich die Rolle der Enzyme. F. wird mit Recht der „Große Erneuerer der Biochemie“ genannt und wird dank seiner bahnbrechenden Erforschung biologisch wichtiger organischer Stoffklassen als der Wegbereiter jenes gewaltigen Aufschwunges gelten, den die biologische und physiologische Chemie unserer Tage genommen hat.

Fischer, Ernst Otto – deutscher Chemiker
geb. 10.11.1918 in München
Nobelpreis 1973, für die Entdeckung eines neuartigen Strukturtyps, der sogenannten Sandwich-Verbindungen, und die Erforschung der dabei vorliegenden Bindungsverhältnisse.
F., Sohn eines Physikprofessors, wollte ursprünglich Kunstgeschichte studieren, entschied sich jedoch während des Krieges, den er vom Anfang bis zum Ende als Soldat mitmachen mußte, für die Chemie. Er studierte an der Technischen Hochschule in München und promovierte 1952. Bereits in seiner Doktorarbeit beschäftigte sich F. mit dem Mechanismus bestimmter Reaktionen von Übergangsmetallen mit Kohlenmonoxid. Aufgrund seiner frühzeitigen wissenschaftlichen Erfolge konnte er sich 1954 habilitieren, bekam 1957 einen Lehrstuhl an der Ludwig-Maximilians-Universität und wechselte 1964 zur TU München über.

Die beiden Preisträger G. Wilkinson und F. haben mit ihren Arbeiten wesentlich zur Entwicklung der Chemie metallorganischer Verbindungen beigetragen. Ihre Untersuchungen haben die metallorganische Chemie von einer Randerscheinung zu einem der wichtigsten Gebiete moderner chemischer Forschung gemacht.

Um die Jahreswende 1951/52 las der Doktorant F. in der englischen Zeitschrift „Nature“ eine Notiz über die Isolierung einer eisenorganischen Verbindung (später Ferrocen genannt), die als ungewöhnlich stabil geschildert wurde. Das fiel F. auf, da eine solche Stabilität nicht zu den damaligen Ansichten über metallorganische Verbindungen paßte. Bald nach seinem Examen begann er daher mit eigenen Untersuchungen über diese Substanz und führte eine Kristallstrukturanalyse durch. Bereits 1952 konnte F. im Ergebnis der Röntgenstrukturanalyse zeigen, daß Ferrocen eine Doppelkegel- oder Sandwich-Struktur besitzt und durch Pi-Elektronenbindung zusammengehalten wird. Unabhängig und gleichzeitig kam G. Wilkinson mittels spektroskopischer Untersuchungen zur gleichen Erkenntnis.

Abgesehen von ihrer großen theoretischen Bedeutung, sind die Arbeiten von F. und Wilkinson auch äußerst wichtig für die Praxis – besonders für die technische Katalyse, bei der zahlreiche Koordinationsverbindungen von Übergangsmetallen als Katalysatoren oder als Zwischenstufen der Reaktionen eine wesentliche Rolle spielen; beispielsweise bei der Chromgerbung, der Küpenfärbung und der Kunstseidenproduktion; man verwendet sie als Wasserenthärtungsmittel und Vulkanisationsbeschleuniger, zum Herstellen von Polarisationsfolien und beim Gewinnen von Sauerstoff aus Luft.

Fischer, Hans – deutscher Chemiker
geb. 27.7.1881 in Höchst (Main)
gest. 31.3.1945 in München
Nobelpreis 1930, für seine Arbeiten über den strukturellen Aufbau der Blut- und Pflanzenfarbstoffe und für die Synthese des Hämins.
F., Sohn eines Farbstoffchemikers, durfte den Vater schon als Schuljunge in das chemische Werk begleiten, und er bewunderte die vielen chemischen Geräte. Er studierte Chemie in Lausanne und Marburg, wo er 1904 promovierte. Danach studierte F. Medizin an der Universität München, wo er 1906 das medizinische Staatsexamen ablegte und 1908 zum Doktor der Medizin promovierte. Hier erfolgte auch die erste Einführung F.s in sein zukünftiges Arbeitsgebiet, das der Blut- und Gallenfarbstoffe. Zunächst befaßte er sich mit dem Bilirubin, dem wichtigsten der Gallenfarbstoffe. Sein rasch durchgeführter chemischer Abbau zu Bilirubinsäure erlaubte bereits Aussagen über das wahrscheinliche Molekulargewicht.

Im Jahre 1912 habilitierte sich F. mit einer Arbeit über den gleichen Stoff an der medizinischen Fakultät der

Universität München. Zwei Jahre später gelang F. die Aufklärung der chemischen Zusammensetzung und des Molekülbaus der Bilirubinsäure. In jene Zeit fallen bereits erste Arbeiten über den roten Blutfarbstoff, das Hämoglobin, welches im Organismus den Sauerstofftransport besorgt. Dieses Gebiet war nach wie vor wissenschaftliches Neuland, obwohl schon wichtige Vorarbeit zu seiner Erforschung geleistet worden war. 1916 erhielt F. eine Berufung als Extraordinarius für Angewandte und Medizinische Chemie an die Universität Innsbruck.

1921 wurde F. auf den Lehrstuhl für Organische Chemie an der Technischen Hochschule der Universität München berufen. Nun konnte er hoffen, seinen bereits vor zehn Jahren gefaßten Plan zu verwirklichen, nämlich die Chemie der Pyrrole auf breiter Basis zu erforschen und damit dem Geheimnis des Blutfarbstoffes näher zu kommen. Auf breiter Basis sollte die Pyrrolchemie in Hinblick auf die geplante Konstitutionsermittlung des Hämins erforscht werden. 1929 gelang F. und seinem Mitarbeiter H. Zeile der große Wurf, sie führten die Totalsynthese des Hämins durch, damit war der molekulare Bau des roten Blutfarbstoffes aufgeklärt. Seine wissenschaftlichen Erfolge in München und die Verleihung des Nobelpreises hatten genügt, um die „F.-Schule" zu einem festen Begriff im In- und Ausland werden zu lassen. Unter die große Zahl der deutschen Mitarbeiter mischten sich bald eine Vielzahl ausländischer Gäste, die sich unter der Leitung des großen Chemikers in die von ihm geschaffene Pyrrolchemie und ihre Methoden einarbeiteten.

Flory, Paul John – amerikanischer Physikochemiker
geb. 19.6.1910 in Sterling (Illinois)
gest. 8.9.1985 in Big Sur (Kalifornien)
Nobelpreis 1974, für seine grundlegenden Leistungen, sowohl theoretisch als auch experimentell, in der physikalischen Chemie der Makromoleküle.

F., Sohn eines Religionslehrers und einer Lehrerin, absolvierte die Elgin High-School in Illinois und studierte anschließend von 1927 bis 1931 am Manchester College in North Manchester (Indiana). Er ging dann an die State University of Ohio in Columbus und promovierte 1934 in Physikalischer Chemie. Von 1934 bis 1938 war F. mit Forschungen über synthetische Fasern, synthetischen Gummi und andere polymerische Substanzen bei der DuPont Experimental Station in Wilmington (Delaware) beschäftigt. Von 1938 bis 1940 arbeitete er als wissenschaftlicher Mitarbeiter im chemischen Forschungsbereich der Universität von Cincinnati, kehrte dann aber wieder in die Industrie zurück und war von 1940 bis 1943 bei der Standard Oil Development Corporation (Exxon) in Elizabeth in New Jersey tätig, zuletzt als Leiter der chemischen Forschungsabteilung. Von 1943 bis 1948 war F. Direktor der Abteilung für Grundlagenforschung der Goodyear Tire & Rubber Co. in Akron (Ohio), nahm dann aber erstmals einen Lehrauftrag an und war von 1948 bis 1957 Professor für Chemie an der Cornell University in Ithaca. Von 1957 bis 1961 war F. leitender Direktor der Forschungsabteilung des Mellon Instituts in Pittsburgh. Von 1961 bis zu seiner Emeritierung 1976 war er Professor für Chemie an der Stanford University in Kalifornien. Anschließend wandte er sich wieder der Forschungsarbeit zu und war u. a. beratend an der IBM-Forschungsstelle in San Jose in Kalifornien tätig.

Mit F.s Namen ist die Anwendung der statistischen Methode zur Lösung komplizierter Aufgaben der Polymerenchemie verbunden. Seine experimentellen Entdeckungen, theoretischen Verallgemeinerungen und Vorhersagen sind bedeutende Beiträge zu fast allen Gebieten der Polymerenwissenschaft und haben deren Entwicklung grundlegend beeinflußt. Seine wissenschaftliche Tätigkeit begann F. unter Leitung von Carothers, der das Nylon erfand. Seine Interessen galten jedoch weniger der Synthese von Polymeren als vielmehr dem Studium der Gesetzmäßigkeiten der Polykondensation und den Eigenschaften entstehender Polymere.

Die Arbeiten F.s haben die Entwicklung der Kunststoffindustrie wesentlich gefördert, denn alle heute gebräuchlichen Kunststoffe bestehen aus den Riesenmolekülen der Polymere. Durch seine geschaffenen theoretischen Grundlagen war es möglich, Zusammenhänge zwischen der Elastizität eines Kunststoffes und dem Aufbau seiner Moleküle zu erkennen und danach bewußt „Kunststoffe nach Maß" zu konstruieren, die heute in alle Lebensbereiche eingedrungen sind. Kunststoffe sind im Vergleich zu anderen Werkstoffen sehr leicht, wasser- und korrosionsfest, elektro- und wärmeisolierend, schwer entflammbar und sehr rationell verarbeitbar.

Fukui, Kenichi – japanischer Physikochemiker
geb. 4.10.1918 in Nara/Insel Honshu
gest. 9.1.1998 in Kyoto
Nobelpreis 1981, für den Beitrag zur Entwicklung der Theorie der Mechanismen chemischer Reaktionen.

F. studierte an der Kyoto Imperial Universität Chemie. 1948 promovierte er, und 1951 wurde er zum ordentlichen Professor für Physikalische Chemie berufen. Nach seiner Emeritierung 1982 wurde er Präsident der Kyoto University of Industrial Arts and Textile Fibres, später in Institute of Technology umbenannt. 1988 wechselte er auf den Sitz des Direktors des Instituts für chemische Grundlagenforschung.

F. beschäftigte sich mit den Prinzipien, nach denen chemische Reaktionen ablaufen, sowie mit der Theorie der chemischen Bindung unter Anwendung der Quantenmechanik. Seine Arbeiten trugen entscheidend zur Entwicklung der qualitativen quantenmechanischen Vorstellungen von den elektronischen Faktoren bei, die den Mechanismus chemischer Reaktionen steuern. Bereits in den 50er Jahren konnte F. zeigen, daß bestimmte Eigenschaften der Bahnen der am löslichsten gebundenen Elektronen und der am „leichtesten zugänglichen" leeren Elektronenbahnen unerwartet große Bedeutung für die chemische Reaktionsfähigkeit von Molekülen haben. Seine damals aufgestellte „Frontorbitaltheorie" fand jedoch zunächst nur geringe Beachtung.

Mitte der 60er Jahre entdeckten F. und Roald Hoffmann (ebenfalls Chemie-Nobelpreis 1981) unabhängig voneinander, daß Symmetrieeigenschaften bei Frontorbitalen gewisse, früher sehr schwer zu begreifende Reaktionsabläufe erklären konnten. Einen wichtigen Beitrag zum Aufbau der quantenmechanischen Vorstellungen von der Reaktionsfähigkeit leistete F.s Theorie der Grenzorbitale. F.s Theorie ermöglicht die quantenmechanische Analyse der Wechselwirkungsenergie der reagierenden Moleküle und die Ermittlung der Orbitalbeiträge zu dieser Wechselwirkung. Nach dieser Theorie kann man die Einzentrenattacken wie auch Reaktionen mit Mehrzentren-Übergangszuständen beschreiben. Ihr Begründer hat damit monomolekulare, katalytische und verschiedene andere Reaktionen erforscht. 1970 schlug F. ein Konzept zur mathematischen Bestimmung des Reaktionsweges vor, mit dem Änderungen der geometrischen Form von reagierenden Molekülen ermittelt werden konnten. Dabei suchte er nach den Bedingungen, unter denen Luftstickstoff direkt in organische Verbindungen eingeführt werden kann.

Die Verleihung des Nobelpreises für Arbeiten auf dem Gebiet der Quantenchemie an F. und R. Hoffmann zeigt, daß die Bedeutung dieser Richtung für die Gesamtentwicklung der Chemie anerkannt wird.

Giauque, William Francis – amerikanischer Physikochemiker
geb. 12.5.1895 in Niagara Falls (Kanada)
gest. 28.3.1982 in Oakland (Kalifornien)
Nobelpreis 1949, für seinen Beitrag zur chemischen Thermodynamik, insbesondere für seine Untersuchungen über die Eigenschaften der Stoffe bei extrem tiefen Temperaturen.
G. studierte Chemie an der Universität von Kalifornien in Berkeley und erlangte 1922 die Promotion in Chemie und Physik. An der gleichen Hochschule hielt er von 1922 an als Dozent für Chemie Vorlesungen und hatte dort dann seit 1934 bis zur Emeritierung 1977 den Lehrstuhl für Thermodynamik inne.

G. lieferte wichtige Beiträge zur chemischen Thermodynamik und zur Tieftemperaturphysik. Dank seiner Bemühungen wurde an der Universität ein Speziallaboratorium für Kälteforschung eingerichtet. Bereits 1929 wurde G. eine der höchsten wissenschaftlichen Auszeichnungen, der Preis der Amerikanischen Gesellschaft für wissenschaftlichen Fortschritt, für die Entdeckung der Sauerstoff-Isotope 17 und 18 zuerkannt. Das Sauerstoff-18-Isotop wurde ausgiebig zur radioaktiven Markierung von Sauerstoff benutzt, und fast 20 Jahre nach G.s Entdeckung wurde auf diese Weise gezeigt, daß der während der Photosynthese bei Pflanzen entstehende Sauerstoff vom Wasser und nicht vom Kohlendioxid stammte.

Inzwischen hatte G. sich auch mit dem Problem niedriger Temperaturen beschäftigt. Durch seine Untersuchungen zur Entropie kondensierter Gase sowie zum Verhalten von Kristallen und Gläsern bei tiefen Temperaturen konnte G. nachweisen, daß der 3. Hauptsatz der Thermodynamik ein fundamentales Naturgesetz darstellt. Mit seinen Mitarbeitern bestimmte er zahlreiche Entropiewerte aus Messungen bei tiefen Temperaturen und durch theoretische Berechnungen mit Hilfe der Quantenstatistik. Er untersuchte die Wirkung von Magnetfeldern auf die Entropie paramagnetischer Substanzen, und er entwickelte die adiabatische Entmagnetisierungsmethode. Mit diesem Verfahren konnte G. 1933 Temperaturen von unter einem Kelvin erreichen. Temperaturen bis zu 0,4 Kelvin schienen die äußerste Grenze zu sein.

G. kam auf die Idee, bei so niedriger Temperatur ein magnetisches Salz in ein Magnetfeld zu geben, so daß alle Moleküle sich nach den Polen des Magnetfeldes ausrichten. Nach der dann äußersten möglichen Abkühlung des Salzes in einem von flüssigem Helium umgebenen Behälter konnte das magnetische Feld entfernt werden. Er brachte Gadoliniumsulfat in ein magnetisches Feld, dann überließ er es nach Abschalten des Feldes wieder der Unordnung. Der Rückfall in den ungeordneten Zustand erforderte Wärme, die dem umgebenden Helium entzogen wurde. So wurde die Temperatur auf 0,25 Grad über dem absoluten Nullpunkt gesenkt. Andere Wissenschaftler konnten mit dieser Methode eine Temperatur von 0,0185 Kelvin oder minus 173 Grad Celsius erzielen.

Gilbert, Walter – amerikanischer Molekularbiologe
geb. 21.3.1932 in Boston (Massachusetts)
Nobelpreis 1980, für seine grundlegenden Arbeiten zur Sequenzanalyse von Nukleinsäuren.
G. studierte Physik an der Harvard University. 1957 promovierte er an der Cambridge University in England zum Doctor of Philosophy in Mathematik. 1959 wurde G. als Assistenzprofessor an das Physik-Department der Harvard-Universität berufen. Die Bekanntschaft mit dem Molekularbiologen J. D. Watson (Medizin-Nobelpreis 1962) verlegte G.s Interesse zunehmend von der Elementarphysik auf das Studium der elementaren Bausteine organischen Lebens. 1964 wechselte er als außerordentlicher Professor in die Abteilung für Biophysik, 1968 wurde G. ordentlicher Professor für Biochemie und 1972 Professor für Molekularbiologie der Amerikanischen Krebsgesellschaft. 1979 legte G. seine Professorentätigkeit nieder, kehrte aber nach einer Managertätigkeit 1985 zu mehreren Professuren an die Harvard University zurück.

Mit der Verleihung des Nobelpreises an P. Berg, F. Sanger und G. wurden Leistungen gewürdigt, die in der biomedizinischen Forschung weitaus mehr Bedeutung erlangt haben als in der Chemie. Vordergründig bedienten sich die Wissenschaftler zwar chemischer und biochemischer Verfahren, sie nutzten diese aber zur Analyse und zum Aufbau von Nukleinsäuren, die bei allen Lebensprozessen als Erbsubstanz entscheidende Funktionen ausüben. Die Aufklärung der Sequenz der Erbsubstanz bereitete lange unüberwindliche Schwierigkeiten, was die Erforschung der Funktion und Regulation der Gene erheblich verzögerte. Anfang der 70er Jahre dauerte es noch zwei Jahre, um die Reihenfolge von 20 Nukleotiden innerhalb des Moleküls zu ermitteln. Heute braucht man dazu kaum einen Tag. Dies ist den Entdeckungen von G. und F. Sanger zu verdanken, die praktisch eine „Blitzanalyse" der Desoxyribonukleinsäure (DNA) ermöglichten. Beide Wissenschaftler entwickelten unabhängig voneinander Methoden zur Bestimmung der exakten Reihenfolge der Nukleotid-Bausteine in der DNA. Mit Restriktionsenzymen zerschnitten Sanger und G. die DNA-Doppel-Helix in kleinere Stücke und markierten die Enden radioaktiv. Zusammen mit A. Maxam zerlegte G. die Stücke noch ein zweites Mal, und sie erhielten dabei die sogenannten Subfragmente. In chemischen Abbaulösungen wurden die Molekülteile ein drittes Mal zerbrochen. Nach dem Sortieren der gesamten negativ geladenen Molekülteilchen mit Hilfe der Elektrophorese konnte durch radiographische Filmaufnahmen die exakte Position jedes einzelnen Nukleotids bestimmt werden. Mit G.s Methode war nun ein Ansatz gefunden, sozusagen eine „Kartographierung" des menschlichen Genoms zu leisten und herauszufinden, an welchen Positionen auf den DNA-Strängen die schätzungsweise hundert- bis zweihunderttausend Gene des Menschen zu finden sind und aus welchen Molekülfolgen sie bestehen.

Dank der Automatisierung dieser „Gensequenzierung" ist die Wissenschaft in der Lage, nicht mehr nur einzelne Gene, sondern ganze menschliche Chromosomen, die zwischen 2.000 und 5.000 Gene enthalten, zu analysieren. Das Nobelkomitee hat bei der Verleihung der Preise darauf hingewiesen, daß die Untersuchungen von P. Berg, F. Sanger und G. auf weite Sicht auch für das Verständnis der Krebskrankheiten von großer Bedeutung sein werden.

Grignard, Victor Auguste François – französischer Chemiker
geb. 16.5.1871 in Cherbourg
gest. 13.12.1935 in Lyon
Nobelpreis 1912, für das von ihm aufgefundene sogenannte G.sche Reagenz, das in den letzten Jahren in hohem Grad den Fortschritt der organischen Chemie gefördert hat.
G. kam aus einfachen Verhältnissen und wurde 1894 Vorlesungsassistent für allgemeine Chemie an der Universität Lyon. Unter dem Einfluß seiner Lehrer P. Barbier und L. Bouveault entwickelte er bald großes Interesse für die Chemie.

Barbier hatte 1898 die Umwandlung ungesättigter Ketone (organische Verbindungen) in entsprechende tertiäre Alkohole durch Umsetzung mit Magnesium und Methyljodid untersucht, wobei er in Abwandlung einer bekannten Methode Magnesium anstelle von Zink verwendet hatte. Dieser Umsetzung widmete sich nun auch G. Er befaßte sich mit organischen Magnesiumverbindungen, die sich für die organische Chemie als sehr förderlich erwiesen. Bei seinem Versuch, die vermutete intermediäre magnesiumorganische Verbindung mit wasserfreiem Ether als Lösungsmittel zu isolieren, erhielt er aus Methyljodid und Magnesium das G.-Reagenz, das direkt mit ungesättigten Gruppen reagiert. Mit dieser G.schen Synthese waren neue Wege zu sekundären und tertiären Alkoholen, Carbonsäuren und anderen Verbindungen erschlossen.

Diese Arbeiten führten 1901 zu G.s aufsehenerregender Dissertation. Die neue Synthesemethode wurde von den Chemikern sehr rasch aufgegriffen und gehörte bald zu den Standardmethoden in der präparativen organischen Chemie.

1909 erhielt G. eine Berufung als ordentlicher Professor an die mathematisch-naturwissenschaftliche Fakultät der Universität Nancy. 1919 trat er die Nachfolge seines Lehrers Barbier auf dem Lehrstuhl für Allgemeine Chemie an der Universität Lyon an. 1929 wählten ihn seine Kollegen zum Dekan der mathematisch-naturwissenschaftlichen Fakultät.

Die Arbeiten über die Organomagnesiumverbindungen und deren Anwendung in der organischen Synthesechemie bildeten den Schwerpunkt seines Lebenswerkes.

Haber, Fritz – deutscher Chemiker
geb. 9.12.1868 in Breslau (Wroclaw)
gest. 29.1.1934 in Basel
Nobelpreis 1918, für die Synthese von Ammoniak aus dessen Elementen.
H., Sohn eines Kaufmannes im Farben- und Chemikalienhandel, studierte ab 1886 Chemie und Chemische Technologie. 1891 promovierte er an der Universität Berlin. Als Arbeitsstellen folgten die Ammoniak-Soda-Fabrik in Szczakowa (bei Katowice), die Zellstoffabrik Feldmühle und das väterliche Geschäft. Besonders während seiner zwölfjährigen Assistententätigkeit im chemisch-technischen Institut der Technischen Hochschule Karlsruhe unter Leitung von Bunte entwickelte er sich zum hervorragenden Fachmann und Initiator auf dem Gebiet der physikalischen Chemie und der Elektrochemie sowie der chemischen Technologie. 1896 habilitierte er sich und wurde Privatdozent. 1898 wurde H. außerordentlicher Professor für Technische Chemie in Karlsruhe. Während dieser Zeit arbeitete er auch die physikalisch-chemischen Grundlagen für die großtechnische Ammoniaksynthese aus.

Als H. im Jahre 1903 seine Stickstoffuntersuchungen begann, zeichnete sich der Widerspruch zwischen dem wachsenden Bedarf der Gesellschaft an Stickstoffverbindungen und den vorhandenen begrenzten Fabrikationsmöglichkeiten bereits als Menschheitsproblem ab. Die eigentliche Schwierigkeit, die H. zu überwinden hatte, bestand darin, daß die Gase Stickstoff und Wasserstoff unter gewöhnlichen Arbeitsbedingungen keinerlei Reaktionsfähigkeit zeigten. Einer Anregung aus der chemischen Industrie folgend, wandte er sich deshalb zuerst dem Studium der Bildungsverhältnisse des Ammoniaks zu und legte sie exakt zahlenmäßig für ein bestimmtes Existenzgebiet fest. Dann untersuchten H. und Le Rossignol die Ammoniakbildung unter Hochdruck und gelangten nach mühevollen Forschungsarbeiten schließlich zu einer Gleichgewichtstabelle, nach der eine beträchtliche Ammoniakkonzentration erreichbar war.

1906 zum ordentlichen Professor für physikalische Chemie an der Technischen Hochschule Karlsruhe ernannt, wandte er sich nunmehr der apparativen Seite der Synthese zu. Er entwickelte die Idee eines unter Hochdruck zirkulierenden Gasgemischs, wobei die Abscheidung des Ammoniaks ohne Entspannung des Druckgases vor sich gehen und ein Wärmeaustausch der Gase stattfinden sollte. 1908 entdeckten nach langwierigen systematischen Untersuchungen H. und Le Rossignol schließlich in den Metallen Osmium und Uran jene Katalysatoren, die einen ansehnlichen Umsatz der Elemente in Ammoniak herbeiführten.

Ende 1914 regte er die Verwendung von Chlor als chemischen Kampfmittels an und leitete als Hauptmann den ersten Masseneinsatz von Kampfstoffen am 22.4.1915 bei Ypern. Sein Einsatz für den Gaskampf brachte es mit sich, daß er im gleichen Jahre, in dem er den verdienten Nobelpreis erhielt, auf die Liste der an die Ententemächte auszuliefernden Kriegsschuldigen gesetzt wurde. Nach dem Ersten Weltkrieg trat H. mit eigenen Arbeiten nicht mehr hervor.

Im Jahre 1933 protestierte H. mit seiner Abdankung als Institutsdirektor und seiner Emigration aus dem faschistischen Deutschland. Als Gründe für das Rücktrittsgesuch gab H. an, daß er seine Tradition, die wissenschaftlichen Mitarbeiter nicht nach rassischen Grundsätzen, sondern nur nach fachlicher Qualität auszuwählen, nicht verlassen könne.

Unbestritten ist die Tatsache, daß H. sowohl in der theoretischen wie auch in der angewandten Wissenschaft hervorragende Ergebnisse errang und vor allem mit der Ammoniaksynthese eine große Leistung vollbrachte, die außergewöhnliche Möglichkeiten zur Förderung der landwirtschaftlichen Produktion und anderer Gebiete erschloß.

Hahn, Otto – deutscher Chemiker und Physiker
geb. 8.3.1879 in Frankfurt/Main
gest. 28.7.1968 in Göttingen
Nobelpreis 1944, für seine Entdeckungen über die Kernspaltung von Atomen.

H. ließ sich 1897 an der Universität Marburg immatrikulieren. Hier studierte er Chemie und Physik. Nach Abschluß des zweiten Semesters hörte er ein Jahr lang in München die Vorlesungen bekannter Autoritäten der Chemie (A. v. Baeyer, K. A. Hofmann). 1901 bestand H. seine Doktorprüfung.

Bei W. Ramsay am University College in London erhielt er die Aufgabe, über Radioaktivität zu arbeiten. Nach dem Besuch der Vorlesungen widmete sich H. ausschließlich der Lösung der von Ramsay gestellten Aufgabe: der Abtrennung von neun Milligramm Radium aus den Rückständen eines seltenen Minerals, Thorianit genannt. Bei den radiochemischen Arbeiten fand H., daß die Lösungen immer noch radioaktiv waren, obwohl er das Radium bereits abgetrennt hatte. Schließlich gelang es ihm, eine winzige Menge der unbekannten Substanz aus der radioaktiven Lösung abzuscheiden. Das neue Radioelement unterschied sich chemisch nicht vom Thorium, war aber viel stärker radioaktiv, er nannte es deshalb kurz: Radiothorium. Im Jahre 1905 wurde H. von E. Rutherford nach Montreal eingeladen, wo er außer dem Radioactinium auch noch ein weiteres Zerfallsprodukt, Thorium C, fand. Kurze Zeit später, in Berlin, erkannte er ein weiteres unbekanntes Glied der Thoriumreihe, er nannte es Mesothorium.

Im Januar des Jahres 1907 bewarb er sich an der Philosophischen Fakultät der Berliner Universität um die Lehrbefugnis als Privatdozent für Chemie, und im Juni wurde er habilitiert. Er wurde bald Stammgast bei den wöchentlichen Kolloquien des Physikalischen Instituts, und hier schloß er auch Bekanntschaft mit der gleichaltrigen Physikerin Lise Meitner. Im Oktober 1907 begannen die beiden Wissenschaftler mit ihrer gemeinsamen Forschungsarbeit. Beide hielten es für richtig, zunächst die Betastrahlen des neuentdeckten Mesothors zu studieren. Wichtige physikalische Kenndaten wie Durchdringungsvermögen und Geschwindigkeit sollten ermittelt werden. 1912 übernahm er die Leitung der Abteilung für Radioaktivität des Kaiser-Wilhelm-Instituts. Während des Ersten Weltkrieges sollte er sich um die Fertigung von Gasgranaten kümmern. Seine zeitweilige Abkommandierung während des Krieges nach Dahlem zu F. Haber nutzte er auch zur Fortführung seiner radiochemischen Forschungen. Zusammen mit L. Meitner fand H. das zweitschwerste Element, das auf der Erde existiert, das Protactinium. 1921 entdeckte H. die Kernisomerie, bei der Kerne gleicher Ordnungs- und Massezahlen unterschiedliche Halbwertszeiten und Zerfallsprodukte haben, am Protactinium 234.

Im Juni 1933 übernahm H. die kommissarische Leitung des Kaiser-Wilhelm-Instituts für physikalische Chemie und Elektrochemie nach dem Rücktritt F. Habers. 1934 beginnt H. seine Arbeiten zur Aufklärung der bei der Bestrahlung des Urans mit Neutronen ablaufenden Vorgänge. Bereits im März 1936 konnte H. von einem Umwandlungsprodukt berichten, dem Uranisotop 239, woraus sich das erste „echte" Transuranelement 93 bildet. Nach vierjähriger Arbeit hatten L. Meitner und H. Ende 1938 vierzehn Publikationen über das Uranproblem veröffentlicht. Damit war 1938 die Kernspaltung entdeckt. Zahlreiche Wissenschaftler wußten 1939, daß einzelne Uranatome beim Bombardement mit Neutronen aufgespalten werden. Mit Beginn des Zweiten Weltkrieges mußten die Wissenschaftler im Auftrag der Wehrmacht die Uranforschung weiterbetreiben. Am 25. April 1945 werden H. und neun andere Atomforscher von einem westalliierten Kommandounternehmen gefangengenommen. Ungeachtet der Tatsache, daß er niemals funktionierte, wurde der Prototyp des ersten deutschen Reaktors demontiert. Die Feierlichkeiten anläßlich der Nobelpreisverleihung am 10. Dezember in Schweden erlebte H. aus der Ferne.

Nach dem Krieg bemühte sich H. um den Wiederaufbau des Göttinger Instituts. Er plädierte bis an sein

Lebensende für die friedliche Verwendung der Atomenergie. 1957 unterzeichnete H. die „Göttinger Erklärung", eine öffentliche Warnung von 18 deutschen Atomphysikern gegen die Aufrüstung der Bundeswehr mit taktischen Atomwaffen.

Harden, Sir Arthur – englischer Biochemiker
geb. 12.10.1865 in Manchester (Lancashire)
gest. 17.6.1940 in Burne End bei London
Nobelpreis 1929, für Forschungen über die Zuckervorgänge und den Anteil der Enzyme an diesem Vorgang.
H. studierte ab 1882 am Owens College in Manchester Chemie und promovierte 1888 an der Universität Erlangen. Nach England zurückgekehrt, wurde H. Dozent. Er wurde schließlich so von E. Buchners (Chemie-Nobelpreis 1907) Entdeckung der zellfreien Gärung angezogen, daß er 1897 an das Jenner-Institut für Präventivmedizin übersiedelte, um sich vorwiegend der Erforschung der alkoholischen Gärung zu widmen.

Ab 1904 führte H. Dialysestudien durch. Er füllte einen Beutel aus einer semipermeablen Membran mit Hefeextrakt und hängte ihn in reines Wasser. Kleine Moleküle des Extraktes konnten durch die Membran hindurch ins Wasser diffundieren, während große zurückgehalten wurden. Dabei verlor das Hefeenzym seine Wirkung. Wenn jedoch das Wasser, in dem der Dialysesack hing, mit dem im Sack befindlichen Extrakt vereinigt wurde, war die Aktivität wieder vorhanden. Es schien so, als bestehe das Hefeenzym aus zwei Teilen, einem kleineren und einem größeren Molekül. Wurde der Hefeextrakt gekocht, so blieb die Aktivität auch dann verloren, wenn das Dialysewasser zugesetzt wurde. Die Großmoleküle waren offenbar ein Protein. Der Anteil an kleineren Molekülen überstand den Kochprozeß und war demnach kein Protein. Er wurde „Coenzym" genannt, da das Enzym nur mit seiner Hilfe wirksam werden konnte. Da Enzyme als Katalysatoren nur in geringen Mengen benötigt werden, sind Coenzyme und damit Vitamine auch nur in kleinen Mengen erforderlich. Dasselbe gilt für Mineralstoffe wie Kupfer, Kobalt, Mangan und Molybdän. Auch sie sind Bestandteile der Coenzyme.

Die zahlreichen Bemühungen um die Aufklärung der stofflichen Zusammensetzung der Enzyme und des chemischen Vorganges ihrer Wirkmechanismen führten zu vielen Einzelentdeckungen, wie z. B. der Feststellung von H. und Young im Jahre 1905, daß zur alkoholischen Fermentation Phosphate nötig sind. Dies war insofern überraschend, als weder der Zucker noch der Alkohol, das Kohlendioxid oder das Enzym selbst Phosphor enthielten. Da der anorganische Phosphor aufgebraucht wurde, glaubte H., daß er in organischen umgebaut werde, und tatsächlich lokalisierte er ein Zuckermolekül, an das zwei Phosphatgruppen gebunden waren. Im Laufe des Gärungsprozesses wurde das Molekül aufgebaut, und nach einer Reihe weiterer Reaktionen wurden die Phosphatgruppen frei. Dies war der Beginn der Aufklärung des Intermediärstoffwechsels.

Ab 1905 war H. Leiter der chemischen und biochemischen Abteilungen des Lister-Instituts in London. Daneben war er ab 1912 als Professor für Biochemie an der Universität London tätig. Er wurde 1930 emeritiert, arbeitete jedoch weiterhin wissenschaftlich.

Hassel, Odd – norwegischer Physikochemiker
geb. 17.5.1897 in Kristiania (Oslo)
gest. 15.5.1981 in Oslo
Nobelpreis 1969, für seine grundlegenden Arbeiten zur sogenannten Konformationsanalyse über die dreidimensionale Anordnung der Atome in einem Molekül und die Anwendung in der Chemie.
H. studierte ab 1915 Chemie, Physik und Mathematik in Oslo. 1924 promovierte er an der Berliner Universität. Er kehrte dann nach Norwegen zurück und erhielt 1934 den Lehrstuhl für Physikalische Chemie an der Universität Oslo. Er wurde 1964 emeritiert.

Während der Dozentenzeit in Oslo begann sich H. auf das Gebiet der Molekularstrukturen zu konzentrieren. Mit Hilfe von Dipolmessungen sowie Röntgen- und Elektronenstrahlbeugungs-Experimenten untersuchte H. die Konformation des Zyklohexans (ein im Erdöl enthaltener gesättigter Kohlenwasserstoff) und seiner Derivate, und er übertrug die Ergebnisse auf die sechsgliedrigen Ringe der Pyranosen. 1938 konnte er mit der Elektronenbeugung die Geometrie von gasförmigen Molekülen bestimmen und 1942 die energetisch günstige Sesselform des Cyclohexans nachweisen. Ebenso konnte H. 1946 beweisen, daß cis- und auch trans-Decalin in Sesselform vorliegen. Er wies das sich schnell einstellende Gleichgewicht beider Formen nach und schuf damit die Grundlagen der Konformationsanalyse, die Anstoß auch zu derartigen Analysen bei Kohlenhydraten gab. Viele Moleküle verfügen trotz der festen Verbindung der Atome untereinander über eine „innere" Beweglichkeit und Flexibilität, deren Ausdrucksform Konformation genannt wird. Die Konformation gehört neben der Konstitution, die Art und Zahl der am Aufbau einer Verbindung beteiligten Elemente erfaßt, und der Konfiguration, der Verknüpfung der einzelnen Atome innerhalb des Molekülverbandes, zu den wichtigsten Kennzeichen einer Substanz. Bei komplexen Substanzen, den Naturstoffen, können Konformationsänderungen zu einem Verlust der biologischen Aktivität führen.

Die Arbeiten H.s und Derek Bartons (ebenfalls Chemie-Nobelpreis 1969) zeigten, daß die Form und Gestalt eines Moleküls entscheidend sein können für das Verständnis der chemischen Eigenschaften einer Verbindung, und sie trugen wesentlich zur besseren Kenntnis der Konformation bei.

Nach 1950 wandte sich H. einem neuen Gebiet der Strukturaufklärung zu, indem er die Geometrie organischer Additionsverbindungen durch Ladungsübergang von elektronenabgebenden auf elektronenaufnehmende Moleküle untersuchte. Er erforschte die Zusammensetzung und Bewegung der Atome in Ringmolekülen. Durch Verdrehen, Zwirbeln oder Beugen der in sich geschlossenen Kette der Kohlenstoffatome können die Ringe verschiedene Formen annehmen, von denen einige durch die Energiesituation innerhalb der Moleküle begünstigt sind.

Hauptman, Herbert Aaron – amerikanischer Physiker und Kristallforscher
geb. 14.2.1917 in New York
Nobelpreis 1985, für bahnbrechende Arbeiten über direkte Methoden zur Bestimmung von Kristallstrukturen.
H. studierte Mathematik und Physik und promovierte 1955 in Mathematik an der Universität Maryland in College Park. Von 1947 bis 1970 arbeitete H. am US Naval Research Laboratorium in Washington. Seit 1972 ist er Direktor und Vizepräsident der Medical Foundation in Buffalo.

Obwohl die Nobelpreisträger H. und J. Karle ihre Studien nicht in der Chemie leisteten, führten sie doch zur Entwicklung von Geräten, mit denen in der Chemie die Struktur von Molekülen bestimmt werden kann. Ihre Arbeiten haben die Möglichkeiten der Strukturermittlung von Molekülen nochmals verfeinert. Bereits in den 50er Jahren entwickelte H. zusammen mit J. Karle eine mathematische Methode, mit der die langwierige Entschlüsselung von Molekülstrukturen entscheidend verkürzt wurde und mit der Molekülstrukturen direkt und schnell in einem dreidimensionalen Bild zu ermitteln sind. War es früher nur möglich, die Struktur von Riesenmolekülen zu bestimmen, geht es heute in der biochemischen Forschung auch darum, den Bau und die Form kleinerer, an der Informationsübertragung beteiligter Moleküle, etwa von Rezeptoren und Antikörpern, zu ermitteln. In der Chemie versucht man, den molekularen Mechanismus von Reaktionen und die dabei ablaufenden Strukturänderungen zu erkunden.

Bei der Strukturermittlung kommt es nun darauf an, die Lage der Atome eines Objektes in einem dreidimensionalen Bild zu ermitteln. Dieses durch Streuung von Strahlen erzeugte Bild entspricht der Elektronendichte in den Kristallen. Zur Ermittlung der Atome in einem Kristall genügt es jedoch nicht, Richtung und Lichtintensität zu kennen, sondern man muß auch die „Phase" eines jeden gebrochenen Strahls kennen, also wissen, um wieviel die Wellen der verschiedenen Strahlen zueinander verschoben sind. Mit der weiteren Entwicklung der Computertechnik wurde es inzwischen möglich, fast jede chemische Verbindung in ihrem molekularen Aufbau auf dem Bildschirm darzustellen. Einst waren die Wissenschaftler auf handgezeichnete Skizzen, auf Draht- und Plastikmodelle von Molekülen angewiesen. Sie anzufertigen war zeitaufwendig und nicht immer exakt. Auch diese Hindernisse konnten dank H.s Methoden überwunden werden. Zusammen mit Karle hat H. ein Gleichungssystem entwickelt, das auf den gemessenen Intensitätswerten aufbaut und deren Begrenzungen beschreibt. Außerdem haben sie ein Verfahren zur Lösung der Gleichungen ausgearbeitet. Ihre Methode wird direkt genannt, da sie im Unterschied zu anderen Verfahren die Struktur direkt aus den erfaßten Daten ermittelt. Die Informationen über die molekulare Struktur eines Stoffes werden unter anderem für die Herstellung neuer Stoffe, wie zum Beispiel für Medikamente, benötigt.

Haworth, Sir (ab 1947) **Walter Norman** – britischer Chemiker
geb. 19.3.1883 in White Coppice bei Chorley (Lancashire)
gest. 19.3.1950 in Barnt Green bei Birmingham
Nobelpreis 1937, für seine Vitaminforschung und die Aufklärung der Struktur verschiedener Kohlenhydrate und des Vitamin C.
H. studierte ab 1903 Chemie an der Universität Manchester und promovierte 1910 an der Universität Göttingen bei Otto Wallach (Chemie-Nobelpreis 1910). 1913 ging H. als außerordentlicher Professor für Chemie an das United College der Universität in St. Andrews (Schottland). 1920 erhielt er eine Berufung als ordentlicher Professor für organische Chemie an das Armstrong College der Universität Durham in Newcastle. Von 1925 bis 1948 war H. Professor für Chemie und Direktor des Departments für Chemie an der Universität Birmingham, wo er ein Zentrum der chemischen Forschung auf dem Gebiet der Kohlenhydrate errichtete.

Ab 1915 wurde sein Forschungsgebiet die Zuckerchemie. Die von ihm entwickelte Methylether-Methode (H.sche Zucker-Methylierung), bei der Disaccharide mit Dimethylsulfat verethert und anschließend hydrolysiert werden, wurde zur Standardmethode der Strukturaufklärung bei Zuckern. Nach und nach gelangten die Chemiker zu der Überzeugung, daß die Anordnung der Zuckermoleküle nicht in einer offenen Kohlenstoffkette, sondern in geschlossenen Ketten besteht. Sich neuer Forschungsmethoden bedienend, lieferte H. detaillierte Informationen über die zyklischen Moleküle der Kohlenhydrate. Mit Molekülspaltungen durch Reaktion mit Wasser (Hydrolysen) sowie Reaktionen mit Sauerstoff (Oxidationen) konnte H. in den folgenden Jahren die Struktur einer Reihe von Zuckern, Glycosiden und Polysacchariden aufklären. Mitte der 20er Jahre konnte H. zeigen, daß auch in höher kondensierten Sacchariden wie Stärke die Zucker in Ringform enthalten sind.

H., Pionier der Chemie der Kohlenhydrate, gelang im Jahre 1932 als erstem die Strukturanalyse und 1934 die Synthese des Vitamins C, für das er die Bezeichnung „Ascorbinsäure" fand. Der Bedarf des Menschen an Ascorbinsäure ist – im Vergleich zum Bedarf an anderen Vitaminen – mit etwa 75 Milligramm pro Tag relativ hoch, kann aber durch eine ausgewogene Ernährung (v.a. Obst und Gemüse) gedeckt werden. Mangel an Ascorbinsäure verursacht Skorbut, Haut-, Zahnfleisch- und Kapselblutungen. Bei Infektionskrankheiten, bei Lebererkrankungen und rheumatischen Erscheinungen zeigt Ascorbinsäure positive Wirkung.

Heute wird Ascorbinsäure in großem Umfang technisch hergestellt.

Heeger, Alan J. – amerikanischer Physiker
geb. 22.1.1936 in Sioux City (Iowa)
Nobelpreis 2000, für seinen Beitrag zur Entdeckung und Entwicklung von elektrisch leitenden Polymeren.
H. promovierte 1961 zum Doktor der Physik. 1967 wurde er zum ordentlichen Professor der University of Pennsylvania berufen. Im Jahr 1982 erhielt H. eine Berufung als Professor für Physik an die University of California in Santa Barbara. Außerdem war er bis 1999 auch Direktor des Instituts für Polymere und organische Festkörper. 1990 gründete H. die UNIAX-Corporation, deren Präsident er bis 1994 war, und seither ist er als Chef-Wissenschaftler und Aufsichtsratsvorsitzender tätig.

Die mit dem Chemie-Nobelpreis ausgezeichneten US-Amerikaner H. und Alan MacDiarmid sowie der Japaner Hideki Shirakawa setzen gewissermaßen die Arbeiten der Physik-Nobelpreisträger des Jahres 2000 (Zhores Alferow, Jack Kilby und Herbert Kroemer) fort – und zwar von der Mikroelektronik zur molekularen Elektronik. Die Entdeckung und Entwicklung von elektrisch leitenden Polymeren dürfte zu Bauteilen aus einzelnen Molekülen führen, die zum einen die Schnelligkeit der Computer erhöhen, zum anderen aber auch dazu beitragen, deren Größe erheblich schrumpfen zu lassen. Die gesamte Informationstechnologie dürfte von diesen Entwicklungen erheblich profitieren. Kunststoffe sind Werkstoffe, deren Hauptbestandteile synthetische oder durch Umwandlung von Naturstoffen hergestellte, meist organische Polymere sind.

Die Forschungsschwerpunkte von H. lagen im Bereich der halbleitenden und metallischen Polymere. Diese neuen Materialien besitzen die elektrischen und optischen Eigenschaften von Halbleitern und Metallen, aber auch die Einsatz- und Verarbeitungsvorteile von Kunststoffen. Bei der Erforschung und Entwicklung elektrisch leitender Polymere hat H. Pionierarbeit geleistet. Nach langwierigen Forschungsarbeiten gelang den drei Laureaten Mitte der 70er Jahre der Durchbruch, als sie im Rahmen eines gemeinsamen Forschungsprojektes aus einem Polymer mit dem Namen Polyacetylen bei variablen Katalysatorenmengen dünne Filme herstellten. Dabei machten sie die Entdeckung, daß sich durch Zusatz kleiner Mengen von Oxidationsmitteln, wie etwa Jod, die Leitfähigkeit des Films dramatisch verändern, im konkreten Falle zehnmillionenfach erhöhen ließ. Da Polyacetylen gegenüber Luftsauerstoff eine geringe Beständigkeit besitzt, technisch deshalb nur schwer einsetzbar war, mußten die Forscher noch einige Jahre Entwicklungsarbeit leisten, bis die Entdeckungen der drei Nobelpreisträger zu gebrauchsfähigen leitenden Polymeren führten.

Die Chemie-Pioniere hatten ihre maßgeblichen Ergebnisse gemeinsam im Sommer 1977 veröffentlicht. Leitende Polymere werden heute beispielsweise zur Abschirmung elektromagnetischer Strahlung, für antistatische Mittel und für „intelligente" Fenster, die Sonnenlicht aussperren können, genutzt. Sie stecken außerdem in modernen Leuchtdioden, Solarzellen, Anzeigen von Mobiltelefonen und Mini-Fernsehschirmen.

Herschbach, Dudley Robert – amerikanischer Chemiker
geb. 18.6.1932 in San Jose (Kalifornien)
Nobelpreis 1986, für seine Arbeiten bei der Erforschung der Dynamik chemischer Elementarprozesse.
H. studierte an der Universität in Stanford (Kalifornien) und an der Harvard-Universität in Cambridge (Massachusetts), an die er 1963 zum Professor für Chemie berufen wurde.

Das hauptsächliche Arbeitsgebiet von H. ist die molekulare Dynamik chemischer Elementarreaktionen. Sein Bemühen ging dahin, die Dynamik chemischer Prozesse, also zum Beispiel ihre Geschwindigkeit, zu verstehen. Da dies gelingt, wenn Modelle möglichst einfach sind, studierte H. an einfachen Molekülen, wie diese sich an Oberflächen anlagern und dort mit anderen Molekülen reagieren. Um zu klären, wann und warum es zu einer Reaktion kommt, beteiligte er sich frühzeitig an der Entwicklung sogenannter Molekülstrahlen.

Zusammen mit Y. T. Lee (ebenfalls Chemie-Nobelpreis 1986) entwickelte H. die Methode der gekreuzten Molekularstrahlen, die es erlaubt, chemische Reaktionen unter genau abgegrenzten Bedingungen ablaufen zu lassen und dadurch im Detail mit aufwendigen Nachweisgeräten zu analysieren und festzuhalten. Molekularstrahlen sind im wesentlichen Ströme von Gasteilchen, die sich mit annähernd gleicher Geschwindigkeit in einer Richtung im leeren Raum (Vakuumkammer) fortbewegen. Solche Molekularstrahlen kann man entweder in eine Kammer „schießen", wo bereits ein anderes Gas vorhanden ist und beide dann miteinander eine Reaktion eingehen können. Oder man kann alternativ dazu die Molekularstrahlen kreuzen. Dieses Verfahren der gekreuzten Molekularstrahlen bietet den Vorteil, daß definierte Versuchsbedingungen geschaffen sind und die Einzelheiten einer Reaktion zwischen den Molekülen anschließend analysiert werden können. Bei chemischen Reaktionen sind Übergangszustände und kurzlebige Zwischenprodukte einzelner Molekülzusammenstöße direkt nachweisbar, wodurch die wirklichen Reaktionsabläufe zugänglich werden. So wurden neue Einsichten zur Energieübertragung bei Auf- und Abbau chemischer Bindungen möglich. Dieses Verfahren der gekreuzten Molekularstrahlen hat H. popularisiert und die Ergebnisse meisterhaft interpretiert. Heute ist das Verfahren Standard in der chemischen Grundlagenforschung.

H.s Ergebnisse haben große Bedeutung für das neue Forschungsgebiet in der Chemie, die Reaktionsdynamik. Er legte auch die Dynamik der grundlegenden Reaktionstypen dar. Die Zuordnung chemischer Reaktionen zu einzelnen Typen ist schwierig, da ganz unterschiedliche Gesichtspunkte hierfür von Bedeutung sein können. Traditionell ist es üblich, bei anorganischen Stoffen besonders das Säure / Base-, Redox- und Komplexbildungsverhalten vergleichend zu bewerten. Obwohl natürlich auch Reaktionen zwischen organischen Verbindungen damit zu erfassen sind, geht deren Typisierung besser von den Reaktionsmechanismen aus, also davon, ob Substitutions-, Additions- oder Eliminierungsreaktionen ablaufen.

Die Nobelpreisträger J. Polanyi, Y. T. Lee und H. haben durch die Erforschung der Dynamik von Elementarprozessen die Entwicklung eines neuen Bereiches in der Chemie, der sogenannten Reaktionsdynamik, ermöglicht.

Herzberg, Gerhard – kanadischer Physiker und Molekularforscher

geb. 25.12.1904 in Hamburg

Nobelpreis 1971, in Würdigung seines Beitrages zum Wissen über die elektronische Struktur und die Geometrie der Moleküle.

Nach Abschluß seiner Schulausbildung in Hamburg studierte er von 1924 bis 1928 an der Technischen Hochschule in Darmstadt und promovierte dort 1928. Von 1930 bis 1935 war H. als Assistent und Privatdozent an der Technischen Hochschule in Darmstadt tätig. Als Jude von den Nazis verfolgt, emigrierte er 1935 nach Kanada. 1948 wurde er Direktor der Abteilung für Reine Physik des kanadischen nationalen Forschungsrats in Ottawa. Sein Laboratorium, das er bis 1969 leitete, wurde zu einer der führenden spektroskopischen Forschungsstätten der Welt. Auch nach seiner Emeritierung blieb H. als Forschungsphysiker dem National Research Council verbunden.

Seine Hauptarbeitsgebiete waren die Atom- und Molekülspektroskopie, mit deren Hilfe er insbesondere die Elektronenstruktur und den geometrischen Aufbau vieler Moleküle und freier Radikale sowie den daraus resultierenden Einfluß auf chemische Reaktionen untersuchte und aufklärte. In den fünfziger Jahren begann H. mit einer langen Untersuchungsserie über „freie Radikale", mit der er zu Ergebnissen von großer Bedeutung für die gesamte Chemie kam. „Freie Radikale" sind Bruchstücke von Molekülen, die wesentlich bei chemischen Reaktionen wirken. Von großer Bedeutung für die Theorie der Reaktionsmechanismen ist die Entdeckung H.s, daß „freie Radikale" ihre Form drastisch verändern, wenn die elektronische Energie zunimmt, und viele dreiatomige Radikale von einer stark gewinkelten zu einer geraden gestreckten Form übergehen. Seine quantenmechanischen Modelle und seine spektroskopischen Messungen, die Aussagen über die geometrische Form der Moleküle und über den Abstand der einzelnen Atome innerhalb des Molekülverbandes ermöglichen, haben die heutigen Vorstellungen von chemischen Reaktionen geprägt.

H. nahm auch regen Anteil an der astronomischen Erforschung von Planetenatmosphären, des interstellaren Gases und anderer astronomischer Objekte, die den spektroskopischen Nachweis von Materie in molekularer Form erlauben. Infolge der extremen Bedingungen für die Entstehung ihrer Spektren sind viele Moleküle und besonders Molekülionen zuerst in kosmischen Objekten beobachtet worden, ehe es gelang, sie im Laboratorium zu erzeugen und zu untersuchen. So wurde das Spektrum des Molekülions Äthin erst in Kometenschweifen und im interstellaren Raum beobachtet, ehe es 1941 von A. E. Douglas und H. im Laboratorium reproduziert wurde; das war gleichzeitig das erste Molekülion überhaupt, das im Laboratorium in freiem Zustand erzeugt werden konnte. Auch an der Entdeckung anderer Moleküle ist H. maßgeblich beteiligt gewesen.

H.s Untersuchungen über das Wesen, die Form und die Veränderung von Molekülen haben die wissenschaftliche Entwicklung auf fast allen Gebieten der Chemie beeinflußt.

Hevesy, György (Georg) **von** – ungarischer Physikochemiker

geb. 1.8.1885 in Budapest

gest. 5.7.1966 in Freiburg im Breisgau

Nobelpreis 1943, für seine bahnbrechenden Arbeiten über die Anwendung der Isotope als Indikatoren bei der Erforschung chemischer Prozesse.

Die Methode der Isotopenmarkierung, bei der ein oder mehrere Atome eines Substratmoleküls durch geeignete stabile oder radioaktive Isotope ersetzt werden, lieferte neue Erkenntnisse über den Verlauf chemischer Reaktionen.

H. studierte ab 1903 Chemie und Physik an der Universität in Budapest. In Freiburg promovierte er 1908. 1910 ging H. nach Manchester, um bei Ernest Rutherford (Chemie-Nobelpreis 1908) kernphysikalische und radiochemische Methoden zu erlernen. Er erhielt die Lehrerlaubnis der Universität Budapest, wo H. ab 1918 als Professor wirkte. Im Jahr 1926 erhielt er eine Professur für Physikalische Chemie an der Universität Freiburg im Breisgau. Später wirkte er bis 1956 als Professor an der Universität Stockholm und kehrte nach seiner Emeritierung nach Freiburg zurück.

H. beschäftigte sich zunächst besonders mit der Untersuchung von Radium- und Bleiisotopen und deren Verwendung. Er nutzte radioaktive Isotope zur Markierung von Molekülen, deren Weg in chemischen Reaktionen durch ihre Strahlung verfolgt werden kann.

H. führte die Methoden der Isotopenmarkierung, die besonders nach Auffinden der künstlichen radioaktiven Isotope wichtig wurden, in analytische Verfahren und biochemische Untersuchungen ein. So war der Nachweis der Bleiabsorption in Pflanzen im Jahre 1923 die erste Anwendung der radioaktiven Markierung in der Biologie. Mit H.s Methode konnten zahlreiche Vorgänge in lebenden Organismen untersucht werden, die vorher nicht aufgeklärt werden konnten (Bestimmung des Wassergehalts im Körper, der Blutmenge und bestimmter Substanzen im Stoffwechsel). H. entwickelte die Isotopenverdünnungsmethode für die analytische Chemie und 1935 zusammen mit Levi die Aktivierungsanalyse für mikroanalytische Verfahren. Im gleichen Jahr verwendete er erstmalig künstliche Isotope als Indikatoren für die Untersuchung von Stoffwechselvorgängen. Später setzte er diese Methode für die Erforschung von Krebserkrankungen, der Bildung von Blutkörperchen sowie der Desoxyribonukleinsäure ein.

Seit der Pionierleistung von H. wurden die Isotope in schnell wachsendem Ausmaß zur Lösung der verschiedensten biochemischen Fragestellungen erfolgreich eingesetzt. Im Ergebnis dieser Forschungen wurden die Anschauungen vom Ablauf der chemischen Prozesse auf allen Organisationsstufen der lebenden Materie von der molekularen Ebene bis zum Gesamtorganismus geradezu revolutioniert.

Heyrovský, Jaroslaw – tschechoslowakischer Physikochemiker
geb. 20.12.1890 in Prag
gest. 27.3.1967 in Prag
Nobelpreis 1959, in Anerkennung seiner Erfindung und Entwicklung der polarographischen Methode für die Durchführung chemischer Analysen durch Elektrolyte.
H. studierte in Prag ab 1909 Mathematik, Physik und Chemie. Von 1910 bis 1914 setzte er sein Studium am University College in London bei W. Ramsay (Chemie-Nobelpreis 1904), W. C. Lewis und F. G. Donnan fort. Während des Krieges arbeitete er als Chemiker für Radiologie in einem Lazarett und studierte gleichzeitig in Prag. 1918 promovierte H. Er habilitierte sich 1920 und wurde Dozent, 1926 ordentlicher Professor für Physikalische Chemie an der Karls-Universität in Prag.

Die Anregung zum Studium der elektrochemischen Prozesse erhielt H. von seinem Lehrer Donnan in London. Ab 1913 befaßte er sich mit der Bestimmung des Elektrodenpotentials von Aluminium. Bei dieser Arbeit sammelte er erste Erfahrungen mit der Quecksilbertropfelektrode. Ab 1920 beschäftigte sich H. mit polarographischen Methoden. Die Quecksilbertropfelektrode war von seinem Lehrer Kucera entwickelt und für die Aufnahme von Kapillarkurven verwendet worden. Kucera regte an, das Verhalten elektrochemischer Kapillarelektroden systematisch zu untersuchen. Diese Kapillarelektroden waren rund 50 Jahre zuvor konstruiert worden und bestanden aus einer Elektrolytlösung in einem Gefäß, dessen Boden mit Quecksilber bedeckt war, und einer mit Quecksilber gefüllten Kapillare, aus der Tropfen durch die Lösung fallen. Das Anlegen einer Spannung bewirkte eine Veränderung der Oberflächenspannung des Quecksilbers, und somit änderte sich auch der Flüssigkeitsstand in der Kapillare. Die graphische Auftragung der Oberflächenspannung führte zu Kurven, deren Scheitelpunkt die Entladung der Quecksilberoberfläche beschrieb. Nun konzentrierte H. seine gesamte wissenschaftliche Arbeit auf dieses neue Teilgebiet der Elektrochemie. Er stellte fest, daß beim Vergrößern der Spannung der Strom nicht kontinuierlich, sondern schrittweise zunimmt, und entdeckte einen Zusammenhang mit den in der Elektrolytlösung vorhandenen Metallionen. Durch Auftragen der Stromspannungskurven konnten so Aussagen sowohl über die qualitative als auch die quantitative Zusammensetzung der Lösungen getroffen werden.

H. erkannte bald, daß die Quecksilbertropfelektrode ideale Bedingungen für die Untersuchung unbekannter Elektrodenprozesse bietet. Von 1920 bis 1925 nahmen H. und seine Mitarbeiter erstmalig handregistrierte Polarogramme auf. Der Begriff „Polarographie" wurde 1925 geprägt. Im Verlauf der folgenden Jahre arbeiteten H. und seine Mitarbeiter die Polarographie für analytische Zwecke aus.

Seit den 30er Jahren verlagerte sich der Schwerpunkt der Forschungen auf theoretische Fragen, vor allem auf die quantitative Interpretation der polarographischen Kurven und auf das Studium der Grenzströme. Die von H. erfundene Polarographie ist eine äußerst leistungsfähige mikroanalytische Technik von geradezu universaler Anwendbarkeit, denn sie ermöglicht die Analyse auch geringer Mengen sowie die Strukturaufklärung organischer und anorganischer Substanzen in der industriellen Chemie, der Metallurgie, aber auch in der Biochemie und speziell der Toxikologie. Sie wird in der klinischen Diagnostik angewandt, zur automatischen Kontrolle und Steuerung der industriellen Produktion und auch zum Nachweis von Schadstoffen in der Atmosphäre. 1950 berief man ihn zum Direktor des neu gegründeten Zentralen Polarographischen Instituts, das ihm zu Ehren 1964 in „J. H.-Institut für Polarographie" umbenannt wurde.

Hinshelwood, Sir (ab 1948) **Cyril Norman** – britischer Chemiker
geb. 19.6.1897 in London
gest. 9.10.1967 in London
Nobelpreis 1956, für seine bahnbrechenden Arbeiten über den Mechanismus chemischer Reaktionen von Gasen.
H. arbeitete im Ersten Weltkrieg in einer Fabrik für Explosivstoffe, wo er bis zum Chefchemiker avancierte und auch der Ausgangspunkt für sein späteres Forschungsgebiet gewesen sein dürfte. 1919 begann H. das Chemiestudium am Balliol College der Universität Oxford. Im Jahr 1937 wurde er als Nachfolger von Frederick Soddy (Chemie-Nobelpreis 1921) zum Professor für Physikalische Chemie an der Universität Oxford ernannt. Von 1950 bis 1955 war er Sekretär der Royal Society, dann ihr Präsident. 1964 wurde er emeritiert.

Das Forschungsgebiet, das H. fast während seiner gesamten Schaffensperiode bearbeitete, waren chemische Reaktionen in der Gasphase. 1926 untersuchte H. zusammen mit H. W. Thompson die Zersetzung des Propanols bei geringen Drücken. 1927 wurden Gasreaktionen gefunden, deren kinetisches Verhalten bei verschiedenen Temperaturen unterschiedlich war. Er erkannte, daß die bei höheren Temperaturen auftretenden höheren Reaktionsordnungen und Energien durch das Ablaufen von Kettenreaktionen zu erklären sind, bei denen sogenannte Radikale – Moleküle mit ungepaarten Elektronen – eine entscheidende Rolle spielen. In den Kettenreaktionen reagiert ein Radikal mit einem Molekül und erzeugt ein zweites Radikal, das wiederum mit einem zweiten Molekül das für den ersten Reaktionsschritt erforderliche Radikal bildet. Für den Start dieses Zyklus ist es ausreichend, zu Beginn ein Radikal zu bilden, das die Kettenreaktion in Gang setzt, die dann explosionsartig verlaufen kann.

Ende der 20er Jahre wurden die Explosionsgrenzen von Gasreaktionen untersucht. Hier erkannte H., daß beispielsweise explosionsartige Verpuffungen durch Bildung instabiler Verbindungen über eine Reihe von Zwischenstufen wie „Kettenreaktionen" ablaufen. Aus den Ergebnissen leitete er die Theorie vom Auftreten gerader oder verzweigter Reaktionsketten ab. Seine Erkenntnisse beeinflußten besonders die Entwicklung von Katalysatoren. Das Auftreten positiver oder negativer Katalyseeffekte konnte 1945 durch die Theorie der Kettenreaktionen erklärt werden.

Mit den Arbeiten von H. und dem russischen Chemiker Nikolai Semjonow (ebenfalls Chemie-Nobelpreis 1956) über das Verhalten der Moleküle, das sie größtenteils an Gasen untersuchten, fanden sie unter anderem eine Erklärung für den Vorgang der chemischen Kettenreaktionen und schufen damit die Voraussetzungen für die Entwicklung der zahlreichen Kunststoffe. Spätere Untersuchungen von H. zeigten, daß auch bei vielen katalytischen Reaktionen sowie bei Polymerisationen Kettenreaktionen typisch sind. Die Arbeiten von H. und Semjonow trugen maßgeblich zum besseren Verständnis chemischer Reaktionen bei und waren ein Meilenstein bei der Entwicklung der Reaktionskinetik.

Hodgkin, Dorothy Crowfoot – britische Chemikerin und Kristallographin
geb. 12.5.1910 in Kairo
gest. 29.7.1994 in Warwickshire
Nobelpreis 1964, für ihre Strukturbestimmung biologisch wichtiger Substanzen mit Röntgenmethoden.

H. war erst die dritte Frau, die nach Marie Curie und Irene Joliot-Curie den Nobelpreis für Chemie erhielt.

H. studierte Chemie am Somerville College der Universität Oxford. Ihre ersten wissenschaftlichen Arbeiten führte sie im Cavendish-Laboratorium durch. Bei ihren Untersuchungen erhielt sie erstmalig in der Geschichte Röntgenaufnahmen von Proteinen, und zwar vom Pepsin und vom Insulin. 1937 promovierte H. am Newham College der Universität Cambridge. Ab 1946 wirkte H. als Dozentin für Chemie und Kristallographie. Ab 1970 war sie Kanzler der Bristol University.

Bekannt wurde H. durch ihre Arbeiten über den Aufbau komplizierter biologisch aktiver Moleküle, bei deren Untersuchung sie die Methode der Röntgenstrukturanalyse anwandte. Zu den größten wissenschaftlichen Ergebnissen der Forscherin muß man die Anfang der vierziger Jahre erfolgte Röntgenstrukturanalyse des von E. B. Chain und H. W. Florey erstmalig rein isolierten Antibiotikums Penizillin rechnen. H. wurde beauftragt, die Richtigkeit der von Chain aufgestellten Strukturformel des Penizillins zu prüfen. Im Ergebnis dieser Untersuchungen konnte die Struktur des Moleküls eindeutig aufgeklärt werden.

Ein glänzender wissenschaftlicher Erfolg war die Aufklärung der Struktur des Vitamins B 12, einer hochaktiven, für die normale Blutbildung erforderlichen Substanz. H. hatte an diesem Cobalamin genannten Stoff über sieben Jahre, von 1948 bis 1956, gemessen und gerechnet. Es handelte sich um eine Verbindung gänzlich unbekannter Zusammensetzung mit über 100 Atomen im unabhängigen Teil der Elementarzelle. Bereits 1953 skizzierte H. bei einer Vorlesung in Moskau an der Wandtafel zum ersten Mal den bisher unbekannten cobalthaltigen „Kern" des Moleküls, der in der Folge die Bezeichnung Corrin erhielt. Etwas später verschaffte ihr eine Serie von Röntgenaufnahmen von einem feuchten Vitamin-B-12-Kristall, der in eine dünnwandige Kapillare aus einem Spezialglas eingeschmolzen war, die Möglichkeit, alle Atome dieses Moleküls zu „erkennen". Schließlich wurde 1959 die Molekülstruktur des Koenzyms von Vitamin B 12 bestimmt, wonach der eigentliche biologische Wirkmechanismus des Vitamins ermittelt werden konnte.

H. widmete sich immer mit großer Sorgfalt der Ausbildung junger Wissenschaftler aus anderen Ländern. Trotz einer schweren Arthritis war sie bis an ihr Lebensende eng mit der Wissenschaft verbunden.

Hoffmann, Roald – amerikanischer Chemiker
geb. 18.7.1937 in Zloczow bei Lodz (Polen)
Nobelpreis 1981, für seine entwickelten Theorien über den Verlauf chemischer Reaktionen.

1955 begann H. ein Chemiestudium an der Columbia University in New York. 1962 promovierte er an der Harvard University in Cambridge (Massachusetts) in chemischer Physik. 1968 berief man ihn zum ordentlichen Professor für Chemie an die Cornell University in Ithaca (New York). Seit 1974 ist er Inhaber der J.-A.-Newmann-Professur für Physik an der gleichen Universität.

Die beiden Nobelpreisträger H. und Kenichi Fukui erkannten fast gleichzeitig und unabhängig voneinander bestimmte Gesetzmäßigkeiten bei der Reaktion von Molekülen. Die Modelle der beiden Forscher werden seit Anfang der 70er Jahre in vielen Zweigen der Chemie, u. a. bei der Herstellung neuer Arzneimittel, verwendet. H. beschäftigte sich bereits während seiner Promotion mit der Orbitaltheorie. In den Jahren von 1962 bis 1965 entwickelte er eine halbempirische Methode zur Berechnung der Elektronenstruktur von Molekülen.

Im Jahre 1965 entdeckte H. zusammen mit seinem Lehrer R. B. Woodward, daß Symmetrieeigenschaften bei Frontorbitalen bestimmte Reaktionsabläufe erklären konnten, die früher schwer zu begreifen schienen. Orbitale nennt man die Räume, in denen sich die um einen Atomkern kreisenden Elektronen bevorzugt aufhalten. H. begann dann mit der Berechnung komplizierter Moleküle, wobei er die Hückelsche Methode anwandte, eine bei ungesättigten zyklischen Verbindungen mit konjugierten Doppelbindungen auftretende Gesetzmäßigkeit. Diese eignete sich besonders für die Untersuchung der Konformation und des Aufbaus der Orbitale schwieriger Moleküle. Die weiterentwickelten Theorien, in deren Rahmen die Quantenmechanik auf Probleme der Chemie angewandt wird, sind heute als Woodward-H.-Regeln von der „Erhaltung der

Orbitalsymmetrie“ bekannt. Sie gelten als wichtiges Werkzeug, um den Verlauf bestimmter organisch-chemischer Reaktionen voraussagen zu können.

H. berechnete mit Hilfe verschiedener halbempirischer Methoden die Molekularorbitale vieler Reaktionszwischenstufen in der organischen Chemie. In seinen Arbeiten über die Struktur anorganischer Verbindungen, Komplexe von Übergangsmetallen und ihrer metallorganischen Verbindungen hat H. gezeigt, wie nützlich Korrelationsdiagramme für die theoretische Analyse sein können. Er hat auch wichtige Probleme der Reaktionsfähigkeit von Metallkomplexsystemen gelöst, die mit der Katalyse verbunden sind. Die Regel von der Erhaltung der Orbitalsymmetrie bei Prozessen, die nicht über Ionen oder Radikale ablaufen, ist heute Allgemeingut der organischen Chemie.

Huber, Robert – deutscher Biochemiker
geb. 20.2.1937 in München
Nobelpreis 1988, für die Bestimmung der dreidimensionalen Struktur eines photosynthetischen Reaktionszentrums.
H. studierte von 1956 bis 1960 Chemie an der Technischen Universität München. Hier promovierte er 1963, habilitierte sich 1968 und erhielt 1976 eine außerplanmäßige Professur für Chemie. Von 1986 bis 1988 war er geschäftsführender Direktor des Max-Planck-Instituts für Biochemie.

Die drei Nobelpreisträger J. Deisenhofer, H. und H. Michel haben während ihrer gemeinsamen Tätigkeit am Max-Planck-Institut, H. war Leiter der Arbeitsgruppe, eine Möglichkeit gefunden, ein „Bild“ von jenem Molekül zu gewinnen, das im Zentrum des Photosynthesegeschehens steht. Mit Photosynthese bezeichnet man die fundamentalen Stoffwechselreaktionen chlorophyllhaltiger Organismen (höhere Pflanzen, Algen, phototrophe Bakterien), bei denen aus Kohlendioxid und Wasser als Ausgangssubstanzen unter Umwandlung von Lichtenergie (Sonnenlicht) in chemische Energie molekularer Sauerstoff und Glucose gebildet werden.

Mit Hilfe der Röntgenstrukturanalyse gelang es Deisenhofer, H. und Michel, die räumliche Struktur des Reaktionszentrums zu entschlüsseln, und das in einer Genauigkeit, die Einzelheiten bis zu einer Größe von drei zehnmillionstel Millimeter zu unterscheiden ermöglichte. Ihre grundlegenden Erkenntnisse über das photosynthetische Reaktionszentrum von Bakterien der Gattung Rhodopseudomonas veröffentlichten H., Deisenhofer und Michel sowie zwei andere Forscher des Max-Planck-Instituts im Jahr 1985.

Dies war nicht nur ein Meilenstein der Photosyntheseforschung, sondern auch der Röntgenstrukturanalyse, denn zum ersten Mal war es gelungen, die dreidimensionale Struktur eines in Zellmembranen gebundenen Eiweißmoleküls bis in den atomaren Bereich hinein aufzuklären. Da viele zentrale biologische Funktionen mit membrangebundenen Proteinen verbunden sind, haben die Arbeiten von H., Deisenhofer und Michel auch große Bedeutung für die Chemie des Lebens. H. erforschte auch, wie Antikörper des Immunsystems fremde Eiweißstoffe „erkennen“, oder auch, wie Enzyme in ihrer Aktivität blockiert werden können. Seine Grundlagenforschung dient dem Ziel, die Photosynthese bis ins atomare Detail hinein zu verstehen.

Joliot-Curie, Frédéric – französischer Physiker
geb. 19.3.1900 in Paris
gest. 14.8.1958 in Paris
Nobelpreis 1935, für die gemeinsam durchgeführten Synthesen von neuen radioaktiven Elementen.
1919 beginnt J. ein Studium an der Hochschule für industrielle Physik und Chemie in Paris. 1923 promoviert er als physikalischer Ingenieur. Er wurde dann am Radiuminstitut Assistent von Marie Curie. 1930 wurde J. Doktor der physikalischen Wissenschaften. 1933 fotografiert er erstmalig die Umwandlung der Gammastrahlen in ein positives und negatives Elektronenpaar.

Zu Beginn des Jahres 1934 machten J. und seine Frau Irene mit einem unerwarteten Forschungsergebnis auf sich aufmerksam. In ihrem Pariser Radiumlabor war es ihnen gelungen, „einen neuen Typ von Radioaktivität“ aufzuklären. Als sie eine Aluminiumfolie mit Alphastrahlen beschossen, zeigte die Folie bereits nach kurzer Bestrahlung eine merkliche Radioaktivität, überraschenderweise auch dann noch, nachdem die Strahlenquelle längst entfernt worden war. Das hatte man noch nie beobachtet. Weitere Versuche zeigten, daß einzelne Aluminiumatome in ein radioaktives Phosphorisotop verwandelt worden waren, das wiederum in Silizium zerfiel. Zum ersten Mal war es gelungen, den radioaktiven Zerfall zwar nicht zu beeinflussen, aber künstlich auszulösen. J. und seine Mitarbeiter aus dem Pariser „Labor für Kernchemie“ erbrachten zuerst den experimentellen Beweis: Bei der Uranspaltung entstehen zusätzliche Neutronen. Er wies nach der Entdeckung der Kernspaltung das Auftreten einer Kettenreaktion im Uran nach. Sowohl Hahn als auch J. hatten darauf hingewiesen, daß die bei der Kernspaltung ausgestoßenen Neutronen andere Kerne spalten und damit eine Kettenreaktion hervorrufen können. Durch eine Steuerung dieser Kettenreaktion wurde sehr bald versucht, die großen Energien dieses Vorgangs technisch zu nutzen. 1935 wurde J. zum außerordentlichen Professor an der Sorbonne berufen.

1941 nimmt er an der Gründung der Nationalen Front in der Universität teil, später auch an der Gründung der Nationalen Kampffront für die Befreiung und Unabhängigkeit Frankreichs, deren Präsident er wird. Zahlreiche geheime Zusammenkünfte finden in seinem Laboratorium statt, das auch benutzt wird, um Sprengstoffe herzustellen und Dokumente zu verstecken. Er schloß sich der Untergrundbewegung an und nahm am Pariser Aufstand teil.

Auf seine Anregung wird 1946 das Kommissariat für Atomenergie gegründet, und er wird sein Hoher Kommissar. In dieser Eigenschaft wird J. von Frankreich in die Kommission für Atomenergie bei der Organisation der Vereinten Nationen delegiert, und er vertritt Frankreich in der UNESCO. Einen Höhepunkt erreichten seine Bemühungen mit dem von ihm verfaßten Stockholmer Appell gegen die Atombombe, der von mehr als 500 Millionen Menschen unterschrieben wurde. 1956 erliegt seine Frau Irene einer akuten Leukämie, und J. wird ihr Nachfolger auf dem Lehrstuhl für Kernphysik und Radioaktivität an der Sorbonne und in der Leitung des Radiuminstituts.

Joliot-Curie, Irene – französische Physikerin und Chemikerin
geb. 12.9.1897 in Paris
gest. 17.3.1956 in Paris
Nobelpreis 1935, für die gemeinsam mit ihrem Mann durchgeführten Synthesen von neuen radioaktiven Elementen.
Irene, Tochter von Marie Curie, begann bereits mit 17 Jahren das Studium an der Sorbonne. Während des Ersten Weltkrieges lernt sie im Auftrag des Roten Kreuzes Röntgenapparate zu bedienen und unterweist in Paris Krankenschwestern in Radiographie. 1925 legt Irene ihre Doktorprüfung ab, und ein Jahr später heiratet sie Frédéric Joliot. In den Jahren 1927 bis 1932 arbeiten sie über die Gewinnung einer größeren Menge Polonium, sie untersuchen die Eigenschaften der „Bothe- und Becker-Strahlung" und leisten entscheidende Vorarbeiten für die Entdeckung des Neutrons.

J.-C. hatte bereits 1929 mit Unterstützung ihres Mannes eine neue Methode zur Gewinnung von hochaktivem Radium entwickelt und auf der Grundlage dieser Arbeiten 1931 ihre Habilitationsschrift über die Elektrochemie der radioaktiven Elemente verfaßt. 1932 beschießen Irene und Frédéric J.-C. Aluminium, Fluor und Natrium mit Alphastrahlen und können nachweisen, daß entgegen der früheren Annahme das Neutron etwas leichter ist als das Proton. Irene erklärte diese Entdeckung: „Wenn man Aluminium einer Alphastrahlung aussetzt, formt sich durch Verwandlung ein radioaktives Element von ungefähr drei Minuten Dauer." Die künstliche Radioaktivität ist entdeckt. Bis dahin hatten die Wissenschaftler geglaubt, daß alle bei Atomumwandlungen entstandenen chemischen Elemente stabil und nicht radioaktiv waren. Mit ihren Experimenten haben Irene und Frédéric J.-C. erstmals gezeigt, daß viele andere radioaktive Elemente künstlich geschaffen werden können.

Obwohl strenggenommen Physiker, erhalten sie 1935 den Nobelpreis für Chemie wegen der enormen Bedeutung ihrer Entdeckung für dieses Gebiet. Bereits zu dieser Zeit litt sie an den Folgen übermäßiger Bestrahlung. 1937 erhielt sie eine Professur ohne Lehrstuhl an der Pariser Universität. 1938 benutzt sie gemeinsam mit P. Savitch statt der Alphastrahlen Neutronen zum Bombardieren des schweren Uranatoms, wobei sie nicht das erwartete Transuran erhalten, sondern ein dem Lanthan ähnliches Element feststellen können. Diese Entdeckung führt L. Meitner und O. Frisch zu der Vermutung, daß bestimmte Atomkerne des bombardierten Urans, statt sich in Transurane zu verwandeln, in Bruchstücke zerfallen. An der gelungenen Kernspaltung bestand nun kein Zweifel mehr. 1945 wird ihr Mann Hochkommissar der französischen Atombehörde. Drei Kommissare stehen ihm zur Seite, unter ihnen seine Frau Irene. Die neue Behörde hat die Aufgabe, an die Entwicklung der Atomenergie anzuknüpfen. 1946 wurde J.-C. zur Direktorin des Radiuminstituts der Universität Paris berufen, gleichzeitig war sie noch Professorin für Allgemeine Physik und Radioaktivität. Doch schon bald gerät das Ehepaar aufgrund seiner kommunistischen Sympathien in die Isolation.

Ab 1951 widmet sie sich wieder mehr ihrer Lehrtätigkeit an der Sorbonne und der Leitung des Radium-Instituts, obwohl ihre Gesundheit rapide zerfällt. Mehrfach muß sie sich Operationen unterziehen, auch Frédéric J.-C. leidet an einer Lebererkrankung. Am 17. März 1956 stirbt Irene J.-C. an den Folgen einer Leukämie.

Karle, Jerome – amerikanischer Physikochemiker
geb. 18.6.1918 in New York City
Nobelpreis 1985, für die Entwicklung einer Methode zur Bestimmung von Kristallstrukturen und die große Bedeutung dieser Methode für die chemische Forschung.
K. studierte am City College der Universität New York Chemie und Biologie. 1944 promovierte er an der Universität von Michigan in Ann Arbor in physikalischer Chemie. 1946 wurde K. Leiter der Abteilung für Elektronenbrechung am Naval Research Laboratory in Washington, einem Forschungszentrum der US-Marine. Seit 1967 ist er Forschungsdirektor des Laboratoriums für Struktur und Materie in Washington.

Ab 1947 erarbeiteten K. und Herbert A. Hauptman (ebenfalls Chemie-Nobelpreis 1985) eine Methode zur Gewinnung von Phaseninformation. Für die Methoden der Kristallstrukturuntersuchung ergab sich eine neue Forderung: Sie mußten für eine Realisierung im Computer geeignet sein, da sie mit einem gewaltigen Rechenaufwand verbunden waren. Es war notwendig, eine „Technologie" zur Bestimmung der Phasen zu erarbeiten, ihre Effektivität zu beweisen und die Aufmerksamkeit der Experimentatoren, die sich mit der Röntgenstrukturanalyse befaßten, auf sie zu richten. Wenn auf einen Mono- oder Einkristall ein monochromatischer Röntgenstrahl gerichtet ist und man die Orientierung des Kristalls im Strahl verändert, dann entstehen Brechungsreflexionen des Kristalls, oder sie werden gelöscht. Für einen einfachen Kristall müssen Tausende solcher Reflexionen registriert werden, Eiweißkristalle ergeben zehn- oder 100mal mehr solcher Reflexionen.

Heute verwendet man für diesen Zweck rechnergesteuerte Diffraktometer oder Beugungsmesser, die innerhalb weniger Tage die integrale Intensität aller meßbaren Brechungsreflexionen eines Kristalls automatisch registrieren. Aus diesem Muster der experimentell ermittelten Röntgenintensitäten wird die Elektronendichte im Kristall in dreidimensionaler Verteilung bestimmt. Ein einfaches Diffraktionsexperiment gestattet jedoch nicht, die Phasen der Röntgenstrahlbeugungsreflexion zu fixieren. Die Bestimmung dieser Phasen war lange ein Hauptproblem der Strukturkristallographie.

Einen bedeutenden Beitrag zur Entwicklung direkter Berechnungsmethoden für die Phasen der strukturellen Amplituden stellten die Arbeiten von K. und Hauptman dar. Die entwickelten Auswerteverfahren führten zu drastischen Zeiteinsparungen bei Strukturbestimmungen. Heute lassen sich molekulare Strukturen mit Hilfe dieser Verfahren und mit Computern innerhalb weniger Tage oder Wochen ermitteln, ein Vorteil, der bei der Suche nach neuen Arzneimitteln und nach Ausgangsstoffen für verschiedenste chemische Produkte schneller zum Erfolg führt als ehemals.

Die Automatisierung der Diffraktionsuntersuchungen und die Verwendung von Rechnern für die Lösung der Phasenprobleme, eine Präzisierung der Kristallstrukturmodelle mit Hilfe des Verfahrens der kleinsten Fehlerquadrate und die Darstellung der Ergebnisse im Plotter machten die Röntgenstrukturanalyse zu einem erfolgreichen Arbeitsinstrument für Physiker, Chemiker, Mineralogen, Materialwissenschaftler und Molekularbiologen.

Karrer, Paul – Schweizer Chemiker
geb. 21.4.1889 in Moskau
gest. 18.6.1971 in Zürich
Nobelpreis 1937, für seine Forschungen über die Carotinoide und Flavine sowie über die Vitamine A und B 2.
K. studierte an der Universität Zürich von 1908 bis 1911 Chemie. Im Jahre 1911 promovierte er. 1912 wurde er Mitarbeiter des Georg-Speyer-Haus in Frankfurt/Main. 1915 wurde K. Direktor der dortigen Chemischen Abteilung. 1919 wurde er zum ordentlichen Professor der Chemie und Direktor des Chemischen Instituts in Zürich ernannt. Im Jahre 1959 wurde er emeritiert.

Ein großes Arbeitsgebiet K.s betraf die Vitamine, als chemische Individuen und lebensnotwendige biologische Wirkstoffe. Es eröffnete sich ihm 1926 bei der Untersuchung gelber und roter Pflanzenfarbstoffe, wie z. B. des Möhrenfarbstoffes Carotin, das nach intermediärer Spaltung in das für den Sehvorgang unentbehrliche Vitamin A übergeht. Er isolierte dieses heute auch zur Klasse der Carotinoide zählende, synthetisch zugängliche Vitamin aus Dorschleberöl und klärte seine Struktur auf. K.s Arbeiten über Flavine wurden durch einen gelben Pflanzenfarbstoff, das Riboflavin oder Vitamin B 2 aus der Klasse der Flavine, eingeleitet. Diese Verbindung wurde als weitverbreiteter natürlicher Baustein und funktioneller Bestandteil zahlreicher Enzyme erkannt, strukturell aufgeklärt und synthetisch erschlossen, ebenso auch die von K. später untersuchten anderen Substanzklassen und Funktionen zugeordneten Vitamine B 6, E, K 1 und K 2.

Die Erforschung dieser lebensnotwendigen und – weil vom menschlichen Körper selbst nicht gebildet – zur Vermeidung von Mangelkrankheiten ständig mit der Nahrung zuzuführenden Wirkstoffe stellt eine der Hauptleistungen K.s dar. Er kann als einer der Begründer der heutigen, interdisziplinär arbeitenden Molekularbiologie gelten. Aus der Fülle von K.s weiteren Forschungsarbeiten ragen u. a. seine Untersuchungen über Alkaloide hervor, besonders über die Giftstoffe in Calebassen-Curare, einem Eingeborenenpfeilgift im tropischen Amerika. Als experimenteller Chemiker erkannte er den Wert der neu aufgekommenen Chromatographie, Molekülspektrographie und weiterer physikalisch-chemischer Arbeitsmethoden und zog sie schon sehr früh bei seinen Arbeiten heran. Sein „Lehrbuch der Organischen Chemie" wurde für viele Jahrzehnte zum internationalen Standardwerk.

Kendrew, Sir (ab 1974) **John Cowdery** – britischer Biochemiker
geb. 24.3.1917 in Oxford
gest. 23.8.1997 in Cambridge
Nobelpreis 1962, für seine Entdeckungen auf dem Gebiet der Röntgenstrahlenbeugung an Kristallen des Hämoglobins, Chymotrypsins und Myoglobins.
K., einziges Kind eines Klimatologen und einer Kunsthistorikerin, studierte ab 1936 am Trinity College in Cambridge Naturwissenschaften. Während des Zweiten Weltkrieges hatte sich K. im Institut für physikalische Chemie in Cambridge an Forschungen über Reaktionskinetik beteiligt. 1946 begann er am dortigen Cavendish Laboratory seine Forschungstätigkeit. 1949 promovierte er zum Doctor of Philosophy und 1962 zum Doctor of Science. Von 1953 bis 1974 war er stellvertretender Direktor der MRC(Medical Research Council)-Abteilung für Molekularbiologie. 1975 übernahm K. den Posten des Generaldirektors des Europäischen Laboratoriums für Molekularbiologie in Heidelberg. Von 1981 bis 1987 amtierte er als Präsident des St. John's College in Oxford.

Seit 1946 hatte K. mittels der Röntgenstrahlen-Krystallographie zusammen mit M. Perutz an der Erforschung der molekularen Struktur von „Globulinen" gearbeitet. Dabei handelt es sich um eine wichtige Untergruppe der globulären Proteine, die in den meisten tierischen und pflanzlichen Zellen und Körpersäften vorkommen. Auch die meisten Antikörper sind Globuline. Im Jahre 1952 hatte der britische Biochemiker F. Sanger (Chemie-Nobelpreis 1958) die genaue Anordnung der Aminosäuren in einer langen Peptidkette entschlüsselt.

Mitte der 50er Jahre beschäftigte sich M. Perutz mit der Entschlüsselung der dreidimensionalen Struktur des Hämoglobins. Im Jahr 1959 hatte er die Position jedes Atoms in der Struktur des Hämoglobinmoleküls ermittelt. Inzwischen bemühte sich K. um die Erforschung der Struktur des Myoglobins, eines in den Muskelzellen vorkommenden Eiweißmoleküls. Dank ihrer Fähigkeit, Sauerstoff aufzunehmen und abzugeben, erfüllen diese beiden Substanzen wichtige Lebensfunktionen. Ende der 50er Jahre gelang es Perutz und K., die dreidimensionale Struktur des Myoglobins nachzuweisen. Mit seinen Mitarbeitern suchte K. nach Möglichkeiten, aus der Analyse von Molekülen mit bekannter Sequenz und Konformation bestimmte strukturelle Gesetzmäßigkeiten zu finden. Die Weiterentwicklung der Röntgenstrahlen-Krystallographie durch die Einführung von Schweratomen, mit denen die Streuungsfelder der Röntgenstrahlen in den Kristallen beeinflußt werden konnten, und die Verwendung von immer leistungsstärkeren Computern zur Auswertung der Vielzahl von Röntgen-Platten ermöglichten es K., Objekte bis zu einer Größe von zwei Angström (Ein Angström ist ein zehnmilliardstel Meter) zu unterscheiden und ein dreidimensionales Bild eines Proteinmoleküls einschließlich der Lage der Peptidketten in seiner ganzen Komplexität zu gewinnen.

Perutz und K. haben das sogenannte Phasenproblem für Proteine gelöst, das fast drei Jahrzente lang zahlreiche Forscher beschäftigt hatte.

Klug, Sir (seit 1988) **Aaron** – britischer Biochemiker und Mikrobiologe
geb. 11.8.1926 in Johannesburg (Südafrika)
Nobelpreis 1982, für die Entwicklung der kristallographischen Elektronenmikroskopie und die damit erzielten Fortschritte in der Strukturaufklärung nukleinsäurehaltiger Komplexverbindungen.
K. studierte an der University of the Witwatersrand in Johannesburg sowie an der University of Cape Town. Er promovierte am Cavendish-Laboratorium in Cambridge 1952. Ab 1962 arbeitete K. am Laboratorium für Molekularbiologie des Medical Research Council in Cambridge. Von 1978 bis 1986 war er Leiter der Abteilung für strukturelle Studien und ab 1986 Direktor dieses Instituts in Cambridge.

K. hat mit seinen Mitarbeitern wesentliche Beiträge zur Aufklärung der Struktur, Selbstorganisation und Wechselwirkung von komplexen Biomolekülen geleistet. Er erweiterte die Methode der Kristallstrukturanalyse mit Röntgenstrahlen auf sehr große Proteine und führte kristallographische Verfahren in die Elektronenmikroskopie von Biomolekülen ein.

1964 setzten K. und seine Mitarbeiter erstmalig ein optisches Diffraktometer (Beugungsmesser) für die Analyse elektronenmikroskopischer Abbildungen von Objekten mit periodischer Struktur ein, das die Möglichkeiten der Informationsgewinnung aus diesen Abbildungen beträchtlich erweiterte. Es gelang K. und Mitarbeitern, nach Entfernung der RNA einen Komplex von 34 Untereinheiten des Hüllproteins zu kristallisieren. Nach zehnjähriger Arbeit konnte die atomare Struktur aufgeklärt werden. K. hat gezeigt, daß auch anscheinend kontrastlose Bilder biologischer Objekte oft eine große Anzahl von Strukturinformationen enthalten, die durch eine mathematische Bearbeitung des ursprünglichen Bildes zugänglich gemacht werden können.

In den 70er Jahren lösten die Gruppen von K. und A. Rich etwa gleichzeitig die Struktur der Transfer-Ribonukleinsäure mittels Röntgenstrukturanalyse. Dieses Nukleinsäuremolekül spielt eine zentrale Rolle bei der Synthese von Proteinen, indem es eine bestimmte Aminosäure erkennt und sie an die anstehende Aminosäurekette ankoppelt. Das Molekül zeigte die strukturelle Verbindung, die zwischen der im genetischen Code festgelegten Sequenz der Nukleinsäuretriplets und den zugehörigen Aminosäuren besteht.

Die biochemischen Strukturuntersuchungen K.s haben ein genaueres Bild der Zusammensetzung des Komplexes aus Desoxyribonukleinsäure und Eiweißstoffen ermöglicht. Dabei spielt die Hülle dieses Komplexes, das sogenannte Chromatin, eine besondere Rolle. Zusammen mit R. Kornberg und J. Finch zeigte K., daß sich das Chromatin in Grundeinheiten (Nukleosomen) zerlegen und kristallisieren läßt. Die Struktur wurde mit Röntgenbeugung, Neutronenbeugung, Elektronenmikroskopie und Bildrekonstruktionsmethoden untersucht. Das Chromatin umfaßt die Gesamtheit des chromosomalen Materials einer Zelle, das aus einem langen DNA-Doppelstrang, Histonen und Nichthistonproteinen sowie etwas RNA besteht. Während der Interphase ist das Chromatin als Netzwerk der Zellkerne und während der Zellteilung als Chromosomen sichtbar. Mit der Zerteilung des Chromatin war es möglich, ein genaueres Modell der Chromosomenstruktur zu schaffen.

In Weiterentwicklung der Strukturaufklärungstechniken entwickelte K. ein Verfahren, bei dem die Transmissionselektronenmikroskopie mit der Bilderzeugung über Fourier-Reihendarstellung kombiniert wurde. 1968 war das Verfahren so verfeinert worden, daß aus den Aufnahmen sogar dreidimensionale Bilder der untersuchten großen Einzelmoleküle rekonstruiert werden konnten. Mit diesem Verfahren konnten K. und seine Mitarbeiter die Strukturen einer Reihe biologisch wichtiger Makromoleküle aufklären.

Kohn, Walter – amerikanischer Physiker
geb. 9.3.1923 in Wien
Nobelpreis 1998, für die Entwicklung der Dichtefunktionaltheorie und seine herausragenden Leistungen zur Berechnung von Moleküleigenschaften.
K. begann 1942 ein Physikstudium an der Universität Toronto, das er nach Kriegsende abschloß. Mit einem Stipendium ging er an die Harvard University nach Cambridge und promovierte 1947. Er erhielt eine Assistenz-Professur für Physik am Carnegie Institute of Technology in Pittsburgh. 1951 wechselte K. nach Kopenhagen an das Niels-Bohr-Institut. Nach Pittsburgh zurückgekehrt, wurde er 1959 ordentlicher Professor am Carnegie Institute. Von 1960 bis 1979 war er ordentlicher Professor an der University of California in San Diego, und unmittelbar danach wurde er zum Direktor des Institute for Theoretical Physics der National Science Foundation in Santa Barbara ernannt. 1984 erhielt K. an der dortigen University of California eine Professur für Physik, die er bis zu seiner Emeritierung ausübte.

Kaum ein Physiker hat das moderne Verständnis der kondensierten Materie stärker beeinflußt als K., der sich seit den 50er Jahren mit Festkörperphysik beschäftigt hat und u. a. wichtige Grundlagen der Halbleitertechnologie entwickelte. Er setzte sich mit der Frage auseinander, wie die Moleküle aller chemischen Stoffe aufgebaut sind und in welcher Wechselwirkung die Teilchen eines Moleküls zueinander stehen. Aufbauend auf seinen Kenntnissen der Streutheorie, hat K. 1954, zusammen mit N. Rostoker, eine Technik zur Berechnung der elektronischen Bandstruktur von Festkörpern entwickelt, die als KKR-Methode (Korringa-K.-Rostoker) bekannt ist. Diese Technik leitet die Bandstruktur aus der Streuung der Elektronen an den Gitterionen ab; sie wird heute als Standardverfahren zur Berechnung der elektronischen Struktur eingesetzt.

Eine weitere bahnbrechende und auch die moderne Festkörperphysik beeinflussende Arbeit gelang K. in seiner theoretischen Beschreibung von Elektronen in starken Magnetfeldern. Er konnte zeigen, daß wechselwirkende Elektronen in einem Magnetfeld ein einfaches Oszillator-Spektrum besitzen (K.sches Theorem). 1964 hatte K. aufgezeigt, daß sich die Gesamtenergie eines Moleküls – einschließlich des Anteils der Elektronenkorrelation – aus der Elektronendichte ableiten läßt. Da in erster Linie die Elektronen für die Atombindungen verantwortlich sind, zeigte K. auf, daß nicht die Bewegung jedes einzelnen Elektrons berechnet werden muß, sondern es ausreicht, die durchschnittliche Zahl der Elektronen an einem bestimmten Ort (die Elektronendichte) zu kennen.

1965 konnte er ein Gleichungssystem für die Berechnung der Energiedichte vorstellen, damit legte er den Grundstein der modernen Dichtefunktionaltheorie (DFT). Trotz ihrer genialen Vereinfachung wurde K.s Methode erst mit fortgeschrittener Computertechnologie für viele Wissenschaftler benutzbar. In den 80er und 90er Jahren widmete er sich vorwiegend Verallgemeinerungen der DFT. Insbesondere für die Industrie bedeutete die Möglichkeit, chemische Reaktionen zielgerichtet planen zu können, einen Durchbruch, da somit aufwendige Experimente im Labor zumindest teilweise durch Computersimulation ersetzt werden konnten. Die Erkenntnisse können u. a. auch für die Entwicklung neuer Kunststoffe oder Wirkstoffe für Medikamente angewendet werden.

Kroto, Sir Harold Walter – britischer Chemiker
geb. 7.10.1939 in Wisbech (Cambridgeshire)
Nobelpreis 1996, für die Entdeckung der Fullerene – neuer Formen des Elementes Kohlenstoff.
K. nahm ein Studium der Chemie an der University of Sheffield auf und promovierte 1964. Nach einer Dozenten- und Forschertätigkeit in England, Kanada und den USA erhielt er 1985 eine Berufung als ordentlicher Professor für Chemie an der University of Sussex. 1991 wurde K. zum „Royal Society Research Professor" ernannt.

Im Jahr 1985 wurde von K. und Mitarbeitern an der University of Sussex erstmals beschrieben, daß von allen Kohlenstoffmolekülen, die bei der Laserverdampfung von Graphit entstehen, der Species C 60 eine besondere Stabilität zukommt. Zu jener Zeit war K. im Bereich der Mikrowellenspektroskopie tätig, einem Wissenschaftszweig, der sich mit Hilfe der bedeutender werdenden Radioastronomie auch zur Analyse von Gaswolken im Weltraum, sowohl in der Atmosphäre von Sternen als auch in interstellaren Gaswolken, nutzen ließ. Besonders interessiert war K. an kohlenstoffreichen Riesensternen. Er hatte Spektrallinien in ihrer Atmosphäre entdeckt und herausgefunden, daß es sich bei diesen um lange Molekülketten handelte, die ausschließlich aus Kohlenstoff und Stickstoff bestanden. Dieselbe Art von Molekülen fand sich auch in interstellaren Gaswolken.

Um die Entstehung dieser langen Molekülketten untersuchen zu können, wandte sich K. an die an der Rice University in Texas tätigen Wissenschaftler R. Smalley, einen Experten der Cluster-Chemie, und R. Curl, einen Spezialisten für Mikrowellen- und Infrarotspektroskopie. An der Rice University wurde unter Laborbedingungen die harte Strahlung im All durch eine von Smalley entwickelte Laserkanone ersetzt, die sie auf Graphit feuern ließen. Dabei fanden sie plötzlich Moleküle aus mehreren zig Kohlenstoffatomen, wobei sich als stabilste Form ein Cluster aus 60 Kohlenstoffatomen erwies. Bis 1985 hatte es dagegen als gesichert gegolten, daß elementarer Kohlenstoff nur in vernetzten Riesenmolekülen als weicher, schwarzer, metallisch glänzender Graphit oder als durchsichtiger, strahlender, äußerst harter Diamant vorkommen könne. Die Suche nach der Form der C-60-Moleküle führte zur Vorstellung eines gekappten „Ikosaeders", eines Polyeder mit 20 regelmäßigen sechseckigen und zwölf regelmäßigen fünfeckigen Flächen, der der Form eines Fußballs ähnelte. Der Species C 60 wurde der Name „Buckminsterfulleren" oder „Buckyball" beziehungsweise später „Football" wegen der besonderen Gestalt zuerkannt.

1990 wurde es zum „Molekül des Jahres" auserkoren. Heute werden das schon 1970 von einer japanischen Forschergruppe vorhergesagte C-60-Buckminsterfulleren und sein nahe verwandtes C-70-Analogon als dritte allotrope Modifikation des Kohlenstoffs angesehen. Diese Substanzen wurden zu Ehren des amerikanischen Architekten Richard Buckminster Fuller, des Erfinders des geodätischen Doms, Fullerene genannt.

Kuhn, Richard – deutscher Biochemiker
geb. 3.12.1900 in Wien
gest. 31.7.1967 in Heidelberg
Nobelpreis 1938, für seine Arbeiten über Carotinoide und Vitamine.
K. begann 1918 in Wien Chemie zu studieren. 1922 promovierte er in München. Hier habilitierte er sich 1925 und hatte anschließend bis 1928 eine Professur für Allgemeine und Analytische Chemie an der Eidgenössischen Technischen Hochschule in Zürich inne. K. war Direktor des Instituts für Chemie beim Kaiser-Wilhelm-Institut und des Max-Planck-Instituts. Ab 1950 wirkte er daneben noch als Professor für Biochemie an der Universität Heidelberg.

K. schuf Ausgangspunkte für neue Entwicklungslinien in der organischen Chemie. Sein Weg führte zur Chemie der Carotinoide. Den 1928 von P. Karrer isolierten Safranfarbstoff Crocetin u. a. farbige Naturstoffe, wie die Carotine, erkannte K. als Polyen-Derivate. 1931 trennte er das Carotin chromatografisch in Alpha-, Beta- und Gamma-Carotin und kristallisierte diese. Alle drei Komponenten sind Vorstufen des Vitamins A. In der Biochemie stand die Vitaminforschung in dieser Zeit in vollster Blüte, und einer ihrer hervorragendsten Pioniere wurde K. Seine speziellen Forschungen galten dem Vitamin A, auch Wachstumsvitamin genannt, weil es für den normalen Ablauf des Wachstums höherer Tiere und des Menschen entscheidend ist. Seine umfangreichen Arbeiten mit den Carotinoiden erbrachten die Feststellung, daß sich Carotin im lebenden Organismus in Vitamin A verwandelt, es ist also nicht unbedingt notwendig, daß dieses Vitamin selbst in der Nahrung vorhanden ist.

1933 isolierte K. das Vitamin B 2 (Lactoflavin), welches als Teil des gelben Atmungsfermentes von Warburg erkannt wurde. Nach der Strukturaufklärung und der Synthese des Lactoflavins folgte 1935/36 die erste Teilsynthese eines Fermentes, d. h. die Synthese des gelben Atmungsfermentes aus Lactoflavin, Phosphorsäure und dem aus Hefe gewonnenen Proteinteil. 1937 konnte K. zeigen, daß das Lactoflavin als Oxidationskatalysator über Zwischenstufen von Art der Chinhydrone reagiert. 1938/39 wurde das Vitamin B6 kristallisiert, aufgeklärt und synthetisiert. 1940 folgte die Isolierung und Synthese der Pantothensäure (Vitamin T). 1941 wurde der Wuchsstoff Vitamin H als p-Aminobenzoesäure erkannt und der von britischen Forschern postulierte Antagonismus p-Aminobenzoesäure/Sulfanilsäure bestätigt.

Als verdiente Würdigung sollte ihm 1938 der Nobelpreis für Chemie verliehen werden, den er jedoch damals auf staatliche Weisung zurückweisen mußte. Als sich die Königliche Schwedische Akademie der Wissenschaften nach dem Kriege von der seinerzeitigen Zwangslage überzeugte, beschloß sie im Januar 1948 die nachträgliche Überreichung des Preises an K.

Langmuir, Irving – amerikanischer Chemiker und Physiker
geb. 31.1.1881 in Brooklyn (New York)
gest. 16.8.1957 in Falmouth (Massachusetts)
Nobelpreis 1932, für seine bahnbrechenden Entdeckungen und Forschungen auf dem Gebiet der Oberflächenchemie, insbesondere zum Verhalten von Flüssigkeiten auf metallischen Oberflächen.
Im Alter von 22 Jahren schloß L. das Studium der Metallkunde an der Columbia-Universität in New York ab. An der Universität Göttingen fertigte er 1906 seine Doktorarbeit an. Von 1909 bis zum Ende seiner beruflichen Karriere im Jahr 1950 arbeitete L. im Forschungslaboratorium der General Electric Company in Schenectady (New York).

L. wandte sich chemischen Wirkungen in Feststoffen, Flüssigkeiten und Oberflächenfilmen zu.

In den Jahren 1916/17 veröffentlichte er zwei wichtige Arbeiten über die atomare und molekulare Natur chemischer und physikalischer Phänomene an heißen Metalloberflächen im Vakuum, die entscheidend für den Nobelpreis waren. Im Ersten Weltkrieg konstruierte er Ultraschallsensoren zum Aufspüren feindlicher Unterseeboote. Gemeinsam mit dem amerikanischen Physikochemiker Gilbert Newton Lewis entwickelte L. 1919 die Oktett-Theorie der chemischen Valenz, die zur quantenmechanischen Deutung der chemischen Bindung führte. Die bei der Atomvereinigung entstehende Wärme verwendete er 1924 in der sogenannten „L.-Fackel" beim Schweißen (Arcatom-Verfahren). Ein Wasserstoffstrom wird in einen zwischen Wolframelektroden brennenden Lichtbogen geblasen, dessen Wärmeenergie die Aufspaltung der Moleküle bewirkt. Die dabei freiwerdende Energie erzeugt Temperaturen von über 6.000 Grad Celsius, und man verwendet die „L.-Fackel" daher zum Schmelzen von Wolfram, Tantal u. a. höchstschmelzenden Stoffen.

Ausgehend von seinen früheren Arbeiten an Glühlampen mit Metallfäden, beschäftigte sich L. mit dem Problem der thermischen Elektronenemission. Das führte dazu, daß er die von Child 1911 für Ionen aufgestellte Raum-Ladungs-Gleichung auf Elektronen ausdehnte. Dieses Gesetz besagt, daß der Elektronenstrom zwischen Elektroden im Vakuum stets der Potentialdifferenz zwischen den Elektroden direkt proportional ist. Außerdem untersuchte L. die Ausbildung monomolekularer Oberflächenschichten unter dem Einfluß von Hochvakuum. Dabei entwickelte er eine Reihe experimenteller Techniken zur Untersuchung von Oberflächenschichten. Aus der 1918 aufgestellten „L.-Adsorptionsisotherme" ergab sich eine Theorie der katalytischen Wirkung adsorbierender Oberflächen, die zur Grundlage einer ausgedehnten Oberflächenkinetik wurde. L. veröffentlichte eine Vielzahl von Arbeiten über Elektron-Ion-Wechselwirkung, Ionisation, Oszillation sowie weitere Aspekte ionisierter Gase und fand für das dabei entstehende inhärente instabile Medium die Bezeichnung Plasma.

Während des Zweiten Weltkrieges war L. u. a. an der Konstruktion von verbesserten Gasmasken beteiligt. L. war der erste amerikanische Industriechemiker, dem der Nobelpreis zuerkannt wurde.

Lee, Yuan Tseh – amerikanischer Chemiker chinesischer Herkunft
geb. 29.11.1936 in Hsinchu (Taiwan)
Nobelpreis 1986, für seine grundlegenden Beiträge zur Erforschung der Dynamik chemischer Elementarprozesse.
L. studierte in Taiwan und promovierte 1965 an der Berkeley-Universität in Kalifornien, wo er 1974 auch eine Berufung als Professor für Chemie erhielt.

Die Arbeiten der Preisträger Dudley Herschbach, L. und John Polanyi waren von enormer Wichtigkeit für die Entwicklung eines neuen Forschungsbereichs in der Chemie – der Reaktionsdynamik. L. konzentrierte seine Forschungsarbeit vor allem auf das Gebiet der chemischen Kinetik. Die besondere Aufmerksamkeit galt dabei sehr kurzlebigen Molekülpaaren, die miteinander kollidieren und neue Bindungen knüpfen. Gelingt es,

Molekülpaare in diesem Übergangszustand von der alten zur neuen Identität zu beobachten und Kenntnis davon zu bekommen, was sich in jenem kurzen Moment von einer Picosekunde abspielt, kann man unter anderem die Geschwindigkeit des chemischen Prozesses und die Art der Produkte vorhersagen. Die Mechanismen der Elementarprozesse unterscheiden sich sowohl in der Richtung der Teilchen als auch hinsichtlich der Energieverteilung der Reaktionsprodukte. Das gestattet, eine Reihe von Eigenschaften der Reagenzien mit den Besonderheiten ihrer Wechselwirkung zueinander in Beziehung zu setzen. Diese fundamentale Entdeckung gab der Entwicklung theoretischer Vorstellungen über die chemische Wechselwirkung neue Impulse. Trotz der Fortschritte der dynamischen Untersuchungen wurden sie aber nur mit Detektoren zur Teilchenstreuung, die auf der Grundlage der Oberflächenionisation arbeiten, durchgeführt, weshalb auch die Untersuchungen ausschließlich mit Atomen der Alkalimetalle erfolgten.

Solche Detektoren waren viele Jahre die einzigen Geräte zur Registrierung sehr geringer Atom- und Molekülströme, mit denen man es bei den Experimenten zur chemischen Streuung zu tun hatte. L. gelang es, diese Schwierigkeiten zu überwinden. Er konstruierte nicht nur Apparate völlig anderen Typs, sondern auch prinzipiell neue Meßgeräte mit höchster Empfindlichkeit, die man zur Untersuchung eines breiten Spektrums von Reaktionen verwenden konnte.

L. gelang es im Verlauf der Forschungsarbeit dann, die Molekularstrahlenmethode für eine Anwendung bei Reaktionen allgemeiner Art weiterzuentwickeln und sie vor allem auch bei der Untersuchung der Reaktion relativ großer Moleküle zu verwenden.

Diese Untersuchungen haben auch eigene praktische Aspekte, z. B. für Laser. Inzwischen sind die Verfahren so verfeinert, daß sie große Bedeutung für die umweltfreundlichere Nutzung chemischer Energie bei Verbrennungen, beispielsweise in Kraftwerken oder Motoren, und in der Atmosphärenchemie haben.

Lehn, Jean-Marie Pierre – französischer Chemiker

geb. 30.9.1939 in Rosheim (Elsaß)

Nobelpreis 1987, für Arbeiten auf dem Gebiet der supramolekularen Chemie, womit Erkennungs- und Verbindungsmöglichkeiten verschiedener Moleküle untereinander nachgewiesen werden konnten.

L. studierte ab 1957 Naturwissenschaften an der Universität Straßburg, wo er 1963 promovierte. Danach arbeitete er im Laboratorium von Woodward an der Harvard-Universität in Cambridge (USA). 1970 wurde er zum Titularprofessor für Chemie an der Universität Louis Pasteur in Straßburg berufen. Seit 1979 ist er Professor am College de France in Paris.

Die Nobelpreisträger D. J. Cram, C. J. Pedersen und L. haben Moleküle mit strukturspezifischer Wechselwirkung von hoher Selektivität synthetisiert und deren Anwendungsmöglichkeiten erschlossen. So wurden in der Laudatio die herausragenden Fortschritte auf dem Gebiet der „Wirts-Gast-Chemie" in den vergangenen 20 Jahren und damit der wesentliche Beitrag der drei hervorragenden Synthetiker und chemischen Konstrukteure von „Supermolekülen" gewürdigt. Das junge Forschungsgebiet der „Wirts-Gast-Chemie", ein Grenzgebiet zwischen Chemie und Biologie, befaßt sich mit den Fragen, wie sich unterschiedliche Moleküle im Körper erkennen und miteinander verbinden.

Die Verbindungen, die von den drei Wissenschaftlern geschaffen und bearbeitet wurden, gehören zur organischen, bioorganischen und auch zur bioanorganischen Chemie. Ihre Reaktionen beschreibt man häufig mit den Begriffen Wirt-Gast-, supramolekulare oder Konkav-Chemie. Derartige Verbindungen haben u. a. die Eigenschaften von lebenswichtigen Biomolekülen – wie Biokatalysatoren und Biorezeptoren. Grundlage der neu erschlossenen Forschungsrichtung war weniger die Chemie einzelner Moleküle und der kovalenten Bindungen in ihnen als vielmehr der Aufbau organischer Komplexe. Die drei Laureaten studierten die chemischen und physikalischen Eigenschaften dieser Komplexe und richteten ihr Interesse besonders auf die Molekülcharakteristika, die für die Fähigkeit verantwortlich sind, ineinander zu passen wie Schlüssel und Schloß. Die Komplexe haben Eigenschaften, die man mit dem Begriff „supramolekulare Chemie" charakterisiert. Neu ist an ihnen insbesondere, daß die Komplexbildung im Innern des Moleküls stattfindet. L. beschäftigte sich speziell mit den von Pedersen aufgefundenen und 1967 veröffentlichten Arbeiten über die Kronenäther und deren Eigenschaften.

Die Fähigkeit der Forscher, die Eigenschaften „ihrer" Verbindungen im voraus zu bestimmen, hat zu immer komplizierteren Molekülen geführt. Wirt-Gast-Komplexe zu planen und ihre physikalischen Parameter zu bestimmen hat den fundamentalen Zweck, das Prinzip der Komplementarität und der Präorganisation zu überprüfen.

Gleichzeitig haben derartige Arbeiten aber auch weitaus konkretere Aspekte. Beispielsweise fördern sie ganz entscheidend das Verständnis von Ionentransporten durch biologische und künstliche Membranen. So gelang L. die Synthese von dreidimensionalen Polyäthern, sogenannten Ionophoren, die praktisch alle Metallionen selektiv aufnehmen. Auf diese Weise können relativ einfach ganz spezifische Metallionen in organische Lösung gebracht werden. Die selektive Komplexbildung wird in der analytischen Chemie zur Herstellung ionenselektiver Elektroden auf breiter Basis genutzt.

Leloir, Luis Federico – argentinischer Biochemiker

geb. 6.9.1906 in Paris

gest. 3.12.1987 in Buenos Aires

Nobelpreis 1970, für die Entdeckung der Zuckernukleotide und ihrer Bedeutung für die Biosynthese von Kohlehydraten.

L. ist der dritte Argentinier, der mit einem Nobelpreis ausgezeichnet wurde, und der erste Laureat der Chemie aus Lateinamerika. Er war gebürtiger Franzose, kam aber schon als Kind mit seinen Eltern nach Argentinien. Ab 1924 studierte er Medizin an der Universität Buenos Aires, wo er im Jahre 1932 auch promovierte. Dann war er Forschungsassistent am physiologischen Institut der Universität. Im Jahre 1941 erhielt L. eine Berufung als ordentlicher Professor für Physiologie an die Universität Buenos Aires. 1947 übernahm er die Leitung des Instituts für biochemische Forschungen der Fundacion Campomar, das er bis in die 70er Jahre leitete.

In den 50er Jahren begann L. mit seinen biochemischen Untersuchungen über den Stoffwechsel von Zuckern. Er beschäftigte sich mit einer Gruppe von natürlichen chemischen Substanzen, die das Bild unserer Umwelt am nachhaltigsten prägt: mit den sogenannten Polysacchariden oder Kohlehydraten, zu denen u. a. das Chitin des Insektenpanzers, die verschiedenen Zucker sowie die Zellulose gehören. L. entdeckte, daß die Schlüsselsubstanzen in diesen natürlichen Aufbauprozessen sogenannte Zuckernukleotide sind. Es sind chemische Verbindungen aus langen Molekülketten, deren Bausteine die einfachen Zuckermoleküle sind. Diese einfachen Zucker entstehen bei der Photosynthese der Pflanzen. Er hat nicht nur die verschiedenen Stationen auf den komplizierten Wegen der Biosynthese von Polysacchariden aufgeklärt, er hat auch jeweils die Enzyme gefunden und untersucht, die zwischen diesen Stationen die Weichen stellen. So entdeckte L. das Zuckernukleotid Uridindiphospho-Glucose (UDP-Glucose), eine Verbindung des Zuckers Glucose mit der auch in der Ribonukleinsäure (RNA) vorkommenden Base Uracil und Ribose sowie zwei Phosphatgruppen. Damit wurde nicht nur das erste Zuckernukleotid gefunden, sondern auch bewiesen, daß Nukleotide als Coenzyme im Kohlehydratstoffwechsel eine Rolle spielen.

Im Jahr 1953 zeigte L., daß die UDP-Glucose bei der Synthese von Trehalose (Mutterkornzucker) den Glucosylrest liefert. Glucose wird vom Organismus zur Energiegewinnung oder zum Aufbau der Speichersubstanz Glycogen benutzt. In weiteren experimentellen Untersuchungen fand L. 1955 heraus, daß ebenfalls bei der Synthese von Rohrzucker (Saccharose), eines Disaccharids aus Glucose und Fructose, der Glucoserest von UDP-Glucose stammt. Er zog nun die Schlußfolgerung, daß alle Polysaccharide nach diesem Schema gebildet werden.

Ende der 50er Jahre beschäftigte sich L. intensiv mit dem Glycogen, einem Vielfachzucker aus Glucoseeinheiten, der in der Leber und im Muskel als rasch mobilisierbares Reservekohlenhydrat im Stoffwechsel eine große Rolle spielt. Aufbau und Speicherung von Glycogen in der Leber geschehen unter dem Einfluß von Insulin. Diese Speicherung bringt den ständigen physiologischen Verbrauch von Kohlehydraten mit der nur periodisch durch die Nahrung erfolgenden in Einklang. 1960 konnte L. nachweisen, daß auch die Stärkesynthese analog verläuft.

Libby, Willard Frank – amerikanischer Kernphysiker und Chemiker
geb. 17.12.1908 in Grand Valley (Colorado)
gest. 9.9.1980 in Los Angeles
Nobelpreis 1960, für seine Methode der Anwendung von Kohlenstoff-14 zur Altersbestimmung in Archäologie, Geologie, Geophysik und anderen Zweigen der Wissenschaft.

Ab 1926 wurde L. an der Universität von Kalifornien in Berkeley in Chemie, Mathematik und Physik ausgebildet. 1933 promovierte er. Im gleichen Jahr wurde er Dozent an der dortigen Chemischen Fakultät. Nach dem Krieg ging er an das Institute for Nuclear Studies an der Universität Chicago und wirkte hier bis 1954 als Professor. L. beriet außerdem die Atomenergiekommission in den USA.

Mit der von L. und seinen Mitarbeitern entwickelten Radiokarbonmethode wurde Historikern, Archäologen und Geologen ein unschätzbares Hilfsmittel zur genauen Altersbestimmung zur Verfügung gestellt. Die Untersuchungsmethode beruht auf der Entdeckung des radioaktiven Kohlenstoffs C 14 durch L. im Jahre 1952. Alle organischen Stoffe enthalten Kohlenstoff (C 12). Während des Lebens jener Pflanzen, aus denen die archäologischen Funde einst hergestellt wurden (Holz, Papyrus, Baumwolle), haben sie aber auch radioaktiven Kohlenstoff aus der Atmosphäre aufgenommen. Dieser radioaktive Kohlenstoff (C 14), der infolge der kosmischen Strahlung innerhalb unserer Atmosphäre in Spuren entstanden ist und durch die Höhenwinde gleichmäßig über die gesamte Erde verteilt ist, geriet als Kohlendioxid in die Pflanze und findet sich dort mit dem nichtradioaktiven Kohlenstoff in einem bestimmten meßbaren Verhältnis. Durch die Radiokohlenstoffassimilierung muß sich im Laufe der Erdgeschichte ein konstanter C-14-Gehalt in allen lebenden organischen Stoffen eingestellt haben. Wenn ein Tier die Pflanze mit dem C 14 frißt, so wandert der radioaktive Kohlenstoff in den Körper und wird in den Knochen gespeichert. Mit dem Tod hört jedoch die Assimilation auf, und der radioaktive Zerfall des C 14 wird nicht mehr ausgeglichen. Findet man heute diese Knochen als Fossilien, so kann man aus dem Verhältnis des radioaktiven Kohlenstoffs zum nichtradioaktiven Kohlenstoff das Alter der Knochen bestimmen. Das Verhältnis von C 12 und C 14 ändert sich im Laufe der Zeit infolge des radioaktiven Zerfalls. Die Differenz ergibt das Alter der betreffenden organischen Substanz. Während Uran eine Halbwertszeit von viereinhalb Milliarden Jahren aufweist, beträgt sie bei Kohlenstoff C 14 nur etwa 5.730 Jahre – eine relativ kurze Zeitspanne.

L. begann mit seinen ersten Versuchen an Redwood-Bäumen, deren Alter durch andere Methoden festzustellen war, testete dann das Holz vom Leichenboot des ägyptischen Königs Sesostris (1971–1926 v. Chr.) und erzielte eine verblüffende Übereinstimmung zwischen seinen experimentellen Befunden und den vorhergesagten Daten. Schließlich konnte man die C-14-Methode für Zeiträume verwenden, die zwischen 500 und 70.000 Jahren zurückliegen. Voraussetzung für die Genauigkeit der Berechnungen ist ferner, daß die Intensität der kosmischen Strahlung in den Jahrmillionen der Vergangenheit immer gleich war, was wir allerdings nicht genau wissen.

Seit L.s Entdeckung der C-14-Methode wurden eine ganze Reihe radiometrischer Methoden entwickelt, die zu immer genaueren und aussagekräftigeren Ergebnissen kommen.

1959 wurde L. Professor für Chemie an der Universität von Kalifornien in Los Angeles.

Lipscomb, William Nunn – amerikanischer Chemiker

geb. 9.12.1919 in Cleveland (Ohio)

Nobelpreis 1976, für seine Arbeiten über die Struktur der Borane und die damit zusammenhängenden Probleme betreffs der Natur chemischer Bindungen.

L. studierte an der Universität von Kentucky in Lexington. Am California Institute of Technology in Pasadena promovierte er 1946. Von 1946 an wirkte L. als Professor für Physikalische Chemie an der Universität von Minnesota. 1959 folgte L. einem Ruf an die Harvard-Universität in Cambridge, wo er seither als Professor für Chemie lehrt.

L. und seine Schüler haben einen sehr großen Anteil an der Lösung eines der kompliziertesten Probleme der theoretischen Chemie der letzten Jahre. Die höheren Borwasserstoffe und deren Derivate besitzen die höchste Wärmekapazität unter allen zur Zeit bekannten Verbindungen und können deshalb als sehr wirksamer Brennstoff eingesetzt werden. L. entwickelte die Vorstellung von einer Zweielektronen-Dreizentren-Bindung, er erarbeitete eine topologische und geometrische Theorie der Struktur für die verschiedenartigsten Borhydride, Carborane und Heterocarborane. Hierdurch erfuhren die klassischen Vorstellungen von der Wertigkeit bzw. Bindung eine ganz wesentliche Ergänzung. Ausgehend von dieser Theorie konnte man außerdem die Existenz einer ganzen Reihe bis dahin unbekannter Borhydride voraussagen, was in der Folge in den Arbeiten von Wissenschaftlern vieler Länder eine glänzende Bestätigung fand. L. und seine Mitarbeiter entwickelten die Methode der Tieftemperatur-Röntgenstrukturanalyse, durch deren Anwendung die komplizierten polyedrischen Strukturen vieler bekannter Borhydride und Carborane bestimmt werden konnten.

In den letzten Jahren hat L. sein Interesse einem der wichtigsten Probleme der modernen Wissenschaft zugewandt, nämlich der fermentativen Katalyse. Er hat ein quantenmechanisches Modell für die Umwandlungen des Substrats im aktiven Zentrum des Ferments Chimotrypsin aufgestellt und die dreidimensionale Struktur der Carboxypeptidase A bestimmt. L. hat mit seinen genauen Untersuchungen einen weiteren Bereich der Borchemie erschlossen, der wegen der besonderen Eigenschaften des Elementes Bor (große Hitzebeständigkeit und enorme Härte) heute immer breitere Anwendung findet. Es gelang, Kunststoffe zu entwickeln, die gegen höchste Temperaturen beständig sind. Borane, besonders Pentaboran, eignen sich infolge ihrer hohen Verbrennungswärme als Raketentreibstoffe.

L. war nicht nur zu neuen Erkenntnissen über die besonderen topographischen Verhältnisse in diesen labilen Molekülen gelangt, er entwickelte auch eine Theorie, mit der es möglich wurde, für die Verbindung von Bor- und Wasserstoffatomen, aber auch Boratomen untereinander, Regeln aufzustellen.

MacDiarmid, Alan G. – neuseeländisch-amerikanischer Chemiker

geb. 1927 in Masterton (Neuseeland)

Nobelpreis 2000, für seine Pionierarbeiten bei der Entdeckung und Entwicklung von elektrisch leitenden Polymeren.

M. absolvierte ein naturwissenschaftliches Studium mit Schwerpunkt Chemie an der University of New Zealand. Seine akademische Laufbahn begann er 1955 als Dozent an der University of Pennsylvania in Philadelphia, an der er über mehrere Stationen schließlich zum Professor für Chemie berufen wurde.

In den 70er Jahren lieferte M. zusammen mit anderen Forschungskollegen bahnbrechende Entdeckungen zur Leitfähigkeit von Polymeren. Diese Entdeckungen bildeten die Grundlage für die Entwicklung neuer Materialien, die die elektrischen und optischen Eigenschaften von Halbleitern und Metallen mit den Verarbeitungsvorzügen von Kunststoffen verbanden. Anfang der 70er Jahre war der japanische Chemiker Hideki Shirakawa (ebenfalls Chemie-Nobelpreis 2000) bei der Herstellung des Polymers Polyacetylen auf unerwartete Reaktionsergebnisse gestoßen. Da sich M. zu dieser Zeit mit der gleichen Thematik beschäftigte, war es für ihn eine willkommene Gelegenheit, den japanischen Forscher für eine wissenschaftliche Zusammenarbeit an die Universität von Pennsylvanien einzuladen. Für dieses Forschungsprojekt gewannen sie den an der gleichen Universität wirkenden Physiker und Materialforscher Alan Heeger (ebenfalls Chemie-Nobelpreis 2000), der sich mit analytischen Arbeiten beschäftigte.

Die drei Forscher fanden im Jahr 1977 heraus, daß man die Leitfähigkeit des metallisch aussehenden Materials Polyacetylen durch die Oxidation mit Chlor, Brom oder Joddampf erheblich vergrößern kann. Diese Behandlung, die auch mit Alkalimetallen erfolgen kann, bezeichnet man als Dotierung. Ihre Ergebnisse publizierten sie 1977 im Journal of the Chemical Society unter dem Titel „Synthesis of electrically conducting organic polymers: Halogen derivates of polyacetylene (CH)". Mit dieser Entdeckung begann eine stürmische Entwicklung, wenngleich es auch immer wieder zu Rückschlägen kam, weil sich die Materialien in der Praxis als nicht robust genug erwiesen. Zwar ist es H. Shirakawa durch die Wahl eines geeigneten Katalysators gelungen, brauchbare Filme aus Polyacetylen herzustellen, doch auch dieses Material mußte weiter optimiert werden.

In späteren Jahren war M. an der Weiterforschung und -entwicklung leitender Polymere aktiv beteiligt, und sein aktuelles Forschungsinteresse gilt dem in der technologischen Anwendung wichtigsten leitenden Polymer, dem Polyanilin.

M. ist Autor oder Mitautor von über 600 Publikationen und Inhaber von 20 Patenten. Er erhielt zahlreiche Auszeichnungen und akademische Ehrentitel.

Marcus, Rudolph Arthur – amerikanischer Chemiker
geb. 21.7.1923 in Montreal (Kanada)
Nobelpreis 1992, für seine Beiträge zur Theorie der Elektronenüberführungsreaktionen in chemischen Systemen.
M. absolvierte ein naturwissenschaftliches Studium an der McGill University in Montreal, wo er 1946 zum Doktor der Chemie promovierte. 1958 wurde er zum ordentlichen Professor am Polytechnic Institute of Brooklyn in New York berufen. 1964 folgte er einem Ruf an die University of Illinois in Urbana, und 1978 übernahm M. eine Professur für Chemie am California Institute of Technology in Pasadena.

In seinen bereits in den Jahren von 1956 bis 1965 vorgenommenen Arbeiten analysierte M. den vielleicht einfachsten chemischen Elementarprozeß, die Überführung eines Elektrons zwischen zwei Molekülen. Bei einer solchen Reaktion werden keine chemischen Verbindungen gebrochen. Es finden in den beteiligten Molekülen jedoch Veränderungen statt, die den Sprung der Elektronen von einer Verbindung zur anderen ermöglichen. Für die mit dem Elektronentransfer verbundenen Veränderungen der Energiezustände fand M. einfache mathematische Gleichungen, mit denen man die ganz unterschiedlichen Geschwindigkeiten der Reaktionen berechnen und erklären konnte.

Der mathematische Zusammenhang zwischen theoretischen und experimentellen Größen, die M.s Theorie herstellte, gab der experimentellen Chemie ein wertvolles Instrument in die Hand. Es konnten viele chemische Phänomene gedeutet werden. Von wesentlicher Bedeutung war die Erkenntnis, daß Elektronen nur zwischen zwei Zuständen mit gleicher Energie springen können. Diese Bedingung kann nur dadurch erfüllt werden, daß die Energie für beide Moleküle zunimmt. Es gelang M., mittels einer einfachen mathematischen Formel diese Energieänderung zu berechnen und damit auch die jeweiligen Energieschwellen zu ermitteln. Schließlich konnte M. zeigen, daß ein Zusammenhang zwischen der Geschwindigkeit des Elektronenübergangs und der Antriebskraft der Reaktion besteht.

Im Zeitraum von 1956 bis 1965 gelang es M., die Theorie von einfachen Reaktionen zwischen Ionen auch auf große Moleküle auszudehnen und hier den Einfluß der geänderten Ladungsverteilung auf deren chemische Bindung zu berücksichtigen. Darüber hinaus erkannte er Ähnlichkeiten zwischen Reaktionen in Lösung und an Oberflächen und baute seine Theorie für Elektrontransferprozesse an Metall- und Halbleiterelektroden aus.

Die Tragweite der M.-Theorie war nach seinen eigenen Worten zu Beginn der Arbeiten nicht absehbar.

Martin, Archer John Porter – britischer Biochemiker
geb. 1.3.1910 in London
Nobelpreis 1952, für die Entwicklung der Verteilungs-Chromatographie, eines analytisch und präparativ verwendbaren Verfahrens zur Ermittlung der Zusammensetzung von Stoffgemischen.
M. studierte ab 1929 an der Universität Cambridge Chemie, Physik, Mathematik und Mineralogie. Während des Studiums wandte er sich zunehmend der Biophysik zu. Er promovierte 1936. 1948 ging er zum Medical Research Council. Ab 1952 leitete M. die Abteilung für physikalische Chemie des National Institute for Medical Research. 1959 übernahm er als Direktor bei den Abbotsbury Laboratories in Elstree die Leitung eines eigenen Laboratoriums, die er bis 1970 innehatte. 1973 trat er eine fünfjährige Professorentätigkeit im Fach Chemie an der University of Sussex an.

Seit Anfang der 30er Jahre hat sich M. vor allem bei der Entwicklung und Anwendung chromatographischer Analyseverfahren einen Namen gemacht. Er entwickelte sehr leistungsfähige Methoden zur Trennung von Stoffen, die sich in ihren chemisch-physikalischen Eigenschaften so ähnlich sind, daß die herkömmlichen Trennmethoden nicht ausreichten. Um die Frage zu beantworten, aus welchen Aminosäuren ein Protein aufgebaut ist, experimentierten M. und sein Mitarbeiter R. Synge (ebenfalls Chemie-Nobelpreis 1952) ab 1939 mit der Verteilungs-Chromatographie. Es handelt sich hierbei um eine Methode, mit deren Hilfe man chemisch sehr nahe verwandte und infolgedessen ähnlich reagierende Stoffe für genaue Forschungszwecke unterscheiden kann. Zum Beispiel lassen sich damit die Bestandteile von Eiweißkörpern nebeneinander nachweisen und ihre gegenseitigen Mengenverhältnisse ermitteln.

Das Verfahren wurde von M. weiterentwickelt, bis ihm durch die Verwendung von porösem Filterpapier der Durchbruch gelang: Er gab einen Tropfen einer Aminosäuremischung auf einen Filterpapierstreifen, der mit dem unteren Rand in ein geeignetes Lösungsmittel eintauchte. Aufgrund der unterschiedlichen Löslichkeit der Aminosäuren wurden diese mehr oder weniger schnell von dem durch Kapillarwirkung aufsteigenden Lösungsmittel mitgenommen. So konnten die Aminosäuren schnell und scharf voneinander getrennt werden. Vergleichs-Chromatographien mit bekannten Aminosäuren oder chemische Analysen ermöglichten dann deren Bestimmung.

1944 war M. und Synge der Übergang zur Papier-Chromatographie gelungen, und sie entwickelte sich zu einem Standardverfahren der Biochemie. An mehreren führenden Instituten arbeitete M. über diese Methoden weiter und fand 1953 zusammen mit A. T. James die Flüssigkeits-Gas-Verteilungs-Chromatographie. Dieses Verfahren eignet sich für den Nachweis kleinster Substanzmengen.

McMillan, Edwin Mattison – amerikanischer Physiker und Chemiker

geb. 18.9.1907 in Redondo Beach (Kalifornien)
gest. 7.9.1991 in El Cerrito (Kalifornien)
Nobelpreis 1951, für Forschungsleistungen auf dem Gebiet der transuranen Elemente.
M. studierte am California Institute of Technology in Pasadena Physik. Danach ging er an die Universität in Princeton und promovierte 1932. 1935 erhielt M. an der California University in Berkeley eine Dozentur für Physik. 1946 erhielt er dort den Lehrstuhl am Physikalischen Institut, den er bis zu seiner Emeritierung 1973 innehatte.

M. beteiligte sich erfolgreich an der Konstruktion des Zyklotrons. Seit der Erfindung des Zyklotrons durch E. O. Lawrence waren diese Apparaturen immer größer geworden und hatten immer energiereichere Teilchen produziert. Als die Teilchen sich Energiemengen von 20 Millionen Elektronenvolt (20 MeV) näherten, hatten sie aber auch so viel Masse gewonnen, daß sich ihre Bahnen weniger scharf krümmten und nicht mehr phasengleich mit den periodischen Änderungen des magnetischen Feldes waren. Sie kamen aus dem Rhythmus und konnten keine weitere Energie aufnehmen. Im Jahr 1945 hatte M. die Idee, das magnetische Feld so zu synchronisieren, daß dessen Änderungen weniger häufig und im selben Rhythmus auftraten wie die Massenzunahme der Teilchen. Mit einem solchen Synchrozyklotron konnten Teilchenenergien erreicht werden, die weit über 20 MeV hinausgingen.

Nachdem O. Hahn, F. Strassmann und L. Meitner beim Versuch, über das Beschießen eines Urankerns mit Neutronen neue chemische Elemente zu gewinnen, die Spaltung des Urankerns gelungen war, machte M. 1940 bei ähnlichen Versuchen mit dem Zyklotron gemeinsam mit P. H. Abelson vom Carnegie-Institut in Washington die Entdeckung, daß nicht alle mit Neutronen beschossenen Urankerne sich in Spaltungsprozessen auflösten, sondern manche im Zerfallsprozeß ein neues Element mit 93 Protonen und Elektronen bildeten. Durch Beschuß des Uranisotops 238 mit Neutronen entstand unter Beta-Strahlung das Element Neptunium, es war das erste synthetisch gewonnene „Transuranium".

Durch Verwendung von Neutronen, Deuteronen, Alpha-Teilchen und schwerer Geschoßteilchen konnten seit 1940 insgesamt 14 künstliche Elemente, die Transurane, hergestellt werden. Die Transurane sind radioaktive chemische Elemente mit einer größeren Kernladungszahl als der des Urans (92). Sie finden praktische Anwendung als Kernbrennstoff, als Energiequelle (Aufheizen durch emittierte Strahlung) sowie als Strahlungsquelle in Technik und Medizin.

Kurz vor seinem 84. Geburtstag starb M. an den Folgen einer Diabetes.

Merrifield, Robert Bruce – amerikanischer Chemiker
geb. 15.7.1921 in Fort Worth (Texas)
Nobelpreis 1984, für die Entwicklung eines Festphasenkonzepts zur chemischen Synthese von Eiweißstoffen.
M. studierte Chemie an der University of California in Los Angeles. Nach seiner Promotion 1949 ging M. an das Rockefeller Institute for Medical Research, danach an die Rockefeller University in New York, wo er seit 1966 Professor für Biochemie ist.

M. entwickelte in den 60er Jahren ein schnelles, einfaches und gleichzeitig geniales Verfahren zur chemischen Synthese von Eiweißstoffen (Polypeptiden) und Proteinen. Seine Methode ist von weitreichender Bedeutung für die Peptidsynthese, da sie die Möglichkeit bietet, genügend lange Peptidketten in kurzer Zeit, zielgerichtet und mit guter Ausbeute zu synthetisieren, und damit Wege sowohl zur Reproduktion natürlicher Peptid- und Eiweißstrukturen als auch zur Herstellung ihrer verschiedenartigsten Analoga in praktisch unbegrenzter Zahl erschließt. Maßgeblich beeinflußt sie Niveau und Tempo der Forschungsarbeiten über Fermente, Antikörper, Hormone, Antibiotika und Biotoxine. Auch die Biotechnologie hat davon profitiert, gelingt es doch heute, Biokatalysatoren als Enzyme oder sogar ganze Zellen an Festkörper zu binden und dadurch viele zuvor unmögliche industrielle Anwendungen zu ermöglichen.

M.s Methode beruht auf dem ebenso einfachen wie originellen Grundgedanken, daß er die sonst in einem Lösungsgemisch ablaufende chemische Synthese von Eiweißstoffen räumlich auf zwei Phasen aufteilte, eine flüssige und eine feste Phase. Während zuvor ein erheblicher Aufwand erforderlich war, um die nicht mehr benötigten Reaktionspartner von dem synthetisierten Produkt abzutrennen, koppelte M. den Ausgangsstoff des gewünschten Reaktionsproduktes einfach an kleine Kunststoffkügelchen, also einen Festkörper. Nach Beendigung der Reaktion brauchten die sich in Lösung befindlichen Reaktionspartner wie auf einem Kaffeefilter nur durch ein Sieb abzulaufen. Auf dem Sieb blieb das gewünschte Molekül zurück. Nach dem Reinigen kann sofort mit einem weiteren Reaktionsschritt begonnen werden. Zuletzt wird das Eiweiß von dem Kunststoff abgespalten.

Die stereotype Aufeinanderfolge gleicher Reaktionen bietet auch gute Voraussetzungen für eine Automatisierung der Peptidsynthese. Die schnelle Folge von Reaktionszyklen ist der eigentliche Fortschritt, denn bei den Proteinen handelt es sich um lange, aus bis zu 100, manchmal sogar 1.000 Aminosäuren bestehende Verbindungen. Dementsprechend müssen bei chemischen Synthesen nacheinander viele solcher Aminosäuren miteinander verknüpft werden.

1965 bauten M. und seine Mitarbeiter den Prototyp eines Syntheseautomaten, mit dem die bis dahin Monate dauernde Synthese, beispielsweise des Insulins, auf 20 Tage verkürzt werden konnte. Die M.-Technik hat sich auch bei der Synthese von Genen als äußerst nützlich erwiesen.

Michel, Hartmut – deutscher Biochemiker
geb. 18.7.1948 in Ludwigsburg
Nobelpreis 1988, für die Aufklärung der dreidimensionalen Struktur des photosynthetischen Reaktionszentrums von Purpurbakterien.

M. studierte Biochemie. 1977 wurde er in Würzburg promoviert. 1986 habilitierte er sich an der Universität München. Seit 1987 ist er Direktor der Abteilung Molekulare Membranchemie am Max-Planck-Institut für Biophysik in Frankfurt / Main.

Im Rahmen des Sonderforschungsbereichs „Primärprozesse der bakteriellen Photosynthese", der seit 1982 von der Deutschen Forschungsgemeinschaft gefördert wird, haben sich Wissenschaftler zusammengetan, um die Umwandlung von Sonnenlicht in chemische Energie zu erforschen. 1982 gelang M. die Kristallisierung des Reaktionszentrums von Rhodopseudomonas viridis, eines Purpurbakteriums, das in seinem grundsätzlichen Bau und in seiner Funktion dem Reaktionszentrum von Algen und höheren Pflanzen entspricht. Damit war die Möglichkeit für die Röntgenanalyse dieses Moleküls geschaffen. Die Strukturbestimmung wurde zwischen 1982 und 1984 in Zusammenarbeit mit der von R. Huber geleiteten Arbeitsgruppe, der auch J. Deisenhofer angehörte, vorgenommen. Die drei Forscher klärten die dreidimensionale Struktur des photosynthetischen Reaktionszentrums und veröffentlichten ihre grundlegenden Erkenntnisse im Dezember 1985.

Photosynthese ist die biotische Energiegewinnung mit Hilfe von Sonnenlicht. Der Name Photosynthese stammt aus einer Zeit, in der man noch nicht wußte, daß die primären, lichtabhängigen Schritte der Energieumwandlung zu unterscheiden sind von den darauffolgenden Prozessen der Synthese von Biomolekülen, den „Dunkelreaktionen". Der Begriff Photosynthesezentrum deutet schon an, daß es hier um die Primärschritte geht. Der äußerst schwierige erste Schritt besteht darin, das Photosynthesezentrum möglichst unverändert aus der Membran herauszulösen und zu kristallisieren. In zahlreichen Labors in aller Welt hatte man das seit Jahren vergeblich versucht.

M. selbst hat Präparate von unterschiedlichen Organismen bearbeitet. Er entwickelte eine besondere Strategie, die darauf abzielte, Kristalle zu züchten. Zufällig gelang dann zuerst bei Rhodopseudomonas viridis die Kristallisation – die entscheidende Voraussetzung für die Strukturanalyse mit Röntgenstrahlen. Damit ist das Photosynthesezentrum zugleich der erste Membranprotein-Komplex überhaupt, dessen Struktur so weitgehend aufgeklärt wurde, ein Umstand, der schon für sich genommen preiswürdig wäre, auch wenn es sich nicht um das so wichtige Photosynthesezentrum handeln würde. Mit der Strukturaufklärung des Reaktionszentrums hat man erstmals Einblick in den atomaren Feinbau der Elektronenpumpe erhalten, die unter Zufuhr von Licht Ladungen durch die photosynthetisierende Membran ins Zellinnere befördert.

Mitchell, Peter Dennis – britischer Biochemiker
geb. 29.9.1920 in Mitcham (Surrey)
gest. 10.4.1992 in Bodmin (Cornwall)
Nobelpreis 1978, für seinen Beitrag zum Verständnis biologischer Energieübertragung durch Entwicklung der chemiosmotischen Theorie.

M. wurde 1939 am Jesus College in Cambridge aufgenommen, wo er Chemie, Physiologie, Mathematik und Biochemie studierte. 1950 promovierte er. Von 1955 bis 1963 war er an der Universität Edinburgh in Forschung und Lehre tätig. 1964 gründete M. zusammen mit seiner Mitarbeiterin Jennifer Moyle das private Glynn-Forschungsinstitut in Bodmin (Cornwall). Bis 1987 wirkte er hier als Forschungsdirektor, danach übernahm er den Vorsitz der Glynn Research Foundation.

1961 veröffentlichte M. einen Beitrag, in dem erstmals seine chemiosmotische Hypothese der Bioenergetik dargelegt wurde. Aber die von ihm verfaßte Broschüre, in der er seine Konzeption genauer darlegte, wurde von den Verlagen abgelehnt. Also vervielfältigte er die Broschüre und sandte sie an die bedeutendsten biochemischen Laboratorien. Doch seine neue Konzeption begegnete der scharfen Kritik bekannter Wissenschaftler, da sie im Widerspruch zu den bis dahin bekannten biochemischen Mechanismen, wie z. B. dem Calvin-Zyklus, stand, bei dem ein Energiefluß durch verschiedene, miteinander gekoppelte chemische Reaktionen erfolgt. Ein biologischer Reaktionsmechanismus, der ausschließlich auf einem elektrochemischen Phänomen basieren sollte, war deshalb nur schwer zu akzeptieren.

Das Wesen der Hypothese von M. besteht in folgendem: Die Prozesse der Oxydation und Phosphorylierung sind in der biologischen Membran lokalisiert und laufen so ab, daß die Substrate und Reaktionsprodukte durch eine Membranbarriere getrennt werden. M.s Hypothese hat also den Grundstein für eine neue Richtung in der Biologie gelegt, die man als Vektorbiochemie definieren kann. Sie untersucht die Richtung biochemischer Reaktionen im Raum bezüglich bestimmter interzellulärer Orientierungspunkte. Es besteht dabei die neue Frage, in welche Richtung der jeweils untersuchte Prozeß verläuft, in die Zelle hinein oder aus ihr heraus.

M. postulierte, daß gleichzeitig mit dem Elektronentransport ein Übergang von Protonen aus der Doppelmembran heraus erfolgt. Auf diese Weise wird zwischen den beiden Seiten der äußeren Membran eine elektrische Differenz aufgebaut. Er folgerte nun, daß durch diese Differenz wie in einer Batterie die Energie gespeichert wird, die erforderlich ist, um Adenosindiphosphat in Adenosintriphosphat umzuwandeln. In den Folgejahren bestätigten neue Fakten die Richtigkeit seiner Vorstellungen vom Wesen eines der wichtigsten und kompliziertesten Probleme der modernen Biochemie.

Wie die Schwedische Akademie der Wissenschaften hervorhebt, wird die „Chemiosmotische Theorie" von M. jetzt allgemein als ein fundamentales Prinzip der Bioenergetik angenommen.

Moissan, Henri Ferdinand-Frédéric – französischer Chemiker
geb. 28.9.1852 in Paris
gest. 20.2.1907 in Paris
Nobelpreis 1906, als Anerkennung des großen Verdienstes, das er sich durch seine Untersuchung und Isolierung des Ele-

mentes Fluor sowie durch die Einführung des nach ihm benannten elektrischen Ofens in den Dienst der Wissenschaft erworben hat.

M. konnte nach harten Jugendjahren erst als 18jähriger mit einer Apothekerlehre beginnen. Danach studierte er ab 1872 Chemie in Paris. Im Jahre 1880 promovierte er. 1899 erhielt er den Lehrstuhl für anorganische Chemie an der École Superieure de Pharmacie in Paris. 1900 erhielt er eine Berufung als Professor für Anorganische Chemie an die Universität Paris.

1884 begannen seine Arbeiten auf dem Gebiet der Fluorchemie. Seit Anfang des 18. Jahrhunderts waren sich die Chemiker über die Existenz eines Elements einig, das bisher noch nicht entdeckt worden war. Und sie hatten ihm bereits einen Namen gegeben: Fluor. Da es jedoch außerordentlich reaktiv war – reaktiver noch als Sauerstoff und Chlor –, ließ es sich nur schwer aus seinen Verbindungen mit anderen Elementen isolieren. Eine Reihe von Chemikern hatte bereits Versuche unternommen, es zu isolieren. Das war nicht nur schwierig, sondern auch gefährlich, da die Stoffe, mit denen sie es zu tun hatten, ausgesprochen giftig waren.

1886 gelang M. nach Überwindung vieler Materialschwierigkeiten (das entstehende Fluor griff fast jedes Reaktionsgefäß an) erstmalig die elektrolytische Darstellung des elementaren Fluors. Er verwendete ausschließlich Instrumente aus Platin, da dieses Metall eine der wenigen Substanzen ist, die von Fluor nicht sofort angegriffen werden und mit ihm eine Verbindung eingehen. Wenn es ihm gelang, Fluor in Platingefäßen zu isolieren, blieb das Fluor als Element erhalten. M. füllte eine Lösung von Kaliumfluorid in Fluorwasserstoff in einen Platinbehälter, kühlte sie auf minus 50 Grad Celsius ab (um die Reaktivität des Fluors herabzusetzen) und leitete einen elektrischen Strom durch die Lösung. Er erhielt ein hellgelbes Gas, es war das langgesuchte Fluor. 1889 hatte M. sein Verfahren so verbessert, daß er größere Mengen Fluor rein darstellen konnte. Er untersuchte die Eigenschaften und die Reaktionen dieses Elements.

Für seine Entdeckung erhielt M. den Nobelpreis für Chemie.

M., Pionier der Hochtemperaturchemie, konstruierte 1893 einen „Elektroofen", in welchem ihm bei Temperaturen von 3.500 Grad Celsius die Verbindungen vieler mit hoher Reinheit dargestellter Elemente mit Bor, Kohlenstoff und Silizium gelangen.

Molina, Mario Jose – mexikanischer Chemiker und Biophysiker

geb. 19.3.1943 in Mexico City

Nobelpreis 1995, für seine bahnbrechenden Arbeiten zur Chemie der Atmosphäre, insbesondere für die Leistungen bei der Entschlüsselung der chemischen Prozesse der Bildung und des Abbaus von Ozon.

M. studierte Physikalische Chemie an der Universidad Nacional Autonoma de Mexico. An der University of California in Berkeley promovierte er 1972. 1979 wurde er als außerordentlicher Professor an die University of California in Irvine berufen. Von 1983 bis 1989 wirkte er als Forschungsmitarbeiter am Jet Propulsion Laboratory des California Institute of Technology (Caltech) in Pasadena. 1989 erhielt er eine Berufung als Professor für Erd-, Atmosphäre- und Planetenwissenschaften an das Chemie-Department des Massachusetts Institute for Technology (MIT) in Cambridge.

M. und F. S. Rowland veröffentlichten 1974 einen Artikel über die Bedrohung der Ozonschicht durch Fluorchlorkohlenwasserstoffe (FCKW), die unter anderem als Treibgas in Spraydosen, als Kältemittel in Kühlschränken und bei der Herstellung von Schaumstoffen verwendet werden. Die beiden Wissenschaftler wiesen darauf hin, daß die chemisch sehr stabilen FCKWs allmählich in die Ozonschicht der Stratosphäre transportiert und dort einer intensiven UV-Strahlung ausgesetzt werden. Dieses Sonnenlicht zersetzt die FCKWs, wobei freie Chloratome entstehen. Die Berechnungen ergaben, daß die Ozonschicht nach einigen Jahrzehnten um mehrere Prozent abnehmen würde, falls auch weiterhin in unverändertem Umfang FCKWs verwendet werden. Die Entdeckungen M.s und Rowlands führten zu ersten Anstrengungen, die FCKW-Emissionen zu begrenzen. Der Schock für die Öffentlichkeit setzte allerdings erst ein, als mit dem „Ozonloch" über der Antarktis der rapide Ozonabbau bereits deutliche erfahrbare Formen annahm, die M.s und Rowlands Voraussagen noch übertreffen sollten.

1992 dehnte sich das Ozonloch, bei dem mehr als 50 Prozent der Ozonschicht zerstört sind, über dem Südpol nach Angaben der US-Raumfahrtbehörde NASA um 15 Prozent auf 23 Millionen Quadratkilometer aus. Mit dieser seit Beginn der Messungen 1986 größten Ausdehnung war nahezu die Größe des nordamerikanischen Kontinents erreicht. Die Entstehung eines vergleichbaren Ozonlochs über dem Nordpol befürchteten Wissenschaftler 1992 binnen 50 Jahren, sollte sich die Menge an Kohlendioxid in der Atmosphäre wie befürchtet verdoppeln. Von 1982 bis 1992 wurde die Ozonschicht über den mittleren Breiten der Nordhalbkugel um sechs bis acht Prozent ausgedünnt. Die Erkenntnisse von Crutzen, M. und Rowland über die Ursachen des Ozonabbaus haben zu mehreren internationalen Vereinbarungen über ein Verbot ozonvernichtender Gase geführt.

Das 1987 beschlossene Verbot von Produktion und Verbrauch für FCKW wurde auf der UNO-Konferenz zum Schutz der Ozonschicht 1992 in Kopenhagen von 2000 auf das Jahr 1996 vorgezogen. Neuproduktion und Vermarktung von FCKW sind in der Europäischen Union ab 1995 verboten.

Moore, Stanford – amerikanischer Biochemiker

geb. 4.9.1913 in Chicago

gest. 23.8.1982 in New York

Nobelpreis 1972, für den Beitrag zum Verständnis der Verbindung zwischen chemischer Struktur und katalytischer Tätigkeit des aktiven Zentrums der Ribonukleasemoleküle.

M. studierte Chemie an der Vanderbilt-Universität in Nashville. Er promovierte 1938 an der Universität Wisconsin. Er lehrte als Professor für Biochemie in New York und war mehrfach in Regierungskommissionen als Berater tätig.

In enger Zusammenarbeit mit den beiden anderen Nobelpreisträgern W. H. Stein und C. B. Anfinsen ermittelte M. die Struktur der seit 1920 bekannten Ribonuklease (ein Enzym der Bauchspeicheldrüse). Gemeinsam stellten sie zuerst chromatographisch das Enzym, das sich als Gemisch zweier Enzyme A und B erwies, her. Enzyme sind in allen lebenden Organismen vorkommende, intrazellulär gebildete, hochmolekulare Eiweißstoffe (Proteine), die chemische Reaktionen beschleunigen, indem sie die Aktivierungsenergie herabsetzen und so den Reaktionsablauf unter den Bedingungen, die in einem Organismus vorliegen, erst ermöglichen. Da fast alle biochemischen Reaktionen in einem Organismus nur durch Enzymkatalyse ablaufen können, beruht die Steuerung des gesamten Stoffwechsels auf der integrierten Regulation der Enzymaktivitäten. Nahezu jede einzelne der unzähligen chemischen Reaktionen in einer lebenden Zelle wird durch jeweils spezifische Enzyme gesteuert. Jede Zelle enthält Hunderte von verschiedenen Enzymen. Eines davon, die Ribonuklease, sorgt dafür, daß überschüssige Erbsubstanz (Ribonukleinsäure) abgebaut wird.

1948/49 ermittelten Anfinsen, M. und Stein mit einer Kombination von Säulenchromatographie, automatischem Fraktionssammler und quantitativer photometrischer Ninhydrinbestimmung die 124 Aminosäuren der Ribonuklease. 1960 bestimmten M. und Stein mit dem von ihnen 1958 entwickelten automatischen Aminosäuresequenzanalysator die Sequenz der Ribonuklease. Mit Inhibitionsversuchen ermittelten sie das aktive Zentrum und mittels Röntgenstrukturanalyse die dreidimensionale Struktur. 1961 konnten die beiden Wissenschaftler das Gesamtergebnis vorlegen. 1969 klärten sie auch die Struktur der Desoxyribonuklease auf. Der automatische Sequenzanalysator von M. und Stein wurde zu einem wichtigen Werkzeug der Proteinchemiker. Wohl auf keinem anderen Gebiet der Naturwissenschaften ist in den letzten Jahrzehnten so viel Neues von grundsätzlicher Bedeutung entdeckt worden wie auf dem der Nukleinsäureforschung. Die durch sie eingeleitete molekular-biologische Betrachtungsweise ist von entscheidendem Einfluß auf die Wandlung der Biologie von einer vorzugsweise beschreibenden zu einer exakten Wissenschaft.

Am 23. August 1982 wurde M. tot in seiner Wohnung aufgefunden, er hatte Selbstmord begangen.

Mullikan, Robert Sanderson – amerikanischer Physiker und Chemiker
geb. 7.6.1896 in Newburyport (Massachusetts)
gest. 31.10.1986 in Arlington (Virginia)
Nobelpreis 1966, für seine grundlegenden Arbeiten über die chemischen Bindungen und die Elektronenstruktur der Moleküle mit Hilfe der Orbital-Methode.

Aufgrund seiner guten Noten erhielt M. ein Stipendium für das Studium der Physik und Chemie am Massachusetts Institute of Technology in Cambridge. Seine ersten wissenschaftlichen Forschungen galten bis 1918 im Innenministerium in Washington den zur Kriegsverwendung bestimmten chemischen Kampfgasen. M. promovierte 1921. Von 1931 bis 1961 wirkte er als ordentlicher Professor für Physik an der Universität von Chicago.

Mit der Verleihung des Nobelpreises an M. wurden Arbeiten ausgezeichnet, die zum Teil bis in die zwanziger Jahre zurückreichen. Der erste Aufgabenkreis, dem er sich zuwandte, war das Gebiet der Bandenspektren zweiatomiger Moleküle. Von 1928 bis 1932 zeigte er in einer Reihe von Arbeiten, daß es möglich ist, diese Moleküle von einem Aufbauprinzip her zu verstehen, ähnlich dem, das in den vorangegangenen Jahren von N. Bohr und F. Hund zur Erklärung des periodischen Systems der Elemente und der Atomspektren herangezogen worden war. Von 1931 bis 1935 veröffentlichte M. insgesamt 14 Aufsätze zum Thema „Elektronische Strukturen mehratomiger Moleküle und Valenz". Mit diesen Arbeiten formulierte er die Grundlagen der Molekülorbitaltheorie aus Sicht der Spektroskopie. Er führte den Begriff des „Orbitals" ein, mit dem er den Übergang von den Bohrschen Umlaufbahnen der Elektronen zur molekularen Quantenmechanik vollzog, und unterschied zwischen Atom- und Molekülorbitalen. Auf der Grundlage gruppentheoretischer Methoden entwickelte er eine Typisierung der Molekülorbitale anhand ihrer Symmetrieeigenschaften.

M. fand mit seinen Arbeiten einen Weg, um mit theoretischen Gedankengängen Aufbau und Funktion der Mikromoleküle zu verstehen. Es gelang ihm, Zwischenformen chemischer Reaktionen zu erkennen sowie Struktur und Verhalten von Molekülen, die für die Weltraumforschung von Bedeutung sind. Durch eine geschickte Verbindung von Computerberechnungen und experimentell gewonnenen Erkenntnissen über Mikromoleküle sind wichtige theoretische Ergebnisse im Hinblick auf Makromoleküle erzielt worden. Durch M. erhielten die Elektronegativitätswerte eine gewisse theoretische Fundierung; er zeigte, daß die Summen aus den ersten Ionisierungspotentialen und der Elektronenaffinität der Atome den Elektronegativitätswerten nach L. Pauling in recht guter Näherung proportional sind.

Die Beschäftigung mit Spektren in Lösungen führte M. zur Aufklärung der Ladungstransferkomplexe. Seine Forschungsarbeiten mit der Doppelbindung vom Standpunkt der Theorie der Molekül-Orbitale führten ihn zur Postulierung der Hyperkonjugation. Die zugrundeliegende Idee ist die, daß sich auch dort, wo der Chemiker normalerweise einfache Bindungen niederschreibt, unter gewissen Bedingungen noch schwache zweite Bindungen überlagern können.

Mullis, Kary Banks – amerikanischer Biochemiker
geb. 28.12.1944 in Lenoir (North Carolina)

Nobelpreis 1993, für seinen Beitrag zur Entwicklung von Methoden auf dem Gebiet Desoxyribonukleinsäure(DNS)-basierter Chemie, insbesondere die von ihm entwickelte Methode der „Polymerase Chain Reaction" (PCR).
M. studierte Chemie am Georgia Institute of Technology. An der University of California in Berkeley promovierte er 1973 zum Doktor in Biochemie. Danach wurde er Forschungsmitarbeiter in Kansas City und San Francisco. 1986 erhielt M. eine Anstellung als Direktor für Molekular-Biologie bei der Xytronyx Incorporated in San Diego. Seit 1988 übt er außerdem Beraterfunktionen für weitere Laboratorien aus.

Die seit 1985 von M. angewandte Methode der Polymerase-Kettenreaktion (PCR) hat die In-vitro-Mutagenese wesentlich vereinfacht, damit hat er einen entscheidenden Beitrag für die Molekularbiologie geliefert. Die PCR-Methode erlaubt es, von einem bestimmten Stück der Desoxyribonukleinsäure (DNS) in einigen Stunden Millionen von Kopien anzufertigen. Die PCR beruht im Prinzip darauf, zwei kurze Oligonukleotide so zu synthetisieren, daß sie sich auf richtige Art und Weise mit den entgegengesetzten Strängen des DNS-Segmentes verbinden, das man vermehren will. An den Kontaktpunkten kann ein hinzugefügtes Enzym (DNS-Polymerase) damit beginnen, den genetischen Code abzulesen und Codewärter zusammenzufügen, so daß sich zwei neue DNS-Doppelstränge bilden. Durch Erhitzung teilen sich die Stränge und können erneut abgelesen werden. Durch Wiederholung des Verfahrens läßt sich jeweils die Zahl der Kopien des gewünschten DNS-Segmentes verdoppeln.

Die PCR-Methode hat enorme Bedeutung für den biomedizinischen Anwendungsbereich erlangt. So wird sie beispielsweise verwandt, um HIV-Infektionen (AIDS) zu entdecken. Herkömmliche AIDS-Tests reagieren nur auf Antikörper, die der menschliche Organismus nach einer Infektion bildet, ein Verfahren, das zeitaufwendig ist und vor allem bei AIDS-infizierten Babys versagt. Der Test mit der PCR-Methode sucht direkt nach dem Virus im Blut. Ein einziges DNS-Stück des Erregers genügt, um die PCR anzuwenden, das Segment zu kopieren und in vervielfältigter Form problemlos nachzuweisen. Auch in der Gerichtsmedizin ist die PCR bei der Analyse von Spuren äußerst wertvoll.

Das „Klonen" von Genen ist mit dieser Methode beträchtlich vereinfacht worden. Klonen wurde Anfang der 90er Jahre international vor allem in der Pflanzenzucht und bei der Produktion körpereigener Abwehrstoffe angewendet. Die Gentechnik ermöglicht auch das Klonen von Menschen. Das Klonen wurde durch das im Oktober 1990 vom Deutschen Bundestag verabschiedete Embryonenschutzgesetz in Deutschland verboten.

Ein weiterer Anwendungsbereich der PCR-Methode ist die Massenproduktion der Desoxyribonukleinsäure fossiler Funde. So ist es den Wissenschaftlern gelungen, die Erbmasse von Insekten zu produzieren, die vor mehr als 20 Millionen Jahren ausgestorben sind.

Natta, Giulio – italienischer Chemiker
geb. 26.2.1903 in Imperia (Ligurien)
gest. 2.5.1979 in Bergamo
Nobelpreis 1963, für die Entdeckung und Entwicklung grundlegender Methoden zum Aufbau organischer Makromoleküle aus einfachen ungesättigten Kohlenwasserstoffen durch katalytische Polymerisation.
N. erhielt am Polytechnischen Institut in Mailand eine Ausbildung zum Chemie-Ingenieur. Im Jahr 1924 erhielt er den Grad eines Doktors der Ingenieurwissenschaften. Im Jahr 1933 wurde N. ordentlicher Professor und Direktor des Instituts für Allgemeine Chemie der Universität in Pavia. 1935 wurde er Professor für Physikalische Chemie an der Universität Rom. 1938 kehrte er wieder an das Polytechnische Institut in Mailand zurück, wo er bis 1974 als Professor und Direktor des Instituts für industrielle Chemie wirkte.

Polymere sind überwiegend organische Stoffe mit molaren Massen von über 10.000 g/mol, deren sehr große Moleküle (Makromoleküle) nach einem relativ einfachen Bauprinzip aus ständig wiederkehrenden Struktureinheiten oder Bausteinen (den Monomeren) zusammengesetzt sind.

1938 begannen N.s Untersuchungen zur Olefinpolymerisation. Er schlug dann die Forschungsrichtung Karl Zieglers (Chemie-Nobelpreis 1963) ein, der die „metallorganischen Mischkatalysatoren" entdeckt hatte, mit denen die Polymerisation enorm vereinfacht wurde. Mit dieser Methode, die von billigen Krackgasen des Erdöls ausging, erhielt er eine neue Klasse von Linearpolymeren, die bei der Herstellung von Plasten angewandt wird. N. hatte die Erkenntnisse von K. Ziegler auch auf Propylen übertragen, nachdem das neue Katalysatorensystem das große Thema unter den Chemikern in aller Welt geworden war.

Zunächst konnte N. zeigen, daß sich dieselben metallorganischen Katalysatoren auch bei Propylen als tauglich erwiesen. Allerdings machte er die zusätzliche Beobachtung, daß gleiche Katalysatoren zu verschiedenen polymeren Produkten führen können: Einmal kann die Propylenpolymerisation eine weiche Amorphe Masse ergeben, im anderen Fall entsteht ein kristalliner Kunststoff von einer solchen Härte und Festigkeit, daß er darin sogar das Polyäthylen übertrifft. Vom großen Chemiekonzern Montecatini, der N.s Arbeiten seit Ende der 40er großzügig unterstützte, wurde 1957 erstmals das hochmolekulare Polypropylen industriell produziert. Es erhielt den Namen „Moplen", als synthetische Faser „Meraklon", als Einfaserstoff „Merakrin" und als Filmpackung „Moplefan". Ebenso wichtig war die Synthese vollkommen neuer Elastomere auf zwei verschiedenen chemischen Wegen.

Gemeinsam mit Professor Farina synthetisierte N. die ersten optisch aktiven Polymere, die durch die asymmetrische Synthese hergestellt wurden. Die Untersuchungen der optischen Erscheinungen und ihr Zusammenhang mit der Molekülstruktur waren für die Chemie von fundamentaler Bedeutung.

Nernst, Walther Hermann – deutscher Physiker und Chemiker
geb. 25.6.1864 in Briesen (Westpreußen)
gest. 18.11.1941 in Ober-Zibelle bei Muskau (Lausitz)
Nobelpreis 1920, als Anerkennung für seine thermochemikalischen Arbeiten.
1883 begann N. das Studium der Physik, Chemie und Mathematik an der Universität Zürich. 1887 promovierte er am Physikalischen Institut der Julius-Maximilian-Universität in Würzburg über den sogenannten „N.-Effekt“: Beim Durchgang von Strom durch einen Leiter bildet sich in Stromrichtung ein Temperaturgefälle. 1889 habilitierte er sich. 1891 erhielt N. eine Berufung als ordentlicher Professor für Physikalische Chemie nach Göttingen. Zu seinen dortigen Untersuchungsthemen gehörten u. a. Überspannungen und Polarisation, Elektrokapillarität und Dielektrizitätskonstante, vor allem aber die chemischen Gleichgewichte. 1893 erschien sein großes Lehrbuch der „Theoretischen Chemie“, in dem N. die klassische Vorstellung von elektrochemischen Erscheinungen mit thermodynamischen Begriffen verband. 1905 wurde N. Ordinarius für Physikalische Chemie an der Berliner Universität.

Ein Jahr später veröffentlichte er seinen bedeutendsten Beitrag für die Wissenschaft, der ihm auch den Nobelpreis einbrachte: den Dritten Hauptsatz der Thermodynamik. Vor Aufstellung dieses Satzes konnte der große Fortschritt der Wärmelehre für die chemische Praxis deshalb nicht recht fruchtbar werden, weil es nicht möglich war, mit Hilfe von Reaktionswärmen chemische Gleichgewichtskonstanten zu bestimmen. Dies war aber das große Ziel der chemischen Thermodynamik, mit dessen Erreichen die Chemie, insbesondere die technische Chemie, zur rechnenden Wissenschaft wurde und nicht mehr auf reine Empirie angewiesen war. Es ging um das Problem, chemische Gleichgewichte aus thermischen Daten zu berechnen, was aus den zwei bisher bekannten Hauptsätzen der Thermodynamik nicht ohne eine zusätzliche Aussage möglich war.

Schließlich stellte N. die kühne Behauptung auf, daß bei der Annäherung der Temperatur an den absoluten Nullpunkt die Reaktionswärme einer chemischen Reaktion gleich der Änderung der sogenannten freien Energie wird und sich beide Größen mit der Temperatur nicht mehr ändern. Mit dieser Annahme war es tatsächlich möglich, chemische Gleichgewichtszustände aus thermodynamischen Daten vorauszuberechnen. Damit wurde durch N. nicht nur die theoretische Thermodynamik auf eine neue Stufe gehoben, sondern auch die chemische Industrie in die Lage versetzt, die ökonomische Realisierung ihrer Reaktionen vorher eingehend berechnen zu können.

Zweimal ist N. in die höchsten Positionen der Berliner Universität aufgestiegen: 1913/14 war er Dekan und 1921/22 Rektor. 1933 erfolgte seine Emeritierung, und er zog sich auf sein Landgut in der Oberlausitz zurück. N. gilt neben Ostwald, van't Hoff und Arrhenius als der vierte Begründer der Physikalischen Chemie, zu deren Theorie und Untersuchungsmethoden er Wesentliches beigetragen hat.

Norrish, Ronald George Wreyford – britischer Chemiker
geb. 9.11.1897 in Cambridge
gest. 7.6.1978 in Cambridge
Nobelpreis 1967, für die Entwicklung experimenteller Methoden, mit denen sehr schnell ablaufende chemische Reaktionen untersucht werden können.
N. verbrachte seine Kindheit und Jugend in unmittelbarer Nähe der chemischen Laboratorien der Universität Cambridge. 1919 begann er ein naturwissenschaftliches Studium mit Schwerpunkt Chemie am Emanuel College der Universität Cambridge, wo er 1924 promovierte und anschließend eine Stellung als Forschungsassistent erhielt. Von 1930 bis 1936 war er dort als Dozent und dann als Lecturer tätig. Von 1937 bis zu seiner Emeritierung 1965 hatte N. an der Universität Cambridge den Lehrstuhl für Physikalische Chemie inne.

Nach 1930 beschäftigte sich N. mit Reaktionsketten, in deren Verlauf freie Radikale auftreten, besonders auf dem Gebiet der Polymerisation und Oxidation bei niedrigen Temperaturen. Am bekanntesten wurden seine Untersuchungen zum Nachweis kurzlebiger Zwischenprodukte thermischer und photochemischer Reaktionen unter Verwendung der Blitzlicht-Photolyse, die er im Jahr 1946 in Zusammenarbeit mit seinem Studenten und späteren Mitpreisträger George Porter entwickelte. Bei dieser Methode wird eine chemische Reaktion durch einen sehr kurzen Lichtstrahl hoher Intensität ausgelöst, was zu einer kurzfristig hohen Konzentration von unmittelbaren Reaktionsprodukten führt. Mit Hilfe von spektroskopischen Verfahren konnten auf diese Weise Einblicke in den genauen Verlauf schneller chemischer Reaktionen gewonnen werden.

Porter und N. konnten die Blitzlicht-Photolyse auch auf flüssige Systeme anwenden. Ferner untersuchten sie damit die Chlor-Sauerstoff-Reaktion und die Acetylen-Sauerstoff-Verbrennung, u. a. Die Blitzlicht-Photolyse wird heute in allen modernen Labors als eine der wertvollsten kinetischen Arbeitsmethoden zum Studium der verschiedenen Zustände von Molekülen und des Energietransfers untereinander geschätzt.

In den 60er Jahren begann N. mit Untersuchungen der schnell ablaufenden Reaktionen bei Konformationsänderungen von Polypeptiden, Proteinen und Nukleinsäuren sowie beim Protonentransport über Wasserstoffbrücken. Diese Reaktionen gehören zu den schnellsten chemischen Prozessen, die Halbwertszeiten liegen durchweg unterhalb einer Millisekunde, teilweise reichen sie sogar in den Mikro- und Nanosekundenbereich. Zur Auslösung und meßtechnischen Verfolgung derartiger chemischer Reaktionen hat sich ein einfaches Prinzip in besonderem Maße bewährt. Das in molekularer Durchmischung vorliegende stationäre Reaktionssystem wird durch schnelle Änderung eines äußeren Parameters (Temperatur, Druck oder elektrische Feldstärke) einer Störung seines Gleichgewichts unterworfen. Der zum Ausgleich der Störung einsetzende Relaxationsvorgang läßt sich entweder direkt registrieren oder als Phasenbeziehung messen.

Northrop, John Howard – amerikanischer Bakteriologe und Biochemiker
geb. 5.7.1891 in Yonkers (New York)
gest. 27.5.1987 in Wickenburg (Arizona)
Nobelpreis 1946, für die Darstellung von Enzymen und Virusproteinen in ihrer reinen Form.
N. studierte ab 1908 Chemie und Zoologie an der Columbia-Universität in New York und legte 1912 das Diplomexamen ab. 1915 promovierte er. 1924 wurde er zum ordentlichen Mitglied des Rockefeller-Instituts für medizinische Forschung. Von 1949 bis zu seiner Emeritierung 1959 wirkte er als Professor für Bakteriologie und Biophysik an der Universität von Kalifornien in Berkeley, und er war am Donner-Laboratorium dieser Universität der führende Bakteriologe.

Nach neunjähriger Arbeit gelang James B. Sumner (Chemie-Nobelpreis 1946) im Jahre 1926 die erste Reindarstellung eines Enzyms, der Urease, in kristallinischer Form. Dabei waren besonders Methoden erforderlich, die u. a. von N. erarbeitet wurden. N. beschäftigte sich zuerst mit Gärungsvorgängen und untersuchte dann die Kinetik von enzymkatalysierten Reaktionen. Er arbeitete über die Herstellung von Aceton und hatte 1918 hierfür ein Fermentierungsverfahren erfunden. Um 1930 gelang es N., das Pepsin – das wichtigste Enzym des Magensaftes – zu isolieren und zu kristallisieren. Damit war nach der Urease (Enzym, das Harnstoff in Kohlendioxid und Ammoniak spaltet) ein weiteres Enzym in kristalliner Form gewonnen worden. Zusammen mit seinen Mitarbeitern machte N. auch äußerst umfassende Studien über die Homogenität und Reinheit der Enzyme.

Innerhalb weniger Jahre folgten die Isolierung und Kristallisation der Enzyme Trypsin (1932) und Chymotrypsin (1935) aus der Bauchspeicheldrüse. Mitte der 30er Jahre setzte N. seine bereits früher begonnenen virologischen Forschungen fort und isolierte Nukleoproteine aus Bakteriophagen (Viren, die Bakterien infizieren und sich in diesen vermehren). Das 1938 von ihm isolierte Bakterienvirus stellte sich auch als Protein heraus. Schließlich gelangte N. zu der Überzeugung, daß Bakteriophagen aus normalen Bakterien durch Mutation entstehen.

In seinen späteren Arbeiten befaßte er sich mit der Isolierung und Reinigung von Antikörpern; Eiweißmoleküle, die vom Organismus nach Kontakt mit Antigenen (z. B. Krankheitserregern, artfremdem Eiweiß) gebildet werden und diese unschädlich machen. 1949 gelang N. die Kristallisation eines Antikörpers der beim Menschen im Nasen-Rachen-Raum vorkommenden Pneumokokken-Bakterien. Seine Beiträge zur Ausarbeitung weitestgehend befriedigender Bedingungen für die Kristallisation von Enzymen sind von größter Wichtigkeit für spätere Forschungen gewesen.

Bei N. und seinen Mitarbeitern reiften die Methoden der Enzymisolierung und Enzymkristallisation zur Kunstfertigkeit aus, und es wurde der schlüssige Beweis für die Identität des isolierten Proteins mit dem Enzym erbracht.

Olah, George Andrew – ungarisch-amerikanischer Chemiker
geb. 22.5.1927 in Budapest
Nobelpreis 1994, für seine Leistungen auf dem Gebiet der Carbokation-Chemie.
O. studierte Chemie an der Technischen Hochschule in Budapest und promovierte 1949. Von 1954 bis 1956 war er Leiter des Instituts für Organische Chemie und stellvertretender Direktor des Chemie-Instituts der Ungarischen Akademie der Wissenschaften in Budapest. 1965 erhielt O. eine Berufung als Professor für Chemie an die Case Western Reserve University in Cleveland (Ohio), wo er 1969 die C.-F.-Mabery-Forschungsprofessur übertragen bekam. 1977 übernahm er den Lehrstuhl für Chemie an der University of Southern California in Los Angeles.

Carbokationen sind positiv geladene Kohlenstoffverbindungen, die im allgemeinen nur als äußerst unbeständige Zwischenstufen bei chemischen Reaktionen auftreten. Da sie extrem kurzlebig sind (im Bereich von Mikro- bis Nanosekunden), kommen sie zudem auch nur in äußerst geringer Konzentration vor und ließen sich mit normalen spektroskopischen Methoden zur Struktur- und Reaktivitätsbestimmung nicht erfassen. O.s Forschungsarbeiten konzentrierten sich darauf, die Lebensdauer der Carbokationen zu verlängern.

Anfang der 60er Jahre entdeckte er, daß sich durch die Verwendung von Lösungsmitteln, die nur sehr schwach nukleophil waren und daher bei niedrigen Temperaturen auch entsprechend langsam mit Carbokationen reagierten, tatsächlich stabile Carbokationen herstellen ließen. Eine neue Phase der Carbokationen-Forschung war damit eingeleitet. O. entdeckte völlig neue Wege und Reaktionen zur Herstellung und Untersuchung enorm wichtiger kurzlebiger Intermediate. Es gelang O., erstmalig dreibindige Carbokationen in hohen Konzentrationen und von so langer Lebensdauer herzustellen, daß er mit Hilfe von Kernspinresonanzspektren und Elektronenmikroskopie für chemische Analyse ihre Struktur, Stabilität und Reaktivität studieren konnte. Von O. und seiner Gruppe wurden außerdem zahlreiche Strukturuntersuchungen verschiedenster Carbokationen durchgeführt. O. und seine Gruppe entschieden die lange andauernde und wissenschaftlich überaus bedeutsame Fehde um die Struktur des 2-Norbornylkations, die viele namhafte physikalisch-organische Chemiker über Jahre herausgefordert hatte.

Seine Erkenntnisse brachten jedoch nicht nur eine neue Chemie, sie führten gleichzeitig zu einem neuen und tieferen Verstehen chemischer Reaktionsabläufe. O.s Forschungen haben bereits vielfache praktische Anwendung insbesondere in der chemischen Industrie gefunden. Als Beispiel ist die Petroleum-Chemie zu nennen.

Onsager, Lars – amerikanischer Physikochemiker norwegischer Herkunft
geb. 21.11.1903 in Oslo
gest. 5.10.1976 in Coral Gables (Florida)
Nobelpreis 1968, für die Entdeckung der nach ihm benannten reziproken Beziehungen, die grundlegend für die Thermodynamik der irreversiblen Prozesse sind.
O. absolvierte ein Studium der Chemischen Technologie an der Technischen Hochschule in Trondheim, wo er 1925 promovierte. Im Jahre 1928 ging er als Dozent für Statistische Mechanik an die Brown-Universität in Providence (Rhode Island). 1931 veröffentlichte O. kurz hintereinander die beiden ersten Arbeiten über eine Theorie, die ihm später den Nobelpreis einbringen sollte: die Thermodynamik irreversibler Prozesse. Ab 1940 wirkte er als Professor für Chemie an der Yale-Universität in New Haven. 1945 erhielt er die Professur für Theoretische Chemie, die er bis zu seinem Rücktritt 1972 innehatte.

O. beschäftigte sich schon in Trondheim mit der Theorie der Elektrolyte. Bereits als Student fand er 1924, daß Debye in seiner Theorie der starken Elektrolyte die Brownsche Molekularbewegung des Zentralions vernachlässigt hatte, und er erhielt bei Einbeziehung dieser Bewegung eine bessere Übereinstimmung berechneter und experimentell ermittelter Werte. 1927 veröffentlichte er das nach ihm benannte Grenzgesetz für die molare Leitfähigkeit, das 1932 von Shedlovski bestätigt wurde. In den dabei aufgestellten Gleichungen werden Relaxation und elektrophoretische Kräfte und ihre Wirkung auf die Leitfähigkeit berechnet. 1929 fand O. die reziproken Beziehungen, die die Einflüsse der thermischen und elektrischen Leitung und der Diffusion aufeinander haben. Im Anschluß daran entwickelte er die Theorie der thermischen Trennung von Gemischen durch Anlegen eines Temperaturgradienten. Mit seiner Arbeit über irreversible Prozesse und Zustände in der Nähe des Gleichgewichtes fand er damals den mathematischen Ansatz, mit dem sich diese Prozesse verhältnismäßig einfach beschreiben lassen.

Der Schlüssel dazu war die später nach ihm benannte „O.sche Reziprozitätsbeziehung", ein phänomenologisches Gesetz, das den berühmten Hauptsätzen der Thermodynamik durchaus gleichartig und wie diese experimentell beweisbar ist. Die Theorie O.s ist nicht nur für die Grundlagenforschung von fundamentaler Bedeutung, etwa für das Verständnis chemischer Reaktionsabläufe, sondern auch in der angewandten Wissenschaft und in der Technik. Durch seine Überlegungen wurde es möglich, mit nur wenigen Modellvorstellungen so verschiedene Dinge zu verstehen wie das Phänomen der Gasdiffusion, biologische Abläufe oder die elektrische und thermische Leitfähigkeit von Kristallen. 1942 konnte O. zeigen, daß die spezifische Wärme in der Nähe von Phasenübergangspunkten statistisch gegen unendlich geht. Als in den USA der Bau einer Atombombe ins Gespräch kam, schlug O. das noch heute für die Herstellung von Reaktorbrennstoffen verwendete Gasdiffusionsverfahren vor, mit dem sich das spaltbare Uranisotop aus dem Natururan gewinnen läßt.

Ostwald, Wilhelm – deutscher Chemiker
geb. 2.9.1853 in Riga
gest. 4.4.1932 in Großbothen bei Leipzig
Nobelpreis 1909, als Anerkennung des Verdienstes, das er sich durch seine Arbeiten über die Katalyse sowie durch seine grundlegenden Untersuchungen über chemische Gleichgewichtsverhältnisse und Reaktionsgeschwindigkeiten erworben hat.
Mit zwölf Jahren begann O. sich für Fotografie zu begeistern. Aus einem Fernglas baute er selbständig einen Fotoapparat zusammen. 1872 begann er das Chemiestudium an der Universität Dorpat (heute Tartu). Im Alter von 23 Jahren wurde er Privatdozent. 1878 promovierte er mit der Arbeit „Volumenchemische und optisch-chemische Studien", die bereits erkennen ließen, daß er die physikalischen Methoden zur Klärung chemischer Fragen zu nutzen wußte. Im Januar 1882 kam O. in seine Heimatstadt Riga zurück und erhielt die ehrenvolle Stellung eines Professors am Polytechnikum. Hier legte er den Grundstein für seine bedeutendsten Arbeiten, die Untersuchungen zur Katalyse. Gemeinsam mit S. Arrhenius und J. H. van 't Hoff schuf O. in den 80er Jahren nicht nur die theoretischen und experimentellen Grundlagen der Physikalischen Chemie, er gab diesem Spezialgebiet seine Eigenständigkeit. 1887 wurde O. als Professor mit Lehrstuhl für Physikalische Chemie und als Leiter des Unterrichtslaboratoriums für Physikalische Chemie nach Leipzig berufen.

An dieser Stätte erlangte O. den Höhepunkt seines Schaffens. Nach zahlreichen Arbeiten zur Ionentheorie krönte er sein großes Werk durch seine Forschungsergebnisse über die Katalyse. Er hat die umwälzende Bedeutung der Katalyse für die Stickstoffindustrie richtig vorausgesehen, und bereits 1908 wird nach großtechnischen Verfahren gearbeitet, die O. gemeinsam mit Brauer entwickelt hat. Die moderne Großproduktion von Kontaktschwefelsäure, Salpetersäure, Ammoniak, Alkohol u.v.a. Grundstoffen der gesamten Chemischen Industrie wäre ohne die Katalyse und die Katalysatoren nicht denkbar.

Bei der Beschäftigung mit der Ionentheorie gelangte O. zu neuen Gesetzmäßigkeiten über das Verhalten von Elektrolyten in Lösungen und widmete sich vor allem dem Problem, mit welcher Geschwindigkeit chemische Reaktionen ablaufen und wie diese Geschwindigkeit zu beeinflussen sei.

Seit den 90er Jahren ist bei O. – angesichts der Unhaltbarkeit der alten Theorie von der Struktur der Stoffe – das Bemühen sichtbar, die Naturwissenschaftler aus der Enge der einzelwissenschaftlichen Fragestellung herauszubringen und gleichzeitig die veraltete, mechanistische Naturauffassung zu überwinden.

In der Geschichte der physikalischen Chemie spielte O.s Physikalisch-chemisches Institut eine besondere Rolle als erstes Beispiel für ein spezialisiertes wissenschaftliches Forschungsinstitut mit einer bestimmten

Arbeitsthematik (hauptsächlich chemische Kinetik und Katalyse). 1909 gelang es ihm, den beschleunigten Effekt von Wasserstoffionen auf die Geschwindigkeit der Gleichgewichtseinstellung bei chemischen Reaktionen aufzufinden. Eine von ihm geschaffene Farbenlehre wurde in der Textilindustrie und in der Porzellanmalerei angewandt und erwies sich dort als brauchbar.

Pauling, Linus Carl – amerikanischer Chemiker
geb. 28.2.1901 in Portland (Oregon)
gest. 19.8.1994 in Sur (Kalifornien)
Nobelpreis 1954, Chemie, für seine Forschungen über die Natur der chemischen Bindung und ihre Anwendung zur Aufhellung der Struktur komplexer Substanzen.
Friedensnobelpreis 1962
P. beendete die High School 1917 ohne Abschluß – das Zeugnis wurde ihm 1962 nachträglich verliehen –, trotzdem konnte er sich in das Oregon Agricultural College einschreiben, wo er Chemietechnik studierte. 1925 erhielt P. seine Doktorwürde. Ein Guggenheim-Stipendium ermöglichte ihm einen Studienaufenthalt in Europa.Von 1931 bis 1963 hatte er einen Lehrstuhl für Chemie am California Institute of Technology inne. Von 1937 bis 1958 war P. auch die Leitung der dem Caltech angeschlossenen „Gates and Crellin Laboratories" übertragen worden, einer der bedeutendsten chemischen Forschungsstätten der USA.

Nach ersten Arbeiten über Kristalle befaßte sich P. Ende der 20er Jahre mit der Anwendung der Quantentheorie auf chemische Verbindungen. Er erklärte den molekularen Aufbau der Stoffe mit Hilfe quantenmechanischer Anschauungen und lehnte sich dabei an die Arbeiten Heisenbergs über die Berechnung des Heliumatoms an, der dabei den Begriff „quantenmechanische Resonanz" prägte. Er setzte an die Stelle der klassischen Strukturlehre die von ihm entwickelte Resonanztheorie. Diese Theorie geht davon aus, daß nicht jedem Molekül eine eindeutige Elektronenstruktur zugeschrieben werden kann, und erklärt in solchen Fällen, daß „die verschiedenen möglichen Elektronenstrukturen miteinander in Resonanz stehen". Eine wesentliche Rolle in P.s Theorie spielt die von ihm entwickelte Elektronegativitätsskala der chemischen Elemente, aus der die Bindungsenergie zweier Elemente abzuschätzen ist und die somit Hinweise auf die Stabilität und den Charakter einer chemischen Bindung gestattet. Damit war es auch möglich, Übergänge zwischen der Ionenbeziehung und Atombindung theoretisch zu begründen.

Ab 1934 widmete sich P. Experimenten und theoretischen Forschungen in der Molekularbiologie und Medizin. Er entdeckte die chemische Grundlage der Sichelzellenanämie. Es stellte sich heraus, daß diese Krankheit eine molekulare Basis besitzt, nach den Mendelschen Vererbungsgesetzen übertragen wird und eine genetische Adaption darstellt, die den Träger vor der Malaria schützt. P.s Entdeckung der chemischen Grundlagen der Sichelzellenanämie stellte einen Meilenstein in der Biogenetik dar. Er beschäftigte sich dann mit Untersuchungen zu serologischen Reaktionen und der Struktur der Antikörper und ihrer Beziehung zu eindringenden Antigenen. 1942 war er an der Herstellung der ersten synthetischen Antikörper beteiligt.

Seine einflußreichsten Arbeiten in der Biochemie aber waren seine Forschungen zu Proteinen und Aminosäuren, wodurch er die Voraussetzungen für viele spätere Entwicklungen in der Molekularbiologie schuf. Die Bestimmung der DNS-Struktur, ein Doppelhelix-Molekül, auf dem die genetischen Informationen abgelegt sind und das die Synthese von Proteinen steuert, ist der wichtigste und bekannteste Durchbruch, der aufgrund von P.s Ergebnissen erzielt wurde.

Von 1942 bis 1946 gehörte P. der Nationalen Studienkommission für Verteidigung und für nationale Sicherheit an.

Nach dem Zweiten Weltkrieg wurde er entschiedener Gegner der Politik des Kalten Krieges und einflußreicher Befürworter der Einstellung aller Atomwaffenversuche. Von ihm wurde die Gefährlichkeit des Fallouts (radioaktiver Niederschlag) derart charakterisiert, daß ein Teelöffel Strontium 90, ein besonders langlebiger radioaktiver Schadstoff, auf alle Menschen der Welt gleichmäßig verteilt, innerhalb von wenigen Jahren ihren Tod herbeiführen würde. Nur eine Wasserstoffbombe, so rechnete P. vor, schleudert bei ihrer Detonation die tausendfache Menge an Strontium 90 in die Luft. Angesichts dieser großen Gefahr für die Menschheit ergriff er im Jahre 1957 die Initiative. Innerhalb weniger Tage war es P. gelungen, die Unterschriften von über 2.000 amerikanischen Wissenschaftlern unter einen Appell zu erhalten, der den sofortigen Abschluß eines Abkommens zur Einstellung der Kernwaffenversuche forderte.

Im Januar 1958 überreichte er einen von ihm verfaßten Appell dem UN-Generalsekretär D. Hammarskjöld, den inzwischen über 11.000 Wissenschaftler aus 49 Ländern unterschrieben hatten. Wegen seiner politischen Aktivitäten, an denen sich auch seine 1983 gestorbene Frau beteiligte, mußte sich P. gegen den Verdacht wehren, ein Kommunist zu sein. Der Moskauer Vertrag von 1963, der Atomtests in der Atmosphäre, im Weltraum und unter Wasser verbietet, wurde unter anderem P.s Einsatz in der Anti-Atombewegung zugeschrieben.

Als er dafür 1963 den Friedens-Nobelpreis erhielt, nannte ihn die New York Herald Tribune einen „versöhnlich stimmenden Freund des Friedens". Während des Vietnamkriegs stand P. auf der Seite der Neuen Linken und wurde, obwohl alles andere als ein politischer Denker, zu einem ihrer Fürsprecher.

1963 berief man ihn als Professor für Physikalische und Biologische Wissenschaften an das Center for the Study of Democratic Institutions in Santa Barbara (Kalifornien). 1967 übernahm P. eine Professur für Chemie an der Universität von Kalifornien in San Diego, und von 1969 bis zu seiner Emeritierung 1974 war er Professor an der Stanford University.

Pedersen, Charles John – amerikanischer Chemiker
geb. 3.10.1904 in Pusan (Korea)
gest. 26.10.1989 in Salem (New York)
Nobelpreis 1987, für die Entwicklung und Verwendung von Molekülen mit strukturspezifischer Wechselwirkung von hoher Selektivität.
P. wurde als Sohn eines norwegischen Marine-Ingenieurs und einer Japanerin in Korea geboren und wuchs auf dem Gelände einer US-amerikanischen Kohlenmine auf. Er studierte Chemie in Ohio und in Cambridge. Von 1927 bis zu seiner Pensionierung im Jahr 1969 war P. Forschungschemiker im Elastomer Chemischen Department der Experimental Station der Firma Du Pont in Wilmington (Delaware).

Im Rahmen seiner 1960 begonnenen Arbeiten mit zyklischen Äthern, die für die Kunststoffindustrie von Interesse waren, synthetisierte er auch Polyäther mittlerer Ringgröße. Polyäther sind Polymere, bei denen Bausteine der Molekülkette durch Sauerstoffatome (Ätherbrücken) miteinander verknüpft sind. Im Jahr 1962 erhielt P. bei einer von zahlreichen Synthesen ein unerwartetes Nebenprodukt, das er als makrocyclischen Polyether identifizieren konnte. Die erhaltene Verbindung war in Methanol schwer löslich, in Gegenwart von Natriumsalzen stieg die Löslichkeit jedoch überraschenderweise beträchtlich an. Er vermutete als Ursache die Bildung eines Komplexes, in dem das Metallkation gleichsam wie in einer Höhle im Inneren der der makromolekularen Verbindung festgehalten wurde; dies erfolgte durch Ionen-Dipol-Wechselwirkungen mit den Sauerstoffatomen, welche die Etherbindungen bilden. Solche synthetischen Komplexe werden auch als „molekulare Einschlußkomplexe" bezeichnet.

In einer verhältnismäßig kurzen Zeit gelang es P., einige Dutzend makrocyclische Polyether, bestehend aus zwölf bis 60 Ringgliedern, zu synthetisieren, die vier bis 20 Sauerstoffatome enthielten. Aus ihnen entstanden bei der Komplexbildung in hoher Ausbeute Verbindungen mit fünf bis zehn Sauerstoffatomen, die jeweils durch zwei Kohlenstoffatome getrennt waren. Für diese Art makrocyclischer Polyether wurde die allgemeine Bezeichnung „Kronenether" vorgeschlagen, die ihre Fähigkeit unterstreichen sollte, Kationen in einer Weise zu umschließen wie die Krone das Haupt eines Monarchen. Von den in ihren chemischen Eigenschaften sehr ähnlichen Kationen bilden jene mit den Kronenethern besonders stabile Komplexe. Das bedingt eine sehr hohe Selektivität bei der Komplexbildung, eine der wichtigsten Eigenschaften der Kronenether.

Dies war der Ausgangspunkt einer intensiven und erfolgsträchtigen Entwicklung der Chemie makroheterocyclischer Verbindungen. Das Interesse an diesen Verbindungen war dadurch begründet, daß in zahlreichen chemischen Prozessen der selektiven Komplexbildung eine zentrale Bedeutung zukommt.Verallgemeinert wurde dieses interessante Gebiet Wirts-Gast-Chemie genannt. Die „Wirts-Gast-Chemie" ist für die Medizin und Pharmazie zu einem wichtigen Forschungsgebiet geworden.

Perutz, Max Ferdinand – britischer Chemiker österreichischer Herkunft
geb. 19.5.1914 in Wien
Nobelpreis 1962, für seine Studien zur Struktur der sogenannten globularen Proteine und seine Entdeckungen auf dem Gebiet der Röntgenstrahlenbeugung an Kristallen des Hämoglobins, Chymotrypsins und Myoglobins.
P. studierte ab 1932 Chemie an der Universität Wien. Ab 1937 arbeitete er an der Universität in Cambridge auf dem Gebiet der Röntgenstrahlen-Kristallographie und forschte über den roten Blutfarbstoff Hämoglobin. Ein Jahr später begann er mit der Strukturbestimmung des Hämoglobins und konnte die ersten Röntgenbeugungsaufnahmen von Pferdehämoglobin vorlegen. 1940 promovierte P. 1947 trat er dem Medizinischen Forschungsrat bei und wurde dann Direktor der neueingerichteten Abteilung für Molekularbiologie. Von 1962 bis zu seiner Pensionierung 1979 war er Vorsitzender dieses modernst eingerichteten Laboratoriums für Molekularbiologie des Medical Research Council in Cambridge. Von 1963 bis 1969 war er Vorsitzender der europäischen Organisation für Molekular-Biologie.

Im Jahr 1946 trat John Kendrew (ebenfalls Chemie-Nobelpreis 1962) in die Arbeitsgruppe von P. ein und widmete sich der Strukturaufklärung des wesentlich kleineren Moleküls, des Myoglobins. Fast 25 Jahre lang untersuchten beide Wissenschaftler unermüdlich diese Substanzen, die bei der Energetik der Oxydationsprozesse eine entscheidende Rolle spielen. P. und Kendrew haben unter Benutzung der Röntgenstrukturanalyse den Aufbau des Hämoglobins und des Myoglobins aufgeklärt. Beide Substanzen üben Transportfunktionen bei der Atmung aus: Das Hämoglobin ist der rote Blutfarbstoff, der den Sauerstoff aus den Lungen zu den Geweben transportiert; das Myoglobin ist das rote Eiweiß in den Muskeln, das den Sauerstoff vom Hämoglobin übernimmt und ihn so lange aufbewahrt, bis er für die Oxydation der Nährstoffe benötigt wird. Dieser Vorgang führt zur Bildung von Kohlendioxid, das umgekehrt aus den Geweben in die Lunge befördert werden muß. Die Forschungen von P. und Kendrew erstreckten sich vor allem auf die Form und Gestalt der Aminosäureketten als Bausteine für die Eiweißkörper und ihre Verbindung untereinander.

Da Röntgenstrahlen um so stärker gebeugt werden, je schwerer die Atome sind, fügte P. 1953 an die Protein-Moleküle, die selbst aus sehr leichten Atomen zusammengesetzt sind, Gold- oder Quecksilberatome und konnte so die Lage der 12.000 Atome im Hämoglobin-Molekül genau bestimmen. Die schweren Gold- und Quecksilberatome leuchteten unter der Röntgenbestrahlung wie „Leuchttürme" und zeigten dadurch buchstäblich den Weg zur Bestimmung der räumlichen Struktur des Proteins. 1960 konnte P. die vollständige Struktur des Hämoglobins (ein Tetramer von ellipsoider Form aus zwei Polypeptidkettenpaaren und vier Hämgruppen) vorlegen und zusammen mit Kendrews Modell des Myoglobins zeigen, daß die Funktionsweise dieser biochemischen Schlüsselmoleküle nur durch den dreidimensionalen, räumlichen Aufbau verstanden werden kann.

Polanyi, John Charles – kanadischer Chemiker und Physiker
geb. 23.1.1929 in Berlin
Nobelpreis 1986, für Untersuchungen zur Dynamik elementarer chemischer Prozesse.
P. studierte an der Universität in Manchester, wo er auch 1952 promovierte. Als wissenschaftlicher Mitarbeiter war P. von 1954 bis 1956 an der Princeton-Universität in den USA tätig. 1962 erhielt er eine Professur in Chemie an der Universität von Toronto und 1974 auch für Physik.

Die Arbeiten der Preisträger D. R. Herschbach, Y. T. Lee und P. sind ein grundlegender Beitrag zur Entwicklung einer neuen wissenschaftlichen Richtung, die sich am Berührungspunkt der Physik atomarer Zusammenstöße und chemischer Kinetik herausbildete und gegenwärtig den selbständigen Bereich der chemischen Physik darstellt. Daß man heute über den Ablauf ganz einfacher Zusammensetzungen, die sogenannten Elementarreaktionen, wesentlich besser Bescheid weiß, ist u. a. den Untersuchungen P.s zu verdanken.

Von P. wurde die Bestimmung des inneren Zustandes der Reaktionsprodukte durch Registrierung der sehr schwachen Infrarotstrahlung einzelner Moleküle begründet. Ihre Beziehungen zu den Untersuchungen der Dynamik elementarer Prozesse besteht in einer Verlangsamung der Relaxation von in chemischen Reaktionen angeregten Molekülen, bis die überschüssige Energie dieser Moleküle in Form einer Strahlung freigesetzt wird. Man registrierte die Spektren dieser Strahlung und ihre Änderungen in Abhängigkeit von experimentellen Bedingungen und bestimmte so die Energieverteilung auf die Reaktionsprodukte, die nicht durch nachfolgende Zusammenstöße entstellt worden waren. Wie sich zeigte, ging die neue Forschungsrichtung, die sich direkt mit der Untersuchung der chemischen Streuung befaßt, auf die gleiche fundamentale Konzeption zurück, wonach die Besonderheiten der elementaren chemischen Prozesse davon abhängen, welche Bedeutung das Oberflächenenergiepotential für die Wechselwirkungen der an dem Prozeß teilnehmenden Partikel erhält. Dynamische Untersuchungen offenbarten die unterschiedliche Rolle des Energieinhalts der Reaktanten bei der Überwindung der Aktivierungsbarriere und präzisierten das Verständnis für die Bedeutung der Oberflächenenergiepotentiale. Diese Arbeiten trugen zur Aufklärung der Natur der zwischenmolekularen Wechselwirkungen bei, eines Gebietes, auf dem in vielen Laboratorien gearbeitet wird.

Die Studien zur Dynamik von Elementarprozessen waren erfolgreich, da die Kenntnis der Besonderheiten zwischenmolekularer Wechselwirkungen die Natur der elementaren chemischen Reaktion erschloß. Das inzwischen erarbeitete experimentelle Material erlaubte P., die vorhandenen Daten zu Modellvorstellungen über die Oberflächenpotentialenergie zusammenzufassen und zu verallgemeinern. Herschbach, Lee und P. wiesen mit ihren fundamentalen Arbeiten nach, daß die Dynamik elementarer chemischer Prozesse für die chemischen Wechselwirkungen und ihre Folgeerscheinungen von großer Bedeutung ist. Daneben haben diese Untersuchungen auch eigene praktische Aspekte, etwa für Laser.

Pople, John Anthony – britischer Mathematiker und Chemiker
geb. 31.10.1925 in Burnham-on-Sea in Somerset
Nobelpreis 1998, für seine herausragenden Leistungen zur Berechnung von Moleküleigenschaften, wodurch die Chemie den Übergang von einer überwiegend experimentellen zu einer berechenbaren Wissenschaft vollzogen habe.
P. studierte Mathematik am Trinity College in Cambridge und promovierte 1951. Von 1954 bis 1958 war er Dozent für Mathematik. 1964 wurde ihm eine Professur für Chemische Physik an der Carnegie Mellon University in Pittsburgh übertragen. Seit 1993 ist er Professor für Chemie an der Northwestern University in Evanston (Illinois).

Als W. Kohn 1965 ein Gleichungssystem für die Berechnung der Elektronendichte vorstellte, legte er damit den Grundstein der modernen Dichtefunktionaltheorie. An der Entwicklung entsprechender computergestützter Verfahren war maßgeblich P. beteiligt, der 1970 mit seinen Mitarbeitern an der Carnegie-Mellon-Universität in Pittsburgh das modular aufgebaute und verhältnismäßig einfach zu benutzende Computerprogramm „GAUSSIAN-70“ veröffentlichte, mit dem anwendungsorientierte Chemiker ohne eigene langwierige Programmierung komplexe quantenchemische Prozesse berechnen konnten. Die nun allgemein verfügbare Software enthielt eine Reihe von Standard-Basissätzen, welche die empirische Bewertung der Zuverlässigkeit quantenchemischer Näherungen erleichterten. Damit sind Informationen über die Eigenschaften von Molekülen und deren Verhalten bei Reaktionen zugänglich – bis hin zur Materie in der hohen Atmosphäre und vielleicht auch im interstellaren Raum.

Doch erst in den 90er Jahren war das Programm soweit entwickelt, daß P. die Dichtefunktionaltheorie miteinbeziehen konnte. Die von Kohn und P. entwickelten Verfahren haben sich allgemein durchgesetzt und gehören heute zur Routine der chemischen Forschung. Die wissenschaftlichen Leistungen von Kohn und P. erbringen für die Industrie großartige Möglichkeiten, chemische Reaktionen sind zielgerichtet planbar, und aufwendige Experimente im Labor könnten durch Computersimulation teilweise ersetzt werden. Die Erkenntnisse können außerdem für die Entwicklung neuer Kunststoffe oder Wirkstoffe für Medikamente zur Anwendung gebracht werden.

P. war Mitautor an mehreren Fachbüchern („High Resolution Magnetic Resonance“, 1959; und „Approximate Molecular Orbital Theory“,1970), und er veröffentlichte über 450 Beiträge in wissenschaftlichen Zeitschriften.

Porter, Sir (seit 1972) **George** – britischer Chemiker
geb. 6.12.1920 in Stainforth (Yorkshire)
Nobelpreis 1967, für die Entwicklung experimenteller Methoden, mit denen sehr schnell ablaufende chemische Reaktionen untersucht werden können.

P., Sohn eines Bauunternehmers, studierte von 1938 bis 1941 Chemie an der Universität Leeds. 1949 promovierte er an der Universität Cambridge. 1953 wurde er dort stellvertretender Forschungsdirektor der Abteilung für chemophysikalische Forschungen.

Als Mitarbeiter von Professor Ronald Norrish (ebenfalls Chemie-Nobelpreis 1967) untersuchte P. die Dynamik ultraschneller chemischer und biochemischer Reaktionsprozesse. Zusammen entwickelten sie seit 1947 spektroskopische Untersuchungsverfahren (Blitzlicht-Photolyse), die das Studium der Eigenschaften freier Radikale und extrem kurzlebiger Reaktionszwischenprodukte ermöglichen. Die Blitzlicht-Photolyse wurde zu einer wichtigen Methode für die Untersuchung von schnell ablaufenden chemischen Reaktionen, die weniger als ein millionstel Sekunden dauern. Bei dieser Methode wird eine chemische Reaktion durch einen sehr kurzen Lichtstrahl hoher Intensität ausgelöst, was zu einer kurzfristig hohen Konzentration von unmittelbaren Reaktionsprodukten führt. Mit Hilfe von spektroskopischen Verfahren konnten Einblicke in den genauen Verlauf schneller chemischer Reaktionen gewonnen werden.

Zum Studium chemischer und molekularer Prozesse wurde von P. die Impulsmethode entwickelt. Impulse können eine Vielzahl angeregter Zustände erzeugen oder reversible chemische Umwandlungen hervorrufen. Die Methode zur Untersuchung kurzlebiger Zustände erhielt die Bezeichnung Impulsphotolyse oder auch Flashphotolyse.

Im Jahr 1955 erhielt P. eine Berufung als Professor für Physikalische Chemie an der Universität Sheffield. Von 1966 bis 1985 war er Direktor der Royal Institution in London, und von 1966 bis zu seiner Emeritierung 1987 bekleidete P. außerdem die Fullerian Professur für Chemie.

Nach 1960 untersuchte P. Reaktionen in Lösungen oder auch in Gläsern mit stark verlängerten Reaktionszeiten, so daß die Methode der Lichtimpulsanregung und -analyse noch bessere Ergebnisse lieferte. Höhere Lichtblitz-Frequenzen und die Verwendung von Laser-Impulsen erlaubten schließlich das Registrieren chemischer Abläufe im Bereich von Nanosekunden und inzwischen auch im Picosekundenbereich. Damit war es möglich, auch solche schnell ablaufenden Prozesse wie die Verteilung von Schwingungsenergie in einem Molekül zu untersuchen.

In seiner weiteren wissenschaftlichen Laufbahn verfeinerte P. das Verfahren der Blitzlicht-Photolyse ständig weiter, und so konnte es auch für die Untersuchung komplexer chemischer Reaktionen wie etwa der Interaktion von Sauerstoff und Hämoglobin angewandt werden.

Pregl, Fritz – österreichischer Chemiker
geb. 3.9.1869 in Ljubljana (Laibach)
gest. 13.12.1930 in Graz
Nobelpreis 1923, für die von ihm entwickelte Mikroanalyse organischer Substanzen.

P. studierte ab 1887 Medizin an der Universität Graz. Bereits 1890 erhielt er eine Assistentenstelle bei A. Rollet, und so kam er zum physiologischen Institut. 1899 konnte er sich für das Gesamtgebiet der Physiologie habilitieren. P. erkannte, daß er ohne gründliche chemische Kenntnisse nicht der modernen physiologischen Forschung gerecht werden kann, so entschloß er sich mit fast dreißig Jahren noch zum Studium der Chemie. Ab 1907 arbeitete P. als Dozent für Forensische Chemie am Grazer Gericht. Seine Kenntnis der Wechselbeziehungen von Medizin und Chemie führten ihn dazu, den praktischen Chemieunterricht für Mediziner wertvoll zu bereichern. 1910 wurde P. als ordentlicher Professor an die medizinisch-chemische Abteilung der Universität Innsbruck berufen. 1913 ging er wieder an die Universität Graz, wo er bis zu seinem Tod als Professor am Medizinisch-Chemischen Institut lehrte.

Frühe Arbeiten befaßten sich mit dem Kohlenstoff-Stickstoff-Quotienten des menschlichen Harns und den Kohlenoxidverbindungen des Blutfarbstoffes. In Innsbruck und Graz entwickelte P. die Methoden der quantitativen organischen Mikroanalyse, zunächst vor allem auf dem Gebiet der physiologischen Chemie, später auch für die Konstitutionsaufklärung organischer Substanzen. Die neue Meßmethode hatte er neben seiner Arbeit als Arzt ersonnen. Bei der Untersuchung von Gallensäuren und Choloidansäuren, die beide nur in geringen Mengen verfügbar waren, stieß er 1909 an die Grenzen der herkömmlichen Analyseverfahren. Daher entwickelte er in mühevoller Kleinarbeit hochempfindliche Meßgeräte; die notwendigen Glasapparate stellte er selbst her. 1912 konnte er die Elementaranalyse an fünf bis 13 Milligramm Ausgangssubstanz mit der gleichen Genauigkeit vornehmen, wie sie bei Makroanalysen möglich war. Es war P. gelungen, Methoden für die Bestimmung des Kohlenstoffes und Wasserstoffes in wenigen Milligramm organischer Substanz auch bei gleichzeitiger Anwesenheit von Stickstoff und geringen Mengen von Halogenen und Schwefel, auch die des Stickstoffes in Mengen von vier bis acht Milligramm Substanz sowohl auf gasvolumetrischem als auch auf alkalimetrischem Wege zu ermitteln.

Die Erfindung der Mikroanalyse brachte eine Fülle neuer Blickpunkte für die Chemie, Medizin, Mineralogie, Botanik, Pharmazie und Geologie.

Prelog, Vladimir – Schweizer Chemiker jugoslawischer Herkunft
geb. 23.7.1906 in Sarajevo
gest. 7.1.1998 in Zürich
Nobelpreis 1975, für seine Leistungen bei der Erforschung der stereochemischen Zusammenhänge organischer Moleküle und Reaktionen.

P. mußte während des Ersten Weltkrieges mit seinen Eltern Bosnien-Herzegowina verlassen, und die Familie zog nach Zagreb, wo sein Vater Professor für Neuere Geschichte wurde. P. studierte ab 1924 Chemie an der Technischen Hochschule in Prag und graduierte 1928 zum Diplom-Chemietechniker. 1929 promovierte er. Danach leitete P. das Laboratorium der Reinchemikalienfabrik von G. J. Driza in Prag, wo er hochreine Chemikalien herstellte. 1940 wurde P. zum außerordentlichen Professor für Organische Chemie nach Zagreb berufen.

P. beschäftigte sich mit Naturstoffen, und es gelang ihm, die Strukturen verschiedener Steroide sowie der sogenannten Ionone (Vitamin-A-Baustein und Duftstoff) aufzuklären und Synthesemethoden zu entwickeln. Anfang der 40er Jahre gelang es P., ein tertiäres Amin als optisch aktive Form zu isolieren und experimentell die Pyramidenstruktur mit dem eingebauten dreiwertigen Stickstoffatom nachzuweisen. Er synthetisierte 1941 den Kohlenwasserstoff Adamantan, der eine ausgeprägte Symmetrie hat und in seiner Struktur der Einheitszelle des Diamantkristallgitters entspricht.

1952 wurde er ordentlicher Professor an der ETH in Zürich. Unter seiner Leitung ist ein effektives Verfahren zur Herstellung von Verbindungen mit mittleren Ringen entwickelt und ein Zugang zu dieser interessanten Gruppe von Verbindungen geschaffen worden. Mitte der 40er Jahre untersuchte P. die großen Ringsysteme (über 16 Kohlenstoffatome). Aus seinen Untersuchungen zog P. den Schluß, daß die Eigenschaften dieser Ringsysteme nur verstanden werden können, wenn man ihre räumliche Struktur berücksichtigt.

Bei seinen Arbeiten bediente er sich zumeist klassischer organisch-chemischer Methoden wie Analyse und Synthese, benutzte jedoch auch schon früh Röntgentechniken. Mit seinen Arbeiten wurde P. zu einem der Mitbegründer der Konformationsanalyse. Nach den Alkaloiden und Steroiden wandte er sich den Stoffwechselprodukten von Mikroorganismen zu. Aus seinen Erkenntnissen heraus entwickelte P. die chemische Topographie, die es ermöglichte, den komplizierten Bau großer Moleküle überschaubar zu machen. In weiteren Untersuchungen beschäftigte er sich mit dem Verlauf asymmetrischer Synthesen. Bei derartigen Reaktionen werden Moleküle erzeugt, deren Atome eine bestimmte räumliche Anordnung aufweisen. Die Gesetzmäßigkeiten, die P. bei der Untersuchung dieser Reaktionsklasse fand, lieferten wichtige Hinweise für die Strukturaufklärung von Steroiden und Terpenen.

Durch seine glanzvollen Untersuchungen von großmolekularen Naturstoffen gilt P. als Pionier der Stereochemie. 1957 übernahm P. die Leitung des Laboratoriums für organische Chemie der ETH Zürich. An diesem Institut leitete er eine Demokratisierung in Form einer kollegialen Laboratoriumsleitung ein, und seit 1965 rotierte die Institutsdirektion. Als Primus inter pares wirkte P. bis zu seiner Emeritierung 1976.

Prigogine, Ilya – belgischer Physikochemiker
geb. 25.1.1917 in Moskau

Nobelpreis 1977, für seinen Beitrag zur irreversiblen Thermodynamik, insbesondere zur Theorie der „dissipativen Strukturen".

Ab 1936 studierte P. Chemie an der Universität Libre in Brüssel, promovierte 1941 und habilitierte sich 1945. An der Freien Universität Brüssel erhielt er 1951 eine Professur. 1959 ging er als Professor für Physik und Chemische Technologie an die Universität Texas in Austin. 1967 wurde er dort Direktor am Center for Statistical Mechanics and Thermodynamics.

Bekannt wurde P. vor allem durch seine Arbeiten zur Phänomenologischen Theorie irreversibler (nicht umkehrbarer) Prozesse. Zu den irreversiblen Prozessen in der Thermodynamik gehören viele der wichtigsten und interessantesten Vorgänge in der Natur, z. B. in lebenden Organismen, die Nahrung in Form von chemischer Energie zu sich nehmen, Bewegungsarbeit verrichten und Abfallstoffe sowie Wärme an die Umgebung abgeben, ohne selbst verändert zu werden.

Eine große Rolle bei der Entwicklung der Thermodynamik linearer irreversibler Prozesse spielte das Theorem, das in der Literatur als „P-Theorem" bekannt wurde. Das P.-Kriterium löste die für die Thermodynamik linearer irreversibler Prozesse so außerordentlich wichtige Frage der genauen Charakterisierung des stationären Zustandes eines offenen Systems, wodurch die Anwendung dieses Zweiges der Thermodynamik plötzlich eine starke Ausweitung erfuhr. Als großen Einsatz P.s bezeichnete es die Schwedische Akademie, daß es ihm gelungen sei, die Thermodynamik auf das Gebiet außerhalb des Gleichgewichts auszudehnen, wodurch er Systeme weit weg vom thermodynamischen Gleichgewicht habe studieren können. Er habe gezeigt, daß neue geordnete Strukturen unter derartigen Umständen entstehen können und ihnen den Namen „Dissipative Strukturen" gegeben.

Es war ein wesentlicher Fortschritt, daß in der Schule von P. Idealisierungen in analysierbaren Modellen entwickelt und untersucht wurden, die repräsentativ für jeweils eine Klasse von dissipativen Strukturen sind. Diese Modelle waren zunächst solche für Systeme von chemischen Reaktionen. Sie können aber auch als Modelle für völlig andere komplexe Systeme verwandt werden, wie solche der Biologie oder Ökologie. P. entwickelte für diese nur bei dauerndem Stoff- und Energieaustausch bestehenden Vorgänge bzw. offenen Systeme eine nichtlineare Thermodynamik, die das wichtige Prinzip der extremalen Entropievermehrung ergibt und sich auf Probleme der Entstehung des Lebens, der Soziologie, u. a. anwenden läßt. Die Zusammenfassung aller Arbeiten P.s mündet in die Chaostheorie. Chaotische – das heißt hier: vom Gleichgewicht entfernte, aber selbstorganisierte – Zustände finden sich in anorganischen chemischen Reaktionen, die periodisch ablaufen können, ebenso wie bei zoologischen Begebenheiten. Auch die Entstehung von Galaxien, die Evolution der lebenden Organismen sowie soziologische Fragen wurden erfolgreich mittels chaostheoretischer Betrachtungen dargestellt.

Ramsay, Sir (ab 1902) **William** – britischer Chemiker
geb. 2.10.1852 in Glasgow
gest. 23.7.1916 in High Wycombe (Buckinghamshire)
Nobelpreis 1904, als Anerkennung des Verdienstes, das er sich durch die Entdeckung von vier der insgesamt sechs Edelgase und ihre Positionsbestimmung im periodischen System der chemischen Elemente erworben hat.
Ab 1869 begann R. das Studium der Chemie, Geologie, Anatomie und Physik an der Universität Glasgow. 1872 promovierte er in Chemie. 1880 wurde R. auf den Lehrstuhl der Chemie am University College in Bristol berufen. Dann begann er 1883 mit einer experimentell und wissenschaftlich bedeutsamen Versuchsserie über die thermischen Eigenschaften von festen und flüssigen Stoffen. 1887 wurde er auf einen Lehrstuhl für Anorganische Chemie an der Universität London berufen.

1894 stellten Lord Rayleigh und R. fest, daß der in der atmosphärischen Luft enthaltene Stickstoff immer ein etwas höheres spezifisches Gewicht besitzt als derjenige, welcher aus chemischen Verbindungen abgeschieden wird. Sie wiederholten einen alten fast vergessenen Versuch von Cavendish – der beim Verbrennen von Stickstoff mit überschüssigem Sauerstoff beobachtet hat, daß im elektrischen Funken ein Gasrest zurückbleibt und nicht mit Sauerstoff reagiert –, untersuchten den Gasrest spektroskopisch und bemerkten Spektrallinien, die keinem bekannten Element angehörten. Dieses Element, das keinerlei chemische Bindungen eingeht, nannten sie Argon, das Träge.

Die Kenntnis des Argons führte dann R. im Jahre 1895 zu der Entdeckung des Heliums. Janssen und Lockyer hatten schon 1868 anläßlich einer Sonnenfinsternis bei der spektroskopischen Untersuchung der Sonnenatmosphäre Linien eines auf der Erde bis dahin unbekannten Elements entdeckt. Sie nannten es nach seinem Vorkommen Helium (helios – die Sonne). Durch Behandeln des Minerals Cleveit mit Schwefelsäure entstand ein Gas, welches man bis dahin als Stickstoff betrachtet hatte, das erstens Argon enthält und zweitens noch ein anderes Gas, das R. später als Helium erkannte.

Bewundernswert war R.s chemisches Gefühl, das ihn voraussehen ließ, daß noch weitere Glieder dieser Familie von „edlen Gasen" existieren müssen. Nach mühseliger Arbeit gelang es R. und Travers im Jahre 1898 durch Verflüssigung und Destillation größerer Mengen von Argon weitere Edelgase zu identifizieren: das Krypton (das Verborgene), das Neon (das Neue) und das Xenon (das Fremde). Wegen ihrer Atomgewichte wurden diese Elemente in das Periodensystem nach den Halogenen als achte bzw. vor den Alkalimetallen als nullte Gruppe eingefügt. Damit wurde das Periodensystem um eine Elementenfamilie bereichert, von der wenige Jahre vorher noch kein Wissenschaftler etwas ahnte.

Gemeinsam mit Soddy versuchte R. den experimentellen Nachweis zu erbringen, daß Helium aus dem Element Radium entsteht. Tatsächlich gelang dies den beiden Forschern. Noch erstaunlicher war aber der Vorgang in seiner Gesamtheit, und zwar: Das feste Element Radium liefert – über die Emanation als Gas – das gasförmige Element Helium. Damit war erstmals der Beweis gelungen, daß sich ein chemisches Element in ein anderes umwandeln läßt.

Richards, Theodore William – amerikanischer Chemiker
geb. 31.1.1868 in Germantown (Pennsylvania)
gest. 2.4.1928 in Cambridge (Massachusetts)
Nobelpreis 1914, als Anerkennung seiner genauen Bestimmung des Atomgewichts (relative Atommasse) von zahlreichen chemischen Elementen.
Ab 1885 studierte R. an der Harvard-Universität in Cambridge Naturwissenschaften. 1890 promovierte er in Chemie. Er befaßte sich in seiner Doktorarbeit mit der Bestimmung von Atommassen, die für das Verständnis aller chemischen Reaktionen von großer Bedeutung sind, denn nur mit der Kenntnis der Massen der Atome eines jeden Elementes weiß man, wie viele von ihnen in einer gewogenen Substanzprobe vorhanden sind. Bei seinen Untersuchungen fand R., daß das Verhältnis der Atommassen von Sauerstoff und Wasserstoff nicht bei 16:1, wie bisher von den Forschern angenommen, sondern etwas darunter liegt. 1901 erhielt er eine Berufung zum ordentlichen Professor an der Harvard-Universität. 1912 wurde er Professor für Chemie und Direktor des Wolcott-Gibbs-Memorial-Laboratoriums.

Der belgische Chemiker Jean Servais Stas (1813–1891) befaßte sich um 1850 mit der genauen Bestimmung von Atommassen. Ab 1901 wiederholte R. die Experimente von Stas und konnte zahlreiche Verbesserungen einführen. So wurde von ihm gezeigt, daß in festen Stoffen eingeschlossene Gase die Messungen verfälschen. Er entwickelte ein neuartiges Verfahren zur Ermittlung von Halidmengen und erfand das Nephelometer, ein Gerät zur Bestimmung kleinster Mengen von Schwebeteilchen in Wasser. Innerhalb von 30 Jahren bestimmten R. und seine Mitarbeiter die Atomgewichte von mehr als 60 Elementen, von denen R. über 30 Elemente neu und äußerst genau bestimmte.

Danach beteiligte er sich an Atommassenbestimmungen von Isotopen. Der britische Chemiker F. Soddy (Chemie-Nobelpreis 1921) hatte seinen Isotop-Begriff im Zusammenhang mit radioaktiven Elementen entwickelt, aber diese Elemente waren nur in so kleinen Mengen verfügbar, daß ihre Atomgewichte nicht bestimmt werden konnten. Auf diese Weise ließ sich also nicht nachprüfen, ob die Isotope wirklich existieren. Nach den Verschiebungssätzen der Radioaktivität mußten jedoch Uran und Thorium jeweils in ein anderes Bleiisotop zerfallen, und diese Voraussage konnte man überprüfen. R. entwickelte Methoden, mit denen das Atomgewicht außerordentlich genau bestimmt werden konnte, und er benutzte sie dazu, das Atomgewicht von Blei aus uran- und thoriumhaltigen Erzen mit dem von Blei aus uran- und thoriumfreien Erzen zu vergleichen. Im Jahr 1913 stellte R. fest, daß es tatsächlich Unterschiede im Atomgewicht von Blei gab, und untermauerte damit das Konzept der Isotope.

Robinson, Sir (ab 1939) **Robert** – britischer Chemiker
geb. 13.9.1886 in Bufford bei Chesterfield
gest. 8.2.1975 in Great Missenden bei London
Nobelpreis 1947, für seine bahnbrechenden Arbeiten über einige biologisch wichtige Pflanzenstoffe, insbesondere die Alkaloide.

R. begann 1902 an der Universität Manchester das Studium der Chemie und erwarb 1910 den Doktorgrad. Mit 26 Jahren ging er nach Australien und wurde dort zum Professor für Organische Chemie an der Universität Sydney ernannt. Nach dreijähriger Tätigkeit kehrte er nach England zurück und erhielt eine Berufung an die Universität in Liverpool. Im Jahre 1921 wurde R. Professor an der St.-Andrews-Universität in Schottland, 1922 in Manchester und 1927 am University College in London. Danach war er kurze Zeit Direktor einer Farbstoffirma und wurde 1930 Waynflete-Professor für Chemie an der Universität Oxford. Hier baute R. eines der weltweit führenden Labors für organische Chemie auf, das er bis zu seiner Emeritierung im Jahre 1955 leitete.

Zusammen mit seiner Gattin, einer ebenfalls hervorragenden Chemikerin, wandte er sich in den 20er Jahren der Konstitution von Pflanzenfarbstoffen, insbesondere den Anthocyanen, zu, die bis etwa 1938 aufgeklärt wurden. In diesem Zeitraum widmete er sich auch dem Alkaloidgebiet, wo er bedeutende Beiträge zur Strukturaufklärung von Morphin, Papaverin, Narcotin, Strychnin, Brucin usw. leistete und mit brillanten Synthesen die Grundlagen für die industrielle Herstellung zahlreicher physiologisch wirksamer Stoffe schuf. Von R.s Alkaloidarbeiten wurde besonders berühmt seine mit Perkins publizierte Synthese des im Opium vorkommenden Alkaloid Narkotin. Er konnte fernerhin viele Fragen der Biogenes von Alkaloiden klären. Er erkannte, daß die Begleitalkaloide des Morphins, etwa das Laudanosin, Vorstufen der komplizierten Morphinstruktur sein könnten. Tatsächlich gelang dann Grewe die Synthese des Morphingerüstes auf einem Wege, der die R.sche Vermutung stützte.

Durch „vergleichende anatomische" Betrachtungen über die molekulare Architektur der Naturprodukte kam R. zu Ansichten, die zum Verstehen vieler biochemischer Zusammenhänge wegweisend gewesen sind. Als die primären Bausteine betrachtete er im allgemeinen die einfachsten Bestandteile der Eiweißstoffe, die Aminosäuren und einfache Kohlehydrate.

Je mehr Alkaloide erforscht wurden, man kennt inzwischen über 7.000 Alkaloide, und viele davon haben als Heil-, Anregungs-, Betäubungsmittel, Gifte und Rauschgifte große Bedeutung, desto klarer erwies sich die fundamentale Richtigkeit der schon frühzeitig aufgestellten Gesichtspunkte R.s. Zahlreiche Reaktionen sind mit seinem Namen verbunden.

Rowland, Frank Sherwood – amerikanischer Chemiker
geb. 28.6.1927 in Delaware (Ohio)
Nobelpreis 1995, für seine bedeutenden Arbeiten zur Chemie der Atmosphäre, insbesondere für seine Leistungen bei der Entschlüsselung der chemischen Prozesse der Bildung und des Abbaus von Ozon.

R. studierte Chemie an der University of Chicago. 1952 promovierte er. 1963 wurde er zum ordentlichen Professor an die University of Kansas berufen. 1964 erhielt R. eine Berufung an die University of California in Irvine, wo er seit 1994 Forschungsprofessor ist.

Die drei Nobelpreisträger P. Crutzen, M. Molina und R. entdeckten, wie empfindlich die Ozonschicht durch geringe Veränderungen der Zusammensetzung der Atmosphäre geschädigt werden kann. Es wurde festgestellt, daß die früher als umweltneutral geltenden Fluorchlorkohlenwasserstoffe (FCKW), die als Treibgase in Spraydosen, als Kühlmittel in Kühlschränken und Kältemaschinen sowie als Treibmittel bei der Herstellung von Schaumstoffen verwendet werden, langfristig die Ozonschicht angreifen und zerstören können. Diese und einige ähnliche Gase steigen nämlich nach ihrer Freisetzung langsam in die Atmosphäre auf, in zehn bis 15 Jahren bis in die Stratosphäre. Aufgrund ihrer chemischen Stabilität bleiben sie dabei erhalten. In der Ozonschicht werden sie schließlich durch die UV-Strahlung zerstört. Dadurch werden Chloratome freigesetzt, die auf katalytischem Weg die Ozonschicht abbauen. Meßergebnisse aus der Atmosphäre, Laborversuche und Modellrechnungen haben die Vermutung bestätigt, daß die Zerstörung der Ozonschicht auf die Zersetzungsprodukte der FCKW zurückzuführen, also vom Menschen verursacht worden ist.

R. und M. Molina sorgten 1974 für Aufsehen, als sie in der Wissenschaftszeitschrift „Nature" einen Artikel über die Bedrohung der Ozonschicht durch FCKW veröffentlichten. Ihre Berechnungen ergaben, daß bei bleibendem FCKW-Einsatz auf der Erde die Ozonschicht kontinuierlich abnehmen würde. Die Entdeckungen R.s und Molinas führten zu ersten Anstrengungen, die FCKW-Emissionen zu begrenzen. Der Ausstieg aus der FCKW-Produktion und -Vermarktung wurde von den meisten Industriestaaten in den 90er Jahren angestrebt. Auch mit dem Ausstieg aus der FCKW-Herstellung wird sich die Ozonschicht erst Mitte des 21. Jahrhunderts regenerieren, da FCKW eine Lebensdauer von 50 bis 100 Jahren besitzen.

Durch die Klarlegung der chemischen Mechanismen und ihre Warnungen vor den weiteren Folgen einer ungehemmten Emission ozonzerstörender Gase leisteten Crutzen, Molina und R. einen maßgeblichen Anteil an der Entwicklung gegensteuernder Strategien.

Rutherford, Lord Ernest, Baron of Nelson (ab 1931) – englischer Physiker neuseeländischer Herkunft
geb. 30.8.1871 in Brightwater bei Nelson (Neuseeland)
gest. 18.10.1937 in Cambridge (Großbritannien)
Nobelpreis 1908, für seine Untersuchungen über den Zerfall der Elemente und die Chemie der radioaktiven Stoffe.

R., Sohn eines Farmers und einer Lehrerin, studierte Mathematik und Physik an der Universität von Neuseeland in Christchurch. 1896 wurde der junge R. durch eine Arbeit über elektrische Entladungen in Gasen und die Ionisierung der Luft mit Hilfe der neuentdeckten Röntgenstrahlung in der Welt der Wissenschaft bekannt, die er im Rahmen eines Stipendiums in England am Cavendish-Laboratorium durchgeführt hatte. 1898 unterschied er zwei Arten der radioaktiven Uranstrahlung, die er Alphastrahlen und Betastrahlen nannte. Alphastrahlung besitzt hohes Ionisierungs-, aber geringes Durchdringungsvermögen und kann bereits von Luft aufgehalten werden. Betastrahlen sind kaum ionisierend, können jedoch dicke Metallplatten durchdringen. Die endgültige Klärung der Natur dieser Strahlen dauerte über zehn Jahre, bis sich herausstellte, daß Alphateilchen Heliumatomkerne und Gammastrahlen eine besondere Art von Röntgenstrahlen sind, und sie eine enorme Bedeutung für die Entdeckung der Atomstruktur erlangten.

1898 ging R. nach Montreal, um dort die Leitung eines Forschungsinstituts an der McGill University zu übernehmen. Im Jahre 1900 gelang ihm die Aufklärung der sogenannten radioaktiven Emanation. Damit bestätigte er die auch von anderen Forschern gemachten Beobachtungen, wonach die radioaktiven Elemente Thorium, Radium und Actinium gasförmige Produkte absondern, Emanation genannt, die gleichfalls radioaktiv sind und in kurzer Zeit wieder zerfallen. R. und Soddy erkannten die Radioaktivität als eine Folge eines Prozesses, der völlig außerhalb des Bereichs aller bekannten Kräfte liegt und der nicht geschaffen, verändert oder vernichtet werden kann. Nach dieser Theorie sind die Atome der radioaktiven Elemente instabil und haben deshalb nur eine bestimmte charakteristische Lebensdauer, die sogenannte Halbwertszeit. Die wichtige Ableitung, die aus dem Studium der Radioaktivität hervorging, war die Atomstruktur.

1907 siedelte R. wieder nach England über und erhielt eine Professur für Physik an der Universität in Manchester. Er entwickelte ab 1911 sein Atommodell, nach dem sich das Atom aus einem positiv geladenen Kern, in dem fast die gesamte Atommasse konzentriert ist, und aus Elektronen mit negativer elektrischer Ladung und relativ geringer Masse zusammensetzt, die sich um den Kern bewegen. Die Anzahl der Elektronen ist bei den verschiedenen Elementen unterschiedlich, wobei die Kernladung gleich der Summe der Elektronenladungen ist, so daß das Atom als Gesamtheit elektrisch neutral erscheint. Das R.-Modell verfügte über einige Unzulänglichkeiten und wurde mit dem Auftauchen der Quantenmechanik entscheidend abgeändert. Aber in der Geschichte der modernen Physik war es von zentraler Bedeutung und stellte die theoretische Basis für die notwendigen Korrekturen am Periodensystem dar.

Im Jahre 1919 wurde R. Professor für Experimentelle Physik am Cavendish-Laboratorium in Cambridge. Im gleichen Jahr erreichte er in Cambridge den größten Triumph seiner wissenschaftlichen Tätigkeit, als er nachwies, daß man den Atomkern des Stickstoffs durch Bombardieren mit Alphateilchen spalten kann. Das Experiment war, wie man sich später bewußt wurde, die erste vorsätzlich herbeigeführte Kernspaltung.

Ružička, Leopold – Schweizer Chemiker kroatischer Herkunft

geb. 13.9.1887 in Vukovar (Kroatien)

gest. 26.9.1976 in Mammern am Untersee (Bodensee)

Nobelpreis 1939, für seine Arbeiten über vielgliedrige Ringe, höhere Terpenverbindungen und männliche Sexualhormone.

R. studierte an der Technischen Hochschule in Karlsruhe Chemie und promovierte 1910. 1916 habilitierte sich R. an der ETH Zürich. 1923 wurde er Titular-Professor an der Universität Zürich. 1925 ging er als wissenschaftlicher Mitarbeiter zur Riechstoff-Firma Givaudan nach Genf.

Bei der Beschäftigung mit den Geruchsstoffen der Zibetkatze und des Moschus fand R. im Zibeton und Muscon Riesenkohlenstoffringe mit der bis dahin nicht für existent gehaltenen Zahl von 15 Gliedern, und er arbeitete Synthesewege für diese Substanzklasse aus. Er war maßgeblich beteiligt an der Aufklärung der Ringstruktur von Moschus und Zibet, zweier für die Kosmetik- und Parfümindustrie wichtiger tierischer Sekrete. Der Zusammenarbeit auf dem Gebiet der Riechstoffe verdankt R. die Entdeckung der vielgliedrigen Ringe, die ein neues Kapitel der Chemie eröffnete und seinen Namen in der Fachwelt bekannt machte.

1929 kam R. auf den Lehrstuhl für Organische Chemie an der ETH in Zürich. Er wurde 1957 emeritiert. 1926 entwickelte R. die Metallsalz-Destillation, und mit diesem Verfahren konnte er Ringketone mit bis zu 34 Kohlenstoffatomen im Ring herstellen und damit das Baeyersche Postulat, nach dem derartig große Ringe nicht existenzfähig sind, widerlegen. In weiteren umfangreichen Arbeiten beschäftigte er sich mit Terpenen (Gruppe von Naturstoffen) und Polyterpenen. In diesem Zusammenhang wurden das Phytol, die alkoholische Komponente des Chlorophylls, und das Vitamin A (Retinol) als Polyterpenverwandtes erkannt. Die von ihm formulierte Isoprenregel ermöglichte die Strukturaufklärung vieler komplizierter Naturstoffe, darunter auch der Steroide. Auch hierbei war R. bahnbrechend tätig.

Die Höhepunkte seiner wissenschaftlichen Arbeiten lagen in den 30er und 40er Jahren. Dazu gehörten die Synthese männlicher Sexualhormone, wobei er zugleich die von A. F. Butenandt vermutete Struktur experimentell bestätigte. 1933/34 ermittelte R. die Konstitution des männlichen Sexualhormons Androsteron und synthetisierte es. Damit gelang ihm die erste Partialsynthese eines Sexualhormons. Die Teilsynthese eines weiteren männlichen Sexualhormons, des Testosterons, folgte. Durch diese und nachfolgende Arbeiten auf dem Gebiet der Steroide und Sexualhormone hat R. nicht nur eine wichtige wissenschaftliche Leistung vollbracht, er hat dadurch auch den Zugang zu den medizinisch außerordentlich wichtigen anderen Steroid-Hormonen erschlossen.

Sabatier, Paul – französischer Chemiker
geb. 4.11.1854 in Carcassonne (Südfrankreich)
gest. 14.8.1941 in Toulouse
Nobelpreis 1912, für seine Methode, organische Verbindungen bei Gegenwart feinverteilter Metalle zu hydrieren, wodurch der Fortschritt der organischen Chemie in hohem Grad gefördert worden ist.
Ab 1872 studierte S. Naturwissenschaften, insbesondere Physik in Paris. Ab 1877 war er kurze Zeit Lehrer für Naturwissenschaften am Lyzeum in Nimes. 1880 promovierte er. 1882 wurde er Dozent für Physik und 1883 für Chemie an der Universität Toulouse. 1884 wurde S. an dieser Universität zum ordentlichen Professor für Allgemeine Chemie ernannt. 1929 trat er in den Ruhestand, hielt aber noch bis 1939 Vorlesungen.

S. beschäftigte sich zuerst mit Problemen der organischen und physikalischen Chemie. 1892 wandte er sich den chemischen Reaktionen feinverteilter Metalle zu. Seine umfangreichen physikalisch-chemischen Forschungen galten vorwiegend thermochemischen Bestimmungen bei Sulfiden, Chloriden und Chromaten, ferner der Umsatzgeschwindigkeit der metaphosphorischen Säure und den Absorptionsspektren sowie der Aufspaltung einer Base zwischen zwei Säuren.

Ab 1897 begann S. die Umsetzungen ungesättigter Kohlenwasserstoffe mit aktiven Metallen zu untersuchen. Mit seinem Mitarbeiter Abbe J. B. Senderens untersuchte er die Reaktion von Ethen an feinverteiltem Nickel näher und fand, daß das neben Kohlenstoff entstehende Gas nicht Wasserstoff, sondern Ethan ist, ein gasförmiger Kohlenwasserstoff. Sie ließen ein Wasserstoff-Ethen-Gemisch an porösem Nickel reagieren und erhielten dabei 100%iges Ethan. Damit hatten sie die katalytische Wirkung des feinverteilten Nickels und gleichzeitig eine allgemeine Methode für die katalytischen Hydrierungen von Kohlenstoffverbindungen unter Kontakt mit feinverteilten Metallen aufgefunden. Seine Arbeiten über die Metalloxide als Katalysatoren führten zu ganzen Reihen von Umsetzungsmethoden bei Alkoholen und Phenolen. Bei weitergehenden Untersuchungen hydrierten sie u. a. im Jahre 1900 Benzen zu Cyclohexan und Nitrobenzen zu Cyclohexylamin. 1901 verallgemeinerten sie ihre Ergebnisse zur Feststellung, daß ungesättigte Verbindungen mit Wasserstoff bei 150 bis 200 Grad Celsius an frisch reduziertem Nickel hydriert werden können.

Mit diesen Arbeiten schuf S. die Grundlage für viele neue chemische Industriezweige, beispielsweise für die Petrolchemie, die Zwischenproduktfabrikation und die katalytische Fetthärtung.

Sanger, Frederick – britischer Molekularbiologe und Biochemiker
geb. 13.8.1918 in Rendcomb (Gloucestershire)
Nobelpreis 1958, für seine Arbeiten über die Struktur der Proteine, besonders des Insulins.
Nobelpreis 1980, für seine Beiträge die Bestimmung von Basissequenzen in Nukleinsäuren betreffend.
S. studierte Chemie an der Universität Cambridge und promovierte 1943. Als Mitglied der Quäker, einer christlichen Sekte mit bedeutender Sozialarbeit, war er vom Kriegsdienst befreit und konnte seine wissenschaftlichen Arbeiten fortführen. Von 1944 bis 1951 arbeitete S. mit einem Forschungsstipendium am Biochemischen Institut in Cambridge. Von 1951 bis zu seiner Pensionierung 1983 gehörte er dem Forschungsstab des Medical Research Council an und arbeitete an den MRC Laboratories of Molecular Biology in Cambridge.

Bei seinen Arbeiten zur Strukturbestimmung von Proteinen kombinierte er chromatographische Trennung der Hydrolyseprodukte mit der von ihm entwickelten Methode der Determinierung endständiger Aminogruppen mit Dinitrofluorbenzen. 1945 begann er mit diesen Verfahren die Peptidsequenz des Insulins zu bestimmen. Ein ganzes Jahrzehnt benötigte S. mit seinen Mitarbeitern zur Insulinanalyse und Entschleierung der Konstitutionsformel. Das Team ergründete, daß das verwirrend kompliziert aufgebaute Insulinmolekül aus zwei Ketten von 51 Aminosäuren besteht, die durch Schwefelbrücken miteinander verbunden sind. 1951 war die Sequenz der längeren B-Kette mit 30 Aminosäuren und 1953 die der kürzeren A-Kette mit 21 Aminosäuren aufgeklärt. 1955 wurde von S. die Strukturaufklärung des Insulins mit der Lokalisierung der Disulfidbrücken abgeschlossen. Es war das erste Peptidhormon, dessen Struktur geklärt wurde. Die im Jahre 1952 erfolgte Aufklärung der Primärstruktur durch S. und die 1963 gelungene Totalsynthese durch H. Zahn bedeuteten Marksteine auf dem Wege der Eiweißsynthese. S.s Forschungen waren auch für die Medizin von großer Bedeutung.

Anfang der 60er Jahre wandte sich S. der Sequenzanalyse von Ribonukleinsäure zu, wobei er durch Einführung der Isotopentechnik das Verfahren wesentlich vereinfachte und beschleunigte. Anfang der 70er Jahre dauerte es noch zwei Jahre, um die Reihenfolge von 20 Nukleotiden innerhalb des Moleküls zu ermitteln. Heute braucht man dazu kaum einen Tag. Walter Gilbert (ebenfalls Nobelpreis 1980) und S. hatten unabhängig voneinander verschiedene Methoden zur Bestimmung der exakten Reihenfolge der Nukleotidbausteine in der Desoxyribonukleinsäure entwickelt. 1970 begann S. die Sequenzanalyse der Desoxyribonukleinsäure des Bakteriophagen Phi X 174, er ermittelte die Reihenfolge der 5.375 Bausteine der Erbsubstanz dieses Bakterienvirus, deren Ergebnis 1978 publiziert wurde. Damit legte S. die erste komplette chemische Analyse der Nukleotidsequenz eines genetischen Codes vor. Inzwischen konnte mit den Verfahren von S. die biochemische Struktur weiterer Gene und DNA-Ketten bestimmt werden. Die Kenntnis der Nukleotidsequenz in der Erbsubstanz ist Voraussetzung für ihre gezielte Veränderung. Die Untersuchungen der Nobelpreisträger P. Berg, W. Gilbert und S. haben einen detaillierten Einblick in die chemischen Grundlagen der genetischen Maschinerie lebender Organismen ermöglicht.

Seaborg, Glenn Theodore – amerikanischer Chemiker
geb. 19.4.1912 in Ishpeming (Michigan)
gest. 25.2.1999 in Lafayette (Kalifornien)
Nobelpreis 1951, für die Entdeckungen auf dem Gebiet der Chemie der Transurane.
S., Sohn eines Maschinisten schwedischer Abstammung, mußte sich sein Studium der Chemie und Physik als Arbeiter auf Obstfarmen, in Fabriken und als Drucker beim „Los Angeles Herald“ verdienen. Ab 1929 studierte er an der Universität von Kalifornien in Los Angeles. 1937 promovierte er in Berkeley in Chemie, und 1939 übernahm er eine Dozentenstelle. Von 1945 bis 1971 lehrte er dort als ordentlicher Professor für Chemie. Von 1958 bis 1961 fungierte er als Kanzler der Universität.

1941 hatten amerikanische Forscher unter Leitung von S. Mikrogrammengen des Elements Plutonium im Labor hergestellt und die Spaltbarkeit des Isotops 239 nachgewiesen. Die Atomindustrie wartete gespannt auf weitere Forschungsergebnisse, um das im Uranmeiler entstehende Plutonium abtrennen zu können. Ende des Jahres 1942 hatte das Forscherteam in mühevoller Kleinarbeit die geringe Menge von einem halben Milligramm Plutoniumsalz hergestellt. Trotzdem untersuchten S. und sein Team mit Methoden der Ultramikrochemie sehr gründlich die Eigenschaften dieses echten Transurans. Mit dieser wissenschaftlich beachtlichen Leistung schuf S. die Grundlage für die technische Plutoniumgewinnung.

S. war an der Entdeckung vieler Transurane bis zum Element 102 beteiligt. Durch Alpha-Beschuß erhielten die Forscher aus Plutonium das Element 96 (Curium, 1944), aus Americium (Element 95) das Berkelium (Element 97) im Jahre 1949 und ein Jahr später aus Curium das Element 98 (Californium). Die nachfolgenden Elemente wurden entdeckt, indem die zuletzt gefundenen Elemente mit Alpha-Teilchen oder leichtere, z. B. Curium oder Berkelium, mit Kernen von Kohlenstoff, Stickstoff oder Sauerstoff beschossen wurden. Unter Leitung von S. wurden in den Jahren bis 1958 weitere Elemente wie Einsteinium, Fermium, Mendelevium und Nobelium entdeckt. Mit seinen Mitarbeitern konnte er die Stellung von mehr als 100 Isotopen im Periodensystem klären. Er stellte das Actinidenkonzept der Elektronenstruktur der schweren Elemente auf, das diese Elemente analog der Serie der Seltenen Erdelemente in das Periodensystem einordnet. Verwendung finden Transurane in wachsendem Maß in Forschung und Technik.

Von 1961 bis 1971 war S. Vorsitzender der U.S. Atomenergie-Kommission und unterstützte 1961 Präsident Kennedys Beschluß, die Kerntests wieder aufzunehmen. 1971 wurde S. in den Rang eines University-Professors erhoben, und 1983 übernahm er eine Professur an der Graduate School of Education in Berkeley.

Semjonow, Nikolai Nikolajewitsch – sowjetischer Physikochemiker
geb. 15.4.1896 in Saratow
gest. 25.9.1986 in Moskau
Nobelpreis 1956, für die Analyse von Reaktionsmechanismen bei chemischen Vorgängen.
S. studierte von 1913 bis 1917 an der Universität in St. Petersburg Physik und Mathematik. 1917 promovierte er. 1920 übernahm er das Laboratorium für Elektronenprozesse des Leningrader Polytechnischen Instituts und baute hier die Abteilung für physikalische Chemie auf. 1928 wurde er als Professor berufen.

Das wissenschaftliche Werk S.s ist fast ausschließlich der Erforschung der Reaktionskinetik und der Theorie der Kettenreaktionen gewidmet. Untersuchungen über den Ablauf chemischer Reaktionen und Versuche, diesen Ablauf auch mathematisch zu erfassen, begannen in der zweiten Hälfte des 19. Jahrhunderts. Im Zusammenhang mit katalytischen Prozessen trat das Problem der Kettenreaktion auf, das von Bodenstein 1913 erstmalig in einer Theorie zusammengefaßt wurde. Diese Theorie wurde nun von S. aus ihrer allgemeinen Bedeutung für eine große Anzahl von praktischen Problemen nutzbar gemacht. Bei Untersuchungen des thermischen Gehalts von Gasgemischen erkannte er 1924, daß sich Phosphordämpfe nur bei einem bestimmten „kritischen“ Sauerstoffdruck entzünden. Seine Erkenntnis, daß nicht nur bei den Startreaktionen, sondern auch in der Reaktionskette mehr als ein aktives Teilchen entsteht, die Kette sich also verzweigt, ergab Möglichkeiten der Reaktionsbeeinflussung in der Hinsicht, daß einmal Reaktionen zu immer größerer Heftigkeit gesteigert werden können, zum anderen Reaktionen auch verhindert werden können.

Praktische Bedeutung haben diese Feststellungen für die Herstellung hochwertiger klopffester Kraftstoffe. Die Kenntnis des Ablaufes einer Kettenreaktion ermöglicht viele neue Schlußfolgerungen, die Geschwindigkeit einer Reaktion und sogar ihre Ausbeute zu regulieren und eine chemische Reaktion in die gewünschte Richtung zu steuern. In der Praxis wirken sich diese Möglichkeiten bei der Vervollkommnung und Entwicklung neuer industrieller Verfahren aus. Damit schuf S. die Voraussetzung zur Entwicklung vieler Kunststoffe, denn nun waren Polymerisationen im großtechnischen Maßstab durchführbar. Bei seinen Experimenten entdeckte S. auch die bis dahin unbekannte verzweigte Kettenreaktion sowie drei neuartige Reaktionen mit unverzweigten Ketten.

1931 wurde S. wissenschaftlicher Leiter des neugegründeten Instituts für Chemische Physik der Akademie der Wissenschaften in Leningrad. In den 40er Jahren setzte er die Erforschung chemischer Vorgänge bei Explosionen fort. Seine Arbeiten hatten große Bedeutung für die Konstruktion von Verbrennungsmotoren und die Entwicklung der Sprengstofftechnik. Neben seiner Tätigkeit in der Akademie der Wissenschaften übernahm S. noch eine Professur für Physikalische Chemie an der Moskauer Lomonossow-Universität.

Shirakawa, Hideki – japanischer Chemiker
geb. 1936 in Tokio
Nobelpreis 2000, für seinen Beitrag bei der Entdeckung und Entwicklung von elektrisch leitenden Polymeren.
S. begann 1955 ein Chemiestudium am Tokyo Institute of Technology und promovierte hier 1966. Bereits in dieser Zeit beschäftigte er sich mit makromolekularen natürlichen und synthetischen Verbindungen. Im Jahr 1966 erhielt S. eine Anstellung als wissenschaftlicher Mitarbeiter am Institut für Materialforschung der Universität von Tsukuba. Im Jahr 1982 erhielt er eine Berufung als ordentlicher Professor für Chemie, und im Frühjahr 2000 wurde er emeritiert.

Als Forscher am Chemical Resources Laboratory des Tokyo Institute of Technology war er Anfang der 70er Jahre bei der Herstellung des Polymers Polyacetylen auf unerwartete Reaktionsergebnisse gestoßen. Bei Versuchen mit unterschiedlichen Katalysatormengen und Reaktionstemperaturen bildeten sich sehr unterschiedliche Filme (trans-Polyacetylen und cis-Polyacetylen). Doch auch dieses Material mußte weiter optimiert werden. Einen nicht unwesentlichen Anteil an diesen Entwicklungen hat auch der deutsche Wissenschaftler Gerhard Wegner vom Max-Planck-Institut für Polymerforschung in Mainz. Er hat mit dem Polydiacetylen experimentiert, das sich völlig anders verhält als das Polyacetylen. Wegner fand schließlich auch, daß die elektrischen Eigenschaften nicht nur vom einzelnen Molekül abhängen, sondern auch von der Architektur der Kristalle, also deren Bau und Packungsdichte. Mit seinen Forschungen hat er einen wesentlichen Beitrag zum theoretischen Verständnis der elektrischen Leitfähigkeit metallischer Polymere geleistet.

Mitte der 70er Jahre erfuhr der amerikanische Chemiker Alan MacDiarmid aus Fachzeitschriften von S.s Arbeiten zur Leitfähigkeit von Polymeren, und da er sich mit der gleichen Problematik beschäftigte, lud er den japanischen Chemiker zu einem Forschungsaufenthalt ein. Dritter im Bunde war der Physiker und Materialforscher Alan Heeger, der sich mit halbleitenden und metallischen Polymeren befaßte. In gemeinsamer Forschungsarbeit machten sie die Entdeckung, daß sich durch Zusatz nur kleiner Mengen des Oxidationsmittels Jod die Leitfähigkeit des Polyacetylenfilms drastisch verändert, im konkreten Fall zehnmillionenfach erhöhen ließ. Das Potential der leitenden Kunststoffe ist schier unerschöpflich. Sie eignen sich für Batterien und Sonnenzellen, für antistatische Beschichtungen, flache Bildschirme oder Korrosionsinhibitoren.

Letztlich geht es darum, die Dimension der elektronischen Bauteile immer weiter zu verkleinern, so daß früher oder später molekulare Dimensionen erreicht werden. Die drei Preisträger haben dazu die Voraussetzungen geschaffen.

Skou, Jens Christian – dänischer Mediziner und Biophysiker
geb. 8.10.1918 in Lemvig (Westjütland)
Nobelpreis 1997, für die Aufklärung der Struktur des von ihm entdeckten Enzyms „Natrium-Kalium-ATPase“, das Adenosintriphosphat (ATP) abbaut und in der Membran von Nervenzellen lokalisiert ist.
S. studierte Medizin an der Universität Kopenhagen, und nach seinem Abschluß 1944 war er in Kliniken in Hjörring und Aarhus tätig. Am Institut für Physiologie der Universität Aarhus promovierte er 1954. 1963 übernahm S. als ordentlicher Professor die Leitung des Physiologie-Departments der Universität. Von 1977 bis zu seiner Emeritierung 1988 hatte er in Aarhus den Lehrstuhl für Biophysik inne.

Die Nobelpreisträger des Jahres 1997 Paul D. Boyer (USA), John E. Walker (Großbritannien) und S. haben bahnbrechende Arbeiten über Enzyme unternommen, die an der Umsetzung der energiereichen Verbindung Adenosintriphosphat (ATP) beteiligt sind.

Das ATP gehört zu den wichtigsten Molekülen der Biochemie. Es wandelt letztlich die von Organismen durch Photosynthese erzeugte oder über Nährstoffe aufgenommene Energie in eine für die Lebewesen verwendbare Form um und gibt sie bei Bedarf für die unterschiedlichsten, zur Aufrechterhaltung des Lebens notwendigen Arbeitsleistungen ab. Da ATP in der Zelle ständig benötigt wird, muß es auch ständig neu produziert werden: Dafür sorgt überwiegend das Enzym ATP-Synthease.

S. begann in den 50er Jahren mit der Suche nach einem ATP-abbauenden Enzym in der Plasmamembran von Nervenzellen. Er beschrieb als erster ein Enzym, das den Transport von Substanzen durch die Zellmembran beschleunigt – eine fundamentale Eigenschaft aller lebenden Zellen. 1957 beschrieb S. in einem Aufsatz ein Enzym, die Natrium-Kalium-ATPase, die Substanzen gerichtet über eine Zellmembran transportieren kann. Er fand heraus, daß der Abbau des ATP durch ein Enzym mit einem Transport von Ionen durch die Zellmembran verbunden ist. Normalerweise ist die Natriumkonzentration in den Zellen niedriger und die Kaliumkonzentration höher als in der umgebenden Flüssigkeit. Die ATPase ermöglicht die Aufrechterhaltung dieser Gradienten.

Bei dem von S. untersuchten Enzym handelt es sich um die erste molekulare Pumpe, die entdeckt wurde. Da die Natrium-Kalium-ATPase drei positiv geladene Ionen aus dem Zellinneren nach außen transportiert, aber nur zwei Ionen hinein, baut sich eine elektrische Spannung über die Membran auf. Diese Potentialdifferenz macht die elektrische Reizleitung von Nervenzellen möglich. Auch das Zellvolumen wird über die Ionenpumpe reguliert. Schließlich dienen die unterschiedlichen Natriumkonzentrationen auch dazu, Zucker oder Aminosäuren aktiv in die Zelle und Calziumionen aus ihr heraus zu transportieren.

Inzwischen hat man eine ganze Reihe derartiger Pumpen gefunden. Ohne sie wären viele physiologische Vorgänge wie die Leitung von Nervenimpulsen nicht möglich.

Smalley, Richard Errett – amerikanischer Chemiker
geb. 6.6.1943 in Akron (Ohio)
Nobelpreis 1996, für die Entdeckung der Fullerene – einer dritten Form des Elementes Kohlenstoff.
S. absolvierte ein Chemiestudium an der Princeton University und promovierte 1973. 1981 wurde er zum ordentlichen Professor für Chemie an die Rice University in Houston (Texas) berufen. 1990 erhielt S. außerdem noch eine Professur in Physik.

Im Rahmen seiner Forschungstätigkeit hatte S. ein spezielles Instrument entwickelt und gebaut, eine Art Laserpulskanone (laser-supersonic-cluster beam apparatus), mit der er in der Lage war, nahezu jedes bekannte Material zu einem Plasma aus Atomen zu vergasen, um dann den Aufbau und die Verteilung der dabei entstehenden Cluster zu untersuchen. Clusterverbindungen gehören zur Gruppe von Koordinationsverbindungen, die mehrere gleiche oder auch verschiedene, stets unmittelbar miteinander verbundene Übergangsmetallatome als Zentralatome enthalten. Mit der Laserpulskanone suchten die drei Forscher Curl, Kroto und S. unter Laborbedingungen an der Rice University die harte Strahlung im Weltall zu ersetzen. Durch den Beschuß einer Kohlenstofffläche aus Graphit mit dem Laserpuls entstand Kohlenstoffgas. In Edelgasatmosphäre (Helium) kondensiert, entstanden Kohlenstoffcluster, die schließlich in stark abgekühltem Zustand mit Hilfe der Massenspektrometrie analysiert werden konnten.

Bei ihren Versuchen fanden die Wissenschaftler plötzlich eine unbekannte Substanz: Kohlenstoff-Moleküle aus 60 Atomen. Mit Gummibären und Zahnstochern versuchten Mitarbeiter, das Gebilde nachzubauen – ohne Erfolg. Schließlich fand S. selbst die Lösung: einen Papierfußball aus 20 Sechsecken und zwölf Fünfecken, wobei die Atome Eckpunkte bilden. 1990 zeigten Aufnahmen mit einem Raster-Tunnelmikroskop, daß die „Buckyballs" oder „Buckminsterfullerene" wirklich so aussehen. Die Herstellung von Fullerenen ist verhältnismäßig einfach. Als Ausgangsmaterial dienen zwei zugespitzte Graphitstäbe, die zusammengedrückt werden, während man einen starken elektrischen Strom durchleitet. Aus dem verdampfenden Kohlenstoff entsteht Ruß, der zehn bis 30 Prozent Fullerene enthalten kann. Weil sie in Lösungsmitteln wie Benzol und Toluol löslich sind, lassen sich Fullerene aus ihrer Mischung mit amorphem Ruß extrahieren. Weil sie untereinander nur schwach gebunden sind, wirken die Fulleren-Kugeln als ausgezeichnetes Schmiermittel. Bei gewissen Fullerenen liegen zusätzliche Atome im Inneren der Kugeln; so konnten Heliumverbindungen und Neonverbindungen nachgewiesen werden. Um größere Atome einzuwickeln, werden die Hohlräume höherer Fullerene benötigt. Damit eröffnet sich ein ganz neues Feld der Chemie mit eingewickelten Atomen.

Die Entdeckung der Fullerene durch Curl, Kroto und S. wird zukünftig solche Gebiete wie die Astrochemie, die Materialchemie, die Materialphysik und die Supraleitertechnik nicht unwesentlich beeinflussen.

Smith, Michael – kanadischer Biochemiker
geb. 26.4.1932 in Blackpool (England)
gest. 4.10.2000 in Vancouver (Kanada)
Nobelpreis 1993, für seinen Beitrag zur Entwicklung von Methoden auf dem Gebiet desoxyribonukleinsäurebasierter Chemie, insbesondere für seine grundlegenden Leistungen bei dem Zustandekommen der oligonukleotidbasierten gezielten Mutagenese und ihrer Weiterentwicklung für Proteinuntersuchungen.
S. studierte Chemie an der Universität Manchester, wo er 1956 promovierte. 1960 ging er als Forschungsmitarbeiter des Institute for Enzyme Research an die Universität von Wisconsin. 1971 erhielt er eine Berufung als ordentlicher Professor am Department of Biochemistry an der Universität von Vancouver. 1987 wurde S. zum Direktor des Biotechnology Laboratory der Universität ernannt.

Die beiden Nobelpreisträger K. B. Mullis und S. haben mit denen von ihnen entwickelten chemischen Methoden zur Untersuchung der Desoxyribonukleinsäuremoleküle der Erbmasse die biochemische Forschung nachhaltig angeregt und die Entwicklung der Gentechnik erheblich beschleunigt. Es war ein Traum der Biochemiker, ein bestimmtes Codewort in einem Molekül verändern zu können, um danach zu untersuchen, in welcher Weise sich die Eigenschaften des mutierten Proteins von seinen natürlichen unterscheiden. Durch die oligonukleotidbasierte gezielte Mutagenese wurde dieser Traum Wirklichkeit.

Bereits während der 70er Jahre ist es S. gelungen, Oligonukleotide (kurze, einsträngige DNA-Fragmente) chemisch zu synthetisieren. Er untersuchte außerdem, wie diese Fragmente sich mit der DNA eines Virus verbinden können. Er entdeckte dabei, daß ein synthetisches DNA-Fragment sich auch dann noch an der richtigen Stelle mit der DNA eines Virus verbinden und zur Synthese einer neuen DNA genutzt werden kann, wenn einer seiner Buchstaben fehlerhaft ist.

Die Desoxyribonukleinsäure setzt sich aus vier verschiedenen Bausteinen, den sogenannten Nukleotiden, zusammen, die zu zwei Meter langen und etwa zweimillionstel Millimeter dünnen Fäden verknüpft sind und zusammengefaltet in jeder Zelle liegen. Die wesentlichen Komponenten der Nukleotiden sind vier Basen, die mit den Anfangsbuchstaben ihrer chemischen Namen A (Adenin), C (Cytosin), G (Guanin) und T (Thymin) bezeichnet werden. Sie sind wie Perlen einer Kette hintereinandergereiht. Ihre Reihenfolge bestimmt die Erbanlagen. Die DNA liegt nicht als endloses Molekül vor, sondern verteilt sich auf die 46 Chromosomen der menschlichen Zelle, von denen je 23 von der mütterlichen bzw. väterlichen Keimzelle stammen. Die genetische Information in der DNA liegt in Form eines langen Satzes aus „Codewörtern" vor, in dem jedes Wort aus drei Buchstaben besteht, die auf vielerlei Art (z.B. CAG, ACT, GCC) miteinander kombiniert werden können. Jedes Codewort kann von spezialisierten Komponenten innerhalb der Zelle in eine der zwanzig Aminosäuren „übersetzt" werden, die Proteine aufbauen.

Diese Proteine sind für die Funktion der lebenden Zellen verantwortlich, weil sie u. a. vor allem als Enzyme funktionieren, die lebensnotwendigen chemischen Reaktionen in Gang halten.

1978 gelang es S. und seinem Forschungsteam erstmals, sowohl eine Mutation in einem bakterienfressenden Virus herbeizuführen, als auch einen natürlich mutierten Typ dieses Virus zu „heilen", ihm also seine natürlichen Eigenschaften zurückzugeben. 1982 konnten S. und sein Team durch den Austausch einer vorher bestimmten Aminosäure durch eine andere zum ersten Mal große Mengen eines mutierten Enzyms produzieren und isolieren.

Die gezielte Mutagenese ist nicht nur für die Grundlagenforschung von besonderer Bedeutung, sondern auch für die Biotechnik, die nun unter dem Begriff „Proteindesign" die Konstruktion von Proteinen mit wünschenswerten Eigenschaften erlaubt. Durch die Mutation von Proteinen des Immunsystems gibt es inzwischen schon erhebliche Fortschritte bei der Konstruktion von krebsbekämpfenden Antikörpern.

Soddy, Frederick – britischer Chemiker
geb. 2.9.1877 in Eastbourne (Sussex)
gest. 22.9.1956 in Brighton
Nobelpreis 1921, für seine Beiträge zur Kenntnis der Chemie der radioaktiven Stoffe und seine Untersuchungen über das Vorkommen und die Natur der Isotope (Atomarten).
1895 wurde S. am Merton College in Oxford für Chemie immatrikuliert. 1901 wurde er Mitarbeiter von Ernest Rutherford (Chemie-Nobelpreis 1908) in Montreal. Zusammen lieferten sie bahnbrechende Untersuchungen zur Radioaktivität. Es gelang ihnen auch, eine Deutung des radioaktiven Zerfalls von Thorium und Uran zu formulieren. Zusammen mit E. Rutherford entdeckte S. im Jahr 1901 das Edelgas Radon.

Im Jahre 1903 kehrte S. nach England zurück und arbeitete bei William Ramsay (Chemie-Nobelpreis 1904) in London. Es war bekannt, daß sich die radioaktiven Elemente wie Radium und Uran über einen Zeitraum von mehreren tausend Jahren unter Abgabe ihrer Strahlungsenergie umwandeln, daraus folgerte S., daß, wenn die Umwandlungszeit beschleunigt und der sehr beträchtliche Energiebetrag für den unmittelbaren Gebrauch entnommen werden könnte, für die Menschheit die Energie der Zukunft verfügbar ist. An der Universität London wurde 1904 der spektroskopische Beweis für den Atomzerfall durch die Umwandlung von Radium-Emanation in Helium geliefert.

1905 ging S. als Dozent für Physikalische Chemie an die Universität in Glasgow. Im Jahre 1910 stellte er fest, daß bei der Untersuchung der radioaktiven Zerfallsreihen bisher über 40 verschiedene Elemente mit unterschiedlichen radioaktiven Eigenschaften gefunden worden waren. Am Ende des periodischen Systems, wo diese neuen Elemente noch hätten eingeordnet werden können, gab es jedoch nur zehn oder 12 unbesetzte Plätze. S. nahm an, daß die bei den radioaktiven Umwandlungen entstehenden Elemente auch Plätze im periodischen System besetzen konnten, auf denen bereits bekannte Elemente lagen. Solche Elemente nannte er Isotope, nach der griechischen Bezeichnung für den „gleichen Platz", sie haben verschiedene Atomgewichte, aber die gleichen chemischen Eigenschaften und stehen demzufolge auf dem gleichen Platz im Periodensystem der Elemente. Außerdem gab S. die Positionen an, an denen die verschiedenen Isotope ins Periodensystem eingebaut werden mußten. Die folgenden Jahre brachten dann auch den eindeutigen Nachweis, daß die Isotope tatsächlich nur unterschiedliche Versionen eines einzigen chemischen Elementes darstellten. Sie unterschieden sich in der Masse ihrer Atomkerne und hatten deshalb unterschiedliche radioaktive Eigenschaften.

1914 wurde S. Professor für Chemie an der Universität Aberdeen. Hier gelang ihm der schlüssige Nachweis, daß Blei die Endstufe der radioaktiven Zerfallsreihe ist. 1919 erhielt er den Lehrstuhl für Anorganische und Physikalische Chemie in Oxford. Nach dem Tod seiner Frau im Jahre 1936 trat S. von seinen Ämtern zurück und ließ sich auch in Oxford emeritieren. In den folgenden Jahren kritisierte er das Konzept der freien Forschung, die keinerlei Verantwortung für die Nutzung ihrer Erfindungen übernimmt.

Stanley, Wendell Meredith – amerikanischer Biochemiker
geb. 16.8.1904 in Ridgeville (Indiana)
gest. 15.6.1971 in Salamanca (Spanien)
Nobelpreis 1946, für die Darstellung von Enzymen und Virusproteinen in reiner Form, insbesondere für die Darstellung des Tabakmosaikvirus in kristallisierter Form.
S., der eigentlich Footballtrainer werden wollte, begann ein Chemiestudium an der Universität von Illinois und promovierte 1929. Anschließend wirkte er dort als Forschungsassistent und Dozent für Chemie. 1932 ging S. an das Rockefeller-Institut für medizinische Forschung in Princeton.

Als er im Jahre 1932 die ersten Versuche unternahm, war die Natur der Viren ein vollständiges Geheimnis. Zu den wichtigsten Fortschritten auf diesem Gebiet gehört die Isolierung chemisch reiner Viren in den dreißiger Jahren. 1935 gelang S. die Darstellung eines Virus in kristallisierter Form, des Tabakmosaikvirus, und der Nachweis, daß es sich bei den erhaltenen infektiösen Kristallen um Eiweißkörper handelt. Bereits im folgenden Jahr wurde von anderen Forschern der Nachweis geführt, daß am Aufbau der Viren neben Proteinen auch Nukleinsäuren beteiligt sind. Nach Trennung beider Viruskomponenten gelang es, nur mit der isolierten Nukleinsäure des Tabakmosaikvirus eine Infektion der Tabakpflanzen zu erreichen.

S.s Entdeckung hat die Naturwissenschaft einen großen Schritt auf dem Weg zu einem näheren Verständnis der chemischen Natur der Lebensprozesse vorangebracht, denn die Virussubstanzen können in extrem kleinen Mengen Krankheiten hervorrufen, und sie haben die Fähigkeit, sich zu vermehren. Die

Aufzeigung der Tatsache, daß ein Virus in der gleichen Weise wie viele Proteine und Fermente kristallisiert werden kann und es tatsächlich ein Protein ist, öffnet der Wissenschaft ein völlig unbegrenztes Forschungsgebiet.

1948 wurde S. ordentlicher Professor für Biochemie und Direktor des Virus-Laboratoriums der Universität von Kalifornien in Berkeley. 1958 erhielt er eine Berufung als ordentlicher Professor für Virologie und übernahm zugleich bis 1964 die Leitung der Abteilung für Virologie in Berkeley. Seit 1964 war er auch noch Professor für Molekular-Biologie an der gleichen Hochschule. Seit 1951 beriet S. die Weltgesundheitsorganisation auf dem Gebiet der Viruserkrankungen.

Während einer Reise durch Spanien starb er in Salamanca an einem Herzinfarkt. Von 1952 bis 1956 gehörte S. dem nationalen Beraterkomitee für Krebsfragen im Rahmen des US-Dienstes für Volksgesundheit an.

Staudinger, Hermann – deutscher Chemiker
geb. 23.3.1881 in Worms
gest. 8.9.1965 in Freiburg (Breisgau)
Nobelpreis 1953, für seine Entdeckungen auf dem Gebiet der makromolekularen Chemie.
S., Sohn eines Sozialwissenschaftlers, studierte von Herbst 1899 bis 1901 Chemie in Darmstadt und München. 1903 promovierte er in Halle. Im Frühjahr 1907 habilitierte er sich. Aufgrund seiner bemerkenswerten Forschungsergebnisse erhielt er 1912 eine Berufung als Professor an das Eidgenössische Polytechnikum in Zürich.

Hier begründete S. jenes neue Gebiet der Chemie, dem er erst nach langen wissenschaftlichen Auseinandersetzungen Anerkennung verschaffen konnte: die Makromolekularchemie. Arbeiten über Autoxidation und Polymerisation der Ketene hatten S.s Aufmerksamkeit auf das Gebiet der Kolloidchemie und damit auch auf das der Makromoleküle gelenkt. Versuche zur synthetischen Herstellung von Kautschuk waren damals für führende deutsche Industriechemiker von besonderem Interesse. Kautschuk war ein chemisch sehr interessanter Stoff, weil er, wie Cellulose oder Eiweiße, nur kolloidale Lösungen bildet und nicht kristallisiert, so daß sich weder seine Molmasse noch seine Struktur mit den herkömmlichen Methoden der organischen Chemie bestimmen ließen.

Schon Anfang der 20er Jahre gelangte S. zu der Einsicht, daß diese Kolloidteilchen keine Assoziate aus kleinen Molekülen sind, die durch Nebenvalenzkräfte gebunden werden, sondern daß es sich um echte, durch Hauptvalenzen gebundene, riesige Moleküle handelt, deren Molmassen die sensationellen Werte von 100.000 bis zehn Millionen besitzen. Wenn ein Wassermolekül aus drei, das Ammoniakmolekül aus vier, das des Benzols aus zwölf, das des Chinins aus 48 Atomen besteht, so sind in den Makromolekülen, wie S. die Riesenmoleküle 1922 benannte, Tausende von Atomen in grundsätzlich gleicher Bindungsart miteinander verknüpft.

S. revolutionierte mit seinen neuen Erkenntnissen die bis dahin gültigen Vorstellungen über die Größe von Molekülen und deren Massen sowie über das Wesen der chemischen Verbindung. Er erkannte bald, daß die mechanischen Eigenschaften hochpolymerer Stoffe wie zum Beispiel von Gummi, Fasern oder Plasten mit ihrem Aufbau aus Makromolekülen zusammenhängen, und es gelang ihm mit seinen Mitarbeitern, den Zusammenhang von Molekülgröße und mechanischen Eigenschaften direkt aufzuzeigen. Für die besonders in den 30er Jahren einsetzende Entwicklung der technischen Gewinnung von Plasten und Elasten waren seine Erkenntnisse von großer Bedeutung.

S. folgte 1926 einem Ruf an die Universität Freiburg im Breisgau. Hier wirkte er bis zu seiner Emeritierung 1951 als Hochschullehrer und war auch maßgeblich am Aufbau einer Forschungsabteilung für makromolekulare Chemie beteiligt. Hier führte S. auch seine Arbeiten über Makromoleküle fort, seine Gedanken und Erkenntnisse wurden von der bis dahin empirisch vorgehenden jungen Kunststoffindustrie aufgegriffen und fanden mit den Vollsynthesefasern ihre glanzvolle Bestätigung.

Neben seinem überragenden wissenschaftlichen Wirken muß auch sein engagiertes Eintreten für Frieden serhalt bzw. -wiederherstellung erwähnt werden. S., dessen vordergründiges naturwissenschaftliches Interesse stets der Frage nach den verfügbaren Energien gegolten hatte, machte später auch darauf aufmerksam, daß mit der Atomenergie der Menschheit eine Energiequelle von bisher nicht gekanntem Ausmaß zur Verfügung steht, für deren Einsatz sie eine noch viel größere gesellschaftliche Verantwortung trägt.

Stein, William Howard – amerikanischer Biochemiker
geb. 25.6.1911 in New York City
gest. 2.2.1980 in New York City
Nobelpreis 1972, für seinen Beitrag zum Verständnis der Verbindung zwischen chemischer Struktur und katalytischer Tätigkeit des aktiven Zentrums der Ribonukleasemoleküle.
S. studierte von 1927 bis 1929 an der Phillips Exeter Academy, dann von 1929 an der Harvard University. 1938 promovierte S. an der Columbia-Universität in New York. Danach wurde er Mitarbeiter, später Professor am Institute Medical Research des Rockefeller-Instituts in New York. Er ist mehrfach in Regierungskommissionen als Berater tätig gewesen.

Die Ribonuklease war das erste Enzymprotein, dessen Primärstruktur (Aminosäuresequenz) bestimmt werden konnte. Lange blieb offen, wieso ein Enzym immer bestimmte Moleküle in einer Zelle auf- oder abbaut. Um hinter dieses Geheimnis des Lebens zu kommen, war es nötig, den genauen Aufbau eines Enzymmoleküls zu erforschen, und zwar nicht nur den seiner Molekül- und Atombausteine, sondern auch die exakte Aufeinanderfolge und gegenseitige räumliche Zuordnung der einzelnen Aminosäuren, aus denen es sich zusammensetzt. Der erste, der überhaupt die Primärstruktur eines Proteins aufklärte, war F. Sanger.

Die Sequenzanalyse von wesentlich größeren (die Ribonuklease ist beispielsweise aus 124 Aminosäuren zusammengesetzt) und komplizierter gebauten Proteinmolekülen wäre nahezu unmöglich gewesen, hätten nicht S. Moore und S. den automatischen Aminosäureanalysator entwickelt. Mit diesem Gerät erhält man eine vollständige quantitative Analyse bereits nach einem Tag. Die Entwicklung des Aminosäureanalysators war Ende der 50er Jahre abgeschlossen, und schon 1960 gelang Moore und S. dann die Aufklärung der Aminosäuresequenz der Ribonuklease. Zu diesem Zeitpunkt war der Zusammenhang zwischen Struktur und Funktion von Enzymen noch weitestgehend unbekannt. Die Sequenzanalyse war der erste wesentliche Schritt zum Verständnis derartiger Zusammenhänge.

Mit der Aufklärung der komplizierten räumlichen Struktur zeigten die Wissenschaftler Anfinsen, Moore und S. Wege zum Verständnis der Funktionen des aktiven Ribonukleasezentrums.

Sumner, James Batcheller – amerikanischer Biochemiker
geb. 19.11.1887 in Canton (Massachusetts)
gest. 12.8.1955 in Buffalo (New York)
Nobelpreis 1946, für seine Arbeiten hinsichtlich der Kristallisierbarkeit von Enzymen.
Mit 17 Jahren wurde S. von einem Jagdgefährten bei der Hühnerjagd angeschossen und ihm mußte der linke Unterarm amputiert werden. Ab 1906 studierte er an der Harvard-Universität in Cambridge Chemie, wo er nach einer Unterbrechung 1914 promovierte. Danach ging er als Dozent für Biochemie an die Cornell-Universität in Ithaca (New York).

Hier stellte er sich drei Jahre später seine wissenschaftlich-experimentelle Aufgabe: Isolierung eines Fermentes. S. wählte unter den vielen damals bekannten Fermenten die Urease aus. Die Urease ist in vielen Pflanzen zu finden. Unter ihnen hat die Schwertbohne (Jackbeans, Canavalia ensiformis) einen besonders hohen Ureasegehalt, und damit war für S. ein günstiges Ausgangsmaterial gegeben. Zunächst wurden Versuche gemacht, möglichst viele chemische Verbindungen aus der Jackbohne zu isolieren; dabei war das Augenmerk besonders auf die Proteine gerichtet, unter denen S. von Beginn an die Urease vermutete. 1919 isolierte und kristallisierte er aus ihnen die Lektine Canavalin sowie Concanavalin A und B. Doch bei den Versuchen, die Urease anzureichern und zu reinigen, tauchten erhebliche Schwierigkeiten auf. Nach neunjähriger angestrengter Forschungsarbeit kam 1926 der verdiente Erfolg, als S. eines Tages einen Tropfen der Versuchsflüssigkeit unter dem Mikroskop betrachtete, bemerkte er, daß er viele winzige Kristalle enthielt. Diese waren von einer Form, wie er sie niemals vorher gesehen hatte. Er extrahierte aus den Jackbohnen mit Azeton das Enzym Urease, kristallisierte es und stellte Proteinnatur fest. Damit war erstmals ein Enzym rein und kristallin dargestellt worden.

1929 wurde S. ordentlicher Professor für Biochemie an der Cornell University in Ithaca. Als Ergebnis einer Zusammenarbeit mit T. Svedberg erschienen 1938 fünf Arbeiten über die Molekulargewichte von Urease, Concanavalin A, Concanavalin B, Canavalin und Katalase, eines Enzyms, das S. im Jahr zuvor aus Leber isoliert und kristallisiert hatte. 1947 wurde S. Direktor des Laboratoriums für Enzym-Chemie an der Cornell University in Ithaca.

Heute kennt die Wissenschaft bereits über zweitausend Enzyme. Von diesen wiederum konnten bisher mehr als 200 in reiner, meist kristallisierter Form hergestellt werden. Als von der lebenden Zelle gebildete Wirkstoffe ermöglichen oder beschleunigen Enzyme durch ihre Katalysatorwirkung die für den lebenden Organismus notwendigen Reaktionen. Früher nannte man diese Biokatalysatoren auch Fermente.

Svedberg, Theodor – schwedischer Chemiker
geb. 30.8.1884 in Fleräng bei Gävle
gest. 26.2.1971 in Koppaberg bei Örebro
Nobelpreis 1926, für seine grundlegenden Untersuchungen über Kolloide, insbesondere für seine Arbeiten über disperse Systeme.
1904 studierte S. an der Universität Uppsala Chemie. Er promovierte 1907 und wurde kurze Zeit danach Dozent. Im Jahre 1912 bekam S. den ersten Lehrstuhl für Physikalische Chemie in Schweden an der Universität in Uppsala, wo er bis zu seinem Rücktritt im Jahre 1949 tätig war.

1907 legte S. seine Dissertation „Studien zur Lehre von den kolloiden Lösungen" vor. Schon dadurch wurde er international als bahnbrechender und genialer Forscher bekannt. In der Folgezeit gelang ihm die reproduzierbare Darstellung zahlreicher Metallsolen, so daß er physikalische und chemische Untersuchungen an ihnen vornehmen konnte.

S. begann mit dem Bau eines Ultramikroskopes zu einer Zeit, da Uppsala noch nicht einmal elektrifiziert war! Die mit verschiedenen Methoden ermittelte Teilchengrößenverteilung in Solen führte im Jahre 1913 zur Berechnung der Avogadroschen Zahl aus der Brownschen Bewegung. Anschließend untersuchte S. die optischen Eigenschaften (Lichtwirkung und Lichtabsorption) kolloidaler Systeme. Nachdem erwiesen war, daß die wichtigsten organischen „Bausteine" des Körpers, die Eiweiße und Nukleinsäuren, ausschließlich als Makromoleküle vorliegen, nahm die physikalisch-chemische Analytik derselben einen entscheidenden Aufschwung.

1924 konstruierte S. mit Nichols in Wisconsin die erste optische Zentrifuge, bei der das Absetzen des Sedimentes fotografisch verfolgt werden konnte. Im gleichen Jahr erschien eine Veröffentlichung von S. und Rinde über den Einsatz der Ultrazentrifuge zur Größenbestimmung von Teilchen, die im Ultramikroskop nicht mehr sichtbar sind. Mit der Ultrazentrifuge, die die 5.000fache Erdbeschleunigung erreichte, wurden Goldteilchen von 5 nm (tausendmillionstel Meter)

Durchmesser bestimmt. Es folgten Untersuchungen an Proteinen, die man damals für wechselnd zusammengesetzte Molekülaggregationen hielt. 1924 berechnete S. die Molekularmassen für das Kasein der Milch, 1925 für das Hämoglobin nach der Sedimentationsmethode. Damit lieferte er den ersten Beweis für die Existenz von Proteinmolekülen einheitlicher Größe. Der Bau einer Ultrazentrifuge mit 40.100 Umdrehungen in der Minute gelang ihm 1926, mit deren Hilfe bestimmte er in den folgenden Jahren die Molekulargewichte zahlreicher Eiweiße und Naturstoffe.

Die Erfindung der Ultrazentrifuge fand auch großes medizinisches und biologisches Interesse. Dahin gehören u. a. die Untersuchungen an verschiedenen Virusarten sowie das Studium der Änderungen in der Zusammensetzung des Serum-Eiweißes unter pathologischen Bedingungen.

Synge, Richard Lawrence Millington – britischer Biochemiker
geb. 28.10.1914 in Liverpool
gest. 18.8.1994 in Norwich
Nobelpreis 1952, für die Entwicklung der sogenannten Verteilungs-Chromatographie, eines analytisch und präparativ verwendbaren Verfahrens zur Ermittlung der Zusammensetzung von Stoffgemischen.
S. absolvierte am Trinity College in Cambridge ein biochemisches Studium. 1941 promovierte er. Ab 1941 arbeitete S. offiziell als Biochemiker im Forschungslaboratorium der britischen Wollindustrie in Leeds.

In der gemeinsamen Forschungsarbeit mit A. Martin kam er damals zu Ergebnissen, die ein Jahrzehnt später mit dem Nobelpreis belohnt werden sollten. Beide lösten ein Grundproblem der chemischen Analytik: Um geringe Mengen eines Stoffgemisches in seine Komponenten zerlegen zu können, verfeinerten die Forscher die bis dahin bekannten Auswaschtechniken und entwickelten sie weiter. Nachdem S. und A. Martin ihre neue Methode der Verteilungs-Chromatographie im Jahre 1941 publiziert hatten, verließ S. die Forschungsstätte in Leeds und arbeitete als Biochemiker.

In den 50er Jahren war die Chromatographie eine wichtige Voraussetzung für die sich rasant entwickelnde Biochemie. Die physikalisch-chemischen Verfahren der Chromatographie werden zur Trennung und Bestimmung kleiner Mengen organischer Substanzen u.a. in der klinischen Chemie, der Biochemie und der Umweltanalyse (z. B. beim Nachweis von Pflanzenschutzmittelrückständen, bei der Untersuchung von Abwässern und Luft) angewendet. Mit der Entwicklung der Verteilungs-Chromatographie beschritten S. und A. Martin neue Wege in der Analyse der Aminosäuren. Diese chromatographischen Trennungsverfahren erlauben, geringste Mengen von Substanzgemischen schnell in ihre Komponenten zu zerlegen. Von unschätzbarem Wert erwies sich diese Analysenmethodik auch für die Aufklärung der bei der Photosynthese ablaufenden Vorgänge. Das Hauptverdienst von S. war die Trennung großmolekularer Substanzen durch sogenannte Reinigungssubstanzen.

1967 wurde S. als Biochemiker in den Stab des Instituts für Ernährungsforschung des landwirtschaftlichen Forschungsrates in Norwich berufen. Von 1968 bis 1984 war er außerdem Ehrenprofessor an der School of Biological Sciences der University of East Anglia.

Taube, Henry – amerikanischer Chemiker kanadischer Herkunft
geb. 30.11.1915 in Neudorf (Provinz Saskatchewan, Kanada)
Nobelpreis 1983, für seine Arbeiten über die Reaktionsmechanismen der Elektronenübertragung, insbesondere bei Metallkomplexen.
T. studierte Chemie an der Universität Saskatchewan in Saskatoon. Danach ging er an die Universität California in Berkeley und promovierte 1940. 1952 wurde er Professor für Chemie an der Universität in Chicago. 1962 übernahm er die Professur für Anorganische Chemie an der Universität in Stanford.

T.s Arbeiten stellen einen fundamentalen Beitrag zur Theorie der Elektronenübergänge zwischen Ionen verschiedenster Strukturen dar. Seine Resultate sind von wesentlicher Bedeutung für mehrere Teilbereiche der Chemie.

In den sechziger und siebziger Jahren untersuchten T. und Mitarbeiter Reaktionen mit Elektronenübergängen zwischen Komplexen von Übergangsmetallen in Lösungen. Übergangsmetalle enthalten in ihrer Elektronenkonfiguration sogenannte d-Elektronen, nach deren Anzahl sie sich unterscheiden. Ionen der Übergangsmetalle können in Lösung Elektronen austauschen. T. und auch andere Wissenschaftler hatten festgestellt, daß der Elektronenübergang nach zwei prinzipiell unterschiedlichen Mechanismen ablaufen kann, die als Außensphären- oder Innensphärenmechanismen bezeichnet werden. Um den jeweils ablaufenden Mechanismus zu erkennen, schlug T. als originelles und zugleich zweckmäßiges Verfahren vor, Verhalten und Struktur der beim Elektronenaustausch gebildeten Ionen zu untersuchen. Beim Außensphärenmechanismus erfolgt die Elektronenübertragung vom Reduktionsmittel- zum Oxydationsmittelion energetisch durch Tunnelierung, d. h. unterhalb der Aktivierungsbarriere. Ermöglicht wird dies durch eine genügende Annäherung beider Ionen und eine entsprechende Umstrukturierung ihrer Umgebung, der sogenannten inneren Koordinationssphäre; diese enthält Ionen entgegengesetzter Ladung, die das Übergangsmetallion umgeben.

Zu wichtigen Erkenntnissen gelangte T. bei der Untersuchung der Elektronenübertragung in der Innensphäre. Er konnte feststellen, daß bei diesem Mechanismus einer der Liganden aus der Koordinationssphäre des Metalls mitwirkt, indem er zu einer Art Brücke zwischen zwei Ionen wird. Als Brücken im Prozeß der Elektronenübertragung können sowohl einfach organische Ionen, wie Chlorid oder Bromid, als auch kompliziert gebaute organische Moleküle und Ionen fungieren.

Schließlich konnte T. zeigen, daß die Natur dieser „Brückenteilchen" eine außerordentliche Bedeutung für die innersphärische Elektronenübertragung hat. So verläuft die Elektronenübertragung im Falle organischer Moleküle und Ionen besonders effektiv, wenn die Liganden vermitteln, d. h., wenn er ein Elektron vom Reduktionsmittelion aufnehmen kann oder sein Elektron dem Oxydationsmittelion abzugeben vermag.

T.s Vorstellungen von der Elektronenübertragung haben nicht nur eine systematische Basis für das Verständnis des dynamischen Verhaltens anorganischer Verbindungen entwickelt, sondern gehen über die anorganische Chemie hinaus und haben Einfluß auf die Biochemie. T. avancierte 1978 zum Leiter des Chemie-Departments der Stanford-Universität in Palo Alto.

Tiselius, Arne Wilhelm Kaurin – schwedischer Biochemiker
geb. 10.8.1902 in Stockholm
gest. 29.10.1971 in Uppsala
Nobelpreis 1948, für seine Forschungen über Elektrophorese und Adsorptionsanalyse, speziell für seine Entdeckungen über die komplexe Natur der Serum-Proteine.
T. studierte ab 1921 Chemie an der Universität Uppsala und wurde 1925 Forschungsmitarbeiter bei Professor Theodor Svedberg (Chemie-Nobelpreis 1926) am Physikalisch-Chemischen Institut der Universität Uppsala. Hier begann er an Proteinen und an Adsorption in den Kristallen der Zeolithen zu arbeiten. Zeolithe sind wasserhaltige Kalk-Tonerde- und Alkali-Tonerde-Silikate, die sowohl teilweise ihr Kristallwasser als auch ihre Basen ohne Zerstörung des Gitters abgeben können. Sie finden u. a. Anwendung als Builder in Waschmitteln. 1930 promovierte T. mit einer Arbeit über die Elektrophorese von Proteinen und war dann bis 1938 Privatdozent für Chemie an der Universität Uppsala. Dann wurde dort für ihn eine spezielle Forschungsprofessur im Institut für Physikalische Chemie geschaffen, aus der 1950 das Institut für Biochemie hervorging, dessen Direktor er bis zum Jahr 1968 war.

T. sollte besonders erfolgreich bei der Entwicklung praktischer Methoden zur Analyse und Synthese von Eiweißkörpern werden. 1926 entwickelte er das Prinzip der Wirkung zentrifugaler Kräfte zur Bestimmung der Sedimentation und zur Ermittlung der Molmasse weiter, indem er die elektrophoretische Beweglichkeit der Eiweißstoffe bestimmte und auf diese Weise die einzelnen Eiweißkomponenten trennen konnte. Mit der Einführung der Elektrophorese in die Proteinchemie überwand T. die Schwierigkeiten der Reindarstellung, die bei Fällung, Zentrifugieren usw. durch mitgerissene Verunreinigungen entstanden. Bei der Elektrophorese wandern die Kolloidpartikelchen entsprechend dem Verhältnis ihrer eigenen Teilladung zur Gesamtladung des Gemisches mit verschiedener Geschwindigkeit entweder zur positiven oder negativen Elektrode.

Die von T. im Jahr 1930 eingeführte trägerfreie Elektrophorese in gepufferten wäßrigen Lösungen zwischen Glasplatten wurde zur Erzielung größerer Trennschärfen zur Zonen-Elektrophorese und Elektrophorographie weiterentwickelt. Die elektrophoretischen Verfahren einschließlich der erforderlichen Geräte wurden von ihm ständig verbessert und zu leistungsfähigen Trennungs-, Reinigungs- und Analysemethoden für Proteine, Enzyme, Viren, Antikörper und andere biochemische Substanzen ausgebaut. Im Jahr 1937 konnte T. die Proteine des auf Filterpapier aufgetragenen Blutserums (Blutplasma), das einem elektrischen Feld ausgesetzt wurde, aufgrund ihrer unterschiedlichen Ladungen in Albumin und Alpha-, Beta- sowie Gammaglobulin zerlegen. In der Folgezeit entwickelte oder verbesserte T. zusätzliche physikalische Verfahren zur Lösung biologisch-chemischer Probleme und kombinierte sie mit der Adsorptions-Chromatographie und der Gelfiltration zur Untersuchung von Nukleinsäuren und Polysacchariden.

Er war von 1960 bis 1964 Präsident der Nobelstiftung.

Todd, Sir (ab 1954) **Alexander Baron of Trumpington** (seit 1962) – britischer Chemiker
geb. 2.10.1907 in Glasgow (Schottland)
gest. 10.1.1997 in Cambridge
Nobelpreis 1957, für seine grundlegenden Arbeiten über die Gruppe der Nukleotide und Nukleotid-Coenzyme, deren Bauprinzip und chemische Funktionsweise er aufgeklärt hat.
T. studierte Chemie an der Universität Glasgow. Er promovierte an der Universität Frankfurt/Main. 1933 erwarb er an der Universität Oxford einen zweiten Doktorgrad. 1936 ging T. als Dozent für Biochemie an das Lister-Institut für vorbeugende Medizin in London. 1937 übernahm er noch zusätzlich eine Dozentur für Biochemie an der Universität von London. 1938 folgte er einem Ruf als Professor für Organische Chemie sowie Direktor der chemischen Laboratorien an die Universität von Manchester. 1944 erhielt er eine Berufung als ordentlicher Professor für Organische Chemie an die Universität Cambridge, wo er bis 1971 lehrte und forschte.

T. war einer der bedeutendsten Organochemiker der Gegenwart und einer der Pioniere der Nukleinsäureforschung. Sein Lebenswerk war die Konstitutionsaufklärung und die Synthese der unter dem Begriff Nukleotide zusammengefaßten biologisch wichtigen organischen Phosphorverbindungen. 1942 hatte T. begonnen, sich verstärkt mit den Nukleinsäuren zu beschäftigen. Zusammen mit seinen Mitarbeitern gelang es ihm, wichtige Details über deren chemische Struktur und Reaktionsmechanismen zu entschlüsseln.

Anfang der 50er Jahre gelang T. die Synthese mehrerer Bausteine der im Kern lebender Zellen enthaltenen Erbsubstanz, der Desoxyribonukleinsäure. 1955 konnte er die Struktur von Vitamin B 12 aufklären. Bei diesen Experimenten wurde erstmals ein neues Herangehen an die Entschlüsselung der Struktur dieses komplizierten Moleküls praktiziert – nämlich die Kombination von Methoden der organischen Chemie mit denen der Röntgenkristallstrukturanalyse. Seine Grundlagenforschungen auf dem Gebiet der Nukleotide und Nukleinsäuren haben die Entwicklung der modernen Vorstellungen vom Wesen der Lebensprozesse stark beeinflußt. Er hat Methoden zur Synthese entsprechender Strukturen entwickelt und die ersten Synthesen der wichtigsten Komponenten der lebenden Zelle durchgeführt.

Besondere Aufmerksamkeit widmete T. der Ermittlung der chemischen Grundlagen der Funktion der Nukleotidfermente, der wichtigsten Substrate vieler biosynthetischer Prozesse. Sein bedeutendstes Ergebnis ist die Ermittlung des Aufbauprinzips der Desoxyribonukleinsäure und der Ribonukleinsäure. Damit waren die Grundlagen für die weitere stürmische Entwicklung der Biochemie und auch der Molekularbiologie geschaffen worden.

Viel Zeit widmete T. auch der wissenschaftlich-organisatorischen Tätigkeit. 1947 wurde er Mitglied des wissenschaftlichen Beraterstabs der britischen Regierung.

Urey, Harold Clayton – amerikanischer Chemiker
geb. 29.4.1893 in Walkertown (Indiana)
gest. 6.1.1981 in La Jolla (Kalifornien)
Nobelpreis 1934, für seine Entdeckungen hinsichtlich des schweren Wasserstoffs.
U. studierte ab 1914 Naturwissenschaften an der Universität Montana. 1923 promovierte er. 1923/24 setzte er seine Studien bei Niels Bohr in Kopenhagen fort. Von 1934 bis 1945 übernahm U. eine ordentliche Professur für Biologie und Chemie an der Columbia-Universität in New York. 1945 wurde er Professor für Chemie am Institut für Kernforschung der Universität Chicago. Von 1958 bis zu seiner Emeritierung 1970 war er ordentlicher Professor für Chemie an der Universität von Kalifornien in La Jolla.

Als erster hatte U. 1932 das Vorhandensein von schwerem Wasserstoff (Deuterium) nachgewiesen und ihn rein dargestellt. In gewöhnlichen Wasserstoff und seinen Verbindungen ist Deuterium zu 0,015 Atomprozent enthalten; es wurde 1965 auch im Weltall nachgewiesen. Die wichtigste Verbindung des Deuterium ist das schwere Wasser, das sich bei der Elektrolyse von normalem Wasser im Rückstand anreichert und aus dem das Deuterium gewonnen werden kann. Deuterium hat Bedeutung als Leitisotop in markierten Verbindungen besonders bei der Untersuchung von Reaktionsmechanismen, als Füllgas für UV-Strahlungsquellen in der Spektroskopie und als Ausgangsstoff für die Gewinnung thermonuklearer Energie durch Kernfusion. In Form von schwerem Wasser ist Deuterium die wirkungsvollste Bremssubstanz für Neutronen in Kernreaktoren. Es gelang U. ferner, den dichtesten Grad des schweren Wassers festzustellen. 1934 gelang ihm erstmalig die Synthese von Deuterium enthaltenden organischen Verbindungen. Danach arbeitete U. an der Trennung von Uraniumisotopen.

Da man für die kernphysikalische Forschung und für Zwecke der Isotopenanwendung vor allem in der Kernenergietechnik reine Nuklide oder angereicherte Elemente braucht, hat man auf der Basis der Isotopie-Effekte Trennverfahren zur Isotopenanreicherung entwickelt. Auch die Entwicklung der Atombombe und später der Wasserstoffbombe wurde durch U.s Forschungsarbeiten zur Herstellung schweren Wassers und von Uran 235 maßgeblich beeinflußt.

van't Hoff, Jacobus Henricus – niederländischer Chemiker
geb. 30.8.1852 in Rotterdam
gest. 1.3.1911 in Berlin
Nobelpreis 1901, für seine Entdeckung der grundlegenden Gesetze der chemischen Reaktionskinetik und des osmotischen Drucks von Lösungen.
V. H. wurde im Jahr 1871 zum Studium der Physik und Mathematik an der Universität Leiden aufgenommen. 1873 promovierte er an der Universität Utrecht. 1876 erhielt er eine Anstellung als Privatdozent für Physik an der Veterinärschule in Utrecht. Ein Jahr später wechselte er als Lektor für Chemie nach Amsterdam. 1878 erhielt v. H. eine Berufung als ordentlicher Professor für Chemie, Mineralogie und Geologie an die Universität Amsterdam, wo er bis 1895 wirkte. Hier gründete er seinen Ruf als Mitbegründer der physikalischen Chemie.

Gemeinsam mit Wilhelm Ostwald gab H. ab 1877 die „Zeitschrift für physikalische Chemie" heraus. Im ersten Heft publizierte er eine Arbeit, in der er nachwies, daß die Gasgesetze von Boyle-Mariotte und Gay-Lussac auch für gelöste Stoffe gelten, weil diese einen osmotischen Druck ausüben. Durch seine Untersuchungen konnte er auch eine allgemeine Gleichung der Reaktionsgeschwindigkeit aufstellen, in der die Abhängigkeit der Reaktionsgeschwindigkeit von der Temperatur berücksichtigt wurde. 1883 definierte v. H. die Grundgesetze der Reaktionskinetik auf thermodynamischer Grundlage. Mit der Änderung der freien Energie bei konstantem Volumen legte er ein Maß für die Affinität fest und formulierte die „v. H.sche Regel" für die Reaktionsgeschwindigkeit. Außerdem formulierte er die Gesetzmäßigkeiten des chemischen Gleichgewichts und leitete einen mathematischen Ausdruck für die Temperaturabhängigkeit mit Hilfe des Massenwirkungsgesetzes ab („v. H.sche-Reaktionsisochore").

Mit einer im Jahre 1886 in Stockholm publizierten Arbeit nahm v. H. großen Einfluß auf die weitere Entwicklung der Dissoziationstheorie, die den Widerspruch zwischen der gemessenen Schmelztemperatur- und Dampfdruckerniedrigung und den osmotischen Drücken der Säuren, Basen und Salze und theoretischen Werten im Prinzip beseitigt.

Im Jahre 1896 folgte v. H. einem Ruf an die Preußische Akademie der Wissenschaften nach Berlin. Wegen eines jahrelangen, unheilbaren Leidens mußte er sein Vorhaben, die synthetischen Wirkungen der Fermente im lebenden Pflanzenorganismus näher zu studieren, vor der Zeit aufgeben. V. H. ging als einer der Begründer der Stereochemie, als Schöpfer und Gestalter der Lehre vom chemischen Gleichgewicht, von der Reaktionsgeschwindigkeit und der elektrolytischen Dissoziation und als Entdecker der Zusammenhänge zwischen osmotischem Druck und Gasdruck in die Geschichte der Wissenschaft ein.

Vigneaud, Vincent du – amerikanischer Biochemiker
geb. 18.5.1901 in Chicago
gest. 11.12.1978 in White Plains (New York)
Nobelpreis 1955, für seine Arbeiten über die biochemisch bedeutsamen Schwefelverbindungen, besonders für die erste Synthese eines Polypeptidhormons.
1918 nahm V. das Studium der Chemie an der Universität von Illinois in Urbana auf. 1926 wurde er Mitarbeiter von Abel an der Johns-Hopkins-Universität in Rochester, wo er dann ein Jahr später promovierte. 1932 wurde er ordentlicher Professor und Leiter des Departments of Biochemistry der Washington University in St. Louis. Ab 1938 wirkte er als Professor für Biochemie an der Cornell-Universität in New York. Im Jahre 1967 wurde er emeritiert.

V.s erstes großes Forschungsgebiet war das Insulin. Insbesondere beschäftigte ihn der Schwefelgehalt dieser Verbindungen, den er 1936 als Cystin-Schwefel erkannte, dessen Disulfidbrücken das Molekül in einer hochspezifischen Anordnung halten. Durch Anwendung von Isotopen und durch Entwicklung neuer Arbeitsmethoden konnte er bis dahin unlösbare Fragen beantworten.

1937 wandte sich V. dem Biotin zu, und 1940 gelang ihm der Nachweis der Identität des Hefewachstumsfaktors Biotin mit dem für Menschen und höhere Tiere unentbehrlichen Vitamin H. Seine weiteren Untersuchungen konnten den Bau dieses Vitamins vollkommen aufklären, und 1942 gelang ihm die Totalsynthese dieser schwefelhaltigen Verbindung.

Danach untersuchte V. die Biochemie der schwefelhaltigen Aminosäure L-Cystein, die aus L-Methionin entsteht, aber auch umgekehrt das Ausgangsprodukt für die biochemische L-Methionin-Synthese sein kann. Damit war auch die Austauschbarkeit dieser beiden essentiellen Aminosäuren erklärt. Bereits 1932 hatte V. erste Versuche zur Isolierung der Hormone der Hypophysen-Hinterlappen begonnen, aber erst zu Beginn der 50er Jahre konzentriert weitergeführt. 1953 isolierte und kristallisierte er eines davon, das Oxytocin. Die Aminosäuresequenz wurde ermittelt und die vermutete Ringstruktur 1954 durch Totalsynthese sichergestellt. Die Synthese des Oxytocins kann als eine wissenschaftliche Großtat angesehen werden, denn es wurde erstmalig ein Polypeptidhormon synthetisiert. Daneben wurde durch V. auch das zweite Hormon, das Vasopressin, isoliert und die dem Oxytocin nahestehende Struktur aufgeklärt.

Die Hormone der Hypophyse steuern neben anderen wichtigen Körpervorgängen den Blutdruck und die Nierentätigkeit. Er konnte feststellen, daß die synthetisch hergestellten Hormone in gleicher Weise im Organismus wirken wie aus tierischen Drüsen gewonnene Präparate.

Virtanen, Artturi Ilmari – finnischer Biochemiker
geb. 15.1.1895 in Helsinki
gest. 11.11.1973 in Helsinki
Nobelpreis 1945, für seine bahnbrechenden Untersuchungen und Entdeckungen auf dem Gebiet der Agrikultur- und Nahrungsmittelchemie, insbesondere für seine Methode der Konservierung von Futtermitteln und Futterpflanzen.
V. studierte ab 1913 Chemie, Physik und Biologie an der Universität Helsinki. 1919 promovierte er, ging als Chemiker an das Laboratorium des Zentralverbandes der finnischen Molkereigenossenschaften „Valio" in Helsinki und wurde 1921 dessen Direktor. 1931 wurde ihm an der Universität in Helsinki ein biochemisches Forschungsinstitut erbaut. Von 1931 bis 1948 wirkte er als Professor für Biochemie in Helsinki.

V. arbeitete über die Biosynthese von Vitaminen und isolierte zahlreiche neue pflanzliche Inhaltsstoffe, deren Bedeutung für die Ernährung von Menschen und Nutztieren er diskutierte. Ab 1924 beschäftigte er sich mit enzymatischen Prozessen verschiedener Gärungsvorgänge, hierfür untersuchte er die bakteriellen Prozesse bei der Milchverarbeitung und Käseherstellung. Danach beschäftigte er sich mit der Stickstoff-Fixierung in den Wurzelknöllchen von Leguminosen (Hülsenfrüchtlern), wobei er die Bedeutung des roten Pigmentes (Legoglobin) für diesen Prozeß erkannte und es als eine dem Hämoglobin verwandte Verbindung identifizierte. Gegenstand weiterer Arbeiten waren vor allem Untersuchungen über Bodenbakterien, Säuregehalt der Böden, die Verwertung organischer Stickstoffverbindungen und die Bildung von Vitaminen in Pflanzen.

Durch V.s Forschungen konnten Einblicke in die Verwertung von Nitraten durch Pflanzen sowie die in ihnen stattfindende Biosynthese von Aminosäuren, Proteinen und Vitaminen gewonnen werden. Es gelang ihm auch, neuartige Aminocarbonsäuren (lebenswichtige Funktion als Eiweißbausteine), Ketocarbonsäuren, schwefelhaltige Verbindungen und antimikrobiell wirksame Stoffe aus Zwiebeln und Knoblauch zu isolieren.

V. war stets auf die Anwendung seiner Ergebnisse in der Landwirtschaft und Ernährung bedacht. Sein bedeutendstes Ergebnis hierbei war die AIV-Methode (Initialen von V.) der Frischfutterkonservierung, die Protein- und Vitaminzersetzung verhindert. Es gelang ihm, Methoden zur Gewinnung eiweißreichen Grünfutters im Sommer und zu dessen möglichst verlustloser Konservierung für den Winter durch spezielle Silageverfahren zu entwickeln. In neuerer Zeit hatte V. mit seinen Mitarbeitern ein Verfahren entwickelt, das die Milchproduktion auch bei proteinfreier Fütterung möglich machte.

V. gilt als einer der Begründer der Ernährungswissenschaft und der Lebensmittelchemie.

Walker, John Ernest – britischer Molekularbiologe
geb. 7.1.1941 in Halifax (Yorkshire)
Nobelpreis 1997, für grundlegende Arbeiten über die innere Struktur und Funktionsweise zweier zentraler Enzyme der Energieversorgung in der Zelle.

W. studierte an der Universität Oxford und promovierte 1969. 1974 wurde er Mitarbeiter am Medical Research Council Laboratory of Molecular Biology an der Universität Cambridge. Seit 1982 ist er dort als Senior Scientist tätig.

P. Boyer und W. erforschten, wie das Enzym ATP-Synthease funktioniert, das ein wichtiger Bestandteil bei der synthetischen Herstellung von ATP ist. ATP fängt die chemische Energie auf, die der Körper aus der Nahrung gewinnt, und gibt sie dorthin weiter, wo Energie benötigt wird, beispielsweise zur Kontraktion von Muskeln oder der Übertragung von Nervenbotschaften. J. C. Skou dagegen bewies als erster, daß Enzyme am Transport von Substanzen durch die Zellwand beteiligt sein können. Im Zentrum der Forschungsarbeiten der drei Wissenschaftler stand das Adenosintriphosphat (ATP), das als universeller Energietransporteur aller lebenden Zellen, vom Einzeller bis zur menschlichen Zelle, zu den wichtigsten Molekülen der Biochemie zählt.

Der deutsche Chemiker Karl Lohmann entdeckte 1934 die reversible Reaktion von ATP mit Kreatin zu Adenosindiphosphat (ADP) und Kreatinphosphorsäure. Mit dieser Reaktion hatte Lohmann das erste Beispiel einer energiekonservierenden Phosphatübertragung und damit gleichzeitig die Schlüsselrolle des ATP bei der Energiespeicherung und -übertragung sowohl bei der Glykolyse als auch bei der Atmung entdeckt. W. konnte das Anfang der 80er Jahre vorgestellte Modell von Boyer über die permanente Herstellung des biochemischen Energieträgers ATP mit Hilfe des Enzyms ATP-Synthease durch eingehende Strukturanalysen beweisen. Damit gelang W. der Nachweis über die Energiezufuhr zum lebensnotwendigen Aufbau elektrischer Spannungen auch in den menschlichen Zellen.

Die drei Nobelpreisträger des Jahres 1997 Boyer, Skou und W. haben jene Mechanismen aufgeklärt, die dem gewaltigen Stoffumsatz an ATP in Lebewesen zugrunde liegen. ATP entsteht bei energieliefernden Reaktionen, beispielsweise in der Atmungskette oder bei der Photosynthese, aus Adenosin-Diphosphat (ADP). Durch Übertragung einer Phosphorsäuregruppe auf verschiedene Substrate der Zelle wird die in ATP gespeicherte Energie zur Aktivierung dieser Substrate genutzt und ermöglicht so weitere Stoffwechselreaktionen. Boyer und W. haben jene Vorgänge genau untersucht, bei denen das ATP „aufgeladen", also aus ADP und Phosphat zusammengeschweißt wird. Dies bewirkt ein Enzym mit drei Zangen, damit werden ADP und Phosphat eingefangen und zu ATP zusammengepreßt. Angetrieben wird diese molekulare Maschine durch eine Protonenpumpe, die ihre Energie aus der Verbrennung von Nährstoffen bezieht. Skou konnte dazu die Struktur eines Enzyms aufklären, das umgekehrt ATP als Energielieferanten benutzt und damit eine Pumpe für Ionen betreibt, die zum Aufbau elektrischer Spannungen in den Zellen dienen. Nur mit Hilfe dieser elektrischen Spannungen können beispielsweise Nervenzellen Impulse übertragen. Ohne ATP-Energie verliert der Mensch das Bewußtsein, und bereits nach wenigen Minuten tritt der Tod ein.

Seit 1995 ist W. Mitglied der Royal Society in London.

Wallach, Otto – deutscher Chemiker
geb. 27.3.1847 in Königsberg
gest. 26.2.1931 in Göttingen
Nobelpreis 1910, als Anerkennung des Verdienstes, das er sich um die Entwicklung der organischen Chemie und der chemischen Industrie durch seine bahnbrechenden Arbeiten auf dem Gebiet der alizyklischen Verbindungen erworben hat.

W. studierte ab 1867 Chemie an der Universität in Göttingen und Berlin. 1869 promovierte er. Dann war er als Privatassistent bei A. Kekule von Stradonitz an der Universität Bonn tätig, unter dessen Einfluß sich seine Fähigkeiten entscheidend entwickelten, und hier entdeckte er als Unterrichtsassistent sein Lehrtalent. 1873 habilitierte sich W. an der Universität Bonn. 1889 erhielt er eine Berufung als ordentlicher Professor an die Universität Göttingen.

Hier fand er das ihm eigene Arbeitsgebiet, die Gruppe der ätherischen Öle, der pflanzlichen Riechstoffe, der Terpene und Kamfer. Auf dem Gebiet der ätherischen Öle, das zu seinem Lebenswerk wurde, leistete er durch Reindarstellung, Ermittlung der physikalisch-chemischen Daten sowie durch Konstitutionsaufklärung Pionierarbeit. Aus den ätherischen Ölen hat man schon lange wichtige Kohlenwasserstoffe wie das Terpentin entwickelt. Während man aber etwa hundert solcher Terpene nach den Pflanzen ordnete, aus denen man sie gewann, gelang es W., sie chemisch zu erforschen und zu ordnen. Seine Leistung bestand nicht in einer einmaligen großen Entdeckung, sondern in der systematischen gründlichen Bearbeitung eines wichtigen, damals noch rätselhaften Stoffgebietes. Der erste Schritt war die Kennzeichnung der einzelnen chemischen Individuen durch exakte Daten wie Schmelzpunkt, Dichte und Drehvermögen. Dann wurde versucht, zwischen den einheitlichen Substanzen Brücken zu schlagen und Verwandtschaften festzustellen. Letztes Ziel war dann die Konstitutionsaufklärung und Synthese.

W. hat die Zugänge zu dem kaum betretenen Gebiet der Terpene erschlossen, Stoffe, die für Wissenschaft, Technik und Medizin gleich wichtig sind. Ihm ist es gelungen, die Terpene nebeneinander nachzuweisen und voneinander zu trennen, und er hat ihren Bau sowie ihre gegenseitigen Beziehungen so weitgehend geklärt, daß sie nun zu den am besten bekannten Stoffen gehören. Bereits 1887 entdeckte W. die Struktur des Isoprens als monomeren Grundbaustein vieler Terpene, Vitamine und Kunststoffe. 1894 fand er die Formel für Limonen, eine Harzölsubstanz mit zitronenartigem Geruch, das zur Herstellung von Parfüms und als Riechstoff für Waschmittel verwendet wird.

Sein Name ist mit der W.schen Amin-Alkylierung (1905) verbunden, bei der primäre und sekundäre Amine mit einem Aldehyd- bzw. Keton-Ameisensäure-Gemisch alkyliert werden. 1915 wurde W. emeritiert, arbeitete jedoch weiterhin auf seinen wissenschaftlichen Spezialgebieten.

Werner, Alfred – Schweizer Chemiker
geb. 12.12.1866 in Mühlhausen (Elsaß)
gest. 15.11.1919 in Zürich
Nobelpreis 1913, aufgrund seiner Arbeiten über die Bindungsverhältnisse der Atome im Molekül, wodurch er ältere Forschungsgebiete geklärt und neu erschlossen hat, besonders im Bereich der organischen Chemie.
Ab 1886 nahm W. ein Chemiestudium an der Eidgenössischen Technischen Hochschule in Zürich auf. 1890 promovierte er. 1892 habilitierte sich W. am Eidgenössischen Polytechnikum in Zürich. 1895 wurde er ordentlicher Professor für Chemie an der Universität Zürich. 1915 erkrankte er an Arteriosklerose und mußte auf dem Höhepunkt seines wissenschaftlichen Lebens die Forschungs- und Lehrtätigkeit aufgeben.

W.s Arbeiten prägten ganz entscheidend den Übergang von der klassischen Chemie des 19. Jahrhunderts zur modernen Chemie des 20. Jahrhunderts. Sie waren ein wesentlicher Beitrag zur Entwicklung moderner valenztheoretischer und stereochemischer Anschauungen auf dem Gebiet komplex aufgebauter anorganischer Verbindungen.

Bereits in seiner Dissertation ist es W. gelungen, die durch van't Hoff begründete Stereochemie der Kohlenstoffverbindungen auf anorganische Verbindungen zu übertragen, und im theoretischen Teil seiner Habilitationsschrift hatte er eine neue Definition der Wertigkeit (Valenz) der Atome gegeben. 1893 leitete W. aus Versuchen mit Stoffen, die zentrale Kohlenstoff- und Stickstoffatome enthielten, die Aussage ab, daß bestimmte Elemente nach Absättigung ihrer gewöhnlichen Valenzen noch weitere Nebenvalenzen betätigen können. Diese Vorstellungen übertrug W. systematisch auf anorganische Komplexverbindungen und ersetzte schrittweise das traditionelle Kettenmodell durch eine neue Koordinationslehre. Er entwickelte dabei auch neue Auffassungen über die Bildung von „Einlagerungs- und Anlagerungsverbindungen", führte eine Reihe grundlegender komplexchemischer Begriffe, wie Koordinationszahl, Ligand und Zentralatom, ein und gelangte zu neuartigen Erkenntnissen über den Aufbau mehrkerniger Komplexe.

Außerdem erkannte W., daß die Liganten in Koordinationsverbindungen in einer bestimmten charakteristischen Anordnung um das Zentralatom gruppiert sind. Weitere Untersuchungen erlaubten dann auch Aussagen über die räumliche Anordnung der sogenannten Koordinationsverbindungen. Damit war die Stereochemie der Metallverbindungen begründet.

In seinen 1911 beginnenden bahnbrechenden Untersuchungen über die Bindungsverhältnisse des asymmetrischen Kobaltatoms formulierte W. eine Reihe neuer Erkenntnisse über die bei Komplexverbindungen beobachteten Isomerieerscheinungen, beispielsweise über Stereoisomerie und optische Isomerie. Er konnte diese Phänomene mit Hilfe seiner „Oktaedertheorie" erklären; sie bildete eine glänzende Bestätigung der neuen Koordinationslehre und erschloß der Stereochemie ein neues Anwendungsfeld.

Die Koordinationslehre von W. befruchtete nicht nur die anorganische Chemie, die organische und die Farbstoffchemie, sondern auch die analytische, die physikalische und die Biochemie sowie darüber hinaus die Mineralogie und die Kristallographie.

Wieland, Heinrich – deutscher Chemiker
geb. 4.6.1877 in Pforzheim
gest. 5.8.1957 in Starnberg
Nobelpreis 1927, für seine Forschungen über die Zusammensetzung der Gallensäuren und verwandter Substanzen.
W. studierte Chemie an den Universitäten München und Berlin sowie an der Technischen Hochschule in Stuttgart. An der Universität München promovierte er 1901. 1904 habilitierte er sich zum Privatdozenten, und 1913 wurde er Leiter der organischen Abteilung an der Universität München.1921 ging W. als ordentlicher Professor für Chemie an die Universität Freiburg, und ab 1925 wirkte er als Professor für Organische Chemie wieder an der Universität München. 1950 wurde er emeritiert.

Im Wettbewerb mit A. Windaus (Chemie-Nobelpreis 1928) und anderen Forschern klärte W. die Konstitution der Gallensäuren auf. Die in diesem Zusammenhang benutzte Methode zum schrittweisen Abbau der Seitenketten ging als W.-Barbierscher Seitenkettenabbau in die Literatur ein. Ab 1912 widmete sich W. dem Mechanismus der biologischen Oxidation. Nach seiner Anschauung ist nicht die Aufnahme von Sauerstoff, sondern die Wegnahme von Wasserstoff der wesentliche Vorgang des biologischen Oxidationsprozesses. Dabei wird dann in zweiter Reaktion Sauerstoff gebracht, um den weggenommenen Wasserstoff zu Wasser zu binden. Die ersten Stufen des Vorganges sind immer Dehydrierungen, und nach einer Reihe von Zwischenstufen kommt ein Ferment, welches den Sauerstoff zur Aufnahme des Wasserstoffs fähig macht. Mit dieser Zergliederung des Geschehens in mehrere Teilvorgänge erreicht die Zelle auch, daß die hierbei freiwerdende Energie langsam abgegeben und damit für sie nutzbar wird. Damit hat W. einen entscheidenden Beitrag zur Kenntnis der Lebensvorgänge geleistet.

Die rätselhafte Herkunft und der komplizierte chemische Aufbau der Alkaloide sollte über Jahre sein Arbeitsgebiet werden. Die Ärzte kannten schon längere Zeit die besonderen Wirkungen von Extrakten aus der nordamerikanischen Lobeliapflanze, einem krautartigen Glockenblumengewächs. Bereits geringe Mengen davon genügen, die Atmungsorgane zu verstärkter Tätigkeit anzuregen. 1921 waren die ersten chemisch reinen Präparate von Lobelin, wie W. das Alkaloid nannte, gewonnen, und kurze Zeit später stellte die chemische Fabrik C. H. Boehringer daraus jenes Arzneimittel her, das zur Errettung Gasvergifteter unentbehrlich geworden ist.

Mit den Arbeiten von W. und A. Windaus auf dem Gebiet der Steroide wurde ein Bereich erschlossen, der ganz neue Kenntnisse über die Lebensvorgänge brachte. Ausgehend von Bestandteilen der Galle und dem im Organismus weitverbreiteten Cholesterin wurden dieser Stoffklasse zugehörende Substanzen gefunden, denen überaus wichtige Funktionen im Organismus zukommen. Eine ganze Reihe von Hormonen wurden als chemisch einander nahe verwandte Steroide erkannt.

Wilkinson, Sir (ab 1976) **Geoffrey** – britischer Chemiker
geb. 14.7.1921 in Todmorden (Yorkshire)
gest. 26.9.1996 in London
Nobelpreis 1973, für die bahnbrechenden Arbeiten über die Chemie der metallorganischen sogenannten Sandwich-Verbindungen.

W. studierte ab 1939 Chemie am Imperial College of Science and Technology in London. 1943 promovierte er hier. Anschließend war er als Nachwuchswissenschaftler des National Research Council in der kanadischen Atomenergie-Kommission in Montreal tätig und hatte Assistentenstellen und eine Professur in den USA inne. 1956 erhielt er eine Professur für Anorganische Chemie am Imperial College der Universität London, wo er bis zu seiner Emeritierung 1988 wirkte.

W. beschäftigte sich zunächst mit der Chemie der Metallcarbonylkomplexe und hier speziell mit Nickelcarbonylen, in denen er die Kohlenmonoxid-Gruppen durch Phosphortrichlorid ersetzte. Er konnte zeigen, daß Phosphortrichlorid ebenso wie Kohlenmonoxid einen Hämoglobinkomplex bildet und ebenso toxisch wirkt. Anfang des Jahres 1951 berichteten zwei amerikanische Forschergruppen über eine ungewöhnliche chemische Verbindung. Aus einem Kohlenwasserstoff, dessen Kohlenstoffatome einen fünfgliedrigen Ring bilden, und Eisen hatte sich ein Eisenkohlenwasserstoff gebildet. Zusammen mit R. Woodward entwickelte W. ein Modell für den Bau des Moleküls, das die ungewöhnlichen Eigenschaften deutete. Bald wurde ein Begriff für die ungewöhnliche Anordnung geprägt: die „Sandwich-Verbindung". 1952 entdeckte W. durch spektroskopische Untersuchungen die Sandwich-Struktur des Ferrocens. Das Ferrocen ist ein durch seine chemische Struktur bemerkenswerter kristalliner Stoff und ist die ersthergestellte eisenorganische Verbindung. Ferrocen ist im Gegensatz zu vielen anderen metallorganischen Verbindungen thermisch und chemisch sehr beständig.

In den folgenden Jahren konnte W. eine Vielzahl neuartiger metallorganischer Verbindungen darstellen und eingehend studieren. 1955 gelang ihm die Synthese eines Cyclopentadienkomplexes vom Rhenium (sehr hartes Schwermetall mit hervorragenden mechanischen Eigenschaften) mit einem kovalent an das Metall gebundenen Wasserstoffatom. Davon ausgehend stellte W. ab 1956 Übergangsmetallhydrid-Komplexe her, deren Existenz analytisch nachgewiesen wurde. Viele dieser Verbindungen werden in der technischen Katalyse angewandt. 1965 fand W. einen außergewöhnlich leistungsfähigen Katalysator, eine Verbindung des Edelmetalls Rhodium aus der Gruppe der Platinmetalle. Die metallorganischen Katalysatoren haben viele chemische Umsetzungen erst ermöglicht und so vollkommen neue Stoffe zugänglich gemacht.

Die wissenschaftliche Diskussion über die Sandwich-Verbindungen, meint die Schwedische Akademie in ihrer Würdigung, habe neue Impulse für die Vorstellungen über metallorganische Verbindungen gebracht, die auch von beträchtlichem industriellen Interesse sind.

Willstätter, Richard – deutscher Chemiker
geb. 13.8.1872 in Karlsruhe
gest. 3.8.1942 in Locarno
Nobelpreis 1915, für seine Pionierarbeiten hinsichtlich der Untersuchung der Farbstoffe im Pflanzenbereich, vor allem des Chlorophylls.

Im Jahre 1890 begann W., Sohn einer alteingesessenen jüdischen Kaufmannsfamilie aus Baden, ein Chemiestudium in München. Dort promovierte er 1894. 1896 habilitierte er sich zum Privatdozenten. 1905 folgte er einem Ruf als ordentlicher Professor an die Eidgenössische Technische Hochschule in Zürich.

In Zürich standen die Arbeiten über das Chlorophyll, die er zwischen 1905 und 1911 ausführte, im Vordergrund. Dieser Stoff erlaubt der Pflanze, aus dem Wasser und Kohlendioxid mit Hilfe der Sonnenstrahlen als Energiequelle Zucker aufzubauen. Doch die Bedeutung des Chlorophylls geht noch weiter. Kein Tier könnte unsere Erde bevölkern, wenn die Pflanze nicht Kohlenhydrate mit Hilfe ihres Chlorophylls herstellte. Auch der Mensch untersteht diesen Gesetzen. Aufgabe des Chlorophylls oder Blattgrüns ist die Absorption der Lichtenergie der Sonne, die dann im Rahmen der Photosynthese in chemische und damit vom Organismus verwertbare Energie umgewandelt wird. Da Chlorophyll eine komplizierte Struktur aufweist, leicht zersetzlich und daher schwer zu untersuchen war, mußten geeignete Untersuchungsmethoden geschaffen werden. Anstatt technisch vorbereitetes Material zu untersuchen, ging W. vom unberührten Naturprodukt aus. Mit frisch gepflückten grünen Pflanzen erzielte er einzigartige Erfolge. Er entwickelte Gefriervakuumverfahren, mit denen er Zellmaterial schonend konservieren konnte. Bei den folgenden Experimenten stellte W. fest, daß das Chlorophyll in allen grünen Pflanzen stets gleich aufgebaut ist. Er erkannte, daß Chlorophyll aus zwei Komponenten besteht und im chemischen Aufbau dem Blutfarbstoff Hämoglobin sehr ähnelt. Während im Zentrum des Hämoglobins Eisen gebunden ist, fand er im Chlorophyllmolekül ein Magnesiumatom. Die gelben Begleitfarbstoffe, unter ihnen das Carotin, wurden isoliert und analysiert. Nach der Erforschung des Chlorophylls, das W. 1907 kristallin darstellte, und der Entdeckung, daß Magnesium ein wichtiger Bestandteil des grünen Blattfarbstoffes ist – dem Magnesium verdankt das Chlorophyll die Fähigkeit, energiereiche Teile des Sonnenlichts zu absorbieren –, wurde von W. im Jahre 1913 die Konstitution des Chlorophylls aufgeklärt.

1912 übernahm er die Leitung des neugegründeten Kaiser-Wilhelm-Instituts für Chemie in Berlin-Dahlem und wurde gleichzeitig ordentlicher Professor an der Universität Berlin. Hier widmete er sich der Erforschung von Blütenfarbstoffen, der Anthocyane, die in Blättern, Blüten und Früchten höherer Pflanzen (Kornblume, Rittersporn u. a.) blaue, violette oder rote Färbungen bewirken. Für die Untersuchungen ließ W. vor seinem Institut große Blumenfelder anlegen. Seine Analysen führten zu der überraschenden Erkenntnis, daß die Farbenvielfalt von Blüten und Früchten auf nur wenige Grundsubstanzen zurückzuführen ist. Er klärte etwa 20 Strukturen dieser Stoffklasse auf und bewies 1914 sowie in den folgenden Jahren einige davon auch auf synthetischem Wege.

Im März 1916 übersiedelte W. nach München, wo er als ordentlicher Professor die Leitung des Chemischen Laboratoriums der Bayerischen Akademie der Wissenschaften übernahm. 1924 legte W. aus Protest gegen antisemitische Strömungen in der Fakultät, die sich besonders in der Ablehnung von jüdischen Wissenschaftlern bei Berufungen freier Professoren äußerten, sein Münchner Amt nieder. 1939 wanderte er aus Protest gegen die Judenverfolgung in Deutschland in die Schweiz aus.

Windaus, Adolf Otto Reinhold – deutscher Chemiker
geb. 25.12.1876 in Berlin
gest. 9.6.1959 in Göttingen
Nobelpreis 1928, für seine Verdienste um die Erforschung des Aufbaus der Sterine und ihres Zusammenhangs mit den Vitaminen.
1895 begann W. ein Studium der Medizin an der Universität Freiburg im Breisgau und an der Universität Berlin. 1899 promovierte er mit einem chemischen Thema. 1904 habilitierte er sich und wurde Privatdozent. 1913 erhielt er eine Berufung als ordentlicher Professor für Angewandte medizinische Chemie an die Universität Innsbruck. Von 1915 bis zu seiner Emeritierung 1944 war W. Professor für Chemie und Direktor des Allgemeinen Chemischen Instituts an der Universität Göttingen.

W. wurde schon zeitig von der physiologischen Chemie angezogen, und seine chemischen Untersuchungen lagen alle auf dem Gebiet der Steroide, zu deren Konstitution er zusammen mit H. Wieland (Chemie-Nobelpreis 1927) grundlegende Arbeiten lieferte. In mühseliger Kleinarbeit hat er im Jahre 1919 die schon lange vermutete chemische Verwandtschaft des Cholesterins zu den Gallensäuren festgestellt, hierfür konnte er ein grundlegendes Strukturmodell vorschlagen, das dann auch die Grundlage für seine bahnbrechenden chemischen Vitaminforschungen bildete. Bereits 1927 erkannte er das Ergosterol, in Hefen und im Mutterkorn vorkommendes Mykosterin von ähnlicher Struktur wie das Cholesterin, als Provitamin D, kristallisierte dann 1931 das Vitamin D, klärte 1933 den Mechanismus der photochemischen Umlagerung des Ergosterins in das Vitamin D 2 und schloß 1935 die Konstitutionsaufklärung der D-Vitamine ab. Es ist W. gelungen, das Vitamin D, das die Rachitis verhütet und heilt, nicht nur in seiner Zusammensetzung aufzuklären, sondern er ersann Methoden, dieses Vitamin auch künstlich herzustellen. Zur künstlichen Herstellung mußte W. bestimmte Stoffe mit ultraviolettem Licht bestrahlen, zuerst erkannte er das Ergosterin, das Steroid der Pilze, eine Vorstufe des gesuchten Vitamins D, und durch einen komplizierten photochemischen Mechanismus bildete sich das Vitamin D.

In den Jahren von 1929 bis 1932 konzentrierte sich die Arbeit von W. auf das Vitamin B, dessen Fehlen die Beriberi-Krankheit zur Folge hat. 1932 gelang ihm die Isolierung und Bruttoformel des Vitamins B 1. Die Totalsynthese erfolgte 1935 durch R. R. Williams.

Seine Steroiduntersuchungen waren grundlegend für die weiteren Forschungen auf dem Gebiet wichtiger Herzmittel, der Sexual- und Nebennierenrindenhormone und anderer Stoffe dieser Gruppe. Die Digitalisstoffe und Saponine baute W. planmäßig ab. Mit der chemischen Erhellung dieser pflanzlichen Steroide wurden wesentliche Beiträge zur Arznei- und Heilkunde geschaffen.

Wittig, Georg – deutscher Chemiker
geb. 16.6.1897 in Berlin
gest. 26.8.1987 in Heidelberg
Nobelpreis 1979, für die Entwicklung von Bor- bzw. Phosphorverbindungen in wichtigen Reagenzien innerhalb organischer Synthesen.
W. studierte ab 1916 Chemie in Tübingen und Marburg. 1923 promovierte er. Nach seiner Habilitation 1926 wurde W. Privatdozent an der Universität Marburg. Von 1944 bis 1956 wirkte er als ordentlicher Professor für Chemie und Institutsdirektor an der Universität in Tübingen. Von 1956 bis zu seiner Emeritierung 1967 lehrte W. als Professor an der Universität Heidelberg und war dann auch Direktor des Organisch-Chemischen Universitätsinstituts.

W.s wissenschaftliches Lebenswerk galt vor allem den theoretischen Grundlagen des Ablaufs chemischer Prozesse, im besonderen den metallorganischen Verbindungen. 1935 begann er, Umsetzungen mit lithiumorganischen Verbindungen zu untersuchen, und fand dabei 1947 die zu den Yliden führende W.-Reaktion. Mit der nach ihm benannten Reaktion hat er eine neue und sehr allgemein anwendbare Synthesemethode entwickelt, die heute zu einem unverzichtbaren Werkzeug des präperativ arbeitenden Chemikers geworden ist. Im Mittelpunkt dieser Synthese stehen energiereiche organische Phosphorverbindungen, die von W. sogenannten „Ylide", die mit einer Vielzahl von Carbonylderivaten – dies sind Verbindungen, in denen ein Sauerstoffatom durch eine Doppelbindung mit einer Kohlenstoffgruppe verbunden ist – unter milden und gut kontrollierbaren Bedingungen zu „Olefinen" reagieren. Diese

Verbindungen treten unter anderem auch in vielen in der Natur vorkommenden Stoffen auf, die nun auf der Grundlage von W.s Entdeckungen in sehr effizienter Weise im Labor hergestellt werden können, wobei vor allem wichtige Wirkstoffe vom Vitamin- und Hormontyp, aber auch Riech-, Aroma- und Farbstoffe zu nennen sind. Von entscheidender Bedeutung ist darüber hinaus, daß sich die W.-Reaktion schließlich in den technischen Maßstab übertragen ließ und somit auch beispielsweise die industrielle Produktion des für die menschliche Ernährung unentbehrlichen Vitamins A ermöglichte.

Neben seinen Grundlagenforschungen auf dem Gebiet der phosphororganischen Verbindungen hat W. bedeutende Ergebnisse auch auf anderen Gebieten erzielt. So beispielsweise die bereits in den vierziger Jahren begonnenen systematischen Untersuchungen über die reaktiven Eigenschaften metallorganischer, sogenannter „carbonionischer“ Verbindungen (Substanzen aus dem Grenzgebiet zwischen anorganischer und organischer Chemie). Im Vordergrund dieser Arbeiten stand aber etwas ganz anderes: nämlich die Synthese neuartiger Phosphorderivate, in denen der Phosphor direkt mit fünf oder sechs Molekülfragmenten verbunden war und mit deren Untersuchung W. die Kenntnisse über die stereochemischen Verhaltensweisen von Molekülen erweitern wollte.

Woodward, Robert Burns – amerikanischer Chemiker

geb. 10.4.1917 in Boston (Massachusetts)

gest. 8.7.1979 in Cambridge (Massachusetts)

Nobelpreis 1965, für seine verdienstvollen Beiträge zur Kunst der organischen Synthese.

Mit 16 Jahren begann W. ein Chemiestudium am Massachusetts Institute of Technology in Cambridge, wo er 1937 promovierte. 1950 wurde er ordentlicher Professor für Chemie an der Harvard-Universität in Cambridge. Von 1953 bis 1960 las er in Harvard als „Morris Loeb-Professor“ Chemie, seither hatte er einen naturwissenschaftlichen Lehrstuhl inne. Daneben übernahm W. 1963 die Leitung des Woodward-Research-Instituts in Basel.

W., einer der erfolgreichsten Chemiker der Welt, zeigte Mittel und Wege zur Synthetisierung einer Vielzahl von kompliziert aufgebauten chemischen Substanzen auf, von denen einige in der Pharmazie eine wichtige Rolle spielen. Sein wissenschaftliches Werk umfaßt vor allem Arbeiten zur Strukturaufklärung und zur Totalsynthese von Naturstoffen.

Bereits 1944 gelang W. und seinem Mitarbeiter W. v. Eggers-Doering die Totalsynthese des Chinins aus Wasser-, Kohlen-, Sauer- und Stickstoff ohne jegliche Zwischenprodukte, womit er seinen Weltruhm als Naturstoffchemiker begründete. Im Zweiten Weltkrieg beschäftigte sich W. außerdem mit der Struktur des Penicillins, und 1945 erkannte er die Struktur des Antibiotikums Penicillin als Beta-Lactamstruktur. 1947 folgte die Aufklärung der Strychnin-Struktur, womit er eines der ältesten Probleme der organischen Chemie löste. Zusammen mit seinen Mitarbeitern gelang 1951 die Synthese der beiden Hormone Cholesterol und Cortison. Seine Synthese eines vollständig gesättigten Steroids ermöglichte fortan, fast alle bekannten Steroide chemisch zu synthetisieren. 1952 gelang W. die Strukturaufklärung für die Tetracycline und für die Ferrocene. 1954 gelang ihm die Totalsynthese des toxischen Strychnins und der Lysergsäure. Im gleichen Jahr folgte die Strukturaufklärung für die Cevine, und 1956 konnte er das Alkaloid Reserpin darstellen. In dieser Zeit widmete er sich auch der Strukturaufklärung weiterer Naturstoffe, der Antibiotika Terramycin und Magnamycin. Die Krönung von W.s Laufbahn aber war die Totalsynthese von Chlorophyll, des grünen Farbstoffs der Pflanzen, im Jahre 1960, um die sich Wissenschaftler ein halbes Jahrhundert lang vergeblich bemüht hatten. Mit der 55 Stufen umfassenden Totalsynthese des Chlorophylls, an der insgesamt 17 Wissenschaftler mitgearbeitet hatten, wurde ein Höhepunkt in der Geschichte der Naturstoffsynthese erreicht.

Zusammen mit dem Chemiker R. Hoffmann (Chemie-Nobelpreis 1981) leitete W. das Konzept von der „Erhaltung der Orbitalsymmetrie“ ab. Sie zeigten, daß die besondere Eigenschaft vieler Reaktionen der synchrone Verlauf von Bindungsabbau und Bindungsneubildung darstellt. Die 1965 erstmalig formulierten W.-Hoffmann-Regeln zeigen den Zusammenhang zwischen dem stereochemischen Verlauf von Reaktionen, die nicht über Ionen oder Radikale verlaufen, und der Symmetrieerhaltung der entsprechenden Orbitale auf.

1972 konnte nach elfjähriger gemeinsamer Arbeit mit A. Eschenmoser in Zürich unter Einbeziehung von insgesamt 99 Wissenschaftlern aus 19 Ländern die Totalsynthese des Vitamins B 12 erfolgreich abgeschlossen werden.

Zewail, Ahmed H. – ägyptisch-amerikanischer Chemiker

geb. 26.2.1946 in Damanhour (Provinzhauptstadt im Nildelta, Ägypten)

Nobelpreis 1999, für seine Studien des Übergangszustands chemischer Reaktionen mit Hilfe der Femtosekundenspektroskopie, mit der er nachgewiesen hat, daß man mit Hilfe schneller Lasertechnik grundlegende chemische Reaktionen in extrem hoher Zeitauflösung beobachten kann.

Z. studierte Chemie an der Universität von Alexandria und promovierte 1974 an der University of Pennsylvania in den USA. Seit 1976 ist er am California Institute of Technology in Pasadena tätig und wurde 1982 zum ordentlichen Professor berufen. 1990 erhielt er dort den ersten Linus-Pauling-Lehrstuhl in Chemikalischer Physik.

Z. hat als erster Ägypter einen wissenschaftlichen Nobelpreis erhalten. Seine Aufnahmen von chemischen Reaktionen mit der schnellsten Kamera der Welt bedeuteten „eine Revolution in der Chemie und in angrenzenden Wissenschaftsbereichen“. Die von Z. entwickelte Aufnahmemethode bezeichnet man als „Femtosekundenspektroskopie“. Sie erlaubt es, mit Hilfe ultrakurzer Laserblitze Reaktionen zu beobachten, die in wenigen Femtosekunden (10 hoch minus 15 Sekunden) ablaufen. Dies entspricht einigen billiardstel Sekunden. Eine „Femtosekunde" ist im Verhältnis zu einer Sekunde so wenig wie eine Sekunde im Vergleich zu 32 Millionen Jahren. Im Prinzip handelt es sich bei der „Femtochemie" um eine Zeitlupe, die es erlaubt, auf atomarer Ebene jene Serie von Vorgängen zu verfolgen, die bei chemischen Umsetzungen blitzartig ablaufen. So hat Z. beispielsweise festgestellt, daß sich bei der Zersetzung von Natriumjodid die Atomkerne von Natrium und Jod so weit voneinander entfernen, daß praktisch ein Ionenpaar vorliegt, das dann nicht mehr zueinander findet.

Für seine Experimente hat Z. eine Apparatur entwickelt, die man als „die schnellste Kamera der Welt" bezeichnen kann. Die zu untersuchenden Verbindungen werden in Form eines Molekularstrahls in eine Vakuumkammer geleitet. Dann folgen dicht hintereinander zwei ultrakurze Laserpulse. Der eine führt Energie zu, löst also die Reaktion aus, der andere dient dem spektroskopischen Nachweis der Reaktionsprodukte, weshalb auch von Femtosekunden-Spektroskopie gesprochen wird. Da elektronische Schaltungen zu langsam sind, einen auf den ersten Laserblitz binnen Femtosekunden folgenden zweiten Blitz anzusteuern, wurde das Problem mit Spiegeln gelöst, die den zweiten Blitz einen winzig kleinen Umweg nehmen lassen. Die Leistung von Z. bestand darin, die Meßmethode zeitlich so weit aufzulösen, daß keine chemische Reaktion mehr schneller stattfinden kann.

Diese Forschung liefert jene Daten, die es den theoretischen Chemikern ermöglichen, ihre quantenmechanischen Modelle und Berechnungen vom Ablauf chemischer Reaktionen zu testen und zu optimieren. Die Festkörperforschung und die Materialforschung profitieren mittlerweile von den Möglichkeiten der Femtochemie ebenso wie die Katalyseforschung oder die biologische und medizinische Grundlagenforschung.

Ziegler, Karl – deutscher Chemiker
geb. 26.11.1898 in Helsa bei Kassel
gest. 11.8.1973 in Mühlheim (Ruhr)
Nobelpreis 1963, für Entdeckungen auf dem Gebiet der Chemie und Technologie der Hochpolymeren.

Z., Sohn eines Pfarrers, studierte ab 1916 Organische Chemie an der Universität Marburg, promovierte hier 1920 und habilitierte sich 1923. 1936 wurde Z. als ordentlicher Professor für Organische Chemie und Direktor des Chemischen Instituts nach Halle berufen. Von 1943 bis 1969 leitete er das damalige Kaiser-Wilhelm-Institut und heutige Max-Planck-Institut für Kohleforschung in Mühlheim an der Ruhr.

Z. hat sich den metallorganischen Verbindungen zugewandt. Für den Fortschritt der Wissenschaft bedeutungsvoll ist die ganz allgemeine Entdeckung der „metallorganischen Mischkatalysatoren" gewesen, die nur als erste Auswirkung die Möglichkeit der Synthese eines gegenüber dem bis dahin bekannten neuen Polyäthylentyps gehabt und die inzwischen in der ganzen Welt eine Umwälzung auf dem Gebiet der hochmolekularen Kunststoffe nach sich gezogen hat. Z. und G. Natta (ebenfalls Nobelpreis 1963) entwickelten mit Hilfe der von ihnen aufgefundenen neuen metallorganischen Katalysatoren Polymerisationsmethoden, die es gestatten, strukturell regelmäßig aufgebaute Kettenmoleküle aus einfachen Kohlenwasserstoffen aufzubauen. Erst durch die Arbeiten der beiden Wissenschaftler wurde es möglich, sterisch weitgehend einheitlich aufgebaute Polymerisate zu erhalten – eine Entwicklung der letzten Jahrzehnte, die erstmalig zur Herstellung eines synthetischen Materials führte, das mit Naturkautschuk fast identisch ist.

Die Verknüpfung des Aluminiums als Hilfsmittel für die organische Synthese führte zur Erschließung eines auch theoretisch ungemein interessanten und sehr weitverzweigten Gebietes der organischen Chemie sowie wiederum zu gewissen technischen Auswirkungen, die ihren Niederschlag in dem Entstehen neuer Industrien in vielen Teilen der Welt gefunden haben. Die Entwicklung ist hier etwas langsamer verlaufen als bei dem Polyäthylen, da es sich um Prozesse handelte, die sich technisch erst durchsetzen mußten, während beim Polyäthylen der Glücksfall gegeben war, daß die Arbeit am Mühlheimer Institut unter Z. in ein lange empfundenes Vakuum auf dem Gebiet der Polymerisationstechnik hineinstieß und über die technische Bedeutung des Verfahrens sowie auch der Produktion von allem Anfang an keinerlei Zweifel bestand. Aufgrund der Forschungen von Natta und Z. ist es heute möglich, Kunststoffe mit gewünschten Eigenschaften auf dem Reißbrett zu entwerfen und dann großtechnisch herzustellen.

Die Arbeiten der beiden Wissenschaftler hatten einen besonderen Einfluß auf die Weiterentwicklung der Polymerenchemie. 1953 wurde der Nickel-Effekt entdeckt, und die Untersuchung dieses Effektes führte schließlich zur Entdeckung der metallorganischen Mischkatalysatoren auf Titanium-Basis (Z.-Katalysatoren). Diese Katalysatoren ermöglichten, Äthylen, das bis dahin nur bei hohen Drücken (100 MPa) und Temperaturen (200 Grad Celsius) polymerisiert werden konnte, bei Normaldruck und 50 bis 70 Grad Celsius zu polymerisieren (Niederdruck-Polymerisation nach Z.).

Zsigmondy, Richard Adolf – österreichischer Chemiker
geb. 1.4.1865 in Wien
gest. 23.9.1929 in Göttingen
Nobelpreis 1925, für die Aufklärung der heterogenen Natur kolloidaler Lösungen sowie für die dabei angewandten Methoden, die grundlegend für die moderne Kolloidchemie sind.

Z., Sohn eines Arztes, studierte ab 1883 an der Technischen Hochschule in Wien und ab 1887 an der Universität München. Er promovierte 1889. Von 1897 bis 1900 arbeitete Z. als wissenschaftlicher Mitarbeiter im Labor des Glaswerkes von Schott & Co in Jena.

Hier befaßte er sich hauptsächlich mit kolloidalem Gold. 1898 veröffentlichte er einen Beitrag zur kolloidalen Zerteilung des Goldes in Wasser. Er erkannte die metallische Natur und die elektrische Ladung dieser Sole, die Koagulation durch Salzzugabe und schuf bereits hier die Grundlagen für viele Teilgebiete der Kolloidchemie. Dann untersuchte Z. den Cassiusschen Goldpurpur, dessen Synthese aus kolloidalem Gold und kolloidalem Zinndioxidhydrat ihm gelang. Bei diesen Arbeiten erkannte er die Schutzwirkung hydrophiler Kolloide gegen elektrolytische Koagulation und fand dafür den Begriff des „Schutzkolloids". Darüber hinaus stellte Z. aber auch eine Reihe kolloidaler Lösungen in festen Substanzen her.

Eine besondere Schwierigkeit der Kolloidchemie bestand darin, daß die Kolloidteilchen zu klein waren, um sie in einem normalen Mikroskop sichtbar machen zu können. Die Kolloidpartikel zeigten jedoch den sogenannten Tyndall-Effekt, mit dessen Ausnutzung Teilchen sichtbar gemacht werden können, deren Größe unterhalb der Sichtbarkeit im Lichtmikroskop liegt. Hierin sah Z. eine Möglichkeit, die Kolloidteilchen, wenn schon nicht direkt, so doch indirekt sichtbar machen zu können. Nach dem Tyndall-Effekt streuten die suspendierten Teilchen das Licht und erzeugten so um sich herum ein Lichtscheibchen, das größer ist als sie selbst. Wenn man das von einer kolloidalen Lösung gestreute Licht durch ein Mikroskop leitete, so mußte es möglich sein, die Kolloidteilchen als Lichtpunkte auszumachen. Man mußte sie zählen und ihre Bewegungen beobachten können. Daraus aber ließen sich Gestalt und Größe ermitteln.

Zusammen mit H. F. W. Siedentopf und den Zeiss-Werken wurde 1902/03 das Ultramikroskop entwickelt. Damit konnten die für Lichtmikroskope unerkennbar kleinen Kolloidteilchen aufgrund des von ihnen gestreuten Lichts als leuchtende Punkte sichtbar gemacht werden. 1907 wurde Z. als Leiter des Instituts für Anorganische Chemie an die Universität Göttingen berufen, erhielt 1919 eine ordentliche Professur und blieb in dieser Stellung bis 1929. Mit dem Ultramikroskop hatte Z. eine wichtige Voraussetzung für die Entwicklung des Immersions-Ultramikroskops im Jahre 1913 geschaffen. Für diese Arbeiten erhielt die Mikroskopie einen ersten Nobelpreis.

MEDIZIN / PHYSIOLOGIE

Adrian, Edgar Douglas, 1. Baron of Cambridge (ab 1955) – britischer Neurophysiologe
geb. 30.11.1889 in London
gest. 4.8.1977 in Cambridge
Nobelpreis 1932, für Entdeckungen auf dem Gebiet der Funktionen der Neurone, der Nervenzellen und ihrer Prozesse.
A. besuchte die Schule in Westminster und studierte am Trinity College in Cambridge Medizin, wo er graduierte und zum Doktor der Medizin promovierte. Er arbeitete zuerst an klinischer Neurologie am St. Bartholomew's Hospital und ging dann 1919 wieder zurück nach Cambridge an das Physiologische Laboratorium. Hier lieferte A. wichtige Arbeiten über die Grundlagen der Sinnesempfindungen sowie über den Mechanismus der Nervenwirkung. Um ihm genügend Zeit für diese Arbeiten zu geben, wählte ihn die Royal Society für die Foulerton-Research-Professur, die er von 1929 bis 1937 am Forschungsinstitut in London ausübte.

A.s Forschungen über Nervenerregungen förderten die Physiologie und die Neurologie in der Folgezeit außerordentlich. Mit seinen Experimenten konnte er auf dem Gebiet der Elektrophysiologie viel zum Fortschritt der Neurologie und insbesondere zur Klärung physiologischer Reaktionen im Rückgrat und Gehirn beisteuern. A. untersuchte das „Alles oder nichts"-Prinzip in Nerven, bei dem es sich um kleinste Übergänge oder Schwellwerte handelt. Er fand eine Methode zur Untersuchung schwacher Aktionsspannungen einzelner Nerven und Muskelfasern sowie Rezeptoren. Er konnte zeigen, daß verschieden starke Erregungen nicht durch Schwankungen oder Impulsstärke in der Nervenfaser zustande kommen, sondern nur durch Änderungen der Impulsfrequenz, womit er die Gültigkeit des „Alles oder nichts"-Prinzips auch für die Nervenfaser bewies. Die Nervenfasern dienen in erster Linie der Übertragung von Information durch elektrische Impulse. Daneben sind sie auch Leitungsbahnen für den Transport von Substanzen (Aminosäuren, Eiweiße, Nährstoffe, Neurotransmitter) aus dem Zellkörper zu den Synapsen und umgekehrt. Die Transportgeschwindigkeit beträgt 20–40 Zentimeter pro Tag. Im „Alles oder nichts"-Gesetz (ANG) formulierte A. seine Aussage über die Antwort von zur Erregungsleitung befähigten Zellen auf adäquate Reize.

1937 wurde A. als Professor für Physiologie an die Universität Cambridge berufen, wo er bis 1951 lehrte, anschließend war er bis zu seiner Emeritierung 1965 Master des Trinity College in Cambridge. Von 1957 bis 1959 war A. außerdem Vizekanzler der Universität Cambridge, von 1955 bis 1957 Präsident des Leicester University College und ab 1958 erster Kanzler der Universität Leicester. Trotz dieser vielseitigen Tätigkeiten war A. weiterhin wissenschaftlich aktiv, und als hervorragender Physiologe war er maßgebend an der Ausbildung junger Neurologen beteiligt.

Wichtigste Veröffentlichungen: „Die Grundlagen der Sinnesempfindungen" (1927); „Der Mechanismus der Nervenwirkung" (1932); „The Physical Background of Perception" (1947).

Arber, Werner – Schweizer Mikrobiologe und Genetiker
geb. 3.6.1929 in Gränischen (Kanton Aargau)
Nobelpreis 1978, für die Entdeckung der Restriktionsenzyme und ihre Anwendung auf Probleme der Molekulargenetik.
A. studierte ab 1949 Chemie und Physik an der Eidgenössischen Technischen Hochschule in Zürich. 1953 erwarb er das Diplom als Kernphysiker. Danach ging er als Assistent für Elektronenmikroskopie an das biophysikalische Laboratorium der Universität Genf, wo er sich vor allem mit der Physiologie und Genetik von Bakteriophagen befaßte, einem Forschungsgebiet, dem er bis heute verbunden geblieben ist. 1962 habilitierte sich A. als Privatdozent und wirkte von 1963 bis 1966 als Dozent für Genetik und Physiologie der Viren am Internationalen Laboratorium für Genetik und Biophysik in Neapel. Daneben war A. als Lehrbeauftragter und ab 1965 als außerordentlicher Professor für Molekulargenetik an der Universität Genf beschäftigt. 1968 folgte er einem Ruf an die Universität Basel, an der er seit Oktober 1970 – unterbrochen durch einen weiteren Forschungsaufenthalt an der Universität in Berkeley 1970/71 – als ordentlicher Professor für molekulare Mikrobiologie und Forschungsgruppenleiter der Abteilung Mikrobiologie am Baseler Biozentrum tätig ist.

Wie die Stockholmer Laudatio ausführt, „eröffnen die von A., D. Nathans und H. O. Smith entwickelten Techniken neue Wege zur Lösung grundlegender Probleme in der Entwicklungsbiologie. Das erweiterte Wissen auf diesem Gebiet kann in der Medizin bei der Vorbeugung und Behandlung von Mißbildungen, Erbkrankheiten und Krebs äußerst hilfreich sein". Die Restriktionsenzyme wurden in den sechziger Jahren von A. am Biozentrum der Universität Basel entdeckt. Er untersuchte eine zu jener Zeit bekannte Erscheinung, die durch die Wirtszelle kontrollierte Restriktion von Bakteriophagen, und fand, daß dieser Vorgang mit Veränderungen in der DNS-Struktur des Virus einhergeht. Wie es schien, entstand dabei eine Art Barriere gegen das Eindringen fremden genetischen Materials. A. wies nach, daß dieser Vorgang auf eine Kombination von Restriktion und Modifikation zurückzuführen ist.

In der Praxis kann man erwarten, daß aus diesem Forschungsgebiet weitere Anstöße für die Krebsforschung kommen. Ferner ist es denkbar, durch Gen-

Transplantation erblich bedingte Enzymmangelzustände zu behandeln. Darüber hinaus bieten sich bereits konkrete Möglichkeiten, das Erbgut von Mikroorganismen derart zu verändern, daß sie Stoffe erzeugen, die in der Humanmedizin benötigt werden.

Axelrod, Julius – amerikanischer Biochemiker und Pharmakologe
geb. 30.5.1912 in New York City
Nobelpreis 1970, für die Aufklärung chemischer Vorgänge bei der Erregungsübertragung an den Nervenschaltstellen (Synapsen).
A. arbeitete als Chemielaborant und studierte am Abend Chemie. Bei einer Laborexplosion verlor er damals das linke Auge. 1935 wurde A. Chemiker am Laboratorium für industrielle Hygiene. Daneben graduierte er 1941 an der Universität New York. Von 1946 bis 1949 arbeitete A. als Forschungsassistent am Goldwater Memorial Hospital in Welfare Island, New York. Ab 1950 war er als Biochemiker am Nationalen Herzinstitut im Rahmen des NIH tätig. 1955 promovierte er an der Washington-Universität in St. Louis. Von 1955 bis 1984 war er Leiter der pharmakologischen Abteilung des National Institute of Mental Health in Bethesda. Aus der selbständigen Forschungsgruppe sind zahlreiche bedeutende Neurochemiker und Neuropharmakologen hervorgegangen.

Der schwedische Physiologe Ulf Swante von Euler-Chelpin hatte 1946 die ausschlaggebende Rolle der Katecholamine (Adrenalin und Noradrenalin) für die Reizübertragung entdeckt, sie erwiesen sich als sogenannte Transmittersubstanz. A. gehörte nun zu den ersten, die von Eulers Entdeckung aufgriffen. So stellte sich u. a. das Problem, auf welche Weise die Wirkung des Transmitters auf die postsynaptische Membran abgestellt wurde. Diese Frage war entscheidend, da der geregelte Erregungsablauf nicht nur vom Erfolg der Übertragung abhängt, sondern auch davon, daß die Erregung quantitativ kontrolliert und in Schranken gehalten werden kann. Die Reizweiterleitung zwischen den Zellen im Nervensystem, die sich ihrer Natur nach von der Impulsweiterleitung in den Nervenfasern unterscheidet, wird durch Transmitter herbeigeführt, die als chemische Boten zwischen den Zellen fungieren. Die Übertragung (Transmission) von Informationen erfolgt im allgemeinen durch chemische Synapsen. Dabei übernehmen besondere Wirkstoffe als Überträgersubstanz die Funktion eines Boten. Die einzelnen Nervenzellen sind zur Synthese jeweils nur eines bestimmten Transmittertyps befähigt. Die Transmitter wirken nur kurzzeitig. Besondere Enzyme sorgen für einen raschen Abbau der freigesetzten Transmitter. Der übrige Teil wird zusammen mit den Abbauprodukten wieder resorbiert und steht, erforderlichenfalls nach Resynthese, erneut als Überträger zur Verfügung.

Von 1954 bis 1968 untersuchte A. die Biosynthese und die Inaktivierung des Noradrenalins, der chemischen Überträgersubstanz für Nervenimpulse. 1958 gelang der erste große Wurf, A. konnte nachweisen, daß die Spaltung der Substanz durch ein Enzymsystem erfolgt. 1962 erkannte er die N-Methylierung, bei welcher in der Nebenniere Noradrenalin in Adrenalin umgewandelt wird. Als erster wandte A. mit Tritium (radioaktiver Wasserstoff) markiertes Noradrenalin an und fand dabei einen Neutralisierungsprozeß, der noch wichtiger war als der enzymatische Abbau. Dieser Vorgang ist für das Verständnis von krankhaften Prozessen und von pharmakologischen Wirkungen von fundamentaler Bedeutung.

A.s weitere Forschungen beschäftigten sich mit der Biosynthese des Melatonins, des Wirkstoffs der Epiphyse, der Zirbeldrüse.

Baltimore, David – amerikanischer Molekularbiologe
geb. 7.3.1938 in New York City
Nobelpreis 1975, für Entdeckungen über die Interaktion von Tumorviren mit dem genetischen Material der Zelle.
B. studierte Biologie am Swarthmore College, am Massachusetts Institute of Technology und schließlich am Rockefeller Institute, wo er 1964 promovierte. Anschließend arbeitete er als Molekularbiologe am Albert-Einstein-College of Medicine. Von 1965 bis 1968 widmete er sich virologischen Forschungen am Salk Institute for Biological Studies in San Diego, wo er eng mit R. Dulbecco (ebenfalls Nobelpreis 1975) zusammenarbeitete. Seit 1972 ist er am Massachusetts Institute of Technology ordentlicher Professor für Biologie.

Im Jahr 1970 gaben die unabhängig voneinander arbeitenden Wissenschaftler H. Temin und B. der Diskussion um die RNA-Tumorviren ein völlig neues Gesicht: Wie sie zeigen konnten, bedienen sich nämlich diese besonderen RNA-Viren bei ihrer Vermehrung eines einzigartigen Enzyms, das sie als einzige unter allen RNA-Viren besitzen. Mit Hilfe dieses Enzyms durchlaufen die RNA-Tumorviren ein Zwischenstadium, in dem ihre RNA in DNA umgeschrieben wird, und deshalb können sie im Gegensatz zu allen anderen RNA-Viren ihr Genom in das Genmaterial der Zellen einbauen. Das besondere Enzym, die Reverse Transkriptase, verschafft den Viren letztlich dauernden Zugang zu einer ganzen Palette von Zellmechanismen, mit deren Hilfe sie sich – oft auf Kosten der Zelle – vermehren können. Und, was genauso wichtig ist: Die Zelle durchläuft irgendwann auch selbst ihre normale Zweiteilung, und dabei gibt sie die Gene des Virus, mit dem sie infiziert ist, an ihre Tochterzellen weiter. Eine Retrovirus-Infektion bleibt also in einem Organismus praktisch ein Leben lang bestehen.

Die Entdeckung von Temin und B. war von enormer Bedeutung für die experimentelle Krebsforschung: Einerseits lieferte sie neue Erkenntnisse darüber, wie RNA-Tumorviren sich vermehren, und andererseits bot sie eine plausible Erklärung dafür, daß die RNA-Viren einer bestimmten Gruppe die DNA von Zellen verändern und so Krebs erzeugen können. Noch wichtiger war etwas anderes: Die Entdeckung der Reversen Transkriptase stürzte einen Lehrsatz um, den man als

Frederik Banting

Francis Crick

Gerhard Domagk

Paul Ehrlich

Alexander Fleming

Robert Koch

Karl Landsteiner

Rita Levi-Montalcini

Barbara McClintok

Thomas Morgan

Stanley Prusiner

Selman Waksman

das „zentrale Dogma" der modernen Zellbiologie bezeichnet hatte: daß nämlich die DNA sich selbst oder eine RNA und die RNA ein Protein kodiert, daß aber in umgekehrter Richtung, also von der RNA zur DNA, keine Information fließt. Deshalb änderte man die allgemeine Bezeichnung für derartige Viren von RNA-Tumorviren in Retroviren – eine zutreffende Änderung, denn Retroviren können nicht nur Tumoren, sondern auch andere Krankheiten auslösen.

B. ist seit 1973 auch Professor für Molekularbiologie bei der American Cancer Society. 1982 übernahm er die Leitung des neuerrichteten Whitehead Institute für biomedizinische Forschung.

Banting, Sir (ab 1934) **Frederick Grant** – kanadischer Physiologe
geb. 14.11.1891 in Alliston (Ontario)
gest. 21.2.1941 in Musgrave Harbour (Neufundland) (Flugzeugabsturz)
Nobelpreis 1923, für die Entdeckung des Insulins.
B. sollte auf Wunsch der Eltern methodistischer Geistlicher werden. Er studierte zunächst in Toronto Theologie und wechselte dann zur Medizin. Er erhielt 1916 die Approbation als Arzt, wurde jedoch sogleich als Militärchirurg der kanadischen Truppen an die Front in Nordfrankreich abkommandiert, wo er schwer verwundet wurde. Im Juli 1920 eröffnete er in der Provinzstadt London (Ontario) eine orthopädische Praxis und kam einer Halbtagsstellung als Repetitor am Physiologischen Institut der Universität Toronto nach. Diese Tätigkeit weckte nun sein Interesse an den bisherigen Forschungen über Diabetes mellitus (Zuckerkrankheit).

Während des Selbststudiums stieß B. zufällig auf Forschungsberichte, in denen deutsche Forscher um die Jahrhundertwende erstmals den Zusammenhang zwischen Bauchspeicheldrüse und Zuckerkrankheit nachgewiesen hatten. Die Bauchspeicheldrüse ist von entscheidender Bedeutung für die Verdauung der Nahrung, weil sie Säfte absondert, die besonders für den Zuckerstoffwechsel unentbehrlich sind. Am Physiologischen Institut begannen für B. und seinen Mitarbeiter C. H. Best 1921 hochdramatische Wochen und Monate des Experimentierens. B. ließ bei einigen Versuchshunden jenen Teil der Bauchspeicheldrüse einschrumpfen und entarten, der den Verdauungssaft mit dem seiner Ansicht hinderlichen Trypsin erzeugt. Dann entnahm er den Hunden das degenerierte, nur noch etwa daumengroße Pankreas mit den aber dennoch intakten Inselzellen (man nahm an, daß der Mangel an einem Hormon, gebildet von den Inselzellen, Ursache von Diabetes ist), zerkleinerte es zu einem Brei, versetzte diesen mit Kochsalzlösung und filtrierte den Ansatz. Eine geringe Menge Inselsaft fiel aus jedem unter größten Mühen zubereiteten Drüsenorgan an. Am 30. Juli 1921 konnten B. und Best die erste erfolgreiche therapeutische Anwendung von Pankreas- oder Bauchspeicheldrüsenextrakt bei einem zuckerkranken Versuchstier beschreiben. Die Versuche wurden weitergeführt, wobei sich B. um bessere und ergiebigere Methoden der Insulingewinnung bemühte. Auf dem Schlachthof von Toronto ließ sich B. die Bauchspeicheldrüsen von ungeborenen Kälbern geben und stellte daraus alkoholische Preßsäfte her, von deren Wirkung er sich bei 75 Hundeversuchen überzeugte. Anfang 1922 wurde der erste Patient, ein schwer zuckerkranker dreizehnjähriger Junge, erfolgreich behandelt. Nach drei Wochen war der Tod gebannt.

Es gelang dann auch, ein Verfahren zur chemischen Reindarstellung des Insulins zu entwickeln, das sich zudem für eine fabrikmäßige Herstellung eignete. 1923 konnte das für Diabetiker lebenserhaltende Insulin erstmals in größeren Mengen hergestellt werden.

Für ihre Verdienste erhielten B. und Best Professuren für medizinische Forschung an der Universität Toronto. 1930 wurde er Direktor des für ihn eingerichteten B.-Instituts.

Bárány, Róbert – österreichischer Arzt und Otologe
geb. 22.4.1876 in Wien
gest. 8.4.1936 in Uppsala
Nobelpreis 1914, für seine Arbeiten über Physiologie und Pathologie des Vestibularapparates.
B., Sohn eines Holzfachmannes, erkrankte als Kind an Knochentuberkulose im Knie und behielt durch die Operation ein steifes Bein. Durch sein eigenes Leiden kam er auf den Gedanken, Arzt zu werden. Er studierte Medizin an der Universität Wien mit besonderem Interesse für die Nervenheilkunde, spezialisierte sich aber dann auf die Ohrenheilkunde. Nach seiner Promotion im Jahre 1900 ging B. nach Deutschland und arbeitete als Assistent am Städtischen Krankenhaus in Frankfurt/Main und dann als Psychiater an der Freiburger Universitätsklinik. 1905 kehrte er nach Österreich zurück, wirkte kurzzeitig als Operateur an der Chirurgischen Klinik in Wien und wurde dann Assistent an der Universitäts-Ohrenklinik bei Hofrat Politzer.

Als B. mit seinen Forschungen begann, herrschte über die Aufgaben des Bogengangapparates, den man in der Wissenschaft als Vestibularapparat bezeichnet, vollkommene Unklarheit. Es fehlten jegliche Möglichkeiten zur Untersuchung des Bogengangapparates an einem einzelnen Ohr. Es gab auch keinen Weg, um das subjektive Gefühl des Schwindels objektiv zu bestätigen und genauer festzustellen. Hier setzten nun im Jahre 1906 die Versuche des Wiener Ohrenarztes B. ein, welche nicht nur vollständig neue Untersuchungs- und Behandlungsmöglichkeiten eröffneten, sondern auch im weiteren den Sitz des Gleichgewichtsgefühls im Gehirn und die Art seiner Auswirkungen auf die Körperbewegungen klärten. Er erkannte, daß der Vestibularapparat des Ohres unter gewissen pathologischen Umständen das rhythmische Augenzittern unter unangenehmen und gefährlichen Begleiterscheinungen auslösen kann (Nystagmus). Dabei entdeckte B. eine durch Wärme erzeugte Reaktion des inneren Ohres und entwickelte zum ersten Male eine exakte Funktionsprüfung des Bogengangapparates im Ohr. Das hat den großen Vorteil, eine lebensbedrohende Eiterung rechtzeitig zu erkennen und die lebensgefährliche Hirnhautentzündung durch Operation zu verhindern. Auch andere Schäden im Ohr konnten seitdem rechtzeitig erkannt werden.

Wegen der Verleihung des Nobelpreises hatte B. in Wien eine starke Gegnerschaft, die ihm die Prioritätsrechte seiner Entdeckungen abstreiten wollte. Seine Feinde brachten sogar eine Ablehnung seiner Ernennung zum Professor zustande, ohne daß er selbst gehört worden war. Als Folge dieser Angriffe nahm B. im Jahre 1917 einen Ruf als Privatdozent und Titular-Professor nach Uppsala an. 1926 wurde er hier ordentlicher Professor und Leiter einer Ohrenklinik. Hier lebte und wirkte er bis an sein Lebensende sehr zurückgezogen, da er fast seine ganze Zeit dem Beruf widmete.

Beadle, George Wells – amerikanischer Biologe und Genetiker
geb. 22.10.1903 in Wahoo (Nebraska)
gest. 9.6.1989 in Pomona (Kalifornien)
Nobelpreis 1958, für die Entdeckung, daß die Gene wirksam werden, indem sie bestimmte chemische Vorgänge regulieren.
B., Sohn eines Farmers, studierte zuerst am College of Agriculture in Lincoln (Nebraska), wo bereits sein Interesse für die Genetik geweckt wurde. Er ging dann an die Universität Nebraska, wo er Biologie studierte und 1927 den Magister of Science erwarb. Danach arbeitete B. als Assistent an der Universität in Ithaca (New York) und promovierte dort 1931. Anschließend wirkte er zwei Jahre am California Institute of Technology in Pasadena. 1935 ging er zu weiteren Studien an das Institut de Biologie Physicochimique in Paris. 1936 wurde B. Assistent Professor für Genetik an der Harvard-Universität in Cambridge (USA), 1937 Appointed Professor für Biologie an der Universität Stanford (Kalifornien), 1946 Professor und Leiter der Abteilung Biologie des California Institute of Technology und 1961 Präsident der Universität Chicago.

In Pasadena hatte sich B. vorwiegend mit Forschungen an Futtermais und Kreuzungsversuchen an der Drosophila-Fliege beschäftigt, und in Paris hatte er an Augenpigmenten gearbeitet, was später zu Forschungen über biochemische Genetik der Neurospora führte. Seine bedeutendsten Arbeiten entstanden, als er 1941 zusammen mit E. L. Tatum Versuche mit dem Schimmelpilz Neurospora crassa begann. Im Naturzustand wächst dieser Pilz auf einem Nährboden, dessen wichtigste organische Verbindung Zucker ist. Um sich mit den notwendigen Elementen zu versorgen, die nicht im Zucker enthalten sind (z. B. Stickstoff, Phosphor oder Schwefel), können Neurospora auf anorganische Verbindungen zurückgreifen. Durch wagemutige, scharfsinnige Auswertung des experimentellen Materials gelang den beiden Forschern der Durchbruch, und es wurde möglich, Ausgangssubstanzen für die Gene der Neurospora aus einer einfachen Mischung der Genkulturen zu gewinnen. Mit Röntgenstrahlmutationen und Analysen des Materials konnten B. und Tatum zeigen, daß die Grundsubstanzen in der Einzelzelle Schritt für Schritt in langen chemischen Reaktionsketten aufgebaut werden und daß Gene ständig diese Prozesse und Regelungen im Individuum nach genau vorgezeichneten Schritten in der synthetischen Kette überwachen. Die beiden Forscher erzeugten durch Behandlung mit Röntgenstrahlen zahlreiche Mutanten der Wildform. Einige davon hatten die Fähigkeit verloren, lebenswichtige organische Substanzen wie zum Beispiel die Aminosäuren Lysin oder Arginin zu bilden. Diese Pilzmutanten können nur wachsen, wenn dem Nährmedium diese Aminosäuren zugesetzt werden.

Auf der Suche nach den Erbträgern und nach der zentralen Steuerung der lebenden Zelle entdeckten die Forscher im Zellkern jene stäbchenförmigen Gebilde, die Chromosomen, die sich bei jeder Befruchtung in neuer Kombination zu kompletten Chromosomensätzen wieder zusammenfügen. Die verschiedenen Erbmerkmale sind auf ihnen jeweils in bestimmten Abschnitten, den Genen, lokalisiert. Die Gene sind nicht nur Träger der Erbinformation, sondern sie sind auch die chemischen Regulatoren des gesamten Zellstoffwechsels. Die von B. mit Tatum durchgeführten Untersuchungen zu der Frage, wie Gene biochemische Reaktionen steuern, führten zu der zwischenzeitlich überholten „Ein-Gen-ein-Enzym-Hypothese".

Behring, Emil Adolph von – deutscher Mediziner und Bakteriologe
geb. 15.3.1854 in Hansdorf (Westpreußen)
gest. 31.3.1917 in Marburg (Lahn)
Nobelpreis 1901, für seine Arbeiten über die Serumtherapie, speziell die erstmalige Anwendung des Diphtherieserums.
B. entstammte einer bescheidenen, vielköpfigen Lehrerfamilie. Ab 1874 studierte er an der Berliner Militärärztlichen Bildungsanstalt Medizin, erwarb vier Jahre später den Doktortitel und wurde als Unterarzt zunächst nach Wohlau, dann nach Winzig versetzt. Der junge und ehrgeizige Arzt B. mußte in diesen unbedeutenden Garnisonen miterleben, daß mangels unzureichender ärztlicher Versorgung bei nur wenigen praktizierenden Landärzten die Diphtherie erhöhte Opfer forderte. Diese erschütternden Erlebnisse sollten für seine spätere Forschertätigkeit bestimmend werden.

1887 wurde B. nach Bonn abkommandiert und arbeitete am Pharmakologischen Institut der Universität. Seine erste bedeutende wissenschaftliche Arbeit befaßte sich mit der Ursache der Immunität von Ratten gegen Milzbrand. B. war also mit Fachkenntnissen wohlausgerüstet, als er im Jahre 1889 als Assistent an das Hygienische Institut der Universität Berlin berufen wurde, dessen Direktor Robert Koch war. Als Koch 1891 in Berlin eine eigene Forschungsanstalt, das neugegründete Institut für Infektionskrankheiten, erhielt, folgte B. ihm als Mitarbeiter auch dorthin.

Hier begann er mit seinen Immunitätsforschungen und -entdeckungen, die seinen Namen unsterblich machen sollten. Der Gedanke, Infektionsträger mit körpereigenen, in der Abwehr gegen Bakterien gebildeten

Gegengiften zu bekämpfen, wurde der Ausgangspunkt der „ätiologischen oder Blutserumtherapie" B.s. Hatten die Mediziner bisher das Krankheitsgeschehen der Diphtherie nicht recht durchschaut, so fiel jetzt der Schleier des Geheimnisses von ihren Augen. Bislang hatte B. sich vergeblich bemüht, unter Desinfektionsmitteln ein Heilmittel gegen die mörderische Kinderkrankheit zu entdecken. Nach langwierigen Tierexperimenten stellte er fest, daß das Diphtheriegift tatsächlich durch Schutzstoffe enthaltendes Serum neutralisiert. Nun durfte er es auch wagen, das von ihm entwickelte Heilserum klinisch zu erproben. Ihm war es zu verdanken, daß die Diphtheriesterblichkeit in den nächsten anderthalb Jahrzehnten auf weniger als ein Fünftel der ursprünglichen Todesrate sank. Das Heilserum gegen Diphtherie machte ihn als „Retter der Kinder" weltbekannt.

1893 war B. als Professor für Hygiene an die Universität Halle berufen worden, und 1895 übernahm er die Leitung des Hygienischen Instituts der Universität Marburg.

B.s zweite Großtat galt einer weithin noch unbekannten, jedoch nicht weniger heimtückischen Seuche, dem Wundstarrkrampf. Als erstem glückte es B., Tiere so vorzubehandeln, daß sie gegen den Wundstarrkrampf immun wurden, indem sie in die Lage versetzt wurden, besondere Gegengifte im Blut zu bilden, die das vom Tetanusbazillus abgesonderte Gift unschädlich machten. Das Ergebnis der genialen Versuche war die Herstellung des Tetanus-Heilserums. Zur Erforschung und Herstellung von Impfstoffen in großen Mengen gründete B. im Jahre 1904 in Marburg die „Behring-Werke".

Békésy, Georg von – amerikanischer Biophysiker und Physiologe ungarischer Herkunft
geb. 3.6.1899 in Budapest
gest. 13.6.1972 in Honolulu (Hawaii)
Nobelpreis 1961, für seine Entdeckungen der mechanischen Vorgänge bei der Reizung im Innenohr.

B., Sohn eines Diplomaten, wurde in Budapest, München, Istanbul und Zürich erzogen. Er studierte dann von 1916 bis 1920 Physik an der Universität Bern, wo sein Vater im diplomatischen Dienst die Interessen Ungarns vertrat. 1923 beendete er in Budapest sein Studium mit der Promotion. Von 1923 bis 1946 arbeitete B. als Spezialist für Akustik und Nachrichtenübertragung beim Ungarischen Telefondienst. Bei diesen physikalischen Forschungsarbeiten studierte er die Beteiligung des Ohres als eine Hauptkomponente des Übermittlungssystems. 1926/27 arbeitete er auch für das Zentrallaboratorium von Siemens und Halske in Berlin. Von 1932 bis 1946 lehrte B. an der Universität in Budapest, seit 1940 als Professor für Experimentalphysik. Aufgrund der sowjetischen Besetzung Ungarns wanderte B. 1946 nach Schweden aus, wo er eine Anstellung als Professor am Karolinischen Institut in Stockholm erhielt. Hier entwickelte er einen neuen Typ des Audiometers, des Geräts zum Messen des Hörvermögens, das vom Patienten gehandhabt wird und auch außerhalb akustischer Probleme Anwendung findet. 1947 ging B. als Forscher und Dozent an das Psycho-Akustische Laboratorium der Harvard-Universität in Massachusetts (USA). Von 1949 bis 1966 arbeitete er dort als Forschungs-Professor für „Psycho-Physics". Ab 1966 war er Professor an der Universität von Hawaii in Honolulu.

B. erklärte mit seinen ausgeklügelten Experimenten und verfeinerten Meßmethoden den Hörvorgang des menschlichen Ohres. Seine Entdeckungen über das Unterscheidungs- und Selektionsvermögen des Ohres machte er schon zu Ende der 20er Jahre in Ungarn. Er erforschte als Physiker die mechanischen Eigenschaften des Ohres, indem er die Mikroanatomie des Gehörgangs durch die Anwendung genau durchdachter, feinster Meßmethoden untersuchte. Er untersuchte die Übertragung des Schalls vom Trommelfell (das er als gleichmäßig elastisch erkannte) über die Gehörknöchelchenkette auf die Lymphflüssigkeit in der Schnecke (Cochlea) des Innenohres. Er baute zunächst ein Modell der Schnecke des Ohres und bestimmte die Schwingungseigenschaften aller beim Hörvorgang beteiligten Gebilde. Neben Versuchen, die sich mit der Schalleitung- und ausbreitung im menschlichen Ohr befaßten und zu denen B. ausgefeilte Versuchsanordnungen und Meßmethoden entwickelt hatte, machte er auch vergleichende Untersuchungen an tierischen Hörorganen. Sie dienten dazu, die Schallwellen bis zum Cortischen Organ zu verfolgen. In seinen Experimenten fand er heraus, daß sich die Lymphflüssigkeit bei Schallreizung längs der Basilarmembran in der Schnecke bewegt. Für diese Bewegung prägte B. den Begriff der Wanderwelle („Travelling wave"). Er konnte zeigen, daß die Wanderwellen dieselbe Frequenz haben wie die auf das Ohr wirkenden Schallwellen in der Luft, aber eine viel geringere Geschwindigkeit. Er konnte gegen die Annahme von H. v. Helmholtz beweisen, daß das Trommelfell gleichmäßig elastisch ist und in einem Bereich von 55 Quadratmillimetern in steifer Verbindung mit dem Hammerkopf schwingt.

Die Ergebnisse der von B. durchgeführten Experimente machen verständlich, wie das Ohr Tonhöhen unterscheiden kann: Töne verschiedener Höhe lenken die Basilarmembran an unterschiedlicher Stelle maximal aus und reizen dort die Sinneszellen am stärksten. Daneben hat B. entscheidende Beiträge zur Elektrophysiologie der Schnecke geliefert. Durch seine Forschungen wurden bei der Heilung von Schäden im Ohr große Fortschritte erzielt.

B. wurde als erster Physiker mit dem Nobelpreis für Medizin geehrt.

Benacerraf, Baruj – amerikanischer Mediziner
geb. 29.10.1920 in Caracas (Venezuela)
Nobelpreis 1980, für Entdeckungen genetisch bestimmter zellulärer Oberflächenstrukturen, von denen immunologische Reaktionen gesteuert werden.

B., Sohn eines wohlhabenden Textilhändlers spanisch-jüdischer Abstammung, verbrachte seine Kindheit und Jugend in Paris, wo seine Familie zwischen 1925 und 1939 lebte. Er besuchte das Lycée Janson in Paris.

Danach begab sich die Familie nach den USA, und B. studierte an der New Yorker Columbia-Universität, wo er 1942 graduierte. 1943 nahm er die amerikanische Staatsbürgerschaft an. Er studierte dann am Medical College of Virginia in Richmond und konnte hier trotz seiner Einberufung zum Militärdienst seine Ausbildung zum Doktor der Medizin 1945 abschließen. 1945/46 war B. Assistenzarzt am New Yorker Queens-Hospital, danach zwei Jahre Militärarzt in Nancy (Frankreich). Nach seiner Entlassung aus der Armee erhielt er eine Forschungsstelle in der mikrobiologischen Abteilung der medizinischen Fakultät der Columbia-Universität. 1956 folgte B. einem Ruf als außerordentlicher Professor für Pathologie an die medizinische Fakultät der Universität New York, 1960 erfolgte seine Ernennung zum ordentlichen Professor. Seit 1970 ist B. Professor für Vergleichende Pathologie an der Medizinischen Fakultät der Harvard-Universität in Boston, außerdem Leiter der pathologischen Abteilung. 1980 wurde er zum Präsidenten des Dana-Farber-Krebs-Institutes in Boston berufen.

Die Erkenntnisse der drei ausgezeichneten Wissenschaftler B., Dausset und Snell spielen eine wesentliche Rolle bei der Transplantation von Organen. Der Erfolg von Organtransplantationen hängt nicht nur vom Geschick der Chirurgen ab, sondern noch mehr von der immunologischen Verträglichkeit der Gewebe von Spender und Empfänger. Je besser die Gewebefaktoren übereinstimmen, um so günstiger sind – auf lange Sicht – die Überlebenschancen des Transplantats. Die Erforschung dieser Gewebefaktoren hat die Grundlagen der Transplantations-Immunologie geschaffen, die der Organüberpflanzung zu erstaunlichen Erfolgen verhalf. Die Transplantations-Immunologie begann mit der Feststellung, daß Organtransplantate zwischen nicht verwandten Spendern abgestoßen wurden, während sie bei eineiigen Zwillingen überlebten. Bei der Transplantatabstoßung mußte es sich also um ein genetisch fixiertes Phänomen handeln. Daß die genetische Struktur des Immunsystems und die Funktion der Immungene experimentell angegangen werden konnte, ist maßgebend den Entdeckungen von B., Dausset und Snell zu verdanken. Sie haben durch systematische Untersuchungen bewiesen, daß sich auf den Leukozyten (weiße Blutkörperchen) Substanzen befinden, die den Gewebefaktoren auf anderen Körperzellen, den für die Organabstoßung verantwortlichen Antigenen, entsprechen. Die diese Abwehrreaktionen auslösenden Antigene (Histokompatibilitätsantigene) ähneln damit den schon von K. Landsteiner Ende des letzten Jahrhunderts bei den roten Blutkörperchen entdeckten Blutgruppen.

Bergström, Sune Karl – schwedischer Biochemiker
geb. 10.1.1916 in Stockholm

Nobelpreis 1982, für seine bahnbrechenden Arbeiten über Prostaglandine (Gewebshormone) und nahe verwandte biologisch aktive Substanzen.

B. studierte Medizin am Karolinska-Institut in Stockholm und promovierte dort 1943 zum Doktor der Medizin. Bereits während seines Studiums erforschte er die biochemische Beschaffenheit von Lipiden (Fetten) und Steroiden. 1958 wurde er auf den Lehrstuhl für Biochemie am Karolinska-Institut in Stockholm berufen. 1975 wurde er zum Vorsitzenden des Direktoriums der Nobel-Stiftung ernannt. Von 1977 bis 1982 war er Vorsitzender des beratenden Ausschusses für medizinische Forschung bei der Weltgesundheitsorganisation (WHO) in Genf.

Die Nobelpreisträger des Jahres 1982 Bengt Ingemar Samuelsson, Sir John Robert Vane und B. forschten über ein neues System biologisch aktiver Substanzen, denen Ulf von Euler-Chelpin (Medizin-Nobelpreis 1970) Mitte der 30er Jahre den Namen Prostaglandine gegeben hatte. Bereits 1933 hatten Euler-Chelpin und Goldblatt im Sekret der menschlichen Vorsteherdrüse (Prostata) einen Faktor entdeckt, der durch starke Gefäßerweiterung einen Blutdruckabfall hervorrief und die glatte Muskulatur zur Kontraktion veranlaßte. Sie bezeichneten ihn als Prostaglandin. Lange Zeit war nichts Näheres über diesen Faktor bekannt. Erst in den 50er Jahren gelang es B., mehrere Prostaglandine in Reinkultur zu isolieren und ihre chemische Struktur aufzuklären. Außerdem konnte er nachweisen, daß Prostaglandine im Gewebe aus ungesättigten Fettsäuren gebildet werden. Durch diese Entdeckung wurde der Stoffwechsel dieser Säuren zu einem Hauptforschungsbereich.

Die Prostaglandine sind eine Gruppe von Gewebshormonen, die sich von ungesättigten, essentiellen Fettsäuren ableiten und die beim Menschen, bei nahezu allen Tieren und auch bei Pflanzen vorkommen. Die Prostaglandine üben eine Vielzahl biologischer Wirkungen aus. Eine wichtige Rolle spielen sie bei der Fortpflanzung, in der Entstehung oder Unterdrückung von Entzündungen, in der Blutdruckregulation oder bei der Übertragung von Nervenimpulsen. Die gefäßerweiternde Wirkung der Prostaglandine erfaßt auch die Herzkranzgefäße und ist möglicherweise Teil des physiologischen Anpassungsmechanismus an körperliche Tätigkeit. Einige Prostaglandine führen zu starker Kontraktion der glatten Muskulatur, besonders ausgeprägt im Darm, in der Gebärmutter oder in den Bronchien; einige andere Prostaglandine hingegen haben eine krampflösende Wirkung. B. gelang die Reinkultur der insbesondere für die Herzmuskulatur wichtigen Prostaglandine, und mit der Aufklärung der chemischen Struktur schuf er die Grundlagen zu ihrer Synthese.

Durch die Arbeiten der Nobelpreisträger B., Samuelsson und Vane konnte ein wichtiger Beitrag zur besseren Kenntnis der Regulationsmechanismen zahlreicher Lebensprozesse im Organismus der Tiere und der Menschen geleistet werden.

Bishop, Michael J. – amerikanischer Mikrobiologe
geb. 22.2.1936 in York (Pennsylvania)
Nobelpreis 1989, für die Entdeckung des zellulären Ursprungs der retroviralen Onkogene.
Nach seinem High-School-Abschluß studierte B. zunächst in Gettysburg und dann in Harvard, wo er 1962 den Master-Titel erwarb. Nach mehrjähriger Tätigkeit an den National Institutes of Health bei Washington und einem längeren Aufenthalt in Hamburg ging er 1968 an die medizinische Hochschule der University of California in San Francisco. Dort spezialisierte er sich im Fachbereich Mikrobiologie und Immunologie auf Fragen des Zellwachstums und der Zellteilung, wobei er sich zusammen mit H. E. Varmus besonders um die Erforschung der krebsauslösenden „Onkogene" verdient machte. 1972 wurde B. Professor an der Universität von Kalifornien. Seit 1981 ist er Direktor der George F. Hooper Foundation an der Universität von Kalifornien.

Ausgangspunkt für die gewürdigte Entdeckung waren Forschungen über Retroviren – eine große Gruppe von RNA-Viren, von denen viele Tumoren erzeugen können. Mitte der 60er Jahre war zuerst mit immunologischen und später auch mit molekularbiologischen Methoden gezeigt worden, daß spezifische Gene und Genprodukte von Retroviren auch in normalen Zellen höherer Organismen vorkommen. Man bezeichnet sie heute daher als endogene Viren. Ende der 60er Jahre wagten die amerikanischen Wissenschaftler R. J. Huebner und G. J. Todaro erstmals die Hypothese, daß Krebs etwas mit den Erbinformationen der Zellen, ihren Genen, zu tun haben müsse. Als die moderne Biologie das Zerlegen der Erbsubstanz in kleinere Abschnitte ermöglichte, konnte man schließlich darangehen, jene Gene im Virus zu identifizieren, die für die krebsartigen Veränderungen in den Wirtszellen verantwortlich waren.

Seit mehr als einer Milliarde Jahren sind derartige Gene im Verlauf der Evolution bewahrt worden. Sie gehören zum Genbestand einer jeden menschlichen Zelle, ebenso wie zu dem der Hefezellen. Man bezeichnet sie heute als zelluläre Onkogene oder besser als Proto-(„ursprüngliche")Onkogene. Die Erkenntnis, daß Onkogene und auch Anti-Onkogene in der Evolution schon sehr früh aufgetreten sind und „konserviert" wurden, legte den Verdacht nahe, daß sie eine wichtige physiologische Funktion haben. Inzwischen kann als erwiesen gelten, daß diese Genfamilien eine ausschlaggebende Rolle bei der normalen Zellteilung, bei der Übermittlung der dafür erforderlichen Signale sowie bei der Zelldifferenzierung spielen.

Da an der Entdeckung und Erforschung der Onkogene eine Vielzahl von Wissenschaftlern beteiligt war, hat die Verleihung des Nobelpreises an B. und Varmus vielerorts Verwunderung ausgelöst. Besonders kritisiert wurde sie von dem französischen Wissenschaftler D. Stehelin, der das Hauptverdienst der B. und Varmus zuerkannten Entdeckungen für sich reklamiert. Er war mehrere Jahre Mitarbeiter der beiden Forscher in San Francisco und Entwickler der für die Identifizierung der Onkogene als „Gen-Sonde" so bedeutsamen DNS-Kopie sowie Hauptunterzeichner des ersten aufsehenerregenden Artikels 1976.

Black, Sir (seit 1981) **James Whyte** – britischer Pharmakologe
geb. 14.6.1924 in Cowdenbeath (Schottland)
Nobelpreis 1988, für die Entdeckung von Wirkstoffprinzipien, welche die Entwicklung neuer Medikamente zur Behandlung verschiedener Krankheiten wie Herzinfarkt, Leukämie und Malaria ermöglichen.
B. besuchte die High-School in seiner Heimatstadt und studierte dann an der University of St. Andrews in Schottland mit dem Abschluß als Bachelor of Medicine und als Bachelor of Surgery. Ab 1946 war er an der gleichen Universität als Dozent für Physiologie tätig. Von 1947 bis 1950 war B. Dozent für Physiologie an der University of Malaya, und von 1950 bis 1958 setzte er seine Lehrtätigkeit an der Veterinary School der Universität Glasgow fort. Von 1958 bis 1964 arbeitete B. als Chef-Pharmakologe im Forschungszentrum des Pharmaziekonzerns Imperial Chemical Industries in Macclesfield, und anschließend bis 1973 war er Leiter der britischen biologischen Forschungs- und Entwicklungsabteilung des amerikanischen Pharmakonzerns Smith, Kline & French in Welwyn Garden City. 1973 nahm B. als Professor für Pharmakologie und Leiter der pharmakologischen Abteilung des University College in London seine Lehrtätigkeit wieder auf.

Der deutsche Mediziner und Begründer der modernen Chemotherapie P. Ehrlich legte zu Beginn des 20. Jahrhunderts mit seinen Arbeiten zur Rezeptortheorie die Grundlagen für eine moderne, zielgerichtete Arzneistoffentwicklung. Die Entdeckung der wichtigen Arzneistoffklasse der Beta-Rezeptoren-Blocker durch B. basiert auf Vorarbeiten von R. P. Ahlquist, der für das sympathische Nervensystem mindestens zwei postsynaptische Rezeptoren postulierte, welche er als Alpha- und Beta-Rezeptoren bezeichnete. Durch die Erregung des Sympathikus wird unter anderem eine Aktivierung von Herz, Kreislauf und Atmung und damit eine Steigerung der Leistungsfähigkeit erreicht.

Kaum eine andere Arzneimittelgruppe hat einen so schnellen Aufschwung und eine so breite Anwendung in der Medizin erfahren wie diese Rezeptoren-Blocker. 1958 beschrieben die amerikanischen Biochemiker Powell und Slater den ersten Beta-Rezeptoren-Blocker, das Dichlorisoproterenol. Etwa gleichzeitig führte B. in den Forschungslaboratorien der Imperial Chemical Industries ähnliche Studien durch. Sie basierten auf der Beobachtung, daß die Wirkung von Stressoren, die eine Angina pectoris auslösen können, mit einer erhöhten Adrenalinfreisetzung verbunden ist. Hiernach entwickelte B. die Arbeitshypothese, man sollte der Angina pectoris vorbeugen können, indem man die Beta-Rezeptoren, die den Herzmuskel zu höherer Leistung stimulieren, außer Funktion setzt. Anfang der 60er Jahre entwickelte B. die ersten therapeutisch verwendbaren

Beta-Rezeptoren-Blocker Pronethalol und Propranolol.

Mit der Verleihung des Medizin-Nobelpreises an Gertrude B. Elion, George H. Hitchings und B. wurden drei herausragende Wissenschaftler und kreative Forscher auf dem Gebiet der Arzneimittelforschung geehrt, die über Jahrzehnte hinweg produktiv und erfolgreich waren.

Blobel, Günter – amerikanischer Zell- und Molekularbiologe deutscher Herkunft
geb. 21.5.1936 in Waltersdorf (Schlesien)
Nobelpreis 1999, für die bahnbrechende Entdeckung, daß Proteine intrinsische Signale haben, die ihren Transport und die Lokalisation innerhalb der Zelle bestimmen.
B., Sohn eines Tierarztes, studierte Medizin an den Universitäten in Frankfurt / Main, München, Kiel und Freiburg. Wie andere Wissenschaftler trieb es auch ihn 1962 zum Forschen in die USA. Seine wissenschaftliche Laufbahn begann er 1967 als Forschungsassistent bei dem Professor für Zellbiologie George Emil Palade (Medizin-Nobelpreis 1974) am New Yorker Rockefeller-Institut für Medizinische Forschung. An der Rockefeller University in New York wurde B. 1969 zum Assistant Professor, 1973 zum Associate Professor und 1976 zum ordentlichen Professor ernannt. 1992 übernahm er dort außerdem die John-D.-Rockefeller-jr.-Professur und seit 1986 gehört er dem Forschungsteam des Howard Hughes Medical Institute an.

Anfang der 70er Jahre kam B. bei Eiweißstoffen, die vom Zellplasma in einen Großverteiler für Proteine – das endoplasmatische Retikulum – einwandern, einer Art molekularem Adresszettel auf die Spur. Er beobachtete, daß Proteine, die sich durch die Membran des Retikulums hindurchfädeln, eine auffallende Folge von Aminosäuren tragen. Entfernte er diesen Molekülabschnitt, blieb den Proteinen der Zutritt verwehrt. Ähnliche Adresszettel, sogenannte Signalpeptide, fand B. später bei praktisch allen Proteinen, die Membranen zu passieren haben. Anfang der 80er Jahre stand damit fest, daß Proteine im Innern der Zellen nicht nach dem Zufallsprinzip umherwandern, sondern an den richtigen Ort dirigiert werden. Transportvorgänge in den Zellen sind von großer Bedeutung, denn Fehler beim Verteilen von Makromolekülen können schwere Krankheiten zur Folge haben. Es ist B.s Entdeckung des zellulären Adressystems, daß jedes Protein an die richtige Stelle schickt, welche mit der Verleihung des Nobelpreises gewürdigt wurde.

Obwohl B. seit 1987 amerikanischer Staatsbürger ist, blieb er seiner alten Heimat immer verbunden. Seit 1995 ist er Präsident des Vereins „Friends of Dresden Incorporated", der Geld für den Wiederaufbau der sächsischen Metropole sammelt. Den größten Teil des Nobelpreisgeldes stellte B. für den Wiederaufbau der Frauenkirche und der Synagoge in Dresden zu Verfügung.

Bloch, Konrad Emil – amerikanischer Biochemiker deutscher Herkunft
geb. 21.1.1912 in Neisse (Nysa)
gest. 15.10.2000 in Boston (Massachusetts)
Nobelpreis 1964, für seine grundlegenden Arbeiten zur Aufklärung des Mechanismus und der Regulierung des Cholesterin- und Fettsäurestoffwechsels.
B. begann 1930 Chemie und Ingenieurwissenschaften an der Technischen Hochschule in München zu studieren. 1934 graduierte er dort zum Diplom-Ingenieur für Chemie, wandte sich dann unter seinem Lehrer H. Fischer alsbald den Naturstoffen zu und wurde auch von den Nobelpreisträgern Windaus, Wieland und Willstätter ganz entscheidend für dieses Arbeitsgebiet beeinflußt. Anschließend emigrierte B. in die Schweiz, wo er wissenschaftlicher Mitarbeiter im Tuberkulose-Forschungsinstitut von Davos wurde. 1936 begab er sich in die USA und wurde Forschungsstudent an der chemischen Abteilung des College Physicians der Columbia Universität in New York, wo er 1928 promovierte. 1944 wurde er amerikanischer Staatsbürger. Von 1939 bis 1946 war B. Dozent und Forschungsassistent an der Columbia-Universität in New York. Ab 1946 wirkte er als Assistent Professor für Biochemie, ab 1948 als Associated Professor und ab 1950 als ordentlicher Professor an der Universität in Chicago. Am Institut für Biochemie erforschte er die Enzymsynthese des Tripeptid-Glutathions, in fast allen lebenden Zellen vorkommendes, aus den Aminosäuren Glykoll, Cystein und Glutaminsäure gebildetes Tripeptid, das im Stoffwechsel eine Rolle spielt. Nach einem Studienaufenthalt 1953 bei Ružička und Prelog in Zürich ging B. 1954 als Professor für Biochemie an das chemische Department der Harvard-Universität in Cambridge (USA), deren Leiter er 1968 wurde.

Seine Arbeiten auf dem Gebiet des Cholesterin- und Fettsäurestoffwechsels waren richtungsweisend für die Biochemie. B.s und Lynens Verdienst liegt im besonderen in der grundsätzlichen Aufklärung des Fettsäurezyklus und der Biosynthese der Fettsäuren im Körper. Der wesentliche Teil ihrer Erkenntnis ist die Feststellung, daß diese Synthese von der aktivierten Essigsäure als kleinstem Baustein sowohl für den Aufbau der höheren Fettsäuren als auch der für den Fettsäurestoffwechsel wichtigsten Verbindungen und Enzyme ausgeht. Mit dem Auffinden des aktiven Isopren fanden B. und F. Lynen 1958 den Ansatzpunkt der Cholesterolsynthese, einen der wichtigsten Fixpunkte im Stoffwechselgeschehen, der zum besseren Verständnis der Wirkungsmechanismen biologisch hochwirksamer Substanzen beiträgt. Das Cholesterol spielt auch in der Biosynthese des Vitamins D, des Nebennierenhormons und der Geschlechtshormone eine wesentliche Rolle, nicht zuletzt ist es von großer medizinischer Bedeutung, weil es durch Anlagerung an die Arterienwände zur Arteriosklerose führt, einer der häufigsten Kreislauferkrankungen und Todesursachen.

Blumberg, Baruch Samuel – amerikanischer Mediziner und Biochemiker
geb. 28.7.1925 in New York City

Nobelpreis 1976, für die Entdeckung von neuen Mechanismen bei der Entstehung und Verbreitung von Infektionskrankheiten.

B., Sohn eines Anwaltes, besuchte die High-School in Far Rockaway (New York) und trat 1943 in die U.S.-Navy ein, die ihn für ein Physikstudium am Union College in Schenectady abkommandierte. Im Range eines Leutenants quittierte er 1946 den Marinedienst. Im gleichen Jahr schloß er sein College-Studium ab. Er studierte dann an der Columbia University zunächst Mathematik, entschied sich ein Jahr später auf Anraten seines Vaters jedoch für ein Medizinstudium, 1951 promovierte B. zum Medical Doctor, 1957 erwarb er an der Universität Oxford noch den Grad eines Doctor of Philosophy im Fach Biochemie. Zwischen 1951 und 1955 arbeitete B. am Columbia Center des Bellevue Hospitals und am Columbia Presbyterian Medical Center (beide in New York City), außerdem war er zeitweise Schiffsarzt der Grace Lines. Nach zweijährigem Aufbaustudium am Balliol College der Universität Oxford und Promotion in Biochemie wechselte B. an die National Institutes of Health in Bethesda (Maryland), wo er von 1957 bis 1964 die Abteilung für Geomedizin und Genetik leitete. In dieser Funktion unternahm er eine Reihe ausgedehnter Forschungsreisen, die ihn veranlaßten, sich eingehend mit Anthropologie, insbesondere mit der physiologischen Verschiedengestaltigkeit unterschiedlicher Völker und ethnischer Gruppen, zu befassen. Seine diesbezüglichen Forschungen konzentrierten sich auf den Bereich der Biochemie der Protein-Polymorphismen, die, zur Entwicklung und zum Test von Antikörpern eingesetzt, die spätere Isolierung und Nutzung von als Impfstoff wichtigen Serumsproteinen ermöglichten.

1963 entdeckte B. im Blut eines Patienten mit Hämophilie, einer Blutgerinnungsstörung, der eine große Anzahl von Bluttransfusionen erhalten hatte, ein ungewöhnliches Protein (Antikörper), das nur mit den Blutproteinen (Antigenen) von Bewohnern Australiens spezifische immunologische Reaktionen einging. Seit 1964 stellvertretender Direktor für klinische Forschung am Institut für Krebsforschung in Philadelphia, setzte B. seine Untersuchungen über die Verbreitung des „Australia-Antigens" fort. In den Jahren von 1965 bis 1970 konnte er überzeugend nachweisen, daß dieses sogenannte „Australia-Antigen" in der Mehrzahl der Fälle im Serum von Patienten mit einer B-Hepatitis gefunden wird, die nicht selten nach mehrmaliger Bluttransfusion auftritt. Somit war bei den Virushepatiten ein neues spezifisches immunologisches System gefunden worden.

Ein weiteres wichtiges Ergebnis der Untersuchungen B.s bestand darin, daß er auf dieser Grundlage eine Laboratoriumskontrolle der Blutspender ausarbeitete. Dank dieser Kontrolle konnte das Auftreten der Transfusionshepatitis ganz wesentlich gesenkt werden, und es gelang, wenn auch vorläufig nur unter experimentellen Bedingungen, ein prophylaktisches Vakzin (Impfstoff) gegen B-Hepatitis herzustellen.

Bordet, Jules – belgischer Bakteriologe
geb. 13.6.1870 in Soignies (Provinz Hennegau)
gest. 6.4.1961 in Brüssel
Nobelpreis 1919, für seine Entdeckungen auf dem Gebiet der Immunität.

B. studierte an der Freien Universität Brüssel und promovierte 1892 mit Auszeichnung zum Doktor der Medizin. 1894 ging er nach Paris und hatte das Glück, im Pasteur-Institut in der Abteilung von I. Metschnikow (Nobelpreis 1908) einen Arbeitsplatz zu erhalten.

In dieser Zeit hatte der Streit um die Ursache der Immunität einen Höhepunkt erreicht. Die aufsehenerregenden Beobachtungen des deutschen Bakteriologen R. Pfeiffer standen im Widerspruch zu der von Metschnikow begründeten Phagozytentheorie, die in der Wissenschaft bereits breite Anerkennung gefunden hatte. Pfeiffer hatte in die Bauchhöhle eines gegen Cholera immun gemachten Meerschweinchens vollvirulente Choleravibrionen gespritzt. Die Bazillen hatten das Tier nicht getötet, sondern waren in Körnchen zerfallen und hatten sich schließlich ohne Mitwirkung der Phagozyten völlig aufgelöst. Denselben Effekt erzielte Pfeiffer bei normalen, nichtimmunisierten Tieren, wenn er die Choleraerreger zusammen mit dem Serum einer gegen Cholera immunen Ziege einspritzte. Diese Experimente zwangen zu dem Schluß, daß sich bei einer Infektion im Blutserum des Versuchstieres spezifische Stoffe bilden, die den Krankheitserreger vernichten können. Mit der Untersuchung und Aufklärung des „Pfeifferschen Phänomens" hatte Metschnikow auch seinen Schüler B. beauftragt. Schon die ersten Experimente brachten erstaunliche Ergebnisse. B. mischte eine Aufschwemmung von Choleravibrionen in Kochsalzlösung mit der gleichen Menge von Blutserum einer gegen Cholera immunisierten Ziege: Wie vor ihm Metschnikow sah er keine Reaktion. Fügte er jedoch zu diesem Gemisch einige Tropfen Serum eines normalen, nichtimmunisierten Meerschweinchens hinzu, so wurden die Choleraerreger in kürzester Zeit zerstört. Fast fünf Jahre arbeitete B. im Pasteur-Institut an diesen Untersuchungen. In der Fachwelt war sein Name dadurch bereits weit bekannt geworden.

1901 verließ er Paris und folgte einem Ruf als Direktor des neugegründeten Pasteur-Instituts nach Brüssel. Mit ihm kam sein damaliger Assistent, der belgische Hygieniker Octave Gengou. Jedes frische Normalserum eines Menschen oder eines Tieres besitzt einen unbekannten Faktor, der imstande ist, Mikroben zu vernichten und artfremde Erythrozyten aufzulösen. B. nannte ihn „substance bactericide". Wirksam wird dieser Faktor jedoch erst, wenn das Normalserum empfindlich gemacht oder sensibilisiert wird durch Hinzufügung des Serums eines Tieres, das mit den aufzulösenden Bakterien oder Erythrozyten geimpft ist. Die in diesem Immunserum vorhandene Substanz – B. nannte sie „substance sensibilisatrice" – verankert das Komplement an den zu zerstörenden Bakterien und Blutkörperchen, am „Antigen". B. und Gengou stellten sich zunächst die Frage nach Beschaffenheit und Eigenschaften des Komplements. Die Experimente führten sie direkt zu der genialen Blutprobe, die heute ihren Namen trägt. Die von B. und Gengou erdachte hochempfindliche Komplementbindungsreaktion mit dem „hämolytischen System" hat für die Praxis größte Bedeutung gewonnen. Sie gestattet dem Bakteriologen, mit Sicherheit festzustellen, ob ein Mensch von einer bestimmten Infektionskrankheit befallen ist oder nicht.

Neben seiner bedeutendsten Leistung, der Entdeckung der Komplementbindungsreaktion, hat B. auf den verschiedensten Gebieten der Serologie und Bakteriologie geforscht und grundlegende Arbeiten veröffentlicht. Mit der Komplementbindungsreaktion können jetzt zahlreiche schwere Infektionskrankheiten (Cholera, Typhus, Syphilis) frühzeitig erkannt und damit rechtzeitig bekämpft werden. 1914 wurde er zum ordentlichen Professor für Bakteriologie an die Universität Brüssel berufen.

Bovet, Daniel – italienischer Pharmakologe und Psychobiologe
geb. 23.3.1907 in Neuchatel (Schweiz)
gest. 8.4.1992 in Rom
Nobelpreis 1957, für seine Entdeckungen synthetischer Produkte, die die Effekte gewisser im Körper gebildeter und besonders auf Blutgefäße und quergestreifte Muskeln wirkender Substanzen blockieren.
B., Sohn eines Professors für Experimentelle Pädagogik, erhielt durch seinen Vater eine vorzügliche Ausbildung. Er studierte an der Universität Genf Zoologie und Vergleichende Anatomie, erwarb 1927 sein Lizentiat und war bereits 1928/29 als Assistent für Physiologie an der medizinischen Fakultät der Genfer Universität tätig. Im Alter von 22 Jahren verteidigte er seine Dissertation zu einem Thema aus der Zoologie und der vergleichenden Anatomie. Danach ging B. als Assistent für Therapeutische Chemie an das Pasteur-Institut nach Paris, wo man sich erstmalig in Frankreich mit der Chemotherapie zu befassen begann. 1939 wurde er als Nachfolger von Professor E. Fourneau zum Leiter des Laboratoriums ernannt.

Entscheidende Beiträge leistete B. seit 1937 auf dem Gebiet der „Antihistamine", Arzneimittel, die die Wirkungen des Histamins auf die Gewebe aufheben oder abschwächen und die gegen allergische Krankheiten wie Hautausschläge, Heuschnupfen und Asthma eingesetzt werden. Eine seiner wichtigsten Entdeckungen ist das sogenannte „929 F", das tödliche allergische Reaktionen verhindern kann. 1947 siedelte B. mit seiner Frau und drei Kindern nach Italien über, wo er bis 1964 das chemotherapeutische Laboratorium des zentralen Gesundheitsamtes in Rom leitete. Er nahm 1947 auch die italienische Staatsbürgerschaft an. Von 1964 bis 1971 hatte B. eine Professur für Pharmakologie an der Universität Sassari inne. Von 1969 bis 1975 war er Direktor des Laboratoriums für Psychobiologie und Psychopharmakologie an dem Consiglio Nazionale delle Richerche in Rom. Von 1971 bis 1982 war B. außerdem Professor für Psychobiologie an der Universität Rom.

Mit seiner Frau arbeitete er in den fünfziger Jahren an chemischen Synthesen in der Pharmakologie. Trotzdem es sich ursprünglich um theoretische Probleme handelte, sind von ihren Forschungen große Wirkungen auf die Praxis der Bekämpfung von Infektionskrankheiten ausgegangen. Seine damaligen Untersuchungen über das indianische Pfeilgift Curare erregten wissenschaftliches Aufsehen. B. nahm an einer Expedition in das Innere Brasiliens teil und lebte dort einige Zeit unter Indianern. In Reihenversuchen mit Curare-Abkömmlingen, Curarinalkaloiden, erforschte er die muskelerschlaffende Wirkung dieser Pfeilgifte und machte sie für die Therapie nutzbar. B. arbeitete mit seiner Frau auch über Gehirnkrankheiten, in der Überzeugung, daß auch Geisteskrankheiten chemisch verursacht seien, deshalb intensivierten sie in den 60er Jahren ihre Forschungen über chemische Abläufe im Gehirn. Außerdem arbeiteten sie über Beruhigungsmittel.

Für seine theoretischen Forschungsarbeiten, die in die praktische Medizin Eingang gefunden haben und in einer Vielzahl von Publikationen veröffentlicht wurden, erhielt B. zahlreiche internationale Ehrungen.

Brown, Michael Stuart – amerikanischer Genetiker
geb. 13.4.1941 in New York
Nobelpreis 1985, für Forschungserfolge auf dem Gebiet des Fettstoffwechsels im menschlichen Organismus.
Nach dem Medizinstudium arbeitete B. am Massachusetts General Hospital in Boston und wechselte 1971 als Internist an die South Western Medical der Universität von Texas in Dallas, wo er 1977 Professor und Direktor des Zentrums für genetische Krankheiten wurde. Im Jahre 1973 wurden im Wissenschaftlichen Medizinischen Forschungszentrum der Universität von Texas in Dallas an Zellen der menschlichen Haut (Fibroblasten) Rezeptoren gefunden, die in der Lage sind, im Blut kreisende Protein-Lipid-Komplexe, und zwar Lipoproteine niederer Dichte (LDL = low density lipoproteins), zu binden. Die Forscher fragten sich: Warum liegt bei den meisten Menschen in den industriell entwickelten Ländern Mitteleuropas und Nordamerikas der LDL-Spiegel im Blutplasma weit über den Normalwerten? Diese Frage ist deshalb so wichtig, weil das LDL das Cholesterol, das oft auch noch als Cholesterin bezeichnet wird, für die atherosklerotischen Gefäßwandverhärtungen liefert. Je höher der LDL-Spiegel im Blut ist, um so schneller entwickelt sich eine Atherosklerose oder Arteriosklerose und um so größer ist die Wahrscheinlichkeit, daß sie einen schweren Verlauf nimmt. Die große Verbreitung der Herz-Kreislauf-Erkrankungen und vor allem solcher Erkrankungen wie Atherosklerose, Herzinfarkt und Hirnschlag ist in erster Linie auf erhöhten LDL-Gehalt im Blutplasma zurückzuführen. Andererseits benötigen die Zellen der Tiere und des Menschen das Cholesterol dringend zum Aufbau ihrer Membranen, und gerade die LDL sind eine wichtige Quelle dafür. B. und J. Goldstein (ebenfalls Nobelpreis 1985) haben diesen Sachverhalt eindeutig nachgewiesen.

Ihre Entdeckung veränderte grundlegend die bestehenden Vorstellungen über den Transportmechanismus der Lipide und die Pathogenese der Atherosklerose. Die Vorstellung von der zentralen Bedeutung der LDL-Rezeptoren für den Cholesteroltransport löste eine Reihe grundlegender Untersuchungen aus. Sie schuf auch die Basis für die Behandlung schwerer erblicher Atheroskleroseformen und brachte in die verworrene Frage nach der Bedeutung der Diät für die Entwicklung der Atherosklerose beim Menschen eine gewisse Klarheit.

Von großer Bedeutung sind die Arbeiten der beiden Nobelpreisträger für das Verständnis der Entwicklungsmechanismen der Atherosklerose. Die Rolle der LDL-Rezeptoren bei diesem Vorgang wurde deutlich, als gezeigt werden konnte, daß ihr Fehlen zu einer schweren angeborenen Krankheit, der Hypercholesterolämie, führt. Sie existiert in zwei Formen: der heterozygoten Form und der schweren, homozygoten Form. Die Aufklärung der Rolle der LDL-Rezeptoren in der Pathogenese der Hypercholesterolämie hat neue Wege zur Therapie bei Patienten mit der heterozygoten Form erschlossen.

Burnet, Sir (ab 1951) **Frank MacFarlane** – australischer Immunologe
geb. 3.9.1899 in Traralgon (Victoria)
gest. 31.8.1985 in Melbourne
Nobelpreis 1960, für die Entdeckung der erworbenen Immunität des Körpers gegen bestimmte Fremdsubstanzen.

B., Sohn eines Bankdirektors, besuchte die Victoria State School sowie das Geelong College. Anschließend studierte er Medizin an der Universität von Melbourne. Nach seinem Abschluß 1923 arbeitete er als Pathologe am Melbourne Hospital und beschäftigte sich hier mit den Reaktionen von Agglutininen (Antikörper) bei Typhus. Mit einem Stipendium begab er sich 1924 an das Lister-Institut in London, wo er sich medizinischen Forschungen widmete und 1927 promovierte. 1928 kehrte B. nach Australien zurück und arbeitete als Assistent am Institute of Medical Research in Melbourne. Von 1934 bis 1944 war er stellvertretender Leiter des Walter and Eliza Hall Institute für Medizinische Forschung in Melbourne. 1944 wurde er Professor für Experimentelle Medizin an der Universität Melbourne und Direktor des Hall-Instituts. Im Jahr 1965 wurde er emeritiert.

B., der Begründer der modernen Immunologie, beschäftigte sich ab 1930 mit der Erforschung der Erreger von Infektionskrankheiten. Dabei entdeckte er 1937 den später nach ihm „Rickettsia burneti" benannten Erreger des Q-Fiebers. Das Queenslandfieber trat ursprünglich nur in Australien auf, inzwischen ist es eine weltweit verbreitete Infektionskrankheit, die vor allem bei Rindern, Schafen, Ziegen und vielen Wildtieren auftritt und von diesen auf den Menschen übertragen wird. Seine Untersuchungen weckten Zweifel an der bestehenden Lehrmeinung, daß die Immunitätsreaktion angeboren sei. Er hatte festgestellt, daß es erst nach der Infektion durch Krankheitserreger zur Bildung von spezifischen, gegen fremde Proteine gerichteten Antikörpern kommt. Auf der Grundlage dieser Befunde veröffentlichte B. 1949 seine Theorie: Das „Eigen"-Muster des Körpergewebes ist genetisch bestimmt und bereits in den Ursprungszellen voll entwickelt. Andererseits fehlt die Fähigkeit zur Entwicklung der Immunität im Embryo. Daraus schloß B., daß die „Eigen"-Erkennungsfähigkeit nicht vererbt wird, statt dessen erwirbt das Immunsystem in einem frühen Entwicklungsstadium die Fähigkeit, zwischen körpereigenen und körperfremden Stoffen zu unterscheiden. Nach der im Jahre 1959 von B. aufgestellten „Theorie der klonalen Selektion" geschieht dies, indem im embryonalen Stadium diejenigen Zellen des Immunsystems eliminiert werden, die Antikörper gegen körpereigene Stoffe produzieren. Er folgerte daraus, daß die immunologische Toleranz im embryonalen Zustand auf körperfremde Substanzen ausgedehnt werden kann. Führt man noch während der Embryonalzeit ein fremdes Muster ein, so wird dieses als eigen angenommen. B.s These wurde durch P. B. Medawars Transplantationsexperimente glanzvoll bestätigt, der dafür ebenfalls 1960 den Medizin-Nobelpreis erhielt.

Die von B. aufgestellten Theorien sind grundlegend für das moderne Verständnis der Immunabwehr. Seine Forschungsergebnisse ermöglichten die Entwicklung spezifischer Medikamente gegen die Abstoßung von Transplantaten. Seine Theorie der klonalen Selektion, die inzwischen auch molekularbiologisch bestätigt wurde, bildet heute die Basis für die Erforschung von Störungen des Immunsystems bei Allergien und Autoimmunkrankheiten.

Carlsson, Arvid – schwedischer Pharmakologe
geb. 25.1.1923 in Uppsala
Nobelpreis 2000, für die Entdeckung des Botenstoffes Dopamin und dessen Bedeutung für die Steuerung von Bewegungen.

Nach dem Besuch des Gymnasiums studierte C. Medizin an der Universität in Lund und promovierte 1951 zum Doktor der Medizin. Noch im gleichen Jahr erhielt er eine Anstellung als Assistenzprofessor an der Universität Lund, 1956 wurde er dort zum außerordentlichen Professor ernannt. Drei Jahre später übernahm C. die Professur für Pharmakologie an der Universität Göteborg, wo er bis zu seiner Emeritierung 1989 lehrte.

Seit den 50er Jahren konzentrierten sich C.s Forschungen auf die Untersuchung der Funktion der Nervenzellen im menschlichen Gehirn. Im Gehirn des Menschen findet eine rege Konversation statt, schätzungsweise hundert Milliarden Nervenzellen tauschen dort Informationen aus. Ihre Sprache ist elektrochemischer Art. Aufgrund elektrischer Vorgänge in der Zelle werden chemische Botenstoffe freigesetzt, die wie Wörter zu benachbarten Zellen vordringen und dort eine Reaktion hervorrufen. Damit es nicht zu einer unübersehbaren Sprachverwirrung kommt, muß der Fluß der Botenstoffe streng koordiniert werden. Den Nobelpreisträgern des Jahres 2000 Paul Greengard, Eric

Kandel und C. ist es gelungen, wichtige Wörter und Regeln der biochemischen Konversation im Nervensystem zu entschlüsseln.

In den 50er Jahren konnte C. nachweisen, daß der Botenstoff Dopamin im Gehirn eine besondere Rolle spielt, vor allem bei der Kontrolle der Muskelbewegungen. Bis dahin hatten die Wissenschaftler angenommen, beim Dopamin handele es sich lediglich um eine Vorstufe eines anderen Botenstoffes, des Noradrenalins. Dopamin ist ein biogenes Amin, das aus Dopa durch Decarboxylierung entsteht und ein Neurotransmitter des Zentralnervensystems ist. Dopa ist Ausgangssubstanz und Zwischenprodukt bei der Bildung biologisch wichtiger Substanzen. Dopamin findet sich vor allem in wichtigen Nervenzentren (Basalganglien) im Endhirn. Werden dopaminhaltige Nervenzellen zerstört, kommt es zu tiefgreifenden Bewegungsstörungen. Die bei den Tieren beobachteten Bewegungsstörungen ähnelten jenen, die bei Patienten mit Parkinson-Krankheit auftreten. Bei der Parkinsonschen Krankheit degenerieren jene Zellen im Mittelhirn, die das Dopamin herstellen. Diese Erkenntnis führte letztlich zur wirksamen Therapie der Parkinson-Krankheit mit L-Dopa. Mit diesem Medikament läßt sich der Mangel an Dopamin, der durch den Untergang von Dopamin produzierenden Nervenzellen in den Basalganglien verursacht wird, zum Teil ausgleichen. Die Patienten können dann ihre Bewegungen wieder besser kontrollieren. Auch wenn die Wirkung mit der Zeit nachläßt und es inzwischen weitere Medikamente gibt, gilt L-Dopa immer noch als „Goldstandard" der Parkinson-Behandlung. Auch bei anderen mentalen Krankheiten wie beispielsweise Schizophrenie wird dem Dopamin eine wichtige Rolle beigemessen.

Carrel, Alexis – französischer Chirurg und Physiologe
geb. 28.6.1873 in Sainte Foy-les-Lyon (Dep. Rhone)
gest. 5.11.1944 in Paris
Nobelpreis 1912, als Anerkennung seiner Arbeiten über die Gefäßnaht sowie über Gefäß- und Organtransplantationen.
Die erste Verleihung eines Nobelpreises für eine Arbeit auf dem Gebiet der Gefäßchirurgie fand auffallend früh statt. Im Sinne Nobels wäre der Preis dafür zwar schon im Jahre 1903 fällig gewesen, C.s Veröffentlichung datiert von 1902, aber daß die erste moderne Gefäßnaht überhaupt den Nobelpreis bekam, ist ein Urteil von Weitblick gewesen.

C. verlor seinen Vater im Alter von fünf Jahren und fand in der Mutter bis zu seinem Tode eine nahe Vertraute. In Lyon besuchte er die Jesuitenschule Saint-Joseph, ihre Dogmen bedeuteten ihm wenig, aber ihr strenges Reglement viel. Im Herbst 1890 begann er ein Medizinstudium an der Universität Lyon und promovierte dort im Jahre 1900. Seine experimentelle Tätigkeit begann C. 1902 in Lyon, und er entwickelte sich bald zu einem geschickten Chirurgen.

In den ersten Jahren seiner Arbeit konzentrierte er sich auf die Transplantation von Organen. Eine der Voraussetzungen für eine erfolgreiche Transplantation war die ausreichende Blutversorgung der Körperregion, in die das neue Organ verpflanzt werden sollte. Für die Blutgefäßchirurgie entwickelte C. 1902 eine Nahtmethode, aufgrund deren es ihm dann 1908 erstmals gelang, an Versuchstieren Organe ohne Funktionsstörungen zu transplantieren. Im Mai 1904 reiste C. nach Kanada und hielt in Montreal einen Vortrag über seine Gefäßnaht-Arbeiten. Die Amerikaner wurden aufmerksam, und der berühmte Pathologe S. Flexner holte den jungen, tatkräftigen Fremden 1906 an das Rockefeller-Institut für medizinische Forschung in New York, wo er bis zu seiner Pensionierung 1939 wirkte.

Die Idee, kranke Organe durch gesunde zu ersetzen, beschäftigte in jener Zeit viele Forscher. Nachdem K. Landsteiner (Medizin-Nobelpreis 1930) im Jahre 1901 die drei häufigsten menschlichen Blutgruppen (AB0-System) entdeckt hatte und somit die Risiken bei Bluttransfusionen entscheidend gesenkt wurden, gewann C.s Gefäßvernähen wesentlich an praktischer Bedeutung. Alle Versuche scheiterten aber bisher daran, daß in dem überpflanzten Organ kein ausreichender Blutkreislauf zustande kam. Dies erkannte C., und mit unübertrefflicher manueller Geschicklichkeit verstand er es, Gefäße zu nähen und damit erfolgreich Transplantate großer Organe durchzuführen. Es gelang ihm schließlich, Nieren, ja ganze Extremitäten zwischen Tieren auszutauschen.

Chain, Sir (ab 1969) **Ernst Boris** – britischer Biochemiker deutscher Herkunft
geb. 19.6.1906 in Berlin
gest. 12.8.1979 in Castlebar (Irland)
Nobelpreis 1945, für die Entdeckung des Penicillins und seiner therapeutischen Wirkung bei verschiedenen Infektionskrankheiten.
C. stammte aus Berlin und war der Sohn des aus Rußland eingewanderten Chemikers und Industriellen Dr. Michael Chain. Er besuchte die Friedrich-Wilhelm-Universität (heute Humboldt-Universität) in Berlin, wo er Physiologie und Chemie studierte. 1930 legte er dort sein Staatsexamen ab und promovierte. Danach forschte C. am Pathologischen Institut der Charité über Enzymprobleme. Durch die Machtergreifung der Nationalsozialisten mußte er als Jude 1933 Deutschland verlassen. Von 1933 bis 1935 arbeitete C. an der School of Biochemistry in Cambridge bei Frederick Hopkins (Medizin-Nobelpreis 1929) über Enzyme und aktive biologische Substanzen. Danach ging er zu Howard Florey (ebenfalls Medizin-Nobelpreis 1945) an die Universität Oxford. Hier begannen Florey und er im Jahr 1938 ein eingehendes Studium über antibakterielle Mikroorganismen.

Für ihre weiteren Forschungen konzentrierten sie sich auf das im Jahr 1929 von Alexander Fleming (Medizin-Nobelpreis 1945) entdeckte Penicillin. C. gehörte zum „Oxforder Arbeitskreis", der sich um die Isolierung des Penicillins aus Schimmelpilzkulturen und um die Erforschung seiner therapeutischen Wirksamkeit verdient machte. Dem sogenannten „Oxforder Arbeitskreis“ gehörten neben C. noch Florey und Norman Heatley an. Während Florey hauptsächlich daran arbeitete, die verschiedenen Schimmelpilzgattungen auf ihre Penicillin-Aktivität zu untersuchen und nur wirksame Stämme zu züchten, bemühte sich Heatley um die Beschleunigung des allzu langsamen Schimmelpilzwachstums wie auch um eine geeignete Stärkeangabe für das Penicillin, die später berühmte „Oxford-Einheit“, indessen es C.s Aufgabe wurde, den Wirkstoff zu isolieren. 1940 gelang es C. mit seinen Mitarbeitern binnen weniger Wochen, die vermeintlich wegen sehr großer Instabilität für die weitere Erforschung ungeeignete Substanz aus der Kulturflüssigkeit als ein gelbbraunes Pulver darzustellen. In tiefgekühltem Äther auflösend, trennte C. das Penicillin von dem Äther nicht mehr durch Verdampfen mit Hitze, sondern durch kaltes Verdampfen des Äthers im luftleeren Raum. Gefriergetrocknet lag dann in einem kleinen Schälchen eine Prise zwar noch verhältnismäßig unreinen, aber immerhin schon für Tierversuche verwendbaren Penicillinsalzes, das erste der Welt, vor ihm.

Von 1949 bis 1961 lehrte C. als wissenschaftlicher Direktor des Internationalen Zentrums für Chemische Mikrobiologie und als Lehrstuhlinhaber für Biochemie am Instituto di Sanita in Rom. Auch hier gab er der Forschung auf dem Gebiet der Antibiotika wertvolle Impulse, u. a. auf dem Gebiet der synthetischen Herstellung. Zusammen mit seiner Frau arbeitete er über Glucosestoffwechsel und Insulin. Seit 1961 war C. Professor für Biochemie am Imperial College of Science and Technology der Universität London, wo er über Enzyme und Mikroorganismen arbeitete.

Claude, Albert – belgischer Biologe und Mediziner

geb. 23.8.1899 in Longlier (Luxemburg)
gest. 23.5.1983 in Brüssel
Nobelpreis 1974, für Entdeckungen auf dem Gebiet der strukturellen und funktionellen Organisation der Zelle.

C. verließ mit zwölf Jahren die Schule und trat eine Lehre in einer Stahlhütte an. Während des Ersten Weltkrieges war er im besetzten Belgien für den alliierten Geheimdienst tätig. Dieser Verdienste wegen erhielt er nach dem Krieg die Erlaubnis, ohne die entsprechenden Schulzeugnisse an der Universität zu studieren. Nachdem C. zunächst ein Studium der Ingenieurwissenschaften aufgenommen hatte, studierte er schließlich Medizin an der Universität von Lüttich. Nach seinem Studium arbeitete er 1928/29 bei Professor A. Fischer am Kaiser-Wilhelm-Institut in Berlin-Dahlem und am Institut für Krebsforschung, wo er über Gewebekulturen forschte. 1929 wechselte C. an das Rockefeller-Institut nach New York, wo er bis 1949 lehrte und forschte. Danach kehrte er nach Belgien zurück und wirkte als Direktor des Jules-Bordet-Instituts für Krebsforschung an der Freien Universität Brüssel bis zu seiner Emeritierung im Jahre 1972.

In der Begründung für die Preisverleihung werden die Untersuchungen von C. R. De Duve, G. E. Palade und C. genannt, die das Zytoplasma behandeln. Diese neuen Erkenntnisse, die in den vergangenen Jahrzehnten die Grundlagen für eine moderne Biologie der Zelle schufen, konnten mit Hilfe des Elektronenmikroskops und der Ultrazentrifuge gewonnen werden. C. machte bereits 1938/39 durch tumorvirologische Arbeiten von sich reden, als ihm durch Differentialzentrifugation eine etwa 50fache Anreicherung des Rous-Sarkom-Virus (Virusart, die bei Hühnern Krebsgeschwülste erzeugen kann) und dessen teilweise Charakterisierung als „Ribose-Nukleoprotein“ gelang. Dieser für die damalige Zeit bemerkenswerte Erfolg stimulierte sein Interesse, auch aus virusfreien Normalzellen partikuläre Bestandteile zu isolieren. C. zerstörte die Zellen unter milden Bedingungen in strukturerhaltenden Medien und untersuchte dann die Zellextrakte mit der Methode der Differentialzentrifugation. In der Entwicklung dieser Methode gebührt ihm das Hauptverdienst.

Es ist sicher mehr als nur ein Zufall, daß mit C. ein Krebsforscher zum Mitbegründer der Zellbiologie wurde.

Cohen, Stanley – amerikanischer Biochemiker

geb. 17.11.1922 in Brooklyn (New York)
Nobelpreis 1986, für seinen Beitrag zur Erforschung der Steuerungsmechanismen beim Wachstum von Zellen und Organen.

C., Sohn einer russisch-jüdischen Einwandererfamilie, entwickelte schon während seiner Schulzeit ein starkes Interesse für musische und wissenschaftliche Gebiete. 1948 promovierte er mit einer Dissertation über die Stoffwechselfunktionen des Regenwurmes an der University of Michigan in Ann Arbor. Bis 1952 arbeitete C. am Department für Biochemie der medizinischen Fakultät der University of Colorado in Denver, danach wechselte er als wissenschaftlicher Mitarbeiter der American Cancer Research Society an das radiologische Institut der Washington University in St. Louis. 1953 erhielt er eine Berufung zum außerordentlichen Professor am zoologischen Institut der gleichen Universität.

Hier schloß er sich 1953 der Forschungsgruppe von Frau Professor Rita Levi-Montalcini (ebenfalls Medizin-Nobelpreis 1986) an, die 1952 in Kükenembryonen ein Testsystem gefunden hatte, mit dem sie erstmals die hormonähnliche Signalsubstanz „Nerve Growth Factor“ (NGF; Nervenwachstumsfaktor) nachweisen konnte. Einige Jahre später fand C. eine andere Quelle für den Nervenwachstumsfaktor, die Speicheldrüse von Mäusemännchen. Sowohl bei neugeborenen Mäusen als auch bei Küken erzielten die Wissenschaftler durch NGF-Gabe ein gesteigertes Wachstum von Nervenfasern, das heißt, der Wuchsstoff ist weitgehend artunspezifisch, er wirkt bei Vögeln, Säugetieren wie auch beim Menschen.

Eine unmittelbare Auswirkung der Entdeckungen von Rita Levi-Montalcini und C. sei gewesen, wie es in der Preisbegründung heißt, daß die medizinische Wissenschaft viele Krankheiten wie Mißbildungen, Degeneration bei Altersdemenz, das schlechte Ausheilen von Wunden und Tumorleiden besser begreifen könne. Ein wichtiges künftiges Anwendungsgebiet für den Nervenwachstumsfaktor bildet die Heilung von Schäden des peripheren und des zentralen Nervensystems. Nach neueren Erkenntnissen erstreckt sich der Wirkungsbereich des NGF auch auf das Immunsystem und neuroendokrine Funktionen. 1967 wurde C. an der Vanderbilt University in Nashville (Tennessee) zum ordentlichen Professor für Biochemie ernannt.

Cori, Carl Ferdinand – amerikanischer Biochemiker tschechischer Herkunft
geb. 5.12.1896 in Prag
gest. 20.10.1984 in Cambridge (USA)
Nobelpreis 1947, für die Entdeckung des Verlaufs des katalytischen Glykogenstoffwechsels.
Der Vater von C. war Direktor des Marinebiologischen Instituts in Triest, hier verbrachte er seine Jugend und kam zum ersten Mal in lebendige Berührung mit biologischen Problemen. Ab 1914 studierte er Medizin an der Karls-Universität zu Prag. Sein Studium mußte er 1917/18 durch Kriegsdienst unterbrechen, er war als Sanitätsoffizier an der Front, wo er bei einer Abteilung für Infektionskrankheiten arbeitete und Gelegenheit zu bakteriologischen und klinischen Untersuchungen fand. 1920 promovierte er in Prag zum Dr. med. und heiratete kurz darauf Gerty Theresa Radnitz, die gemeinsam mit ihm in Prag Medizin studierte. 1922 begann er mit seiner Frau am State Institute for the Study of Malignant Diseases in Buffalo als Biochemiker zu arbeiten. 1928 wurde er amerikanischer Staatsbürger. 1930 war C. als Assistant Professor für Physiologie an der Universität Buffalo tätig. 1931 wurde er ordentlicher Professor für Pharmakologie sowie 1942 Professor für Biochemie an der School of Medicine der Washington Universität in St. Louis. Später ging er als Professor für Pharmakologie und Biochemie an das General Hospital in Boston.

Die bahnbrechenden Arbeiten von C. und seiner Frau begannen in Buffalo. Hier arbeiteten sie gemeinsam an der Erforschung des katalytischen Stoffwechsels beim Glykogen und der Enzyme tierischer Gewebe, von denen sie mehrere in kristalliner Form gewannen. Der Auf- und Abbau der vielfältigen am Stoffwechsel der Zelle beteiligten Substanzen zeichnet sich durch eine hohe Ökonomie aus. Nach einer Art „Baukastenprinzip" entstehen auch die kompliziertesten Verbindungen aus einfacheren Grundbausteinen, deren Umsetzung untereinander sich im Rahmen des Zwischenstoffwechsels auf relativ wenigen Reaktionswegen vollzieht. Von größter Bedeutung für den Stoffwechsel sind die Enzyme, die katalytisch die Umsetzung der Reaktionspartner, der Substrate, beschleunigen. Ihre erste Veröffentlichung über den Kohlenhydratstoffwechsel erschien 1923.

Von 1925 bis 1930 arbeiteten sie über den Ab- und Aufbau-Zyklus des Muskelglykogens: Im Muskel wird Glykogen anaerob unter Energiegewinn und Milchsäurebildung teilweise abgebaut, die Regenerierung aus Milchsäure erfolgt in der Leber, der Transport des Glykogens von der Leber zum Muskel erfolgt im Blut in hydrolysierter Form, nämlich als Glucose (C.-Zyklus). Die 1930–1937 durchgeführten Untersuchungen über die Wirkungen der Hormone Adrenalin und Insulin auf den Kohlenhydratstoffwechsel zeigten, daß Adrenalin die Umsetzung von Glykogen zu Glucose in der Leber steigert, während Insulin die gegenteilige Reaktion fördert. 1938 wurden von ihnen die Enzyme Phosphoglucomutase und Phosphorylase aufgefunden, im nächsten Jahr die Glykogenolyse in der Leber aufgeklärt. 1941 konnten beide die enzymatische Umwandlung der Glucose in Glykogen erstmalig in vitro durchführen. Im selben Jahr entdeckten sie die Myokinase und isolierten das Fructose-1-Phosphat.

Im Ergebnis ihrer Forschungen konnte der Auf- und Abbau des Glykogens in seine enzymatischen Teilstufen zerlegt werden, die Mechanismen der Einwirkung der Hormone Adrenalin und Insulin sowie der Hypophysenhormone erhellt und Kohlenhydratstoffwechselkrankheiten auf enzymatische Defekte zurückgeführt werden.

Cori, Gerty Theresa (geb. Radnitz) – amerikanische Biochemikerin tschechischer Herkunft
geb. 15.8.1896 in Prag
gest. 26.10.1957 in St. Louis (USA)
Nobelpreis 1947, für die Entdeckung des Verlaufs des katalytischen Glykogenstoffwechsels.
Gerty, älteste der drei Töchter des Zuckerfabrikanten O. Radnitz, wurde zusammen mit ihren Schwestern von Privatlehrern im Elternhaus unterrichtet, bis sie im Alter von zehn Jahren in eine Mädchenschule eintrat. Obwohl naturwissenschaftliche Fächer damals nebensächlich waren, entwickelte Gerty im Laufe der Jahre ein starkes Interesse für die Chemie. Nach der Abschlußprüfung in der privaten Mädchenschule verkündet sie, daß sie Chemikerin werden wolle – eine ungewöhnliche Zielstellung für ein junges Mädchen zu Anfang des 20. Jahrhunderts. Mit 16 Jahren beschloß Gerty, acht Jahre Lateinunterricht, fünf Jahre Mathematik, Physik und Chemie nachzuholen. Sie lernt zwei Jahre zu Hause, unterzieht sich 1914 am Realgymnasium in Prag der externen Reifeprüfung und besteht. Nach dieser bravourösen Leistung schreibt sich Gerty an der deutschen Universität in Prag ein und studiert Medizin. Schon während des Studiums hatte sie den Medizinstudenten Carl F. Cori kennengelernt, der dann 1917 als Sanitätsoffizier in die österreichische Armee eingezogen wurde. Nach Ende des Ersten Weltkrieges konnte er sein Studium fortsetzen, und gemeinsam beendeten sie 1920 ihr Studium. Im gleichen Jahr ziehen sie nach Wien und heiraten dort.

Das Ehepaar arbeitete nach der Graduierung gleichzeitig am Pharmakologischen Institut der Universität Wien und in der Abteilung Innere Medizin. Doch C. ging zunächst einen anderen Weg, sie wurde Kinderärztin. Im Karolinischen Kinderspital in Wien erhielt sie eine Assistenzarztstelle. 1921 erhielt ihr Mann ein verlockendes Angebot: Der Direktor des staatlichen Krebsforschungszentrums in Buffalo war in Europa auf der Suche nach einem jungen Biochemiker, und Carl C. war der richtige Mann. Er zog in die Vereinigten Staaten, und schon einige Monate später folgte ihm seine Frau. Am Medizinischen Institut für bösartige Krankheiten in Buffalo arbeiten beide von 1922 bis 1931 in der biochemischen Abteilung.

1928 erhielten die beiden Wissenschaftler die amerikanische Staatsbürgerschaft. Allmählich findet ihre Arbeit Anerkennung, doch die damaligen amerikanischen Gesetze verhinderten eine Gemeinschaftsarbeit. Verheiratete Frauen durften zwar an der gleichen Universität arbeiten wie ihre Männer, allerdings als schlecht bezahlte research associates. Unter diesen Bedingungen mußte C. dreizehn Jahre lang arbeiten. Verstärkt widmeten sich Carl und Gerty C. dem Zuckerstoffwechsel, sie wollten herausfinden, wie von dem großen „Zuckerspeichermolekül" Glykogen wieder kleine Traubenzuckermoleküle abgespalten werden. Sie zerkleinerten Froschmuskeln, ließen die Zellen in Bechergläsern weiterleben und untersuchten die biochemischen Vorgänge in diesen Zellkulturen. 1936 erhielt C. das erste Zwischenprodukt bei der Umwandlung von Glykogen in Muskeltreibstoff, es ist „Glucose-1-Phosphat". Hingebungsvoll arbeitete sie oftmals bis in den späten Abend, direkt von ihrem Arbeitsplatz ging sie in die Geburtshilfeklinik und brachte dort ihren Sohn Thomas zur Welt.

Ihre gemeinsame wissenschaftliche Arbeit wurde von Kollegen immer wieder bestaunt, sie stimmten ihre Aktivitäten aufeinander ab, besprachen ihre Probleme und entschieden schließlich gemeinsam, was als nächstes getan werden sollte. C. stand viele Jahre im Schatten ihres Mannes, von 1931 bis 1943 war sie research associate (Forschungsmitarbeiterin) und danach vier Jahre lang außerordentliche Professorin. Erst 1947 erhielt sie die längst verdiente ordentliche Professur für Biochemie an der School of Medicine der Washington-Universität in St. Louis.

Bereits im Sommer 1947 machten sich bei C. Atembeschwerden bemerkbar, und Monate später erhielt sie die schlimme Nachricht, sie litt unter Myelofibrose, einer seltenen und unheilbaren Knochenmarkserkrankung. Trotz der schweren Krankheit begab sie sich auch in den letzten zehn Jahren ihres Lebens in das biochemische Institut.

Cormack, Allen MacLeod – amerikanisch-südafrikanischer Physiker
geb. 23.2.1924 in Johannesburg (Südafrika)
gest. 7.5.1998 in Winchester (Massachusetts)
Nobelpreis 1979, für die Entwicklung der Computertomographie, der direkten Darstellung von Weichteilstrukturen des Körpers mittels schwacher Röntgenstrahlen.

C. wurde als jüngstes von drei Kindern eines Ingenieurs und einer Lehrerin geboren. Seine Eltern waren vor dem Ersten Weltkrieg von Schottland nach Südafrika ausgewandert. Als C. zwölf Jahre alt war, starb sein Vater, und die Familie zog nach Kapstadt, wo er die Rondebosch Boys High School besuchte und dann Elektrotechnik, später Physik an der Universität Kapstadt studierte. Als einer der wenigen Kernphysiker in der Stadt war er nebenbei im Krankenhaus mit Isotopenanwendungen zu medizinischen Zwecken beschäftigt. Nach einem Forschungsaufenthalt 1956 an der Harvard University in Cambridge (Massachusetts) blieb er in den Vereinigten Staaten und wurde 1967 amerikanischer Staatsbürger. Seit 1980 lehrte er als Professor für Physik an der Tufts-Universität in Mainford (Massachusetts).

Die Verleihung dieses Nobelpreises für Medizin ist in zweierlei Hinsicht außergewöhnlich: Nicht nur sind ein Physiker und ein Elektroingenieur mit dem Medizinpreis ausgezeichnet worden, auch ist die Verleihung des Preises für eine verhältnismäßig neue und noch stark diskutierte Erfindung ein junger Trend der Nobelpreispolitik. Als erster Wissenschaftler hatte C. theoretisch die Möglichkeiten der Entwicklung der Computertomographie analysiert und die mathematische Theorie für die Berechnung solcher Schichtbilder bereitgestellt. Seine hierzu 1963/64 veröffentlichten Arbeiten fanden jedoch zunächst wenig Beachtung, und auch deren Tragweite hinsichtlich medizinisch-diagnostischer Anwendungen wurde zu jener Zeit noch nicht erkannt. Ende der 60er Jahre entwarf Godfrey N. Hounsfield (ebenfalls Medizin-Nobelpreis 1979), der unabhängig von C. an der Entwicklung des Verfahrens arbeitete, ein Arbeitsmodell für die Computertomographie, das dann als erstes in die Praxis umgesetzt wurde. Das Prinzip: Mit einem dünnen, fächerartigen Röntgenstrahlbündel werden die zu untersuchenden Körperregionen schichtweise aus allen Richtungen und in gegenüber versetzten Schichten mit einem Auflösungsvermögen von etwa 0,5 mm abgetastet, wobei die jeweilige Röntgenstrahlabsorption mit Strahlendetektoren gemessen wird; die Meßdaten dieser Detektoren werden an einen angeschlossenen Computer weitergegeben, der sie aufbereitet und aus einigen Millionen Einzeldaten bereits nach einigen Sekunden ein Fernsehbild aufbaut, das die Absorptions- bzw. Dichteverteilung in einem Körperquerschnitt und damit eine Darstellung seiner Strukturierung liefert.

Cournand, André Frédéric – amerikanischer Arzt französischer Herkunft
geb. 24.9.1895 in Paris
gest. 19.2.1988 in Great Barrington (Massachusetts)
Nobelpreis 1956, für die Entdeckungen zur Herzkatheterisierung und zu den pathologischen Veränderungen im Kreislaufsystem.

C., Sohn eines Arztes, besuchte das Pariser Lycée Condorcet und studierte anschließend an der Pariser Sorbonne Physik, Chemie, Biologie und Medizin. Von 1915 bis 1918 mußte er als Sanitätssoldat am Ersten Weltkrieg teilnehmen, danach konnte er sein Medizinstudium fortsetzen. Anschließend übersiedelte er nach den Vereinigten Staaten und bekam eine Anstellung als

Assistenzarzt am Bellevue Hospital in New York. Im Jahre 1935 begann neben seiner Arbeit als Herz- und Lungenspezialist am Bellevue Hospital seine akademische Karriere als Dozent an der Columbia-Universität in New York. 1945 wurde C. außerordentlicher und 1951 ordentlicher Professor für Kardiologie an der Columbia-Universität. Im Jahre 1964 wurde er emeritiert.

Denkt man an die seit dem 18. Jahrhundert vor allem von S. Hales durchgeführten Katheterversuche an Tieren, so ist es verwunderlich, daß sie erst im ersten Drittel des 20. Jahrhunderts am Menschen angewandt wurden. Den ersten Schritt verdanken wir W. Forßmann (ebenfalls Medizin-Nobelpreis 1956), der im Jahre 1929 den Mut hatte, sich selbst über eine Vene des Arms eine Ureteren-Sonde einzuführen, sie bis in sein Herz vorzuschieben, um dann ein Röntgenbild von der im rechten Vorhof liegenden Sonde zu machen. Er erbrachte damit den Beweis, daß der „rechte" Katheterismus beim Menschen technisch möglich war. D. W. Richards (ebenfalls Medizin-Nobelpreis 1956) und C. hatten, als sie sich Anfang der dreißiger Jahre mit Herz-, Lungen- und Kreislaufproblemen zu befassen begannen und während ihrer Untersuchungen beiläufig Forßmanns Berichte über seine erstaunlichen Experimente auffanden, sogleich deren unschätzbaren Wert für eine exakte Diagnose von Herzfehlern und angeborenen Mißbildungen erkannt. Unverzüglich gingen sie daran, Forßmanns Methode technisch zu vervollkommnen. Zuerst wurde die Methode an Hunden und Schimpansen mit Erfolg durchgeführt und danach langsam Methoden zur Anwendung für menschliche Patienten entwickelt. Bereits Ende der dreißiger Jahre konnten Richards und C. auf dieser Basis erstmalig komplizierte, bis dahin unerkannt gebliebene Herzfehler feststellen und der chirurgischen Behandlung zuführen.

1940 führte C. in der Erkenntnis, daß damit Entscheidendes für die Entwicklung der modernen Herz- und Lungenchirurgie geleistet worden war, seine Arbeiten klinisch ein und gab damit den Weg zur allgemeinen Anwendung frei. Der klinische Aufschwung dieser neuen Methode fand Mitte der 40er Jahre auch in Europa seine Anhänger, so mit McMichael in Großbritannien und mit Lenegre und Maurice in Frankreich. 1949 konnte C. die große Hilfe des rechten Katheters für die Diagnose von angeborenen Herzfehlern aufzeigen. Im gleichen Jahr vereinfachte Fitzpatrick die Methode, indem er den Gebrauch eines „Einschwemmkatheters" ermöglichte. C. entwickelte seine Versuche weiter zur Erforschung der Lunge und ihrer krankhaften Veränderungen. Er war der erste Arzt, der einen Katheter durch eine Vorkammer bis in die Herzkammern und in die die Lungen mit Blut versorgende Arterie führte.

Crick, Francis Harry Compton – britischer Molekularbiologe
geb. 8.6.1916 in Northampton
Nobelpreis 1962, für Entdeckungen auf dem Gebiet der Molekularstruktur der Nukleinsäuren und deren Bedeutung für den Informationstransfer in der lebenden Materie.

C., Sohn eines Schuhfabrikanten, studierte ab 1934 Physik und Mathematik am Universitäts-College in London, wo er 1937 den Bachelor of Science erwarb. Erst 1947 nahm er das Studium wieder auf. Nachdem sich C. 1953 am Polytechnischen Institut in Brooklyn (New York) mit Problemen der Proteinstruktur auseinandergesetzt hatte, promovierte er 1954 mit einer Dissertation über „Die Röntgenstrahlbeugung an Polypeptiden und Proteinen". 1977 siedelte C. nach San Diego über, wo er gleichzeitig als Forschungsprofessor am Salk-Institut und als Adjunct Professor am Chemical Department der University California wirkte.

1947 hatte sich C. dem Grenzgebiet zwischen Biologie, organischer Chemie und Kristallographie zugewandt. Seine wissenschaftliche Forschungsarbeit konzentrierte er aber schon bald auf das Gebiet der Molekulargenetik. Zusammen mit dem Amerikaner J. D. Watson befaßte er sich ab 1951 mit den Nukleinsäuren; aus dieser fruchtbaren Zusammenarbeit entsprangen die wissenschaftlichen Arbeiten über die Desoxyribonukleinsäure (DNS). In der Zeit von 1951 bis 1953, nachdem bereits teils hypothetische, teils durch röntgenoptische Untersuchungen gesicherte Überlegungen zur DNS-Struktur veröffentlicht worden waren, entwickelten Watson und C. auf der Grundlage chemischer Analysen von Chargaff ihr Modell der Doppelhelix der DNS. Sie erarbeiteten eine Hypothese, nach der zwei Polynukleotidketten spiralförmig umeinander gewunden sind. Die Ergebnisse aller dieser Arbeiten sprachen dafür, daß die Doppelhelix entspiralisiert, die Basenpaarung gelöst und beide DNS-Stränge zu Doppelsträngen neu aufgebaut werden. Die Richtigkeit der Vorstellungen Watsons und C.s ließen sich durch röntgenstrukturanalytische Untersuchungen der DNS von M. Wilkins und R. Franklin bestätigen.

Da sich mit dem Watson-C.-Modell alle bis heute bekannten Eigenschaften der DNS erklären lassen und da das Modell auch den Mechanismus der identischen Replikation erklärt, darf die Entdeckung von Watson und C. als eine der kühnsten Taten der Naturwissenschaft bezeichnet werden. C.s und Watsons Aufdeckung der DNS-Struktur bildete den Auftakt für die rasante Entwicklung der Genforschung und der Gentechnologie. Gegenstand seiner weiteren Arbeiten waren die grundlegenden Prinzipien der Virusstruktur sowie biochemische Untersuchungen zur Proteinsynthese und zum genetischen Code.

Dale, Sir (seit 1932) **Henry Hallett** – britischer Physiologe
geb. 5.6.1875 in London
gest. 22.7.1968 in Cambridge
Nobelpreis 1936, für seine Arbeiten im Zusammenhang mit der chemischen Übertragung von Nervenimpulsen im Hirn und im Rückenmark.

D. erhielt seine erste Ausbildung an verschiedenen Privatschulen, studierte zunächst ab 1894 Naturwissenschaften mit Schwerpunkt Physiologie und Zoologie am Trinity College in Cambridge und erwarb 1897 den

Bachelor of Arts. 1900 ging D. als Forschungsmitarbeiter und zur klinischen Ausbildung an das St. Bartholomew's Hospital in London und 1902 an das physiologische Laboratorium des dortigen Universitäts-College. Er promovierte 1903 in Cambridge. 1904 wurde er Forschungsmitarbeiter und 1906 Laborleiter am Wellcome Physiological Research Laboratorium in Herne Hill, einem der führenden Pharmaunternehmen. 1909 promovierte er zum Medical Doctor. Ab 1914 wirkte er zunächst am National Institute for Medical Research in London, 1928 wurde er zum Institutsdirektor ernannt.

Hier beschäftigte sich D. zuerst mit Problemen bei der Standardisierung von Medikamenten. Bereits 1914 veröffentlichte er eine Arbeit über das Acethylcholin, denn es war ihm gelungen, bei Untersuchungen des auf Getreide wachsenden Mutterkornpilzes die chemischen Substanzen Histamin und Acetylcholin zu isolieren. 1929 fand D. Acetylcholin bei Nervenuntersuchungen in geringer Konzentration auch im tierischen Muskel. Die Hauptschwierigkeit, das Acetylcholin zu identifizieren und damit nachzuweisen, lag vor allem darin, daß es in sehr geringen Mengen gebildet wird und sofort nach der Ausschüttung im Körper zerfällt. Schon 1921 konnte der deutsch-amerikanische Pharmakologe Otto Loewi (ebenfalls Medizin-Nobelpreis 1936) nachweisen, daß bei der Nervenreizung chemische Stoffe gebildet werden, die für den Reizerfolg notwendig sind. Er füllte ein Froschherz mit Kochsalzlösung und reizte den anhängenden Vagusnerv, was eine hemmende Wirkung am Herzen auslöste. Zusammen mit Loewi ergründete D. im Jahre 1935, daß sich die hemmenden Eigenschaften des „Vagusstoffes" und des Acetylcholins decken und daß tatsächlich bei Reizung des Innenweltnervensystems an den Nervenendigungen Acetylcholin freigesetzt wird. D. wandte sich nun intensiv der Untersuchung der chemischen Transmitter des Nervensystems zu. Er konnte an den Ganglionendungen verschiedener Nervenarten Acetylcholin nachweisen. Zur besseren Charakterisierung der vegetativen Nervenbahnen führte D. die Bezeichnung „cholinerge Nerven" für die Fasern des Vagussystems und „adrenerge Nerven" für die des Sympathikusbereiches ein. Begreiflicherweise bedeutete der unanfechtbare Nachweis der chemischen Natur synaptischer Erregungsfortpflanzung auf die Erfolgsorgane wie auch innerhalb des peripheren Nervensystems für die Neurophysiologen eine wissenschaftliche Glanzleistung, die sie zu weiteren Untersuchungen beflügelte.

D. war Mitglied zahlreicher wissenschaftlicher Gesellschaften in aller Welt und wurde mit über 20 Ehrentiteln ausgezeichnet.

Dam, Henrik Carl Peter – dänischer Biochemiker
geb. 21.2.1895 in Kopenhagen
gest. 24.4.1976 in Kopenhagen
Nobelpreis 1943, für die Entdeckung der chemischen Struktur des Vitamins K.

D., Sohn eines Apothekers, studierte Chemie am Polytechnikum in Kopenhagen, wo er 1920 graduierte. Danach war er Dozent für Chemie an der Königlichen Hochschule für Landwirtschaft und Veterinärmedizin in Kopenhagen. 1923 wurde D. Instruktor am Physiologischen Laboratorium, 1928 Assistent Professor und 1929 Associated Professor am Institut für Biochemie der Universität Kopenhagen. Hier untersuchte er ab 1929 an Hühnern die Cholesterinsynthese. 1934 promovierte D. mit einer Arbeit über Sterine von biologischer Bedeutung. 1940/41 führte ihn eine Vorlesungsreihe als Gastprofessor nach Kanada und in die USA. Während dieser Reise besetzten deutsche Armeen Dänemark, und so blieb er für die Dauer des Krieges in den USA. Er arbeitete hier zuerst an der Biologischen Meeresstation in Woods Hole, dann von 1942 bis 1945 an der Universität Rochester und anschließend am Rockefeller Institute for Medical Research. Bereits 1941 war D. in Abwesenheit zum Professor für Biochemie am Polytechnikum in Kopenhagen ernannt worden. Diese Position übernahm er nach seiner Rückkehr 1946. Bis 1965 war er Inhaber des Lehrstuhls für Biochemie und Ernährungswissenschaften am Polytechnischen Institut. Er wurde 1962 emeritiert.

D.s Hauptarbeitsgebiete waren die Erforschung der Vitamine, Fette, Lipoide und Sterine sowie Stoffwechsel und Ernährung. Bei Experimenten mit jungen Hühnern, die mit einer synthetischen Nahrung gefüttert wurden, bemerkte er das Entstehen kleiner Blutungen unter der Haut und im Muskel, die den Symptomen des Skorbuts glichen. Er fügte der Nahrung der Versuchstiere Zitronensaft zu, aber die Therapie schlug nicht an. 1934 fand dann D. heraus, daß eine Bereicherung des Futters durch Hanfsamen die Blutungen verhinderte, dies mußte durch eine im Hanfsamen enthaltene noch unbekannte Substanz geschehen. Es mußte sich also um ein bisher unentdecktes Vitamin handeln. Da es für die normale Gerinnung des Blutes unerläßlich zu sein schien, nannte es D. Koagulationsvitamin oder Vitamin K. Er entdeckte außerdem, daß dieses Vitamin K nicht nur im Samen von Kohl, Tomaten, Sojabohnen und Luzerne, sondern auch in gewissen tierischen Organen, besonders in der Leber, enthalten war.

Unabhängig von E. A. Doisy (ebenfalls Medizin-Nobelpreis 1943) isolierten D. und Karrer im Jahre 1939 dieses Vitamin aus grünen Blättern. Er untersuchte dann eingehend dessen chemische und physikalische Eigenschaften, seine physiologischen Wirkungen und seine medizinische Anwendung. Sein Einfluß auf die Blutgerinnung war von besonderem Nutzen für chirurgische Eingriffe, bei denen Blutungen durch Vitamin K reduziert werden konnten.

Dausset, Jean Baptiste Gabriel Joachim – französischer Mediziner und Hämatologe
geb. 19.10.1916 in Toulouse
Nobelpreis 1980, für Entdeckungen genetisch bestimmter zellulärer Oberflächenstrukturen, von denen immunologische Reaktionen gesteuert werden.

D., Sohn eines Arztes, besuchte das Gymnasium Michelet in Vanves bei Paris und studierte dann an der medizinischen Fakultät in Paris. 1937 ging er als Assistenzarzt an ein Pariser Städtisches Krankenhaus, und 1939 wurde er zum medizinischen Korps der französischen Armee eingezogen. 1945 promovierte er in Paris mit einer Arbeit zur Transfusionsmedizin. Er spezialisierte sich dann auf Hämatologie und erhielt 1946 eine Berufung zum Direktor des Nationalen Französischen Bluttransfusionszentrums. 1962 erhielt D. eine Berufung auf den Lehrstuhl für Hämatologie an der Universität Paris. Von 1969 bis 1977 war er Professor für Immun-Hämatologie an der medizinischen Fakultät Lariboisiere-Saint-Louis und von 1968 bis 1984 Direktor des Forschungsbereichs Immungenetik am Nationalen Medizinischen Forschungsinstitut. Von 1978 bis 1988 wirkte er als Professor für Experimentelle Medizin am Collège de France.

D. gilt als Vater der Erforschung der Verträglichkeit bzw. Abstoßung von Zellgeweben, also auch Organen. Er konnte nachweisen, daß Gewebetransplantationen bei Menschen mit identischer Gewebestruktur erfolgversprechend sind. In frühen Forschungsarbeiten entdeckte und isolierte D. mehrere Varianten eines an weißen Blutzellen angelagerten Antigens und vermutete darin einen der Faktoren, die es dem Organismus gestatten, körpereigene von fremden Substanzen zu unterscheiden.

Bis in die 50er Jahre waren lediglich die immunologischen Verhältnisse bei der Maus genau bekannt. Über die Situation beim Menschen wußte man hingegen noch nichts. Experimentelle Gewebetransplantationen wie beim Tier waren nicht möglich. Doch D. konnte indessen auf dramatische Weise einen Weg für die Erforschung der Transplantations-Immunologie beim Menschen eröffnen. Er untersuchte ursprünglich immunologische Abwehrreaktionen bei Patienten, die wiederholt Bluttransfusionen erhalten hatten. Die Antikörper, die er bei solchen Patienten fand, erwiesen sich ohne Einfluß auf diese Krankheiten, waren jedoch bedeutungsvolle Indikatoren für die Unterschiede in der Oberflächenstruktur der weißen Blutkörperchen bei Blutspendern und Blutempfängern. Weitere Untersuchungen von Antikörpern gegen weiße Blutkörperchen wurden auch bei Frauen durchgeführt, die mehrere Kinder geboren hatten. G. D. Snell (ebenfalls Medizin-Nobelpreis 1980) und D. konnten dann zeigen, daß bei Mensch und Tier ein einziges genetisches System für diese Antigene verantwortlich ist. Gemeinsam mit B. Benacerraf (Medizin-Nobelpreis 1980) schuf D. eine Grundlage für den Vorabtest der Gewebeverträglichkeit von Spender- und Empfängermaterial.

In jüngster Zeit zeigte D. den Zusammenhang zwischen gewissen Gewebegruppen und der Veranlagung für bestimmte Krankheiten auf und öffnete damit den Weg für eine Vorbeugung völlig neuer Art. Die Erkenntnisse über das HLA-System des Menschen sind nicht nur für die Transplantationsmedizin von besonderer Bedeutung, sondern auch für die Humangenetik und die genetische Diagnostik. D. veröffentlichte zahlreiche Forschungsarbeiten zu Fragen der Transplantation von Geweben und Organen. Er gehört zu den führenden französischen Hämatologen und ist Gründungspräsident von France-Transplant.

Delbrück, Max Ludwig Henning – amerikanischer Biophysiker und Molekularbiologe deutscher Herkunft

geb. 4.9.1906 in Berlin

gest. 9.3.1981 in Pasadena (Kalifornien)

Nobelpreis 1969, für Entdeckungen auf dem Gebiet der Vermehrungsmechanismen und der genetischen Struktur der Viren.

Das siebte Kind des berühmten Professors für Geschichte an der Universität Berlin, Hans Delbrück, wuchs in gutbürgerlichen Verhältnissen auf. Durch den engen Kontakt seiner Eltern mit vielen hervorragenden Geistesgrößen seiner Zeit genoß Max D. ein intellektuelles Klima, das ihn nachhaltig prägte. Auch zu den Naturwissenschaften hatte er durch seine Familie ein spezielles Verhältnis: Sein Urgroßvater war der weltberühmte Chemiker Justus von Liebig. Als Schüler wählte D. zuerst die Astronomie, und so gehörten ab 1924 die ersten Studienjahre in Berlin der Astrophysik. Er wechselte 1926 nach Göttingen und zur Physik, wo er sich besonders für die neue Atommechanik interessierte. Bis 1929 studierte er noch Theoretische Physik und Mathematik in Tübingen und Bonn. Ein Stipendium der Rockefeller Foundation verhalf D. 1931 zu einem Forschungsaufenthalt in Kopenhagen bei N. Bohr, wo sein Interesse für die Biologie geweckt wurde. Von 1932 bis 1937 war D. als Assistent von O. Hahn und L. Meitner am Kaiser-Wilhelm-Institut für Chemie in Berlin-Dahlem tätig. Schon 1933 war er Mitglied einer Forschungsgruppe, bestehend aus Physikern, Biochemikern und Genetikern, die verschiedene Typen von Mutationen an Bananenfliegen untersuchte, die durch Bestrahlung hervorgerufen waren. Sein Interesse an der Genetik resultierte aus der Idee, daß Gene eine molekulare Struktur besitzen und daher physikalischen Einflüssen unterliegen.

Als D. sich vom Physiker zum Genetiker wandelte, wurde es in Deutschland schwieriger, sich auf die Wissenschaft zu konzentrieren. Wer sich habilitieren wollte, mußte nicht nur seine fachliche Qualifikation nachweisen, er mußte zudem seine „politische Reife“ zeigen. Für die Nazis war D. „unreif“, und als ihm 1937 die Möglichkeit geboten wurde, mit einem Rockefeller-Stipendium in die USA zu gehen und dort an einem genetischen Institut zu arbeiten, sagte er sofort zu. Er ging an das California Institute for Technology in Pasadena und arbeitete sich bei T. H. Morgan (Medizin-Nobelpreis 1933) in die genetische Forschung an der Taufliege Drosophila ein. Obwohl alle Experten diese Fliegen für Forschungen verwendeten, erkannte D., daß Viren, die Bakterien angreifen (Bakteriophagen), aufgrund ihres einfachen Aufbaus besonders geeignete Forschungsobjekte für die Genetik sind. D. und E. Ellis begründeten 1939 das „Ein-Stufen-Vermehrungs-Experiment“, mit dem gezeigt werden konnte, daß jedes von wenigstens einem Bakteriophagen infizierte Bakterium nach einer bestimmten Zeit einige hundert Phagennachkommen freisetzt. Dieser Befund war Anlaß für die Frage, was denn in dem infizierten Bakterium vor dem Freisetzen der Phagennachkommenschaft vor sich gehe – eine Frage, deren Beantwortung zu den wesentlichen Erkenntnissen der Molekularbiologie führen sollte.

Ende September 1939 lief D.s Stipendium aus, und seine Rückreise nach Deutschland war bereits geplant. Angesichts der politischen Entwicklung in Europa blieb er jedoch in den Vereinigten Staaten und wurde 1945 amerikanischer Staatsbürger. Ende des Jahres 1940 traf D. den jungen italienischen Biophysiker S. Luria (Medizin-Nobelpreis 1969), daraus entwickelte sich eine langjährige gemeinsame Forschungstätigkeit. Diese gipfelte 1943 u.a. im Nachweis des spontanen Auftretens von phagenresistenten Bakterienmutanten mittels der dafür entwickelten Methode des Fluktuationstests. Ihre Arbeit begründete die neue Wissenschaft von der Bakteriengenetik. Luria und D. zeigten während des Zweiten Weltkrieges zum ersten Mal, daß man mit Bakterien Genetik treiben kann, und sie erreichten dieses Ziel, als sie herausfinden wollten, wie es kommt, daß Bakterien resistent werden können gegen den Angriff eines Bakteriophagen. In ihrer berühmten „Fluktuationsanalyse" bewiesen D. und Luria, daß sich bakterielle Gene ändern können und dadurch die Zelle vor dem Virenbefall schützen, und zwar kommt es zu diesen Mutationen spontan und zufällig. Wenn es heute gelingt, einzelne Gene, beispielsweise des Menschen, zu isolieren, ihre Struktur aufzuklären, sie anschließend in der Retorte nachzubauen, dann in Bakterien einzubauen und diese damit zur Bildung menschlicher Genprodukte, zum Beispiel von Insulin oder von Interferon, zu veranlassen, dann fußt all das nicht zuletzt auf den Pioniertaten von D., des Begründers der Molekularbiologie.

Von 1947 bis zu seiner Emeritierung 1977 war er ordentlicher Professor für Biologie am Technologischen Institut in Pasadena. D. stellte seinen Anteil am Nobelpreis, die anderen Teile gingen an Hershey und Luria, der Organisation „Amnesty International" zur Verfügung.

Doherty, Peter Charles – australischer Immunologe
geb. 15.10.1940 in Brisbane
Nobelpreis 1996, für die Entdeckung der zellvermittelten Spezifität der Immunabwehr.
Nach Abschluß der High-School studierte D. Veterinärwissenschaft an der Universität von Queensland. Von 1963 bis 1967 war er als Veterinary Officer am Animal Research Institute in Brisbane tätig, wo er auch 1966 den Master of Science erworben hatte. Weiterführende Studien führten D. 1967 nach Schottland. 1972 kehrte er nach Australien zurück und übernahm eine Doktorandenstelle am Department of Microbiology der John Curtin School of Medical Research an der Australian National University in Canberra. 1975 folgte er einem Ruf an das Wistar Institute in Philadelphia (USA), hier war er zunächst als Associate Professor, dann als ordentlicher Professor tätig. Von 1982 bis 1988 wirkte D. als Professor und Leiter des Department of Experimental Pathology an der John Curtin School of Medical Research in Canberra. 1988 begab sich D. erneut in die USA und übernahm die Leitung des Department of Immunology am St. Jude Children's Research Hospital in Memphis. 1992 erhielt er eine Professur in den Fachbereichen Pathologie und Kinderheilkunde an der University of Tennessee.

Die Forschungsarbeiten der beiden Nobelpreisträger D. und R. M. Zinkernagel haben zum Verständnis der generellen Mechanismen geführt, wie das zelluläre Immunsystem reagiert, um sowohl fremde Mikroorganismen als auch körpereigene Moleküle zu erkennen, und sich die Fähigkeit des Immunsystems verstärkt, eigenes Gewebe bei Entzündungskrankheiten, rheumatischen Erkrankungen, Multiple Sklerose, Diabetes u. a. zu schützen. Das Immunsystem des Körpers entscheidet über Leben und Tod. Gelingt es ihm nicht, Krankheitserreger oder krankhaft veränderte Zellen zu vernichten, zerstören diese den Organismus. Lange bevor die Bedeutung der körpereigenen Abwehr im Zusammenhang mit AIDS ins öffentliche Bewußtsein gelangte, untersuchten D. und Zinkernagel, wie das Abwehrsystem funktioniert.

Am St. Jude Children's Research Hospital befaßt sich D. vornehmlich mit der Entstehung und Bekämpfung von Tumoren.

Doisy, Edward Adelbert – amerikanischer Biochemiker
geb. 13.11.1893 in Hume (Illinois)
gest. 23.10.1986 in St. Louis (Missouri)
Nobelpreis 1943, für seine Entdeckung der chemischen Natur und die Konstitutionsaufklärung des Vitamins K.
D. studierte Chemie an der Universität Illinois in Chicago. Danach ging er als Assistent für Biochemie an die Medical School der Harvard University in Cambridge (Massachusetts). 1916 graduierte er zum Magister of Science. Von 1917 bis 1919 leistete D. seinen Militärdienst im US-Sanitäts-Corps, wo er sich hauptsächlich mit medizinischen Aufgaben beschäftigen konnte. 1919 wurde er Dozent, 1920 promovierte er zum Doktor der Medizin, 1922 wurde er Associated Professor, und 1923 erhielt D. eine Berufung als ordentlicher Professor für Biochemie an die School of Medicine der Washington Universität in St. Louis (Missouri). 1965 wurde er emeritiert.

1923 entwickelte D. zusammen mit dem amerikanischen Anatomen Edgar Allen den sogenannten Allen-D.-Test. Es handelte sich hierbei um eine quantitative biologische Bestimmung der Östrogene (Geschlechtshormone) an kastrierten weiblichen Mäusen oder Ratten. Der Allen-D.-Test wurde in der Tiermedizin früher häufig unter Verwendung von Harn zum Trächtigkeitsnachweis bei der Stute benutzt. Östrogene werden vor allem in den Graafschen Follikeln und im Gelbkörper, in der Plazenta und in geringerem Umfang auch in der Nebennierenrinde und im Hoden gebildet. Sie beeinflussen das Wachstum der weiblichen Geschlechtsorgane und sind für die Ausbildung sekundärer Geschlechtsmerkmale der Frau, weiblichen Körperbau und Verhalten verantwortlich. Zudem wirken sie u. a. auf Stoffwechsel, Knochenbau und Blutgerinnung.

Danach begann D. mit Forschungsarbeiten auf dem Gebiet der Vitamine. 1939 isolierte er aus Alfalfa (Futterpflanze, Blaue Luzerne) das Vitamin K (Phyllochinon) und synthetisierte es, unabhängig von den Arbeitsgruppen des dänischen Biochemikers Henrik Dam (ebenfalls Medizin-Nobelpreis 1943) und des amerikanischen Chemikers Louis Fieser. Große Bedeutung erlangte das Vitamin K für die medizinische Behandlung von Neugeborenen. Auch bei Blutungskrankheiten, die nicht durch Vitamin-K-Mangel verursacht und deshalb auch nicht durch Vitamin-K-Gaben heilbar sind, kann es dennoch Leben retten.

Weitere Forschungen von D. befaßten sich mit der Verbesserung von Methoden zur Isolierung sowie der Identifizierung des Insulins, mit der Isolierung und der chemischen Strukturbestimmung von antibiotischen Verbindungen, mit Ovarialhormonen, östrogenen Substanzen, Blutpuffersystemen und dem Gallensäurestoffwechsel.

Domagk, Gerhard Johannes Paul – deutscher Bakteriologe und Pathologe
geb. 30.10.1895 in Lagow (Brandenburg)
gest. 24.4.1964 in Burgberg (Schwarzwald)
Nobelpreis 1939, für seine Entdeckung der therapeutischen Wirkung von Prontosil bei verschiedenen Infektionskrankheiten.

D. nahm 1914 an der Universität Kiel ein Medizinstudium auf. Während des Ersten Weltkrieges diente er in Cholera-Lazaretten in Rußland, später bei Verdun und anderen französischen Frontabschnitten. Während seines dortigen Einsatzes als Sanitäter war er entsetzt darüber, mit welcher Hilflosigkeit die Stabsärzte den meisten Infektionskrankheiten gegenüberstanden. Dies war der Anlaß, daß D. nach Mitteln zu suchen begann, mit denen man diese Krankheiten wirksam bekämpfen konnte. Ende 1918 nahm er sein Studium in Kiel wieder auf, wo er 1921 zum Doktor der Medizin promovierte. Anschließend arbeitete er als Assistent in der Pathologie der Universität Kiel und im Pathologischen Institut von Greifswald. 1924/25 lehrte D. als Privatdozent für Pathologie an der Universität Greifswald und wechselte 1925 an die Universität Münster, wo er drei Jahre später eine außerordentliche Professur für Allgemeine Pathologie und Pathologische Anatomie erhielt.

Bereits in seiner Habilitationsschrift aus dem Jahre 1924 über die Bedeutung eines gewissen Zellensystems im Organismus für die Vernichtung von Infektionserregern tauchte die Überzeugung auf, daß es möglich sein müsse, den Körper in seinen natürlichen Abwehrbestrebungen zu unterstützen. Professor H. Hörlein, Leiter der wissenschaftlichen Laboratorien der Bayer-Werke, berief 1927 den jungen Dozenten nach Wuppertal-Elberfeld, wo man ihm die Leitung des Instituts für experimentelle Pathologie und Bakteriologie übertrug. Im Jahre 1930 unterbreitete Professor Hörlein D. den Vorschlag, ein Medikament gegen Streptokokkeninfektionen zu entwickeln. Aus seinen bereits in seiner Habilitationsschrift dargelegten Ermittlungen erkannte er zwei Wege zur Bekämpfung der Infektionskrankheiten: Entweder mußte es ihm gelingen, die natürlichen Abwehrkräfte des Körpers gegen die Krankheitskeime zu steigern, oder er mußte die in den Organismus eingedrungenen krankheitserregenden Mikroben entscheidend schädigen, wenn nicht vernichten. Für seine Versuche zur Auffindung eines Medikaments gegen Streptokokkeninfektionen züchtete D. zunächst aus dem Blut eines an schwerer Streptokokkensepsis verstorbenen Patienten einen Stamm des gefährlichen Wundinfektionserregers des Menschen, des Streptococcus pyogenes haemolyticus. Mit so gewonnenen, 24stündigen Kulturen in bis hunderttausendfachen Verdünnungen infizierte D. seine Versuchstiere, Mäuse, die, sofern sie unbehandelt blieben, spätestens nach Ablauf von zwei Tagen eingingen. Nach jahrelanger intensiver Zusammenarbeit mit den hervorragenden Chemikern Klarer und Mietzsch wurde die erste wirksame Sulfonamidverbindung gefunden, sie erhielt die Warenbezeichnung „Prontosil".

Erste Untersuchungen zur Wirkung von Prontosil bei Infektionen des Menschen mit Streptokokken wurden auf höchst dramatische Weise durchgeführt. Bei einem Laborunfall hatte sich D.s vierjährige Tochter im Dezember 1933 an einer mit Bakterien verseuchten Nadel infiziert. Die Chirurgen wußten trotz 14 Inzisionen bald keinen anderen Rat, als den Eltern die Amputation des Armes zu empfehlen. Da griff D. selbst in die Behandlung ein. Er verordnete das von ihm entdeckte Medikament, der Arm heilte, sein Kind war gerettet.

1935 wurde Prontosil offiziell als Medikament eingeführt. Damit war zum ersten Mal eine chemische Substanz gefunden worden, die als Chemotherapeutikum gegen bakterielle Infektionskrankheiten eingesetzt werden konnte.

Weniger erfreulich waren die unrühmlichen Zwischenfälle bei der Nobelpreisauszeichnung, denn D. konnte den Preis nicht in Empfang nehmen, weil auf Anweisung Hitlers seit der Verleihung des Friedens-Nobelpreises 1935 an C. v. Ossietzky kein Deutscher den Preis mehr entgegennehmen durfte. Erst im Dezember 1947 konnte D. die Verleihungsurkunde und die goldene Medaille in Stockholm empfangen, der dazugehörige Geldbetrag war, den Statuten gemäß, allerdings verfallen.

Dulbecco, Renato – amerikanischer Mikrobiologe italienischer Herkunft
geb. 22.2.1914 in Catanzaro (Kalabrien, Italien)
Nobelpreis 1975, für seine bahnbrechenden Erkenntnisse über die Wechselwirkungen zwischen Tumorviren und dem genetischen Material einer Wirtszelle dieser Viren.

Mit sechzehn Jahren begann D. das Studium der Medizin an der Universität Turin. Da er sich auch intensiv mit Biologie beschäftigte, studierte er noch zusätzlich Histologie (Gewebelehre). Als Mitstudenten traf er auf S. Luria (Medizin-Nobelpreis 1969) und R. Levi-Montalcini (Medizin-Nobelpreis 1986). Nach der Promotion 1936 diente er zwei Jahre als Arzt bei der Armee. Er arbeitete dann als Dozent für Pathologie an der Universität Turin, wurde aber zu Beginn des Zweiten Weltkrieges eingezogen und an der französischen und sowjetischen Front eingesetzt. Als die deutsche Wehrmacht die italienische Armee übernahm, setzte er sich zu den Partisanen ab und arbeitete als Sanitätsarzt.

Von 1945 bis 1947 lehrte D. Histologie und Embryologie an der Turiner Universität und wurde von Rita Levi-Montalcini ermuntert, in den USA über moderne Biologie zu forschen. 1947 wechselte er an das bakteriologische Institut der Universität von Indiana in Bloomington, kam in die Forschergruppe seines Landsmannes S. Luria und beschäftigte sich mit der In- und Reaktivierung von Bakteriophagen (Viren, die Bakterien infizieren und sich in diesen vermehren). 1949 holte der deutsch-amerikanische Biochemiker Max Delbrück (Medizin-Nobelpreis 1969) D. auf eine Forschungsstelle an das California Institute of Technology in Pasadena und begeisterte ihn zur Arbeit mit tierischen Viren. 1952 wurde er hier Associated Professor und 1954 Professor für Biologie.Von 1977 bis 1981 lehrte D. wieder als Professor für Pathologie und Medizin an der Medical School der University of California in San Diego und ist bis heute als Wissenschaftler dem Salk Institute for Biological Studies verbunden.

Ende der 50er Jahre wandte er sich im Detail der Wirkung des onkogenen Polyomavirus auf in vitro (im Reagenzglas ablaufend) kultivierte Zellen zu, von dem er als erster zeigen konnte, daß er ringförmige Desoxyribonukleinsäure enthält. Zusammen mit Marguerite Vogt fand D. 1960, daß man in vitro kultivierte tierische Zellen mittels Polyomaviren in bösartige transformieren kann, wodurch die Zellen zahlreiche neue morphologische und physiologische Eigenschaften erwerben und sie an ihre Nachkommen weitergeben, also vererben. 1968 konnten Westphal und D. nachweisen, daß Zellen, die durch Polyomavirus in bösartige transformiert worden waren, Virus-DNS-Sequenzen enthalten, die kovalent an die DNS des Zellgenoms gebunden sind. Diese Befunde konnten in der Folgezeit sowohl D. und Mitarbeiter als auch mehrere andere Forschergruppen bestätigen und präzisieren. Heute besteht also kein Zweifel mehr daran, daß die krebserregenden DNS-Viren tierische Zellen in bösartige transformieren, indem Virus-DNS-Moleküle an spezifischen Orten in die DNS der transformierten Zelle eingebaut werden und bestimmte genetische Informationen hinzufügen bzw. verändern. Nach damaligen Erkenntnissen genügte schon der Einbau von ein paar Prozent des genetischen Virusmaterials, um eine Zelle zur Krebszelle zu transformieren. Bei jeder Zellteilung wird diese Information dann auf alle Tochterzellen weitervererbt.

Duve, Christian René de – belgischer Biochemiker
geb. 2.10.1917 in Thames-Ditton (Großbritannien)
Nobelpreis 1974, für fundamentale Arbeiten und Entdeckungen auf dem Gebiet der strukturellen und funktionellen Zellbiologie.

D. studierte ab 1934 Medizin an der Katholischen Universität Löwen in Belgien und promovierte dort 1941 zum Doktor der Medizin. 1947 erhielt er in Löwen eine Professur für Physiologische Chemie, und ab 1951 war er zusätzlich Direktor des Instituts für physiologische Chemie. Außerdem lehrte er von 1962 an Biochemie am Rockefeller-Institut in New York. In den 50er Jahren war D. Direktor des International Institute of Cellular and Molecular Pathology in Brüssel.

D. gehört mit seinen Entdeckungen zu den Begründern der modernen Zellbiologie. Die Erkenntnisse der drei Preisträger Albert Claude, D. und George E. Palade gehören heute zum Standardwissen über Aufbau und Funktion der Zelle. Die neuen Erkenntnisse über das Zytoplasma (Zellplasma), die in den vergangenen Jahrzehnten die Grundlagen für eine moderne Biologie der Zelle schafften, konnten mit Hilfe des Elektronenmikroskops und der Ultrazentrifuge (Geräte, die zum gleichen Zeitpunkt in der Forschung Eingang fanden) gewonnen werden. 1945 hatte Claude die ersten, aussagefähigen elektronenmikroskopischen Aufnahmen von Zellen und deren Strukturen veröffentlicht, die sichere Aufschlüsse über ihren Aufbau und ihre Organisation gaben. Während dieser Zeit hatte D. zusammen mit P. Baudhin und R. Wattiaux zwei weitere Zellpartikelchen entdeckt, das Lysosom und das Peroxysom. Die Entdeckung der Lysosomen -- die bekannteste und vermutlich auch folgenreichste Leistung D.s – war aus zwei Gründen ein besonderes Ereignis in der Geschichte der Zellforschung: Erstens wurde mit ihnen ein weiteres Zellorganell gefunden, das eine eminent wichtige Rolle im Leben der Zelle spielt. Zweitens entdeckte und identifizierte er diese Partikel nicht mit morphologischen, sondern mit rein biochemischen Methoden. Mittels ihrer Enzyme vermögen die Lysosomen biologische Makromoleküle exogener und endogener Herkunft hydrolytisch abzubauen. Den Mechanismus dieses Abbaus, der für die Zelle wie auch für den Zellverband lebensnotwendig ist, kennt man heute teilweise recht gut. Störungen können für die Zelle schwerwiegende Folgen haben, so daß eine enge Beziehung der Lysosomen zu pathologischen Vorgängen plausibel ist. Lysosomen sind für Abbau- und Speicherprozesse innerhalb der Zelle verantwortlich und an den Abwehrreaktionen der weißen Blutzellen gegenüber körperfremden Stoffen beteiligt.

Experten sind sich einig in der Auffassung, daß Erkenntnisse der Zellbiologie entscheidend dazu beigetragen haben, auf der Suche nach den Ursachen der Krebskrankheiten neue Erkenntnisse zu erzielen. D. hat sich in den vergangenen Jahren durch immer neue Verbesserungen der Zellfraktionierungsmethoden, besonders mit Hilfe der noch entwicklungsfähigen Zonalzentrifugation, große Verdienste erworben.

Eccles, Sir (seit 1958) **John Carew** – australischer Physiologe
geb. 27.1.1903 in Melbourne
gest. 2.5.1997 in Locarno
Nobelpreis 1963, für Entdeckungen bezüglich des Ionenmechanismus, verbunden mit Reizung und Hemmung in den peripheren und zentralen Membranabschnitten der Nervenzelle.
E. besuchte in Melbourne die High-School und studierte anschließend an der dortigen Universität Medizin. Hier wurde bereits sein Interesse für Nervenphysiologie geweckt. Er war ein ausgezeichneter Student und konnte von 1925 bis 1927 sein Studium am Magdalen College in Oxford fortsetzen. Er war ein Schüler von Sir C. Sherrington (Medizin-Nobelpreis 1932), mit dem zusammen er neun Arbeiten veröffentlichte. Von 1951 bis 1966 war er Professor für Physiologie an der John-Curtin-Schule für medizinische Forschung an der Nationaluniversität von Canberra. Er begründete hier eines der namhaftesten neurophysiologischen Forschungszentren der Welt. Nach Erreichen des Pensionsalters verließ er 1966 seinen Lehrstuhl in Canberra und übernahm die Leitung des Institutes für biomedizinische Forschung der American Medical Association in Chicago. Von 1968 bis 1975 war er als Professor an der Universität Buffalo tätig, wo man für ihn ein neurobiologisches Laboratorium eingerichtet hatte.

Noch als E. der Arbeitsgruppe Sherringtons angehörte und gemeinsam mit seinem Lehrer Untersuchungen über die Reflexe durchführte, beschloß er, die Nervenaktivität zu erforschen und vor allem den Mechanismus der Impulsweitergabe von Neuron zu Neuron im Zentralnervensystem zu entschleiern. Gemäß der damals vorherrschenden Auffassung bemühte er sich in Tierversuchen um eine experimentelle Darstellung der elektrischen Erregungsübertragung. Otto Loewis und H. Dales eindeutige Versuchsergebnisse zwangen ihn jedoch, die chemische Übertragungsweise zu akzeptieren. E. und seinen Mitarbeitern gelang es, die beiden Ansichten einer chemischen und elektrischen Signalübertragung an den Synapsen oder Schaltstellen zwischen zwei Neuronen zu verbinden. Danach wird beim Eintreffen an den einzelnen, nur durch einen feinen Spalt getrennten Berührungsstellen der hintereinandergeschalteten Neuronen des Zentralnervensystems ein in der Nervenzelle gebildeter Überträgerstoff freigesetzt. Er tritt an der vorsynaptischen Faserendigung aus Vorratsbläschen durch den Spalt zur nachsynaptischen Membran der nächsten Nervenzelle und bewirkt dort einen Ionentransport. Dabei bildet sich in dieser Zelle ein elektrischer Strom, der nunmehr die Impulsverpflanzung durch deren erregungsleitende Nervenfaser in die übernächste Nervenzelle bewerkstelligt, und so fort.

Fast sein ganzes Leben hat E. der Aufklärung der Geheimnisse des Gehirns gewidmet. Bis ins hohe Alter hinein hat er an der Vervollkommnung seiner Erklärung des Ursprungs und der Entwicklung von Bewußtsein und Psyche gearbeitet. 1977 hatte er zusammen mit dem britischen Philosophen und Wissenschaftstheoretiker Sir K. Popper das Buch „Das Ich und sein Gehirn" veröffentlicht. Das Werk enthält Anklänge an die evolutionäre Erkenntnistheorie und betont den hypothetischen Charakter der „objektiven Erkenntnis".

Edelman, Gerald Maurice – amerikanischer Biochemiker
geb. 1.7.1929 in New York City
Nobelpreis 1972, für die Erforschung und Aufklärung der Struktur der an der Immunabwehr beteiligten Antikörper.
E., Sohn eines Arztes, studierte zunächst Chemie am Ursinus College in Pennsylvania. Danach ging er an die Medical School der Universität Pennsylvania in Philadelphia und promovierte dort 1954 zum Doktor der Medizin. 1954/55 war E. Assistenzarzt am Massachusetts General Hospital in Boston. 1955/56 gehörte er dem Medizinischen Stab der US-Armee an und arbeitete in einem Pariser Krankenhaus. 1966 ernannte man ihn zum Professor für Biochemie und 1982 zum Direktor des Neurowissenschaftlichen Instituts der Rockefeller-Universität in New York.

E. erforschte den molekularen Mechanismus der Bindung von Antigenen (körperfremde Proteine) durch Antikörper (Immunglobuline). Immunkörper sind eine Gruppe von Eiweißstoffen im Blut, die bei der Abwehr von Infektionen sowie bei der Entstehung verschiedener Krankheiten eine bedeutende Rolle spielen. Bis zum Jahre 1959 war der Wissenschaft ihre Natur und Wirkungsweise nur unvollständig bekannt. E. untersuchte speziell das Immunglobulin G. Er konnte 1959 zeigen, daß dieses aus Untereinheiten (die er leichte und schwere Ketten nannte) besteht, die durch Disulfidbrücken zusammengehalten werden. Sie besitzen die bemerkenswerte Fähigkeit, körperfremde Substanzen, vorwiegend Fremdproteine und -polysaccharide, zu erkennen und sich äußerst spezifisch mit ihnen unter Bildung eines unlöslichen Antigen-Antikörper-Komplexes zu verbinden. Auf diese Weise üben sie eine wichtige Schutzfunktion für den Organismus aus. Im Zeitraum von 1965 bis 1969 konnte dann durch E. und seine Mitarbeiter die Struktur des Immunglobulin G vollständig aufgeklärt werden.

Ab 1972 untersuchte E. den Mechanismus der Immunantwort mit Lektine als Antigen-Modellsubstanzen weiter. In diesem Zusammenhang erfolgte auch die Aufklärung der Struktur und der Aminosäuresequenz des Lektins Concanavalin A. In der Folge hat E., der seit 1974 Vincent Astor Professor der Rockefeller-Universität ist, seine Forschungen auf Zelloberflächen konzentriert. Er ging davon aus, daß die Hauptunterschiede zwischen Tumorzelle und normaler Zelle in der Struktur und dem Verhalten der Zelloberfläche zu suchen waren, und stellte u. a. fest, daß ein besonderes System in der Zelle die Bewegung und die Verteilung der Moleküle an der Zelloberfläche steuert.

Ehrlich, Paul – deutscher Internist und Serologe
geb. 14.3.1854 in Strehlen (Schlesien)
gest. 20.8.1915 in Bad Homburg vor der Höhe

Nobelpreis 1908, für unvergängliche Verdienste um die medizinische und biologische Forschung, insbesondere um die Wertbestimmung der Serumpräparate.

E., Sohn einer angesehenen jüdischen Gastwirtsfamilie, hatte schon zeitig eine besondere Vorliebe für die Chemie gezeigt. 1872 begann E. das Studium der Anatomie und Histologie in Breslau, aber schon im zweiten Semester wechselte er nach Straßburg, wo er im Laboratorium von Waldeyer – des großen Promoters der chemischen Denkweise in der Medizin – erste eigenständige Färbeversuche biologischer Objekte durchführte. 1877 erschien seine erste Veröffentlichung über die Verwendung synthetischer Farbstoffe zum Anfärben von Zellen und Geweben. Nachdem E. in Breslau sein Staatsexamen bestanden hatte, promovierte er 1878 in Leipzig mit der Dissertation „Beiträge zur Theorie und Praxis der histologischen Färbung". 1884 wurde E. in Anerkennung seiner wissenschaftlichen Leistung auf dem Gebiet der Mikroskopie als Titular-Professor an die Medizinische Klinik der Berliner Charité berufen. 1885 erschien seine Arbeit „Das Sauerstoffbedürfnis des Organismus". Über dieses Thema habilitierte er sich 1887 und wurde Privatdozent für Innere Medizin an der Universität Berlin. 1888 hatte sich E. eine tuberkulöse Lungeninfektion zugezogen, die ihn zum Ausscheiden aus der Charité zwang. Er ging mit seiner Frau nach Ägypten, um erst nach fast zwei Jahren und erfolgter Ausheilung der Erkrankung nach Berlin zurückzukehren. 1890 baute sich E. dort ein Privatlaboratorium auf, 1891 übernahm er zusätzlich eine außerordentliche Professur an der Universität Berlin.

Inzwischen hatte R. Koch die Leitung des neugegründeten Instituts für Infektionskrankheiten übernommen und bot E. bei sich eine Forschungsstätte an. Hier begannen nun seine wichtigen Arbeiten über die biochemischen Grundlagen der Immunität. Zwar kannte man das Phänomen der Immunisierung schon lange, aber dem Experiment, dem exakten Nachweis hatte es sich bisher entzogen. Er erarbeitete in zahlreichen serologischen Untersuchungen die „Seitenkettentheorie" und stellte damit die Immunitätslehre auf eine neue theoretische Basis. Zur Lösung des Problems der Immunisierung beging E. einen neuen Weg, indem er zu seinen Untersuchungen Pflanzengifte verwendete, die gegenüber den Bakteriengiften quantitativ leichter zu handhaben waren. Er konnte damit das wichtigste Prinzip der Immunisierung aufzeigen: Daß nämlich ein Organismus nur dann gegen eine sonst tödlich wirkende Giftdosis immun wird, wenn man ihm kleine, sich ständig steigernde Dosen des Giftes zuführt. Von 1896 bis 1899 entstand eine Vielzahl weiterführender Untersuchungen zu Problemen der Immunitätsforschung, außerdem versuchte er, seine Theorien und Erkenntnisse zur bakteriellen Immunität auf die Bekämpfung bösartiger Geschwülste auszudehnen. 1899 übernahm E. das in Frankfurt / Main neuerrichtete „Kaiserliche Institut für experimentelle Therapie". In den sechzehn Jahren seines dortigen Wirkens wurde das Institut zu einem Zentrum der internationalen Forschung.

Hier begann E. sein letztes und bedeutungsvollstes Arbeitsgebiet in Angriff zu nehmen: die Bekämpfung von Krankheiten durch spezifische chemische Heilmittel. Da sich der Serumweg nicht bei allen Infektionen als brauchbar erwies, beispielsweise bei Protozoenkrankheiten wie etwa der Malaria oder der Schlafkrankheit und einer Reihe von Spirilleninfektionen, mußte an die Stelle der Serumtherapie die Chemotherapie treten. Um Chemotherapie erfolgreich zu betreiben, müssen Substanzen gefunden werden, bei denen die Verwandtschaft und Abtötungskraft die Körperschädigung in der Weise überwiegt, daß eine Abtötung der Parasiten ohne erhebliche Schädigung des Organismus möglich ist. Nach jahrelanger Arbeit gelang es E. zusammen mit seinem japanischen Mitarbeiter S. Hata und dem Chemiker Bertheim, das berühmt gewordene Salvarsan zu schaffen. Als E. und sein Mitarbeiter Hata das Präparat an syphilitischen Tieren erprobten, zeigte es gegenüber anderen Verbindungen eine verblüffende Wirksamkeit. Zwei Jahre lang hielt E. mit diesem Befund zurück; in Hunderten von Wiederholungsversuchen und ersten Erprobungen am Menschen wurde das Ergebnis immer wieder durchgeprüft, bis er sich 1910 entschließen konnte, seine Ergebnisse gemeinsam mit Hata der Öffentlichkeit vorzulegen.

Am 19. April 1910 gab E. seine Entdeckung auf dem Kongreß für Innere Medizin in Wiesbaden bekannt. Die Hoechster Farbwerke nannten den Stoff „606" Salvarsan = Salv-arsan = „das rettende, heilende Arsenpräparat". Am 20. September 1910 referierte E. auf der 82. Versammlung Deutscher Naturforscher und Ärzte in Königsberg erneut über die Substanz sowie über eine Fülle weiterer Erfolgsmeldungen aus zahlreichen deutschen und europäischen Kliniken. Nicht nur die medizinische Fachwelt, auch die Tagespresse in aller Welt feierte E. als den Überwinder der Syphilis. Der Forscher mahnte jedoch zur Vorsicht bei der Anwendung des Salvarsans, und er forderte zu genauester Beobachtung jedes Behandlungsfalles auf, um an der Vervollkommnung der Chemotherapie mitzuhelfen.

Eijkman, Christiaan – niederländischer Hygieniker und Mediziner

geb. 11.8.1858 in Nijkerk (Geldern)

gest. 5.11.1930 in Utrecht

Nobelpreis 1929, für die Entdeckung der antineuritischen Vitamine.

E., Sohn eines Schuldirektors, studierte ab 1875 Medizin an der Universität in Utrecht und promovierte 1883 mit der Dissertation „Über die Polarisation in den Nerven". Anschließend war er als Militärarzt auf Java und Sumatra, dort sollte er als junger Arzt das Massensterben der holländischen Kolonialtruppen untersuchen. Doch eine Malariaerkrankung hatte E. genötigt, seinen Posten auf Java aufzugeben und zu einem Erholungsaufenthalt nach Holland zurückzukehren. Er hatte dem Zwang nur widerwillig gehorcht, doch es andererseits als einen glücklichen Umstand betrachtet, sich zunächst in der Heimat, im Laboratorium des Amsterdamer Mikrobiologen Forster, und anschließend bei R. Koch bakteriologisch ausbilden zu dürfen. Nunmehr mit guten Kenntnissen ausgerüstet, nahm er die Einladung von Professor Pekelharing zur Teilnahme an der Beriberi-Expedition begeistert an.

Beriberi war zu dieser Zeit die gefürchtete Geißel der ost- und südostasiatischen Völker. Die Krankheitsfälle mehrten sich in besorgniserregender Weise in den Jahren von 1870 bis 1885. Im Verlauf der Krankheit traten Lähmungserscheinungen auf, Herz- und Atembeschwerden, Muskelatropie, Läsionen im peripheren Nervensystem und Störungen im Blutkreislauf. Oft führten bis 80 Prozent der Fälle zum Tode. Pekelharing und seine Mitarbeiter suchten nach einem übertragenden Erreger, wobei ihnen besonders auffiel, daß die Krankheit an bestimmte Gebäude, wie zum Beispiel Internate, Gefängnisse und Militärhospitale, gebunden war. Doch als Pekelharing nach zwei Jahren seine Rückkehr antrat, konnte er als einziges Resultat der Arbeit ein Bakterium anführen, das im Blute der Kranken gefunden wurde, das jedoch nicht als Erreger der Beriberi nachgewiesen werden konnte. Nach der Abreise der Kommission wurde E. mit der Weiterführung der Untersuchungen beauftragt.

Im Jahre 1899 bemerkte er eigenartige Vorfälle bei der Hühnerhaltung im Militärhospital, wo sein Laboratorium provisorisch untergebracht war. Die Hühner erhielten die Reste des täglichen Mittagessens, also ausschließlich gekochten polierten Reis. Nach einiger Zeit wurde die Fütterung umgestellt, und die Tiere bekamen jetzt einfachen, ungeschälten Reis. Dabei konnte E. feststellen, daß die Krankheit der Tiere, eine eigenartige Lähmung der Körpermuskulatur, 28 Tage nach Einführung der Kochreisnahrung aufgetreten war und wenige Tage nach Umstellung des Futters auf ungekochten Reis geendet hatte. Es drängte sich von Anfang an die Vermutung auf, daß zwischen der menschlichen Beriberi- und der Hühnererkrankung Parallelen zu ziehen seien, war doch das Krankheitsbild sehr ähnlich. Außerdem wurden die Beriberi-Epidemien nur bei reisessenden Völkern beobachtet.

Da sollte plötzlich die Beweiskette in einer Weise geschlossen werden, wie sie in der Geschichte der Medizin wohl einmalig ist. In den Gefängnissen der Insel Java wurde den örtlichen Gebräuchen entsprechend den Gefangenen in einigen Gegenden polierter, in anderen jedoch halbgeschälter Reis verabreicht. Hier fand E. ein Feld, auf dem er Beweise für seine Arbeit sammeln konnte. Die fast 300.000 Inhaftierten in den 100 Gefängnissen wurden genauesten Kontrollen unterworfen. Sie ergaben ein ebenso eindeutiges wie erschütterndes Bild: In 37 Gefängnissen wurde ungeschliffener Reis gegessen, es kam auf 10.000 Gefangene ein Beriberi-Kranker. In 13 Strafanstalten wurde halbgeschälter Reis verabreicht, und das Verhältnis von Kranken zu Gesunden verschob sich auf 1 zu 416. Geschliffener Reis war die Nahrung in 51 Anstalten und das erschreckende Ergebnis war: Ein Kranker kam auf 36 Gesunde. Überglücklich teilte E. der Fachwelt seine Entdeckung über die Heilungsversuche mit Hilfe des in der Reiskleie aufgespürten „antineuritischen Prinzips" mit. Leider aber verharrten die meisten Kollegen auf der irrtümlichen Meinung, daß die Beriberi-Krankheit eine Infektionskrankheit sei. Enttäuscht über seine vergeblichen Bemühungen, seine Reisdiät durchzusetzen, überließ E. die Leitung seines Laboratoriums einem Mitarbeiter und folgte einem Ruf als ordentlicher Professor für Hygiene und Gerichtsmedizin an die Universität Utrecht, wo er bis 1928 lehrte.

Erst etliche Jahre später wurde seiner grundlegenden, umwälzenden Arbeit die volle Anerkennung zuteil, jetzt erst hatte man ihren ungeheuren Wert erkannt und war bemüht, die Ernährungsvorschriften in den von der Beriberi noch immer befallenen Ländern zu ändern. Durch die Auffindung des antineuritischen Vitamins wurde selbst dem hartnäckigsten Zweifler offenbar, daß es sich bei Beriberi nicht um eine Infektionskrankheit, sondern um eine Mangelkrankheit handelt und daß sowohl der menschliche wie der tierische Organismus unbedingt Vitamine braucht, damit der Körperhaushalt nicht in Unordnung gerät. E.s langjährige Erfahrungen gaben nicht nur der Medizin, sondern auch der Biochemie Anstoß zu weiteren Fortschritten, und seine Vorarbeiten waren schließlich die Grundlage für die auf breiter Basis einsetzende Vitaminforschung.

Einthoven, Willem – niederländischer Physiologe und Histologe
geb. 21.5.1860 in Semarang (Java)
gest. 29.9.1927 in Leiden
Nobelpreis 1924, für seine Entdeckung des Mechanismus des Elektrokardiogramms.

E. wurde in Niederländisch-Indien als Sohn eines Arztes geboren. Nach des Vaters Tode zog die Mutter im Jahre 1870 mit ihren sechs Kindern nach Utrecht, wo er zunächst die öffentliche Knabenschule besuchte und 1878 Student der Medizin wurde. Zu seinen Lehrern gehörte der Physiker Buys Ballot, der Anatom Koster, der Ophthalmologe Snellen und der Physiologe Donders. Gegen Ende seines Studiums wurde E. Assistent bei Snellen und promovierte 1885 bei Donders mit einer Arbeit „Über Stereoskopie durch Farbendifferenz" zum Doktor der Medizin. Mit 25 Jahren wurde E. auf den Lehrstuhl für Physiologie und Histologie der altberühmten Universität Leiden berufen.

Seine wissenschaftliche Laufbahn begann er mit optischen Untersuchungen, dann beschäftigte er sich mit Arbeiten über auf Farbendifferenzen beruhende Tiefeneffekte bei monokularem und stereoskopischem Sehen. Doch schon zeitig machte sich bei E. ein lebhaftes Interesse für die physikalischen Probleme der Medizin bemerkbar. Die exakte Denkweise der Physik zog ihn so an, daß er auch in der Medizin denjenigen Zweig wählte, bei welchem Untersuchungen und Experimente möglich sind, eben gerade die Physiologie. Bei seinen 1891 beginnenden Arbeiten über die Aktionsströme des Herzens spielte die Experimentiertechnik eine besondere Rolle. Damals stand dem jungen Forscher als bestes Instrument zur Untersuchung der Aktionsströme des Herzens nur das Lippmannsche Kapillarelektrometer zur Verfügung, doch das alte Verfahren war umständlich und zeitraubend. E. konstruierte aus diesen Messungen mit dem Lippmannschen Galvanometer die wahre Kurve der der Herzaktion entsprechenden Spannungsdifferenzen und arbeitete damit eine Korrektionsmethode aus, mit deren Hilfe 1895 das wirkliche Elektrokardiogramm hergeleitet werden konnte. Doch war das alles für E. nur ein Notbehelf, er suchte nach neuen Methoden und nach einem Instrument, mit dem das wirkliche Elektrokardiogramm naturgetreu aufgezeichnet werden konnte.

Derartige Überlegungen führten E. zu der Erfindung seines Saitengalvanometers. Es zeigte sich, daß das Saitengalvanometer empfindlich genug war, um mit den auftretenden Potentialschwankungen den Rhythmus des Herzschlages sehr genau aufzuzeichnen. Ein System von zwei Mikroskopen entwirft ein bis zweitausendmal vergrößertes Bild der Saite auf der Vorderfläche eines fotografischen Apparates. An Stelle des Bildes hat dieser einen horizontalen Spalt, der mit einer Zylinderlinse versehen ist, während sich genau in der Brennfläche der Zylinderlinse eine fotografische Platte mit genau regulierbarer gleichmäßiger Geschwindigkeit von oben nach unten bewegt. Der auf diese Weise auf dem Fotopapier erhaltene Kurvenzug wird als Elektrokardiogramm bezeichnet. In vielen Krankheitsfällen des Herzens ist die Diagnose nur durch Anwendung der Elektrokardiographie mit Hilfe des E.schen Saitengalvanometers ermöglicht worden. Wenn auch die Elektrokardiographie das von E. am meisten gepflegte Anwendungsgebiet des von ihm konstruierten Saitengalvanometers war und im Mittelpunkt seiner Lebensarbeit stand, so hat er noch eine stattliche Reihe von weiteren Arbeiten ausgeführt.

Elion, Gertrude Belle – amerikanische Pharmakologin und Biochemikerin
geb. 23.1.1918 in New York
gest. 21.2.1999 in New York
Nobelpreis 1988, für ihre wegweisenden Entdeckungen wichtiger biochemischer Prinzipien zur Arzneimitteltherapie.

E., Tochter osteuropäischer Einwanderer, schloß mit 15 Jahren erfolgreich die Walton High School ab. Am Hunter College, zur damaligen Zeit eine kostenlose höhere Schule für begabte Frauen in New York City, studierte sie Chemie und graduierte 1937 mit summa cum laude. Ihr weiteres Studium absolvierte sie an der New York University, an der sie 1941 als Master of Science abschloß. Da sie als Frau Schwierigkeiten hatte, den angestrebten Forschungslaborplatz in einem Pharmaunternehmen zu bekommen, mußte sich E. bis 1942 als Lehrerin für Physik und Chemie an einer High-School begnügen. 1944 erhielt sie dann endlich den ersehnten biochemischen Forschungsplatz in den Wellcome Research Laboratories in Tuckahoe (New York), als Assistentin des Biochemikers George H. Hitchings (Medizin-Nobelpreis 1988). Als sie eingestellt wurde, waren unter den 75 Mitarbeitern dieser Laboratorien nur zwei Frauen. 1966 übernahm E. die Leitung der Abteilung für experimentelle Therapie eines britischen Pharmaunternehmens in den Vereinigten Staaten, die sie bis 1983 innehatte. Ab 1970 bzw. 1973 bis zu ihrer Emeritierung 1983 war sie außerdem Professorin für Pharmakologie und Medizin an der Duke University und an der University of North Carolina.

Bei dem britischen Pharmaziekonzern Burroughs Wellcome geriet E. unter den Einfluß von G. Hitchings, der damals Leiter der biochemischen Abteilung war. Gemeinsam begannen sie Ende der 40er Jahre nach chemisch veränderten Purinen (in der Natur weit verbreitete Substanzen, wichtige Vertreter sind die Nukleinsäurebasen Adenin und Guanin) und Pyrimidinen (Thiamin, Cytosin, Uracil, Thymin) zu suchen, die möglichst selektiv in den Nukleinsäurestoffwechsel eingreifen und das Wachstum von Bakterien und Krebszellen hemmen können. Obwohl Herstellung und Erprobung der neuen Verbindungen langsam vor sich gingen, konnten E. und Hitchings 1948 die Entdeckung einer neuen Purinsubstanz mit dem Namen „Diaminopurin" bekanntgeben. Als man es am Sloan-Kettering Institute an Patienten klinisch testete, stellte man fest, daß es den Krankheitsverlauf der Leukämie abschwächte. Die Nebenwirkungen waren allerdings noch sehr gravierend, und aufgrund von toxischen Eigenschaften mußte das Diaminopurin wieder zurückgezogen werden. Dieser frühzeitige Teilerfolg war jedoch entscheidend für das Engagement der Forscher an den weiteren chemotherapeutischen Untersuchungen.

E. widmete ihre besondere Aufmerksamkeit den vier stickstoffhaltigen Basen Adenin, Guanin, Thymin und Cytosin, außerdem untersuchte sie den Stoffwechsel der Folsäure, eines Vitamins, das bei der Bildung der Nukleinsäuren eine wichtige Rolle spielt. Sie stellte fest, daß sich ohne Purine oder ohne Folsäure keine Desoxyribonukleinsäure bilden konnte. In ihrer weiteren gemeinsamen Forschungsarbeit entdeckten E. und Hitchings mit Thioguanin (1950) und Mercaptopurin (1951) zwei Substanzen, die das überschießende Wachstum weißer Blutkörperchen bei Blutkrebs hemmen konnten. Bei ihren weiteren Arbeiten fand E. das Azathioprin, ein als Purinantagonist wirkendes, Immunreaktionen hemmendes Mittel, das zur Verhinderung der Transplantatabstoßung bei Organtransplantationen eingesetzt wird. Es hat breite klinische Anwendung bei der Nierentransplantation gefunden und wird auch für die Behandlung schwerer rheumatischer Arthritis benutzt. Außerdem entwickelten E. und Hitchings ein Medikament gegen Malaria, den Pyrimidin-Abkömmling Pyrimethamin, der den Folsäurestoffwechsel des Malariaerregers im Körper des Erkrankten hemmt. Erfolgreich waren sie weiterhin bei der Entwicklung eines Medikaments gegen Gicht.

Grundprinzip der von E. und Hitchings entwickelten Arzneimittel ist immer die Hemmung der Nukleinsäurebildung. Dieses Prinzip führte zur Entwicklung von

AZT, des ersten wirksamen Medikaments gegen menschliche Immunschwächekrankheiten wie AIDS.

Enders, John Franklin – amerikanischer Bakteriologe und Immunologe
geb. 10.2.1897 in West Hartford (Connecticut)
gest. 8.9.1985 in Waterford (Connecticut)
Nobelpreis 1954, für die Entdeckung der Fähigkeit des spinalen Poliomyelitisvirus, in Kulturen verschiedener Gewebetypen zu wachsen.
E., Sohn eines Bankiers, besuchte die Schule in Hartford und Concord (New Hampshire), dann ging er 1915 an die Yale-Universität in New Haven (Connecticut). 1917 mußte er sein Studium unterbrechen, er leistete seinen Militärdienst im Fliegerkorps der Marinereserve. Nach Kriegsende kehrte E. nach Yale zurück und erwarb 1920 den Bachelor of Arts. Danach studierte er an der Harvard-Universität in Cambridge (Massachusetts) vier Jahre zunächst Englische Literatur, anschließend deutsche und keltische Sprachen.

E. wollte Englischlehrer werden, aber medizinische Fragen weckten sein früheres Interesse an Biologie und Medizin neu, und er entschloß sich zu einem weiteren Studium der Bakteriologie und Immunologie in Harvard. 1930 promovierte er mit einer Arbeit über bakterielle Anaphylaxie (erworbene Überempfindlichkeit des Organismus infolge einer Antigen-Antikörper-Reaktion). Von 1929 bis 1932 wirkte E. als Assistent am Institut für Bakteriologie und Serumforschung der Harvard-Universität, arbeitete dort von 1932 bis 1935 als Privatdozent, von 1935 bis 1942 als Assistant Professor, von 1942 bis 1956 als Associated Professor für Virusforschung. In dieser Zeit beschäftigte er sich zunächst mit der bakteriellen Aktivität und der Widerstandsfähigkeit des Wirtsorganismus von Viren. Von 1956 bis 1962 wirkte E. als ordentlicher Professor und von 1962 bis 1967 als University Professor an der Harvard-Universität. 1968 wurde er emeritiert. E. arbeitete während des Zweiten Weltkrieges und noch bis 1949 als Berater der amerikanischen Armee auf dem Gebiet der epidemischen Erkrankungen. Von 1947 bis 1972 war er Chef der Forschungsabteilung für Infektionskrankheiten am Institut für infektiöse Kinderkrankheiten in Boston.

E. widmete fast sein gesamtes Forscherleben der Untersuchung von Viruskrankheiten wie Kinderlähmung, Masern, Mumps und Röteln. Besonderes Interesse gewann er dann an dem Poliomyelitisvirus, der die Kinderlähmung hervorruft. Die USA wiesen mit jährlich über vierzigtausend Poliomyelitiserkrankungen die weitaus höchste Befallsziffer in der Welt auf – kein Zufall also, daß gerade in den USA der Angriff auf die Krankheit mit aller Konsequenz begonnen wurde. Im Jahre 1949 gelang es den drei Medizinern E., Frederick C. Robbins und Thomas H. Weller (beide ebenfalls Medizin-Nobelpreis 1954), den gefährlichen Virus auf Gewebekulturen zu züchten. Sie fanden außerdem, daß Gewebe, welches aus Operationen an Kindern und Erwachsenen gewonnen wurde, für die Gewinnung eines Serums verwendet werden konnte. Durch ihre Arbeiten wurde es möglich, den Erreger der Kinderlähmung im Großen zu züchten und nach dem Verfahren des amerikanischen Biologen Jonas E. Salk einen Impfstoff herzustellen.

Erlanger, Joseph – amerikanischer Neurophysiologe
geb. 5.1.1874 in San Francisco (Kalifornien)
gest. 5.12.1965 in St. Louis (Missouri)
Nobelpreis 1944, für seine Entdeckungen im Zusammenhang mit den hochdifferenzierten Funktionen einzelner Nervenfasern.
E. studierte zuerst Chemie an der Universität von Kalifornien, dann bis 1899 Medizin an der Johns-Hopkins-Universität in Baltimore (Maryland), wo er im gleichen Jahr zum Doktor der Medizin promovierte. Im Jahr 1906 übernahm E. die Leitung der Physiologischen Abteilung an der neuerrichteten Medizinischen Fakultät der Universität von Wisconsin in Madison, wo H. S. Gasser (ebenfalls Medizin-Nobelpreis 1944) zu seinen Studenten zählte. Von 1910 bis 1946 war E. Professor für Physiologie an der neuerbauten Medizinischen Fakultät der Washington-Universität in St. Louis.

Das Hauptinteresse von E. galt zuerst dem Blutkreislauf und der Elektrophysiologie. Er gab das Sphygmomanometer (Gerät zur unblutigen Messung des Druckpulses oder nur der systolischen und diastolischen Blutdruck-Extrema) an und erforschte damit den Einfluß des Blutdrucks auf Nervensekretion und bei orthostatischer Albuminurie (abnorm erhöhte Ausscheidung von Eiweiß im Harn). Mehrere ähnliche biophysikalische Verfahren wandte er mit Erfolg an, so für das Aktionspotential der Nerven.

In den zwanziger Jahren konzentrierten sich E. und Gasser auf das Studium der elektrischen Eigenschaften von Nervenfasern, und sie haben mit ihren Arbeiten weitgehend dazu beigetragen, die bestehenden Kenntnisse von der Physiologie der Nerven zu erweitern. Mit Hilfe des Kathodenstrahl-Oszillographen konnten die beiden Wissenschaftler die Hypothese beweisen, wonach die Leitgeschwindigkeit in Nervenfasern mit deren Querschnitt wächst. Sie wiesen nach, daß die Nerven aus mehreren Arten von Fasern mit verschiedener Leitfähigkeit zusammengesetzt sind: Je dicker ein Nerv ist, mit um so größerer Geschwindigkeit überträgt er die Impulse. Gasser und E. klassifizierten die Nerven nicht nur nach deren Leitgeschwindigkeit in drei Hauptgruppen, sondern auch in Anbetracht ihrer schwankenden Erregbarkeit, der wechselnden Stärke der Impulse und der Empfänglichkeit für Asphyxie (Atmungsstillstand). Sie zeigten die funktionale Verteilung dieses Systems auf die sensorischen und motorischen Fasern des Rückenmarks, so wird Schmerz langsam über dünne Fasern vermittelt, Tastsinn oder Sinnesempfindung der Muskeln über schnelleitende Fasern, ebenso werden Rückenmarksbefehle an die Körpermuskulatur schnell übermittelt.

Zusammen mit seinen Mitarbeitern widmete sich E. besonders der Analyse der Erregbarkeitsänderung in einem Nerv, und sie konnten wesentliche Unterschiede zwischen sensorischen und motorischen Nerven nachweisen (z. B. niedrigere Reizschwellen, geringerer Widerstand der sensorischen Nerven gegen die Impulse). E. befaßte sich außerdem mit dem Stoffwechsel von Hunden, dem Traumatischen Schock und mit der Tonusentstehung in Arterien.

Die Arbeiten von Gasser und E. gehören zu den Pionierleistungen der Neurophysiologie. Obwohl ihre grundlegenden Untersuchungen zum Teil Jahrzehnte zurücklagen, erinnerte sich das Nobelkomitee an diese Entdeckung und würdigte die beiden Wissenschaftler etwas verspätet mit dem Nobelpreis.

Euler-Chelpin, Ulf Swante von – schwedischer Physiologe
geb. 7.2.1905 in Stockholm
gest. 10.3.1983 in Stockholm
Nobelpreis 1970, für seine Entdeckungen wesentlicher Prinzipien der Erregungsübertragung innerhalb des Nervensystems.
E.-Ch., Sohn des Chemie-Nobelpreisträgers Karl von Euler-Chelpin und einer Hochschullehrerin, studierte ab 1922 Medizin an der Universität Stockholm. Er promovierte 1930 zum Doktor der Medizin und wurde danach Assistent Professor für Pharmakologie. Ab 1939 wirkte E.-Ch. als Professor für Physiologie am Karolinska-Institut, dessen Direktor er später wurde. Seit 1953 gehörte E.-Ch. dem Nobelkomitee an und war seit 1966 Präsident der Nobelstiftung.

Die Entdeckungen der drei Preisträger J. Axelrod, B. Katz und E.-Ch. haben wesentliche Prinzipien der Erregungsübertragung innerhalb des Nervensystems erschlossen. Sie arbeiteten zwar unabhängig voneinander, ihre Untersuchungen trafen sich aber bei der Lösung der Frage über ähnliche Signalsubstanzen, deren Lagerung, Freisetzung und Aktivierung. Die Forscher fanden, wie die Informationsvermittlung an den Synapsen (Neuronen-Schaltstellen) zwischen den einzelnen Nervenzellen sowie zwischen Nerven und Organen abläuft. Die Reizweiterleitung zwischen den Zellen im Nervensystem, die sich ihrer Natur nach von der Impulsweiterleitung in den Nervenfasern unterscheidet, wird durch Transmitter herbeigeführt, die als chemische Boten zwischen den Zellen fungieren. Die Forschungsarbeiten der drei Wissenschaftler setzten die Erforschung des Nervensystems fort, die mit Arbeiten über den anatomischen Bau und die physiologischen Vorgänge begonnen hatte.

1935 entdeckte E.-Ch. in Geweben Prostaglandin und Vesiglandin. Später widmete er sich vorzugsweise der Physiologie und Biochemie der Erregungsübertragung der Nerven. Bezüglich der Frage, wie die Übertragung der Erregung an den Synapsen bewerkstelligt wird, wurde für die Nervenendigungen des Sympathikus eine adrenalinähnliche Substanz schon lange vermutet und vorübergehend „Sympathin" genannt. Erst E.-Ch. gelang aber 1946 wirklich der Nachweis, daß es sich dabei um Noradrenalin handelt und es als Überleitungssubstanz im sympathischen Nervensystem dient.

E.-Ch. hat ständig weiter an diesem Wirkstoff gearbeitet und mit seinen Mitarbeitern viele Details zum Verständnis des Stoffwechsels und insbesondere über den Ausschüttungsmechanismus und dessen Beeinflussung durch fördernde oder hemmende Substanzen und Heilmittel beigetragen. Er war auch einer der ersten, der die Anwesenheit von Noradrenalin im Gehirn feststellte und damit die Anregung gab, daß dieser Stoff als Überträgersubstanz im Gehirn eine wichtige Rolle spielen könnte.

Fibiger, Johannes Andreas Grib – dänischer Pathologe
geb. 23.4.1867 in Silkeborg/Jütland
gest. 30.1.1928 in Kopenhagen
Nobelpreis 1926, für seine Entdeckung und künstliche Erzeugung des Spiropterakarzinoms (Magenkrebs bei Ratten) und seine grundlegenden Erkenntnisse über das Wachstum von Krebstumoren als Basis für Therapien.
F., Sohn eines Kreisarztes und einer Schriftstellerin, studierte Medizin in Kopenhagen und graduierte dort 1890. Von 1891 bis 1894 war er Assistent von Professor Salomonsen am Bakteriologischen Institut der Universität Kopenhagen und im Infektionskrankenhaus von Kopenhagen. Während seines Dienstes als Reservearzt der Armee von 1894 bis 1897 schrieb er seine Promotionsarbeit über „Bakteriologische Studien an der Diphtherie". Von 1897 bis 1900 war F. Prosektor am Pathologischen Institut in Kopenhagen, und von 1900 bis 1905 war er Chef des Instituts für klinische Bakteriologie der Armee. Zugleich war er seit 1900 Professor der Pathologie an der Universität Kopenhagen.

F. hatte im Jahr 1912 als erster entdeckt, daß man Krebs an Versuchstieren experimentell erzeugen kann. Bei Verfütterung einer Küchenschabenart, in der sich die Larve der Nematode Spiroptera neo plastica entwickelt hatte, konnte er bei Ratten und Mäusen Magen- und Zungenkrebs neben gutartigen Geschwülsten hervorrufen. Dank seiner unermüdlichen Arbeit hatte F. einen bis dahin nicht gefundenen Beweis geliefert, daß das Wachstum eines Tumors durch äußerliche Einflüsse eingeleitet werden kann.

Die Krebsforschung ist eine verhältnismäßig junge Wissenschaft. Zwar war schon in der Antike Krebs bekannt, er wurde damals als unheilbar bezeichnet und mit dem noch heute üblichen Namen belegt, aber der Beginn einer wirklich wissenschaftlichen Bearbeitung des Problems setzte erst etwa in der Zeit Paul Ehrlichs (Medizin-Nobelpreis 1908) ein. Dieser schuf die Grundlagen der Immunologie, die heute mit im Vordergrund der Krebsforschung steht. Zu keiner Zeit waren so viele fähige Wissenschaftler an einem Problem tätig wie heute in der internationalen Krebsforschung. Anfang des Jahres 2000 unterzeichneten die französische Regierung und Wissenschaftler aus aller Welt in Paris als Erste eine „Charta gegen den Krebs". Damit sollen Experten und Politiker im Kampf gegen Krebs mobilisiert werden. Vorbeugung, Behandlung und Pflege der Erkrankten sollen verbessert werden.

In seiner Laudatio auf F. sagte der Dekan des Karolinska-Instituts, Professor W. Wernstedt, u. a.: „F. hat ein medizinisches Forschungsfeld von erstrangiger Bedeutung mit neuem Wissen bereichert. Vielleicht dürfen wir hoffen, eines Tages das Problem des Krebses vollständig zu verstehen." Neben Arbeiten zur Diphtherie beschäftigte sich F. auch mit der damals weitverbreiteten Tuberkulose. F. hat viele offizielle Missionen durchgeführt und stand in der Leitung zahlreicher Institutionen sowohl wissenschaftlicher Art als auch im Gesundheitswesen. Er war u. a. Vizepräsident und später Präsident der Krebskommission der Dänischen Medizinischen Gesellschaft und Präsident der „Internationalen Vereinigung für Krebsforschung".

Finsen, Niels Ryberg – dänischer Mediziner
geb. 15.12.1860 in Thorshavn (Färöer-Inseln)
gest. 24.9.1904 in Kopenhagen
Nobelpreis 1903, in Anerkennung seines Beitrags zur Behandlung von Krankheiten, besonders von Lupus vulgaris, mittels konzentrierter Lichtstrahlen, mit dem er der medizinischen Wissenschaft einen neuen Weg erschloß.
F., Sohn einer einflußreichen isländischen Familie, besuchte die Volksschule in seinem Geburtsort und später im dänischen Herlufsholm. Nach dem Abitur studierte er ab 1882 in Kopenhagen Heilkunde und schloß 1890 mit dem Staatsexamen ab. Bereits in dieser Zeit war er apathisch, ermüdete schnell und bekam unerträgliche Schmerzanfälle in der Brust. Kurz vor dem Staatsexamen litt F. an einer chronischen Herz- und Leberkrankheit, die ihm bis zu seinem frühen Tode ständig zu schaffen machte. Sie wurde aber zugleich ein wichtiger Beweggrund für die Intensität seiner Forschungen. Nach seiner Promotion erhielt er eine Assistentenstelle am Anatomischen Institut, die er 1893 jedoch wieder aufgab, um sich vorwiegend mit der heilsamen Wirkungskraft der Sonne zu beschäftigen.

In F. erwachte eine bis dahin nie gekannte Energie, und er begann zu experimentieren. In einem ersten Selbstversuch setzte er seine eigenen Unterarme der Sonne aus und bald vergewisserte er sich, daß das Sonnenlicht nicht schädlich ist, sondern lediglich die ungebräunte Haut reizt. Nach weiteren zahllosen Selbstversuchen gelang F. endlich im März 1896 der erste große Erfolg, ein Patient mit einer fürchterlichen tuberkulösen Flechte an der Wange wurde nach fünfmonatiger Lichtbehandlung geheilt. Diese sensationelle Heilung verbreitete sich in kürzester Zeit durch ganz Dänemark, und fortan wurde der „Lichtdoktor", wie er vom Volk genannt wurde, von vielen Lupusleidenden bestürmt. Endlich hatte er die Anerkennung der Wissenschaftler gewonnen, und unter dem Zwang der öffentlichen Meinung über das neue, wunderwirkende Heilverfahren konnten die konservativen Professoren der medizinischen Fakultät F. nicht länger ihre Unterstützung versagen. Gemeinsam mit dem Kopenhagener Bürgermeister und reichen Fabrikanten richteten sie ihm 1896 im Stadtkrankenhaus ein Institut für Phototherapie ein, das seinen Namen erhielt.

Im Jahr 1898 wurde F. zum Professor ernannt. Trotz seines zunehmenden körperlichen Verfalls, die Bauchwassersucht verschlimmerte sich so sehr, daß er in immer kürzeren Abständen punktiert werden mußte, konstruierte F. bis in die Nächte hinein. Vor allem begann er, das Licht seiner Lampe durch gläserne Linsen zu senden, und überzeugte sich, daß gesammelte Strahlen stärker wirken als das verstreute Licht. Schließlich konstruierte er eine künstliche Sonne, deren Strahlen durch Quarzkristalle gingen, die mit Wasser gekühlt wurden. Das war auch der Vorläufer unserer heutigen Quarzlampe. Sie beseitigte kleine tuberkulöse Veränderungen der Haut oft schon nach kurzen Behandlungen, ohne dabei Hautverbrennungen zu verursachen. Während er seine Experimente machte, rang F. die ganze Zeit mit seinem Tod. Seine Krankheit verschlimmerte sich, schließlich konnte er sich überhaupt nicht mehr bewegen.

Als er, in einem Rollstuhl sitzend, den Nobelpreis empfing, wußte er genau, daß er den großen Triumph seiner Arbeit nicht mehr erleben sollte. Der Begründer der Lichttherapie starb kurz vor seinem 44. Geburtstag. Das F.-Institut in Kopenhagen führte die Forschungen auf dem Gebiet der konzentrierten Lichtstrahlen fort und war Vorbild für ähnliche Einrichtungen in aller Welt. Durch die Erfolge dieser Institute konnte die Anzahl der Lupusfälle auf internationaler Ebene erheblich gesenkt werden.

Fischer, Edmont Henri – amerikanischer Biochemiker
geb. 6.4.1920 in Shanghai (China)
Nobelpreis 1992, für Forschungen über grundlegende Zusammenhänge des Stoffwechsels im Muskelgewebe, insbesondere für die Entdeckung der reversiblen Proteinphosphorylierung als eines biologischen Reguliermechanismus.
F. studierte an der Universität in Genf Chemie und Biologie. Von 1948 bis 1950 war er wissenschaftliches Mitglied der Schweizer Nationalstiftung, und von 1950 bis 1953 lehrte er als Privatdozent für Biochemie an der Genfer Universität. Mit einem Forschungsstipendium der Rockefeller Foundation ging er anschließend in die USA. Er wurde zunächst wissenschaftlicher Mitarbeiter am California Institute of Technology in Pasadena, danach wurde F. als Assistant Professor für Biochemie an die University of Washington in Seattle berufen, 1961 zum ordentlichen Professor ernannt.

Die beiden Nobelpreisträger des Jahres 1992 E. G. Krebs und F. fanden Mitte der 50er Jahre durch das Studium von Muskelzellen heraus, auf welche Weise im menschlichen Körper Stoffwechselvorgänge gesteuert werden. Der Stoffwechsel besteht aus physikalischen und chemischen Reaktionen, die zu einem geordneten Ganzen zusammengeschlossen sind. Jede einzelne dieser Reaktionen und somit auch ihre Gesamtheit sind den physikalischen und chemischen Gesetzmäßigkeiten ebenso unterworfen wie die Vorgänge in der unbelebten Natur. Keine physikalische oder chemische Gesetzmäßigkeit verliert in der lebenden Zelle ihre Gültigkeit. Tausende von Proteinen in den Zellen steuern in einem komplexen Zusammenspiel den Zuwachs und die Zellteilung, stellen Hormone frei und führen die Muskelarbeit durch. Einer der wichtigsten Mechanismen bei der Regulierung dieses Zusammenspiels ist die reversible Phosphorylierung der Proteine. Das bedeutet, daß Enzyme sowohl Phosphatgruppen auf Proteine setzen als auch abheben.

Auf der Grundlage der Forschungsergebnisse von F. und Krebs wurde offensichtlich, daß die entdeckte Proteinphosphorylierung ein fundamentaler Mechanismus ist, der die Funktionen aller Zellen beeinflußt. Die Phosphorylierung von Proteinen kann unter gewissen Umständen auch für die Entstehung von Krebskrankheiten Bedeutung haben.

Fleming, Sir (ab 1944) **Alexander** – britischer Bakteriologe
geb. 6.8.1881 in Lochfield (Schottland)
gest. 11.3.1955 in London
Nobelpreis 1945, für die Entdeckung des Penicillins und seiner therapeutischen Wirkung bei verschiedenen Infektionskrankheiten.
F., Sohn eines Gutsbesitzers, wurde als das jüngste von acht Kindern auf einem schottischen Landgut geboren. Lesen, Schreiben und Rechnen lernte er auf einer kleinen Landschule mit nur 15 Kindern in einer idyllischen Atmosphäre. Mit zwei Brüdern ging er anschließend auf die Darvell School, und mit zwölf Jahren wurde seine Erziehung an der Kilmarnock Academy fortgesetzt. Da der Vater schon im Jahre 1888 gestorben war, trat die Frage des zukünftigen Berufes früh an F. heran, er sollte später das Gut übernehmen. Doch sein Bruder Thomas, er war ein erfolgreicher Augenarzt geworden, rief ihn 1895 nach London. Er ging für eine kurze Zeit an das Londoner Polytechnikum, die geringen Einnahmen der Familie zwangen ihn aber bald, diese Schule wieder zu verlassen. 1897 begann F. eine Lehre in einer Reederei und wurde dann Büroangestellter bei einer Schiffahrtsgesellschaft.

Nachdem F. im Jahr 1901 eine kleine Erbschaft gemacht hatte, veranlaßte ihn sein Bruder Thomas zum Studium der Medizin. Er nahm ein Studium an der St. Mary's Medical School der Londoner Universität auf. Bereits als Student entwickelte er einen auffallenden Arbeitseifer und erhielt zahlreiche Preise und Auszeichnungen in Physiologie, Pharmakologie, Pathologie und Hygienik. 1906 schloß F. sein Studium mit Auszeichnung ab. Nach dem Staatsexamen blieb er an der St. Mary's School, und zusammen mit seinem Lehrer, dem Bakteriologen und Impfpionier Almroth Wright, widmete er sich ausgedehnten bakteriologischen Studien, die er 1908 mit der Promotion abschloß.

Bereits am Anfang seiner Forschungen war er davon überzeugt, daß die Natur die Stoffe erzeuge, die dem Menschen die wirksamste Bekämpfung der Infektionskrankheiten möglich machen, und seine Arbeiten sollten später mit der bahnbrechenden Entdeckung des Penicillins gekrönt werden. Als F. mit seinen Mitarbeitern mitten in den großen Fragen der Bakterienbekämpfung stand, brach der Erste Weltkrieg aus. Er wurde Militärarzt und arbeitete in verschiedenen Lazaretten, und überall mußte er feststellen, daß die gegen Wundinfektionen verwendeten Mittel nicht seinen Vorstellungen entsprachen. Zwar konnten sie äußerlich die Wunden desinfizieren, drangen sie jedoch in die Blutbahn ein, so zerstörten sie sehr schnell die Blutzellen. F.s Wunsch war es daher, einen Stoff zu finden, der einerseits den Körper in seinem Abwehrkampf unterstützt, ihn andererseits aber dabei nicht beschädigt.

Als Captain verließ er 1918 das Royal Medical Corps und übernahm im Saint Mary's Hospital eine Praxis, wo er sich verstärkt der Erforschung antiseptischer Mittel gegen Staphylokokken, die gefährlichen Erreger der Wundinfektion, widmete. Im Jahre 1922 entdeckte F. eine Substanz, die eine außergewöhnliche Kraft hatte, Mikroben zu zerstören, und er gab ihr den Namen Lysozym. Mit diesem Lysozym war einer der ersten natürlichen Abwehrstoffe des Körpers gefunden.

Als F. im September 1928 seine Staphylokokkenkulturen wieder genauer beobachtete, mußte er erstaunt feststellen, daß sich auf einer von ihnen, vermeintlich aus einer durch das Fenster hereingewehten Spore, ein münzgroßer blaugrüner Schimmelrasen entwickelte. Die verunreinigte Staphylokokkenkultur wurde nun von F. mehrmals mikroskopisch untersucht und es stellte sich heraus, daß die Staphylokokkenkolonien in der Nachbarschaft des Schimmelpilzes, die sich vorher gut entwickelt hatten, nunmehr Zeichen der Auflösung aufwiesen. Sogleich wollte er das Lebewesen näher kennenlernen, das die gefährlichen Kokken rings um sich herum aufgelöst hatte. Er überpflanzte es auf einen anderen Nährboden und fand heraus, daß es ein Schimmelpilz der Art Penicillium war, die wegen ihres pinselartigen Wachstums so hieß. Die Substanz, die dieser Pilz erzeugte und die die Bakterien angegriffen und vernichtet hatte, nannte F. Penicillin.

Nach angestrengter Arbeit im Laboratorium ergab sich, daß das Penicillin das Dasein und die Einwirkung der Leukozyten nicht störte und daß es in keiner Weise den Organismus schädigte. Nicht allein auf Eiterbakterien, sondern auch auf Tripper-, Syphilis-, Diphtherie-, Milzbrand- und Tetanuserreger übte die neue Substanz eine vernichtende Kraft aus. Seine bakteriostatischen, bakteriziden und bakteriolytischen Eigenschaften sollten den neuen Stoff zu einem Mittel im Kampf mit den Infektionskrankheiten machen, wie es die Menschheit bis zu dieser Zeit noch nicht besaß.

Florey, Sir (ab 1944) **Howard Walter, Baron of Adelaide** (ab 1965) – australischer Chemiker und Pathologe
geb. 24.9.1898 in Adelaide (Australien)
gest. 21.2.1968 in Oxford
Nobelpreis 1945, für die Entdeckung des Penicillins und seiner Heilwirkung bei verschiedenen Infektionskrankheiten.
Seit seiner Kindheit hatte sich F. lebhaft für die Wissenschaft, insbesondere für die Chemie, interessiert. In sei-

ner Heimatstadt studierte er dann Medizin und Chemie. Als Rhodes-Stipendiat kam er an die Universität Oxford. Dort studierte F. Physiologie, danach in Cambridge Pathologie. 1925 wurde er von der Rockefeller-Stiftung nach Amerika geholt, wo er in zahlreichen Laboratorien arbeitete. Nach England zurückgekehrt, lernte er 1929 Flemings Arbeiten über das Lysozym kennen und interessierte sich sofort für diese erstaunliche Substanz, die sowohl in den Tränen wie in den Fingernägeln vorhanden war und die Fähigkeit besaß, bestimmte Mikroben augenblicklich zu vernichten. Seine frühen Experimente waren deshalb auch vorwiegend pathologischen Problemen gewidmet: der Entzündung, dem kapillaren Blutkreislauf und der Funktion der Lymphozyten. 1931 erhielt F. eine Professur an der Universität Sheffield, und 1935 wurde er an der Sir William Dunn School in Oxford Professor der Pathologie.

Hier wirkte er bis 1962 und traf auch auf die Forscher, mit denen das Penicillinabenteuer die entscheidende Wende erfahren sollte. Diesem sogenannten „Oxford-Kreis" gehörten u. a. der aus Deutschland emigrierte Biochemiker E. B. Chain und der Fachmann für Mikroanalyse N. G. Heatley an. Im Mai 1940 hatten F. und Chain in einem kleinen Schälchen eine Prise zwar noch verhältnismäßig unreinen, aber immerhin schon für größere Tierversuche verwendbaren Penicillinsalzes, das erste der Welt, vor sich.

Im Herbst 1943 erschien der erste zusammenfassende Bericht amerikanischer Ärzte über 500 klinische Penicillinerprobungen. Mehr als 75 Prozent der mit dem Flemingschen Mittel behandelten Patienten wurden von ihren Krankheiten geheilt. Der Sieger von El Alamein, Feldmarschall Montgomery, berichtete im Jahre 1946: „Die Heilung von Kriegsverwundungen ist durch den Gebrauch von Penicillin revolutioniert worden. Viele Männer, die im letzten Krieg Dauerinvalide geworden wären, konnten gesund in die Heimat zurückkehren." Das war der Beginn des Siegeszuges des Penicillins für die Menschheit. Jedoch erst nach Kriegsende erlangte das Penicillin seine überragende Bedeutung als Chemotherapeutikum. Nachdem 1945 R. B. Woodward (Chemie-Nobelpreis 1965) seine chemische Struktur aufgeklärt hatte, erfolgte durch V. du Vigneaud (Chemie-Nobelpreis 1955), O. Süs u. a. auch die Synthese von Penicillinen. Durch den großen Erfolg der Penicilline wurde die Suche nach weiteren Antibiotika stark gefördert, und in rascher Folge wurden zahlreiche Antibiotika gefunden. Penicillin hilft bei allen Kokkeninfektionen, bei Diphtherie, Strahlenpilzerkrankung, bei Milzbrand, Tripper, Syphilis und anderen Infektionskrankheiten.

Forßmann, Werner Theodor Otto – deutscher Chirurg und Urologe
geb. 29.8.1904 in Berlin
gest. 1.6.1979 in Schopfheim
Nobelpreis 1956, für die Entdeckungen zur Herzkatheterisierung und zu den pathologischen Veränderungen im Kreislaufsystem.

F., Sohn eines Juristen, studierte nach dem Besuch des Askanischen Gymnasiums von 1922 bis 1928 Medizin in Berlin. Schon als er 1928 sein Staatsexamen ablegte, hatten die Diagnostik der Herzkrankheiten und die damals üblichen Untersuchungsmethoden in ihm Zweifel hinterlassen. Er war dann Assistenzarzt im Auguste-Viktoria-Krankenhaus in Eberswalde (1929/30), an der Chirurgischen Universitätsklinik der Berliner Charité (1931/32) bei Professor Sauerbruch und an der Chirurgischen Klinischen Krankenanstalt in Mainz. Danach erfolgte seine Ausbildung zum Facharzt für Urologie. Von 1933 bis 1939 war F. Oberarzt der Urologischen Abteilung des Rudolf-Virchow-Krankenhauses in Berlin, der Chirurgischen Klinik des Stadtkrankenhauses in Dresden-Friedrichstadt (1936) und der III. Chirurgischen Universitätsklinik in Berlin (Robert-Koch-Krankenhaus, 1938). Im Zweiten Weltkrieg mußte er Dienst als Sanitätsoffizier und Chirurg leisten. Ende November 1956 wurde F. als Honorarprofessor an die Universität Mainz berufen. Von 1958 bis zu seiner Pensionierung Ende 1970 wirkte er als Chefarzt der Chirurgischen Abteilung am Evangelischen Krankenhaus in Düsseldorf.

Seit seiner Studentenzeit suchte F. nach Mitteln und Wegen für eine bessere Herzdiagnostik. Als er in einem Lehrbuch des französischen Mediziners C. Bernard (gehörte zu den ersten Physiologen, die experimentell forschten) aus dem Jahre 1879 einen alten Holzschnitt entdeckte, auf dem zu sehen war, wie zwei Experimentatoren einem auf dem Rücken liegenden Hund einen dünnen Schlauch durch die geöffnete Halsvene bis ins Herz geführt hatten, um mit einem daran befestigten Registriergerät den Druck im Herzinneren zu messen, kam ihm die Idee, ähnliches müßte sich auch beim Menschen erreichen lassen, nur müsse man den Katheter statt durch die Halsvene durch die Armvene zum Herzen leiten. Während seiner Ausbildung als Assistenzarzt im Auguste-Viktoria-Krankenhaus in Eberswalde gelang es F. im Jahre 1929, in einem atemberaubenden Selbstversuch eine Sonde über die linke Ellenbogenvene den Arm aufwärts, unter dem Schlüsselbein hinweg, in den oberen Brustraum und in einem Bogen weiter ins rechte Herz zu führen. Damit hatte er als erster Mensch gefahrlos einen langen biegsamen Katheter bis ins Herz geführt. Seine Vorgesetzten hatten F. vor dem Unternehmen gewarnt, so mußte er die Versuche heimlich ausführen, und nur eine Röntgenschwester mußte sogleich mehrere Aufnahmen als Beweismaterial anfertigen und auch den Tatbestand protokollieren. Er hatte die „Festung Herz" gestürmt, entgegen allen Vorurteilen, allen Mahnungen und Warnungen der Koryphäen der Medizin, doch die erhoffte Anerkennung blieb ihm vorerst versagt.

1941 griffen zwei amerikanische Ärzte, D. W. Richards und A. Cournand, F.s Methode auf und entwickelten diese weiter, bis sie seit etwa 1944 Eingang in die Praxis der Herzspezialisten gefunden hat. Die Herzkatheterung ermöglichte zusammen mit der Angiokardiographie endlich die für den Chirurgen unerläßliche Diagnostik und befreite die emporstrebende Herzchirurgie von der Tücke des Zufalls. Damit wurde sie zum Ausgangspunkt der modernen Kardiologie. Jahrzehntelang hatte die Welt seine kühne Erfindung vergessen, denn erst 27 Jahre später erhielt F. zusammen mit den Professoren Cournand und Richards den Nobelpreis für die gleichen Arbeiten, die 1929 als Grundlagen für eine Habilitation abgelehnt worden waren.

Frisch, Karl Ritter von – österreichischer Zoologe und Verhaltensforscher
geb. 20.11.1886 in Wien
gest. 12.6.1982 in München
Nobelpreis 1973, für seine Entdeckungen über die Organisation und Auslösung von individuellem und sozialem Verhalten.
Auf Wunsch der Eltern studierte F. nach dem Abitur zunächst Medizin und wandte sich erst später den Naturwissenschaften zu. Nach einer Assistentenzeit bei dem Zoologen Richard Hertwig am Zoologischen Institut in München habilitierte er sich dort 1912 als Privatdozent für Zoologie. F. ging 1921 als Ordinarius für Zoologie und Institutsdirektor an die Universität Rostock, kehrte dann aber 1925 als Nachfolger Hertwigs an die Universität München zurück. Er übernahm die Leitung des Zoologischen Instituts der Universität. Diesem Institut hat F. durch sein Wirken zu Weltruhm verholfen. Nach dem Zweiten Weltkrieg ging er als Professor an die Universität Graz, kehrte aber 1950 wieder nach München zurück, wo er bis zu seiner Emeritierung 1958 dem Zoologischen Institut der Universität vorstand.

F. beschäftigte sich mit dem Kommunikationsvermögen und der Orientierungsfähigkeit bei Fischen und Bienen. Er hat grundlegende Forschungsergebnisse auf dem Gebiet der Sinnes- und Verhaltensphysiologie vorgelegt und gilt als einer der Väter der modernen Verhaltensforschung. Die Fachwelt war etwas verwundert, daß der Nobelpreis für Physiologie und Medizin an die drei Verhaltensforscher K. Lorenz, N. Tinbergen und F. verliehen wurde, die sich fast ausschließlich mit Tierbeobachtungen und Tierexperimenten, einem bestimmten Gebiet der Zoologie, befaßt haben. Bei näherer Betrachtung der Ergebnisse zeigt sich aber die Bedeutung der Ethologie für Erkenntnisse über das Verhalten des Menschen.

Im Jahr 1919 hatte F. herausgefunden, wie eine Biene den anderen Arbeiterinnen mitteilt, wo Nahrungsquellen zu finden sind. Hat sie irgendwo Honig entdeckt, kehrt sie zurück und führt einen „Tanz" auf, bei dem sie sich von einer Seite zur anderen bewegt oder im Kreis dreht. Anzahl und Geschwindigkeit der Drehungen liefern den anderen Bienen die notwendigen Informationen über die Lage der neuen Futterquelle. Bekannt wurde F. 1923 mit seiner Entdeckung und Entschlüsselung der „Sprache" der Bienen, mit der sie sich über Richtung und Entfernung einer neuen Nahrungsquelle unterrichten. Er beschrieb „Die Sonne als Kompaß im Leben der Bienen" und erkannte deren Vermögen, ultraviolettes Licht zu erkennen. In genialen Experimenten zeigte F. erstmals 1949, daß die Bienen die Fähigkeit besitzen, polarisiertes Licht zu analysieren, und aus dessen Verteilungsmuster den Stand der Sonne bestimmen können.

Neben der für die Imkerei wichtigen Dressur der Honigbienen, auf farblich markierte Plätze zu fliegen, entwickelte F. das berühmte „Duftlenkungsverfahren" zur gezielten Befruchtung landwirtschaftlicher Nutzpflanzen durch Bienen. Wie man Bienen zu Pflanzen lenken kann, die befruchtet werden sollen, beschrieb er in seinem Buch „Duftgelenkte Bienen im Dienste der Landwirtschaft und Imkerei" (1947).

Furchgott, Robert F. – amerikanischer Pharmakologe
geb. 4.6.1916 in Charleston (South Carolina)
Nobelpreis 1998, für die Entdeckung, daß ein gasförmiges Molekül, das Stickstoffmonoxyd, als zellulärer Botenstoff im Herz-Kreislauf-System wirkt.
F. studierte Chemie und Biochemie an der University of North Carolina und promovierte 1940 in Biochemie. Es folgten Forschungsaufenthalte an verschiedenen amerikanischen Universitäten. Von 1956 bis 1988 hatte F. neben zahlreichen Gastprofessuren eine Professur am Department of Pharmacology an der State University of New York inne.

Die drei Nobelpreisträger L. J. Ignarro, F. Murad und F. wollten wissen, wie bestimmte Arzneimittel auf die Blutgefäße wirken und diese entweder weiter oder enger stellen. Bereits seit den 50er Jahren hatte sich F. mit der Frage beschäftigt, wie Hormone, Neurotransmitter und Medikamente mit Rezeptoren in Blutgefäßen Verstärkung oder Aufhebung von Wirkungen ausüben. Bei seinen Untersuchungen stellte er fest, daß dieselben blutdruckbeeinflussenden Arzneimittel gegensätzliche Wirkungen auf die Gefäße ausüben können, d. h., daß ein und dieselbe Substanz sowohl eine Erweiterung als auch eine Verengung der Adern herbeiführen kann. Er vermutete, daß die jeweilige Wirkung nicht vom Medikament, sondern vom Zustand der Endothelzellen, die die Innenseite der Blutgefäße auskleiden, abhängt.

1980 kam F. mit einem einfachen Experiment zu einer entscheidenden Schlußfolgerung. Er beobachtete, daß sich die Blutgefäße nur dann mit einem bestimmten Mittel erweiterten, wenn das die Gefäße innen wie eine zarte Haut auskleidende Endothel intakt war. Er schlußfolgerte, daß die Endothelzellen ein unbekanntes Signalmolekül produzieren, das in der Lage ist, die darunterliegenden Muskelzellen zu entspannen und somit die Blutgefäße zu erweitern. Da F. die chemische Natur dieses Botenstoffes nicht genauer identifizieren konnte, nannte er ihn aus Ermangelung weiterer Merkmale „endothelabhängigen relaxierenden Faktor" (EDRF). Mit seinen Erkenntnissen setzte er die Forschung zur Identifizierung dieses Signalmoleküls in Gang.

Es dauerte noch mehrere Jahre, bis schließlich F. und L. J. Ignarro unabhängig voneinander 1986 den Beweis erbrachten, daß das mysteriöse gefäßerweiternde

EDRF nichts anderes als Stickoxyd (NO) ist. Durch ihre Veröffentlichungen wurde eine weltweite pharmakologische Forschungslawine ausgelöst. Diese Entdeckung war in vielerlei Hinsicht eine Sensation. Beim Stickstoffmonoxid, das aus einem Stickstoff- und einem Sauerstoffatom besteht, handelt es sich um ein höchst einfaches Molekül. Aber gerade in der einfachen, gasförmigen Struktur scheint das seit Jahrmillionen bewährte Erfolgsrezept des Stickstoffmonoxids zu liegen. Vermutlich handelt es sich um ein archaisches Signalmolekül, das schon früh in der Evolution die Kommunikation zwischen den Zellen erleichtert hat.

Aus den beteiligten Mechanismen ergeben sich unerwartet neue Ansatzpunkte etwa zur Behandlung von Durchfallerkrankungen, vorzeitigen Wehen oder der unreifen Lungenfunktion Frühgeborener. Ferner bieten sich neue Möglichkeiten, gegen einen infektionsbedingten septischen Schock vorzugehen, vielleicht sogar gegen eine AIDS-bedingte Demenz oder gegen Malaria, ja selbst gegen Krebs. Im Gegensatz zu den meisten anderen Botenstoffen, die zur Gruppe der Eiweißmoleküle gehören, kann das Stickstoffmonoxid ungehindert durch die Zellmembranen schlüpfen. Stickstoffmonoxid gilt heute als eines der wichtigsten Moleküle im Organismus. Bei vielen Prozessen scheint es der entscheidende Übermittler und Feinmodulator zu sein, der mit zahlreichen anderen Stoffen in Wechselwirkung steht.

Gajdusek, Daniel Carleton – amerikanischer Kinderarzt und Virologe
geb. 9.9.1923 in Yonkers (New York)
Nobelpreis 1976, für Entdeckungen von neuen Mechanismen bei der Entstehung und Verbreitung von Infektionskrankheiten.
G. promovierte 1946 an der Harvard-Universität zum Doktor der Medizin. Von 1947 bis 1949 folgten Studien in physikalischer Chemie am California Institute of Technology. Von 1949 bis 1952 arbeitete er an der Harvard-Universität. Im Rahmen seines Wehrdienstes arbeitete G. 1952/53 am Walter Reed Army Institute of Research in Washington, wo er sich vorwiegend mit Virus- und Rikettsieninfektionen befaßte. Seit 1958 ist G. Professor am Institut für neurologische Krankheiten in Bethesda (Maryland) und seit 1971 Leiter des Forschungslaboratoriums „Zentralnervensystem".

G. untersuchte einen seltsamen Gehirnverfall bei Angehörigen des Fore-Stammes auf Neu-Guinea, die sogenannte Kuru-Krankheit. Diese innerhalb weniger Monate tödlich endende Krankheit erfaßte in knapp zehn Jahren 2.500 der etwa 35.000 Stammesmitglieder. Der Mediziner fand heraus, daß es sich dabei nicht um eine Erbkrankheit handelte, sondern um eine Virusinfektion mit neuen, sich seltsam verhaltenden Erregern, sogenannten langsamen Viren. Typische Merkmale dieser langsamen Viren sind: Zwischen Infektion und Ausbruch der Krankheit vergehen meist Jahre, die Erkrankung führt zu einem zunehmenden Verfall der Betroffenen, und sie befällt nur ein Organ.

In der nordöstlichen Hochebene Neu-Guineas begannen G. und seine Mitarbeiter ihre Komplexuntersuchungen, an denen Anthropologen, Virologen, Kliniker und Biochemiker beteiligt waren. Sorgfältig studierten sie die Lebensbedingungen und Lebensgewohnheiten des Fore-Stammes. Eines Tages stellten die Forscher fest, daß zwischen den Erkrankungsfällen und der Gewohnheit des Stammes, das Gehirn der Verstorbenen zu essen, ein Zusammenhang bestand. Diesen Zusammenhang konnte G. experimentell bestätigen. Es gelang ihm, Kuru vom Menschen auf Schimpansen zu übertragen. In einem Zeitraum von 14 bis 39 Monaten, nachdem bei ihnen Hirngewebe an Kuru verstorbener Menschen in das Gehirn eingeführt worden war, erkrankten die Tiere an Kuru. Die Forscher konnten den infektiösen Erreger zwar in vielen inneren Organen der Versuchstiere nachweisen, aber es wurden weder histologische Veränderungen noch Antikörper gegen diese Infektion gefunden.

G.s Verdienst ist es, durch langjährige unermüdliche Beobachtungen dieser in längeren Zeiträumen ablaufenden Erkrankungen einen Infektions- und Krankheitsverlauf aufgedeckt zu haben, der sich von dem bisher bekannten unterscheidet. Er kann nun auch als Modell bei der Erforschung anderer Erkrankungen, insbesondere anderer degenerativer Nervenkrankheiten dienen, deren Ursache man bisher nicht kennt. 1967 erarbeiteten G. und Gibbs ein Schema mit den Merkmalen der verschiedenen, zur Gruppe der langsamen Infektionen gehörenden Erkrankungen. Erstmals konnte G. die infektiöse Natur von degenerativen Erkrankungen des Menschen nachweisen, die man inzwischen unter der Bezeichnung langsame Virusinfektionen zusammenfaßt. Von Wichtigkeit ist der Nachweis, daß ansteckende Wirkstoffe ohne das Auftreten erkennbarer Erkrankungen aktiv bleiben können, daß Krankheitserreger sich jahrzehntelang im menschlichen Körper aufhalten können, ohne zu Krankheitssymptomen zu führen.

Gasser, Herbert Spencer – amerikanischer Pharmakologe und Neurophysiologe
geb. 5.7.1888 in Platteville (Wisconsin)
gest. 11.5.1963 in New York
Nobelpreis 1944, für seine Entdeckungen hinsichtlich der hochdifferenzierten Funktionen der einzelnen Nervenfasern.
G. studierte Pharmakologie und Physiologie an der Universität von Wisconsin und promovierte 1915 an der J.-Hopkins-Universität. Von 1915 bis 1916 lehrte G. Pharmakologie, dann bis 1918 wieder Physiologie an der Washington-Universität in St. Louis. Dort wurde er 1920 außerordentlicher und 1921 ordentlicher Professor für Pharmakologie und hatte diesen Lehrstuhl bis 1931 inne. Von 1931 bis 1935 folgte G. einem Ruf auf den Physiologischen Lehrstuhl an der Cornell Medical School in Ithaca (New York). Von 1935 bis 1953 hat er dann als Direktor das Rockefeller-Institut für medizinische Forschung geleitet.

Unsere Kenntnisse von der Funktion des Nervensystems haben im Laufe der letzten Jahrzehnte beachtliche Fortschritte gemacht. Dieser aufsehenerregende Fortschritt ist zum großen Teil auf technische Verbesserungen und namentlich auf die Entwicklung elektronischer Apparate zurückzuführen. Röhrenverstärker und Kathodenstrahloszillographen haben es möglich gemacht, feinste elektrische Zeichen von der Funktion der Zelle oder der Nervenfaser zu registrieren und einer Analyse zu unterziehen. Die elektrischen Impulse in den Nerven sind so klein, daß es äußerst schwierig ist, sie genauer zu studieren. Die amerikanischen Physiologen Erlanger und G. entwickelten für ihre Experimente präzise Meßtechniken, wobei sie sich auch der Braunschen Röhre bedienten. Im Jahr 1922 begannen die beiden Wissenschaftler, die Geschwindigkeit zu bestimmen, mit der Nervenfasern ihre Impulse weiterleiten. Durch die Anwendung des Kathodenstrahloszillographen als Meßinstrument in der Neurophysiologie erkannten Erlanger und G. das Vorhandensein verschiedener Nervenfasertypen.

Die Nervenfasern dienen in erster Linie der Übertragung von Information durch elektrische Impulse. Daneben sind sie auch Leitungsbahnen für den Transport von Substanzen (Aminosäuren, Eiweiße, Nährstoffe, Neurotransmitter) aus dem Zellkörper zu den Synapsen und umgekehrt (axonaler Transport). Einige Viren und Toxine, zum Beispiel die Poliomyelitisviren (Erreger der spinalen Kinderlähmung) und das Tetanustoxin (Wundstarrkrampf), gelangen über den retrograden axonalen Transport von der Hauptwunde in die Nervenzelle und entfalten dort ihre Wirkung. Andere Giftstoffe lähmen den axonalen Transport und führen dadurch zu Nervenschädigungen. Als Folge können beispielsweise Muskellähmungen und Empfindungsstörungen auftreten.

1924 demonstrierten Erlanger und G. auf dem Bildschirm eines Oszillographen, daß bestimmte Erregungsimpulse wie Empfindungen von Hitze, Kälte oder Schmerz nur von bestimmten Nervenfaserarten weitergeleitet werden. Weiterhin wiesen sie nach, daß die Nerven aus mehreren Arten von Fasern mit verschiedener Leitfähigkeit zusammengesetzt sind: Je dicker ein Nerv ist, mit um so größerer Geschwindigkeit überträgt er die Impulse. Sie klassifizierten die Nerven nicht nur nach deren Leitgeschwindigkeit in drei Hauptgruppen, sondern auch in Anbetracht ihrer schwankenden Erregbarkeit, der wechselnden Stärke der Impulse, der Empfänglichkeit für Asphyxie (Atmungsstillstand) usw.

Gilman, Alfred Goodman – amerikanischer Mediziner und Pharmakologe
geb. 1.7.1941 in New Haven (Connecticut)
Nobelpreis 1994, für die Entdeckung der G-Proteine und deren Bedeutung für die Signalübertragung in Zellen.
Nach einem naturwissenschaftlich orientierten Studium an der Yale University studierte G. an der Case Western Reserve University in Cleveland (Ohio) Medizin und Pharmakologie und promovierte 1969. 1971 ging G. an die University of Virginia, wo er 1977 zum ordentlichen Professor für Pharmakologie berufen wurde. 1981 erhielt G. eine Berufung als Professor an das University of Texas Southwestern Medical Center in Dallas. 1987 wurde er an der gleichen Universität zum Professor für Molekulare Neuropharmakologie ernannt.

In den Lebewesen sind ihre einzelnen Bestandteile nicht regellos miteinander vermischt, sondern zu komplizierten polymolekularen Strukturen vereint. Die Grundeinheit des Lebens ist die Zelle. Bei den vielzelligen Lebewesen ist der Organismus aus meist sehr vielen, der Mensch aus etwa zehn Billionen zum Teil hochspezialisierten Zellen aufgebaut, die ein System von Geweben und Organen ergeben. Damit der Organismus richtig funktioniert, muß zwischen den Zellen eine einwandfreie Kommunikation stattfinden. Hormone und andere Signalstoffe, die von Drüsen, Nerven und anderen Geweben freigestellt werden, binden sich bei speziellen Erkennungsmolekülen an der Zelloberfläche und bilden „Rezeptoren“, die die Signale ins Innere der Zelle weitervermitteln. G., der sich bereits in seiner Promotionsarbeit mit der Signalüberführung in Zellen befaßt hatte, fand bei der Untersuchung mutierter Blutkrebszellen, daß trotz normaler Rezeptoren und normaler Verstärkerproteine die Zellkommunikation unterbrochen war. Die Erklärung dafür lag im fehlenden „Transducer“, der das Signal „umwandelt“. Ende der 70er Jahre gelang G. die Identifizierung des fehlenden Proteins, 1980 die Herstellung und damit verbunden der Nachweis, daß die Einführung des Proteins in die Membran der defekten Zelle die normale Zellfunktion wiederherstellte. Diese Proteine wurden „G-Proteine“ genannt.

G-Proteine sind Eiweiße, die bei der Entstehung von Krankheiten eine große Rolle spielen – vor allem bei Cholera und Krebs, offenbar aber auch bei Diabetes und Alkoholismus. Beim Menschen ließ sich nachweisen, daß mutierte und überaktive G-Proteine charakteristisch sind für manche Krebserkrankungen. Symptome bei einigen großen Volkskrankheiten wie Diabetes und Alkoholismus können auf veränderter Signalübertragung via G-Protein beruhen.

Goldstein, Joseph Leonard – amerikanischer Genetiker
geb. 18.4.1940 in Sumter (South Carolina)
Nobelpreis 1985, für die Erforschung des Cholesterinstoffwechsels und der Ursachen damit verbundener Erkrankungen.
Nach einem Chemiestudium wurde G.wissenschaftlicher Mitarbeiter an der Southwestern Medical School der Universität von Dallas (Texas), wo er über medizinische Genetik forschte. Am Massachusetts General Hospital in Boston begann dann die fruchtbare Zusammenarbeit mit Michael Stuart Brown (ebenfalls Medizin-Nobelpreis 1985). Im Jahr 1972 kehrte G. an die Universität Dallas zurück, wurde 1976 ordentlicher Professor für innere Medizin und erhielt 1977 eine Berufung zum Dekan der Abteilung Molekulargenetik.

Seit langem ist bekannt, daß Blutfette wie Cholesterin und Neutralfette wegen ihrer geringen Wasserlöslichkeit zusammen mit Eiweißen in Form von Fett-Eiweiß-Partikeln transportiert werden. Im Jahr 1973 gelang G. und Brown der Nachweis, daß die Oberfläche von Zellen des tierischen und menschlichen Organismus Bindungsstellen (Rezeptoren) aufweist, an die u. a. die cholesterinhaltigen Fett-Eiweiß-Partikel des Blutes gebunden werden. Die Zellen verschiedener Organe sind mit unterschiedlich vielen Rezeptoren ausgestattet. Als wegweisend für die weiteren experimentellen Arbeiten mußte die Beobachtung von G. angesehen werden, daß die Bindung der cholesterinhaltigen Partikel einen entscheidenden Einfluß auf die Regulation des Fettstoffwechsels im Organismus ausübt. Er konnte weiterhin feststellen, daß eine cholesterinreiche Kost infolge Verringerung der Rezeptorzahl zu einem erhöhten Blutgehalt an solchen Fett-Eiweiß-Partikeln führt, die als arterioskleroseförderND bekannt sind. Die so bedeutsame Entdeckung der Rezeptoren für die Fett-Eiweiß-Partikel durch G. und Brown war auch Ausgangspunkt für den Nachweis, daß diese Bindungsstellen für cholesterinhaltige Partikel bei Patienten mit einem stark erhöhten Blutcholesteringehalt aufgrund eines genetischen Defektes fehlen können. Folge davon ist das Auftreten einer Arteriosklerose in jungen Jahren, so daß bei diesen Patienten eine Prophylaxe der Fettstoffwechselstörung notwendig ist.

Insgesamt haben die Ergebnisse der Forschungsarbeiten der beiden Nobelpreisträger ganz entscheidend die heutigen Auffassungen zum Stoffwechsel der Blutfette und zur Entstehung der Arteriosklerose geprägt. Die Bedeutung ihrer Arbeiten ist auch darin zu sehen, daß sich praktische medizinische Konsequenzen hinsichtlich der Prophylaxe der Arteriosklerose ergeben haben. G. und Brown konnten bereits Anfang der 70er Jahre die Regulation des Blutfettspiegels und die genauen Ursachen für eine erbliche Form der Fettstoffwechselstörungen (familiäre Hypocholesterinämie) klären, die bei den Betroffenen in der Regel zwischen dem 30. und 40. Lebensjahr – in seltenen Fällen auch schon früher – zum Herzinfarkt führt. Die Erkenntnisse von G. und Brown eröffneten neue Therapiemöglichkeiten.

Golgi, Camillo – italienischer Histologe
geb. 7.7.1844 in Corteno (Prov. Brescia)
gest. 21.1.1926 in Pavia
Nobelpreis 1906, als Anerkennung für seine Arbeiten über den Bau des Nervensystems.

G., Sohn eines Landarztes, studierte Medizin an der Universität Padua, wo er 1865 sein Examen ablegte. G. promovierte mit einer Arbeit über Geisteskrankheiten, doch schon kurze Zeit später beschäftigte er sich mit der Zellularpathologie R. Virchows und widmete sich fortan dem Studium von Zellen und Geweben.

Bei seinen Versuchen mit zerkleinertem Nervengewebe kam es eines Tages zu einer seltsamen Erscheinung, als er ein Gewebestück in eine Lösung von salpetersaurem Silber tauchte, woraufhin sich zu seinem Erstaunen „gelbrötliche aufblitzende Kristallnadeln" zeigten. Er zerlegte dann das Nervengewebe in einzelne Schnitte, entwässerte diese in Alkohol, hellte sie auf und deckte sie in Kanadabalsam ein. Die mit Sublimat behandelten Elemente eines solchen Nervenpräparates erschienen bei durchfallendem Licht schwarz, bei auffallender Beleuchtung weiß. Es war G.s glücklicher Griff, durch die Wahl von Silbersalzen als Färbemittel Strukturen kenntlich machen zu können, die kein Forscher zuvor gesehen hatte. Gleich Tuschezeichnungen wurden die Zellkomponenten als schwarze Fasern, Linien, stern- oder spindelförmige Körperchen auf gelbem Grund dargestellt.

Zugleich deutete G. in der Veröffentlichung unter dem Titel „Über die graue Substanz des Gehirns" bereits seine Retikulum- oder Netztheorie an, um sie sechs Jahre danach zu verkünden: Ungeachtet des Individualcharakters der einzelnen Nervenzellen als Bausteine des Gewebes verbänden diese sich mit Hilfe ihrer Fortsätze innig zu einem „äußerst komplizierten Fadensystem", einem weitverzweigten Grundnetz.

1881 wurde er auf den Lehrstuhl für pathologische Anatomie in Pavia berufen, den er bis 1918 innehatte. Zweimal war G. Rektor der Universität und 1900 Senator der italienischen Regierung. G. gelang es zum ersten Male, die genauen Formen der wesentlichsten Elemente des Gehirns und Rückenmarks, der Nervenzellen und ihrer Ausläufer darzustellen.

Die Entdeckungen G.s und die Untersuchungen Ramón y Cajals (ebenfalls Medizin-Nobelpreis 1906) brachten einen vollständigen Umschwung hinsichtlich der Auffassungen von dem feinen Aufbau des Nervensystems hervor und bewirkten auch durchgreifende Änderungen in den bisherigen physiologischen Anschauungen.

Granit, Ragnar Arthur – finnisch-schwedischer Neurophysiologe
geb. 30.10.1900 in Helsinki
gest. 12.3.1991 in Stockholm
Nobelpreis 1967, für die Entdeckungen der physiologischen Grundlagen des Auges im Hinblick auf die Wahrnehmung des Lichtes, seiner Intensität, Art, Farbe und seiner Bewegung.

G. begann 1919 an der Universität in Helsinki ein Psychologie- und Medizinstudium, das er 1923 abschloß. In der Folgezeit arbeitete er am Mechanismus sinnlicher Wahrnehmungen und promovierte 1927. Er begab sich dann zu einem längeren Forschungsaufenthalt an die Universität Oxford und studierte bei den Nobelpreisträgern C. S. Sherrington und E. D. Adrian.

Unter Verwendung eines Elektroretinogrammes (ERG) gelang G. im Jahre 1932 der Nachweis, daß die Details visueller Wahrnehmungen durch das Zusammenspiel von Anreiz und Reizunterbrechung im Nervenzentrum der Retina des Auges selbst herausgearbeitet werden. G. erhielt 1937 eine ordentliche Professur für Physiologie an der Universität von Helsinki und setzte seine Experimente mit dem Elektroretinogramm auf dem Gebiet der Farbwahrnehmung fort. 1937 gelang es ihm, die von F. v. Helmholtz und T. Young aufgestellte Theorie, wonach das menschliche Auge in der Retina unterschiedliche Rezeptoren aufweise, die auf die unterschiedliche Wellenlänge der Farben Rot, Grün, Violett reagierten, wobei die Wahrnehmung anderer Farben durch die kombinierte Stimulation der Rezeptoren entstünde, empirisch zu bestätigen. 1946 wurde G. zum Professor für Neurophysiologie am Royal-Carolinska-Institut in Stockholm und später zum Direktor des Nobel-Instituts für Neurophysiologie ernannt. Im Jahre 1967 wurde er emeritiert.

G. untersuchte die elektrischen Veränderungen in den Nervenzellen der Netzhaut des Auges. Hierbei fand er, daß bei gleichbleibender Belichtung des Auges in verschiedenen Zellen der Netzhaut unterschiedliche elektrische Potentiale auftreten. Diese Unterschiede in den Zellen wiesen auf die verschiedenartige Natur der Stäbchen und Zapfen hin. Bekanntlich liegen in der Retina die Rezeptoren für die Lichtreize, die sogenannten Stäbchen und Zapfen. Sie geraten bei Lichteinfall in Erregung und geben elektrische Impulse ab. Nach der Duplizitätstheorie sollen die Stäbchen dem Dämmerungssehen dienen, die Zapfen hingegen zum Sehen im hellen Licht bestimmt sein und zusätzlich noch Farbempfindungen vermitteln.

Eine Schlüsselstellung im Prozeß Reiz-Erregung-Empfindung nehmen jedoch die bioelektrischen Potentiale ein. So besteht zwischen dem vorderen und dem hinteren Augenpol im unbelichteten Auge eine Potentialdifferenz von etwa 30 mV, deren Richtung beweist, daß die Retina elektronegativ ist. Nach Belichtung des dunkeladaptierten Auges kommt es zu charakteristischen Veränderungen in der Aktionsstromkurve. Nach den Erkenntnissen von G. reagieren die Stäbchen und Zapfen des Auges mit bestimmten Reaktionen auf Licht, sie enthalten die Sehpigmente. G.s Nachweis der Empfänglichkeit der Retinanervenzellen für die Spektralfarben Blau, Grün und Rot wurde 1950 durch G. Wald auch biochemisch bestätigt.

Greengard, Paul – amerikanischer Biochemiker und Pharmakologe
geb. 11.12.1925 in New York City
Nobelpreis 2000, für seine Leistungen im Bereich der Hirnforschung, insbesondere für die Erforschung der Signalübertragung im Nervensystem.
G. erwarb 1953 den Doktorgrad in Biochemie. Im Jahr 1959 ging er zu den Geigy-Forschungslaboratorien in Ardsley. 1968 erhielt G. eine Berufung an die Yale University School of Medicine in New Haven, wo er den Lehrstuhl für Pharmakologie und Psychiatrie übernahm. Im Jahr 1983 übernahm er eine Professur an der Rockefeller University in New York und wurde gleichzeitig Leiter des Labors für Molekulare und Zelluläre Neurowissenschaft.

Bereits als Student forschte G. in den Labors der Johns-Hopkins-Universität über das Gehirn und die Signalübertragung zwischen den Nervenzellen. Ende der 60er Jahre war die Existenz von Signalstoffen im Gehirn zwar bekannt, doch über die genauen Abläufe in einer Nervenzelle herrschte Unklarheit. Es ist das Verdienst von G., grundlegende molekulare Phänomene an den Kontaktstellen der Nervenzellen, den Synapsen, aufgeklärt zu haben. Sein Interesse galt der sogenannten langsamen synaptischen Übertragung. Sie spielt eine maßgebliche Rolle bei grundlegenden Funktionen des Zentralnervensystems. Sie beeinflußt zum Beispiel Stimmung und Wachsamkeit.

Wie G. herausgefunden hat, hängt die langsame synaptische Übertragung eng mit einer als Phosphorylierung bezeichneten Reaktion zusammen. Hierbei werden Phosphatgruppen so an ein Molekül gebunden, daß sich dessen Form und Funktion verändern. Er beobachtete, daß Dopamin eine biochemische Kaskade in der Zelle auslöst. Als Folge davon werden zahlreiche Proteine beeinflußt, darunter molekulare Schleusen, sogenannte Ionenkanäle. Durch die in der Zellmembran lokalisierten Kanäle können bestimmte Ionen schlüpfen. Dies führt zur Änderung des elektrischen Potentials und somit zu einer veränderten Aktivität der Nervenzelle – mit all den Folgen für die Hirnfunktion.

G.s Forschungsergebnisse ermöglichten auch ein besseres Verständnis der Wirkungsweise einiger Medikamente, z. B. gegen Schizophrenie.

Guillemin, Roger Charles Louis – amerikanischer Physiologe und Hormonforscher französischer Herkunft
geb. 11.1.1924 in Dijon
Nobelpreis 1977, für Entdeckungen über die Funktion und Produktion von Peptidhormonen im Gehirn.
G. studierte Medizin an den Universitäten Dijon und Lyon. 1949 promovierte er in Lyon. 1953 übersiedelte G. in die USA und übernahm eine Professur für Physiologie an der Baylor University School of Medicine in Houston (Texas). Von 1955 bis 1960 arbeitete er dort mit A. Schally zusammen, danach bildeten die beiden Wissenschaftler jeweils eigene Forschungsteams. Daneben wirkte G. von 1960 bis 1963 als stellvertretender Direktor des Instituts für Experimentelle Endokrinologie am Collège de France in Paris. 1970 wechselte er mit seinem Mitarbeiterstab an das Salk-Institut in La Jolla (Kalifornien), wo er seither als Professor wirkt.

Die Wissenschaftler Yalow, Schally und G. haben sich mit den Peptidhormonen beschäftigt, einer ganzen Gruppe von biologischen Wirkstoffen des tierischen Organismus. Zu den Peptidhormonen gehören Stoffe mit sehr unterschiedlichen Wirkungen, wie das Insulin. Derartige Hormone werden von vielen Organen und Geweben gebildet, unter anderem auch im Gehirn. Mit der Entwicklung der Radioimmunoassays hatte eine neue Ära der Hormonforschung begonnen, deren weitere Entwicklung dann ganz entscheidend von G. und Schally geprägt wurde. Die Radioimmunanalyse (RIA) ist ein in der medizinischen Routine- und Präventivdiagnostik und in der Forschung angewendetes laboranalytisches Verfahren, das die Methoden der Histochemie und der Nuklearmedizin verbindet; es ermöglicht den Nachweis antigener u. a. Substanzen (Proteine, Hormone, Enzyme, Erreger- und Tumorantigene, Antikörper, Pharmaka) in geringsten Konzentrationen. Schally und G. konnten durch ihre Experimente bestätigen, daß das Zentralnervensystem, wie schon früher vermutet wurde, über Hypothalamus und Hypophyse die Tätigkeit vieler Drüsen beeinflußt. Die beiden Forscher isolierten erstmals eines der an diesen Steuerungsmechanismen beteiligten Hormone.

Nach jahrelangen Arbeiten gelang es G. und Schally unabhängig voneinander, aber in scharfer Konkurrenz, aus fünf Millionen Stücken des Hypothalamus von Schaf und Schwein jeweils ein Milligramm eines reinen Stoffs zu isolieren und später auch zu synthetisieren, der nur eine Wirkung hatte. Es war das Schilddrüsen-Kontrollhormon TRF, das die Freisetzung des Schilddrüsen stimulierenden Hormons TSH von der Hypophyse aus steuert. Diese Entdeckung schuf das Fundament zur modernen endokrinologischen Hirnforschung. Später gelang G. die Isolierung eines Hormons aus dem Hypothalamus, das die Funktion der Hypophyse hemmt, das Somatostatin (1973). Daran schloß sich dann die Entdeckung der Endorphine an, Peptide mit opiatähnlicher Wirkung, die im menschlichen und tierischen Gehirn gebildet werden. Dadurch ist das zentrale Nervensystem immer mehr als Hormonproduzent des Organismus in den Vordergrund gerückt. Die weitere Untersuchung der Hypothalamushormone unterstützte die Annahme, daß sie ein breites biologisches Wirkungsspektrum besitzen und wahrscheinlich an vielen Nervenprozessen beteiligt sind.

Gullstrand, Allvar – schwedischer Augenarzt
geb. 5.6.1862 in Landskrona
gest. 28.7.1930 in Stockholm
Nobelpreis 1911, für seine grundlegenden Forschungen über die Dioptrik des menschlichen Auges.

G., Sohn eines Arztes, studierte Augenheilkunde und schloß 1888 mit dem Staatsexamen ab. 1890 promovierte er. Sein gleichzeitiges Interesse für die Mathematik führte ihn zur Augenheilkunde, hier konnte er bei seinen Forschungen Medizin und Mathematik außerordentlich positiv vereinen. 1891 habilitierte sich G. an der Universität Stockholm zum Dozenten für Ophthalmologie (Augenheilkunde). Im Jahre 1894 erhielt er eine Berufung als Professor für Ophthalmologie an die Universität Uppsala, wo er dann von 1914 bis 1927 außerordentlicher Professor für Physiologische und Physikalische Optik war.

Die Augenheilkunde verdankt seinen grundlegenden Forschungen einen wesentlichen Fortschritt. Sein Hauptaufgabengebiet war die Untersuchung der Brechkraft des Auges. Er erforschte die Fähigkeiten der Linse, den Astigmatismus und die Akkommodation (die Einstellung des Auges auf eine bestimmte Entfernung), stellte eine eigene Farbenlehre auf und lieferte neue Ideen sowohl zur klinischen als auch zur operativen Ophthalmologie. 1910 führte G. in Uppsala das stereoskopische Ophthalmoskop (Augenspiegel) ein, eine verbesserte Apparatur des von Hermann von Helmholtz im Jahre 1850 erstmals konstruierten Gerätes, um das Innere des lebenden Auges der Untersuchung zugänglich zu machen. Im Jahr 1911 führte G. die Spaltlampe in die Augenheilkunde ein. Mit dieser Lampe kann das in einem Kondensator fokussierte Licht zu einem Spalt verengt werden, es entsteht eine Lichtebene, die mit Hilfe eines Mikroskops eine Untersuchung von Hornhaut, Vorderkammer, Linse und Glaskörper des Auges gestattet. Schließlich konnte G. allgemeine Gesetze der optischen Bildentstehung im Auge formulieren.

Auch die Optotechnik verdankt ihm einiges. Zum Ausgleich des Sehverlustes nach Staroperationen entwickelte G. punktuell abbildende Brillen. Die generellen Gesetze der Reproduktion des Bildes von den Erscheinungen der Außenwelt wurden durch ihn gefunden. Der von ihm eingeführte G.sche Strahlengang ist die Grundlage vieler weiterer Geräte, wie Refraktometer, Funduskamera und Fernsehophthalmoskop geworden. Seine zusammenfassenden Werke tragen die Titel „Tatsachen und Fiktionen in der Lehre von der optischen Abbildung" (1907); „Handbuch der physiologischen Optik" (1909) und „Einführung in die Methoden der Dioptrik des menschlichen Auges" (1911).

G.s Arbeiten auf dem Gebiet der geometrischen und optischen Physiologie bedeuteten einen Markstein in der Geschichte der Augenheilkunde. Von 1911 bis 1929 war G. Mitglied des Stockholmer Nobelpreis-Komitees für Physik sowie von 1922 bis 1929 dessen Vorsitzender.

Hartline, Haldan Keffer – amerikanischer Biophysiker
geb. 22.12.1903 in Bloomsburg (Pennsylvania)
gest. 17.3.1983 in Fallston (Maryland)
Nobelpreis 1967, für die Entdeckung der physiologischen Grundlagen des Auges im Hinblick auf die Wahrnehmung des Lichtes, seiner Intensität, Art, Farbe und seiner Bewegung.

H. befaßte sich bereits während seines Biologiestudiums mit dem visuellen System von Tieren. 1924 ging er an die physiologische Abteilung der Johns Hopkins School in Pennsylvania und befaßte sich mit den elektrischen Potentialen der Netzhaut des Auges. 1927 promovierte er zum Doktor der Medizin. Mit einem Forschungsstipendium ging er von 1929 bis 1931 nach Deutschland, um theoretische Physik zu studieren. Von 1943 bis 1948 war H. außerordentlicher Professor für Biophysik an der Universität von Pennsylvanien und erforschte das Dunkelsehen am visuellen System des Menschen. Von 1953 bis zu seiner Emeritierung im Jahre 1974 wirkte er als ordentlicher Professor an der Rockefeller-Universität in New York.

Bei seinen interessanten Versuchen Ende der dreißiger Jahre verwendete H. Mikroelektroden und tastete das elektrische Potential zwischen Sehzellen und dem von der Nervenzelle zum Gehirn führenden Nerv ab. Die dabei gemessenen Impulse sind in ihrer Stärke stets gleich, verändern aber ihre Frequenz je nach der von der Sehzelle aufgenommenen Intensität des Lichteinfalls. Bei der Untersuchung der Nervenfasern von Krabben und Fröschen fand H., daß nach Erregung einer Zelle durch einen Lichtstrahl die benachbarten Zellen weniger lichtempfindlich werden. Diese Empfindlichkeitsminderungen erhöhen den Kontrast der Lichtmuster, die zum Gehirn gelangen, und erweitern die Kontrastierung (Formen und Konturen) des visuellen Bildes.

Die von R. Granit, G. Wald und H. gemachten Entdeckungen haben wichtige Informationen über die grundlegenden mikroelektrischen Untersuchungen an den Lichtrezeptoren des Auges geliefert. Zum Teil wurde in ihren Arbeiten die Erregbarkeit der von Lichteinfall beeinflußten Sinneszellen (Stäbchen und Zapfen) erklärt, zum anderen Teil die Datenverarbeitung der Sinneszellen in der Netzhaut, deren Zellen, die die Seheindrücke aufnehmen, unmittelbar in die Fasern der zum Gehirn führenden Sehnerven übergehen. H. wurde vor allem durch seine diffizilen mikroelektrischen Untersuchungen an den einzelnen winzigen Lichtrezeptoren des Auges bekannt. Er entdeckte die Grundgesetze, nach denen die Rezeptoren Lichtreize in nervale Signalmuster umwandeln. Er erkannte, daß einfache Photorezeptoren miteinander wechselwirken. Weiterhin befaßte er sich mit der Entstehung der elektrischen Impulse innerhalb der Lichtrezeptoren. Mit seinen Forschungen hat H. wesentlich an der Aufklärung von Netzhauttätigkeit und ihren Funktionen mitgewirkt und damit grundlegende Beiträge zum Verständnis des Sehvorgangs geleistet.

Hench, Philip Showalter – amerikanischer Endokrinologe
geb. 28.2.1896 in Pittsburgh (Pennsylvania)
gest. 30.3.1965 in Ochno Rio (Jamaika)
Nobelpreis 1950, für die Entdeckungen bei den Hormonen der Nebennierenrinde, ihrer Struktur und ihrer biologischen Wirkungen.
H. war während des Ersten Weltkrieges Sanitäter in der US-Armee und konnte hier seine medizinische Ausbildung abschließen. 1920 promovierte er an der Universität Pittsburgh. An der Mayo-Klinik in Rochester (Minnesota) wurde H. 1925 leitender Arzt in der Inneren Abteilung. Ein Jahr später übernahm er als Chefarzt die Station Rheumaerkrankungen in der medizinischen Abteilung, die er zeitlebens geleitet hat.

Bereits in seiner Assistentenzeit beschäftigte sich H. mit dem äußerst schmerzhaften, folgenschweren, damals noch unheilbaren Gelenkrheumatismus, was dann auch seine Lebensaufgabe werden sollte. Die akut-entzündliche Gelenkerkrankung, früher als akuter Gelenkrheumatismus bezeichnet, wird heute als Ersterkrankung fast nur noch im Kindesalter beobachtet und durch Antibiotika sowie zusätzliche Gaben von Antirheumatika und Cortisonpräparaten behandelt. H. war dann Dozent an der Universität von Minnesota, und von 1947 bis zu seinem Tod war er ordentlicher Professor für Medizin.

Im Jahre 1929 erfuhr H. von Patienten, die während einer Gelbsucht von ihrem Rheumaleiden befreit waren. Erst Jahre nach dem Verschwinden der Gelbsucht kehrten ihre früheren Beschwerden zurück. Jahrelang untersuchte der inzwischen anerkannte Rheumatologe die verschiedenen Stoffe, die während einer Gelbsucht aus der Leber in das Blut gelangen. Wenn sie unschädlich waren, erprobte man ihre Wirkung an rheumakranken Patienten, doch niemals fanden H. und seine Mitarbeiter eine Wirkung. Aber ihre mühevollen Untersuchungen blieben nicht unbelohnt. Nicht nur die Gelbsucht war es, die einen heilenden Einfluß auf das Rheuma ausübte, auch während der Schwangerschaft konnte jene Krankheit sich manchmal bessern. Während der Schwangerschaft werden erhöhte Mengen an Sexualhormonen abgegeben, während bei einer Gelbsucht die Gallensäuren im Körper zurückgehalten werden. Da zwischen diesen und den sogenannten Cortexsubstanzen (die äußere Zellschicht oder das äußere Schichtengefüge eines Organs) in der Zellrinde eine Verwandtschaft besteht, vermutete H., daß die krankhaften Veränderungen mit Störungen der Nebennierenfunktion zusammenhingen.

Es kam zu einer wissenschaftlichen Zusammenarbeit mit dem Hormonforscher Edward Calvin Kendall (Medizin-Nobelpreis 1950). Dieser war zur Darstellung eines Hormons aus dem Gewebe der Nebenniere gelangt, des sogenannten Cortisons. Es war dann H.s Verdienst, er hatte im Rahmen seiner Forschungen über Gelenkrheumatismus die heilende Wirkung des Cortisons entdeckt, seit 1948 als erster Arzt dieses Präparat mit überraschendem Erfolg speziell bei der Behandlung von Gelenkentzündungen und fiebrigen Rheumaerkrankungen wirksam zu machen.

Hershey, Alfred Day – amerikanischer Molekularbiologe
geb. 4.12.1908 in Owosso (Michigan)
gest. 22.5.1997 in Syosset (New York)
Nobelpreis 1969, für die Entdeckungen auf dem Gebiet der Replikationsmechanismen und der genetischen Struktur der Viren.
H. studierte ab 1926 am Michigan State College Chemie und promovierte 1934. Im gleichen Jahr ging er als wissenschaftlicher Assistent an die bakteriologische Abteilung der Washington-Universität in St. Louis. 1936 nahm er seine Lehrtätigkeit auf, ab 1950 als ordentlicher Professor. Ein Jahr später wechselte H. an die genetische Forschungsabteilung des Carnegie-Instituts in Cold Spring Harbour (New York), deren Leitung er von 1962 bis zu seiner Pensionierung 1974 innehatte.

Seine Forschungen galten vor allem den Reaktionen von Antigenen und Antikörpern, der Physiologie des Bakterienwachstums, der Genetik der Bakteriophagen und der Chemie sowie der physikalischen Chemie der Nucleinsäuren. Es ist bemerkenswert, daß die entscheidenden Untersuchungen zur Aufklärung der chemischen Natur der Gene nicht an Pflanzen oder Tieren, sondern an Mikroorganismen durchgeführt wurden. Martha Chase und H. benutzten Viren für ihre Versuche. Ihre Erkenntnisse führten mit zur Begründung der Molekulargenetik.

Die Erkenntnisse der Nobelpreisträger M. Delbrück, S. Luria und H. über den Vererbungsmechanismus bei Bakteriophagen lenkten die klassische Vererbungsforschung in neue Bahnen. Mitte der vierziger Jahre wurde auf einem Symposium in Cold Spring Harbour über Experimente berichtet, die zeigten, daß Bakteriophagen und sogar einige Viren, die Bakterien als Wirtsorganismen benötigen, sich geschlechtlich fortpflanzen können. Dieser Befund erregte beträchtliches Aufsehen, da bis dahin ganz allgemein angenommen wurde, daß die einfachen, einzelligen Bakterien ungeschlechtlich sind und daß sie sich durch Zellteilung vermehren. Bakteriophagen sind sehr kleine Organismen, sie werden im Elektronenmikroskop sichtbar gemacht, die in der Lage sind, in ein Bakterium einzudringen, sich darin zu vermehren und schließlich ihren Wirt zu zerstören, wobei eine Generation neuer Phagen freigesetzt wird.

Es war bekannt, daß bei Pflanzen und Tieren Mutationen auftraten. Im Jahr 1945 zeigten unabhängig voneinander S. Luria und H., daß auch bei Bakteriophagen Mutationen auftraten. Aus diesem Grund ist es so schwierig, Immunität gegen Virenkrankheiten wie Grippe oder Erkältung zu entwickeln. Antikörper können gegen einen bestimmten Virenstamm entwickelt werden, aber durch Mutation kann ein neuer Stamm entstehen, der gegen die alten Antikörper immun ist. Die Arbeiten der drei Forscher vermitteln vor allem einen tieferen Einblick in die Natur der Viren und der Viruskrankheiten. Indirekt führen sie auch zu einem besseren Verständnis des Mechanismus der Vererbung sowie der Mechanismen, die Entwicklung, Wachstum und Funktion der Gewebe und Organe regeln.

Hess, Walter Rudolf – Schweizer Neurophysiologe
geb. 17.3.1881 in Frauenfeld
gest. 12.8.1973 in Zürich
Nobelpreis 1949, für seine Entdeckung der funktionellen Organisation des Zwischenhirns für die Koordination der Tätigkeit von inneren Organen.
H. studierte Medizin und promovierte 1906 in Zürich. 1912 nahm er dort eine Stelle am Institut für Physiologie an. 1913 habilitierte er sich zum Privatdozenten. 1917 wurde H. ordentlicher Professor für Physiologie und Direktor des Instituts für Physiologie der Universität Zürich.

H. galt als einer der bedeutendsten Vertreter der experimentellen Biologie. Seine funktionelle Hirnforschung war die erste Grundlage für die seither erschlossenen Gebiete der experimentellen Verhaltensforschung, der Psychopharmakologie und Hirnchirurgie. Ab 1924 untersuchte er die Funktion und Lage der Steuerzentren für das Nervensystem im Gehirn, besonders im Zwischenhirn und im Bereich des Hypothalamus (Hirnanhangsdrüse). Ausgangspunkt für seine Forschungen war die anatomische, physiologische und pharmakologische Aufklärung des Aufbaus des vegetativen Nervensystems, das die Tätigkeit der verschiedenen Organe (Herz, Darm, Drüsen) steuert. Im Zwischenhirn hat man lange ein höheres Zentrum des vegetativen Nervensystems vermutet, aber erst H. hat dieses im einzelnen anatomisch zu lokalisieren und seine Funktionsweise aufzuzeigen vermocht.

Unmittelbar am Gehirn experimentierte H., der seinen Versuchstieren feine Elektroden durch die Schädeldecke einführte und dann ganz bestimmte, lokalisierte Gehirnteile reizen konnte. Als Versuchstiere dienten Katzen, die in Schädelbau und Verhalten ein gleichmäßigeres Ausgangsmaterial haben als Hunde. Das Verhalten der Tiere unter Reizung wurde sorgfältig protokolliert und gefilmt. Je nach dem gereizten Hirnteil begannen die Tiere zu schlafen, zu urinieren, in Wut zu geraten oder zeigten andere Verhaltensweisen. Die Zuordnung der Reizpunkte zu den jeweils ausgelösten Verhaltensweisen ermöglichte die Erarbeitung von Gehirnatlanten. Die Degeneration unterbrochener Nervenfasern erlaubt Rückschlüsse auf Faserverbindungen und damit auf funktionelle Zusammenhänge von Hirnstrukturen. Die Untersuchungen erfolgten im Zwischenhirn und im Bereich des Hypothalamus, von dem vorher nur die allgemeine Wirkung auf vegetative Funktionen ohne genaue lokale Zuordnungen bekannt war. Dort liegen die übergeordneten Zentren, die größere Funktionskomplexe wie die Regulation der Körpertemperatur, die übergeordnete Regulation von Kreislauf und Atmung, die Regulation sekretorischer und motorischer Verdauungsfunktionen zu einheitlicher Leistung zusammenfassen. 1938 hatte H. nachgewiesen, daß das Zwischenhirn ein lebenswichtiges Regulationszentrum des Kreislaufs und der Atmung ist.

Die Forschungsergebnisse von H. wirkten sich befruchtend und fördernd insbesondere auf die Innere Medizin und Neurologie aus, und seine Erkenntnisse waren bedeutsam für die Verhaltensforschung und für die Entwicklung von Psychopharmaka.

1951 wurde H. emeritiert.

Heymans, Cornelius Jean François – belgischer Physiologe und Pharmakologe
geb. 28.3.1892 in Gent
gest. 28.7.1968 in Knokke
Nobelpreis 1938, für die Entdeckung der physiologischen Funktion des Sinus- und Aortenmechanismus bei der Atemregulierung.
H. studierte Medizin an seiner Heimatuniversität, wo sein Vater als Professor für Pharmakologie wirkte. 1920 promovierte er zum Doktor der Medizin. 1923 habilitierte er sich dann als Privatdozent an der Universität Gent, wo er 1930 die Nachfolge seines Vaters als Professor für Pharmakologie antrat. 1963 wurde er emeritiert.

Der Laudatio zufolge hat H. nicht nur die – bis dahin gänzlich unbekannten – Funktionen einiger Organe am Herzen und im Blutkreislauf entdeckt, sondern auch die Erkenntnis des Atmungsvorgangs entscheidend erweitert. In gemeinsamer Arbeit mit seinem Vater, dieser hatte eine spezielle Technik entwickelt, um die Existenz von Atemreflexen zu beweisen, hatte H. festgestellt, daß der Mangel an Sauerstoff oder die Häufung von Kohlendioxid bestimmte chemisch empfindliche Elemente dazu anregt, die Aorta zu verlassen, was den Reflex einer intensivierten Atmung auslöst. In der Folge entdeckte er in den Verästelungen an der Gabelung der Halsschlagader eine ähnliche Funktion.

Diese Entdeckung erlaubte es, die Wirkung des Sauerstoffmangels im besonderen und vieler die Chemorezeptoren (Nervenfasern, die auf chemische Reize reagieren) anregenden Pharmaka besser zu verstehen. Außerdem wies H. den Zusammenhang zwischen Blutdruck und Atmungsintensität experimentell nach und konnte damit beweisen, daß die Atemreflexe über sogenannte Pressorezeptoren (mechanisch ansprechbare Nervenfasern) gesteuert werden.

H. hat sich als Physiologe und Pharmakologe einen internationalen Namen gemacht. Für seine verdienstvollen Arbeiten, besonders aber für die Entdeckung des Sinus- und Aortenmechanismus bei der Atemregulierung, hat er zahlreiche wissenschaftliche Ehrungen und Auszeichnungen erhalten. Im Sonderauftrag der Weltgesundheitsorganisation (WHO) bereiste er eine Reihe epidemiegefährdeter Länder in Afrika und Asien. Er veröffentlichte fast 800 wissenschaftliche Beiträge.

Hill, Sir (ab 1950) **Archibald Vivian** – britischer Physiologe
geb. 26.9.1886 in Bristol
gest. 3.6.1977 in Cambridge
Nobelpreis 1922, für seine bahnbrechenden Untersuchungen auf dem Gebiet der Wärmeerzeugung in den Muskeln.
H. studierte am Trinity College in Cambridge Mathematik. Nach der Promotion kam er zu W. M. Fletcher, dem Sekretär des Medizinischen Forschungsrates, der sich mit den Abläufen in den Muskelgeweben befaßte. Hier entschloß er sich zu einem Wechsel zur Physiologie.

Ab 1909 begann H. mit seinen eigenständigen Forschungsarbeiten zur Muskelbewegung. Er strebte danach, die bei der Muskelkontraktion freiwerdende Energie zu messen. Mit dieser Möglichkeit hatte sich bereits der deutsche Naturforscher Herman v. Helmholtz beschäftigt, kam aber zu keiner Lösung, da die bei Muskelbewegungen freiwerdende Wärmemenge eine Größe hat, die sich seinerzeit scheinbar jeder Meßbarkeit entzog. In intensiver Forschungsarbeit entwickelte H. nun ein spezielles Thermoelement, das bereits die geringfügigsten Temperaturveränderungen durch Stromschwankungen anzeigte. Schließlich gelang es ihm, einen Temperaturanstieg von etwa 0,003 Grad Celsius im Muskel während einer Zeitspanne von wenigen hundertstel Sekunden zu messen.

Bereits 1913 hatte er erkannt, daß die Wärmeentwicklung, die mit einem Verbrauch an molekularem Sauerstoff verbunden ist, erst nach der Muskelarbeit erfolgte. Etwa 70 Prozent der bei der Muskelkontraktion verbrauchten chemischen Energie wird in Form von Wärme frei. Die Muskulatur, welche die Hauptmasse des Körpergewebes ausmacht, ist damit der wichtigste Wärmebildner des Organismus. Durch seine Erkenntnis richtete sich das Forschungsinteresse stärker auf den ruhenden Muskel und dabei auftretende chemischen Prozesse.

Von 1920 an war H. Professor für Physiologie. Von 1926 bis zu seinem Ruhestand 1952 war er Professor am Biophysikalischen Labor des University College.

Während H. die Thermodynamik der Muskelbewegungen aufklärte, entdeckte der deutsch-amerikanische Biochemiker Otto Fritz Meyerhof (ebenfalls Medizin-Nobelpreis 1922) das damit verbundene gesetzmäßige Verhältnis zwischen Sauerstoffverbrauch und Milchsäureumsatz. Durch diese Erkenntnisse war es nun möglich, den Verlauf der Wärmebildung am Muskel in Beziehung zu ihren mechanischen und chemischen Begleiterscheinungen zu setzen. H.s Arbeiten über muskelthermische Beobachtungen und Verwendung des Galvanometers führten zu wichtigen Ergebnissen über den Verlauf der Muskelkontraktionen, die eine wesentliche Voraussetzung für die freie aktive Beweglichkeit von Mensch und Tier in der gegebenen Umwelt sind.

Hitchings, George Herbert – amerikanischer Pharmakologe und Biochemiker
geb. 18.4.1905 in Hoquiam (Washington State)
gest. 27.2.1998 in Chapel Hill (North Carolina)
Nobelpreis 1988, für die Entdeckung von Wirkstoffprinzipien, welche die Entwicklung neuer Medikamente zur Behandlung verschiedenster Krankheiten wie Krebs, Malaria und Virusinfektionen ermöglichen.
H. studierte Chemie und Biochemie an der University of Washington und promovierte 1933 an der Harvard University in Cambridge. 1942 trat H. als Forschungsmitarbeiter in die Labors der britischen Pharmafirma Burroughs Wellcome Company in Triangle Park (North Carolina) ein, für die er eine biochemische Abteilung aufbaute. Bis 1967 war er Direktor der Forschungsabteilung für Chemotherapie des Unternehmens. Von 1968 bis 1980 war H. Professor für Pharmakologie an der Brown University.

Mit G. B. Elion, H. und J. W. Black wurden drei der kreativsten Forscher auf dem Gebiet der Arzneistoffentwicklung mit dem Nobelpreis geehrt, die über Jahrzehnte hinweg produktiv und erfolgreich waren. Gertrude Elion und H. suchten bereits seit Mitte der 40er Jahre nach einem neuen Ansatz in der Arzneimittelforschung. Sie hofften, wenn sie nur genügend Substanzen testeten, würden sie früher oder später einen Wirkstoff finden, der dem Erreger mehr schadete als dem Wirtorganismus. Sie untersuchten die Unterschiede im Stoffwechsel von Protozoen, Bakterien, Viren und Krebszellen im Vergleich zu gesunden menschlichen Zellen. Die teilweise selbst, aber auch von anderen Forschergruppen erarbeiteten biochemischen Grundlagen waren der Ausgangspunkt zur rationalen Entwicklung neuer, selektiv wirksamer Chemotherapeutika. Bereits in den Jahren 1950/51 stellten Gertrude Elion und H. zwei Medikamente gegen Leukämie sowie das Primethamin gegen Malaria her. Es folgte 1957 das Immunsuppressivum Azathioprin, das zur Verhinderung der Transplantatabstoßung bei Organtransplantationen eingesetzt wird, und 1963 die Entwicklung eines Medikaments gegen Gicht. Die Substanz Allopurinol war das erste Arzneimittel, das die Bildung der Harnsäure hemmte. Schließlich erreichten die beiden Forscher auch noch einen Durchbruch in der Bekämpfung von Viruskrankheiten: Das Präparat Acyclovir stoppte die Vermehrung von Herpesviren im Organismus.

Die Kombinationstherapie (Polychemotherapie) mit mehreren unterschiedlich wirkenden Krebsmedikamenten hat zu den unbestreitbaren Erfolgen der Behandlung von Tumoren wesentlich beigetragen. Pionierarbeit leisteten G. Elion und H. – allerdings ohne ihre direkte Beteiligung – auch bei der Entwicklung von Azidothymidin (AZT), des ersten Medikaments, das den Vermehrungszyklus des Erregers der Immunschwächekrankheit AIDS zumindest zeitweise unterbrechen konnte.

Hodgkin, Sir (seit 1972) **Alan Lloyd** – britischer Physiologe

geb. 5.2.1914 in Banbury (Oxfordshire)

gest. 20.12.1998 in Cambridge

Nobelpreis 1963, für seine experimentellen Erkenntnisse über den Ionenmechanismus des Nervensystems bei Erregung und Hemmung in der Nervenzellmembran.

1932 nahm H. ein Physiologiestudium am Trinity College in Cambridge auf, das er 1936 abschloß. Am Trinity College lernte er viele führende Forscher kennen, darunter die Nobelpreisträger Ernest Rutherford, Francis Aston, Frederick Hopkins und Edgar Adrian, die seinen weiteren Lebensweg erheblich beeinflußten. Nach Kriegsende ging er wieder nach Cambridge, wurde Dozent im Physiologischen Labor und später stellvertretender Direktor der Forschungsabteilung. Von 1970 bis 1981 wirkte er als „John Humphrey Plummer Professor" für Biophysik.

H. und Andrew Huxley (ebenfalls Medizin-Nobelpreis 1963) kamen den geheimnisvollen Vorgängen im zentralen Nervensystem durch Versuche mit Tintenfischen auf die Spur, in deren relativ stark ausgebildeten Nervenfasern Mikroelektroden eingeführt wurden. Die Frage nach den physikalisch-chemischen Ursachen der Entstehung und Weiterleitung des Aktionspotentials hat die Neurophysiologen seit mehr als einem Jahrhundert beschäftigt. Wesentliche Schritte zum Verständnis dieser grundlegenden Prozesse waren die Strömchen-Theorie der Erregungsleitung und die Theorie bioelektrischer Erscheinungen.

Die modernen Vorstellungen über die Auslösung und Fortleitung der Aktionspotentiale beruhen auf einer Reihe großartiger Experimente von H. und Huxley, die 1952 ihre fundamentale „Ionentheorie der Erregung" aufstellten. Man gelangte zunächst zu der Einsicht, daß es sich bei den elektrischen Energiebeträgen, die im Verlauf eines nervösen Reizes freigesetzt werden, um unendlich winzige Spannungen handelt (beim Tintenfisch 65 und beim Menschen etwa 100 Millivolt). Ausgehend von der Tatsache, daß alle Erregungsvorgänge innerhalb der Nervenbahnen elektrischer Natur sind, konnten H. und Huxley nachweisen, daß eine in die Nervenfaser eingebaute Membran für die Steuerung dieser elektrischen Vorgänge von größter Bedeutung ist. Auf der Außenseite dieser Membran sitzen Natriumionen, auf der Innenseite dagegen Kaliumionen. Da beide Ionenarten eine verschieden große elektrische Ladung besitzen, herrscht an der Membran stets ein Spannungszustand.

Eine große technische Entwicklung verdanken wir den englischen Forschern H., Huxley und Katz sowie den amerikanischen Wissenschaftlern Ling und Gerard, denen es gelungen ist, eine Mikropipette in eine Nervenfaser einzuführen, ohne daß dadurch die Erregbarkeit beeinflußt worden wäre.

Da Reizleitung und Nervenerregung zu den wichtigsten Lebensfunktionen gehören, hatten die Arbeiten der drei Nobelpreisträger für die gesamte Medizin erhöhte Bedeutung.

Holley, Robert William – amerikanischer Biochemiker

geb. 28.1.1922 in Urbana (Illinois)

gest. 11.2.1993 in Los Gatos (Kalifornien)

Nobelpreis 1968, für die Mitarbeit bei der Entschlüsselung des genetischen Codes und dessen Funktion bei der Proteinbiosynthese.

H. studierte ab 1938 Chemie an der Universität von Illinois in Urbana. An der Cornell University in Ithaca (New York) promovierte er 1947 in organischer Chemie. Nachdem er zuvor als außerordentlicher Professor für Organische Chemie an verschiedenen Forschungsinstituten dieser Universität gewirkt hatte, erhielt H. dort 1964 eine Professur für Biochemie und Molekularbiologie. Seit 1968 gehörte H. zum festen Stamm des Salk Institute for Biological Studies in Kalifornien, seine Tätigkeit an der Cornell University hatte er 1969 aufgegeben.

Die Entschlüsselung des genetischen Codes gelang während der Jahre von 1961 bis 1966 in einem dramatischen Wettstreit mehrerer Laboratorien. Es bedurfte vereinter Forschungen von Genetikern, Physikern, Biochemikern und Mikrobiologen, um das Geheimnis dieses Codes aufzuklären. Auftakt zu dieser Entwicklung war im Jahre 1961 die Entdeckung von Marshall W. Nirenberg (Medizin-Nobelpreis 1968), daß Polyuridylsäure den Ribosomen das Signal zur Synthese von Polyphenylalanin übermittelt. Nirenberg trug mit seinen Arbeiten zur Synthese eines Eiweißproteins außerhalb der Zelle, aber in Abhängigkeit von einer künstlich hergestellten Messenger-Ribonukleinsäure, zur Entzifferung des genetischen Codes bei.

Im Jahr 1965 veröffentlichte H. die Ergebnisse seiner jahrelangen Forschungen über die interne Struktur der Ribonukleinsäure (RNS), die als makromolekulare Grundsubstanz der Protein-Baugruppen zugleich als Trägersystem der Erbanlagen organischen Lebens dient. Bei seinen Untersuchungen widmete sich H. besonders der Transfer-Ribonukleinsäure (t-RNS), sie dient als Überträger der Aminosäuren auf die wachsende Proteinkette bei der Proteinbiosynthese an den Ribosomen. Er benötigte fast drei Jahre, um ein Gramm reine lösliche RNS aus über 90 kg Hefe zu gewinnen, und nach weiteren vier Jahren hatte er die innere Struktur so weit analysiert, daß die RNS in ihre Schlüsselbestandteile zerlegt war. 1964 hatte H. den genetischen Code einer als Alanin-Transfer-RNS bezeichneten Nukleinsäureeinheit vollständig entziffert und das Rätsel gelöst, das die Reihenfolge der in den Proteinen auftretenden Aminosäuren umgeben hatte.

Als Ergebnis dieses spannenden Kapitels der molekularbiologischen Forschungen verfügt die Wissenschaft heute über eine genaue Kenntnis des „genetischen Wörterbuchs". Unverständlich war lange Zeit auch die molekulare Sprache des genetischen Codes, wie er in der Desoxyribonukleinsäure niedergelegt ist. Als Grundbauplan des Lebens steuert er unser Entstehen, unser Wachstum und unsere Lebensfunktionen. Ohne Zweifel muß man diese Aufklärung der Sprache, mit der die Nukleinsäure ihre Informationen für den Aufbau der Proteine weitergibt, zu den bedeutendsten Errungenschaften der Naturwissenschaften zählen.

Hopkins, Sir (ab 1925) **Frederick Gowland** – britischer Biochemiker
geb. 20.6.1861 in Eastbourne (Sussex)
gest. 16.5.1947 in Cambridge
Nobelpreis 1929, für seine Entdeckung der wachstumsfördernden Vitamine.

H., Sohn eines Wissenschaftlers, ging mit 17 Jahren einer Chemikerlehre an der Royal School of Mines in London nach. An der Londoner Universität graduierte er 1887 als Externer in Medizin. 1898 erhielt er eine Stelle als Dozent für Chemische Physiologie an der Universität Cambridge.

Hier begann er Ernährungsexperimente mit Proteinen. Nach zahllosen Tierversuchen mußte H. feststellen, daß Proteine, Fette, Kohlehydrate und Mineralsalze, die vier Grundsubstanzen der Nahrung, die noch bis in das 20. Jahrhundert hinein als völlig ausreichend angesehen wurden, nicht genügten.

1900 entdeckte H. das am Proteinaufbau beteiligte Tryptophan und in Experimenten bewies er, daß diese Aminosäure für die Nahrungsaufnahme und das Wachstum von Bedeutung ist. Durch seine Untersuchungen des Nährwertes und des Stoffwechsels der Proteine erkannte H., daß die Nahrung eine ausgewogene Aminosäurezusammensetzung haben muß, insbesondere an Tyrosin und Tryptophan – in Proteinen enthaltene nichtessentielle und essentielle Aminosäure. Im ersten Jahrzehnt des 20. Jahrhunderts unternahm H. Tierexperimente, die zeigten, daß andere Substanzen, die in der gewöhnlichen Nahrung zu finden sind, werden sie in erstaunlich geringer Dosis dem Futter zugefügt, zur Anreicherung der Proteine und der Energie beitragen können, die in sogenannter „synthetischer" Nahrung enthalten sind. Die Substanzen, die H. 1906 als „zusätzliche Nahrungsfaktoren" bezeichnete, sind heute als Vitamine bekannt. Heute rechnet man etwa 14 Substanzen zu den wichtigsten Vitaminen, die notwendig sind für das normale Wachstum und die Gesundheit. Die Isolierung der verschiedenen Vitamine umfaßte mehrere Jahrzehnte. Erst durch H.s Arbeiten wurde die Existenz von Vitaminen unwiderruflich bestätigt.

Während des Ersten Weltkrieges erkannte er, daß der Margarine, dem neuen Ersatzstoff für die rationierte Butter, wesentliche Nahrungsstoffe abgingen. Anfang der 20er Jahre meldeten zahlreiche Nahrungsmittelherstellerfirmen Interesse an seinen wissenschaftlichen Erkenntnissen an und finanzierten seine Forschungen. 1926/27 kam in Großbritannien die erste Margarine in den Handel, die zusätzlich mit Vitaminen angereichert worden war.

Um H. wurde eine Schule, die sogenannte „Cambridger Schule", groß, die sich besonders mit der Enzymchemie befaßte. Er war 1914 ordentlicher Professor für Biochemie geworden und wurde 1943 emeritiert.

Hounsfield, Godfrey Newbold – britischer Elektroingenieur
geb. 28.8.1919 in Newark (Grafschaft Nottingham)
Nobelpreis 1979, für die Entwicklung der Computertomographie, der direkten Darstellung von Weichteilstrukturen des Körpers mittels schwacher Röntgenstrahlen.

H. studierte Radiotechnik in South Kensington. Ab 1951 war er als Ingenieur für Elektrotechnik beim Elektronikkonzern EMI in Middlesex und Hayes tätig. 1967 stieß er bei der Erprobung neuer Techniken auf die Grundlagen, die später zur computergesteuerten Tomographie führten. Ab 1972 übte er Leitungsfunktionen in den zentralen Forschungslaboratorien des Konzerns aus.

H. schuf mit seinen Forschungen die entscheidenden Voraussetzungen für die Computertomographie innerhalb der Medizin und entwickelte das erste in der Praxis anwendbare System. 1967 entdeckte H. die direkte Darstellung von Weichteilstrukturen des Körpers mittels Röntgenstrahlen. 1971 wurde der sogenannte „EMI-Scanner" vorgestellt, ein Diagnosehilfsmittel, welches die Darstellung isolierter „Scheiben" des Gehirns mit hervorragender Auflösung selbst relativ kleiner Dichteunterschiede des Gewebes – rund zehnmal besser als bei herkömmlichen Röntgenverfahren – erlaubt.

Der 1972 konstruierte Röntgencomputertomograph kann Körperquerschnitte aus beliebiger Tiefe abbilden. Bei der Computertomographie des Gehirns lassen sich geringe Veränderungen des Hirngewebes infolge von z. B. Durchblutungsstörungen erkennen und darstellen, während man bei der Computertomographie des Körpers vor allem Tumoren frühzeitig nachweisen kann. Bei der Computertomographie wird ein Körper in zahlreiche Richtungen mit Röntgenstrahlen durchleuchtet. Bei diesem auch Durchstrahlungscomputertomographie genannten Verfahren werden mit einem dünnen, fächerartigen Röntgenstrahlbündel die zu untersuchenden Körperregionen schichtweise aus allen Richtungen und in gegeneinander versetzten, bei der Computeraxialtomographie senkrecht zur Körperlängsachse verlaufenden Schichten mit einem Auflösungsvermögen von etwa 0,5 mm abgetastet, wobei die jeweilige Röntgenstrahlabsorption in den verschiedenen Volumenelementen mit Strahlendetektoren gemessen wird; die Meßdaten dieser Detektoren werden an einen angeschlossenen Computer weitergegeben, der sie aufbereitet und aus einigen Millionen Einzeldaten bereits nach einigen Sekunden ein Computertomogramm aufbaut.

Die Entdeckung von Cormack und H. war eine Pionierleistung auf dem Gebiet bildgebender Verfahren und zugleich Ausgangspunkt für Entwicklungen anderer moderner Untersuchungsmethoden der Medizin, die weitgehende Einblicke in Aufbau und Funktionsweise des Organismus sowie innerer Organe gewähren, ohne den Körper durch einen chirurgischen Eingriff zu verletzen. Dazu gehört u. a. die Kernspintomographie. Die Computertomographie hat die medizinische Diagnostik entscheidend bereichert und zahlreiche belastende Röntgenuntersuchungen überflüssig gemacht.

Houssay, Bernardo Alberto – argentinischer Physiologe
geb. 10.4.1887 in Buenos Aires
gest. 21.9.1971 in Buenos Aires
Nobelpreis 1947, für seine biochemische Aufklärung von Rolle und Funktion des Hormons der Hirnanhangdrüse (Hypophyse) beim Zuckerstoffwechsel des Organismus.
H., Kind eines Rechtsanwaltes, studierte Medizin in Buenos Aires, erhielt 1907 eine Assistentenstelle an der physiologischen Abteilung und begann mit Forschungen an der Hirnanhangdrüse. In seiner Dissertation beschäftigte sich H. ebenfalls mit der Hypophyse.

Dieses Gebilde ist ein zentrales und spezielles Organ der endokrinen Konstellation, da es nicht nur die normale Funktion des Individuums und die Erhaltung der Art regelt, sondern auch eine führende Rolle für die Entwicklung und Funktion der anderen endokrinen Drüsen spielt.

Schon 1910 erhielt H. die Berufung als Professor für Physiologie an der veterinärmedizinischen Schule in Buenos Aires. Er arbeitete auch praktisch in Kliniken, ging aber dann ganz in die wissenschaftliche Forschung. 1925 erhielt H. den Lehrstuhl für Physiologie an der Universität Buenos Aires. 1946 kam es zu Streitigkeiten zwischen H. und dem Staatspräsidenten Juan Peron wegen Erziehungsfragen, daraufhin wurde er seines Lehramtes enthoben. Auch die von ihm seit 1943 ausgeübte Leitung des Instituts für Biologie und experimentelle Medizin in Buenos Aires wurde ihm entzogen. Er arbeitete dann nur noch in seinem Privatinstitut. Erst nach dem Sturz Perons, im Oktober 1955, wurde H. wieder in seine alten Ämter eingesetzt.

Ausgehend von Experimenten mit der Hypophyse des Frosches, kam H. auf die Wechselbeziehungen zwischen Hypophyse und Pankreas, darüber hinaus aber auch zu den Korrelationen mit der Schilddrüse, mit den Keimdrüsen und mit der Nebenniere. In Tierexperimenten beobachtete H., wie Tiere, denen er die Hypophyse entfernt hatte, äußerst empfindlich auf Insulin reagierten und trotz geringer Werte mit Anzeichen von Blutzuckermangel starben. Außerdem entdeckte er, daß ständiges Verpflanzen von Gewebe aus dem Hypophysenvorderlappen die für die operierten Tiere gefährliche Wirkung des Insulins aufhob. Damit war das Hormon des Hypophysenvorderlappens als gegensätzliche Erscheinung zum Insulin erkannt.

Von der Hypophyse als Zentrum der hormonalen Regulation werden die übrigen Hormondrüsen beeinflußt und gesteuert. Durch die im Vorderlappen produzierten Hormone werden u. a. Wachstum und Follikelreifung reguliert, wobei die Hypophyse selbst auch in Wechselwirkung mit den endokrinen Drüsen steht. H. kam in langwierigen Experimenten zum ersten Male zu sicheren Ergebnissen über Zusammenhänge zwischen seinem Fachgebiet, der Hypophyse, und dem Zuckerstoffwechsel.

Hubel, David Hunter – amerikanischer Neurophysiologe
geb. 27.2.1926 in Windsor, Ontario (Kanada)
Nobelpreis 1981, für seine Entdeckungen auf dem Gebiet der Informationsverarbeitung des Sehwahrnehmungssystems.
H. studierte Medizin an der McGill-Universität in Montreal und promovierte 1951. 1954 kam H. in die USA. 1955 begann er mit neurophysiologischen Forschungen am Walter-Reed-Armee-Forschungsinstitut in Washington. Seit 1960 forscht und lehrt H. an der Harvard Medical School in Boston als Professor für Neurophysiologie und Neurobiologie.

Die Forschungen der drei Nobelpreisträger R. W. Sperry, H. und T. Wiesel bedeuten einen Markstein in der Erforschung des Gehirns und seiner Fähigkeit, den Code in den Impulsmitteilungen der Augen zu deuten. Ihre Studien hatten eine tiefe Einsicht in die Mechanismen ermöglicht, die dem Vorgang des Sehens zugrunde liegen. Sie konnten durch ihre Forschungen zeigen, daß sich die Fähigkeit der Sehrindenzellen, die Impulsmitteilungen auf der Netzhaut richtig zu deuten, schon unmittelbar nach der Geburt entwickelt.

H. und Wiesel haben in grundlegenden Untersuchungen an Katzen die Informationsverarbeitung in den komplex miteinander verbundenen Nervenzellen in der Sehrinde des Gehirns aufgeklärt. Mit Hilfe haarfeiner Elektroden leiteten sie in den verschiedenen Schaltstationen der optischen Wahrnehmungsverarbeitung die Reaktionen einzelner Neuronengruppen auf bestimmte optische Reize ab. Sie ermittelten, daß die Kniehöcker, die erste Schaltstelle der Sehbahn, aus wabenartig angeordneten Neuronengruppen bestehen, von denen jede für einen Punkt des Gesichtsfeldes zuständig ist. Innerhalb dieser Gruppen sind die Aufgaben noch einmal unterteilt: Jeweils bestimmte Zellen reagieren auf ganz spezifische optische Parameter wie Hell-Dunkel-Kontraste, Richtung oder Bewegung. Die Abbildung auf der Netzhaut wird also in einzelne Bezirke aufgeteilt und jeder Bezirk auf diese bestimmten Eigenschaften hin überprüft. Die beiden Forscher konnten zeigen, daß Lichtstimulierung an sich nicht ausreicht, um eine normale Entwicklung der Sehrinde hervorzurufen; es ist notwendig, daß das Netzhautbild ein Muster hat und reich an Konturen ist.

Diese Entdeckung beleuchtet einerseits den hohen Grad der Formbarkeit des Gehirns in einem frühzeitigen Stadium direkt nach der Geburt und andererseits die große Bedeutung, daß das Gehirn in dieser Zeit eine reichhaltige Variation von Seheindrücken bekommt. Sind diese Seheindrücke einförmig oder entstellt, beispielsweise durch Mängel oder krankhafte Veränderungen im Linsensystem der Augen, kann dies zu einer ständigen Herabsetzung der Fähigkeit des Gehirns, Seheindrücke zu analysieren, führen. Diese Erkenntnisse sind auch für die Humanmedizin von Bedeutung, denn angeborene Ungleichheiten oder Fehlstellungen der Augen bei Kindern lassen sich bei rechtzeitiger Erkennung und Behandlung normalisieren.

Huggins, Charles Brenton – amerikanischer Chirurg und Krebsforscher
geb. 22.9.1901 in Halifax (Kanada)
gest. 12.1.1997 in San Francisco
Nobelpreis 1966, für seine Entdeckung zur Hormonbehandlung von Prostatakrebs.
H., Sohn eines Apothekers, studierte Medizin an der kanadischen Acadia-Universität in Wolfville. 1924 promovierte er an der Harvard Medical School in Boston. 1926 erhielt er eine Dozentur im Fach Chirurgie an der University of Michigan in Ann Arbor. 1927 ging H. an die chirurgische Universitätsklinik in Chicago, wo er zunächst weiter als Dozent arbeitete. 1931 forschte er einige Monate lang bei Otto Warburg (Medizin-Nobelpreis 1931) am Kaiser-Wilhelm-Institut für Zellphysiologie in Berlin. 1936 wurde H. ordentlicher Professor für Urologische Chirurgie in Chicago. Von 1951 bis 1969 leitete H. das Krebsforschungslaboratorium des Ben-May-Instituts. 1972 wurde er zum Kanzler seiner früheren Acadia University berufen, was er bis zu seinem Ruhestand 1979 blieb.

Schon Ende der 30er Jahre hatte H. neue Möglichkeiten zur Behandlung bestimmter Krebsarten im menschlichen Körper erforscht. In zahlreichen Versuchen an Hunden hatten H. und seine Mitarbeiter festgestellt, daß die Prostatasekretion bald nach der Kastration oder nach Gabe von Östrogenen erlischt, durch Testosteron (männliches Sexualhormon) aber wieder in Gang zu setzen ist. Diese von ihm gefundenen Verhältnisse brachte er nun in Beziehung zum Wachstum von Prostatakarzinomen. Prostatatumoren bei Hunden konnten von H. durch Kastration und Östrogenbehandlung zum Rückgang gebracht werden. Nach diesen gründlichen experimentellen Studien führte H. diese Behandlungsart auch beim Menschen ein.

Seine weiteren Arbeiten führten ihn zu der bedeutsamen Erkenntnis, daß Östrogene (weibliche Sexualhormone) Androgenen entgegenwirken, sie schließlich neutralisieren und dadurch zu einer Verkümmerung der Prostata führen können. Bei klinischen Versuchen mit Patienten hatte die Injektion von Östrogenen bzw. eine Kastration zu sensationellen Heilungserfolgen geführt. Von den ersten zwanzig behandelten Patienten überlebten vier ihre Erkrankung länger als zwölf Jahre. Als erkannt wurde, daß nach der Kastration männliche Sexualhormone nun von den Nebennieren in verstärktem Maße gebildet werden, führte H. als erster im Jahre 1945 eine doppelseitige Nebennierenentfernung zur Behandlung des fortgeschrittenen Prostatakarzinoms durch.

H.s großartige Leistung liegt auch in der von ihm eingeführten Therapie des Prostatakrebses mit synthetischem Stilboestrol, einer Substanz, die chemisch in keiner Weise mit den natürlichen Geschlechtshormonen verwandt ist, aber hormonähnlich wirkt. Damit konnte H. zum ersten Mal zeigen, daß diese Art von Krebs sich mit chemischen Mitteln erfolgreich bekämpfen ließ. Er hat als erster Krebsforscher nichtgiftige und nichtradioaktive Derivate einer bekannten Verbindung in die Krebsbehandlung eingeführt und ist dadurch „zu einem Pionier auf dem Gebiet der Chemotherapie" geworden. Durch die Einführung seiner Therapie des Prostatakarzinoms in aller Welt konnten zahllose Patienten am Leben erhalten werden und noch ein lebenswertes Dasein über viele Jahre führen.

Huxley, Sir (seit 1974) **Andrew Fielding** – britischer Physiologe
geb. 22.11.1917 in London
Nobelpreis 1963, für die Entdeckung über den Mechanismus, der sich bei der Erregung und Hemmung in den peripheren und zentralen Bereichen der Nervenzellmembran abspielt.
H., Sohn eines Philologen, stammt aus einem bekannten englischen Wissenschaftlergeschlecht, sein Bruder Aldous wurde Schriftsteller. Er studierte ab 1935 Medizin am Trinity College in Cambridge. Während des Zweiten Weltkrieges arbeitete H. zuerst für die Luftabwehr und von 1942 bis Kriegsende für die Admiralität. 1952 kam er als Studienleiter für Physiologie nach Cambridge. Von 1960 bis 1969 war H. Professor für Physiologie am University College in London. 1983 wurde er emeritiert.

Die drei Nobelpreisträger John Eccles, Alan Hodgkin und H. haben unsere Kenntnisse von einer der wichtigsten Lebensfunktionen, nämlich der Nervenerregung, vervollständigt. Bereits im Jahre 1939 gelang Hodgkin und H. die erste intrazelluläre Ableitung des Aktionspotentials von den dicken Nervenfasern der Tintenfische. Doch der Krieg verzögerte die Weiterführung ihrer Arbeiten, und die beiden Forscher lösten das Rätsel dann in den Jahren von 1949 bis 1954, indem sie biophysikalische Meßmethoden entwickelten, die alle darauf ausgingen, den Membranaustausch von Natrium-, Kalium- und Chlorionen während der nervösen Erregung zu registrieren und diese mit den gleichzeitig sich abspielenden Änderungen der elektrischen Eigenschaften der Membran in Beziehung zu setzen.

Hodgkin und H. erkannten bei Untersuchungen mit radioaktivem Potential, daß die Ionen im Innern der Nervenfasern an einen Platzwechsel gebunden sind. Dann entdeckten sie, daß die Energie, die notwendig ist, um diese Ionen zu veranlassen, ihren Platz zu wechseln, aus der Adenosintriphosphorsäure kommt. Allmählich wurde auch aufgeklärt, was die Ionenverschiebung bezweckt. Die Nerven besitzen Natriumionen, innen sitzen Kaliumionen. Da beide Ionensorten eine verschiedene elektrische Ladungsgröße aufweisen, entsteht zwischen ihnen eine elektrische Spannung. Wird nun der Nerv gereizt, tritt besagte Ionenverschiebung auf, wodurch die benötigte Energie frei wird. Der Weg der Ionen wurde genau verfolgt: die Natriumionen treten von außen durch die Membran nach innen, und umgekehrt treten die Kaliumionen von innen durch die Membran nach außen. Durch diese Ionenverschiebung, die sehr schnell vonstatten geht, wird die elektrische Spannung ausgeglichen. Besonders erwähnenswert ist die sogenannte „Voltage-Clamp-Technik", mit der die Konduktivitätsänderungen der Nervenmembran unter streng kontrollierten Bedingungen direkt bestimmt werden konnten.

Die Frage, wie die lokale Erregung längs der Nerven fortgeleitet wird, wurde insbesondere von H. bearbeitet, der mit dem schweizer Physiologen Stämpfli zusammen in einer äußerst eleganten Versuchsanordnung den ersten direkten Nachweis der sogenannten saltatorischen Nervenleitung erbrachte. Im Gegensatz zur zündschnurartigen Fortleitung der Nerven bei den wirbellosen Tieren springt hier die Erregung von einem Schnürring zum nächsten, und damit wird im Nervensystem der Wirbeltiere die Übermittlung ganz wesentlich beschleunigt und ökonomisiert.

Ignarro, Louis J. – amerikanischer Pharmakologe
geb. 31.5.1941 in Brooklyn (New York)
Nobelpreis 1998, für seine Arbeiten über die Rolle von Stickstoffmonoxyd als Botenstoff im Herz-Kreislauf-System.
I. studierte Pharmazie an der Columbia University in New York und promovierte an der University of Minnesota 1966 in Pharmakologie. 1979 erhielt I. eine Professur an der Tulane University in New Orleans, 1985 wechselte er zur University of California in Los Angeles, wo er seitdem Professor für Pharmakologie ist.

I. kam 1986 zur Schlußfolgerung, daß der Botenstoff EDRF (endothelial-derived relaxing factor) und Stickstoffmonoxyd identisch sind. Damit war der Endothelfaktor erkannt, die erste Entdeckung, die bewies, daß Gas im Körper als Signalmolekül agieren kann.

Stickstoffmonoxyd ist ein ungewöhnlicher Mediator (Wirkstoff) im Organismus, es wird von Nervenzellen, Endothelzellen und aktivierten Makrophagen gebildet. Das Stickstoffmonoxyd hat zwei Aufgabenbereiche: In niederer Konzentration ist es Signalsubstanz von Nerven- und Endothelzellen, in hoher Konzentration zytotoxischer Angriffsstoff der Makrophagen. Stickstoffmonoxyd wird von Nervenzellen kontinuierlich in variierenden Mengen als langsamer Mediator der synaptischen Transmission freigesetzt, um den Tonus der Blutgefäße zu regulieren. Stickstoffmonoxyd wirkt als Sensor bei der Nahrungsaufnahme, damit der Magen sich weiter stellt, es hemmt den Knochenabbau, trägt zum Langzeitgedächtnis bei, kann bei Mangel zu Potenzstörungen führen und bei einem Überschuß durch einen übermäßigen Blutdruckabfall einen Schock auslösen oder Nervenzellen vergiften, etwa bei einem Schlaganfall. Bei dem Stickstoffmonoxyd handelt es sich um einen sehr einfachen und zugleich hochreaktiven Botenstoff, der an der Regulation unzähliger Abläufe im Körper beteiligt ist. Der gasförmige Bote kann durch seine Struktur ungehindert durch die Zellmembranen diffundieren und hat zu vielen verschiedenen Zellarten leichten Zugang. Sein Bestimmungsziel erreicht er innerhalb weniger Sekunden und wird dort sofort abgebaut.

Das Spektakuläre an der Entdeckung von I. war auch, daß Stickstoffmonoxyd in seiner Eigenschaft als freies Radikal bis zu diesem Zeitpunkt ausschließlich als schädlich galt, da es mit verunreinigter Luft, etwa als Bestandteil von Auto- und Industrieabgasen, assoziiert wurde. Seit man weiß, wo der flinke Bote überall mitmischt, haben sich auch zahlreiche neue therapeutische Möglichkeiten erschlossen. Arteriosklerotisch veränderte Gefäße, deren Endothel nicht mehr ausreichende Mengen Stickstoffmonoxyd bereitstellt, lassen sich mit Stickstoffmonoxyd freisetzenden Medikamenten so weit stellen, daß der erhöhte Blutdruck ohne Gewöhnungseffekt sinkt. Auch bei der Behandlung der Schocklunge hat man durch die Inhalation von Stickstoffmonoxydgas ermutigende Ergebnisse erzielt.

Derzeit forschen Mediziner zudem an stickstoffmonoxydhaltigen Medikamenten, die Krebs oder auch Bakterien bekämpfen sollen

Jacob, François – französischer Mikrobiologe und Genetiker
geb. 17.6.1920 in Nancy
Nobelpreis 1965, für die Entdeckung und die funktionelle Beschreibung eines neuen Gentyps, der die Aktivitäten anderer Gene zu steuern vermag.
J. begann ein Medizinstudium an der Sorbonne in Paris, das er kriegsbedingt unterbrochen ab Mitte 1945 beendete. Da J. infolge einer Kriegsverletzung nicht chirurgisch praktizieren konnte, wandte er sich der molekularen Genetik zu. 1950 erhielt er eine Assistentenstelle am Pasteur-Institut, wo er sich vorwiegend auf mikrobiologisch-genetische Fragen konzentrierte. 1954 promovierte J. an der Sorbonne. 1956 wurde er am Pasteur-

Institut Laboratoriumschef und ab 1960 Leiter der Abteilung für Zellgenetik. 1964 wurde J. am Collège de France zum Professor für Zellgenetik berufen, wo er bis 1991 blieb.

In der Begründung des Nobelpreis-Institutes hieß es, daß die französischen Wissenschaftler Andre Lwoff (Mikrobiologe), Jacques Monod (Stoffwechselchemiker) und J. sehr aktiv zum Wissen über die fundamentalen Prozesse der lebenden Materie beigetragen haben, die die Grundlagen für Phänomene wie Anpassung, Fortpflanzung und Evolution seien.

Die französische Forschergruppe widmete sich dem Studium über die Mechanismen, die die genetische Informationsübertragung steuern, sowie den Regulationskreisläufen, die in der Bakterienzelle die Aktivität und die Synthese der Makromoleküle steuern. Die von den Forschern entwickelte Theorie teilt die Gene in zwei verschiedene Gruppen ein: die Strukturgene und die Regulationsgene, sie weichen in ihrer Funktion voneinander ab. Entgegen den Strukturgenen, die sich für den Aufbau der chemischen Struktur der gebildeten organischen Substanzen verantwortlich zeichnen, üben die Regulationsgene eine Kontrollfunktion aus, sie lassen Synthesen ablaufen oder stoppen diese, sie können in Gruppen auftreten und ein ganzes System darstellen. Mit Hilfe dieser Theorie kann man sich das verschiedenartige Verhalten biologischer Prozesse erklären. Das 1961 von Monod und J. entwickelte Modell der Regulation der Transkription (die Umschreibung der in der Desoxyribonukleinsäure enthaltenen genetischen Information in eine Ribonukleinsäure als erster Schritt der Proteinbiosynthese) kann heute als eine der am besten fundierten Theorien der Stoffwechselregulation angesehen werden.

Es bleibt zu hoffen, daß sich aus diesen wissenschaftlichen Erkenntnissen auch ein wesentlicher Ausgangspunkt für die Krebsbekämpfung ergeben wird.

Jerne, Niels Kaj – britisch-dänischer Immunologe
geb. 23.12.1911 in London
gest. 7.10.1994 in Castillon-du-Gard (Frankreich)
Nobelpreis 1984, für seine Theorien über den spezifischen Aufbau und die Steuerung des Immunsystems.
J. studierte Medizin an den Universitäten in Leiden und Kopenhagen. Bereits in seiner vielbeachteten Dissertation hatte sich J. mit einem immunologischen Problem befaßt. Von 1956 bis 1962 war er leitender Mitarbeiter der Weltgesundheitsorganisation (WHO) in Genf und lehrte von 1960 an außerdem als Professor für Biophysik an der dortigen Universität. Ab 1970 baute er das von ihm gegründete und vom Pharmazie-Konzern Hoffmann-La Roche finanzierte Institut für Immunologie in Basel auf. 1980 gab er die Leitung des Instituts ab.

Die Arbeiten von J. über die Antikörperbildung blieben lange unbeachtet, weil seine Auffassungen der herrschenden Theorie widersprachen, nach der das Antigen eine Matrize für die Bildung der Antikörpermoleküle darstellt. J. ging davon aus, daß die Information für die Produktion von Antikörpermolekülen unterschiedlicher Spezifität bereits im Wirtskörper vorhanden ist, noch ehe das Antigen in den Organismus gelangt. Aus seinen theoretischen Untersuchungen ergab sich eine weitere Grundregel für die Funktion der Immunsysteme: „Eine Zelle produziert nur einen Antikörper", d. h., sie synthetisiert nur Moleküle mit ganz spezifischen Eigenschaften.

1971 stellte J. die Hypothese von den individuellen Histokompatibilitätskomplexantigenen auf. Sie befinden sich im Thymus und regen dessen Zellen an, sich intensiv zu teilen und entsprechend der Antigenstruktur zu mutieren. So entstehen neue spezifische Moleküle, deren Repertoire ständig zunimmt. Auch J.s Theorie vom idiotypen Netzwerk hat die Entwicklung in der Immunologie entscheidend beeinflußt. Oudin und Kunkel hatten bereits nachgewiesen, daß die Antikörper selbst spezielle Antigendeterminanten (Idiotypen) besitzen, die an ihre Antigenbindungsstellen gekoppelt sind. Er nahm nun an, der Antikörper gegen diese Idiotypen könne die regulierende Schlüsselfunktion der Immunsysteme darstellen. J. ging davon aus, daß bei nichtimmunisierten Tieren ein Gleichgewicht zwischen der Produktion von Idiotypen und Anti-Idiotypen besteht. Nach der Immunisierung erfolgt ein deutlicher Anstieg der spezifischen Antikörpermoleküle im Serum und damit auch ihrer Idiotypen. Diese Moleküle stimulieren die Antikörperproduktion gegen ihre Idiotypen, was die erste Reaktion begrenzt und das Immunsystem auf einen neuen Gleichgewichtszustand einstellt.

J. entwickelte daraus die Hypothese, die Immunantwort stelle ein Netzwerk von Zell- und Molekül-Idiotypen und -Anti-Idiotypen dar, die das Immunsystem so lange in einem dynamischen Gleichgewicht halten, bis es durch die Zufuhr eines Antigens, Idiotypen oder Anti-Idiotypen gestört wird. Dieser Gedanke besitzt große Bedeutung für die Therapie oder für das Verständnis solcher pathologischen Zustände wie der Autoimmunkrankheiten. So gelang es, im Experiment eine Antikörperschutzreaktion gegenüber einem Infektionserreger auszulösen. Seine „Netzwerktheorie" galt als bahnbrechend, da sie ein zusammenfassendes Bild der Interaktion verschiedener Zelltypen im Immunsystem und deren Regulation aufzeichnet.

Kandel, Eric R. – amerikanischer Neurologe
geb. 7.11.1929 in Wien
Nobelpreis 2000, für seine bahnbrechenden Forschungen über Veränderungen an den Nervenschaltstellen, die als Grundlage für Gedächtnisvorgänge gelten.
K. verbrachte seine Kindheit in Wien, doch nach dem Einmarsch der deutschen Truppen im März 1938 und dem „Anschluß" Österreichs an das nationalsozialistische Deutschland emigrierten seine Eltern, die jüdischen Glaubens waren, 1939 in die USA. Er absolvierte ein Medizinstudium an der New York University und promovierte 1956. 1968 erfolgte seine Ernennung zum ordentlichen Professor für Physiologie und Psychiatrie an der New York University. Im Jahr 1974 wechselte er

an die Columbia University in New York und wurde gleichzeitig Direktor des dortigen Zentrums für Neurobiologie und Verhalten. Seit 1992 lehrte er noch zusätzlich am Fachbereich Biochemie und Molekulare Biophysik.

Parkinson, Schizophrenie und andere Nervenleiden haben ihre Ursache in zerstörten und fehlgeleiteten Nervenzellen. Für die Erforschung dieser Zellen und vor allem ihrer Signalübertragung erhalten drei Neurobiologen im Jahr 2000 den Nobelpreis für Medizin. Die Wissenschaftler untersuchten, wie Botenstoffe die Signale zwischen den Nervenzellen übertragen und wie sich Strukturen im Gehirn daraufhin verändern. Gerät dieses feine Netzwerk außer Kontrolle, sind schwere Krankheiten die Folge. Vermindert sich zum Beispiel die Menge des Signalstoffs Dopamin, kommt es zur Parkinsonschen Krankheit. Weltweit leiden rund vier Millionen Menschen unter der unheilbaren Krankheit.

K.s Forschungsinteresse galt schon frühzeitig dem menschlichen Erinnerungs- und Lernvermögen. Es ist ihm gelungen, eine Brücke zwischen elementaren molekularen Abläufen und höheren Hirnleistungen wie Lernen und Gedächtnis zu schlagen. Eine Meeresschnecke, der „Seehase" Aplysia, ermöglichte es K., Lernprozesse zu untersuchen, die auch bei höher entwickelten Lebewesen vorkommen. In ausgeklügelten Experimenten hat der Forscher das implizite Gedächtnis untersucht. Dieses Gedächtnis erlaubt den Rückgriff etwa auf erlernte motorische Fähigkeiten. Schon schwache Reizungen, so zeigte sich, führen zu einer Art Kurzzeitgedächtnis, dessen Inhalt Minuten bis Stunden bestehen bleibt. Unter dem Einfluß des Reizes öffnen sich Ionenkanäle in den Nervenendigungen, wobei die Phosphorylierung eine maßgebliche Rolle spielt. Durch die Kanäle strömt Kalzium in die Zelle. Als Folge davon wird in der Synapse (Kontaktstelle im Nervensystem) eine größere Menge von Überträgerstoffen freigesetzt. Wiederholt man den Reiz, reagiert das Tier stärker. Es hat offenbar gelernt, besser mit der Gefahr umzugehen. Wird der Seehase mehrmals hintereinander schmerzhaften Reizen ausgesetzt, geht diese Erfahrung in ein Langzeitgedächtnis ein, das über Wochen bestehen bleiben kann. Botenstoffe wandern zum Zellkern und bewirken dort, daß entsprechende Gene abgelesen und in Eiweiß übersetzt werden. In der Folge verändert die Synapse ihre Eigenschaften.

In den 90er Jahren konnte K. nachweisen, daß auch Säugetiere ähnliche langfristige Veränderungen in der Synapsenfunktion aufweisen.

Katz, Sir (seit 1969) **Bernard** – britischer Biophysiker deutscher Herkunft

geb. 26.3.1911 in Leipzig

Nobelpreis 1970, für die Erforschung der Erregungsübertragung im Nervensystem und grundlegende Entdeckungen auf dem Gebiet der Informationsübertragung im Organismus.

K. studierte Medizin an der Universität Leipzig und promovierte dort im Jahr 1934. Für seine Untersuchungen zur besonderen Beschaffenheit der Nervenfunktionen hatte er bereits 1933 den Siegfried-Garten-Preis erhalten. Nach England emigriert, arbeitete er von 1935 bis 1939 als Forschungsassistent für Biophysik am Universitäts-College in London. Nach Ende des Zweiten Weltkrieges übernahm er hier 1950 eine Dozentur für Physiologie. Von 1952 bis zu seiner Emeritierung 1978 war K. dort ordentlicher Professor und Direktor der Sektion Biophysik.

Die Entdeckungen der Nobelpreisträger Julius Axelrod, Ulf von Euler-Chelpin und K. haben wesentliche Prinzipien der Erregungsübertragung innerhalb des Nervensystems erschlossen. Ihre bahnbrechenden Arbeiten ebneten den Molekularbiologen den Zugang zu den bis dahin ungelösten Fragen der Funktion des Nervensystems. K. arbeitete besonders über die beim Freisetzen von Nervenüberträgersubstanzen (Neurotransmitter) entstehenden ionischen Aktionspotentiale, ein als kurzzeitige Spannungsänderung auftretendes elektrisches Signal, durch das Information entlang erregbarer Zellmembranen (Nerven, Muskeln, Rezeptoren) übermittelt wird. Er konnte zeigen, wie diese Überträgersubstanzen freigesetzt werden und sich schnell durch den außerordentlich schmalen synaptischen Spalt zwischen der erregten Synapse (Kontaktstellen im Nervensystem) und der nächsten Nervenzelle in die benachbarte Synapse diffundieren. Gesteuert wird das ganze System durch Enzyme, die die Aufgabe haben, die freigesetzten Transmittersubstanzen zu kontrollieren und sie nach Erfüllung ihrer Aufgabe zu inaktivieren.

Besonderes Interesse erregten Anfang der 50er Jahre Experimente von K. und seinen Mitarbeitern, aus denen hervorging, daß die Transmitter offensichtlich immer in bestimmten winzigen Quanten ausgeschüttet werden. Das Forscherteam konnte an den großen Synapsen zwischen Nervenfasern und Muskelzellen, den motorischen Endplatten der Wirbeltiere, feststellen, daß auch ohne Erregung der Nervenfaser an der ruhenden Muskelzelle winzige Depolarisationen der Membran von etwa 0,5 Millivolt Amplitude auftreten. Sie wiesen nach, daß diese „Miniatur-Endplattenpotentiale" durch die zufällige, spontane Freisetzung eines bestimmten winzigen Quantums von Acetylcholin aus dem Nervenfaserende verursacht werden.

Die Entdeckungen K.s über die Mechanismen der Freisetzung des Transmitters Acetylcholin in den Kontaktstellen der Nervenzellen, unter dem Einfluß von Nervenimpulsen, sind von größter Bedeutung für das Wissen über die synaptische Übertragung der Nervenzellen im zentralen Nervensystem. Schließlich wurde die Quantenhypothese K.s zur Basis für das Verständnis der Freisetzung von Nervenüberträgersubstanzen.

Kendall, Edward Calvin – amerikanischer Biochemiker

geb. 8.3.1886 in South Norwalk (Connecticut)

gest. 4.5.1972 in Princeton (New Jersey)

Nobelpreis 1950, für Entdeckungen hinsichtlich der Hormone in der Nebennierenrinde, ihrer Struktur und biologischen Wirksamkeit.

K. studierte Chemie an der Columbia-Universität in New York, wo er 1910 auch promovierte. 1914 wurde er zum Leiter der biochemischen Abteilung an der Graduate School of Mayo Foundation in Rochester (Minnesota) ernannt, wo er schon 1915 das Schilddrüsenhormon Thyroxin isolierte. Ab 1921 wirkte K. als Professor für Physiologische Chemie in Minneapolis. 1951 wechselte er als Gastprofessor für Biochemie an die Princeton-Universität in New Jersey.

Anfang der 30er Jahre wandte sich K. der Erforschung der Hormone der Nebennierenrinde zu. Aus der Fachliteratur hatte er entnommen, daß es sich bei diesen unscheinbaren Drüsen nicht nur um sehr komplizierte Organe mit mannigfaltigen Aufgaben handelt, sondern daß sie auch unbedingt zur Lebenserhaltung notwendig sind. Die Hormone der Nebennierenrinde (Cortikosteron, Cortison, Cortisol, Cortexon, Cortexolon, Aldosteron) wurden nach langjährigen Versuchen isoliert, identifiziert und in kleinen Mengen hergestellt. Biologisch wiesen diese Substanzen bedeutsame Eigenschaften auf. Sie wirken auf den Kohlenhydratstoffwechsel sowie auf die Sexualfunktionen und die sekundären männlichen Geschlechtsmerkmale. Er benannte die physiologisch aktiven in alphabetischer Reihenfolge, als besonders interessant erwiesen sich dabei die Verbindungen A, B, E (Cortison) und F. Als bedeutsamste Substanz erwies sich im Tierversuch die „Verbindung E". Durch Einspritzen des Stoffes vermochte K. seine Versuchstiere, denen er vorher die Nebennieren entnommen hatte, vor dem sicheren Tod zu bewahren.

Durch verbesserte Herstellungsmethoden hatte K. mit seinen Mitarbeitern im April 1948 die Menge von 400 Gramm Cortison erzeugt, die er unverzüglich 28 Krankenhäusern und Universitätskliniken zur Erprobung übersandte. Mit großer Enttäuschung mußte er feststellen, daß sämtliche Gutachten über die therapeutische Verwendbarkeit keinerlei Heilwirkung erkennen ließen. Doch er hatte Glück, daß der Direktor der Forschungsabteilung für rheumatische Erkrankungen an der Mayo-Klinik in Minnesota, Professor Philip Showalter Hench (ebenfalls Medizin-Nobelpreis 1950), seine Erkenntnisse für außerordentlich wichtig erachtete. Im Beisein K.s sowie anderer namhafter Wissenschaftler brachte Hench im September 1948 erstmalig einer seit mehreren Jahren an rheumatischer Gelenkentzündung leidenden Frau eine Injektion bei. An den beiden folgenden Tagen wiederholte er die Prozedur, und nach einer Woche war die Patientin fast schmerzfrei und konnte Gehversuche unternehmen. Weitere positive Resultate verhalfen dem neuen Wirkstoff rasch zum internationalen Durchbruch.

Auch wenn Cortison aufgrund möglicher Nebenwirkungen heute nur noch eingeschränkt zur Anwendung kommt, ist es als Medikament bei Hormonmangel und allergischen Reaktionen unverzichtbar.

Khorana, Har Gobind – amerikanischer Biochemiker indischer Herkunft
geb. 9.1.1922 in Raipur (Indien)

Nobelpreis 1968, für die Entschlüsselung des genetischen Codes und seiner Funktion bei der Proteinbiosynthese.

K. studierte an der Universität Punjab Naturwissenschaften. In Liverpool promovierte er 1948 mit einer Arbeit aus der organischen Chemie. 1953 ging K. nach Kanada und erhielt eine Anstellung in Vancouver. 1960 erhielt er eine Professur für Enzymforschung an der Universität Wisconsin. 1962 wurde er Professor für Biochemie. 1970 wechselte K. als Professor für Biologie an das Massachusetts Institute of Technology in Cambridge.

Den drei unabhängig voneinander arbeitenden Wissenschaftlern R. W. Holley, K. und M. W. Nirenberg gelang es, wichtige Aufschlüsse über die Arbeitsweise der Erbvorgänge und deren Kodierung zu geben.

Anfang der 60er Jahre arbeiteten Genetiker, Biochemiker und Mikrobiologen in zahlreichen Labors rund um den Erdball an dem Problem, das Geheimnis des genetischen Codes aufzuklären. Bekannt war zu diesem Zeitpunkt sowohl die Struktur der Desoxyribonukleinsäure (DNA) als auch der Mechanismus der Proteinsynthese. 1961 gelang es dem amerikanischen Biochemiker M. W. Nirenberg, den ersten Buchstaben des genetischen „Alphabets" zu entziffern: Dem Nukleotidtriplett Uridin entspricht die Aminosäure Phenylalanin.

Zwar lieferte Nirenberg mit seinen Untersuchungen den Schlüssel für den genetischen Code, doch die eigentliche Übersetzungsarbeit leistete K. Ihm war es gelungen, im Reagenzglas DNA künstlich zu synthetisieren, so daß ihm die Nukleotidkette bekannt war. Er arbeitete nun an der noch völlig offenen Frage, welche Abfolge von Nukleotiden der DNA welche der 20 verschiedenen Aminosäuren der Proteine kodiert. Durch Kombination von organisch-chemischen und enzymatischen Techniken gelang K. 1964 die Synthese von Polynukleotiden mit bekannter Basensequenz. Er prüfte nun, welche Aminosäuren er beim Einsatz verschiedener Basensequenzen erhielt. Dadurch konnte K. eindeutig zeigen, daß eine Abfolge von drei Nukleinbasen (ein sogenanntes Nukleotidtriplett oder Codon) einer Aminosäure zuzuordnen ist und daß die Codons nicht überlappen. Schließlich gelang ihm bis Ende 1965 die Zuordnung aller Codons zu den Aminosäuren und damit die vollständige Klärung des genetischen Codes.

Durch meisterhafte Kombination von Methoden der präperativen organischen Chemie und enzymatischen Verfahren gelang K. 1970 die erste künstliche Herstellung eines Gens. Die Ergebnisse von K. zur Gensynthese zeigen, daß es prinzipiell möglich ist, Gene künstlich herzustellen. Das schließt nicht nur den Nachbau von natürlichen Genen ein, sondern auch die Synthese völlig neuer Gene. Mit den Methoden, die auf die Veränderung oder Neuschaffung genetischen Materials gerichtet sind, verbinden sich solche Begriffe wie genetische Manipulation bzw. genetic engineering.

Koch, Robert – deutscher Arzt und Bakteriologe
geb. 11.12.1843 in Clausthal-Zellerfeld
gest. 27.5.1910 in Baden-Baden

Nobelpreis 1905, für seine Untersuchungen und Entdeckungen auf dem Gebiet der Tuberkulose.

Im April 1862 begann K. das Studium der Mathematik, Physik und Botanik an der Universität Göttingen, um diese Fächer später unterrichten zu können. Bereits vom zweiten Semester an belegte er medizinische und naturwissenschaftliche Vorlesungen und Übungen. Im Januar 1866 wurde K. in Göttingen zum Doktor der Medizin promoviert und bestand im März in Hannover das medizinische Staatsexamen. Im Oktober 1866 erhielt er eine Anstellung als Arzt in der „Erziehungs- und Pflegeanstalt für geistesschwache Kinder" in Langenhagen bei Hannover. Nach der Heirat im Juli 1867 und der Geburt des ersten Kindes wurde die Existenzgrundlage seiner Familie arg gefährdet. Im Krieg von 1870/71 hatte er als Lazarettarzt ausgiebig Gelegenheit, die damals unter den Truppen umlaufenden Infektionskrankheiten, vor allem die Ruhr und den Typhus, gründlich zu untersuchen. Von 1872 bis 1880 war K. Kreisphysikus des Kreises Bomst in Wollstein (Provinz Posen), wo er mit der Forschung auf dem Gebiet der Bakterienkunde und der übertragbaren Krankheiten begann.

In der Provinz Posen forderte der Milzbrand in jener Zeit unter den Nutztieren große Verluste. In seinen bis 1876 durchgeführten Untersuchungen hat K. den Fortpflanzungszyklus des Milzbrandbazillus ergründet, die Übertragungsmöglichkeiten wesentlich erweitert und damit die noch bestehenden Zweifel an der ursächlichen Bedeutung des Bazillus ausgeräumt. Diese Entdeckung stellte ihn schlagartig in die vorderste Reihe der Forscher, die der Bakteriologie nunmehr zu einem raschen Durchbruch verhalfen. Er vervollkommnete die bakteriologische Untersuchungstechnik in hohem Maße. So veranlaßte er den Bau leistungsfähigerer Mikroskope und besonders die Methodik der Anzüchtung von Bakterien auf optimalen Nährböden.

1880 wurde er zum Regierungsrat am Kaiserlichen Gesundheitsamt in Berlin ernannt. Als er im Herbst 1881 mit seinen Tuberkulosearbeiten begann, war er überzeugt, daß es sich bei der Krankheit um eine chronisch verlaufende Infektionskrankheit handelte, deren Erreger gefunden werden mußte. Aus tuberkulösem Material von Affen impfte man Meerschweinchen und konnte daraus schon im Oktober 1881 die ersten Reinkulturen züchten. Im Winter 1881/1882 benutzte er das reiche Krankenmaterial der Phthisikerstation der Berliner Charité zu weiteren experimentellen Arbeiten, die ihn innerhalb eines halben Jahres zum Erfolg führten. Über Nacht wurde er mit seiner bahnbrechenden Auffindung des Tuberkelbazillus weltberühmt. Nach diesem großen Erfolg entwickelte K. das aus Tuberkelbazillenkulturen hergestellte Tuberkulin als Hilfsmittel gegen die Tuberkulose.

1882 war K. zum Kaiserlichen Geheimen Regierungsrat ernannt worden, und schon ein Jahr später sollte ihm eine weitere wissenschaftliche Großtat gelingen: Er bestimmte den Erreger der Cholera. 1885 wurde K. Ordinarius für Hygiene an der Universität Berlin, und 1891 wurde er zum Direktor des für ihn neuerrichteten Instituts für Infektionskrankheiten (später Robert-K.-Institut) ernannt.

Sein eindeutiger Beweis, daß bestimmte Bakterien Erreger spezifischer Krankheiten sind, hatte dem Kampf gegen Infektionskrankheiten die wissenschaftliche Grundlage gegeben.

Kocher, Emil Theodor – Schweizer Chirurg
geb. 25.8.1841 in Bern
gest. 27.7.1917 in Bern
Nobelpreis 1909, für seine Arbeiten über die Physiologie, Pathologie und Chirurgie der Schilddrüse.

K. studierte Medizin an der Universität Bern, wo er 1865 auch promovierte. Im Jahr 1872 wurde K. zum Ordinarius und Direktor der Chirurgischen Universitätsklinik in Bern ernannt. Sein rasch wachsendes Ansehen als Forscher und Publizist trug ihm Berufungen auf die ersten Lehrstühle Europas ein, aber er blieb in 45jähriger Tätigkeit als Professor seiner Heimatstadt treu.

K. ist nie nur ein Spezialist gewesen, sondern hat viele Zweige der Chirurgie beherrscht und fast überall bahnbrechend gewirkt. Mit seiner eigenen Handhabung der von Joseph Lister (britischer Chirurg, 1827–1912) eingeführten Antisepsis eilte K. den Chirurgen auf dem Kontinent um viele Jahre voraus und ging auch als einer der ersten zur reinen Asepsis über. Die Asepsis ist die Voraussetzung jeder Operationstätigkeit und hat die Entwicklung der modernen Chirurgie erst ermöglicht.

Dem großen Publikum sind die Erfolge K.s in der Kropfoperation am bekanntesten geworden. Berühmt wurde er aber durch seine Forschungen über die Erkrankung der Schilddrüse. Im Jahr 1883 beschrieb er als erster die Cachexia thyreopriva (Totalentfernung der Schilddrüse) und förderte damit die Kenntnis über die Schilddrüsenkrankheiten. Unterfunktion der Schilddrüse führt beim erwachsenen Menschen u. a. zur Verringerung des Grundumsatzes, zu erhöhter Kälteempfindlichkeit, zur Verlangsamung der Denkprozesse und zu Hautveränderungen. Besteht die Unterfunktion von Geburt an, so entwickelt sich der als Kretinismus bekannte Zwergwuchs. Das alles zeigt, daß die Schilddrüse für den normalen Ablauf der Wachstums- und Entwicklungsprozesse notwendig, jedoch insgesamt nicht lebensnotwendig ist. Ausfallerscheinungen führen zwar zum Teil zu schweren Schäden des Organismus, aber nicht zum Tod.

Als K. dem Kongreß der Deutschen Gesellschaft für Chirurgie, dem er im Jahr 1902 vorstand, seine Entdeckungen über die Erkrankung und Operation der Schilddrüse vorlegte, erregte er damit großes Aufsehen. K. machte sich auch einen Namen als Erfinder zahlreicher medizinischer Instrumente, beispielsweise der K.-Klemme zum Abklemmen von Arterien.

In seinem Lebenswerk liegt eine ganze in sich abgeschlossene Periode der modernen Chirurgie.

Köhler, Georges Jean Franz – deutscher Molekularbiologe und Immunologe

geb. 17.4.1946 in München
gest. 1.3.1995 in Freiburg
Nobelpreis 1984, für die Entdeckung und Entwicklung der Technik zur Herstellung monoklonaler Antikörper.
K., Sohn eines deutschen Vaters und einer französischen Mutter, studierte in Freiburg Biologie und legte dort 1971 das Diplomexamen ab. Am Baseler Institut für Immunologie promovierte er 1974. Von 1974 bis 1976 absolvierte K. eine Forschungstätigkeit bei Professor C. Milstein (ebenfalls Nobelpreis 1984) am Medical Research Council Laboratory in Cambridge.

Bereits in Zusammenhang mit seiner Doktorarbeit hatte sich K. mit dem Problem der Kultivierung von Antikörpern befaßt. Bis dahin war es nicht möglich gewesen, Antikörper im Reagenzglas zu züchten. In enger Zusammenarbeit mit Milstein war es K. im Winter 1974 gelungen, Antikörper, die im Organismus Krankheiten und Gifte bekämpfen und bis dahin als nicht kultivierbar galten, im Reagenzglas zu züchten. Ausschlaggebend war dabei die von Milstein entwickelte Technik, Mäuselymphozyten im Reagenzglas mit Krebszellen zusammenzubringen. Die beiden Zellarten fusionierten dabei zu Hybridzellen, die einerseits imstande waren, praktisch unbegrenzt Antikörper zu produzieren, andererseits die Eigenart der Krebszellen, unbegrenzt zu wachsen, aufwiesen. Die Tochterzellen (Klone) waren mit der Mutterzelle völlig identisch (monoklonal).

Die monoklonalen Antikörper haben sich als die idealen Substanzen für die Durchführung von radioimmunologischen Nachweismethoden erwiesen, die bei Laboratoriumsuntersuchungen in der Biologie und Medizin eine immer wichtigere Rolle spielen. In den Zeitschriften für Immunologie sind heute eine Vielzahl von Arbeiten zu finden, in denen immer neue Anwendungsmöglichkeiten für monoklonale Antikörper aufgezeigt werden.

1975 veröffentlichten K. und Milstein das Ergebnis ihrer Experimente in der Zeitschrift „Nature" und erregten damit in der Fachwelt Aufsehen. Inzwischen sind bereits einige hundert monoklonale Antikörper auf dem Markt, und sie werden heute u. a. in der klinischen Diagnostik und bei der Therapie bestimmter Leukämieformen eingesetzt. Außerdem besteht begründete Hoffnung, daß mit ihrer Hilfe eine neue Waffe gegen Krebserkrankungen entwickelt werden kann.

1976 ging K. an das Baseler Institut für Immunologie zurück; er befaßte sich dort mit weiteren wissenschaftlichen Arbeiten zur Entstehung der Antikörperdiversität. 1984 erhielt er eine Berufung als Direktor an das Max-Planck-Institut für Immunbiologie in Freiburg im Breisgau. 1985 übernahm er die Leitung der Abteilung „Molekulare Immunologie". K. verstarb plötzlich an einer vermutlich zu spät erkannten Lungenentzündung.

Kornberg, Arthur – amerikanischer Biochemiker
geb. 3.3.1918 in Brooklyn (New York)
Nobelpreis 1959, für die Entdeckung des Mechanismus in der biologischen Synthese der Ribonukleinsäure und der Desoxyribonukleinsäure.
K. studierte ab 1937 Chemie und Biologie am City College New York und anschließend Medizin an der Rochester School of Medicine. 1941 promovierte er. Von 1942 bis 1952 gehörte er dem Stab des nationalen Gesundheitsinstituts in Bethesda (Maryland) an. 1959 wurde K. als ordentlicher Professor für Biochemie und Leiter der biochemischen Abteilung an die Stanford-Universität in Palo Alto in Kalifornien berufen.

1955 begann K. mit seinen Forschungen zur Biosynthese der Erbsubstanz Desoxyribonukleinsäure (DNS), deren Struktur 1953 aufgeklärt worden war. Er suchte nach einem Enzym, das die Synthese von DNS in den Zellen katalysiert.

Der Zoologe A. Kühn und der Biochemiker A. Butenandt konnten den biologischen Wirkungsweg vom Gen (Erbfaktor) bis zum Merkmal (Augenpigment) an der Mehlmotte studieren. Es fehlte ihnen nur jener Grundstoff des Gens, der die identische Reduplikation steuert. Man wußte etwa seit 1947, daß dieses letzte Geheimnis in der RNS und der DNS verborgen liegt. K. benutzte in seinen Versuchen Extrakte aus Zellen von schnellwachsenden Kolibakterien (Escherichia coli), die er mit Adenosintriphosphat als Energiequelle und radioaktiv markierten Vorstufen der DNS (Nukleotiden) inkubierte. Mit diesem Versuchsansatz konnte er anhand der Entstehung radioaktiver DNA beweisen, daß neue DNS aus den Vorstufen gebildet wurde. In langwierigen Arbeiten gelang es ihm schließlich, das erste DNS-synthetisierende Enzym aus dem Zellextrakt zu isolieren (K.-Polymerase). Die K.-Polymerase wirkt in den Zellen als Reparaturenzym beim Zusammenschluß der kleinen, bei der DNS-Replikation entstehenden DNS-Stücke zum kompletten DNS-Strang, während ein später entdecktes Enzym den Großteil der DNS synthetisiert. Er konnte zeigen, daß dieses Enzym unter bestimmten Reaktionsbedingungen eine vorliegende DNS exakt vervielfältigt. K. hat sich große Verdienste um die künstliche Herstellung der DNS und der RNS (Ribonukleinsäure) erworben.

Seine Arbeiten setzten die Erbforscher mit in die Lage, die Natur von Vermehrungsprozessen bei Tieren, Pflanzen und Bakterien besser zu verstehen.

Kossel, Albrecht – deutscher Chemiker
geb. 16.9.1853 in Rostock
gest. 5.7.1927 in Heidelberg
Nobelpreis 1910, als Anerkennung des Beitrages, den seine Arbeiten über Eiweißstoffe einschließlich der Nukleine für unsere Kenntnis der Chemie der Zelle geleistet haben.
K. begann 1872 ein Medizinstudium an der Universität Straßburg, wandte sich aber bald der modernen physiologischen Chemie zu. Bereits 1878 hatte sich K. zum Doktor der Medizin promoviert, und 1881 erfolgte in Straßburg die Habilitation für Physiologische Chemie und Hygiene. 1895 folgte K. einem Ruf als ordentlicher Professor an die Universität Marburg, wo er auch als Leiter des neuerbauten Institutes für Physiologie wirkte. Hier konnte er sich intensiv den eigenen Forschungen widmen.

Die aus ihrem Nuklein gewonnenen basischen Eiweiße oder Protamine wurden Gegenstand einer eingehenden Analyse, die zur Entdeckung der Aminosäure Histidin führte und den Nachweis erbrachte, daß eine andere basische Aminosäure, das Arginin, den Hauptbaustein der Protamine bildet. Die Analyse der Nukleinsäure führte zur Entdeckung der Nukleinbasen. Beim hydrolytischen Abbau der Nukleinsäure traten außerdem Nebenprodukte auf, die Aufschluß gaben, daß am Aufbau des Nukleinsäuremoleküls auch Kohlenhydrate beteiligt sind.

1901 wurde K. als ordentlicher Professor für Physiologie an die Universität Heidelberg berufen. Hier sollte sein wissenschaftliches Werk zu voller Reife gelangen.

Die von K. und seinem Mitarbeiter Kutscher ausgearbeitete Verbesserung der bisherigen Methodik der Eiweißhydrolyse führte zu neuen bahnbrechenden Erfolgen. Sie erlaubte die Feststellung einer Reihe einfacher Aminosäuren im Protaminmolekül: Damit war die Aufstellung allgemeiner Protaminformeln möglich geworden, welche die genaue Anzahl der im Molekül enthaltenen Aminosäuren angaben. Die folgenden Untersuchungen galten der Rolle der Aminosäure Arginin im Protaminmolekül, dessen Bindungsart an das Gesamtmolekül des Nukleins festgestellt wurde.

Nach dem Ersten Weltkrieg konnten K. und seine Mitarbeiter ihre bisherigen Untersuchungen vervollkommnen. Besonders günstig erwies sich eine weitere Vereinfachung des Argininnachweises, der ihm in den zwanziger Jahren geglückt war. Damals konnte das für die Silberbarytmethode notwendige Silber, mit dem die Aminosäure Arginin bisher gefällt wurde, nicht mehr geliefert werden, und so hatte K. von den Badischen Anilinfabriken eine größere Menge organischer Verbindungen erhalten, deren fällende Wirkung er untersuchen wollte. Mit genialem Griff gelang es K., in der Flaviansäure den Stoff mit den gesuchten Eigenschaften zu finden und damit eine bedeutende Vereinfachung der Eiweißanalyse herbeizuführen. Bei der Untersuchung des Eiweißabbaus entdeckte er das Enzym Arginase, welches Arginin zu Ornithin und Harnstoff hydrolysiert.

In den letzten Jahren gelang es K., von der Statik des Aufbaus molekularer Strukturen zur Dynamik der Lebenserscheinungen, zur biologischen Fragestellung, vorzudringen.

K. gilt als einer der Väter der Zellchemie und der Eiweißchemie. Nach Miescher und neben Altmann gehört er zu den Pionieren der Nukleinsäureforschung.

Krebs, Edwin Gerhard – amerikanischer Biochemiker

geb. 6.6.1918 in Lansing (Iowa)

Nobelpreis 1992, für Forschungen über grundlegende Zusammenhänge des Stoffwechsels im Muskelgewebe, insbesondere für die Entdeckung der „reversiblen Proteinphosphorylierung als biologischen Reguliermechanismus".

K. studierte Chemie und Biologie an der Universität Illinois in Urbana und an der Washington-Universität in St. Louis (Missouri) zusätzlich Medizin. 1943 promovierte er zum Doktor der Medizin. An der Universität St. Louis arbeitete K. als wissenschaftlicher Mitarbeiter der medizinischen Fakultät in der Abteilung Biochemie. 1957 wurde er zum ordentlichen Professor für Biochemie an die Washington-Universität in Seattle berufen, wo er 1977 die Leitung der Abteilung für Pharmakologie und 1980 noch die Leitung des Fachbereiches für Biochemie übernahm. 1988 wurde er emeritiert.

Die beiden Nobelpreisträger Fischer und K. sind dem interessanten Wechselspiel von Kinasen (Enzyme, die einen Phosphatrest des Adenosintriphosphats auf andere Verbindungen übertragen) und Phosphatasen (in allen Organismen vorhandene Enzyme) Anfang der 50er Jahre in Muskelzellen auf die Spur gekommen. Sie fanden heraus, daß bei einer Muskeltätigkeit eine sehr schnelle biochemische Kettenreaktion abläuft. Auf einen hormonellen Reiz hin entsteht in der Muskelzelle zunächst ein kleines lösliches Molekül, das zyklische Adenosinmonophosphat (cAMP), das als Bote fungiert. Es leitet die in der Zelle angekommene Information an eine Kinase weiter, indem es fest von ihr gebunden wird. Die Kinase ändert daraufhin ihre Gestalt. Sie erwirbt damit die Fähigkeit, an ein spezifisches anderes Enzym eine Phosphatgruppe anzufügen. Dieses ändert daraufhin ebenfalls seine Gestalt und sein Verhalten. Es setzt aus dem Glykogenspeicher Zucker als Lieferant für chemische Energie frei, mit der weitere zelluläre Umsetzungen angetrieben werden. In einer Art Gegenbewegung tritt eine Phosphatase in Aktion. Sie entfernt die Phosphatreste und verhindert damit, daß der Zuckerspeicher abgebaut wird.

Fischer und K. fanden heraus, daß Tausende von Proteinen in Körperzellen den Zuwachs und die Zellteilung steuern, Hormone freistellen und die Arbeit der Muskeln durchführen. Der von den beiden Wissenschaftlern erforschte Mechanismus ist für die Aktivierung des Immunschutzes von Bedeutung. Aber auch die Entstehung von speziellen Krebsformen, beispielsweise des Blutkrebses, kann damit genauer ursächlich erfaßt werden.

Krebs, Sir (ab 1958) **Hans Adolf** – britischer Biochemiker deutscher Abstammung

geb. 25.8.1900 in Hildesheim

gest. 22.11.1981 in Oxford

Nobelpreis 1953, für die Entdeckung des Zitronensäurezyklus und die damit verbundenen grundlegenden Arbeiten zu den Vorgängen in der lebenden Zelle.

K. studierte von 1918 bis 1923 Medizin und promovierte 1925 an der Universität Hamburg. Anschließend studierte er ein Jahr Chemie an der Universität Berlin. In Freiburg im Breisgau habilitierte er sich 1932 zum Privatdozenten für Innere Medizin. 1933 wurde er wegen seiner jüdischen Herkunft entlassen und emigrierte mit seiner Frau nach England. Nachdem er dort als Dozent für Biochemie und Pharmakologie gewirkt hatte, erhielt er 1945 den an der Universität von Sheffield neuerrichteten Lehrstuhl für Biochemie und wurde Direktor der dortigen biochemischen Forschungsgruppe des Medical Research Councils. 1954 nahm K. die ihm angebotene Professur für Biochemie an der Universität Oxford an, die er bis zu seiner Emeritierung 1967 innehatte.

Zu den größten Leistungen auf dem Gebiet des Zellstoffwechsels gehört die Aufklärung des Zitronensäurezyklus durch K. im Jahre 1937.

Das besondere Verdienst von ihm besteht in der theoretischen Integration der von ihm selbst erhobenen und von den verschiedensten Seiten beigesteuerten Einzelbefunde zu einem übersichtlichen Reaktionsschema. K. wies nach, daß große Teile der Atmung in einem geschlossenen Kreis ablaufen. Die Entdeckung des „K.-Zyklus" war ein Meilenstein für die Biochemie, da sie das allgemeine Verständnis über die Zusammenhänge des Zellstoffwechsels erhöhte und damit die Energiezufuhr im Körper beschrieb. Im ganzen handelt es sich dabei um eine Doppelzahl von Vorgängen in der Zelle, die unbegreiflich zu gleicher Zeit vor sich gehen. Auf der einen Seite um den Aufbau des Protoplasmas, der lebendigen Substanz mit ihren äußerst kompliziert gebauten riesigen Molekülen aus den dem Körper und damit der Zelle zugeführten Nahrungsmitteln, und auf der anderen Seite wieder um den Abbau dieser Substanz in einfachere Verbindungen, die im Leben des Körpers und der Zelle zur Erfüllung der besonderen Aufgaben gebraucht und verbraucht werden. Dieser zyklische Prozeß erschien gebunden an die bestimmte Säure, die den Orangen, Zitronen, Himbeeren und Preiselbeeren ihr spezifisches Aroma verleiht und den Namen Zitronensäure erhalten hat.

Erst nachdem K. die Entdeckung seines Kreisprozesses gelungen war, stellte sich die Größe und Bedeutung dieser Erkenntnis heraus. Sie bestand nicht nur darin, daß sich ein ganz neues, volles Verstehen für einen grundlegenden Vorgang der Natur im Umkreis des Lebendigen ergab. Vielmehr stellten umfangreiche Prüfungen in allen Bereichen der Lebewesen, bei Tier und Pflanze fest, daß man einem im wahrsten Sinne universalen Bauprinzip der Natur auf die Spur gekommen war.

Krogh, Schack August Steenberg – dänischer Zoologe und Physiologe
geb. 15.11.1874 in Grena (Jütland)
gest. 13.9.1949 in Kopenhagen
Nobelpreis 1920, für seine Entdeckung des kapillarmotorischen Regulationsmechanismus, insbesondere des Gasaustauschs in den feinsten Blutgefäßen.

K., Sohn eines Schiffsbau-Unternehmers, studierte ab 1893 Medizin und dann Zoologie. Am Institut für Medizinische Physiologie der Universität Kopenhagen erhielt er eine Assistentenstelle. Im Jahre 1902 begab sich K. mit einer Expedition nach Grönland, mußte deswegen einige Forschungsziele aufgeben, studierte dafür aber Spannungen bei der Kohlensäure, den Gehalt von Sauerstoff in Quellwassern, Bächen und im Meer sowie die Bedeutung der Meere für den Sauerstoffhaushalt der Atmosphäre. Über diese Arbeiten schrieb K. mehrere Abhandlungen, die zur damaligen Zeit unter Fachkollegen Aufsehen erregten. 1903 promovierte er. 1908 erhielt K. eine außerordentliche Professur für Tierphysiologie an der Universität Kopenhagen, zwischendurch studierte er die Ernährung der Eskimos in Grönland und die Wirkung einer reinen Fleischnahrung auf den Organismus. 1916 erhielt er eine Berufung als ordentlicher Professor für Zoologische Physiologie in Kopenhagen, die er bis zu seiner Emeritierung 1945 ausübte.

K. konnte durch Berechnungen zum Sauerstoffdruck im Muskelgewebe und durch mikroskopische Zählungen nachweisen, daß sich die feinsten Blutgefäße erst bei Muskelarbeit mit Blut füllen. Schließlich fand er einen Mechanismus, der in den Organen die Trennfläche zwischen Blut und Gewebe abstimmt, durch die sich der gesamte Stoffwechsel vollzieht. K. publizierte zahlreiche Beiträge über die Wandlungen in der Atmung bei Tier und Mensch. Darauf folgte eine Reihe von Arbeiten über die Sauerstoffdiffusion durch tierische Membranen sowie Zahl, Verteilung und motorische Reaktion der Kapillaren. Durch diese Arbeiten schuf K. den in die Wissenschaft eingegangenen Begriff des kapillarmotorischen Regulationsmechanismus. Arterien und Venen gehen über ihre letzten Verzweigungen, die Arteriolen und Venolen, in Kapillaren über, durch die sie miteinander in Verbindung stehen. Diese feinsten Haargefäße bilden mit ihren vielfachen Verästelungen geschlossene Netze. Ihre Wandung besteht aus einer einzigen Lage flacher Endothelzellen; durch diese vollzieht sich der Stoffaustausch mit der umgebenden Gewebeflüssigkeit.

In den 30er Jahren untersuchte K. mit seinen Schülern die schwere Muskelarbeit und behandelte die Probleme der Wärmeregulation, des Atmungsstoffwechsels, des Blutzuckers, der Nierenfunktion sowie die Zusammenhänge von Ernährung und Leistung. Zu seinen weiteren wissenschaftlichen Leistungen gehören die Weiterentwicklung physiologischer Techniken und die Konstruktion von medizinischen Geräten, darunter der nach ihm benannte Apparat zur Grundumsatzbestimmung, das Spirometer zur Bestimmung der Vitalkapazität (Atmung) und Ventilation (Atemminutenvolumen, Atemgrenzwert) und das Fahrradergometer zur Prüfung der Leistungsfähigkeit des Organismus.

Landsteiner, Karl – österreichischer Bakteriologe
geb. 14.6.1868 in Wien
gest. 26.6.1943 in New York
Nobelpreis 1930, für die Entdeckung des AB0-Systems der Blutgruppen des Menschen.

L. studierte ab 1885 Chemie und Medizin an der Universität Wien. Im Jahre 1891 promovierte er zum „Doktor der gesamten Heilkunde". Im Anschluß wandte er sich bis 1896 biochemischen Forschungsaufgaben zu. Am Hygiene-Institut in Wien arbeitete er bei M. Gruber (Mitbegründer der modernen Hygiene) an der Entwicklung serologischer Tests zur Bestimmung von Infektionskrankheiten. 1897 ging er an das Wiener Pathologisch-Anatomische Institut.

Um die Jahrhundertwende stieß L. bei seinen Untersuchungen auf die bis dahin unbekannten Blutgruppen. Er fand heraus, daß die beim Mischen von Blut verschiedener Menschen häufig zu beobachtende Zusammenballung (Agglutination) der roten Blutkörperchen nicht wie bislang vermutet krankheitsbedingt ist, sondern auf charakteristischen individuellen Unterschieden des Blutes basiert. Er entwickelte eine Technik zur Blutgruppenbestimmung und fand heraus, daß die Zusammenballung der roten Blutkörperchen bei Bluttübertragungen durch Antikörper hervorgerufen wird, die gegen rote Blutzellen anderer Blutgruppen aktiv werden.

Er veröffentlichte die Ergebnisse seiner Forschungen 1901 in der „Wiener Klinischen Wochenschrift". Es ging um drei Schwerpunkte: Bei allen Testpersonen werden die Erythrozyten vom eigenen Serum nicht agglutiniert; es existieren Testpersonen, bei denen keines der verwendeten Seren die Erythrozyten agglutiniert; einzelne Testpersonen zeigen die gleiche Reaktion auf Seren, sie haben die gleiche Blutgruppe. L. nannte die beiden zur Agglutination befähigten Gruppen A und B, die nicht zu agglutinierende Gruppe C (später 0). Im Jahre 1902 fanden seine Mitarbeiter A. v. Decastello und A. Sturli eine vierte Blutgruppe (AB), deren Serum bei keiner Testperson eine Agglutination hervorrief.

Die heute übliche Bezeichnung der Blutgruppen A, B, 0 und AB wurde später eingeführt, wobei die Gruppe, die in Europa am häufigsten auftrat, als Blutgruppe A bezeichnet wurde. Diese Blutgruppeneigenschaften sind angeboren und den Vererbungsgesetzen unterworfen. Der Träger der Blutgruppe AB kann von jedem anderen Menschen Blut empfangen, man nennt ihn deshalb Universalempfänger. Dagegen ist der Träger der Blutgruppe 0 nicht unbedingt ein Universalspender. Die enorme medizinische Bedeutung der Entdeckung L.s zeigte sich im Ersten Weltkrieg, als durch Bluttübertragungen viele Verwundete gerettet werden konnten.

1903 wurde L. Dozent am Pathologisch-Anatomischen Institut in Wien. 1908 wurde er Leiter der pathologischen Abteilung am Wilhelmsspital in Wien. Hier brachte er die Poliomyelitisforschung (Kinderlähmung) mit Hilfe einer Serumdiagnose entscheidend voran. 1922 folgte er einem Ruf nach New York an das Rockefeller-Institut für medizinische Forschung, wo er Leiter der Abteilung für Pathologie und Bakteriologie wurde. Nach zahlreichen Untersuchungen fanden L. und seine Mitarbeiter weitere Blutfaktoren und Differenzierungsmerkmale des Blutes, unter anderem 1927 die M/N- und P/p-Systeme. Dadurch wurde die Anwendung der Blutgruppenbestimmung in der Gerichtsmedizin möglich, beispielsweise die Zuordnung von Blutflecken zu potentiellen Tätern, und zur Vaterschaftsanalyse.

1940 fand er den Rhesusfaktor (er war zuerst im Blut von Rhesusaffen entdeckt worden).

Mit Recht wurde L. durch seine Blutuntersuchungen „Vater der Immunologie" genannt.

Laveran, Charles Louis Alphonse – französischer Parasitologe
geb. 18.6.1845 in Paris
gest. 18.5.1922 in Paris
Nobelpreis 1907, als Anerkennung seiner Arbeiten über die Bedeutung der Protozoen als Krankheitserreger.

L., Sohn eines Stabsarztes, der zugleich Professor an der Militärschule Val-de-Grace war, promovierte 1867 an der Straßburger École Imperiale du Service de Sante Militaire. 1878 übernahm er den Lehrstuhl seines Vaters an der École du Val-de-Grace. Im selben Jahr wurde er als Arzt in Algerien stationiert, dort führte L. seine Untersuchungen über Hämatozoen (Blutschmarotzer) des Sumpffiebers (Malaria) durch.

Die Malaria ist eine weltweit in tropischen, teils auch subtropischen Regionen verbreitete Infektionskrankheit, die durch Protozoen der Sporentierchengattung Plasmodium hervorgerufen wird. Noch heute leiden schätzungsweise 300–400 Millionen Menschen an Malaria, vorwiegend in Afrika, Asien, Mittel- und Südamerika. Trotz weltweiter Bekämpfungsmaßnahmen der Weltgesundheitsorganisation (seit 1955) ist die Malaria nach anfänglicher Zurückdrängung wieder in stetiger Zunahme begriffen. Jährlich erkranken etwa 100 Millionen Menschen, die Zahl der Todesfälle liegt bei über einer Million pro Jahr.

Ab 1879 beschäftigte sich der Militärarzt L. intensiv mit dem Problem der Malariaparasiten. Bei zahlreichen Autopsien von an Malaria verstorbenen Soldaten in Algerien war ihm aufgefallen, daß das Blut Malariakranker ein dunkles Pigment enthielt, das auch die Leber braun färbte. Bei der daraufhin angestellten Untersuchung hunderter Blutproben von gesunden sowie von an Malaria erkrankten und verstorbenen Soldaten entdeckte L. im November 1880 den Krankheitserreger mittels eines Mikroskopes und ohne die Möglichkeit zu mikroskopischer Anfärbung der Blutbestandteile. Obwohl sich L. Pasteurs Theorie der Krankheitsentstehung bereits durchgesetzt hatte, bei einer in Südfrankreich ausgebrochenen Epidemie unter Seidenraupen hatte er 1865 den Gedanken, daß auch bei Krankheiten Mikroorganismen die Ursache sein könnten, wurde L.s Entdeckung in Wissenschaftskreisen mit sehr großem Mißtrauen aufgenommen. Die Pariser Academie des Sciences bestätigte sie erst nach fast einem Jahrzehnt.

Erst weitere Blutuntersuchungen L.s, die er 1882 am Santo-Spirito-Krankenhaus in Rom durchführte, sowie ein Zusammentreffen mit L. Pasteur 1884 brachten allmählich die Anerkennung seiner wissenschaftlichen Ergebnisse. Schließlich erbrachte R. Ross 1898 den Beweis, daß Stechmücken (Anopheles) den Erreger der Malaria verbreiten. 1883 kehrte L. nach Frankreich zurück und war von 1884 bis 1894 Professor für Militärhygiene an der Hochschule Val-de-Grace. Nach kurzen Arbeitsaufenthalten als Chefarzt des Krankenhauses in Lille sowie als Leiter des Gesundheitsamtes in Nantes ließ er sich pensionieren und ging 1896 an das Pariser Pasteur-Institut.

Mit dem Geld des Nobelpreises gründete er am Institut Pasteur das Laboratorium für Tropenmedizin.

Lederberg, Joshua – amerikanischer Genetiker
geb. 23.5.1925 in Montclair (New Jersey)
Nobelpreis 1958, für seine Entdeckungen bezüglich genetischer Rekombination und der Organisation des genetischen Materials der Bakterien.
L., Sohn eines jüdischen Rabbi, studierte ab 1941 an der Columbia University Zoologie. Eine Forschungsassistenz im Sommer 1946 am Department für Mikrobiologie der Yale University war für ihn derart beeindruckend, daß er sein begonnenes Medizinstudium abbrach und seine mikrobiologischen Studien an der Yale University weiterführte, wo er dann 1948 promovierte. 1954 wurde L. ordentlicher Professor für Genetik an der Universität Madison (Wisconsin). 1959 übernahm er den Lehrstuhl für medizinische Genetik und Biologie an der Stanford University in Palo Alto, den er bis 1978 innehatte.

Die Genetik der Bakterien ist in erster Linie durch L. intensiv entwickelt worden. An der Yale University arbeitete er seit 1946 mit Edward L. Tatum (ebenfalls Nobelpreis 1958) zusammen. Mit ihren bakteriengenetischen Forschungen konnten beide schon 1947 beweisen, daß Bakterien ein Geschlechtsleben besitzen, das demjenigen höher entwickelter Organismen ähnlich ist. Bis dahin war man davon ausgegangen, daß Bakterien sich asexuell durch Zellteilung reproduzieren. L. entdeckte die „Konjugation" der Bakterien und beschrieb damit erstmals ein Phänomen, das tatsächlich eine Neukombination von Erbanlagen ermöglicht. Mit einigen anderen Prozessen, die ebenfalls unabhängig von der sexuellen Fortpflanzung zur Übertragung und Umverteilung der Gene führen, faßt man heute die Bakterienkonjugation als „Parasexualität" zusammen. Durch die Erkenntnisse der Umwandlung ist der Einblick in die Grundprozesse der Zellfunktion und des Zellwachstums wesentlich verändert worden.

L. und Tatum wiesen weiter nach, daß bei Vereinigung zweier völlig verschiedener Bakterienkulturen durch Austausch der Gene neue Bakterien mit den charakteristischen Eigenschaften beider sich entwickeln. Im Verlauf seiner weiteren Forschungen entdeckte L., daß die geschlechtliche Befruchtung nicht der einzige Weg zu einer sogenannten Rekombination von Eigenschaften bei den Bakterien ist. Teile fremder Erbmasse können, wenn man sie in den Bakterienkörper einführt, von diesem aufgenommen und mit seiner eigenen Erbmasse vereinigt werden. Dieser Prozeß, die sogenannte Transduktion, hat die Erkenntnis gebracht, daß man experimentell die Erbmasse und damit die Eigenschaften eines Organismus verändern kann, indem man ihm neue Gene zuführt. Man kann also mit dem Vererbungsmaterial „manipulieren" und so neue Wege zu einem detaillierten Studium der Organisation und Funktion der Gene beschreiten. Daneben eröffneten die Forschungsergebnisse von L. auch neue Möglichkeiten, die Funktionen des Organismus in normalem und krankem Zustand zu untersuchen, so etwa bei Tumoren und Krebserkrankungen.

Während der frühen Jahre des amerikanischen Raumfahrtprogrammes betätigte sich L. als Berater hinsichtlich der medizinwissenschaftlichen Implikationen der Viking-Mission zum Mars. Er war auch als wissenschaftlicher Berater in Fragen biologischer Waffen und Kriegsführung für die Weltgesundheitsorganisation tätig. 1978 wurde er Präsident der Rockefeller-Universität in New York.

Levi-Montalcini, Rita – italienische Neurobiologin
geb. 22.4.1909 in Turin
Nobelpreis 1986, für ihre Studien über Steuerungsvorgänge, die das Wachstum von Zellen und Organen regeln.
Mit 20 Jahren bat L.-M. ihren Vater um Erlaubnis, eine berufliche Laufbahn einschlagen zu dürfen. Als externe Kandidatin legte sie die Hochschulreife ab. Sechs Jahre lang studierte sie an der Medizinischen Schule in Turin, im Jahre 1936 schloß sie in Medizin und Chirurgie ab. Im selben Jahr verabschiedete Mussolini ein Manifest zur Rassenfrage, aufgrund dessen L.-M. ihrer Assistenzstellen am anatomischen Institut und der neurologischen Klinik enthoben wurde.

Nachdem sie die Kriegswirren in Brüssel und Florenz überstanden hatte, erhielt L.-M. 1947 eine Einladung von Professor V. Hamburger nach St. Louis, er wollte mit ihr die Versuche wiederholen, die sie einige Jahre zuvor an Hühnerembryonen durchgeführt hatten. An der zoologischen Abteilung der Washington-Universität begann L.-M. die Funktion des Nervensystems zu erforschen. Da bereits bekannt war, daß implantiertes fremdes Gewebe unter bestimmten Bedingungen das Wachstum von Nervenzellen anregen kann, verpflanzte sie Krebszellen aus Mäusen auf Hühnerembryonen und beobachtete, daß die Nervenzellen in den Embryonen übermäßig wuchsen. Aus der Art und Weise, wie dies geschah – nämlich ohne direkten Kontakt von Geschwulst und Nervenzellen, aber mit einer gemeinsamen Blutversorgung –, schloß L.-M., daß der Tumor wahrscheinlich eine hormonähnliche Substanz absonderte, die über das Blut zu den Nervenzellen gelangte und das Wachstum ankurbelte und lenkte. Um ihre Hypothese zu beweisen, entschloß sie sich 1952, nicht mehr mit Hühnerembryonen, sondern mit einfacheren Gewebekulturen zu arbeiten.

Während eines Forschungsaufenthaltes in Brasilien konnte sie mit der Wissenschaftlerin Herta Mayer einen „Wachstumsfaktor" biologisch nachweisen: Aus einem einzelnen Nervenknoten waren in einem Nährmedium unzählige Nervenfasern nach allen Seiten in einem dichten Kranz ausgesprossen. Diese Entdeckung war der „Wendepunkt" ihrer Forschung, nun konnte sie sich an die Isolierung des Nervenwachstumsfaktors wagen.

Von 1953 bis 1959 wurden an der Washington-Universität in St. Louis die entscheidenden Arbeiten durchgeführt. Zusammen mit S. Cohen isolierte sie in diesen Jahren den „nerve growth factor", kurz NGF genannt, und identifizierte diesen Botenstoff als ein Eiweiß aus zwei identischen Ketten zu jeweils 118 Aminosäurebausteinen. Der Nervenwachstumsfaktor „ebnet" der Nervenfaser quasi den Weg bis zu einer Kontaktstelle, auch Synapse genannt, wo über chemische Stoffe das Nervensignal auf die Zelle übertragen wird. Zweifellos beeinflußt der Nervenwachstumsfaktor die Entwicklung, die Differenzierung und die funktionelle Stabilität des peripheren Nervensystems.

1969 wurde Rita L. Direktorin des Instituts für Zellbiologie in Rom.

Die Forschungsergebnisse vermitteln neue Einsichten in Regulationsvorgänge, die der Nervenfaserregeneration, der Wundheilung, dem Kapillarwachstum und der Tumorentstehung zugrunde liegen.

Lewis, Edward B. – amerikanischer Biologe und Genetiker
geb. 20.5.1918 in Wilkes-Barre (Pennsylvania)
Nobelpreis 1995, für seine Entdeckungen über die genetische Kontrolle der frühen Embryonalentwicklung.
L. studierte Biologie und Genetik an der University of Minnesota in Minneapolis und promovierte 1942 auf dem Gebiet der Genetik am California Institute of Technology (Caltech) in Pasadena, wo er 1956 eine ordentliche Professur für Biologie erhielt. 1988 wurde er emeritiert.

Schon als Student war L. von der Frucht- oder Taufliege Drosophila melanogaster fasziniert. L. fand an mutierten Maden und Fliegen mit zwei statt vier Flügeln eine Gruppe von Genen, die die Entwicklung der Körpersegmente steuern, diese Gene sind in einigen Abschnitten fast identisch – von der Fruchtfliege bis zum Menschen. Rein äußerlich besteht zwischen einer Taufliege und dem Menschen ein gewaltiger Unterschied. Überraschenderweise haben die Entwicklungsbiologen in den letzten Jahren jedoch festgestellt, daß die grundlegende Musterbildung nach sehr ähnlichen Prinzipien erfolgt.

L. hat mit den Methoden der klassischen Genetik gefunden, daß Erbanlagen, die bei bestimmten Entwicklungsschritten kooperieren, auch auf den Chromosomen beieinanderliegen. Dieses sogenannte Ko-Linearitätsprinzip hat durch die detaillierten Untersuchungen der molekularen Entwicklungsbiologen wesentliche Erweiterungen erfahren. Die drei Nobelpreisträger Christiane Nüsslein-Volhard, L. und E. F. Wieschaus schufen durch die Entdeckung, wie Gene die frühe Embryonalentwicklung steuern, die Grundlagen für neue entwicklungsbiologische Erkenntnisse.

Bereits 1978 hatte L. bei der Taufliege Drosophila eine entscheidende Entdeckung gemacht. Er fand, daß die Larve der Fliege in viele Segmente aufgeteilt ist, von denen jedes für die Entwicklung eines Organs beziehungsweise Körperteils verantwortlich ist. Frau Nüsslein-Volhard und E. Wieschaus haben von 1978 bis 1981 gemeinsam am Europäischen Laboratorium für Molekularbiologie in Heidelberg die entscheidenden Untersuchungen durchgeführt, die mit dem Nobelpreis gewürdigt wurden.

Versuchsreihen mit mutanten weiblichen Taufliegen zeigten, daß die Entwicklung anfangs von mütterlichen Genen kontrolliert wird: Bereits ins unbefruchtete Ei lokal eingeschleuste maternale Signale bewirken die Produktion von Proteinen, die die Genaktivität der embryonalen Zellen lageabhängig regulieren. Danach suchte man nach den Genen, die im Embryo aktiv sind und die Segmentierung steuern. Innerhalb eines Jahres untersuchten die Forscher mehr als 20.000 Mutanten und fanden 120 Gene, die die Differenzierung der Zellen steuern. Diese Befunde haben inzwischen Gültigkeit für das gesamte Tierreich und auch den Menschen.

Lipmann, Fritz Albert – amerikanischer Biochemiker
geb. 12.6.1899 in Königsberg (Ostpreußen)
gest. 24.7.1986 in Poughkeepsie (New York)
Nobelpreis 1953, für seine Verdienste auf dem Gebiet der Erforschung der biochemischen Vorgänge in der lebenden Zelle sowie für seine Entdeckung des Koenzyms A und dessen Bedeutung für den Zwischenstoffwechsel.
L. studierte von 1917 bis 1922 Medizin in Königsberg und München und promovierte 1922 in Berlin. Von 1923 bis 1927 studierte er Chemie und schloß mit dem Doktorgrad ab. 1931 ging er nach New York. Von 1957 bis 1969 lehrte L. als ordentlicher Professor an der dortigen Rockefeller-Universität.

L. schlug 1941 zur Erklärung der Energieübertragung im Stoffwechsel der Zellen ein Modell mit Adenosintriphosphat als Zentralglied vor. Die Energie, die die Aufbau- und Abbauvorgänge des Krebszyklus erst ermöglichen, wird erzielt durch die Oxydation einer Verbindung mit zwei Kohlenstoffatomen, die sie unter Bildung von Kohlensäure und Wasser zur Verfügung stellt und die, von außen eintretend, den Zyklus im ständigen Kreisen hält. Man kam schon früh auf die Vermutung, daß es sich bei dieser lange rätselhaften Verbindung um etwas handeln müsse, was chemisch mit der Essigsäure nahe verwandt sein müsse. Daß diese im Stoffwechselprozeß der Zelle eine bedeutende Rolle spielt, war bekannt, da man größere Mengen von ihr in der lebenden Zelle hatte nachweisen können. Diese Säure besaß jene beiden Kohlenstoffatome, die der Krebszyklus forderte. L. stellte nun die Behauptung auf, daß es sich bei der lang gesuchten Verbindung um das Acetylphosphat handle. Er konnte jedoch nicht verhindern, daß sich eine rasch anwachsende Skepsis der internationalen Forschung gegenüber seiner These entfaltete, da das Acetylphosphat eben doch nicht das von sich aus leiste, was der Krebsenergiezyklus fordere. Doch seine Zähigkeit wurde belohnt, mit der Entdeckung des Koenzyms A löste er das Rätsel der plötzlich chemisch so aktiv werdenden Essigsäure. L. konnte nachweisen, daß das Koenzym A im Haushalt der Natur eine entscheidende Rolle als integrierender Bestandteil des universellen Krebszyklus spielt.

Die beiden Nobelpreisträger H. A. Krebs und L. haben das Verdienst, die biochemischen Vorgänge in der lebenden Zelle in das theoretische Bild eingefügt zu haben, das sich die Wissenschaft heute von der Struktur der Zelle macht.

Loewi, Otto – amerikanischer Pharmakologe deutscher Herkunft
geb. 3.6.1873 in Frankfurt/Main
gest. 25.12.1961 in New York
Nobelpreis 1936, für die Entdeckungen bei der chemischen Übertragung der Nervenimpulse.
L. promovierte 1896 in Straßburg in Medizin. Danach trieb er weiterführende Studien der Chemie. Er habilitierte sich 1900 in Marburg. Zu weiterbildenden physiologischen Studien ging L. nach London. 1909 berief man ihn als ordentlichen Professor und Direktor des pharmakologischen Instituts an die Universität Graz. Ab 1940 wirkte er als Research Professor für Pharmakologie der Medical School der Universität New York.

L. suchte besonders die Reizübertragung vom Nervenende auf das sogenannte Erfolgsorgan zu ergründen, auf jenes Organ also, das beeinflußt oder bewegt werden soll. 1921 entdeckte er die chemische Übertragung der Nervenwirkung. Vorher wußte man nicht, daß die vegetativen Nerven bei Reizung Stoffe frei machen, die den Wirkungserfolg der Nervenreizung bedingen. Man muß erst einmal wissen, daß bei Mensch und Tier dem sogenannten animalen oder willkürlichen Nervensystem das vegetative zugestellt ist, das die glatte Muskulatur bewegt und die „inneren Organe" mit den notwendigen Erregungsstoffen versorgt. Ungelöst blieb bis zu L.s Forschungen, in welcher Weise die durch die Nerven hergeleiteten Reize beim Erfolgsorgan an ihrem Ende vermittelt werden. Seine Entdeckung von der chemischen Übertragung von Nervenimpulsen revolutionierte die Neurophysiologie.

Die Überträgersubstanz, der L. den Namen „Vagusstoff" gab, konnte von ihm und Navratil im Jahre 1926 als Acetylcholin identifiziert werden. Von seiner Entdeckung des Vagusstoffes ausgehend, der die Herztätigkeit verlangsamt, suchte L. bewußt nach Stoffen, die bei der Tätigkeit eines Organs hemmend oder fördernd wirken. Sein berühmter Versuch mit zwei Froschherzen erbrachte die Erkenntnis, daß für beide Nerven des Herzens ihre Reizwirkung „neurohumoral" ausgelöst wird, das bedeutet durch Stoffe, die vom Nerv in Flüssigkeiten übergehen. Daraus ergaben sich bald weitere entscheidende Entdeckungen wie jene, daß es sich bei der Nervenlähmung durch Atropin und andere entsprechende Mittel nicht um eine Lähmung der Nerven handelt, sondern um eine Gegenwirkung gegen die Nervenreizstoffe am Erfolgsorgan. Weitere Versuche ergaben, daß das Acetylcholin schnell durch ein Enzym, die Acetylcholinesterase, abgebaut wird und daß Alkaloide dieses Enzym inhibieren.

Sir H. Dale und L. haben mit ihren Entdeckungen der chemischen Übertragung der Nervenimpulse die Neurophysiologie wesentlich beeinflußt, womit vor allem das Acetylcholin und das Adrenalin gemeint waren, als Überträgerstoffe der Nervenimpulse des sympathischen beziehungsweise des parasympathischen Nervengewebes auf die Erfolgsorgane. Am 29. Oktober 1936 verlieh ihnen das Nobelpreis-Komitee für die Entdeckung der biochemischen Übertragung von Nervenimpulsen den Nobelpreis.

Lorenz, Konrad – österreichischer Zoologe und Mediziner
geb. 7.11.1903 in Wien
gest. 27.2.1989 in Altenberg
Nobelpreis 1973, für seine Entdeckungen über Organisation und Auslösung von individuellem und sozialem Verhalten.
Ab 1922 absolvierte L. die ersten beiden Jahre seines Medizinstudiums an der Columbia-Universität in New York, danach studierte er an der Universität in Wien und promovierte 1928. Seinem besonderen Interesse für Biologie und Tierverhalten folgend, nahm er 1928 ein Studium der Zoologie, Paläontologie und Humanpsychologie an der Universität Wien auf und promovierte 1933. 1937 habilitierte sich L. 1940 wurde er als Professor für Humanpsychologie an die Universität Königsberg gerufen. Von 1961 bis zu seiner Emeritierung 1973 war er Direktor des Max-Planck-Instituts für Verhaltensphysiologie in Seewiesen.

Die Beobachtungen von L. an Vogelarten begründeten in der Verhaltenswissenschaft eine eigenständige Forschungsrichtung, die Analyse „sozialen" Verhaltens. Zahlreiche Untersuchungen der „sozialen" Beziehungen zwischen den Individuen innerhalb der Gemeinschaft deckten eine Fülle neuer Einzelheiten angeborener Triebhandlungen auf. Viele Verhaltensweisen sind Kombinationen von Instinkthandlungen und Lernprozessen; L. nannte sie „Instinkt-Dressurverschränkungen". Die ersten Lernprozesse eines Jungtieres erfolgen relativ leicht und sind irreversibel, sie sind aber an eine definierte, meist kurze Frühphase der Entwicklung gebunden. L. analysierte sehr detailliert diese „Prägung" als eine frühe Form des Lernens. Die Prägung ist das Prinzip der Verhaltensbildung an eine Reizkonstellation, deren Träger im Normalfall der Elternkumpan ist. Nach Abschluß dieser Prägungsperiode hat sich das junge Tier an den Elternkumpan angeschlossen und besitzt nun gegenüber anderen Tieren eine erhöhte Fluchtbereitschaft. L. sieht in den endogenen Automatismen auch die Ursache des Aggressionstriebes vieler Tiere, dem er eine grundlegende, arterhaltende Funktion beimißt. Neuere Untersuchungen zeigen, daß die Aggressivität keinesfalls ein erbstarres Verhalten ist, sondern eine relative Plastizität besitzt.

Die Erkenntnisse von L. und N. Tinbergen erbrachten grundlegende Einsichten, die sich auch im menschlichen Verhalten widerspiegeln. Eine allgemeine Verhaltensbiologie, die in besonders klarer Form und Prägung beim Tier gefunden wurde, ist auch in vielen Handlungen des Menschen erkennbar.

L. hat sich auch konsequent für einen ökologischen Ausgleich des Menschen mit der Natur eingesetzt.

Luria, Salvador Edward – amerikanischer Mikrobiologe italienischer Herkunft
geb. 13.8.1912 in Turin
gest. 6.2.1991 in Lexington (Massachusetts)
Nobelpreis 1969, für seine bedeutenden Entdeckungen auf dem Gebiet der genetischen Struktur und der Vererbungsmechanismen von Viren.
L. studierte Medizin an der Universität Turin und promovierte dort 1935. Von 1940 bis 1942 war er wissenschaftlicher Mitarbeiter für Bakteriologie an der Columbia-Universität in New York. Von 1950 bis 1959 hatte er den Lehrstuhl für Bakteriologie an der Universität von Urbana (Illinois) inne. Ab 1959 lehrte L. als Professor für Mikrobiologie und für Biologie am Massachusetts Institute of Technology (MIT) in Cambridge.

Die Nobelpreisträger Max Delbrück, Alfred Day Hershey und L. haben die festen Grundlagen geschaffen, auf denen die moderne Molekularbiologie beruht.

L. beschäftigte sich intensiv mit der Physiologie bakteriophageninfizierter Zellen (Bakteriophagen sind sehr kleine Organismen, die in der Lage sind, in ein Bakterium einzudringen, sich darin zu vermehren und schließlich ihren Wirt zu zerstören, wobei eine Generation neuer Phagen freigesetzt wird) und deckte wichtige Zusammenhänge zwischen Struktur und Funktion der Desoxyribonukleinsäure (DNA) des Bakteriophagen auf. Er studierte u. a. das Ausprägen neuer Eigenschaften durch phageninfizierte Bakterien, die Fähigkeiten bestimmter Bakterienstämme, zwischen akzeptablen und nicht erwünschten Phagen (die dann nicht vermehrt werden) zu unterscheiden, und die Wirkung bestimmter toxischer bakterieller Ausscheidungsprodukte (Bakteriozine), die von defekten Phagen nicht scharf unterschieden werden können. Aus seinen Forschungen resultierte die umfassende Kenntnis der Vererbungsmechanismen und steuernden Prozesse bei Entwicklung und Wachstum von Geweben und Organen.

L. hat zahlreiche Aufsätze in wissenschaftlichen Fachzeitschriften geschrieben, ferner die Bücher „General Virology" (1953) und „Leben – das unvollendete Experiment" (1973), in denen es um eine allgemeinverständliche Darstellung der modernen Biologie von den molekularen Mechanismen geht.

Seinen Anteil am Nobelpreisgeld hat L. für verschiedene Antikriegsorganisationen gestiftet. 1969 erhielt er zusammen mit Delbrück den Louisa-Gross-Horwitz-Preis der New Yorker Columbia-Universität und die Medaille des Pasteur-Institut in Paris.

Lwoff, André – französischer Mikrobiologe
geb. 8.5.1902 in Ainay-le-Chateau (Allier)
gest. 30.9.1994 in Paris
Nobelpreis 1965, für die Entdeckung eines die anderen Gene steuernden Gens.
L. studierte Naturwissenschaften und Medizin an der Sorbonne und promovierte 1932. Am Pasteur-Institut wurde L. 1938 die Leitung der Abteilung für Mikrobenphysiologie übertragen. 1959 erhielt L. den Lehrstuhl für Mikrobiologie an der Sorbonne, den er bis 1968 innehatte. Von 1968 bis zu seiner Emeritierung 1972 leitete er das Krebsforschungsinstitut Villejuif.

L.s gemeinsame Arbeiten mit seinem Schüler F. Jacob und dem Stoffwechselchemiker J. Monod führten zur Entdeckung einer bis dahin unbekannten Art von Genen, der sogenannten Strukturgene und Regulationsgene. Die ersteren Gene steuern den Aufbau der chemischen Strukturen in den organischen Substanzen, auf denen die Entwicklung des einzelnen Lebewesens beruht; die Regulationsgene dagegen üben eine Art Oberaufsicht aus: Sie lassen Kontrollen anlaufen oder stoppen eine Entwicklung.

Mit Hilfe dieser Theorie kann man das verschiedenartige Verhalten biogener Prozesse erklären. Das komplizierte System gibt der Zelle die Möglichkeit, sich den Lebensbedingungen in der Umgebung anzupassen und unter wechselnden Umständen zu überleben. Selbst die Vermehrung von Viren in infizierten Bakterienzellen unterliegt derartigen Regulationsvorgängen. Die Nobelpreisträger Jacob, L. und Monod haben sich in jahrelangen Untersuchungen mit Bakterienzellen befaßt, diese gekreuzt, mit Bakteriophagen infiziert den Gesamtstoffwechsel einer näheren Betrachtung unterzogen und aus diesen Erkenntnissen eine Theorie entwickelt, die zum näheren Verständnis molekular-biologischer Vorgänge beigetragen hat.

Nach seiner Pensionierung engagierte sich L. auf internationaler Ebene für die Einhaltung der Menschenrechte und trat für die Gleichberechtigung der Frauen ein.

Lynen, Feodor Felix Konrad – deutscher Biochemiker
geb. 6.4.1911 in München
gest. 6.8.1979 in München
Nobelpreis 1964, für seine Arbeiten zur Aufklärung des Mechanismus und der Regulierung des Cholesterin- und Fettsäurestoffwechsels.
Ab 1930 studierte L. Chemie an der Universität München, wo er auch 1937 promovierte und sich 1941 habilitierte. 1953 wurde er dort ordentlicher Professor für Biochemie. Von 1954 bis zu seiner Emeritierung war L. Direktor des Max-Planck-Instituts für Zellchemie und später für Biochemie.

1951 gelang L. die Isolierung der aktivierten Essigsäure aus Hefezellen. Aktivierte Essigsäure ist eine Schlüsselverbindung im Stoffwechsel aller Zellen. Sie entsteht beim Abbau der Kohlenhydrate, Fette und Eiweiße, ist aber weit mehr als eine obligate Durchgangsstufe im Abbau der Nährstoffe, sie stellt vielmehr einen energiereichen Baustein zur Synthese vieler Zellinhaltsstoffe und Zellstrukturbestandteile dar. Die aktivierte Essigsäure ist der Grundbaustein zur Synthese langkettiger Gebilde, sie ist aber auch Ausgangspunkt und Ausgangsmaterial zur Bildung komplizierter Körper mit Ringstruktur, beispielsweise Cholesterin, der Hormone der Nebennierenrinde und des antirachitischen Vitamin D. L.s chemischer Denkweise und Experimentierkunst, verbunden mit harter Arbeit, sind auch die Erfolge bei der Ergründung von Teilprozessen der Steroidsynthese zu verdanken. Er griff das von H. Woods aufgestellte Konzept von der „aktivierten Kohlensäure" auf, die er von 1959 bis 1965 als carboxyliertes Biotin identifizierte. Als Baustein der Terpene und des Cholesterols wurde „aktiviertes Isopren" postuliert. Die im Wettstreit mit K. E. Bloch erfolgten Untersuchungen führten 1958 zur unabhängigen Identifizierung als Isopentenylpyrophosphat.

Von 1960 bis 1964 untersuchte L. die biochemische Fettsäuresynthese. Die Vermutung, diese sei der reversible Schritt zum Abbau, erwies sich als falsch. Als synthesesteuerndes Enzym wurde die Fettsäuresynthetase aufgefunden, die sich als Multienzymkomplex erwies. Dessen Struktur sowie den Chemismus der Fettsäuresynthesereaktion klärte L. auf. Die Nobelpreisträger Bloch und L. haben mit ihren Forschungsarbeiten gezeigt, daß das, was eine moderne chemische Industrie an Stoffsynthesen nur unter großen Schwierigkeiten und mit einem immensen technischen Aufwand zustande bringt, von der Zelle nach ein paar einfachen Prinzipien bewerkstelligt wird. Ihre Forschungsergebnisse stellen außerdem wichtige Leitlinien dar, an denen sich die klinische Forschung, die sich mit Problemen wie Fettstoffwechselstörungen bei der Zuckerkrankheit oder der Entstehung der Arteriosklerose befaßt, weiter orientierte.

Mit dem Auffinden des aktiven Isopren fanden Bloch und L. den Ansatzpunkt der Cholesterinsynthese, einen der wichtigsten Fixpunkte im Stoffwechselgeschehen, der zum besseren Verständnis der Wirkungsmechanismen biologisch hochwirksamer Substanzen beiträgt.

Macleod, John James – kanadischer Physiologe britischer Herkunft
geb. 6.9.1876 in Cluny bei Dunkeld (Schottland)
gest. 19.3.1935 in Aberdeen
Nobelpreis 1923, für die Erforschung und Isolierung des Bauchspeicheldrüsenhormons Insulin.

M. studierte Medizin am Marischal College der Universität Aberdeen. 1902 wurde er Dozent für Biochemie. 1918 wurde M. Professor für Physiologie an der Universität Toronto. 1928 erhielt er die Professur für Physiologie an der Universität in Aberdeen (Schottland) und wurde gleichzeitig beratender Physiologe am Rowett Institute for Animal Nutrition.

An seinem Institut begannen Frederick Banting (ebenfalls Medizin-Nobelpreis 1923), Charles H. Best und Studenten an Versuchshunden mit ihren Experimenten. Sie ließen bei einigen Versuchstieren jenen Teil der Bauchspeicheldrüse einschrumpfen und entarten, der den Verdauungssaft mit dem ihrer Ansicht nach hinderlichen Trypsin erzeugt. Am 30. Juli 1921 haben Banting und Best bei einem Versuchshund, den sie zuvor durch radikales Entfernen der Bauchspeicheldrüse zuckerkrank gemacht hatten, erstmals Insulin mit Erfolg angewandt. Doch noch enthielt das hergestellte Insulin Beimengungen, die nicht völlig unschädlich waren. Es galt also, das Insulin zu reinigen. M. nahm jetzt die wissenschaftliche Leitung in die Hand und interessierte den namhaften Biochemiker J. B. Collip für diese Aufgabe. Nach einjähriger angespannter Tätigkeit war der Bann gebrochen, es war ihnen gelungen, ein Verfahren zur chemischen Reindarstellung des Insulins zu entwickeln, das sich zudem auch für eine fabrikmäßige Herstellung eignete. Das Herstellungsverfahren des Insulins ließen sich Banting, Best und M. patentieren, denn schon bald wurde das Hormon in größeren Mengen und in klinisch brauchbarer Form zur Behandlung der Zuckerkrankheit eingesetzt.

Die Arbeiten, die zur Entdeckung des Insulins und seiner heilsamen Anwendung bei erkrankten Menschen führten, machen besonders deutlich, wie verschiedene Forscher in gemeinschaftlicher Zusammenarbeit ein großes Ziel verwirklichen können. Bald bemühten sich die Wissenschaftler auch um die künstliche Herstellung des Insulins. Mitte der 60er Jahre gelang H. Zahn und zwei anderen Forschungsgruppen gleichzeitig die Totalsynthese.

Der Mangel an Insulin zieht eine Erhöhung der Blutglucosekonzentration nach sich und gleichzeitig folgenschwere Störungen im Fettstoffwechsel. Die wichtigste physiologische Wirkung des Insulins ist die Senkung des Blutglucosegehaltes, sobald beispielsweise nach einer kohlenhydratreichen Mahlzeit der Normalwert überschritten wird; dabei bestimmt die Höhe der Blutglucosekonzentration die Geschwindigkeit der Insulinsekretion. Etwa seit 1980 wird Humaninsulin in industriellem Maßstab gentechnisch aus Bakterien gewonnen.

McClintock, Barbara – amerikanische Botanikerin und Genetikerin
geb. 16.6.1902 in Hartford (Connecticut)
gest. 2.9.1992 in Cold Spring Harbor
Nobelpreis 1983, für ihre Entdeckung der beweglichen Strukturen in der Erbmasse.

M. entdeckte bereits in den 40er Jahren sogenannte „jumping genes" als die beweglichen Strukturen in der Erbmasse von Maiszellen. Die fundamentale Bedeutung ihrer Entdeckung, daß in der bis dahin für starr gehaltenen Struktur der Chromosomen „Springgene" als Kontrollelemente fungieren, wurde über Jahre von der Genforschung nicht erkannt. Die biologische und medizinische Bedeutung der in Maispflanzen gemachten Entdeckungen sei erst, der Laudatio zufolge, in den zurückliegenden zehn Jahren deutlich geworden.

M. studierte ab 1920 Genetik und Zellbiologie. Mit 25 Jahren beendete sie ihr Studium als Doktor der Botanik. 1929 war sie Mitherausgeberin einer Arbeit, in der gezeigt wurde, daß der Austausch von genetischer Information von einem Austausch von Chromosomenbruchstücken begleitet sein kann. Damit wurde endlich der schlüssige Beweis geliefert, daß die Chromosomen die Gene tragen. 1936 erhält sie an der Universität von Missouri eine Assistenzprofessur. 1944 wird sie zum

Mitglied der Amerikanischen Akademie der Wissenschaften gewählt, und im gleichen Jahr geht sie an die Stanford-Universität in Kalifornien.

1945 geht sie nach Cold Spring Harbor und beschäftigt sich mit Maisversuchen. Nach unzähligen Kreuzungsexperimenten zieht M. 1948 aus ihren Ergebnissen die geniale Schlußfolgerung: Gene, die als kontrollierende Elemente arbeiten, können innerhalb eines Maischromosoms, ja sogar von einem Chromosom zum anderen Chromosom, wechseln und sich immer wieder an neuen Orten einnisten. M. entdeckte noch ein weiteres Gen, das sogenannte Aktivatorgen, das die Fähigkeit des Dissoziatorgens kontrolliert, Chromosomenbrüche herbeizuführen. Fehlt dieses Gen, so ist das Dissoziatorgen nicht in der Lage, Chromosomenbrüche hervorzurufen, und es kann auch auf keine andere Weise verlagert werden. Die charakteristische funktionelle Besonderheit des Aktivatorgens besteht darin, den Zeitpunkt zu bestimmen, zu dem unter dem Einfluß des Dissoziatorgens der Chromosomenbruch erfolgt. Somit wurde beim Mais erstmalig ein kompliziertes bewegliches genetisches Regulationssystem beschrieben, das seine Funktion durch die Wechselwirkung seiner Komponenten ausübt: des „üblichen" Gens, das die Ausbildung eines bestimmten Merkmals determiniert, des Strukturgens, wie man heute sagt, des Dissoziatorgens und des Aktivatorgens.

Erst 30 Jahre nach der wichtigsten Entdeckung M.s erkennen Molekularbiologen, daß unserem Organismus eine minimale genetische Ausstattung genügt, um wahrscheinlich über hundert Millionen verschiedener Antikörper zu bilden. Die Gene werden im Erbgut einfach verschoben und jeweils neu kombiniert. Auch in der heutigen Entwicklungsetappe der Genetik, besonders in der Molekulargenetik, spielen diese Ideen eine ganz wesentliche Rolle.

Es war eine späte Anerkennung ihrer genialen Entdeckung, denn erst mit 81 Jahren erhält sie als erste Frau alleine den Medizin-Nobelpreis zuerkannt.

Medawar, Sir (ab 1965) **Peter Brian** – britischer Biologe und Zoologe
geb. 28.2.1915 in Rio de Janeiro
gest. 3.10.1987 in London
Nobelpreis 1960, für die Entdeckung der erworbenen Immunität des Körpers gegenüber bestimmten Fremdsubstanzen.
M. nahm mit 17 Jahren ein Studium der Biologie, Zoologie und Pathologie am Magdalen College in Oxford auf. Ab 1942 wirkte er als Dozent für Zoologie und Vergleichende Anatomie am St. John's College in Oxford, daneben war er mit Forschungsarbeiten an verschiedenen Colleges beschäftigt. 1947 wurde er zum Professor für Zoologie an die Universität Birmingham berufen. Von 1951 bis 1962 war M. Professor für Zoologie am University College in London. Von 1962 bis 1971 war er Direktor des Nationalinstituts für Medizinische Forschung. Von 1977 bis 1983 war er Professor für experimentelle Medizin an der Royal Institution of Great Britain.

M. lieferte zusammen mit Frank MacFarlane Burnet (ebenfalls Medizin-Nobelpreis 1960) grundlegende Arbeiten zur Erforschung der Immunitätsvorgänge. Die Forschungsarbeiten von Edward Jenner, Ignaz Semmelweis, Louis Pasteur, Rudolf Virchow und Robert Koch (Medizin-Nobelpreis 1905) gaben der Immunbiologie das Fundament durch die Entdeckung der Immunisierung. Ungeklärt blieben indessen die im tierischen und menschlichen Organismus ablaufenden Prozesse zur Vernichtung der eingedrungenen Krankheitserreger und somit das Wirkungsprinzip der Immunisierung. Hierzu leistete der russische Bakteriologe Ilja Metschnikow (Medizin-Nobelpreis 1908) wissenschaftliche Pionierarbeit. Seine Resultate lieferten die Grundlagen für die Aufklärung der zellulären und molekularen immunbiologischen Prozesse im Organismus bis hin zur Erkenntnis der Vorgänge der Abwehrreaktionen des Körpers bei Organtransplantationen.

Dem Embryo fehlt noch die Fähigkeit zur Entwicklung der Immunität. Erst einige Zeit nach der Geburt wird die immunologische Reife erreicht. Daraus schlossen Burnet und M., daß die Eigenerkennungsfähigkeit nicht vererbt, sondern während des embryonalen Lebens allmählich erworben wird. Bei seinen Experimenten impfte M. Mäuseembryonen artfremdes Gewebe in die Bauchhöhle ein. Nach erfolgter immunologischer Reifung führte er Transplantationen durch und konnte feststellen, daß der Mäuseorganismus nicht nur eigenes, sondern auch das fremde Gewebe mit gleichem immunologischen Muster wie das während der Schwangerschaft eingeimpfte Gewebe annahm. Gegen anderes Fremdgewebe reagierten sie ebenso heftig wie nichtbehandelte Tiere, damit konnte M. beweisen, daß die Tiere eine spezifische immunologische Toleranz erworben hatten. Die preisgekrönten Arbeiten von Burnet und M. eröffneten neue Wege für die Transplantationsmedizin, um die bei Organverpflanzungen auftretende Abstoßungsreaktion des Körpers gegen die fremde Substanz zu verhindern.

Metschnikow, Ilja Iljitsch – russischer Zoologe und Bakteriologe
geb. 15.5.1845 in Iwanowka / Gebiet Charkow
gest. 15.7.1916 in Paris
Nobelpreis 1908, als Anerkennung für seine Arbeiten zur Begründung der modernen Immunforschung, deren Richtung und Entwicklung er vor allem im Frühstadium grundlegend beeinflußt hat.
M. studierte ab 1862 Naturwissenschaften an der Universität Charkow. Schon seine ersten Arbeiten befaßten sich mit der Zoologie, und er wurde bald ein begeisterter Anhänger der Evolutionstheorie. Ihm schwebte vor, die Lücke der Darwinschen Entwicklungsreihe auszufüllen. 1866 ging M. nach Neapel und verfaßte hier seine Dissertation über die Embryonalentwicklung bei Tintenfischen und Krebsen. Nach seiner Promotion 1868 in Petersburg ging er 1870 nach Odessa, wo er eine Titularprofessur für Zoologie und Vergleichende Anatomie erhielt.

Aufgrund politischer Schwierigkeiten beendete er 1882 seine Tätigkeit in Odessa und ging nach Messina, wo er in seinem Privatlabor die Untersuchungen zur vergleichenden Embryologie fortführte. Seine Vermutung, daß die intrazelluläre Verdauung durch besondere Freßzellen schädliche Eindringlinge beseitigen könnte, konnte er in Italien bestätigen: Steckte er kleine Dornen in die Haut von Seesternen, so waren diese am nächsten Tag von zahlreichen beweglichen Zellen umgeben. Den beweglichen Freßzellen gab M. den Namen Phagozyten. Er bemühte sich nun darum, den Prozeß der Phagozytose auch an höheren Tieren und besonders bei den Säugetieren zu untersuchen. Mit der Feststellung, daß eine lebhafte Phagozytose bei solchen Säugern auftrat, die gegen den Milzbranderreger widerstandsfähig waren, und daß die Phagozytose bei milzbrandempfindlichen Tieren nur schwach ausgeprägt war, hatte sich M. mit seiner Phagozytentheorie in das noch völlig offene Gebiet des innerorganismischen Wirkungsmechanismus der Immunreaktion begeben.

1888 folgte er einem Angebot Louis Pasteurs, um an seinem Institut die Arbeiten fortzusetzen. Hier arbeitete M. am Ausbau der Phagozytentheorie. Emil v. Behrings (Medizin-Nobelpreis 1901) Entdeckung der Antitoxine im Jahr 1890 ergab einen Widerspruch zur Phagozytenlehre, dem sich M. nicht verschließen konnte. Seine erneuten Versuchsserien deuteten jedoch darauf hin, daß die Antitoxine von den Phagozyten gebildet werden. So ließ sich zeigen, daß die Phagozyten auch auf verschiedene Gifte reagieren. Besonders die Makrophagen nehmen Gifte auf, während die Granulozyten (eine Art der weißen Blutkörperchen) vorwiegend Bakterien vernichten. 1892 veröffentlichte M. die Ergebnisse seiner Untersuchungen, und es war vor allem dieses Buch, das der Phagozytentheorie zum Durchbruch verhalf. Durch seine Studien über das Immunitätsproblem bei Infektionskrankheiten und über die Darmflora schuf er die Grundlage einer vergleichenden Pathologie, der Lehre von den krankhaften Lebensvorgängen und ihren Folgezuständen.

Meyerhof, Otto Fritz – deutscher Biochemiker
geb. 12.4.1884 in Hannover
gest. 6.10.1951 in Philadelphia
Nobelpreis 1922, für seine Entdeckung des Verhältnisses zwischen Sauerstoffverbrauch und Milchsäureproduktion im Muskel.

M. studierte Medizin und promovierte 1909 in Heidelberg. Trotz seines medizinischen Studiums hatte er nie die Absicht gehabt, ausübender Arzt zu werden. Er schloß sich vielmehr zunächst als Anhänger dem Göttinger Philosophen L. Nelson an und war nach dessen Tod bis 1937 Herausgeber der von ihm gegründeten Philosophischen Zeitschrift. M. habilitierte sich an der Universität Kiel für Physiologie, wirkte dort ab 1918 als Titularprofessor, ab 1921 als außerordentlicher Professor.

Hier führte er seine grundlegenden Untersuchungen über die Vorgänge im Muskel durch. Er leitete seine Arbeit mit Versuchen über den Verbrennungsvorgang in Zellen ein, wobei ihm als Objekte Eier von Seeigeln, Blutzellen und Bakterien dienten. Da mit der Atmung die Zerlegung von Zucker in Alkohol und Kohlensäure bei Wein- und Biererzeugung durch die Hefen eng zusammenhängt, widmete M. dem Atmungsprozeß und der Gärung der Hefe seine Aufmerksamkeit und entdeckte dabei einen Hilfsstoff (Koferment), der von der Hefe erzeugt wird und für beide Vorgänge von Bedeutung ist.

M. untersuchte mit chemischen Versuchen einen arbeitenden Muskel unter Sauerstoffabschluß und stellte fest, daß sich in ihm Milchsäure unter Verschwinden von Glykogen bildet. An diesen Vorgang schließt sich eine Erholung an, bei der die Milchsäure unter Zutritt des Sauerstoffs vollständig zu Kohlensäure und Wasser verbrennt. Die Verbrennung umfaßt nur einen kleinen Bruchteil der Milchsäure, während der größere Teil wieder zu tierischer Stärke aufgebaut wird und damit neuen Energievorrat für den Muskel bildet. Es gelang M., für die Zusammenhänge eine chemische Formelreihe aufzustellen, welche die Stoffumsetzungen den Versuchsergebnissen entsprechend genau darstellt.

Die Kaiser-Wilhelm-Gesellschaft zur Förderung der Wissenschaften richtete an ihrem Institut für Biologie in Berlin-Dahlem eine neue biochemische Abteilung ein und übertrug im Jahre 1924 M. deren Leitung. Hier wurden die wissenschaftlichen Arbeiten über die chemischen und energetischen Umsetzungen im Muskel fortgeführt. Ab 1929 war er als Leiter der physiologischen Abteilung des Kaiser-Wilhelm-Instituts für medizinische Forschung in Heidelberg sowie als ordentlicher Professor in der medizinischen Fakultät der Universität Heidelberg tätig.

1936 wurde er gezwungen, die Professur und 1938 die Leitung des Instituts niederzulegen. Durch die politischen Ereignisse und die judenfeindliche Entwicklung in Deutschland mußte M. nach den USA emigrieren. Er erhielt eine Forschungsstelle an der Pennsylvania University in Philadelphia, doch durch mangelnde Unterstützung mußte er die Arbeiten über das Muskelproblem einstellen, und er konnte lediglich seine biochemischen Forschungen fortsetzen. M. veröffentlichte zahlreiche Schriften.

Milstein, Cesar – argentinischer Molekularbiologe
geb. 8.10.1927 in Bahia Blanca
Nobelpreis 1984, für die Erforschung der vielfältigen Struktur der Antikörper und die Beiträge zur Entwicklung des Immun- oder Hybridomverfahrens als neuen Zweigs der Biotechnologie.

M. studierte ab 1945 an der Universidad Nacional de Buenos Aires Chemie und Biologie und promovierte 1957. 1960 habilitierte er sich in Cambridge. 1969 wurde er Leiter der Abteilung für Protein- und Nukleinsäurechemie. Er ist Mitglied im wissenschaftlichen Direktorium des Medical Research Council.

1975 veröffentlichten Georges Köhler und M. den Artikel „Langlebige Hybridzellkulturen, die Antikörper vorausbestimmter Spezifität absondern". In diesem Aufsatz teilten die beiden Wissenschaftler zum ersten Mal ihr Verfahren zur Gewinnung Antikörper bildender Hybridzellen mit. Sie brachten Lymphzellen immunisierter Mäuse mit Myelomtumorzellen (vom Knochenmark ausgehendes Geschwulst) anderer Mäuse zur Verschmelzung und stellten fest, daß sich die auf diese Weise gewonnenen Hybridome (monoklonale Antikörper) in Zellkultur unbegrenzt vermehren, entsprechend ihrer Spezifität isoliert werden können und die spezifischen Antikörper der mit ihnen verschmolzenen Antikörper bildenden Zellen in großen Mengen entstehen.

Mit dieser Entdeckung haben Köhler und M. gleichzeitig mehrere Aufgaben gelöst. Während die Antikörper bildenden Zellen normalerweise in der Zellkultur schnell zugrunde gehen, sind die Hybridomzellen als intensiv wachsende Tumorzellen in der Lage, die Antikörper über einen unbegrenzt langen Zeitraum außerhalb des Körpers zu bilden. Bei der Züchtung der Hybridomzellen in der Zellkultur entstanden praktisch ewig lebende Zellklone, d. h. Zellen mit einheitlichem genetischen Material. Diese Antikörper sind identisch, man bezeichnet sie als monoklonal. Durch spezielle Verfahren lassen sich aus der Masse der verschiedenen Hybridzellen in der Zellkultur diejenigen auswählen und isoliert weiterzüchten, die eine ganz spezifische gewünschte Antikörpervariante produzieren.

Die Spezifität ließ sich so weit entwickeln, daß Antikörper gegen ganz bestimmte Molekülgruppen des Antigens gebildet wurden, so daß mit ihrer Hilfe der chemische und räumliche Aufbau von Antigenmolekülen und anderen Proteinen aufgeklärt werden konnte. Monoklonale Antikörper eignen sich auch zum diagnostischen Nachweis und zur Behandlung bestimmter Krebserkrankungen. Mit ihrer Hilfe lassen sich kleine Tumoren auffinden und rechtzeitig klinisch behandeln. Derartige Antikörper konnten mit zellabtötenden Medikamenten gekoppelt und bisher im Tierexperiment zur gezielten Krebsbehandlung eingesetzt werden. In der Biologie lassen sich monoklonale Antikörper zur Analyse der Zusammensetzung von Makromolekülen sowie zur gesteuerten Synthese bestimmter wichtiger Proteine verwenden.

Minot, George Richards – amerikanischer Internist und Physiopathologe
geb. 2.12.1885 in Boston (Massachusetts)
gest. 25.2.1950 in Brookline (Massachusetts)
Nobelpreis 1934, für die gemeinsam mit W. P. Murphy und G. H. Whipple entwickelte Leberdiät bei der Behandlung von perniziöser Anämie.

M. studierte Zoologie und später Medizin an der Harvard-Universität in Boston. Von 1928 bis 1948 war er dort Professor.

Ab 1914 befaßte sich M. vorwiegend mit der perniziösen Anämie (bösartige Blutarmut). Die Ärzte bezeichnen mit Anämie den Zustand eines Patienten, bei dem der Hämoglobingehalt unter dem normalen Wert liegt. Das Blut kann infolgedessen weniger Sauerstoff aus den Lungen in den übrigen Organismus transportieren; der ganze lebende Körper ist dann praktisch in einem Zustand, der mit einer leichten chronischen Anoxie (absoluter Sauerstoffmangel im Gewebe oder im Blut) zu vergleichen wäre. Eine Form der Blutarmut ist lebensgefährlich und heißt deshalb perniziöse Anämie. Sie ist auf der ganzen Welt verbreitet; jedoch werden die Angelsachsen häufiger betroffen als die romanischen Völker und die Slawen. Die Krankheit zeigt zu Anfang einen besonders schleichenden Charakter. Die ersten Anzeichen betreffen fast immer den Verdauungsapparat (Appetitlosigkeit, Verdauungsschwierigkeiten, Zungenbrennen). Diese Symptome werden in der Regel vom Kranken unterschätzt. In der Tat treten Schwäche und Appetitmangel als leichte Störungen auf und werden auch nur allmählich schlimmer. Die Blässe alarmiert den Kranken oder seine Umgebung erst, wenn sie schon stark ausgeprägt ist.

G. H. Whipple stellte fest, daß Leber das beste Nahrungsmittel gegen Anämie ist. Zusammen mit seinem Assistenten W. P. Murphy verordnete M. Patienten, die an perniziöser Anämie litten, eine Leberdiät. 1926 konnte er an der Medical School in Boston mit der Lebertherapie erste Erfolge vorweisen.

Diese neue Methode, die von M., Murphy und Whipple eingeführte Lebertherapie bei perniziöser Anämie, hat inzwischen Tausenden von Menschen das Leben gerettet.

Moniz, Egas (eigentlich Antonio Caetano de Abreu Freire Egas Moniz) – portugiesischer Neurologe
geb. 29.11.1874 in Avanca
gest. 13.12.1955 in Lissabon
Nobelpreis 1949, für die Entdeckung des therapeutischen Wertes der präfrontalen Leukotomie bei bestimmten Psychosen.

M., der in Vorbereitung auf ein Theologiestudium von seinem Onkel, dem Dorfabt, und in einem Jesuitenkolleg erzogen wurde, begann 1892 ein Philosophiestudium an der Universität Coimbra, wechselte aber schon zeitig an die medizinische Fakultät. Schon als Student zeigte er großes Interesse für die Patienten der neurologischen Abteilung. 1899 habilitierte er sich. Im Jahr 1911 wurde er erster Inhaber des Lehrstuhls für Neurologie an der Universität von Lissabon, den er bis 1944 innehatte. Neben seiner wissenschaftlichen Arbeit wirkte M. auch als Politiker, Diplomat und Publizist. Zugunsten seiner wissenschaftlichen Tätigkeit zog er sich 1926 aus der Politik zurück.

Nach jahrelangen Tierexperimenten konnte M. 1926 die erste Arteriographie (radiologische Darstellung der arteriellen Hirngefäße) vom lebenden Menschen vorlegen, indem er radioaktive Kontrastmittel in das Blut der Patienten injizierte und dann deren Hirn zur Lokalisierung von Tumoren fotografierte.

Eine weitere große Leistung vollbrachte M. im Jahre 1935, er führte die erste Leukotomie (heute Lobotomie) an Patienten mit unheilbaren Hirnschäden durch.

Er hatte erkannt, daß bei manchen Geisteskranken kein normales Zusammenspiel der Nervenbahnen und Synapsen stattfindet und somit durch regelwidrige Fixierung gruppenartiger Zellzusammenhänge das Denken und das psychische Leben gestört werden. Er hatte eine Methode entwickelt, die beim lebenden Menschen die Abtrennung der vorderen Stirnlappen vom übrigen Gehirn erlaubte. Dazu entwickelte er eine Hohlnadel, die einen scharfen Draht enthielt, der die weiß erscheinenden Nervenstränge durchschnitt.

Nach den griechischen Wörtern „leukos" (weiß) und „Tome" (Zerschneidung) nannte M. sein Verfahren zur operativen Durchtrennung gewisser Faserverbindungen im vordersten Teil des Stirnhirns „Leukotomie". Er erzielte mit ihr in Fällen aufgeregter Demenz, quälender Zwangsneurosen sowie unerträglicher Schmerzzustände, die durch anderweitige Maßnahmen nicht beeinflußt werden konnten, bedeutsame Resultate: In anderen Ländern wurde diese Methode verboten, weil sie das Gehirn künstlich und unwiderbringlich verstümmelt und dadurch eine allgemeine Abstumpfung der Persönlichkeit nach sich zieht.

Auch M. selbst mußte im Jahr 1939 erleben, daß ein psychisch Kranker, den er durch Leukotomie von seinen Zwangsvorstellungen befreit hatte, mit einem Revolver auf ihn schoß und ihn schwer verletzte. Die Operation wurde aber schon ab etwa 1960 wegen ihrer negativen Auswirkungen auf den psychischen Gesamtzustand der Patienten nur noch in eng umgrenzten Spezialfällen eingesetzt. Trotzdem erhält die Leukotomie (Lobotomie) ihren Platz in der Medizingeschichte, und M. gilt als der Begründer der Psychochirurgie.

Monod, Jacques Lucien – französischer Biochemiker
geb. 9.2.1910 in Paris
gest. 31.5.1976 in Cannes
Nobelpreis 1965, für Entdeckungen auf dem Gebiet der genetischen Kontrolle der Enzym- und Virussynthese.
Ab 1928 studierte M. Naturwissenschaften an der Universität Paris. Seine Lehrer an der Universität standen der Genetik skeptisch gegenüber und versuchten M. von der Beschäftigung mit dieser Wissenschaft abzubringen. Als ausgezeichneter Cellist wollte er zeitweilig die Naturwissenschaften für die Musik aufgeben. 1934 wurde er Assistent an der naturwissenschaftlichen Fakultät der Universität Paris. 1941 promovierte M. und ging an das Pasteur-Institut in Paris. 1971 wurde er Institutsdirektor. Daneben wirkte M. als Professor für Stoffwechselchemie und für Molekularbiologie. Während des Zweiten Weltkrieges schloß er sich der französischen Widerstandsbewegung gegen die deutschen Besatzer an und wurde Kommandeur einer militärischen Untergrundeinheit.

Im Rahmen der Code-Entschlüsselung war die „Laktose-Region" des bakteriellen DNA-Stranges besonders gut untersucht worden, so daß M. hier seine Untersuchungen anknüpfen konnte. Das „Laktose-System" in der Bakterienart Escherichia coli steuert die Synthese von drei Enzymproteinen: die Galaktosid-Permease, die das Eindringen des Zuckers ermöglicht; die Beta-Galaktosidase, die Laktose (Milchzucker) spaltet; und die Transazetylase, deren Bedeutung noch unbekannt ist. Fehlt dem Nährmedium Laktose, so werden die drei Enzyme nur in geringer Menge produziert. Setzt man dagegen Laktose zu, so erhöht sich innerhalb weniger Minuten die Proteinsynthese um den Faktor 1.000. Die Laktose induziert also die Enzymsynthese. F. Jacob (ebenfalls Medizin-Nobelpreis 1965) und M. deuteten diese Prozesse so, daß die Induktion über ein Regulatorgen gesteuert wird.

Der Induktor Laktose inaktiviert den vom Regulatorgen gebildeten Repressor, der nun nicht mehr die Strukturgene blockieren kann. Da aber dabei jeweils alle drei Enzyme induziert werden, schlossen Jacob und M. auf die Anwesenheit eines Operatorgens als weiteren Kontrollsystems. 1961 veröffentlichten sie ihre Arbeit über die zelluläre Regulation der Enzymaktivität. M. fand ein Gen, das sich auf die Transkription eines anderen Gens auswirkt. Nähere Untersuchungen zeigten, daß dieses Gen nicht die Synthese eines Enzyms steuert, sondern die Synthese eines Enzyms hemmt (Regulatorgen). So erwies sich die genetische Steuerung als komplexes Zusammenspiel von Regulator-, Operator- und Strukturgenen (1961, „Operonmodell" von M. und Jacob). Der vom Regulatorgen der Laktose-Region synthetisierte Stoff (Laktose-Repressor) konnte von M. als hochmolekulares Protein identifiziert werden. Weitere Triumphe M.s waren die Isolation der Messenger-RNA, welche für die Übertragung des genetischen Codes aus dem Zellkern zu den Ribosomen verantwortlich ist, und die Entdeckung des Operons, der Transkriptionseinheit von DNA in Messenger-RNA.

Morgan, Thomas Hunt – amerikanischer Biologe und Genetiker
geb. 25.9.1866 in Lexington (Kentucky)
gest. 4.12.1945 in Pasadena (Kalifornien)
Nobelpreis 1933, für seine Entdeckungen, welche die Chromosomen als Träger der Vererbung betreffen.
Im Alter von 16 Jahren immatrikulierte sich M. am Kentucky State College in Lexington und studierte Zoologie. Ab 1886 studierte er an der Johns-Hopkins-Universität in Baltimore Morphologie und promovierte 1890. Ab 1891 lehrte er am Bryn Mawr College in der Nähe von Philadelphia. 1904 wurde M. als Professor für Experimentelle Zoologie an die Columbia-Universität nach New York berufen.

Daß die Chromosomen Träger der genetischen Information sind, wurde Anfang des 20. Jahrhunderts von M. nachgewiesen. Die amerikanische Forschergruppe um M. begann intensiv an der Klärung der „stofflichen Grundlage der Vererbung" zu arbeiten, indem sie zytologische und karyologische Untersuchungen mit Züchtungsexperimenten verband. Dabei hat M. als erster Forscher Merkmale entdeckt, die geschlechtsgebunden vererbt werden. Somit hatte er entdeckt, was heute als Gen- oder Faktorenaustausch bekannt ist. Zwischen 1910 und 1915 konnte M. in seinen Untersuchungen die Chromosomentheorie der Vererbung endgültig beweisen und den Nachweis führen, daß die Gene im Chromosom linear hintereinandergereiht sind. In umfangreichen Kreuzungsexperimenten gelang es ihm und seinen Mitarbeitern aufgrund einer Analyse des sogenannten Faktorenaustausches sogar, die Reihenfolge der Gene zu bestimmen und damit Chromosomenkarten der Genverteilung aufzustellen.

In seinen Arbeiten nach dem Ersten Weltkrieg entwickelte M. die Theorie der Chromosomenpaarung und schuf die grundlegenden Begriffe der Genetik. Die Experimente mit der Taufliege Drosophila führten zu Schlußfolgerungen, die er im Jahre 1919 in seinem zusammenfassenden Werk: „Die stoffliche Grundlage der Vererbung" als „Vererbungsgesetze" formulierte. In seinen Experimenten gelang es M., die Genkarte der Taufliege aufzuzeichnen und dabei eine Vielfalt an Mechanismen wie Rekombination, Koppelung und Aufspaltung zu bestimmen.

1928 wurde der „Pionier der modernen Vererbungslehre" zum Professor für Zoologie an die University of California in Pasadena berufen; er war beteiligt am Aufbau des Departments für Biologie am California Institute of Technology, wo er bis zu seinem Tode wirkte.

Müller, Paul Hermann – Schweizer Chemiker
geb. 12.1.1899 in Olten (Kanton Solothurn)
gest. 12.10.1965 in Basel
Nobelpreis 1948, für die Entdeckung der starken Wirkung von Dichlor-Diphenyl-Trichloräthan (DDT) als Kontaktgift gegen verschiedene Gliederfüßer.

1919 nahm M. das Chemiestudium an der Universität Basel auf, wo er 1925 promovierte. Danach arbeitete er als Forschungschemiker in einer Farbstoffabrik der Geigy AG in Basel.

Eine wichtige Etappe im Kampf gegen Schadinsekten begann im Jahre 1939, als M. zufällig entdeckte, daß die bereits 1873 von dem deutschen Chemiker Zeidler erstmals synthetisch hergestellte, aber bald wieder in Vergessenheit geratene chemische Verbindung DDT insektenabtötende Eigenschaften besonderer Art besitzt. Er hatte bei seinen Forschungen über wasserunlösliche Insektizide vom Kartoffelkäfer befallene Pflanzen probeweise mit einer DDT-haltigen Lösung besprüht, in der Hoffnung, mit diesem Mittel ein für den Warmblüter weniger gefährliches Fraßgift als die üblichen Arsen-, Blei- und Kupferpräparate zu erhalten. Wie groß war sein Erstaunen, als er beobachtete, daß die Kartoffelkäferlarven plötzlich von den Pflanzen abfielen. Da sie das Gift nicht gefressen hatten, lag der Schluß nahe, daß sie durch bloße Berührung mit ihm umgekommen sein mußten. Weitere Versuche ergaben, daß M. mit dem DDT ein ausgezeichnetes Kontaktgift zur Schädlingsbekämpfung gefunden hatte.

In der Schweiz wurde DDT sofort zur Bekämpfung des Kartoffelkäfers eingesetzt. Anfang 1942 erschienen die ersten Präparate auf dem Markt. Durch Verspritzung des DDT über weite Gebiete von Flugzeugen aus ist es der Weltgesundheitsorganisation bis Mitte der sechziger Jahre gelungen, über 200 Millionen Menschen in fast 40 Ländern vor der Anophelesmücke und damit der Malariagefahr zu schützen. Das DDT fand sehr schnell weltweite Anwendung, da es gegen schädliche Insekten aller Art eingesetzt werden konnte. Problematisch wurde allerdings der Einsatz, als man fand, daß sich gegen dieses Mittel resistente Insektenarten herausbildeten, d. h. Insektenarten, die das Gift auch in vielfach erhöhten Dosen vertrugen.

Als Nachteil erwies sich später, daß man auf der Basis einer hochentwickelten Analytik das Vorhandensein geringster Mengen DDT überall auf der Welt feststellte und sich auch im Körperfett von Tieren und Menschen DDT nachweisen ließ. Der Grund für diesen hohen Verbreitungsgrad liegt in der Stabilität des DDT gegenüber äußeren Einwirkungen wie Witterung und Mikroorganismen. Es wird zu langsam zu ungiftigen Verbindungen abgebaut und kann deswegen über die Futter- und Nahrungsmittel in den tierischen bzw. menschlichen Körper gelangen. Obwohl das DDT in den 70er Jahren geächtet wurde, in Deutschland und vielen anderen Staaten ist die Verwendung von DDT verboten, hatte M.s Entdeckung die Entwicklung weiterer Insektizide zur Folge.

Muller, Hermann Joseph – amerikanischer Zoologe und Genetiker
geb. 21.12.1890 in New York
gest. 5.4.1967 in Indianapolis
Nobelpreis 1946, für die Entdeckung, daß Mutationen mit Hilfe von Röntgenstrahlen hervorgerufen werden können.

Ein staatliches Stipendium ermöglichte M. ab 1907 ein Studium der Biologie an der Columbia-Universität in New York. 1916 promovierte er. Im gleichen Jahr übernahm er eine Lehrtätigkeit am Rice Institute in Houston (Texas). 1920 erhielt M. eine Berufung als Professor für Genetik und Zoologie an die Universität von Texas in Austin.

Erbliche Änderungen werden als Mutationen bezeichnet. Der Schlüsselprozeß für die stammesgeschichtliche Evolution ist die Mutation. Diese Änderungen der Erbinformation liefern eine Vielfalt an unterschiedlichen Erbtypen, unter denen die natürliche Selektion diejenigen anreichert und schließlich allein bestehen läßt, die im betreffenden Milieu am besten überleben und sich vermehren, d. h. am besten angepaßt sind.

Bei seinen Forschungen fand M. heraus, daß die Wahrscheinlichkeit für Mutationen bei Taufliegen bei erhöhter Temperatur zunahm. Er führte diesen Anstieg auf eine stärkere Vibration der Moleküle in den Genen zurück. Ab 1924 untersuchte M. die Wirkung von Röntgenstrahlen auf die Mutationsrate von Taufliegen. 1926 war dann das entscheidende Jahr. Ihm gelang der schlüssige Beweis für die Auslösung zahlreicher Genmutationen und chromosomaler Veränderungen durch Röntgenstrahlen. Seine Ergebnisse veröffentlichte M. 1927. Die künstliche Auslösung von Mutationen ließ sich in der Folge bei der Aufklärung der genetischen Struktur von Chromosomen einsetzen und eröffnete ein neues Arbeitsgebiet, die Molekularbiologie. M. sah allerdings auch die Probleme beim Umgang mit Röntgenstrahlen und trat konsequent für deren vorsichtigen Einsatz ein.

U. a. wegen eines Verbots zur Verbreitung der Evolutionstheorie verließ M. 1932 die USA und ging an das Kaiser-Wilhelm-Institut für Hirnforschung in Berlin. Nach der Machtübernahme durch die Nationalsozialisten gab er diese Stelle auf und ging 1933 an das Institut für Erbforschung in Moskau. Als in der UdSSR der Einfluß lamarckistischer Auffassungen zur Diskriminierung westlich orientierter Wissenschaftler führte, verließ M. das Land und übernahm 1938 eine Professur an der Universität Edinburgh. Der britische Naturforscher F. Galton prägte 1883 die Bezeichnung Eugenik für die Wissenschaft von der Verbesserung des Erbguts, als deren Ziel M. die Verbesserung der menschlichen Rasse durch genetische Manipulation ansah. Neben der Herausbildung von Gesundheit, Intelligenz und Kreativität hoffte er vor allem auf die Ausprägung sozialer Komponenten zur Schaffung einer friedlichen Welt.

Von 1945 bis zu seinem Tod war M. als Professor für Genetik und Biophysik an der Indiana-Universität in Bloomington tätig.

Murad, Ferid – amerikanischer Pharmakologe
geb. 14.9.1936 in Whiting (Indiana)
Nobelpreis 1998, für seine Arbeiten über die Rolle von Stickstoffmonoxyd als Botenstoff im Herz-Kreislauf-System.
M. studierte Pharmakologie an der Medical School der Western Reserve University in Cleveland (Ohio) und promovierte 1958. Von 1971 bis 1981 wirkte M. als Direktor des Clinical Research Center an der University of Virginia in Charlottesville. 1981 erhielt er eine Berufung an die Departments of Internal Medicine and Pharmacology der Stanford University in Palo Alto, wo er bis 1989 als Professor wirkte. Er war mehrere Jahre lang als Entwicklungsleiter in zwei Pharmaunternehmen tätig. Seit 1997 leitet M. die pharmakologische Forschung an der University of Texas Medical School in Houston.

Seine Experimente über die Wirkungsweise von Nitroglyzerin und mit ihm verwandte, gefäßerweiternde Arzneimittel im menschlichen Körper führten M. zu der Entdeckung, daß sich Stickstoffmonoxyd bildet, das die glatte Muskulatur aktiviert. Er vermutete, daß körpereigene Substanzen (z. B. Hormone) durch Stickstoffmonoxyd wirksam werden könnten.

Die als Auto- und Industrieabgas bekannte Substanz spielt im Körper eine wichtige Rolle bei der Regulierung des Kreislaufsystems. Stickstoffmonoxyd dient zudem als Signalmolekül für Nerven und als Waffe gegen Infektionen. Zu den Wirkungen des Gases gehört die Entspannung von Muskeln in den Wänden von Blutgefäßen, was ihren Durchmesser vergrößert und so den Blutfluß erhöht. In der Herz- und Gefäßmedizin gilt das winzige, kurzlebige Molekül mittlerweile als eines der wichtigsten überhaupt. Beim Stickstoffmonoxyd handelt es sich um einen Signalstoff einer beim Menschen wie im Tierreich völlig neuen Klasse. Das Molekül ist so klein, daß es ohne weiteres rasch durch Zellmembranen zu diffundieren vermag. Es benötigt nicht wie andere Botenstoffe besondere Erkennungsmoleküle, die es einlassen oder das Signal weitergeben; vielmehr sind seine direkten Ansprechpartner Enzyme im Zellinnern. Erzeugt wird Stickstoffmonoxyd durch ein eigenes Enzym, die NO-Synthase. Es entsteht aus der Aminosäure Arginin und wird später als Nitrat oder Nitrit vom Körper ausgeschieden.

Weil die als Freßzellen fungierenden Makrophagen Bakterien und Parasiten mit Stickstoffmonoxyd bekämpfen, können erhöhte Nitratwerte ein Indiz für Entzündungen beispielsweise im Darm oder in der Lunge sein. Von dem Stickstoffmonoxyd-Bildungsenzym hat man bereits verschiedene Varianten im Körper identifiziert, die je nach Funktion auch in derselben Zelle vorkommen können. So sind manche dieser NO-Synthasen ständig in Bereitschaft und durch bestimmte Signale sofort aktivierbar, etwa in den Zellen der Gefäßwände.

Murphy William Parry – amerikanischer Arzt und Internist
geb. 6.2.1892 in Stoughton (Wisconsin)
gest. 9.10.1987 in Brookline (Massachusetts)
Nobelpreis 1934, für die Entwicklung der Leberdiät zur Behandlung von perniziöser Anämie und in Anerkennung seiner Forschungen auf dem Gebiet der Lebertherapie.
M. studierte bis 1914 Mathematik und Physik an der Universität von Oregon, danach lehrte er beide Fächer an einer High-School. Nach dem Ersten Weltkrieg absolvierte M. ein Medizinstudium an der Medical School in Oregon. Danach arbeitete er als Internist an mehreren Krankenhäusern. Neben seiner fachärztlichen Tätigkeit wirkte er zunächst als Privatdozent an der Harvard-Universität in Cambridge, dann von 1935 bis zu seiner Emeritierung im Jahre 1958 als Professor.

Von dem praktischen Arzt Dr. G. Minot (ebenfalls Medizin-Nobelpreis 1934) angeregt, der sich mit dem Studium von Blutkrankheiten aller Art beschäftigte und sie durch Diätkuren zu heilen suchte, unternahm M. an seinen Patienten im Krankenhaus Versuche mit Leberkuren. Im August 1926 veröffentlichte M. die erste wissenschaftliche Arbeit über die Verwendung von Leber und einer speziellen Diät bei perniziöser Anämie. Die perniziöse Anämie ist auf eine Reifungshemmung der roten Blutkörperchen im Knochenmark aufgrund eines Mangels an Vitamin B 12 zurückzuführen. Ohne Behandlung endet die Krankheit tödlich. Die Symptome der perniziösen Anämie bestehen in Abgeschlagenheit, Konzentrationsschwäche, Atemnot, gelblicher Hautfarbe, neurologischen Störungen, Schleimhautschädigungen mit Zungenentzündung und Magen-Darm-Störungen. Die Ursache der perniziösen Anämie ist ein Fehlen des Intrinsic factors, meist aufgrund einer wahrscheinlich durch Autoimmunprozesse hervorgerufenen schweren atrophischen Gastritis, wodurch eine Resorption des mit der Nahrung aufgenommenen Vitamins B 12 im Dünndarm nicht mehr möglich ist. Die Mangelerscheinungen können daneben auch durch eine totale Magenresektion, Parasitenbefall und Dünndarmentzündung hervorgerufen werden.

Ende der zwanziger Jahre wurde bekannt, daß auch der amerikanische Pathologe G. H. Whipple (ebenfalls Medizin-Nobelpreis 1934) an der Universität Rochester ähnliche Versuche mit künstlich blutarm gemachten Hunden durchgeführt hatte, wobei die gleichen Erfolge erzielt worden waren. Die drei Ärzte schlossen sich nun zu gemeinsamer Arbeit auf diesem Gebiet zusammen und erreichten in kurzer Zeit die volle Anerkennung ihrer Theorien durch die Fachwelt sowie die Einführung ihrer Methoden als allgemeingültiges Heilmittel in der medizinischen Behandlung von perniziöser Anämie. Seither ist die Therapie der durch Vitaminmangel und Abnahme der roten Blutkörperchen verursachten Krankheit wesentlich vereinfacht.

Murray, Joseph Edward – amerikanischer Chirurg
geb. 1.4.1919 in Milford (Massachusetts)
Nobelpreis 1990, für seine Leistungen auf dem Gebiet der Organ- und Zelltransplantation als klinischen Behandlungsmethode.

M. studierte Medizin am Holy Cross College und an der Harvard Medical School in Boston, wo er 1943 promovierte. Von 1956 bis 1966 war M. Direktor am dortigen Laboratory for Surgical Research. Von 1964 bis 1986 war er Chefarzt für plastische Chirurgie. 1986 trat er in den Ruhestand. Seit 1970 hat M. auch als Professor für Chirurgie an der Harvard Medical School unterrichtet.

M. ist einer der namhaftesten Vertreter der plastischen Chirurgie in den USA, und er ist der Begründer des internationalen Nierentransplantationsregisters.

M. war es am 23.12.1954 erstmals geglückt, erfolgreich eine Niere von einem Zwilling auf den anderen zu transplantieren, wobei es sich um eineiige Zwillinge handelte. Die dramatische Operation hatte damals großes Aufsehen erregt. Der 22jährige Patient lag bereits im Koma, als sich das Ärzteteam um M. entschloß, eine Nierentransplantation vorzunehmen. Da Spender und Empfänger in diesem Falle genetisch identisch waren, trat die gefürchtete Abstoßreaktion des Immunsystems, die sonst die Übertragung fremder Organe erheblich erschwert, nicht auf. M. gelang es dann später, zu zeigen, daß Transplantationen auch bei Individuen nicht gleicher Erbmasse durchgeführt werden können. Voraussetzung dafür war die Entdeckung, daß der Zellenzuwachs zum einen durch ionisierende Strahlung, zum anderen durch bestimmte Arzneimittel gehemmt werden konnte.

Damit war die Möglichkeit geschaffen, die Aktivität der für die Abstoßreaktion verantwortlichen Immunzellen zu unterdrücken. Durch massive Bluttransfusionen vor der Transplantation und gleichzeitige Ganzkörperbestrahlung verminderte M. das Risiko von Abstoßreaktionen. Durch den Einsatz des zellhemmenden Mittels Azathioprin vermochte er dieses Risiko noch weiter zu senken. M. verpflanzte nach seiner ersten erfolgreichen Transplantation Nierenkranken die Organe von Verstorbenen, damit war das Feld geöffnet für die Transplantation anderer Organe wie Leber, Bauchspeicheldrüse und Herz. 1968 wurde erstmals in der Bundesrepublik die Niere eines lebenden Spenders übertragen.

Heute registriert das „Europäische Nierentransplantationsregister" jährlich etwa Zehntausend solcher Eingriffe. Der Erfolg der Organtransplantation hatte allerdings auch weniger erfreuliche Aspekte. Die Zahl der zur Verfügung stehenden Organe reicht nirgends aus, um die Bedürfnisse zu befriedigen. Teils fehlt es an der notwendigen Bereitschaft zur Organspende, teils reichen die organisatorischen Strukturen nicht aus, um alle für eine Transplantation geeigneten Organe auch dafür zu nutzen. So wundert es nicht, daß der Handel mit Organen kaum noch zu kontrollieren ist.

Nathans, Daniel – amerikanischer Mikrobiologe
geb. 30.10.1928 in Wilmington (Delaware)
gest. 16.11.1999 in Baltimore (Maryland)
Nobelpreis 1978, für die Entdeckung der Restriktionsenzyme und ihre praktische Anwendung in der Molekulargenetik.

N., Sohn eines Geschäftsmannes, wurde als neuntes Kind jüdischer Eltern geboren, die aus Rußland in die USA emigriert waren. Er mußte sich mit verschiedenen Jobs Geld für ein Studium verdienen. Auf Anraten seines Vaters wandte sich N. dem Fach Medizin zu, das er an der Washington University in St. Louis (Missouri) absolvierte und 1954 mit der Promotion beendete. Ab 1959 begann N. am Rockefeller Institute for Medical Research in New York mitzuarbeiten. Ab 1967 wirkte er als ordentlicher Professor für Mikrobiologie an der Medical School der Johns Hopkins University. Ab 1982 hatte N. den Lehrstuhl für Molekularbiologie und Genetik inne.

Mit der Verleihung des Nobelpreises an Werner Arber, N. und Hamilton Smith wurden Arbeiten gewürdigt, die im Bereich der Molekulargenetik wesentliche Zusammenhänge der Vererbung geklärt haben. Nachdem H. Smith im Jahr 1969 das Restriktionsenzym des Bakteriums Hemophilis influenza identifiziert hatte, experimentierte N. mit solchen Enzymen an der Desoxyribonukleinsäure (DNA) von Tieren und Tumorviren. Die Restriktionsenzyme sind ein Instrument der Natur zur Spaltung des DNA-Moleküls in Fragmente. Ihre Entdeckung erschloß einen neuen Zugang zum Studium der DNA und des Funktionsmechanismus der Gene. Die Restriktionsenzyme können zur Bestimmung der Reihenfolge der Gene im Chromosom, zur Analyse der chemischen Struktur der Gene und zur Rekombination von Genen durch chemische Mittel dienen. Ein wichtiges Anwendungsgebiet der Restriktionsenzyme ist die Untersuchung der Funktionen jener

DNA-Abschnitte, in denen die Genexpression reguliert wird, d. h., dort erfolgt die Dekodierung der in den Genen festgeschriebenen Informationen.

Zusammen mit H. Smith gelang N. 1970 die Isolierung des ersten DNA-spaltenden Enzyms. Für seine Untersuchungen verwendete er fast ausschließlich eine DNA von einem Affenvirus, das den Namen SV 40 erhielt. In seiner ersten Mitteilung über seine Untersuchungen wies er 1971 nach, daß das von Smith entdeckte Restriktionsenzym die DNA des Affenvirus SV 40 in elf Fragmente spaltet. Zwei Jahre später war N. die Spaltung der SV 40-DNA mit zwei neuen Restriktionsenzymen gelungen, worauf er zu einer präzisierten Genlokalisation fand, der ersten, die durch rein chemische Methoden erzielt worden war. Damit konnte er überzeugend dokumentieren, daß die als „genchirurgische Werkzeuge" geeigneten Restriktionsenzyme hilfreich sind bei der Analyse der Nukleinsäurestruktur und bei der Lokalisation der Erbanlagen auf dem DNA-Doppelstrang. Später vereinigte er alle bei diesen DNA-Spaltungen gewonnenen Informationen und entwarf eine genetische Karte der SV 40-DNA. Er wurde zum Urheber neuer Ideen und Verfahren, nach denen die Restriktionsenzyme zur Lösung genetischer Fragen eingesetzt werden können.

Neher, Erwin – deutscher Biophysiker und Zellphysiologe
geb. 20.3.1944 in Landsberg am Lech
Nobelpreis 1991, für seine Forschungen über Ionenkanäle, durch die Informationen zwischen Zellen ausgetauscht werden.
N. studierte von 1963 an Physik an der Technischen Universität München. 1970 promovierte er. Von 1970 bis 1977 war N. als wissenschaftlicher Assistent am Max-Planck-Institut für Psychatrie und für biophysikalische Chemie tätig. 1980 habilitierte er sich im Fachbereich Physik an der Universität Göttingen, wo er 1987 zum Honorarprofessor ernannt wurde.

B. Sakmann und N. haben gemeinsam eine Technik entwickelt, die eine Registrierung der unglaublich kleinen Ströme (tausendmilliardstel Ampere), die durch einen Ionenkanal fließen, ermöglicht. Diese Technik, so heißt es in der Begründung des Karolinischen Instituts in Stockholm, ist einzigartig: Denn man kann „belauschen", wie ein einzelnes Kanalmolekül im Laufe einiger millionstel Sekunden seine Form verändert, was sich als elektrisches Signal bemerkbar macht. Damit seien der endgültige Beweis für die Existenz dieser Ionenkanäle und auch schlüssige Erklärungen für ihre Wirkungsweise erbracht. Innerhalb jeder lebenden Zelle, die mit einer Zellmembran umgeben ist, befindet sich ein gut kontrolliertes Milieu, in dem verschiedene komplexe biochemische Prozesse ablaufen. Dieses innere Milieu unterscheidet sich in vieler Beziehung von dem äußeren Milieu, beispielsweise in Bezug auf den Gehalt an positiv geladenen Natrium- und Kaliumionen sowie negativ geladenen Chloridionen. Dadurch besteht ein Spannungsgefälle über der Zellmembran.

So war man in der Lage, größere Veränderungen an den Membranen zu untersuchen. Einzelne Ionenkanäle konnten bis Mitte der 70er Jahre nicht nachgewiesen werden. Erst Sakmann und N. haben durch die inzwischen weltweit angewendete Technik des „patch-clamp" (Fleckenklammer) bewiesen, daß es Ionenkanäle gibt und wie sie funktionieren. Durch diese Membrankanäle kommuniziert die Zelle mit der Umgebung. Der eigentliche technische Trick bestand in der Entwicklung einer dünnen Glasmikropipette mit nur einem tausendstel Millimeter Durchmesser, deren Öffnung so eng auf die Zellhülle gesetzt wird, daß jeder noch so geringe Strom, der in Ionenkanälen darunter fließt, registriert werden kann. Die Göttinger Versuchsanordnung machte es möglich, den Einfluß einzelner Substanzen auf die Ionenkanäle gezielt zu untersuchen und auch die Wirkung von Arzneistoffen direkt auf molekularer Ebene zu überprüfen.

Für die Medizin wurde die Entdeckung der Ionenkanäle zu einem Schlüsseldatum. Viele Krankheiten beruhen ganz oder teilweise auf einer defekten Regulierung des Ionenflusses. Mit Hilfe der von Sakmann und N. entwickelten Techniken können heute Medikamente, die einen optimalen Effekt auf den Ionenkanal haben, genau nach Maß hergestellt werden.

Nicolle, Charles Jules Henri – französischer Bakteriologe und Epidemiologe
geb. 21.9.1866 in Rouen
gest. 28.2.1936 in Tunis
Nobelpreis 1928, für seine Arbeiten über die Infektionskrankheit Typhus.
N. studierte Medizin in Rouen und Paris. Im Jahr 1896 übernahm er in Rouen die Leitung des bakteriologischen Instituts. Nach der Ernennung zum Professor der Medizin ging N. im Jahre 1903 nach Tunis und wurde Direktor am Pasteur-Institut, das unter seiner Leitung zum weltberühmten Zentrum bakteriologischer Forschung und Impfstoffherstellung wurde.

Hier begann er seine bedeutungsvollen Arbeiten über das Fleckfieber (Flecktyphus). N. brachte Kopf- sowie Kleiderläuse von Fleckfieberkranken auf Menschenaffen. Im Jahr 1909 konnte er nachweisen, daß Läuse durch ihren Biß den Typhus von infizierten auf gesunde Tiere übertrugen. Bemerkenswert war auch die Feststellung, daß Typhusblut bereits Stunden vor dem Fieber und bis zur Genesung infektiös ist. Der Läusebiß steckte allerdings erst nach Tagen an, wenn der Erreger sich im Darmtrakt genügend vermehrt hatte. Im Jahr 1910 untersuchte der amerikanische Tropenarzt Howard T. Ricketts das Blut Fleckfieberkranker. Er befand sich zu dieser Zeit zu Fleckfieberstudien in Mexiko, wo die Seuche gerade wütete. Sowohl im menschlichen Fleckfieberblut wie auch im Darm von Kleiderläusen spürte Ricketts höchst seltsame, kurzeiförmige, unbewegliche Stäbchen auf, die, kleiner als Bakterien, aber größer als Viren und wie letztere nur auf lebenden Spezialmedien wachsend, eine Sonderklasse im Reiche der Mikroben bilden. Sie und alle dieser Gattung angehörenden Infektionskeime bezeichnet man heute nach ihrem Erstentdecker als Rickettsien. Das epidemische Fleckfieber war früher vor allem im östlichen und südlichen Europa verbreitet und führte in Kriegs- und Hungerzeiten der vergangenen Jahrhunderte zu einer Vielzahl von Todesopfern. Der Behandlung dienen Antibiotika, sorgfältige Allgemeinpflege und Kreislaufmittel sowie vorbeugende Schutzimpfung. Dank der Forschungen von N. ist diese Krankheit heute fast vollständig gemeistert.

N. lieferte außerdem wichtige Arbeiten über andere Infektionskrankheiten. Er entwickelte eine Methode zur Masernvorbeugung, gegen das Maltafieber führte er eine Schutzimpfung ein, und er beschäftigte sich mit Rückfallfieber sowie Diphtherie- und Tuberkulosevorbeugung. Er befaßte sich auch mit der Züchtung verschiedener Erreger von Tropenkrankheiten, beispielsweise mit der sogenannten Orientbeule, einer von Mücken übertragenen Hautkrankheit.

Außerdem setzte sich N. mit medizinisch-philosophischen Fragen auseinander und veröffentlichte 1930 das Buch „Geburt, Leben und Tod von Infektionskrankheiten“.

Nirenberg, Marshall Warren – amerikanischer Biochemiker

geb. 10.4.1927 in New York City

Nobelpreis 1968, für seine Arbeiten zur Entschlüsselung des genetischen Codes und seiner Funktion bei der Proteinbiosynthese.

N. studierte Biologie an der Universität von Florida und Biochemie an der Universität von Michigan in Ann Arbor. Er promovierte 1957. Seit 1962 ist er Leiter der Sektion für biochemische Genetik am National Health Institute in Bethesda.

Seine Forschungen beziehen sich im Rahmen der genetischen Biochemie vor allem auf Probleme der Proteinsynthese. Daneben hat er als Biochemiker aber auch in der Krebs-, Herz-, Enzymforschung und Molekularbiologie gearbeitet. Den unabhängig voneinander arbeitenden Nobelpreisträgern Robert W. Holley, Har Gobind Khorana und N. gelang es, wichtige Aufschlüsse über die Arbeitsweise der Erbvorgänge und deren Kodierung zu geben.

Am Anfang der wissenschaftlichen Laufbahn N.s steht sein Verdienst um die Entschlüsselung des genetischen Codes. Die Verbindung von vier verschiedenen Basen als molekulare Zeichen erlaubt die „Niederschrift“ des gesamten Bau- und Funktionsplans eines Organismus. Tatsächlich liegt hier der Informationsschlüssel allein in der Sequenz, in der Reihenfolge der Basen Adenin (wichtiger Bestandteil der Nukleinsäuren), Guanin (Bestandteil der Nukleinsäuren in tierischen und pflanzlichen Organismen), Zytosin (wichtiger Bestandteil der Nukleinsäuren und von Koenzymen), Thymin (Baustein von Nukleinsäuren) bzw. Urazil. Die Gruppierung von drei miteinander zu einem Triplett verknüpften Mononukleotiden ergibt die Bedeutung eines genetischen Wortes. Die Realisierung der genetischen Information ist mit der Synthese von Proteinen auf das engste verbunden. Mit seinen biochemischen Untersuchungen konnte N. 1961 die Merkmale des genetischen Schlüssels klären, der einen biologischen Vorgang in einen anderen übersetzt und die Zellfunktion durch Gene steuert.

Bei seinen Forschungen gelang es N., den Nachweis zu erbringen, daß der Aufbau eines Proteins aus seinen spezifischen Aminosäurebausteinen nur in Gegenwart von Boten-RNA vollzogen wird und daß eine künstlich hergestellte Boten-RNA diese Voraussetzung ebenso erfüllen kann wie die natürliche. N. gelang es zusammen mit dem deutschen Postdoktoranden J. H. Matthaei, den experimentellen Nachweis zu erbringen, daß tatsächlich ein Ribonukleinsäure-Codon für eine bestimmte Aminosäure verantwortlich ist.

Die Ergebnisse dieser Arbeiten bahnten den Weg zur Entschlüsselung des genetischen Codes. Der genetische Code ist universell, d. h., die Nukleotidsequenzen, die für eine bestimmte Aminosäure kodieren, sind für alle Organismen prinzipiell gleich. Dies deutet auf einen gemeinsamen Ursprung aller Lebensformen hin.

Nüsslein-Volhard, Christiane – deutsche Biologin und Biochemikerin

geb. 20.10.1942 in Magdeburg

Nobelpreis 1995, für ihre Entdeckungen über die genetische Kontrolle der frühen Embryonalentwicklung.

Ab 1962 studierte N.-V. Biologie, Physik und Chemie an der Johann-Wolfgang-Goethe-Universität in Frankfurt / Main. Im Jahr 1964 wechselte sie an die Eberhard-Karls-Universität in Tübingen, wo sie Biochemie studierte. 1973 promovierte sie. Von 1978 bis 1980 war sie Forschungsgruppenleiterin am Heidelberger Europäischen Laboratorium für Molekularbiologie (EMBL). Ab 1985 übernahm sie den Posten einer Direktorin am Tübinger Max-Planck-Institut für Entwicklungsbiologie.

N.-V. und E. F. Wieschaus haben in gemeinsamer Forschungsarbeit entdeckt, daß im jungen Fliegenembryo bestimmte Moleküle asymmetrisch verteilt sind. Deshalb können in räumlich und zeitlich abgegrenzter Folge unterschiedliche Erbanlagen aktiviert werden und deren Produkte dann ebenfalls in räumlich abgegrenzten Bereichen wiederum unterschiedliche Gene aktivieren. Zunächst werden im Fliegenembryo die Körperachsen – vorne und hinten sowie oben und unten – festgelegt. Danach wird der Embryo entlang seiner Längsachse in viele verschiedene Körpersegmente aufgegliedert. Jedes der zunächst gleichartig erscheinenden Felder differenziert sich im weiteren Verlauf der Entwicklung anders. Bereits im noch unbefruchteten Fliegenei liegt ein Stoffgradient vor. Der Stoffgradient wird durch Gene der Mutter festgelegt. Vor allem an den Eipolen kommt es zur Konzentration bestimmter Stoffe.

N.-V. wies nach, daß sich am vorderen Eipol Botennukleinsäuren von einem mütterlichen Gen ansammelten. Erst mit der Befruchtung werden diese in das entsprechende Eiweißprodukt übersetzt. Die eigentliche Musterbildung im Embryo beginnt, wenn sich dieser Eiweißstoff vom vorderen Eipol wegbewegt. Dann entsteht unter Mitwirkung anderer mütterlicher Genprodukte ein steil abfallender Konzentrationsgradient, der sich über zwei Drittel des Embryos erstreckt. Dieses formgebende Protein bezeichnet man als Morphogen. Oberhalb eines bestimmten Schwellenwertes und damit in einem exakten räumlichen Muster entlang der Längsachse des Embryos aktiviert das Morphogen andere Erbanlagen, die für die Aufteilung des vorderen Embryoteils in unterschiedliche Körpersegmente (für Kopf, Brust, Bauch und Schwanz) zuständig sind. Im hinteren Embryoteil wird ein anderes Entwicklungsgen aktiviert.

Bei N.-V.s Untersuchungen zeigten ihr Mutationen der Fruchtfliege die Hauptfaktoren, die innerhalb eines Tages aus einem Ei eine Made werden lassen. Die entscheidende Entdeckung der deutschen Wissenschaftlerin: Die Signale für die Gestaltbildung kommen von der Mutter und nicht vom Embryo. Die Fliegenmutter versieht jede Eizelle mit vier Substanzen, die festlegen, wo beim Tier oben und unten, vorn und hinten ist. Die vier Zutaten „sickern" ins Ei und verteilen sich unterschiedlich. Sie konzentrierte ihre Untersuchungen auf die im Embryo aktiven und die Segmentierung steuernden Gene. Durch chemisch herbeigeführte Mutationen konnte sie 15 verschiedene Gene identifizieren, die – nach Mutation – für eine falsche Segmentbildung verantwortlich waren. Diese 15 Gene konnten wiederum nach Segmentierungstyp und der Reihenfolge, in der sie ihre Steuerungsfunktion entfalten, klassifiziert werden.

Ochoa, Severo – amerikanischer Biochemiker spanischer Herkunft
geb. 24.9.1905 in Luarca (Provinz Oviedo)
gest. 1.11.1993 in Madrid
Nobelpreis 1959, für die Entdeckung des Mechanismus in der biologischen Synthese der Ribonukleinsäure (RNA) und der Desoxyribonukleinsäure (DNA).
1928 schloß O. sein Medizinstudium ab, und 1929 promovierte er an der Universität Madrid. Von 1931 bis 1935 wirkte er als Privatdozent für Physiologie und Biochemie an der medizinischen Schule der dortigen Universität. 1935 wurde O. Leiter der physiologischen Abteilung des Medizinischen Forschungsinstituts der Universität Madrid. Im Jahre 1940 ging er in die USA, wo er 1941 Forschungsassistent und Dozent an der School of Medicine der Washington-Universität in St. Louis wurde. Ab 1946 wirkte er als ordentlicher Professor für Pharmakologie an der New York University. Von 1954 bis 1975 hatte er dort einen Lehrstuhl für Biochemie inne und war Leiter der biochemischen Abteilung. 1985 kehrte er endgültig in seine spanische Heimat zurück.

1954 entdeckte O. die Polynukleotid-Phosphorylase. Mit Hilfe dieses Enzyms waren erstmalig Synthesen hochmolekularer Polynukleotide außerhalb der Zelle möglich. Kurz darauf gelang ihm auch die Synthese einer Mischung zweier Polynukleotide mit Doppelhelixstruktur.

1961 wandte er sich der Entschlüsselung des genetischen Codes zu. O. und A. Kornberg (ebenfalls Medizin-Nobelpreis 1959), die 1946/47 gemeinsam an der New York University geforscht haben, war es später in getrennter Tätigkeit gelungen, die Nukleinsäure DNS (Desoxyribonukleinsäure) und vor allem den wichtigen biochemischen Urbestandteil RNS (Ribonukleinsäure) zu produzieren. Die beiden Stoffe haben als mutmaßliche Träger der Erbanlagen große Bedeutung für die genetische, aber auch für die Krebsforschung. Mit diesen Arbeiten haben die beiden Wissenschaftler eine wesentliche Erkenntnislücke geschlossen.

Auf der Nobelpreisträger-Tagung des Jahres 1963 in Lindau teilte O. mit, daß es gelungen sei, eiweißähnliche Substanzen mit Hilfe von synthetischen Polynukleotiden herzustellen. Amerikanische Forscher hatten entscheidende Phasen beim Aufbau lebender Substanzen im Laboratorium nachvollzogen und damit zwei Grundprobleme des Geheimnisses des Lebens weiter aufgehellt: erstens den Aufbau von Organismen aus einfachsten chemischen Grundstoffen und zweitens den Kernmechanismus der Vererbung, die Fähigkeit lebender Zellen, von sich selbst Duplikate anzufertigen (identische Reduplikation). Die weiteren Folgerungen, die aus der Entdeckung abgeleitet werden können, sind vorerst nur in der Phantasie zu ziehen. Aber die Erkenntnislücke zwischen Erbfaktoren und Erbmerkmal ist geschlossen. Der Mechanismus der Vererbung, der identischen Reduplikation, ist, wie es der deutsche Naturforscher H. v. Helmholtz forderte, auf chemisch-physikalische Gesetze zurückgeführt.

Palade, George Emil – amerikanischer Mikrobiologe und Biochemiker
geb. 19.11.1912 in Jassy (Nordostrumänien)
Nobelpreis 1974, für Entdeckungen auf dem Gebiet der strukturellen und funktionellen Organisation der Zelle.
P. studierte Medizin an der Universität Bukarest ab 1930. 1940 wurde er ordentlicher Professor für Anatomie an der dortigen Universität. Nach Kriegsende ging er 1946 in die USA und wurde 1956 zum Professor für Zellbiologie berufen. Von 1961 bis 1972 war P. Professor für Biologie an der Harvard-Universität in Cambridge (Massachusetts), und 1973 erhielt er eine Berufung als Professor für Zellbiologie an die Yale-Universität in New Haven (Connecticut), wo er bis 1983 den Lehrstuhl innehatte.

P. gelang 1953 die Feinstruktur der Mitochondrien aufzuklären, damit wurde erstmals deren äußere und vor allem die charakteristisch gefaltete innere Membran abgebildet. Mitochondrien sind kompliziert aufgebaute Partikel im Zellinneren und man nimmt an, daß sie im Laufe der Evolution aus in die Zelle eingewanderten Bakterien entstanden sind. Sie sind wichtig für Atmung, Energieversorgung und die Regulation des Ionenhaushalts. Es folgten zusammen mit K. Porter umfangreiche Studien über die Organisation des endoplasmatischen Retikulums. Dieses in seiner Form sehr variable, aus zahlreichen Bläschen, Ausstülpungen und Röhrchen bestehende, komplizierte Membransystem fanden sie in allen untersuchten Zellen.

Ihren Höhepunkt erreichten P.s Arbeiten zweifellos 1955 mit der Entdeckung der Ribosomen, die er zuerst als kleine Granula an der äußeren Oberfläche des endoplasmatischen Retikulums beschrieb. Zusammen mit P. Siekevitz konnte P. die Ribosomen aus den durch Ultrazentrifugation gewonnenen Mikrosomenfraktionen von Leber und Pankreas isolieren und beweisen, daß diese Ribonukleoproteidpartikeln die proteinsyntheseaktiven Organellen der Zelle sind.

Mit diesen Forschungsergebnissen legte P. den Grundstein für die spätere Entschlüsselung des genetischen Codes und die Entwicklung der Molekularbiologie.

Mit dem von den drei Nobelpreisträgern vollzogenen Einsatz der quantitativen Zellfraktionierung beim Identifizieren und Charakterisieren bislang unbekannter Zellbestandteile begann ein neuer Abschnitt der Biowissenschaften. Die Erforschung der grundlegenden Lebensvorgänge auf zellularer Ebene ist Voraussetzung, um u. a. Herz-, Kreislauf-, Krebs- oder Nervenerkrankungen ursächlich aufzuklären und die Forschung zur Pharmakologie und Gerontologie (Alternsforschung) voranzubringen.

Pavlov, Ivan Petrovic – russisch-sowjetischer Physiologe
geb. 27.9.1849 in Rjazan
gest. 27.2.1936 in Leningrad
Nobelpreis 1904, als Anerkennung seiner Arbeiten über die Physiologie der Verdauung, durch die er die Kenntnisse auf diesem Gebiet wesentlich umgestaltet und erweitert hat.
1870 siedelte P. mit seinem Bruder Dmitri nach Petersburg über und begann ein Studium an der naturwissenschaftlichen Abteilung der physikalisch-mathematischen Fakultät. Als Hauptfach wählte er Physiologie der Tiere, als Nebenfach Chemie. Die materielle Lage P.s während des Studiums war außerordentlich schwierig, manchmal konnte er sogar die für das Hören der Vorlesungen erforderlichen Gebühren nicht aufbringen. 1875 beendete er das Universitätsstudium. Er nahm dann zusätzlich ein Medizinstudium auf, das er 1879 abschloß. Bald wurde der junge Wissenschaftler durch die von ihm entwickelten neuen Methoden und Modelle physiologischer Experimente bei den Ärzten bekannt. So gelang P. im Jahre 1879 zum ersten Mal in der Geschichte der Physiologie eine Operation, bei der einem Hund eine ständige Bauchspeicheldrüsenfistel angelegt wurde. Das Tier blieb am Leben, und so war es möglich, im Dauerversuch die komplizierten Vorgänge der Verdauung zu beobachten und zu erforschen. 1883 promovierte P. Nach 1886 gelang ihm der bekannte Versuch mit der Scheinfütterung des Hundes und die Entdeckung der die Pankreassekretion regulierenden Nerven. 1890 folgt er einem Ruf als Professor an die Militärmedizinische Akademie in Petersburg. Er leitete zuerst den Lehrstuhl für Pharmakologie, dann 30 Jahre lang den Lehrstuhl für Physiologie. Gleichzeitig arbeitete er im Institut für Experimentelle Medizin und leitete dort eine Abteilung für Physiologie.

Seine Arbeiten zur Aufklärung der Verdauungsprozesse im Magen und die daraus gewonnenen Erkenntnisse über Sekretmenge, Sekretzusammensetzung und Verdauungszeiten für bestimmte Nahrungsstoffe hatten großen Wert für die Ernährungslehre und die Medizin. Ab 1895 wandte sich P. mehr dem Studium der übrigen Verdauungsdrüsen und dem Gesamtzusammenhang des Verdauungsprozesses zu. Im letzten Abschnitt seiner Forschungen über den Verdauungsprozeß gewinnen die Untersuchungen über die Speicheldrüsentätigkeit eine besondere Bedeutung. Sie leiten die 1904 beginnende nächste Periode P.scher Forschung ein, welche dem Studium der bedingten Reflexe und der höheren Nerventätigkeit beim Menschen gewidmet war. In Fortsetzung der Gedanken von I. M. Setschenow bewies P. durch seine Experimente, daß der sogenannten psychischen (seelischen) Tätigkeit materielle Vorgänge zugrunde liegen, die sich an den am höchsten entwickelten Abschnitten des Gehirns, der Großhirnrinde, abspielen. Die Lehre P.s von der höheren Nerventätigkeit, die Lehre von den sogenannten „bedingten Reflexen“, wurde zu einer der wichtigsten Entdeckungen unserer Zeit auf dem Gebiet der Hirnphysiologie. Sie beeinflußte die weitere Entwicklung nicht nur der Physiologie und der Medizin, sondern wirkte sich auch auf die Psychologie, Pädagogik oder Tierzucht aus.

Porter, Rodney Robert – britischer Biochemiker und Immunologe
geb. 8.10.1917 in Ashton (England)
gest. 7.9.1985 bei einem Autounfall in Winchester (Hampshire)
Nobelpreis 1972, für seine Entdeckungen bezüglich der Erforschung und Aufklärung der Struktur der an der Immunabwehr beteiligten Antikörper.
P. erhielt seine Ausbildung an den Universitäten in Liverpool und in Cambridge, wo er 1946 promovierte. Von 1949 bis 1960 war er Mitglied des wissenschaftlichen Stabes im National Institute for Medical Research in London. Danach ging er als Professor für Immunologie an die St. Marys Hospital Medical School an der Universität London. Ab 1967 wirkte er als Professor für Biochemie an der Universität Oxford.

P. wandte sich ab 1949 dem Problem der Strukturaufklärung der Antikörper (Immunglobuline) zu. Bis zum Jahr 1959 war der Wissenschaft die Natur und Wirkungsweise der Antikörper nur unvollständig bekannt; man nahm allerdings an, daß die im Serum auftretenden Antikörper die entscheidenden Gründe der Immunität des Körpers seien. In diesem Jahre legten G. M. Edelman (ebenfalls Medizin-Nobelpreis 1972) und P. unabhängig voneinander die ersten Ergebnisse von Untersuchungen vor, die innerhalb weniger Jahre zu einer so gut wie vollständigen Klarlegung der wichtigsten

Fragen über die Natur dieser Stoffe führen sollten. Edelman und P. haben festgestellt, daß das Antikörpermolekül aus vier Eiweißketten besteht, von denen zwei als leichte und zwei als schwere Ketten im Hinblick ihres Molekulargewichts bezeichnet werden. Diese leichten und schweren Aminosäureketten werden über Schwefelatome zusammengehalten. Ihre grundlegenden Erkenntnisse führten zu einem ungeahnten Aufschwung der Antikörperforschung, die in erster Linie für die praktische Medizin von besonderer Bedeutung ist.

Beide Nobelpreisträger gingen auf verschiedenen Wegen vor, um die Struktur der Antikörper zu analysieren. P. versuchte, diejenigen Teile des Moleküls abzutrennen, die die Fähigkeit des Antikörpers regeln, in Verbindung mit dem Antigen zu reagieren. Die Spaltung in drei Bruchstücke – zwei kleinere, die beide die charakteristische Bindungsfähigkeit hatten, und ein größeres ohne Bindungsfähigkeit – gelang P. mit dem Enzym Papain, einem aus dem Milchsaft unreifer Früchte des Melonenbaums (Papayas) gewonnenen, aus mehreren Peptidasen bestehenden Enzymgemisch. Edelman suchte nach Methoden, die Querverbindungen zwischen den einzelnen Eiweißketten, aus denen Antikörper aufgebaut sind, zu sprengen. 1962 gelang es P., die Antikörper enzymatisch zu spalten und die Spaltprodukte zu analysieren, gleichzeitig postulierte er das Vier-Ketten-Modell. 1970 hatte er die gesamte komplizierte Struktur des durch inter- und intrakettige Disulfidbrücken zusammengehaltenen Immunglobuline aufgeklärt.

Das von P. konstruierte Modell, nach dem Antikörper in Form eines Ypsilons aufgebaut sind, wurde von der wissenschaftlichen Fachwelt allgemein akzeptiert. Danach widmete sich P. verstärkt dem Problem der entwicklungsgeschichtlichen Herkunft der Antikörper.

Prusiner, Stanley Ben – amerikanischer Mediziner, Neurologe und Biochemiker

geb. 28.5.1942 in Des Moines (US-Bundesstaat Iowa)

Nobelpreis 1997, für seine Entdeckung der Prionen als Erreger hirnzerstörender Krankheiten und für den Nachweis eines völlig neuen Entstehungsprinzips von Krankheiten.

P. hat an der Universität von Pennsylvania in Philadelphia Medizin studiert und 1968 promoviert. Ab 1972 arbeitete er als Assistenzarzt in der neurologischen Abteilung der Universität San Francisco. Mitte der siebziger Jahre studierte er außerdem Biochemie und belegte Kurse in Virologie. Seit 1984 wirkt er als ordentlicher Professor für Neurologie in San Francisco, seit 1988 auch für Biochemie.

Mit seiner These, die spongiformen Enzephalopathien – zusammenfassende Bezeichnung für Erkrankungen des Gehirns – würden durch infektiöse Eiweißmoleküle (Proteine) ohne Erbgut verursacht, stieß P. anfangs bei Fachkollegen auf großen Widerstand. Sein Interesse an den ungewöhnlichen Krankheitserregern wurde 1972 geweckt, Anlaß war ein tragisches Ereignis – der Tod einer seiner Patientinnen. Die Frau war an den Folgen der Creutzfeldt-Jakob-Krankheit gestorben, einer jener spongiformen Enzephalopathien, die den Menschen heimsuchen können. Im Tierreich zählen dazu unter anderem die Scrapie-Erkrankung von Schaf und Ziege sowie der Rinderwahnsinn BSE. Als Krankheitserreger für die Creutzfeldt-Jakob-Krankheit wurden langsam wirkende Viren vermutet, die aber nicht nachgewiesen werden konnten.

An der Universitätsklinik von San Francisco richtete P. 1974 ein Labor ein, um den unbekannten Auslöser der tödlichen Hirnkrankheiten zu erforschen. Nach seiner Theorie waren schadhaft mutierte Eiweißmoleküle (Proteine) für die Zersetzung des Gehirns verantwortlich. Dieses Protein nannte P. Prion, hergeleitet aus proteinaceous infectous particle. Mit seiner Hypothese, daß die mutierten Proteine keine Nukleinsäure enthielten, stellte er ein biologisches Dogma in Frage, wonach sich Krankheitserreger, beispielsweise Viren oder Bakterien, nicht ohne genetisches Material (Desoxyribonukleinsäure oder Ribonukleinsäure) vermehren und eine Infektion auslösen könnten. Nach weiteren Untersuchungen fand P. heraus, daß das Prion-Protein (PrP) in zwei Formen auftreten kann, als normales, gesundes Protein (PrPc) und als mutiertes, krankheitsauslösendes PrPSc. Die krank machenden Prionen stimmen mit einem natürlicherweise im Organismus vorkommenden Eiweißstoff überein. Dieses als Prionen-Protein bezeichnete Eiweiß liegt dort in einer Struktur vor (PrPc), in der es harmlos ist. Durch Einflüsse, die bislang noch spekulativ sind, kann das Molekül eine andere Gestalt annehmen. Es wird dann zum todbringenden PrPSc dem wahrscheinlich einzigen Bestandteil der Prionen. Mutationen im Gen für das Prionen-Protein begünstigen offenbar die Strukturänderung. Die Prionen-Hypothese führt die Erkrankung auf infektiöse, nicht mehr abbaubare Eiweiße zurück, die sich an Nervenzellen binden und dort anderen Eiweißkörpern ihren defekten Bauplan aufzwingen.

Große Aktualität gewannen die Prionen durch den Ausbruch des Rinderwahnsinns BSE Mitte der achtziger Jahre in Großbritannien. BSE geht auf die bei Schafen in Großbritannien verbreitete Krankheit Scrapie zurück. Schlachtabfälle infizierter Schafe wurden zu Beginn der 80er Jahre zu Tiermehl verarbeitet und an Rinder verfüttert.

Daß P. mit dem Nobelpreis für Medizin geehrt wurde, kam unerwartet früh, kann jedoch als gerechtfertigt angesehen werden, denn er hat entscheidende Anstöße zur Erforschung der rätselhaften spongiformen Enzephalopathien geliefert.

Ramón y Cajal, Santiago – spanischer Mediziner und Histologe

geb. 1.3.1852 in Petilla (Aragonien)

gest. 18.10.1934 in Madrid

Nobelpreis 1906, als Anerkennung für seine Arbeiten zur Feinstruktur des Nervensystems, insbesondere in Rückenmark, Gehirn und Muskeln.

Nach jahrelangen Auseinandersetzungen mit seinem Vater, einem Professor für Anatomie – der junge R.

wollte Maler, Barbier, dann Schuhmacher werden –, studierte R. schließlich von 1869 bis 1873 Medizin an der Universität Saragossa. Er interessierte sich vor allem für die damals aufkommende Zellularpathologie des deutschen Mediziners R. Virchow, kam so zur Histologie, dem Studium des mikroskopischen Aufbaus der Zellen und Gewebe des Körpers. Nach kurzem Einsatz als Stabsarzt im Bürgerkrieg wurde er 1874 mit einer Expedition nach Kuba geschickt. Von seinem Wehrsold und einer Militärrente konnte er sich ein Mikroskop kaufen. 1879 übernahm er den Lehrstuhl für Anatomie in Saragossa, 1884 den in Valencia, 1887 wurde er Professor für Histologie und Pathologische Anatomie an der Universität Barcelona, und 1892 übernahm er den Lehrstuhl für Histologie an der Universität Madrid, den er bis an sein Lebensende innehatte.

1886 begann R. mit der Erforschung des Nervensystems. 1887 eröffnete er eine neue Forschungsrichtung in der feineren Anatomie des Gehirns und Rückenmarks durch verbesserte Anwendung der Chromsilber-Methode von C. Golgi, die eine genaue Darstellung einzelner Nervenzellen mit allen ihren Fortsätzen ermöglichte. 1889 beschrieb er erstmals präzise die nervösen Bahnen der grauen Substanz von Rückenmark und Gehirn. Die 1887 entwickelte Neuronentheorie konnte eine Erklärung der Funktionen des Nervensystems geben. Mit Recht nennt man R. den „Begründer der Neuronentheorie", die besagt, daß das gesamte Nervensystem aus einzelnen, miteinander verbundenen Nervenzellen aufgebaut ist. Ab 1892 wandte er sich vor allem der Erforschung des embryonalen Nervensystems und der Morphologie des Neurons zu. Das Gehirn war das damals noch am wenigsten erforschte Organ. Nachdem er die histologische Färbetechnik eingehend studiert hatte und ständig weiter verbesserte, gelangen ihm wertvolle Untersuchungen über die feineren Strukturen des Zentralnervensystems. Er fand die anatomische Grundlage der Kontaktverbindungen zwischen verschiedenen Neuronen, die man später Synapsen nannte. Er beschrieb die Reflexkollateralen der Hinterwurzeln mit ihrer direkten Endigung an den Vorderhornzellen als Substrat für Zweineuronenreflexe, daneben erkannte R. die Umschaltung anderer Reflexwege über Schaltneurone im Rückenmark.

Von 1899 bis 1904 erschienen seine großen Werke über die Feinstruktur des Nervensystems, die noch heute ein Standardwerk für die funktionellen Hirn- und Rückenmarksstrukturen darstellen. Von 1903 bis 1913 wandte R. eine neue Technik an, das berühmt gewordene Verfahren mit reduziertem Silbernitrat; daneben nahm er Schnitte durch das Nervengewebe vor.

R.s Neuronentheorie legte die theoretische Grundlage zur Erforschung des Gehirns mit seinen hochorganisiert verzweigten Nerven und deren charakteristischen Übertragungseigenschaften.

Reichstein, Tadeus – Schweizer Chemiker
geb. 20.7.1897 in Wloclawek (Polen)
gest. 1.8.1996 in Basel (Schweiz)
Nobelpreis 1950, für Entdeckungen bei den Hormonen der Nebennierenrinde, ihrer Struktur und ihrer biologischen Wirkungen.

Kurz nach R.s Geburt übersiedelten seine Eltern nach Kiew. Er wuchs aber in der Schweiz auf, wohin seine Eltern im Jahre 1906 auswanderten. R. begann 1916 ein Chemiestudium an der Eidgenössischen Technischen Hochschule in Zürich. Nach acht Semestern legte er sein Diplomexamen ab und begann eine praktische Tätigkeit in der Industrie. 1921 ging er an die ETH Zürich zurück und promovierte dort. Er widmete sich der Erforschung der Aromastoffe von Kaffee und Zichorie. Im Jahre 1933 machte sich R. bereits einen wissenschaftlichen Namen mit der Durchführung der ersten Totalsynthese des Vitamins C. 1937 wurde er außerordentlicher Professor für spezielle Organische und Physiologische Chemie an der ETH Zürich. 1946 wurde er Professor für Organische Chemie an der Universität Basel. 1967 wurde er emeritiert.

Mitte der 30er Jahre konnte R. zahlreiche Verbindungen aus der Nebenniere isolieren und deren Molekularstruktur klären. 1934 wandte sich R. der Isolierung und Strukturaufklärung der Nebennierenrindenhormone zu. Um die wirksame Rindensubstanz zu isolieren, ließ er sich ca. 1.000 Kilogramm Nebennieren von Rindern aufarbeiten, aus denen er etwa ein Kilogramm Rindentrockenmasse erhielt. Nach mühseliger Aussonderung unwirksamer Ballaststoffe blieben nur 25 Gramm weiterhin zu untersuchender Substanzen übrig. Eine von ihnen, die R. später auch aus Rindergallensäure synthetisierte und „Desoxycorticosteron", kurz „Doca" nannte, erwies sich als eines der den Mineral- und Wasserhaushalt des Körpers regulierenden Nebennierenrindenhormone, mit dem in hoffnungslosen Fällen der Addisonschen Krankheit Heilerfolge erzielt werden konnten.

Bei weiteren Studien über die Chemie der Nebennierenrindenhormone stieß R. auf ein wichtiges den Kohlehydratstoffwechsel des Organismus regelndes Hormon. Er isolierte es unter der Arbeitsbezeichnung „Substanz Fa" (Cortison). Bald danach gelang ihm auch die Strukturaufklärung, die ihm die Synthese des Stoffes aus Sarmentosussamen ermöglichte.

Trotz seines weitgespannten Forschungsrahmens hat sich R. immer als Chemiker betrachtet, obwohl er den Nobelpreis für Medizin erhalten hat.

Richards, Dickinson Woodruff – amerikanischer Internist
geb. 30.10.1895 in Orange (New Jersey)
gest. 23.2.1973 in Lakeville (Connecticut)
Nobelpreis 1956, für seine bahnbrechenden Entdeckungen zur Herzkatheterisierung und zu den pathologischen Veränderungen im Kreislaufsystem.

Andre F. Cournand und R. haben die von Werner Forßmann (ebenfalls Medizin-Nobelpreis 1956) erstmals im Selbstversuch erprobte Herzsondierung zur klinischen Routinemethode weiterentwickelt. Damit gewannen die Mediziner wichtige Einblicke in die Beziehungen zwischen Druck und Strömung in den Lungengefäßen und ermöglichten zusammen mit der Angiokardiographie (Röntgendarstellung der Herzhöhlen und ihrer Zu- und Abflußbahnen) die für den Chirurgen unerläßliche exakte Erkennung und Feststellung von Herz-Kreislauferkrankungen.

R. studierte nach Ende des Ersten Weltkriegs am Columbia University College of Physicians and Surgeons in New York Innere Medizin und Chirurgie. 1923 promovierte er. Von 1947 bis zu seiner Emeritierung im Jahre 1961 war R. an der Columbia-Universität in New York ordentlicher Professor für Medizin.

Anfang der 30er Jahre begann die Zusammenarbeit mit A. F. Cournand am Bellevue Hospital in New York. Im Rahmen einer medizinischen Studie über den Kreislauf unter verschiedenen pathologischen Bedingungen griffen sie auf Forßmanns frühe Experimente mit dem Herzkatheter zurück. Sie führten die Herzkatheterisierung weiter, studierten den traumatischen Schock beim Menschen, erforschten die vererbten Herzschäden und die Physiologie von Herzschäden überhaupt, maßen die Wirkung von Herzheilmitteln, analysierten verschiedene Formen von chronischen Herz- und Lungenleiden und die Reaktionen ohne Behandlungen. Bei ihren Untersuchungen haben Cournand und R. die Forßmannsche Methode der Herzkatheterisierung technisch vervollkommnet, so daß die Chirurgen bereits Anfang der 40er Jahre erstmalig komplizierte, bis dahin unerkannt gebliebene Herzfehler – wie beispielsweise den „offenen Ductus", eine gefährliche Kurzschlußverbindung zwischen Lungenschlagader und Körperhauptschlagader; die lebensbedrohende Blausucht, hervorgerufen durch eine starke Verengung der Lungenarterie; oder die „Mistralstenose", eine Verengung der Herzklappenöffnung zwischen linkem Vorhof und linker Herzkammer – feststellen und der chirurgischen Behandlung zuführen konnten. Später beschäftigte sich R. mit der Wirkung von Herzdrogen und chronischen Herz-Lungen-Erkrankungen und ihren Behandlungsmethoden.

Als man die beiden amerikanischen Internisten A. F. Cournand und R. für ihre Experimente mit dem Herzkatheter auszeichnen wollte, machten diese selbst darauf aufmerksam, wie sehr sie sich anfangs auf die Selbstversuche zur Katheterisierung des Herzens Werner Forßmanns vom Jahre 1929 gestützt hatten, so daß sich das Nobelkomitee entschloß, den Preis in drei Teilen zu vergeben.

Richet, Charles Robert – französischer Physiologe
geb. 26.8.1850 in Paris
gest. 4.12.1935 in Paris
Nobelpreis 1913, für seine Arbeiten über Anaphylaxie.

R., Sohn eines Professors der Chirurgie, studierte an der medizinischen Fakultät in Paris und promovierte im Jahre 1869. Danach arbeitete und forschte er auf den verschiedensten Gebieten. Großes Interesse fanden bei R. auch die Untersuchungen des Neurologen J.-M. Charcot über Hysterie und Hypnose, die wahrscheinlich sein lebenslanges spezifisches Interesse an parapsychologischen Erscheinungen weckten. R.s wissenschaftliche Laufbahn erreichte ihren Höhepunkt 1887, als er zum Professor für Physiologie an die medizinische Fakultät der Universität Paris berufen wurde.

Mit dem Namen R.s ist die bedeutende Entdeckung der „Anaphylaxie", der „Überempfindlichkeitsreaktion", eines immunologischen Grundphänomens, verbunden, unter der man folgende Erscheinung versteht: Wird einem warmblütigen Tier ein Fremdeiweiß, ein Antigen, eingespritzt, so bildet das Tier dagegen Abwehrkörper. Sie verbleiben lange Zeit im Körper bzw. werden nachgebildet. Wird das zu ihrer Ausbildung eingespritzte Fremdeiweiß zum zweiten Male in die Blutbahn desselben Tieres injiziert, so erfolgen bei bestimmten Antigenen heftige Abwehrreaktionen. Sie sind sogar lebensbedrohend.

Die Erklärung der Allergien wurde mit der Entdeckung der Anaphylaxie angebahnt. R. entdeckte die Anaphylaxie in der Folge von Experimenten über die Gifte von Meerestieren. Die Erscheinungen der Anaphylaxie entdeckte er, als er Hunden zum zweiten Male eine Injektion eines Extrakts aus den stark nesselnden, giftigen Tentakeln von Seerosen und Seeanemonen verabreichte, die zu einer Schockreaktion führte. Eine solche Schockreaktion ließ sich auch bei der zweiten Einspritzung anderer Eiweißstoffe hervorrufen, wie weitere Untersuchungen zeigten. Bei Tieren führt der „anaphylaktische Schock" oft zum Tode, beim Menschen kann er zum Serumschock führen.

Eine Behandlung durch Adrenalin, Corticosteroide und intravenöse Flüssigkeitszufuhr unter Meidung der Antigene verläuft erfolgreich.

Sein zweites Interessengebiet, die Schriftstellerei, vernachlässigte R. trotz dieser Forschungen jedoch nicht. So schrieb er den Roman „Das Leiden der Anderen" sowie eine Reihe von Fabeln. Viele von ihnen sollten wie auch seine „Antikriegsbücher" der geistigen Manipulation zum Kriege entgegenwirken. Er arbeitete mit dem führenden französischen Pazifisten F. Passy zusammen und wurde dessen Nachfolger als Präsident der Französischen Gesellschaft für Internationales Schiedsgericht.

Robbins, Frederick Chapman – amerikanischer Virusforscher
geb. 25.8.1916 in Auburn (Alabama)
Nobelpreis 1954, für die Entdeckung der Fähigkeit des Poliomyelitisvirus, in Kulturen verschiedener Gewebetypen zu wachsen.

R., Sohn eines bekannten Botanikers, studierte an der Columbia-Universität und an der Harvard Medical School in Boston Medizin. Er diente von 1942 bis 1946, zuletzt als Major, in Sanitätseinheiten der amerikanischen Armee. Von 1946 bis 1948 erhielt R. seine Fachausbildung am Kinderkrankenhaus in Boston. Er spezialisierte sich auf dem Gebiet der Kinderkrankheiten und der Hygiene und lehrte bis 1952 an der Harvard-Universität. Von 1952 bis 1966 war R. Leiter der Abteilung für Kinderkrankheiten und Infektionskrankheiten am Metropolitan General Hospital in Cleveland.

Seit 1948 arbeitete R. im Rahmen der nationalen Forschung zusammen mit J. F. Enders und T. H. Weller auf dem Gebiet der Untersuchung des Poliomyelitisvirus. Große Schwierigkeiten bereitete es den Forschern, den Erreger der Poliomyelitis zu züchten, da er sich, gleich allen Virusarten, nicht auf künstlichen Nährböden fortpflanzt wie die Bakterien, sondern nur in lebendem Gewebe, wo er in den Stoffwechsel der Zelle eingreift und sie zerstört. Unermüdlich versuchten Enders, Weller und R. im Jahre 1949 Polioviren auf Affennieren zu kultivieren, da sich Nervengewebe, der eigentliche Lebens- und Wirkungsraum des Erregers, in einer Nährlösung außerhalb des Körpers nicht erhalten läßt. Nach vielen vergeblichen Versuchen gelang es den Forschern, durch Behandlung der Affennierenscheibchen mit Penizillin und anderen bakterientötenden Medikamenten die feindlichen Mikroben auszuschalten. Damit war der Bann gebrochen, denn plötzlich vermehrten sich die Viren.

Enders, Weller und R. konnten die Viren des Erregers der Kinderlähmung, die bis dahin nur an lebenden Nervenzellen von Mensch und Affe als vermehrungsfähig galten, losgelöst vom lebenden Organismus in einer Gewebekultur in beliebiger Menge zum Beispiel für Impfzwecke züchten. Weiterhin gestattet diese Methode verhältnismäßig schnell, unabhängig vom lebenden Tier, das menschliche Blut von Poliomyelitiserregern zu untersuchen. Vor allem war nunmehr die Möglichkeit gegeben, den gefährlichen Erreger im großen zu züchten und nach dem Verfahren des Amerikaners J. E. Salk einen Impfstoff herzustellen. Im Jahre 1953 konnten die ersten Kinder erfolgreich mit der von ihm entwickelten Totvakzine geimpft werden. Es waren dies Salks eigene Kinder, drei Buben im Alter von zwei, sechs und neun Jahren. 1957 entwickelte dann der polnisch-amerikanische Kinderarzt und Bakteriologe A. B. Sabin eine Schluckimpfung gegen spinale Kinderlähmung.

Roberts, Richard John – britischer Biochemiker und Genforscher
geb. 6.9.1943 in Derby
Nobelpreis 1993, für seine Arbeiten auf dem Gebiet der Molekularbiologie, insbesondere im Bereich der Erbanlagenforschung, und seine Entdeckung der diskontinuierlich aufgebauten Gene.
R. studierte ab 1962 Chemie an der Universität in Sheffield und promovierte 1968. Von 1972 bis 1992 arbeitete er am Cold Spring Harbor Laboratory (New York). 1992 wurde R. zum Forschungsdirektor der New England Biolaps in Beverly (Massachusetts) ernannt.

1977 entdeckten R. und P. A. Sharp unabhängig voneinander, daß die Erbinformationen auf den Genen höherer Organismen auf mehrere getrennte Abschnitte verteilt sind. Die zwischen diesen liegenden Bereiche sind mutmaßlich ohne Funktion. Bei ihren Untersuchungen haben sich R. und Sharp von den bestehenden wissenschaftlichen Vorstellungen gelöst, und sie kamen zu der damals völlig unerwarteten Entdeckung der komplex aufgebauten Gene bei höheren Lebewesen. Ihre Erkenntnisse haben die beiden Forscher durch die Untersuchung eines einfachen Virus gewonnen.

Sie hatten an verschiedenen Botennukleinsäuren des Adenovirus, Erreger von epidemisch auftretenden grippalen Infekten, beobachtet, daß die von dem Gen gebildeten Botennukleinsäuren jeweils merkwürdig ähnliche Enden hatten. In weiteren Untersuchungen zeigte sich, daß die Botennukleinsäuren kürzer als die entsprechenden Gene waren. Durch die Bestimmung der Bausteinreihenfolge in Botennukleinsäuren und Genen ließ sich später zeigen, daß in den Erbanlagen in unregelmäßigen Abständen Bereiche enthalten sind, die in der Botennukleinsäure fehlen. Weil nur die später in Eiweiß übersetzten Genabschnitte den Zellkern verlassen, nannte man die kodierten Bereiche Exons und die dazwischenliegenden, nicht in Eiweiß übersetzten Abschnitte Introns.

Die Introns enthalten Erkennungsstellen für das Katalysatorsystem, das für die enzymatische Spaltung des Gens verantwortlich ist. Durch dieses Spleißen entsteht eine Botennukleinsäure, in der sich Exon nahtlos an Exon reiht. Die Introns machen es möglich, daß ein und dasselbe Gen unterschiedlich gespleißt werden kann, aus derselben Erbanlage also verschiedene Genprodukte entstehen können. Eine Reihe von Krankheiten erblicher Natur kann heute auf fehlerhafte Spleißungsprozesse zurückgeführt werden.

Das Nobelpreis-Komitee würdigte die „fundamentale Bedeutung" der Arbeiten von R. und Sharp für die biologische Grundlagenforschung und das Verständnis von Krebs und anderen Erkrankungen. Darüber hinaus ist die Entdeckung der „diskontinuierlich aufgebauten Gene" für die Herstellung von Medikamenten mit Hilfe gentechnisch manipulierter Bakterien bedeutsam.

Rodbell, Martin – amerikanischer Biochemiker
geb. 1.12.1925 in Baltimore (Maryland)
gest. 7.12.1998 in Chapel Hill (North Carolina)
Nobelpreis 1994, für die Entdeckung der G-Proteine und deren Bedeutung für die Signalübertragung in Zellen.
R. studierte an der Johns Hopkins University Biologie und Chemie. Er konzentrierte sich schließlich auf das Gebiet der Biochemie und promovierte 1954 an der University of Washington in Seattle. Von 1967 bis 1968 war R. Professor und Direktor am Institut für Klinische Biochemie der Universität in Genf. Von 1970 bis 1985 leitete er die Abteilung für Zellsteuerung an den National Institutes of Health in Bethesda. 1985 wechselte er als wissenschaftlicher Direktor an das National Institute of Environmental Health Sciences, Research Triangle Park in North Carolina, wo er seit 1989 die Abteilung für Signalübertragung leitete. Im Juni 1994 trat R. in den Ruhestand.

Die diesjährige Verleihung des Nobelpreises für Medizin an A. G. Gilman und R. wird der überragenden Bedeutung der sogenannten G-Proteine gerecht, die bei fast allen signalübertragenden Prozessen eine Rolle als molekulare Schalter spielen. Sie vermitteln nicht nur die Wirkung zahlreicher Hormone, sondern auch eine Reihe sensorischer Prozesse wie Sehen, Riechen und wahrscheinlich auch Schmecken. Die Bedeutung dieser Proteine mag auch daran deutlich werden, daß Modifikationen derselben durch die Wirkung von Bakterien zu Erkrankungen wie Keuchhusten und Cholera führen, beziehungsweise Mutationen ihrer Desoxyribonukleinsäure (DNA) in manchen Organen bestimmte Tumoren auslösen können.

Bereits E. Sutherland (Medizin-Nobelpreis 1971) hatte in den 60er Jahren erkannt, daß verschiedene Hormone nicht in die Zelle eindringen müssen, sondern lediglich auf die Zelloberfläche einwirken und dadurch gewisse chemische Reaktionen auslösen. Die hierzu benötigte Botenemission übernimmt das zyklische Adenosinphosphat (cAMP), das in der Lage ist, die Gesamtsyntheseraten des Proteins in einem Organ zu stimulieren, und darüber hinaus die Fähigkeit besitzt, einzelne Enzyme zu induzieren. Sutherland hatte auch erkannt, daß das Enzym, das diesen Zweitbotschafter synthetisiert, in der Plasmamembran lokalisiert ist.

R. hatte herausgefunden, daß für die Expression (gesteigert) des hormonellen Signals neben dem Substrat Adenosintriphosphat (ATP) noch ein weiteres Nukleotid, Guanosintriphosphat (GTP), erforderlich ist. Er und seine Mitarbeiter konnten ferner zeigen, daß an isolierten Plasmamembranen die Bindung des Hormons Glukagon an seinen Rezeptor erst in Anwesenheit von GTP eine Bindungscharakteristik aufweist, die den Verhältnissen an der intakten Zelle gerecht wird.

R. gelang es, Ende der 60er und Anfang der 70er Jahre in einer Reihe von Untersuchungen nachzuweisen, daß die Übertragung einer Botschaft von der Außenseite der Zelle zu ihrem Innern das Zusammenwirken zwischen drei funktionellen Einheiten erfordert: zwischen einem „Rezeptor" bzw. „Diskriminator", der verschiedene von außen kommende Signale erkennt, einem „Transducer", der das Signal „umwandelt", und schließlich einem „Verstärker", der große Mengen des „zweiten Boten" im Innern der Zelle bildet. Rs eigentliche Leistung war aber die Entdeckung des „Transducer" (Vermittler), angetrieben, wie seine Analysen ergaben, von einer energiereichen Verbindung namens Guanosin 5-Triphosphat (GTP).

A. Gilman und R. fanden, daß die G-Proteine als Umschalter in den Zellen fungieren, sie übertragen und modulieren Signale. Außerdem aktivieren sie verschiedene Verstärker in den Zellen. G-Proteine nehmen mehrere Systeme von Signalen aus der Umgebung auf, integrieren sie und steuern so die Lebensprozesse der Zelle.

Ross, Sir (ab 1911) **Ronald** – britischer Tropenmediziner und Bakteriologe
geb. 13.5.1857 in Almora (Indien)
gest. 16.9.1932 in Putney Heath bei London
Nobelpreis 1902, für seine Arbeiten auf dem Gebiet der Malaria, durch die er nachwies, wie die Krankheit in den Organismus gelangt, und damit den Grundstein legte für eine erfolgreiche Erforschung dieser Krankheit und ihrer Behandlungsmethoden.

Der in der Himalajalandschaft Kumaon geborene Generalssohn wäre am liebsten ein freischaffender Künstler geworden, hatte jedoch nach dem Willen seines Vaters Medizin studieren müssen. 1875 nahm R. am St. Bartholomew's Hospital zu London das Studium der Heilkunde auf, und nach dem Examen umsegelte er als Schiffsarzt die Welt, bis er 1881 in den indischen Militärdienst eintrat. Innerhalb eines Jahrzehnts stieg er bis zum Stabsarzt auf.

Bereits im Jahr 1892 nahm R. seine Malariastudien auf. In London traf er mit P. Manson (1844–1922) zusammen, einem leidenschaftlichen Malariaforscher, der R. in seinem Laboratorium einige selbstbereitete Präparate der Laveranschen Mikrobe demonstrierte und ihm seine Malaria-Moskito-Theorie darlegte. Von Mansons Idee begeistert, kehrte der nun von der Existenz der Malariaparasiten überzeugte Militärarzt 1895 nach Indien zurück, um dort die Auffassung von Manson über die Verbreitung des Malariaerregers durch Stechmücken experimentell zu prüfen. 1896 wurde R. in ein extrem malariaverseuchtes Gebiet entsandt, wo er auch von einem bösartigen Fieber befallen wurde und beinahe starb. Hier hatte er zum ersten Mal eine Ahnung, welche spezifische Mücke der Überträger sein könnte; die Anophelesmücke war in den Krankensälen der Fieberkranken besonders häufig anzutreffen.

Nach über zweijähriger strapaziöser Forschungsarbeit gelang R. am 20. April 1897, nach einer Kette von Mißerfolgen, endlich der Durchbruch. Es glückte ihm, den Entwicklungszyklus der Malariaparasiten bei Mücken nachzuweisen. Er stellte in zwei Mückenmägen pigmentierte Rundkörperchen fest, die seiner Meinung nach ein gewisses Entwicklungsstadium der Malariaplasmodien darstellen mußten, eine wahre wissenschaftliche Pionierleistung. Zum Glück für die Malariaforschung entdeckte R., daß auch Vögel von der Seuche befallen werden. Er beobachtete, wie wir heute wissen, was ihm aber noch nicht bewußt wurde, die zur Ansteckung notwendige geschlechtliche Entwicklung der Malariaparasiten im Moskitomagen. Er sah, wie der befruchtete Keim sich in der Magenwandung des Moskitos festsetzt, an Größe zunimmt, eine Kapsel bildet, in der zahllose sichelförmige Tochterkeime entstehen, wie die junge Brut nach dem Platzen der Kapsel in die Leibeshöhle schwärmt und dann nach der Speicheldrüse vordringt, von wo aus sie der Weg durch den Stichkanal ins menschliche Blut führt.

Im Jahre 1902 erhielt er eine Berufung als ordentlicher Professor auf den neugegründeten Lehrstuhl für Tropenmedizin an der Universität Liverpool. Von 1912 bis 1917 wirkte er als Facharzt für Tropenkrankheiten am Kings College Hospital in London. Von 1926 bis zu seinem Lebensende war er dann Direktor des von Förderern ins Leben gerufenen Ross-Instituts und Ross-Spitals für Tropenkrankheiten und Hygiene in London.

Am 7. Februar verstarb unser Kollege
Burghard Frankfurth
im 68. Lebensjahr. Seit 1954 gehörte er unserer Betriebsgruppe BMW an, aus der er vor einigen Jahren wegen Erreichung der Altersgrenze ausschied.
Dem verstorbenen treuen Verbandsbruder werden wir ein bleibendes Gedenken bewahren.

R. hat mit seinen Arbeiten erheblich zur Erweiterung der Vorstellungen von der Krebsentstehung beigetragen. Seine Techniken wurden Bestandteil einer allgemeinen Methodik zur Erforschung und zum Nachweis geschwulsterzeugender Virusarten. Gegenwärtig wird den Viren in der Krebsforschung große Aufmerksamkeit geschenkt, da sie in einer Reihe von Fällen als Ursache für die Entstehung bösartiger Geschwülste erkannt werden konnten.

Sakmann, Bert – deutscher Zellphysiologe
geb. 12.6.1942 in Stuttgart
Nobelpreis 1991, für die Entwicklung der patch-clamp-Technik und seine Entdeckungen zur Funktion einzelner zellulärer Ionenkanäle.
S. studierte von 1962 bis 1967 Medizin u. a. in Berlin und Paris. 1974 promovierte er an der Universität Göttingen, und 1981 habilitierte er sich dort. 1985 wurde er Direktor der Abteilung Zellphysiologie des Max-Planck-Instituts in Göttingen, 1988 in Heidelberg, und 1990 wurde S. zum Professor an der dortigen Universität ernannt.

Unser Leben beginnt mit einer Veränderung des Membranpotentials: Wenn die Samenzelle im Augenblick der Befruchtung mit der Eizelle verschmilzt, werden Ionenkanäle aktiviert, die das Membranpotential verändern und dazu beitragen, andere Samenzellen am Eindringen zu hindern. Alle Zellen haben eine charakteristische Garnitur von Ionenkanälen, die sie besonders geeignet machen, ihre spezifischen Funktionen auszuüben, egal ob es sich um Nervenzellen, Drüsenzellen oder Blutkörperchen handelt. Ionenkanäle bestehen aus einzelnen Molekülen oder Molekülkomplexen, welche die Wände des Kanals bilden, die durch die Zellmembran gehen und das Äußere der Zelle mit ihrem Innern verbinden. Diese Pore ist so klein, daß sie dem Durchmesser eines einzelnen Ions (0,5 bis 0,6 milliardstel Meter) entspricht.

Schon lange vor Neher und S. wußte man, daß es Ionenströme durch die Zellmembran gibt, aber erst den beiden Wissenschaftlern gelang es zu beweisen, daß Ionenkanäle wirklich existieren. Die gemeinsam entwickelte sogenannte „Patch-Clamp-Technik" ermöglichte es, geringe elektrische Ströme zwischen Körperzellen und ihrer Umgebung zu registrieren. Damit konnten Neher und S. erstmals den Nachweis erbringen, daß in der Zellhülle winzige Kanäle existieren, die den Durchfluß von geladenen Teilchen (Ionen) wie etwa Kalium oder Natrium vom Zellinneren in die Umgebung ermöglichen. Durch die Zusammenarbeit mit verschiedenen molekularbiologisch arbeitenden Forschergruppen konnte besonders S. im einzelnen zeigen, welche Funktion verschiedene Teile des Ionenkanalmoleküls haben.

Die Forscher können heute beschreiben, wie die Freisetzung von Insulin vor sich geht, das Blutzuckerniveau und der Zuckergehalt in den insulinbildenden Zellen reguliert wird. Dieses Niveau steuert den Gehalt an der energiereichen Adenosintriphosphat(ATP)-Verbindung, was direkt auf einen speziellen Ionenkanaltyp einwirken kann, der die elektrische Spannung der Zellmembran reguliert. Indem man den ATP-gesteuerten Ionenkanal reguliert, kann die Insulinsekretion, die beispielsweise bei Diabetes defekt ist, beeinflußt werden.

Mit Hilfe von Nehers und S.s Technik lassen sich jetzt zur Behandlung einiger Krankheiten Medikamente nach Maß herstellen, die auf den Ionenkanal wirken.

Samuelsson, Bengt Ingemar – schwedischer Biochemiker
geb. 21.5.1934 in Halmstad
Nobelpreis 1982, für Forschungen und Entdeckungen auf dem Gebiet einer biologisch außerordentlich bedeutsamen Gruppe von Gewebshormonen, den Prostaglandinen, Thromboxanen und Leukotrienen.
S. studierte Medizin an der Universität von Lund. 1960 promovierte er am Karolinska-Institut in Stockholm.

1967 wurde er Professor und Leiter der Abteilung für medizinische Chemie am Königlichen Veterinär College in Stockholm. 1973 ging S. als Professor für Medizinische und Physiologische Chemie sowie Leiter des chemischen Departments an das Karolinska-Institut zurück, dessen Rektor er 1983 wurde. Von 1984 bis 1986 gehörte S. dem Nobel-Komitee für Medizin an.

Schon Anfang der 60er Jahre hatte sich S. der Erforschung von Prostaglandinen gewidmet. Dabei handelt es sich um sogenannte Gewebshormone, die sich in den verschiedensten Organen durch enzymatische Umwandlung ungesättigter Fettsäuren bilden und biologisch äußerst aktiv sind. Neben Wirkungen auf das Herz-Kreislauf-System lösen sie unterschiedliche Reaktionen des Nervensystems aus, die von der Art des Prostaglandins und dem funktionellen Zustand des Gewebes abhängen. Sie waren erstmals 1930 entdeckt und beschrieben worden. 1935 war es U. S. v. Euler (Nobelpreis für Medizin 1970) gelungen, aus der Samenflüssigkeit von Schafen einen Stoff mit gleicher Wirkung zu extrahieren, der den Uterusmuskel stimulierte. Da er ihn zuerst in Sekreten der Prostata identifizierte, nannte er ihn Prostaglandin.

Der besondere Verdienst S.s in der Prostaglandinforschung liegt darin, daß er erstmals ein ausführliches Bild des gesamten Prostaglandinsystems entwickelt und die chemischen Prozesse klargelegt hat, durch welche die Substanzen, die in dieses System eingehen, aufgebaut oder zerstört werden. Mitte der 60er Jahre gelang es S., zahlreiche zum Teil nur kurzlebige Zwischenprodukte der Arachidonsäureumwandlungen nachzuweisen und die biochemischen Vorgänge ihres Auf- und Abbaus aufzuklären. Er entdeckte eine besondere Gruppe, die Thromboxane, die ebenfalls aus der Arachidonsäure gebildet werden. Sie führen, ebenso wie die Ende der siebziger Jahre unter Mitwirkung von S. entdeckten Leukotrine, zu einer starken Thrombozyten- und Leukozytenaggregation und fördern dadurch die Blutgerinnung sowie Abwehrvorgänge des Blutes.

S.s Entdeckungen der Endoperoxyde, der Thromboxane und des Leukotrienensystems waren entscheidend für die heutige Kenntnis der biologischen Bedeutung dieses Systems.

Isolierte Prostaglandine bzw. ihre Derivate werden u. a. bei der Geburtshilfe sowie bei der Behandlung von Kreislaufstörungen und Magengeschwüren eingesetzt.

Schally, Andrew Victor – amerikanischer Physiologe polnischer Herkunft

geb. 30.11.1926 in Wilna (Vilnius, Polen)

Nobelpreis 1977, für Entdeckungen über die Produktion von Peptidhormonen im Gehirn.

Ab 1946 studierte S. Medizin an der Londoner Universität. Er promovierte 1957 an der McGill-Universität in Montreal. Dann wurde er wissenschaftlicher Mitarbeiter an der physiologischen Abteilung des Texas Medical Center in Houston. 1967 wurde er ordentlicher Professor an der Tulane-Universität in New Orleans, wo er zuvor schon Dozent war, und 1980 Sektionsleiter für Experimentelle Medizin.

Die Arbeiten von R. Guillemin und S. waren seit langem auf die Lösung eines großen Problems gerichtet: die Aufklärung der Struktur und der Funktion wie die Synthese der Hypothalamushormone. Die chemische Identifizierung der vom Hypothalamus abgegebenen Release- und Inhibitionsfaktoren ist sehr arbeitsintensiv, denn ein Hypothalamus enthält davon nur einige Nanogramm. In Zusammenarbeit mit mehreren großen Schlachthäusern wurden Hunderttausende von Schweine- und Schafhypothalami gewonnen. Ihre Verarbeitung mußte in kürzester Zeit erfolgen, da die Peptidhormone leicht zersetzlich sind. Die Isolierung des ersten Milligramms Thyreotropen Hormons (TRH) war äußerst kostspielig, deshalb mußten zur Strukturaufklärung einige Milligramm der noch unreinen Hormone genügen. Es stellte sich bald heraus, daß TRH bei allen bisher getesteten Tierarten und beim Menschen dieselbe Struktur hat und neben seinen Wirkungen auf die Hypophyse und die Schilddrüse auch die Ausschüttung von Prolaktin und Wachstumshormon steuert. Ein zweites wichtiges Hormon aus dem Hypothalamus ist das „luteinizing hormone release hormone (LHRH), dessen Struktur 1971 fast gleichzeitig von S. und Guillemin aufgeklärt wurde. Es wirkt auf die Hypophyse und kontrolliert die Funktion der Eierstöcke wie die der Hoden. Das dritte bis heute aufgeklärte Hypothalamushormon ist „growth hormone release inhibiting factor" (GIF) oder Somatostatin, es verhindert die Sekretion von Glukagon und Insulin in der Bauchspeicheldrüse und von Salzsäure im Magen. Somatostatin ist für die Behandlung von Diabetes u. a. wichtig.

Durch chemische Synthese erhielten S. und Guillemin künstliche Analoga der Hypothalamushormone, die in ihrer biologischen Aktivität um ein Vielfaches stärker sind als die natürlichen Verbindungen. Außerdem gelang es ihnen, synthetische Präparate herzustellen, die die Wirkung der Hypothalamushormone unterdrücken. Dank dieser Resultate wurde der Weg zur breiten Anwendung einer Reihe synthetischer Hormone in der Klinik zur Stimulation oder Hemmung verschiedener endokriner Prozesse erschlossen. Auch die Diagnose und Therapie bestimmter Erkrankungen sind mit diesen künstlichen Hormonen möglich.

Sharp, Phillip Allen – amerikanischer Molekularbiologe

geb. 6.6.1944 in Falmouth (Kentucky)

Nobelpreis 1993, für seine Arbeiten im Bereich der Erbanlagenforschung, insbesondere für die Entdeckung der diskontinuierlich aufgebauten Gene.

S. studierte am Union College in Barbourville (Kentucky). Er ging dann an die University of Illinois in Urbana und promovierte hier 1969 in Chemie. Am Massachusetts Institute of Technology in Cambridge wurde S. 1979 zum ordentlichen Professor berufen. 1991 wurde ihm hier die Leitung des Biologiedepartments übertragen.

Für ihre Arbeiten in der Genforschung sind S. und der Brite R. J. Roberts mit dem Medizin-Nobelpreis ausgezeichnet worden. Die beiden Forscher fanden unabhängig voneinander heraus, daß die Erbmasse viel komplizierter aufgebaut ist, als man jahrzehntelang vermutet hatte. Sie entdeckten 1977, daß Gene höherer Organismen nicht nur aus einem DNS-Segment bestehen, sondern Mosaiken gleichen, die sich aus informationshaltigen und informationslosen Abschnitten zusammensetzen, also „diskontinuierlich" aufgebaut sind.

Zu diesem Ergebnis gelangten beide Forscher durch die Untersuchung des „Adenovirus". Adenoviren können auf Gewebekultur vom Rachen isoliert und elektronenoptisch im Stuhl nachgewiesen werden. Sie sind Erreger von epidemisch auftretenden grippalen Infekten, von Lungenentzündungen u. a. S. und Roberts hatten an verschiedenen Botennukleinsäuren beobachtet, daß verschiedene Bereiche fehlten, die in den Erbanlagen durchaus noch vorhanden waren. Weil nur die später in Eiweiß übersetzten Genabschnitte den Zellkern verlassen, wurden die kodierenden (informationshaltigen) Bereiche „Exons" (expressed regions) und die dazwischenliegenden (informationslosen), nicht in Eiweiß übersetzten Abschnitte „Introns" (intervening regions) genannt.

Woher die Introns stammen, ist rätselhaft. Viele Forscher vermuten, daß sie schon zu Beginn der Evolution vorhanden waren und beim Zusammenbau komplexer Gene aus einfachen Grundbausteinen (Modulen) gleichsam als Scharniere eine Rolle spielten. Daß sie bei den heute lebenden Bakterien meist fehlen, erklärt man mit dem hohen Selektionsdruck. Er zwang die winzigen Lebewesen zu äußerster Sparsamkeit. Außerdem war es ihnen über die vielen Generationen, die sie im Vergleich zum Menschen hinter sich brachten, leichter, sich vom Ballast der Introns zu befreien. Die Introns sind ein genetisches Kapital, das die Weiterentwicklung erleichterte. Sie tragen zur Vielfalt der zellulären Fähigkeiten bei, weil ein und dasselbe Gen zuweilen unterschiedlich gespleißt werden kann. Dann entstehen von derselben Erbanlage mehrere verschiedene Genprodukte. Auch bei der Entstehung von Krankheiten können Introns eine Rolle spielen.

Sherrington, Sir (ab 1922) **Charles Scott** – britischer Neurophysiologe
geb. 27.11.1857 in London
gest. 4.3.1952 in Eastbourne (Sussex)
Nobelpreis 1932, für seine neurologischen Forschungen und Entdeckungen hinsichtlich der Funktion von Großhirn und Rückenmark als Leitstationen für das gesamte Nervensystem der höheren Organismen.

S. studierte ab 1875 Medizin in London, Edinburgh und Cambridge. Seine weitere Ausbildung führte S. in viele bedeutende Laboratorien Europas. Zwei seiner frühesten Veröffentlichungen befaßten sich mit der Erforschung der Cholera. 1891 wurde er zum Professor für Physiologie und zum ärztlichen Direktor an der Londoner Brown-Tierklinik ernannt. Einige seiner besten Arbeiten über das Nervensystem waren auf den Forschungen am Brown-Institut aufgebaut, unter anderem auch seine Monographie über die periphere Verteilung der Fasern aus den hinteren Rückenmarkswurzeln. Fragen wie Reflexphänomene, Muskelspannungen und -entspannungen waren durch S.s Experimente mit neuen Methoden untersucht worden, ebenso die Hemmungsmechanismen, vor allem auch das Zusammenspiel oft Tausender von Botschaften, die die Nerven an die Muskeln oder Drüsen weitergeben. Im Jahr 1892 analysierte S. die vorderen (motorischen) Rückenmarkswurzeln, um festzustellen, wie sich die einzelnen Muskeln versorgten.

Im Jahr 1895 erhielt S. eine Berufung als ordentlicher Professor für Neurophysiologie an die Universität Liverpool. In den folgenden Jahren widmete er sich vorwiegend der Physiologie des Nervensystems, und er gilt aufgrund seiner Modellvorstellung über die ordnende Wirkung des Zentralnervensystems als Begründer der heutigen Neurophysiologie. Er führte zahlreiche neue grundlegende Begriffe in die Neurophysiologie ein. Schließlich bewies S. die motorische Einheit von Nervenfasern und zugehörigen Muskelfasern und identifizierte die neuromuskulären Synapsen als entscheidendes Kettenglied.

Im Jahr 1913 wurde S. von Liverpool nach Oxford berufen, um hier den Lehrstuhl für Physiologie zu übernehmen. Hier beschäftigte er sich dann intensiv mit der Reflextätigkeit, auf ihn geht die Einteilung der Reflexe in exterorezeptive und propiorezeptive Reflexe zurück. Nach dem Ersten Weltkrieg forschte er über die Physiologie der Körperhaltung. Als er mit Sicherheit festgestellt hatte, daß der Dehnungsreflex die Grundlage für die Erhaltung der Enthirnungsstarre bildet, begann er, die an dem Phänomen beteiligten sensiblen und motorischen Endeinheiten zu erforschen. Ab 1920 legte er eine detaillierte Gehirnkarte an, in der er einzelnen Bewegungszentren der Großhirnrinde die von ihnen abhängigen Körperregionen zuordnete. Er beschrieb die Erscheinung der Enthirnungsstarre (apallisches Syndrom), eine durch Verletzung erzeugte Unterbrechung der Verbindungen zwischen Gehirn und Rückenmark oder auch zwischen Hirnstamm und den höheren Hirnabschnitten. Das apallische Syndrom ist in der Regel das Endstadium einer Defektheilung nach schwerster Hirnschädigung.

1935 wurde er emeritiert. Sein bleibendes Werk waren die ersten umfassenden theoretischen Vorstellungen über die Tätigkeit des Nervensystems.

Smith, Hamilton Othanel – amerikanischer Biochemiker
geb. 23.8.1931 in New York City
Nobelpreis 1978, für Arbeiten zur Entdeckung der Restriktionsenzyme und der praktischen Anwendung dieser Enzyme in der Molekulargenetik.

S. studierte von 1948 bis 1952 in Urbana und Berkeley. 1956 erwarb er an der Universität Baltimore (Maryland) den medizinischen Doktorgrad. S. arbeitete von 1962 bis 1967 an der humangenetischen Abteilung des Laboratoriums an der Universität von Michigan in Ann Arbor. 1973 erhielt er eine Berufung als ordentlicher Professor für Mikrobiologie an der Johns-Hopkins-Universität. 1981 wurde er zum Professor für Molekularbiologie und Genetik in Baltimore berufen.

Im Jahr 1969 identifizierte S. im Bakterium Hemophilus influenza ein Restriktionsenzym, das die Desoxyribonukleinsäure (DNA) fremder Zellen, auf der die Erbanlagen gespeichert sind, in Fragmente spaltete. Die Restriktionsenzyme sind seit ihrer Entdeckung zu unentbehrlichen Instrumenten der molekulargenetischen Forschung und für die Analyse von Erbmaterial geworden. Mit dem Enzym Hemophilus influenza hatte S. ein hervorragend geeignetes Präzisionsschneidwerkzeug auf molekularer Ebene gefunden, das den Molekularbiologen und Genetikern völlig neue Wege eröffnete. Jetzt konnte man die DNA so exakt in Stücke zerteilen, daß man sie auch wieder gezielt zusammenfügen konnte. Diese Techniken ermöglichen beispielsweise, die Anordnung von Genen zu untersuchen und neue Genkombinationen künstlich zu schaffen (Genmanipulation). Auch auf dem Gebiet der Organisation und Wirkungsweise der Gene höherer Wirbeltiere wurden so bereits weitreichende Erkenntnisse gewonnen.

Inzwischen haben mehrere Autoren unter Anwendung der von S. entwickelten Verfahren über 100 Restriktionsenzyme beschrieben. Das Restriktionsenzym „erkennt" eine bestimmte symmetrische Folge von Basenpaaren und spaltet die DNA an den Stellen, wo diese Folge vorliegt. Es stellt ein Werkzeug dar, mit dessen Hilfe man bis ins einzelne den biochemischen Mechanismus der Erbmasse analysieren kann. In der Praxis kann man erwarten, daß aus diesem Forschungsgebiet weitere Anstöße für die Krebsforschung kommen.

Snell, George Davis – amerikanischer Genetiker und Immunologe
geb. 19.12.1903 in Bradford (Massachusetts)
gest. 6.6.1996 in Bar Harbor (Maine)
Nobelpreis 1980, für Entdeckungen genetisch bestimmter zellulärer Oberflächenstrukturen, von denen immunologische Reaktionen gesteuert werden.
Ab 1922 studierte S. am Dartmouth College, wo er erste Genetikkurse belegte. An der Harvard-Universität studierte er Biologie. 1930 promovierte S. 1931 erhielt er einen Lehrauftrag an der Universität Texas in Austin. 1934 nahm er eine Stelle am Roscoe B. Jackson Memorial Laboratory in Bar Harbor (Maine) an, dem damals weltweit führenden Institut zur Erforschung der Genetik von Säugetieren. Von 1946 bis 1956 war S. als Professor mit Lehrauftrag in der Forschung tätig, und von 1957 bis zu seiner Emeritierung 1969 leitete er die Forschungsabteilung des Jackson-Laboratoriums.

S. identifizierte die Gene, die über die Annahme oder die Abstoßung von körperfremdem Gewebe entscheiden. Die Verträglichkeit einer Gewebetransplantation wird von verschiedenen Genen bestimmt, die im sogenannten Haupthistokompatibilitätskomplex liegen. Die Identifizierung der Genorte war der entscheidende Schritt auf dem Weg zu erfolgreichen Gewebeverpflanzungen. Benacerraf, Dausset und S. waren bei der Aufklärung bestimmter chemischer Strukturen führend beteiligt, die auf den Oberflächen von Zellen sitzen. Diese sogenannten Histokompatibilitäts-Antigene oder „H-2-Antigene" auf den Zellmembranen werden von den Erbfaktoren bestimmt. Sie sind charakteristisch für jedes Individuum und erlauben damit der körpereigenen Abwehr, zwischen fremden und eigenen Substanzen zu unterscheiden. Durchgeführte Untersuchungen von Antikörpern gegen weiße Blutkörperchen bei Frauen, die mehrere Kinder geboren hatten, erbrachten die Erkenntnis, daß bei Mensch und Tier ein einziges genetisches System für diese Antigene verantwortlich ist.

S. und sein Mitarbeiter P. Gorer konnten Mitte der 50er Jahre weiter nachweisen, daß das H-2-Antigen kein Einzelgen, sondern ein Komplex verschiedener Gene war, der dann „major histocompatibility complex" (MHC) genannt wurde. Die weiteren Forschungsarbeiten am MH-Komplex wurden ab Ende der 50er Jahre mit den Arbeiten Daussets vorangetrieben und durch jene Benacerrafs ergänzt, der 1969 den Zusammenhang zwischen Genen des MH-Komplexes und immunologischen Reaktionen des Körpers gegen Fremdsubstanzen aufgezeigt hatte. Die Erforschung der Transplantationsantigene beruhte auf der Hoffnung, daß die immunologische Barriere bei der Organverpflanzung durch einen einfachen Gewebetest überwunden werden kann. Die weiteren Forschungen ergaben jedoch, daß das HLA-System (humane Leukozytenantigene) noch wesentlich komplizierter ist, als ursprünglich vermutet wurde. Schließlich stellte sich heraus, daß die Genetik des HLA-Systems über die Transplantationsimmunologie hinaus von weitreichender biologischer Bedeutung ist. Die HLA-Genregion ist nicht nur für die HLA-Antigene zuständig, sondern sie steuert wahrscheinlich alle Immunreaktionen. Das HLA-System entscheidet somit auch über die Abwehr von Infektionen durch fremde, in den Organismus eingedrungene Krankheitserreger.

Spemann, Hans – deutscher Zoologe und Physiologe
geb. 27.6.1869 in Stuttgart
gest. 12.9.1941 in Freiburg im Breisgau
Nobelpreis 1935, für die Entdeckung des Organisatoreffekts im embryonalen Entwicklungsstadium.
S. arbeitete ein Jahr als Lehrling im Verlag seines Vaters, den er eigentlich übernehmen sollte, studierte dann aber von 1891 bis 1893 Zoologie, Botanik und Physik in Heidelberg, München und Würzburg, wo er die mikroskopische Methode und die instrumentellen Möglichkeiten kennenlernte, die er für seine späteren Untersuchungen brauchte, und 1894 promovierte. 1898 wurde S. außerordentlicher Professor in Würzburg.

Die Keimplasmatheorie des deutschen Zoologen A. Weismann hatte ihn dazu angeregt, sich ganz dem Determinationsproblem der Embryonalentwicklung zuzuwenden. In Experimenten mit befruchteten Eizellen von Amphibien bestätigte S. die Alternativhypothese Weismanns: Wurden die zwei Zellen der ersten Zellteilung (Zweizellenstadium) mit Haaren von Kleinkindern abgeschnürt und getrennt, so entwickeln sich zwei vollständige Embryos; folglich waren die Zellen identisch mit genetischem Material ausgestattet.

1908 wechselte er als Ordinarius für Zoologie nach Rostock, wo er sich mit der Transplantation von embryonalem Gewebe beschäftigte, und kurz vor Beginn des Ersten Weltkrieges ging S. als zweiter Direktor an das Kaiser-Wilhelm-Institut für Zoologie nach Berlin-Dahlem. Mit Hilfe der sogenannten Kreuztransplantationen bewies S., daß sich die Transplantate je nach Entwicklungsstadium des Amphibienembryos entweder orts- oder herkunftsabhängig entwickeln. Er verpflanzte kleinste Gewebestücke in verschiedene Entwicklungsstadien der Amphibienembryos und konnte feststellen, daß sich eine Zellmasse, die sich normalerweise zur Bauchhaut entwickeln sollte, zu Nervengewebe entwickeln konnte, wenn sie an der Stelle eingesetzt wurde, wo das Rückenmark sich entwickeln sollte. Die Entwicklungsrichtung bei diesen Zellen war also nicht im voraus gegeben, oder es konnte auch die Entwicklungsrichtung durch Verpflanzung geändert werden, so daß sich das überpflanzte Stück nach der neuen Umgebung richtete. Bei Transplantationen von Zellmaterial aus einem bestimmten Bereich des Amphibienembryos – der sogenannten dorsalen Urmundlippe – in einem beliebigen Teil des Keimes beobachtete S., daß das implantierte Gewebestück die Entwicklung von Organen in der jeweiligen Umgebung so mitbestimmt, daß in den meisten Fällen die Entwicklung eines sekundären Embryos bewirkt wurde. An dem Wirtskeim entstand auf einmal unter dem Einfluß des Pflanzenstückes die vollkommene Anlage eines neu entstehenden ganzen Tieres mit Gehirn, Rückenmark, Muskelanschnitten und allen inneren Organen. Das neue Wesen aber ist keineswegs nur aus dem eingepflanzten Stückchen entstanden; dieses hat sich vielmehr die ihm fremde Umgebung untertan gemacht und sie bestimmt, mit zum Wachstum des neuen Tieres beizutragen. Er nannte daher den Bereich der oberen Urmundlippe „Organisationszentrum" und seine Teile „Organisatoren", die neue Körperteile zu induzieren imstande sind.

Nach Jahren der Forschung wurde erkannt, daß der organisierende Einfluß chemischer Art ist. Die Fähigkeit zu organisieren kann sogar von lebendigen Teilen, die ihn vorher nicht hatten, durch Eingriffe erworben werden. Die noch unbestimmten Zellen warten offenbar auf einen chemischen Anstoß, um sich ihren besonderen Aufgaben zuzuwenden. Langwierige Versuche erbrachten dann, daß der Reiz bestimmt, was werden soll; das diesem Reiz ausgesetzte Material legt aber fest, wie es entsteht. Vor allem entwickeln sich stets ganze Organe mit ihren sämtlichen „Zubehörteilen".

Nach dem Ersten Weltkrieg verließ S. Berlin und wurde Direktor des Zoologischen Instituts der Universität Freiburg im Breisgau, wo er bis zu seiner Emeritierung 1937 in Forschung und Lehre aktiv war.

Das Problem der Entwicklung unbefruchteter Eier, welche durch chemische oder mechanische Reize in Gang gesetzt werden kann, ebenso wie die Geschlechtsbestimmung durch äußere Einwirkungen und die Bildung von Geschwülsten (Krebs) als Folge von chemischen Einflüssen hängen mit den von S. entdeckten Vorgängen zusammen.

Sperry, Roger Wolcott – amerikanischer Neurologe und Hirnforscher
geb. 20.8.1913 in Hartford (Connecticut)
gest. 18.4.1994 in Pasadena (Kalifornien)
Nobelpreis 1981, für seine Entdeckungen über die funktionelle Spezialisierung der Gehirnhemisphären.
S. studierte Psychologie am Oberlin College in Ohio. Anschließend studierte er noch Zoologie an der gleichen Hochschule und an der Universität Chicago, wo er 1941 promovierte. Von 1954 bis zu seiner Emeritierung 1984 war S. Professor für Psychobiologie am California Institute of Technology in Pasadena.

Bereits Anfang der 50er Jahre hatte S. anhand von Tierexperimenten begonnen, die funktionelle Bedeutung der Verbindung der Hälften des Gehirns zu untersuchen. Er fand damals, daß, wenn man diese Verbindungen durchschnitt, jede Gehirnhemisphäre ihre Fähigkeit, etwas zu erlernen, beibehielt, aber das, was die eine Hemisphäre erlernt hatte, der anderen nun nicht mehr zugänglich war. S. entdeckte in Experimenten mit Fischen, deren Augen um 180 Grad gedreht wurden, daß der reafferenten Signalisation und dem Vergleich des Verhaltenseffekts mit dem im Gehirn gespeicherten Handlungsprogramm entscheidende Bedeutung für die Anpassung des Organismus an die Umwelt und für die Lernprozesse zukommt.

Bekanntlich besteht das Großhirn des Menschen aus zwei Hemisphären, die durch ein umfangreiches Fasersystem miteinander verbunden sind. Wenn bei schweren epileptischen Anfällen die üblichen Behandlungsmethoden versagt haben, so kann unter Umständen die Durchschneidung des Kommissurensystems (Nervenverbindung zwischen bilateral-symmetrisch angeordneten Teilen des Zentralnervensystems) zur Heilung führen. Derartig operierte Menschen zeigen im alltäglichen Verhalten keinerlei Auffälligkeiten. Durch spezielle Untersuchungen konnte S. jedoch an solchen Patienten nachweisen, daß die beiden Großhirnhemisphären die Informationen aus der Umwelt parallel, aber qualitativ unterschiedlich verarbeiten und speichern. Die linke Hemisphäre verarbeitet die eingehenden Informationen vorwiegend abstrakt-begrifflich; in ihr vollziehen sich somit die neurophysiologischen Prozesse, die dem Sprechen, Schreiben, Rechnen und dem logischen Denken zugrunde liegen. Die rechte Hemisphäre verarbeitet die Informationen vor allem bildhaft-anschaulich, d. h. unter besonderer Berücksichtigung der räumlich-zeitlichen Beziehungen in der Umwelt; konkretes Denken, künstlerisches Empfinden und musikalisches Verständnis haben hier ihre neurophysiologische Grundlage.

Beim gesunden Menschen sind die relativen Funktionsunterschiede zwischen den Großhirnhemisphären nur schwer feststellbar, da diese durch die Kommissurenbahnen miteinander verbunden und in ständiger gegenseitiger Wechselwirkung gemeinsam tätig sind. Bei einseitiger Hirnschädigung durch Hirnblutung oder Trauma werden sie jedoch sichtbar: Schädigung der linken Hemisphäre führt – außer zu Lähmungen auf der rechten Körperhälfte – zu Beeinträchtigung der Sprachfunktionen, während Schädigung der rechten Hemisphäre die Sprachfunktionen nicht beeinflußt.

Dieser Nachweis unterschiedlicher Informationsverarbeitung und -speicherung in den beiden Hirnhälften ist von grundlegender Bedeutung für die Theorie des Bewußtseins und für die Behandlung hirngeschädigter Patienten. S. hat mit seinen Entdeckungen der Spezialisierung der beiden Gehirnhälften eine ganz neue Dimension in der Auffassung der höheren Funktionen des Gehirns gegeben.

Sutherland, Earl Wilbur – amerikanischer Pharmakologe und Physiologe
geb. 19.11.1915 in Burlingame (Kansas)
gest. 9.3.1974 in Miami (Florida)
Nobelpreis 1971, für seine systematischen Arbeiten über die hormonelle Steuerung der Zellaktivität, die zu der Entdeckung des zyklischen Adenosinphosphats führten und die Aufklärung eines fundamentalen Wirkungsmechanismus der hormonellen Informationsübertragung einleiteten.

S. studierte Medizin am Washburn College in Topeka (Kansas). Anschließend wechselte er an die Washington-Universität in St. Louis, wo er 1942 promovierte. Hier wurde er Dozent und später Professor für Pharmakologie. 1963 folgte er einem Ruf auf den Lehrstuhl für Physiologie an der Vanderbilt University in Nashville (Tennessee). Von 1973 bis zu seinem Tod wirkte er an der Universität Miami (Florida).

Mit der Preisverleihung an S. wurde der geistige Vater eines Forscherkollektivs geehrt und eine etwa 25-jährige Arbeit gewürdigt, die der Aufklärung des Wirkungsmechanismus von Hormonen gewidmet war. Der Ausgangspunkt von S.s Arbeiten war die blutzuckersteigernde Wirkung des Nebennierenmarkhormons Adrenalin und später des Bauchspeicheldrüsenhormons Glukagon. Adrenalin steigert den Glykogenabbau in der Leber und den Abbau von Fett im Fettgewebe. Über die damit verbundene Erhöhung des Blutzuckerspiegels verbessert es die Versorgung der Körperorgane mit Nährstoffen.

S.s Entdeckung des zyklischen Adenosinphosphats war entscheidend für die Erklärung der Wirkungsmechanismen der Hormone. Diese Stoffe, die durch Drüsen mit innerer Sekretion ins Blut abgegeben werden, beeinflussen die Tätigkeit von Zellen, Geweben und Organen des Körpers und damit beispielsweise Wachstum, Entwicklung, Fruchtbarkeit und Stoffwechsel. Zusammen mit Carl Cori hat S. die Wirkungsweise des Nebennierenhormons Adrenalin erforscht. Dabei entdeckte er, daß Adrenalin dadurch wirksam wird, daß es die Sekretion einer bis dahin unbekannten Substanz stimuliert. Ihre chemischen Charakteristika waren von entscheidender Bedeutung für das Verständnis der Wirksamkeit des Adrenalin und vieler anderer Hormone. Die Substanz erhielt den Namen zyklisches Adenosinphosphat (cAMP).

S. vertrat die These, daß die Wirkungsweise vieler Hormone im wesentlichen in gleicher Weise erklärt werden könne. Die Grundlage seiner Überlegungen beruhte auf der Annahme, daß verschiedene Hormone nicht in die Zelle eindringen können, sondern lediglich auf der Zelloberfläche einwirken und dadurch gewisse chemische Reaktionen auslösen. Die hierzu benötigte Botenmission übernimmt das cAMP, das in der Lage ist, die Gesamtsyntheseraten des Proteins in einem Organ zu stimulieren, und darüber hinaus die Fähigkeit besitzt, einzelne Enzyme zu induzieren.

Die Forschungsarbeit in den letzten Jahren hat gezeigt, daß cAMP verschiedene Regulationsfunktionen von lebenswichtiger Bedeutung in einzelligen Organismen ausübt, Funktionen, die die Anpassung der Zelle an ihre Umgebung steuern. Mit der Aufklärung weiterer Aufgaben und Wirkungen des cAMP ergaben sich neue Therapieeinsätze.

Szent-Györgyi von Nagyrapolt, Albert – amerikanischer Biochemiker ungarischer Herkunft
geb. 16.9.1893 in Budapest
gest. 22.10.1986 in Wood Hole (Massachusetts)
Nobelpreis 1937, für seine Entdeckungen im Zusammenhang mit den biologischen Verbrennungsprozessen, besonders hinsichtlich des Vitamins C und der Fumarkatalyse.

Ab 1911 studierte S.-G. Medizin an der Universität Budapest. Er ging dann als Assistent an das Physiologische Institut der Universität Groningen. Hier beschrieb S.-G. das Ineinandergreifen von Sauerstoff und Wasserstoffaktivierung bei der Zellatmung, ferner die Kodehydrasen (Koenzyme) und das Polyphenoloxydasesystem der Pflanzen. An der Grenze zwischen Chemie, Medizin und Biologie fand S.-G. schließlich jenes Arbeitsfeld, auf dem er durch seine epochemachenden Entdeckungen einer der führenden Wissenschaftler auf dem Gebiet der Biochemie werden sollte.

Während seiner Assistentenzeit in Groningen arbeitete S.-G. über die Funktion der Nebennierenrinde. Deren operative Entfernung ruft die Addisonsche Krankheit hervor, eine seltene, auf mangelnder Hormonbildung der Nebennierenrinde beruhende Erkrankung, bei der u. a. eine Braunfärbung der Haut auftritt. Dieses Symptom verglich S.-G. mit den braunen Flecken welkender Bananen. Bei der Untersuchung von Früchten, die beim Absterben nicht braun werden, fand er eine Substanz mit stark reduzierenden Eigenschaften. Eine eingehende Untersuchung der Nebennierenrinde zeigte, daß auch hier eine reduzierende Substanz enthalten war. 1927 konnte S.-G. die Identität der in Früchten und Nebennieren vorkommenden Substanz beweisen und er zeigte auf, daß sie ein Kohlenhydrat ist, und bestimmte die Summenformel. Anschließend isolierte S.-G. aus Nebennieren 25 Gramm dieser Substanz, die er Hexuronsäure nannte. Im Jahre 1930 erhielt er den Lehrstuhl für Medizinische Chemie an der Universität Szeged, wo er 1935 noch zusätzlich die Professur für Organische Chemie übernahm.

Seine großen Verdienste um die Isolierung und Reindarstellung des Vitamins C verdankte S.-G. im eigentlichen seinen Arbeiten auf dem Gebiete der biologischen Oxydation. Zusammen mit seinen Assistenten wurde eine Vielzahl von Pflanzen geprüft, doch in keiner Pflanze wurde eine ausreichende Menge an Vitamin C gefunden. Doch da kam S.-G. der Zufall zu Hilfe. Bekanntlich ist Szeged das Zentrum des Paprikaanbaus. Eines Abends servierte ihm seine Frau frischen Paprika und da fiel ihm ein, daß er ausgerechnet diese heimatliche Pflanze noch nicht untersucht hatte. Schon am nächsten Tag begann er im Laboratorium die chemische Zusammensetzung zu ergründen und zum großen Erstaunen stellte sich heraus, daß der Paprika eine wahrhafte Schatzkammer des Vitamins C ist. Eine Woche später hatte S.-G. anderthalb Kilogramm Vitamin C hergestellt, während er vorher nach einjähriger Arbeit lediglich 15 Gramm gewinnen konnte. 1931 fand er, daß Paprika große Mengen Hexuronsäure enthält. Er kristallisierte sie und bewies die Identität mit dem Vitamin C (Ascorbinsäure).

Von 1945 bis 1947 war er ordentlicher Professor der Universität Budapest, danach wurde S.-G. als Direktor des Instituts für Muskelforschungen des Marineforschungsinstituts nach Woods Hole (Massachusetts) berufen.

Tatum, Edward Lawrie – amerikanischer Biochemiker und Vererbungswissenschaftler
geb. 14.12.1909 in Boulder (Colorado)
gest. 5.11.1975 in New York City
Nobelpreis 1958, für die Entdeckung, daß die Gene wirksam werden, indem sie bestimmte chemische Vorgänge regulieren.
T., Sohn eines Pharmakologieprofessors und einer Akademikerin, studierte Chemie und Biologie an der Universität Chicago und an der Universität Wisconsin. 1934 promovierte er in Madison. Ein Stipendium ermöglichte ihm, von 1936 bis 1937 an der Universität in Utrecht Bakteriologische Chemie zu studieren. 1937 übernahm T. einen Forschungsauftrag am biologischen Department der Stanford-Universität in Kalifornien. 1946 wurde er zum ordentlichen Professor für Mikrobiologie an der Yale-Universität in New Haven ernannt. Ab 1956 war T. Professor für Biochemie an der Stanford-Universität. Ab 1957 wirkte er als Professor an der Rockefeller-Universität in New York City.

T. wurde von G. W. Beadle für biochemische Studien der Genetik gewonnen, und beide untersuchten ab 1937, wie Gene biochemische Reaktionen steuern, wobei T. die chemischen Aspekte bearbeitete. Im Zusammenhang mit diesen Untersuchungen isolierte T. 1940 das sogenannte v-Hormon, das er 1941 als Kynurenin identifizierte. Dieses erwies sich später als zentraler Stoff im Tryptophanstoffwechsel nicht nur von Insekten, sondern auch von Pilzen und Säugern.

Im Jahre 1940 gingen Beadle und T. dann dazu über, für ihre Experimente den Schimmelpilz Neurospora crassa zu verwenden. Sie behandelten Kolonien des Schimmelpilzes mit UV- und Röntgenstrahlen, und durch die dabei erzeugten Mutationen der Gene gewannen sie neue Arten dieses Organismus. Durch die sorgfältige Analyse einer großen Anzahl dieser Abarten konnten die beiden Forscher klären, welche Aufgaben die Gene erfüllen. Ihre fundamentalen Ergebnisse gehören heute zu den Grundlagen der Genetik und ermöglichten es, die chemischen Prozesse in den Zellen zu untersuchen. Man kam dabei zu der Erkenntnis, daß es in der ganzen Pflanzen- und Tierwelt auffallend gleichartige Grundprozesse beim Aufbau der Zellsubstanzen gibt.

Ergebnisse von genetischen und biochemischen Analysen an Mutanten des Roten Brotschimmels veranlaßten Beadle und T., Ende der vierziger Jahre eine Ein-Gen-ein-Enzym-Hypothese aufzustellen. Diese Hypothese konnte inzwischen eindeutig bestätigt und als Ein-Gen- bzw. Ein-Zistron-ein-Polypeptid-Theorie präzisiert werden.

Temin, Howard Martin – amerikanischer Krebsforscher
geb. 10.12.1934 in Philadelphia (Pennsylvania)
gest. 9.1.1994 in Madison (Wisconsin)
Nobelpreis 1975, für Entdeckungen über die Interaktion von Tumorviren mit dem genetischen Material der Zelle.
Ab 1951 studierte T. Medizin am Swarthmore College. Nach Forschungsstipendien promovierte er 1959 im Fach Biologie. Seit 1969 war er ordentlicher Professor für Onkologie am McArdle Memorial Laboratory der Universität Wisconsin.

T.s bahnbrechende Leistung beruhte vor allem darauf, daß er bereits im Jahre 1964 theoretisch einwandfrei durch Stoffwechseluntersuchungen bei der Tumorvirusinfektion nachwies, daß bei der identischen Verdoppelung der Viren (Replikation) eine Zwischenstufe (reverse Transkriptase) existieren muß, die die „Umschreibung" von Virus-RNS (Ribonukleinsäure) auf Zellen-DNS (Desoxyribonukleinsäure) bewirkt. D. Baltimore und T. fanden unabhängig voneinander die Erklärung, wie RNS-Viren ihr Genom stabil mit dem der Wirtszelle verkoppeln können.

Tumorviren sind seit Jahren das bevorzugte Studienobjekt in der experimentellen Krebsforschung. Wie alle Viren bestehen sie eigentlich nur aus einem Stück genetischer Information, niedergeschrieben in der molekularen Struktur von DNS oder RNS und einer Schutzhülle aus Protein. Wenn eine Zelle das Opfer einer Tumorvirusinfektion geworden ist, beginnt sie, sich plötzlich hektisch und unaufhörlich zu teilen. Die Zelle ist zur Krebszelle geworden.

Den drei Nobelpreisträgern Baltimore, Dulbecco und T. ist es gelungen, die entscheidenden chemischen Prozesse bei dieser fatalen Transformation aufzuklären. Baltimore und T. entdeckten, daß die Viruspartikel als spezielles Enzym die „RNS-directed DNS-Polymerase", auch „reverse transcriptase", enthalten. Dieses Enzym stellt nach Infektion der Wirtszelle eine doppelsträngige DNS-Kopie der Virus-RNS her, die dann in ein Chromosom integriert werden kann, ein Vorgang, der mit den ursprünglichen RNS-Viren nicht ablaufen kann. Die reverse Transkriptase ermöglicht also eine Rückübersetzung von RNS in DNS. Damit wurden viele Vorgänge, die bei der Krebsentstehung auftreten, verständlich, da neben den „DNS-Viren" nun auch „RNS-Viren" bekannt sind.

Diese Entdeckung befruchtete nicht nur die Krebsforschung maßgeblich, sondern auch die weitere Molekular- und Zellbiologie. Das Enzym spielte auch eine wichtige Rolle bei der Entwicklung der Gentechnologie und dem Aufbau einer biotechnologischen Industrie. Es spielte darüber hinaus eine entscheidende Rolle bei der Identifizierung des AIDS-Virus. T. hatte auch mehrfach vor Mißverständnissen gewarnt, daß aus dieser Forschungsarbeit schon in nächster Zukunft neue Möglichkeiten für die Krebsbekämpfung erwachsen könnten.

Theiler, Max – amerikanischer Mikrobiologe südafrikanischer Herkunft
geb. 30.1.1899 in Pretoria (Südafrika)
gest. 11.8.1972 in New Haven (Connecticut)
Nobelpreis 1951, für die Erforschung des Gelbfiebers und deren grundlegende Bedeutung für die Praxis.
Ab 1917 studierte T. Medizin in Grahamstown und Kapstadt, danach speziell Tropenmedizin am St. Thomas Hospital und an der Universität London. Im Jahre 1922 promovierte er. Von 1922 bis 1930 gehörte T. der tropenmedizinischen Abteilung der Harvard Medical School in Boston (Massachusetts) an. 1930 trat T. dem Stab der International Health Division der Rockefeller-Stiftung bei.

Das klassische Gelbfieber ist eine der vielen Krankheiten, die durch Insekten verbreitet werden und in bestimmten tropischen und subtropischen Ländern eine gefürchtete Plage sind. Die Gelbfieberforschung wurde bedeutend erweitert, als T. 1930 auf der Suche nach einem geeigneten Versuchstier fand, daß Gelbfieber auch auf weiße Mäuse übertragen werden konnte. Die Entwicklung einer Vakzine für den Menschen wurde nun in zwei Richtungen vorangetrieben. Einmal versuchte man, das mäuseangepaßte Virus so weit zu modifizieren, daß man es allein zur Impfung verwenden konnte. Auf der anderen Seite arbeitete man eine Methode aus, Viren mit immunem Serum zu impfen. Doch auch diese Methoden waren noch wenig geeignet für Impfungen im großen Stil.

In späteren Versuchen, das Gelbfiebervirus abzuschwächen, wurde die Methode der Gewebezüchtung eingeführt. Diese Züchtungen brachten endlich das gewünschte Ergebnis. Die Forscher hatten einen Virenstamm gefunden, der alle Voraussetzungen erfüllte, die für die Immunisierung des Menschen nötig waren: Er war schwach genug, um keine Erkrankung mehr hervorzurufen, aber stark genug, die Entwicklung von Antikörpern zu bewirken. Die ersten großen Reihenimpfungen wurden in Brasilien durchgeführt und brachten ein äußerst befriedigendes Ergebnis.

T.s großes Verdienst war es, eine wirksame Waffe gegen eine der verheerendsten Krankheiten gefunden zu haben. Die Entdeckung eines geeigneten Verfahrens zum Schutze gegen Gelbfieber ist eine wichtige Bedingung für eine normale Entwicklung des Lebens in tropischen Ländern. Seit 1951 war T. auch Leiter aller Laboratorien der Abteilung für Medizin und öffentliches Gesundheitswesen der Rockefeller-Stiftung in New York. 1964 wurde er als ordentlicher Professor für Epidemiologie und Mikrobiologie an die Yale-Universität in New Haven berufen, wo er 1967 emeritiert wurde.

Theorell, Axel Hugo – schwedischer Biochemiker und Physiologe
geb. 6.7.1903 in Linköping
gest. 15.8.1982 in Stockholm
Nobelpreis 1955, für seine Entdeckungen über Natur und Wirkungsweise der sogenannten Oxidationsenzyme.
T. studierte ab 1921 Medizin und Chemie am Karolinischen Institut in Stockholm. 1930 promovierte er zum Doktor der Medizin. Von 1932 bis 1936 war er außerordentlicher Professor an der Universität Uppsala und untersuchte am Svedberg-Institut mit Hilfe der Ultrazentrifuge das Molekulargewicht des Proteins Myoglobin, das besonders reich in der Muskulatur vorkommt und dort als Sauerstoffspeicher dient. Von 1937 bis 1970 leitete er die biochemische Abteilung des Stockholmer Nobel-Instituts und wirkte außerdem als Professor für Physikalische Chemie.

T. gehörte zu den führenden Enzymforschern der Welt. Seine Forschungen datieren aus der Zeit um 1931–35, als er mit O. Warburg am Kaiser-Wilhelm-Institut in Berlin-Dahlem die Entdeckung machte, daß ein Enzym aus zwei Teilen bestehe. Im Jahr 1934 synthetisierte T. als erster das zwei Jahre vorher von O. Warburg isolierte Oxidationsenzym „gelbes Ferment" in reinem Zustand. Kurz danach konnte er das Enzym erfolgreich reversibel in einen Enzympart aufspalten, der sich als Flavinaminonukleotid erwies, und einen farblosen Proteinanteil. Er lieferte ferner den Beweis, daß dieses „gelbe Ferment" seine Wirksamkeit verliert, sobald es in die verschiedenen Komponenten aufgespalten wird. Das gelbe Ferment oder Enzym hat grundlegende Bedeutung in der sogenannten „Atmungskette". Aufgrund dieser Erkenntnisse konnte eine ganze Reihe von Enzymen eingehend untersucht werden. Hierbei stellte es sich heraus, daß die wirksame Gruppe unter diesen Enzymen ein Vitamin ist. Diese Tatsache führte wiederum zu einer genauen Erforschung der Wirkungsweise der Vitamine. Ebenso wie die Enzyme sind die Vitamine wichtige Biokatalysatoren.

T. hat zahlreiche Forschungen an verschiedenen Oxidationsenzymen durchgeführt, besonders am Cytochrom C (von dem aus knapp 100 Aminosäuren aufgebauten Enzym ist bekannt, daß sich die Aminosäuresequenz in den letzten zwei Milliarden Jahren nur wenig verändert hat), an Peroxidasen (Enzyme, die Substrate mit Wasserstoffperoxid oxidieren, wobei das Wasserstoffperoxid durch den von der zu dehydrierenden Substanz abgespaltenen Wasserstoff zu Wasser reduziert wird), an Katalasen, Flavoproteinen (Enzyme, die an der biologischen Oxidation beteiligt sind und daher in den Zellen aller Organismen vorkommen) und an anderen Proteinen, vor allem an Alkoholdehydrogenasen.

T., der fast sein ganzes Leben der Forschung gewidmet hat, viele Jahre mit einem chronischen Magenleiden leben mußte und an den Folgen einer in jungen Jahren überstandenen Kinderlähmung litt, stellte das Preisgeld in Höhe von 154.000 DM vorwiegend für wissenschaftliche Zwecke zur Verfügung.

Thomas, Edward Donnall – amerikanischer Mediziner und Hämatologe
geb. 15.3.1920 in Mart (Texas)
Nobelpreis 1990, für die Entwicklung der Organ- und Zelltransplantation als klinische Behandlungsmethode.
T. studierte Medizin an der University of Texas. 1946 promovierte er an der Universität von Harvard. Von 1955 bis 1963 war T. Chefarzt am Mary Imogene Bassett Hospital sowie Professor für Medizin am College of Physicians and Surgeons der Columbia University in New York. Seit 1963 ist er Professor an der School of Medicine der University of Washington und heute stellvertretender Direktor der Forschungsabteilung des Fred-Hutchinson-Krebsforschungszentrums in Seattle (Washington). T. ist einer der namhaftesten Hämatologen und Transplantationsmediziner der USA.

Zusammen mit J. E. Murray gelang es T., Abstoßreaktionen bei Transplantationen von Organen zu meistern. Bekanntlich besteht das Hauptproblem bei der Verpflanzung von Organen in der Abstoßreaktion des Empfängers. Während es Murray gelang, das Wachstum der Immunzellen durch ionisierende Strahlung und die Verabreichung des Medikamentes Azathioprin (wird zur Verhinderung der Transplantatabstoßung bei Organtransplantationen eingesetzt) zu hemmen und damit Abwehrreaktionen zu unterdrücken, war es das Verdienst von T., durch Einführung des Medikamentes Methodrexat die sogenannte „Graft-versus-host"-Reaktion (GVH) zu dämpfen. Bedeutung hat diese Methode vor allem bei der Knochenmarktransplantation (KMT).

Die Graft-versus-host-Reaktion ist eine immunologische Reaktion eines Transplantates gegen das Gewebe eines Empfängers, das mit ihm nicht genetisch übereinstimmt. Dabei kommt es bei den Patienten unter anderem zu Durchfall, Hautveränderungen und Kräfteverfall. Bei der Knochenmarktransplantation wird das Knochenmark ähnlich wie bei einer Bluttransfusion in den Kreislauf des Empfängers übertragen. Derartige Transplantationen können schwere erbliche Krankheiten heilen wie etwa Krankheiten im Immunsystem, Leukämie oder aplastische Anämie. T. ist dabei der Nachweis zu verdanken, daß die im Knochenmark enthaltenen blutbildenden Zellen (Stammzellen) mit Hilfe des Blutkreislaufes die richtigen Plätze im Knochenmark des Empfängers suchen, sich dort etablieren und für den Aufbau eines neuen Immunsystems (Produktion neuer Blutzellen) sorgen.

Hierin liegt allerdings eine große Gefahr: Bei Transplantation immunologisch aktiver Zellen, wie dies bei der Knochenmarktransplantation der Fall ist, kann das Transplantat – beziehungsweise die sich aus den Stammzellen neu bildenden weißen Blutkörperchen – die eigenen Zellen des Empfängers als „fremd" erkennen und den eigenen Wirt angreifen. Diese Reaktion endet dann meist tödlich. Um das kranke Knochenmark des Empfängers abzutöten und sein immunologisches Verteidigungssystem auszuschalten, griff T. auf die Ganzkörperbestrahlung und zelltötende Mittel vor der Transplantation zurück. Mit mehrmonatiger immunsuppressiver (Wirkstoffe oder Arzneimittel zur künstlichen Unterdrückung oder Abschwächung der Immunreaktion des Organismus zur Verhinderung von Transplantatabstoßungen) Behandlung nach der Transplantation gelang es T. schließlich, auch die Graft-versus-host-Reaktion zu verhindern. Die Erfahrung zeigte, daß die immunologisch aktiven Spenderzellen allmählich tolerant werden, so daß die Behandlung in der Regel nach einiger Zeit ganz eingestellt werden kann.

Tinbergen, Nikolaas – britischer Verhaltensforscher niederländischer Herkunft
geb. 15.4.1907 in Den Haag
gest. 21.12.1988 in Oxford
Nobelpreis 1973, für Entdeckungen über Organisation und Auslösung von individuellem und sozialem Verhalten.
T. studierte Zoologie an den Universitäten Leiden, Wien und Yale. 1932 promovierte er mit einem Thema über das Verhalten der Bienenkiller-Wespen. Im gleichen Jahr schloß er sich für mehrere Monate einer Expedition nach Grönland an, um dort die arktische Fauna zu beobachten und das Leben der Eskimos zu studieren. Ab 1942 war T. zwei Jahre in Deutschland inhaftiert, weil er gegen die Entlassung von drei jüdischen Professoren protestiert hatte. Von 1966 bis 1974 war er als ordentlicher Professor für Tierisches Verhalten an der zoologischen Abteilung der Universität Oxford tätig.

T.s Werk „The Study of Instinct" („Instinktlehre") war 1950 das erste Buch, das die Erkenntnisse der Ethologie oder vergleichenden Verhaltenslehre zusammenfaßte. Durch seine überaus sinnreichen tierexperimentellen Verhaltensuntersuchungen konnte T. den noch jungen Hypothesen wissenschaftliche Beweiskraft verleihen. Er erkannte, daß die Instinkthandlung aus mehreren (mindestens zwei) Komponenten besteht: aus der eigentlichen Endhandlung (Erbkoordination) und einer diese überlagernden Taxiskomponente, d. h. einer auf die auslösende Situation gerichteten Bewegungskomponente.

Durch die Untersuchungen T.s und seiner Schüler wurden tiefere Einsichten in die Struktur und Wirkungsweise von Schlüsselreizen gewonnen. T.s äußerst detaillierte Experimente – Stichlinge und Silbermöwen waren seine „klassischen" Versuchsobjekte – führten zu der Erkenntnis, daß das Wirkungsgefüge des Instinktverhaltens hierarchisch aufgebaut ist. Einem Hauptinstinkt sind mehrere andere Instinkte untergeordnet. Er nimmt an, daß einer solchen Ordnung eine Ordnung funktioneller Instanzen im Zentralnervensystem entspricht. Er unterscheidet dabei Instinktebenen verschiedener Ordnung, die ineinander verschachtelt sind und von verschiedenen zentralnervösen Instinktzentren gesteuert werden.

T. hatte in letzter Zeit gemeinsam mit seiner Frau begonnen, das ethologische Denken und ethologische Methoden bei der Analyse von kindlichen Verhaltensstörungen anzuwenden. Insbesondere befaßte er sich mit dem frühkindlichen Autismus (soziales Fehlverhalten) und entwickelte für die Therapie derartiger Störungen beachtenswerte Vorstellungen. Die Anwendung ethologischen Denkens und ethologischer Methoden hat in mancher Hinsicht zur Erklärung menschlichen Verhaltens beigetragen. Zu den wichtigsten Thesen T.s gehört die Überzeugung, daß ein besseres Verständnis der Aggressionen bei Tieren auch wichtige Aufschlüsse über Verhaltensweisen des Menschen liefern kann. Im übrigen ging T. jedoch vorsichtig mit Vergleichen zwischen Mensch und Tier um.

Tonegawa, Susumu – japanischer Molekularbiologe

geb. 5.9.1939 in Nagoya

Nobelpreis 1987, für die Entdeckung der genetischen Grundlagen für das Entstehen des Variantenreichtums der Antikörper im menschlichen Organismus.

T. studierte von 1959 bis 1963 an der Kyoto-Universität Chemie und von 1963 bis 1968 im Fachbereich Biologie an der California University in San Diego. Seit 1981 ist er Professor für Biologie am Zentrum für Krebsforschung des Massachusetts Institute of Technology in Cambridge (USA).

Zu Beginn der 70er Jahre begann T. bei N. Jerne (Nobelpreis 1984) mit seinen wissenschaftlichen Arbeiten. Es ging dabei um die Frage, wie die ungeheure Vielfalt der Antikörper zustande kommt, die ein Organismus zu bilden vermag. Experimentelle Studien hatten ergeben, daß z. B. eine Maus mindestens eine Million unterschiedliche Antikörper produzieren kann. Hinsichtlich der Entstehung dieser Vielfalt gab es aber damals keine sicheren Daten, und es standen sich vor allem zwei Theorien gegenüber: die Keimbahntheorie und die somatische Mutationstheorie. Nach der ersteren sollte für jeden der Antikörper ein spezifisches genetisches Programm in der Keimbahn, d. h. in der befruchteten Eizelle, und auch in den Stammzellen für die Lymphozyten vorhanden sein. Dagegen vertrat N. Jerne die Auffassung, in der Keimbahn seien nur wenig Gene, sogenannte Keimbahngene, für die Antikörper vorhanden.

1976 veröffentlichte T. in der amerikanischen Fachzeitschrift „Proceedings of the National Academy of Science" seine bahnbrechende Entdeckung bezüglich der Vielfalt der Antikörper. Der Molekularbiologe N. Hozumi und T. beantworteten darin die Frage, wie es das Immunsystem schafft, spezifische Abwehrmoleküle (Antikörper) gegen alle körperfremden Giftstoffe oder Krankheitserreger herzustellen, die in den Organismus eindringen können. T. gelang es in genialen Experimenten nachzuweisen, daß die enorme Vielfalt der Antikörper durch eine laufende Um- und Neuordnung verhältnismäßig weniger Gene ermöglicht wird. Damit konnten die beiden Forscher auch erstmals zeigen, daß die Erbsubstanz nicht, wie angenommen, festgefügt und unveränderlich ist, sondern im Verlauf der Entwicklung einer Zelle umgebaut und neu geordnet werden kann. Das Verdienst von T. ist es, in den 70er Jahren Methoden zur Analyse der Genstruktur entwickelt und sie zur Aufklärung der Immunglobulingene eingesetzt zu haben, so daß die Wissenschaftler die grundsätzlichen Entstehungsmechanismen der Antikörpervielfalt kennen.

Eine der wichtigsten Erkenntnisse über die Immunglobulingene war die Feststellung, daß sich am genetischen Material (DNA) während der Zellreifung von den Stammzellen bis zu den reifen B-Lymphozyten wesentliche Veränderungen vollziehen. In den folgenden Jahren konnte T. darlegen, wie der Teil der Erbmasse, der die Antikörper bildet, so umdirigiert wird, daß jeder B-Lymphozyt seinen einzigartigen Antikörper produzieren kann. Er beschäftigte sich dann mit den genetischen Grundlagen der T-Lymphozyten, die neben den B-Lymphozyten, die die Antikörper bilden, die wichtigsten Abwehrzellen des Immunsystems darstellen und ebenfalls für die Erkennung und Abwehr von körperfremden Substanzen und Zellen verantwortlich sind. T.s Arbeiten haben aber auch die Möglichkeit aufgezeigt, durch Impfungen gewünschte Immunreaktionen gegen Krankheiten zu verstärken bzw. unerwünschte Immunreaktionen zu verhindern.

T. ist der erste Japaner, der den Medizin-Nobelpreis erhielt.

Vane, Sir (seit 1984) **John Robert** – britischer Pharmakologe

geb. 29.3.1927 in Tardebigg/Worcestershire

Nobelpreis 1982, für seine bahnbrechenden Arbeiten über Prostaglandine (Gewebshormone) und nahe verwandte biologisch aktive Substanzen.

V. studierte ab 1944 Chemie an der Universität Birmingham und dann Pharmakologie an der Universität Oxford. 1953 promovierte er. Bis 1973 wirkte V. am Royal College of Surgeons der Universität London, wo er 1966 zum ordentlichen Professor für Experimentelle Pharmakologie berufen worden war. In den Jahren von 1973 bis 1985 leitete er als Direktor den Bereich Forschung und Entwicklung beim britischen Pharmakonzern Wellcome Foundation in Beckenham (Kent). 1986 übernahm V. die Leitung des William Harvey Research Institute am St. Bartholomew's Hospital Medical College in London.

Die drei Nobelpreisträger des Jahres 1982 Sune Karl Bergström, Bengt Ingemar Samuelsson und V. forschten über ein neues System biologisch aktiver Substanzen, denen Ulf von Euler-Chelpin im Jahr 1935 den bis heute verwendeten Namen Prostaglandin für eine blutdrucksenkende Substanz gegeben hatte. Nachdem bereits Samuelsson erkannt hatte, daß es neben den stabileren Prostaglandinen noch kurzlebigere Formen gibt, die Thromboxane, fand V. zur Überraschung aller Experten dann Mitte der 70er Jahre mit den Prostacyclinen weitere Abkömmlinge der Prostaglandine. Er konnte nachweisen, daß in den Blutgefäßen gebildete Prostacycline die Entstehung von Blutgerinnseln verhindern und gleichzeitig die Blutgefäße erweitern. Beide Effekte dürften der Entstehung von gefährlichen Gefäßverschlüssen entgegenwirken.

Die starke Effektivität des Prostaglandinsystems ergibt sich vor allem aus der hohen Umsatzrate der aus einer Muttersubstanz, der Arachidonsäure, gebildeten Produkte, die ganz unterschiedliche und zum Teil sogar gegensätzliche Wirkungen aufweisen. Höchst unterschiedliche Einwirkungen und lokale Regelmechanismen können somit schnell die Bildung von jeweils erforderlichen Substanzen auslösen.

Die Untersuchungen über das Prostaglandinsystem haben ergeben, daß die entzündungshemmende Wirkung der Steroide und des Aspirins auf unterschiedlichen Mechanismen beruht. Steroide verhindern die Freisetzung und Umwandlung der Arachidonsäure (vierfach ungesättigte essentielle Fettsäure – früher als Vitamin F bezeichnet) in die entzündungsfördernden Prostaglandine, Thromboxane und Leukotriene. Es gelang V. die fundamentale Entdeckung, daß fiebersenkende Arzneien wie Aspirin die Prostaglandinbildung blockieren. Die neuen Einblicke der Wissenschaftler und Forscher in die Funktionsweise von Gewebehormonen ermöglichten die Aufklärung zahlreicher bis dahin unbekannter Zusammenhänge zwischen normalem und pathologischem Geschehen in einer Zelle. Die Prostaglandine haben inzwischen bereits ein umfangreiches klinisches Anwendungsgebiet erhalten, hauptsächlich in der Frauenheilkunde und in der Geburtshilfe. Mit seinen Forschungsarbeiten leistete V. einen wichtigen Beitrag zur Aufklärung des Wirkungsmechanismus vieler Rheuma- und Schmerzmittel.

Varmus, Harold Eliot – amerikanischer Mediziner und Krebsforscher

geb. 18.12.1939 in Oceanside (New York)

Nobelpreis 1989, für die Entdeckung des zellulären Ursprungs der retroviralen Onkogene.

V. studierte Medizin an der Harvard-Universität. 1966 promovierte er an der Columbia-Universität New York. Seitdem ist V. an der Universität von Kalifornien in San Francisco tätig und wirkt seit 1982 als Professor für Biochemie und Biophysik.

Aufbauend auf die Arbeiten von S. Martin, P. Duesberg und P. Vogt gelang es V. und Bishop erstmals, ein krebsauslösendes Gen in normalen Zellen zu identifizieren. Sie fanden das Gen in einem Geschwülste hervorrufenden Retrovirus des Huhns (Rous-Sarkom-Virus). Den Forschern war aufgefallen, daß von diesem Virus zwei Varianten ausgehen, deren eine Geschwülste und die andere aber Leukämie auslöst. Das bedeutete, daß sich die beiden augenscheinlich gleichen Varianten durch irgendeine genetische Information unterscheiden mußten. Das Erbmaterial beider Viren besteht aus Ribonukleinsäure. Bishop und V. stellten von beiden Molekülen informationsgleiche Kopien aus Desoxyribonukleinsäure (DNS) her. Da DNS-Moleküle komplementärer Struktur gemeinhin sich zu einem Doppelstrang verbinden, konnte durch einen entsprechenden Versuch jener Bereich identifiziert werden, an dem die Verbindung nicht gelang. Das Einschleusen des identifizierten Genabschnitts in die Zellen von Versuchstieren bestätigte schließlich, daß es sich dabei um das eigentliche Onkogen handelte.

Nachdem die Existenz der Proto-Onkogene bewiesen war, sollte die weitere Forschung die Fragen klären, was haben diese Gene mit der Krebsentstehung zu tun und haben diese Gene eine normale Funktion im Leben der Zelle? Die erste Frage konnte Anfang der 80er Jahre definitiv beantwortet werden. Weinberg und Mitarbeiter untersuchten Zellen eines menschlichen Blasenkrebses und fanden heraus, daß der Austausch einer einzigen Base ausreichen kann, um ein 5.000 Basenpaare langes, normales menschliches Gen in ein Onkogen zu verwandeln. Neben solchen Punktmutationen wurden später auch andere genetische Ereignisse bekannt, die zu veränderter Struktur oder Regulation von Proto-Onkogenen führen und an der Entstehung von Krebs beteiligt sein können.

Von noch größerer Bedeutung für die Krebsforschung war das nächste Experiment von Bishop und V., dessen Ergebnis sie 1976 der Öffentlichkeit präsentierten. Unzufrieden mit der bislang akzeptierten These, daß Krebs beim Menschen in der Regel über Viren ausgelöst würde, die Krebsgene mit sich führen, suchten sie auch in gesunden Zellen nach dort schlummernden Onkogenen und wurden fündig. Diese normalerweise an der geregelten Steuerung von Zellteilungs- und Wachstumsvorgängen beteiligten Gene können durch einen Anstoß von außen (chemische Substanzen, Strahlung) zu „hauseigenen" Krebsauslösern entarten. Heute sind mehr als 50 derartiger Krebs- bzw. Onkogene bekannt. Im allgemeinen müssen offenbar mehrere Onkogene bzw. Anti-Onkogene betroffen sein, bevor ein bösartiger Tumor entstehen kann.

Die von Bishop und V. entdeckte Aufnahme von zellulären Genen in das Genom von Retroviren ist offenbar ein relativ seltenes natürliches Ereignis. Man kann sie sich aber auch zunutze machen, indem man gentechnisch konstruierte „künstliche" Retroviren unter bestimmten Voraussetzungen als Überträger beliebiger Gene benutzt.

Wagner-Jauregg, Julius (bis 1920 Julius Ritter Wagner von Jauregg) – österreichischer Neurologe und Psychiater

geb. 7.3.1857 in Wels (Oberösterreich)
gest. 27.9.1940 in Wien
Nobelpreis 1927, für die Entdeckung des therapeutischen Wertes künstlich herbeigeführter Malariainfektion zur Behandlung der progressiven Paralyse, einer durch die Syphilis hervorgerufenen schweren Geisteskrankheit.
Mit 17 Jahren begann W.-J. das Studium an der medizinischen Fakultät der Wiener Universität. 1880 promovierte er zum Doktor der gesamten Heilkunde. 1885 habilitierte er sich in Neurologie und Psychiatrie, wurde Dozent in Wien und übernahm 1887 die Leitung der psychiatrischen Klinik. 1893 erfolgte seine Berufung als ordentlicher Professor und Klinikdirektor an die Universität Wien, wo er bis zu seiner Emeritierung 1928 wirkte.

Schon 1887 befaßte sich W.-J. mit der Einwirkung von fieberhaften Erkrankungen auf Psychosen. Diese Studien brachten ihn zur Einführung der Tuberkulinbehandlung bei der progressiven Paralyse, der Spätform der Syphilis mit etwa zehn bis 20 Jahren nach Infektion beginnender, allmählich fortschreitender Zerstörung der Großhirnrinde. Sie ist gekennzeichnet durch zunehmenden Abbau der Persönlichkeit, und ohne rechtzeitige Behandlung mit Antibiotika tritt nach einigen Jahren völliger Demenz der Tod ein.

Nach drei Jahrzehnten mühevoller Forschungsarbeit brachte W.-J. fast zufällig das Jahr 1917 eine wertvolle Erkenntnis. Ein Soldat mit Malaria wurde wegen einer leichten Nervenverletzung in die Klinik eingeliefert, wo zur gleichen Zeit ein Kranker mit progressiver Paralyse behandelt wurde. Da kam er auf den kühnen Gedanken, mit dem Blut des Malariakranken Paralysepatienten zu impfen, und er hatte Erfolg. Leider kam es auch zu einem Mißerfolg, die gespritzte Malaria tropica führte bei einem Patienten zum Tod, und die Methode wurde von Fachärzten angeprangert.

Im Jahr 1918 veröffentlichte W.-J. die Schrift „Verhütung und Behandlung der progressiven Paralyse durch Impfmalaria", und diese Methode sollte zur klassischen Therapie gegen Paralyse und andere Psychosen werden. Mit der Malaria-Impftherapie setzte die Aktivierung therapeutischer Maßnahmen in der Psychiatrie ein, die im Laufe der Jahre das Bild der Fachabteilungen sowie der Heil- und Pflegeanstalten wesentlich verändert hat. Nach langjähriger Erfahrung mit seiner neuartigen Therapie konnte W.-J. feststellen, daß bei den Paralytikern nach der Entfieberung ein Wiederherstellungs- und Aufbauvorgang im Organismus einsetzt.

Als Gerichtspathologe (später Dr. jur.) hat er die Gesetzgebung bezüglich der Zurechnungsfähigkeit von Straftätern beeinflußt und Leitsätze zu einer Gesetzgebung für psychisch Kranke, zur Strafgesetz- und zur Strafverfahrensreform sowie zur Trinkerfürsorge erarbeitet. W.-J. wurde als erster Psychiater mit dem Nobelpreis für Medizin geehrt.

Waksman, Selman Abraham – amerikanischer Mikrobiologe
geb. 22.7.1888 in Priluka (Ukraine)
gest. 16.8.1973 in Hyanis (Massachusetts)
Nobelpreis 1952, für die Entdeckung des Streptomyzins als des ersten wirksamen Antibiotikums gegen die Tuberkulose.
W. studierte ab Frühjahr 1911 am Rutgers College Agrikulturwissenschaften. 1918 promovierte er auf biochemischem Gebiet an der Universität von Kalifornien. 1930 wurde er ordentlicher Professor an der Rutgers-Universität. 1958 ließ er sich emeritieren.

Schon im Jahre 1915 war W. einer besonderen Gattung von Kleinlebewesen auf der Spur. Aus dem intensiv und mit unendlicher Mühe betriebenen Studium einer Bodenbakterienart ist dann das erste hochwirksame Heilmittel gegen die Tuberkulose erwachsen. Jene Kleinlebewesen, die W. viele Jahre untersuchte, wissenschaftlich Aktinomyceten genannt, erhielten später von ihm den Namen Streptomyces. Als die „Amerikanische Gesellschaft gegen die Tuberkulose" einen Gelehrten suchte, der der Frage nachgehen sollte, worauf es zurückzuführen sei, daß der Tuberkelbazillus, wenn man ihn im Ackerboden ansiedelt, in kurzer Zeit zerstört wird, konnte die Wahl nur auf W. fallen. W. und seine Mitarbeiter hatten hier eines der wichtigsten Probleme der modernen Medizin zu lösen, denn die Frage nach der Heilung der Tuberkulose war ja immer noch offen; Zehntausende fielen der heimtückischen Seuche immer noch zum Opfer.

Im Jahre 1939 erweiterte W. sein bisheriges Forschungsprogramm mit Untersuchungen zur Bestimmung der Natur jener Substanzen, mit deren Hilfe sich im Boden die Mikroben gegenseitig zerstören. Bereits 1940 wurde das erste wirkliche Antibiotikum aus einer Aktinomycetenkultur gewonnen und Aktinomycin genannt, doch zeigten Versuche, daß dieser Stoff sehr giftig war und daher als Heilmittel nicht in Frage kam. Die Suche nach anderen in gleicher Richtung wirksamen Stoffen wurde fortgesetzt und weit ausgedehnt. Über 10.000 verschiedene Arten von Bodenbakterien und bakterienähnlichen Bodenbewohnern wurde auf ihre Produktionsfähigkeit von Antibiotika untersucht. Nach über fünfjähriger Laboratoriumsarbeit konnte W. im Jahre 1944 der Ärzteschaft erstmals das von ihm gewonnene Stoffwechselprodukt und Antibiotikum Streptomyzin anbieten. Im Jahre 1952 konnten bereits Heilerfolge bis zu 80 Prozent erzielt werden. In schweren Fällen von Lungentuberkulose gelang es, den Patienten mit Hilfe des Streptomyzins gesundheitlich so zu fördern, daß die vorher unmögliche Operation dann doch noch mit Erfolg durchgeführt werden konnte. Das Streptomyzin hat Tausende von Menschenleben gerettet.

Wald, George – amerikanischer Biologe und Biochemiker
geb. 18.11.1906 in New York City
gest. 12.4.1997 in Cambridge (Massachusetts)
Nobelpreis 1967, für Entdeckungen im Hinblick auf die hauptsächlichen chemischen und physiologischen Vorgänge des Sehens im Auge.
W., Sohn eines Schneiders, studierte Biologie am Washington Square College der New York University. 1932

promovierte er an der Columbia University. 1934 erhielt er eine Anstellung als Tutor in Biochemie an der Harvard University in Cambridge, der er sein Leben lang treu blieb. 1948 wurde er als ordentlicher Professor für Biologie berufen. 1977 wurde er emeritiert.

Während des Ersten Weltkrieges stellte man in Dänemark fest, daß die bereits im alten Ägypten bekannte Nachtblindheit das Symptom eines Vitamin-A-Mangels darstellt. W.s Entdeckungen betrafen hauptsächlich die Wahrnehmungsfunktion des Auges. Von großer Wichtigkeit war seine Entdeckung des molekularen Aufbaus der lichtempfindlichen Substanz der Sinneszellen. Nachdem er in den 30er Jahren nachgewiesen hatte, daß das Vitamin A am Sehprozeß beteiligt ist, fand W. später, daß der Sehpurpur, das Rhodopsin, aus dem Eiweißstoff Opsin und einem Chromophor, einem Farbelement, besteht, das er Retinin nannte.

Für das normale Sehen des Menschen ist die Synthese von vier verschiedenen Opsinen erforderlich: eines in den Stäbchen zur Bildung von Rhodopsin und drei in den Zapfen zur Bildung der Pigmente des Farbsehens. Jedes Opsin muß durch ein spezielles Gen bestimmt werden. Vermutlich bestimmen zwei derartige, auf dem X-Chromosom nebeneinanderliegende Gene die Opsine der normalen rot- und grünempfindlichen Pigmente. Mutationen dieser Gene, die zu einer Störung in der Synthese dieser beiden Pigmente führen, sind wahrscheinlich für die Rot- bzw. Grünblindheit verantwortlich.

Es bedarf noch weiterer Untersuchungen, um festzustellen, ob die Mechanismen der Farbblindheit in der peripheren Netzhaut auf das Fehlen bestimmter Zapfenarten oder auf eine Reduktion der von den Zapfen abgehenden Nervenbahnen zurückzuführen sind. Die von den Preisträgern R. Granit, H. K. Hartline und W. gemachten Entdeckungen haben für die Fachwelt wichtige Informationen über die physiologischen Grundlagen des Auges im Hinblick auf die Wahrnehmung des Lichtes, seiner Intensität, Art, Farbe und seiner Bewegungen geliefert.

W. hatte sich auch für politische und soziale Belange engagiert. U. a. war er seit 1980 Vizepräsident der Bürgerrechtsorganisation „Permanent People's Tribunal".

Warburg, Otto Heinrich – deutscher Biochemiker
geb. 8.10.1883 in Freiburg (Breisgau)
gest. 1.8.1970 in Westberlin
Nobelpreis 1931, für die Entdeckung der Natur und der Funktion des Atmungsferments.

W.s Vater, E. Warburg, war einer der hervorragendsten Physiker seiner Zeit, der ein gastfreundliches Haus hatte, so daß der Sohn bereits frühzeitig berühmte Naturwissenschaftler persönlich kennenlernte. Dazu gehörten: E. Fischer, F. Haber, A. Einstein, J. Franck, M. v. Laue, W. Nernst, M. Planck und H. van't Hoff. Später studierte der junge W. bei einigen von ihnen. Im Oktober 1901 erfolgte seine Immatrikulation an der Philosophischen Fakultät der Universität Freiburg, wo er drei Semester Chemie studierte. 1903 wechselte W. an die Berliner Universität über und widmete sich dann dem Studium der Medizin. Am 17.3.1906 promovierte er in Chemie, und an der Universität Heidelberg promovierte er 1911 zum Dr. med. Bereits ein Jahr später habilitierte er sich. 1912 wurde W. Privatdozent der Physiologie an der Medizinischen Fakultät der Universität Heidelberg. Am 1.4.1914 wurde er als „wissenschaftliches Mitglied" und Abteilungsleiter an das Kaiser-Wilhelm-Institut für Zellphysiologie in Berlin-Dahlem berufen und 1921 zum außerordentlichen Professor für Physiologie an die Medizinische Fakultät. 1930 wurde er zum Direktor des Instituts für Zellphysiologie ernannt.

Als W. mit seinen Untersuchungen begann, war die Rolle des Hämoglobins bei der Aufnahme und dem Transport des Sauerstoffs durch den Körper bekannt, über die eigentliche Oxidation innerhalb der Zelle (Zellatmung) aber wußte man noch nahezu nichts. W. stellte fest, daß Zyanide, die sich in der Zelle mit Schwermetallen verbinden, die Zellatmung blockieren. Da diese Bindungen besonders bei Reaktionen mit dreiwertigem Eisen der Porphyrinverbindungen sehr stabil sind, schlußfolgerte W., daß das Zyanid mit einem dreiwertigen Eisenatom des Atmungsfermentes reagiert. Die Atmung stellte somit eine Schwermetallkatalyse dar; das Schwermetall war Eisen. Die Zellatmung ist ein sehr komplizierter Vorgang, der Einblicke in das großartige Wirken der Natur gestattet. Sie verteilt den energieliefernden Prozeß der biologischen Oxidation auf mehrere Stufen der nacheinander wirkenden Fermente. Dabei kann die freiwerdende Energie in jeder der einzelnen Stufen von der Zelle abgefangen werden, ohne daß dabei eine schädliche Erwärmung auftritt. Die so gewonnene Energie wird dann den Lebensprozessen nutzbar gemacht. Diese Erkenntnisse W.s stellen ein besonderes Glanzstück naturwissenschaftlicher Dialektik dar.

Ab 1930 untersuchte W. das Problem der biologischen Wasserstoffaktivierung. Seine Arbeiten über die „wasserstoffaktivierenden Enzyme" haben das Verständnis der Fermentreaktionen erheblich erweitert. Daneben arbeitete W. ab 1914 über die Photosynthese. In seinem letzten Lebensjahrzehnt war W. unermüdlich bemüht, auf der Grundlage seiner experimentellen Befunde zu einer praktischen Krebstherapie zu finden. Der erhoffte Durchbruch gelang dabei nicht.

W. hat über sechs Jahrzehnte gleichermaßen als Zellphysiologe, Biochemiker, Photobiologe und Mediziner Wissenschaftsgeschichte geschrieben. Seine Forschungsleistungen wirken noch heute auf die geistigen Erben seiner Werke anziehend und anregend und beinhalten wertvolle wissenschaftstheoretische und -organisatorische Erfahrungen.

Watson, James Dewey – amerikanischer Molekularbiologe und Genforscher
geb. 6.4.1928 in Chicago
Nobelpreis 1962, für die Entdeckungen über die Molekularstruktur der Nukleinsäuren und ihre Bedeutung für die Informationsübertragung in lebender Substanz.

Bereits als Fünfzehnjähriger begann W. mit einem Stipendium ein Biologiestudium am College der Universität Chicago. 1950 promovierte er. Seit 1961 ist W. ordentlicher Professor für Molekularbiologie an der Harvard Universität in Cambridge (Massachusetts), wo er zuvor schon Dozent war. 1989 wurde er Direktor des Human Genome Research Office der National Institutes of Health.

Den drei Nobelpreisträgern F. Crick, M. H. F. Wilkins und W. verdankt die Wissenschaft entscheidende Erkenntnisse auf dem Gebiet der Molekulargenetik. Eine unbedingte Voraussetzung für die Funktionsfähigkeit der Gene ist ihre identische Verdoppelung (Autoreduplikation, Replikation). Daß der eigentliche Träger der Erbmasse die Nukleinsäure in den Kernen der lebendigen Zelle ist, weiß man schon seit 1944. Das Merkmal, das vererbt werden soll, liegt im Zellkern, gebunden an die DNS, eingeprägt in die Struktur dieser hochmolekularen Eiweißverbindung. Die einzelnen Teile der vielgestaltigen Merkmale, welche das Individuum als solches kennzeichnen, dachte man sich Stück für Stück wie auf einer Perlenschnur aufgereiht. Die Reihenfolge der Aminosäuren bestimmte wiederum die individuelle Struktur des DNS-Moleküls. Vierunddreißig Aminosäuren ergeben, jeweils anders angeordnet, die unendliche Vielfalt der lebendigen Welt.

Als diese teils hypothetischen, teils experimentell durch röntgenoptische Untersuchungen gesicherten Überlegungen veröffentlicht worden waren, entwarfen F. H. C. Crick und W. ihr berühmtes DNS-Modell in dem sich zwei Nukleotidketten spiralförmig umeinander winden und ranken. Die Nukleotidketten werden durch Wasserstoffbrücken miteinander lose verbunden. Es ist das Verdienst von Crick, Wilkins und W., den Mechanismus der völlig identischen Reduplikation des Genmoleküls ohne jeglichen Hilfsmechanismus – und damit unter Erhaltung der genetischen Information vom Anfang allen Lebens an – aufgeklärt zu haben. Je zwei Stränge von DNS sind zu einer wendelförmigen Spirale, dreidimensional, aufgewickelt, und zwar so, daß jede der vier Basen nur der ihr zugeordneten Gegenbase (Thymin zu Adenin, Guanin zu Cytosin) gegenüberstehen kann. Jeder Strang stellt also eine Matrize für den Gegenstrang dar. Bei der Vererbung, der Zellteilung, lösen sich beide Stränge voneinander, und an jedem lagern sich aus den im Zellplasma enthaltenen Molekülen jeweils nur die genau passenden Stücke an – ein Prozeß, den man Basenpaarung nennt. Am Ende dieses Prozesses liegen zwei neue, komplette Doppelspiralen vor. Dieses sogenannte W.-Crick-Modell der DNS ist auch als „Doppelhelix" in die Wissenschaftssprache eingegangen.

Da sich mit diesem Modell alle bis heute bekannten Eigenschaften der DNS erklären lassen und da das Modell auch den Mechanismus der identischen Reduplikation erklärt, darf die Entdeckung von Crick und W. als eine der kühnsten Taten der Naturwissenschaft bezeichnet werden.

Weller, Thomas Huckle – amerikanischer Bakteriologe

geb. 15.6.1915 in Ann Arbor (Michigan)

Nobelpreis 1954, für die Entdeckung der Fähigkeit des spinalen Poliomyelitisvirus, in Kulturen unterschiedlicher Gewebearten zu wachsen.

W. studierte an der Universität von Michigan Medizinische Zoologie. Als Assistent am Medizinischen Institut der Harvard-Universität in Cambridge (Massachusetts) trat er dann mit Arbeiten über vergleichende Pathologie hervor, wurde mit dem Gebiet der Virusforschung vertraut gemacht und beschäftigte sich neben der Parasitologie mit der Erprobung von Zellkultur-Techniken zur Erforschung von Infektionskrankheiten. 1940 promovierte er am Children Hospital in Boston zum Doktor der Medizin. 1954 erhielt er eine Berufung als ordentlicher Professor an die Harvard Medical School of Public Health. Von 1954 bis 1981 fungierte W. als Departmentleiter für Tropenmedizin und Öffentliches Gesundheitswesen der Harvard-Universität, dann war er von 1966 bis 1981 Direktor des Präventivzentrums gegen Infektionskrankheiten.

W. arbeitete viele Jahre zusammen mit seinem früheren Professor J. Enders und seinem ehemaligen Kommilitonen Frederic Robbins (ebenfalls Medizin-Nobelpreis 1954) an der Untersuchung und Bekämpfung des Poliomyelitisvirus, das die Kinderlähmung hervorruft. Die drei Mediziner leisteten 1949 einen entscheidenden Beitrag zur Bekämpfung der Poliomyelitis. Sie konnten die Viren des Erregers der Kinderlähmung, die bis dahin nur an lebenden Nervenzellen von Mensch und Affe als vermehrungsfähig galten, losgelöst vom lebenden Organismus in einer Gewebekultur in beliebiger Menge züchten. Bis dahin hatte man in wenigen Laboratorien das Hirngewebe von Versuchsaffen beimpft, wo sich die Viren vermehrten und dann mühsam isoliert und typisiert werden mußten. Erst durch die Züchtung im Reagenzglas erhielten die Virologen ein Werkzeug, um die zunehmenden Viruskrankheiten ebenso wirkungsvoll bekämpfen zu können wie bakterielle Infektionen. Sie schufen damit die Voraussetzungen, eine ungefährliche Virusvariante zu isolieren, die erst die Entwicklung eines Impfstoffes nach dem Verfahren des amerikanischen Biologen Jonas Edward Salk möglich machen konnte.

W. setzte in den folgenden Jahren seine virologischen Untersuchungen anhand der Infizierung von Gewebekulturen fort und leistete wertvolle Beiträge zur Erforschung und Bekämpfung u. a. von Windpocken und Röteln.

Whipple, George Hoyt – amerikanischer Mediziner und Pathologe

geb. 28.8.1878 in Ashland (New Hampshire)

gest. 1.2.1976 in Rochester (New York)

Nobelpreis 1934, in Anerkennung der Forschungen auf dem Gebiet der Lebertherapie in Fällen von Blutarmut (Anämie).

W. studierte Medizin an der renommierten Yale-Universität in New Haven (Connecticut). 1905 promovierte er an der Johns-Hopkins-Universität in Baltimore (Maryland). Von 1905 bis 1907 arbeitete W. in der pathologischen Abteilung des Ancon-Krankenhauses in Panama. 1914 erhielt er eine Berufung als ordentlicher Professor an die Universität von Kalifornien. Von 1921 bis zu seiner Emeritierung im Jahre 1955 war W. Professor für Pathologie sowie Dekan der medizinischen und zahnmedizinischen Fakultät der Universität von Rochester.

Im Jahr 1920 begann W. zusammen mit C. W. Hooper und F. S. Robscheit-Robbins, den Einfluß der Leberdiät auf die Neubildung des Blutes zu untersuchen. Er beschäftigte sich eingehend mit Diätkuren bei hoffnungslosen Bluterkrankungen und untersuchte den Einfluß der Ernährung auf die Blutregenerierung in Fällen von Anämie. Er stellte fest, daß die Regeneration der roten Blutfarbstoffe bei Hunden, die man zur Ader gelassen hatte, viel leichter vonstatten ging, sobald man sie einer reichen Leberdiät unterwarf. Nach gründlicher Vorarbeit erzeugte W. ab 1921 längere Anämien und ging dann dazu über, an Anämie Erkrankten Leber zu verabreichen. Auch bei diesen bisher unheilbaren Fällen konnte er in kurzer Zeit eine Zunahme roter Blutkörperchen feststellen, was gleichbedeutend war mit dem ersten erfolgreichen Schritt zur Heilung der Patienten.

Auch die beiden Bostoner Ärzte George Richards Minot und William Parry Murphy (beide ebenfalls Medizin-Nobelpreis 1934) wurden von W.s Erfolg angeregt, und gemeinsam untersuchten sie die Wirkung der Leberdiät bei perniziöser Anämie, die bis dahin als unheilbar und schnell tödlich galt. Sie setzten die Behandlung bei einigen Patienten intensiv fort, um genügend sichere Ergebnisse zu erhalten, schließlich bestätigten zahlreiche Blutuntersuchungen den therapeutischen Erfolg. Es gelang bald, die wirksame Substanz Vitamin B 12 aus der Leber zu bestimmen. Nach 1921 testete W. die Wirkung weiterer Nahrungsmittel und stellte fest, daß das Knochenmark durch Leber am stärksten zur Produktion von roten Blutkörperchen angeregt wurde, gefolgt von Niere, Fleisch und bestimmten Gemüsesorten.

Die drei Forscher arbeiteten ihre Methoden gemeinsam weiter aus, und die wachsenden Erfolge führten diese Methoden in kurzer Zeit in die medizinische Praxis ein.

Wieschaus, Eric F. – amerikanischer Molekularbiologe

geb. 7.6.1947 in South Bend (Indiana)

Nobelpreis 1995, für die systematische Suche und Auffindung des molekularen Schlüssels für embryonale Entwicklungsvorgänge.

W. studierte Biologie an der Universität Notre Dame seiner Heimatstadt South Bend und an der Yale-Universität in New Haven (Connecticut), wo er 1974 mit einer Arbeit in experimenteller Embryologie promovierte. Von 1978 bis 1981 arbeitete W. als Forschungsgruppenleiter am Europäischen Molekularbiologischen Laboratorium (EMBL) in Heidelberg. Seit 1981 lehrt W. Biologie an der Universität von Princeton (New Jersey), seit 1987 ist er ordentlicher Professor.

Die Nobelpreisträger Ch. Nüsslein-Volhard, E. B. Lewis und W. haben zum ersten Mal gezeigt, daß der Musterbildung im Embryo eine streng regulierte Aktivierung bestimmter Gene zugrunde liegt und daß diese trotz der schier unvorstellbaren Komplexität der Vorgänge systematisch zu erfassen sind. Die entdeckten genetischen Steuerungsmechanismen gelten für die unscheinbare Taufliege ebenso wie für die Heuschrecke, die Maus und den Menschen. Oberflächlich betrachtet erscheint der junge Fliegenembryo in den ersten Stunden nach der Befruchtung unter dem Mikroskop langweilig homogen. Zunächst teilen sich nur die Zellkerne. Erst in der vierzehnten Teilungsrunde werden zwischen die vielen tausend Kerne rund um den Dotteranteil Trennwände eingefügt, so daß die junge Fliege zum Vielzeller wird. Wenn es soweit ist, hat sich bereits ein komplexes Muster aufgebaut, in dem die Zellen, für das Auge unsichtbar, unterschiedliche Wertigkeiten erhalten haben.

Ende des vorigen Jahrhunderts hatten Wissenschaftler spekuliert, daß ein Konzentrationsgefälle bestimmter Stoffe an dieser Musterbildung beteiligt sei. Diese Gradientenhypothese war lange Zeit umstritten. Nüsslein-Volhard und W. ist es dann 1980 in gemeinsamer Forschungsarbeit gelungen, einen solchen Gradienten zu erfassen. Sie haben entdeckt, daß im jungen Fliegenembryo bestimmte Moleküle asymmetrisch verteilt sind. Deshalb können in räumlich und zeitlich abgegrenzter Folge unterschiedliche Erbanlagen aktiviert werden und deren Produkte dann ebenfalls in räumlich abgegrenzten Bereichen wiederum unterschiedliche Gene aktivieren. Nüsslein-Volhard und W. konzentrierten ihre Untersuchungen auf die im Embryo aktiven und die Segmentierung steuernden Gene. Die schrittweise Aufgliederung des Fliegenembryos in seine typischen 14 Körpersegmente wird im folgenden durch drei Gruppen von Genen gesteuert, die in einer hierarchischen Ordnung zueinander stehen. Das Zusammenspiel der insgesamt fast zwei Dutzend Segmentierungsgene legt das endgültige Muster der späteren Körpersegmente erstaunlicherweise bereits zu einem Zeitpunkt fest, an dem die rund 6.000 Zellen des Embryos äußerlich noch alle gleich erscheinen. Die Differenzierung der Segmentanlagen zum antennentragenden Kopf oder mit Beinen bestückten Rumpfteil wird später von den homöotischen Genen gesteuert.

Wiesel, Torsten Nils – schwedischer Neurobiologe

geb. 3.6.1924 in Uppsala

Nobelpreis 1981, für seine wissenschaftlichen Beiträge zur Erforschung des Informationsweges von der Netzhaut des Auges zur Sehrinde des Gehirns.

Ab 1941 studierte W., Sohn eines Psychiaters, am Stockholmer Karolinska-Institut Medizin. Neben einer klinischen Psychiatrieausbildung wandte er sich frühzeitig der Erforschung des Nervensystems zu. 1954 promovierte er. Dann begann er auf dem Gebiet der neurophysiologischen Grundlagenforschung zu experimentieren. An der Harvard Medical School in Cambridge (Massachusetts) war er ab 1964 ordentlicher Professor für Physiologie, und von 1968 bis 1983 war er Professor für Neurobiologie. Seit 1983 leitet er das neurobiologische Laboratorium der New Yorker Rockefeller-Universität.

David H. Hubel und W. beschäftigten sich mit Forschungen über das Gehirn, insbesondere über die Mechanismen, mit denen das Gehirn die Informationen verarbeitet, die es vom Auge empfängt. Die beiden Forscher haben in grundlegenden Untersuchungen an Katzen die Informationsverarbeitung in den komplex miteinander verbundenen Nervenzellen in der Sehrinde des Gehirns aufgeklärt. Mit Hilfe haarfeiner Elektroden leiteten sie in den verschiedenen Schaltstationen der optischen Wahrnehmungsverarbeitung die Reaktionen einzelner Neuronengruppen auf bestimmte optische Reize ab.

Hubel und W. fanden bei ihrer Arbeit heraus, daß die vom Auge optisch aufgenommenen Eindrücke vom Gehirn portionenweise verarbeitet und zu einem Gesamtbild zusammengesetzt werden. Sie verfolgten den Weg der von der Netzhaut gelieferten Informationen über verschiedene Zellschichten, die in Säulen angeordnet sind. Die einzelnen Zellsorten führen jeweils einen spezifischen Verarbeitungsschritt aus. Im Sehzentrum wird daraus schließlich das Gesamtbild geschaffen und gespeichert.

Die beiden Forscher entdeckten, daß die spezielle Fähigkeit der einzelnen Zellen unmittelbar nach der Geburt entwickelt wird. Die Struktur des Sehzentrums ist schon bei der Geburt vorgegeben, aber die individuelle Ausprägung wird durch die visuelle Erfahrung in den ersten Wochen und Monaten des Lebens modifiziert.

Wilkins, Maurice Hugh Frederick – britischer Biophysiker

geb. 15.12.1916 in Pongaroa (Neuseeland)

Nobelpreis 1962, für Entdeckungen auf dem Gebiet der Molekularstruktur der Nukleinsäuren und deren Bedeutung für den Informationstransfer in der lebenden Materie.

W. studierte Physik am St. John's College in Cambridge und an der Universität Birmingham. 1940 promovierte er. Nach dem Krieg war er in zum Teil leitenden Funktionen in Forschung und Lehre tätig. Von 1970 bis 1982 war W. Professor für Biophysik und Leiter des Fachbereichs am King's College.

W. entwickelte Reflektionsmikroskope, um mit der Ultraviolett-Mikrospektrophotometrie die Struktur der Nukleinsäuren in Zellen zu erforschen. Ferner studierte er die Lage der Purine und Pyrimidine im Tabakmosaikvirus und in Nukleinsäuren, indem er Ultraviolettmessungen durchführte. Er begann außerdem mit Röntgenbeugungsstudien der Desoxyribonukleinsäure. Die Entdeckung von scharf definierten Beugungsmustern erlaubte es, die Molekularstruktur der DNS abzuleiten. W. bestätigte kristallographisch mit Röntgenstrahlen die Korrektheit der molekularbiologischen Untersuchungsergebnisse von Crick und Watson, die die molekulare Struktur der Nukleinsäuren und ihre Bedeutung für den Informationstransfer in lebendem Material entdeckt hatten.

Damit immer wieder die gleiche Zelle und aus den gleichen Zellen das artgleiche Individuum entsteht, besitzt die Zelle ein Organ, das die Eigenschaft der „identischen Reduplikation" besitzt. Die Wissenschaftler haben erstmalig hypothetisch angenommen, daß sich die Zelle hierfür einer „Matrize" bedient, um immer wieder die gleichen Eiweißkörper zu erzeugen. Diese Theorie fand ihre glänzende Bestätigung, als man diese zunächst erdachte Matrize in den Molekülen der Nukleinsäure erkannte. Die zu Anfang der 50er Jahre von Crick, Watson und W. gemachten Entdeckungen auf dem Gebiet der Vererbungschemie, der Molekulargenetik, waren die Grundlage für einen tieferen Einblick in das Geheimnis der lebendigen Substanz und der Vererbung. Mit seinen strukturanalytischen Untersuchungen der Nukleinsäure trug W. zur Aufklärung der dreidimensionalen, spiralförmigen Struktur der Desoxyribonukleinsäure bei. Anhand der Beugungsmuster der Röntgenspektren zeichnete er den molekularen Aufbau der aus Phosphorsäuren, Nukleinbasen und Kohlehydratverbindungen bestehenden „Doppelhelix" auf.

Yalow, Rosalyn Sussman – amerikanische Physikerin und Nuklearmedizinerin

geb. 19.7.1921 in New York City

Nobelpreis 1977, für die Entwicklung radioimmunologischer Methoden der Bestimmung von Peptidhormonen.

Ab 1938 studierte Y. Physik am Hunter College der City Universität New York. Sie bekam ein Angebot als Lehrer-Referendar in Physik an der Universität von Illinois. Bei der ersten Zusammenkunft der Fakultät des Colleges für Ingenieurwesen war Y. die einzige Frau unter 400 Männern. 1945 promovierte sie in Kernphysik. Obwohl sie magna cum laude (sehr gut) abschloß, hatte sie damals als Frau und Jüdin Mühe, einen Doktorvater zu finden. Von 1946 bis 1950 arbeitete sie als Dozentin und Assistenzprofessorin für Physik am New Yorker Hunter College. Ab 1950 wirkte Y. am Radioisotopenlaboratorium des Veterans Administration Hospital im New Yorker Stadtteil Bronx, wo sie von 1970 bis 1980 die Abteilung für Nuklearmedizin leitete. Seit 1979 ist sie Professorin am Albert-Einstein-College in Yeshiva.

Sie untersuchte die verschiedenartigsten Hormone unter Einsatz der von ihr entwickelten sogenannten radioimmunologischen Methode. Sie erlaubt die Hormonbestimmung in Gewebsextrakten und im Blutplasma. Nicht minder bedeutsam waren die Untersuchungen von Y. über das adrenokortikotrope Hormon (ACTH), Hormon des Hypophysenvorderlappens, das die Nebennierenrindenfunktion anregt. Adrenokortikotropin ist chemisch ein artspezifisches Polypeptid aus 39 Aminosäuren. Sein aktives Zentrum wurde von ihr weitgehend aufgeklärt.

Die Nobelpreisträger des Jahrgangs 1977 R. Guillemin, A. V. Schally und Y. haben sich besonders mit den Peptidhormonen beschäftigt. Zu ihnen gehören Stoffe mit sehr unterschiedlichen Wirkungen, beispielsweise das Insulin. Derartige Hormone werden von vielen Organen und Geweben gebildet, unter anderem auch im Gehirn, vom Stammhirn, dem Hypothalamus und der Hirnanhangdrüse. Die Erforschung vieler Peptide, vor allem der im Gehirn gebildeten Hormone, war lange Zeit behindert, weil es keine Analyseverfahren zur Bestimmung von sehr geringen Hormonmengen gab. Oft reichen wenige Moleküle dieser Verbindungen aus, um erhebliche physiologische Effekte hervorzurufen. Auch die biologischen Tests waren deshalb unzulänglich.

Ende der fünfziger Jahre konnte Y. mit ihrem schon 1972 verstorbenen Mitarbeiter S. A. Berson diese Schwierigkeiten durch die Entwicklung des sogenannten Radioimmunoassay (RIA) überwinden. Die analytische Bestimmung der Peptidhormone stieß anfänglich auf größte Schwierigkeiten. Die in Nano- und Pikogrammengen (milliardstel bis millionstel) vorhandenen und äußerst empfindlichen Stoffe mußten aus Tausenden von strukturell zum Teil nahe verwandten Blutpeptiden und Blutproteinen isoliert werden, die in millionen- bis milliardenfach höherer Konzentration vorlagen. Die Lösung zu diesem Problem fanden Y. und Berson in den von ihnen entdeckten Antikörpern, welche beispielsweise auf Insulin außerordentlich spezifisch wirken. Eine genau bekannte Menge von radioaktiv markiertem Insulin wurde zu einer extrem verdünnten Lösung von nichtmarkiertem Insulin gegeben. Bei der Zugabe von Insulinantikörpern erhält man einen Insulinantikörperkomplex, dessen Radioaktivität von der Konzentration des unmarkierten Insulins abhängt. Dies ist darauf zurückzuführen, daß markiertes und unmarkiertes Hormon gleich stark, also in der Proportion ihres Vorkommens in der Lösung, gebunden werden.

Eine unerwartete Erkenntnis, welche der Radioimmunoassay brachte, war, daß viele Diabetiker einen völlig normalen Insulinspiegel im Blut aufweisen; deren Zellen können dieses Insulin aber nicht mit dem üblichen Wirkungsgrad verwerten. Sehr bald wurde die neue Analysenmethode auch zur Untersuchung weiterer Peptidhormone eingesetzt. Das Verfahren wird inzwischen in vielen tausend Laboratorien auf der ganzen Welt benutzt.

Zinkernagel, Rolf M. – Schweizer Mediziner und Immunologe
geb. 6.1.1944 in Basel
Nobelpreis 1996, für seine Entdeckung der zellvermittelten Spezifität der Immunabwehr.
Z. studierte ab 1962 Medizin an der Universität von Basel und promovierte 1970. Von 1975 bis 1979 war er Assistant Professor am Department of Immunopathology, einer Abteilung des Forschungsinstitutes der Scripps Clinic in La Jolla (Kalifornien). 1979 wurde er dort zum ordentlichen Professor berufen. Von 1988 bis 1992 wirkte er als ordentlicher Professor am Institut für Pathologie der Universität Zürich. 1992 wurde Z. zum Direktor des Instituts und zum Ordinarius für Experimentelle Immunologie ernannt.

Z. und P. Doherty untersuchten, wie Mäuse sich gegen Virusangriffe verteidigen, und fanden, daß die Lymphozyten sowohl das Virus als auch bestimmte Transplantationsantigene (körpereigene Moleküle) erkennen können, um die virusinfizierten Zellen zu vernichten. Das Prinzip der gleichzeitigen Erkennung des Fremden und des Körpereigenen wurde zum Fundament für das Verständnis der Spezifität (Fähigkeit des selektiven Wiedererkennens) der zellulären Immunität. Das Immunsystem ist das für die Immunität des Wirbeltierorganismus verantwortliche Abwehrsystem, das die für die Immunreaktionen notwendigen Antikörper (humorale und zelluläre Antikörper) sowie T- (thymusabhängige) und (nichtthymusabhängige) B-Lymphozyten umfaßt sowie alle immunologisch kompetenten Organe (Lymphknoten, Mandeln u. a.). Aufgabe des Immunsystems ist es, körpereigene Stoffe von fremden Eindringlingen zu unterscheiden und letztere aus dem Körper zu entfernen. Z. studierte an Mäusen, wie das Immunsystem, und besonders die T-Lymphozyten, verschiedene Tiere vor der Infektion eines Virus, das Gehirnhautentzündung verursachen kann, schützt. Infizierte Mäuse entwickeln zellzerstörende T-Lymphozyten, die im Reagenzglas virusinfizierte Zellen vernichten können. Die unerwartete Entdeckung war jedoch, daß die T-Lymphozyten, obwohl sie gerade gegen dieses Virus immun waren, keine Zellen eines anderen Mäusestamms, der mit den gleichen Viren infiziert war, vernichten konnten.

Doherty und Z. leiteten 1974 aus diesen Beobachtungen das Prinzip der zellvermittelten Spezifität der Immunabwehr ab, das besagt, daß T-Lymphozyten nur dann körperfremde Viren vernichten können, wenn sie in Verbindung mit körpereigenen Proteinen auf der Zelloberfläche präsent sind. Es ist also notwendig, daß T-Zellen gleichzeitig körpereigenes Protein (Transplantationsantigene) und das fremde Virus erkennen, um die Immunantwort zu geben. Es war auch ganz offensichtlich, welche wichtige Funktion die starken Transplantationsantigene nicht nur bei Transplantationen, sondern auch bei der normalen Immunabwehr haben. Doherty und Z. entwickelten in ihrer weiteren Arbeit zwei Hauptmodelle: Das eine basierte auf einfacher Wiedererkennung eines veränderten Selbst und das andere auf doppelter Wiedererkennung von Fremdem und Selbst. Sowohl die experimentellen Entdeckungen als auch die theoretischen Modelle waren für die Entwicklung bedeutungsvoll.

Innerhalb von einigen Jahren konnte nachgewiesen werden, daß die Auswahl der T-Lymphozyten, die heranreifen und bei einem Individuum überleben konnten, von ihrer Fähigkeit bestimmt wurden, gerade die eigenen Transplantationsantigene wiederzuerkennen. Das Prinzip der gleichzeitigen Wiedererkennung ist damit entscheidend für die Fähigkeit des Immunsystems, zwischen Eigenem und Fremdem zu unterscheiden.

LITERATUR

Agnon, Schmuel (Samuel) **Jossef** (eigentlich Sch. J. Czaczkes) – hebräischer Schriftsteller
geb. 17.7.1888 in Buczacz (Ostgalizien)
gest. 17.2.1970 in Rehovot bei Tel Aviv-Jaffa (Israel)
Nobelpreis 1966, für seine tiefgründige charakteristische Erzählkunst mit Motiven aus dem jüdischen Volk.
A., Sohn eines Pelzhändlers und Rabbiners, wuchs in einer streng religiösen Atmosphäre auf. Er war Anhänger des damals umwälzenden zionistischen Gedankens und veröffentlichte bereits mit 15 Jahren seine ersten hebräischen Gedichte und Kurzgeschichten. Er besuchte dann ein Lehrerseminar und ging 1907 nach Palästina, wo er als Sekretär verschiedener zionistischer Einrichtungen in Jaffa und Jerusalem beschäftigt war. Als Mitarbeiter bei Zeitschriften veröffentlichte A. erste wichtige Erzählungen. Von 1913 bis 1924 lebte er als Schriftsteller und Herausgeber in Deutschland. In Berlin machte A. Bekanntschaft mit Martin Buber (israelischer Sozial- und Religionsphilosoph), dem Erforscher des Chassidismus (mystische Strömung im jüdischen Glauben), mit dem er jüdische Sammelwerke herausgab. 1924 ging er mit seiner Frau zurück nach Palästina, wo er bis auf kurze Unterbrechungen immer im Jerusalemer Vorort Talpioth gewohnt hat. Er führte ein betont zurückgezogenes, streng religiöses Leben.

A. ist der bedeutendste hebräische Prosaschriftsteller des 20. Jahrhunderts. Als Chronist der jiddischen Welt Osteuropas schilderte er den Übergang des chassidischen Judentums in die Moderne Anfang dieses Jahrhunderts. In einer an Talmud und Midrasch sowie der Erbauungsliteratur des 19. Jahrhunderts geformten Sprache, zugleich jedoch stets in ironischer Distanz, zeichnet A. das traditionelle jüdische Leben, aber auch den Untergang der Tradition und die Probleme des zwischen Tradition und modernem Leben stehenden Juden. Charakteristisch ist die Unfähigkeit der meisten seiner Helden zur Verwirklichung ihrer Absichten.

1908 erschien seine erste hebräische Erzählung „Agunot" (Verlassene Frauen), aus den Buchstaben dieses Titels entstand sein Pseudonym. In dem Roman „Und das Krumme wird gerade" (1912) schildert A. die Geschichte eines verarmten galizischen Kaufmanns, der nach einer Bettelfahrt als Totgemeldeter in seine Heimatstadt zurückkehrt und seine Frau mit einem anderen verheiratet findet. In Berlin gab A. zusammen mit A. Eliasberg in deutscher Sprache die Anthologie „Das Buch von den polnischen Juden" (1916) heraus. Nach seiner Rückkehr nach Palästina erschienen neben zahlreichen Erzählungen die Romane „Bräutigamssuche" (1931) und „Eine einfache Geschichte" (1935). Der Roman „Bräutigamssuche" spielt in Galizien Anfang des 19. Jahrhunderts. Der unendlich gottvertrauende Reb Judel Chassid zieht aus, eine Aussteuer für die Töchter zusammenzubetteln; durch ein echtes Wunder bekommt seine älteste Tochter den reichen Bräutigam. Humorvoll, mit vielen eingeflochtenen Anekdoten, sind chassidisches Leben und Atmosphäre der Zeit geschildert. Der Kurzroman „Eine einfache Geschichte" spielt ebenfalls um 1900 in Galizien. Die von der kleinbürgerlichen Familie vereitelte Jugendliebe des Helden führt zu geistiger Umnachtung; geheilt findet er später ein bescheidenes Glück in seinem Milieu. In diesen Romanen wird A.s tiefe Verbundenheit mit dem Leben der osteuropäischen Juden und seine chassidisch orientierte Religiosität erkennbar.

In dem Roman „Gestern, Vorgestern" (1936), der um 1900 in Palästina spielt, beschreibt A. in teilweise satirischer Form die politischen Aktivitäten des Zionismus und die ungünstigen Lebensbedingungen der Neueinwanderer. In dem Roman „Nur wie ein Gast zur Nacht" (1940), verfaßt aus der Distanz des 1924 nach Palästina Ausgewanderten, beschreibt A. den Zerfall des „Schtetl" am Beispiel seiner Heimatstadt Buczacz, die er 1930 besucht hatte. Jüdische Schicksale der Epoche sind hier an typischen Charakteren geschildert. A. schrieb ferner eine Reihe von Novellen, so „Im Herzen der Meere" (1935), hier schildert er märchenartig Reiseabenteuer einer Gruppe Chassidim, die im 18. Jahrhundert von Galizien ins Heilige Land ziehen, und „Zwei Gelehrte, die in unserer Stadt lebten", hier beschreibt A., wie durch eine Bemerkung des aristokratischen jungen Rabbi Schlomo sein Freund, der plebejische Rabbi Mosche Pinchas, gekränkt wird, der daraufhin unversöhnt bis zu beider Tod bleibt.

A. wurzelt ganz im ostjüdischen Volksleben, das er mit knappsten stilistischen Mitteln – er bediente sich mit Vorliebe der strengen hebräischen Prosa der Mischna – ohne alle Sentimentalität und Derbheit darzustellen wußte. Sein Stil neigte zum Märchenhaften und Legendären. Eine größere Anzahl seiner Romane, Erzählungen und Kurzgeschichten erschienen in deutscher Sprache: der Roman über den Niedergang des polnischen Judentums „Nur wie ein Gast zur Nacht", die Erzählungen „Der Verstoßene" (1931), „Im Herzen der Meere und andere Erzählungen" (1935), „Eine einfache Geschichte" (1935) und „Der Treueschwur" (1943). Postum erschien 1971 der Roman „Schira", der die Geschichte eines Byzantinisten an der Hebräischen Universität in Jerusalem erzählt. Er stellte auch verschiedene Anthologien zu den jüdischen Feiertagen zusammen. Zu A.s Kunst gehören vieldeutige Ironie, Satire, gutgelaunter Humor und Wortspiele.

Seine Schriften gehören zum klassischen Bildungsgut der jungen Israelis und werden häufig in Schulen und Universitäten gelesen. Zweimal erhielt A. den israelischen Staatspreis und den Bialik-Preis. Er war Ehrendoktor des Jüdischen Theologischen Seminars von Amerika und der Hebräischen Universität Jerusalem. Er war langjähriger Präsident der Mekitzei Nirdamin (Gesellschaft zur Veröffentlichung alter Manuskripte).

Weitere Werke: „In der Gemeinschaft der Frommen" (1921); „In vergangenen Zeiten"; „Das Nahe und das Sichtbare"; „Das Feuer und das Holz"; „Tage der Ehrfurcht"; „Du hast gesehen".

Aleixandre y Merlo, Vicente Pio Marcelino Cirilo – spanischer Schriftsteller
geb. 26.4.1898 in Sevilla
gest. 14.12.1984 in Madrid
Nobelpreis 1977, für seine schöpferische Dichtung, die die Verhältnisse des Menschen im Kosmos und in der heutigen Gesellschaft beleuchtet und gleichzeitig die Erneuerung der traditionellen spanischen Poesie zwischen den Kriegen repräsentiert.
A., Sohn eines Eisenbahningenieurs, verbrachte seine Kindheit in Malaga. Ab 1909 lebten die Eltern in Madrid, wo er auch die höhere Schule besuchte. Anschließend studierte er Rechtswissenschaften und Volkswirtschaft. Nach Abschluß seiner Ausbildung übernahm A. 1919 eine Stelle als außerordentlicher Professor an der Zentralen Handelsschule in Madrid. 1921 wurde er Mitarbeiter der Eisenbahngesellschaft Ferrocarriles Andaluces und schrieb damals Beiträge für eine Finanzzeitschrift.

Wegen einer Nierentuberkulose, die ihn zeitlebens stark behindert hat, gab er diese Tätigkeit schließlich auf und zog sich 1925 aufs Land zurück. Dort entstand sein 1928 veröffentlichtes lyrisches Erstlingswerk „Umkreis". Zuvor hatte er allerdings schon kleinere Arbeiten in „Revista de Occidente" veröffentlicht.

Seine Dichtung läßt sich in zwei Perioden einteilen: Die erste ist durch Werke wie „Umkreis" und „Schwerter wie Lippen" (1932), Gedichtbände mit formvollendeten ästhetisierenden Gedichten neoromantischen Stils, und „Letzte Geburt" (1944) gekennzeichnet. Ihr Grundthema ist der Kosmos, dessen Vollkommenheit und integrierende Macht A. mit komplizierten, von Gongora y Argote beeinflußten Metaphern und surrealistischem Strophenbau besingt („Die Zerstörung oder die Liebe", 1933).

Immer wieder zwang ihn sein Leiden zu einem zurückgezogenen Leben, deshalb entstanden viele seiner Werke auf dem Krankenlager. So konnte er nach Francos Bürgerkrieg auch nicht wie die meisten seiner Freunde Spanien verlassen. Er hat sich zwar zuvor kaum politisch betätigt, doch auch aus seiner Sympathie für die Demokratie und die Republik keinen Hehl gemacht. Nach dem Bürgerkrieg wurde er eine Zeitlang totgeschwiegen und seine Werke nicht gedruckt. Später hätte das Regime ihn liebend gern für sich gewonnen, doch blieb A. sozusagen in der inneren Emigration. Er wurde damit zu einer Quelle der Inspiration für die jungen spanischen Dichter der Nachkriegszeit. Sein Stil entwickelte sich von der schwer zugänglichen Anfangsphase allmählich zu einer großen Einfachheit des Ausdrucks.

In der zweiten Schaffensetappe nimmt A.s Lyrik radikale Schlichtheit und einfache Unmittelbarkeit an. Im Mittelpunkt seiner Dichtung („Schatten des Paradieses", 1944) stehen Liebe und Tod, deren geheimnisvolle Identität als romantisches Mysterium menschlicher Vollendung aufgefaßt wird. In „Geschichte des Herzens" (1954) tritt an die Stelle des Kosmos der Mitmensch und das Schicksal des Liebenden, Leidenden und Alternden. Seine Dichtung will nun eindeutige Mitteilung sein über die täglichen Mühen der Menschen um ihre Selbstverwirklichung, die der Poet mit „solidarischem Herzen" aufspürt. In späteren, durch ihre Schlichtheit und Wahrhaftigkeit beeindruckenden Gedichten („Meine schönsten Gedichte", 1956; „Liebesgedichte", 1960) sucht A. die poetische Kommunikation mit dem spanischen Volk. Seine Wende zur Transparenz der Bilder und Klarheit der Sprache hat der spanischen Lyrik eine entscheidende Orientierung gegeben und A. zum populären Dichter gemacht.

Die literarische Fachwelt in der schwedischen Hauptstadt war durch die Verleihung des Nobelpreises an A. allerdings überrascht. Kenner der spanischen Gegenwartsliteratur hatten eher die Auszeichnung Rafael Albertis, Jorge Guillens oder Frederico Garcia Lorcas erwartet. Auch A. erklärte, er erhalte die Auszeichnung stellvertretend für Spaniens Dichtung des 20. Jahrhunderts, für alle jene, die sie nicht mehr empfangen können, und erinnerte an das Gefühl der Geborgenheit im Kreis von Spaniens bedeutender Lyrikgruppe, der „Generation von 1927".

Weitere Werke: „Leiden der Erde" (1935); „Die Welt allein" (1950); „Paradiesische Gedichte" (1952); „Altes Madrider Haus" (1961); „In einem weiten Gebiet" (1962); „Nackt wie der glühende Stein" (1963); „Zwei Leben" (1967); „Gedichte der Vollendung" (1968); „Musik des Krieges" (1972); „Dialoge der Erkenntnis" (1974); „Das Gesicht hinter Glas" (1978).

Andrić, Ivo – jugoslawischer Romancier und Lyriker
geb. 9.10.1892 in Dolac bei Travnik
gest. 13.3.1975 in Belgrad
Nobelpreis 1961, für die epische Darstellungskraft, mit der er Geschehnisse und menschliche Schicksale aus der Geschichte seines Landes gestaltet hat.
Der Dichter hat von frühester Jugend an Unglück, Not und Entbehrungen kennengelernt. Als A. zwei Jahre alt war, starb sein Vater. Die Mutter siedelte mit dem Kind an die östliche Grenze Bosniens über, nach Visegrad, wo ihre Verwandten von der Holzfällerei lebten. In einem seiner ersten Werke schreibt A. von den Stunden der Angst, die er in der Kindheit mit der Mutter erlebt hat, „als von nirgendwo Hilfe kam und alle Türen verschlossen blieben". Die bedrängte Frau suchte Zuflucht in der christlichen Religion und erzog auch den Knaben in diesem Sinne.

In Visegrad begann das bewußte Leben des zukünftigen Dichters. In dieser Stadt an der Grenze zwischen dem von Österreich okkupierten Bosnien und dem freien Serbien schlug er tiefe Wurzeln. Der kleine Ort mit der herrlichen alten Brücke, von der sein Roman „Die Brücke über die Drina" handelt, wurde für ihn zur ersten Schule des Lebens. Hier wuchs seine Sympathie für die „kleinen Leute", für das Volk, für dessen Sehnsüchte und Hoffnungen. Hier in Visegrad, wo sich der Knabe hineingestellt sah in die rauhe Wirklichkeit, wurde der Realist A. geboren. Aber gleichzeitig wurde hier auch der Romantiker A. geboren, der von einem Leben träumte, das es „hier nicht gab" und „gar nicht geben konnte". Nach Absolvierung der Grundschule ging A. nach Sarajevo, um seinen Bildungsgang am dortigen Gymnasium fortzusetzen. Zum überwältigenden Erlebnis wurden die ersten Begegnungen mit der Welt der Bücher. Er hat das in den Erzählungen „Das Buch" und „Ein Brief aus dem Jahre 1920" eindrucksvoll beschrieben. Als Gymnasiast schloß er sich der revolutionären Jugendbewegung Mlada Bosna (Junges Bosnien) an und leitete einen illegalen Kreis. Unmittelbar nach dem Attentat auf den österreichischen Erzherzog Franz Ferdinand, das als Vorwand für die Entfesselung des Ersten Weltkrieges diente, begannen in Bosnien zügellose Verfolgungen. Bei A. fand die Polizei ein revolutionäres Tagebuch, er wurde daraufhin eingekerkert und später interniert. Drei schwere Jahre – 1914 bis 1917 – verbrachte er als Gefangener der Österreicher.

Gleich nach seiner Entlassung aus der Gefangenschaft wandte er sich der journalistischen Tätigkeit zu und wurde zum Mitbegründer der Zagreber Zeitschrift „Knjizevni Jug" (Literarischer Süden). 1918 mußte er diese Arbeit wegen einer Erkrankung aufgeben. Er schrieb die „Roten Blätter", die den Charakter eines Pamphlets gegen die alte Gesellschaft und eines Bekenntnisses zum Kampf hatten. So begann der Dichter seinen Weg in einer schweren Zeit voll innerer Unruhe und qualvollem Suchen. Die ersten drei Jahrzehnte seines Lebens gaben ihm die entscheidenden Erlebnisse, aus denen seine Dichtung genährt wurde.

A. absolvierte dann ein Philosophiestudium an den Universitäten Zagreb, Wien, Krakau und Graz und erwarb 1923 den Doktorgrad. Anschließend übernahm er eine Stellung im diplomatischen Dienst des Königreichs Jugoslawien. Er war als Beamter in den jugoslawischen Konsulaten oder Gesandtschaften in Rom, Bukarest, Madrid und Genf tätig und zuletzt, vor Beginn des Zweiten Weltkrieges, als Gesandter in Berlin. In diesen Jahren, in denen sich durch die Bekanntschaft mit dem Ausland sein Gesichtskreis weitete, veröffentlichte A. die ersten drei Bände seiner Erzählungen. Nach dem Überfall der Hitlerarmeen auf Jugoslawien lebte er im faschistisch okkupierten Belgrad, wo er in völliger Zurückgezogenheit seine Romane „Die Brücke über die Drina", „Audienz beim Wesir" und „Das Fräulein" schrieb, die nach dem Sieg über den Faschismus zum ersten Mal gedruckt wurden.

Im befreiten, sozialistischen Jugoslawien schloß sich A. aktiv dem neuen gesellschaftlichen Leben an. Er wirkte als Deputierter der Volksversammlung in der Volksrepublik Bosnien und Herzegowina und im jugoslawischen Bundesparlament sowie als Vorsitzender des jugoslawischen Schriftstellerverbandes. 1956 wurde er als erster jugoslawischer Dichter durch die Verleihung eines Diploms des jugoslawischen Schriftsteller- und des Verlegerverbandes geehrt.

A. gehört zu jener Generation fortschrittlicher europäischer Schriftsteller, die, in den neunziger Jahren des vorigen Jahrhunderts geboren, ihren literarischen Weg im zweiten Jahrzehnt unseres Jahrhunderts begannen. Sie empfingen ihre literarische Taufe, als im Ersten Weltkrieg die Kanonen donnerten, und sie sahen, wie der Faschismus in mehreren Ländern Europas an die Macht kam. Sie wurden Zeuge eines neuen Gemetzels im Zweiten Weltkrieg, dessen Bilanz noch furchtbarer war als im Ersten.

Gegenstand seiner zahlreichen Erzählungen und Novellen sowie seiner Romane sind die Menschen seiner Heimat, in der sich Orient und Okzident begegneten und die in den Jahrhunderten der Türkenherrschaft und der anschließenden Unterdrückung durch die österreichisch-ungarische Monarchie zu einem Schmelztiegel der verschiedenartigsten Völkerschaften, Religionen und kulturellen Traditionen wurde. In seinen meisterhaften, konzentrierten Novellen erwies sich A. als genauer Beobachter und realistischer Darsteller menschlicher Schicksale. Weltberühmt wurde er durch seine Romane, die, in der Zeit der faschistischen Besetzung geschrieben, erst nach der Befreiung erscheinen konnten. Die Epik von A., deren Beginn die 1919 veröffentlichte Erzählung „Der Weg des Alija Djerzelez" war, entwickelte sich mit erstaunlicher Beständigkeit. Liest man zum Beispiel die frühe Erzählung „Der Zigeuner und die Ausländische" (1920), so stellt man fest, daß dies ein Kapitel aus der über zwanzig Jahre später geschriebenen „Brücke über die Drina" sein könnte.

A.s Sprache ist von einem großen Reichtum des Ausdrucks, bald von kräftiger Herbheit, bald weich und behutsam, bald humorvoll mit einem leisen Anflug von Melancholie, bald von beschwörender Kraft und romantischer Erhabenheit. Immer aber ist sie gebändigt, klar und einfach.

Weitere Werke: „Mustafa Madzar" (1923); „Die Männer von Veletovo" (1927); „Die Brücke über die Zepa" (1939); „Wesire und Konsule" (1940); „Der Elefant des Wesirs" (1948); „Der verdammte Hof" (1954); „Die Geliebte des Veli Pascha" (1960); „Die Frau auf dem Stein" (1962); „Gesichter" (1962).

Asturias, Miguel Ángel – guatemaltekischer Romancier und Diplomat

geb. 19.10.1899 in Ciudad de Guatemala

gest. 9.6.1974 in Madrid

Nobelpreis 1967, für seine in volkstümlicher Eigenart und indianischen Traditionen (Lateinamerikas) verwurzelte farbenreiche Dichtung.

A. entstammte einer alten mestizischen Aristokratenfamilie seines Landes, die ihre Herkunft auf die spanische Conquista zurückführen konnte. Da der Vater, Präsident des Obersten Gerichtshofes, sich weigerte, politische Todesurteile zu unterzeichnen, wurde er mit

Heinrich Böll

John Galsworthy

Gabriel Gracía Márquez

Nadine Gordimer

Gerhart Hauptmann

Ernest Hemingway

Eyvind Johnson

Thomas Mann

Pablo Neruda

George Bernhard Shaw

Wole Soyinka

Rabindranath Tagore

seiner Familie in ein Urwalddorf an der mexikanischen Grenze verbannt. So machte A. schon als Kind die zwei fundamentalen Erfahrungen, die später sein Werk und seine Existenz bestimmen sollten: Sein ganzes Leben hindurch bekämpfte er die Diktatoren seines Landes, kämpfte für politische und soziale Gerechtigkeit und war immer bereit, für diese Einstellung Opfer zu bringen. Er studierte zunächst Rechtswissenschaften und Philosophie und erwarb den Titel eines Doktors der Rechte. Früh hat er zu schreiben begonnen; am Anfang standen bukolische (Schäferdichtung) Gedichte und kleine, von kämpferischem Geist getragene Prosasatiren, die ihm die Liebe „seines" Volkes, aber auch den Haß der Mächtigen eintrugen. Nach dem von ihm nicht unwesentlich mitbewirkten Sturz der Diktatur Estrada Cabrera ging er 1923 über London nach Paris, um Geschichte und Kultur der alten indianischen Zivilisation zu studieren. Nach Guatemala zurückgekehrt, habilitierte er sich als Professor der Philosophie und gründete Lateinamerikas erste Volksuniversität. Dann wurde A. Journalist, bereiste Afrika, Asien und Europa.

A. war bereits mit der Schrift „Das Sozialproblem des Indio" (1923) hervorgetreten, als seine 1930 veröffentlichten „Legenden aus Guatemala" weit über die Grenzen seiner Heimat hinaus Aufsehen erregten. In dieser Schrift werden dem Leser einige der bekanntesten Legenden der Maya in enger Verbindung mit der Landschaftswelt Guatemalas erschlossen. 1933 kehrte er nach Guatemala zurück und wollte seinen in Paris entstandenen Roman „Der Herr Präsident" (1946 in Mexiko erschienen) veröffentlichen, doch eine Publikation wurde von der Diktatur Ubico verboten. Der Roman verarbeitete die Erfahrungen, die A. unter den Diktaturen Estrada Cabreras und Ubicos machte. Darin zeigte er mit ungewöhnlicher sprachlicher Kraft, wie sich die menschlichen Beziehungen in einer Stadt unter dem Eindruck von Furcht und Gewalt in ihr karikatureskes Gegenteil verkehren. Für dieses Meisterwerk erhielt er 1952 den französischen „Prix du Meilleur Roman Étranger".

In seiner Heimat wurde A. unter Polizeiaufsicht gestellt, mehrfach verhaftet und mit Sippenhaft bedroht; die Ausreise wurde ihm untersagt. 1945 wurde Ubico gestürzt, und A. wurde in den diplomatischen Dienst berufen. Von 1954 bis 1966, als Guatemala von dem Diktator Castillo Armas regiert wurde, wählte A. das Exil in Europa, wo eine Anzahl wichtiger Werke entstand, ehe er 1966 nach dem Wechsel der Regierung in seiner Heimat – Präsident Montenegro war ein Schüler A.s – Botschafter Guatemalas in Paris wurde. Dieses Amt legte er im Juli 1970 nieder, da er die nachfolgende Regierung ablehnte. Er lebte danach in Frankreich und Spanien und schrieb über aktuelle, politische und literarische Fragen.

In dem 1949 erschienenen Roman „Die Maismänner" aktualisierte A. eine Überlieferung der Maya. Angeklagt wird so die Zerstörung der Lebensgrundlage der indianischen Bauern durch die Vertreter einer profitorientierten Landwirtschaft. Von 1950 bis 1960 arbeitete A. an seiner Bananentrilogie: „Der Sturm" (1950); „Der grüne Papst" (1954) und „Die Augen der Begrabenen" (1960). In „Der Sturm" gestaltete er die Versuche guatemaltekischer Bauern, wie sie gegen die Beherrschung ihrer Heimat durch die nordamerikanische „United Fruit Company" kämpfen. In „Der grüne Papst" stellt A. dar, wie sich der Präsident der United Fruit Company von einem Abenteurer zum Herrn über den Konzern entwickelt und dabei jede Menschlichkeit preisgibt. Sein Werk „Die Augen der Begrabenen" ist eine Verkündung der Befreiung des Landes durch eine Revolution des Volkes.

Die Handlung des Alterswerkes „Der böse Schächer" (1969) spielt im 16. Jahrhundert. Die Grünen Anden, Sinnbild der Identität der Bevölkerung Guatemalas, sind Schauplatz des ungleichen Kampfes der spanischen Eroberer gegen die Krieger einer der bedeutendsten indianischen Hochkulturen Mittelamerikas. Über den Konflikt zwischen Weltsicht und Lebensart der Indios und den weltanschaulichen-kulturellen Normen der Eindringlinge wird die Frage nach schöpferischer Aufhebung einheimischer Traditionen in Auseinandersetzung mit Elementen von Weltkultur und Weltgeschichte aufgeworfen.

Zum großen Verdienst von A. gehörte es, die Kosmogonien der Ureinwohner Mittelamerikas aus ihrem unentfremdeten, frühgeschichtlichen Ursprung heraus einer Kritik der Unterentwicklung in Lateinamerika dienstbar gemacht zu haben. Mit einem Arsenal der Mythologie entlehnter Sinnbilder und Symbole hat A. zur Erneuerung der Literatursprache beigetragen. Seine Werke gehören zu den reifen Leistungen der modernen lateinamerikanischen Prosa.

1967 wurde A. mit dem Lenin-Friedenspreis ausgezeichnet, der besonders seinen Kampf gegen die United Fruit Company honorierte. Am 9. Juni 1974 verstarb er in einer Madrider Klinik an Kehlkopfkrebs.

An lyrischen Arbeiten kamen 1936 seine „Sonetos", 1948 „Anthologie der Lyrik" und 1965 der Gedichtband „Clarivigilia Primaveral" heraus.

Weitere Werke: „Weekend in Guatemala" (1956); „Don Nino oder die Geographie der Träume" (1961); „Eine gewisse Mulattin" (1963); „Lida Sals Spiegel" (1967); „Ein Land, das schmeckt" (zusammen mit P. Neruda, 1968); „Drei von vier Sonnen" (1971); „Freitag der Schmerzen" (1972).

Beckett, Samuel Barclay – irischer Dramatiker und Romancier
geb. 13.4.1906 in Foxrock bei Dublin
gest. 22.12.1989 in Paris
Nobelpreis 1969, für seine Dichtung, die in neuen Formen des Romans und des Dramas die künstlerische Aufrichtung des Menschen aus seiner Verlassenheit erreicht.

B., Sohn eines Unternehmers, besuchte von 1920 bis 1923 das Internat „Portoroya Royal School" in der Kleinstadt Enniskillen. Danach studierte er bis 1927 am Trinity College in Dublin Neuere Literatur, Französisch und Italienisch. Der begeisterte Sportler unterrichtete von 1928 bis 1930 als Englisch-Lektor an der École Normale Supérieure in Paris, wo er seinen Landsmann J. Joyce kennenlernte und ihm bei der Arbeit an „Finnegans Wake" half. Ab 1929 veröffentlichte B. in Paris erste eigene literarische Beiträge in der Zeitschrift „Transition". 1930 kehrte er nach Dublin zurück und wurde Assistent für Romanistik am Trinity College, wo er 1931 promovierte.

Obwohl B. ab 1930 erste Gedichte und Essays – u. a. über den französischen Schriftsteller M. Proust – veröffentlicht hatte, gelang ihm der erhoffte Durchbruch als Schriftsteller zunächst nicht. Nach Kündigung seines Lehrauftrages 1932 folgte für B. eine unruhige Zeit mit wechselnden Aufenthalten in London, Paris und Deutschland. In diesen Jahren machte er eine schwere seelische Krise mit Ängsten, Depressionen und psychosomatischen Problemen durch. 1934 veröffentlichte B. den Erzählband „Mehr Prügel als Flügel", und 1938 legte er seinen ersten Roman „Murphy" vor, in dem er zwar noch traditionelle Erzähltechniken benutzte, aber schon mit raffiniertem Kalkül die Grenzen der realistischen und naturalistischen Darstellungsweise zutage treten ließ.

Ab 1937 lebte B. wieder in Paris, wo er ein Jahr später bei einem Messerattentat schwer verletzt wurde. Hier lernte er seine spätere Lebensgefährtin, die Pianistin Suzanne Dumesnil, kennen und schloß sich nach der deutschen Besetzung der Resistance an. 1942 floh er mit seiner Freundin vor der Gestapo in das südfranzösische Roussillon, wo er neben seiner Tätigkeit als Landarbeiter an seinem Roman „Watt" schrieb.

B. unternimmt in seinem Werk den Versuch, die Welt, d. h. die Gesellschaft, so zu gestalten, wie er sie erfahren hat, als einen öden Ort der Entfremdung, an dem der Mensch in hoffnungsloser Vereinzelung ein Dasein ohne Sinn und Perspektive zu ertragen hat. Im Zentrum von B.s erzählerischem Schaffen steht die Trilogie „Molloy" (1951), „Malone stirbt" (1951) und „Der Namenlose" (1953). So sucht in „Molloy" der Held vergebens über die Klärung seiner Beziehungen zu der toten Mutter eine Brücke zur Umwelt. Die Reduktion der physischen Existenz, die durch den behinderten Molloy verdeutlicht wird, nimmt bei Malone noch zu, der auf den Tod wartet und die Leere mit Geschichten füllt. Noch stärker ist die menschliche Existenz in „Der Namenlose" zurückgeschnitten, sie erscheint letztlich nur noch als Stimme.

Berühmtheit erlangte B., als im Januar 1953 in dem kleinen Pariser Théâtre Babylone sein rätselhaftes Schauspiel „Warten auf Godot" uraufgeführt wurde. Das Stück stellt zwei Clochards auf die Bühne, die ihre Zeit in stumpfem Warten auf den nie kommenden Godot, Symbol einer undefinierten Sehnsucht, sinnlos vertun. Unterbrochen wird die Handlung durch den Auftritt eines Herrn mit seinem Knecht und – jeweils am Ende der beiden Akte – durch einen Jungen, der mitteilt, daß Godot nicht kommen wird. Mit dieser völlig neuartigen Form des Dramas – sinnentleerte, absurde Handlung und Sprache – erschloß B. den Existentialismus für die Bühne, damit irritierte er Publikum und Kritiker. In seinem zweiten Erfolgsdrama „Endspiel" (1957) sehnen der schwerbehinderte Hamm und sein Diener Clov, die einander in Haßliebe verbunden sind, das Ende ihres öden Lebens herbei. Dennoch klammern sie sich an jede kleine Illusion einer besseren Zukunft, wodurch sie sich letztendlich zum Weiterleben verurteilen. In dem Drama „Das letzte Band" (1958) stellt ein alter Mann anhand eigener früherer Tonbandaufzeichnungen fest, daß er sich selbst fremd geworden ist und sein früheres Ich nicht mehr versteht. Auch in dem Theaterstück „Glückliche Tage" (1961) wird das sinn- und ausweglose Dasein mehr oder weniger gelähmter, zerfallender Gestalten, für die nichts mehr geschehen wird und die dennoch unbeirrbar auf einen „Godot" warten – auf eine Möglichkeit, ihrer heillosen Situation zu entkommen – beschrieben.

B.s Versuch, Sprache und Handlungen auf ein Minimum zu reduzieren und strenge formale Prinzipien vorzugeben, zeigte sich auch in seinem Spätwerk. In den 80er Jahren veröffentlichte er Arbeiten, in denen in ihrem Ich gespaltene Menschen mit sich selbst sprechen („Rockaby", 1981, und „Ohio Impromptu", 1981). In seinen Prosaarbeiten seien besonders die zuerst in englischer Sprache geschriebenen Texte „Gesellschaft" (1980) und „Aufs Schlimmste zu" (1983) sowie das zunächst in französisch geschriebene Buch „Schlecht gesehen, schlecht gesagt" (1981) erwähnt. In allen Werken stellt B. das menschliche Dasein als absurd, als Leerlauf und sinnloses Warten, als Enden-Wollen und Nicht-enden-Können dar.

B. betrachtete seine erzählende Prosa als den wichtigsten Teil seines künstlerischen Werkes; die Dramen sah er als eine Art Entspannung an. B. wurde u. a. 1959 mit dem „Prix Italia", 1965 mit dem Filmpreis der Stadt Zürich und 1976 mit dem „Großen Französischen Nationalpreis" ausgezeichnet. Seit 1968 war B. Ehrenmitglied der American Academy of Arts and Sciences.

Weitere Werke: „Spiel ohne Worte" (1957); „Wie es ist" (1961); „Ausgeträumt träumen" (1965); „Atem" (1969); „Mercier und Camier" (1970); „Damals" (1974).

Bellow, Saul – amerikanischer Schriftsteller
geb. 10.7.1915 in Lachine (Kanada)
Nobelpreis 1976, für das menschliche Verständnis und die subtile Kulturanalyse, die in seinem Werk vereinigt sind.

B., Sohn eines russischen Kaufmannes jüdischer Herkunft, der 1913 aus St. Petersburg nach Kanada emigrierte, wuchs als jüngstes von vier Kindern in einem der ärmsten und ältesten Distrikte von Montreal auf. Ab 1924 lebte er in Chicago – von ihm immer als seine eigentliche Heimat bezeichnet. Er lernte früh Englisch, Hebräisch, Jiddisch und Französisch. Nach dem Besuch der Tuley High School studierte B. von 1933 bis 1937 Sozialwissenschaften und Anthropologie an der Universität von Chicago und an der Northwestern University, an der er 1937 graduierte. Weitere Studien an der Universität von Wisconsin in Madison gab er auf, um sich ganz dem Schreiben zu widmen. Ab 1948 arbeitete er abwechselnd als freier Schriftsteller und Dozent an verschiedenen Hochschulen, u. a. war B. am Pestalozzi-Froebel Teachers College in Chicago tätig. Als brillanten Journalisten und Reporter wiesen ihn seine Beiträge in Zeitungen und Zeitschriften aus. Von 1943 bis 1946 gehörte B. dem Bearbeiterstab der „Encyclopaedia Britannica" an. 1944 leistete er seinen Wehrdienst bei der Marine. Von 1946 bis 1948 hatte er eine Professur an der Universität von Minnesota inne, dann hielt er sich für längere Zeit in Europa auf (1948 / 50) und verstärkte seine Lehrtätigkeit. Seit 1964 hat B. an der Universität Chicago den Paracelsus-Lehrstuhl für Metaphysische Anthropologie inne. Er führt zudem den Vorsitz des Komitees für soziales Denken, dem er seit 1963 angehört.

B. bevorzugt das jüdische Milieu und durchleuchtet mit Einfühlungsvermögen, ausgefeilter Technik und in stilistisch prägnanter Weise die psychische Struktur besonders der Intellektuellenschicht der amerikanischen Mittelklasse. Er schrieb Kurzgeschichten, Dramen, Essays, errang aber vor allem mit seinen Romanen Weltruf, und er gilt als der bedeutendste Erzähler der US-amerikanischen Gegenwartsliteratur. Der erste Roman, „Mann in der Schwebe" (1944), steht stark unter dem Einfluß des europäischen Existentialismus. Er ist das fiktive Tagebuch eines jungen Mannes, der im Zweiten Weltkrieg die Einberufung zur Armee erwartet, inzwischen am Rande der Gesellschaft dahinlebt und nach dem Zweck seines Lebens fragt. Mit dem modernen Schelmenroman über einen jungen amerikanischen Juden „Die Abenteuer des Augie March" (1953) gelang B. der Durchbruch zu dem ihm eigenen Stil. Die folgenden Gesellschaftsromane verbinden die psychologische Ausdeutung eines Charakters mit einer genauen und vitalen Darstellung der sozialen Bedingungen. Mit übersprudelnder, phantasievoller Erzählkunst, funkelnder Ironie, geistreichem Witz und bissigem Spott attackiert er von nun an die Fehlentwicklungen in Gesellschaft und Kultur Amerikas.

Der Roman „Der Regenkönig" (1959) vereint Elemente des Schelmenromans, des Entwicklungsromans und des Reiseromans. Die Prosa strotzt vor Ironie, Parodie, Witz und bizarren Gedanken, sie ist durchdrungen von philosophischen Erörterungen, eigenwilligen Symbolen und schwierigen Metaphern, die der literarischen Darstellung einer für den heutigen Amerikaner entscheidenden Problematik untergeordnet sind: der Suche nach dem Sinn des Lebens. Der Roman „Herzog" (1964) gilt als das stilistisch brillanteste und inhaltlich bedeutsamste Werk B.s, mit dem er erstmals auch im deutschsprachigen Raum ein großes Lesepublikum gewann. Das Grundthema des Romans ist das Bemühen des Titelhelden, der vor den Trümmern seiner bürgerlichen Existenz steht, die Ursachen für sein Scheitern zu ergründen, die Entfremdung und Isolierung zu überwinden, seinen Platz in der Gesellschaft neu zu bestimmen und zur Selbstverwirklichung der Persönlichkeit zu gelangen. „Mr. Sammlers Planet" (1970) ist ein essayistischer Roman, in dem B. aus der Sicht eines kultivierten, gütigen, aber weltfremden jüdischen Intellektuellen die leidvolle Geschichte der Judenverfolgung im 20. Jahrhundert und die grellen Gegensätze der zeitgenössischen amerikanischen Kultur reflektiert. Die pulsierende Millionenstadt Chicago in ihrer Dynamik, Gegensätzlichkeit und ungeheuren Vulgarität wird in dem Gesellschaftsroman „Humboldts Vermächtnis" (1975), B. erhielt dafür den Pulitzerpreis, und in den Erzählungen des Bandes „Anderen auf den Schlips treten" (1984) zum Symbol einer schier überwältigenden und übermächtigen gesellschaftlichen Wirklichkeit Amerikas. In „Humboldts Vermächtnis" wandte sich B. mit der Figur des wohlhabenden und erfolgreichen Schriftstellers Charlie Citrine der Darstellung eines Intellektuellentypus zu, den weniger das Fehlen einer geistigen Tradition als sein Verhältnis zur Gesellschaft beunruhigt. Anhand dieser Figur untersuchte B. auch die Stellung der Kunst im zeitgenössischen Amerika. Mit Zurückhaltung wurde der Roman „Mehr noch sterben an gebrochenen Herzen" (1989) aufgenommen, in dem mittels einer ruhelosen Konversation zwischen einem Professor der Botanik und seinem die russische Sprache studierenden Neffen von den Schwierigkeiten des angesehenen Forschers erzählt wird, sich im Leben zurechtzufinden.

B.s Romane implizieren eine subtile Kulturkritik, die humanistische Werte gegen die Macht von Kommerz und Massenmedien ins Feld führt. Sein intellektuelles Milieu und sein psychologisches Interesse prägen auch seine Romane.

B. wurde u. a. 1953, 1965 und 1970 mit dem National Book Award und 1965 mit dem Internationalen Literaturpreis ausgezeichnet.

Weitere Werke: „Das Opfer" (1947); „Best Stories of 1950"; „Das Geschäft des Lebens" (1956); „Mosbys Memoiren und andere Erzählungen" (1968); „Der Dezember des Dekans" (1982); „Der mit dem Fuß im Fettnäpfchen und andere Erzählungen" (1984); „Ein Diebstahl" (1989); außerdem verfaßte B. Stücke: „Die letzte Analyse" (1964); die Einakter „Das Mal", „Orangensoufflé", „Von unten hervor" und „Die rettenden Trümmer" sowie Essays.

Benavente y Martinez, Jacinto – spanischer Dramatiker

geb. 12.8.1866 in Madrid

gest. 14.7.1954 in Madrid

Nobelpreis 1922, für die glückliche Weise, in der er die ehrenvollen Traditionen des spanischen Dramas weitergeführt hat.

B., Sohn eines angesehenen Kinderarztes, erhielt eine gute Allgemeinbildung, studierte einige Semester Jura, jedoch ohne Abschluß. Nach dem Tode seines Vaters im Jahre 1885 bereiste er mehrere Länder Europas, u. a. Frankreich, England und Rußland, wo er mit den modernen literarischen Strömungen in Berührung kam. Durch das Vermächtnis seines Vaters konnte sich B. ohne materielle Sorgen seinen literarischen Neigungen widmen. 1899 übernahm er die Leitung der bedeutenden literarischen Zeitschrift „Vida literaria" und später die Leitung der satirisch politischen Zeitschrift „Madrid

Cómico". Er war kurzzeitig Direktor des spanischen Nationaltheaters.

B. war der führende spanische Dramatiker der Jahrhundertwende, er beherrschte die spanische Bühne unumstritten mehrere Jahrzehnte lang, und er wurde auch im Ausland stark beachtet. Mit seinen 171 Bühnenwerken, die sich durch einen vorzüglichen dramatischen Aufbau auszeichnen, hatte B. einen nachhaltigen Publikumserfolg. Er brachte echte menschliche Charaktere auf die Bühne und bediente sich einer lebendigen und natürlichen Sprache. Ausgehend von der Tradition der „alta comedia" schuf er einen eigenen Theaterstil, als Reaktion auf die Tragödien José Echegarays (Literatur-Nobelpreis 1904). Deren postromantischer Rhetorik, Pathos und Übertreibung setzte B. Esprit und Ironie entgegen, dem Transzendentalismus die Skepsis, der Ehre im Sinne Calderons die geistvolle, einfallsreiche Unterhaltung, Satire und Witz. Mit ihm beginnt das moderne spanische Theater, das er von der Jahrhundertwende bis in die 50er Jahre beherrschte. In fast allen seinen Stücken hielt B., der einen scharfen Blick für menschliche Schwächen und soziale Mißstände besaß und die Heuchelei bürgerlicher Konventionen durchschaute, der Gesellschaft seiner Zeit einen satirischen Spiegel vor. Seine ironisch-distanzierte Grundhaltung ließ ihn dabei allerdings niemals zu tiefgründiger Gesellschaftskritik vorstoßen.

Bereits 1883 erschien sein einziger Gedichtband „Verse". In den Komödien „Das fremde Nest" (1894) und „Bekannte Leute" (1896) finden sich schon Hauptmerkmale des neuen Stils: Gewandtheit in der Technik, Korrektheit der Sprache, Wendigkeit im Dialog, Oberflächlichkeit in der Behandlung der Stoffe. Es folgten dann einige Gesellschaftssatiren: „Der Fraß der wilden Tiere" (1898), „Die Frau des Gouverneurs" (1901), „Das Spießbürgerliche" (1904) sowie die Tragödie „Samstagnacht" (1903). B.s Komödien spielen in den Salons der Madrider Gesellschaft, die er milde und spöttisch kritisiert. Zu seinen Meisterwerken gehören „Der tugendhafte Glücksritter oder Crispin als Meister seines Herrn" (1907) sowie die bäuerlichen Dramen „Die Herrin" (1908) und „Verbotene Liebe" (1913). Sie zeichnen sich durch psychologische Charakterzeichnung und eine geschickte Entwicklung der Intrige aus. Er verlegte den Schauplatz einiger Stücke nach Moraleda, einer imaginären Stadt, die er, ähnlich wie Galdos sowie Ficobriga und Corbajosa, zum Anlaß nimmt, das spanische Provinzleben und die Heuchelei der guten Gesellschaft zu kritisieren.

Seine deutschfreundliche Haltung während des Ersten Weltkrieges und die Wahl zum Abgeordneten der konservativen Maura-Partei im Jahre 1918 wurden von liberaler Seite und vor allem von den Schriftstellern der „Generación del 98" heftig kritisiert. Aufgrund dieser Angriffe und wohl hauptsächlich nach dem Tode seiner Mutter verließ B. Spanien und reiste mit einer Theatergruppe durch Südamerika und in die USA. Während der Tournee durch Südamerika erhielt er die Nachricht von der Zuerkennung des Nobelpreises, an der Nobelpreisverleihung in Stockholm nahm er jedoch nicht teil. Anschließend unternahm B. ausgedehnte Reisen nach Ägypten und in den mittleren Orient. Während des spanischen Bürgerkrieges wurde für ihn ein Zwangsaufenthalt in Valencia angeordnet.

Weitere Werke: „Liebe bewährt sich im Unglück" (1908); „Die Schule der Prinzessinnen" (1909); „Die Ungeliebte" (1913); „Die frohe Stadt des Leichtsinns" (1916); „El domonio antes fue angel" (1928); „Pepa Doncel" (1928); „La honradez de la cerradura" (1942); „La Infanzona" (1945).

Bergson, Henri Louis – französischer Philosoph und Schriftsteller
geb. 18.10.1859 in Paris
gest. 4.1.1941 in Paris
Nobelpreis 1927, in Anerkennung seiner reichen und lebendig dargelegten Ideen und der glänzenden künstlerischen Form, in der sie gefaßt wurden.

B., Sohn eines polnischen Musiklehrers und einer Engländerin, verbrachte seine frühe Kindheit mit den Eltern in der Schweiz. 1866 übersiedelte die Familie nach Paris, wo der Junge auf Vermittlung eines Rabbiners ein Externenstipendium für das Gymnasium erhielt. 1868 zieht er als Schüler in das berühmte Lycée Condorcet ein. Als die Familie im Kriegsjahr 1870 nach London umzieht, läßt sie den Jungen, der in einem jüdischen Pensionat untergebracht wird, in Paris zurück. Er war ein glänzender Schüler und erhielt zwei Ehrenauszeichnungen, die die Schwerpunkte seines Interesses während der Schulzeit offenbarten: 1875 wurde er mit dem Prix d'Honneur de Rhétorique, 1877 mit dem ersten Preis in der Mathematik ausgezeichnet. Von 1878 bis 1881 studierte B. an der Eliteschule für den wissenschaftlichen Nachwuchs in Frankreich, an der École Normale Supérieure. Nach anfänglichem Interesse für die Mathematik entschloß er sich dann zum Studium der Philosophie. 1881/82 war B. Gymnasiallehrer in Angers und von 1883 bis 1888 in Clermont-Ferrand. Danach kehrte B. nach Paris zurück, wo er am Lycée Louis le Grand und am Lycée Henri IV. unterrichtete. Er verfaßt in dieser Zeit kleinere Schriften, Reden für den Schulgebrauch („Die Besonderheit", „Die Höflichkeit"), hält Vorträge an der Universität, übernimmt Lehraufträge und übersetzt aus dem Englischen.

Sein erstes Buch, das die Grundzüge dessen entfaltet, was als Spielart der „Lebensphilosophie" apostrophiert werden wird, erscheint 1889. Das Buch „Zeit und Freiheit" bildete zusammen mit einer Aristotelesmonographie einen Teil seiner Dissertation. In diesem, seinem akademischsten Werk lieferte B. eine fachkundige Auseinandersetzung mit der sich zur empirischen Wissenschaft entwickelnden Assoziationspsychologie. 1895 folgte das zweite philosophische Werk „Materie und Gedächtnis", das B.s Stellung in der französischen Philosophie so festigte, daß er 1898, nachdem zwei Versuche, an der Sorbonne Fuß zu fassen, fehlgeschlagen waren, zum Maître de Conférence an der École Normale Supérieure ernannt wurde. 1900 erhielt B. eine Berufung als Professor für Griechische und Lateinische Philosophie an das Collège de France, die vornehmste Lehranstalt in Frankreich. 1904 wechselte er auf den Lehrstuhl für Zeitgenössische Philosophie über, den er bis zu seiner Demission 1921 innehatte. 1922 gründete der Völkerbund die Kommission für geistige Zusammenarbeit, deren Präsident B. von 1922 bis 1925 war.

B. ist einer der wenigen Denker, der in einer Zeit allgemeinen naturwissenschaftlichen Fortschrittsglaubens an der Wende vom 19. zum 20. Jahrhundert einen metaphysischen Ansatz zu wahren trachtete, wohl der einzige, der diesen Ansatz nicht gegen oder seitab der Naturwissenschaften suchte, sondern eine neue Metaphysik induktiv aus den Ergebnissen naturwissenschaftlicher Forschung gewinnen wollte. Er hat über die Grenzen der schulmäßigen Philosophie hinaus eine ganze Epoche des bürgerlichen Denkens in Frankreich geprägt. Er war einer der Hauptvertreter der Lebensphilosophie im ausgehenden 19. Jahrhundert in Frankreich. In seinem philosophischen Werk „Materie und Gedächtnis" setzte B. den Ansatz auf eine neue Metaphysik der menschlichen Freiheit fort, indem er versuchte, die für die menschliche Innenwelt gewonnenen Grundsätze auf das gesamte menschliche Handeln auszudehnen. Im ersten Jahrzehnt des 20. Jahrhunderts erschienen die beiden grundlegenden Veröffentlichungen „Einleitung in die Metaphysik" (1903) und „Die schöpferische Entwicklung" (1907). Die doppelte Erkenntnismöglichkeit, die eine mechanische äußere und metaphysische innere Erfahrung liefert, wird in „Einführung in die Metaphysik" systematisiert. Alles wissenschaftliche Erkennen ist danach von der ersten Art. Es führt niemals zum Wesen der Dinge, da es nicht interesselos ist, sondern die Dinge als mögliche Reaktion darstellt. Neben dieser Erkenntnis steht jedoch die Intuition, die es dem Bewußtsein ermöglicht, in das Innere eines Gegenstandes vorzudringen.

Mit Beginn des Ersten Weltkrieges befaßte sich B. auch mit politischen Problemen. 1919 erschien eine Aufsatzsammlung unter dem Titel „Die seelische Energie". 1922 faßte B. seine Bedenken gegen die Einsteinsche Relativitätstheorie in seiner Schrift „Dauer und Gleichzeitigkeit" zusammen.

B. entwarf eine neue intuitive Erkenntnistheorie, Psychologie, Naturphilosophie, Ethik und Religionsphilosophie. Besonders seine Wissenschaftskritik und Intuitionslehre wurden von seinen Nachfolgern M. Blondel, Edouard Le Roy, R. Le Senne, L. Lavelle u. a. aufgegriffen (Bergsonismus). Sein Einfluß auf die europäische Philosophie erstreckt sich über die Lebensphilosophie hinaus vor allem auf die Existenzphilosophie. B. hatte vergeblich versucht, der deutschen Blitzkrieg-Invasion im Juli 1940 zu entkommen, er war in die Nähe von Bordeaux übersiedelt. Nach Proklamation der Vichy-Regierung kehrte er in das besetzte Paris zurück. Das Angebot, ihn von den sofort beginnenden Reglementierungen auszunehmen, denen die Juden unterworfen waren, lehnte er ab. Er soll infolge einer Lungenentzündung gestorben sein, die er sich zuzog, als er sich, im Winter Schlange stehend, als Jude registrieren ließ.

Bjørnson, Bjørnstjerne Martinius – norwegischer Erzähler, Dramatiker und Lyriker
geb. 8.12.1832 in Kvikne
gest. 26.4.1910 in Paris
Nobelpreis 1903, in Anerkennung seiner durch viele Jahre währenden, von einer seltenen Reinheit der Haltung und schöpferischen Kraft bestimmten edlen Dichtkunst.

B., Sohn eines Pfarrers, verbrachte seine Kindheit und Jugend inmitten der strengen Schönheit der westnorwegischen Fjord- und Fjellandschaft. Dieses Milieu bildet den Erlebnis- und Erfahrungshintergrund, der für sein späteres künstlerisches Schaffen so wichtig werden sollte. Hier hörte er die Volkslieder, die Geschlechtersagas und Märchen, die seit Jahrhunderten in einer lebensnahen Sprache mündlich weitergegeben worden waren und die später B.s Lyrik und Erzählungen prägen sollten. Nach dem Besuch der Mittelschule in Molde bereitete sich B. auf einem Privatgymnasium in Kristiania auf das Abitur vor. 1848 und 1851 erlebte er hier die politischen Aktionen der Thraniter. Da sich der junge B. für die revolutionären Ideen von 1848 begeisterte, bekundete er auch offen seine Sympathie für die Bewegung der besitzlosen Schichten in Stadt und Land. In einem Zeitungsartikel von 1854, den er gleich nach dem Abitur schrieb, verhöhnte er die schwermütige, lebensferne Literatur dieser Jahre. Die Kampfansage erregte in Kristiania Aufsehen und verschaffte dem notleidenden Journalisten seine erste feste Anstellung als Theaterkritiker.

Während dieser Zeit veröffentlichte B. in dem von ihm redigierten „Illustreret Folkeblad" seine ersten, künstlerisch noch unausgereiften Erzählungen, mit denen er versuchte, der Forderung nach einer volksverbundenen realistischen Dichtung gerecht zu werden. Er wirkte dann von 1857 bis 1859 als Theaterleiter in Bergen, von 1865 bis 1867 und von 1870 bis 1872 als Leiter eines Theaters in Kristiania. Er lebte von 1860 bis 1863 und von 1873 bis 1875 in Deutschland und Italien, 1880/81 in den Vereinigten Staaten und von 1882 bis 1887 in Paris. 1874 erwarb B. das Gut Aulestad im Gutbrandstal, das zu einem geistigen Zentrum Norwegens auf dem Gebiet der Lyrik wurde.

Nationalliterarische Pionierarbeit leistete B. mit zahlreichen volkstümlichen, dem Stil der Sagas und der Volksmärchen verpflichteten Bauernerzählungen romantischer, später kritisch-realistischer Prägung. Mit den Erzählungen „Synnöve Solbakken" (1957), „Arne" (1858) und „Ein fröhlicher Bursche" (1860) wurde B. im ganzen Norden bekannt. Die Erzählung „Synnøve Solbakken" erschien zwei Jahre später in schwedischer, englischer, deutscher und niederländischer Übersetzung. Einen solchen Erfolg hatte vor ihm noch kein Norweger gehabt. Von poetisch-reizvoller, teilweise idyllisch-verklärender Darstellung von Natur- und Lebensbedingungen zur Förderung der traditionsreichen norwegischen Bauerndemokratie lenkte B. in späteren

Erzählungen, u. a. in „Ein Fischermädchen" (1868), den Blick auf soziale Konflikte in der Landbevölkerung. Auch sein dramatisches Schaffen leitete B. mit historischen Stücken ein, um heroische bäuerliche Traditionen des Mittelalters für die Gegenwart nutzbar zu machen, u. a. in der lyrischen Tragödie „Zwischen den Schlachten" (1858) und der Trilogie „Sigurd Slembe" (1862). Der Übergang zu Gegenwartsstoffen vollzieht sich mit „Die Neuvermählten" (1865). Die Zeit nach 1870 war von rastloser praktischer Theaterarbeit und künstlerischem Schaffen ausgefüllt. Während er als Theaterleiter der norwegischen Bühnenkunst innerhalb Skandinaviens zu Ansehen verhalf, entstanden weitere Erzählungen und nationalhistorische Dramen. Auch als Lyriker erwarb sich B. in diesen Jahren einen Ruf; von seinen zahlreichen Gedichten und Liedern sind noch heute viele im norwegischen Volk lebendig, so auch die 1859 entstandene norwegische Nationalhymne.

In der norwegischen Literatur, Geschichte und Politik nimmt B. dank seines humanistischen Bekennermutes, volksverbundenen Wirkens und Eintretens für den Völkerfrieden einen geachteten Platz ein.

Weitere Werke: „Der König" (1877); „Das neue System" (1879); „Leonarda" (1879); „Ein Handschuh" (1883); „Es flaggen Stadt und Hafen" (1884); „Geographie und Liebe" (1885); „Auf Gottes Wegen" (1889); „Mary" (1906); „Wenn der junge Wein blüht" (1909).

Böll, Heinrich – deutscher Schriftsteller
geb. 21.12.1917 in Köln
gest. 16.7.1985 in Langenbroich (zu Kreuzau)
Nobelpreis 1972, für eine Dichtung, die durch ihre Verbindung von zeitgeschichtlichem Weitblick und liebevoller Gestaltungskraft erneuernd in der deutschen Literatur gewirkt hat.
B., Sohn eines Bildhauers, besuchte eine katholische Volksschule und kam mit zehn Jahren ins Gymnasium. Seine Lieblingsfächer waren Mathematik, Latein und Geschichte, aber nicht deutsche Literatur. Im Juli 1939 wurde B. zur Armee eingezogen und war während des gesamten Krieges einfacher Soldat. Nach seiner Rückkehr aus amerikanischer Kriegsgefangenschaft studierte B. Germanistik, seinen Lebensunterhalt mußte er sich als Hilfsarbeiter in der Tischlerei seines Bruders verdienen.

In den folgenden Jahren entstand eine Flut von Werken, meist Kurzgeschichten, aber auch längere Arbeiten. Vieles davon blieb unveröffentlicht – er sprach später von „Experimenten", die ihm dazu dienten, seine Fähigkeiten zu testen. B.s erste publizierte Erzählung „Aus der Vorzeit" erschien 1947 im „Rheinischen Merkur". Durch seine frühen Erzählungen gehörte er neben Borchert und Schnurre zu den Begründern der deutschen Kurzgeschichte der Nachkriegszeit, für die er 1952 mit dem „Bekenntnis zur Trümmerliteratur" eingetreten ist. Die seit 1947 verstreut publizierten Kurzgeschichten sammelte B. 1950 in dem „Wanderer, kommst du nach Spa ...", seiner ersten größeren Veröffentlichung. Die Satiren über das militärische Heldentum in der Titelgeschichte und über die Mentalität in der Zeit des Aufschwungs nach dem Krieg in „Über die Brücke" und „Geschäft ist Geschäft" sind Meisterstücke ihrer Gattung.

In den Jahren zwischen 1949 und 1955 etablierte sich B. als Schriftsteller. In jedem dieser Jahre wurden Bücher von ihm veröffentlicht. Im Mai 1951 wurde B. erstmals zu einem Treffen der Gruppe 47 eingeladen. 1953 erschien sein Roman „Und sagte kein einziges Wort". Er erzählt im Wechsel von Monolog-Partien zwischen zwei Eheleuten die Passion einer deutschen Familie in der Nachkriegstrümmerlandschaft einer deutschen Stadt. Auch der Roman „Haus ohne Hüter" (1954) deutet die Gegenwart der fünfziger Jahre als Nachkriegsphänomen vornehmlich aus der Perspektive zweier Jungen im Pubertätsalter, deren Väter im Krieg blieben und die nun ihre Mütter in immer neuen „Verhältnissen" und „Onkel-Ehen" beobachten, die entweder ökonomischen Aufstieg oder Bereinigung des Vergangenen mitbefördern sollen. Die längere Erzählung „Das Brot der frühen Jahre" (1955) schildert den Tag im Leben eines jungen Elektrikers, an dem die Wiederbegegnung mit einer Bekannten aus seiner Kindheit eine grundlegende Veränderung seines Lebens veranlaßt hat.

Für sein literarisches Schaffen erhielt B. 1952 den Rene-Schickele-Preis, 1953 den Süddeutschen Erzählerpreis und den Kritikerpreis für Literatur sowie 1954 den Preis der „Tribune de Paris". Die Erfolge ermöglichten es ihm 1953, mit seiner Frau und den drei Söhnen ein eigenes Haus am Stadtrand von Köln zu beziehen. Im Jahr 1954 besuchte B. zum ersten Mal mit seiner Familie Irland; von da an fuhr er regelmäßig hin, in den Ferien und auch zum Schreiben. Von Dezember 1954 an veröffentlichte er eine Folge irischer Erlebnisberichte in der „Frankfurter Allgemeinen", die schließlich 1957 in Buchform als sein „Irisches Tagebuch" erschienen.

Einen Höhepunkt in B.s Schaffen stellt der Roman „Billard um halbzehn" (1959) dar. Eingefügt in den Rahmen der Ereignisse eines einzigen Tages, entwickelt sich ein historischer Längsschnitt durch den Zeitraum der deutschen Geschichte von 1907 bis 1958, vom Wilhelminischen Kaiserreich bis zur Gegenwart des sogenannten „Wirtschaftswunders". Als Leitfaden dient die Geschichte dreier Generationen einer rheinischen Architektenfamilie und deren Beziehung zur Abtei St. Anton.

1964 erschien die Erzählung „Entfernung von der Truppe", das erste von B.s Werken, das man „postmoderne" Fiktion nennen könnte. Die Geschichte will die Leser nicht nur an die Vergangenheit erinnern, sondern sie vor dem Opportunismus in der Gegenwart warnen, und sie will Nonkonformismus ermutigen. Im Sommersemester 1964 wurde B. an der Universität Frankfurt eine Gastprofessur für Poetik angeboten, er war der erste Romanschriftsteller, dem diese Ehre zuteil wurde. Zwei Jahre später erschien sein Roman „Ende einer Dienstfahrt", eine seiner verbreitetsten und unterhaltsamsten Erzählungen. Die Geschichte spielt im Gerichtssaal, mit all den Möglichkeiten für Dramatik und Spannung, die dort gegeben sind. Zwischen „Ansichten eines Clowns" (1963) und „Gruppenbild mit Dame" (1971) veröffentlichte B. keine größeren Arbeiten. Er orientierte sich immer wieder neu, entwickelte neue Interessen und wurde immer mehr zu einer prominenten Persönlichkeit des öffentlichen Lebens, die durchaus umstritten war. 1967 wurde ihm der angesehenste Literaturpreis der Bundesrepublik verliehen, der Georg-Büchner-Preis. 1970 war B. Präsident der westdeutschen Sektion des PEN-Clubs geworden; in dieser Funktion schlug er Alexander Solschenizyn für den Literatur-Nobelpreis vor. Im folgenden Jahr wurde er Präsident des internationalen PEN-Clubs, der erste Deutsche, der dieses Amt innehatte. In besonderem Maße setzte sich B. für im Ostblock verfolgte Schriftsteller ein; 1974 war der aus der UdSSR deportierte A. Solschenizyn zunächst sein Gast.

B.s nächste große Arbeit, der Roman „Gruppenbild mit Dame", wurde sofort ein Erfolg, innerhalb von sechs Monaten waren 150.000 Exemplare verkauft, und vermutlich hat dieser Roman beim Nobelpreis-Komitee letztlich den Ausschlag zu B.s Gunsten gegeben. 1972 veröffentlichte er seine erste und einzige Gedichtsammlung, ein schmales Bändchen mit neun Gedichten. „Die verlorene Ehre der Katharina Blum" (1974) ist unter B.s Hauptwerken ganz eindeutig das polemischste, und in gewisser Hinsicht stellt es den Höhepunkt einer Entwicklung dar, die mit den „Ansichten eines Clowns" begonnen hatte. Die Geschichte einer hilflosen Frau, die von Polizei, Presse und Öffentlichkeit drangsaliert wird, löst unvermeidlich das Mitgefühl aller aus. B. sah es als mythischen Stoff, im Sinne der klassischen Tragödie: Katharina ist gezwungen, sich entweder für ihren Geliebten oder für die Gesellschaft zu entscheiden – aber welchen Weg sie auch wählt, sie muß unvermeidlich „schuldig" werden. Sein nächster großer Roman, „Fürsorgliche Belagerung", erschien im Sommer 1979. Darin zeigt B. seine Besorgnis über die Macht der Boulevardpresse und deren enge und wechselseitige Zusammenarbeit mit der Polizei.

Zwei Monate nach seinem Tod erschien sein letzter Roman „Frauen vor Flußlandschaft". In diesem Roman sind wieder Motive aus einigen seiner früheren Werke enthalten. Die Handlung erstreckt sich über zwei Tage im Spätsommer 1984 und spielt hauptsächlich in der Nähe des Rheins, in den Villen von Spitzenpolitikern, Staatsbeamten und Großbankiers.

Brodsky, Joseph Aleksandrowitsch (eigentlich Iosif Aleksandrovic Brodskij) – russisch-amerikanischer Schriftsteller
geb. 24.5.1940 in Leningrad
gest. 28.1.1996 in New York
Nobelpreis 1987, für ein literarisches Schaffen von umfassender Breite, geprägt von gedanklicher Schärfe und dichterischer Intensität.

B. wurde als Sohn eines Pressefotografen und einer Übersetzerin geboren. Im Zweiten Weltkrieg war sein Vater Marinesoldat und gehörte nach dem Krieg im Offiziersrang der Fotoabteilung des Marinemuseums an. Wegen seiner jüdischen Herkunft wurde er 1949 im Zuge von Stalins antijüdischer Politik aus dem Dienst entlassen. Die Familie lebte nun von dem bescheidenen Verdienst der Mutter, und sie mußten sich in einem einzigen Zimmer aufhalten. Bereits im Alter von sieben Jahren erlebte der junge B. in der Schule die erste Diskriminierung. Trotz der bedrückenden Lebenssituation achteten die Eltern auf einen freundlichen Umgangston, Weltoffenheit und eine tolerante Erziehung. Mit 15 Jahren verließ B. eigenmächtig die Schule, was er seinen „ersten freien Willensakt" nennt. Er nahm in einer Rüstungsfabrik die Lehre als Fräser auf, arbeitete dann als Fabrik- und Laborarbeiter und erlernte im Selbststudium die englische und polnische Sprache. Nach einer Tätigkeit in der Anatomie eines Krankenhauses nahm B. von 1957 bis 1960 an mehreren geologischen Expeditionen teil, die ihn durch große Teile der Sowjetunion führten.

1958 begann B., Gedichte zu schreiben, bald danach arbeitete er an Übersetzungen fremder Gedichte ins Russische. 1960 erschienen einige seiner Gedichte in der von A. Ginzburg herausgegebenen Untergrundzeitschrift „Sintaksis". Sie handelten von den großen Fragen der Metaphysik wie Einsamkeit und Tod. 1962 lernte B. Anna Achmatova (1899–1966) kennen, die zu dieser Zeit unbestrittene Autorität unter den Dichtern in der Sowjetunion. Sie erkannte sein außerordentliches Talent und verglich ihn mit dem wohl bedeutendsten russischen Lyriker des 20. Jahrhunderts, mit O. E. Mandelstam (1891–1938). B. widmete sich nun ganz seinen Gedichten und verdiente seinen Lebensunterhalt mit Übersetzungen, als im Herbst 1963 in der Lokalzeitung „Wjescherni Leningrad" unter der Überschrift „Eine Drohne, die schriftstellert" ein Artikel erschien, der B. als arbeitsscheuen Parasiten anprangerte. Anfang 1964 wurde B. verhaftet, und trotz zahlreicher Proteste namhafter Schriftsteller und Leninpreisträger wurde ein Schauprozeß geführt. Das Urteil lautete auf fünf Jahre Verbannung und Zwangsarbeit, obwohl B. verschiedene Verträge mit Verlagshäusern, eine Bescheinigung vom Fernsehen und eine Sammlung von ihm übersetzter Gedichte jugoslawischer Lyriker vorlegen konnte, mit denen er seinen Lebensunterhalt verdiente.

An seinem Verbannungsort bei Archangelsk schrieb er jedoch weiterhin Gedichte, die 1965 dem exilpolnischen Verlag „Kultura" in Paris übergeben wurden. Nach anderthalb Jahren schwerer Arbeit unter den extrem harten klimatischen Bedingungen des äußersten Nordens konnte B. Ende 1965 vorzeitig nach Leningrad zurückkehren. Im Mai 1972 drohten die sowjetischen Behörden B. mit Schwierigkeiten, wenn er im Lande bliebe, und legten ihm die Ausreise nahe. Am 5.6.1972 flog B. nach Wien, seine Eltern, die Freundin Marina und der gemeinsame Sohn Alexander blieben zurück, ebenso die Manuskripte. Über Wien kam er durch Vermittlung von C. Proffer (Professor für Russische Literatur an der Universität von Michigan) in die USA. Die

Universität von Michigan ernannte B. zum „poet-in-residence" (zum Dichter mit Wohnsitz). Am Smith College, am Amherst College, am Queens College und am Hampshire College war er als Lehrbeauftragter tätig, hielt Gastvorlesungen und erweiterte seinen Gesichtskreis mit Reisen nach Rom, Florenz, Venedig und Paris. 1991 wurde er zum „poeta laureatus" Amerikas ernannt.

In seinen zumeist melancholischen und pessimistischen Gedichten widmet sich B. vor allem metaphysischen und ethischen Fragen. Sein Werk steht unter dem Einfluß Goethes, aber auch G. Benns und englischsprachiger Lyriker, etwa in „Große Elegie auf John Donne" (1963) oder in dem Gedichtband „Römische Elegien" (1982). Die 1988 in deutsch erschienene Essaysammlung „Flucht aus Byzanz" gab Auskunft über die Grundfiguren in B.s Denken. Im Oktober 1990 brachte das Hamburger Schauspielhaus seine Politfarce „Demokratie" (1989) zur Uraufführung, in der B. Demokratie als ein Scheingefecht darstellte, denselben Machtstrukturen und derselben Willkür unterworfen wie etwa die kommunistische Gewaltherrschaft. Nach „Erinnerungen an Leningrad" (1987) und „Flucht aus Byzanz" erschien mit „Ufer der Verlorenen" (1991) sein drittes Stadt-Essay über Venedig.

Weitere Werke: „Eine Weihnachtsballade" (1962); „Isaak und Abraham" (1963); „Verse auf den Tod von T. S. Elliot" (1965); „Lied ohne Musik" (1969); „Ausgewählte Gedichte" (1973); „Das Ende einer schönen Epoche" (1977); „Ein Teil der Sprache" (1980); „Weniger als Eins" (1981); „Urania: ein neues Buch von Gedichten" (1984); „Marmor" (1984); „Einem alten Architekten in Rom" (1986).

Buck, Pearl Comfort Sydenstricker – amerikanische Schriftstellerin
geb. 26.6.1892 in Hillsboro (West-Virginia)
gest. 6.3.1973 in Danby (Vermont)
Nobelpreis 1938, für ihre reichen, hochwertigen Beiträge zur Epik in ihren Schilderungen aus dem chinesischen Bauernleben und ihre meisterhaften Biographien.

Ihre Eltern nahmen die kleine Pearl schon mit fünf Monaten aus ihrer amerikanischen Heimat mit nach China, wo sie beide als Missionare tätig waren. In einem Haus am unteren Jangtsekiang wuchs sie auf, besuchte eine Provinzschule, und ein konfuzianischer Gelehrter unterwies sie in chinesischer Sprache und Schrift. 1905 starb ihr chinesischer Lehrmeister, und sie wurde an mehreren Tagen in der Woche in eine Missionsschule für Mädchen geschickt. Doch der Mutter erschien diese Art der Bildung für ein junges Mädchen als ungeeignet, und Pearl mußte ab 1907 die höhere Schule in Nanking besuchen. Danach verbrachte sie noch ein Jahr in einem Pensionat in Shanghai. Auf Betreiben der Mutter mußte Pearl jede Woche eine Geschichte nacherzählen oder erfinden, erst in mündlicher, dann auch in schriftlicher Form. Die kleinen Werke wurden regelmäßig an den Shanghai Mercury geschickt, eine in Shanghai erscheinende englische Tageszeitung, und fast immer wurden die Texte angenommen.

1910 begann sie ihr Literaturstudium am Randolph Macon Women's College in Virginia. Regelmäßig veröffentlichte Pearl Geschichten in der Monatszeitschrift ihres Colleges. Im letzten Studienjahr gewann sie zwei Literaturpreise: für die beste Kurzgeschichte und für das beste Gedicht. Nachdem sie den akademischen Grad eines Bachelor of Science erworben hatte, unterrichtete sie als Hilfslehrerin am College, mußte aber im November 1914 nach China zurückkehren und die Pflege ihrer Mutter übernehmen, die seit Jahren an einer unheilbaren Tropenkrankheit litt. 1917 heiratete sie den amerikanischen Agrarwissenschaftler John L. Buck, der in China tätig war. Vier Jahre lebten sie in Nanhsüchou, wo B. Direktorin einer Mädchenschule wurde. 1921 zogen die Bucks nach Nanking, wo sie an der Universität eine Stelle als Dozentin für Englische Literatur annahm. Ein halbes Jahr nach der Geburt der Tochter starb B.s Mutter. Schon früh fiel ein tiefer Schatten auf das Familienleben der Bucks, die Tochter litt an einer angeborenen Stoffwechselkrankheit. 1925 reiste das verzweifelte Ehepaar nach Amerika und suchte Hilfe bei Spezialisten, doch vergebens, die Krankheit konnte damals noch nicht behandelt werden, und das Kind blieb geistig behindert.

Während des Amerikaaufenthaltes schrieb sich B. als Studentin der Literaturwissenschaft an der Cornell-Universität in Ithaca ein, und mit einer Arbeit über die englischen Essayisten des 19. Jahrhunderts erwarb sie 1926 den Magistertitel. In einem anonymen Wettbewerb um den besten historischen Essay erhielt sie den ersten Preis mit ihrem Beitrag „China und der Westen". Im gleichen Jahr kehrte die Familie nach China zurück. Dort hatten sich die politischen Auseinandersetzungen zwischen den Anhängern Tschiang Kaischeks und Tschou En-lais so verschärft, daß die Familie nur knapp der Ermordung entging. Sie flüchteten ins Exil nach Japan. Schweren Herzens mußte sie 1929 ihre Tochter in ein Heim nach New Jersey geben. Bei ihren regelmäßigen Besuchen der Tochter in Amerika suchte sie auch Kontakte zu literarischen Agenturen, und bereits 1930 erschien B.s erster Roman „Ostwind, Westwind". In dem Roman werden die Widersprüche zwischen männlicher und weiblicher Selbstverwirklichung in den Problemen zweier jungen Ehen zur Anschauung gebracht.

Ihr jahrelanger Aufenthalt in China und der Umgang mit der Bevölkerung verschafften B. tiefe Kenntnis der chinesischen Volksseele. Der Roman „Die gute Erde" (1932) wird als ihr bekanntestes Werk bezeichnet und war der Beginn ihres weltweiten Ruhmes. Es ist eine meisterhafte Darstellung altchinesischer Gesittung und altchinesischen Bauernlebens. Dieses Buch machte eine ganz außergewöhnliche Karriere, im Erscheinungsjahr wurden allein in Amerika knapp zwei Millionen Exemplare verkauft, und zwei Jahre lang führte der Roman die Bestsellerliste an. Inzwischen ist er in mehr als dreißig Sprachen übersetzt worden und gilt immer noch als das meistgelesene „amerikanische" Buch im Ausland. Im Jahre 1933 veröffentlichte B. ihre Übersetzung des 500 Jahre alten Romans „Shui-hu-chuan", dem sie den Titel „Alle Menschen sind Brüder" gab. In dem Roman „Die Mutter" (1934) wird eine namenlose, verarmte chinesische Frau, Mutter von fünf Kindern und von ihrem Mann verlassen, zum Symbol des menschlichen Selbsterhaltungstriebes. Die Romantrilogie „Haus der Erde", die aus den Romanen „Die gute Erde", „Söhne" (1932) und „Das geteilte Haus" (1935) besteht, schildert die Größe und Unendlichkeit Chinas, aber auch seine Zerissenheit und die Verwundbarkeit einer alten Kultur.

Der Tod des Vaters 1932 und die Entfremdung von ihrem Ehemann trugen neben der politischen Lage in China zum Entschluß von B. bei, sich für immer in Amerika niederzulassen. Im Juni 1935 ließ sie sich in Reno scheiden und heiratete ihren Verleger Richard J. Walsh. Die Familie zog in ein großes Bauernhaus in Pennsylvania, und im Laufe der Jahre wurden acht Kinder adoptiert. Auch in der zweiten Ehe mußte sie die Hauptlast der Familie tragen, und als ihr Mann nach mehreren Schlaganfällen arbeitsunfähig wurde, finanzierte sie allein die große Familie. Sowohl in den Romanen mit chinesischem als auch in denen mit amerikanischem Milieu wie „Stolzes Herz" (1937), „Wie Götter werden" (1940) und „Eine Liebesehe" (1942) stehen vorwiegend Frauenprobleme im Vordergrund. Romane wie „Land der Hoffnung, Land der Trauer" (1939), „Drachensaat" (1941) und „Das Gelöbnis" (1943) befassen sich mit den Auswirkungen des Chinesisch-Japanischen Krieges (1937–1945) auf chinesische Familien.

B.s künstlerische Begabung, der abendländischen Welt das tiefe Verstehen der fremden chinesischen Kultur ermöglicht zu haben, wurde mit dem Nobelpreis, dem Pulitzerpreis und der Verleihung der Howells-Medaille der American Academy of Arts and Letters belohnt.

Weitere Werke: „Der junge Revolutionär" (1932); „Fremd im fernen Land" (1949); „Ein glücklicher Tag" (1950); „Geschöpfe Gottes" (1952); „Die verborgene Blume" (1952); „Und fanden die Liebe nicht" (1953); „Das Mädchen Orchidee" (1956); „Über allem die Liebe" (1957); „Das Mädchen von Kwangtung" (1962); „Lebendiger Bambus" (1963); „Wo die Sonne aufgeht" (1968); „Die Töchter der Madame Liang" (1969); „Die Frauen des Hauses Kennedy" (1970); „Alle unter einem Himmel" (1973).

Bunin, Iwan Alexejewitsch – russischer Erzähler und Lyriker
geb. 22.10.1870 in Woronesh
gest. 8.11.1953 in Paris
Nobelpreis 1933, für die strenge Künstlerschaft, mit der er die klassische russische Linie in der Prosadichtung vertritt.

B. ist nach Lew Tolstoi „die bedeutendste Erscheinung in der russischen Literatur, ihr letzter, bisher von niemandem übertroffener Klassiker", äußerte der sowjetische Schriftsteller Wassili Below.

B. entstammte einem alten, wirtschaftlich ruinierten und verarmten Adelsgeschlecht. Seine Kindheit verbrachte er in Butyrki und Oserki. Seine Spielgefährten waren Kinder von Bauern, die 1861 aus der Leibeigenschaft entlassen worden waren, doch zumeist auch weiter in Armut und Abhängigkeit lebten. 1889 verließ er, völlig mittellos, das Familiengut Oserki und fuhr nach Orjol, wo er beim „Orlowski westnik" eine Anstellung als Korrektor und Rezensent fand.

In der Petersburger Wochenschrift „Rodina" veröffentlichte er seine ersten Gedichte, und 1891 kam in Orjol ein Lyrikband heraus. In dieser Zeit entstanden auch erste Prosaskizzen aus dem Leben der Bauern, in denen B. die einen wie die anderen als Opfer der unaufhaltsam vordringenden Kapitalisierung Rußlands betrachtete. Ähnliche Gedanken standen auch in den Erzählungen, die der junge Schriftsteller seit 1894 veröffentlichte, im Vordergrund. Der junge B. empfand seine Lage als mittelloser, entwurzelter Adliger als äußerst demütigend. Eine seiner literarischen Figuren aus den neunziger Jahren, die autobiographische Züge aufweist, charakterisiert sich mit dem Hinweis darauf, ein „intellektueller Proletarier" zu sein. Gemeinsam mit N. Teleschow gründete B. 1899 den Sreda-Zirkel, der jahrelang ein Zentrum des kulturellen Lebens in Moskau bildete. 1902 brachte der Snanije-Verlag einen Band mit 22 Erzählungen B.s heraus. 1905 war er eine Zeitlang in der Literaturredaktion der legalen sozialdemokratischen Monatsschrift „Prawda" tätig.

Er verfolgte die Ereignisse des Jahres 1905, den „Blutsonntag" vom 9. Januar, den Aufstand auf dem Panzerkreuzer „Potjomkin", Judenpogrome und Bauernunruhen, mit gespannter Aufmerksamkeit. Doch immer wieder ließ er sich von dem Vorsatz leiten, jede politische Tendenz aus seinem literarischen Schaffen auszuklammern. In den Jahren nach 1905, als ganz Rußland zum ersten Mal in Bewegung geriet, reiste B. nach Westeuropa, Kleinasien und Ägypten, Indien, Burma und Ceylon. Zwischen 1907 und 1911 entstanden die Reisebilder der Sammlung „Der Schatten des Vogels". Im März 1909 weilte B. während seiner Italienreise auch auf Capri, wo sich Gorki für längere Zeit niedergelassen hatte. In seinen Gesprächen mit Gorki spielte die Lage des russischen Dorfes, der Bauernschaft und des städtischen Kleinbürgertums eine große Rolle. In der Erzählung „Das Dorf" (1910) stellte er mit großer realistischer Gestaltungskraft den widerspruchsvollen Prozeß der Kapitalisierung des russischen Dorfes dar. Zugleich warf er die Frage nach dem historischen Schicksal Rußlands auf. Dieses Thema hatte kurz zuvor im Mittelpunkt seiner Gespräche mit Maxim Gorki gestanden. Häufig gestaltete B. die Zerstörung der Persönlichkeit und humanistischer Ideale von Liebe und Freundschaft als Folge der sozialen Verhältnisse, beispielsweise in „Ein schönes Leben" (1911) und „Leichter Atem" (1916).

Am 26. Januar 1920 verließ B. Rußland für immer. Sein Weg führte über Istanbul, Bulgarien und Serbien nach Paris. Die Trennung von der Heimat löste eine tiefe Wehmut aus. In der zweiten Hälfte der zwanziger Jahre wurde die Liebe, die Lust und Leid kennt, zum

Hauptmotiv der Erzählungen B.s. „Mitjas Liebe" (1925) war das international meistbeachtete Werk der Emigrationszeit. Kritiker äußerten übereinstimmend, daß in der Geschichte der russischen Literatur wohl kein anderer Schriftsteller mit solcher künstlerischer Ausdruckskraft über die Liebe geschrieben habe wie B. Während der Arbeit an dem Roman „Das Leben Arsenjews", die sich von 1927 bis 1939 hinzog, schuf er nur wenige Erzählungen. Nach dem Versuch, wichtige Erfahrungen des eigenen Lebens in diesem Roman zu verallgemeinern, wandte sich B. in der zweiten Hälfte der dreißiger Jahre mit der Studie „Die Erlösung Tolstois" auch den Erfahrungen dieses großen Lebens zu. In dem Roman „Im Anbruch der Tage" (1930) und dem Erzählungsband „Dunkle Alleen" (1943) schildert er mit großer Ausdruckskraft die inneren Konflikte von Menschen, die sich nach Wärme und Geborgenheit sehnen. Erwähnung verdienen „Frühling in Judäa", eine Liebesgeschichte, die sich an das „Hohelied Salomos" anlehnt, und „Das Nachtlager", ein spanisches Thema.

Als letzter „Klassiker" der realistischen Erzähltradition, anknüpfend an Tolstoi, Puschkin und Turgenjew, war B. der bedeutendste russische Exildichter. Neben mehreren literarischen Auszeichnungen für seine Lyrik und Epik erhielt er als erster russischer Schriftsteller den Nobelpreis.

Camus, Albert – französischer Romancier, Dramatiker und Essayist
geb. 7.11.1913 in Mondovi (Algerien)
gest. 4.1.1960 (Autounfall) in Villeblevin (Yonne)
Nobelpreis 1957, für seine bedeutungsvolle Verfasserschaft, die mit scharfsichtigem Ernst menschliche Gewissensprobleme in unserer Zeit beleuchtet.

C.' Vater stammte aus einer elsässischen Familie, die Ende des 19. Jahrhunderts auf der Suche nach Arbeit und einer neuen Heimstatt nach Algerien ausgewandert war. 1914 fiel der Vater in der Marneschlacht, und die Mutter mußte nun die beiden Söhne allein ernähren. Sie zog mit ihnen in das Armenviertel von Algier. C. besuchte die Kommunalschule, und aufgrund seiner guten Noten erlangte er einen Stipendienplatz am Lyzeum in Algier. Nach dem Abitur studierte er in Algier Literatur und Philosophie, sein Stipendium mußte er sich durch die Ausübung verschiedener Tätigkeiten, u. a. als Verkäufer, Verwaltungsangestellter und Schauspieler, selbst verdienen. Mit 17 Jahren erkrankte er an Lungentuberkulose, die seiner akademischen Laufbahn enge Grenzen setzte und auch später sein Leben überschattete. Bereits 1933 hatte sich C. der von H. Barbusse und R. Rolland 1932 ins Leben gerufenen antifaschistischen Bewegung „Amsterdam-Pleyel" angeschlossen und wirkte für eine Zeit als ihr Sekretär in Algerien. Gleichzeitig engagierte er sich stark in der Kulturarbeit und gründete 1935 das „Theater der Arbeit", wo sich junge Intellektuelle, Maler, Bildhauer, Architekten, Arbeiter und Bauern begegneten. Über die Theaterarbeit kam C. mit Dostojewskis Werken in Berührung, die einen tiefen Eindruck auf ihn machten.

1936 legte er sein Staatsexamen ab und schrieb dazu eine Diplomarbeit, die sich mit den Beziehungen zwischen Hellenismus und Christentum in den Werken Plotins und Augustinus' beschäftigte. Für C., der den Verlust der ursprünglichen, natürlichen Einheit des Lebens bedauerte, das Problem der Entfremdung also unter einem idealistisch-humanistischen Aspekt sah, erschien die Welt der Griechen als ein harmonischer Höhepunkt der menschlichen Gesellschaft. 1937 wurde er Mitarbeiter an der Zeitung „Alger republicain", danach ging er nach Frankreich, war kurze Zeit Journalist bei „Paris-Soir" und engagierte sich in der Résistance. Die fünf Essays des Bandes „Licht und Schatten", zwischen 1935 und 1937 geschrieben, bezeugen seine intensive Suche nach dem Sinn des Lebens angesichts des Verlustes an Hoffnung. 1938 legte er die Aufsatzsammlung „Hochzeit des Lichts" vor, die seine ganze Gefühlsbeziehung zu Algerien zum Ausdruck bringt. Im Gegensatz zu „Licht und Schatten" besteht hier das Los der Menschen nicht nur aus Elend und Einsamkeit. Der Autor pries hier vielmehr den Kontakt mit der Natur, den Verzicht auf göttliche Hilfe und die Einwilligung in die Endlichkeit der menschlichen Existenz als Wege auf der Suche nach dem Glück.

Inzwischen reifte schon seit 1936/37 der Plan für die Erzählung „Der Fremde", die in der Zeit zwischen dem Ausbruch des Zweiten Weltkrieges und der Besetzung Frankreichs vollendet wurde. Im Juli 1942 erschien „Der Fremde", dessen Manuskript ihn ständig begleitet hatte. Das Buch machte den Verfasser auf Anhieb bekannt. „Der Fremde" ist das erste Werk von C., das Aufsehen erregte, weil es dem Zeitgefühl einer großen bürgerlichen Mehrheit entsprach, die die über sie hereingebrochenen historischen Ereignisse nicht mehr zu deuten wußte. Der Held des Romans zieht sich, durchdrungen vom Gefühl der Entfremdung und von der Fragwürdigkeit bürgerlicher Ideologie und Lebensgewohnheiten, in Passivität und Urteilslosigkeit zurück. Das Erlebnis von Okkupation und Résistance verstärkte C.' Bemühen um eine individuelle Moral als Gegengewicht zum Nihilismus. Davon zeugen der Roman „Die Pest" (1947), ein Bericht vom zähen, selbstlosen Widerstand des Menschen gegen physische und moralische Zerstörung, und der Essay „Der Mensch in der Revolte" (1951). In „Die Pest" schildert C. den Ausbruch der Beulenpest in Oran, die Bevölkerung wird dezimiert, und die Stadt wird ein Jahr von der Außenwelt abgeschlossen. Geschichtlicher Inhalt der allegorischen Chronik ist, vor und neben der philosophischen Problematik, der französische Widerstandskampf von 1942 bis 1944, und der zu bekämpfende Pestbazillus steht konkret für die deutsche Besatzungsmacht.

„Der Mensch in der Revolte", der anspruchsvollste und weitgespannteste von C.' Essays, verbindet drei Themen: 1. Die Überwindung des Absurden durch den Begriff der solidaritätschaffenden menschlichen Revolte. 2. Die ideengeschichtliche Unterscheidung der metaphysisch-antitheistischen Revolte. 3. Die Rechtfertigung der Kunstschöpfung als der in unserer Zeit allein authentischen gebliebenen Gestalt menschlicher Revolte. Daß C. selbst der positiv-mittelmeerische Ausgang des Revolte-Essays nicht genügte, deutete er 1956 mit der Erzählung „Der Fall" an. Die Erzählung liefert unter dem verwirrenden Selbstbekenntnis eines ehemaligen Rechtsanwaltes eine tiefgründige Abrechnung mit bürgerlich-intellektueller Denk- und Lebensart. Mit der hier angelegten Kritik der bürgerlichen Interessen geht C. zu einer genaueren Kennzeichnung und damit auch Einschränkung des bisher verabsolutierten „Absurden" über. In dem Novellenzyklus „Das Exil und das Reich" (1957) spielte C., auf dem Höhepunkt des künstlerischen und gesellschaftlichen Erfolges stehend, noch einmal die von ihm angebotenen Alternativen zu seiner Erfahrung des entfremdeten Daseins durch: Zuflucht zur Natur, zur Philosophie und zur Kunst, schließlich als wichtigstes Ziel die Aufnahme in eine menschliche Gesellschaft. Die Novellen bestechen durch ihre künstlerische Meisterschaft, durch die Leichtigkeit und Klarheit, das klassische Maß ihrer Sprache.

Sein seit den Nachkriegsjahren ständig wachsendes gesellschaftliches Prestige, das mit der Verleihung des Nobelpreises den Gipfelpunkt erreichte und ihm mannigfache Repräsentationspflichten auferlegte, ging einher mit einer zunehmenden inneren Unsicherheit, ob er noch zu echten schöpferischen Leistungen fähig sei. C. betrachtete die Entfremdung nicht als ein sozial bedingtes und historisch begrenztes Problem, sondern als allgemeingültiges Schicksal des Menschen. Die Lösung sieht er in der individuellen Emanzipation vom Druck der Zeitverhältnisse. Durch seine Bindung an Zeitereignisse, seine engagierten Stellungnahmen und seine moralische Repräsentanz ist C. bis in die Gegenwart einer der meistgelesenen französischen Autoren. Der Existentialist C. beeinflußte mit seinen Romanen, Dramen und Essays maßgeblich das europäische Geistesleben nach dem Zweiten Weltkrieg.

Weitere Werke: „Caligula" (1944); „Das Mißverständnis" (1944); „Der Belagerungszustand" (1948); „Die Gerechten" (1950); „Die Besessenen" (1959); „Heimkehr nach Tipasa" (1954).

Canetti, Elias – britischer Schriftsteller spanisch-jüdischer Herkunft
geb. 25.7.1905 in Rustschuk (Bulgarien)
gest. 14.8.1994 in Zürich
Nobelpreis 1981, für sein schriftstellerisches Werk, geprägt von Weitblick, Ideenreichtum und künstlerischer Kraft.

C. entstammt einer begüterten Kaufmannsfamilie, deren Vorfahren Spaniolen (im frühen Mittelalter aus Spanien emigrierte Juden) waren. Das Spanische des 15. Jahrhunderts und Bulgarisch waren die ersten Sprachen, die der älteste der drei Söhne der Familie C. lernte. 1911 übersiedelte die Familie nach Manchester, wo der Vater als Compagnon in die Textilfabrik seines Schwagers eingetreten war. Der Sohn besuchte eine englische Schule und erhielt außerdem Französischunterricht bei der französischen Gouvernante. Nach dem frühen Tod des Vaters übersiedelte die gebildete und überaus energische Mutter mit den Kindern nach Wien. 1915 erfolgte seine Aufnahme in ein Wiener Realgymnasium, doch bereits ein Jahr später zog die Familie weiter nach Zürich. In gemeinsamen Lektüren mit der Mutter erwarb C. erstaunliche Literaturkenntnisse und gewann dabei sehr früh Geschmack und Urteilsvermögen. Nicht nur wegen seiner besonderen Familiensituation und der jüdischen Ahnen, auch wegen seiner Vielsprachigkeit und des Erlebnisses mehrerer Kulturkreise lernte C. die Welt als Außenseiter kennen, geschützt durch die mütterliche Geborgenheit. 1921 übersiedelte die Mutter nach Deutschland, hier besuchte er bis 1924 das Wöhler-Realgymnasium in Frankfurt/Main. Nach dem Abitur ging er nach Wien, studierte Chemie und promovierte 1929.

In diesen fünf Wiener Jahren erfuhr C. die entscheidenden Prägungen für sein späteres Werk. Er stand zunächst völlig im Bann des Satirikers K. Kraus, übernahm dessen vernichtende Urteile und wurde durch ihn in der Vorliebe für Shakespeare, Nestroy, Strindberg und Wedekind bestärkt. 1928/29 war C. mehrmals in Berlin, wo er sich mit Übersetzungsarbeiten beschäftigte und auch mit B. Brecht, I. Babel und G. Grosz zusammentraf. 1931 bzw. 1934 entstanden die Theaterstücke „Hochzeit" und „Komödie der Eitelkeit". Es sind einfach gebaute Bilderbögen in der Tradition des österreichischen Volksstücks. In seinen Stücken enthüllte C. den wohlanständigen Schein der Spießerwelt und fand hinter der Fassade nur hemmungslose Gier nach Geld und Macht.

Nach dem „Anschluß" Österreichs an Hitler-Deutschland war für C. in Wien kein Bleiben mehr. 1938 emigrierte er aus Österreich über Paris nach London, wo er lange Zeit als freier Schriftsteller lebte und schließlich auch einen englischen Paß erhielt. 1948 begann er dort mit der Niederschrift seines philosophischen Hauptwerks „Masse und Macht", das 1960 und 1962 in zwei Bänden erschien. In dem bedeutenden Werk analysierte C., vom Studium archaischer Kollektivformen ausgehend, die Beschaffenheit der Macht, die Merkmale ihrer Entstehung und ihres Bestandes. Einer seiner Erkenntniskreise befaßte sich mit dem Problem des Überlebens. Die wesentliche innere Triebfeder des über Macht Verfügenden sei die Gier, möglichst viele Menschen zu überleben. Das Erlebnis zu bestehen, wenn andere untergehen, erzeugt das Gefühl der Unverwundbarkeit und stärkt so das Selbstvertrauen des Überlebenden. Um ihre Selbstsicherheit zu bestärken, greifen die Machthaber zur Gewalt, zu Mord und Massenmord. Das Überleben ist der elementarste Erfolg, nämlich zeitweiliger Sieg über den Tod. 1964 veröffentlichte C. das Drama „Die Befristeten", einen diskursischen Dialog über einen der Angelpunkte seines Denkens – den Tod. Eine Vorstellung, wie C. seine hohe Sensibilität einsetzt bei der Aufnahme von Eindrücken und ihrer literarischen Verarbeitung, gibt in besonderer Weise sein Reisebuch „Die Stimmen von Marrakesch" (1968). In der Titelgestalt – „Der Unsichtbare" – verewigt er einen Menschen, der im Gewühl und Getriebe des arabischen Marktes nur ein Fetzenhaufen zu sein scheint, doch sein kaum zu erahnendes, kaum flackerndes Sein, das nur von einem einzigen, sich ständig wiederholenden Laut bezeugt wird, hebt ihn ab von der Welt der Dinge; die Heiligkeit des Lebens und ihre Kraft strahlt sogar von diesem wortwörtlichen Unglückshäufchen aus.

1970 erschienen seine Aufzeichnungen aus den Jahren 1949–1960 unter dem Titel „Alle vergeudete Verehrung". Die in dem Band „Das Gewissen der Worte" (1975) enthaltenen Reden und Essays beschäftigen sich mit dem eigenen Schaffen und mit Personen, deren Leben und Werk ihn besonders beeinflußt haben. Exemplarisch sei hier „Der andere Prozeß. Kafkas Briefe an Felice" (1969) genannt. 1974 entwarf C. unter dem Titel „Der Ohrenzeuge" fünfzig Charakterskizzen, die in ihrer extremen Zeichnung Figuren seiner Stücke sein könnten. Der Roman seiner Jugenderinnerungen „Die gerettete Zunge" (1977) wurde mit einem Schlag zum Bestseller. Der Erfolg erklärt sich durch die Buntheit und den Reichtum der inneren und äußeren Stationen eines Kinder- und Jugendlebens sowie die Kavalkade der dargestellten Epochenbilder. Über den Zenit eines sich selbst gegenüber mit maximaler Strenge und Anforderung verbrachten schöpferischen Lebens hinaus blickt er zurück, um vor sich und der Welt Rechenschaft abzulegen. Dies wird vor allem aus dem zweiten Band seiner Lebensgeschichte ersichtlich, „Die Fackel im Ohr" (1980), aus dem wir erfahren, wie K. Kraus, F. Kafka, R. Musil und H. Broch auf ihn wirkten. Die wertvollsten und erregendsten Kapitel des Bandes bieten Einblicke in das geistige Leben des Berlins der 20er Jahre. Der dritte Band „Das Augenspiel, Lebensgeschichte von 1931 bis 1937" (1985) eröffnet Einblicke in die Zusammenhänge seiner literarischen Werke und das Wien der 30er Jahre.

C. gehörte zu den bedeutendsten Schriftstellern deutscher Sprache seines Jahrhunderts. Als er den Nobelpreis entgegennahm, nannte er Wien, London und Zürich als besonders prägend für sein schriftstellerisches Schaffen.

Weitere Werke: „Aufzeichnungen 1942–1948" (1965); „Macht und Überleben. Drei Essays" (1972); „Die Provinz des Menschen. Aufzeichnungen 1942–1972" (1973); „Das Geheimherz der Uhr. Aufzeichnungen 1973–1985" (1987); „Die Fliegenpein" (1992); „Nachträge aus Hampstead" (1994; Aphorismen). Seinen schriftlichen Nachlaß sowie seine private Bibliothek mit 15.000 Bänden hatte C. der Züricher Zentralbibliothek vermacht.

Carducci, Giosue – italienischer Lyriker und Literaturhistoriker

geb. 27.7.1835 in Val di Castello (Toskana)

gest. 16.2.1907 in Bologna

Nobelpreis 1906, als Würdigung seines schöpferischen Vermögens, der Frische des Stils und der lyrischen Kraft, die seine poetischen Meisterwerke auszeichnen.

C., Sohn eines Landarztes, studierte in Florenz und Pisa. Nach kurzer Tätigkeit als Privat- und Gymnasiallehrer in Florenz war er von 1860 bis 1904 Professor für Italienische Literatur in Bologna. Eine Berufung auf den Lehrstuhl für Lateinische Literatur in Neapel schlug C. aus, als er hinter dieser „Beförderung" einen Versuch der Regierung vermutete, ihn aus der Emilia zu entfernen. C. wurde von breiten Leserschichten der jungen italienischen Nation jahrzehntelang als Barde und „poeta vates" gefeiert. C., zunächst entschieden republikanisch gesinnt, nahm aktiv am Leben des endlich unter der Führung der savoyischen Dynastie geeinigten Staates teil, ohne sich jedoch sofort blindlings mit dem piemontesischen Programm zu identifizieren. Sein poetisches Werk entstand in Polemik gegen die Romantik, deren Introvertiertheit er im Rückgriff auf V. Alfieri (italienischer Dramatiker, 1749–1803) und U. Foscolo (italienischer Dichter, 1778–1827) das Ideal der patriotischen, volksnahen Dichtung entgegensetzte.

Mit 25 Jahren wurde C. zum Professor für Beredsamkeit an der Universität in Bologna ernannt. Er hatte sich inzwischen auch von seinen katholischen Anfängen im Zeichen Rosminis und Giobertis entfernt. Durch die Lektüre der Schriften Mazzinis und Proudhons war er zum oppositionellen Freimaurer geworden. Bereits in seinem ersten Gedichtband „Rime di S. Miniato" (1857) bezog C. eindeutig republikanische Positionen, die schließlich in dem 1863 entstandenen und zunächst anonym veröffentlichten Gedicht „Hymne an den Satan" ihren literarischen Höhepunkt erreichten. Hier kommt ein für das Einigungsbestreben typischer Tyrannen- und „Pfaffen"haß zum Ausdruck. Die in den Jugendgedichten noch ausschließlich vorherrschende Formensprache der Klassik wird in den Gedichten „Jampen und Epoden" (1871) durch die bei der Lektüre von Heine, Hugo, Shelley und Platen gewonnenen Erfahrungen der europäischen Romantik wesentlich erweitert.

Ab 1873 entstanden die „Barbarischen Oden", reimlose Dichtungen in antiken Metren nach dem Muster des Horaz, worin C. die etruskische Landschaft und deren historische Stätten schildert. „Barbarisch" nannte er den Versuch, die quantifizierenden Metren der Antike durch akzentuierende Verse zu ersetzen, „denn dem Urteil der Griechen und Römer wären sie so erschienen". Trotz dieses eindeutig klassizistischen Programms erreichte C. künstlerisch beachtliche Ergebnisse, wie in dem impressionistisch wirkenden, die alkäische Odenform nachahmenden Gedicht „Herbstmorgen auf dem Bahnhof", das 1875/76 entstand. In dem „Rime nuove" (1887) faßte C. einen großen Teil seiner bisherigen lyrischen Produktion in einer repräsentativen Auswahl zusammen. Im Zusammenhang mit einer vaterländischen Balladendichtung verschmolz C. heidnische und christliche Elemente. Unüberhörbar ist der Einfluß der Balladendichtung von Goethe, Schiller und Uhland. Sichere Beherrschung von Gedicht- und Strophenformen, Vorliebe für dramatisch aufbereitete Kontraste und Oppositionen und Freude an breit ausholenden Historienmalereien kamen dabei dem an Heine und Leconte de Lisle geschulten Zeitgeschmack entgegen.

Mit seinem lyrischen und literaturkritischen Werk gilt C. als bedeutender Erzieher seiner Nation. Das Ideal eines geeinten, unabhängigen und starken Italiens sah er in der antiken Größe des Römischen Reichs und in der älteren italienischen Geschichte verwirklicht. C. hat das Verdienst, patriotisches Engagement und künstlerischen Anspruch in der allgemeinen Verflachung der italienischen Dichtung des 19. Jahrhunderts behauptet zu haben. Er war darüber hinaus ein glänzender Literaturhistoriker, der historisch-kritische und philologische Kleinarbeit mit einem sicheren Urteil des Geschmacks zu verbinden wußte und die italienische Literaturgeschichtsschreibung nachhaltig beeinflußte.

Cela y Trulock, Camilo José – spanischer Schriftsteller
geb. 11.5.1916 in Iria Flavia (Provinz La Coruna)
Nobelpreis 1989, für seine reiche und eindringliche Prosa, in der mit verhaltenem Mitgefühl eine herausfordernde Vision der Ausgesetztheit des Menschen gestaltet wird.
C. stammt aus einer wohlhabenden Familie, der Vater war Zollbeamter und nebenbei Schriftsteller, die Mutter stammte aus England. 1932 schloß C. die Schule mit dem Abitur ab und studierte anschließend an der Universität in Madrid Medizin, Jura und Philosophie. Im Bürgerkrieg kämpfte er von 1936 bis 1939 freiwillig auf Seiten Francos und wurde schwer verwundet. Im Lazarett schrieb C. surrealistische Gedichte. Nach dem Krieg setzte er sein Studium fort, das er 1943 beendete. Er arbeitete dann als Journalist bei verschiedenen Falange-Blättern (ehemalige faschistische Staatspartei Spaniens), u. a. bei „Arriba“, „Legiones y Falanges“ und „Fantasia“. Er war auch eine Zeitlang Zensor des Franco-Regimes und widmete sich darüber hinaus der eigenen schriftstellerischen Arbeit.

Aufmerksamkeit als Schriftsteller erregte C. erstmals 1942 mit seinem krass-realistischen Roman „Die Familie des Pascual Duarte“, in dem er seine Kriegserlebnisse verarbeitete. Der unter Franco zuerst nur in zensierter Fassung erschienene, dann verbotene – später verfilmte – Bestseller enthält das Geständnis des Bauern Pascual, der kurz vor seiner Hinrichtung 1937 seine zahlreichen Mordtaten ohne Reue und Schuldgefühle darlegte. Mit diesem Erstlingswerk wurde der vom Naturalismus und dem klassischen Schelmenroman beeinflußte Autor zum Begründer eines neuen Stils, des sogenannten Tremendismo – Literatur des Gewaltsamen und Schrecklichen, Dunklen und Grotesken. Der zweite Roman des großen Erneuerers der spanischen Literatur ist „Der Bienenkorb“, der 1951 im Original erschien und in Deutschland 1964 verlegt wurde. In dem Roman wird das Leben nach der Zeit des Bürgerkrieges beschrieben, ein Panoptikum der Madrider Nachkriegsgesellschaft, indem C. mehrere hundert Gestalten in skizzenhaften Momentaufnahmen porträtierte. Das Werk blieb in seinem Heimatland fast 20 Jahre verboten, was allerdings seine Verbreitung nicht verhindern konnte. Der nach diesem Buch gedrehte Film von Mario Camus gewann 1983 den „Goldenen Bären“ bei den Berliner Festspielen.

Als unerbittlicher Realist und Meister eines sehr spanischen und sehr schwarzen Humors brillierte C. mit weiteren Werken. In dem Roman „San Camilo“ (1969) behandelt er die Woche vor Ausbruch des Bürgerkrieges im Juli 1936. Seinen weiteren Romanen „Schwarze Messe“ (1973), „Arbeit in der Nebelwelt“ (1974) und „Mazurka für zwei Tote“ (1983) werden hervorragende formale Qualitäten zuerkannt, jedoch eine wenig kritische Sicht der Verhältnisse vorgehalten. Mit Erfolg wurde auch C.s Theaterstück „Maria Sabina“ aufgeführt. Zwischen 1948 und 1964 durchstreifte C. sein Heimatland und beschrieb in fünf romanhaften Reisetagebüchern einfühlsam und in bildträchtiger Sprache die Wesensart der Spanier. Die kritischen und satirischen Reiseerzählungen, besonders „Reisen nach Alcarria“ (1948) und „Von Mino nach Bidasoa“ (1952), gelten als Meisterwerke der spanischen Gegenwartsliteratur. Obwohl es C. offensichtlich schwerfällt, Entwicklungsprozesse seiner Figuren zu beschreiben, so beherrscht er die Form der Kurzgeschichte so gut wie kaum ein Spanier seiner Zeit. Die besten Erzählungen sind in dem Band „Der Galizier und seine Stierkampfmannschaft“ gesammelt. Als Herausgeber der literarischen Zeitschrift „Papeles de Son Armadans“ (1956 bis 1978) gab er vielen Schriftstellern während der Franco-Herrschaft eine Möglichkeit zur Erörterung von Problemen und war dadurch auch zu einem wichtigen Mittler zwischen den über vier Jahrzehnte isolierten Spaniern und der übrigen literarischen Welt geworden.

C.s Buch „Pascual Duartes Familie“ ist nach dem „Don Quijote“ der meistgelesene Roman der spanischen Literatur. Dieses Werk war mitbestimmend für die Auszeichnung mit dem Literatur-Nobelpreis, obwohl die Entscheidung der Schwedischen Akademie der Wissenschaften in Spanien und Lateinamerika wegen seiner Vergangenheit im Bürgerkrieg nicht unbedingt wohlwollend aufgenommen wurde. Unbestritten ist aber die Tatsache, daß C. ein großer Stilist und Meister der spanischen Sprache ist und nicht unbedingt ein nationaler Held sein muß, wie ihn seine kritiklosen Verehrer sehen möchten, auch will er weder als menschliches noch politisches Vorbild angesehen werden.

Churchill, Sir (seit 1953) **Winston Leonard Spencer** – britischer Politiker, Staatsmann, Historiker und Schriftsteller
geb. 30.11.1874 in Woodstock/Oxfordshire
gest. 24.1.1965 in London
Nobelpreis 1953, für seine Meisterschaft in der historischen und biographischen Darstellung sowie für die glänzende Redekunst, mit welcher er als Verteidiger von höchst menschlichen Werten hervortritt.
C., Sohn des konservativen Politikers Lord R. H. S. Churchill, hatte eine ungewöhnliche Kindheit. Er wuchs zwar im Haus seiner Eltern auf, war aber einer Kinderfrau anvertraut. Die englischen Traditionen der damaligen Zeit ließen es nicht zu, daß Eltern aus diesen Kreisen selbst die Erziehung ihrer Kinder übernahmen. Im Alter von sieben Jahren kam er in eine Internats-

schule nach Ascot, wo er sich jedoch nicht mit den strengen Regeln abfinden konnte. Er wechselte dann in eine Schule in Brighton über, wo er sich auf die Aufnahme in ein College vorbereiten sollte. Die schlechten schulischen Leistungen C.s waren für seine Eltern die Ursache ständiger Sorgen.

1893 wurde er in die Royal Military Academy in Sandhurst aufgenommen. 1895 wurde C. als Leutnant aus der Kavallerieschule entlassen und zum 4. Husarenregiment beordert. Er war kurzzeitig als junger Husar im kubanischen Dschungel, und seine Berichte wurden vom Daily Graphic veröffentlicht. Sein Regiment wurde im Herbst 1896 nach Indien verlegt. Er nahm an Gefechtshandlungen teil und arbeitete auch hier als Kriegsberichterstatter. Nach dem Sudanfeldzug beschloß er, den Dienst in der Armee zu quittieren und sich als Schriftsteller zu betätigen, mit der Orientierung auf eine künftige politische Laufbahn. Nach seinem Ausscheiden aus dem Militärdienst veröffentlichte C. unter dem Titel „The River War" (Der Flußkrieg) die Geschichte des Kolonialkrieges im Sudan. Allgemein wird dieses zweibändige Werk, das C. mit 24 Jahren geschrieben hatte, als ein bedeutender Erfolg des jungen Autors gewertet. 1899 versuchte C. in der Konservativen Partei Fuß zu fassen, er bekam auch eine Kandidatur im Wahlkreis Oldham, doch der erste Versuch, ins Parlament gewählt zu werden, endete mit einem Mißerfolg. Bald war er wieder bei der kämpfenden Truppe zu finden, diesmal in Südafrika, aber nicht als Offizier, sondern als Kriegsberichterstatter der Morning Post. Seine Popularität als Journalist war zu jener Zeit schon so groß, daß man ihm äußerst günstige Angebote gemacht hatte. Südafrika verhalf C. nicht nur dazu, zwei Bücher zu schreiben, sondern auch ins Parlament einzuziehen.

Sein Leben lang war C. davon überzeugt, daß hervorragende Persönlichkeiten, Helden, die Geschichte machen. Von dieser Voraussetzung ging er aus sowohl als Politiker als auch als Verfasser seiner zahlreichen Bücher. Er war absolut von seiner Berufung überzeugt, das englische Volk zu führen. Im April 1904 brach C. offiziell mit den Konservativen und wechselte zu den Liberalen über, die 1906 bei den Parlamentswahlen als Sieger hervorgingen. Im Mai 1907 wurde er zum Privy Counciller, zum Geheimrat, ernannt, was bei einem 32jährigen Politiker und stellvertretenden Minister sehr selten vorkam. Nach der Ernennung zum ersten Lord der Admiralität sah C. seine wichtigste Aufgabe darin, die Flotte schnellstens für den Krieg gegen Deutschland vorzubereiten.Von 1919 bis 1921 war C. Kriegs- und Luftfahrtminister, dann bis 1922 Kolonialminister. Ohne Erfolg versuchte er sich nach der russischen Oktoberrevolution ein besonderes Profil zu verschaffen, indem er als militanter Befürworter der alliierten Intervention gegen Sowjetrußland hervortrat. Das Wahlergebnis von 1922 war für C. ein schwerer Schlag. Ins Parlament wurde sein politischer Gegner gewählt, der mehr linke Anschauungen vertrat.

Zum ersten Mal seit 1900 gehörte C. nicht mehr dem Parlament an. Ende 1922 nahm er die Arbeit an einem großen literarischen Werk auf. Es sollte vier bis fünf umfangreiche Bände unter dem Titel „Die Weltkrisis" umfassen. Die zwei ersten Bände behandelten die Periode vom Jahre 1911 bis zum Ausbruch des Weltkrieges (erster Band) und das erste Kriegsjahr einschließlich der Tragödie an den Dardanellen (zweiter Band), sie erschienen im Jahre 1923. Bald danach folgten zwei weitere Bände und etwas später der fünfte Band. Die „Weltkrise" ist eine sehr geschickt aufgemachte Kombination von Autobiographie und Geschichtsdarstellung. 1930 schrieb C. den letzten Band der „Weltkrise", ein autobiographisches Buch „Meine frühen Jahre" und einige Essays, die er später unter dem Titel „Gedanken und Abenteuer" veröffentlichte. Angesichts des Zerfalls der „Liberal Party" kehrte C. 1924 wieder zu den Konservativen zurück. Er erhielt in der konservativen Regierung von S. Baldwin 1924 bis 1929 das Amt des Schatzkanzlers und führte England zum Goldstandard zurück. 1933 begann C. mit der Niederschrift des „Lebens Marlboroughs". Dabei verfolgte er exakt zwei Linien: erstens, mit allen Mitteln die Beschuldigungen abzuschwächen, die die Historiker gegen John C. erhoben, und zweitens, den Ruhm seines Vorfahren so stark wie möglich zu erhöhen.

In den 30er Jahren war C. wegen seiner Opposition gegen die Gewährung weitgehender Selbstregierung für Indien und gegen die in seinen Augen allzu schleppende Wiederaufrüstung ein Außenseiter in seiner Partei und ohne Regierungsamt. Nach dem Ausbruch des Zweiten Weltkrieges stieg C.s Ansehen in der Öffentlichkeit wie in seiner Partei wieder stark an. Er wurde 1939 zunächst wieder Erster Lord der Admiralität und im Mai 1940 Premierminister. In der kritischen Zeit nach der Niederlage Frankreichs symbolisierte er den britischen Widerstandsgeist und Durchhaltewillen. Mit dem amerikanischen Präsidenten F. D. Roosevelt verkündete C. 1941 die Atlantikcharta. Im weiteren Verlauf des Krieges versuchte er u. a. auf den großen Konferenzen in Teheran und Jalta, für Großbritannien im Kreis der Großen Drei (USA, UdSSR, Großbritannien) eine eigenständige Rolle zu behaupten. Bei Kriegsende fand er nicht die Unterstützung Präsident Roosevelts, als er eine frühzeitige Eindämmung der UdSSR anstrebte. Innenpolitisch ließ C. 1945 weitgehend Perspektiven für die soziale und wirtschaftliche Zukunft Großbritanniens vermissen. Nach der Wahlniederlage der Konservativen 1945 mußte er als Premierminister zurücktreten.

Nach dem konservativen Wahlsieg 1951 war er bis 1955 erneut Premierminister und setzte sich für eine Entspannung im Ost-West-Konflikt ein. Nach seinem Ausscheiden aus der Politik im Jahre 1955 verbrachte C. die letzten zehn Jahre seines Lebens in Ruhe. In den Jahren 1956 bis 1958 erschienen von ihm die vier Bände der „Geschichte der englischsprechenden Völker" mit den Einzeltiteln „Die Geburt Britanniens", „Eine neue Welt", „Epoche der Revolutionen" und „Die großen Demokratien". Im April 1963 nahm der amerikanische Kongreß ein besonderes Gesetz an, das C. zum Ehrenbürger der Vereinigten Staaten von Amerika erklärte.

Deledda, Grazia – italienische Schriftstellerin
geb. 27.9.1871 in Nuoro (Sardinien)
gest. 15.8.1936 in Rom
Nobelpreis 1926, für ihre von Idealismus inspirierten Werke, die mit plastischer Klarheit das Leben auf ihrer heimatlichen Insel schildern und mit tiefer Anteilnahme die allgemeinen Probleme des Menschseins behandeln.
Grazias Vater gehörte zu den angesehensten und einflußreichsten Bürgern Sardiniens. Sie war eine gute Schülerin mit einem großen Wissensdurst, und sie las alle Bücher, die sich im Haus befanden. Schon frühzeitig schrieb sie erste Verse und kleine Erzählungen. Ihr älterer Bruder war es schließlich, der Grazia zu einem Professor des Gymnasiums schickte, dort nahm sie Italienischstunden, denn sie schrieb zu jener Zeit mehr in Mundart als in der Schriftsprache.

Mit 17 Jahren kam Grazia auf den kühnen Gedanken, einen eigenen Text und ihren Lebenslauf an eine Zeitung zu schicken. Der Redakteur der Zeitschrift „L'ultima Moda" druckte nicht nur die Erzählung ab, sondern stellte den Lesern die junge Autorin mit lobenden Worten vor und forderte Grazia auf, weitere Arbeiten einzusenden. Doch ihr erster Erfolg wurde von Familienmitgliedern und Freunden kritisiert, selbst der Bruder gab ihr den Rat, keine Liebesgeschichten mehr zu verfassen. Sie ließ sich jedoch nicht entmutigen und schrieb weiter, zunächst ihre eigene Geschichte mit dem Titel „Die Buschrose". 1888 folgten die Veröffentlichungen „Sardisches Blut" und „Remigia Helder" in dem Frauenjournal „L'ultima Moda". Danach wurde in derselben Zeitschrift ihr erster Roman „Memorie di Fernanda" in Fortsetzungen veröffentlicht. 1890 erschienen unter dem Titel „Im Blau" Geschichten über ihre heimatliche und familiäre Welt.

D. mußte sich trotz erster Erfolge weitere Demütigungen gefallen lassen, so ist es nicht verwunderlich, daß ihr nächster Roman „Stella d'oriente" unter dem Pseudonym „Ilia di Saint-Ismael" erschien, um weiteren Anfeindungen in ihrem Dorf zu entgehen. Nun verging kein Jahr mehr, in dem nicht mindestens ein Roman oder ein Erzählband von D. erschien. In ihren Romanen und Novellen gestaltete sie das Leben ihrer Heimat, die Wildheit und Urwüchsigkeit der Insel Sardinien und ihrer leidenschaftlichen Bewohner. D. schöpfte vorwiegend aus dem, was sie in ihren ersten 30 Lebensjahren an Erzählungen gehört und selbst erlebt hatte. Wie sie ihre Anregungen auch ganz direkt aus dem Kontakt mit der Bevölkerung bezog, hat sie in dem autobiographischen Buch „Cosima. Die Jugend einer Dichterin" beschrieben. Ihren literarischen Durchbruch hatte sie 1894 mit der Novellensammlung „Sardische Geschichten" geschafft, doch der große Erfolg kam 1896 mit dem Roman „La via del male", der allerdings nie ins Deutsche übersetzt wurde.

Im Jahre 1900 heiratete D. in Nuoro einen Finanzbeamten, aus der Ehe gingen zwei Söhne hervor. Sie zog dann mit ihrem Mann nach Rom, der dorthin versetzt wurde, und lebte hier bis zu ihrem Tod. Sie behielt ihren schlichten, fast strengen Lebensstil immer bei. Nach gewissenhaft getaner häuslicher Arbeit widmete sie sich fast täglich mehrere Stunden ihrer literarischen Tätigkeit, so entstanden etwa 400 Novellen und Erzählungen sowie 35 Romane.

Die Kunst D.s wurzelte in ihrer sardischen Heimat. Alle Romane variieren die Motive von Leidenschaft und Verzicht in Gestalten großer unbeugsamer Frauen. Die romantische Grundhaltung D.s, deren Helden sich stets im Kampf gegen dumpfe Instinkte, Schuldkomplexe und durch Konvention auferlegte Hemmungen befinden, läßt den ersten Teil ihres Werkes als ein vielschichtiges und eindrucksvolles Gewebe von seelischen Konflikten, religiösen und magischen Motiven, verinnerlicht erlebter Landschaften und sozialkritischer Akzente erscheinen. Die Heldin in „Der Efeu" wird aus Liebe zur Mörderin, während die Mutter in dem gleichnamigen Buch stellvertretend für den Sohn seine Schuld mit ihrem Leben sühnt. Die in der zweiten Phase ihres Schaffens entstandenen Romane wie „Das Geheimnis" (1921), „Die Flucht nach Ägypten" (1925) und „Annalena Bilsini" (1927) lassen, obwohl sich der äußere Schauplatz gewandelt hat, vor allem in der psychologischen Zeichnung der Hauptgestalten noch die Verbundenheit D.s mit den Menschen Sardiniens erkennen.

Die Verleihung des Nobelpreises an D. erregte 1926 großes Aufsehen. Selbst Literaturwissenschaftler wußten nur wenig über diese sardische Autorin, da nur wenige Bücher bis dahin ins Französische, Deutsche oder Schwedische übersetzt worden waren, sie gehörte nicht zu den weitverbreiteten Schriftstellern. Trotz der auch für sie ganz überraschend kommenden Ehrung, der Ernennung zum Mitglied der Italienischen Akademie und anderer Auszeichnungen blieb sie stets eine einfache Frau. Einige Monate nach der Nobelpreisverleihung wurde bei ihr ein Tumor festgestellt, und trotz zweier Operationen breitete sich die Krebskrankheit in den nächsten Jahren weiter aus. Sie wußte wohl schon um die Unheilbarkeit ihrer Krankheit, als D. noch zwei autobiographische Romane schrieb: „La Chiesa della Solitudine", die Geschichte einer krebskranken Frau, und die Autobiographie „Cosima", deren Manuskript erst nach ihrem Tod in ihrem Arbeitszimmer gefunden wurde. Nach dem Zweiten Weltkrieg wurde auf Wunsch der Bevölkerung ihres Geburtsortes Nuoro ihr Sarg in die Kirche „Della Solitudine" überführt und das Geburtshaus der wichtigsten und berühmtesten Dichterin Sardiniens zu einem Museum eingerichtet.

Weitere Werke: „Elias Portolu" (1900); „Der Alte vom Berge" (1900); „Die Mutter" (1920); „Der Alte und die Jungen" (1928).

Echegaray y Eizaguirre, José de – spanischer Dramatiker
geb. 19.4.1832 in Madrid
gest. 14.9.1916 in Madrid
Nobelpreis 1904, in Anerkennung des glänzenden und umfassenden Werkes, in dem er die große Tradition des spanischen Dramas in schöpferischer und eigenwilliger Originalität wiederbelebt hat.

E. stammte aus bescheidenen Verhältnissen, obwohl sein Vater Arzt und Botaniklehrer war. Dank seiner außerordentlichen mathematischen Begabung konnte er in Madrid Tiefbau studieren, und bereits mit 20 Jahren wurde er Straßenbauingenieur. Er entwickelte sich zu einer vielseitigen Persönlichkeit von überragender Intelligenz und hatte eine glänzende Laufbahn als Wissenschaftler und Politiker. Von 1854 bis 1868 war E. Mathematikprofessor in Madrid und publizierte zahlreiche mathematische Studien. Im Gefolge der bürgerlichen Revolution von 1868 war er Parlamentsabgeordneter und Inhaber verschiedener Staatsämter. Nationalökonomische Interessen und liberale wirtschaftspolitische Vorstellungen konnte E. als Arbeitsminister (1868–74) und Finanzminister (ab 1874) umsetzen. Er war 1874 Mitbegründer der Bank von Spanien und blieb auch in der Folgezeit politisch tätig. Ab 1865 gehörte er der Naturwissenschaftlichen Akademie und ab 1884 der Spanischen Akademie an.

Sein 1874 begonnenes dramatisches Schaffen – er verfaßte über 70 Werke, davon die Hälfte in Versen – gehört zu den letzten Ausläufern der spanischen Romantik. Seine Stücke sind die neuromantische Erwiderung auf das bürgerliche Theater von F. Ayala und M. Tamayo. Neben effektvollen und sentimentalen Rührstücken umfaßt sein Werk auch naturalistische und sozialkritische Thesenstücke. Bevorzugte Themen sind tragisch ausgehende Familienkonflikte sowie Ehre, Ritterlichkeit und eheliche Treue. Er begeisterte das Publikum seiner Zeit durch pathetische Sprache, Effekthascherei, schnellen Szenenwechsel, atemberaubenden Wirbel der Handlung und Intensität der menschlichen Leidenschaften. Seine Theaterstücke hatten in Spanien und auch in vielen Ländern Europas große Bühnenerfolge. E.s Werke, beeinflußt von Ibsen, Strindberg, Sudermann, Bjørnson u. a., wurden von der späteren Kritik wegen fehlender Wirklichkeitsnähe, unglücklicher logischer Verknüpfungen und maßloser Übertreibung verurteilt und durch Benavente y Martinez (Literatur-Nobelpreis 1922) und die neue dramatische Konzeption seiner Werke von der Bühne verdrängt.

Andere in ihrer Zeit erfolgreiche Stücke waren u. a. „Die Frau des Rächers" (1874) und „Don Juans Sohn" (1892). E. ist auch mit den Erzählungen „Cuentos" (1912) hervorgetreten.

Eliot, Thomas Stearns – englischer Lyriker, Dramatiker und Essayist nordamerikanischer Herkunft
geb. 26.9.1888 in St. Louis (Missouri)
gest. 4.1.1965 in London
Nobelpreis 1948, für seine bemerkenswerte Leistung als Bahnbrecher der modernen Poesie.

E. erhielt als Sohn einer wohlhabenden Familie eine religiös-puritanische Erziehung. Er studierte zunächst an der Harvard University, wo Philosophie, Sanskrit, Psychologie und später die romantischen Literaturen seine besonderen Interessengebiete waren. Nachhaltig wurde er während seiner Studienzeit von Irving Babbitt beeinflußt, der ihm Dantes „Göttliche Komödie" nahebrachte. Er ging dann nach Europa, um Anschluß an die neuesten Tendenzen in der europäischen Dichtung und Philosophie zu gewinnen. 1910/11 studierte E. an der Sorbonne, dann hielt er sich für kurze Zeit in München auf, kehrte nach Harvard zurück und begann mit seiner Dissertation über den Philosophen F. H. Bradley. Im Sommer 1914 reiste er ein zweites Mal nach Deutschland, um sich an der Marburger Universität mit dem Neukantianismus zu befassen. Der Kriegsausbruch zwang ihn jedoch, nach England überzusiedeln, wo er am Merton College in Oxford seine philosophischen Studien fortsetzte.

E. ist einer der einflußreichsten Dichter und Literaturkritiker englischer Sprache der ersten Hälfte des 20. Jahrhunderts. Er brach radikal mit der in England vorherrschenden nachromantischen Dichtung und übte mit seinem eklektizistisch und kosmopolitisch Modernismus und Tradition verknüpfenden Werk einen starken Einfluß auf die bürgerliche Literatur aus. Für seine dichterische Entwicklung war die Begegnung mit Ezra Pound entscheidend, der seit 1908 in Europa lebte und die bedeutendsten englischsprachigen Autoren (Yeats, Joyce) persönlich kannte und beeinflußte. Pound stufte E.s Begabung nach der Lektüre von „Prufrock und andere Beobachtungen" sofort sehr hoch ein und setzte sich für die Veröffentlichung dieses Gedichtes in der Zeitschrift „Poetry" ein.

Doch erst mit „Das wüste Land" (1922) wurde er schnell berühmt. Das Gedicht stellt den Versuch dar, ein Porträt der zeitgenössischen Gesellschaft in lyrischer Sprache zu liefern. Die moderne Welt erscheint hier als eine unfruchtbare Wüste – die meisten Szenen spielen in London –, das Leben der Menschen ist geprägt von Langeweile; die Erinnerung an frühere Epochen und bedeutende Gestalten der Menschheitsgeschichte ist verblaßt. In einem „Haufen zerbrochener Bilder", beschrieben in prosaischer Alltagssprache und neuen Rhythmen, widerspiegelt es, ebenso wie das nachfolgende Gedicht „Die hohlen Menschen" (1925), metaphorisch überhöht und in zum Teil metaphysischer Abstraktheit die Hoffnungslosigkeit großer Teile der bürgerlichen Intelligenz im Nachkriegseuropa. Bereits die frühe Dichtung E.s läßt seine theologisch-religiösen Neigungen erkennen. Das Gedicht „Aschermittwoch" (1930) zeigt, daß sich in E. in den zwanziger Jahren ein entscheidender Wandel vollzog. Er wurde 1927 britischer Staatsbürger und konvertierte zur anglikanischen Hochkirche. Den Höhepunkt seiner Entwicklung als Lyriker erreichte E. mit dem Werk „Vier Quartette" (1943).

In seinen dramatischen Versuchen knüpfte E. an die Bestrebungen der Anglo-Iren an, ein neues poetisches Drama zu begründen, das sich von der Diktion des realistischen Theaters distanzierte. Mit dem für die Canterbury-Festspiele geschriebenen Drama „Mord im Dom" (1935) führte E. eine Wiederbelebung des religiösen Versdramas in England herbei. In dem Stück verbindet er den Chor des antiken Dramas mit Elementen der mittelalterlichen Moralität. Seine weiteren Versdramen behandeln metaphysische und psychoanalytische

Themen: „Der Familientag" (1939) ist der Orestie verpflichtet; „Die Cocktail-Party" (1949) und „Der Privatsekretär" (1953) verarbeiten Dramen des Euripides, und mit „Der verdiente Staatsmann" (1958) schloß sich E. an Sophokles' Ödipus auf Kolonos an. Durchgängig handeln seine Dramen von Schuld und Sühne, von Läuterung und Liebe. Die Stücke nach „Mord im Dom" lassen die christlichen Anspielungen oft nur verdeckt mitlaufen, und sie nähern sich dem neuzeitlichen Gesellschaftsdrama.

Das gesamte literarische Schaffen E.s wurde ständig von literaturkritischen Arbeiten begleitet. Von 1917 bis 1919 war er Mitherausgeber des „Egoist", der Zeitschrift der Imagisten; 1922 gründete er die Zeitschrift „The criterion" und war bis 1939 einer der Mitherausgeber. Seine glänzend geschriebenen kulturtheoretischen Essays entwickeln Konzeptionen auf der Basis eines großbürgerlich-elitären Konservatismus: „Der Nutzen der Dichtung und der Nutzen der Kritik" (1933); „Die Idee einer christlichen Gesellschaft" (1939); „Die Einheit der europäischen Kultur" (1946); „Beiträge zum Begriff der Kultur" (1948). E.s skurril-komische Seite fand in „Old Possums Katzenbuch" (1939) ihren besten Ausdruck; durch das darauf basierende Musical „Cats" erlangte er postum eine neue, unerwartete Popularität.

Weitere Werke: „Der heilige Wald" (1920); „Nach seltsamen Göttern" (1934); „Der Fels" (1934).

Elytis, Odysseas (eigentlich Odysseas Alepudelis) – griechischer Schriftsteller
geb. 2.11.1911 in Heraklion (Kreta)
gest. 18.3.1996 in Athen
Nobelpreis 1979, für seine Poesie, die, in der griechischen Tradition fußend, mit sinnlicher Kraft und intellektueller Klarsicht den Kampf eines modernen Menschen für die Freiheit gestaltet.

E., Sohn einer aus Lesbos stammenden Fabrikantenfamilie, besuchte eine Privatschule und ein Gymnasium in Athen, nachdem seine Eltern im Jahr 1912 dorthin übersiedelt waren. 1930 begann er ein Jurastudium an der Universität Athen, brach das Studium aber vorzeitig wieder ab. 1937 absolvierte E. die Offiziersschule in Kerkyra (Korfu) und war 1940 als Leutnant im Krieg gegen Italien an der albanischen Front. Nach einer schweren Typhuserkrankung kehrte er 1941 nach Athen zurück.

Der griechische Lyriker Giorgios Seferis (Literatur-Nobelpreis 1963) und E. gehörten zur Generation junger Autoren, die in den 30er Jahren im Umkreis der Zeitschrift „Nea Grammata" eine neugriechische Dichtung begründeten. Bereits als Jurastudent veröffentlichte er seine ersten Gedichte, als Sammlung wurden sie herausgegeben in „Orientierungen" (1936/37). Er besingt darin die karge Natur der Ägäis, das Meer und die Inseln mit ihren Bewohnern. 1939 erschienen die „Wasseruhren des Unbekannten" und 1943 der Zyklus „Sonne, die erste", die sein lyrisches Schaffen begründeten. Auf seine Kriegserlebnisse geht das Werk zurück „Helden- und Klagegesang auf den gefallenen Unterleutnant in Albanien" (1945), in dem der Dichter die Leiden und Hoffnungen seiner während des Zweiten Weltkrieges überfallenen und unterdrückten Heimat schildert.

Nach dem Krieg veröffentlichte E. lange Zeit nichts. Er war mehrere Jahre Programmdirektor des Griechischen Rundfunks und wurde 1955 Präsident des Griechischen Chorspiels. Er vertrat sein Land auf dem internationalen Literaturtreffen in Genf und beim Kongreß der Vereinigung der Kunstkritiker. Es folgten Reisen nach England, Italien, Spanien und ein vierjähriger Aufenthalt in Paris (1948/52). Hier besuchte E. Vorlesungen an der Sorbonne und schloß Freundschaft mit den französischen Schriftstellern André Breton und Paul Eluard, die zu den Begründern des Surrealismus gehörten. Er hatte Kontakte mit Albert Camus (Literatur-Nobelpreis 1957) und Giuseppe Ungaretti und verkehrte auch in den Kreisen der Maler Matisse, Picasso und Giacometti. Nach Reisen in die USA (1961), in die Sowjetunion (1962), nach Bulgarien (1964) und Ägypten (1967) folgte ein weiterer Aufenthalt in Paris (1969/71).

Sein Hauptwerk, der Gedichtzyklus „To Axion Esti" („Gepriesen sei"), das 1959 erschien und an dem E. mehr als zehn Jahre arbeitete, ist in Griechenland vor allem durch die Vertonung von Mikis Theodorakis bekannt, ja sogar populär geworden: Theodorakis hat es einmal als die „Bibel des neuen Griechenland" bezeichnet. Und in der Tat kann man „To Axion Esti" als ein Nationalgedicht ansehen, als eine umfassende Darstellung griechischen Lebens. Natur und Geschichte, Landschaft und Kosmos, Mythos und Religion, Antike und Byzanz, Türkenzeit und Befreiungskrieg, Weltkrieg und Bürgerkrieg werden hier in 47 dithyrambischen (kunstvolles, strophisch gegliedertes Festlied) Gesängen von E. beschworen.

Auch in späteren Werken hielt E. am Thema des Griechentums fest. Das szenische Gedicht „Maria Nephteli" (1979) ist angelegt als Widerrede zwischen dem Dichter und der in vielen Gesichtern als weibliche Urkraft erfahrenen, verzweifelt vom Zustand der Welt sprechenden Maria Nephteli. Als Übersetzer vertrat E. die Ansicht, daß eine Übersetzung in erster Linie eine freie poetische (also ein nachschöpferischer Akt) sein soll und keine bloß exakte philologische. Bezeichnenderweise führen seine gesammelten Lyrik-Übersetzungen von P. Eluard, G. Lorca, W. Majakowski und G. Ungaretti den Titel „Elytis zweite Schrift".

E. ist auch als bildender Künstler vor allem mit Collagen hervorgetreten. 1960 erhielt er den griechischen Staatspreis für Lyrik und 1965 den Phönixorden.

Weitere Werke: „Sechs und ein Gewissensbiß für den Himmel" (1960); „Körper des Sommers" (1960); „Sieben nächtliche Siebenzeiler" (1966); „Sonne die Allmächtige" (1971); „Der Lichtbaum und die vierzehnte Schönheit" (1971); „Das Monogramm" (1971); „Lieder der Liebe" (1972); „Die Halbgeschwister" (1974); „Verschiedenes" (1974); „Offene Karten" (1974); „Drei Gedichte mit Gelegenheitsfahne" (1982); „Glänzender Tag Muschel der Stimme" (1982); „Tagebuch eines nie gesehenen Aprils" (1984); „Der kleine Nautilus" (1985).

Eucken, Rudolph Christoph – deutscher Philosoph
geb. 5.1.1846 in Aurich (Ostfriesland)
gest. 15.9.1926 in Jena
Nobelpreis 1908, in Anerkennung seines ernsten Suchens nach Wahrheit, der Konsequenz seines umfassenden Denkens und der Warmherzigkeit und Strenge, mit denen er in seinen zahlreichen Werken für eine idealistische Lebensphilosophie eingetreten ist und diese weiterentwickelt hat.
E., Sohn eines Postmeisters, verbrachte seine Kindheit in Aurich und besuchte hier die Grundschule und das Gymnasium. Nach dem Abitur 1863 ging er an die Universität Göttingen, wo er Philosophie und Klassische Philologie studierte. An der Universität Berlin studierte er anschließend noch Alte Geschichte. Im Jahre 1866 promovierte E. mit einer Arbeit über den Sprachgebrauch des griechischen Philosophen Aristoteles. Von 1867 bis 1871 war er Gymnasiallehrer in Husum, Berlin und Frankfurt / Main. 1871 wurde E. als Ordinarius für Philosophie an die Universität nach Basel berufen. Ab 1874 wirkte er als Professor für Philosophie an der Universität in Jena. Von 1913 bis 1914 war er als Austauschprofessor in den USA, nach seiner Emeritierung im Jahre 1920 widmete er sich vorwiegend der Vortrags- und literarischen Tätigkeit.

E. wollte sich keiner der üblichen Richtungen der Philosophie verschreiben, weder der positivistischen noch der überwiegend kritischen. Sein ganzes Sinnen und Trachten, verbunden mit einer souveränen Beherrschung alles zuvor von anderen Gedachten, galt der tieferen Fundierung des Idealismus als Grundlage für das Denken, aber ebenso stark für das Leben. Er vertrat einen „neuen Idealismus", den er sozialethisch verstand und „schöpferischen Aktivismus" nannte. Gegen den Intellektualismus der Gelehrtenphilosophie und eine dem Technischen verhaftete Scheinkultur gewendet, forderte er ein auf die substantielle Einheit ausgerichtetes, ethisch verwurzeltes Geistesleben, dessen absolute Form er im Göttlichen sah. An diesen Gedanken schloß sich für ihn die Bemühung um die geistige Zusammenarbeit der Völker an.

Was E. seinerzeit so preiswürdig machte, war die humanitäre Sendung, zu der er sich berufen fühlte, war die selbst auferlegte prophetische Rolle eines Menschheitsretters. Er entwickelte eine Art Theorie der Lebensrettung, die heute nur schwer nachzuvollziehen ist. Das war seine zentrale Maxime: Die gegenwärtige Menschheit ist gefährdet, gebrochen und angekränkelt. Das gelte besonders für die Deutschen. Seine Konsequenz aus dieser etwas vagen Erkenntnis war die Einsicht, daß die Menschheit aufgerüttelt und zu einem neuen Lebensverständnis geführt werden müsse.

E. war mit seiner Lehre ein Vertreter der Lebensphilosophie, die allgemein ausgedrückt die Gesamtheit der Lebensweisheiten und -anschauungen eines Menschen zur Bewältigung seines persönlichen Daseins im täglichen Lebensvollzug entwickelt. Er war der einzige „Fachphilosoph", der bisher einen Nobelpreis erhielt. E. war Haupt der neuidealistischen Bewegung, und er bemühte sich, seinen philosophischen Anschauungen entsprechend, um die geistige Zusammenarbeit der Völker.

E. veröffentlichte eine Reihe von Werken, u. a. „Geschichte und Kritik der Grundbegriffe der Gegenwart" (1878); „Die Einheit des Geisteslebens in Bewußtsein und Tat der Menschheit" (1888); „Der Kampf um den geistigen Lebensinhalt" (1896); „Der Wahrheitsgehalt der Religion" (1901); „Gesammelte Aufsätze zur Philosophie und Weltanschauung" (1903); „Die geistesgeschichtliche Bedeutung der Bibel" (1917).

Faulkner, William – amerikanischer Schriftsteller
geb. 25.9.1897 in New Albany (Mississippi)
gest. 6.7.1962 in Byhalia (Mississippi)
Nobelpreis 1949, für seine kraftvolle und künstlerisch selbständige Leistung in Amerikas Romanliteratur.
William Cuthbert Falkner, der sich schon als junger Poet Faulkner nannte, entstammte einer ehemals einflußreichen Pflanzerfamilie. Im Ersten Weltkrieg erhielt er eine Ausbildung als Pilot in Kanada. Ab 1919 studierte F. in Oxford (Miss.) Englische und Französische Literatur, beendete das Studium aber vorzeitig ohne Abschluß und war dann vorübergehend Postangestellter, Zimmermann, Anstreicher und Journalist. 1925 unternahm er eine Europareise nach Italien, Frankreich und Deutschland, ab 1926 lebte er die meiste Zeit auf seiner Farm in der Nähe seiner Heimatstadt. Während eines Aufenthaltes in New Orleans im Jahre 1925 verfaßte F. seine ersten Kurzgeschichten und Skizzen. Trotz der Mängel im Stilistischen und Kompositorischen verraten diese Lehrlingsstücke in Themen- und Motivwahl schon den späteren Schöpfer des Monumentalzyklus über die amerikanischen Südstaaten.

Sein erster Roman „Soldatenlohn" (1926) und auch „Sartoris" (1929) sind mit ihrem Pessimismus und der verzweifelten Suche nach dem Sinn des Lebens Ausdruck der Haltung der „verlorenen Generation". Er war während dieser Zeit einer jener verlorenen jungen Männer, denen der Erste Weltkrieg ihre Illusionen genommen hatte. In „Sartoris" fand F. zu seinem eigentlichen Thema, der Geschichte und Gegenwart seiner Südstaatenheimat, verkörpert in dem fiktiven Yoknapatawpha County, das zum Schauplatz fast aller seiner Romane wird. Es ist von F. nach dem Vorbild des heimatlichen La Fayette County (Mississippi) gestaltet worden. In fast allen seinen Romanen entwarf F. ein umfassendes geschichtliches und gesellschaftliches Gemälde; mit den alptraumartigen Lebenserfahrungen seiner Figuren verschmolz er seine Vorstellungen vom Verfall des alten Südens, der sich in Generation, Perversion, Gewalttätigkeit, Haß und Zerstörung offenbart. In „Schall und Wahn" (1929) gestaltete F. in einer komplizierten Erzählstruktur mit der Technik des Bewußtseinsstroms die Degeneration in einer der alten angesehenen Familien Jeffersons. Gegen die Lasterhaftigkeit der Familie setzte F. die Menschlichkeit der Schwarzen und deren Fähigkeit zu Güte und Ergebenheit. Der Roman „Als ich im Sterben lag" (1930) ist eine von einem vielfach aufgesplitterten Erzählerstandpunkt aus in der Form innerer Monologe verfaßte grelle Farce aus dem Milieu der „armen Weißen".

„Die Freistatt" (1931) ist nach F.s eigenen Worten ein Roman mit einer „billigen Idee", der ihm aber finanziellen Erfolg und die Anerkennung brachte, die ihm mit früheren Werken versagt geblieben war. Der Zyklus findet seine Fortsetzung in zwei seiner bekanntesten Werke „Licht im August" (1932) und „Absalom, Absalom!" (1936). In dem erschütternden Roman „Licht im August" hat F. am Beispiel von Joe Christmas, der seiner Herkunft nach gleichermaßen als Weißer und als Schwarzer gelten kann, dargetan, wie ein Mensch an den inneren Widersprüchen, für die es auch in der ihn umgebenden Gesellschaft keine Versöhnung gibt, zugrunde gehen muß, gejagt und gehetzt von einem Lynchmob, der auf den Plan gerufen wurde, weil Joe Christmas sein aufgestautes Leid und seine Verzweiflung nur in einer Gewalttat abzureagieren vermochte.

In „Griff in den Staub" (1948) gestaltete F. in der gemeinsamen Aktion humanistisch gesinnter Weißer zur Rettung des fälschlich eines Mordes beschuldigten Afroamerikaners Lucas eine Möglichkeit zur Überwindung des rassistischen Erbes. Seine Haltung gegenüber den Afroamerikanern war nicht widerspruchsfrei und enthielt auch Elemente einer herablassenden patriarchalischen Einstellung. Die meisten Dichtungen F.s sind durch innere Bezüge und die Thematik verbunden, sie stellen das für den Europäer komplizierte soziale Gefüge der amerikanischen Südstaaten dar. Sind die historischen, sozialen und moralischen Konflikte auch gebunden an die Südstaaten und ihre besonderen Verhältnisse, so ergibt sich daraus doch ein Bild, das weit über das Lokale hinausgeht. Die abenteuerlichen, oft makaberen und menschliche Extremsituationen darstellenden Ereignisse erscheinen meist als vielfältige Prozesse des menschlichen Bewußtseins, die den eigentlichen Kern des Erzählvorgangs bilden. In der monumentalen Trilogie „Das Dorf" (1940), „Die Stadt" (1957) und „Das Haus" (1959) wird der Aufstieg der neureichen, skrupellosen Snopes-Familie dargestellt, die als der neue Herrscher an die Stelle der alten Herren getreten ist.

Hatte sich F. bis zum Jahre 1950 weitgehend vom politischen Tagesgeschehen ferngehalten, so war ihm die Verleihung des Nobelpreises Auftrag und Verpflichtung zugleich, die Isolierung aufzugeben. Von dieser Zeit an datieren seine Forderungen nach Integration in den Südstaaten, zornige Anklagen gegen rassistische Richter und gegen Lynchmörder.

F. verfaßte auch zahlreiche Kurzgeschichten, die zum Teil in seine Romane eingingen (z. B. „Der Bär", 1942). Von 1933 an schrieb er auch Filmdrehbücher für Hollywood, u. a. zu Filmen von H. Hawks („To have and have not", 1944, und „The big sleep", 1946). 1955 und 1962 erhielt er den Pulitzerpreis. F.s auch sprachlich anspruchsvolle, stilistisch komplexe und oft ausschweifende Werke markieren mit ihren erzählerischen Innovationen einen Höhepunkt der literarischen Moderne und haben weltweit Anerkennung gefunden.

Weitere Werke: „Moskitos" (1927); „Ein grüner Zweig" (1933); „Wendemarke" (1935); „Die Unbesiegten" (1938); „Wilde Palmen und der Strom" (1939); „Das verworfene Erbe" (1942); „Der Springer greift ein" (1949); „Requiem für eine Nonne" (1951); „New Orleans" (1958).

Fo, Dario – italienischer Dramatiker, Regisseur und Autor

geb. 24.3.1926 in San Giano/Provinz Varese am Lago Maggiore

Nobelpreis 1997, für einen äußerst vielseitigen Künstler, der in Nachfolge der mittelalterlichen Gaukler die Macht geißelt und die Würde der Schwachen und Gedemütigten wieder aufrichtet.

F., einer der meistgespielten Dramatiker der Gegenwart, hat nie einen Roman geschrieben. Er ist der erste reine Theaterautor, der die mit 1,7 Millionen Mark dotierte Auszeichnung entgegennehmen durfte.

F., Sohn eines Eisenbahners und einer Bäuerin, studierte Malerei und Architektur an der Brera-Kunstakademie, erhielt aber keinen Abschluß. Bereits während des Studiums knüpfte er Kontakte zu freien Theatergruppen. 1951 wurde F. freier Mitarbeiter bei Radio Italiano, 1952 trat er am Teatro Odeon in Mailand erstmals öffentlich als Schauspieler auf. Von 1952 bis 1954 schrieb und spielte er zusammen mit Franco Parenti und Giustino Durano satirisch-politische Revuen, die am Piccolo Teatro in Mailand zur Aufführung kamen. Nach dem Verbot von „I sani da legare" („Gesunde zum Festbinden") löste sich die Gruppe auf. 1954 heiratete F. die Schauspielerin Franca Rame. Nach Mißerfolgen als Drehbuchautor und Schauspieler beim Fernsehen RAI schrieb er zusammen mit seiner Frau ab 1958 volkstümliche Farcen, meist mit stark satirisch-sozialkritischem Akzent. 1959 gründete er die Theatergruppe „La compagnia Dario Fo – Franca Rame", für die er bis 1967 als Schauspieler, Regisseur und Autor von Komödien und Liederabenden arbeitete. 1968 erfolgte die Auflösung der „compagnia Fo – Rame", und nach eigenen Worten wurde er vom „Hofnarren der Bourgeoisie" zum „fahrenden Sänger des Volkes" befördert. Im gleichen Jahr gründete F. die Theaterkooperative „Nuova Scena" innerhalb der ARCI, einer von der Kommunistischen Partei Italiens getragenen Kulturorganisation. Nach anhaltenden ideologischen Differenzen mit der KPI erfolgte 1970 die Spaltung der „Nuova Scena" und die Gründung des Theaterkollektivs „La Comune" in Mailand, mit dem 1974 ein festes Haus, die „Palazzina Liberty", bezogen werden konnte.

Auf F.s „Theater der großen Provokation" reagierte der Staat mit juristischen Sanktionen und zahlreichen Prozessen; mehrmals wurde er auf offener Bühne verhaftet. 1976 zeichnete das italienische Fernsehen nach jahrelangem Boykott acht F.-Inszenierungen auf. Nach der Sendung von „Mistero Buffo" protestierte 1977 Papst Paul VI. bei der italienischen Regierung und drohte, der Vatikan werde der „Schändung der religiösen Gefühle der Italiener nicht schweigend zusehen". 1980 und 1983 verweigerte man F. und seiner Frau die Einreise in die USA zu einer Tournee und verwies auf deren Mitgliedschaft in der Gefangenenhilfsorganisation „Soccorso Rosso" („Rote Hilfe"). Man hat F. ein „theatralisches Universalgenie" genannt: Er ist Schauspieler, Autor und Regisseur in einer Person, zudem verantwortlich für Bühnenbild und Kostüme, schließlich Leiter eines berühmten, konsequent unabhängigen Theaters. In radikaler Opposition zum herrschenden politischen System schuf F. ein massenwirksames Volkstheater, das trotz vielfältiger Repressalien nicht mundtot gemacht werden konnte. Er hat den Boden bürgerlicher, staatlich subventionierter und institutionalisierter Kultur verlassen, ohne sich ins Abseits bedeutungsloser Subkultur abdrängen zu lassen, und er hat allen Versuchen politischer Gruppen, sein Theater für ihre Agitation zu vereinnahmen, widerstanden.

Das linksradikale Engagement tat seiner Popularität keinen Abbruch: In der Mailänder „Palazzina Liberty" spielt F.s Theatergruppe „La Comune" jährlich vor über 1,5 Millionen Zuschauern. Seine Theaterstücke entstehen aus tagespolitischer Aktualität und in direkter Auseinandersetzung mit dem Publikum. Als Schauspieler faszinierte F. sein Publikum durch Sprachwitz, durch plötzliche Änderung von Position, Gestik, Sprechweise und durch die Kunst, mehrere Rollen zur gleichen Zeit zu interpretieren. Er bediente sich für seine Bühnenarbeit der Tradition des sizilianischen Marionettentheaters und nahm Elemente des mittelalterlichen Mirakelspiels auf. F. hat eine Generation von Theaterleuten ermutigt, außerhalb der Institutionen zu arbeiten, und auch in Deutschland die Gründung freier Gruppen angeregt. Seine Stücke, die in mehr als 30 Sprachen übertragen wurden, waren in Deutschland in den 70er Jahren „ein Renner". Schon F.s erste Autorenarbeit, die 1952 für den Rundfunk geschriebenen Szenen „Poer nano" („Armer Zwerg"), gibt historische und mythologische Helden der Lächerlichkeit preis, indem altvertraute Überlieferungen einem einfachen Mann aus der Provinz in den Mund gelegt werden. Dieses Grundelement der F.schen Dramaturgie knüpft an volkstümliche Erzähltraditionen an, ausgearbeitet und perfektioniert hat er diese Technik im Studium und durch praktische Theaterarbeit.

Die beiden Einakter „Diebe, Mannequins und nackte Frauen" und „Komisches Ende" knüpfen an die Tradition der Commedia dell'arte an und verwenden als Material teilweise die Rollenbücher der alten Schauspielerfamilie Rame. Im Anschluß an die Einakter entstanden eine Reihe von Komödien, deren technischer Bauplan eine weitaus komplexere Struktur aufwies. Zu seinen bekanntesten Stücken, die Satire und Sozialkritik oft mit Improvisation, Klamauk und grotesken Possen verbinden, gehört das Werk „Zufälliger Tod eines Anarchisten" (1970) über den Fenstersturz eines italienischen Anarchisten beim Polizeiverhör. „Hohn der Angst" (1981) ist eine groteske Posse, angeregt durch die Entführung und Ermordung des italienischen Politikers Aldo Moro. Die Frauenfrage stand im Mittelpunkt des Stücks „Nur Kinder, Kirche, Küche" (1979). Die veränderte politische Situation der 80er Jahre entzog dann allerdings dem Theater von F. immer mehr den Boden für die erstrebte klassenkämpferische Agitation.

Ende der 80er Jahre hatten sich die Turbulenzen um sein Theater etwas beruhigt, bis er wieder ein Stück zu einem in Italien leidenschaftlich umstrittenen Thema vorlegte: „Il papa e la strega" („Der Papst und die Hexe") hieß die Farce, mit der F. 1989 seine Meinung zur Legalisierung des Drogenkonsums kundtat. 1991 ging F. mit der witzig-grotesken Satire „Ruhe, wir sind im Absturz", die in besonderer Weise vom Terror der AIDS-Angst handelt, auf Tournee durch Italien.

France, Anatole (eigentlich Jacques-François Anatole Thibault) – französischer Romancier, Novellist, Literaturkritiker und Journalist

geb. 16.4.1844 in Paris

gest. 12.10.1924 in La Bechellerie/Tours

Nobelpreis 1921, in Anerkennung seines glänzenden, für den französischen Geist typischen Werkes, seines vornehmen und kraftvollen Stils, seines warmen Herzens für alles Menschliche und seines liebenswürdigen Charmes.

F. ist buchstäblich inmitten von Büchern aufgewachsen, denn sein Vater unterhielt im Pariser Universitätsviertel eine angesehene Buchhandlung. Mit fünfzehn schreibt er eine erste, ungedruckt bleibende Erzählung, die „Legende der heiligen Radegonde". 1867 nimmt F. eine Stelle bei dem Verleger Lemerre an, wo er als Lektor Klassikerausgaben betreut. 1876 wird er zum Bibliothekar in der Senatsbibliothek ernannt. Diesen Posten gibt er jedoch 1890 auf, um sich von nun an völlig seinen literarischen und literaturkritischen Neigungen zu widmen. Seine in führenden Zeitschriften veröffentlichten Artikel über das hauptstädtische literarische Leben werden später mehrere umfangreiche Bände füllen. Bereits 1886 war er als Literaturkritiker bei der einflußreichen bürgerlichen Zeitung „Temps" tätig gewesen.

F. hatte zu den gesellschaftlichen Ereignissen, die sich praktisch vor seiner Haustür abspielten, nur ein sehr distanziertes Verhältnis gehabt. Die Pariser Kommune war ihm als etwas Törichtes erschienen, das des historischen Sinnes entbehrte; die großbürgerliche Republik von 1870 flößte ihm keineswegs mehr Vertrauen ein als vergangene aristokratische Regime oder die Zukunftsvision einer sozialistischen Staatsordnung. Die F. gemäße Form, auf das Mißbehagen zu reagieren, das ihm die politischen, moralischen, geistigen Verhältnisse seiner Zeit bereiteten, bestand anfangs darin, diese Verhältnisse möglichst gar nicht wahrzuhaben und sich statt dessen eine gleichsam private Idealwelt einzurichten.

Seine Vorbehalte gegen die Pariser Kommune von 1871 verdeutlicht der Roman „Die Sehnsucht des Johann Servien" (1882). Nach der Gedichtsammlung „Die vergoldeten Gedichte" (1873), dem dramatischen Werk „Die Hochzeit von Korinth" (1876), beides im Stil des Parnasse (Gruppe gleichgesinnter Lyriker, die von 1860 bis 1880 den Stil der französischen Poesie bestimmten), und etlichen Erzählungen wurde F. berühmt mit dem Roman „Sylvester Bonnard und sein Verbrechen" (1881). In der Erzählung „Thais" (1889) kommt eine humanitäre, in der antiklerikalen Tradition der Aufklärung wurzelnde, epikureisch und leicht skeptisch getönte Grundgesinnung zum Ausdruck, die F. gegen alle zeitgenössischen Tendenzen des wissenschaftsfeindlichen Obskurantismus, aber auch gegen das depressive Menschenbild des Naturalismus und der Décadence verteidigte. Fest auf bürgerlich-humanistischem Boden stehend, entwickelte sich F. in den 90er Jahren, so in dem Roman „Die Bratküche zur Königin Pedauque" (1892), unter dem Einfluß vor allem der Dreyfus-Affaire und seiner Freundschaft mit J. Jaures (sozialistischer Politiker und Pazifist) zum für Gerechtigkeit und sozialen Fortschritt eintretenden Humanisten, dessen progressive politische Profilierung sich deutlich zuerst in dem Roman „Die Meinungen des Abbe Jerome Coignard" (1893) abzeichnet. In der Gestalt des ebenso genießerischen wie bescheidenen, ebenso vitalen wie in sich gekehrten Abbés, der weniger ein Kirchenmann als ein über die Maßen belesener und diskutierfreudiger Gelehrter ist, hat sich F. sein treffendstes Spiegelbild geschaffen, was auch durch die Verlagerung der äußeren Geschehnisse und des Kolorits in das Frankreich des 18. Jahrhunderts kaum abgeschwächt wird.

Sein sozialpolitisches Engagement prägt das vierbändige Romanwerk „Die Ulme am Wall" (1897), „Die Propierpuppe" (1897), „Der Amethystring" (1901) und „Professor Bergeret in Paris" (1901). Die außerordentliche Belesenheit von F. und seine Vorliebe für Dichter und Aufklärer des 16. und 18. Jahrhunderts brachten ihn in polemischen Gegensatz zum Mystizismus und allen Formen der politischen Verschleierung. Aus den acht Sammelbänden, in denen F. von 1887 bis 1909 seine mehr als hundert Erzählungen veröffentlichte, ragt der Band „Der fliegende Händler" (1903) hervor, der die berühmte Novelle „Der Fall Crainquebille" enthält. Die Gestalt der Jeanne d'Arc, die zur Bezugsfigur des französischen Nationalismus geworden war, demystifizierte F. in der historischen Biographie „Das Leben der heiligen Johanna" (1908). Stärkere Zweifel am möglichen Sieg der Vernunft und des Wissens über die in der Geschichte und der menschlichen Natur wirksamen Kräfte der Destruktion werden in den Romanen „Die Götter dürsten" (1912) und „Aufruhr der Engel" (1913) dominant. F. engagierte sich im Ersten Weltkrieg für die Sache Frankreichs, enthielt sich aber chauvinistischer Stellungnahmen.

Die offiziellen Ehrungen seitens des bürgerlichen Staates zum 80. Geburtstag nahmen die Surrealisten zum Anlaß für vehemente Angriffe auf das Werk und die Person von F.; man warf ihm Opportunismus und intellektuelle Oberflächlichkeit vor. Solche ungerechtfertigten Urteile wirken noch heute nach. F. war seit 1896 Mitglied der Académie Française.

Weitere Werke: „Der dürre Kater" (1879); „Das Buch meines Freundes" (1885); „Das literarische Leben" (4 Bände Essays, 1888/92); „Die rote Lilie" (1894); „Der Brunnen von Sainte Claire" (1895); „Der Garten Epikurs" (1895); „Peter Noziere" (1899); „Blaubarts 7 Frauen" (1909); „Die Blütezeit des Lebens" (1922).

Galsworthy, John – englischer Romancier und Dramatiker
geb. 14.8.1867 in Coombie Warren (Surrey)
gest. 31.1.1933 in London
Nobelpreis 1932, für die vornehme Schilderungskunst, die in der Forsyte Saga ihren höchsten Ausdruck findet.

G., Sohn eines angesehenen Londoner Rechtsanwaltes, wuchs in der Atmosphäre gesicherter Wohlhabenheit auf. Er besuchte von 1881 bis 1886 die exklusive Privatschule in Harrow, und im Anschluß daran studierte er drei Jahre an der Universität Oxford. 1890 kam G. nach London, um am berühmten Lincoln's Inn seine Referendarzeit zu absolvieren. Da er seinem Beruf völlig abgeneigt und finanziell vom Broterwerb unabhängig war, ging er in den Jahren 1891 bis 1893 auf Reisen. Er besuchte u. a. Rußland, Kanada, Kolumbien, Australien, Neuseeland und Südafrika.

Erst mit 28 Jahren begann G. sich novellistisch zu betätigen. Den ersten Roman sowie die ersten Kurzgeschichten veröffentlichte G. auf eigene Kosten und unter einem Pseudonym (John Simjohn). Nachdem er bereits vier Jahre schrieb, las er I. Turgenjew und Guy de Maupassant. Von diesen beiden grundverschiedenen Erzählern empfing er die entscheidenden ästhetischen Anregungen. Ihr erstes Ergebnis hieß „Villa Rubein" (1900). Mit dem Roman „Pharisäer" (1904) gab sich G., das Pseudonym fallenlassend, nach damaligen Begriffen als scharfer Sozialkritiker zu erkennen. Ein frei denkender Großbürger von Adel unternimmt eine Bildungsreise durch alle Schichten der englischen Gesellschaft. Was er dort erlebt, ist für ihn aufrüttelnd und ernüchternd.

Mit dem Roman „Der reiche Mann" (1906) wurde G. mit einem Schlage berühmt. Im Mittelpunkt stand die Familie der Forsytes. Sie sind Vertreter jenes selbstgewissen englischen Besitzbürgertums, das gerne viktorianisch genannt wird, weil es während der Regierungszeit der Königin Viktoria zu Wohlstand und Macht kam. Unter den Bühnenwerken nimmt „Der Zigarettenkasten" (1906) ebenfalls einen vorderen Platz ein, wo an zwei völlig gleichgelagerten Fällen der Aneignung einer fremden Sache unter Alkoholeinwirkung die Rechtsbeugung der bürgerlichen Justiz im Klasseninteresse vorgeführt wird.

Nach dem Ersten Weltkrieg kehrte G. zu dem Forsyte-Thema zurück. 1920 erscheint „In Fesseln" und ein Jahr später folgt „Zu vermieten". Zusammen mit den lyrischen Zwischenspielen „Nachsommer" (1917) und „Erwachen" (1920) werden sie 1922 zu dem Monumentalwerk „Die Forsyte Saga" vereinigt. In der kritisch-realistischen Romantradition des 19. Jahrhunderts stehend, beschreibt G. in dem Werk minutiös den Verfall des viktorianischen Großbürgertums am Beispiel der Familie Forsyte. Die Probleme und Konflikte der einzelnen Mitglieder der Familie stellt G. ebenso dar wie deren Gefühle und Leidenschaften, die, da sie mit den Interessen anderer Familienangehöriger kollidieren, zu Auseinandersetzungen innerhalb der Familie und schließlich zu deren Spaltung führen. In einer ausgefeilten Sprache und Erzähltechnik zeichnet G. dabei oft ironisch nuancenreiche Charakterbilder und zwischenmenschliche Beziehungen, dramatische Geschehnisse wie lyrisch wirkende Bilder und Szenerien, wobei die geschaffene Welt mitunter nicht frei von Künstlichkeit ist. Die Kritik an den Forsytes schlägt dabei gegen Schluß der Trilogie in Mitgefühl mit dem Schicksal ihres Repräsentanten um.

G.s Bedeutung für das englische Kulturerbe und seine weltliterarische Geltung beruhen in erster Linie auf der „Forsyte Saga" und ihrer Fortsetzung, der „Modernen Komödie", bestehend aus den Romanen „Der weiße Affe" (1924), „Der silberne Löffel" (1926) und „Schwanengesang" (1928) nebst den eingeschobenen Interludien „Stilles Werben" und „Aneinander vorbei". Diese zweite Trilogie, die den Faden der Familienchronik nochmals aufgreift, wird in der Regel als schwächer empfunden. Die außerhalb des Forsyte-Themenkreises veröffentlichten Romane, so die psychologisch feine Liebesgeschichte „Die dunkle Blume" (1913) und das recht rührselige „Jenseits" (1917), rangierten ebenfalls in den Bestsellerlisten. Andere wie „Das Herrenhaus" (1907) und „Der Patrizier" (1911) verdienen als Schilderungen der Landaristokratie und des Hochadels soziologisches Interesse, während „Weltbrüder" (1909), „Die Freelands" (1915) und „Ein Heiliger" (1919) zeitgebundene gesellschaftliche Probleme behandeln. Im Genre des Schauspiels gibt es dafür kein entsprechendes Äquivalent mehr. Selbst die unbestrittenen Glanzleistungen der ersten Periode haben sich mit den darin behandelten Problemen überlebt. In seiner letzten Trilogie „Die Cherell-Chronik" (1935), bestehend aus „Ein Mädchen wartet" (1931), „Blühende Wildnis" (1932) und „Über den Strom" (1933), die vornehmlich in der Aristokratie spielt, leben G.s Sympathien mit den untergehenden viktorianischen Idealen noch einmal auf.

G. gehörte zu den meistgelesenen Schriftstellern seiner Gegenwart in aller Welt. Von seiner hohen Produktivität zeugen 17 Romane, 26 Theaterstücke sowie zwölf Bände Kurzgeschichten, Essays und Gedichte. Allein im deutschen Sprachgebiet erreichten in den zwanziger Jahren seine epischen Werke Riesenauflagen in Hunderttausenden von Exemplaren. G. war Mitbegründer und bis zu seinem Tod Präsident des PEN-Clubs.

Weitere Werke: „Ein Mann aus Devon" (1901); „Ein Kommentar" (1908); „Kampf" (1909); „Justiz" (1910); „Die Ersten und die Letzten" (1918); „Bis aufs Messer" (1920); „Der Familienvater" (1922); „Ein Lebenskünstler" (1924); „Flucht" (1926).

García Márquez, Gabriel – kolumbianischer Schriftsteller

geb. 6.3.1928 in Aracataca

Nobelpreis 1982, für seine Romane und Erzählungen, in denen sich das Phantastische und das Realistische in einer vielfacettierten Welt der Dichtung vereinen, die Leben und Konflikt eines Kontinents widerspiegeln.

G., Sohn eines Telegrafisten und ältestes Kind von zwölf Geschwistern, verbrachte die ersten acht Jahre seines Lebens in Aracataca, einem kleinen kolumbianischen Küstenort. 1936 siedelten seine Eltern nach Riohacha über, und G. wuchs unter der Obhut der Großeltern auf. Ab 1940 besuchte er mit einem Stipendium das Jesuiten-Kolleg von Zipaquira im Binnenland. Während dieser Jahre der Abgeschlossenheit, in einem Milieu, in das sich einzugliedern der Junge sich widersetzte, erwuchs aus der Erfahrung heraus in G. eines der bedeutendsten Themen seiner fiktiven Welt: die Einsamkeit. 1947 nahm er dann in Bogota ein Jurastudium auf, setzte es nach Schließung der Universität aus politischen Gründen zunächst in Cartagena fort und lernte hier den „Rebellenpriester" Camilo Torres kennen. Nach Abbruch des Studiums widmete er sich der Lektüre moderner angelsächsischer Literatur und schrieb seit 1948 als politisch engagierter Journalist in Barranquilla für den „Heraldo", seit 1954 in Bogota für den liberalen „El Espectador", auf deren Literaturseite seine ersten Erzählungen erschienen.

„El Espectador" schickte ihn 1954 nach Italien. G. hielt sich dann weiterhin in Europa auf und sandte Reportagen nach Bogota. Eine Zeitlang studierte er im Centro Sperimentale Cinematografico in Rom. 1955, während G. in Paris ohne Arbeit und Geld saß, denn Diktator Rojas Pinilla hatte die Tageszeitung „El Espectador" verboten, entdeckten seine Freunde in Kolumbien in der Schublade seines Schreibtisches das Manuskript eines Romans, den er kurz vor seiner Abreise nach Europa beendet, jedoch aus übertriebener Selbstkritik nicht veröffentlicht hatte. Seine Freunde übergaben das Manuskript einer Druckerei; auf diese Weise erschien 1955 „Laubsturm".

1957 kehrte G. nach Lateinamerika zurück und lebte zunächst in Caracas. 1959 nahm er eine Einladung Fidel Castros an, um über die siegreiche Revolution in Kuba zu berichten. 1961 eröffnete er das Büro der kubanischen Nachrichtenagentur „Prensa Latina" in Bogota und war kurze Zeit deren Korrespondent bei der UNO in New York, zog sich aber bei zunehmender Ideologisierung der Agentur nach Mexiko zurück. Von 1968 bis 1975 lebte G. in Barcelona, danach wieder in Mexiko City. 1981 besuchte er erstmals wieder seine kolumbianische Heimat, brach den Aufenthalt aber kurzfristig ab, um einer bevorstehenden Verhaftung zu entgehen. 1983 kehrte G. wieder in seine Heimat zurück und gründete hier mit eigenen Mitteln die Zeitung „El Otro".

Das gesamte literarische Werk von G. ist das Bemühen, uns über die Geschichte und das Leben seines Heimatdorfes zu erzählen. Ein Bemühen allerdings, das darauf zielt, uns reale und zugleich phantastische Geschichten vorzuführen: das, was Aracataca wirklich erlebt hat, und die oftmals eingebildete, trügerische, auch magische Vorstellung, die die Leute von dem Erlebten haben. Auch „Kein Brief für den Oberst" wurde von seinen Freunden ans Licht geholt und 1961 in Mexiko veröffentlicht. Der Kurzroman behandelt die Gefährdung und Bewahrung moralischer Integrität unter den Bedingungen rückständiger, ländlich abgelegener Verhältnisse. Außerdem ordneten seine Freunde die Erzählungen „Die Beerdigung der alten Dame" und überredeten ihn, einem Literaturwettbewerb in Bogota das Manuskript des in Mexiko beendeten neuen Romans, „Unter dem Stern des Bösen", zuzusenden. Der Roman erhielt den ersten Preis und wurde 1962 veröffentlicht.

Mit dem Roman „Hundert Jahre Einsamkeit" (1967) leistete G. einen grundlegenden Beitrag zur Erneuerung der Erzählkunst auf seinem Kontinent. Er wurde schon bald nach seinem Erscheinen als einer der besten Romane der spanischen Literatur dieses Jahrhunderts gefeiert. In diesem Roman, der in spanischer Sprache bis 1981 eine Auflage von über fünf Millionen Exemplaren erreichte, werden einhundert Jahre im Leben einer Sippe und eines Dorfes zu einem auf ganz Lateinamerika und darüber hinaus beziehbaren Schicksalsbefund verdichtet, in dem die Kräfte menschlicher „Einsamkeit" und gesellschaftlicher Stagnation bzw. Ausplünderung die Oberhand gewinnen, so daß das Dorf Mocondo in apokalyptischer Vernichtung endet.

Ebenfalls glänzende Rezensionen erhielt der Roman „Der Herbst des Patriarchen" (1975). Er erfaßte in diesem Werk die Vergangenheit eines ganzen Kontinents, seine wirkliche und zugleich monströse Geschichte: In der Gestalt des senilen, aber immer noch durchtriebenen und für seine Umgebung gefährlichen Tyrannen, der, von Angst, Argwohn, dem Ödipuskomplex und sexueller Besessenheit erfüllt, durch die zerfallenen Räume seines Palastes streift, in dem Kühe weiden und Geier brüten, verlieh er dem Urtyp des Diktators überregionale und überzeitliche Dimension. „Die Liebe in den Zeiten der Cholera" (1986) spielt in einer abgelegenen Kleinstadt in der Zeit zwischen dem Ende des 19. und der Mitte des 20. Jahrhunderts; der Roman erzählt auf heiter-subtile, zum Teil ironische Weise die Geschichte einer schönen Frau aus dem Kleinbürgertum, die noch in weit fortgeschrittenem Alter zu wahrer Liebe findet.

G. hat dem modernen Roman im Fabulieren wie kaum ein anderer Schriftsteller eine unvergleichliche Sinn- und Bildhaftigkeit erschlossen. Seine Werke verdeutlichen die Suche nach einer Ethik, die eine aus Abhängigkeit und Rückständigkeit herkommende Entfremdung überwindet.

Weitere Werke: „Augen eines blauen Hundes" (1974); „Reportagen" (1976); „Chronik eines angekündigten Todes" (1981); „Zeit zu sterben" (1984).

Gide, André – französischer Erzähler, Essayist und Dramatiker
geb. 22.11.1869 in Paris
gest. 19.2.1951 ebenda
Nobelpreis 1947, für seine weitumfassende und künstlerisch bedeutungsvolle Verfasserschaft, in welcher Fragen und Verhältnisse der Menschheit mit unerschrockener Wahrheitsliebe und psychologischem Scharfsinn dargestellt werden.

G. stammte aus einer großbürgerlichen protestantischen Familie, deren strenger Puritanismus seine Erziehung prägte. Er war von klein auf Bezugspunkt der ständigen Fürsorge mehrerer zur Familie gehöriger Frauen. Deren anforderungsvolle Zuwendung und die Selbstgefälligkeit, mit der sie die Lebensregeln der Familie zu verbindlichen Normen erhoben, machten die Identitätsfindung für den Heranwachsenden schon im Privaten zum unübersehbaren Problem. Dank des elterlichen Vermögens konnte er sich ungeteilt seinen literarischen Neigungen widmen und immer wieder größere Reisen unternehmen.

Schon in der Abfolge der frühen Schriften läßt sich ein Erkenntnisprozeß des jungen Autors ablesen: Während G. in seiner ersten Arbeit „Die Aufzeichnungen des André Walter" (1891) seine kleinsten Seelenvibrationen mit unkritischer Selbstgefälligkeit nachzeichnet, holt er sich am Ausgang von „Die Reise Urians" (1893), der Beschreibung eines abenteuerlichen Auf- und Ausbruchs, ironisch auf den Boden der Tatsachen zurück. Mit der Schrift „Paludes" nimmt G. radikal und boshaft von der symbolistischen Kunstdoktrin Abschied. Mit einem gehörigen Quantum Selbstironie macht er seine bisherige Existenz und den eigenen literarischen Schaffensprozeß zum Thema. In „Uns nährt die Erde" (1897) fand G. die ihm gemäße Eigenart des künstlerischen Ausdrucks: lockere Vielfalt der äußeren Form verbunden mit streng klassizistischer Auffassung der Sprache. Hier kündigen sich auch Grundthemen seines Werkes an, das stets in starkem Maße Analyse des eigenen Lebens ist: Absage an die Konventionen der bürgerlichen Gesellschaft; Verteidigung einer individualistischen Ethik; Skepsis und ständig sich erneuernde Erlebnisbereitschaft, die den Verzicht auf Bindungen voraussetzt.

1902 legt G. mit der Erzählung „Der Immoralist" eines seiner bedeutendsten Werke vor, bedeutend als rigoros kritische Aufarbeitung der bisherigen Erfahrungen und als erster gültiger Ausdruck des Grundkonfliktes, der seine geistige und künstlerische Existenz prägt: Am Drama seiner Ehe wird die Berechtigung zur Aufopferung eines anderen Menschen für die hemmungslose Selbstverwirklichung in Frage gestellt. Seine Ehe mit einer etwas älteren Cousine war ein ausdauernd und nachdrücklich verfolgtes Bekenntnis zu den moralischen und religiösen Zwängen, die G. als einen der Pole produktiver Spannung offensichtlich brauchte. In der zwanghaften Suche nach anderen Orientierungsmöglichkeiten setzt G. seine Heilserwartungen auf immer wieder wechselnde Größen und wird stets aufs neue enttäuscht, bis er seine Hoffnungen auf die „Restauration moralischer Werte" schließlich über seine Lebensspanne hinausgreifen läßt.

Das Werk Dostojewskis, Shakespeares und Blakes, besonders auch das Goethes sowie die Philosophie Schopenhauers sind für ihn zeitlebens Quellen der Anregung und der Auseinandersetzung. Persönliche Bekanntschaften und umfangreiche Briefwechsel mit geistesverwandten Autoren wie Wilde, Proust und Hofmannsthal oder auch der Austausch unterschiedlicher künstlerischer, ethischer oder religiöser Auffassungen mit Claudel und Mauriac zeugen von G.s Freude an fruchtbarer Diskussion. Er war Mitbegründer und -herausgeber der Literaturzeitschrift „Nouvelle Revue Française", die sich das Prädikat einer „regelrechten Roman-Akademie" erworben hat.

In der Dialogschrift „Die Rückkehr des verlorenen Sohnes" (1907) und den Erzählungen „Die enge Pforte" (1909) sowie „Isabelle" (1911) wägt G. das potentiell Beengende oder auch Stabilisierende von Liebe, Ehe und Familie gegeneinander ab. Mit der ironischen Erzählung „Die Verliese des Vatikan" (1914) parodiert er literarische Konventionen und darüber hinaus zum Klischee erstarrte Glaubensvorschriften und Wertvorstellungen. Mit tradierten literarischen Mitteln analysiert G. in der Erzählung „Die Pastoral-Symphonie" (1919) die seelische Verwirrung eines Pfarrers, dessen egoistisch bewahrte Wunschvorstellungen von einer moralisch und ästhetisch intakten Welt an der Realität zerbrechen.

In seinem Hauptwerk „Die Falschmünzer" (1925) werden mehrere, aus unterschiedlicher Perspektive gestaltete Handlungsstränge zu einem Roman zusammengeführt, der im Spiel von Wirklichem und Fiktivem das Romanschreiben selbst problematisiert. Der Roman liefert eine Hochflut von unwahrscheinlichen Zusammentreffen, absichtsvoll konstruierten Verknüpfungen, er enthält ein so reiches Register herkömmlicher Romankniffe, daß auch hier der Verdacht auf eine ironische Absicht des Autors naheliegt, zumal sich G. in der experimentellen Verwendung unterschiedlicher Erzählmöglichkeiten nicht genugtun kann.

Nach Reisen in die französischen Kolonien Kongo und Tschad in den Jahren 1925–1927 veröffentlicht er dokumentarische Berichte, die zum entscheidenden Anstoß für eine bewußte Aufnahme sozialer Probleme wurden. Seine erzählerische Kraft war nach dem großen Wurf der „Falschmünzer" stark zurückgegangen. Die Helden seiner Bücher bewiesen ihren bindungsfreien Amoralismus durch willkürliche, oft kriminelle Akte. Der hieraus abgeleitete, von Nietzsche beeinflußte „Freiheitsbegriff" ist in den späteren Werken G.s in auch formal vielfältiger Weise variiert worden („Theseus", 1946). Er neutralisierte als Vertreter der ästhetisierenden Dekadenz revoltierende Tendenzen der französischen Jugend zu einer in der Verneinung verharrenden harmlosen Opposition gegen einzelne Erscheinungsformen der spätbürgerlichen Gesellschaft, deren typischer Repräsentant er war. Der einst umstrittene Schriftsteller, der heute längst zum Klassiker der französischen Literatur zählt, tritt in seinen Erzählungen als ein Mensch und ein Künstler auf, dessen moralische und geistige Fragestellungen nichts von ihrer Gültigkeit verloren haben.

Weitere Werke: „Der Liebesversuch" (1893); „Saul" (1898); „Stirb und Werde" (1926); „Ödipus" (1930).

Gjellerup, Karl Adolph – dänischer Schriftsteller
geb. 2.6.1857 in Roholte/Insel Seeland
gest. 11.10.1919 in Klotzsche bei Dresden

Nobelpreis 1917, in Anerkennung seiner reichen, vielfältigen, von hohen Idealen getragenen Dichtung.

G., Sohn eines Pfarrers, studierte auf Wunsch der Eltern bis 1878 evangelische Theologie an der Universität Kopenhagen, wurde aber bald zum Freidenker. Er unternahm dann ab 1883 ständig Auslandsreisen in verschiedene Länder Europas. 1887 heiratete er die gebürtige Dresdnerin Eugenia Anna Caroline Heusinger. Seit 1892 lebte G. in Deutschland, vorwiegend in Dresden, und schrieb einen Teil seiner Werke in deutscher Sprache.

Fanatische Besessenheit und Unausgeglichenheit kennzeichnen G.s literarische Arbeiten, die heute fast vergessen sind. In jungen Jahren bekannte er sich pathetisch zu bürgerlich-radikalen Ideen, er beschäftigte sich mit den Arbeiten des englischen Philosophen Herbert Spencer und mit dem Begründer der modernen Evolutionstheorie Charles Darwin, und er war ein Verehrer des russischen Dichters Iwan Turgenjew. Seinen Erstlingsroman „Ein Idealist" (1878) veröffentlichte er unter dem Decknamen „Epigonos". In weiteren Jugendwerken – u. a. in „Das junge Dänemark" (1879) und „Antigonos" (1880) – wandte sich G. vom Christentum ab und wurde Atheist. Abschluß dieser in der realistischen Erzähltradition stehenden Phase war der Roman „Ein Jünger der Germanen" (1882), in dem er anhand des zwischen zwei Frauen stehenden Theologiestudenten Hjorth, der an der Universität seinen Glauben verliert, den Bruch im eigenen Leben literarisch verarbeitet.

Nach seinen Studienreisen durch Deutschland und Griechenland erfolgte die Absage an den dänischen Naturalismus, in seinen Reisebüchern proklamierte G. den Abfall von der Bewegung des „modernen Durchbruchs" („Ein klassischer Monat", 1884). Es kam zu Angriffen gegen seinen einstigen Mentor, den Literaturkritiker und Schriftsteller Georg Brandes – der Wegbereiter des Realismus in Skandinavien –, der ablehnend auf seine Werke reagiert hatte. Als glühender Deutschlandverehrer erfolgte dann seine Hinwendung zu einem von Goethe und Schiller geprägten Humanismus und ethischen Idealismus. Seine Abkehr von modernen Positionen kommt in dem 1884 veröffentlichten Drama „Brynhild" zum Ausdruck, das in pathetischem Stil den Stoff aus der germanischen Mythologie behandelt und in seinem Heimatland mit Verwunderung aufgenommen wurde.

Unerfüllte Sehnsucht nach dem Liebesglück und ätherisch-keusche Frauengestalten in impressionistischen Stimmungsbildern kennzeichnen G.s bedeutendste Romane – „Minna" (1889), eine tragische Liebesgeschichte, in der er auch seiner Ehefrau ein Denkmal setzte, und „Die Hügelmühle" (1896), ein ursprünglich auf deutsch verfaßter Roman über einen Müller, der seine schon vor der Eheschließung untreu gewordene Frau versehentlich in der Umarmung mit einem anderen Mann zu Tode bringt. Seine idealistischen Liebesdramen – „Hermann Vandel" (1891), „Wuthhorn" (1893) und „Hans Excellence" (1895) – wurden bei Aufführungen in Kopenhagen vom Publikum dankbar angenommen.

Um 1900 kam G. durch Einflüsse des deutschen Philosophen Arthur Schopenhauer und des Komponisten Richard Wagner zur pessimistischen Weltverneinung der buddhistischen Philosophie. Der Roman „Der Pilger Kamanita" (1906), die Schilderung einer mystischen Seelenwanderung zum Nirwana (im Buddhismus zunächst das Erlöschen der drei Grundübel Begierde, Haß und Verblendung), geht auf das Studium der indischen Philosophie zurück.

In seinem Spätwerk, u. a. „Reif für das Leben" (1913), „Die Gottesfreundin" (1916) und die phantastische Erzählung „Das heilige Tier" (1917), fand G. zu einem geläuterten Christentum zurück. Gegenwartsromane, in denen Moralprobleme der bürgerlichen Gesellschaft behandelt wurden und klassische Motive Verwendung fanden, sollten auch genannt werden: „Seit ich sie zuerst sah" (1889), „Das Weib des Vollendeten" (1907) und „Die Weltenwanderer" (1910).

Weitere Werke: „Der schwarze Romolus" (1883); „Das Wanderjahr" (1885); „Die Hirtin und der Hinkende" (1887); „Pastor Mores" (1894); „An der Grenze" (1897); „Die Opferfeuer" (1903) und „Der goldene Zweig" (1917).

Golding, Sir William Gerald – englischer Schriftsteller

geb. 19.9.1911 in St. Columb Minor (Cornwall)
gest. 19.6.1993 in Perranarworthal (Cornwall)
Nobelpreis 1983, für seine Romane, die mit der Anschaulichkeit realistischer Erzählkunst und der vieldeutigen Allgemeingültigkeit des Mythos menschliche Bedingungen in der heutigen Welt beleuchten.

G. wurde in einer traditionsreichen Lehrerfamilie geboren. Seine Erziehung, die mit zu einer wesentlichen Quelle seiner skeptischen Lebensauffassung wurde, hat er selbst als tief zwiespältig bezeichnet. Schon als Siebenjähriger erprobte er sich im Geschichtenschreiben und lernte während der Schulzeit griechische Epen und Dramen kennen, die er später im Original las. Dem Wunsch der Eltern nachgebend, begann G. 1931 zunächst ein naturwissenschaftliches Lehrerstudium, bis er im folgenden Jahr zur Anglistik überwechselte. Nach Studienabschluß im Jahre 1935 versuchte sich G. als Texteschreiber, Schauspieler und Theaterregisseur in London, bevor er 1940 zum Wehrdienst einberufen wurde. Das Kriegserlebnis prägte entscheidend sein Menschenbild und initiierte insbesondere die spätere intensive literarische Auseinandersetzung mit dem Bösen im Menschen. Nach dem Krieg war er bis 1961 Lehrer an einer Knabenschule in Salisbury und verbrachte ein Jahr am Hollins College in den USA. Seit 1961 lebte er als freier Schriftsteller zurückgezogen in der Grafschaft Wiltshire.

G. hatte bereits 1934 einen Band Gedichte („Poems") publiziert, der allerdings kaum Resonanz fand. Der Durchbruch gelang ihm dann 1954 mit dem Romanerstling „Herr der Fliegen", obwohl dieses Manuskript von mehreren Verlagen abgelehnt worden war. Diese abenteuerliche Parabel war einer der größten Erfolge der englischen Nachkriegsliteratur und ist mit ihrer Warnung vor einem Rückfall in eine neue Barbarei bis heute aktuell geblieben. Britische Schuljungen sind die Hauptakteure einer Tragödie auf einem paradiesischen Tropeneiland. Nach dem Absturz ihres Flugzeugs versuchen sie, ihre Gemeinschaft nach dem Vorbild der Erwachsenenwelt zu ordnen. Die Versuche einiger Jungen, die Zivilisation aufrechtzuerhalten, scheitern. Archaische Machtgier, Egoismus und Grausamkeit triumphieren am Ende über das Bemühen um eine vernunftgemäße, demokratische Gemeinschaft. Nur ein im letzten Augenblick erscheinendes Schiff verhindert die Selbstvernichtung der Jungen. Das ungewöhnlich erfolgreiche Buch, noch heute Pflichtlektüre an Schulen, wurde mehrfach verfilmt.

Das Thema der Zivilisationsgefährdung griff G. in seinem nächsten Roman „Die Erben" (1955) erneut auf. Die Wahl eines wiederum ungewöhnlichen, hier prähistorischen Gegenstandes diente nun der ironisch-polemischen Auseinandersetzung mit der abstrakten Geschichtskonzeption von H. G. Wells. In seinem weiteren Romanschaffen entsagte G. der Gestaltung von Gruppenschicksalen und richtete sein künstlerisches Interesse immer deutlicher auf die philosophisch angereicherte Erkundung des Zusammenhangs von Persönlichkeit und sittlicher Verantwortung. Die Frage nach Identität und Integrität menschlichen Lebens bewegt auch den 1956 entstandenen Roman „Pincher Martin", wobei Sujet und Struktur auf die geschlossene Konstruktion und die künstliche, gleichsam im Labor experimentell geschaffene Exklusivität von „Herr der Fliegen" zurückgreifen.

Der 1959 erschienene Roman „Freier Fall" leitete im Schaffen G.s von den streng als Parabel gebauten Handlungen über zu einem komplizierten, soziale Strukturen genauer einbeziehenden Figurenpanorama und zu vollständigeren Biographien der epischen Helden. 1963 hatte G. auf dem Leningrader Schriftstellertreffen dargelegt: „Als ich einmal erkannt hatte, daß die Menschheit krank ist, nahm das all meine Gedanken in Anspruch. Ich suche diese Krankheit und finde sie am für mich zugänglichsten Orte – an mir selbst. Ich erfahre in diesem Teil unsere allgemeine menschliche Natur, die wir begreifen müssen; anders wird es unmöglich sein, sie unter Kontrolle zu halten." Wiederum eng an den Blickwinkel einer Figur gebunden ist die Fabel des 1967 erschienenen Romans „Oliver", die den Weg vom Schwärmer zum Realisten verfolgt.

Nachdem jene Phase angestrengten Suchens scheinbar abgebrochen war und man sich in den siebziger Jahren in der britischen Öffentlichkeit schon mit G.s Schweigen abzufinden begann, erschien 1979 der Roman „Das Feuer der Finsternis", ein Roman der Verzweiflung, in dem G.s gebrandmarkter Held, dem Wahnsinn verfallen und zum Zeichen reduziert, bei dem Versuch, ein Kind zu retten, selbst im Flammenmeer eines terroristischen Anschlags umkommt. Der eigenen Widersprüchlichkeit treu bleibend, signalisierte 1980 der allegorische Roman „Äquatortaufe" eine neue Phase künstlerischer Produktivität des Autors. In Anlehnung an die Tradition des Briefromans erzählt G. in diesem satirisch angelegten Roman die Geschichte einer Überfahrt von England nach Australien, die zu Beginn des vorigen Jahrhunderts eine bunte Reisegesellschaft zusammenführt. Der Roman porträtiert in dem von Gleichgültigkeit, Borniertheit und Rache bestimmten Verhalten einiger Passagiere Merkmale gestörter zwischenmenschlicher Beziehungen in der spätbürgerlichen Gesellschaft.

Seit seinen ersten Romanen warnte G. in grandiosen, mitunter rätselhaft-mystischen Symbolen und Metaphern vor dem Rückfall der Menschheit ins Chaos der Selbstzerstörung, seit 1979 gibt er seinen Romanen verstärkt die Hoffnung bei, „daß der Mensch seine Gaben eines Tages zum Besseren nutzen wird". Obwohl die Verkaufsauflage seiner Bücher rund 20 Millionen Exemplare erreicht hatte, blieb G. ein konservativer Außenseiter der britischen Literaturszene.

Weitere Werke: „Der Messingschmetterling" (1958); „Der Sonderbotschafter" (1971); „Der Skorpion-Gott" (1971); „Eine bewegliche Zielscheibe" (1982); „Papiermänner" (1984); „Ein Ägyptisches Tagebuch" (1985); „Close Quarters" (1987); „Fire Down Below" (1989).

Gordimer, Nadine – südafrikanische Schriftstellerin
geb. 20.11.1923 in Springs bei Johannesburg
Nobelpreis 1991, für ihre großartige epische Dichtung, mit der sie der Menschheit einen großen Nutzen erwiesen hat und mit einem intensiven Gefühl der Gegenwärtigkeit die äußerst komplizierten persönlichen und gesellschaftlichen Verhältnisse ihrer Umwelt behandelt hat.

G., Tochter jüdischer Einwanderer aus England und Litauen, wollte ursprünglich Tänzerin werden, doch nach einer Krankheit im Alter von elf Jahren mußte sie diesen Wunsch aufgeben. Ab 1945 studierte sie an der geisteswissenschaftlichen Fakultät der Johannesburger Witwatersrand Universität. Hier lernte sie den südafrikanischen Schriftsteller Uys Krige (1910–1987) kennen, in dessen Literaturzeitschrift sie ihre ersten Werke veröffentlichen konnte. Ihre anfangs allgemein sozialkritischen Werke verdichteten sich zunehmend zur konkreten Kritik des Rassismus in Südafrika. Ihre Vision ist das gleichberechtigte Zusammenleben von Schwarz und Weiß. Schon in den frühen Kurzgeschichten („Die sanfte Stimme der Schlange", 1952) erscheint G. als eine differenziert emotional gestaltende und sozialanalytisch aktive Schriftstellerin.

Anfang der fünfziger Jahre erschienen von ihr einige Erzählungen in renommierten US-Magazinen. 1953 veröffentlichte sie ihren ersten Roman „Entzauberung", der die Geschichte eines jungen Mädchens beschreibt, das in einer kleinen südafrikanischen Grubenstadt aufwächst und sich allmählich der von der Apartheid geprägten Wirklichkeit seiner Umwelt bewußt wird. 1954 heiratete sie R. Cassirer, den Sohn einer bekannten Berliner Kunstsammlerfamilie, der 1935 als Emigrant nach Südafrika gekommen war, dort Teilhaber einer Drahtseilfabrik wurde.

Vor allem ihre großen Romane geben wichtige Abbilder südafrikanischer Realität: „Fremdling unter Fremden" (1958) führt den hohen Grad von Fremdheit und Entfremdung vor, in den die verschiedenen ethnischen Gruppen Südafrikas durch die Schuld des Rassismus geraten sind, während in „Der Besitzer" (1974) die Lebensverhältnisse und der auf die Weißen zurückwirkende destruktive Druck des Rassismus im Mittelpunkt stehen. In „Julys Leute" (1976) entwarf G. das Bild eines Südafrika in Aufruhr, in dem die Afrikaner menschliche Überlegenheit bewahren, während die Welt der Weißen selbst im Privaten zusammenbricht.

Als erklärte Gegnerin der südafrikanischen Apartheid, sie trat öffentlich für die Gleichberechtigung der Schwarzen ein, wurde sie bald zur „Persona non grata" in Südafrika. Mehrfach erregte G. das Mißtrauen der Zensurbehörden, so wurde auch ihr Roman „Burgers Tochter" (1979) über die Tochter eines zu lebenslanger Haft verurteilten weißen Funktionärs der Kommunistischen Partei zunächst verboten. Nach zahlreichen Protesten aus internationalen Schriftstellerkreisen hoben die südafrikanischen Zensurbehörden das Verbot jedoch wieder auf.

G. hat wie keine andere weiße Schriftstellerin Südafrikas die kulturellen Deformationen und psychischen Konfliktlagen, die die Rassentrennung in ihrem Lande bewirkte, zum Thema ihrer Werke gemacht. Ohne Pathos und mit den Mitteln des psychologischen Realismus zeigt sie in ihren Romanen und Erzählungen Defekte einer „kranken" Gesellschaft, aus der nur Achtung und Anerkennung des Anderen zu einem menschenwürdigen Miteinander führen können. Die Frage nach dem Platz der „weißen Afrikaner" in Südafrika nach einem Sieg der schwarzen Mehrheit hat G. in Essays („Leben im Interregnum", 1987) und Romanen immer wieder gestellt. In „Ein Spiel der Natur" (1987) ließ sie eine weiße Südafrikanerin jüdischer Abstammung die Frau des Präsidenten eines schwarzafrikanischen Landes werden und den glücklichen Ausgang des südafrikanischen Dramas erleben. Danach präsentierte G. wieder ein nachdenkliches Buch, den Roman „Die Geschichte meines Sohnes" (1990), in dem ein Schwarzer seinem Vater bei dessen Liebschaft mit einer Weißen auf die Schliche kommt und an dieser ihn verstörenden Entdeckung selbst erwachsen wird.

In einem Hochverratsprozeß gegen elf Schwarze wurde G. als Sachverständige angehört. „Ich identifiziere mich mit der Befreiung der afrikanischen Massen", hat sie in einem Interview gesagt, und „Südafrika ist ein riesiger Privatclub für Weiße." Sie selbst lebt in Parktown, einem Villenvorort von Johannesburg, und partizipiert an den Privilegien der Weißen. Ein Miteinander von Schwarz und Weiß hält sie für unabdingbar notwendig. G.s Beitritt zum Afrikanischen Nationalkongreß (ANC) wurde von vielen Weißen bewundert, stieß aber auch auf Unverständnis, zumal sie sich zum radikalen Flügel des ANC bekannte, als dieser noch verboten war. Mehrere Jahre hatte sie mit ihrem Landsmann A. Paton den PEN-Club in Südafrika geleitet, ihn mit einem Fonds für politisch verfolgte Kollegen und Dichterlesungen in den schwarzen „Townships" nahezu zu einer schwarzen Schriftstellergewerkschaft entwickelt.

Nach zwei weiteren Kurzgeschichten reagierte G. mit dem Roman „Niemand, der mit mir geht" (1994) auf die veränderten Verhältnisse im Apartheid-Staat. Stationen der jüngeren südafrikanischen Geschichte liefern das Panorama für die Ehegeschichten eines weißen und eines schwarzen Paares, in denen die Männer eine untergeordnete Rolle spielen. Ein wichtiges Motiv sind die aus Exil und Gefängnissen Zurückgekehrten, für die ein neues Leben beginnt, die dabei aber auch ihre Illusionen aufgeben müssen. Für die ersten freien Wahlen in Südafrika 1994 wollte der ANC G. als Kandidatin aufstellen, doch sie lehnte ab mit dem Argument, sie sei Schriftstellerin und keine Politikerin.

Von der Literaturkritik wird G. zu den bedeutenden Schriftstellerinnen des angelsächsischen Sprachraums gerechnet. Man hat sie „das ruhelose weiße Gewissen" Südafrikas genannt. Sie ist erst die siebte Frau, der diese höchste Literaturauszeichnung der Welt zuerkannt wurde.

Weitere Werke: „Sechs Fuß Erde" (1956); „Anlaß zu lieben" (1963); „Die spätbürgerliche Welt" (1966); „Livingstone's Companions" (1972); „Something Out There" (1984); „The Essential Gesture" (1988).

Grass, Günter – deutscher Erzähler, Dramatiker und Grafiker
geb. 16.10.1927 in Danzig
Nobelpreis 1999; er hat in munter-schwarzen Fabeln das vergessene Gesicht der Geschichte gezeichnet, und sein Roman „Die Blechtrommel" gehört zu den bleibenden literarischen Werken des 20. Jahrhunderts.

G. wurde in kleinbürgerlichen Verhältnissen geboren; der Vater war ein aus dem Deutschen Reich stammender Protestant, die Mutter kam aus einer katholisch-kaschubischen Familie aus der Danziger Gegend. Die Eltern betrieben einen Kolonialwarenladen im Danziger Vorort Langfuhr. Die Erfahrungen seiner Kindheit und frühen Jugend haben sich für G. als prägend erwiesen: die katholische Erziehung in Elternhaus, Schule und Meßdienerzeit einerseits und die frühe Begeisterung für die nationalsozialistische Bewegung andererseits. 1947/48 absolvierte G. eine Steinmetzlehre und studierte dann von 1948 bis 1952 Grafik und Bildhauerei an der Kunstakademie in Düsseldorf.

1955 führten erste Veröffentlichungen von Lyrik und Kurzprosa zu einer Einladung zur Gruppe 47, der G. bis zu ihrem Ende angehörte. 1956 erschien ein erstes Bändchen mit Gedichten, Zeichnungen und Prosa: „Die Vorzüge der Windhühner". 1954 heiratete er Anna Schwarz und lebte von 1956 bis 1959 mit ihr in Paris, wo sie ihre Ausbildung abschloß und er als Bildhauer, Grafiker und Schriftsteller arbeitete. 1958 sprach ihm die „Gruppe 47" für das noch unfertige Manuskript der „Blechtrommel" ihren Preis zu.

1959 erschien der Roman „Die Blechtrommel" und machte G. mit einem Schlage berühmt. Die deutsche Nachkriegsliteratur gewann durch die Veröffentlichung dieses Romans eine bis dahin nicht erlebte internationale Beachtung. In der Bundesrepublik Deutschland selbst löste das Werk neben begeisterter Zustimmung auch Skandale aus. Das allgemeine Aufsehen, das das Buch hervorrief, verdankte sich nicht allein seiner ungewöhnlich kraftvollen Sprache und suggestiven Bildmacht, sondern auch seiner Themenauswahl und epischen Darstellungstechnik. Der Held und Erzähler Oskar Matzerath ist bereits bei der Geburt geistig voll entwickelt und stellt am dritten Geburtstag bewußt sein Wachstum ein. Da er die ihn umgebende Welt von Anfang an durchschaut und sich ihr überlegen fühlt, beschließt er, sich in die Welt der Kunst zu flüchten und nur seinem Trommeln zu leben. Hier allein entwickelt er sich und durchläuft eine komplette Künstlerbiographie, die in der Heil- und Pflegeanstalt, in die er wegen eines Mordverdachts eingeliefert wurde, ihren krönenden Abschluß findet. „Die Blechtrommel" beschreibt, die spezifische „Perspektive von unten" mit einem entlarvenden Infantilismus verbindend, am Beispiel der kleinbürgerlichen Familie Matzerath die deutsche Geschichte der Vorkriegs-, Kriegs- und Nachkriegszeit. Der Hauptschauplatz der „Blechtrommel", die G. zusammen mit der Novelle „Katz und Maus" (1961) und dem Roman „Hundejahre" (1963) als Erzählzyklus „Danziger Trilogie" konzipierte, ist Danzig. Das Buch wurde 1979 von Volker Schlöndorff erfolgreich verfilmt.

Die formal und thematisch knapper angelegte Novelle „Katz und Maus" spielt unter pubertierenden Pennälern während des Krieges. Der Roman „Hundejahre", ein Meisterwerk der Zeitkritik, berichtet von einem Schäferhund, an dessen Schicksal sich ein Stück deutscher Vergangenheit verfolgen läßt. Etwa gleichzeitig mit diesen großen Erzählwerken entstanden Gedichte, die G. selbst illustrierte („Gleisdreieck", 1960), und Theaterstücke („Noch zehn Minuten bis Buffalo", 1959).

1960 war G. mit seiner Familie nach Berlin zurückgekehrt. In den Wahlkämpfen 1965, 1969 und 1972 engagierte er sich für die SPD, der er jedoch erst 1982 beitrat. Die Werke dieser Jahre sind vom politischen Engagement geprägt. Im Roman „Örtlich betäubt" (1969) erschließt sich G. neues Terrain: Die unmittelbare Gegenwart, ihre gesellschaftlichen und politischen Probleme sind Gegenstand dieses Werkes. Das Buch über den Wahlkampf 1969 „Aus dem Tagebuch einer Schnecke" (1972) dokumentiert die doppelte Stoßrichtung gegen die Außerparlamentarische Opposition auf der Linken und den ehemaligen Nationalsozialisten Kiesinger auf der Rechten. G. beteiligte sich auch an Protestaktionen in Ost und West gegen die „Notstandsgesetze" und die „Unterdrückung der Freiheit in der DDR" u. a.

Nach 1972 zog sich G. für einige Jahre aus der unmittelbaren politischen Öffentlichkeit zurück, machte aber mit Zeichnungen, Gedichten, Grafiken und Kunstausstellungen weiterhin von sich reden. Sein Wohnort war fortan Wewelsfleth (Schleswig-Holstein), wo seine nächsten Werke entstanden. Seinen internationalen Ruhm als Epiker unterstrich er mit dem 1977 erschienenen Roman „Der Butt". Auf mehreren Handlungsebenen wird auch der Anteil der Frauen an der Geschichte sowie das Verhältnis der Geschlechter zueinander in Historie und Moderne gedeutet. In dem Prosaband „Kopfgeburten oder Die Deutschen sterben aus" (1980) erhält – angesichts der Probleme in der Dritten Welt, für die G. sich immer stärker einsetzt – die Frage nach der Zukunft der westlichen Gesellschaften eine eher kritisch akzentuierte Antwort. Nach dem Bruch der sozialliberalen Koalition in Bonn (September 1982) engagierte sich G. verstärkt in der Friedensbewegung. Die Textsammlung „Widerstand lernen – Politische Gegenreden 1980–1983" (1984) dokumentiert G.s Stellungnahmen zur jüngeren politischen Geschichte der Bundesrepublik. 1986 legte G. mit dem großen, auch sein Engagement in der Umwelt- und Friedensbewegung widerspiegelnden Prosawerk „Die Rättin" ein apokalyptisches Feature über den Selbstmord der Menschheit vor. Das Buch fand bei der Kritik wenig Beifall.

Die Rolle des politischen Mahners übernahm G. wiederum, als 1990 die deutsche Wiedervereinigung die Tagespolitik bestimmte. Im Januar 1993 trat G. aus Protest gegen die Asylpolitik der Sozialdemokraten aus der SPD aus. Heftige Debatten und Kritik löste G. mit dem Roman „Ein weites Feld" (1995) aus, der in der DDR zwischen dem Mauerbau und der Wiedervereinigung spielt und aus den weit zurückreichenden Erinnerungen der Hauptfiguren ein Panorama deutscher Geschichte entwirft. Am 7. Juli 1999 stellte G. in München sein im voraus bereits hochgelobtes Werk „Mein Jahrhundert" mit „Aquarellen des Autors im Großformat" vor.

Mit der Vergabe des Literatur-Nobelpreises an G. werde dessen „unbeugsames und mitunter unpopuläres politisches Engagement" in verschiedenen Phasen der deutschen Nachkriegszeit gewürdigt, hieß es im schwedischen Fernsehen.

Hamsun, Knut – norwegischer Schriftsteller
geb. 4.8.1859 in Lom (Südnorwegen)
gest. 19.2.1952 in Norholm
Nobelpreis 1920, für sein Meisterwerk „Segen der Erde".

Höhen und Tiefen wie kaum ein anderer Schriftsteller hat H. durchlebt, und in demselben Maße schwankten seine Beliebtheit beim lesenden Publikum und seine Bewertung in der Literaturwissenschaft.

Sein Vater P. Pedersen zieht 1862 mit der Familie nach Hamaröy nahe den Lofoten, wo er sich auf dem Hamsundhof (von dessen Name der Dichter später sein Pseudonym ableitet) als Kleinbauer niederläßt. Schon im Alter von neun Jahren wird H. als Pfand für die Schulden seiner Eltern in das Haus eines wohlhabenden Onkels gegeben, für den er schwer arbeiten muß. Nach beendeter Schulzeit geht H. 1873 auf Wanderschaft durch Norwegen. Er versucht sich als fahrender Händler, als Hafenarbeiter und als Gemeindeschreiber. In diese Zeit fallen seine ersten literarischen Versuche, 1882 tritt er seine erste Amerikareise an, in deren Verlauf er Gelegenheit zur Beschäftigung mit amerikanischer Literatur findet. Nach einer kaum überstandenen Lungenkrankheit kehrt H. 1884 nach Norwegen zurück, wo er in Oslo als Journalist Fuß zu fassen sucht.

In dieser Zeit erleidet er seine bitterste Hungerperiode. Seine zweite Amerikareise von 1886 bis 1888 kann als desperater Ausbruch aus persönlicher Not und literarischer Hoffnungslosigkeit gelten. In den USA nimmt er jede Gelegenheitsarbeit an, die sich ihm bietet: Von seinen Erlebnissen in den USA berichtet H. später anschaulich in Novellen, Skizzen und Artikeln, so etwa in der Schilderung „Auf den Bänken bei New Foundland" (1891) oder in den Erzählungen „Auf der Prärie" (1903) und „Vagabundentage" (1905).

Mit seinem ersten bedeutenden Roman, „Hunger" (1890), schreibt er sich in den neuromantischen Horizont der neunziger Jahre ein; aber nicht allein die feinnervigen Seelenstimmungen zeichnen ihn aus, sondern ebenso eine durchgehende Ironisierung und teilweise auch eine Entfremdung, wie sie später dem Nouveau roman eigen ist. Der nächste Roman, „Mysterien" (1892), zeigt die Zerrissenheit eines Menschen und weist auf Kafka voraus. „Pan" (1894) wurde lange Zeit als die Lobpreisung des „ewigen Nordlandsommers", als ein Hymnus auf die Natur gefeiert. Doch hatte man hierbei nur den ersten Teil im Auge, dem aber ein zweiter Teil beigegeben ist, der den ersten kontrastierend aufhebt. Damit wird der Widerspruch der beiden Teile wesentlicher als ein bei der Konzentration auf den ersten Teil aufscheinendes Naturevangelium.

Nach der Jahrhundertwende tritt H. mit breit angelegten, meist zyklischen Romanen hervor, in denen er auf Erlebnisse seiner Jugend zurückgreift und das Volksleben seiner nordnorwegischen Heimat schildert. Zu nennen sind die sogenannte Wandertrilogie „Unter Herbststernen" (1906), „Gedämpftes Saitenspiel" (1909) und „Die letzte Freude" (1912) – der Wanderer, der Umhergetriebene, der Zerrissene, der sich nicht binden kann, steht im Mittelpunkt. Im Jahre 1911 erwirbt H. im nordnorwegischen Hamaröy, der Stätte seiner Kindheit, einen Bauernhof und wettert in seiner Dichtung und Publizistik mehr denn je gegen den von ihm als Zivilisationskrankheit mißverstandenen industriellen Fortschritt und das Stadtleben. Er veröffentlicht die beiden Segelfoßromane „Kinder der Zeit" (1913) und „Die Stadt Segelfoß" (1915) – Schilderungen des Aufstiegs und Verfalls einer Großfamilie.

Dem negativen Gesellschaftsbild der Segelfoß-Romane stellt H. in „Segen der Erde" (1917) seine positive Botschaft von einem sinnerfüllten Leben in schöpferischer Arbeit gegenüber. Der Held dieses Romans, ein Ödlandbauer, lebt diese Botschaft vor, indem er eine Hütte errichtet, Land urbar macht, den Boden bebaut, eine Familie gründet und von seiner Hände Arbeit lebt. Wie keinen seiner früheren Helden hat H. diesen zähen und anspruchslosen Nordlandbauer mit körperlicher Gesundheit und seelischem Gleichgewicht ausgestattet. Hier sah man das Gebot des die Zivilisation überwindenden „Zurück zur Natur" formuliert. Bei seinem Erscheinen im Jahre 1917 verstand man diesen Roman vor allem als Symbol, als Botschaft an eine kriegsverheerte Welt. Daraus erklärt sich auch, daß H. den Nobelpreis mit dem ausdrücklichen Hinweis auf „Segen der Erde" erhielt. 1917 gibt H. seinen Bauernhof in Nordnorwegen auf und sucht im Süden des Landes ein milderes Klima, aber wohl mehr noch die Nähe der Hauptstadt, wo seine Bücher verlegt werden. Die nächsten beiden Romane, „Die Weiber am Brunnen" (1920) und „Das letzte Kapitel" (1923), das eine erstaunliche Ähnlichkeit mit Thomas Manns ein Jahr später erschienenem „Zauberberg" aufweist, sind eine bis an die Grenze des Nihilismus gehende Gesellschaftskritik.

Einen letzten Höhepunkt erreicht H.s Erzählkunst in der August-Trilogie, bestehend aus den Romanen „Landstreicher" (1927), „August-Weltumsegler" (1930) und „Nach Jahr und Tag" (1933), in denen er auf humorvolle Art mit menschlichen Schwächen und Selbsttäuschungen umgeht. Wie nie zuvor bei H. entfaltet sich hier das volle Leben in seiner Unmittelbarkeit und Schönheit. Der letzte Roman, „Der Ring schließt sich" (1936), ist einer seiner schwächsten.

In die faschistische Nachbarschaft wurde H. vor allem durch Artikel gezogen, in denen er seine Landsleute bei der deutschen Okkupation zur Kapitulation aufforderte, um unnötiges Blutvergießen zu vermeiden. Er wurde wegen Landesverrats zu einer hohen Geldstrafe verurteilt. Während des Prozesses schrieb er das mit vielen Erinnerungsstücken durchwirkte Tagebuch „Auf überwachsenen Pfaden" (1949).

H. hinterläßt ein vielstimmiges künstlerisches Werk, das auch heute kritischer Aneignung wert ist.

Hauptmann, Gerhart – deutscher Dramatiker, Erzähler und Lyriker
geb. 15.11.1862 in Bad Ober-Salzbrunn
gest. 6.6.1946 in Agnetendorf
Nobelpreis 1912, vor allem als Ehrung seines reichen, vielseitigen und großartigen Schaffens auf dem Gebiet der dramatischen Dichtung.

H. gilt als bedeutendster Vertreter des Naturalismus in Deutschland. Grundthemen seiner Werke sind die soziale Not der ausgebeuteten Klassen, die Auflösung der Kleinbürgerwelt, die Anmaßung der Bürokratie und der innere Zwiespalt des Künstlertums.

Der Sohn eines Gastwirts studierte ab 1882 Geschichte, Philosophie und Kunstgeschichte an der Universität Jena, doch das Studium blieb nur von kurzer Dauer. Er war in Rom kurzzeitig als Bildhauer tätig. Dann folgten bis 1885 ein Studium an der Kunstakademie in Dresden sowie historische Studien und Schauspielunterricht in Berlin. Die Ehe mit der Großkaufmannstochter Marie Thienemann brachte wirtschaftliche Stabilität und schließlich auch Beruhigung im äußeren Lebenslauf. Sie nahmen ihren Wohnsitz in Erkner bei Berlin auf, und hier wurde die Einwirkung des Realismus und frühen Naturalismus zum Antrieb einer eigenen naturalistischen Erzählweise.

Seit 1891 lebte H. in Schreiberhau und Berlin, nach einer schweren Lebenskrise 1893 wurde seine erste Ehe getrennt, und er schloß 1904 eine zweite Ehe mit Margarete Marschalk. Das 1891/92 zunächst im schlesischen Dialekt geschriebene Drama „Die Weber" (Uraufführung 1893), vom Berliner Polizeipräsidenten verboten und schließlich durch den Verein „Freie Bühne" 1894 öffentlich aufgeführt, ist H.s bedeutendstes Werk und begründete seine Weltgeltung. Unter dem Eindruck des Aufschwungs der Arbeiterbewegung bezog H. das einzige Mal in seinem Schaffen eine revolutionäre Position mit dem in der deutschen Literatur erstmaligen Versuch, das Proletariat als kollektiven Helden auf die Bühne zu bringen.

Ein weiterer Höhepunkt in H.s Schaffen ist die „Diebskomödie" „Der Biberpelz" (1893), die den Kampf einer Waschfrau um bescheidenen Wohlstand schildert, den sie jedoch verliert: Eine Satire über den preußischen Bürokratismus und die sogenannten „oberen Schichten", deren Korruptheit und Borniertheit der Lächerlichkeit preisgegeben werden. Das Traumspiel „Hanneles Himmelfahrt" (1893) vereint die zwei Haupttendenzen von H.s Schaffen: das von tiefem sozialem Mitleid für die Lage der Armen erfüllte, wuchtig realistische Gestaltungsvermögen und die Neigung zum Ausweichen in idealistische und romantische Phantasiewelten und Darstellungsmittel. Mit dem großen historischen Drama „Florian Geyer" (1896) unternahm H. den Versuch, aus der deutschen Geschichte aktuelle Lehren abzuleiten. Durch die Darstellung des deutschen Bauernkrieges von 1525 wollte er seine Zeitgenossen zur Lösung der auch am Ende des 19. Jahrhunderts noch offenen sozialen und nationalen Probleme aufrufen. 1897 hatte H. einen außerordentlich großen Bühnenerfolg mit dem Märchendrama „Die versunkene Glocke". Das Schauspiel „Fuhrmann Henschel" (1899) führt mit zwingender Milieuechtheit die Tragödie eines Menschen vor, der durch seine zweite, sinnbetörende Frau zum Selbstmord getrieben wird. Die handlungsreiche Berliner Tragikkomödie „Die Ratten" (1911) zeigt vor dem gesellschaftlichen Hintergrund des Berliner Ostens das vergebliche Ringen einer Proletarierfrau um Mutterglück und gesellschaftliche Anerkennung.

Beide Seiten seines Schaffens, die rückhaltlose Kritik an der bedrückenden sozialen Wirklichkeit und das Ringen um eine lebensbejahende Welthaltung, widerspiegeln sich auch in H.s Prosa. In der Novelle „Bahnwärter Thiel", dessen Titelfigur von der zweiten Ehefrau zum Mord getrieben wird, und in dem in Schlesien Ende des 19. Jahrhunderts spielenden Roman „Der Narr in Christo Emmanuel Quint" (1910), der vom zwangsläufigen Scheitern religiöser Weltverbesserung handelt, hat die Milieuschilderung das Übergewicht. In der Erzählung „Der Ketzer von Soana" (1918), seine wohl bekannteste Prosadichtung, wird die Geschichte eines jungen Priesters geschildert. In zahlreichen Reden zu kulturpolitischen und ästhetischen Fragen bewährte sich der Dichter als vielseitig tätiger Humanist.

In seinem Spätwerk knüpfte H. unmittelbar an Goethe an („Das Märchen", 1941; „Mignon", 1947). Wie Goethe verstand er sich als Repräsentant bürgerlicher Kultur, deren humanistische Werte er durch die zerstörerische Gier nach Geld, Besitz und Macht gefährdet sah. Tiefer Fatalismus in Bezug auf den historischen Handlungsspielraum des Individuums und Pessimismus angesichts eines schicksalhaften Geschichtsverlaufs überschatten auch die Dramen, in denen sich H. in den Bildern mythologischer Stoffe mit Faschismus und Krieg auseinandersetzte („Die Tochter der Kathedrale", 1939; „Atriden-Tetralogie", 1941/48).

Seine letzte große Prosaarbeit ist das autobiographische Werk „Das Abenteuer meiner Jugend" (1937): Im faschistischen Deutschland lebend, setzte sich der Dichter vorsichtig mit Militarismus und Nationalismus auseinander, trat für humanistisches und demokratisches Denken ein. Von den Nationalsozialisten nicht anerkannt, aber geduldet, lebte er bis 1945 zurückgezogen, ohne sich politisch zu betätigen, versuchte jedoch, sich zu arrangieren, um sein Werk nicht zu gefährden. Er starb kurz vor seiner Zwangsumsiedlung nach Berlin.

Weitere Werke: „Michael Kramer" (1900); „Der rote Hahn" (1901); „Der arme Heinrich" (1902); „Griechischer Frühling" (1908); „Kaiser Karls Geisel" (1908); „Lohengrin" (1913); „Der Bogen des Odysseus" (1914); „Parsival" (1914); „Winterballade" (1917); „Der weiße Heiland" (1920); „Phantom" (1923); „Fasching" (1925); „Die blaue Blume" (1927); „Buch der Leidenschaft" (1930); „Die goldene Harfe" (1933); „Das Meerwunder" (1934); „Im Wirbel der Berufung" (1936); „Ulrich von Lichtenstein" (1939); „Iphigenie in Delphi" (1941); „Der Schuß im Park" (1942); „Der große Traum" (1942).

Heaney, Seamus Justin – nordirischer Dichter, Kritiker und Lehrer

geb. 13.4.1939 in Castledawson (Grafschaft Derry, Nordirland)

Nobelpreis 1995, für ein Werk von lyrischer Schönheit und ethischer Tiefe, das die Wunder des Alltags und die lebendige Vergangenheit hervorhebt.

H. wuchs auf dem Bauernhof der katholischen Eltern nahe der nordirischen Metropole Belfast auf. Von 1957 bis 1961 studierte er Englische Philologie an der Queen's University in Belfast. Mit einer Lehrerausbildung am St. Joseph's College in Belfast 1961/62 beendete er das Studium. Anfang der 60er Jahre schloß sich H. einer Gruppe junger Autoren an, die aus einem Lyrikseminar hervorging. Von dieser Gruppe erhielt er wesentliche Anregungen für seine eigene Arbeit. Nach seinem Studium arbeitete er zunächst als Lehrer. Von 1966 bis 1972 unterrichtete H. Neuere Englische Literatur an der Belfaster Queen's University. 1971 verließ H. Belfast und wirkte als freier Schriftsteller in Glanmore (Grafschaft Wicklow, Irland). 1975 nahm H. seinen Lehrerberuf wieder auf. Zwischen 1989 und 1994 war er Inhaber des Lehrstuhls für Poetik an der Universität Oxford.

H. ist nach Samuel Beckett (1906–1989) und dem Nationaldichter William Butler Yeats (1865–1939), mit dem er oft verglichen wird, der dritte irische Literatur-Nobelpreisträger. Er gilt als der prominenteste Vertreter der zeitgenössischen Literatur seiner Heimat. Sein vielfach ausgezeichnetes Werk findet Anklang bei einem breiten Publikum und stößt auch bei der Kritik auf nahezu ungeteilte Zustimmung, in den USA ebenso wie in Großbritannien. Seine ersten Gedichte erschienen Mitte der sechziger Jahre in irischen Zeitschriften. 1966 veröffentlichte H. den preisgekrönten Band „Tod eines Naturalisten". Die Kritiker lobten den unmittelbaren, privaten Kontakt mit der Natur, der in seinen Gedichten zum Ausdruck kam. 1969 folgte der Gedichtband „Tür ins Dunkel".

In den Gedichtbänden „Überwintern" (1972) und „North" (1975), von den Kritikern als sein bester gerühmt, verarbeitete H. die Eskalation der Gewalt zwischen Katholiken und Protestanten in Nordirland. „North" ragt aus H.s Werk als ein in der formalen wie thematischen Variation an strengen Kompositionsprinzipien ausgerichteter Zyklus heraus. Es ist sicher sein ehrgeizigstes Werk und sein geschlossenster Versuch, die tragische Geschichte Ulsters zu interpretieren. So steht die in der umfassenden Darstellung der Eroberungsgeschichte der Insel geleistete „Arbeit am Mythos Irland" (Teil 1) – von den Wikingereinfällen bis zur Kolonisierung – der selbstporträtierenden konkreten Suche nach dem eigenen Dichter-Mythos (Teil 2) gegenüber. Nordirland mit seiner sprachlichen und kulturellen Tradition wie seiner politischen und sozialen Gegenwart bildet auch in den späteren Sammlungen wie „Feldarbeit" (1979), dem Prosa-Band „Preoccupations" (1980) und „The Haw Lantern" (1987) den geographischen und thematischen Rahmen von H.s Werk.

„Feldarbeit" ist das Ergebnis eines pastoralen Eskapismus, denn auch in den hier versammelten Gedichten schließt das Sprechen über Bäume das Schweigen über die Untaten nicht aus. Ein Natur-Produkt in diesem Sinne und die Fortsetzung der überregionalen, den Norden mit dem Süden verklammernden „poetry of place" ist der Inhalt der Verserzählung „Sweeney in der Irre" (1983). Die legendäre Gestalt des in Folge eines Sakrilegs in einen Vogel verwandelten, in die Wälder verbannten und in jahrelangem Exil in Schottland und Irland umherirrenden Ulster-Königs und Blasphemisten (Gotteslästerer) verkörpert die Zwiespältigkeit jener spezifisch keltischen Sensibilität, wie sie in der frühen irischen Naturlyrik und deren zentralen Motivbereichen – Verbundenheit mit der Heimat und Klage über die Verbannung vom liebgewonnenen Ort – anzutreffen ist. Dichtung als nachsinnende geistliche Übung ist der Modus der Titelsequenz in „Station Island" (1984), H.s poetischer Wallfahrt zum St. Patrick's Purgatory in Lough Derg (County Donegal), die in „Feldarbeit" durch die Bekenntnislyrik der Elegien und die aus Dante übersetzten „Ugolino"-Szenen vorbereitet ist und mit der er sich in der irischen Literaturgeschichte auf eine lange Ahnenreihe stützen kann.

Nach Darstellung der Königlich-Schwedischen Akademie kann als Ausgangspunkt seines Schaffens eine

„nördliche Schweigsamkeit" gelten, die H. in einem seiner Gedichte beschrieben habe. Der Katholik, der auf irisch und englisch publiziert, gehört zugleich zu den meistausgezeichneten Lyrikern der anglo-irischen Literatur.

Weitere Werke: „Servant Boy" (1971); „Stationen" (1975); „Moor-Gedichte" (1975); „Später Sommer" (1978); „Selected Poems 1965–1975"; „Die Hagebuttenlaterne" (1987).

Heidenstam, Carl Gustaf Verner von – schwedischer Schriftsteller
geb. 6.7.1859 in Olshammar (Verw.-Bez. Örebro)
gest. 20.5.1940 in Övralid (Verw.-Bez. Östergötland)
Nobelpreis 1916, in Anerkennung seiner Bedeutung als eines führenden Repräsentanten einer neuen Epoche in der schwedischen Literatur.

H., Sohn eines Offiziers, mußte seine Ausbildung wegen eines Lungenleidens abbrechen, und er unternahm dann ausgedehnte Reisen nach Italien, Frankreich, der Schweiz und durch den Vorderen Orient. Es folgten Malerstudien in Rom und Paris. In der Schweiz schloß H. Bekanntschaft mit dem schwedischen Schriftsteller August Strindberg. Im Jahr 1887 kehrte er in die Heimat zurück. Bedeutsam war seine Gründung der konservativen Zeitung „Svenska Dagbladet". Er stand auf der Seite jener Kreise, die für Schwedens Teilnahme am Ersten Weltkrieg eintraten.

Diente sein literarisches Schaffen anfänglich der Propagierung nationalistischer Anschauungen, wurde er später zum Hauptvertreter der neuromantischen Bewegung in der schwedischen Literatur, zu der auch Selma Lagerlöf (Literatur-Nobelpreis 1909) und Erik Axel Karlfeldt (Literatur-Nobelpreis 1931) gehörten. Sein umfangreiches Werk – Gedichte, Romane und Epen – ist erfüllt von einer ausdrucksstarken Sehnsucht nach vollendeter Schönheit, nationalem Pathos und stimmungsvollen Naturbildern. Seine künstlerischen Ziele sind in dem Essay „Renaissance" (1889) formuliert. Bereits in der von orientalischen Motiven und Mythen inspirierten Gedichtsammlung „Wallfahrt und Wanderjahre" (1888), der Leser wird in die Welt des Orients entführt, erwies sich H. als virtuoser Sprachkünstler. In dem Roman „Endymion" (1889) beschreibt er die konflikthafte Beziehung zwischen einer jungen Amerikanerin und einem Araber, der sich schließlich auf seine orientalischen Traditionen und Sitten besinnt.

Der Roman „Hans Alienus" (1892) ist ein autobiographisch gefärbtes visionäres Lebensbild eines Menschen auf der Suche nach Schönheit, der nach Reisen in ferne Länder im einfachen schwedischen Landleben seine Erfüllung findet. Danach folgen Werke, in denen H. vorzugsweise auf historische Stoffe zurückgreift, zum Beispiel in der Gedichtsammlung „Ein Volk" (1899), er schildert hier sehr nachdenklich das einfache Leben in Schweden. Patriotische Gedanken und Gefühle durchziehen die zweiteilige Novellensammlung „Karl der Zwölfte und seine Krieger" (1897/98) über den gleichnamigen König (1682–1718). Nach der Erzählung „Georg und der Drachen" (1902) folgte das zweibändige historische Romanepos „Der Stamm der Folkunger" (1905/07) und bildete zugleich den Höhepunkt seiner szenisch breit ausladenden, phantasiebetonten Prosa.

Zu den Hauptwerken H.s gehört das geschichtliche Volkslesebuch „Die Schweden und ihre Häuptlinge" (1908/10, 2 Bände), und er wurde seither als Nationaldichter geehrt. H. schuf außerdem spielerische, farbenfrohe Gedichte, jedoch auch Verse von verhaltener Traurigkeit („Gedichte", 1895, „Neue Gedichte", 1915, und „Letzte Gedichte", 1940). Seine Ablehnung des Realismus und seine konservativ-nationalistische Gesellschaftssicht führten zur Auseinandersetzung mit A. Strindberg, was besonders in der Streitschrift „Auflösung und Fall der Proletarierphilosophie" (1911) zum Ausdruck kommt, wo er sich gegen Strindbergs Wirken für die Erneuerung der realistischen Literatur wandte.

Weitere Werke: „Landschaft und Menschen" (1888); „Der heiligen Birgitta Pilgerfahrt" (1901); „Der Wald rauscht" (1904); „Kampf und Tod Karls des Zwölften" (1910); „Als die Kastanien blühten" (1914).

Hemingway, Ernest Miller – nordamerikanischer Schriftsteller
geb. 21.7.1899 in Oak Park (Illinois)
gest. (Freitod) 2.7.1961 in Ketchum (Idaho)
Nobelpreis 1954, für seine kraftvolle und den zeitgenössischen Stil beeinflussende Meisterschaft im Erzählen, wie sie besonders in seinem Werk „Der alte Mann und das Meer" in Erscheinung trat.

Sein Vater bemühte sich mit Erfolg, in seinem Sohne Ernest frühzeitig ein lebhaftes Interesse am Jagen, Fischen und Zelten zu erwecken. Seine Kindheit war infolge des mitunter recht gespannten Verhältnisses zwischen Vater und Mutter nicht völlig unbeschwert. Der Wunsch, sich schriftstellerisch zu betätigen, war erstmals im Jahre 1915 in ihm erwacht. 1917 wurde H. Reporter beim „Kansas City Star", diese Tätigkeit erwies sich für den späteren Schriftsteller als eine positive Lehrzeit. 1918 kam er als Freiwilliger einer Rot-Kreuz-Kolonne an die oberitalienische Front und wurde schwer verwundet. 1921 begab er sich als Auslandskorrespondent nach Europa, damit begann ein entscheidender Abschnitt in H.s journalistischer Tätigkeit.

Zu H.s ersten Veröffentlichungen gehört „In unserer Zeit" (1924), eine Sammlung von Prosaskizzen. Diese Momentaufnahmen berichten unmittelbar von Kriegsgeschehen, Hinrichtungen, Stierkämpfen; von Begegnungen mit Gewalt und Tod und vom Verhalten derjenigen, die sie erfahren oder als Zeugen beobachten. 1926 erschien der Roman „Die Sturmfluten des Frühlings", ein beredtes Zeugnis vom Ringen des jungen Autors um einen eigenen, unverwechselbaren Stil. Erst der in Spanien entworfene und in Frankreich gründlich überarbeitete Roman „Fiesta" (1926) und der Kurzgeschichtenband „Männer ohne Frauen" (1927) verschafften H. die ersehnte internationale Anerkennung.

Der Verlust von Hoffnung und Orientierung steht im Mittelpunkt des Romans „Fiesta", der das Lebensgefühl der Nachkriegsgeneration in charakteristischer Weise zum Ausdruck brachte. Europa war zur zweiten Heimat geworden. Und dennoch drängte es ihn Anfang des Jahres 1928, nach der Neuen Welt zurückzukehren, zumal er kurze Zeit später in zweiter Ehe Pauline Pfeiffer, eine amerikanische Journalistin, heiratete. Seine finanziellen Mittel erlaubten es ihm, sich in Key West in Florida niederzulassen. Über die Jagd auf Tiefseefische im Karibischen Meer und auf Rotwild im Felsengebirge versäumte es H. nicht, einen in Europa begonnenen Roman über Krieg, Liebe und Tod fortzuführen, der 1929 unter dem Titel „In einem anderen Land" herausgebracht wurde und den literarischen Ruf des Verfassers endgültig festigte. In dem antimilitaristischen Roman führt der Haß gegen den Krieg und dessen Inhumanität nur zu einem individualistischen Protest. Der Held macht seinen „Privatfrieden", indem er desertiert, doch er ist machtlos gegen die deterministische Verfügung, die den Tod seiner Geliebten fordert, während die Welt ihren Lauf gleichgültig fortsetzt. Dieser Roman bildet einen Höhepunkt in der humanistischen Antikriegsliteratur in den USA.

1933 machte H. eine Schiffsreise nach Ostafrika, um auf der Serengeti-Ebene Großwild zu erlegen, und brachte nach der Rückkehr in die USA seine Erlebnisse zu Papier. Die literarische Ausbeute von seinen Sport- und Jagdabenteuern war außer den beiden Kurzgeschichten „Das kurze glückliche Leben des Francis Macomber" und „Schnee auf dem Kilimandscharo" der Tatsachenbericht „Die grünen Hügel Afrikas" (1935). Anders als in H.s vorangegangenen Werken ist der soziale Hintergrund für das Handeln des Helden von „Haben und Nichthaben" (1937). Im Depressionsjahrzehnt bringt der Held seine Familie mit illegal verdientem Geld durch. Seine Schmugglertätigkeit bringt ihm schließlich den Tod. In dem Roman „Wem die Stunde schlägt" (1940) kämpft der amerikanische Held im Spanischen Bürgerkrieg mit einer republikanischen Partisanengruppe. Er hat den Auftrag, eine Brücke zu sprengen; obwohl er ihn für nutzlos erachtet, führt er den Auftrag dennoch aus, deshalb vor allem, weil seine Pflichterfüllung der Sache dient, an die er glaubt.

Mit „Wem die Stunde schlägt", dem Spionageabwehrdrama „Die fünfte Kolonne" (1938) und seinen Berichten als Kriegskorrespondent des Spanischen Freiheitskampfes (1936/39) setzte H. dem spanischen Volk ein bleibendes Denkmal. Während des Zweiten Weltkrieges war er Frontberichterstatter in England und in der Normandie und marschierte an der Spitze einer französischen Partisaneneinheit 1945 in Paris ein.

Seine letzten Jahre verbrachte H. mit seiner vierten Frau in den USA. 1952 legte H. seine Meistererzählung „Der alte Mann und das Meer" vor. In diesem in seiner Einfachheit und Symbolkraft vollendeten Werk vom Kampf des alten Fischers Santiago mit dem Marlin und den Haien verschmilzt H. zentrale Themen seines Schaffens: den Sieg in der Niederlage, den Glauben an die Kraft des Menschen („Man kann vernichtet werden, aber man darf nicht aufgeben") und das innerste Einverständnis zwischen Mensch und Natur. Mit dem über das Leben und Sterben spanischer Matadore entstandenen Buch „Gefährlicher Sommer" (1960) kehrte der Verfasser erneut zur Welt des Stierkampfes zurück.

Wenige Monate später, am 2. Juli 1961, überraschten amerikanische Nachrichtenagenturen die Öffentlichkeit mit der Meldung, H. habe sich bei Jagdvorbereitungen tödlich verletzt. Es darf mit Sicherheit angenommen werden, daß der Schriftsteller – wie vor ihm sein Vater – Selbstmord beging, denn H.s letzte Lebensjahre, die er in Kuba verbrachte, waren überschattet von Krankheit und Depressionen. H. hat vor allem als Meister der Kurzprosa stimulierend auf in- und ausländische Schriftsteller gewirkt, da er durch seine sachliche Schreibweise und das situationshafte, psychologisch auslotende Erzählen neue künstlerische Maßstäbe setzte. Er hat in allen seinen Werken nur über das geschrieben, was er aus eigener Erfahrung kannte. H. hat mit seinem unbedingten Streben nach Wahrheit und Authentizität, mit seinen innerlich verletzten, Manneswürde und Stolz verkörpernden Helden und seinem klaren, kraftvollen Prosastil vorbildhaft für viele Schriftsteller gewirkt.

Weitere Werke: „Der Sieger geht leer aus" (1933); „49 Stories" (1938); aus dem Nachlaß: „Inseln im Strom" (1970) und „Der Garten Eden" (1986).

Hesse, Hermann – deutsch-Schweizer Schriftsteller
geb. 2.7.1877 in Calw (Württemberg)
gest. 9.8.1962 in Montagnola (Tessin/Schweiz)
Nobelpreis 1946, für sein durch Versenkung getragenes Werk, das sich immer kühner und eindringlicher entwickelte und die Ideale des klassischen Humanismus ebenso wie eine hohe Kunst des Stils offenbart.

H. lebte mit seinen Eltern bis 1886 in Basel. Im September 1891 wurde er für eine Ausbildung zum evangelischen Theologen Seminarist im evangelischen Kloster Maulbronn, aus dem er nach sieben Monaten floh, weil er entweder „Dichter oder gar nichts werden wollte". Von 1895 bis 1898 absolvierte er eine Buchhändlerlehre in Tübingen und war dann bis 1903 als Buchhandelsgehilfe in Basel tätig. In dieser Zeit begann H. für die „Allgemeine Schweizer Zeitung" Artikel und Rezensionen zu schreiben. Erlebnisse aus dieser Zeit hat H. in der tragisch ausklingenden Erzählung „Unterm Rad" (1906) verarbeitet, in der schon im Keim die Problematik enthalten ist, die H. lebenslang beschäftigen sollte: die Suche nach Möglichkeiten der Menschlichkeit und Kunst in einer ihnen feindlichen bürgerlichen Endzeit. Nach Aufgabe seiner Buchhändler- und Antiquariatstätigkeit begab er sich 1903 nach Florenz und Venedig. Von 1906 bis 1912 war er Mitherausgeber der liberalen, gegen das persönliche Regiment Kaiser Wilhelms II. gerichteten Zeitschrift „März". 1911 reiste H. nach Indien, danach durch Europa. Im Krieg baute er im Dienst der „Deutschen Gefangenenfürsorge" einen eigenen Verlag für Kriegsgefangene auf. Ab 1912 lebte er in der Schweiz. In der Zeit von 1939 bis 1945 galten seine Werke in Deutschland als unerwünscht.

H.s literarische Anfänge sind der deutschen Romantik verhaftet. In seinem Frühwerk dominierten zunächst lyrisch-melancholische Stimmungen („Romantische Lieder", 1899). Seine beiden ersten bedeutenden Prosawerke „Peter Camenzind" (1904), mit diesem Roman hatte er einen sensationellen Erfolg, der ihn finanziell unabhängig machte, und „Unterm Rad" (1906) erzählen mit autobiographischen Anklängen die Lebensgeschichten begabter junger Menschen, die an ihrer leistungsorientierten, von Konventionen und der Jagd nach Geld geprägten Umwelt zerbrechen. 1904 heiratete H. Maria Bernoulli. Während seines ländlichen Ehe- und Familienlebens in Gaienhofen am Bodensee von 1904 bis 1912 begann H. sich mit der Problematik menschlicher Beziehungen, der Ehe und der Rolle des Künstlers in der modernen Gesellschaft zu befassen. Der Eheroman „Roßhalde" (1914) und die Erzählung „Knulp" (1915), sie schildert das ungebundene, nur dem Schönen folgende Leben des Landstreichers Knulp, bilden den Abschluß der lyrisch-impressionistischen ersten Schaffensperiode.

Mit dem biographischen Neubeginn (Ende 1918 hatte sich H. von seiner Familie getrennt) macht sich auch eine starke, stilistisch dem Expressionismus verwandte Zäsur bemerkbar, so in den Novellen „Klein und Wagner" (1919) und „Klingsors letzter Sommer" (1920), in welcher sich H.s Erfahrungen mit der von ihm seit 1917 betriebenen Malerei niederschlugen. In dem Roman „Demian: die Geschichte einer Jugend" (1919) schildert er die Erschütterungen und Verwirrungen einer bürgerlichen Jugend nach dem Weltkrieg. Publizistisch mit seiner kulturkritischen Zeitschrift „Vivos voco" und weltanschaulich durch seine Auseinandersetzung mit ostasiatischer Philosophie (Buddhismus) suchte H. ein Modell zur Überwindung der Krise des Abendlands und schuf mit der Erzählung „Siddharta" (1922) ein Werk, das sowohl stilistisch als auch thematisch ganz neue Akzente setzte. Dem Roman „Der Steppenwolf" (1927), er begründete H.s internationalen Ruf, liegt der schroffe Gegensatz zwischen der Außenseiterexistenz des Intellektuellen und der Gesellschaft zugrunde, aus dem nur das „Magische Theater" einen Ausweg in ein „Reich ewiger Werte" zu weisen vermag. Die dritte Ehe H.s mit Ninon Ausländer (1931) trug zum Ausgleich seiner Zerrissenheit bei und dauerte bis zu seinem Tod.

Mit dem nächsten Werk „Narziß und Goldmund" (1930) hatte H. die bekenntnishaften Schriften der zweiten großen Schaffensperiode hinter sich gelassen. In dem im Mittelalter angesiedelten Entwicklungsroman wird die ausgleichende Harmonie zwischen dem Prinzip des Geistes und der Wissenschaft einerseits und dem Prinzip der Sinnlichkeit und der Kunst andererseits nur abgeschieden vom Leben hinter Klostermauern erreichbar. Als Summe seines Schaffens verstand H. den seit 1931 entstandenen und 1943 veröffentlichten utopischen Roman „Das Glasperlenspiel" über den Gelehrtenstaat und „weltliches Kloster" Kastalien. Das zweibändige Werk ist eine zeitkritische Utopie über erzieherisch-bildendes und tätiges Wirken zum Wohl der Menschheit. Mit dem „Glasperlenspiel" hatte sich H. nach seinen eigenen Worten „einen geistigen Raum aufgebaut, in dem ich atmen und leben konnte, aller Vergiftungen der Welt zum Trotz". H.s Lyrik der Spätzeit ist von gesellschaftlicher Verantwortung erfüllt und drückt unbedingten Friedenswillen sowie die Hoffnung auf eine bessere menschliche Gesellschaft aus.

Zu Ehren von H. ist der Hermann-Hesse-Preis benannt, den die Fördergemeinschaft der deutschen Kunst im Jahr 1956 stiftete. Seine Bücher wurden in viele Sprachen übersetzt, besonders in den USA fanden sie breite Resonanz.

Weitere Werke: „Der Lateinschüler" (1914); „Die Marmorsäge" (1916); „Schön ist die Jugend" (1916); „Die Nürnberger Reise" (1925); „Der schwere Weg" (1927); „Die Morgenlandfahrt" (1932); „Fabulierbuch" (1935); „Das Haus der Träume" (1936); „Stunden im Garten" (1936); „Tragisch" (1936); „Der Zwerg" (1937); „Der Pfirsichbaum" (1945); „Der Bettler" (1948); „Freunde" (1949); „Beschwörungen" (1955); „Abendwolken" (1956); „Der Beichtvater" (1962).

Heyse, Paul – deutscher Lyriker, Novellist, Romancier, Dramatiker und Essayist
geb. 15.3.1830 in Berlin
gest. 2.4.1914 in München
Nobelpreis 1910, als Beitrag hoher Achtung vor dem dichterischen Wert seiner Kunst, die sich in der langen Periode seines Schaffens als Lyriker, Schriftsteller und Dichter weltberühmter Erzählungen offenbart.

H., Sohn des Universitätsprofessors und Sprachforschers Karl Wilhelm Ludwig H., studierte von 1847 bis 1851 Klassische und Romanische Philologie in Berlin und Bonn, 1852 promovierte er zum Doktor der Philosophie. In den Jahren 1852/53 unternahm H. ausgedehnte Schweiz- und Italienreisen.

1854 übersiedelte H. nach München und nahm regelmäßig teil an den „Symposien" des Königs Maximilian II. im Dichter- und Gelehrtenkreis um Geibel, Sybel, Liebig u. a. Daraus ergaben sich vielfältige Verbindungen. Dank H.s außerordentlichen Talents im gesellschaftlichen Umgang und seiner rasch wachsenden, beifällig aufgenommenen literarischen Produktion konnte er sich eine herausragende Stellung als literarische Autorität aufbauen und sie über Jahrzehnte als durchaus auch kritischer Hofpoet und Dichterfürst behaupten. Um den brachliegenden literarischen Austausch in München zu beleben, hatte H. mit Geibel 1854 die Dichtervereinigung „Krokodil" gegründet und seit 1868 auch geleitet.

H. stieg bald zum Vorzugsautor des Bildungsbürgertums auf, dem er die Illusion einer ungebrochenen Tradition des Volkes der „Dichter und Denker" vermittelte. Mit anderen nachachtundvierziger Autoren des „poetischen Realismus" teilte er die antidemokratische Haltung und die Neigung, menschliches Verhalten unabhängig von sozialen Bindungen psychologisch zu durchleuchten. Dominierend innerhalb seiner umfangreichen Produktion (über 160 Werke) ist die Novelle (insgesamt erschienen von 1855 bis 1895 zwanzig Sammelbände mit etwa 150 Novellen).

Seine Novellistik zeigt am ausgeprägtesten seine Eigenart: mehr Malen als Gestalten, Bevorzugung des italienischen Milieus und von Künstlerkreisen, Zelebrierung eines Schönheitskults, Ablehnung des Häßlichen: „L'Arrabiata" (1853), „Das Mädchen von Treppi" (1855), „Andrea Delfin" (1862), „Der letzte Centaur" (1871) und „Die Stickerin von Treviso" (1871). Thema ist fast immer die bedingungslose, Konventionen in Frage stellende oder überschreitende Liebe. Freilich findet sich am Ende meist ein Arrangement innerhalb der gesetzten Ordnung. Der Anreiz für Leserinnen lag wohl in dem Schritt ins Unerlaubte, den H.s Heldinnen, ihren unbedingten Gefühlen folgend, wagten. Die Novellen sind geschickt nach einem strengen Muster gebaut, und dieses Muster hat länger als die Dichtung selbst überdauert: seine berühmte „Falkentheorie", jenes Bauprinzip der Gattung, der Boccaccios „Der Falke" den Namen gab, nach der die Novelle – im Gegensatz zum Novellentyp der bürgerlichen Realisten – die „erstickende Luft" der Alltäglichkeit meidet, dagegen die große, einmalige Gestalt wie die „Freude an der schönen Form" herausstellt.

Als Lyriker standen H. sämtliche Strophenformen und Versarten zur mühelosen Verfügung. Er dichtete makellose Stanzen, Oktaven, Terzinen, Hexameter, beliebt bei vielen Liedkomponisten. Seinen ganzen Ehrgeiz legte H. in das Drama, die vornehmste Gattung. Aber auf dem Theater erlebte er nur wenige große Erfolge (mit den historischen Dramen „Elisabeth Charlotte", 1864, und vor allem „Colberg", 1868). Seine scharfe Gegnerschaft zu Ibsen, Wagner und den Wagnerianern isolierte ihn vollends. Nach dem Tod Maximilians II. im Jahre 1864 lockerte sich die Bindung H.s an den Hof und löste sich 1868 – H. hatte sich mit Geibels in Bayern unerwünschten politischen Überzeugungen solidarisiert – schließlich ganz. Seine Stellung im literarischen Leben war jedoch unerschütterlich, wie die hohen öffentlichen Ehrungen belegen: 1871 die Aufnahme in den Kreis der Ritter des Maximilians-Ordens, 1884 der Schiller-Preis und 1910 die Ehrenbürgerschaft der Stadt München. Am Roman versuchte sich H. erst relativ spät. Er bediente sich dieser Gattung, um Fragen der Moral, der Weltanschauung, der Künstlerrolle breit und kontrovers zu entwickeln. So plädiert H. in dem dreibändigen Werk „Kinder der Welt" (1873) für eine vorurteilslose, undogmatische Freiheit des Denkens, bevor er doch in bürgerliche Klischees mündet; in „Im Paradiese" (3 Bände, 1875) spielt ein weder von Kirche noch Staat abgesegnetes „Ehepaar" eine Rolle; der Dichterroman „Merlin" (3 Bände, 1892) schließlich enthält H.s kämpferische Verteidigung gegenüber den Angriffen der Naturalisten. Politisch weithin desinteressiert, zeigte H. eine gemäßigt-konservative Haltung. Er wandte sich gegen alles „Banausentum", gegen Adelsborniertheit und Spießertum.

Weitere Werke: „Der Jungbrunnen" (1850); „Franzeska von Rimini" (1850); „Die Braut von Zypern" (1856); „Die Sabinerinnen" (1859); „Ludwig der Bayer" (1862); „Meraner Novellen" (1864); „Hadrian" (1865); „Maria Maroni" (1865); „Die Göttin der Vernunft" (1870); „Neue moralische Novellen" (1878); „Der Salamander" (1879); „Die Weiber von Schorndorf" (1881); „Himmlische und irdische Liebe" (1886); „Der Roman der Stiftsdame" (1887); „Villa Falconieri" (1888); „Marienkind" (1892); „Über allen Gipfeln" (1895); „Der Bucklige von Schiras" (1898); „Der Sohn seines Vaters" (1898); „Maria von Magdala" (1899); „Die törichten Jungfrauen" (1905); „Victoria Regia" (1906); „Gegen den Strom" (1907); „Die Geburt der Venus" (1909).

Jensen, Johannes Vilhelm – dänischer Schriftsteller

geb. 20.1.1873 in Farso (Nordjütland)

gest. 25.11.1950 in Kopenhagen

Nobelpreis 1944, für die seltene Kraft und Fruchtbarkeit seiner Dichterphantasie, verbunden mit umfassendem Intellekt und kühner schöpferischer Stilkunst.

J. besuchte die Lateinschule in Viborg. Als Zwanzigjähriger kam er nach Kopenhagen, hier wurde er plötzlich mit der modernen industriellen Entwicklung konfrontiert und offensichtlich in seinen Erwartungen enttäuscht. Schon bald gab J. das Medizinstudium zugunsten der Literatur auf. Um sich seinen Lebensunterhalt zu verdienen, schrieb er zunächst für eine Illustrierte spannende Unterhaltungsromane. Als sein literarisches Debüt gilt jedoch erst der Roman „Dänen" (1896), von dem er sich später, zusammen mit dem Roman „Einar Elkaer" (1898), wieder distanzierte. Naturalistisch analysierte er in beiden Werken die hauptstädtische Bourgeoisie der neunziger Jahre. Für seinen dritten Roman „Des Königs Fall" (1900/01) wählte J. einen Stoff aus der dänischen Geschichte des 16. Jahrhunderts. Ästhetisch überzeugender und ausgewogener in der Kritik, wollte er darin die Ursachen für den Niedergang Dänemarks darstellen. Nach seiner Meinung lag die Schuld bei der handlungsunfähigen dänischen Bourgeoisie, die er mit der Nation identifizierte.

Im Jahre 1902 trat J. eine Weltreise an, die ihn u. a. nach Amerika führte. Erlebnisse und Erfahrungen dieser Reise waren für seine weitere Entwicklung von entscheidender Bedeutung. In Amerika fand J. bestätigt, was er bereits nach einem Besuch der Pariser Weltausstellung von 1900 in seinen essayistischen Betrachtungen über die „Gotische Renaissance" (1901) als seine Erkenntnis verkündet hatte: Der Gott der Gegenwart und der Zukunft, das ist die Maschine. Er verglich die Hochhäuser New Yorks mit den gotischen Kathedralen des Mittelalters, er sah im technischen Fortschritt Amerikas, im Lärm und ruhelosen Leben seiner Städte den „Sieg der modernen Kultur", und das hieß für ihn, daß die „Technik des Westens mit heidnischer Frische genutzt" wird, um die „verrottete Hierarchie Europas" zu überwältigen. J. huldigte der modernen Industrie auch in seinen beiden Amerika-Romanen „Madame d'Ora" (1904/05) und „Das Rad" (1908).

In engem Zusammenhang mit seiner Begeisterung für die Maschine und die nüchtern denkenden initiativreichen Amerikaner entwickelte er eine unwissenschaftliche Rassenkunde. Sie bildete auch die ideologische Grundlage für J.s sechsbändigen Romanzyklus „Die lange Reise" (1908–1922), in dem er die geschichtliche Entwicklung des Menschen seit der Urzeit zu schildern versuchte. Der Romanzyklus spiegelt die außerordentliche Widersprüchlichkeit seines Weltbildes wider, das ein Bekenntnis zum extremen Individualismus einschließt. Aufgrund seiner evolutionistischen Weltanschauung hat sich J. besonders für das Spannungsverhältnis zwischen Mensch und Natur interessiert. Seine Erlebnisse, Erinnerungen und Betrachtungen hat er literarisch in einer umfangreichen, heterogenen Kurzprosa festgehalten, die, unter der Sammelbezeichnung „Mythen" vereint, in immer neuen Ausgaben ab 1898 bis zum Ende der vierziger Jahre erschien.

Der erste Weltkrieg führte zu einer gewissen Ernüchterung J.s. Aus der Gegenwart imperialistischer Expansionspolitik floh er in die Vergangenheit, weil er nach seinen eigenen Worten „Freude daran fand, mit den Alten zu leben", die „entschwundenen Zeiten angehören". Er bekannte sich zum bürgerlichen Parlamentarismus, der mit seinen politischen Machtstrukturen für J. die höchste Stufe menschlicher Entwicklung repräsentierte. Er distanzierte sich eindeutig vom Faschismus. Reaktionäre Ideologen aller Schattierungen konnten jedoch J.s moderne Faust-Version in seinem Roman „Dr. Renaults Versuchungen" (1935) als Unterstützung ihrer „arischen" Rassentheorie auslegen.

Die „Himmerlandsgeschichten" beanspruchen eine Sonderstellung seines literarischen Werkes, die mit ihrer realistischen Gestaltung und sprachlichen Meisterschaft „Das Rückgrat" seines Schaffens darstellen. Im nationalliterarischen Kontext gehören sie zur umfangreichen, ideologisch-ästhetisch weit aufgefächerten Landliteratur, die um die Jahrhundertwende entstand und mit der das dänische Dorf und seine Bewohner erstmals in größerer Breite literarische Gestaltung erfuhren. Im Zeitraum von 1898 bis 1910 schrieb J. die meisten seiner knapp vierzig Geschichten, erstmals in drei Sammlungen 1898, 1904 und 1910 veröffentlicht.

Diese Geschichten verdeutlichen aber auch den tiefen Zwiespalt, in dem sich J. befand. Einerseits begeistert er sich für den technischen Fortschritt, durch den auch den Menschen seiner Heimat das Leben erleichtert wird; andererseits empfindet er die Heidekultivierung als „barbarische Schändung" großer „poetischer Werte". Die Verleihung des Nobelpreises an J. während der Okkupation Dänemarks deutete man als eine sehr zurückhaltende und vorsichtige Demonstration gegen den faschistischen Aggressor. Daß es nach dem Zweiten Weltkrieg zu einem heftigen Für und Wider um diese Nobelpreisverleihung an den Schriftsteller kam, ist der außerordentlichen Widersprüchlichkeit seines Werkes geschuldet.

Weitere Werke: „Die neue Welt" (1907); „Exotische Novellen" (1919); „Verwandlung der Tiere" (1927); „Die Stadien des Geistes" (1928).

Jiménez, Juan Ramon – spanischer Lyriker
geb. 24.12.1881 in Palos de Moguer (Andalusien)
gest. 29.5.1958 in San Juan (Puerto Rico)
Nobelpreis 1956, für seine lyrische Dichtung, die in spanischer Sprache ein Vorbild von hoher Geistigkeit und künstlerischer Reinheit bildet.

J., Sohn eines Weinhändlers, besuchte das Jesuitenkolleg in Puerto de Santa Maria bei Cadiz. Anschließend schickten ihn seine Eltern zum Jurastudium nach Sevilla. Anstatt im Hörsaal zu sitzen, besuchte er aber lieber die Ateliers der Maler, verkehrte mit Fandangotänzern oder saß am Ufer des Guadalquivir. Dort verfaßte er auch seine ersten Verse, die von den Intellektuellen Sevillas freundlich aufgenommen wurden. J. bestand die Prüfung in Spanischer Geschichte nicht und verließ daher die Universität schon nach einem Jahr. Die Ärzte empfahlen dem kränkelnden jungen Mann Ruhe und Schonung. Nachdem er seine ersten Gedichte in der Provinz veröffentlicht hatte, arbeitete er für die Madrider Wochenzeitschrift „Vida Nueva". Im Frühjahr 1900 reiste J. nach Madrid, wo er Bekanntschaft mit F. Villaespesa, Valle Inclan und den Brüdern Machado machte, die seinen weiteren Lebensweg maßgeblich beeinflußten.

Der Modernismus hatte sich als herrschende literarische Strömung durchgesetzt, und in ihm sollte J. eine herausragende Rolle spielen. Erneute gesundheitliche Probleme machten vorerst einen längeren Sanatoriumsaufenthalt notwendig. Wirtschaftliche Schwierigkeiten, Heimweh und die Liebe zu seiner Mutter ließen ihn nach Moguer zurückkehren, wo er von 1906 bis 1912 blieb, um sich dann von neuem in Madrid niederzulassen. Seine ersten Dichtungen „Rimas" (1902) und „Traurige Lieder" (1903) zeigten Vorliebe für traditionelle Dichtungsformen, insbesondere die Romanzendichtung; sie beeindrucken durch schlichte, zarte Sprache und Stimmungsbilder voller Schwermut. Als Erzähler zeigte J. sein beeindruckendes Können mit „Platero und ich" (1917), einer 1907 begonnenen Prosadichtung, in der die Kindheit des Dichters bei Streifzügen mit seinem Eselchen durch die heimatliche Landschaft rückblickend betrachtet wird, wobei die Schilderungen über die Enge kindlicher Erfahrung mit Hilfe symbolistischer Mittel hinauswachsen. Die Jahre von 1913 bis 1916 waren eine Zeit intensiven literarischen Schaffens, in denen er nach dem französischen Kulturkreis nun den englischen kennenlernte. Gemeinsam mit seiner Frau Zenobia übersetzte er die Gedichte von Tagore.

Mit dem aus Prosa und Lyrik bestehenden „Tagebuch eines neuvermählten Dichters" (1917) vollzog sich der Übergang zu stärkerer intellektuell betonter und abstrakter geschriebener Dichtung; seine darin erhobene Forderung an den Dichter, alles, was ist und was der Dichter fühlt, genau zu bezeichnen, erfüllte er in Dichtungen wie „Ewigkeiten" (1917) und „Stein und Himmel" (1919). J. wurde immer mehr zum Führer und Vorbild der spanischen Dichtkunst. Gemeinsam mit dem Mexikaner A. Reyes leitete er die Zeitschrift „Indice" und ließ in den Heften dieser Publikation die begabtesten jungen Autoren zu Wort kommen. Gleichzeitig kümmerte er sich intensiv um die Veröffentlichung seines eigenen Werkes. Zwei Anthologien, „Poesia" und „Belleza", erschienen im Jahre 1923. Vielleicht führten die Strenge der Gedankenführung und die formale Konzentration dieser zweiten Schaffensperiode seine Prosa und seine Lyrik schon in die Richtung, die er dann endgültig einschlagen sollte. „Unidad" (1925) war das erste Werk dieser Serie von Veröffentlichungen. Nach seinem fünfzigsten Lebensjahr beschäftigte sich J. immer häufiger mit der Vergangenheit, mit seinen Erinnerungen.

Dann brach der Krieg aus, die politischen Gruppierungen und ihre Kampfverbände formierten sich, und die Schriftsteller wurden von den verschiedenen Parteien für ihre Zwecke vereinnahmt oder aber umgebracht (G. Lorca, J. M. Hinojosa). Das Ehepaar J. versuchte, zur Linderung der allgemeinen Not so gut es ging beizutragen. Eines Tages wurde J. verhaftet und bedroht; die Republikanische Regierung, die befürchtete, daß noch Schlimmeres folgen könnte, ernannte den Dichter daher ehrenhalber zum Kulturattaché an der Botschaft in Washington und drängte ihn, Spanien so schnell wie möglich zu verlassen. Die nächsten Jahre verbrachte er mit seiner Frau in den USA, Puerto Rico und Kuba. In dieser Zeit kehrte er auch zur Romanze und zum Volkslied zurück, die er schon in seinem Geburtsort ausgiebig studiert hatte. In Mexiko veröffentlichte J. „Voces de mi copla" (1945) und „Romance de Coral Gables" (1948). Im Jahre 1951 zog das Ehepaar nach Puerto Rico; die Universität San Juan ernannte seine Frau zur Professorin in der „Facultad de Estudios Generales" und J. zum Professor im „Departamento de Estudios Hispanicos".

J. war der bedeutendste Vertreter des spanischen Modernismus und wurde richtungsweisend für zahlreiche spanische Lyriker. Aus seinen Gedichten spricht in meisterhafter Verskunst die schmerzlich empfundene Entfremdung des bürgerlichen Künstlers, der aber den Verlockungen Francos nicht folgte, sondern die humanistische Dichtung verteidigte. Das zeigte sich, wenngleich mit stark idealistischem Akzent, auch in dem Essay „Poetische Politik" (1936) und in den Schriften aus der Zeit der Emigration.

Weitere Werke: „Seerosen" (1900); „Klage-Elegien" (1910); „Frühlingsballaden" (1910); „Wesen der Tiefe" (1949).

Johnson, Eyvind – schwedischer Romancier und Novellist

geb. 29.7.1900 in Svartbjörnsbyn

gest. 25.8.1976 in Stockholm

Nobelpreis 1974, für seine Kunst des Erzählens, die, weit über Länder und Zeiten blickend, im Dienste der Freiheit steht.

J., Sohn eines Eisenbahnbauarbeiters, wuchs in ärmlichen Verhältnissen auf, und bereits mit vierzehn Jahren mußte er selbst für sich sorgen. Als Gelegenheitsarbeiter zog er durch seine nähere Heimat und verdiente sich Geld als Flößer, in einer Ziegelei, in einem Sägewerk, als Kinokartenverkäufer, Filmvorführer und Lokheizer. Er schuf sich in jenen Jahren das Fundament seiner Menschen- und Lebenskenntnis. 1919 begab er sich nach Stockholm, und da er zunächst keine Arbeit fand, begann er zu schreiben. Es gelang ihm, kleinere Artikel und Erzählungen bei Zeitungen unterzubringen. In den Jahren von 1921 bis 1923 arbeitete J. als Journalist in Berlin. Von 1925 bis 1930 lebte er in Frankreich und bereiste von hier aus Europa.

In den frühen Werken J.s werden persönliche Gefühle der Ohnmacht und Einsamkeit sowie Eindrücke aus den Krisen- und Kriegsjahren reflektiert, beispielsweise in dem Erzählungsband „Die vier Fremdlinge" (1924). In den Romanen „Die Timans und die Gerechtigkeit" (1925), „Stadt im Dunkel" (1926), „Stadt im Licht" (1927), „Sich erinnern" (1928) und „Kommentar zu einer Sternschnuppe" (1929) wurden von J. das schwedische Kleinstadtmilieu und das bürgerliche Leben mit gesellschaftskritischer Schärfe dargestellt. Seine aus dem Bürgertum stammenden Helden scheitern darin meist an ihren unerreichbaren Idealen, oder sie leiden unter enttäuschter Liebe. Den Grundtenor bilden Weltschmerz, Depression und Pessimismus.

1930 beendete J. seine Reisen durch Europa und kehrte nach Schweden zurück. Der Titel des im gleichen Jahr erschienenen Romans „Abschied von Hamlet" ist programmatisch zu verstehen: J. verabschiedet seine bisherigen Helden, jene schwermütigen, in tragische Konflikte verstrickten Hamlet-Typen, und wendet sich mehr seiner eigenen Person, seinem eigenen Umfeld zu. Nach den beiden Romanen „Bobinack" (1931) und „Regen in der Morgendämmerung" (1933), beide beherrscht von naiver, unreflektierter Lebensanbetung und symbolisch angelegter Kritik am Kapitalismus, erschien 1934 der Erzählungsband „Auf ein Neues, Kapitän!". Darin wendet sich J. nun ausschließlich seiner eigenen Vergangenheit zu. Die Landschaft und die Menschen seiner Kinder- und Jugendjahre werden beschrieben. Als Helden erscheinen Holzfäller, Flößer, Schausteller, Steinbrucharbeiter und Eisenbahnerbauer. In der autobiographischen Romanfolge „Nun war es 1914" (1934), „Hier hast du dein Leben" (1935), „Schau dich nicht um" (1936) und „Schlußspiel in der Jugend" (1937) schildert J. mit psychologischer Einfühlung und wohlmeinender Ironie den Entwicklungsweg eines Arbeiterjungen im nördlichen Schweden zu Beginn des Jahrhunderts.

Sein antifaschistisches Engagement spiegeln die Romane „Nachtübung" (1938) und „Die Rückkehr des Soldaten" (1940) wider, das auch in der Unterstützung der Widerstandsbewegung in Norwegen und Dänemark seinen Ausdruck fand. Während des Spanischen Bürgerkrieges ließ er mahnend seine Stimme hören und verwies immer wieder auf die Gefährdung des Humanismus und aller kulturellen Werte durch den Faschismus. Während des Zweiten Weltkrieges erschien die Romantrilogie über Krilon (1941/43). Er verdeutlicht darin die außenpolitische Situation, die Lage der um Frieden bemühten Staaten und legt die Fragwürdigkeit der schwedischen Neutralitätspolitik bloß.

Nach dem Krieg arbeitete J. von 1947 bis 1949 als Mitglied der schwedischen UNESCO-Delegation in der Schweiz. Von hier aus führten ihn Reisen nach Italien, Frankreich und England. In seiner literarischen Arbeit wendet er sich nun wieder historischen Motiven zu, deren Stoffe von der Antike bis zur jüngsten Vergangenheit reichen, die aber ständig einen Bezug zur Gegenwart aufweisen. Mythologische und historische Stoffe werden in „Die Heimkehr des Odysseus" (1946) und „Träume von Rosen und Feuer" (1949), der von einem Hexenprozeß im Frankreich des 17. Jahrhunderts handelt, gestaltet. Auch der zur Zeit der Reichsgründung Karls des Großen spielende Roman „Eine große Zeit" (1960) und J.s letztes Werk „Reise ins Schweigen" (1973) sind vielschichtig angelegte Romane, die Einsichten in die Geschichte mit wachem Gegenwartsbewußtsein verbinden. J. war von 1957 bis 1976 Mitglied der Schwedischen Akademie. Für sein umfangreiches Werk wurde er mehrmals mit Literaturpreisen ausgezeichnet.

Weitere Werke: „Zeit der Unruhe" (1944); „Fort mit der Sonne" (1951); „Romantische Erzählung" (1953); „Winterreise in Norrbotten" (1954); „Wolken über Metapont" (1957); „Lebenslang" (1964).

Karlfeldt, Erik Axel – schwedischer Dichter
geb. 20.7.1864 in Karlbo (Gemeinde Folkärna)
gest. 8.4.1931 in Stockholm
Nobelpreis 1931, für die ausdrucksstarke Darstellung schwedischen Brauchtums in seiner Dichtung.

K., Sohn eines Schöffen, besuchte die höhere Schule in Västeras und anschließend die Universität in Uppsala. Dann war er von 1893 bis 1896 Lehrer an einer höheren Privatschule bei Stockholm und an der Volkshochschule in Molkom (Värmland). Nach Beendigung der wiederaufgenommenen Studien (1898 Lizentiatexamen) war K. fünf Jahre lang als Bibliothekar an der Königlichen Bibliothek in Stockholm tätig und von 1903 bis 1912 ebenfalls als Bibliothekar an der Landwirtschaftlichen Akademie. Inzwischen hatte er als Dichter Anerkennung gefunden und wurde im Jahr 1904 in die Schwedische Akademie gewählt. 1905 wurde K. Mitglied des Nobelinstituts der Akademie, 1907 Mitglied des Nobelkomitees und 1912 ständiger Sekretär der Schwedischen Akademie in Stockholm.

K. war bei seinem Tod einer der populärsten schwedischen Dichter. Er gehörte wie der schwedische Schriftsteller Carl Gustav Heidenstam (Literatur-Nobelpreis 1916) zur neuromantischen Bewegung in der schwedischen Literatur. Er schrieb von der Volksdichtung beeinflußte Natur- und Liebeslyrik, die einen realistischen Blick für detaillierte Menschen- und Landschaftserfassung verrät, sich oft auf alte Sitten und Sagen beruft und ihre sprachliche Kraft aus dem Dialekt und der Bauernsprache herleitet. In seine Dichtung werden auch bedeutende geschichtliche Ereignisse, Brauchtum, Volksglauben und biblische Motive mit einbezogen. Seine Lyrik ist in ihrer Formkunst und der melodischen Sprache unübertroffen, wenn auch nicht immer leicht nachzuempfinden. Seine Beliebtheit verdankte K. fast ausschließlich den in seiner Heimat Dalarna wurzelnden Bauerngedichten. Durch den Verlust des väterlichen Hofes verlor er seine Zuversicht und Festigkeit und suchte in seiner Dichtung zurückzugewinnen, wobei die Unruhe den vertiefenden Unterton gibt.

K.s kraftvolle Volkstümlichkeit hatte schnell breiten Erfolg, und er wurde populär durch die Gedichtsammlungen „Fridolins Lieder und andere Gedichte" (1898) und „Fridolins Lustgarten und gereimte Bilder aus Dalarna" (1901). Fridolin ist ein studierter Bauer, der nach dem Studium in der Stadt zur heimatlichen Scholle zurückkehrte und in dem sich Gelehrsamkeit und Verfeinerung mit ursprünglicher Kraft verbinden. Mit der bäuerlichen Bevölkerung spricht er in einfachen Worten und mit den Gebildeten in Latein. Seine realistisch-epischen und von meisterlicher Sprachbeherrschung zeugenden Gedichte haben oft einen für die schwedische Neuromantik ungewöhnlich religiösen Ton.

In dem 1906 erschienenen Gedichtband „Flora und Pomona" wird das Verhältnis K.s zur Bauernromantik doppelbödiger; Versöhnung mit der Heimat scheint jetzt erst im Tod möglich. „Flora und Bellona" (1918) enthält vor allem konservative Zeitlyrik; in der Gedichtsammlung geht K. mit dem Kommunismus in der Sowjetunion und dem Kapitalismus in der westlichen Welt hart ins Gericht und verteidigt eine ländliche Beschränktheit gegen Industrialisierung und Materialismus. Höhepunkt der Dalarna-Romantik sind die „Dalmalningar", Gedichte zu den Wandgemälden der alten Bauernhäuser mit ihrer Komik, Naivität und religiösen Verzückung, dunklem Ernst, Zuversicht und Demut. Seine romantische Liebe zu alten Sitten und Sagen, zu alter Redeweise führt zu einer immer stärker archaisierenden Sprache, die kraftvolle Wörter aus Bauernregeln, Dialekt und aus der Bibel aufnimmt. Mit dem Gedichtband „Hösthorn" (1927) kehrt K. noch einmal zu seiner „Fridolin-Figur" zurück, wobei der Ausdruck der Sprache gegenüber den früheren Sammlungen einfacher und direkter ist. Neben seinen sechs Gedichtsammlungen veröffentlichte K. auch zwei Biographien über den schwedischen Dichter Lars Johansson (Pseudonym Lucidor, 1638–1674) und den Mundartdichter Fredrik August Dahlgren (1816–1895). K.s Gedichte, bald schwer und gediegen, bald als leichte Lieder, sind in ihrer Formkunst und der melodischen Sprache nicht zu übertreffen.

K. war der erste Literatur-Nobelpreisträger, der die Auszeichnung nachträglich erhielt, da er einige Monate vor der Verleihung gestorben war. Bereits 1918 sollte er den Preis erhalten, er lehnte ihn jedoch ab, da er als Sekretär der Schwedischen Akademie nicht der Parteilichkeit bezichtigt werden wollte.

Kawabata, Yasunari – japanischer Romancier und Novellist
geb. 14.6.1899 in Osaka
gest. 16.4.1972 in Zushi (Freitod)
Nobelpreis 1968, für seine Erzählkunst, die mit feinem Gefühl japanisches Wesen und dessen Eigenart ausdrückt.

Als K. mit dem Nobelpreis für Literatur ausgezeichnet wurde, waren Persönlichkeit und Werk des Schriftstellers der Weltöffentlichkeit kaum bekannt, obwohl er in Japan – vor allem bei der älteren Generation – hohes Ansehen genießt.

K., Sohn eines Arztes, wurde von seinen Großeltern erzogen. Als mit seinem Großvater 1914 sein letzter naher Verwandter starb, befiel ihn ein Gefühl der Verlassenheit, von dem er sich auch später nicht völlig zu befreien vermochte und aus dem sich die Grundstimmung seines literarischen Schaffens zumindest teilweise erklärt. Den Entschluß, Schriftsteller zu werden, faßte K. bereits in der Mittelschule. Während seines Studiums der Englischen und Japanischen Literatur an der Kaiserlichen Universität Tokio, das er 1920 begann und 1924 mit der Promotion abschloß, beteiligte er sich an der Herausgabe der literarischen Zeitschrift „Shinshicho". Dort veröffentlichte K. 1921 die Novelle „Szene aus einer Totenfeier", die positiv aufgenommen wurde. Er übersetzte englische und russische Erzählungen, dann schrieb er ab 1923 für eine führende japanische Literaturzeitschrift Rezensionen. Im Jahre 1924 gründete K. zusammen mit anderen jungen Schriftstellern die Zeitschrift „Bungei Jidai", die als Zentrum einer neuen literarischen Bewegung – des sogenannten Neoperzeptionismus oder Neosensualismus – große Bedeutung gewann. Der Neoperzeptionismus, der die literarische Entwicklung in Japan wesentlich beeinflußte, knüpfte einerseits an die Haiku-Dichtung an, zum anderen orientierte er sich stark an den verschiedenen Strömungen der europäischen Moderne.

Trotz K.s Aufgeschlossenheit gegenüber der europäischen Literatur ist sein Werk in erster Linie der vom Buddhismus durchdrungenen japanischen Tradition verpflichtet. K. schildert liebevoll und poetisch die ihm bekannte Gesellschaftsschicht, wobei er sich in die Stimmung seiner Helden einfühlt, er schafft vielschichtige Charaktere und Gestalten, in denen sich Lebensweisheit, Sitten, das Leben der japanischen Intelligenz verallgemeinert wiederfinden. Mit tiefer psychologischer Kenntnis, manchmal auch mit ironischem Unterton, legt er verworrene familiäre Beziehungen dar, ohne dabei die Beschränktheit und die Alltäglichkeit der einzelnen Figuren zu bemänteln, und deckt spezifische Aspekte ihrer Psyche auf, die dem Standescharakter und der Stabilität von Traditionen entsprechen. „Die Tänzerin von Izu" (1926) ist die erste Erzählung K.s, mit der er sich als subtiler und aufmerksamer Schriftsteller ausweist. Dieses Werk, das von den romantischen Erlebnissen eines jungen Menschen erzählt, machte ihn populär. Die Halbwelt von Asakusa, eines Vergnügungsviertels Tokios, lieferte den Stoff für den in einem wehmütigen Grundton gehaltenen Episodenroman „Die Truppe Kurenai aus Asakusa" (1930).

Nach diesem Roman und den Erzählungen „Regenbogen" (1936) und „Blumenwalzer" (1937), die im Milieu der Tänzerinnen und Geishas angesiedelt sind, und den düster-pessimistischen psychologischen Novellen „Ein lyrisches Lied" (1932) und „Vögel und Vierfüßler" (1933) entstand K.s Hauptwerk, der Roman „Schneeland". Von literarischen Kreisen Japans als wichtigste Erscheinung der lyrischen Prosa anerkannt, fasziniert „Schneeland" durch die darin entdeckte einmalige Eigenart der Welt der Menschen und der Natur, in so poetischen Farben wiedergegeben, wie sie charakteristisch für K.s Schaffen sind. Er brachte in die japanische Literatur ein frisches Material ein, erschloß Bezirke bisher unbekannter menschlicher Hoffnungen, Leidenschaften und Konflikte. Der Roman setzt sich aus einzelnen Teilen zusammen, die K. zu verschiedenen Zeiten niedergeschrieben hat. Es sind Erzählungen, die miteinander verknüpfte oder einander ähnelnde Themen fortführen. Leitmotiv ist der Zauber des Schneelandes und der ungeteilten menschlichen Liebe. Der Roman zeigt in vollendeter Ausprägung die außerordentliche Sensibilität K.s, seine Neigung zu subjektiver Verinnerlichung, seine meisterliche Sprachbeherrschung und seine Verwurzelung in den klassischen, vornehmlich von der höfischen Heian-Zeit (9.–12. Jhrd.) geprägten ästhetischen Auffassungen.

In den Nachkriegsjahren entwickelte sich das Schaffen K.s in all seiner Originalität im Rahmen der klassischen Traditionen der japanischen Wortkunst weiter. Wahre Kunst sieht K. in der Synthese der Ideen von sittlicher Schönheit, menschlicher Großherzigkeit und edler Gesinnung. Daraus resultiert die Bedeutsamkeit der Wechselverbindung von künstlerischem Denken und gesellschaftlicher Umwelt. Zu den besten Werken K.s in den Nachkriegsjahren gehören die Erzählungen „Tausend Kraniche" (1951) und „Die schlafenden Schönen" (1961) sowie die Romane „Die Stimme der Berge" (1952) und „Kyoto" (1962), die die Anerkennung des Schriftstellers als bedeutendster japanischer Künstler unserer Zeit bestätigen. In dem Roman „Die Stimme der Berge" wie auch in den „Tausend Kranichen" und anderen Werken erforscht K. die Metamorphose der Gefühle und die Psychologie seiner Helden, wobei er die sozialen Wurzeln ihrer tragischen Schicksale nicht immer als Folge ihrer Isoliertheit unter den Bedingungen einer bürgerlichen Gesellschaft aufdeckt.

Mit der Widerspiegelung des traditionellen japanischen Lebensgefühls hat sich K. einen führenden Platz in der japanischen Literatur erobert.

Weitere Werke: „Der Meisterspieler" (1938); „Der erste Schnee auf dem Fujiyama" (1952); „Ein Kirschbaum im Winter" (1954); „Der Mond auf dem Wasser" (1953).

Kipling, Rudyard – englischer Erzähler und Lyriker
geb. 30.12.1865 in Bombay
gest. 18.1.1936 in London
Nobelpreis 1907, in Anerkennung der Beobachtungsgabe, der schöpferischen Vorstellungskraft, der bezwingenden Würde und der Macht der Darstellung, die die lebensvollen Schöpfungen dieses weltberühmten Verfassers auszeichnen.

K., Sohn eines Professors für Architektur und Skulptur an der Kunstakademie in Bombay, wurde bis 1871 im sehr kultivierten Elternhaus erzogen. Von 1871 bis 1877 erhielt er seine weitere Ausbildung in Southsea bei

Portsmouth. Von 1878 bis 1882 besuchte K. auf Wunsch seiner Eltern eine Kadettenschule in Devonshire, doch statt Offizier zu werden, wie dies das Ausbildungsziel war, kehrte er nach Indien zurück, wurde Journalist und Redakteur bei Zeitungen in Bombay und Allahabad. Der Drang, die Welt zu erfahren – er bereiste im Auftrag der Zeitungen von 1882 bis 1889 alle Kontinente, lebte längere Zeit in Indien, den USA und Südafrika –, war nicht minder stark als der, sich später auf die eigene Scholle zurückzuziehen. 1889 kehrte K. nach England zurück, unternahm 1892 erneut Reisen nach Amerika, Neuseeland und Australien, im gleichen Jahr heiratete er und ließ sich zunächst in Vermont, der Heimat seiner Frau, nieder. 1896 erfolgte die endgültige Rückkehr nach England. Er lehnte Ehrungen wie das Amt des „poeta laureatus" (1895) ab, ebenso später die Verleihung des Order of Merit, um in seiner Kunst frei zu sein, und wurde doch in den Jahren vor dem Ersten Weltkrieg zum schrillen Propagandisten des rechten Flügels der Tories.

Seine ersten lakonisch knappen, symbolisch gefügten Kurzgeschichten entstanden aus der einfühlsamen Beobachtung des Lebens besonders der Engländer in Britisch-Indien, einem ihnen letztlich fremd bleibenden Land, und zeichnen mit Ironie ihre menschlichen Schwächen und Konflikte („Schlichte Geschichten aus Indien", 1888). Seine Prosaschilderungen wie seine Lyrik drücken Liebe zur Natur, tiefe Kenntnis Indiens und oft Sympathien mit den notleidenden Menschen aus. K. ist der Meister der Kurzgeschichte. Von „Schlichte Geschichten aus Indien", in denen die Kolonialherrschaft in Indien zynisch-drastisch geschildert wird, bis zu „Grenzen und Erneuerung" (1932) entsteht ein ebenso umfängliches wie vielfältiges Werk, das keine Zusammenfassung duldet; denn wiewohl K. auch hier Exotisches, Soldaten- und Seemannsleben vorzugsweise behandelt („Soldatengeschichten", 1888), so erweitert er seinen Stoffkreis Schritt um Schritt und bezieht Okkultes ebenso ein wie Geschichtliches („Puck. Geschichten aus alten Tagen", 1906), die Maschinenwelt wie die Science-fiction.

K.s mannigfaltige Erlebnisse und Eindrücke, seine Kenntnis fremder Länder und Kulturen verstand er meisterhaft literarisch umzusetzen. Erstaunlichen Ideenreichtum, Phantasie und Einfühlungsvermögen, das vor allem in den poetisch-märchenhaften Novellen hervortritt, vereint K. mit der Fähigkeit, die Menschen scharfsichtig zu beobachten und uns ihre Schwächen und Verhaltensweisen mit Ironie, Witz und sprachlicher Treffsicherheit vor Augen zu führen.

Weltberühmt wurde K. mit seinen spannenden Tiergeschichten „Das Dschungelbuch" (1894) und „Das neue Dschungelbuch" (1895). In diesen beiden Büchern läßt er die ferne bunte Welt des indischen Dschungels, die Schicksale und Abenteuer der Tiere lebendig werden. Das „Neue Dschungelbuch" schließt die Erzählungen um den Dschungelfindling Mowgli ab, der aufregende Tierabenteuer bestehen mußte und als Waldhüter schließlich seinen Platz in der Menschenwelt findet. In den von starker innerer Spannung erfüllten und in einer meisterhaften Sprache geschriebenen Erzählungen preist K. die Kraft der gegenseitigen Hilfe und Solidarität, ohne die auch unter dem „Gesetz des Dschungels" ein Fortbestand des Lebens nicht möglich ist.

Die Gedichte „Balladen aus dem Biwak" (1892) und politischen Verse „Recessional" (1897) mit ihrem biblisch-rhetorischen Stil sind Ausdruck seiner Überzeugung von der politischen und kulturellen Mission der Kolonialmächte, die besonders in dem Gedicht „The white man's burden" Ausdruck fand und die die koloniale Unterwerfung als zivilisatorische Leistung sah. In der Erzählung „Kim" (1901) zeichnet K. am abenteuerlichen Schicksal des Waisenjungen O'Hara das unverfälschte Bild eines Landes, in dem östliche und westliche Kultur, erschreckende Armut und grenzenloser Reichtum, malerische Exotik und nüchterne Realität unvermittelt aufeinandertreffen. Mit „Kim" glückte ihm schließlich – nach dem Versuch, in „The light that failed" (1890) seine Kindheit in Southsea aufzuarbeiten – auch die Großform des pikaresken Initiationsromans. K. bescheinigte seinem Vater, er arbeitete zuweilen mit an den Büchern und illustrierte sie, den hohen Respekt vor indischer Lebensweisheit und Kunst und setzte ihm im „Kim" ein Denkmal. Auch der Zyklus „Die schönste Geschichte der Welt" beweist K.s hohe literarische und sprachliche Meisterschaft.

Die Neuartigkeit und Breite seiner Themen, die Exotik der Stoffe, die Virtuosität der Behandlung, die Beschwörung populärer Werte sicherten K. unverzüglich den Erfolg. Künstlerisch sind seine Romane, Erzählungen und Gedichte stark der neuromantischen Darstellung verpflichtet, in die Elemente der indischen Folklore und Naturphilosophie eingegangen sind. Er erblickte aber auch im Soldaten den Kämpfer für das Empire, den in der Heimat oft allzu geringgeschätzten Garanten des britischen Weltreichs, deshalb waren einige Werke später verstärkter Kritik ausgesetzt.

K. erhielt als erster Engländer den Literatur-Nobelpreis, außerdem mehr als ein halbes Dutzend Ehrendoktorhüte. Als er 1936 im Poets' Corner in Westminster Abbey beigesetzt wurde, befand sich unter den Trägern des Sarges der Premierminister, ein General, ein Admiral, jedoch kein Schriftsteller von Rang.

Weitere Werke: „Unser Tagewerk" (1889); „Die gespenstische Rickscha" (1889); „Die sieben Meere" (1896); „Brave Seeleute" (1897); „Nur so Geschichten für Kinder" (1902); „Die fünf Nationen" (1903).

Lagerkvist, Pär Fabian – schwedischer Schriftsteller

geb. 23.5.1891 in Växjö

gest. 11.7.1974 in Danderyd/Stockholm

Nobelpreis 1951, für die künstlerische Kraft und die hohe Selbständigkeit, mit denen er in seinen Werken eine Antwort auf die ewigen Probleme der Menschheit sucht.

L. zählt zu den Schriftstellern, durch deren Werk die schwedische Nationalliteratur des 20. Jahrhunderts ihre weltliterarische Geltung behauptete. Seine Abneigung gegen Schaustellerei und seine Zurückgezogenheit haben bewirkt, daß seine Biographie nur in groben Zügen bekannt ist.

L.s Kindheit und Jugend waren vom ländlichen Charakter seiner Heimat und dem strenggläubigen Elternhaus geprägt. Sein Vater war Eisenbahnbeamter, der sich mit seiner achtköpfigen Familie in seiner Lebensführung der konservativen, provinziell-kleinbürgerlichen und streng religiösen Umgebung anpaßte. Dieses Milieu prägte nachhaltig Denken und Fühlen des späteren Schriftstellers und legte in ihm zugleich den Grund für den lebenslangen Prozeß der dichterischen Auseinandersetzung mit existentiellen Fragen der Menschheit. L. besuchte in seiner Heimatstadt die Schule und das Gymnasium, erlangte im Jahre 1910 das Abitur und nahm im Anschluß daran an der Universität Uppsala ein Studium der Philosophie auf.

Schon in dieser Zeit legte er erste schriftstellerische Proben vor – Gedichte in Zeitungen, Theaterkritiken, schließlich die Novelle „Menschen" (1912) –, und der Entschluß, das Schreiben zum Beruf zu machen, erhielt endgültige Bestimmtheit. Er suchte den Kontakt zu den neuen europäischen Kunstrichtungen des Jahrhundertbeginns; er verließ Uppsala, brach das Studium ab und reiste nach Paris, das in den letzten Jahren vor dem Weltkrieg als Geburtsstätte zahlreicher künstlerischer Stilrichtungen Schriftsteller und Künstler aus allen Ländern anzog. In Paris studierte L. Literatur- und Kunstgeschichte und war tief beeindruckt von der Entwicklung der modernen bildenden Kunst. Während dieser Zeit war er Mitarbeiter sozialistischer Blätter wie „Fram" und „Sturmglocken".

1913 entwickelte L., beeinflußt durch die kunsttheoretischen Schriften des französischen Dichters G. Apollinaires und die Malerei des Kubismus, in „Wortkunst und Bildkunst" ein gegen zeitgenössische literarische Entwicklungen gerichtetes, antinaturalistisches und antipsychologisches Programm der Vereinfachung und Konzentration, das Eingang fand in die Gedichtsammlung „Motiv" (1914). Das Schaffen von L. stand in den nächsten Jahren ganz im Zeichen der programmatisch verkündeten „Erneuerung". Sein Gedichtband „Angst" (1916), der die Krise der lebenshungrigen, doch immer wieder auf sich selbst zurückgeworfenen Menschen schildert, markiert den Beginn der modernen Lyrik in Schweden. In weiteren Lyrikbänden stellte L. die Frage nach dem Sinn des Lebens und bevorzugte die symbolische Gestaltung von Angst, Ohnmacht und Einsamkeit des Menschen. Ähnliche Themen behandeln das Weltuntergangsstück „Der letzte Mensch" (1917) und das expressionistische Schauspiel „Geheimnis des Himmels" (1919).

Mit der Erzählungssammlung „Das ewige Lächeln" (1920) wurde eine Entwicklungsetappe eingeleitet, in der das Zweifeln und philosophisch-religiöse Grübeln zwar nicht nachließ, in der sich L. aber mit dem Leben auszusöhnen versuchte. Zu nennen wären in dieser Zeit die Gedichtbände „Der Weg des Glücklichen" (1921), „Lieder des Herzens" (1926), „Am Lagerfeuer" (1932), die Erzählungen „Schlimme Geschichten" (1924) und „Kämpfender Geist" (1930) sowie „Das besiegte Leben" (1927), eine Sammlung von Betrachtungen und Aphorismen, in denen der Dichter gegen Gott, aber für das Göttliche im Menschen mit Leidenschaft plädiert. In dem stark autobiographischen Roman „Gast bei der Wirklichkeit" (1925), in dem die humanistische Grundposition L.s eindeutig hervortritt, schildert er das verzweifelte Ringen eines Jungen um ein gültiges Weltbild.

Von 1930 an lebte er zurückgezogen auf der Insel Lidingö. Mit Nachdruck trat er angesichts der heraufziehenden politischen Gefahren und besonders der faschistischen Bedrohung Europas mit Erzählungen und Dramen für humanistische Ideale ein. In der Erzählung „Der Henker" (1933) erscheint die Titelfigur – L. folgt ihr vom Mittelalter bis in die Gegenwart der faschistischen Bewegung in Deutschland – als Verkörperung des Bösen. Der Roman „Der Zwerg" (1944), in dem ein Gnom an einem italienischen Fürstenhof als Ich-Erzähler auftritt, leugnet jeglichen Sinn und setzt dem Streben nach Menschlichkeit sein kaltes Vernichtungswerk entgegen.

Sein Alterswerk behandelt an Stoffen aus der nordischen Mythologie und der christlichen Religionsgeschichte die Suche nach Gott. In dem Roman „Barrabas" (1950) wird besonders die soziale und politische Bedeutung des Urchristentums für die Sklaven des römischen Imperiums hervorgehoben. Die Titelfigur wird durch das Miterleben der Passion Christi zwar von der Verbrecherwelt entfremdet, eine Bekehrung findet jedoch zu spät statt, und die Gnade Gottes erfährt der politisch verblendete Barrabas erst, als er von Kaiser Nero tatsächlich gekreuzigt wird. Ähnliche thematische Bezüge haben auch die in einer einfachen, klaren Sprache geschriebenen Romane „Die Sybille" (1956), „Der Tod Ahasvers" (1960), „Pilger auf dem Meer" (1962), „Das heilige Land" (1964) und „Mariamne" (1967), der mit dem im Neuen Testament geschilderten Kindermord in Bethlehem endet. 1940 wurde L. zum Mitglied der Schwedischen Akademie gewählt.

Weitere Werke: „Der Mann ohne Seele" (1936); „Sieg im Dunkeln" (1939); „Gesang und Kampf" (1940); „Abendland" (1953).

Lagerlöf, Selma – schwedische Romanautorin und Novellistin

geb. 20.11.1858 in der Provinz Värmland auf dem Gut Marbacka

gest. 16.3.1940 ebenda

Nobelpreis 1909, in Würdigung des hochstrebenden Idealismus, der reichen Phantasie und der vergeistigten Darstellung, die sich in ihrer Dichtung offenbaren.

Angeregt durch Vorlesungen des Dichters V. Rydberg, formt sich bei L. der Wunsch, einmal Schriftstellerin zu werden. Doch erst während ihrer Tätigkeit als Lehrerin an einer Mädchenschule in Landskrona nimmt er konkrete Gestalt an. Hier entsteht ihr Erstlingswerk, das sie berühmt machen sollte, der Roman „Die Gösta Berling Saga" (1891), ein Meisterwerk der schwedischen Neuromantik. Den verdienten ganz großen Erfolg errang sie aber erst, als die dänische Ausgabe vom damaligen Literaturpapst G. Brandes abgesegnet wurde und der Roman auch in Deutschland großen Erfolg hatte. Der Roman schildert in lyrischen Bildern das festliche Leben und Treiben sowie die romantischen Abenteuer eines heruntergekommenen Pfarrers und seiner Gefährten. Dieser Roman unterscheidet sich auch grundsätzlich von den Werken des kritischen Realismus und des Naturalismus, die bis zu dieser Zeit in der schwedischen Literatur dominierten und im wesentlichen mit dem Namen A. Strindberg verbunden sind.

Nach einer Reihe weiterer literarischer Experimente erscheint dann im Jahre 1894 die Novellensammlung „Unsichtbare Bande", die Beiträge mit unterschiedlichen Motiven und Stoffen enthält. Mit ihrer Freundin, der Schriftstellerin Sophie Elkan, reiste sie, mit einem Stipendium ausgestattet, 1895 nach Italien, wo sie zu dem Roman „Die Wunder des Antichrist" (1897) angeregt wurde, der Geschichte einer tragischen Liebe und eines gefälschten wundertätigen Bildes. Hier setzte sich L. mit den antichristlichen Strömungen ihrer Zeit auseinander, deren Motive sie aber nicht billigte. Zwei Jahre später folgt erneut eine Novellensammlung „Die Königinnen von Kungabälla". Sie bildet eigentlich das Fragment einer größeren Arbeit. Eindrucksvoll schildert sie den Bruch zwischen Heidentum und Christentum, wobei sie wesentliche Anregungen aus den norwegischen Königssagen entnimmt. Gleichzeitig zeugen diese Novellen davon, daß der Erzählstil L.s an Prägnanz gewinnt. Als letztes Buch vor der Jahrhundertwende erscheint „Eine Gutsgeschichte", eines ihrer stärksten Werke.

1897 gab L. ihren Beruf auf und zog nach Falun zu ihrer Schwester Gerda, um sich ganz der Schriftstellerei zu widmen. Begleitet von der Freundin, reiste sie zu dieser Zeit nach Ägypten, Palästina und in die Türkei. Im Heiligen Lande traf sie schwedische Bauern, die sich einer Erweckungsbewegung angeschlossen hatten. Ihre Erfahrungen mit ihnen veranlaßten sie zu dem zweiteiligen Roman „Jerusalem" (1901/02). Im ersten Teil dieses Werkes schildert sie den Aufeinanderprall der alten konservativen Bauerntraditionen mit dem religiösen Sektenwesen und das Schicksal von Bauern aus der Provinz Dalarna, die nach Jerusalem auswandern wollen, um dort die angeblich bevorstehende Ankunft Gottes zu erwarten. Im zweiten Teil des Romans, „Im heiligen Lande", führt sie den Leser mit dem letzten Ingmarssohn ins Heilige Land, wo dieser im Auftrag seiner Frau seine einstige Geliebte vom Wahnsinn befreien und heimholen soll. Die Verwirrte wird zwar geheilt, heiratet jedoch einen anderen, während Ingmar die von ihm getrennt lebende eigene Frau lieben lernt. Neigung zum Sektierertum und Aussterben eines alten Geschlechts, typische Probleme schwedischen Bauerntums, finden hier individuelle Gestaltung. Reisen nach Norwegen, Italien, durch Nordschweden und Lappland, nach Dänemark und England (1902/05) vermitteln viele neue Eindrücke und Anregungen. Sie greift wieder ein heimisches Thema auf: Die Erzählung „Herrn Arnes Schatz" (1904) entstammt thematisch einer Ballade aus dem 15. Jahrhundert und beschreibt die Geschichte eines grausamen Raubmordes und dessen Sühne.

Als man sie darum bittet, ein Lesebuch für die Volksschule zu schreiben, ahnt sicher niemand, daß daraus ein Welterfolg werden wird. Es entsteht das Werk „Die wunderbare Reise des kleinen Nils Holgersson mit den Wildgänsen" (1906/07). Dieses Werk vermittelt in origineller Form eines Reise- und Bildungsromans für Kinder die Bekanntschaft mit der Geschichte, der Kultur, dem Volksleben und der Natur Schwedens. Der Erfolg des Buches „Nils Holgersson" und die Auszeichnung mit dem Nobelpreis bringen eine erneute Wendung in ihrem Leben, die sich unmittelbar auf ihr literarisches Schaffen auswirkt. Es entsteht der große Roman „Heimat" (1911). Die Rückkehr in die Heimat und das erneute Anknüpfen an bekannte Motive führte jedoch keineswegs zu einer provinziellen Verengung im Schaffen L.s. Sehr aufmerksam reagiert sie auf Probleme ihrer Zeit, so ist sie bereits seit ihrer Jugend eine Mitstreiterin für das Stimmrecht der Frau. 1914 wurde L. als erste Frau in die Schwedische Akademie unter die „Achtzehn Unsterblichen" des Landes aufgenommen.

In dem 1918 erschienenen Roman „Das heilige Leben" richtet sie ihren Bannstrahl gegen die Greuel des Krieges, der ihr literarisches Schaffen fast vollständig versiegen ließ. Für notleidende Kinder in den betroffenen Ländern spendete L. einen großen Teil ihrer Einkünfte, und sie gedachte in „Die Himmelstreppe" des großen Sterbens. In der Mitte der zwanziger Jahre erschien ihr letztes großes Erzählwerk, die Löwensköld-Trilogie, die aus den Bänden „Der Ring des Generals", „Charlotta Löwensköld" und „Anna, das Mädchen aus Dalarna" bestand. Darin offenbarte sie noch einmal ihre Auffassung, daß nicht Askese, sondern ehrliches und liebevolles Verhalten zu den Mitmenschen zur Verwirklichung des christlichen Lebensideals führt.

In dieser Zeit ist L. eine in Schweden und im Ausland hochgeachtete und geehrte Persönlichkeit. Ihrem Einsatz ist es u. a. zu verdanken, daß die Lyrikerin und spätere Literatur-Nobelpreisträgerin Nelly Sachs der Verfolgung durch die Faschisten entkommen konnte. Die Romane von L. und auch ihre Novellen wurden zu einem Bestandteil der Weltliteratur.

Weitere Werke: „Christuslegenden" (1904); „Das Mädchen vom Moorhof" (1913); „Der Kaiser von Portugallien" (1914); „Trolle und Menschen" (1915/21); „Zachris Topelius" (1920); „Aus meinen Kindertagen" (1930).

Laxness, Halldor Kilian (eigentlich Gudjonsson) – isländischer Romancier, Erzähler, Essayist und Dramatiker
geb. 23.4.1902 in Reykjavík
gest. 9.2.1998 in Reykjavík

Nobelpreis 1955, für seine lebendige und kraftvolle Epik, mit der er die große Erzählkunst Islands erneuerte.

In einem kleinen Bauernhaus auf Laxness, was im Deutschen soviel wie Lachsinsel heißt, verlebte der Sohn eines Wegebaubrigadiers und späteren Bauern seine Kindheit und Jugend. Die Arbeit auf dem Bauernhof und der Zwang der Schule behagten ihm wenig, viel lieber las er die Märchen- und Sagenbücher seiner Heimat und ersann selbst Geschichten. Ohne die Schule abgeschlossen zu haben, verließ der „frühreife Dichter" seine Heimat und nahm den Namen des väterlichen Hofes an. L. durchstreifte das von Unruhe und soziale Spannungen erfüllte Nachkriegseuropa, besuchte die skandinavischen Länder, Deutschland, Italien, Frankreich und Amerika. Dabei kam er mit den künstlerischen Strömungen nach dem Ersten Weltkrieg, dem Expressionismus und Surrealismus, in Kontakt. Er studierte Religion und Philosophie und beschäftigte sich tiefgründig mit den Werken von August Strindberg und Sigrid Undset. 1922 trat L. vorübergehend zum Katholizismus über und lebte ein Jahr in einem luxemburgischen Benediktinerkloster. 1923/24 war er in einem Kartäuserkloster in Essex (England), trennte sich dann aber im Jahr 1925 von der katholischen Kirche.

Seinen an Spurwechseln reichen Weg durch die politische und kulturelle Geschichte Europas schilderte L. 1972 selbst. Er bekannte, er sei nacheinander „Expressionist, Surrealist, Freudianer und anderes", schließlich auch „marxistischer Mitläufer" gewesen. Nach seiner katholischen Streitschrift „Katholische Ansichten" (1925) brachte er 1927 den autobiographischen Roman „Der große Weber von Kaschmir" heraus, eine Darstellung der mannigfaltigen politisch-ideologischen Richtungen, denen der junge L. auf seinen Reisen in Europa nach dem Krieg begegnet war. Von 1927 bis 1930 lebte er in Kanada und den USA, hier lernte er den Schriftsteller U. Sinclair kennen und wandelte sich zum atheistischen Sozialisten und Verfasser sozialkritischer Romane. Durch Auseinandersetzung mit den sozialen Gegensätzen in den USA wird sein Essay „Das Buch vom Volk" (1929) programmatisch für seine Epik, die ihren Realitätsbezug durch kritische Gesellschaftsanalyse gewinnt. 1932/33 bereiste er die Sowjetunion und erlebte als Augenzeuge die Stalinsche Zwangskollektivierung der Landwirtschaft und den Schauprozeß gegen den Wirtschaftstheoretiker N. I. Bucharin, der Stalins Politik kritisierte. Über seine Eindrücke in der Sowjetunion berichtete L. in „Im Osten" (1933) und „Das russische Märchen" (1938).

Von 1930 bis 1945 wohnte er in Reykjavík und seither in seinem Haus Gljufrasteinn im heimatlichen Mosfelldal unweit des Elternhauses. Von den neuen politischen Ereignissen geprägt sind jedoch auch seine frühen großen Romane, in denen sich außerdem seine Künstlerschaft in der Zeichnung von Personen und Milieus entfaltet, verbunden mit emotionaler Motivation und desillusionierendem Stil. Die Romane des Schriftstellers, an denen Kritiker immer wieder seinen eigenwilligen Satzbau, den trockenen Humor und die nuancierte Darstellung von Personen hervorhoben, wurzeln stark in der isländischen Saga-Welt, deren Mythen er sozialkritisch umgestaltet hat. In „Salka Valka" (1931/32) stellte L. die sozialen Verhältnisse in einem isländischen Fischerdorf dar, und in „Sein eigener Herr" (1934/35) schilderte er in der lebendigen Erinnerung an sowjetische Kollektivwirtschaften und in bewußtem Gegensatz zu Hamsuns romantisch-verklärendem Roman „Segen der Erde", daß der Einödbauer der Neuzeit aus eigener Kraft keine isolierte Existenz aufbauen kann. In der Tetralogie „Weltlicht" (1937/40) behandelte L. ein ihn selbst unmittelbar betreffendes Thema: die Existenz eines isländischen Dichters in der kapitalistischen Klassengesellschaft.

Nach mehreren zeitgenössischen Romanen wandte sich L. in den vierziger Jahren überwiegend historischen Stoffen zu. Als in und nach dem Zweiten Weltkrieg die anglo-amerikanische Besatzung die staatliche und kulturelle Unabhängigkeit Islands gefährdete, zeigte L. seinen Landsleuten mit dem historischen Roman „Islandglocke" (Romantrilogie, 1943/46) kulturelle Leistung und menschliche Größe. In dem Roman „Atomstation" (1948) hat er, ohne Rücksicht auf Tagesmeinung und gesellschaftliches Vorurteil, ein Thema aufgegriffen, das zu den Hauptproblemen der damaligen isländischen Politik gehörte. Island erhielt erst 1944 seine Souveränität, war zu dieser Zeit allerdings bereits von Truppen der USA besetzt, die das Land in Abhängigkeit zu bringen suchten. Die stürmische Bewegung eines kleinen Volkes, das, hineingerissen in die Auseinandersetzungen des Atomzeitalters, seine alte Bauernkultur bedroht sah, hat L. am Schicksal eines einfachen Bauernmädchens mit großer Meisterschaft dargestellt.

In den 50er Jahren vollzog L. die Abkehr von allen Ideologien zugunsten einer realitätsbezogenen, praktischen Nächstenliebe. Mit nationalistischer Verherrlichung altnordischer Zeit und zugleich mit militaristischen Methoden der Neuzeit geht er in der Saga-Parodie „Reckenlied" (1952) ins Gericht. Hier wie auch in dem vor der Jahrhundertwende in Reykjavík spielenden Roman „Das Fischkonzert" (1957) behandelte L. wieder das Thema der Existenz des Künstlers. Soziale und weltanschauliche Fragen Islands in der zweiten Hälfte des 19. Jahrhunderts stellte er in dem Roman „Das wiedergefundene Paradies" (1960) dar. Vier Jahre nach der Entgegennahme des Stalinpreises in Moskau hatte L. 1956 die Niederschlagung des ungarischen Volksaufstandes durch die Rote Armee kritisiert. Mit beißender Ironie rechnete er mit der bürgerlichen Ideologie in „Seelsorge am Gletscher" (1968) ab. In mildem, liebenswürdigem Ton erzählt der Dichter in „Die Chronik seiner Gemeinde" (1970), in der er aufwuchs und viele Jahrzehnte lebte.

Neben den Romanen sei auch auf die zum Teil meisterhaften Erzählungen hingewiesen: Erzählungsbände von 1923, 1933 und 1942 wurden gesammelt unter dem Titel „Die gute Jungfrau und andere Erzählungen" (1954), später folgte „Siebenbuchstabenfibel" (1964). L. schrieb Dramen und dramatisierte mehrere seiner Romane; einige seiner Werke wurden verfilmt. 1989 schaffte seine Tochter Gudny Halldorsdottier mit der Verfilmung des Romans „Seelsorge am Gletscher" eine „Oscar"-Nominierung.

L. lebt in einem Pflegeheim in Reykjavík.

Weitere Werke: „Am heiligen Berg" (1924); „Auf der Hauswiese" (1975); „Ich war jung" (1975); „Die Geschichte von den sieben Meistern" (1978); „Das griechische Jahr" (1980).

Lewis, Sinclair – amerikanischer Schriftsteller
geb. 7.2.1885 in Sauk Centre (Minnesota)
gest. 10.1.1951 in Rom
Nobelpreis 1930, für seine kraftvolle, lebendige, von Witz und Humor erfüllte und von einer Begabung für Charakterzeichnung getragene Kunst der Schilderung.

L., Sohn eines Landarztes, erhielt eine ausgezeichnete Schulbildung an der College Oberlin Academy im Staate Ohio und studierte dann Literatur von 1903 bis 1908 an der berühmten Yale University in New Haven. Das Studium wurde durch zwei Europareisen, die er als Viehwärter auf einem Rindertransporter machte, durch die Teilnahme an dem utopisch-sozialistischen Experiment „Helicon Home Colony" des nordamerikanischen Schriftstellers Upton Sinclair und durch eine Fahrt nach Panama, wo er vergeblich beim Kanalbau eine passende Anstellung für sich suchte, unterbrochen. Er war dann Reporter, Redakteur und Abteilungsleiter eines Verlages in New York und verkaufte dem Schriftsteller Jack London Ideen für seine Kurzgeschichten.

L.' Laufbahn als Berufsschriftsteller begann 1914 mit dem Roman „Unser Herr Wrenn", der jedoch wenig Aufmerksamkeit fand. Es folgte der Roman „Falkenflug" (1915), der ihm zugleich den Ruf eines realistischen Erzählers, der die Mittel der Ironie und Satire zu handhaben weiß, einbrachte. Er schrieb und verkaufte Artikel, Filmszenarien, Kurzgeschichten und studierte vor allem Land und Leute. Meist arbeitete und wohnte L. in Hotels und Pensionen. Sein offizieller Wohnsitz wurde New York, doch zog es ihn immer wieder nach dem Westen, in dem er geboren war. 1917 erschien der Roman „Der Erwerb", der sofort einige Diskussionen hervorrief. Zum ersten Mal hatte es ein bürgerlicher Schriftsteller in den USA gewagt, den erfolgreichen Weg einer Frau zum kompetenten Manager künstlerisch zu gestalten und gedanklich zu bejahen.

Der literarische Durchbruch gelang L. 1920 mit „Die Hauptstraße", einem satirisch-kritischen Roman über das Leben in einer amerikanischen Kleinstadt. Überzeugend werden die geistige Enge und muffige Moral einer mittelwestlichen Kleinstadt analysiert. Das Buch entwickelte sich zum Bestseller, und L. wurde zu einem der berühmtesten nordamerikanischen Autoren seiner Zeit.

Seine Romane, zumeist im Phantasiestaat Winnemac angesiedelt, basieren auf akribischen Recherchen: L. legte ein Thema fest und tauchte dann in das Milieu ein, das er beschreiben wollte. In Notizbüchern hielt er Redewendungen, Kleidung und Lebenseinstellungen fest und schuf daraufhin einen spezifischen, oft klischeehaften „Originalton". Nach einem längeren Europaaufenthalt erzielte L. mit dem episodischen Roman „Babbitt" (1922) einen weiteren Erfolg: Aus der verträumten Kleinstadt ist die hektische und völlig der „Jagd nach dem Dollar" verfallene Großstadt „Zenith" geworden. Im Mittelpunkt steht der Grundstücksmakler Babbitt. Schließlich muß er erkennen, einer Lebenslüge erlegen zu sein, verhält sich jedoch weiterhin den Verhältnissen angepaßt. Durch den Riesenerfolg des Romans ging das Wort „babbitt" als Bezeichnung für den geschäftstüchtigen, aber engstirnigen Angehörigen der Mittelklasse in die amerikanische Umgangssprache ein. In dem im Arztmilieu spielenden Roman „Dr. med. Arrowsmith" (1925) schlug L. einen vergleichsweise versöhnlichen Ton an.

Mit „Elmer Gantry" (1927) stellte er sich erneut in den Brennpunkt der Literaturkritik und öffentlichen Meinung. Dieser Roman mit seiner ätzenden Satire und dem ungewöhnlich scharfen Angriff auf die Heuchelei der Geistlichkeit und das Sektenwesen brachte L. heftige Kritik ein, die sich bis zur Hysterie steigerte. Er wurde mit Lynchjustiz bedroht, das Werk in einigen Städten sogar verboten. Der letzte von L.' Romanen, mit denen er in Anlehnung an den französischen Schriftsteller Honore de Balzac einen Romanzyklus schaffen wollte, der besonders auf den Mittelstand gerichtet war, ist „Sam Dodsworth" (1929). Themen des Werks sind zum einen die Konfrontation von amerikanischer und europäischer Kultur, zum anderen die Probleme von Menschen, die plötzlich gezwungen sind, ihrem Leben einen neuen Sinn zu geben.

Als L. 1930 als erster Amerikaner den Nobelpreis für Literatur erhielt, rief die Entscheidung des Preiskomitees bei Teilen der US-Presse Entrüstung hervor, die den „Nestbeschmutzer" als unwürdig empfanden. An die Aussagekraft seiner Romane der 20er Jahre reichte sein spätes Werk nur noch selten heran.

Das mutige Spätwerk „Der königliche Kingsblood" (1947) brachte schließlich eine Auseinandersetzung mit dem Rassenkonflikt in den USA und widerlegte die These von der Gleichberechtigung der Afroamerikaner in den Nordstaaten. Mit zunehmendem Alter wuchs die Vereinsamung von L., und der bedeutende bürgerlich-humanistische und realistische Romancier, der auch mit Alkoholproblemen zu kämpfen hatte, starb fast unbeachtet von der Öffentlichkeit im Alter von 65 Jahren in Rom.

Weitere Werke: „Der Mann, der den Präsidenten kannte" (1928); „Ann Vikkers" (1933); „Das Kunstwerk" (1934); „Die verlorenen Eltern" (1938); „Bethel Merriday" (1940); „Cass Timberlane" (1945); „Der Gottsucher" (1949); „Wie ist die Welt so weit" (1950).

Maeterlinck, Maurice – belgischer Schriftsteller französischer Sprache
geb. 29.8.1862 in Gent
gest. 6.5.1949 in Orlamonde bei Nizza

Nobelpreis 1911, für seine dramatischen Schöpfungen, die sich durch Phantasiereichtum auszeichnen und durch einen poetischen Idealismus, der, mitunter in der verschleierten Form des Märchenspiels, tiefe Eingebung offenbart und auf geheimnisvolle Weise Gefühl und Ahnung des Lesers anredet.

M., Sohn wohlhabender flämischer Bürger, besuchte ein Jesuitenkolleg in Gent und studierte dann von 1881 bis 1885 Jura. Bereits in dieser Zeit reifte der Entschluß, später einmal Schriftsteller zu werden. Im Jahre 1886 ging M. erstmals nach Paris, wo er Zugang zu literarischen Kreisen fand. Nach dem Erscheinen des Dramas „Prinzessin Maleine" im Jahre 1889 wurde er aufgrund der begeisterten Kritik Octave Mirabeaus im „Figaro" rasch berühmt. Trotzdem ging M. zurück nach Gent und war bis 1895 als Rechtsanwalt tätig. Ab 1896 lebte er in Frankreich, abwechselnd in Paris und in der Normandie, ab 1919 in Nizza. 1920 war er Gründungsmitglied der Académie royale de langue et de literature française. Er unternahm Reisen nach Italien und Ägypten, erwarb 1930 das Schloß Orlamonde und wurde 1932 zum Grafen ernannt. 1939 emigrierte M. in die USA, lebte bis 1947 in New York und Florida, kehrte nach Europa zurück und verbrachte seinen Lebensabend an der französischen Riviera. 1947 wurde er Präsident des internationalen PEN-Clubs.

M. schrieb früh Gedichte und Dramen und machte die Schriftstellerei zu seinem Lebensinhalt. Er gewann auch durch naturphilosophische Betrachtungen und Essays internationales Ansehen. In M.s gesamtem Werk – seinen Gedichten wie den zahlreichen Theaterstücken und Essays – ist ein Grundanliegen auffällig: das Bestreben eines Dichters, der, dem Symbolismus verpflichtet, ein exklusiv poetisches Verhältnis zur Wirklichkeit hat, das Banale und Alltägliche in den Schleier des Geheimnisses zu hüllen und in gewisser Weise mystisch zu entrücken.

Der Gedichtband „Im Treibhaus" (1889) atmet Angst und melancholische Sehnsucht, und in der kühnen Sprachalchemie kündigt sich der Surrealismus an. Seine Theaterstücke – erste Manifestation des Symbolismus auf der Bühne – schildern meist den Einbruch des Schicksals in die ahnungslose Plattheit des Alltags. So ist in dem Drama „Das Zuhause" (1894) zum Beispiel der einzige Handlungsfaktor die Nachricht vom Tode eines Familienmitglieds, die die Bewohner eines kleinen Hauses aus ihrer unbekümmert heiteren Beschaulichkeit aufscheucht. Bereits in den ersten Dramen „Prinzessin Maleine", „Der Eindringling" (1890) und „Die Blinden" (1890), die noch von einer pessimistischen Grundhaltung M.s bestimmt sind, erhält das Motiv des Todes und des unergründlichen Schicksals zentrale Bedeutung, wobei besonders „Die Blinden" als ein eindringliches Sinnbild des menschlichen Ausgeliefertseins zu werten ist. Zum Opfer werden immer gerade die unschuldigen und vollkommenen Wesen. Die Dramen „Pelleas und Melisande" (1892), „Allandine und Palomides" (1894) und „Der blaue Vogel" (1908) kleiden diese Grundthemen des Schriftstellers in ein märchenhaftes Dekor. In den handlungsarmen, von düsterem Pessimismus geprägten Stücken figurieren über ihre innere Befindlichkeit reflektierende Protagonisten, die, von Todesängsten und mystischen Heimsuchungen gepeinigt, unentrinnbar dem tragischen Schicksal ausgesetzt sind.

Auch in Essays beschwor der von dem flämischen Mystiker Ruysbroeck, von Swedenborg und Novalis beeinflußte M. seine Vorliebe für mystische Ideenwelten: „Der Schatz der Armen" (1896), „Weisheit und Schicksal" (1898) und „Vom Tode" (1913). Als Höhepunkt seiner Dramatik gelten das bühnenwirksame Spiel „Monna Vanna" (1902) und das an Ibsens „Peer Gynt" erinnernde Märchenstück „Der blaue Vogel". Beim breiten Publikum fand er größeren Anklang mit Prosatexten, die die Allbeseeltheit der Natur verkünden: „Das Leben der Bienen" (1901), „Die Intelligenz der Blumen" (1907), „Das Leben der Termiten" (1926) und „Das Leben der Ameisen" (1930). Ihnen liegen Naturbeobachtungen zugrunde, aus denen M. die Idee einer pantheistisch verstandenen, geheimnisvollen Einheit der Schöpfung ableitet, in die auch der Mensch eingegliedert ist. M. war der herausragende Vertreter des symbolistischen Theaters.

Weitere Werke: „Blaubart und Ariane" (1901); „Der begrabene Tempel" (1902); „Der doppelte Garten" (1904); „Marie-Magdaleine" (1913); „Das Wunder des heiligen Antonius" (1919); „Das große Geheimnis" (1921); „Das Unheil zieht vorbei" (1925); „Die vierte Dimension" (1927); „Marie Victoire" (1927); „Geheimnisse des Weltalls" (1929); „Vor dem großen Schweigen" (1934); „Prinzessin Isabelle" (1935); „Die andere Welt" (1942); „Jeanne d'Arc" (1948).

Mahfus, Nagib – ägyptischer Schriftsteller und Erzähler

geb. 11.12.1911 in Kairo

Nobelpreis 1988, für seine durch nuancenreiche Werke von bald scharfsinniger Wirklichkeitsnähe, bald suggestiver Vieldeutigkeit geprägte arabische Romankunst von allgemein menschlicher Gültigkeit.

M., Sohn eines Regierungsbeamten, besuchte eine höhere Schule. Seine Kindheit verbrachte er in den winkligen Gassen von Altkairo, und er blieb diesen Gegenden immer verbunden. Als Jugendlicher fand er Zugang zu den Werken von damals bedeutenden Vertretern der ägyptischen literarischen Renaissance. Sein Verhältnis zur konventionellen Auffassung vom Islam, wie er ihn in seinem Elternhaus kennengelernt hatte, geriet ins Wanken, als er anfing, sich für Naturwissenschaften, besonders für die Darwinsche Abstammungslehre, zu interessieren. Ab 1930 studierte M. Philosophie und Literatur an der Universität Kairo und graduierte 1934. Doch fühlte er sich immer mehr zur Literatur hingezogen. Er begann neben literarischen Artikeln auch Kurzgeschichten zu schreiben, von denen einige in Zeitschriften erschienen.

Im Jahr 1938 publizierte er erstmals Kurzgeschichten mit dem Titel „Einflüsterung des Wahnsinns". Im Jahr 1939 wurde er Beamter im Ministerium für religiöse

Stiftungen. Diese Tätigkeit scheint seine Abneigung gegen Institutionen und Vertreter des konservativen Islam, die in vielen seiner Werke zum Ausdruck kommt, verstärkt zu haben. Sie gab ihm auch einen guten Einblick in den Verwaltungsapparat und die Atmosphäre einer ägyptischen Behörde und die Denkweise kleiner und mittlerer Beamter. 1939 erschien sein erster Roman „Das Spiel des Schicksals". Ihm folgten 1943 „Radubis" und 1944 „Der Kampf um Theben". Alle drei Romane spielen im Ägypten der Pharaonenzeit. In diesen Romanen läßt M. erdachte Episoden aus der Zeit des alten Ägypten mit einer noch sehr debütantenhaften Zeichnung der Charaktere vor dem Leser entstehen. Dabei kommt es ihm meist mehr auf eine spannende Handlung als auf Treue der historischen Details an. Er prangert aber auch politische und soziale Mängel seiner Zeit wie den Absolutismus des ägyptischen Königshauses und die politische Unterdrückung des Landes durch Großbritannien an, indem er sie in ein anderes Gewand kleidet und in die Geschichte zurückprojiziert.

Nach diesen drei ersten historischen Romanen wandte sich M. dem Ägypten seiner Zeit und der Klasse zu, der er selbst entstammt, dem Kleinbürgertum. Dessen Vetreter stellt M. in den Mittelpunkt aller seiner folgenden Romane. Psychologisch hervorragend zeichnet er Haltungen des Kairoer Kleinbürgertums in konkreten historischen Situationen, u. a. in „Das neue Kairo" (1945), „Chan El-Chalili" (1946), „Sukak El-Midakk" (1947), „Fata Morgana" (1948) und „Anfang und Ende" (1949). Mehrere Jahre des Schweigens folgten. Dann erschien 1956/57 das Werk, das ihn mit einem Schlage in der arabischen Welt bekannt machte, seine Romantrilogie – etwas völlig Neues in der modernen arabischen Literatur. Hier stellt er das Schicksal von drei Generationen einer Kairoer Kaufmannsfamilie zwischen 1917 und 1944 dar. Die Titel der einzelnen Bände – „Beina El-Kasrein", „Kasr El-Schauk" und „El-Sukkarijja" – bezeichnen Straßennamen in Altkairo. Er versteht es meisterhaft, den Wandel der sozialen Struktur und der Lebensweise sowie die weltanschaulichen Auseinandersetzungen in einer zunächst konservativen Familie des Kairoer Mittelstandes während der ersten Hälfte dieses Jahrhunderts deutlich zu machen.

1957 wurde ihm der Staatspreis für Literatur verliehen. M. erhielt nun eine Anstellung im Kunstdepartement und war von 1968 bis 1971, dem Jahr seiner Pensionierung, Berater des Ministers für Kultur. 1959 erschien in Fortsetzungen in der großen ägyptischen Tageszeitung El-Achram sein allegorischer Roman „Die Kinder unseres Viertels". Er wurde von den Vertretern des konservativen Islam mißverstanden. Der Roman über die drei monotheistischen Weltreligionen durfte wegen des Widerstands religiöser Autoritäten in Ägypten in Buchform nicht erscheinen. Mit seinem 1961 publizierten Roman „Der Dieb und die Hunde" leitete M. eine Reihe von Figurenromanen ein, Romanen, in deren Mittelpunkt jeweils eine Gestalt aus dem ägyptischen Kleinbürgertum oder Bürgertum steht, die nach ihrem Platz in der ägyptischen Gesellschaft nach der Revolution von 1952 sucht. In seinen Romanen „Die Wachtel und der Herbst" (1962), „Der Weg" (1964), „Der Bettler" (1965), „Das Hausboot am Nil" (1966) und „Miramar" (1967) wird deutlich, daß Selbstisolierung und Egoismus kein Ausweg aus dem Unvermögen mancher Leute sein können, sich in der neuen Wirklichkeit zurechtzufinden. In „Der Bettler" und „Das Hausboot am Nil" tauchen Elemente des Irrationalen und des Absurden auf, die ihren Ursprung wohl größtenteils darin haben, daß M. gerade in diesen Jahren eine Periode des Zweifelns am Sinn der Kunst überhaupt durchlebte.

1965 erschien „Ein Haus mit schlechtem Ruf", 1969 „Die Taverne zum Schwarzen Kater" und „Unterm Schutzdach", 1971 „Eine Geschichte ohne Anfang und Ende" und „Flitterwochen", 1973 „Das Verbrechen" und 1975 „Geschichten aus unserem Viertel". In den Bänden, die zwischen 1969 und 1971 erschienen, also nach der Niederlage Ägyptens im Junikrieg 1967, aber vor dem Oktoberkrieg 1973 geschrieben wurden, überwiegt Doppelbödiges, Symbolträchtiges. Das war eine allgemeine Erscheinung in der ägyptischen Literatur dieser Jahre, die von einheimischen Literaturwissenschaftlern als Zeit der „inneren Zerrissenheit" bezeichnet wird.

Seit der Mitte der 70er Jahre kreisen seine Romane und Erzählungen, oft ohne deutliche Zeitfixierung, auch im Rückgriff auf die Geschichte, um Themen wie menschliche Verführbarkeit durch Macht, Zweifel an der Allmacht des Verstandes. Als Ausweg erscheinen in den letzten Jahren öfter humanistische Elemente der islamischen Mystik.

Mann, Thomas – deutscher Erzähler und Essayist
geb. 6.6.1875 in Lübeck
gest. 12.8.1955 in Zürich
Nobelpreis 1929, hauptsächlich für seinen großen Roman „Buddenbrooks", der im Laufe der Jahre allgemeine Anerkennung als ein klassisches Werk der zeitgenössischen Literatur gefunden hat.

M., Sohn eines Senators und Großkaufmanns, besuchte von 1882 bis 1889 die Privatschule des Dr. Bussenius, trat dann als Untertertianer in das Gymnasium Katharineum ein, das er 1894 mit dem Zeugnis der mittleren Reife verließ. Nur ungern dachte er später an diese verlorene Zeit zurück. Der preußische Schuldrill und die lebensfremde Wissensvermittlung stießen ihn ab. Erste Verse in Heines und Storms Manier sowie kleine kritische Artikel veröffentlichte er 1893 in der von ihm herausgegebenen Schülerzeitschrift „Frühlingssturm". Der Tod des Vaters brachte einige familiäre Veränderungen mit sich. Die Mutter siedelte nach München über, wohin er ihr nach Absolvierung der Untersekunda folgte. Er wurde zunächst Volontär bei einer Feuerversicherungsanstalt und schrieb seine erste Novelle.

1894/95 belegte M. Vorlesungen an der Münchener Technischen Hochschule und schrieb Beiträge für die Zeitschrift „Das Zwanzigste Jahrhundert". Dann begab er sich auf Reisen. Im Sommer 1897 begann M. mit vorbereitenden Notizen zu jener literarischen Familienchronik, die später unter dem Namen „Buddenbrooks" weltberühmt werden sollte. Als er im Frühjahr 1898 nach München zurückkehrte, hatte er bereits etwa ein Viertel des späteren Gesamtmanuskripts zu Papier gebracht. Bis 1900 war er Lektor in der kritisch-satirischen Zeitschrift „Simplicissimus", und im Herbst leistete er eine kurze Militärdienstzeit ab. 1898 erschien sein erstes Buch, die Novellensammlung „Der kleine Herr Friedemann". Von 1901 bis 1933 lebte M. als freier Schriftsteller in München. 1905 hei[…]tete er Katja Pringsheim; aus der Ehe gingen sechs Kin[…]r hervor.

Die „Buddenbrooks" […]gründeten M.s Weltruhm. Der Untertitel des Roma[…]ündigt die Geschichte vom „Verfall einer Familie" an[…] werden vier Generationen eines hanseatischen Kau[…]sgeschlechts vorgestellt, […] 76 wirken. Bekanntlich

[…] die Öffentlichkeit und vertrat seine ne[…]n Überzeugungen fortan bei vielen Festlichkeiten u[…]d Veranstaltungen im In- und Ausland.

M.s „Der Zauberberg" (1924) ist ein kritisch-realistischer Roman, der zugleich einen dreifachen Symbolgehalt aufweist. Wir sehen im „Zauberberg" vor allem ein Symbol der spätbürgerlichen Gesellschaft. Die Verfallsproblematik der „Buddenbrooks" wiederholt sich hier „auf anderer Lebensstufe", wobei sich der Schauplatz gleichermaßen erweitert und verengt. Schließlich ist der „Zauberberg" ein Symbol für menschliches Alleinsein schlechthin. Er kündet von Höllenfahrten, Forschungsdrang und der gespenstischen Entfremdung der bürgerlichen Welt. Der „Zauberberg" gehört fraglos zu den großen Aufräumungsarbeiten des Geistes, die in unserem Jahrhundert geleistet wurden. Um den Gedanken einer europäischen Geisteskultur zu pflegen, unternahm M. zahlreiche Auslandsreisen.

Anfang 1930 veröffentlichte M. die Novelle „Mario und der Zauberer" die in gleichnishafter Form die faschistischen Tendenzen jener Jahre widerspiegelt. Nach […]g der Geschichte wußte M. selbst […]r er damit einen Nerv der Zeit ge[…]ß gestand er der Erzählung „kleine […]nter" zu, wollte ihre Bedeutung je[…] im Künstlerischen und Ethischen […]ptemberwahlen von 1930 entschloß […] „Appell an die Vernunft" des deut[…] zu richten. Darin versuchte er, die […] Wahlerfolg der Nazis zu ergründen, […]ntlichen auf die Wirtschaftskrise und […]e geistfeindliche Lebensphilosophie

[…] aus „tief notwendigem politischem […]n Faschismus die Emigration. 1935 […]nmen mit A. Einstein die Ehrendok[…]rvard-Universität. Im Frühjahr 1938 […]ädten der USA einen Vortrag „Vom […]g der Demokratie". Im gleichen Jahr […]e Gastprofessur an der Universität […]edelte nach Amerika über. Seit 1940 […]nien und wandte sich in beschwörenden […]sprachen an „deutsche Hörer". Von […]nziger Jahre bis 1943 arbeitete M. mit […] an seiner Roman-Tetralogie „Joseph […]r". Die auf ein rationalistisches Ge[…]is gegründete Mythendeutung stellt […]wurf zum faschistischen Kult des Irra[…] unterstreicht die Verantwortung des […] Fortschritt der Vernunft in der Ge[…]schaltung in die Arbeit an der „Jo[…] schrieb M. 1939 den Roman „Lotte in […]e Episode aus Goethes Leben zum An[…] das problematische Verhältnis des […]äsentanten einer Nation zur Gesell[…]en.

[…]nd M.s großer Altersroman „Doktor […]chloß sich dazu, die Idee der Teufels[…] mit der Idee der Nation zu verschmelzen und die deutsche Entwicklung gleichnishaft mitzugestalten. Damit beschritt er den Weg aus der Welt der historischen Menschheitssymbole in die heimatliche

Sphäre einer verdüsterten Gegenwart. Mit den „Bekenntnissen des Hochstaplers Felix Krull" erreichte M. nochmals einen Höhepunkt in seinem Schaffen. So sehen wir im Roman eine farbige, zauberhafte, zwischen Realismus und Illusion schwebende Welt an uns vorüberziehen, lassen uns überraschen von zahlreichen heiteren Einfällen und schauen dem Treiben des spätbürgerlichen Taugenichts in der Gewißheit zu, daß über das Spektakulum bald der letzte Vorhang fallen wird. 1952/53 siedelte M. nach Erlenbach über, 1954 nach Kilchberg bei Zürich. Von seinen späten Arbeiten seien die Einleitungen zu Auswahlbänden von Dostojewski und Kleist hervorgehoben.

Weitere Werke: „Schwere Stunde" (1905); „Wälsungenblut" (1921); „Unordnung und frühes Leid" (1925); „Die vertauschten Köpfe" (1940); „Das Gesetz" (1944); „Der Erwählte" (1951); „Die Betrogene" (1953).

Martin du Gard, Roger – französischer Erzähler und Dramatiker
geb. 23.3.1881 in Neuilly-sur-Seine
gest. 22.8.1958 in Belleme (Orne)
Nobelpreis 1937, für die künstlerische Kraft und Wahrheitsliebe, mit der er in seiner Romanserie „Die Thibaults" menschliche Gegensätze und wesentliche Seiten des Lebens der Gegenwart dargestellt hat.

M. entstammt einer wohlhabenden großbürgerlichen Familie, sein Vater war Rechtsanwalt. Er hatte die Absicht Literaturwissenschaft zu studieren, scheiterte jedoch in der Prüfung. Er nahm anschließend ein Archäologiestudium auf und promovierte 1905 mit einer Arbeit über frühmittelalterliche französische Kunst. Danach war M. für kurze Zeit als Archivar tätig. 1913 gehörte er zusammen mit Gide zum Kreis der Mitbegründer der Literaturzeitschrift „La Nouvelle Revue Français" und des gleichnamigen Verlages und nahm damit starken Einfluß auf die neuere Literaturentwicklung.

Er nahm am Ersten Weltkrieg teil, und nach der Demobilisierung 1919 gehörte M. dem Kreis des Regisseurs und Theaterleiters Copeau an, der sich um die Schaffung eines neuen realistischen Theaters bemühte. M., der schon früh von dem Willen zu schreiben besessen war und den sein ererbtes Vermögen materieller Sorgen enthob, verzichtete auf die Ausübung eines Berufes. Er lebte seit 1920 als freischaffender Schriftsteller abwechselnd in Clermont und Belleme, wo er sich ausschließlich seinem literarischen Schaffen widmete. 1939 unternahm er mehrere Reisen in die USA. 1940 mußte M. in die noch nicht besetzte Südzone nach Nizza flüchten und 1944 warnten ihn rechtzeitig gute Freunde, daß sein Name auf einer Verhaftungsliste der Wehrmacht stand, und er mußte daraufhin untertauchen. Er lebte dann vorwiegend auf seinem Landgut in Belleme.

Zu einer Zeit, da der französische Roman sich immer mehr auf das Erforschen individuellen Bewußtseins ausrichtete und im Formalen eine spontane Subjektivität die Tradition in Frage stellte, machte es sich M. zur Aufgabe, in einem weitläufigen, aber streng durchkonstruierten Romanwerk ein Bild seiner Zeit zu entwerfen. Er fordert dabei gewissenhafteste Genauigkeit in allen Einzelheiten. M. debütierte 1908 mit dem Roman „Devenier" („Werden!"), in dem sich erstmals der Konflikt zwischen Revolte und Müßigung manifestiert, der die gesamte geistige und künstlerische Existenz M.s prägte. Bekannt wurde er durch den Dialogroman „Jean Barois" (1913), dessen Titelfigur sich aus den Fesseln überlieferter Ideologie löst und im Rahmen der Dreyfus-Affäre mit den Waffen seiner positivistischen Überzeugung gegen Klerikalismus und philosophischen Obskurantismus auftritt, am Ende seines Lebens jedoch wieder in eine antirationale und resignierte Geisteshaltung zurückkehrt.

M.s Hauptwerk ist der 1920 begonnene achtbändige Romanzyklus „Die Thibaults". Das Riesenwerk gibt einen breiten Querschnitt durch das Paris der Vorkriegszeit bis in den Kriegsausbruch 1914; im Kontrast zwei Familien. Die katholischen Thibaults stehen im Mittelpunkt: der tyrannische, im Sterben zur Größe wachsende Vater und seine zwei Söhne, der Arzt Antoine, rational, bürgerlich, und der sprunghaft-künstlerische Jacques als Hauptfigur, vom dreizehnten Jahr ab bis zu seinem Opfertod für die Friedensidee 1914. Daneben die protestantischen de Fontassins, mit einem haltlosen Vater, der sich an Frauen verzettelt, einer herzenswarmen Mutter und zwei Kindern: Daniel, Jacques' Jugendfreund, mit dem Bluterbe des Vaters, und Jenny, Jacques Thibaults Lebensliebe, mit der scheuen, tiefen Natur der Mutter. Symbolisch steht eingangs hinter dem katholischen Weltbild der Abbé Vecard, der Vater Thibaults tyrannischen Hochmut mildert; hinter dem protestantischen Weltbild steht die Christian Science in der Person des Heilers, der an Jenny eine Wunderheilung vollführt. 1931 unterbrach M. die Arbeit. Die darauffolgenden politischen Vorgänge veranlaßten ihn zur konsequenten Historisierung der letzten Bände und damit zur Ausweitung des Zyklus zum Epochenroman: drei Bände „Sommer 1914" (1936), „Epilogue" (1940). Wenn die ersten sechs Bände bereits durch ihre ausgezeichneten Milieustudien sozialkritische Bedeutung haben, so gewinnt im siebenten Band, der am Vorabend des Ersten Weltkrieges spielt und in den politisch so bedeutsamen 30er Jahren geschrieben wurde, die ideologische Problematik ein besonderes Gewicht.

Vor der Wiederaufnahme des von humanistischen Prinzipien getragenen Werkes verfaßte M. das Theaterstück „Ein Schweigsamer" (1932), in dem er sich dem Problem der Homosexualität zuwandte, sowie die Novellen „Afrikanisches Geständnis" (1931) und „Kleine Welt" (1933). Der Essay „Die kleine Welt des Herrn Joigneau" (1935) dokumentiert M.s humanistisches Bekenntnis und plädiert für eine gerechtere, „vernunftgemäßere" soziale Ordnung. Sein 1941 begonnenes Alterswerk „Der Oberstleutnant von Maumort" blieb unvollendet. 1951 veröffentlichte M. seine „Notes sur André Gide", 1968 erschien die Korrespondenz der Freunde, 1972 der Briefwechsel mit Jacques Copeau.

Für M. galt die im 19. Jahrhundert entwickelte Anschauung, daß der Romancier der bessere Historiker sei; daraus folgerte er für seine Arbeit die Notwendigkeit, vorrangig gesellschaftliche Sollvorstellungen und Verhaltensnormen von Klassen zu entwickeln, wobei er es versäumte, den Klassencharakter der Antagonisten faßbar zu machen, und statt dessen Konflikte von Charakteren in den Mittelpunkt rückte. Dies führt zwangsläufig dazu, daß Held und Welt zu zwei Wesenheiten verselbständigt werden; das Bewußtsein der Figuren zieht sich auf sich selbst zurück, wobei sie ihre Umwelt oft nicht einmal als entfremdet empfinden können.

Weitere Werke: „Vater Leleus Testament" (1920); „Das graue Heft" (1922); „Die Besserungsanstalt" (1922); „Sommerliche Tage" (1923); „Sorellina" (1928); „Die Blase" (1928); „Der Tod des Vaters" (1929).

Martinson, Harry Edmund – schwedischer Romancier und Lyriker
geb. 6.5.1904 in Jämshög
gest. 12.2.1978 in Stockholm
Nobelpreis 1974, für ein dichterisches Werk, das den Tautropfen einfängt und den Kosmos widerspiegelt.
M. mußte eine harte Kindheit und Jugend durchleben. Nachdem der Vater, Kapitän, 1910 an Tuberkulose gestorben, die Mutter in die USA ausgewandert war und ihn und seine Geschwister allein zurückgelassen hatte, begann für ihn ein unstetes Leben. Es war zu dieser Zeit üblich, daß elternlose Kinder demjenigen Bauern der Gemeinde zugesprochen wurden, der die geringsten Unterhaltungskosten forderte. Freude und Geborgenheit blieben ihm versagt, und so suchte er in der Natur das zu finden, was die Gesellschaft ihm nicht gewährte. Nur die Schule bot einen Lichtpunkt in dem sonst so widrigen Leben. Immer wieder versuchte M., dem harten und entbehrungsreichen Leben zu entfliehen. So durchstreifte er große Teile Schwedens und Skandinaviens, arbeitete in verschiedenen Berufen, kam aber auch mit der Arbeitslosigkeit zu Beginn der zwanziger Jahre in Berührung. Schließlich heuerte er auf verschiedenen Schiffen an und fuhr als Matrose, Heizer und Maschinengehilfe. Auf diesen Reisen gelangte er unter anderem nach Brasilien und Indien. 1927 mußte M. ein für allemal abmustern, die Tuberkulose hatte seine Gesundheit untergraben. Damit war ein Stück bewegter Lebensgeschichte abgeschlossen.

M. begann als Autodidakt mit realistischen Schilderungen seiner Jugenderlebnisse. So zeigten sich in „Gespensterschiff", einem kleinen Gedichtband von 1929, bereits seine Fähigkeit, die gefahrvolle und rauhe Wirklichkeit des Seemannslebens anschaulich abzubilden, sowie seine sensitive Beobachtungsgabe für die Schönheit der Natur. In dem Lyrikband „Nomade", der 1931 erschien, fand M. seine eigene künstlerische Handschrift. Mit den lyrischen Reiseberichten „Reisen ohne Ziel" und „Kap Farväl", die 1932 und 1933 erschienen, erweiterte er die künstlerische und soziale Spannweite seiner Dichtung. In bestechender Sprache schilderte er seine Erlebnisse als Seemann.

In den Romanen „Die Nesseln blühen" (1935) und „Der Weg hinaus" (1936) setzte M. die literarische Bewältigung seiner Kindheits- und Jugenderlebnisse fort. Die Sehnsucht nach Liebe und Geborgenheit und das ungestillte Verlangen nach persönlichem Glück stehen im krassen Gegensatz zu den gesellschaftlichen Verhältnissen, mit denen seine Titelgestalten konfrontiert werden. Mit diesen Romanen reihte sich M. in die Phalanx jener Schriftsteller ein, die mit ihren Werken die einfachen Menschen und die Poesie des Alltags, für die schwedische Literatur bis dahin unbekannte Bereiche, erschließen. M.s Blick für die Gestaltung sozialer Konflikte wurde maßgeblich durch seine Frau Moa geschärft, mit der er von 1929 bis 1940 verheiratet war. Sie bereicherte die schwedische Nationalliteratur durch kraftvolle Frauengestalten aus dem Proletariat.

Spätere Werke, z. B. „Cikada" (1935) und „Der verlorene Jaguar" (1941), reflektieren widerspruchsvolle politische Auffassungen und den bürgerlichen Kulturverfall, der sich vor allem in der Skepsis gegenüber der Fähigkeit des Menschen manifestiert, den wissenschaftlich-technischen Fortschritt zu seinem Wohl zu gestalten. Besonders stark kommt dies in dem Versepos „Aniara" (1956) zum Ausdruck, in dem M. den ungesteuerten Flug eines Raumschiffes ins Nichts schildert, das die letzten Überlebenden nach dem Untergang der Erde an Bord hat. Nachdem bereits seine autobiographischen Schilderungen große Resonanz erreicht hatten, brachte das Jahr 1948 sodann mit „Der Weg nach Glockenreich" einen neuen Erfolg. Auch hier erwies sich M. wiederum als großer Fabulierkünstler, dem das Verhältnis des Menschen zu seiner Umwelt immer wieder Quelle der Inspiration ist. Ein Jahr später wurde er als erster Autodidakt in die Schwedische Akademie gewählt, jenes Gremium, dem jährlich die Vergabe des Nobelpreises für Literatur obliegt. Auch die Gedichtbände „Ein Strauß wilder Blumen" (1965), „Die Gräser von Thule" (1958) und „Grasbüschel" (1973) zeigen M.s Fähigkeit, sich von dem Mikrokosmos des liebevoll beschriebenen Details unversehens zu weltumspannenden Fragen aufzuschwingen.

Einen weiteren Motivkreis in M.s Dichtung bildet die Bewunderung der Schönheit der Natur. Hierzu gehören die Gedichtsammlungen „Mittsommertal" (1938), „Passat" (1945), „Aussicht von einem Grasbüschel" (1963) und der Roman „Der Weg nach Glockenreich" (1948), der aus der Perspektive eines philosophierenden Landstreichers ein Bild der schwedischen Gesellschaft um die Jahrhundertwende zeichnet.

Weitere Werke „Das Einfache und das Schwere" (1939); „Wirklichkeit zum Tode" (1940); „Der Lotse von Moluckas" (1954); „Der Wagen" (1960); „Drei Messer von Wei" (1964).

Mauriac, François – französischer Romancier, Essayist und Dramatiker
geb. 11.10.1885 in Bordeaux
gest. 1.9.1970 in Paris
Nobelpreis 1952, für die durchdringende Seelenkenntnis und künstlerische Intensität, womit er in der Form des Romans das Drama des menschlichen Lebens deutet.

M., Sohn eines Weinhändlers, der früh starb, wurde von der Mutter in streng katholischem und bürgerlichem Geist erzogen. Die Figur der Mutter spielt in vielen Werken M.s eine Rolle. Seine erste Ausbildung erhielt er zunächst an einem geistlichen Collège, dann am Lycée in Bordeaux. In seiner Heimatstadt begann er ein Literaturstudium, das er ab 1906 in Paris fortsetzte. 1912 gründete M. die katholische Zeitschrift „Cahiers". Er lebte dann abwechselnd in Paris und Malaga als freischaffender Schriftsteller. Im Ersten Weltkrieg mußte er in einem Sanitätskorps dienen. 1933 erfolgte seine Wahl in die Académie Française. Während der Besatzungszeit war M. für die Résistance tätig, war Mitarbeiter der illegalen Widerstandspresse und schrieb unter dem Pseudonym Cahier noir 1943 „Das schwarze Heft", persönliche Reflexionen über den Faschismus. Nach dem Krieg war er Mitglied der französischen Delegation bei der UNESCO. Er gründete 1948 die Zeitschrift „La table ronde". Er war Präsident der Vereinigung „France-Maghreb" und seit 1958 Anhänger de Gaulles, über den er ein Buch schrieb.

M. gilt neben G. Bernanos (1888–1948) als bedeutendster katholischer Erzähler Frankreichs im 20. Jahrhundert. Er gestaltete psychologische Probleme, die sich aus dem Widerspruch zwischen sündhafter Verstrickung und moralischem Anspruch ergeben. Er schrieb zunächst Gedichte, die M. Barres (1862–1923), französischer Schriftsteller und geistiger Führer der Rechtsopposition, veranlaßten, ihm eine glänzende Zukunft als Lyriker zu verheißen. Unter dem Einfluß des Jansenismus (katholische Reformbewegung im 17./18. Jahrhundert, die in Frankreich Theologie und Spiritualität stark geprägt hat) setzte M., besonders im Frühwerk, die Bereiche von „Natur" und „Übernatur" einander kontradiktorisch entgegen. Der Mensch gilt als zur Sünde verurteilt, das Christentum als Forderung einer vollständigen Unterdrückung des „Fleisches".

M. trat zuerst mit dem Gedichtband „Die gefalteten Hände" (1909) hervor, klassische Verse von pathetischer Religiosität. Die größere literarische Bedeutung und den breiteren Erfolg erreichte er jedoch mit seinen Romanen, die das Sittenbild seiner Zeit um treffende Züge bereichern. Mit unerbittlicher Schärfe ist hier ein Milieu beobachtet und gestaltet, das er aus eigener Erfahrung genaustens kennt: die Welt der Provinzbourgeoisie in ihrer Gewinnsucht, Kleinlichkeit und Leere. Seine ersten Romane erschienen 1913, „Das Kind in Ketten", und 1914, „Das Gewand des Jünglings". Die wichtigsten frühen Romane M.s sind: „Der Aussätzige und die Heilige" (1922), ein Eheroman um einen mißgestalteten Menschen und eine junge Frau. Der Roman „Die Einöde der Liebe" (1925) behandelt die vergebliche Suche mehrerer Menschen nach Liebe. „Die Tat der Therese Desqueyroux" (1927) ist die Geschichte der in provinzieller Enge und im „Käfig" der Familie gefangenen Therese.

M.s Frühwerk stieß mitunter auf Kritik auch von katholischer Seite, denn seine Werke seien nicht geeignet, Sünder zum Christentum zurückzuführen. Er schrieb vor allem zwischen den beiden Weltkriegen zahlreiche Romane, in denen er mit psychoanalytischem Können Menschen im Zustand einer verbrecherischen Sündhaftigkeit darstellt, aus dem sie sich nur durch Verzicht und Reue erlösen können. So in „Fleisch und Blut" (1920), „In diesen Kreisen" (1921), „Genitrix" (1923) und „Die Sünde" (1924).

Ende der 20er Jahre erfolgte eine Art „Bekehrung" M.s, ein Wandel vom „Leiden des Christen" zum „Glück des Christen". Charakteristisch ist die Fortsetzung der Geschichte der unglücklichen Therese D. in dem Roman „Das Ende der Nacht" (1935), wo am Ende jetzt ein Akt der Buße und Einsicht steht. Vom katholischen Glauben durchdrungen, glaubt M. jedoch an die Möglichkeit, mit der christlichen Lehre die Menschen aus ihrer Verhärtung erlösen und eine lichtere Welt aufbauen zu können. So bietet der Roman „Das Geheimnis Frontenac" (1933) ein Beispiel harmonischen Lebens, die Familie wird hier fast zum Idyll. In der zweiten Schaffensperiode M.s treten auch, neben der sinnlichen Leidenschaft, stärker als früher Geiz, Herrschsucht und Pharisäertum in den Vordergrund. Die Charaktere wirken völlig negativ: der geizige und geldgierige Advokat Louis in „Natterngezücht" (1932), die kaltherzige Pharisäerin Brigitte Pian in „Die Pharisäerin" (1941) und der Mörder Gradere in „Die schwarzen Engel" (1936).

M. verabscheute von Anfang an den Selbstgefälligen und Selbstzufriedenen, als welchen er oft den bloß konventionellen Christen zeichnet; für den Sünder, der an seinem Zustand leide, sei Gott zur Welt gekommen. Schon vor dem Existentialismus erschien bei M. das Problem des „Anderen". Viele Figuren wollen einen anderen für sich besitzen, eine Mutter will Macht über den Sohn ausüben. So in „Genitrix" und in M.s letztem Roman „Der Jüngling Alain" (1969). Auch in seinen Essays steht neben der Beschäftigung mit religiösen Fragen (z. B. „Das Leben Jesu", 1936) die Reflexion über gesellschaftliche Probleme. So führt er in „Gott und Mammon" (1929) die Abrechnung mit der geldgläubigen bürgerlichen Gesellschaft fort. Über von ihm bewunderte Schriftsteller legte M. Essays vor: „Bordeaux" (französischer Romancier und Literaturkritiker, 1870–1963); „Proust" (bedeutendster und einflußreichster französischer Romancier des 20. Jahrhunderts, 1871–1922); „Le tourment de Jacques Riviere" (französischer Essayist und Romancier, 1886–1925); „La rencontre avec Barres".

M. äußerte sich auch theoretisch zum Romanschaffen: „Der Roman" (1928) und „Der Romancier und seine Gestalten" (1933). Über seinen geistigen und politischen Lebensweg berichtet M. ausführlich in zahlreichen autobiographischen Schriften: „Bild meines Ich" (1959); „Die verborgenen Quellen" (1965); „Die düsteren Jahre"(1965) und aus dem Nachlaß „Wiedergefundene Erinnerungen" (1981). Trotz seiner Mitarbeit an rechtsbürgerlichen und konservativen Blättern wie dem „Express" und dem „Figaro" nahm er in politischen Fragen eine gemäßigte kritische Haltung ein. Der seiner Natur nach konservative M. trat zeitweilig gegen soziale Ungerechtigkeit auf, vertrat aber, vor allem in seiner Tätigkeit als Journalist, betont antikommunistische Positionen und wurde zum Verfechter der Politik des Gaullismus.

Weitere Werke: „Religiöse Porträts" (1920); „Der junge Mensch" (1925); „Schicksale" (1928); „Asmodi" (1938); „Die Wege des Meeres" (1939); „Keiner wird genug geliebt" (1945); „Denn du kannst weinen" (1951); „Galigai" (1952); „Das Feuer auf der Erde" (1951); „Der Stein des Anstoßes" (1951); „Das Lamm" (1954); „Vom Geheimnis meines Friedens" (1954); „Der Menschensohn" (1958); „Was ich glaube" (1962).

Miłosz, Czesław – amerikanischer Schriftsteller, Lyriker und Essayist polnischer Herkunft
geb. 30.6.1911 in Szetejnie (Litauen)
Nobelpreis 1980, dafür, daß er mit kompromißloser Klarsicht der Stellung des Menschen in einer Welt von schweren Konflikten Ausdruck verleiht.
M. verbrachte seine Kindheit in Rußland, wo sein Vater als Straßenbauingenieur tätig war, und im Hause seiner Großeltern am Fluß Niewiaza. Es war ein polnisches Haus, aber die litauische Abstammung seiner Vorfahren und die Landschaft seiner Herkunft prägten sich ihm tief ein. In Wilna legte M. das Abitur ab und absolvierte an der dortigen Stefan-Batory-Universität ein Studium der Rechtswissenschaften, das er 1934 mit dem Staatsexamen abschloß. In diese Zeit fielen seine ersten Veröffentlichungen „Gedichte von der erkalteten Zeit" (1930), ein Jahr darauf gehörte M. zu den Mitbegründern einer literarischen Gruppe um die Zeitschrift „Zagary" (Fackel), die die Lyrikentwicklung der dreißiger Jahre maßgeblich beeinflußte. Sie brachten in die polnische Poesie kassandrische Töne und Visionen des Weltzerfalls. Ab 1935 zerfiel die Gruppe.

M. gab den Gedichtband „Drei Winter" (1936) heraus und wurde Mitarbeiter am polnischen Rundfunk in Wilna, diese Stelle mußte er aber wegen Eintretens für die nationalen Rechte der Litauer und Belorussen nach kurzer Zeit aufgeben. Bis September 1939 arbeitete er dann im Programmbüro des Rundfunks in Warschau. Die Kriegszeit verbrachte M. zum größten Teil in Warschau, wo er sich der polnischen Widerstandsbewegung gegen die deutsche Besatzung anschloß. 1940 kamen seine „Gedichte" hektografiert unter dem Decknamen Jan Syruc heraus. 1940/41 verlegte er zusammen mit J. Andrzejewski die erste unabhängige literarische Zeitschrift. 1942 erschien illegal seine Lyrik-Anthologie „Das unabhängige Lied". Im gleichen Jahr übersetzte M. das Anti-Petain-Buch von J. Maritain „Die Straße der Niederlage". 1945 waren seine gesammelten Gedichte unter dem Titel „Rettung" eines der ersten Bücher, die in der Volksrepublik Polen veröffentlicht wurden.

Nach 1945 gehörte M. zu jenem Teil der Intelligenz, der die grundlegende gesellschaftliche Umwälzung bejahte. Er nahm teil an den Debatten um Gestalt und Funktion der Literatur in Volkspolen und war Mitarbeiter der Zeitschrift „Tworczosc", wo er 1948 den „Moralischen Traktat" veröffentlichte. In den Jahren von 1945 bis 1949 war M. als Kulturattaché in der polnischen diplomatischen Vertretung in New York und Washington tätig, danach in derselben Funktion in Paris. Die Stalinisierung des Landes und die einschneidenden kulturpolitischen Maßnahmen waren Gründe für sein Ausscheiden aus dem diplomatischen Dienst im Jahre 1951 und seinen Schritt in die Emigration nach Paris.

Dort arbeitete er in den darauffolgenden Jahren im polnischen Emigrantenverlag „Instytut Literacki" und schrieb regelmäßig für dessen Monatszeitschrift „Kultura". 1960 wurde M. von der University of California in Berkeley als visiting lecturer eingeladen und blieb in den USA. Noch im gleichen Jahr erhielt er in Berkeley eine Professur für Slawistische Sprachen und Literatur. Seit 1970 ist M. amerikanischer Staatsbürger. In Westeuropa ist M. zunächst und nahezu ausschließlich, vermutlich auch zum Nachteil für sein dichterisches Werk, durch die Essaysammlung „Verführtes Denken" (1953) bekannt geworden. Sie enthält vier chiffrierte Porträtstudien polnischer Schriftsteller, in denen sämtlich dem Verhältnis Künstler und Politik in der volksdemokratischen Revolution nachgegangen wird, einschließlich der dogmatischen Überspitzungen und Irrtümer in der Kulturpolitik zwischen 1945 und 1950. Das Buch war eher eine verbitterte moralische Abrechnung mit dem stalinistischen Systemdruck als eine Analyse der Zeit, ihrer Probleme und Bedingungen.

In dem stark autobiographischen Essay „Westliches und östliches Gelände" (1959) gibt M. zu verstehen, wie wichtig der geistige Bewegungsraum für sein künstlerisches Schaffen war und wie stark er sich stets gegen ideologische Zudringlichkeit, sei sie nationaler, parteipolitischer oder religiöser Art, zur Wehr setzte. Er sah für sich und seine Dichtung keinen Platz innerhalb des zumeist administrativ exekutierten Programms des sozialistischen Realismus. Der Dichter, der weder Kommunist noch Antikommunist war, wollte sein Schaffen an keine bestimmte Politik binden. Er vertraute auf das persönliche Erleben und suchte die Unabhängigkeit des künstlerischen Gewissens dem Zwang der Ideologen zu entziehen. In der Tradition Swifts stehend, demaskiert M. sarkastisch die gesellschaftlichen, politischen und intellektuellen Verhältnisse in Polen und in der Welt, so in den Bänden „Kind Europas" (1947) und „Das Gesicht der Zeit" (1953).

Der erfolgreich verfilmte Roman „Tal der Issa" (1955) ist das Erinnerungsbuch an eine Kindheit in Polnisch-Litauen. Als Dichter erreichte M. die amerikanischen Leser durch seine von ihm selbst ins Englische übertragenen Lyrikbände „Glocken im Winter" (1968) und „Selected Poems" (1973), sie brachten ihm Anerkennung und Auszeichnungen ein.

Er gehört zu den wenigen modellbildenden Gestalten der polnischen Poesie im 20. Jahrhundert, daher war seine objektive literaturgeschichtliche Stellung stets bedeutend. Aus seinem Werk spricht eine humanistische Gesinnung, getragen von dem Bewußtsein der die Menschheit heute bedrohenden Gefahren. Er hat auch im Exil seine Bindung an die Heimat nicht verloren. Sein Werk ist fest in der polnischen Sprache und Geschichte verwurzelt.

Weitere Werke: „Tageslicht" (1955); „Kontinente" (1958); „Mensch unter Skorpionen" (1962); „Gustl, der Verzauberte" (1965); „Stadt ohne Namen" (1969); „Ansichten aus San Francisco" (1969); „Private Pflichten" (1972); „Vom Aufgang der Sonne bis zu ihrem Niedergang" (1974); „Das Land Ulro" (1977); „Zeichen im Dunkel" (1979); „Das Zeugnis der Poesie" (1984).

Mistral, Frédéric – provenzalischer Schriftsteller und Linguist
geb. 8.9.1830 in Maillane (Arles)
gest. 25.3.1914 in Maillane
Nobelpreis 1904, in Anerkennung der lebendigen Originalität seiner Bücher, die Eigenart und Seele seines Volkes getreu spiegeln, und seiner bedeutenden Arbeiten als provenzalischer Philologe.

M., Sohn einer einflußreichen Bauernfamilie, besuchte das Gymnasium in Avignon, wo er erstmals mit dem neuprovenzalischen Dichter Joseph Roumanille zusammentraf, was sich für seinen weiteren Lebensweg auswirken sollte. Bis 1851 studierte M. Rechtswissenschaften in Aix-en-Provence, war aber nicht als Jurist tätig, sondern widmete sich ganz der neuprovenzalischen Sprache und Kultur. 1854 begründete er zusammen mit J. Roumanille, F. Gras, T. Aubanel u. a. Intellektuellen die „Felibrige-Bewegung", um durch die Veröffentlichung dichterischer und philologischer Werke die Gleichwertigkeit der provenzalischen Sprache im Verhältnis zum Französischen zu betonen und eine Renaissance der provenzalischen Literatur und Kultur einzuleiten. Vereinzelt wurde – zeitweilig auch von M. selbst – die Idee einer administrativen Selbständigkeit Südfrankreichs verfochten.

Seit 1855 war M. Herausgeber des Felibrige-Organs „Armana Provençau" und gründete die ethnographische Sammlung „Museon Arlatan". Im Jahr 1859 wurde er Leiter der Felibrige-Bewegung. Er war ihr fruchtbarster Dichter und Förderer. So entwickelte M. eine regionalistische Ideologie, die die geistige und kulturelle Unabhängigkeit des mittelmeerischen Frankreich betont. M. schrieb in provenzalischer Sprache Epen, Erzählungen und Gedichte, übersetzte die meisten seiner Werke selbst ins Französische.

Grundlage aller Werke sind Volkstum, Lebensformen, Landschaft und Überlieferung seiner Heimat. Durch die Unterstützung des französischen Dichters Alphonse de Lamartine und seiner Selbstübersetzung wurde sein in provenzalischer Sprache verfaßtes Versepos „Mirèio" (1859), eine tragische Liebesgeschichte zwischen einer reichen Bauerntochter und einem armen Korbflechter, in Frankreich begeistert aufgenommen und machte den Dichter auch im Ausland bekannt. Unter dem Titel „Moun espelido, memori e raconte" (1860) veröffentlichte M. Erinnerungen und Erzählungen. Im Jahr 1867 erschien sein Versepos „Calendau" über einen Fischer, der mit seinen Heldentaten die Liebe einer vornehmen Frau gewinnen will. In die Handlungen werden immer wieder Folklore, Landschaft und Brauchtum der Provence einbezogen. Die große Tradition der provenzalischen Lyrik spiegelt sich wider in dem Versepos „Nerto" (1884), das Anfang des 15. Jahrhunderts im Papstpalast von Avignon spielt. In dem Versepos „Lou Pouemo dou Rose" (1897) wird die Liebe zwischen dem aus altem provenzalischen Geschlecht stammenden Niederländer Wilhelm von Oranien, seit 1178 war Oranien ein Fürstentum in Südfrankreich und fiel 1713 im Frieden von Utrecht an Frankreich, und einem provenzalischen Mädchen besungen, die tragisch im gemeinsamen Tod durch Ertrinken endet.

Bereits 1875 hatte M. Gedichte und Erzählungen in dem Sammelband „Die Goldinsel" veröffentlicht. 1890 erschien das Drama „Königin Johanna". M. verfaßte auch ein wissenschaftliches Wörterbuch der neuprovenzalischen Sprache „Lou tresor dou felibrige" (2 Bände, 1879–1887, neu herausgegeben 1932, „Der Schatz des Felibrige").

Mistral, Gabriela (eigentlich Lucila de Maria Godoy Alcayaga) – chilenische Lyrikerin und Erzählerin
geb. 7.4.1889 in Vicuna (Coquimbo)
gest. 10.1.1957 in Hempstead (New York)
Nobelpreis 1945, für den hohen Gedankenflug und die Empfindungstiefe ihrer Lyrik, die ihren Dichternamen zu einem Symbol der ganzen lateinamerikanischen Welt gemacht hat.

Gabriela, so sagte sie, habe sie gewählt aus dem Gefühl der Bewunderung für den italienischen Dichter Gabriele d'Annunzio (1863–1938), Mistral im Gedenken an den provenzalischen Dichter Frédéric Mistral (1830–1914).

M., Tochter eines Volksschullehrers, wurde von der Mutter aufgezogen, da der Vater nach drei Jahren die Familie verlassen hatte. Sie wurde auf die einzige reale Berufsperspektive vorbereitet, die man ihr bieten konnte: Sie sollte Lehrerin werden. Schon mit fünfzehn Jahren wurde sie Hilfslehrerin an einer Landschule, und ab 1905 arbeitete sie in zwei verschiedenen Dörfern als Referendarin. Zu dieser Zeit begann sie unter Pseudonym für die Provinzpresse zu schreiben. In einer Zeitung erschien im Sommer 1904 ihr erstes Gedicht: „Während Graciela Siesta hielt". Ein Jahr später schrieb sie Gedichte aus dem „herbstlichen Tal einer kranken Seele".

Da M. die normale Lehrerlaufbahn nicht bis zum erforderlichen Abschluß gebracht hatte, sah sie sich in der Ausübung des erstrebten Lehrerberufes behindert. Es fand sich jedoch eine Lösung, als sie im Jahre 1910 einen jungen Lehrer kennenlernte, Pedro Aguirre Cerda, den späteren Minister und Präsident der Republik, dem es gelang, M. für ein Lehrerstudium zuzulassen. In Schnellkursen holte sie die fehlenden Prüfungen nach und bestand sie alle mit Auszeichnung. In den nächsten Jahren gab sie Literaturunterricht an Schulen in verschiedenen Orten Chiles. Der Brief, mit dem sie im Jahre 1914 drei Sonette zum Dichterfest der Juegos Florales in Santiago de Chile geschickt hatte, trägt noch den

Poststempel eines Andendorfes. Diese drei Sonette erhielten bei dem Dichterwettbewerb einen Preis und stehen gewissermaßen am Anfang ihrer literarischen Laufbahn. 1918 übernahm M. die Leitung des Mädchengymnasiums in Punta Arenas, 1923 erhielt sie eine Professur für Spanisch der Universität von Chile.

In dem Lyrikband „Trostlosigkeit" (1922), der ein großer Erfolg wurde, gelangte ihr Werk zur vollen Reife. Hier suchte M. den in seiner Endgültigkeit erahnten Verlust einer Liebe zu bewältigen, dabei eigenen Schmerz, Gottes- und Schicksalsanrufung und die Suche nach Heimat verwebend. Keiner literarischen Richtung zuzuordnen, ragt ihr Werk eigenständig aus der Landschaft der chilenischen und lateinamerikanischen Lyrik hervor. Bestechend durch emotionale Tiefe, Ehrlichkeit und Unbedingtheit, stilistischen Reichtum und volkstümliche Metaphern, ist ihre Dichtung ein Bekenntnis zu menschlicher Wärme und Solidarität. 1923 erhielt M. eine Einladung nach Mexiko, der Schriftsteller und damalige Erziehungsminister J. Vasconcelos beauftragte sie, an der Unterrichtsreform seines Landes mitzuarbeiten. Das mexikanische Erlebnis, sie beteiligte sich erfolgreich an der Unterrichtsreform und der Neuorganisation der öffentlichen Bibliotheken, übte einen entscheidenden Einfluß auf sie aus und war für die dichterische Entwicklung wegweisend gewesen.

Als Resultat der zweijährigen Mexikozeit schrieb sie die „Lecturas para mujeres", ein Lesebuch für Frauen. 1925 unternahm M. Reisen in die USA, nach Spanien, Italien und in die Schweiz. Als sie im gleichen Jahr nach Chile zurückkehrte, erwartete sie ein ungewöhnlicher Akt der Großzügigkeit, sie wurde von ihren Unterrichtsverpflichtungen als „profesora de Estado" bei vollem Gehalt entbunden. Im selben Jahr reiste M. wieder nach Europa, wo sie in Genf als chilenische Delegierte des Völkerbundes in der literarischen Abteilung des „Instituts für geistige Zusammenarbeit" wirkte. 1927 vertrat sie den Chilenischen Lehrerbund auf einer internationalen pädagogischen Tagung in Locarno, 1928 arbeitete sie in Rom im Völkerbundinstitut für den Schulfilm. 1929 erhielt sie die Nachricht vom Tode ihrer Mutter, der M. schwer traf. Der in dieser Zeit entstandene Gedichtband „Meine Mutter" ist von der Erinnerung an die Gestalt der Mutter geprägt. 1930 bereiste sie die USA, Mexiko, Guatemala, die Antillen und trat 1932 in den diplomatischen Dienst ein. 1933 wurde M. durch ein spezielles Gesetz zum „Konsul auf Lebenszeit" ernannt, und ihre konsularische Tätigkeit brachte sie nach Spanien, Portugal, Brasilien, USA und Italien. Auch Deutschland besuchte sie mehrfach und hielt im Wintersemester 1936/37 eine Vorlesung an der Universität Hamburg.

Schon 1925 erhielt sie die Beinamen „Schutzengel" oder „Die göttliche Lehrerin". Zwei damals erschienene chilenische Biographien trugen die Titel „Die göttliche Gabriela" und „Santa Gabriela Mistral". Einen besonderen Platz nimmt in ihrem Werk die Liebe zu den Kindern ein. Die 1924 veröffentlichte zweite Gedichtsammlung „Zärtlichkeit" enthält viele Wiegenlieder, Sprechgesänge, zärtliche Beschreibungen von Kindern und dem Glück der Mutterschaft. Bewußt stellte M. das Leben auf dem Lande dem in der Stadt als authentischer gegenüber und verschloß sich weitgehend dem Einfluß des Modernismus. In „Kahlschlag" (1938), ihrem zweiten großen Werk, das zum Teil den Kindern der vom Faschismus überfallenen Spanischen Republik gewidmet ist, gibt sie von einem religiösen Ideal der menschlichen Erfüllung aus erneut ihrer Sehnsucht nach Mutterschaft, der Liebe zum Kinde und dem Empfinden für die Armen und Unterdrückten Ausdruck. Im Dezember 1938 kehrte M. auf den südamerikanischen Kontinent zurück, hauptsächlich aus politischen Gründen, denn sie hatte sich beim faschistischen Regime in Spanien unbeliebt gemacht, weil sie den Erlös aus dem Gedichtband „Kahlschlag" den Waisenkindern des Spanischen Bürgerkrieges zur Verfügung gestellt hatte.

Seit 1940 stand M. auf den Vorschlagslisten verschiedener philosophischer Fakultäten, Literaturgesellschaften und Kulturinstitute für den Nobelpreis, und auch ein Antrag der chilenischen Regierung wurde nach dem Ausbruch des Zweiten Weltkrieges nicht weiterbearbeitet. In der Heimat war der Jubel natürlich groß, als der Literatur-Nobelpreis 1945 zum ersten Mal nach Südamerika ging. Anfang der fünfziger Jahre setzte sich M. als chilenische Delegierte vor der UN-Kommission für die Rechte der Frauen und Kinder ein. Sie arbeitete außerdem als Direktorin des südamerikanischen Zweiges des Kinderhilfswerkes UNICEF und war Beauftragte der UNESCO. 1954 erschien ihr letzter Gedichtband unter dem Titel „Die Kelter". Die alten Wahlverwandtschaften mit der modernistischen Schule sind hier gänzlich gemildert und abgeschwächt. Neben Gedichten über privates Leid, Unrecht und den Krieg finden sich darin auch einige ihrer schönsten Naturgedichte. Im Jahr des Erscheinens von „Die Kelter" besuchte M. ein letztes Mal ihre chilenische Heimat, aus gesundheitlichen Gründen hatte sie sich in Roslyn Harbour auf Long Island bei New York niedergelassen, und der berühmten Dichterin und Diplomatin wurde ein triumphaler Empfang geboten.

Am 10. Januar 1957 starb sie im Krankenhaus von Hampstead an Bauchspeicheldrüsenkrebs. Sie erhielt dann eine letzte Ruhestätte im Mausoleum in Monte Grande.

Mommsen, Theodor – deutscher Althistoriker und Jurist

geb. 30.11.1817 in Garding (Schleswig)

gest. 1.11.1903 in Berlin-Charlottenburg

Nobelpreis 1902, dem gegenwärtig größten lebenden Meister der historischen Darstellungskunst, mit besonderer Berücksichtigung seines monumentalen Werkes „Römische Geschichte".

M., Sohn eines Pfarrers, erhielt auf dem Gymnasium in Altona eine solide philologische Bildung und studierte dann von 1838 bis 1843 in Kiel Jura und Philologie. Bereits während seines Jurastudiums beschäftigte er sich mit antiker Rechtsgeschichte, und er erweiterte seine

Kenntnisse durch epigraphische und archäologische Studien von 1844 bis 1847 in Frankreich und Italien. In Italien legte M. die Grundlagen zu den „Inscriptiones Regni Neapolitani Latinae" (1852). Nach dem politisch-journalistischen Zwischenspiel bei der „Schleswig-Holsteinischen Zeitung" in Rendsburg erhielt er im Herbst 1848 eine Berufung als außerordentlicher Professor für Römisches Recht an die Universität Leipzig. Auch hier wandte er sich öffentlich gegen Feudalabsolutismus und Partikularismus und unterstützte den Dresdner Maiaufstand von 1849. Er wurde deshalb im Oktober 1850 zu neun Monaten Gefängnis verurteilt (in zweiter Instanz freigesprochen) und verlor im folgenden Jahr wegen seiner liberal-demokratischen Einstellung seinen Lehrauftrag.

1852 wurde M. als Professor für Römisches Recht an die Universität Zürich berufen, und von 1854 bis 1858 wirkte er als Professor an der Universität Breslau. 1858 wurde er nach langjährigen heftigen Auseinandersetzungen zum Mitglied der Preußischen Akademie der Wissenschaften und Leiter des „Corpus Inscriptionum Latinarum" nach Berlin berufen, wo er 1861 das Ordinariat für Römische Geschichte erhielt, das er bis 1887 innehatte. Bei Gründung der Fortschrittspartei 1861 schloß sich M. dieser Partei an und wurde 1863 für Halle in das Preußische Abgeordnetenhaus gewählt, dem er bis 1867 und von 1873 bis 1882 angehörte. Nach der Spaltung der Partei folgte er den Nationalliberalen bis Anfang der 80er Jahre. Von 1881 bis 1884 gehörte M. dem Deutschen Reichstag als liberaler Sezessionist an und unterstützte auch weiterhin die Freisinnige Partei in Reden und Aufsätzen. In Schülerschaft zu B. Borghesi wurde M. der Begründer der wissenschaftlichen Epigraphik; in zähem Kampf rang er der Preußischen Akademie das umfassende, die Alte Geschichte auf völlig neue Bahnen lenkende „Corpus Inscriptionum Latinarum" ab, das er bis in die letzten Einzelheiten hinein redigierte und dessen Bände I, III, V, IX und X er teilweise oder ganz editierte.

M. war einer der bedeutendsten Philologen des 19. Jahrhunderts. Seine Hauptarbeit galt der Erforschung des römischen Altertums aus der Sicht des Rechtsgelehrten unter betonter Heranziehung der Münz- und Inschriftenkunde. Mit unerhörtem Fleiß und stärkster Einfühlungsgabe in historische Zusammenhänge hat er eine Anzahl von Standardwerken über Römische Geschichte, Römisches Staatsrecht, Römisches Strafrecht und verwandte Themen geschrieben und das Bild des klassischen römischen Altertums für die kommenden Generationen und ihre Forschung in bahnbrechender Weise ungemein bereichert. Wer die ersten sechs Jahrhunderte nach Christus verstehen will, baut weitgehend auf M.s Forschungen.

Für M.s allgemeine Wirkung wurde seine Römische Geschichte (1852/54) entscheidend, die in drei Bänden von den Anfängen Roms bis zur Schlacht bei Thapsus (46 v. Chr.) führte, mit der er das Ende der Republik datierte. In der systematischen, aber anschaulichen Darstellung vom Aufstieg und Niedergang Roms versuchte M. seine Leser unter Bezugnahme auf die Gegenwart in den Denkprozeß einzubeziehen. Eine Geschichte der römischen Provinzen fügte er 1885 als Band 5 hinzu, während die Darstellung der Kaiserzeit unterblieb: Da M. keine bornierte Hofgeschichte vorlegen wollte, weil sie das Wesen der Kaiserzeit nicht erschlossen hätte, bedurfte es noch umfangreicher Vorarbeiten, an denen er selbst maßgeblichen Anteil hatte. Zwischen 1871 und 1888 schrieb er seine drei Bände „Römisches Staatsrecht". Er schuf damit die bisher einzige befriedigende juristisch-systematische Erfassung des römischen Staates von der Königszeit bis Diocletian (römischer Kaiser, 284–305). Dasselbe gilt für das „Römische Strafrecht" (1899), für das M. ebenfalls erst das System geschaffen hatte. Keiner beherrschte die Materien wie er.

Er schrieb ferner: „Die römische Chronologie bis auf Cäsar" (1858); „Geschichte des römischen Münzwesens" (1860) und „Römische Forschungen" (2 Bände, 1864/1879). M. war von 1874 bis 1895 ständiger Sekretär der Philosophisch-historischen Klasse der Preußischen Akademie der Wissenschaften. Außer den genannten Werken schrieb er eine große Anzahl weiterer historischer, epigraphischer, numismatischer, rechtsgeschichtlicher und philologischer Arbeiten. Er edierte wichtige spätantike Autoren, besonders Cassiodor, Jordanes, Eugippius, die spätantiken Chroniken (Monumenta Germaniae Historica), die Digesten (Teil des Corpus Iuris Civilis, Sammlung des römischen Rechts), den „Codex Theodosianus". M.s Arbeiten setzten vielfach völlig neue Maßstäbe und verschafften ihm in der gesamten wissenschaftlichen Welt großes Ansehen.

Die Nobelpreisverleihung an M. wurde vom Nobelkomitee mit dem Hinweis auf seine hervorragende und schöpferische Darstellung alter und von ihm neu erforschter Erkenntnisse gerechtfertigt.

Montale, Eugenio – italienischer Lyriker
geb. 12.10.1896 in Genua
gest. 12.9.1981 in Mailand
Nobelpreis 1975, für seine besondere geprägte Dichtung, welche mit großer künstlerischer Feinfühligkeit menschliche Werte als Ausdruck einer illusionsfreien Lebensanschauung deutet.

M., Sohn eines Großhändlers, verbrachte seine Kindheit und Jugendzeit unbeschwert an der ligurischen Küste. Er studierte Literaturwissenschaft, nahm am Ersten Weltkrieg teil und widmete sich dann Gesangsstudien. Im Jahre 1922 gründete M. zusammen mit dem Kritiker G. Debendetti und dem Dichter S. Solmi eine Literaturzeitschrift, die erste von vielen bedeutenden, an denen er später mitgearbeitet hat. Seit 1927 lebte M. in Florenz, wo er zunächst als Verlagsangestellter, dann als Verlagslektor und ab 1929 als Leiter eines wissenschaftlich-literarischen Kabinetts tätig war. 1938 verlor er seine Stellung als Bibliothekar an der Bibliothek Vieusseux in Florenz, weil er sich weigerte, der Partei beizutreten. Er erlebte den Krieg und die Befreiung vom Faschismus in Florenz und wurde dann Mitglied der antifaschistischen Partito d'Azione. 1948 siedelte M. nach Mailand über und schrieb für die Zeitung „Corriere della Sera“ Literatur- und Musikkritiken, Reiseberichte und Kurzgeschichten. Seit 1967 war er Senator auf Lebenszeit.

M. war einer der Hauptvertreter der italienischen Lyrik des 20. Jahrhunderts. Den geographischen Hintergrund seiner Dichtung bildet bereits in seiner ersten bedeutenden Sammlung „Tintenfischknochen“ (Gedichte, 1925) die heimatliche Landschaft der ligurischen Küste, deren Meereseinsamkeit und subtropisch-üppige Natur jedoch der philosophischen Aussage untergeordnet wird: der existentiellen Lebensangst und dem schicksalhaften Sichselbstüberlassensein des einzelnen Menschen. Seine Kunst, das Episodische seiner Geschichten ganz und gar auszuschöpfen, ohne Furcht, ihrer Stimmung zu verfallen, vereint sich mit der meisterhaften Sicherheit, mit der er jedesmal wieder auf den Horizont weist, mit der er zwei Welten von Erfahrungen und Lebenshaltungen in eine den Leser bereichernde, ihn aktivierende Beziehung setzt. Erst 1939 erschien M.s zweiter Gedichtband „Die Gelegenheiten“. Während die Verse der „Tintenfischknochen“ an die mythischen Orte und in die zeitlose Einmaligkeit seiner Kindheit verlegt waren, fällt nun die Konkretisierung des Raums und der Epoche auf. Einige Gedichte wenden sich wenigstens zum Teil an namhaft erwähnte und angeredete Frauen („Dora Markus“).

In den Gedichten „Nach Finisterre“ (1943) schildert er die verzweifelte Situation des Individuums im faschistischen Italien. Für einen deutschsprachigen Leser ist es nicht immer leicht, die Faszination nachzuvollziehen, die von M.s unaufdringlicher Lyrik ausging. Doch die langen Jahre seines Neins zum Faschismus waren die Epoche seines Lebens, in der er durch seine Dichtung und seine politische Haltung etwas wie Solidarität um sich geschaffen hatte. Als M. 1957 mit den konkret auf die Kriegsjahre anspielenden Gedichten „Der Sturm und anderes“ seinem lyrischen Werk einen dritten Band hinzufügte, war die Reaktion der Kritik zunächst eher verlegen. Aber die neue italienische Kritik schickte sich bald an, sorgfältige Mikroanalysen an M.s Werk vorzunehmen. Sprachlich zeichnet sich seine Dichtung durch äußere Konkretheit in der Beschreibung der Landschaften, Bäume, Pflanzen usw. aus, die als Symbole seiner Metaphysik dienen. Denselben Motiven wie die Lyrik ist die Sammlung von Kurzprosa („Die Straußenfeder“, 1956, und „Schmetterlinge von Dinard“, 1957) gewidmet. Die Lyrik und die Prosa des Bandes „Schmetterlinge von Dinard“ erscheinen heute wie zwei Wege, die dasselbe Ziel anstreben, doch auf unterschiedliche Weise: der eine mit der hochgespannten Unerbittlichkeit und Verknappung der M.schen Poesie, der andere mit der ironisch-philosophischen Gelassenheit eines Berichterstatters.

M.s späte Zyklen („Satura“, 1971, und „Tagebuch von 1971 und 1972“) und „Vierjahresheft“ (1977) haben nicht mehr die auf einen Canzoniere hin tendierende Struktur der früheren Werke. Sie sind ein Gemengsel, aber auch eine dramatische Farce aus dem Stegreif, eine Gedichtsammlung vermischten Inhalts, eine Satire. Seine Rede bei der Übergabe des Nobelpreises brachte nicht nur sein tiefverwurzeltes Mißtrauen gegenüber politischer Wirksamkeit von Dichtung zum Ausdruck, sie war auch eine Absage an ihre Verbreitung über Massenmedien und jede Art von technischen Multiplikatoren. Er distanzierte sich von allen, die sich den neuen Entwicklungen anpassen und Poesie über akustische und visuelle Apparate zu vermitteln suchen. Als Kritiker hat sich M. durch die Förderung schriftstellerischer Talente verdient gemacht, auch ist ihm die Wiederentdeckung Svevos zu verdanken. Italo Svevo (1861–1928) hatte mit seinen psychoanalytischen Werken zunächst keinen Erfolg und wurde erst nach 1926 durch J. Joyce, V. Larbaud und M. bekannt gemacht.

Weitere Werke: „14 Xenien“ (1966); „Autodafe“ (1966); „Die zweite Manier Marmeladovs“ (1971); „In unserer Zeit“ (1973).

Morrison, Toni – amerikanische Schriftstellerin

geb. 18.2.1931 in Lorain (Ohio)

Nobelpreis 1993, für ihre durch visionäre Kraft und poetische Prägnanz geprägte Romankunst.

M., zweites von vier Kindern eines schwarzen Arbeiterehepaares, wurde als Chloe Anthony Wofford geboren. Sie besuchte die örtlichen Schulen und studierte ab 1949 Literatur an der Howard University in Washington, wo sie 1953 zum Bachelor of Arts graduierte. Sie wechselte dann an die renommierte Cornell University in Ithaca und erwarb hier 1955 den Master of Arts. Von 1955 bis 1957 unterrichtete sie Literaturwissenschaft an der Texas Southern University, danach wirkte sie bis 1964 als Dozentin an der Howard University. Nach der Heirat mit dem jamaikanischen Architekten H. Morrison, der Geburt von zwei Söhnen und Scheidung kehrte sie 1964 in ihre Heimatstadt zurück. Ab Mitte der 60er Jahre arbeitete M. als Lektorin und Kritikerin beim New Yorker Verlag Random House, wo sie vornehmlich für Literatur von Schwarzen zuständig war. Daneben engagierte sie sich in der Bürgerrechtsbewegung. Sie setzte sich für eine schwarze Ästhetik in Kunst und Literatur ein, die sich nicht an den von Weißen vorgegebenen Werten orientierte.

Während ihrer Lehrtätigkeit in Washington begann M. kleinere Erzählungen zu schreiben, aus denen schließlich ihr erster Roman „Sehr blaue Augen“ (1970) entstand. Im Mittelpunkt ihres preisgekrönten Romans stehen die Träume, Ängste und schließlich Zerstörung eines elfjährigen schwarzen Mädchens in der von Armut und Gewalt geprägten Atmosphäre der 40er Jahre. Der Roman wendet sich gegen ein von Weißen bestimmtes Schönheitsideal und gegen das Aussehen als Wertmaßstab für eine Frau. In ihrem zweiten Roman „Sula“ (1974) erzählt M. von der eigenwillig-radikalen Suche einer jungen Afroamerikanerin nach Glück, Freiheit und Selbstverwirklichung, die in tragischer Einsamkeit endet. Wie in allen ihren Romanen zeigte M. zum einen die bedrängte soziale Lage der Schwarzen in den USA, zum anderen galt ihr Augenmerk speziell der Situation der schwarzen Frau.

Der literarische Durchbruch gelang ihr 1977 mit der Familiensaga „Solomons Lied", der erfolgreiche Roman wurde mit dem Book Critics Circle Award ausgezeichnet. Der Protagonist Milkman erkundet auf der Suche nach seiner Bestimmung die Geschichte seiner Familie, die er bis in die Zeit der Sklaverei zurückverfolgt. Erst als er sich von den kulturellen und materiellen Werten der Weißen löst und sich als Angehöriger des schwarzen Volkes mit seiner eigenen Geschichte und Kultur begreift, findet er seine Identität. Der Roman vermittelt in reizvoller Verflechtung von Mythos und realistischer Alltagsgestaltung, von biblischer Überlieferung und Folklore ein Bild vom Leben der schwarzen Amerikaner im 20. Jahrhundert. Ihr vierter Roman „Teerbaby" (1981) führt zunächst auf eine Insel in der Karibik und erzählt die Geschichte von der scheiternden Liebe zwischen einem weitgereisten Fotomodell und einem Mann, der ganz in der ländlich-traditionellen Gemeinschaft der Insel verwurzelt ist.

1983 folgte M. einem Ruf auf den Albert-Schweitzer-Lehrstuhl der State University of New York in Albany, wo sie talentierte Nachwuchsschriftsteller unterrichtete. 1987 erschien „Menschenkind", die Geschichte der Sklavin Sethe. Der im zweiten Drittel des 19. Jahrhunderts angesiedelte Roman erzählt von der schwarzen Sklavin Sethe, die – von ihrem Mann verlassen und auf der Flucht in die Freiheit – versucht, ihre vier Kinder zu töten, um diese vor der Sklaverei zu retten. Es gelingt ihr bei dem jüngsten Kind, ihrer zweijährigen Tochter. Aus dem Gefängnis entlassen, läßt sie in deren Grabstein die Inschrift „Beloved" (Menschenkind) anbringen und siedelt mit ihren anderen drei Kindern in ein Haus in der Nähe von Cincinnati. Nachdem ihre beiden Söhne weggelaufen waren, lebt sie allein mit ihrer Tochter Denver, von der schwarzen Gemeinde als Kindesmörderin gemieden, als eines Tages eine junge Frau an der Türschwelle sitzt, die sich „Beloved" nennt – ob wirklich oder als Illusion, bleibt unklar – und in der Sethe ihre Tochter wiedergefunden glaubt. Als „Beloved" erneut spurlos verschwindet und ihr Verlust Sethe an den Rand des Wahnsinns bringt, sorgt diesmal die schwarze Gemeinde für den nötigen Rückhalt. Durch die Solidarität der Schwarzen findet sie einen Weg aus ihrem Leid.

M. verband virtuos literarische Techniken der Moderne mit traditionellen Erzählformen der Schwarzen. Schonungslos zeigte sie die Verbrechen der Sklaverei und verzichtete auf Beschönigungen zum Schutz der Weißen. Damit rief sie die verdrängte Geschichte der Schwarzen ins öffentliche Bewußtsein zurück. Für „Menschenkind" wurde sie 1988 mit dem Pulitzerpreis ausgezeichnet. Seit 1989 ist M. Professorin für Geisteswissenschaften an der Princeton-Universität in New Jersey. In dem Roman „Jazz" (1992) beschreibt sie ein seltsames Ehepaar im Harlem der 20er Jahre, das nach dem Mord des Mannes an seiner jungen Geliebten allmählich, im Rhythmus der Jazzmusik der Straßen, wieder zueinanderfindet.

Seit fast 25 Jahren schreibt M. an einer Geschichte des schwarzen Amerika. Es ist eine Geschichte „von unten", aus der Sicht der Sklaven und ihrer Nachfahren, der Erben von Verletzungen und Demütigungen, aber auch der Stärken einer schwarzen Identität. Amerika hat, so M., „stets den Gedächtnisverlust vorgezogen". Gegen dieses Vergessen setzt sie ihre Prosa: energisch und sensibel, rhythmisch und voll kraftvoller Phantasie. Keine Spur von Selbstmitleid findet sich in ihren Werken. Mit ihrem Engagement steht sie in einer Reihe mit Nadine Gordimer, der Literatur-Nobelpreisträgerin von 1991, die sich mit ihren Romanen zur Rassenproblematik in Südafrika in den Literatur-Olymp schrieb.

In den USA gilt M. als „die wohl letzte klassische amerikanische Erzählerin und Schriftstellerin" in der Tradition glanzvoller Erzähler wie Edgar Allen Poe, Herman Melville oder William Harrison Faulkner. M. erhielt als erste Afroamerikanerin den Literatur-Nobelpreis.

Neruda, Pablo (eigentlich Ricardo Eliezer Neftali Reyes Basoalto) – chilenischer Lyriker
geb. 12.7.1904 in Parral/Zentralchile
gest. 23.9.1973 in Santiago de Chile
Nobelpreis 1971, für eine Poesie, die mit der Wirkung einer Naturkraft Schicksal und Träume eines Kontinents lebendig macht.

N. verbrachte seine Kindheit in Südchile. In dieser Kindheit, die für ihn der unerschöpfliche Ort des materiellen Ursprungs war, erfüllte sich die widersprüchliche Eingliederung des erwachenden poetischen Bewußtseins in die Welt der Materien. Das unmittelbare Erleben der elementaren Naturgewalten, das hellwache Erforschen des Urwalddickichts, das Zusammentragen seiner eigenen Welt aus Insekten, Steinen, Blüten und bald auch Büchern, wurde von N. immer als wesentlich für seine Dichtung empfunden.

1921 nahm er ein Lehrerstudium in Santiago auf, das er aber nicht zu Ende führte. 1927 begann er eine diplomatische Laufbahn und lebte als Konsul ad honorem seines Landes fünf Jahre in Rangun, in Ceylon, in Batavia, bereiste Indien, Indochina und Japan. Er ging 1934 nach Barcelona und 1935 nach Madrid. Wegen seines Eintretens für die spanische Republik wurde er von der Regierung seines Postens als Konsul enthoben. Er ging nach Paris, wo er zusammen mit Cesar Vallejo das „lateinamerikanische Komitee zur Hilfe für Spanien" gründete.

Im September 1937 kehrte N. nach Chile zurück und wurde 1939 von der neuen chilenischen Regierung der Volksfront zum Konsul für die spanische Emigration in Paris ernannt. Von 1940 bis 1943 war er Generalkonsul in Mexiko, wurde aber dann wegen offenen antifaschistischen Auftretens seines Amtes enthoben. 1945 wird N. zum Senator gewählt, und im Juli des gleichen Jahres tritt er in die Kommunistische Partei Chiles ein. Als er 1947 gegen den neuen Präsidenten Gonzales Videla, der entgegen allen Wahlversprechungen die demokratische Verfassung verletzte, auftrat, wurde ein Haftbefehl gegen ihn erlassen und ein Kopfgeld auf seine Person ausgesetzt. Von nun an mußte er im Untergrund leben, bis ihm 1949 die Flucht ins Ausland gelang.

Im August 1952 kehrte N. nach Chile zurück und entfaltete von hier aus eine rege kulturpolitische Aktivität. Er wurde Mitglied des Zentralkomitees der Kommunistischen Partei Chiles. Zwölf Tage nach dem Sturz der Allende-Regierung erlag N. einer Krankheit.

Auf der Grundlage einer aufgeschlossenen, sinnenfrohen und leidenschaftlichen Lebenshaltung ist N.s betont kommunikatives lyrisches Schaffen von Anfang an ein Versuch, Mensch und Welt poetisch zu ergründen und in Übereinstimmung zu bringen, ein Versuch, der davon ausgeht, daß jeder einzelne Mensch für alle steht, handeln kann und muß. Sein erster Schritt auf der Suche nach diesem Ideal ist der Gedichtband „Buch der Dämmerungen" (1923). Bereits der Band „Zwanzig Liebesgedichte und ein Lied der Verzweiflung" (1924) zeigt die volle Herausbildung eines eigenen Stils und ist geprägt von dem Streben nach echter, diesseitiger Erfüllung des menschlichen Lebens, deren Unerreichbarkeit durch einen Anflug von Melancholie und die dialektische Anreihung des Liedes der Verzweiflung zum Ausdruck kommt. Während seiner Tätigkeit als Konsul in einigen Ländern Asiens, die er die „schmerzlichste Epoche" seiner Dichtung nennt, schrieb N. aus dem Gefühl trostloser Vereinsamung heraus die gesammelten Gedichte „Aufenthalt auf Erden" (1933).

Die entscheidende Wende in N.s Leben und Werk brachte das Erlebnis des Spanischen Freiheitskampfes. In „Spanien im Herzen" (1937/38) solidarisiert er sich mit dem spanischen Volk und dessen heldenhaftem Kampf. Unter dem Eindruck des sich seit 1936 in der Volksfrontbewegung mächtig entfaltenden Kampfes des chilenischen Volkes hatte N. bereits 1938 begonnen, mit „Großer Gesang auf Chile" ein umfassendes episches Gedicht auf die Größe Chiles zu schreiben. Der „Große Gesang" hebt die Geburt eines Kontinents ins historische Bewußtsein. Mit dem zum größten Teil 1948/49 in der Illegalität entstandenen „Großen Gesang" leistete N. einen entscheidenden Beitrag zu einer gesamtlateinamerikanischen Dichtung. Den Gedanken des politischen Kampfes in seiner Beziehung zur Lebenserfüllung und zum Charakter des chilenischen Volkes konkretisiert und vertieft er in Gedichten. Mit ihnen unternimmt N. den Aufbau einer Welt, in der zu leben es möglich und wünschenswert ist.

Die literarisch produktive Auseinandersetzung des Dichters mit neuen geschichtlichen Erfahrungen erscheint erstmals in dem „Extravaganzenbrevier" von 1958. In diesem Buch finden wir bei N. Ironie und bitterernsten Humor dem eigenen Ich gegenüber. Eine andere Reihe von Büchern, so „Heldenepos" (1960), ein Lobgesang auf die kubanische Revolution, „Chiles Steine", die „Zeremoniellen Gesänge", die Picasso illustriert hat, führen zum Buch „Vollmachten", in dem N.s Dichtung der des 1938 gestorbenen peruanischen Dichters Cesar Vallejo begegnet, der zu diesem Zeitpunkt der große Meister der neuen Dichtung des lateinamerikanischen Kontinents geworden ist. Als N. sein sechzigstes Lebensjahr erreichte, unternahm er einen der bedeutsamsten Versuche der neueren Dichtung unserer Zeit: die poetische Autobiographie in fünf Bänden, „Memorial von Isla Negra". 1962 hatte N. einen Teil seiner Lebenserinnerungen unter dem Titel „Die Leben des Dichters. Memoiren und Erinnerungen" veröffentlicht. Der neue poetische Versuch besteht nicht nur darin, das Wunder des Eingegliedertseins des eigenen poetischen Bewußtseins in die materielle und geschichtliche Welt zu entziffern, denn das Gelebte und das Verlorene auf der Grundlage ihrer materiellen Erinnerung wiedereinzufordern hat ihm das Gedicht schon immer erlaubt. Der Lebensfaden, der das „Memorial von Isla Negra" durchzieht, ist darüber hinaus unlösbar mit der Gegenwart verknüpft.

Sein internationaler Ruf als Lyriker und das politische Engagement sowie die Solidarität mit den von der Diktatur A. Pinochet Unterdrückten machten N. zur Kultfigur der Linken, aber auch zum Gegenstand allgemeiner nationaler Verehrung.

Weitere Werke: „Der Bewohner und seine Hoffnung", „Glanz und Tod des Josquin Murieta" (1967); „Die getrennte Rose" (1973); „Wintergarten" (1973); „Das gelbe Herz" (1973); „Buch der Fragen" (1973); „Das Meer und die Glocken" (1973).

Oe, Kenzaburo – japanischer Romancier und Essayist

geb. 31.1.1935 im Dorf Ose auf der Südinsel Shikoku

Nobelpreis 1994, für sein Werk, das mit poetischer Kraft eine imaginäre Welt geschaffen hat, in der Leben und Mythos zu einem erschütternden Bild der Lage des Menschen in der Gegenwart verdichtet werden.

O., drittes von sieben Kindern einer alteingesessenen Grundbesitzerfamilie, studierte von 1954 bis 1959 Französische Literatur an der Tokyo-Universität. Großen Einfluß hatte dabei der französische Existentialismus, mit dem er sich in seinem Studium intensiv auseinandersetzte. Über Jean-Paul Sartre, den er auch persönlich kennenlernte, schrieb er seine Examensarbeit. In den 50er Jahren beteiligte sich O. an der radikalen Studentenbewegung in seiner Heimat. Er profilierte sich bereits als Student durch erste literarische Versuche, die früh Anerkennung fanden.

Die historischen Erfahrungen des Zweiten Weltkrieges und der persönliche Schicksalsschlag, einen sprachbehinderten Sohn bekommen zu haben, prägten O.s eigenwilligen Weg als Schriftsteller, der mit japanischen Traditionen wie Harmonie und Perfektion brach. In drastischer Sprache, die auch vor Obszönem nicht haltmachte, verfaßte er mehr als 20 Romane und Erzählungen. „Mein Stil machte mich zu einem schwarzen Schaf unter den heiligen Großmeistern wie Tanizaki, Kawabata und Mishima", bestimmte O. einmal selbst seinen Standort in der japanischen Literatur. In seinen frühen Werken setzt er sich mit der Kapitulation Japans im Zweiten Weltkrieg und der sich anschließenden Phase der Desorientierung in der Bevölkerung auseinander.

Berühmt geworden ist eine seiner ersten Erzählungen mit dem Titel „Der Fang" (1958), die ihm die renommierteste Auszeichnung in der literarischen Welt

Japans, den Akutagawa-Preis, eintrug und ihn schlagartig bekannt werden ließ. „Der Fang" spielt wie viele seiner Werke in einem von Wald umgebenen Dorf auf Shikoku, einer der südlichen Hauptinseln Japans. Im Sommer des Jahres 1945 stürzt ein amerikanisches Flugzeug in der Nähe des Dorfes ab, und die Männer nehmen den einzigen Überlebenden, einen schwarzen Flieger, gefangen. Für die Kinder des Dorfes bedeutet die Anwesenheit des schwarzen Soldaten eine ständige Anregung ihrer Phantasie und Neugierde. Doch dann folgen tragische Begebenheiten, die mit der Tötung des Soldaten enden. In seinem ersten Roman „Knospen abreißen, Lämmer/Kinder erschießen" (1958) erweitert O. die Thematik von „Der Fang". Wieder steht eine Gruppe von Kindern und Jugendlichen im Mittelpunkt, es sind evakuierte Jungen aus einer Erziehungsanstalt, mit denen die Dorfbewohner in ihrer Wohlanständigkeit nichts zu schaffen haben wollen. Er zeigt in diesen Beispielen Gefangensein, Entfremdung und Verlust von Freiheit und Würde gegen einen historischen Hintergrund: das Ende des Pazifischen Krieges. Es sind sowohl die allgemein menschlichen Aspekte wie Demütigung, Verrat, Selbstzweifel und Heuchelei als auch die politischen Implikationen des Geschehens, die O. in Erzählungen, Romanen und Essays immer wieder aufrollt; doch hat ihm diese Hartnäckigkeit in Japan auch viel Kritik eingebracht, gegen die er sich in dem Essayband „Feierlicher Seiltanz" (1965) heftig zur Wehr setzt.

Den Romanen „Unser Zeitalter" (1959), der sehr persönliche Erfahrungen behandelt, „Siebzehn" (1961), „Schreie" (1962) und „Ein sexueller Mensch" (1963), in denen detaillierte Beschreibungen des Sexuellen als eine Form des Protestes eingesetzt werden, folgte ein erster Gipfelpunkt im Schaffen O.s mit dem Roman „Eine persönliche Erfahrung" (1964), in dem er die Erfahrungen aus der Geburt seines sprachbehinderten Sohnes verarbeitete. Nicht als Brückenbauer, sondern eher als Überwinder herkömmlicher japanischer Literatur kann O. denn auch gelten, der nach eigenen Angaben von westlichen Autoren und abendländischen Denkern beeinflußt wurde. Die eigene Geschichte und die Geschichte Japans verknüpft O. in dem vielgelobten Roman „Die Brüder Nedokoro" (1967), der in einer anderen Auflage auch unter dem Titel „Der stumme Schrei" erschienen ist. Darin läßt der Schriftsteller seinen Protagonisten keine Chance für die Zukunft. Es wirkt wie eine heute besonders aktuelle Absage an alle Ideologien in Ost und West, zugleich aber als ein Appell, sich dennoch der Existenz zu stellen. In den Erzählungen „Lehr uns, wie wir unseren Wahnsinn überleben können" (1969) und „Der Tag, an dem er selbst meine Tränen abwischt" (1971) behandelt O. die Beziehungen zwischen Vater und Sohn. Parallel zum erzählerischen Werk entstanden umfangreiche essayistische Arbeiten über literarische und zeitkritische Themen.

Gleichsam als eine Synthese seines bisherigen Schaffens gilt der Roman „Die Flut erreicht meine Seele" (1973), in dem er die apokalyptische Vision eines vernichtenden Atomkriegs beschwört. Tragikomische Untertöne klingen in dem Roman „Protokoll eines Baseballspielers" (1976) an, der über den Unfall in einem Atomkraftwerk berichtet. Von der Sehnsucht des Menschen nach Kommunikation handelt der in einem utopischen Mikrokosmos angesiedelte Roman „Spiele unseres Zeitalters" (1979). Eine neue Schaffensphase O.s scheint sich mit der Gruppe der „Regenbaum"-Geschichten anzukündigen, einem Zyklus von fünf Erzählungen, die 1982 in einer Buchausgabe unter dem Titel „Die Frauen, die dem Regenbaum lauschen" zusammengefaßt wurden. In diesem fesselnd dargebotenen, von Humor und Selbstironie durchzogenen Werk entfaltet O. erneut seine große literarische Meisterschaft, die ihn zu einem der bedeutendsten Autoren der modernen japanischen Literatur werden ließ. Sein Rang in der japanischen Literaturgeschichte seit dem Zweiten Weltkrieg ist in Japan unumstritten.

O. ist der zweite Japaner, der den Literatur-Nobelpreis erhielt. Vor ihm war bereits 1968 J. Kawabata ausgezeichnet worden.

Weitere Werke: „Spring, bevor du schaust" (1958); „Die Ferien eines einsamen jungen Mannes" (1960); „Verspätete Jugend" (1962); „Agui, das Himmelsungeheuer" (1964); „Lehr uns, wie wir unseren Wahnsinn überleben können" (1969); „Der Mensch als Zerbrochenes – Die Finsternis jenseits der Schrift" (1970); „Die Phantasie im Atomzeitalter" (1970); „Der Mensch nach der Atombombe" (1971); „Der Tag, an dem die Wale sterben" (1972); „Das Pinchrunner Memorandum" (1976); „Der kluge Regenbaum" (1988).

O'Neill, Eugene Gladstone – amerikanischer Dramatiker

geb. 16.10.1888 in New York

gest. 27.11.1953 in Boston

Nobelpreis 1936, für seine von vitaler Kraft, Wahrhaftigkeit und starkem Gefühl erfüllten dramatischen Werke, die von seiner originellen Auffassung der Tragödie geprägt sind.

O'N., Kind eines irischen Schauspielerehepaares, wuchs in der unruhigen Atmosphäre einer vom Terminkalender der elterlichen Tourneen diktierten Heimatlosigkeit auf und genoß, wenn die Umstände sich günstig fügten, eine von der Isolierung privater Schulen geprägte Erziehung. 1906 machte er einen kurzen erfolglosen Versuch, sich an der Universität Princeton in den regulären Bildungsgang einzureihen, brach aber bald wieder aus dem geordneten akademischen Unterricht aus. Zur Zeit seiner ersten Ehe hat er in verschiedenen Gelegenheitsberufen gearbeitet. Vergeblich suchte er sein Glück als Seefahrer, Goldsucher in Manila und Mitglied der Schauspieltruppe seines Vaters. Ohne Lebensperspektive unternahm O'N. 1911 einen Selbstmordversuch, wurde jedoch gerettet und heuerte erneut auf einem Schiff an. 1912 erkrankte er an Tuberkulose, und während des Sanatoriumaufenthaltes las er Werke von H. Ibsen, F. Nietzsche und A. Strindberg und schrieb erste Einakter.

Ab 1914 belegte O'N. Dramaturgievorlesungen an der Harvard-Universität. Er bemühte sich, in die Theorie und Praxis des Stückeschreibens einzudringen. 1916 schloß er sich dem experimentellen Theater „Provincetown Players" an, und in einem zum Werfttheater umgebauten alten Fischlagerschuppen spielten die Laienkünstler das erste Stück O'N.s, das je aufgeführt wurde. Es folgten weitere, sogenannte Seestücke, wie „Die weite Heimreise" (1917) und „Unter karibischem Mond" (1918), in denen das Meer teils Stimmungskontrast, teils Ursache für menschliches Leid, Elend und Leidenschaft ist. In den folgenden Jahren wandte er sich weitergefaßten sozialen Problemen zu, die er mit philosophischen, psychologischen und religiös-mystischen Fragestellungen verband. Sensible und wache Sozialkritik, ein Hang zum Fatalismus und tiefe Sehnsucht nach Veränderung der beklagten Verhältnisse mischen sich auf eigenwillige Weise.

Sein Monodrama „Kaiser Jones" (1920) sorgte für eine Sensation: Erstmals stand ein Schwarzer im Zentrum des Bühnengeschehens, das in derber Alltagssprache geschildert wird. In dem Dreiakter „Anna Christie" (1921) griff O'N. auf seine Erfahrungen als Seemann zurück. Für das dem Realismus verpflichtete Stück erhielt er 1922 zum zweiten Mal den Pulitzerpreis (erstmals 1920, außerdem 1928 und 1940). Bis 1922 haben die Provincetown Players alle frühen Stücke von O'N. aufgeführt, zunächst in Provincetown und später, als sich der Erfolg einstellte, in New York. In dem im Großstadtdschungel Manhattans spielenden Drama „Alle Kinder Gottes haben Flügel" (1924) gestaltet O'N., beeinflußt durch tiefenpsychologische Theorien, die komplizierte Problematik der Beziehungen zwischen einem schwarzen Mann und seiner weißen Frau. Kennzeichnend für die Rastlosigkeit, mit der es ihn umtrieb, ist die große Zahl seiner Wohnorte, an denen er durch den Kauf weiträumiger Häuser jene Seßhaftigkeit und Ruhe zu erwerben trachtete, die ihm schon in seiner elterlichen Familie so sehr gefehlt hatten und die ihm für seine schöpferische Arbeit unerläßlich waren.

Den Jahren, in denen er in der Seewachtstation Peaked Hill auf Cape Cod seine ersten Stücke schrieb, folgte Mitte der 20er Jahre die Zeit, da er auf der Brook Farm in Ridgefield (Connecticut) „Gier unter Ulmen" (1924) und auf den Bermudainseln „Lazarus lacht" (1925) und „Seltsames Zwischenspiel" (1926) abschloß. „Gier unter Ulmen" markiert einen Höhepunkt im Schaffen O'N.s, durch des Autors Blick für die typischen Züge im Antlitz der amerikanischen Gesellschaft und durch seinen Glauben an den Sieg der Humanität gekennzeichnet. Von 1925 bis 1928 ließ O'N. eine Reihe von Dramen folgen, in denen die soziale Realität durch metaphysische Spekulationen verdrängt wurde. Während er in „Der große Gott Brown" (1926) unter Verwendung von Masken, die die wesentlichen Charaktereigenschaften veranschaulichen sollen, den Widerspruch von Sein und Schein darzustellen sucht, verwendete er in „Seltsames Zwischenspiel" (1928), der in Resignation endenden Geschichte einer Frau, neuartige Techniken, um psychisch gestörte Charaktere in ihren Selbstgesprächen darstellen zu können.

Seine große Trilogie „Trauer muß Elektra tragen" (1929) entstand auf einem schloßartigen Besitz in Frankreich. Er übertrug die Atridensage in das Neuengland des 19. Jahrhunderts. Er siedelt seine aus der Antike entlehnten Gestalten zwar in den 60er Jahren des vorigen Jahrhunderts an, aber sie sind im Grunde Menschen seiner Gegenwart. Nicht die Götter entscheiden über das Schicksal, sondern die Triebe der Protagonisten. Der Mensch wird zum Sklaven seiner eigenen Leidenschaft. Als er 1932 die Familienkomödie „O Wildnis!" beendete, hier ging es um die Beziehung einer Tochter aus puritanischer Familie zu einem schwärmerischen Jungdichter, lebte O'N. in Sea Island (Georgia). Dort erreichte ihn auch die Nachricht, daß ihm als erstem amerikanischen Dramatiker der Nobelpreis für Literatur verliehen worden war.

In dieser Zeit stellten sich auch die ersten ernsthaften Symptome der Parkinsonschen Krankheit ein, die ihm schließlich seit Mitte der 40er Jahre jede angestrengte Arbeit unmöglich machte. 1939 entstand „Der Eismann kommt", ein Stück, in dem Glück nur durch Träume erreicht wird. 1940 verfaßte O'N. das Schauspiel „Fast ein Poet" um einen heruntergekommenen Wirt, der sich erst zu seiner Existenz bekennt, als ihm alle Lebenslügen und Illusionen schmerzlich geraubt werden. In dem autobiographischen Stück „Eines langen Tages Reise in die Nacht" (1941) kommen in konzentrierter Form erneut Pessimismus, Verzweiflung und Hilflosigkeit der Gesellschaft zum Ausdruck. Die meisten seiner Bühnenfiguren sind Menschen, die das Leben nicht meistern können. 1942 schrieb O'N. sein letztes Werk, „Ein Mond für die Beladenen".

1945 zog er wieder nach New York, aber als sich sein Gesundheitszustand verschlechterte, verlegte O'N. seinen Wohnsitz nach Boston, um den Zentren der medizinischen Wissenschaften näher zu sein. Seine letzten Jahre waren einsam und verbittert, zuerst erlag sein Sohn Shane dem Drogenmißbrauch, mit seiner Tochter Oona überwarf er sich wegen ihrer Eheschließung mit Charlie Chaplin, und sein Sohn Eugene jr. nahm sich das Leben.

Pasternak, Boris Leonidowitsch – russischer Lyriker und Erzähler
geb. 10.2.1890 in Moskau
gest. 30.5.1960 in Peredelkino bei Moskau
Nobelpreis 1958, für seine bedeutende Leistung sowohl in der zeitgenössischen Lyrik als auch auf dem Gebiet der großen russischen Erzähltradition.

P.s Kindheit wurde bestimmt durch seine musisch hochbegabten Eltern. Er ließ sich dann an der Moskauer Universität immatrikulieren. Sein Hauptinteresse galt der Philosophie. Nach einer Italienreise wandte sich P. kurz vor dem Ersten Weltkrieg endgültig dem literarischen Schaffen zu. 1913 schloß er sich der „Zentrifuge" an, einer gemäßigten Gruppe der Futuristen.

Seine frühen Gedichte standen in der Tradition Lermontows, Tjutschews und Rilkes. Die ersten Gedichtbände „Zwilling in den Wolken" (1914) und „Über die

Barrieren" (1917) zeigten symbolistische, später auch futuristische Einflüsse. Während des Ersten Weltkrieges arbeitete P. als Hauslehrer bei einem Dichter und einem Unternehmer sowie als Angestellter in einer chemischen Fabrik im Ural. Vor dem Wehrdienst bewahrte ihn eine Beinverletzung. 1922 kamen der Gedichtband „Meine Schwester – das Leben", die Erzählungen „Briefe aus Tula" und „Shenja Lüvers' Kindheit" sowie der Aufsatz „Einige Grundsätze" heraus. Die Gedichte stammen größtenteils aus dem bewegten Sommer 1917, der Zeit zwischen den beiden Revolutionen. Mit den „Briefen aus Tula" setzte P. mit dem in den Programmgedichten erreichten Selbstverständnis seine Bemühungen fort, die Beziehungen zwischen Künstler und Wirklichkeit noch tiefer auszuloten. Im August 1922 reiste P. nach Berlin, wohin seine Eltern und zwei Schwestern 1921 gegangen waren. Er blieb sieben Monate in der Stadt, traf mit A. Tolstoi zusammen und nahm an der Gorki-Ehrung teil.

In zunehmendem Maße flossen in P.s Dichtung philosophische Natursicht und historisch geschärftes Bewußtsein zusammen. Seine Auseinandersetzung mit der Gegenwart vollzog sich auch in der Gestaltung bedeutender historischer Vorgänge, so in den Poemen über die Revolution von 1905 in „Das Jahr 1905" (1926) und „Leutnant Schmidt" (1927). Sie sind bedeutsam durch die bewußte Hinwendung P.s zu epischen Verallgemeinerungen mit dem Ziel, Möglichkeiten und Standort des Individuums in der Revolution für sich klarer zu bestimmen. Das Gedicht „Die hohe Krankheit" (1924) und der Roman in Versen „Spektorskij" (1931) verdeutlichen P.s Dilemma: die Anerkennung der moralischen Rechtmäßigkeit der Revolution bei Verneinung der Gewalt als Mittel zur Erreichung ihrer Ziele, ein Problem, das ihn bis ans Ende seines Lebens bewegte.

Der Gedichtband „Die zweite Geburt" (1932) für längere Zeit seine letzte Arbeit, beruht zum großen Teil auf Erlebnissen P.s in Georgien, enthält aber auch allgemeinere, von Lebensbejahung und Ehrlichkeit erfüllte Gedanken- und Liebeslyrik. Seit 1936 war P. verstummt und beschränkte sich darauf, Werke von Shakespeare, Goethe, Schiller und Kleist zu übersetzen. Seine Übertragungen aus fremden Sprachen – er beherrschte das Englische, Deutsche und Französische – betrachtete er ebenso wie die eigenen Werke als Ausdruck seiner Ansichten über das „innere Wesen der Kunst". In den Gedichten der Kriegszeit, die zusammen mit den Zyklen von 1936 in den Band „In den Frühzügen" (1943) aufgenommen wurden, trat das Volk als historische Kraft stärker ins Bild. Ähnliches gilt für die Prosaskizzen von 1943, „Die befreite Stadt" und „Fahrt zur Armee", die nach einem Aufenthalt an der Front bei Orjol entstanden.

Im ersten Nachkriegsjahrzehnt arbeitete P. an einem Roman. Kurz nach Stalins Tod wurden 1954 in der Zeitschrift „Snamja" zehn „Gedichte aus dem Roman" veröffentlicht. In einer Vorbemerkung erklärte der Autor, er werde in Kürze ein größeres Werk abschließen, das den Zeitraum von 1903 bis 1929 erfasse und mit einem Epilog aus den Tagen des Großen Vaterländischen Krieges ende. Sein Held, der Arzt Juri Andrejewitsch Schiwago, ein suchender Mensch mit künstlerischen Interessen, finde 1929 den Tod und hinterlasse Aufzeichnungen, zu denen die Gedichte gehören. Der Roman wurde 1956 von der Redaktion der Zeitschrift „Nowy mir" mit der Begründung abgelehnt, daß er in der Darstellung der Revolution, des Bürgerkriegs und der nachrevolutionären Jahre geschichtlich nicht objektiv und in seiner Tendenz antidemokratisch ist. Als diese „Liebesgeschichte mit zeitgeschichtlichem Hintergrund" 1957 in Italien erschien, wurde sie zur Weltsensation. Die Leidensgeschichte des Arztes und Dichters Schiwago, die viele autobiographische Elemente enthielt und erst 1988 in der Sowjetunion erscheinen durfte, hat auch als Film Millionen Menschen in aller Welt begeistert.

Als 1958 P. der Nobelpreis für Literatur verliehen wurde, verfolgte man in Moskau den Schriftsteller und nannte seinen Roman „Doktor Schiwago" eine „übelriechende Schmähschrift". Um einer angedrohten Ausbürgerung zu entgehen, verzichtete P. auf den Nobelpreis, eine erzwungene Geste, die in Stockholm ignoriert wurde.

Der Gedichtband „Wenn es aufklart" enthielt Gedichte aus den Jahren 1956 bis 1959, in denen P. sich den Widersprüchen seines Lebens und Schaffens stellt. Mit „Der Schutzbrief" (1929/31) und „Menschen und Standorte" (1959) legte P. autobiographische Schriften vor, die auch über seine Kunstauffassung Auskunft geben. Seit den 20er Jahren schrieb er auch Prosa, deren innerer Zusammenhang mit seiner Lyrik in der Projizierung der eigenen individuellen Probleme auf seine Helden und in der Struktur zum Ausdruck kommt, etwa in den Erzählungen „Wolkenwege" (1924) und „Der Anfang des Romans über Patrik" (1936).

Aus dem Schriftstellerverband ausgeschlossen und bis zu seinem Tod isoliert, wurde der bedeutende Dichter durch M. Gorbatschow postum rehabilitiert.

Paz, Octavio – mexikanischer Lyriker und Essayist
geb. 31.3.1914 in Mexiko-Stadt
gest. 19.4.1998 in Mexiko-Stadt
Nobelpreis 1990, für eine leidenschaftliche Dichtung mit weiten Horizonten, geprägt von sinnlicher Intelligenz und humanistischer Integrität.

Seine Familie ist indianischer und spanischer Abstammung. Der Vater, Rechtsanwalt und Politiker, war Mitarbeiter des Sozialrevolutionärs Zapata. Von 1932 bis 1937 studierte P. an der juristischen und philosophischen Fakultät der Universidad Nacional Autonoma de Mexico. 1934 ging er mit Freunden nach Yucatan, um eine Schule für Landarbeitskinder zu gründen. Als mexikanischer Delegierter nahm er 1937 am Kongreß der antifaschistischen Schriftsteller in Madrid teil, wo er Alberti, Luis Cernuda, Miguel Hernandez, Pablo Neruda und Cesar Vallejo kennenlernte. Eine Zeitlang nahm P. auf republikanischer Seite am Spanischen Bürgerkrieg teil. 1944/45 hielt er sich als Guggenheim-Stipendiat in San Francisco und New York auf, wo er sich mit angelsächsischen Lyrikern beschäftigte. 1946 war P. in den auswärtigen Dienst seines Landes eingetreten und wurde als Sekretär an die mexikanische Botschaft in Paris entsandt. Dort nahm er Beziehungen zu den Surrealisten auf und schloß Freundschaft mit dem französischen Lyriker und Kritiker André Breton.

1951 reiste er zum ersten Mal nach Indien und 1952 nach Japan. Von 1953 bis 1958 lebte P. wieder in Mexiko-Stadt und war weiterhin im Auswärtigen Dienst tätig. Von 1959 bis 1968 lebte er in Paris und in Indien. Als bei politischen Unruhen 1968 in Mexiko-Stadt Hunderte von Studenten erschossen wurden, legte P. aus Protest sein diplomatisches Amt nieder und blieb drei Jahre in den USA. Bis 1970 war er Gastprofessor in Cambridge, Austin und Pittsburgh. 1971 kehrte P. in die mexikanische Hauptstadt zurück, wo er bis an sein Lebensende wirkte, unterbrochen von Lehrtätigkeiten bis 1974 an der Harvard-Universität und an der Universität von Kalifornien in San Diego, an denen er Hispano-amerikanische und Vergleichende Literaturwissenschaft lehrte. Er war Herausgeber von „Vuelta", einer einflußreichen Kulturzeitschrift.

Schon mit vierzehn Jahren veröffentlichte P. seine ersten Gedichte, und 1931 war er Mitbegründer der literarischen Zeitschrift „Barandal". Zwei Jahre später folgten die „Cuadernos del Valle de Mexico", und von 1938 bis 1949 gab er „Taller" heraus, über die er großen Einfluß auf die zeitgenössische Literatur ausübte. Unter dem Eindruck des Spanienkrieges veröffentlichte P. seinen politisch engagierten Gedichtband „Sie werden nicht durchkommen" (1937).

In seiner umfangreichen späteren Lyrik thematisiert er auf hohem philosophischen Niveau und mit beeindruckender künstlerischen Kraft poetisches Schaffen und die Liebe zwischen zwei Menschen als Ausdrucksmöglichkeiten menschlichen Andersseins, die der erlebten gesellschaftlichen Wirklichkeit entgegenzusetzen sind, so in „Freiheit, die sich erfindet" (1949) und „Der sprachkundige Affe" (1972/74). Der erste große Abschnitt seiner lyrischen Produktion ist in dem Band „Freiheit unter dem Wort/auf Ehrenwort" (1960) zusammengefaßt und erstreckt sich auf die Jahre von 1935 bis 1957. Die Sammlung enthält mehrere frühere Einzelausgaben und ist, was die Auswahl der Gedichte betrifft, im Lauf der verschiedenen Editionen noch verändert worden. Auch die Gedichttexte selbst hat P. häufig umgearbeitet; „Zwischen Blüte und Stein" beispielsweise datiert von 1941 und wurde noch 1976 gegen eine neue Version ausgetauscht. Die derzeit gültige Textgestalt seiner Lyrik liegt seit 1979 mit „Poemas (1935–1975)" vor.

International berühmt wurde P. durch den 1950 veröffentlichten Essayband „Das Labyrinth der Einsamkeit". Das Buch zeigt, wie der ihn charakterisierende Denkstil und seine zentralen Theoreme sich in der Reflexion der mexikanischen Gesellschaft und Geschichte herausgebildet haben. In einer Verbindung aus historischer und sozialpsychologischer Analyse diagnostiziert er seinen Landsleuten, was man die Uneigentlichkeit ihres Seins nennen könnte: einen Identitätsmangel, der seinerseits bestimmte Kompensationen und Idiosynkrasien (Überempfindlichkeiten) erzeugt. Bezieht „Das Labyrinth der Einsamkeit" – ein für die Auseinandersetzung mit mexikanischer Gesellschaft und Geschichte nach wie vor grundlegendes Werk – seine Perspektive vom existentialistischen Denken, so stützen sich seine einzelnen Analysen auf theoretische Anregungen von Nietzsche, Freud, Bergson, Breton, Mauss und Eliade.

Die Rückbesinnung auf nationale Eigenart und Eigenwert kennzeichnen auch „Der Sonnenstein" (1957), „Postskriptum" (1970) und „Rückblick" (1976), mit dem P. gegen die Zerstörung uralter mexikanischer Kultur durch kapitalistische Modernität protestiert. Seine Poetik, am klarsten in „Bogen und Leier" (1956/57) formuliert, ist in ihrer Betonung der Individualität ein Bekenntnis zu menschlicher Verantwortung, zum Miteinander in geistig-schöpferischem Tun. Der kurz nach Erscheinen in Frankreich übersetzte Band wurde dort von der Kritik enthusiastisch als selten klarsichtige Darstellung so diffiziler Gegenstände wie des Wesens der Dichtung (Reim, Vers, Bildlichkeit) und des Verhältnisses von Poesie und Geschichte begrüßt.

P. hat sich auch häufig um Zwiesprache mit den Kulturen anderer Völker bemüht, wie in „Kopf oder Zahl" (1951), „Weiß" (1967) oder „Osthang" (1969). Der Poet, heißt es in „Die Kinder des Schlamms" (1974), seinem zweiten poetologischen, aus einer Vorlesungsreihe über die Geschichte der Avantgarde entstandenen Buch, ist die „Stimme der Andersheit". Indem er der Dichtung damit eine fundierende Rolle zuweist, zeigt sich P. in der Tradition von Novalis, der in der Poesie die ursprüngliche Menschheitsreligion gesehen hatte. Diese Linie weiterentwickelnd, bestimmt er Andersheit als eine Art profaner Erleuchtung, wenn er schreibt: „Sie ist ein unvorhergesehenes Geschenk, ein Zeichen, welches das Leben dem Leben macht, ohne daß sein Empfang irgendein Verdienst oder irgendeine moralische oder geistige Besonderheit bedeutet."

In drei Bänden liegen seine politischen Aufsätze bislang gesammelt vor: „Posdata" (1970), „Der menschenfreundliche Menschenfresser" (1979) und „Düstere Zeit" (1983). P. hat sich immer als Dichter verstanden, der sich aber auch für die Politik interessierte und der über das Vermächtnis Lateinamerikas nachdachte.

Pirandello, Luigi – italienischer Lyriker, Dramatiker und Erzähler
geb. 28.6.1867 in Agrigento
gest. 10.12.1936 in Rom
Nobelpreis 1934, für seine kühne und sinnreiche Neuschöpfung von Dramen und Bühnenkunst.

P. entstammte einer bürgerlichen Familie, sein Vater war Bergwerksbesitzer in Sizilien, doch das Leben in seiner Jugendzeit stellte sich als Spannung zwischen der Fügung in die Konventionen des bürgerlichen Familienlebens und der Revolte gegen die Prinzipien dieses Lebenskreises dar. Nach dem Abitur studierte P. ab 1886

Romanische Philosophie in Palermo und Rom. Unzufrieden mit den Studienbedingungen, ging er Ende der 80er Jahre nach Bonn, wo er 1891 promovierte. Danach kehrte er nach Italien zurück, arbeitete ab 1892 in Rom für Literaturzeitschriften und publizierte mehrere Gedichtbände, darunter „Rheinische Elegien" über seine Zeit in Bonn und „Liebe ohne Liebe" (1894).

Er heiratete 1894 die Tochter des Geschäftskompagnons seines Vaters und spielte willig die Rolle des gutbürgerlichen Familienvaters. 1897 wurde P. Professor an einem Lehrerinnenseminar in Rom. Gleichzeitig häuften sich auf seinem Schreibtisch die unveröffentlichten Manuskripte literarischer Arbeiten, in denen er – nach der Publikation einiger unbedeutender Gedichtbände – ein waches Interesse für die Widersprüchlichkeit seiner Umwelt bezeugt. Hier greift er die Hohlheit und Brüchigkeit der bürgerlichen Moral an und verdeutlicht, in welchem Widerspruch sie zum harten und illusionslosen Dasein der sizilianischen Bevölkerung stand, die durch jahrhundertealte Unterdrückung keinerlei Glauben an bürgerliche Werturteile aufbringen konnte. Seine ersten erzählerischen Werke stehen in der Tradition des Verismus, der analog zum deutschen Naturalismus ein genaues Abbild der Wirklichkeit anstrebte. Die Novelle „Das schwarze Umschlagtuch" läßt diese starre Moralauffassung mit ihren unmenschlichen Folgen deutlich erkennen. Durch ein Grubenunglück verlor P.s Familie 1903 ihr gesamtes Vermögen. Seine Frau geriet daraufhin in eine schwere Nervenkrise, von der sie sich nicht mehr erholte. Die nun folgenden fünfzehn Jahre an der Seite einer psychisch Kranken haben tiefe Spuren an seiner Lebensauffassung hinterlassen.

1904 erschien der Roman „Die Wandlungen des Mattia Pascal", der bereits die zentralen Motive von P.s Werk zeigt: das unentwirrbare Beziehungsgeflecht von Schein und Sein, Wahn und Wirklichkeit. Mattia, der irrtümlich für tot gehalten wird, nutzt diese Chance, um sich eine neue Identität zuzulegen. Doch er kann sein wahres Ich nicht abstreifen und kehrt in sein Heimatdorf zurück, wo seine Frau inzwischen einen anderen geheiratet hat. Mattia ist nun gezwungen, tatsächlich ein neues Leben zu beginnen. Mit seinen Schauspielen gab P. nicht nur dem lange von fremden Einflüssen beherrschten italienischen Theater neue Impulse, sondern wirkte ganz allgemein bahnbrechend für neue, antiillusionistische Verfahrensweisen im modernen Welttheater. Als Bühnenautor erkämpfte sich P. 1916 einen Rang, als seine Stücke „Denke daran, Giacomino" und „Liola" in Rom mit Erfolg aufgeführt wurden. In „Die Narrenkappe" (1917) behandelte er ein Thema, das er später immer wieder variierte: Der Mensch legt sich je nach Situation die passende Maske zurecht, die er dann bis zum Letzten verteidigt. In „So ist es – wie Sie meinen" (1918) glaubt ein Mann, seine erste Frau sei gestorben, und heiratet ein zweites Mal. Seine Schwiegermutter behauptet jedoch, daß die angebliche zweite Frau in Wahrheit die erste sei. Getreu seiner Auffassung, die Wahrheit sei unergründbar, bietet P. keine Auflösung an.

Ein Welterfolg gelang P. 1921 mit dem Drama „Sechs Personen suchen einen Autor": Eine Theaterprobe wird von sechs Personen gestört, deren Rollen vom Autor nicht fertig ausgearbeitet wurden. Sie verlangen, ihre Geschichte fertigzuspielen, fühlen sich jedoch nicht verstanden und müssen erkennen, daß das Theater nicht der richtige Ort ist, um ihre Probleme darzustellen. Die Figuren stehen stellvertretend für den sinnsuchenden Menschen, der an der Unvollkommenheit seiner Existenz leidet. Das offen endende Stück, das weder Akteinteilung noch klares Handlungsschema besitzt, sorgte bei der Uraufführung für einen Skandal, entwickelte sich jedoch schnell zum Klassiker mit großem Einfluß auf episches und absurdes Theater. Die Darstellung des Wahnsinns ist der Inhalt des Theaterstücks „Heinrich IV.": Ein Adliger verfällt dem Wahn, der Salierkaiser Heinrich IV. zu sein. Nach seiner Genesung spielt er weiter den Wahnsinnigen, um sich der Wirklichkeit nicht stellen zu müssen. Als sein Spiel durchschaut wird, wird er zum Mörder und ist nun gezwungen, sein Spiel weiterzuführen, um nicht bestraft zu werden.

1922 beendete P. seine Lehrtätigkeit am Istituto Superiore di Magistero in Rom und widmete sich vorwiegend seinem dramatischen und erzählerischen Werk. Meisterwerke im Kontext der Erzähltraditionen der klassischen Moderne waren P.s Novellen, ein bevorzugtes Genre, denn sie waren das Experimentierfeld seiner literarischen Tätigkeit, auf dem die Entwürfe für die größeren Werke entstanden. Sein gesamtes Novellenschaffen zu überschauen ist allein schon wegen des gewaltigen Umfangs ein zeitaufwendiges Unternehmen. 1922 begann P., seine Novellen unter dem Titel „Novellen für ein Jahr" neu zu ordnen, 1937 hatte er rund 240 Novellen in 15 Bänden zusammengefaßt. Im Jahre1925 gründete er in Rom das Künstlertheater „Teatro d'Arte". Er selbst wirkte dort als Regisseur, und mit der Schauspieltruppe gab er Gastspiele in zahlreichen Städten Europas sowie in Nord- und Südamerika. 1926 stellte er seinen letzten Roman fertig: „Einer, keiner, hunderttausend", der sich mit dem Phänomen der Persönlichkeitsspaltung befaßt.

1928 wurde P.s Theater geschlossen, was bei ihm zu zunehmender Desillusionierung über das Regime führte. Trotz aller Berühmtheit ist er stets der Einsame und Bescheidene geblieben. Für die spezifische Stilform seiner Dramen wurde der Begriff „Pirandellismo" geprägt. Der bedeutendste Dramatiker des modernen italienischen Theaters starb im Alter von 69 Jahren an einer Lungenentzündung.

Weitere Werke: „Kurbeln" (1915); „Die Wollust der Anständigkeit" (1918); „Besser als früher" (1921); „Die Nackten kleiden" (1923); „Jeder auf seine Weise" (1924); „Das Leben, das ich dir gab" (1924); „Der Tod im Rücken" (1928); „Angst vor dem Glück" (1930); „Wie du mich willst" (1930); „Der Zug hat gepfiffen" (1932); „Die Legende vom vertauschten Sohn" (1933); „Die Riesen vom Berge" (1936).

Pontoppidan, Henrik – dänischer Romancier und Novellist
geb. 24.7.1857 in Fredericia (Jütland)
gest. 21.8.1943 in Kopenhagen
Nobelpreis 1917, für seine gehaltvolle Darstellung des Gegenwartslebens in Dänemark.
P., Sohn eines Pfarrers, besuchte die Lateinschule, wo er sich mit Vorliebe der Mathematik, Physik und Geometrie widmete. Doch der Vater drohte, ihn in eine Handwerkslehre zu geben, falls er nicht auch in Geschichte und klassischen Sprachen gute Noten heimbrächte. Aus Opposition gegen seine geistlichen Vorfahren wollte P. Techniker und Erfinder werden. 1874 erhielt er von seinem Vater die Erlaubnis, an die polytechnische Hochschule in Kopenhagen zu gehen. Er bestand die Aufnahmeprüfung mit guten Noten und erwies sich in den folgenden Jahren als ein begabter und fleißiger Ingenieurstudent. Da er finanziell vorwiegend auf sich selbst angewiesen war, verdiente er sich seinen Unterhalt durch die Anfertigung von Zeichnungen für einen Maurermeister sowie durch Abschriften für Professoren. 1876 machte er eine bescheidene Erbschaft und unternahm eine Reise in die Schweiz, wo er sein erstes Schauspiel schrieb.

Nach drei weiteren Studienjahren bestand P. 1879 den ersten Teil des Ingenieurexamens. Nachdem er die praktischen Aufgaben des zweiten Teils gelöst hatte, verließ er zur Überraschung seiner Lehrer und Kommilitonen die Prüfung mit der Begründung, seine schriftlichen Arbeiten seien nicht so gut gewesen, wie er geglaubt habe, und er wolle sich nicht mit einer schlechteren Note als der besten begnügen. Dieser jähe Sinneswandel hat die P.-Forschung immer wieder beschäftigt, ohne daß sie bis heute eine völlig befriedigende Erklärung dafür finden konnte. Nach dem Verlassen des Polytechnikums fand P. bei seinem Bruder Morten Aufnahme, der eine Volkshochschule gegründet hatte. Dort unterrichtete er als Lehrer für praktische Fächer und schrieb seine erste Erzählung „Der Kirchenraub".

1881 erschien die Erzählung „Ein Ende" und sein erstes Buch „Gestutzte Flügel". Ihnen folgten bis 1890 eine Reihe von Erzählungen und Kurzromanen („Die Sandinger Gemeinde", 1883; „Aus den Hütten", 1887; „Der Eisbär", 1887), in denen er vorwiegend die Klassengegensätze auf dem Lande, das Wohlleben der Großbauern, die Borniertheit wirklichkeitsfremder Geistlicher, die Servilität der Lehrer, die Willkür königlicher Beamter und den bitteren Alltag der Tagelöhner und Häusler schilderte. Diese Schaffensperiode fand mit „Wolken" (1890) und „Adlerflucht" (1890) ihren vorläufigen Höhepunkt.

Das dreibändige Werk „Das Gelobte Land" (1896) behandelt die Zeit des Verfassungskampfes zwischen Konservativen und Nationalliberalen in den 70er Jahren. Ein in Kopenhagen aufgewachsener Pfarrer begibt sich auf das Land, wo er ein harmonisches Zusammenleben von Arm und Reich auf dem Dorf predigt und schließlich selbst einen Hof erwirbt. Nach familiären und finanziellen Problemen zieht der Pfarrer in die Großstadt, verfällt dort dem Wahn und zieht als Wunderheiler durch die Region.

„Hans im Glück" (1898–1904) ist P.s Hauptwerk. Der Held des zweibändigen Romans Per Andreas Sidenius lehnt es ab, Pfarrer wie sein Vater zu werden, und er geht als Ingenieur neue Wege. Er will die ungünstige landwirtschaftliche Struktur in Jütland durch ein Kanalprojekt für den industriellen Fortschritt erschließen. Konfrontiert mit verschiedenen Bereichen der Gesellschaft, erkennt er deren moralische Hohlheit und entschließt sich zum weltabgewandten Leben als Straßenbauassistent auf dem Land. Angesichts des drohenden Ersten Weltkrieges ist P.s Darstellung der bürgerlichen Gesellschaft in dem fünfbändigen Roman „Das Totenreich" (1912–1916) von der düsteren Vorstellung geprägt, vor einer Weltkatastrophe zu stehen und die „letzten krampfhaften Zuckungen einer korrupten und verantwortungslosen städtischen Elite" zu erleben. Durch zunehmende Taubheit von seiner Umwelt fast völlig isoliert, verfaßte P. seinen letzten Roman „Des Menschen Wille ist sein Himmelreich" (1927), in dem der Mißbrauch der bürgerlichen Presse im Interesse des Profits entlarvt wird, aber auch der Zweifel an der Existenzfähigkeit der bürgerlichen Demokratie zum Ausdruck kommt.

Obgleich seine literarischen Helden an ihren eigenen utopischen Visionen in der Konfrontation mit der gesellschaftlichen Praxis scheitern, sah P. in der Mobilisierung humanistischer Ideale eine Alternative zu den zeitgenössischen Verhältnissen. P. ist in Dänemark einer der namhaftesten Autoren der Vergangenheit. Seine in den Jahren von 1880 bis 1920 entstandenen Werke gehören zu den bedeutendsten kritisch-realistischen Leistungen des dänischen Naturalismus.

Weitere Werke: „Spuk" (1888); „Der alte Adam" (1894); „Nachtwache" (1894); „Rotkäppchen" (1900); „Der königliche Gast" (1900); „Bürgermeister Hoeck und Frau" (1905); „Hans Quast" (1907); „Der Teufel am Herd" (1910); „Unterwegs zu mir" (1943).

Quasimodo, Salvatore – italienischer Lyriker
geb. 20.8.1901 in Modica (Ragusa)
gest. 14.6.1968 in Neapel
Nobelpreis 1959, für seine Lyrik, die mit klassischem Feuer und tragischem Lebensgefühl unserer Zeit Ausdruck verleiht.
Die Preisverleihung wurde in der westlichen Welt zwiespältig aufgenommen. Ein Teil der Kritik fand die Wahl zum Nobelpreis berechtigt, denn seine künstlerisch und moralisch kompromißlose Dichtung, die mit seinen Worten ein Glaubensbekenntnis sei und keinem äußeren Einfluß unterliege, habe der Lyrik neue Wege gewiesen und drücke allgemeingültig das Lebensgefühl des modernen Menschen aus.

Q., Sohn eines Bahnbeamten, verbrachte seine Kindheit und Jugend auf Sizilien, vor allem in Palermo und Messina. 1919 begann er ein ingenieurtechnisches Studium am Polytechnikum in Rom, das Studium brach er jedoch nach zwei Jahren ab und arbeitete dann bis 1938 als technischer Zeichner. Er begann früh mit intensivem Selbststudium der klassischen Sprachen und Kulturen, traf in Florenz mit E. Montale (Literatur-Nobelpreis 1975) und der ästhetisierend ausgerichteten Gruppe um die Zeitschrift „Solaria" zusammen. Er studierte dann die klassischen Sprachen, promovierte in Literaturwissenschaft und wurde 1941 Professor für Italienische Literatur an der Musikhochschule in Mailand.

Anfangs war Q.s esoterisches Wort „mit innerster Geschichte" beladen, fern sozialer Bezüge, und verband in schmerzlicher Sinnlichkeit Vergangenheit und Gegenwart miteinander. Durch sein Werk zieht sich das Erlebnis der Heimatlandschaft Siziliens mit ihrer Schönheit und ihrer historischen Tradition und gibt ihm eine regionalistische Prägung. Q. wurde zum Hermetismus im Sinne der Ungaretti und Montale gerechnet, dessen „Dunkelheit" und „Vieldeutigkeit" in der Zeit der Diktatur „ein Beispiel war, wie man die Einsamkeit bezwingt". Durch den Krieg, der „die Poetiken und Philosophen zerbricht und die Menschen zu neuen Maßen zwingt", entwickelte sich Q. zum lebensbejahenden Humanisten, denn ein Dichter könne nicht auf seine Gegenwart verzichten, weil Dichtung „Freiheit und Wahrheit jener Zeit und nicht abstrakte Gefühlsmodulation" sei. Die ersten Sammlungen mit Gedichten „Wasser und Erde" (1930), „Versunkene Oboe" (1932) und „Erato e Apollion" (1936) sind noch schwer zugängliche, versgehämmerte Orphik, schwermütige pantheistische Naturdichtung, in der sich in wagemutig neuem Ton und freiem Rhythmus mehr und mehr die Klage über das Unüberbrückbare von Vergangenem und Gegenwärtigem „über die Lösung vom mythischen Boden seiner Mittelmeerinsel" erhebt, voller Schönheit, Musik und formaler Harmonie, Dichtung „zwischen dem Pol der metaphysischen Dürre, der absoluten Auflösung und jenem der Erinnerung an märchenhafte Kindheitswünsche". Sammlungen aus dieser Zeit sind außerdem „Geruch des Eukalyptus" (1933), „Poesie" (1938) und der Band „Und plötzlich ist es Abend" (1942).

Schon in „Neuen Gedichten" aus den Jahren 1936 bis 1942, vor allem auch durch die Kriegserlebnisse angeregt, kündigt sich mit der Überwindung der Urangst und der Hinwendung zur Wirklichkeit sowie zur „Fragestellung der modernen menschlichen Unruhe" des Dichters angestrebter „Stil des Realen" in Form der „einfachen Mitteilung" an. Seinen Höhepunkt erlebte Q.s Schaffen mit der Überwindung des Hermetismus in der Zeit nach dem Zweiten Weltkrieg, als er sich, nunmehr mit einer direkten und transparenten Schreibweise, der Anklage gegen Krieg und Faschismus zuwandte. In dem Band „Tag um Tag" (1947) mit Gedichten aus den Jahren 1943 bis 1945, in denen Q. Widerstandskämpfer war, findet sich wie bei seinem Geistesverwandten Walt Whitman (amerikanischer Dichter, 1819–1892) das ins Dichterische gehobene Bild des Alltags, hier allerdings aus den Schrecken des Krieges. Dennoch habe der Dichter den Glauben an eine Erneuerung des Menschen im franziskanischen Sinne jenseits des ewigen Verlorenseins bewahrt. Dies bezeugen auch die sozial aufgeschlossenen und ethisch begründeten Sammlungen „Das Leben ist kein Traum" (1949), „Wahr ist der Mensch, echt seine Träne" und „Das falsche und das echte Grün" (1953), die laut italienischer Kritik wegen ihres mitunter betont rhetorisch-polemischen Grundzugs und der „gewalttätigen, oft Abscheu erregenden Materie des Bürgerkrieges und des Parteikampfes" seiner frühen „poesie pure" an künstlerischer Höhe nachstehen.

Das gilt nicht für das Hauptwerk der Reifezeit „Die unvergleichliche Erde" (1958) mit den Briefen „an meine Mutter" und „an meinen Vater", dem als schöpferischem Ausdruck eines neuen Humanismus und als eine Heimführung des Menschen unserer Zeit zu seinen Ursprüngen der Viareggio-Preis zufiel. Bemerkenswert sind seine Übersetzungen klassischer griechischer Dichter wie Sappho (nach 650 v.u.Z., griechische Lyrikerin) und Alkaios (um 600 v.u.Z., einer der beliebtesten Lyriker der Antike), die seinen Stil in seinem reifen Schaffen beeinflußten, sowie die Übersetzung von Werken Shakespeares, Nerudas, Molieres u. a. Bis zuletzt ist das Thema Sizilien die Konstante seines Werkes.

Weitere Werke: „Abhandlung über die Dichtkunst" (1950); „Dichter und Politiker" (1960); „Schriften über das Theater" (1961); „Ein offener Bogen" (1963); „Geben und Haben" (1966); „Unmerklich tanzt die Zeit" (1967).

Reymont, Wladislaw Stanislaw – polnischer Novellist und Romancier
geb. 7.5.1867 in Kobiele Wielkie bei Radom
gest. 5.12.1925 in Warschau
Nobelpreis 1924, für sein großes Nationalepos „Die Bauern".

R., Sohn eines Dorforganisten, erlernte zwischen 1880 und 1884 bei einem Schwager in Warschau das Schneiderhandwerk, in dem er es bis zur Gesellenprüfung brachte. Es blieb, von den wenigen Klassen der Grundschule abgesehen, R.s einziger regulärer Abschluß, und diese ihm selbst offenbar peinliche Tatsache bot ihm Vorwand, seinen Lebenslauf stets großzügig mit Legenden zu umgeben. In den auf die Lehrzeit folgenden Jahren führte R. eine unstete, ungefestigte Existenz, die ihm reichlich Material für seine kommenden Werke zutrug. Er schloß sich zweimal einer Wanderbühne an, erwog ernsthaft ein Noviziat im Paulinerkloster zu Tschenstochau, verdingte sich gar als spiritistisches Medium im Ausland. Zeitweise verdiente er seinen bescheidenen Unterhalt als Bahnwärter auf dem Lande, zwischendurch die Hilfe des Elternhauses nie verachtend.

1893 gibt R. seinen Posten bei der Eisenbahn auf, packt fertige Manuskripte und Entwürfe in einen Koffer und fährt, mittellos, nach Warschau, um dort seinen Traum vom unabhängigen Schriftsteller zu verwirklichen. Er debütierte 1893 mit den Novellen („Der Tod", „Die Hündin", „Tomas Baran"), in denen die tragischen Schicksale des polnischen Landproletariats dargestellt wurden. Seine frühen Novellen, Erzählungen und Romane sind von dem Wunsch beseelt, zur Schaffung einer gerechteren Ordnung in der Welt beizutragen. So stellt er die Lebensumstände der Bauern, der kleinen Angestellten und der verkannten Künstler, über die er vorwiegend schreibt, in ihrer gesellschaftlichen Gebundenheit eindrucksvoll realistisch dar. Nach mehreren Zeitschriftenveröffentlichungen – Zeitschriften drucken auch seine Romane später stets vorab – erscheint 1895 als erste Buchausgabe die brillante Reportage „Wallfahrt nach Jasna Gora". Die Reihe der berühmteren Romane eröffnen „Die Komödiantin" (1896) und „Die Herrin" (1897), in denen auf dem Hintergrund des Lebens einer Theatertruppe ein buntes Milieugemälde der polnischen Provinz entsteht, aus dem die jeweilige Hauptheldin trotz eines gewissen Schematismus der Darstellung einprägsam herausragt.

Mit diesen Schauspielerromanen wird seine finanzielle Lage entscheidend verbessert, und R. unternimmt Auslandsreisen nach Deutschland, England und Frankreich. Einen abrupten Einschnitt in diese Aktivität, der das ganze weitere Leben überschattet, bedeutet im Juli 1900 R.s Verwicklung in ein Eisenbahnunglück bei Warschau, die physischen und psychischen Folgen der Verletzung führen zu einer bleibenden Beeinträchtigung seiner Gesundheit. Nach längerem Aufenthalt im polnischen Industriezentrum Lodz entstand der Roman „Das gelobte Land" (1899), in dem der Hauptheld, ein junger Chemiker, durch seine Beziehungen zu deutschen, jüdischen und einheimischen Kapitalisten Gelegenheit erhält, die herrschenden sozialen Gruppierungen zu bewerten. Dank dieser bissigen Schilderung einer überhitzten frühkapitalistischen Akkumulation steigt R. um die Jahrhundertwende zum wichtigsten Repräsentanten des polnischen „Milieu-Romans" auf.

Den Höhepunkt seines Schaffens bildet das Romanwerk „Die Bauern" (1902–1909), das in vier nach den Jahreszeiten benannten Bänden die Geschichte des Dorfes Lipce bei Lowicz beschreibt, den sozialen Konflikt seiner Bewohner mit Gutshof und Staat sowie die von unerbittlicher Gier nach Land bestimmte kompromißlose Differenzierung aller bäuerlichen Schichten. Der monumentale Roman enthält idealisierende Züge des Bauernlebens, die im Sinne jungpolnischer Orientierung lagen; allerdings verhinderte R.s naturalistischer Stil die bloße Verklärung und stellte Land und Leute, Sitten und Bräuche des polnischen Dorfes in voller Breite und mit betontem Ausspruch auf ihre allgemeine gesellschaftliche Rolle vor den Leser. Zwischen 1913 und 1918 entstand R.s historische Trilogie „Das Jahr 1794" mit den Bänden „Der letzte polnische Reichstag" (1913), „Revolution und Freiheit" (1916) und „Der Aufstand" (1918), in der die polnische Geschichte in einem besonders dramatischen Jahr ihrer nationalen Tragödie gezeigt wird. R. erreichte damit ein Geschichtsverständnis, das Ursachen des Scheiterns aller Erhebungen seines Volkes aufdeckte: den ungelösten sozialen Konflikt der polnischen Nation.

Eine seiner letzten Arbeiten ist die Allegorie „Die Empörung" (1924), in der nicht nur die Möglichkeit einer revolutionären Umgestaltung der Realität bestritten, sondern darüber hinaus einem umfassenden Geschichts- und Kulturpessimismus das Wort geredet wird. 1919 erwirbt R. ein Landgut, setzt sich aber dort nicht zur Ruhe, sondern absolviert im offiziellen Auftrag der polnischen Regierung zwei ausgedehnte Reisen in die Vereinigten Staaten, wo er Ansiedlungen ehemaliger Landsleute besucht und um Kredite wirbt. Ein chronisches Herzleiden untergräbt die Gesundheit R.s jedoch zusehends, und er kann die zahlreichen Ehrungen anläßlich des Nobelpreises noch entgegennehmen, aber nach einer anstrengenden politischen Großveranstaltung im August 1925 darf er das Krankenlager so gut wie nicht mehr verlassen.

Am 5. Dezember desselben Jahres stirbt R., der zu Recht als ein führender Vertreter des neuromantischen „Jungen Polens" bezeichnet wird.

Rolland, Romain – französischer Romancier, Dramatiker und Essayist
geb. 29.1.1866 in Clamecy (Nievre)
gest. 30.12.1944 in Vezelay (Yonne)
Nobelpreis 1915, als Beitrag hoher Achtung vor dem edlen Idealismus seiner Schriften und der einfühlenden Wahrheitsliebe für Menschen aller Art, die aus ihnen spricht.
Von 1886 bis 1889 studierte R. Philosophie und Geschichte, während des Studiums begann er einen Briefaustausch mit Lew Tolstoi. 1895 promovierte er mit Arbeiten über „Die Anfänge der Oper vor Lully und Scarlatti" und „Die Dekadenz der italienischen Kunst im 16. Jahrhundert". Da seine Verhandlungen mit der Comédie Française über die Aufführung seiner Theaterstücke ergebnislos verliefen, mußte R. Musik- und Kunstgeschichte unterrichten, um den Lebensunterhalt zu verdienen. R. verstand sich sein Leben lang als geistiger Kämpfer für umfassende menschliche Solidarität und Brüderlichkeit und begriff freies denkerisches Bemühen um Wahrheit als wichtigste Voraussetzung gesellschaftlichen Fortschritts.

Im Jahre 1886 erschien in der Zeitschrift „Revue de Paris" das Drama „Der heilige Ludwig" – das erste Werk, dessen Veröffentlichung glückte. Der Held des Dramas ist eine reale historische Person, ein französischer König und Führer der Kreuzritter, der von der katholischen Kirche zu den Heiligen gezählt wird. Held und Volk – dieses Problem warf R. auch in dem folgenden Drama „Aert" (1897) auf. Die Aufführung im Pariser Theater de l'Euvre war für R. der erste, zwar schüchterne, aber doch reale Bühnenerfolg. R.s Überlegungen zur Dreyfusaffäre wurden in seinem den großen Dramenzyklus über die Französische Revolution eröffnenden Stück „Die Wölfe" (1898) widergespiegelt. Ein Jahr später wurde sein nächstes Stück „Der Triumph der Vernunft" aufgeführt. Der Handlung liegt das Schicksal der Girondisten zugrunde, die hoffnungslos in ihren Konflikt mit den Jakobinern verwickelt und durch die Macht der Ereignisse zum Untergang verurteilt sind. 1899 wurde das Drama „Danton" uraufgeführt, in dem der Konflikt zwischen Danton und Robespierre mit großer Lebensfülle geschildert wird. Der leidenschaftliche Wunsch R.s, im Kontakt mit dem Volke zu arbeiten, der Gegenwart zu dienen und an den gesellschaftlichen Auseinandersetzungen teilzunehmen, zeigte sich besonders deutlich in seinem historischen Drama „Der 14. Juli“.

Schon am Ende des vergangenen Jahrhunderts war R. von der Idee ergriffen, ein Theater neuen Typs zu schaffen. In „Das Theater des Volkes“ (1903) begründete R. seine dramatische Aktivität – die allerdings auf der Bühne ohne großes Echo blieb – auch theoretisch: Das Theater habe sich unmittelbar an das Volk zu wenden mit dem Ziel, durch das Wachrufen der heroischen Vergangenheit seine Fähigkeit zum Handeln in der Gegenwart zu entwickeln. Beispiele von humanem Heroismus wollte R. in einer Reihe von Biographien geben: u. a. „Ludwig van Beethoven“ (1903).

1904 erschienen die ersten beiden Bände des „Johann Christof“. Erst mit diesem monumentalen Romanwerk, das 1912 abgeschlossen wurde, erlangte R. internationalen Ruhm, besonders in Deutschland. Die Handlung des „Johann Christof“ spielt in vier Ländern: in Deutschland, Frankreich, der Schweiz und Italien. Der Roman zeichnet den Lebensweg des deutschen Musikers Johann Christof Krafft nach, und es ging um die intellektuelle Kraft des künstlerischen Genies als des Vorbildes des neuen Menschen und um die Idee der inneren Gleichheit der Völker, speziell Frankreichs und Deutschlands. Im Herbst 1913 fuhr R. in sein heimatliches Clamecy, wo er mehr als 25 Jahre nicht mehr gewesen war. Hier entstand die Erzählung „Meister Breugnon“, doch das Erscheinen verhinderte der Krieg, so konnte das Werk erst im Jahre 1919 veröffentlicht werden.

R. stellte sich im Ersten Weltkrieg gegen den nationalistischen Militarismus aller kriegführenden Staaten mit der Artikelserie „Über dem Getümmel“ (1914/15). Trotz feindseligen Schweigens der Presse war der Erfolg bei den Lesern unerwartet groß. Der von R. im November 1916 publizierte Artikel „Den hingemordeten Völkern“ leitete nach seinen eigenen Worten einen „neuen Abschnitt“ in seiner Aktivität gegen den Krieg ein: Er war eine Erklärung über den völligen Bruch nicht mehr nur mit dem Krieg, sondern mit der alten Gesellschaft. Die schreckliche irdische Realität der Kriegszeit kommt selbst in dem Werk R.s zum Vorschein, in dem das Phantastische eine außerordentlich große Rolle spielt, in „Liluli“ (1918). In der Endfassung wurde „Liluli“ dann als satirisches Stück verwirklicht, die Handlung endet mit einer gewaltigen Katastrophe, in der die beiden kriegführenden Völker, die Gallipoulets (die Franzosen) und die Hurluberloches (die Deutschen), zugrunde gehen. Zugleich erhöhte R. nun seine Bemühungen zur Mobilisierung der humanistischen Intellektuellen, in denen er die Avantgarde des Menschheitsfortschritts sah. Enttäuscht über die europäische Wirklichkeit nach dem Krieg, wandte er sich den Lehren Gandhis zu.

Die brennenden Gegenwartsfragen ließen R. immer wieder auf den Plan des unterbrochenen Zyklus von Stücken über die Französische Revolution zurückkommen. Von 1924 bis 1927 schrieb er drei diesem Themenkreis gewidmete Stücke: „Das Spiel von Liebe und Tod“, „Palmsonntag“ und „Die Leoniden“. Die beiden Hauptheiden der „Verzauberten Seele“ (1933) vollziehen gleichsam in den Grundzügen den eigenen Weg des Schriftstellers nach: Sie kommen aus der „Wüste des Individualismus“ heraus und verlassen die Position der „Unabhängigkeit des Geistes“, um sich aktiv in den Kampf für die soziale Umgestaltung der Welt einzuschalten. Dem Drama „Robespierre“ (1939) folgte1942 „Die Reise nach Innen“ und 1943 die Forschungsarbeit „Beethovens Meisterjahre“.

Nachdem R. eine schwere Lungenentzündung überstanden hatte, konnte er noch das zweibändige zeitgeschichtlich-biographische Werk über den französischen Lyriker Charles Peguy, wichtiger Vertreter des „Renouveau catholique“, vollenden.

Russell, Bertrand Arthur William 3. Earl (ab 1931) – britischer Philosoph, Mathematiker und Schriftsteller

geb. 18.5.1872 in Trelleck (Wales)
gest. 2.2.1970 in Plas Penrhyn (Wales)
Nobelpreis 1950, in Anerkennung seiner vielseitigen, bedeutenden Werke, in denen er sich als Anwalt der Menschlichkeit und der geistigen Freiheit gezeigt hat.

Im Jahre 1889 zog R., Sproß einer traditionsreichen englischen Adelsfamilie, in das Trinity College ein. In den ersten drei Jahren studierte er Mathematik, und im vierten Jahr wandte er sich der Philosophie zu. Das Examen bestand er mit Auszeichnung. 1896 wurde R. einer der ersten Dozenten der gerade gegründeten London School of Economics. 1910 erhielt er eine Professur in Cambridge.

Nach jahrelanger Tätigkeit auf dem Gebiet der Philosophie, der Logik und der Grundlagenforschung der Mathematik setzte R. unter dem Eindruck des Ersten Weltkrieges seine Autorität als Wissenschaftler ein, um Fragen des Humanismus, die im Interesse der Volksmassen lagen, öffentlich aufzuwerfen. 1916 erhielt er wegen Aufforderung zur Kriegsdienstverweigerung seine Entlassung als Dozent und kam ins Gefängnis. Dort schrieb er seine „Einführung in die mathematische Philosophie“ (1919). Nach dem Krieg war R. 1920/21 Gastprofessor an der Universität Peking, unternahm Reisen in alle Welt und führte von 1927 bis 1932 mit seiner Frau eine eigene Schule, in der er seine Ideen eines von Liebe und Vernunft geprägten Menschenbildes zu verwirklichen trachtete. Nach dem Tode seines Bruders Frank im Jahre 1931 erbte er dessen Adelstitel und den Sitz im Oberhaus. 1937/38 war er Professor in Oxford, anschließend begab er sich in die USA, und als er 1940 eine Professur für logische Disziplinen am New York City College erhalten sollte, wurde der Schlag gegen ihn geführt. Er forderte Geburtenregelung und Erleichterung der Ehescheidung. Es kam zu einem Prozeß, in dessen Folge er alle Aussicht auf eine offizielle Anstellung in den USA verlor.

1944 kehrte R. nach England zurück, und nach Aufgabe des Pazifismus zugunsten einer antifaschistischen Haltung trat er für ein antikommunistisches atlantisches Bündnis ein. Seit Beginn der 50er Jahre schloß sich R. immer entschiedener der Bewegung der Atomkriegsgegner an, er war Initiator des „Einstein-Russell-Manifestes" (1955), und als sich 1958 britische Organisationen von Atomkriegsgegnern in der „Kampagne für nukleare Abrüstung" zusammenschlossen, wurde R. als erster Präsident bestätigt.

R. wurde zunächst als Logiker und Grundlagenforscher der Mathematik weltbekannt; sein Hauptinteresse galt dem Problem der Begründung des mathematischen Wissens. Unter dem Einfluß des Studiums von Leibniz und unter dem unmittelbaren Eindruck der Arbeiten von Peano (italienischer Mathematiker, Mitbegründer der Relationslogik) führte R. die philosophischen und methodologischen Positionen des Logizismus zur Reife. Die R.schen Denkansätze, Fragestellungen und Ergebnisse stimulierten in bedeutendem Maße die Logikentwicklung im 20. Jahrhundert. Die Synthese all dieser Leistungen und zugleich Kulminationspunkt des Logizismus ist das Standardwerk der mathematischen Grundlagenforschung, das dreibändige Werk „Prinzipien der Mathematik" (1910/13), das R. in engster Zusammenarbeit mit seinem früheren Lehrer A. N. Whitehead schuf. Dieses Buch offenbarte den Mißerfolg der Konzeption des Logizismus, da für den deduktiven Aufbau der Mathematik Axiome nötig waren, die nicht „rein logischer Natur" sind.

Nach 1910 trat die Logik generell zugunsten der anderen Interessengebiete R.s zurück. Auch erkenntnistheoretisch wandte R. exakte naturwissenschaftliche Methoden an, indem er von ursprünglichen, unbezweifelbaren Erfahrungen des Menschen ausging und durch logische Zuordnung entsprechender Vorgänge eine spekulative Metaphysik überflüssig machte. Gemeinsam mit G. E. Moore vollzog R. die Wende vom „absoluten Idealismus", der sich am Ausgang des 19. Jahrhunderts als englische Variante des Neuhegelianismus durchgesetzt hatte, zum Neorealismus, der auf die spezifischen Traditionen der englischen empiristischen Philosophie zurückführte. Nach der Abkehr vom englischen Neuhegelianismus bleibt R.s Philosophie im wesentlichen in den Grenzen des Neorealismus, ist aber dennoch durch eine ständige Veränderung von grundlegenden Positionen gekennzeichnet. Die wesentlichen Stadien der Entwicklung der R.schen Philosophie sind durch zehn umfangreiche Bücher markiert. Die bekanntesten und für die Philosophie einflußreichsten Etappen sind der „Logische Atomismus" (1913–1920) und der „Neutrale Monismus" (1921–1927). Die letzten großangelegten Versuche der Synthese divergierender Konsequenzen der R.schen Ansätze wurden in „Das menschliche Wissen" (1948) und in „Meine philosophische Entwicklung" (1959) ausgeführt. Gegründet auf die Einsicht, daß Philosophie sich auf das feste außerphilosophische Wissen gründen müsse, wenn sie wirklich Wert haben solle, versuchte R., sich vom Subjektivismus zu lösen. Da aber bestimmte idealistische Vorurteile, die das Herangehen R.s an das Problem prägten, nicht überwunden wurden, blieben auch diese Versuche erfolglos und ohne echten philosophischen Ertrag.

In den 40er Jahren entwickelte R. die Auffassung, daß die grundlegende Erscheinung des gesellschaftlichen Lebens die Macht sei, die in verschiedenen Formen auftrete. Die Beziehungen und Transformationen der Macht stellten das Studienobjekt der Gesellschaftstheorie dar. R.s Voraussetzungen erlaubten es nicht, objektive Kriterien zur Begründung seiner humanistisch orientierten Ethik zu finden, so daß er schließlich beim „sittlichen kategorischen Imperativ" anlangte. Seit Beginn der 50er Jahre hat sich R. auf der Grundlage seines abstrakten Humanismus konsequent und couragiert für die Sicherung des Weltfriedens eingesetzt. Er wurde eine der symbolhaften Persönlichkeiten der Weltfriedensbewegung.

Weitere Veröffentlichungen von R. waren: „Lob des Müßiggangs" (1935); „Macht" (1938); „Über Sinn und Wahrheit" (1940); „Philosophie des Abendlandes" (1945); „Macht und Persönlichkeit" (1949); „Unpopuläre Betrachtungen" (1950); „Neue Hoffnung für unsere Welt" (1951); „Wissenschaft wandelt das Leben" (1951); „Moral und Politik" (1954); „Warum ich kein Christ bin" (1957); „Vernunft und Atomkrieg" (1959).

Sachs, Nelly (Leonie) – deutsch-schwedische Schriftstellerin
geb. 10.12.1891 in Berlin
gest. 12.5.1970 in Stockholm
Nobelpreis 1966, für ihre hervorragenden lyrischen und dramatischen Werke, die das Schicksal Israels mit ergreifender Stärke interpretieren.

Nelly, Tochter eines Fabrikanten, wuchs in großbürgerlichen Verhältnissen im vornehmen Tiergartenviertel auf. Den Besuch der öffentlichen Dorotheen-Schule in Moabit mußte sie aus gesundheitlichen Gründen unterbrechen, und sie erhielt ab 1900 Privatunterricht. Von 1903 bis 1908 besuchte sie eine private Töchterschule. S. begann Puppenspiele, romantische kleine Erzählungen und Gedichte zu schreiben. Nach der Lektüre von „Gösta Berling" beginnt sie eine Korrespondenz mit der schwedischen Schriftstellerin Selma Lagerlöf. In den folgenden Jahren lebt sie in behüteter Zurückgezogenheit im Elternhaus, malt Aquarelle und beschäftigt sich mit Dostojewski, Hölderlin und Novalis. 1921 erscheint ihr erstes Buch „Legenden und Erzählungen". Seit dem Ende der zwanziger Jahre ist S. von Fachleuten und Kritikern als Dichterin anerkannt. 1939 gelingt es ihrer Freundin Gudrun Harlan in Schweden, Prinz Eugen (den Bruder König Gustavs V.) und Selma Lagerlöf als Fürsprecher für die Ausreise der jüdischen Familie Sachs aus dem nationalsozialistischen Deutschland zu gewinnen.

Am 16.5.1940 emigrierte S. mit ihrer Mutter nach Stockholm. 1941 beziehen sie eine Wohnung in einem Haus der Warburg-Stiftung der Jüdischen Gemeinde

Stockholms, wo sie bis zu ihrem Tode bleibt. S. arbeitet als Wäscherin, um den Unterhalt zu finanzieren. Sie lernt Schwedisch, und schon bald beginnt sie mit der Übersetzung moderner schwedischer Lyrik ins Deutsche. Die Erfahrungen der nationalsozialistischen Zeit – der gewaltsame Tod naher Verwandter, Flucht und Vertreibung aus der Heimat – bilden Ausgangspunkt und Hintergrund für das literarische Werk der S. Ihre Lyrik ist ganz erfüllt vom Leid des jüdischen Volkes und seiner religiösen Mystik. Vor allem Verfolgung und Schmerz der europäischen Juden in der Zeit des Faschismus verbinden sich in ihrer stets ins Allgemeine strebenden Dichtung mit dem persönlichen Schicksal der Dichterin und haben in ihrem Werk eine Gestaltung von faszinierender Aussagekraft erhalten. Als das bedeutendste dichterische Zeugnis vom furchtbaren Schicksal der Juden ist das Werk von S., dem Haß und Rachegefühl fremd sind, auf die Bewahrung des weltweit und zeitlos empfundenen Humanen gerichtet. Ihre ersten beiden Gedichtbände „In den Wohnungen des Todes" (1947) und „Sternverdunkelung" (1949) beziehen sich konkret auf die Auschwitz-Greuel und thematisieren das erzwungene Exil. In der Schweiz und in Deutschland findet sich nach dem Krieg zunächst kein Verleger für ihren ersten Gedichtzyklus. Ihr nächster Gedichtband „Sternenverdunkelung" wird 1949 in Amsterdam gedruckt. Die Dichterin bekommt hervorragende Kritiken aber die Anerkennung hilft nicht gegen die ewige finanzielle Misere.

Mitte der fünfziger Jahre verändert sich die Schreibweise von S. unter dem Eindruck ihrer intensivierten Kabbala-Lektüre; eine zweite Schaffensphase zeichnet sich ab. In dem ersten Gedichtband aus dieser Zeit, „Und niemand weiß weiter" (1957), kommt bereits verstärkt zum Ausdruck, was sie den Versuch nennt, „das apokalyptische Heute mit einem inneren Universum in Verbindung zu bringen". Die Tendenz zur Universalisierung und der Wunsch nach kosmischer Erneuerung machen sich deutlicher bemerkbar. Je mehr sich ihre Gegenwart verbessert, um so mehr holen sie die Grauen der Vergangenheit ein, die erlebten und die im Geist erlittenen. Sie unternimmt 1960 eine Reise nach Zürich und Paris, doch nach ihrer Rückkehr nach Stockholm erleidet sie einen psychischen Zusammenbruch. Im September 1960 wird sie in die Nervenheilanstalt Beckomberga bei Stockholm eingeliefert. S. hat dort drei Jahre gelebt, schließlich beginnt sie wieder zu schreiben. Ihre Sammlung „Noch feiert Tod das Leben" nimmt konkret auf diese abgeschlossene, klinische Welt Bezug, und sie nähert sich darin mit Anteilnahme den alten und kranken Menschen.

In diesen Jahren wird sie gefeiert in Deutschland, und sie wird gelesen. Von nun an sind keine ausgeprägten Traditionsbezüge mehr erkennbar, und die Tendenz zur Ausbildung einer universalen Mystik zeichnet sich ab. Der Zyklus „Glühende Rätsel" entstand zwischen 1962 und 1965. S. konzentriert nun ihre Aussage in kurzen, elliptischen Formen. Sie schreibt in einer Sprache der Menschlichkeit: Sie meidet die geschundene und vergewaltigte Sprache der nationalsozialistischen Zeit sowie den Jargon der Gegenwart und findet einen radikal eigenen sprachlichen Schriftzug. In allen Fällen wird der konventionelle Sprachgebrauch erweitert, um den Leser sensibel für neue Einsichten werden zu lassen, vor allem im Zyklus „Fahrt ins Staublose" (1961).

S. ist nun weltberühmt, ihre Werke werden in allen europäischen Ländern gelesen und auch ins Hebräische, Japanische und Koreanische übersetzt. Doch sie bleibt eine Außenseiterin, im Leben und in der Literatur. Der Zugang zu ihrem mystischen Werk ist nicht einfach, ebensowenig ihr Thema: Auschwitz, Jäger und Gejagte, Mörder und Opfer, der Tod und das Licht der Auferstehung. Neben ihrer Lyrik hat S. zahlreiche Dramen geschrieben, deren Wirkung allerdings gering ist. Am bekanntesten ist das erste Drama „Eli. Ein Mysterienspiel vom Leiden Israels" (1951), das vom Leiden des jüdischen Volkes erzählt und zugleich vom Leiden aller Wehrlosen in der Welt. Nach dem Mysterienspiel gewinnt das „Kult- und Ritualspiel" an Bedeutung. Dazu zählen die Stücke „Abram im Salz", „Nachtwache" und „Simson fällt durch Jahrtausende" (alle 1962). 1969 wird S. an einem Krebsleiden operiert, am 12. Mai 1970 stirbt sie im St.-Görans-Krankenhaus in Stockholm.

Weitere Werke: „Leben unter Bedrohung" (1956); „Flucht und Verwandlung" (1959); „Fahrt ins Staublose. Die Gedichte der Nelly S." (1961); „Vergebens an einem Scheiterhaufen. Ein Spiel von der Freiheit" (1962); „Simson fällt durch Jahrtausende und andere szenische Dichtungen" (1967); „Verzauberung. Späte szenische Dichtungen" (1970); „Suche nach Lebenden" (1971); „Teile dich Nacht. Die letzten Gedichte" (1971).

Saint-John Perse (eigentlich Marie-Rene-Alexis Saint-Leger) – französischer Lyriker und Politiker
geb. 31.5.1887 in Saint-Leger-les-Feuilles (Guadeloupe)
gest. 20.9.1975 in Giens (Riviera)
Nobelpreis 1960, für den hohen Gedankenflug und die schöpferische Phantasie seiner Dichtung, die visionär die Lage unserer Zeit widerspiegelt.
S., Sohn eines Rechtsanwaltes aus altem Parlamentsadel, verbrachte eine angenehme Kindheit auf dem Privatbesitz der Familie auf den Antillen. Mit elf Jahren kam er zur Ausbildung nach Frankreich und besuchte das Gymnasium in Pau. Danach absolvierte er seinen Wehrdienst und studierte von 1904 bis 1910 Jura an der Universität Bordeaux.

Er schloß Bekanntschaft mit den französischen Schriftstellern Alain-Fournier, P. Claudel und A. Gide, die ihn dazu bewogen, sich nicht dem Romanschreiben zu widmen, sondern eine Diplomatenlaufbahn einzuschlagen. Daraufhin trat S. 1914 in den diplomatischen Dienst ein, wurde 1916 Legationssekretär in Peking (bis 1921) und unternahm weite Reisen in den Fernen Osten. Nach Frankreich zurückgekehrt, gehörte S. ab 1922 zum persönlichen Stab von A. Briand, der ihn von 1925 bis 1932 zum Direktor des Kabinetts machte. 1933 wurde S. zum Botschafter und Generalsekretär des Außenministeriums ernannt. 1938 begleitete er Ministerpräsident E. Daladier nach Deutschland, wo das Münchner Abkommen abgeschlossen wurde. 1940 erfolgte seine Entlassung und Aberkennung der französischen Staatsbürgerschaft durch die Vichy-Regierung. Im gleichen Jahr emigrierte S. in die USA, wo er Bibliotheksrat der Library of Congress wurde und zur Umgebung von Präsident Roosevelt gehörte. Erst 1959 kehrte er nach Frankreich zurück und wurde rehabilitiert.

S. hielt sich von allen modernen Strömungen, aber auch von jedem sozialen Engagement fern und vertrat eine majestätische, von exotischen Jugenderinnerungen und bürgerlichem Kulturbewußtsein geprägte Dichtkunst. Seine Dichtung erhebt Anspruch auf Universalität und versteht sich als Zeugnis für den jahrtausendealten Weg des Menschen durch eine Welt, die ihm hier duldsam, da geheimnisvoll drohend gegenübersteht und in der er sein Leben zu gestalten hat. S.s lyrische Erkundungsreisen durch historische und geographische Räume entsprechen einer Suche nach allgemeiner menschlicher Wahrheit. Die üppige Fülle seiner Sprache, die ihren Reichtum aus den verschiedensten Bereichen menschlicher Tätigkeit und Wissenschaft schöpft, fügt sich in S.s Dichtungen zu faszinierenden, allerdings schwer zu entschlüsselnden Bildern.

S.s Werk, über dessen Entstehung er auch bei der Preisverleihung in Stockholm nur zurückhaltend sprach, entwickelte sich in zwei Phasen: von 1904 bis 1924 und nach 18jährigem Schweigen wieder seit 1942. Der junge Lyriker übertrug Pindar aus dem Griechischen und versuchte sich 1907 selbst in sechs pindarischen Hymnen „Einer Kindheit zur Feier" zum Preis des Antillenparadieses, und 1908 entstand die von Conquistadorenromantik geprägte Alexandrinerdichtung „Des villes sur trois modes". Mit 17 Jahren schrieb S. eine Robinsonhymne: „Bilder für Crusoe", die unter seinem wahren Namen in „La Nouvelle Revue Française" im Jahre 1909 erschien. Dieses Bekenntnisgedicht hat die Aussetzung des geretteten Robinson in der Einsamkeit der Großstadt zum Thema. Zusammen mit anderen Dichtungen wurden seine Gedichte zu den „Eloges" („Preislieder", 1911) vereinigt. In ihnen besang S. seine Kindheit in Guadeloupe und evozierte Bilder paradiesischer Reinheit, harmonischer Übereinstimmung von Mensch und Natur gegen die Ermattung europäischer Zivilisation. In Peking, nach einer Reise durch die Gobi, verfaßte der Diplomat „Anabasis". Dieses Werk erscheint 1924 unter dem Pseudonym S.-J. P. Der Beamte im Auswärtigen Dienst tritt aus der Öffentlichkeit zurück. In dem aus zehn Gesängen bestehenden epischen Gedicht brachte S. im Gleichnis welterobernder Energie die kulturschöpferischen, menschheitlichen Kräfte ins Bild, die sich ihren schicksalhaft vorgezeichneten Weg in der Spannung von Ankunft und Aufbruch, Erschöpfung und Wiederbelebung bahnen. Die metaphernreiche, semantisch nicht ohne weiteres entschlüsselbare Sprache, die alle lautmalerischen Möglichkeiten nutzt, schöpft aus dem Wortschatz der Naturwissenschaften und der archaischen Überlieferung. Unter Vermeidung historischer Konkretheit werden poetische Entdeckungsreisen unternommen, die durch leitmotivisch wiederkehrende Bilder des Wanderns, der Unruhe, des Abenteuers vor dem Hintergrund elementarer Naturkräfte assoziiert sind. Die Wege führen quer durch alle Kontinente und Zeitalter; sie münden in kosmische Räume und jene Regionen des Universums, die nach der Überzeugung S.s nur der in Einsamkeit verharrende Dichter einem menschlichen Maß unterwerfen kann.

Die Entgrenzung schwang im ersten Gedicht der zweiten Schaffensperiode, „Exil" (1942), noch weiter aus. Jedes Exil, auch sein eigenes, wird entpolitisiert, zeit- und ortlos gemacht. Aus negativierender Metaphorik entsteht der Triumphgesang am Nullpunkt. Eine mallarmeische Verknüpfung des Unsagbaren mit dem Weißen kulminiert in „Schnee" (1944) im Erlöschen in durchsichtiger Eigenschaftslosigkeit. Gleichzeitig entstanden „An eine Fremde" (1943) und „Regen" (1943). Die Nichtigkeit entfaltet sich im Worttheater eines bedeutungsschweren Prunkgedichts, dessen Nachdruck in „Winde" (1946) weiter zunahm. Dieser letzte und größte Gesang erscheint mit einem Geleitwort von P. Claudel, der von einem „Epos" spricht. Seit 1948 publizierte S. Bruchstücke des Zyklus „Seemarken", den er 1957 vollendete. Aus den acht Gesängen von „Chronik" (1960) spricht in abendlichen Konstellationen abgeklärte Sagesse; nicht mehr die hohe See lockt den Schweifenden, sondern die eurasische Weite; die „Meer-Entstiegenen" planen die Zerstörung ihrer Schiffe. Die Unpersönlichkeit des eleganten Tons steigerte sich seit den „Preisliedern" merklich und gewann an Stilkraft. In „Vögel" (1962) reduzierte S. entlegenen Sprachschatz und die synkretisierenden (Vermischung verschiedener Religionen) Korrelationen.

In seiner florentinischen Festrede („Pour Dante", 1965) definierte S. Dichtung als Akt der Ontologie: Der Dichter als der „ex-istant par excellence" dringt am weitesten zu den Prinzipien des Seins vor. Die Forschung bezeichnet das poetische Verfahren S.s als Spannung zwischen referentieller Teilgenauigkeit der Motive und totaler Aufhebung der Lebenswirklichkeit im Text. Im Rückgriff auf Dante erhob S. selbst die Poesie zur eigenen Ontologie. Er hatte vom Prosagedicht Impulse empfangen, die er nach Rimbaud in weitere Höhen hinaufhob; endgültig befreite er das Poeme en prose vom Odium unlyrischer Stilkürze.

Saramago, José M. Sousa – portugiesischer Schriftsteller

geb. 16.11.1922 in Azinhaga, Provinz Ribatejo

Nobelpreis 1998, für seine eigensinnig entwickelte, vielbödige Romankunst, die, getragen von Phantasie, Mitgefühl und Ironie, ständig aufs neue eine entfliehende Wirklichkeit greifbar gemacht habe.

S., Sohn einer Landarbeiterfamilie, wuchs ab dem zweiten Lebensjahr in Lissabon auf, wo er die Grundschule und das Gymnasium besuchte. Während der ganzen Kindheit und Jugend war er häufig in seinem Heimatdorf und hatte dadurch eine starke Bindung an das ländliche Leben. Aus finanziellen Gründen mußte er das Gymnasium vorzeitig verlassen und begann eine Ausbildung als Maschinenschlosser, die er 1939 beendete. Im erlernten Beruf war S. anschließend zwei Jahre lang in einem Krankenhaus tätig, danach arbeitete er als technischer Zeichner und Büroangestellter. Nach autodidaktischen Studien war er dann in Verlagen und für Zeitungen tätig, ehe er sich als freier Schriftsteller in Lissabon niederließ.

S. gehört heute nicht nur als Romancier, sondern auch als Lyriker, Dramatiker und Essayist zu den bedeutendsten zeitgenössischen Autoren Portugals. Dabei begann er erst relativ spät, mit 44 Jahren, literarische Arbeiten zu veröffentlichen. Sein Werk zeichnet sich stilistisch dadurch aus, daß es Formen mündlichen Erzählens und experimentelle Prosa miteinander verbindet. Fiktion, Geschichte und Irrealität werden dabei vermischt. Kritik an Staat und Kirche hat S. in seinen Werken immer wieder geübt.

1966 erschien sein erster Gedichtband „Die möglichen Gedichte", dem weitere Gedichte, Chroniken und ein Band mit Kurzgeschichten folgten. Die ersten Gedichte sind fast ausschließlich Ausdruck allgemeinen menschlichen Leidens, in ihnen überwiegen Enttäuschung und Illusionslosigkeit. Ab 1968 betätigte sich S. auch als Journalist, so war er als politischer Kommentator und Literaturkritiker für verschiedene Zeitschriften und Zeitungen (u. a. „Diario de Lisboa") beschäftigt. 1969 wurde er Mitglied der Kommunistischen Partei Portugals und versuchte gegen die Zensur des Salazar-Regimes anzukämpfen und setzte sich für allgemeine Meinungsfreiheit ein. Die zuerst in Zeitungen veröffentlichten Chroniken „Aus dieser und der anderen Welt" (1971) und „Das Gepäck des Reisenden" (1973) stammen aus der Zeit Marcello Caetanos (Ministerpräsident von 1968–1974), also aus der Endphase der Diktatur, in der es bereits möglich war, die vorgefundene Realität kritischer zu beleuchten. Am 25. April 1974 erfolgte durch die oppositionelle Offiziersgruppe „Bewegung der Streitkräfte" ein unblutiger Staatsstreich, der zum Sturz des Regimes führte („Nelkenrevolution"). Nach diesem Umsturz arbeitete S. im Ministerium für Kommunikation und wurde 1975 beigeordneter Direktor der ältesten portugiesischen Tageszeitung „Diario de Noticias". Nachdem sich die sozialistische Perspektive der Revolution zerschlagen hatte, endete auch S.s Amt als Direktor und seine Arbeit als Kommentator bei dieser Zeitung. 1975 veröffentlichte er den Band „Das Jahr 1993", eine Art Kurzgeschichte in Versform, die düster die Belagerung einer Stadt beschreibt. In der Folgezeit mußte er sich seinen Lebensunterhalt hauptsächlich mit Übersetzungen verdienen.

1977 erschien sein erster Roman „Handbuch der Malerei und Kalligraphie", in dem S. in Form der Ich-Erzählung den Versuch eines mittelmäßigen Porträtmalers beschreibt, sich über sich selbst, seine Person und seine Rolle in der Welt klarzuwerden. Der Durchbruch gelang S. 1980 mit dem Roman „Hoffnung im Alentejo", einer Familienchronik aus der armen Region Alentejo über vier Generationen hinweg. Er beschreibt die Geschichte der Landarbeiter Portugals vom Beginn dieses Jahrhunderts bis zur Zeit kurz nach der Revolution. Das Leben der Arbeiter ist von Miseren und dem Kampf um das tägliche Brot gekennzeichnet. Die erste Generation der Familie lebt noch in einem Zustand vollkommener Hoffnungslosigkeit. Im Laufe der Zeit ändern sich die äußeren Bedingungen, einige lernen Lesen und Schreiben, es gibt Streiks für höhere Löhne, die Forderung nach dem Achtstundentag wird laut und kann schließlich durchgesetzt werden. Der Roman endet mit den ersten Landbesetzungen 1975, weil sich die Lebensbedingungen durch die Revolution nicht verbessert hatten.

Der internationale Durchbruch gelang S. mit dem Roman „Das Memorial" (1982), die kunstvoll und vielschichtig erzählte Geschichte über den Bau eines Franziskanerklosters und die damit verbundenen Schicksale vom Anfang des 18. Jahrhunderts. Der Bestseller erreichte mehr als 15 Auflagen und wurde in 28 Sprachen übersetzt. Er erzählt in dem Roman die Geschichte des Klosterbaus von Mafra, eines monumentalen Projekts, das König Joao V. im Jahre 1717 in Auftrag gegeben hatte. Dreizehn Jahre dauert der Bau dieses Klosterpalastes – eine apokalyptische Schreckenszeit für die Arbeiter, die sich bei dem aberwitzigen Vorhaben zu Tode schinden. Unter ihnen befindet sich auch der einhändige Soldat Baltasar, Gefährte der Seherin Blimunda, deren Mutter als Hexe verbannt wurde. Auch der 1984 erschienene Roman „Das Todesjahr des Ricardo Reis" wendet sich Vergangenem zu. Dieser Roman thematisiert mehr als jedes andere Buch S.s die Überzeugung, daß jedes Individuum mehrere Persönlichkeiten besitzt, widersprüchliche Facetten seines komplexen Seins.

1986 erschien sein fünfter Roman „Das Floß aus Stein", der als einziger keinen konkreten historischen Hintergrund hat, sondern in einer unbestimmten, nahen Zukunft spielt. Aus unerklärlichen Gründen beginnt die Iberische Halbinsel sich plötzlich vom Festland zu lösen, um auf dem Atlantik wie ein riesiges Floß aus Stein umherzutreiben. Wie auf einem großen Schiff suchen und finden sich auf der Halbinsel fünf Menschen, die zwischen den Ereignissen ihres persönlichen Lebens und dem Bruch in den Pyrenäen einen Zusammenhang erkennen. 1989 erschien der Roman „Die Geschichte der Belagerung Lissabons". Wie viele Romane S.s kann auch dieser als Liebesgeschichte gelesen werden. Die Liebe ist in seinem Gesamtwerk ein zentrales Thema. Liebe ist bei S. gleichzeitig Antrieb, Impulsgeberin und erstrebenswertes Ziel, sie kann Kraft geben und erhalten, Einsamkeit kann durch sie partiell überwunden werden.

Sein Roman „Das Evangelium nach Jesus Christus" (1991) führte zu heftigen Auseinandersetzungen mit der Kirche. Das Buch, das den Gottessohn nicht nur als lebenshungrigen und wißbegierigen Jüngling darstellt, sondern auch an Glauben und Wundern zweifeln läßt, wurde auf Veranlassung eines Unterstaatssekretärs der

Regierung wegen angeblicher „Verletzung religiöser Gefühle" von der Vorschlagsliste für den Europäischen Literaturpreis gestrichen. Von der Verblendung durch Ideologie handelt der Roman „Die Stadt der Blinden" (1995), in dem S. die Gewalt in der Welt als Folge der blinden, ethischer Maßstäbe beraubten Vernunft deutet und die Blinden aufgrund ihrer Krankheit immer aggressiver werden läßt. 1995 erschienen sechs Erzählungen aus dem Jahr 1978 in deutscher Übersetzung unter dem Titel „Der Stuhl und andere Dinge".

Nach Ansicht von Kritikern ist es S. gelungen, die portugiesische Gegenwartsliteratur aus den Fesseln des Neoliberalismus zu befreien und ihr zu internationalem Ansehen zu verhelfen. Zum ersten Mal in der Geschichte des seit 1901 verliehenen Literatur-Nobelpreises wurde mit ihm ein portugiesischer Schriftsteller gewürdigt. S. lebt auf der spanischen Kanareninsel Lanzarote im Exil, da er sich wegen seiner sozialistischen Überzeugungen auch in seinem demokratisch regierten Heimatland Portugal zahlreichen Anfeindungen ausgesetzt sah.

Sartre, Jean-Paul – französischer Philosoph und Schriftsteller
geb. 21.6.1905 in Paris
gest. 17.4.1980 in Paris
Nobelpreis 1964, in Anerkennung seines schöpferischen schriftstellerischen Schaffens, dessen freiheitlicher Geist und dessen Suche nach Wahrheit einen weitreichenden Einfluß auf unser Zeitalter ausgeübt hat.

S., Sohn eines Marineoffiziers, erhielt eine gediegene Schulbildung in La Rochelle und Paris, wo er sich nach dem Baccalaureat 1922 zur Aufnahme in die École Normale Supérieure in Paris vorbereitete, die er dann von 1924 bis 1929 besuchte. Obwohl der erste Versuch 1928 gescheitert war, schloß er im folgenden Jahr die Agregation de philosophie mit Auszeichnung ab. Auf der École Normale lernte er Raymond Aron und Simone de Beauvoir, seine Gefährtin bis in die 60er Jahre, kennen.

Von 1929 bis 1931 war er zum Militärdienst eingezogen, anschließend war S. bis 1933 Philosophielehrer in Le Havre. Im September 1933 ging er als Stipendiat des Institut français nach Berlin und entdeckte die Phänomenologie Husserls und Heideggers. Von 1934 bis 1936, während seiner erneuten Unterrichtstätigkeit in Le Havre, zeigte er gewisse Affinitäten zur Kommunistischen Partei Frankreichs. Im Herbst 1937 wurde er ans Lycée Pasteur nach Paris versetzt. Er wurde dann eingezogen. Nach der Rückkehr ans Lycée Pasteur galt S. bei den Kommunisten als Agent provocateur, als er versuchte, mit der Résistance Kontakt aufzunehmen. Im Sommer 1941 ging er in die Zone libre, organisierte eine Widerstandsgruppe und begegnete A. Gide. Vom Herbst 1941 bis 1944 war S. Philosophielehrer am Lycée Condorcet in Paris.

S.s Frühwerk „Der Ekel" (1938) führt in Tagebuchform den Helden Roquentin zum radikalen Weltekel, der hinter allem nichts mehr sieht als den „tierischen Eigensinn der Existenz". Mit „Das Sein und das Nichts. Versuch einer phänomenologischen Ontologie" (1943) wollte S. die philosophischen Grundlagen einer „existentiellen Psychoanalyse" legen, durch die das Individuum sich seiner Freiheit bewußt werden, eine Moral erfinden, alle Formen der Entfremdung überwinden und zum Schöpfer seiner selbst werden sollte. Großen Einfluß auf die Literaturdebatten der Nachkriegszeit übte S. mit seiner Theorie der engagierten Literatur aus, die er in „Was ist Literatur?" (1947) begründete. Seine Engagementkonzeption stellte er auf die Probe in seinen Künstlerbiographien, die als konkrete existentialistische Psychoanalysen zu verstehen sind: u. a. die monumentale Flaubert-Biographie „Der Idiot der Familie" (1972), in der sein literarisches, literaturkritisches und philosophisches Werk kulminiert. Nachdem S. mit „Der Ekel" ersten literarischen Ruhm errang, folgte 1939 die Novellensammlung „Le mur" („Die Mauer"). Danach erschien die Romantrilogie „Die Wege der Freiheit" (1945/49) mit den Einzeltiteln „Zeit der Reife", „Der Aufschub" und „Der Pfahl im Fleische", in der S. verschiedene Verhaltensweisen vor dem Hintergrund des Spanischen Freiheitskampfes, des Münchner Abkommens und des Kriegssommers 1940 gestaltete. Zur Popularisierung S.scher Ideen trugen besonders seine Dramen bei, vor allem „Die Fliegen" (1943), „Bei geschlossenen Türen" (1944), „Tote ohne Begräbnis" (1946), „Die ehrbare Dirne" (1946), „Die schmutzigen Hände" (1948), „Der Teufel und der liebe Gott" (1951), „Nekrassow" (1955) und „Die Eingeschlossenen" (1960).

1948 kam sein gesamtes Werk auf den Index der von der katholischen Kirche verbotenen Bücher. Die im gleichen Jahr von S. gegründete Partei des dritten Weges „Revolutionäre Demokratische Sammlung" hatte nur zwei Jahre Bestand, damit mißglückte sein Bestreben, außerhalb der KP Frankreichs eine wirksame Linksbewegung zu organisieren. 1956 verurteilte S. in „L'Express" die sowjetische Intervention in Ungarn. 1957 begann er mit der Niederschrift „Kritik der dialektischen Vernunft", in der nach seinen Vorstellungen eine Vereinbarung von Marxismus und Existentialismus möglich sein könnte. Im Frühjahr des gleichen Jahres agitierte er gegen de Gaulles Rückkehr zur Macht. Im Juli 1961 und im Januar 1962 wurden gegen seine Wohnung in der Rue Bonaparte Bombenanschläge verübt. 1966 nahm S. am Vietnam-Tribunal von Bertrand Russell teil, darüber kam es im März 1967 zu einem Briefwechsel mit de Gaulle. In einem „Spiegel"-Interview vom Juli 1968 äußerte S. die Überzeugung, daß die Kommunistische Partei Frankreichs die Mairevolution verraten habe. 1969 unterstützte er die Präsidentschaftskandidatur von Alain Krivine, im Dezember trat er im französischen Fernsehen auf und verurteilte die amerikanischen Kriegsgreuel in Vietnam. Er engagierte sich für den Fortbestand der linksextremen Zeitschrift „La Cause du peuple", deren Leitung er im April 1970 übernahm. Im Juni 1971 wurde S. der Beleidigung von Polizeiorganen angeklagt.

Als Philosoph, Romancier und Dramatiker stellt S. die Einsamkeit, Freiheit und Verantwortung des Menschen dar; fiktive Personen können nicht in jedem Fall als Sprachrohr seiner eigenen Weltsicht angesehen werden, sondern verkörpern eine radikal zu Ende gedachte Idee, deren Problematik S. aufdecken will. „L'Humanité" versuchte ihn als Feind der Arbeiterklasse anzuprangern, da er sich als Gegner fixierter Doktrinen, die nicht weiter hinterfragt werden dürfen, ausgewiesen hat. S.s Lebenserinnerungen erschienen 1965 unter dem Titel „Die Wörter", beleuchten die frühe Kindheit als Neurose; das verhätschelte Wunderkind findet sich plötzlich vor dem Nichts, flüchtend in den Schwindel der Worte, ein „kindliches Monstrum", das sich in die „Niedrigkeit stürzt, um der Erniedrigung zu entgehen", ohne Gleichgewicht.

Am 16. Oktober 1964 lehnte S. den Nobelpreis für Literatur ab.

Scholochow, Michail Alexandrowitsch – sowjetischer Schriftsteller
geb. 24.5.1905 in Krushilin (Dongebiet)
gest. 20.2.1984 in Wjoschenskaja am Don
Nobelpreis 1965, für seine künstlerische Kraft und Ehrlichkeit, womit er in seinem Don-Epos einen geschichtlichen Zeitabschnitt aus dem russischen Volksleben gestaltet hat.

Dreizehn Jahre zählte S., als er nach zwei vorzeitig abgebrochenen Versuchen, das Gymnasium zuerst in Moskau, dann in der Provinzstadt Bogutschar zu besuchen – immer reichte das Geld nicht –, an den oberen Don zurückkehrte, wo sein Vater als Verwalter einer Dampfmühle tätig war. Fast zur gleichen Zeit brach der Bürgerkrieg über das Dongebiet herein. Zwei Jahre lang hielten die „Weißen" die obere Donregion besetzt und der junge S. nahm gierig in sich auf, was um ihn herum geschah. Durch sein ganzes späteres Werk hindurch ziehen sich die Erinnerungen an die Erlebnisse und Erfahrungen dieser Jahre. Während der Herrschaft der Weißen konnte er nur kurzzeitig die Schule besuchen, und er konnte sich dafür rückhaltlos seinem Steckenpferd, dem Lesen, widmen. Bald hatte er nicht nur mehrmals die Jugendbücher gelesen, die sein Vater ihm besorgt hatte, sondern auch viele Werke der klassischen russischen und der Weltliteratur. Nach Errichtung der Sowjetmacht am oberen Don im Jahre 1920 war er zur Liquidierung des Analphabetentums eingesetzt und als Inspektor an der Kampagne zur Lebensmittelbeschaffung beteiligt. Ende 1922 ging S. nach Moskau, schloß sich einem Kreis junger Menschen an, die sich darum bemühten, das neue Leben auch mit einer neuen Literatur zu gestalten. Damit begann eine neue Etappe in seinem Leben. Er wurde Mitarbeiter verschiedener Jugendzeitungen und -zeitschriften.

Im Feuilleton des Komsomol-Organs „Yunosheskaja prawda" erschien 1923 sein Erstlingswerk, die Erzählung „Das Gottesurteil", dem 1924 die Kurzgeschichte „Das Muttermal" folgte, die die Kämpfe der Bürgerkriegsjahre im Dongebiet zeigen. 1924 kehrte er in die heimatliche Staniza Wjoschenskaja zurück, wo er bis zu seinem Tode seinen Hauptsitz hatte. Zwischen 1923 und 1927 entstand der Zyklus der sogenannten Donerzählungen: „Aljoschkas Herz" (1925), „Erzählungen vom Don" (1925) und „Die flimmernde Steppe" (1926). Er konzentrierte sich dabei ganz auf den Antagonismus des Kampfes zwischen Revolution und Konterrevolution und verfolgte dessen Konsequenzen bis in die Familienbeziehungen hinein.

In wachsendem Maße beschäftigte S. aber die Frage, wie die Masse der früher privilegierten Kosaken den Weg an die Seite der Revolution fand. Aus dieser Problemstellung entstand in 15jähriger Arbeit der große Roman „Der stille Don" (Band 1 und 2, 1928/30, Band 3 bis 4, 1948/49). Das mehrfach verfilmte Werk setzt die tragische Figur des Kosaken Grigori Melechow in eine widerspruchsvolle Beziehung zu der revolutionären Bewegung der Massen. Die Handlung ist eng mit den geschichtlichen Ereignissen verbunden, die der Entwicklung in Rußland den entscheidenden Anstoß gaben – dem Ersten Weltkrieg, der Februar- und der Oktoberrevolution sowie dem Bürgerkrieg. S. greift auf zahlreiche geschichtliche Fakten und Personen zurück, obwohl die romanhafte Gestaltung dominiert. Ergreifende Einzelschicksale und großartige Massenszenen halten einander die Waage. Grigori Melechow verliert infolge des tragischen Irrtums, es könnte zwischen den Klassenfronten einen dritten Wege geben, fast alle Menschen, die ihm einmal nahestanden. Diese Darstellung des Schicksals der freiheitsliebenden Donkosaken, die eine ungeheure politische und gesellschaftliche Umwälzung mit dem Untergang ihrer Kultur, mit Verlust an Leben und Besitz, mit Hunger und Not bezahlen mußten, gehört seitdem zur Weltliteratur. Das Werk wurde in mehr als 50 Sprachen übersetzt, und S. wurde dafür 1941 mit dem Stalinpreis ausgezeichnet.

Anfang der 30er Jahre unterbrach S. die Arbeit an der Epopöe, um sich den durch die Kollektivierung der Landwirtschaft ausgelösten tiefen Umbrüchen im Denken und Fühlen der kosakischen Bauern zuzuwenden. In dem Roman „Neuland unterm Pflug" (1. Buch 1932, 2. Buch 1959/60) gelang es S., den erbitterten Klassenkampf im Kosakendorf in der Periode der Kollektivierung in seiner ganzen politischen und menschlichen Kompliziertheit darzustellen. Besonders der erste Band versah die Massenkollektivierung im Dongebiet mit positiven Vorzeichen, verschwieg indessen die Schattenseiten nicht und rief deshalb bei seinem Erscheinen 1931 eine Sensation hervor. Während und nach dem Großen Vaterländischen Krieg veröffentlichte S. eine Reihe von Skizzen, publizistischen Aufsätzen und Artikeln sowie die Erzählung „Die Lehre vom Haß" (1942). Die Erzählung macht deutlich, daß der aufgezwungene Krieg auch den Zwang zum Haß gegen den Aggressor brachte, obwohl es dem deutschen Volk gegenüber vorher solchen Haß nicht gegeben hatte. 1943/44 erschienen die ersten Kapitel des 1959 vollendeten Romans „Sie kämpften für die Heimat", darin beschrieb S. die Heimkehr eines in den dreißiger Jahren zu Unrecht verurteilten, schließlich aber zu Beginn des Krieges rehabilitierten Generals. Mit erhabener Schlichtheit gestaltete er die humanistischen Ideale seines Volkes in der Erzählung „Ein Menschenschicksal" (1956/57), die unzähligen Menschen die Gewißheit vermittelt, daß sie ebenso wie Andrej Sokolow, der Held des Werkes, die Kraft besitzen, ihr menschliches Wesen auch unter den schwersten Bedingungen zu bewahren.

Weiter erwähnt seien Prosaarbeiten wie „Mein Heimatland" (1970), „Gebot des Herzens" (1970), „Der unsterbliche Trompeter" (1973) und „Erzählungen" (1975). Von 1959 bis 1962 erschienen „Gesammelte Werke" in acht Bänden, und 1976 kamen „Geschichten vom Don" heraus. In offiziellen Funktionen zeigte S. sich als Verfechter stalinistischer Kulturpolitik; so forderte er 1965 härteste Bestrafung der Untergrundautoren Juli Daniel und Abram Terz und kritisierte 1969 öffentlich Alexander Solschenizyn (Literatur-Nobelpreis 1970).

Seferis, Giorgos – griechischer Schriftsteller und Diplomat
geb. 29.2.1900 in Smyrna
gest. 20.9.1971 in Athen
Nobelpreis 1963, für seine großartige Lyrik, die von einem starken Gefühl für die hellenische Kulturwelt inspiriert ist.
S., Sohn eines Rechtsanwaltes und Universitätsprofessors, besuchte zunächst die Schule in Izmir, doch dann wurde die Familie 1914 von den Türken vertrieben. In Athen besuchte S. das Gymnasium, und von 1918 bis 1924 studierte er Rechtswissenschaften in Paris, hatte aber gleichzeitig starkes Interesse für die Literaturwissenschaften.

Zurückgekehrt nach Griechenland, erfolgte die weitere Ausbildung zum Diplomaten. Ab 1928 war S. im diplomatischen Dienst tätig, zuerst als Vizekonsul in London, wo er – durch den Schock der griechischen Niederlage im türkischen Krieg zum Schriftsteller geworden – entscheidende Einflüsse von dem englischen Lyriker T. S. Eliot (Literatur-Nobelpreis 1948) erhielt, dessen Werke er teilweise ins Neugriechische übersetzte. 1934 kehrte S. nach Athen zurück, war von 1936 bis 1938 als Konsul in Albanien tätig und dann bis 1941 in Athen Pressechef des Informationsministeriums. Als die deutsche Wehrmacht Griechenland besetzte, floh S. nach Kreta, arbeitete dort mit der griechischen Exilregierung zusammen, bis deutsche Fallschirmjäger auch diese Insel besetzten und er seine Tätigkeit für das Außenamt der Exilregierung zuerst in Kairo, dann in Pretoria fortsetzen mußte. Über London kehrte er 1944 in seine Heimat zurück. 1945/46 war S. Sekretär des griechischen Regenten Damaskinos, danach arbeitete er wieder im Außendienst, von 1948 bis 1950 in Ankara, 1951 bis 1952 in London, und er war dann von 1953 bis 1956 gleichzeitig Botschafter im Libanon und Gesandter in Syrien, im Irak und in Jordanien. Im August 1956 übernahm S. die Leitung der Politischen Abteilung des Außenministeriums in Athen. Von 1957 bis 1962 war er Botschafter Griechenlands in Großbritannien, und er trat anschließend in den Ruhestand.

Neben seiner erfolgreichen Karriere als Diplomat ist auch sein bedeutsames Schaffen als Schriftsteller bemerkenswert, schließlich war er der erste Nobelpreisträger Griechenlands. S. wies mit Odysseas Elytis (Literatur-Nobelpreis 1979) und Andreas Embirikos in den 30er Jahren der griechischen Lyrik neue Wege. In der Abkehr vom Symbolismus, vom Narzißmus und Nihilismus der 20er Jahre fand er zum freien Vers und einer eigenen, unpathetischen dichterischen Sprache. Sein unruhiges Leben hat sich in seiner Dichtung niedergeschlagen, die erfüllt ist von Flucht und Ungeborgenheit. Er trat Anfang der 30er Jahre mit ersten Gedichtbänden hervor: „Wende" (1931), erstes Auftreten einer sparsamen Dichtung, die von der Kritik fast einhellig als esoterisch und unverständlich abgelehnt wurde. In „Zisterne" (1932) schildert S. das karge Bild griechischer Landschaft und das entbehrungsreiche Leben. In „Mythistorima" (1935) gelangte er zu einer freirhythmischen lyrischen Gestaltung von großer Sensibilität und zugleich bildhafter Ausdruckskraft, die beispielhaft für moderne neugriechische Lyrik wurde. Dann veröffentlichte er „Gymnopaidia" (1936); „Logbuch I" (1940) und „Übungsheft" mit bis dahin unveröffentlichten Gedichten von 1928–1937 und „Logbuch II" (1944). Hatten im ersten „Logbuch" die ersten Kriegsereignisse im übrigen Europa Bilder des Schreckens heraufbeschworen, so wird im „Logbuch II" neben dem Schmerz über das Verhängnis, das nun auch Griechenland erreicht hatte, auch die satirische Bitterkeit über die Kluft zwischen dem kämpfenden Volk und seinen Politikern im Ausland zum Ausdruck gebracht. Im Bereich der Lyrik gehören diese Werke zu den wichtigsten der sogenannten Generation der 30er Jahre, mit der sich der Einzug der Moderne in die griechische Literatur vollzieht. 1946 entstand das Gedicht „Die Drossel", der Name eines von den Deutschen im Hafen von Poros versenkten Schiffes. Neben dem arglosen, sensibilisierten Elpenor werden in der „Drossel" berühmtere mythologische Figuren evoziert. Orest und Ödipus im Kontext tragischer Schuld, Sokrates und Antigone als Symbole humaner Gerechtigkeit. 1953 reiste S. zum ersten Mal nach Zypern, hier entstand die Gedichtsammlung „Logbuch III", in der die Literaturgeschichte einen „Korrekturversuch der didaktischen Funktion des Mythos" bei ihm sieht.

Nach seiner Pensionierung lebte er in Athen in einem kleinen Haus, das auch im Alter nicht zum Elfenbeinturm werden sollte. Dort entstehen „Drei geheime Gedichte" (1966), eine Studie des nahestehenden Todes und insofern ein Alterswerk. Nach dem Offiziersputsch 1967 hat S. wiederholt das von den Streitkräften unterstützte Regime angegriffen und als Ausdruck seines Protestes bis 1969 alle Publikationen eingestellt. In einer vielbeachteten Erklärung vom April 1969 hat S. formuliert, „daß jede Diktatur am Ende unvermeidlicherweise in eine Tragödie ausläuft". Im einzigen Roman von S., „Sechs Nächte auf der Akropolis", der in den 20er Jahren entstand, als er aus seiner ursprünglichen Heimat in Smyrna, dem heutigen Izmir in Kleinasien, 1922 mit über einer Million Griechen vertrieben wurde, empfindet die Hauptfigur Ähnliches.

Die Verleihung des Nobelpreises betrachtete S. als „eine zufällige Sache", die man versuchen muß so schnell wie möglich zu vergessen. Als er im September 1971 stirbt, wird seine Beerdigung zu einer großen Demonstration für Freiheit und Demokratie; einige seiner älteren Gedichte, vertont von Mikis Theodorakis, waren, vom Volk gesungen, bereits zu antidiktatorischen Liedern geworden.

Weitere Werke: „Versuche" (1944); „Letzte Station" (1947); „Gedichte von 1924 bis 1946" (1950); „Zypern, Land meiner Weissagung" (1955); „Delphi" (1962); „Hohes Lied" (1965); „Die Apokalypse des Johannes" (1966); „Die Stunden von Frau Ersi" (1973); „Tagebuch von 1945 bis 1951" (1977).

Seifert, Jaroslav – tschechoslowakischer Schriftsteller
geb. 23.9.1901 in Prag
gest. 10.1.1986 in Prag
Nobelpreis 1984, für seine Dichtung, die mit frischer Sinnlichkeit und reicher Erfindungsgabe ein befreiendes Bild menschlicher Unbeugsamkeit und Vielfalt gibt.

S., Sohn eines Arbeiterehepaares, wuchs in den Mietskasernen des Prager Industrievorortes Zizkov auf, besuchte dann eine höhere Schule und war Mitarbeiter verschiedener Prager Zeitungen und Zeitschriften. Politisch und sozial engagiert, schloß er sich 1921 der neugegründeten Kommunistischen Partei an, ließ aber schon früh erkennen, daß ihm seine sozialen und humanen Ideale über Parteidisziplin gingen. Von 1922 bis 1925 war S. Redakteur der Zeitschrift „Srsatec", eine Zeitlang Verlagslektor der Prager „Kommunistischen Buchhandlung" und 1930 Chefredakteur der Theaterzeitschrift „Nova scena". Von 1931 bis 1933 redigierte er die Wochenzeitschrift „Pestre Kvety", von 1933 bis 1939 gehörte er der Redaktion der Tageszeitung „Ranni noviny" an, danach arbeitete er bis zum Kriegsende bei der Zeitung „Volksarbeit". Von 1945 bis 1949 war er bei der Tageszeitung „Arbeit" tätig und wirkte danach als freier Schriftsteller. Als kommunistischer Redakteur war S. in den 20er Jahren Mitbegründer der avantgardistischen Künstlervereinigung „Neunkraftwurzel" und stellte seine Lyrik zunächst ganz in den Dienst der „Neuen proletarischen Kunst".

In seinem ersten Gedichtband „Die Stadt in Tränen" (1921) drückte S. das Fühlen seiner Klasse und Revolutionserwartung aus, in „Lauter Liebe" (1923) hingegen pries er den technisch-zivilisatorischen Fortschritt, die Sinnenfreude, die Schönheiten weiter Fernen wie kleine Alltagsdinge. Dieses Werk bildet den Übergang zur poetistischen Schaffensperiode, die im Zeichen formaler Erneuerung stand, so in „Auf den Wellen der drahtlosen Telegraphie" (1925). 1925 nahm S. an einer Delegationsreise in die Sowjetunion teil, von der er enttäuscht zurückkehrte. Der melancholisch-meditative Gedichtband „Die Nachtigall singt falsch" (1926) belegte das Ende seines Traumes von einer nahen „besseren Welt". 1929 gehörte S. zu den sieben namhaften tschechischen Intellektuellen, die aus Protest gegen die moskauhörige und geistfeindliche Parteilinie unter Gottwald aus der Kommunistischen Partei austraten. Seine außerordentliche Popularität als humanistischer Sozialist und Schriftsteller wurde davon nicht berührt, ebensowenig die Beliebtheit seiner Zeitungskommentare, die er von 1932 bis 1938 in der Prager „Morgenzeitung" veröffentlichte. In Bänden wie „Der Apfel vom Schoß" (1933) und „Frühling ade" (1937) wandte sich S. der Heimat, der Kindheit, dem Elternhaus, insbesondere der Mutter zu, hinterfragte immer wieder die Rolle der Frau.

In seinen Gedichten entwickelte er später eine hohe Kunst, brisante politische Themen zu verschlüsseln, eine Kunst, die ihn in der Zeit der deutschen Besetzung außerordentlich populär werden ließ. Die Gedichtbände aus jenen Jahren, darunter „Die steinerne Brücke" (1944), erreichten hohe Auflagen. In dem Zyklus „Ein Helm voll Erde" (1945) begrüßte S. den Prager Aufstand und die Befreiung. Dem Kanon der frühen 50er Jahre beugte er sich nicht, an seinem Band „Das Lied von Viktorka" (1950), in dem er das Nemcova-Motiv (tschechische Erzählerin, 1820–1862) wieder aufnahm, rügte die zeitgenössische Kritik die pessimistischen Töne; dieser und seine intime proletarische Kindheitserinnerung „Mütterchen" (1954) gehören zu den besten Werken tschechischer Lyrik der Nachkriegszeit. S., der sich mit Beginn des Kampfes gegen das nationalsozialistische Deutschland der Kommunistischen Partei wieder angeschlossen hatte, unterstrich 1956 seine moralische Autorität, als er auf dem II. Kongreß des Tschechoslowakischen Schriftstellerverbandes mutig für die Rehabilitierung von Autoren eintrat, die das Regime mundtot gemacht hatte. Mitte der 60er Jahre vertieften sich in den Bänden „Konzert auf der Insel" (1965), „Der Halleysche Komet" (1967) u. a. die autobiographischen Züge. Klar durchkombinierte Menschenschicksale und das Hohelied auf die Ethik beherrschten nunmehr S.s Dichtung.

Mit der Ernennung zum „Nationalkünstler auf Lebenszeit" wurde er 1966 offiziell rehabilitiert. Während des „Prager Frühlings" übernahm S. 1968 die Leitung einer „Kommission zur Rehabilitierung von Schriftstellern", und nach der sowjetischen Besetzung versuchte er den Schriftstellerverband als kommissarischer Vorsitzender zu retten, ohne allerdings verhindern zu können, daß 1970 die Schriftstellerorganisation aufgelöst wurde. S. wurde in der ČSSR weitgehend totgeschwiegen und aus der Kommunistischen Partei „auf Lebenszeit" ausgeschlossen. Erst 1976 durfte wieder eines seiner älteren „Klassischen" Gedichtbücher erscheinen. Er gehörte zu den ersten Unterzeichnern der „Charta 77". Die Gedichtsammlung „Der Regenschirm von Picadilly" wurde erst 1979 freigegeben, der Gedichtband „Die Pestsäule", bereits 1973 vollendet, kam erst 1981 heraus. Seine Memoiren „Alle Schönheiten der Welt" bieten aufschlußreiche Einblicke in die Kulturszene, sie erschienen 1981 zunächst in Toronto und erst 1982 in der ČSSR.

In rund dreißig Gedichtsammlungen profilierte sich S. als der bedeutendste tschechoslowakische Lyriker der Gegenwart. Die letzten Jahre verbrachte der schwer zucker- und herzkranke Dichter im Krankenbett. Nach seinem Tod wurde S. mit einem Staatsakt geehrt.

Weitere Werke: „Die Brieftaube" (1929); „Acht Tage" (1937); „Lösch die Lichter" (1938); „Die steinerne Brücke" (1944); „Der Junge und die Sterne" (1956); „Verse über Prag" (1962); „Der Glockenguß" (1967); „Im Spiegel hat er das Dunkel" (1983).

Shaw, George Bernard – anglo-irischer Dramatiker und Essayist
geb. 26.7.1856 in Dublin
gest. 2.11.1950 in Ayot St. Lawrence (Hertfordshire)
Nobelpreis 1925, für seine literarische Arbeit, die durch Idealismus und Menschlichkeit charakterisiert ist, und seine kräftige Satire, die sich häufig mit einer eigenartigen dichterischen Schönheit paart.

S., Sohn eines irischen Justizbeamten und späteren Getreidehändlers und einer Musikerin, plagte sich ergebnislos durch drei öffentliche Schulen. Sie konnten ihm nichts geben, er war und blieb sein Leben lang Autodidakt. Er mußte eine Lehre und nachfolgende Kassierertätigkeit bei einem Dubliner Grundstücksmakler absolvieren. Im Frühjahr 1876 folgte er kurz entschlossen der Mutter nach London, die sich dort – getrennt von ihrem Mann – seit 1872 als Gesangslehrerin etabliert hatte. Außer den Straßen und Plätzen Londons wurden die öffentlichen Bibliotheken während dieser Hungerjahre seine Lehrstätten. Seit 1879 besuchte er sozialistische Debattierklubs und trat als Redner auf – als Verfechter fortschrittlicher Gedanken, der mit der Zeit ob seiner Bissigkeit gefürchtet, wegen seiner schlagfertigen Argumente aber auch gesucht war. S.s Ziellosigkeit ist auch die des Zeitalters: Die siebziger Jahre sehen die Auflösung des mittviktorianischen Ausgleichs. Ein Vortrag des amerikanischen Soziologen H. George, des Verfassers von „Fortschritt und Armut", sowie die Lektüre des ersten Bandes von Marxens „Das Kapital" in französischer Übersetzung machen S. zum Sozialisten und Agitator. Als führendes Mitglied der 1884 gegründeten „Fabian Society" entwirft er mit Sidney und Beatrice Webb, S. Oliver und anderen Programme für einen evolutionären, die Institutionen schrittweise reformierenden Sozialismus.

In dieser Zeit entstanden, mit pedantischem Fleiß konzipiert, bis 1883 Romane wie „Die törichte Heirat", „Künstlerliebe", „Cashel Byrons Beruf" und „Der Amateursozialist". So erfolglos die künstlerisch schwachen, biographisch allerdings aufschlußreichen Bücher vorerst blieben – nach Zeitungsabdrucken erschienen sie zum Teil erst Jahrzehnte später in Buchform –, so zeigt sich in einigen Passagen andeutungsweise doch schon der ganze S. Nachdem er das Romanschreiben aufgegeben hatte, lieferte er als Kunst-, Musik-, Literatur- und Theaterkritiker bis 1898 laufend Beiträge für Blätter wie „The World", „Pall Mall", „Star" oder „Saturday Review".

S.s eigentliche künstlerische Leistung liegt in seinem mehr als 50 Stücke umfassenden dramatischen Werk, mit dem er, weit über die Grenzen seines Landes hinaus wirksam, unter dem Einfluß Ibsens, aber auch Hauptmanns und Tschechows das kritisch-realistische Drama weiterentwickelte, indem er die soziale Analyse und die psychologische Tiefe mit satirischer Schärfe, vernichtendem Spott, aber auch urwüchsigem Humor verband. Diese Mischung, ausgedrückt in geistvollen Paradoxa, geschliffenen Dialogen und brillanten Pointen, soll den Zuschauer nicht einfühlsam mitleiden lassen, sondern ihn – durch die ironische Distanz vermittelt – zum wachen Nachdenken und zu kritischer Sicht anregen. In den sozialkritischen Komödien „Die Häuser des Herrn Satorius" (1892) und „Frau Warrens Gewerbe" (1893) wandte sich S. hauptsächlich gegen Korruption und Scheinmoral der zeitgenössischen englischen Gesellschaft. Das erste dieser Stücke führte zu einem Theaterskandal, das andere rief einen noch heftigeren Entrüstungssturm hervor. In den Dramen „Helden" (1894), „Candida" (1895) und „Der Mann des Schicksals" (1898) wird mit skeptischen Vorbehalten den bornierten und barbarischen Phrasen großspurigen Heldentums begegnet und verlogener Militarismus in tollem Szenenwirbel verhöhnt. Zum Sittenschilderer wie Hogarth gesellte sich der Spötter à la Voltaire; und in der Epoche der Herausbildung des Imperialismus war es verdienstlich, solche Thematik noch einmal an der Gestalt Cäsars in „Cäsar und Cleopatra" (1901) und im legendenhaften Märchenspiel „Androklus und der Löwe" (1912) abzuhandeln. Puritanische Heuchelei und Selbstgerechtigkeit prangerte er in „Der Teufelsschüler" (1897) an. In „John Bulls andere Insel" (1904) wandte sich S. gegen die Unterdrückung Irlands, und in „Major Barbara" (1905) konfrontierte er einen Rüstungsmillionär mit der Heilsarmee. Heiter-ernste Demaskierungen traditionellen Widersinns sind denn auch die geschickt angelegten, glücklich durchgeführten Komödien „Der Arzt am Scheideweg" (1906) und „Pygmalion" (1912), in denen er sich endgültig als verblüffender Wortjongleur erweist.

Spätere Dramen wie u. a. „Haus Herzenstod" (1917) und sein wohl bedeutendstes Stück „Die heilige Johanna" (1923) wenden sich stärker internationalen politischen und moralischen Problemen und Widersprüchen zu. In „Die heilige Johanna", das Stellen von großer lyrischer Schönheit und einfachem Pathos besitzt, beleuchtete S. die Geschichte der Jungfrau von Orleans neu und setzte das einfache Bauernmädchen gegen die Korruption der paktierenden politischen und kirchlichen Mächte. Im Nachspiel wird die Gegenwartsbezogenheit des Stücks deutlich. Was er daneben und danach noch an Dramen herausgab, blieb im Grunde doch Rekapitulation des eigenen Werkes der frühen und mittleren Jahre. Seine späten Dramen, noch stärker von Paradoxa und grotesk-komischen Elementen durchdrungen, nehmen besonders die Auswirkungen des Monopolkapitalismus und der Macht des Geldes satirisch aufs Korn. In der politischen Komödie „Der Kaiser von Amerika" (1929) zeigt S. die Brüchigkeit der parlamentarischen Demokratie. In „Zu schön, um wahr zu sein" (1932), „Festgefahren" (1933), „Die Millionärin" (1935), „Genf" (1938), „Zuviel Geld" (1947) befaßte er sich mit den Auswirkungen der internationalen Herrschaft der Monopole. Das karge Handlungsgerüst der meisten Spätwerke dient zunehmend nur noch als Aufhänger für allgemein gesellschaftliche, moralische und individuelle Auseinandersetzungen, die nach wie vor freilich in jenem frischen Debattierstil geführt werden, den S. als „Radauredner" gewonnen haben mag und den er so glänzend handhabte. Das Theater galt S. bis zu seinem Tod als Katheder und Kanzel, „weil das Theater heute so wichtig ist wie die Kirche im Mittelalter". Was er von der Bühne herab „predigte", entsprach seiner bürgerlich humanistischen Weltanschauung. Den ihm angebotenen Adelstitel lehnte er ab.

Weitere Werke: „Zurück zu Methusalem" (1921); „Der gute König Karl" (1939); „Insel der Überraschungen" (1934); „Wegweiser für die intelligente Frau zum Sozialismus und Kapitalismus" (1928); „Politik für jedermann" (1943/44).

Sienkiewicz, Henryk – polnischer Romancier, Novellist und Publizist
geb. 5.5.1846 in Wola Okrzejska/Polachien
gest. 15.11.1916 in Vevey (Schweiz)
Nobelpreis 1905, aufgrund seiner großartigen Verdienste als epischer Schriftsteller, insbesonders in seinem Roman „Quo vadis?".

S., Sohn eines Großgrundbesitzers, erhielt eine gediegene Erziehung, ein geistlicher Hauslehrer, eine französische Lehrerin und die zahlreiche Dienerschaft legten viel Wert auf seine geistige Ausbildung. Nach dem Abschluß dieser „Prinzenerziehung" reiste er nach Warschau, um dort die Universität zu besuchen. Einer alten, in den guten Familien geübten Tradition entsprechend wurde er einem Professor anvertraut, der über seine allgemeine Entwicklung wachen und seine geistige Ausbildung vollenden sollte. Von 1863 bis 1870 studierte S. Medizin, Rechtswissenschaften und Philosophie in Warschau. Als junger Student erlebte er 1863 den mißlungenen Aufstand Kongreßpolens gegen die russische Oberherrschaft. Doch die jungen Leute hielten an ihren Träumen von polnischer Unabhängigkeit fest.

Im Jahr 1869 begann S. mit publizistischer Arbeit, er schrieb unter dem Pseudonym „Litwos" Zeitungsartikel und Novellen. Er arbeitete dann als Redakteur der Warschauer Zeitung „Slowo" und debütierte 1872 mit dem Roman aus dem Studentenmilieu „Vergeblich". 1874 unternahm S. seine erste Auslandsreise nach Belgien, Deutschland und Frankreich. 1876 folgte eine ausgedehnte Reise durch Nordamerika, und zur Finanzierung seines Aufenthaltes verfaßte er für verschiedene Zeitschriften jugendlich-schwungvolle, wenn auch noch künstlerisch unausgereifte journalistische Beiträge. Von dieser Reise nach Kalifornien, Arizona und in die Staaten des fernen Westens, wo er das Leben der Siedler und Farmer teilte, berichtete er in „Bildern aus Amerika" (1876–1878). Das Werk schließt drei große Novellen ein: „Ums Brot", „Durch die Savannen" und „Orso". In ergreifenden Tönen läßt S. hier die Hoffnungen, Enttäuschungen und Leiden der polnischen Auswanderer Gestalt werden, die gekommen waren, um in den Ländern der Neuen Welt ein Stück Freiheit zu finden, und dort nur Elend erlebten. In diesen drei Novellen erwies sich S. bereits als scharf beobachtender Schriftsteller von großer Begabung.

Mit den Erzählungen „Hania" (1876), „Kohleskizzen" (1877), „Janko, der Musikant" (1879) und „Als Sklave bei den Tartaren" (1880) lieferte er ein scharfsichtiges sozialkritisches Bild polnischer Dorfverhältnisse. Die Novelle „In Scherben geschlagen" (1880) führt den Leser in die Studentenkreise der Universität Kiew, und hier tritt das Konkrete hinter dem Abstrakten zurück. In dieser neuen, ein wenig fremden Welt erlebt man die Diskussion sozialer Probleme, wie sie das bisherige Werk des Autors praktisch darstellte, und das alles im Zeichen einer großmütigen, innerlichen Anteilnahme. Weitere Novellen folgten: „Bartel, der Sieger" (1881), „Der Leuchtturmwärter" (1881) über das Schicksal der polnischen Emigranten, „Aus den Erinnerungen eines Posener Hauslehrers" (1882) mit einer Kritik an der Politik der Teilungsmächte, Polen wurde 1795 durch die dritte Teilung zwischen Preußen, Rußland und Österreich politisch ausgelöscht, erst am Ende des Ersten Weltkrieges erhielt das Land als unabhängiger Staat feste Umrisse. Die Zeitgenossen hoben übereinstimmend die Wahrhaftigkeit seiner Schilderungen, die Natürlichkeit der Erzählung, die Tiefe der dichterischen Beobachtung eines Mannes hervor, der sich von der Wirklichkeit inspirieren ließ und sie sowohl mit dem Herzen als auch mit dem Verstand gestaltete. Seine volle Meisterschaft erreichte S. mit der monumentalen historischen Romantrilogie, die er zwischen 1884 und 1888 in Fortsetzungen veröffentlichte. Der erste Band „Mit Feuer und Schwert" erschien 1884, ihm folgten 1886/87 „Die Sintflut" und schließlich „Pan Wolodyjowski, der kleine Ritter". Mit dem Zauberstab des Geschichtenerzählers machte er darin das Leben und die Heldentaten einer vergangenen Zeit wieder lebendig. Das erste Stück beschreibt den von den Tataren unterstützten Kosakenaufstand 1848/49. Polens Kampf gegen Karl X. Gustav wird im zweiten Buch behandelt, während das dritte den Krieg gegen die Türkei zum Inhalt hat.

Es gehört zu den Hauptmerkmalen von S.s Darstellungsweise, daß er für die Fehler seiner Landsleute durchaus nicht blind ist, sie im Gegenteil eher anprangert, daß er andererseits aber auch den Mut und den Leistungen der Feinde gerecht wird. Die Vielseitigkeit von S. zeigte sich gegen 1890, als er von den Kriegsbildern dieser Trilogie zum modernen psychologischen Roman überwechselte und sein Buch „Ohne Dogma" veröffentlichte, das von der Kritik oft als sein eigentliches Meisterwerk bezeichnet wird. In kaum zu übertreffender Darstellungskunst stellt er dem Leser jenen Typ eines Weltmannes vor, der – mit allen Vorbehalten gegen Religion und Moral – in seinem geradezu krankhaften Bedürfnis nach Selbstbetrachtung schließlich unproduktiv wird und durch Unentschlossenheit sein eigenes Glück vereitelt. 1894 entstand der Roman „Die Familie Polaniecki", ein an Genialität zwar ärmeres Werk als „Ohne Dogma", das aber dennoch Tiefe zeigt, wenn es den Gegensatz zwischen dem verinnerlichenden Landleben und einem verflachenden Weltbürgertum zeigt. Religiöse Themen dieser Art führten S. dann bald zu jenem großen und umfassenden Werk, das ihm die Welt eroberte. Von 1895 bis 1896 schrieb er „Quo vadis?". Diese Geschichte aus der Zeit der Christenverfolgungen unter Nero erlebte einen ganz außerordentlichen Erfolg. „Quo vadis?" wurde in mehr als 30 Sprachen übersetzt, allein von der englischen Übersetzung wurden binnen Jahresfrist in England und Amerika 800.000 Exemplare verkauft.

Nach diesem Meisterwerk kehrte S. zum nationalpolnischen Roman zurück und schrieb 1901 „Die Kreuzritter". Es geht dabei um den Kampf der polnischen und litauischen Völker gegen die Deutschordensritter. Nach der Verleihung des Nobelpreises verlief S.s Leben ruhig, unterbrochen nur durch Reisen und Erholungsaufenthalte auf seinem Besitz in den Karpaten. Sein letztes Buch „In der Wüste und im Urwald" (1911) war für die Jugend gedacht.

Der Tod überraschte S. im Jahr 1916 in Vevey, bevor ihm mit der Wiedererstehung Polens, für die er so sehr gekämpft hatte, die große Freude endlicher Erfüllung eines großen Lebenswunsches zuteil geworden wäre.

Sillanpää, Frans Emil – finnischer Schriftsteller
geb. 16.9.1888 in Hämeenkyro
gest. 3.6.1964 in Helsinki
Nobelpreis 1939, für seine tiefe Erfühlung und lebensvolle Schilderung des Bauernlebens und der Natur seiner Heimat.

Als bisher einziger finnischer Schriftsteller ist S. mit dem Literatur-Nobelpreis ausgezeichnet worden, und als solcher war er im Ausland einige Zeit bekannt; heute sind seine Bücher in Deutschland weitgehend vergessen.

S., Sohn eines Kleinbauern, verbrachte seine Kindheit auf dem Bauernhof im Tavastland, einer Landschaft in Südwest-Finnland. Seinem Vater wohlgesinnte und vermögende Kirchspielmitglieder schickten den begabten Jungen von 1900 bis 1908 auf die höhere Schule in Tampere, die er mit dem Abitur abschloß, und ermöglichten ihm anschließend bis 1913 auch das Studium der Naturwissenschaften, besonders der Biologie, in Helsinki. Hier las S. Werke von Maeterlinck, Hamsun und Bergson, die ihn nachhaltig beeinflußten. Er beendete das Studium ohne Examen und kehrte in seine Heimat zurück, wo er zuerst als Bauer und anschließend als Literaturkritiker und Journalist arbeitete.

1915 begann S. zu schreiben und war bis 1927 zeitweilig auch als Zeitschriftenredakteur tätig. Er verfaßte zuerst Kurzgeschichten und hat dann in den folgenden Jahrzehnten neun Romane und acht Novellensammlungen herausgegeben. In nahezu allen seinen Romanen herrscht eine biologistische Anschauung vor. Der Mensch wird nicht durch gesellschaftliche Kräfte oder psychische Gegebenheiten konditioniert, sondern gehorcht instinktmäßig dem, was als „natürliche Triebe" ideologisiert wird. Die Natur nimmt daher einen wichtigen Platz ein, die menschlichen Handlungen werden in ihren Rahmen eingepaßt, ihren Gesetzen kann man sich nicht entziehen. Seine Bücher handeln von den einfachen Leuten des Dorfes, den Kleinbauern und ihrem Leben, sie sind manchmal derb realistisch, dann wieder voller psychologischer Feinheiten. Zugleich schildert S. in seinen Romanen die träumerische Stille des „Landes der tausend Seen".

In seinem ersten Roman „Sonne des Lebens" (1916), in dem Einflüsse von Aho, Hamsun u. a. zu erkennen sind, überwiegen stimmungsvolle Naturbilder, die Beschreibung der Personen bleibt im Hintergrund. Von kulturhistorischem Wert ist der Roman „Das fromme Elend" (1919), in dem S. den Versuch einer psychologischen Deutung der finnischen Revolution von 1918 unternimmt. Ein Landproletarier, der eine schwere Jugend und eine vom Unglück gezeichnete Ehe hinter sich hat, nimmt am Bürgerkrieg teil und wird wegen eines Mordes, den er nicht begangen hat, zum Tode verurteilt. Bezeichnend für den Autor ist auch hier, daß nicht die politischen Gegensätze gestaltet werden, sondern daß alles, auch ungerechtes Leiden, in einer höheren kosmischen Einheit aufgeht.

1930 zieht S. nach Helsinki, davor war er mehrere Jahre Zeitschriftenredakteur in Porvoo, und ein Jahr später erscheint der Roman „Silja, die Magd", der S. einen großen Bekanntheitsgrad einbrachte und in über ein Dutzend Sprachen übersetzt wurde. Er behandelt den sozialen Abstieg einer Bauernfamilie, deren letzter Sproß, Silja, sich schließlich als Magd verdingen muß. Im Krieg der Jahre 1917/18 erfährt sie den roten Terror ebenso wie den weißen, und ohne Rücksicht auf ihre eigene Person hilft sie über feindliche Grenzen hinweg. Ihre große Liebe zu einem Studenten bleibt unerfüllt, er wird im Krieg verwundet, sie mit 22 Jahren von der Tuberkulose dahingerafft. Das soziale Engagement und die humanistische Gesinnung werden von einer romantisierenden Haltung und dem stilistischen Pathos fast völlig verdeckt. Die Betonung einer wunderbaren Natur im Verhältnis zum menschlichen Elend verringert dieses und läßt es als nahezu unbedeutend erscheinen. Der in den finnischen Sommer eingebundene Mensch mit seiner in dieser Zeit erwachenden Liebe ist Thema von „Menschen in der Sommernacht" (1934), die Sinnlichkeit spielt hier wie im Roman „Eines Mannes Weg" (1932) eine große Rolle. 1936 wird S. die Ehrendoktorwürde der Universität Helsinki verliehen.

Seine letzten beiden Romane, „Erntemonat" (1941) und „Schönheit und Elend des Lebens" (1945), lassen sich nicht ohne weiteres in das bisherige Schema einpassen. Durch autobiographisches Material versuchen sie, die Problematik des Künstlers zu bearbeiten. Es werden aber auch subtile psychische Vorgänge, Schönheiten der Landschaft und charakteristische Details des Dorflebens überzeugend beschrieben. Zu Anfang der vierziger Jahre durchlebte S. einen dunklen Lebensabschnitt, und er mußte sich wegen Depressionen längere Zeit in Krankenhausbehandlung begeben.

Seine Werke sind in fast zwanzig Sprachen übersetzt worden. 1957 erschienen seine Lebenserinnerungen in Buchform, nachdem er sie zunächst im finnischen Rundfunk gelesen hatte.

Weitere Werke: „Eingeschlafen in der Jugend" (1931); „Was an der Erde lebt" (1934).

Simon, Claude – französischer Schriftsteller
geb. 10.10.1913 in Tananarivo (Madagaskar)
Nobelpreis 1985, dafür, daß er in seinen Romanen das Schaffen eines Dichters und Malers mit vertieftem Zeitbewußtsein in der Schilderung menschlicher Grundbedingungen vereint.

S., Sohn französischer Eltern, die aus der Franche-Comte und aus dem Roussillon stammten, kam in der französischen Kolonie Madagaskar zur Welt. Sein Vater fiel als Offizier im August 1914. Gemeinsam mit seiner Mutter zog der Junge zu den Großeltern nach Perpignan in Frankreich. Sein Abitur legte S. in Paris ab, anschließend studierte er in Oxford und Cambridge. Er wollte Maler werden, gab aber seine Absicht bald auf und wandte sich der Schriftstellerei zu. Nach seinem Militärdienst (1934/35) in Luneville (Lothringen) engagierte sich S. 1936 im Spanischen Bürgerkrieg auf der Seite der internationalen Brigaden. Dann unternahm er mehrere Reisen nach Deutschland, in die UdSSR und nach Griechenland. 1939 wurde er eingezogen und nahm an den Kämpfen im Mai 1940 an der Maas teil, wo er in deutsche Kriegsgefangenschaft geriet. Nach fünf Monaten gelang ihm bei einem Gefangenenrücktransport in der Nähe von Bordeaux die Flucht. Er hielt sich in Perpignan versteckt und begann zu schreiben. Nach Kriegsende kehrte er nach Paris zurück.

S. ist der einzige unter den zur Richtung des „Nouveau roman" gehörenden Autoren, von dem ein traditionell geprägtes Frühwerk vorliegt. Im Mittelpunkt seines sprachexperimentellen Schaffens steht die Aufhebung des klassischen zeitlichen Handlungsablaufs. Er wählte als Hintergrund für seine Romane bedeutende Momente der zeitgenössischen Geschichte: so zum Beispiel den Spanischen Freiheitskampf oder den chaotischen Rückzug der französischen Armee vor Hitlers Truppen. Sein literarisches Debüt gab S. 1945 mit „Der Falschspieler", dann folgte das autobiographische Werk „Das Seil" (1947) und der Roman „Gulliver" (1952). Diese Romane waren von einem eher traditionellen Erzählstil geprägt, der an Werken des amerikanischen Schriftstellers W. Faulkner orientiert ist, aber auch existentialistische Einflüsse aufweist. 1954 erschien sein Roman „Frühlingsopfer", in dem sich erstmals der sogenannte „Nouveau roman" ankündigte.

Seit 1957 bezeichnete man mit dem Begriff „neuer Roman" eine bestimmte Richtung des französischen Gegenwartsromans, der in den 50er Jahren in Erscheinung trat. Im Unterschied zum traditionellen Roman ist er – bei rein oberflächenhaft-registrierenden Beschreibungsverfahren – durch einen nichtdarstellenden Charakter und die Abkehr von realistischen Erzähltechniken gekennzeichnet. Weder erzählt er eine bemerkenswerte Geschichte, noch gestaltet er Personen mit ihren Erlebnissen und Konflikten. Dies provozierte heftige Kontroversen, beschäftigte die „journalistische" und die „wissenschaftliche" Literaturkritik. Neben Nathalie Sarraute, Robert Pinget, Maurice Blanchot, Michel Butor und Alain Robbe-Grillet ist S. Hauptvertreter dieser neuen Romangattung.

S.s Romane sind Versuche, die überkommenen Erzählweisen aus den Angeln zu heben durch Auflösung der Chronologie, Inkohärenz des Anekdotischen, Entindividualisierung der Romanfiguren, Dominanz der Beschreibungen. Raum und Zeit sind aufgehoben, die Erzählperspektiven wechseln ständig. Von 1957 bis 1969 erschienen sechs Romane, „Der Wind" (1957), „Das Gras" (1958), „Die Straße in Flandern" (1960), „Der Palast" (1962), „Geschichte" (1967) und schließlich „Die Schlacht bei Pharsalos" (1969), die die eindeutige Zuordnung S.s zum Nouveau roman zur Folge haben und die Hauptmerkmale seines Schreibens erkennen lassen: Fragmentierung des Geschehens, immer rascher aufeinanderfolgende Perspektivenwechsel, Unterbrechung der Erzählpassagen durch beschreibende Partien, prall von Farben, Formen und Gerüchen, wenige oder keine Absätze im Textganzen, seitenlange Sätze, weitgehender Verzicht auf Interpunktion, dafür aber reichlicher Gebrauch von Klammern, triadische Verwendung von Substantiven, Verben oder Adjektiven, endlos wirkende Vergleiche. Eine durch Handlungsmotive verknüpfte Fabel im traditionellen Sinn gibt es nicht mehr, dafür eine vordergründige chaotische Diskontinuität von Erzählung, Beschreibung, Erinnerung und Vorstellung.

S.s Roman „Der Wind" handelt vom Wind als Urmacht der Welt. „Das Gras" schildert – mehrfach gebrochen – das Leben in einem südfranzösischen Dorf. Dem Titel des Romans entsprechend „wächst" die Sprache und „überwuchert" zum Schluß die Handlung. Danach widmete er sich verstärkt historischen und autobiographischen Stoffen. In dem Roman „Straße nach Flandern" spiegelt sich in den Erinnerungen des Erzählers der Tod eines Offiziers im Ersten Weltkrieg. Das rückblickend erzählte Leben wird aus dem Gedächtnis abgerufen, verfremdet und in zahlreichen zeitlichen und thematischen Brüchen aneinandergereiht. In dem Roman „Der Palast" schildert S. die Auseinandersetzung mit dem Spanischen Bürgerkrieg. „Geschichte" ist die Beschreibung eines Tages im Leben eines Mannes, der sich in seinem Geburtshaus an die Kindheit zurückerinnert. Der Roman „Die Schlacht bei Pharsalos" spielt auf verschiedenen Zeitebenen, ein Nebeneinander von historischen Schilderungen, Reiseerlebnissen sowie zahlreichen heterogenen Einschüben aus anderen Werken.

In dem Essay „Der blinde Orion" (1970) legte S. seine Vorstellungen vom Nouveau roman dar. Es geht S. in seinen Romanen nicht um eine literarische Darstellung historischer Ereignisse, sondern um den Ausdruck seiner Überzeugung von der absoluten Ohnmacht des

Menschen vor der Geschichte. Seine Gestalten sind dem Zufall ausgelieferte, zum Scheitern verurteilte Geschöpfe, denen nur bleierner Schlaf oder resigniertes Dahindämmern als Fluchtmöglichkeit aus ihrer Misere bleibt. Die immer wieder aufgenommenen Themen (Krieg, Revolution, Gefangenschaft, Familiengeschichte, Bearbeitung der Erde, Liebe) und die zentrale Frage nach der Beteiligung des Individuums an der Geschichte bestimmen auch die späteren, collageartig gebauten und strenger formalisierten Romane. Nach „Die Leitkörper" (1971), einem Roman im Stil der Bewußtseinsstromtechnik, der durch ein Übermaß an Worten und Sätzen gekennzeichnet ist, erschien 1973 „Triptychon", in dem drei verschiedene banale Handlungsstränge zu einer Einheit verbunden werden und so eine neue Realität ergeben. Als weitere Romane ab Mitte der 70er Jahre entstanden „Anschauungsunterricht" (1975) und „Georgica" (1981). In S.s – in Aufbau und Stil überaus kunstvollem – Werk verbinden sich auf diese Weise Zeit-, Lebens- und Schaffensgeschichte, vor allem auch in dem Roman „Die Akazie" (1989). In der Folgezeit zog sich S. in seinen Heimatort Perpignan zurück, wo er Wein anbaut.

Singer, Isaac Bashevis – amerikanischer Schriftsteller jiddischer Herkunft
geb. 14.7.1904 in Radzymin bei Warschau
gest. 24.7.1991 in Miami (Florida)
Nobelpreis 1978, in Würdigung seines Werkes, das wie kaum ein anderes im Raume seiner Originalsprache wurzelt, aus der es zuvor jedoch übersetzt werden mußte, um jene Beachtung zu finden, die es seit langem verdient hat.
Sein Vater, ein angesehener chassidischer Rabbi und Gelehrter sowie Verfasser mehrerer Bücher, wirkte eine Zeitlang als Gemeinderabbiner in Lentczyn, ehe er ein hohes religiöses Amt als Lehrer und Richter in Warschau übernahm. Die Mutter, ebenfalls einer alteingesessenen polnisch-jüdischen Gelehrtenfamilie entstammend, war die Tochter des Rows von Bilgoraj, eines Orts in der Nähe der Hochburgen des Chassidismus. Den mütterlichen Namen Bashevis legte sich Isaac S. frühzeitig bei, wohl nicht zuletzt, um Verwechslungen mit seinem älteren Bruder Israel Joshua S. auszuschließen. S. erhielt eine traditionelle jüdische Erziehung, studierte die Thora, den Talmud, die Kabbala und andere heilige jüdische Bücher. Zeitweilig besuchte er das Tachkemoni-Rabbiner-Seminar in Warschau. Den wichtigsten Einfluß übte aber sein Bruder Israel J. S. auf ihn aus, der mit der orthodoxen Familientradition gebrochen hatte und Schriftsteller geworden war. Nun strebte auch S. eine literarische Karriere an, begab sich zu seinem älteren Bruder nach Warschau und arbeitete dort als Lektor, Übersetzer und Journalist bei einer jiddischen Literaturzeitschrift.

In dieser Zeit veröffentlichte er erste eigene Arbeiten, einige davon noch in hebräischer Sprache. Seit 1926 engagierte und profilierte er sich als fester Mitarbeiter der damals nicht nur in Polen breit auflebenden jiddisch-sprachigen Presse. Wilna und Warschau, ohnehin schon seit alters die bevorzugten Drucklegungsorte der hebräisch verfaßten Literatur, erblühten nun auch zu Zentren des jiddischen Schrifttums. 1932 wurde S. Mitherausgeber der jiddischen Literaturzeitschrift „Globus". Und wie in Vorahnung des dunkel über Europa aufziehenden Geschehens konzipiert und vollendet er einen Roman, der am historischen Beispiel der fürchterlichen Judenpogrome unter dem Kosakenhetman Chmielnicky im 17. Jahrhundert die psychologischen Nachwirkungen auf die Überlebenden, ihre Anfälligkeit für den falschen Messias, beängstigend ins Bild bringt. 1935, im Erscheinungsjahr dieses ersten, „Satan in Goraj" überschriebenen Romans, nimmt S. Abschied von Polen.

Er folgt seinem älteren Bruder in die USA und wird 1943 eingebürgert, S. mußte nahezu ein Jahrzehnt unter schwierigsten Bedingungen in den USA leben, so daß er keine Lust am Schreiben verspürte. Als der Roman „Satan in Goraj", ergänzt um einige Erzählungen, 1943 in Amerika eine jiddische Neuauflage erlebt, bekommt der Autor neunzig Dollar. Aus der Resignation, in der er sich selbst nur noch als „ehemaligen und vergessenen Autor" versteht, reißt ihn die zwiespältige Lust, das Schicksal einer großbürgerlichen polnisch-jüdischen Familie zu schildern. Er konzipiert und schreibt es im Gedanken an die Fortsetzungsveröffentlichung in der jiddischen Zeitschrift „The Jewish Daily Forward", deren Redaktion S. zeitweilig angehörte und die von damals bis heute fast alle seine Arbeiten in der Originalsprache erstveröffentlichte. „Die Familie Moschkat", 1950 als Buchausgabe erschienen, führt ins Warschau vom Beginn des 20. Jahrhunderts bis zur Annexion und ersten Bombardierung der Stadt durch die Deutschen. Er erhielt dafür den Louis-Lamed-Preis und 1968 den italienischen Bancarella-Preis. In dem Roman „Der Zauberer von Lublin" (1960) über das Schicksal eines umherziehenden Zauberers und Erotomanen paart sich traditionelle Erzählweise mit moderneren Literaturauffassungen. Sein tragik-komischer, in die vielfältigsten Beziehungen verstrickter Held wird zur Chiffre für das dialektische Beieinander von Sünde und Heiligkeit. 1962 erscheint der Roman „Der Knecht", er führt ins 17. Jahrhundert und erzählt die Geschichte des den Pogromen entkommenen Juden Jakob und seiner Gefährtin Wanda-Sara.

1966 erschien das autobiographische Werk „Mein Vater, der Rabbi". 1967 folgte die ostjüdische Familiensaga „Das Landgut", die mit dem Roman „Das Erbe" (1969) fortgesetzt wurde. In diesen Romanen schildert S. am Beispiel mehrerer Generationen den allmählichen Zerfall des strengen Judentums. Mit seinen wichtigsten Erzählbänden „Gimpel, der Narr" (1957), „Der Spinoza der Marktstraße" (1961), „Kurzer Freitag" (1964), „Zlateh, die Geiß" (1966) und „Die Seance" (1968) sprengt der Ruhm des Autors endgültig die nationalen Grenzen, in denen er sich seit den fünfziger Jahren gehalten hatte. Übersetzungen erscheinen in nahezu allen europäischen Sprachen. S. schildert aber auch die Welt des Ghettos oder das New York der Nachkriegszeit, zum Beispiel in „Feinde, die Geschichte einer Liebe" (1966) oder in „Der Kabbalist vom East Broadway" (1973).

Mitte der siebziger Jahre erschienen die ersten Erzählungen S.s auch in deutscher Übersetzung, zuerst „Der Kabbalist vom East Broadway", es folgten die Kurzgeschichten „Leidenschaften" (1979), die Romane „Schoscha" (1980), „Die Gefilde des Himmels" (1982), „Der Büßer" (1987) und der stark autobiographische Text „Verloren in Amerika" (1983). 1990 wurden die Liebesgeschichten „Ein Tag des Glücks" veröffentlicht. Seine amüsant-melancholische Erzählung „Yentl, The Yeshiva Boy" (1983) wurde als Theaterstück sehr erfolgreich am Broadway gespielt und mit Barbara Streisand verfilmt. Es ist die Geschichte einer jungen Jüdin, die sich als Mann verkleidet, um den Talmud (Aufzeichnung der jüdischen Lehren) studieren zu können, und darüber in neue Rollenzwänge und Gefühlsverwirrungen gerät. In dem Roman „Der Büßer" wird die Geschichte eines polnischen Emigranten geschildert, der eine Zeitlang Wohlstand und westliche Zivilisation genießt, dann aber zu einem frommen Judentum zurückfindet. Kinderbücher wie „Massel und Schlamassel oder die Milch einer Löwin" (1969) und „Als Schlemihl nach Warschau ging und andere Erzählungen" (1968) runden sein Werk ab.

S. wohnte mehr als ein halbes Jahrhundert in New York, aber seine literarische Welt war bis zuletzt bevölkert von den Dämonen und pittoresken Gestalten der jüdischen Kindheit, und das Zentrum dieser Welt war das Schtetl, das längst versunkene Ghetto der Juden in Osteuropa. Der Zusammenprall traditioneller Formen jüdischen Lebens mit der modernen Gesellschaft der Neuen Welt bildete einen zentralen Punkt seines Werks. Seine Charaktere lebten in beiden Welten und lösten die sich aus dem Widerspruch ergebenden Konflikte mit Dreistigkeit und Herz. Als S. 1978 die Nachricht von der Zuerkennung des Literatur-Nobelpreises erreichte, kommentierte er sie mit der für ihn typischen Mischung aus Skepsis und Bescheidenheit als eine erfreuliche Sache, die aber eigentlich nicht viel beweise.

Weitere Werke: „Das schreckliche Wirtshaus" (1967); „Geschichten aus der Alten und der Neuen Welt" (1977); „Eine Kindheit in Warschau" (1981); „Noahs Taube" (1983); „Der Geschichtenerzähler" (1983).

Solschenizyn, Alexander Issajewitsch – russisch-sowjetischer Schriftsteller
geb. 11.12.1918 in Kislowodsk (Nordkaukasus)
Nobelpreis 1970, für die ethische Kraft, mit der er die unveräußerliche Tradition der russischen Literatur weitergeführt hat.

S., Sohn eines Lehrers, studierte an der physikalisch-mathematischen Fakultät der Universität Rostow, nahm aber schon während des Studiums an Fernkursen des Moskauer Instituts für Philosophie und Literatur teil. 1941 wurde S. zum Wehrdienst eingezogen und avancierte zum Hauptmann. So hat er u. a. vor Leningrad eine Flakbatterie geführt. Kurz vor Ende des Krieges fielen dem Abschirmdienst Feldpostbriefe S.s mit abfälligen Bemerkungen über Stalin in die Hände, er wurde verhaftet und zu acht Jahren Straflager verurteilt. Vier Jahre verbrachte er in der Saratscha in Moskau („Erster Kreis der Hölle", 1968) und vier Jahre im Sonderlager von Kasachstan („Tag des Iwan", 1962). Im März 1953, an Stalins Todestag, wurde er entlassen, mußte aber weitere drei Jahre in der Verbannung in Kasachstan verbringen. Im Lager war S. an Krebs erkrankt, und er wurde nach seiner Entlassung in einer Klinik in Taschkent behandelt. 1956 erhielt er die Erlaubnis, sich wieder im europäischen Teil Rußlands niederzulassen. S. unterrichtete danach als Physiklehrer an Dorfschulen, später in der Stadt Wladimir und von 1957 bis 1962 an der Oberschule von Rjasan, wo auch seine Frau an der Landwirtschaftlichen Hochschule lehrte.

Im November 1962 erschien in der Zeitschrift „Nowy Mir", von Chruschtschow im Zug der Entstalinisierung genehmigt, „Ein Tag im Leben des Iwan Denissowitsch"; diese bereits 1958 vollendete Erzählung rief eine Sensation in der literarischen Welt der Sowjetunion hervor. Unübersetzbar das archaisch-komplexe Russisch des Dichters in diesem Anti-Stalin-Werk. Stilisierende Kraft hat die Tiersymbolsprache. Jeder wird im Lager „zum Hund gemacht": „Sauhunde, faule Hunde, Hundesöhne, verdammte Hunde, dreckige Bluthunde." Im Hintergrund „die großen Tiere", die Unmenschen, die zuschlagen wie Wolkowoi, der „Wolf". Dagegen entwickelt Iwan den untierhaften Lebenswillen, paßt sich an, ohne sein Selbst zu verlieren.

S. verfiel jedoch später dem Bann der offiziellen Kritik. 1964 verhinderte die Kommunistische Partei die Auszeichnung S.s mit dem Leninpreis. Inzwischen hatte er die Erzählungen „Zwischenfall auf der Station Krecetovka" (1963) und „Matrjonas Hof" (1963) veröffentlicht. Über „Matrjonas Hof" fiel die offizielle sowjetische Kritik in scharfer Form her, ebenso über die Erzählung „Im Interesse der Sache" (1963), in der er den aussichtslosen Kampf eines Wissenschaftlers gegen allmächtige Parteigewaltige schilderte. 1967 versuchte S. mit einem Brief an den IV. Sowjetischen Schriftstellerkongreß die Aufhebung der Zensur und die Freigabe seiner Romane „Im ersten Kreis der Hölle" und „Krebsstation" zu erlangen, die bisher in seiner Heimat nicht erscheinen konnten. Nachdem westeuropäische und amerikanische Verlage Ende 1968 Übersetzungen der beiden Romane präsentierten, begann die Kampagne gegen S., und bereits ein Jahr später wurde er aus dem Schriftstellerverband ausgeschlossen.

Im „Ersten Kreis der Hölle" wird Gestalt, was S. vier Jahre lang in der Scharaschka bei Moskau erlebt hat. Im Vorzugslager für Geistig-Arbeitende wird das Höllenhafte reflektierbar. Stalin selbst erscheint in vier der 87 Kurzkapitel: „König Midas, der alle, die er berührt, in Mittelmäßigkeit verwandelt." Dieses geniale Bild hat Schlüsselkraft für jede Diktatur. Wie Spitzelsysteme das Ganze durchdringen, sind Krankheitssymptome des Zeitalters getroffen im Osten wie im Westen. Der Roman ist einmalig darin, daß jedes der 87 Kurzkapitel sofort vom Ästhetisch-Fiktiven zum Symbolkern jeder Szene kommt. Was die „Krebsstation" (1968) mit ihren zwei Bänden zum bisherigen Hauptwerk macht, ist die Schreckensgegenwart des Todes in ihrer alle Menschenzwiste überwuchtenden Majestät, und dann die Gleichgewichtsverteilung in der Spannung zwischen Mann und Frau, Mannescharaktere im Kampf mit dem Krebs, Ärztinnen als Helferinnen des Lebens. Für seinen Roman „August 1914", erster Band einer geplanten Trilogie, der das Schicksal der russischen Masurenarmee zu Anfang des Ersten Weltkrieges behandelt, fand S. in der Sowjetunion keinen Verlag, und so erscheint er zuerst 1971 im Westen.

Von zahlreichen führenden Persönlichkeiten aus dem Kulturleben Frankreichs und Schwedens vorgeschlagen, erhielt S. 1970 den Nobelpreis für Literatur und nahm ihn an. Der Feier mußte er fernbleiben. Er trat am gleichen Tag einer von drei namhaften sowjetischen Physikern gegründeten privaten Bürgerrechtsorganisation bei, die sich „konstruktive Kritik" an der sowjetischen Gesellschaft zum Ziel setzte. Ihre Leitung übernahm A. Sacharow. Mit den drei Bänden des „Archipel Gulag" (1973–1976) hat S. eine authentische Trilogie von dem unheimlichen Inselreich des Terrors und der Gewalt in den Straflagern Stalins geschrieben und dargelegt, was an Unvorstellbarem an Millionen Sowjetbürgern geschehen ist. Bedrückten Herzens hatte er das Manuskript jahrelang zurückgehalten: Die Pflicht gegenüber den noch Lebenden überwog die Pflicht gegenüber den Verstorbenen. Die Prawda warf S. nun vor, er sei mit der Veröffentlichung des „Archipel Gulag" bewußt ins Lager der Feinde des Sozialismus übergelaufen, wogegen er sich offen zur Wehr setzte. Am 12. Februar 1974 wurde S. verhaftet, ausgebürgert und in die Bundesrepublik abgeschoben, wo er zunächst von H. Böll aufgenommen wurde. Anschließend ließ er sich in der Schweiz und den USA nieder.

1975 überrascht S. mit seinen „Skizzen aus dem literarischen Leben", folkloristisch gefaßt im Titel „Die Eiche und das Kalb". Das Kälbchen rennt gegen die Eiche an. Symbol für die wachsenden Zusammenstöße mit der sich verhärtenden Partei bis zur Ausweisung. Dann schrieb er an seinem Romanzyklus weiter, den er mit „August 1914" begonnen, mit „November sechzehn" fortgesetzt und insgesamt auf fünf bis sieben Bände angelegt hat. „Das rote Rad", wie der übergreifende Titel lautet, soll einmal die ganze Wahrheit über die russische Revolution erzählen. Bisher nicht veröffentlicht wurde „Die rechte Hand", ein Parkidyll im Taschkenter Krankenhaus, wo unversehens die Hand des Sterbenden sich als Schreckereignis entlarvt: 1921 wurden mit dieser Hand Köpfe der Konterrevolutionäre vom Pferd herunter niedergesäbelt. S. übernahm im Westen die Rolle des Mahners und warnte in Vorträgen immer wieder eindringlich vor übertriebener Konzessionsbereitschaft. Sein extremer moralischer Rigorismus, mit dem er auch die westlichen Demokraten kritisch bewertete, fand zwar bei den Konservativen Anklang, stieß im übrigen aber zunehmend auf Zurückhaltung.

Weitere Werke: „Kerze im Wind" (1968); „Die Osterprozession" (1969); „Lenin in Zürich" (1975); „Drei Reden an die Amerikaner" (1975); „Ostpreußische Nächte" (1976); „Die Republik der Arbeit" (1977); „Warnung – Die tödliche Gefahr des Kommunismus" (1980); „November sechzehn" (1986).

Soyinka, Wole Akinwande – nigerianischer Dramatiker, Lyriker, Romancier und Essayist
geb. 13.7.1934 in Abeokuta/Westnigeria
Nobelpreis 1986, für sein Werk, das sich mitten in einem äußerst fruchtbaren Schaffensprozeß befinde und das in breiter kultureller Perspektive und mit poetischen Obertönen das Drama des menschlichen Seins gestalte.
S. ist der erste afrikanische Literatur-Nobelpreisträger. Mit der Preisverleihung an S. bekräftigte die Jury ihr Anliegen, Autoren, die nicht dem westlich-abendländischen Kulturkreis angehören, bekannt zu machen.

S., Sohn eines Rektors der Volksschule, ist Nachkomme des traditionsreichen Yoruba-Stammes. Von 1954 bis 1957 weilte er zu einem Studium der Literatur- und Theaterwissenschaft in Leeds (Großbritannien). Danach arbeitete er zwei Jahre am Londoner Royal Court Theatre als Regieassistent und Schauspieler. 1960 kehrte er mit einem Rockefeller-Stipendium nach Nigeria zurück, um afrikanische Dramatik zu studieren. Er war hier Mitbegründer von zwei Theaterensembles, „1960 Masks" und „Orisun Theatre Company" (1964). Neben Lehrverpflichtungen und der Theaterarbeit an der Universität Ibadan, die sich zu einem Zentrum des nigerianischen Theaterwesens entwickelte, wirkte S. als Schauspieler, Regisseur und Universitätsdozent in Lagos und Ife, wo er Dramaturgie und Literaturwissenschaft unterrichtete. Nach Gastdozenturen in Cambridge, Sheffield und Yale ist S. seit 1975 Professor für Vergleichende Literaturwissenschaft an der Universität von Ife. Im November 1985 wurde er für zwei Jahre zum Direktor des Internationalen Theater-Instituts in Paris gewählt.

Wegen politischer Aktivitäten und illegaler Kontakte zur Führung des sezessionistischen Biafra (Bezeichnung für die Ostregion Nigerias nach der am 30.5.1967 erfolgten Proklamation zum selbständigen Staat. Dagegen ergriff die nigerianische Zentralregierung politische, ökonomische und militärische Maßnahmen mit dem Ziel der Reintegration. Die im Juli 1967 begonnenen militärischen Auseinandersetzungen zwischen den nigerianischen Bundestruppen und denen der Separatisten weiteten sich zu einem verlustreichen Bürgerkrieg aus, in dessen Verlauf die Sezessionisten im Januar 1970 geschlagen wurden.) wurde S. 1967 arrestiert, der Konspiration mit den Biafra-Rebellen angeklagt und 22 Monate lang als politischer Häftling in Isolationshaft gehalten.

Nach einigen Jahren Exil in London kehrte S. nach Nigeria zurück und sollte bald zu einem der vielseitigsten, geistvollsten und mutigsten Dichter des Schwarzen Kontinents werden. In allen von S. angewandten literarischen Genres übernehmen Gestaltungselemente aus der Yoruba-Kultur – im Drama tänzerisch und musikalisch dargebrachte Kulthandlungen und parabolisch eingesetzte Mythenstoffe – die Funktion einer meist satirisch zugespitzten gesellschaftskritischen Aussage. Er erprobte sein poetisches Talent zuerst auf der Bühne mit den Stücken „Die Sumpfbewohner" (1958) und „Der Löwe und die Perle" (1959), die während seiner Londoner Zeit entstanden waren. In den Stücken werden Erscheinungen des konservativen Stammesdenkens, blinde Nachahmung britischen Lebensstils und parasitäres Sektenwesen im modernen Nigeria gleichermaßen attackiert. „Die Straße", 1965 im Rahmen des Commonwealth Art Festival London aufgeführt, lenkte die Aufmerksamkeit der ersten Theaterkritiker auf ihn, da er ungeniert afrikanische Zustände kritisch ins Visier nahm, ohne daß dabei alle Übel ausschließlich dem weißen Mann und der Kolonialzeit angelastet wurden. In dem Drama „Tanz der Wälder" (1960), das anläßlich der Unabhängigkeitserklärung Nigerias uraufgeführt wurde, setzt S. mit verfremdenden Gestaltungsmitteln historische Vorgänge zueinander in Beziehung, um vor einer unkritischen Übernahme von Traditionen und vor deren Mißbrauch durch konservative Interessengruppen in seinem Lande zu warnen. Das Drama „Das starke Geschlecht" (1962) zeigt den tragischen Konflikt zwischen dem traditionsbewußten, humanistischen Idealen verpflichteten Helden und seiner im Umbruch begriffenen gesellschaftlichen Umwelt.

In der Mehrzahl seiner Werke verbindet S. die Widerspiegelung der sich wandelnden sozialen und psychologischen Situation der nigerianischen Intelligenz mit einer kritischen Stellungnahme zu den Widersprüchen kapitalistischer Entwicklung seines Landes nach der Erlangung der politischen Unabhängigkeit im Jahre 1960. Der Roman „Die Interpreten" (1968) verdeutlicht mit scharfer Satire die ablehnende Haltung junger Intellektueller gegenüber stammesaristokratischen und bürokratisch-bourgeoisen Repräsentanten des neuen Staatswesens. Der Roman „Zeit der Gesetzlosigkeit" (1973) steht im Zeichen eines weltanschaulichen Meinungsstreits über die Notwendigkeit politischen Handelns im Sinne revolutionärdemokratischer Ziele.

Sein großes und oft bestürzendes Thema, der Zusammenstoß von Tradition und Moderne, von alten und neuen Göttern, hat S. bis jetzt in mehr als 15 Dramen, ebenso vielen Hörspielen, zwei Romanen, zwei autobiographischen Werken und Gedichtbänden niedergelegt. In Deutschland haben seine Bücher trotz Übersetzung bislang keinen besonderen Anklang gefunden. In der Autobiographie „Ake – Die Jahre der Kindheit" (1986) gibt S. etwas von seiner persönlichen Existenz preis. 1980 gründete er die „Guerilla Unit", ein Straßentheater, das sich in politischen Sketchen und Satiren mit Tagesereignissen auseinandersetzt, versucht, in unmittelbaren Kontakt mit den „Menschen auf der Straße" zu treten. 1983 erscheint eine Langspielplatte mit dem Titel „Ich liebe mein Land". Die Songs, von ihm komponiert und getextet, sind bissige Satiren auf die Mißstände im Land. Der Film „Blues für einen Verschwender", der im Januar 1985 seine Premiere erlebte, entstand auf der Grundlage eines Essays von ihm und ist gegen das Regime der „Nationalen Partei Nigerias" gerichtet. 1988 wurde sein Stück „Der Tod und die Reiter der Königin" inszeniert.

S. spricht kraftvoll und rhythmisch, verhalten und schwebend, aggressiv und beißend einmal, dann wieder sanft und zärtlich, mit unmittelbarer Betroffenheit und aus der Distanz immer wieder von der Magie einer Begegnung: seines Zusammentreffens mit der Zeit.

Weitere Werke: „Und nach dem Narzißten?" (1966); „Gedichte aus dem Gefängnis" (1969); „Verrückte und Spezialisten" (1971); „Ein Schiffchen in der Gruft" (1972); „Der Mann ist tot" (1976).

Spitteler, Carl (Pseudonym Carl Felix Tandem) – Schweizer Epiker, Erzähler, Lyriker, Dramatiker und Essayist

geb. 24.4.1845 in Liestal (Kanton Basel-Land)
gest. 29.12.1924 in Luzern
Nobelpreis 1919, in Würdigung besonders seines machtvollen Epos „Olympischer Frühling".

S., Sohn eines hohen eidgenössischen Staatsbeamten, verlebte eine idyllische Kindheit und Jugend in Bern, wo sein Vater ab 1849 als Oberrichter amtierte. Er besuchte dann das Baseler Pädagogium, und hier erwachte im „entscheidenden Jahr" 1860/61 seine Neigung zum Dichterberuf. Nach dem Abitur studierte er ab 1863 Jura in Basel und von 1865 bis 1871, nach einem schweren Konflikt mit dem Vater, protestantische Theologie in Zürich, Heidelberg und Basel. Dem angebotenen Pfarramt zog er dann jedoch eine Hauslehrerstelle in St. Petersburg vor, wo er bis 1879 blieb und zunächst an einem Saul-Drama, dann, angeregt durch seinen Lehrer J. Burckhardt und bestärkt durch Widmann, an einer prosaepischen Neugestaltung des antiken Prometheus-Mythos arbeitete. Aus Rußland zurückgekehrt, publizierte S., nun Lehrer an der Berner Mädchenschule, seinen Erstling pseudonym unter dem Titel „Prometheus und Epimetheus" (2 Bände, 1880/81). Zwar zeigte G. Keller sich beeindruckt, aber die literarische Öffentlichkeit ignorierte das Werk praktisch vollkommen. Als ihm auch die ganz offenbar mißglückten, auf serbische und finnische Vorlagen zurückgehenden mythischen Verserzählungen „Extramundana" (1883) den erhofften Durchbruch nicht brachten, wandte sich S. zunächst von der Epik ab und gängigeren literarischen Formen zu. Von 1881 bis 1885 war er Lehrer in La Neuveville, von 1885 bis 1889 Journalist in Frauenfeld bzw. Basel und von 1890 bis 1892 Feuilletonredakteur der „Neuen Züricher Zeitung".

Ab 1892 durch eine Erbschaft und dank der Heirat mit der vermögenden Holländerin Marie Op den Hooff unabhängig geworden, zog er sich als freischaffender Schriftsteller in seine Villa bei Luzern zurück. 1905 promovierte S. an der Universität Zürich zum Doktor der Philosophie. Das Lustspiel „Bacillus", eine Satire auf die zeitgenössische Bakteriomanie, löste 1888 in Bern einen Skandal aus und wurde deshalb von S. zum Dorf-Roman „Das Wettfasten von Heimligen" und zum nie aufgeführten Lustspiel „Der Ehrgeizige" (1892) verarbeitet. Das Lustspiel „Der Parlamentär" (1889) brachte es in Basel auf eine einzige, erfolglose Aufführung. Den Durchbruch brachten auch nicht die gekünstelten Gedichte des Bandes „Schmetterlinge" (1889), sondern erst die naturalistischen Szenen aus dem Leben eines Bauernknechts, „Friedli der Kolderi" (1891). Beifall fanden aber auch die „Literarischen Gleichnisse" (1892), teils bitterbös satirische, teils persönlich-weltschmerzliche Gedichte, mit denen er sich endgültig von der Zeitungsarbeit verabschiedete. Auf die „Balladen" (1896), die lyrische Frucht der ersten Luzerner Jahre, und das feuilletonistische Auftragswerk „Der Gotthard" (1897) folgte dann jenes Buch, mit dem S. der zeitgenössischen Avantgarde am nächsten kam: der Roman „Conrad der Leutnant" (1898), eine konsequent naturalistische Darstellung eines tragisch endenden Vater-Sohn-Konflikts.

Bereits seit 1897 hatte S., der damals mit der Essaysammlung „Lachende Wahrheiten" (1898) die Zusammenarbeit mit seinem künftig einzigen Verleger E. Diederichs aufnahm, an seinem einzigartigen Versepos „Der olympische Frühling" gearbeitet. Der erste Teil der „symphonischen Phantasie" in zuletzt 20.000 paarweise gereimten Sechstaktern „Die Auffahrt" (1900) wurde jedoch von seinem Verleger skeptisch aufgenommen. Schildert „Die Auffahrt", wie ein neues Göttergeschlecht auf abenteuerlichem Wege aus der Unterwelt in den Olymp einzieht, so erzählt „Hera die Braut" (1901) von den olympischen Wettkämpfen, die unter den Göttern um Hera, die sterbliche Königin der Amazonen, ausgetragen werden und die Disziplinen Gesang und Sage, Wettlauf, Wagenrennen sowie Traumdeutung und Prophezeiung umfassen. Zwar geht Apoll als Sieger hervor, verliert aber durch Verrat die Braut und die Weltherrschaft an Zeus. Im umfangreichen dritten Teil, „Die hohe Zeit" (1903), haben sich die beiden Widersacher wieder versöhnt und feiern dies mit rauschenden Festen im Olymp und übermütigen Entdeckungsfahrten ins Weltall hinaus und auf die Erde hinab. Erst als zwischen Zeus und Hera der erste Ehezwist ausbricht, geht, wie im zunächst letzten Teil, „Ende und Wende" (1904), geschildert ist, die hohe, glückliche Zeit zu Ende, ruft Zeus die Götter heim und wendet sich angeekelt vom Menschengeschlecht ab. Das Epos, das persönliche Lebenserfahrungen und zeitgenössische Strömungen wie Schopenhauers Pessimismus in mythologischer Verkleidung, aber ohne eigentliche mythenschöpferische Kraft darbietet, wurde als zwar anachronistische, aber imponierende sprachlich-literarische Leistung empfunden, fand jedoch über einen kleinen Kreis Eingeweihter hinaus kaum Verständnis und blieb auch in der endgültigen Fassung ein ebenso berühmtes wie selten wirklich gelesenes Werk.

Zu S.s auf Jahrzehnte hinaus meistgelesenem Werk wurde vielmehr der von ihm selbst als Gelegenheitsarbeit betrachtete Roman „Imago" (1906). Mit dieser auf ein persönliches Erlebnis von 1879 zurückgehenden Geschichte wirkte S. auf Freuds Theorie der Psychoanalyse ein. Großer Beliebtheit erfreute sich zeitweilig auch seine ebenfalls autobiographisch bestimmte Kindererzählung „Gerold und Hansli. Die Mädchenfeinde" (1907). Er trat auch als Autor von Kunst- und Volksballaden („Die Hochzeit des Theseus", „Sterbefest", „Träume Jacobs, des Auswanderers") mit neuromantisch getönter Lyrik hervor. Zu Beginn des Ersten Weltkrieges trat S. für die strikte Neutralität seiner Heimat ein.

Steinbeck, John Ernst – amerikanischer Schriftsteller

geb. 27.2.1902 in Salinas (Kalifornien)
gest. 20.12.1968 in New York
Nobelpreis 1962, für seine realistische und phantasievolle Erzählkunst, die sich durch verständnisvollen Humor und sozialen Scharfblick auszeichnet.

Die Vorfahren seines Vaters, eines Steuerbeamten, stammten aus Preußen; in den Adern seiner Mutter, einer Lehrerin, floß irisches Blut. Seine Kindheit war keineswegs gänzlich unbeschwert, denn die angespannte finanzielle Lage der Eltern zwang ihn öfters, während der Schulferien in Gärtnereien auszuhelfen oder sich als Tagelöhner zu verdingen. Auf den Gemüseplantagen kam S. mit Saisonarbeitern aus allen Teilen der Vereinigten Staaten zusammen und lernte nicht nur ihr schweres Los, sondern auch ihre Lebensgewohnheiten und ihre Sprache kennen. So empfand er bereits in jungen Jahren tiefe Sympathien für die landlosen Erntehelfer. Nach Beendigung seiner Schulzeit nahm S. 1920 ein durch Gelegenheitsjobs in der Landwirtschaft finanziertes Studium der Meeresbiologie am Pacific-Grove-Forschungsinstitut und der Literaturwissenschaften in Stanford auf. Er mußte es mehrfach unterbrechen, um Geld zu verdienen, beispielsweise als Hilfsarbeiter im Straßenbau. Fünf Jahre später brach er die akademische Ausbildung ab und versuchte vergeblich, als Journalist in New York Fuß zu fassen. Nach Kalifornien zurückgekehrt, arbeitete S. zeitweise als Maurer, Anstreicher, Fischer und Saisonarbeiter auf den Obstplantagen. Um so erstaunlicher ist die Tatsache, daß S. als junger Schriftsteller zunächst darauf verzichtete, Erfahrungen dieser Art dichterisch zu verwerten und sich mit sozialen Problemen auseinanderzusetzen. Sein Frühwerk – von dem romantischen, ganz in der Art von R. L. Stevenson geschriebenen Roman „Eine Handvoll Gold" (1929) um einen Freibeuter in der Karibik über „Das Tal des Himmels" (1932) und „Der Fremde Gott" (1933) – ist vielmehr von irrationalen, teilweise pessimistischen Tendenzen durchdrungen.

Den Durchbruch zur öffentlichen Anerkennung schaffte S. mit dem episodischen, burlesken Roman „Die wunderlichen Schelme von Tortilla Flat" (1935), in dem er amüsant und phantasievoll über das Leben einiger junger mexikanisch-indianischer „Paisanos" schreibt. Mitte der dreißiger Jahre reihte er sich in die Front der progressiven Schriftsteller ein, die Mißstände aus allen Bereichen des gesellschaftlichen Lebens anprangerten. In „Stürmische Ernte" (1936) schilderte er einen Streik von Wanderarbeitern als Kampf gegen soziale Ungerechtigkeit, durch den die Organisatoren des Ausstandes aber auch neues Unrecht provozieren. Nach „Gabilan, das rote Pony" (1937) und den zu einem Roman zusammengefaßten Geschichten von Kindheit und Jugend eines Jungen im Salinastal erschien „Von Mäusen und Menschen" (1937). In diesem Erfolgsroman, er wurde auf die Bestsellerliste gesetzt und zum „Buch des Monats" erklärt, beschrieb S. in der Tradition des amerikanischen Naturalismus das ihm bekannte Milieu landwirtschaftlicher Wanderarbeiter.

1938 begab sich S. in die von anhaltender Dürre und verheerenden Staubstürmen heimgesuchten Weizenanbaugebiete des Staates Oklahoma, wo er sich einer Gruppe von Saisonarbeitern anschloß. Wochenlang teilte der Schriftsteller das Los enteigneter Bauern und heimatloser Landarbeiter. So entstand aus eigenem Erleben und gründlicher Sachkenntnis Kapitel um Kapitel über die Odyssee der „Okies", die auf der Suche nach Arbeit und einem neuen Leben in einem gewaltigen Treck nach Kalifornien ziehen und dort mit Haß und Verfolgung empfangen werden. Im Frühjahr 1939 wurde dann das Buch unter dem Titel „Früchte des Zorns" publiziert, und es rief in den USA eine literarische Sensation hervor. Selten ist ein Roman in der Öffentlichkeit so leidenschaftlich diskutiert, so heftig angegriffen und so temperamentvoll verteidigt worden. Für seine Kritik an den wirtschaftlich herrschenden Schichten erhielt S. 1940 den Pulitzerpreis. In dem Roman propagierte S. die Solidarität der Unterdrückten. Der einzelne kann seine Situation nur verbessern, indem sich die Lage aller Abhängigen ändert.

Im Zweiten Weltkrieg war er als Kriegsberichterstatter in Europa tätig, schrieb eine Reportage über die Ausbildung in der US-Luftwaffe („Bomben los", 1942) und den in Norwegen angesiedelten, antifaschistischen Roman „Der Mond ging unter" (1942), die Geschichte von Bewohnern einer Gemeinde, die den deutschen Besatzern Widerstand leisten. S. wandte sich nach dem Krieg von der Sozialkritik in seinen Werken ab und wurde zunehmend unpolitischer. In „Die Straße der Ölsardinen" (1945) kehrte er zum heiter-ironischen Ton seiner frühen Schelmenromane zurück. Auch in „Autobus auf Seitenwegen" (1947) sucht man vergebens nach jener humanistischen Grundtendenz, die S.s Werke über den kalifornischen Landarbeiter auszeichnen. In dem Roman „Die Perle" (1947) nahm er in Form einer Parabel den biblischen Sündenfall auf. Weniger gelungen waren die Romane „Die wilde Flamme" (1950) und „Wonniger Donnerstag" (1954).

Seinen letzten großen Erfolg errang S. mit dem Familienroman „Jenseits von Eden" (1952), den er als sein ehrgeizigstes Werk bezeichnete. In dem umfangreichen Roman versucht S. die drei Generationen umspannende Geschichte neuenglischer Bauern, die in Kalifornien eine neue Heimat fanden, mit ethischen Fragestellungen zu verknüpfen. Er schildert die Beziehung zweier Brüder zu einer Verbrecherin und die Geschichte ihrer ungleichen Söhne. In „Geld bringt Geld" (1961) setzte sich S. nach längerem Schweigen erneut mit Problemen der gegenwärtigen amerikanischen Gesellschaftsordnung auseinander, ohne jedoch die Wurzeln der von ihm dargestellten Unzufriedenheit, Unsicherheit und Existenzangst seiner kleinbürgerlichen Helden aufzudecken. 1962 erschien sein letzter Roman „Meine Reise mit Charley. Auf der Suche nach Amerika", ein gelungenes Tagebuch seiner Reisen mit seinem Hund durch die Vereinigten Staaten. 1965 war er als Kriegsberichterstatter in Vietnam tätig.

Sully Prudhomme (eigentlich René François Armand Prudhomme) – französischer Dichter
geb. 16.3.1839 in Paris
gest. 7.9.1907 auf Schloß Chatenay-Malabry bei Paris
Nobelpreis 1901, für seine von hohem Idealismus, künstlerischer Vollendung und einer seltenen Vereinigung von Herz und Intellekt zeugende Dichtung.

Bereits die erste Verleihung des Nobelpreises für Literatur löste heftige Proteste aus. 42 schwedische Schriftsteller und Dichter kritisierten die Entscheidung des Nobelpreis-Komitees, daß statt des weltberühmten russischen Erzählers Lew Nikolajewitsch Graf Tolstoj („Krieg und Frieden" und „Anna Karenina") der weitaus weniger bekannte französische Lyriker S. P. mit der Auszeichnung bedacht wurde. Auch die Tatsache, daß Tolstoj bis zu seinem Tod am 20.11.1910 weiterhin übergangen wurde, gilt als eine der Fehlentscheidungen in der Geschichte des Literatur-Nobelpreises.

S. P., Sohn einer bürgerlichen Familie, zeigte bereits in seiner Jugend Begabung für den Sprachunterricht, doch er begann eine mathematisch-naturwissenschaftliche Ausbildung am Lycée Bonaparte in Paris. Wegen einer schweren Augenentzündung mußte er dieses Studium jedoch aufgeben, und er wandte sich der Literaturwissenschaft zu. Dieses Studium beendete er im Jahre 1859, und er arbeitete dann zwei Jahre lang in den Schneider-Creuzot-Werken. Später studierte S. P. noch Jura und Philosophie, war dann in einem Notariat in Paris tätig, ehe er sich ganz der Literatur widmete.

Nach Überwindung romantischer Neigungen und einer religiösen Krise zeigten seine ersten Gedichtbände, darunter „Stances et poemes" („Stanzen und Gedichte", 1865) und „Les solitudes" („Die Einsamkeiten", 1869), einen schwermütig-pessimistischen Zug. Er stand den Dichtern des „Parnasse" nahe, hob sich jedoch durch die melancholische Grundstimmung in seinen Werken von ihnen ab. Einige seiner Gedichte fanden auch Eingang in deren dreibändige Anthologie „Le Parnasse contemporain" („Der zeitgenössische Parnaß", 1866, 1869 und 1879). Hauptvertreter dieser französischen Dichtergruppe waren J. M. de Heredia, S. P. und C. Leconte de Lisle, der auch das Programm der Gruppe formulierte. Die Parnassiens traten für eine „reine", d. h. zeitlose, unpersönliche, betrachtende und nur auf formale Perfektion bedachte Kunst ein. Historisch ist diese Tendenz im Zusammenhang mit den gesellschaftlichen Verhältnissen im Zweiten Kaiserreich und der positivistischen Philosophie zu sehen.

S. P. war in erster Linie ein philosophischer Dichter, der sein Anliegen darin sah, den moralischen Fortschritt der Menschheit dem sich stets schneller vollziehenden technisch-wissenschaftlichen Fortschritt anzupassen. Seine sehr persönliche Dichtung voll verhüllter Selbstbekenntnisse zeugt von überaus starker Empfindsamkeit. Er hatte eine Vorliebe für moralische Analysen sowie wissenschaftliche, philosophische und soziale Fragen.

In seinem Spätwerk tritt die Auseinandersetzung mit den naturwissenschaftlichen Erkenntnissen und technischen Entwicklungen seiner Zeit in den Vordergrund. Als charakteristischster Teil seines Gesamtschaffens gelten die Gedichtsammlungen „Les destins" („Die Schicksale", 1872), „La justice" („Die Gerechtigkeit", 1878), „Le prisme („Das Prisma", 1886) und das Menschheitsepos „Le bonheur" („Das Glück", 1888). Seine romantisch-sentimentale Lyrik beeindruckte wohl vor allem das Stockholmer Preiskomitee.

Heute erscheint S. P.s Werk von seinen Zeitgenossen in vielem überschätzt; trotzdem sind einige seiner Dichtungen durch ihren zarten melancholischen Zauber noch von starker Wirkung. Er war auch als Übersetzer tätig und übertrug zwischen 1866 und 1888 das erste Buch von „De rerum natura" („Über die Natur der Dinge"), eines bedeutenden Lehrgedichts des Altertums in sechs Büchern des lateinischen Dichters Lukrez, ins Französische. Im Jahre 1881 wurde S. P. Mitglied der Académie Française, und 1895 wurde er in die Legion d'honneur aufgenommen. Seine letzten Lebensjahre verbrachte er auf Schloß Chatenay.

Szymborska, Wislawa – polnische Lyrikerin
geb. 2.7.1923 in Kornik bei Posen
Nobelpreis 1996, für eine Poesie, die mit ironischer Präzision den historischen und biologischen Zusammenhang in Fragmenten menschlicher Wirklichkeit hervortreten läßt.

S., Tochter eines Beamten, wuchs ab 1931 in Krakau auf, besuchte das Ursulinen-Gymnasium und machte während der Besatzungszeit unter konspirativen Bedingungen ihr Abitur. 1945 heiratete sie den Schriftsteller Adam Wlodek, der die Tageszeitung „Der Kampf" redigierte, aber die Ehe war nur von kurzer Zeit. In einer Beilage dieser Krakauer Zeitung debütierte sie im März 1945 mit dem Gedicht „Ich suche das Wort". Von 1945 bis 1948 studierte S. Polnische Philologie und Soziologie an der Jagiellonen-Universität in Krakau. Weitere Gedichtveröffentlichungen in Zeitungen und Zeitschriften folgten. Von 1953 bis 1981 war S. ständige Mitarbeiterin der Zeitschrift „Zycie Literackie" (Literarisches Leben), für die sie Buchrezensionen in den unterschiedlichsten Bereichen vom Kochen über Tourismus bis zur Kunstgeschichte schrieb und Leserbriefe beantwortete. Sie hat auch Lyrik übersetzt, vor allem Fragmente aus dem Werk des französischen Barockdichters Theodore Agrippa d'Aubigne. In den 80er Jahren wirkte sie unter einem Pseudonym in der polnischen Untergrundpublikation „Arka" und der in Paris herausgegebenen Exil-Zeitschrift „Kultura" mit. 1948 legte sie ihren ersten Gedichtband vor, der jedoch aus ideologischen Gründen niemals veröffentlicht wurde. 1952 erschien die nächste Sammlung mit dem Titel „Deshalb leben wir", und sie fand die Zustimmung der Kulturbehörden. 1954 veröffentlichte sie den Band „Fragen, die ich mir stelle", der dem damaligen „sozialistischen" Verständnis entsprach und der Autorin den Literaturpreis der Stadt Krakau sowie das Goldene Verdienstkreuz (1955) einbrachte. Von diesen ersten beiden Gedichtsammlungen, die beide noch „sozialrealistische Anpassungsversuche waren", distanzierte sie sich später. Doch schon seinerzeit wurde die Originalität, die technische Kunstfertigkeit, der Witz und der Humor der Dichterin bemerkt.

Den Durchbruch erzielte S. mit ihrem 1957 erschienenen Band „Rufe an Yeti". In ihm zeigte sich ihre Reaktion auf die politischen Erschütterungen des Tauwetter-Jahres 1956. Im Mittelpunkt stand von nun an das menschliche Individuum: der Mensch im Universum, in der Geschichte, in der Gesellschaft, in der Natur, in seinen zwischenmenschlichen Beziehungen. Die neue Entwicklung wurde in „Salz" (1962) fortgesetzt und vertieft. Schon bald avancierte S. zur wichtigsten Lyrikerin der sogenannten „Generation 56". Sie war und ist eine konsequente Individualistin, die sich niemals von irgendeiner literarischen Gruppe vereinnahmen ließ. Die Poesie der Lyrikerin gibt sich einfach: Alltägliche Begebenheiten bilden den Ansatzpunkt zu immerwährender Betrachtung dialektischen Spiels von Glück und Verlust, Zufall und Regel, Dauer und Vergänglichkeit menschlichen Lebens. In den dialogischen, anekdotischen Gedichten kommt der Gedanke nie schwerfällig daher, scharfer Intellekt und weiblicher Charme, Ernsthaftigkeit und Scherz, Raffinement und Einfachheit kleiden ihn in brillante paradoxe Form. Ihr erklärtes Anliegen, Genauigkeit im geschichtlichen Engagement, erreicht S. in dem Maße, wie sie Skepsis, Ironie und Selbstironie nicht zu Gegenspielern, sondern zu Instrumenten ihrer moralischen Leidenschaft macht.

Der 1967 erschienene Band „Hundert Freuden" kann sowohl im Hinblick auf die poetischen Techniken als auch in Bezug auf die Thematik der Gedichte bereits der Phase der Reife zugerechnet werden, zu der auch die Bände „Alle Fälle" (1972), „Die große Zahl" (1976), „Menschen auf der Brücke" (1986) und „Ende und Anfang" (1993) gehören. In den letzten beiden Bänden dominieren philosophische Reflexionen, vor allem die Auseinandersetzung mit dem Tod, die aus immer neuen Blickwinkeln und in einer Stimmung leiser, mit abgeklärter Heiterkeit gepaarter Melancholie erfolgt.

Zu politischen Ereignissen nahm sie in ihren Gedichten direkt kaum Stellung, wohl aber bindet sie das Tagesgeschehen in ihre Lyrik ein. In ihrem Werk sind auch einige wenige Gedichte, in denen die Motive der Malerei und der Musik zu finden sind. Bei diesen Texten handelt es sich vornehmlich um Parodien, bei denen die Sprache eines Gemäldes bzw. eines Musikstücks auf scherzhafte Weise in die Sprache der Poesie übersetzt wird, wobei gleichzeitig die aus dem Kunststil ersichtlichen Grenzen des Bewußtseins der jeweiligen Epoche aufgezeigt werden. Sehr aufschlußreich in Bezug auf die Kunstauffassung von S. sind jene Gedichte, die das Theater behandeln. In diesen Texten wird immer von neuem und unmißverständlich der grundsätzliche Unterschied zwischen „wirklichem" Leben und Theater hervorgehoben.

S. hat in rund 50 Jahren ihres literarischen Schaffens insgesamt 16 Gedichtbände veröffentlicht und sich den Ruf als „erste Dame der polnischen Poesie" erworben. Im Gegensatz zu anderen großen polnischen Autoren hat sie sich niemals öffentlich engagiert. Allerdings bezeichnete ihr Deutsch-Übersetzer, Karl Dedecius, ihre Werke als „hochpolitisch", sie seien ein „geistiger Biotop" und getragen von einer Empfindung, „die niemals belanglos oder falsch ist". Ihre Gedichte wurden bisher in 36 Sprachen übersetzt. Die Königlich-Schwedische Akademie in Stockholm würdigte u. a. ihren eleganten Formulierungsstil, die stilistische Vielfalt ihrer Poesie und ihre erkennbare Freude am Schreiben. Als Gedichtbände in deutscher Sprache erschienen: „Salz" (1973); „Deshalb leben wir" (1980); „Hundert Freuden" (1986); „Auf Wiedersehen. Bis morgen" (1995). Weitere Originalausgaben waren u. a.: „Ausgewählte Gedichte" (1964); „Kür-Lektüren" (1973); „Tarsius und andere Gedichte" (1976); „Ausgewählte Dichtungen" (1983); „Landschaft mit Sandkorn. 102 Gedichte" (1996).

Tagore, Rabindranath (Ravindranath Thakur) – indischer Dichter und Philosoph bengalischer Sprache
geb. 6.5.1861 in Kalkutta
gest. 7.8.1941 in Santiniketan (Westbengalen)
Nobelpreis 1913, als Anerkennung für die einfühlsamen, lebendigen und schönen Verse, mit denen er in vollendeter Weise seine dichterischen Gedanken – in englischer Sprache – zu einer Komponente der abendländischen Literatur gemacht hat.

T. gilt noch heute als die herausragendste Persönlichkeit der indischen Kultur. Sein Lebenswerk ist außerordentlich mannigfaltig und umfangreich. Es besteht aus einer Vielzahl von Gedichten und Liedern, die ihm Weltruhm gebracht haben. Doch hat T. die Literatur seiner Muttersprache Bengali um eine Reihe anderer Schriften verschiedenster Natur bereichert: Reisebeschreibungen, Memoiren, philosophische Schriften, wissenschaftliche Abhandlungen, politische Beiträge, Lehrbücher, Dramen, ja sogar Libretti zu Opern und Tanzspielen gehörten dazu. Dabei strebte er immer ein hohes künstlerisches Niveau an und ging neue Wege in der Gestaltung.

T. entstammte einer der reichsten und kultiviertesten Großgrundbesitzerfamilien Bengalens. Seine Eltern genossen hohes Ansehen und übten einen erheblichen Einfluß auf das politisch-geistige Leben in Kalkutta aus, sein Vater war hinduistischer Religionsreformer. Er war der achte Sohn von fünfzehn Kindern. Ähnlich dem wiederholten Abbrechen des Schulbesuches in Kalkutta blieb auch das Studium in England ein Fragment, und nach einem Studienjahr an der Londoner Universität kehrte er 1880 nach Kalkutta zurück. Bereits in dieser Zeit hatte der junge Dichter schon über 7.000 Zeilen in Versform und noch mehr in Prosa veröffentlicht. Nach seiner Heirat 1883 beauftragte ihn der Vater mit der Verwaltung seines Landbesitzes. Da er sich frühzeitig für die sozialen Probleme der einfachen Menschen seiner Heimat interessierte, wurde er nun noch mehr mit deren Leben und Sorgen vertraut. Von nun an sind die Bauern seiner bengalischen Heimat Hauptinhalt seines künstlerischen Schaffens.

Von 1891 bis 1895 war T. Mitherausgeber der Zeitschrift „Sadhana" und schrieb Artikel über Politik, soziale Fragen und Literatur, aber auch viele Kurzgeschichten wurden hier zum ersten Mal veröffentlicht. Auch zwei größere Romane entstehen in dieser Zeit: „Sandkörnchen im Auge" (1901) und der „Schiffbruch" (1903). Er schreibt seine Romane für sein indisches Leserpublikum, und er behandelt ihm wichtig erscheinende Probleme der Zeit, vor allem Eheprobleme, bei denen Frauen im Mittelpunkt stehen. Mit größter Beharrlichkeit verfolgt der Dichter zweierlei in diesem Zeitabschnitt: Er erkennt und entlarvt die Verängstigung seiner Landsleute und bemüht sich, diesen Mut einzuflößen, indem er Heldengestalten schafft, die sich in naiver Gerechtigkeitsliebe, aber auch in bewußter Auflehnung nicht von den englischen Herren und den mit ihnen verbündeten reichen Großgrundbesitzern einschüchtern lassen. Er prangert nicht nur die Willkür der englischen Beamten und reichen Pflanzer mit schonungslosem Realismus an, er beschreibt auch ebenso realistisch den Kleinmut und die hilflose Furchtsamkeit der armen und abhängigen Landbevölkerung.

1896 komponiert T. für die Delegierten des Indischen Nationalkongresses ein Nationallied, „Du Verzauberin der Welt". Zwei Lieder sind noch heute nicht nur in aller Munde, sondern zu nationalem Rang erhoben worden. Es sind dies die Nationalhymne von Indien, 1911 entstanden, und die 1972 zur Nationalhymne von Bangladesh erkorene Dichtung „Amar sonar bangladesh". In den Jahren von 1881 bis 1910 entstanden 21 Bühnenwerke, darunter eine ganze Anzahl musikalischer Dramen und Versdramen. Bekannt geworden in Europa sind vor allem die Dramen „Der König der dunklen Kammer" und „Das Postamt". Auch ein neuer Roman fällt in diese Zeit seines Schaffens. Der Roman „Gora" (1908) erzählt die Geschichte eines jungen indischen Patrioten, der durch seine Hinwendung zum indischen Dorf eine Wandlung seiner Anschauungen erfährt. Daneben entsteht eine Vielzahl von Gedichten, die fast jährlich in Sammelbänden erscheinen. Bereits 1901 hatte T. in Santiniketan eine Schule gegründet, aus der im Jahre 1921 die heutige Visva-Bharati-Universität hervorging. Hier suchte er seine Erziehungsideale zu verwirklichen.

Der Nobelpreis wurde dem Dichter für „Gitanjali" verliehen, ein bemerkenswerter Vorgang, handelt es sich doch bei diesem Werk um Gedichte und zudem noch um das erste Werk eines nichteuropäischen Dichters in einer europäischen Sprache, eines Dichters, der zuvor nur in seiner heimischen Bengalisprache veröffentlicht hatte. Bereits 1911 entstand das Theaterstück „Die Zitadelle der Starre", ein Werk, das als eines der revolutionärsten Bekenntnisse des Dichters angesehen wird. Zwei wichtige Werke entstanden dann im Jahre 1915, das Bühnenstück „Der Frühlingskreis" und der Roman „Das Heim und die Welt". Bis 1934 folgten fast alljährlich längere Reisen nach Europa, Südamerika, Kanada, USA und Asien. 1930/31 machte der Dichter die letzte und wohl erfolgreichste Weltreise.

Im literarischen Schaffen der letzten zwanzig Jahre stehen an erster Stelle Gedichtsammlungen. Die Romane dieser Zeit sind weniger bekannt geworden. Zu nennen wären die beiden 1928 erschienenen Bände „Vereinigung und Trennung" und „Das Letzte Gedicht" sowie die 1932 bis 1934 entstandenen Romane „Zwei Schwestern", „Ein Blumengarten" und „Vier Kapitel". Das 1924 entstandene Drama „Roter Oleander" gehört noch heute zu den erfolgreichsten seiner Werke auf indischen Bühnen. Von märchenhaftem Reiz ist auch das 1933 entstandene Drama „Das Land der Spielkarten", eine Satire, die sich gegen die Starre und die Vergangenheitsbezogenheit der orthodoxen Hindugesellschaft wendet. T. ist einer der letzten Universalisten, ein Künstler, der nicht nur die literarischen Gestaltungen des Dramas und des Romans, der Kurzgeschichte, der Lyrik und der Balladendichtung beherrschte und bereicherte, sondern auch als Komponist und Sänger hohes Ansehen errang. Sein umfangreiches literarisches Werk ist zum Bestandteil der Weltliteratur geworden.

Weitere Werke: „Das Opfer" (1890); „Die Furcht des Engländers" (1894); „Wolke und Sonne" (1894); „Geknebelt" (1898); „Die Krankheit und ihre Heilmittel" (1907); „Der Gärtner" (1913); „Nationalismus" (1917); „Das Opfer des Tanzmädchens" (1926); „Die Religion des Menschen" (1930).

Undset, Sigrid – norwegische Erzählerin und Essayistin
geb. 20.5.1882 in Kalundborg (Dänemark)
gest. 10.6.1949 in Lillehammer
Nobelpreis 1928, vornehmlich für ihre kraftvollen und malerischen Schilderungen aus dem mittelalterlichen Leben des skandinavischen Nordens.

Das Interesse und die Begeisterung für die Geschichte des nordischen Mittelalters hatte der Vater, der bekannte Archäologe Ingvald Undset, in ihr geweckt, der 1884 mit seiner dänischen Frau Anna Charlotte von Kalundborg nach Oslo umzog. Ihre Kindheit im damaligen Kristiania schildert U. Jahrzehnte später in ihrem Erinnerungsbuch „Elf Jahre" (1934). Sie war elf Jahre alt, als der Vater starb. Sie wollte gerne Malerin werden, doch an eine derartige Ausbildung war nicht zu denken. So besuchte sie zunächst die Handelsschule und war dann von 1899 bis 1909 als Büroangestellte tätig. Aufgrund ihrer ersten Veröffentlichungen erhielt sie 1909 ein Stipendium, das sie für eine Reise nach Rom und Paris verwandte, anschließend widmete sie sich ganz dem literarischen Schaffen. Das Milieu der kleinbürgerlichen Schichten Oslos bildet den Hintergrund ihrer frühen Romane und Erzählungen.

Das Hauptproblem, das U. in immer neuen Variationen behandelte, ist die Aufgabe und Stellung der Frau im täglichen Leben und ihre Suche nach Lebensglück. Beobachtungen und Erfahrungen aus ihrem Angestelltendasein verwertend, begann sie mit Schilderungen aus der Umwelt von jungen Mädchen und Frauen, die sich aus der Enge und der Härte des Berufslebens hinaussehnten nach dem sogenannten Leben, einem auch erotisch ungebundenen, nur der eigenen Verantwortung unterworfenen Dasein, bei dessen Verwirklichung sie jedoch in seelische Konflikte geraten oder zugrunde gehen. 1907 erlebt U. mit dem Roman „Frau Marta Oulie" ihr Debüt. Die Ehegeschichte reflektiert bittere Erfahrungen berufstätiger Frauen des Bürgertums um die Jahrhundertwende. Die Romane der ersten Periode von 1907 bis 1918 sind Gegenwartsromane, deren bedeutendster „Jenny" (1911) ist. Es ist die Geschichte einer Frau, die den Konventionen zu trotzen sich bemüht. Die freie und selbständige Künstlerin Jenny will den Traum ihrer Liebe realisieren, sie will erobert werden. Aus der Doppelwertigkeit zwischen der Behauptung ihrer Freiheit und der völligen Hingabe sieht sie keinen anderen Ausweg als die Selbstzerstörung. Für ihre Sehnsucht gibt es gegenwärtig keinen Platz, die Freiheit der Wahl ist Illusion. Eine andere Norm liegt dem Eheroman „Frühling" (1914) zugrunde. Auch hier der Traum von der großen Liebe, der mit der wirklichen konjugalen Liebe nicht übereinstimmt. Aber die Kluft läßt sich durch persönliche Disziplin und Pflichtgefühl überwinden, sie bilden die Grundlage von Kultur und Gesellschaft.

1919 erscheint ihre Essaysammlung „Ein Frauenstandpunkt", in der sie aus ihrer offenen konservativen Haltung keinen Hehl macht: Die Rolle der Frau definiert sie zuallererst als Mutter. Moderne Frauen fanden in ihrem Kampf um Gleichberechtigung in ihr keine Verbündete, denn wer wie U. von allgemeingültigen festen Werten ausging, war für eine gesellschaftliche Veränderung weniger zu haben. In diesen Essays wird ihre religiöse Grundhaltung deutlich, 1924 tritt sie zum katholischen Glauben über. Weltliterarischen Rang erlangte U. mit der voluminösen historischen Romantrilogie „Kristin Lavranstochter" (1920/22; „Der Kranz", 1920; „Die Hausfrau", 1921, und „Das Kreuz", 1922). In lyrisch-verhaltenem, altnordischen Sagastil, von einprägsamen Natur- und lebendigen Sittenstudien des Mittelalters umrahmt, gestaltete U. hier ein nuancenreiches Porträt einer selbstbewußten Bauerntochter. Diese bedeutende historische Dichtung der norwegischen Literatur schildert die in der ersten Hälfte des 14. Jahrhunderts spielende Lebensgeschichte einer warmherzigen Frau, die nach harten Prüfungen, u.a. durch die Ehe mit einem ungeliebten und treulosen Manne, schließlich als sich für andere aufopfernde Nonne im Kloster die ihr gemäße Betätigung ihres christlichen Glaubens findet. Besondere Attraktivität hatte der Roman während der Okkupation. Lebensfreude und Leidenschaft, vor allem Charakter und Tatkraft, wie sie sich in Kristin verkörperten, waren Eigenschaften, die das Gefühl der nationalen Identität bestärken konnten.

Ein gewaltiges historisches Panorama wird auch in dem Doppelroman „Olav Audunssohn" ausgerollt. Die bereits in „Kristin Lavranstochter" spürbare Katholizität der Verfasserin tritt in den beiden gleichfalls im Mittelalter spielenden Romanen „Olav Audunssohn auf Hestviken" (1925) und „Olav Audunssohn" (1927) noch deutlicher hervor und steht zuweilen dem lebendigen Handlungsfluß im Wege. U. kehrte danach zum Gegenwartsroman zurück. Der Doppelroman „Gymnadenia" (1929) und „Der brennende Busch" (1930) erzählt die Geschichte eines Mannes, der sich mehr und mehr vom Katholizismus angezogen fühlt und sich endlich zum katholischen Glauben bekennt, was für seine Ehe Probleme mit sich bringt. Doch gelingt es den Partnern, nach einigen Verwicklungen wieder zueinanderzufinden und den Weg weiter zusammen zu gehen. Das Problematische dieser Konversionsromane liegt in den platzgreifenden Diskussionen und polemischen Passagen über Fragen der Religion, die das Thema Liebe und Ehe nahezu zuzuschütten drohen. In den Gegenwartsromanen „Ida Elisabeth" (1932), „Das getreue Eheweib" (1936) und „Madame Dorothea" (1939) knüpfte sie thematisch und stilistisch an das Frühwerk an.

Schon bald nach 1933 erkannte U. die Gefährlichkeit der nationalsozialistischen Ideen, gegen die sie, wo sie nur konnte, Stellung bezog, was schließlich dazu führte, daß ihre Bücher im Dritten Reich auf die schwarze Liste kamen. Aus Norwegen mußte sie 1940 nach der deutschen Besetzung fliehen (einer ihrer Söhne war in den ersten Tagen der Okkupation gefallen), und über Schweden, Rußland und Japan gelangte sie schließlich in die USA, wo sie für die norwegische Sache kämpfte, d. h. den Amerikanern deutlich machen wollte, daß an der behaupteten germanischen Blutsbrüderschaft von Norwegern und Deutschen nichts dran sei, daß sich diese Völker grundlegend voneinander unterscheiden. Ihr vielleicht verständlicher Chauvinismus verführte U. dabei zu groben Klischees. Aus ihrer katholischen Überzeugung heraus setzte sie ein Gleichheitszeichen zwischen Faschismus und Kommunismus, in für sie gleicher Weise waren sie verdammungswürdig. 1945 kehrte U. in ihre Heimat zurück und verbrachte noch einige ruhige Jahre in Lillehammer. Neben dem rein literarischen Werk hat sie noch einige Bücher über norwegische („Nordische Heilige", 1937) und ausländische („Etappen. Neue Reihe", 1933) Heilige geschrieben. Ihre Monographie über Katharina von Siena erschien postum 1951. U. verfaßte außerdem Novellen und Märchenspiele und hinterließ ein umfangreiches autobiographisches Werk.

Weitere Werke: „Ein Fremder" (1908); „Ärmliche Schicksale" (1912); „Erzählungen von König Artur" (1915); „Frau Hjelde" (1917); „Harriet Waage" (1917); „Splitter und Zauberspiegel" (1917); „Glückliche Zeiten" (1943).

Walcott, Derek – westindischer englischsprachiger Schriftsteller

geb. 23.1.1930 in Castries auf Saint Lucia (Kleine Antillen)
Nobelpreis 1992, für eine Dichtung von großer Leuchtkraft, getragen von einer historischen Vision, die aus einer multikulturellen Verpflichtung emporgewachsen ist.

W.s Vater, ein Aquarellmaler und Bohemien, starb, als er und sein Zwillingsbruder Roderick ein Jahr alt waren. Die gebildete und überaus energische Mutter, sie leitete die Methodistenschule der Stadt, mußte nun allein für die Familie sorgen. Sie ermöglichte ihrem Sohn den Besuch des St. Mary's College auf Saint Lucia und anschließend auch das Studium an der University of the West Indies auf Jamaica. Bereits als 18jähriger hatte er auf Anregung seiner Mutter hin seinen ersten Gedichtband unter dem Titel „25 Poems" herausgebracht, der allerdings damals nur geringes oder ablehnendes Echo fand. Nach dem Studium arbeitete W. als Lehrer auf Jamaica, publizierte in Zeitschriften und veröffentlichte 1953 sein erstes Drama, „Henri Christophe", über die Revolution auf Haiti zu Beginn des 19. Jahrhunderts. Im Jahr 1957 zog W. nach Trinidad, wo er als Theater- und Kunstkritiker arbeitete. Daneben beschäftigte er sich als Dichter und Autor von Theaterstücken. 1959 gründete er den „Trinidad Theatre Workshop" in Port of Spain und führte mit dem Ensemble viele seiner Stücke auf. Ab Ende der 70er Jahre wirkte W. als Dozent an der Yale University in New Haven (Connecticut) und an der Columbia University in New York. 1981 übernahm er einen Lehrstuhl für Englische Literatur an der Universität Boston (Massachussetts) und an der Harvard-Universität in Cambridge.

W.s Werk ist von seiner karibischen Heimat, der englischen Sprache und den afrikanischen Wurzeln seines Fühlens inspiriert. In seinem aus lyrischen Kurzformen, epischen Gedichten und Theaterstücken bestehenden literarischen Werk verschmilzt er europäisch-literarische Einflüsse mit der afrikanisch-karibischen Tradition zu einer rhythmisch variationsreichen poetischen Sprache. Zum Zeitpunkt der Nobelpreisverleihung war W. in Deutschland – anders als in Großbritannien und den USA – weitgehend unbekannt, obwohl er damals bereits 14 Gedichtbände veröffentlicht und 20 Dramen verfaßt hatte.

Seine frühen Theaterstücke greifen auf Motive der antillanischen Folklore, Musik, Tanz und die volkstümliche Kreolsprache zurück. In dem Märchenspiel „Klein-Jean und seine Brüder" (1958) geht es um einen durch seine Verschlagenheit erfolgreichen Jungen. Die späteren Stücke kombinieren Sozialkritik und aktuelle politische Bezüge mit poetischer Diktion. So ist „Dream on Monkey Mountain" (1967, Der Traum vom Affenfelsen) eine wirkungsvolle karibische Freske, etwa eine untergründige Antwort auf Shakespeares „Sturm", jenes in der Karibik spielende Drama, das in den Werken W.s immer wieder auftaucht. In dem Drama „Dream on Monkey Mountain" schildert er den Aufstieg eines Köhlers zum König der karibischen Gesellschaft.

W. ist in erster Linie Poet, hat aber auch die Dramatik mit interessanten Arbeiten bereichert, die wie seine Gedichte die Konfrontation der Welt, aus der er stammt, mit den europäischen Versionen, die über diese Welt umliefen, aufgreifen. Themen seines lyrischen Werkes sind vor allem die postkoloniale, von Identitätslosigkeit und Marginalisierung bedrohte kulturelle und psychologische Realität seiner Heimat und des einzelnen Menschen in ihr sowie die gesellschaftlichen Strukturen der karibischen Inseln, die Folgen von Sklaverei und Ausbeutung.

Den Durchbruch als Lyriker erzielte W. mit der Gedichtsammlung „In a Green Night" (1962, In einer Grünen Nacht), in der geographische, geschichtliche, kulturelle, politische und ethnische Aspekte verarbeitet werden. Inspiriert von den großen abendländischen Dichtern und Dramatikern schildert er in seinen Werken die Karibik als Schmelztiegel verschiedener Traditionen und Kulturen. So finden in „The Arkansas Testament" (1987, Das Arkansas-Testament) angelsächsische kulturelle Traditionen eine besondere Beachtung. In W.s jüngstem poetischen Werk mit dem Titel „Omeros" (1990), ein mächtiger karibischer Gesang in 64 Kapiteln, sind Einflüsse von Homer, Poe, Majakovski, Melville und Brodsky zu finden.

Der Literatur-Nobelpreisträger des Jahres 1987, der amerikanische Dichter sowjetischer Herkunft Joseph Brodsky, bezeichnete W. als „besten englischsprachigen Dichter der heutigen Zeit". 1966 wurde W. mit dem Preis der Royal Society of Literature und dem National Writer's Prize des Welsh Art Council ausgezeichnet.

Weitere lyrische Werke, Dramen und Bühnenstücke W.s: „Harry Dernier" (1952); „The Castaway and Other Poems" (1965); „The Gulf and Other Poems" (1969); „Another Life" (1973); „Sea Grapes" (1976); „The Joker of Seville & O Babylon!" (1978); „The Star-Apple Kingdom" (1979); „Remembrance & Pantomime: Two Plays" (1980); „The Fortunate Traveller" (1981); „Midsummer" (1984); „Collected Poems, 1948–1984" (1986); „Three Plays" (1986). Eine Auswahl aus W.s dichterischem Werk erschien in Deutsch unter dem Titel „Das Königreich des Sternapfels" (1989).

White, Patrick Victor Martindale – australischer Schriftsteller

geb. 28.5.1912 in London

gest. 30.9.1990 in Sydney

Nobelpreis 1973, für seine epische und psychologische Erzählkunst, durch die der Literatur ein neuer Erdteil zugeführt worden ist.

Bereits 1826 siedelten sich W.s Vorfahren in Australien an und gründeten mehrere Anwesen. Er wurde während einer Englandreise seiner Eltern in London geboren. Seine Kindheit verbrachte W. auf der Schaffarm der Eltern und in Darlinghurst bei Sydney. Von 1918 bis 1925 besuchte W., der ständig unter Asthmaanfällen litt, die Cranbrook School in Sydney und die Tudor House School in Moss Vale. Er zeigte frühes Interesse für die Literatur und verfaßte erste Gedichte und schrieb kleine Stücke im Alter von neun Jahren. 1925 wurde W. nach England auf das Cheltenham College nahe Gloucester geschickt, wo er vier unglückliche Jahre verbrachte. Nach Australien zurückgekehrt, verbrachte er mehrere Jahre als Schafzüchter, und in dieser Zeit entstanden die drei unveröffentlichten Romane „The Immigrants", „Finding Heaven" und „The Sullen Moon". Von 1932 bis 1935 studierte W. Geschichte, Romanistik und Germanistik am King's College in Cambridge (England). Nach dem Studium lebte er in London und versuchte sich mit finanzieller Unterstützung seines Vaters als freier Schriftsteller. Er unternahm Reisen nach Deutschland, Frankreich und den USA. 1940 erfolgte sein Eintritt in die Royal Air Force, wo er als Nachrichtenoffizier im Nahen Osten und Griechenland tätig war. Hier begann die Freundschaft mit seinem Lebensgefährten, dem Griechen Manoly Lascaris. 1945 nahm W. Abschied von dem für sein Empfinden auch geistig verödeten Nachkriegslondon und kehrte nach Australien zurück. Eine Farm im Sydneyer Vorort Castle Hill, auf die er sich mit Lascaris zurückzog, bildete für die nächsten Jahre den Hintergrund für sein literarisches Schaffen, das ihm durch massive Kritik an seinen Büchern in Australien erschwert wurde. Seine psychische Krise verstärkte sich durch heftige Asthmaanfälle, die ihn häufig ans Krankenbett fesselten.

W.s erster Roman „Glückliches Tal" wurde 1939 veröffentlicht und ist nie wieder aufgelegt worden. Wenn das Buch auch keine glanzvolle Ouvertüre zum Hauptwerk darstellt, so ist es doch eine bemerkenswert umfassende erste Durchführung des späteren thematischen Materials. W.s Werk ist gekennzeichnet durch die Verbindung spezifisch australischen Lebens mit modernistischer Psychologisierung (spätbürgerliche europäische Einflüsse – J. Joyce) und einem an der Bewußtseinskunst geschulten Stil bei einer vornehmlich tragischen Sicht auf den Kampf zwischen guten und bösen Kräften. Seinen zweiten Roman „Die Lebenden und die Toten" begann er 1939 und beendete ihn im Juli 1940. Der einzige ganz außerhalb von Australien spielende Roman ist im England der 30er Jahre angesiedelt und gestaltet soziale Gegensätze und politische Bewegungen, aber vor allem Liebe und Tod, Isolierung und Vereinsamung des Individuums.

Der Krieg unterbrach nun W.s kreative Arbeit, und als er sich endlich wieder seiner schriftstellerischen Tätigkeit widmen konnte, schrieb er „Die Geschichte der Tante" (1948). Theodora Goodman, die Tante, ist sein erstes hervorragendes Porträt eines Außenseiters und die Geschichte ihrer äußerlich ereignisarmen, innerlich aber intensiv erlebten Suche nach der „Reinheit des Seins". Durchgreifenden Erfolg und internationale Anerkennung erzielte W. mit dem Roman „Zur Ruhe kam der Baum des Lebens nie" (1955), einer „Australien-Saga" über zwei Generationen einer Familie, die in die Wildnis zieht, sich im Ringen mit der Natur und mit sich selbst schließlich behauptet und Harmonie findet.

Der Roman „Voss" (1957) macht an der leidvollen Ost-West-Durchquerung Australiens im Jahre 1848 des deutschen Forschers Ludwig Leichhardt beispielhaft den Weg in Grenzsituationen des menschlichen Lebens deutlich; er zeichnet den besessenen, dämonischen Forscherdrang des Helden und analysiert die psychologische Situation und die Auseinandersetzungen unter den Mitgliedern der Expedition.

In den folgenden Romanen steht die breitangelegte psychologische Durchleuchtung von Sonderlingen und Außenseitern im Vordergrund: Bissige Analysen der als materialistisch, banal und entfremdet empfundenen australischen Gesellschaft erhalten durch komplexe biblische und mythologische Anspielungen archetypische Universalität, so in „Die im feurigen Wagen" (1961). Die existenzbestimmenden Dichotomien wie Leben – Tod, Verstand – Gefühl, Egozentrik – liebende Hingabe lotet W. anhand der Geschichte von Zwillingsbrüdern unter dem Einfluß der Psychologie des Schweizer Psychiaters C. G. Jungs in „Die ungleichen Brüder" (1966) aus. Willensstarke Individuen, die rücksichtslos ihrer inneren Suche nachgehen, zeichnet er in dem Entwicklungs- und Künstlerroman „Der Maler" (1970) und in dem komplexen Werk „Im Auge des Sturms" (1973), in dem eine Sterbende die Summe ihres mit kompromißloser Intensität gelebten Lebens zieht, doch gleichzeitig ihr blockierender Einfluß auf ihre Umwelt die Zweischneidigkeit konsequenter Selbstverwirklichung deutlich werden läßt. Kurzgeschichten und Kurzromane, die sich um die großen Arbeiten dieser Periode gruppieren, sind in „Die Kakadus" (1974) gesammelt; sie sind eine Fortsetzung der Erkundung enger menschlicher Beziehungen, der Ambivalenz der Liebe, zwischen Männern und Frauen, Eltern und Kindern. 1979 erschien in London und New York der Roman „Die Twyborn-Affäre", in dem W. die vielschichtigen Aspekte sexueller Identität beleuchtete. Das Buch „Sprünge im Glas. Ein Selbstporträt" (1981) ist eine Collage all der Augenblicke, der Menschen, der Einsichten und der Wechselwirkungen, die in seinem Leben und in seinem Schreiben je eine Rolle gespielt haben.

„Drei unruhige Stücke" (1987), W.s letztes literarisches Werk, waren ursprünglich als Beiträge zu einer Anthologie australischer Literatur gedacht, wurden jedoch vorab veröffentlicht, um dem Entschluß des Autors gerecht zu werden, nicht mit einem neuen Werk zu den Zweihundertjahrfeiern in Australien im Jahre 1988 beizutragen.

Mit seinem sprachgewaltigen und auch formal innovativen Romanwerk wie mit seinen Theaterstücken und Erzählungen hat W. einen entscheidenden Beitrag Australiens zur Weltliteratur geleistet. Nach der Verleihung des Literatur-Nobelpreises wurde er zunehmend, wenn auch unwillig, zu einer Gestalt des öffentlichen Lebens. In seinen letzten Jahren wurde W. trotz seines Einsiedlertums zur Kultfigur der radikalen australischen Jugend.

Weitere Werke: „Die Verbrannten" (1964); „Hams Begräbnis" (1965); „Vier Stücke" (1965); „Eine freundliche Seele" (1965); „Nacht auf dem Kahlen Berg" (1966); „Der Lendenschurz" (1976); „Großes Spielzeug" (1979); „Siebzehn Oden" (1982); „Dem Fahrer ein Zeichen geben" (1983); „Dolly Formosa und die Auserwählten. Die Memoiren der Alex Xenophon Demirjian Gray. Herausgegeben von Patrick White" (1986).

Xingjian, Gao – chinesischer Dramatiker und Schriftsteller

geb. 1.4.1940 in Taizhou/Provinz Jiangsu (Volksrepublik China)

Nobelpreis 2000, für ein Werk von universaler Gültigkeit, bitterer Einsicht und sprachlichem Sinnreichtum, das der chinesischen Romankunst und Dramatik neue Wege eröffnet hat.

Als erster chinesischer Schriftsteller in der fast hundertjährigen Geschichte des Nobelpreises hat der in Paris lebende Exil-Autor X. die bedeutendste Literaturauszeichnung der Welt erhalten. Fachleute werteten die Entscheidung als generelle Anerkennung der chinesischen Exil-Literatur.

Seine erste Kindheitserinnerung ist die Flucht vor den japanischen Eindringlingen im Zweiten Weltkrieg. Als Kind wurde er zum Malen, Schreiben und Musizieren angehalten. Nach Abschluß seiner Schulausbildung studierte X. von 1957 bis 1962 Französisch am Pekinger Fremdspracheninstitut. Danach arbeitete er zunächst als Übersetzer. Nach Ausrufung der „Großen Proletarischen Kulturrevolution" im Jahr 1966 wurde X. wie fast alle chinesischen Intellektuellen zur Umerziehung aufs Land geschickt, wo er zunächst als Landarbeiter und später als Dorfschullehrer eingesetzt wurde. Während der sogenannten Kulturrevolution mußte er seine frühen Schriften und Manuskripte vernichten. Auf dem 9. Kongreß der KP-China im April 1969 wurde die Kulturrevolution nachträglich legalisiert, aber auch offiziell beendet. Auch X. durfte wieder als Übersetzer für die „Chinese Writers Association" arbeiten. Innerhalb der chinesischen KP wurden die Schriftsteller von Präsident Mao Zedong auf die Schaffung einer Klassenliteratur festgelegt, und erst nach seinem Tod 1976 erfuhr die Literatur eine rasche Neubelebung. Fast alle verfemten modernen Schriftsteller wurden (z. T. postum) rehabilitiert, und es begann eine intensive Beschäftigung mit der eigenen klassischen und mit der westlichen Literatur.

Ab 1978 arbeitete X. in Peking zunächst bei der Zeitschrift „China im Aufbau" und später beim Allchinesischen Schriftstellerverband als Übersetzer für Französisch. In dieser Zeit veröffentlichte er eine erste Novelle, die jedoch von der Literaturkritik kaum wahrgenommen wurde. Als Dolmetscher für chinesische Schriftstellerdelegationen hatte er bereits früh Gelegenheit, Auslandsreisen nach Frankreich und Italien zu unternehmen (1978/79). Seine Eindrücke über das in China damals sehr fremde westliche Ausland verarbeitete er in verschiedenen Essays, trug aber auch durch seine Übersetzungen, u. a. von Eugene Ionescos (französischer Schriftsteller rumänischer Herkunft, einer der führenden Autoren des absurden Theaters) „Die kahle Sängerin", dazu bei, die moderne französische Literatur in China bekannt zu machen. Nach der Veröffentlichung einiger zum Teil bereits während seiner Studienzeit entstandenen Kurzgeschichten wurde X. 1979 in den Chinesischen Schriftstellerverband aufgenommen.

Aufmerksamkeit erregte er 1981 mit einem literaturkritischen Werk über die Technik des modernen Romans, in dem er dazu aufrief, den chinesischen (sozialistischen) Roman durch Übernahme westlicher Erzähltechniken den Bedürfnissen zeitgenössischer Leser besser anzupassen. Von 1981 bis 1989 arbeitete X. als Dramaturg am Pekinger Volkskunsttheater. In Zusammenarbeit mit dem bekannten Regisseur Lin Zhaohua stellte er eigene Theaterstücke vor, die jedoch immer wieder der Zensur zum Opfer fielen. Sein erstes, 1982 von den Kulturbehörden freigegebenes Drama „Juedui xinhao" galt als erste avantgardistische Produktion in der VR China. In diesem Debütwerk kamen u. a. brisante Themen wie Arbeitslosigkeit und Jugendkriminalität, Wertekonflikte zwischen den Generationen, aber auch die Verantwortung der Gesellschaft für das Los der „verlorenen Generation" der Kulturrevolution zur Sprache. 1985 trat X. mit einem neuen Theaterstück und als Maler an die Öffentlichkeit: Ganz im Sinne der klassischen chinesischen Vorstellung, wonach Dichtung und Malerei eine ästhetische Einheit bilden, kalligraphierte X. an chinesische Schriftzeichen erinnernde, bewegte Körper mit schwarzer Tusche auf weißes Reispapier. Mit dem Stück „Jenseits" (1986) wandte er sich schließlich völlig von der dramatischen Gestaltung der sozialistischen Realität ab.

Nach der blutigen Niederschlagung der von X. unterstützten chinesischen Demokratiebewegung im Juni 1989 trat er aus Protest gegen das Massaker auf dem Platz des Himmlischen Friedens in Peking aus der Kommunistischen Partei aus. Er konnte danach von einem Auslandsaufenthalt nicht mehr nach China zurückkehren. Er lebt seitdem als freischaffender Künstler in Paris, wo er unter anderem für die oppositionelle Literaturzeitschrift „Today" arbeitet. Im Exil publizierte er dann das düstere Symboldrama „Die Flucht" (1990), in dem er das blutige Ende der chinesischen Demokratiebewegung 1989 zu verarbeiten suchte. Seine Werke wurden ins Englische, Schwedische und Französische übersetzt. Inzwischen hat auch ein Bochumer Universitätsverlag die Stücke „Busstation" (1988) und „Yeren" verlegt.

Weitere Werke: „Ein Verkehrsunfall" (1985); „Die Stadt der Toten" (1988); „Der Berg der Seele" (1990) und „Auf der Grenze zwischen Leben und Tod" (1991).

Yeats, William Butler – irischer Dichter und Dramatiker

geb. 13.6.1865 in Sandymount/Dublin

gest. 28.1.1939 in Cap Martin bei Roquebrune (Frankreich)

Nobelpreis 1923, für seine ständig beseelte Dichtung, die in der strengsten künstlerischen Form dem Geiste eines Volkes Ausdruck verleiht.

Y. hat auf die deutschsprachige Literatur kaum Einfluß ausgeübt, obwohl ihn die englischsprachige Literaturkritik diesseits und jenseits des Atlantiks als den bedeutendsten Dichter in englischer Sprache bezeichnete, der im 20. Jahrhundert lebte. Er gehörte der Gruppe von Autoren an, die aus Irland kam und in der ersten Hälfte des 20. Jahrhunderts die Entwicklung der englischen Literatur in geradezu revolutionierender Weise prägte. Neben Y. und Joyce sind vor allem die Dramatiker Wilde, Shaw, O'Casey und Beckett zu nennen.

Y., Sohn eines Rechtsanwaltes, der sich später der Malerei widmete, verbrachte seine Kindheit in London, hierher waren 1867 seine Eltern gezogen, und ab 1876 in Bedford Park. Die Sommerferien verbrachte er bei dem Großvater in Sligo an der irischen Westküste. Erinnerungen an die Landschaft dieser Gegend blieben in ihm lebendig und gingen später in seine Dichtung ein. Sein Vater ermutigte ihn frühzeitig, einen künstlerischen Beruf zu ergreifen. Ab 1884 besuchte Y. die Metropolitan School of Arts in Dublin, um sich als Kunstmaler ausbilden zu lassen, entschied sich aber zwei Jahre später, Schriftsteller zu werden, nachdem die Universitätszeitung erste Gedichte von ihm veröffentlicht hatte. 1887 ging Y. nach London, schloß sich der Theosophischen Gesellschaft an und beschäftigte sich mit Okkultismus, Mystik und Magie. 1889 erschien sein erster bedeutender Gedichtband „Die Wanderungen Oisins" sowie die Lyriksammlung „Kreuzwege". Schließlich fühlte er sich 1891 dazu bewogen, dem Orden der Rosenkreuzer, Golden Dawn genannt, beizutreten. Er beschäftigte sich dabei mit kabbalistischen Schriften und nahm ein Konglomerat von Elementen der jüdischen und christlichen Mystik, der neuplatonischen Philosophie und der orientalischen Mythologie auf. Er gehörte zu den Mitbegründern der symbolistischen Dichtergruppe „Rhymers' Club" (London 1891) und der Irish Literature Society (Dublin 1892).

1896 kehrte Y. nach Irland zurück, und die Begeisterung für die irische Literatur machte ihn zum Führer der sogenannten „Irischen Renaissance", die unter Rückgriff auf keltische Mythen einen irischen Nationalismus propagierte und für eine Loslösung von Großbritannien kämpfte. Er gestaltete in Gedichten und Dramen vornehmlich Themen der irischen Sagen- und Märchenwelt sowie Volksgut aus Vergangenheit und Gegenwart („Das keltische Zwielicht", 1893; „Das Land der Sehnsucht", 1894; „Die geheime Rose", 1897; „Der Wind im Ried", 1899; „Deirdre", 1907). 1899 wurde sein Versdrama „Die Gräfin Cathleen" in Dublin uraufgeführt, als Thema hatte er das Verhältnis von verzweifelter Tat und moralischem Motiv gewählt. In dem Einakter „Cathleen, die Tochter Houlihans" (1901) unterstellte Y. die Poesie der Agitation: Ein Bettelweib gewinnt einen jungen Mann für den Freiheitskampf. Seine Lyrik zu Beginn des 20. Jahrhunderts ist gekennzeichnet durch den Rückgriff auf mystische Symbole, mit denen er das Unsagbare ausdrücken wollte. Seine melancholischen Dichtungen erzeugten verträumte und geheimnisvolle Stimmungen, so in den Bänden „In den sieben Wäldern" (1903) und „Der grüne Helm" (1910).

In der Zeit, in der sich Y. verstärkt dem Drama zuwandte und sich in kulturpolitischen und politischen Auseinandersetzungen engagierte, wandelte sich seine Ausdrucksweise merklich: An die Stelle des romantisch-weichen, melancholisch-verträumten Stils seiner früheren Werke trat eine harte und trockene Diktion. Er strebte nach einer „passionate syntax", die durch leidenschaftliche Direktheit und sprachliche Intensität gekennzeichnet, jedoch durch eine klassische Formenstrenge im Metrischen gezügelt ist. Zur Ausformung seines Weltbildes trugen die Philosophen Schopenhauer und Nietzsche ebenso bei wie die Lehren des Buddhismus. Das dramatische Schaffen von Y. richtete sich gegen den vorherrschenden Realismus; er beabsichtigte, das poetische Drama wiederzubeleben. Schauplatz, Handlung, Gebärden, Dekoration und Bühnenmusik sollen nach seinem Willen im Zuschauer eine besinnliche Haltung fördern, die es ihm ermöglicht, die symbolischen Bedeutungen zu erfassen. Wesentliche Anregungen erhielt Y. bei der Ausarbeitung seiner dramaturgischen Ziele durch das Studium des japanischen No-Dramas, mit seiner Verwendung von Chor und Masken, Tanz und Musik sowie einem stilisierten Bühnenbild. Dabei ging es ihm darum, Symbole für eine Welt jenseits aller physischen Erfahrungen zu schaffen. Diese Stücke – darunter „An der Habichtsquelle" (1916), „Die Träume der Knochen" (1919) und „Vier Stücke für Tänzer" (1921) – hatten großen Einfluß auf das absurde Theater des irischen Schriftstellers und Nobelpreisträgers S. Beckett. In seinen ab 1914/15 entstandenen, nur schwer zugänglichen Gedichten versuchte Y., die Welt als etwas Mystisches zu fassen, in der das „Individuum Teil der Weltseele und das Einzelding Symbol des einzig realen Spirituellen" ist, so in „Verantwortungen" (1914) und in „Ostern 1916", einer Dichtung über den irischen Osteraufstand.

Das Spätwerk von Y. war geprägt von seiner Ablehnung der Massengesellschaft und des Fortschrittsglaubens. 1917 heiratete er das spiritistische Medium Hyde-Lees, mit der er zwei Jahre später in einen abgelegenen Turm bei Galway zog. In seinem lyrischen Spätwerk versuchte er die Beziehung zwischen Einbildung, Geschichte und Okkultem zu bestimmen, beispielsweise in „Eine Vision" (1925). Gleichzeitig arbeitete Y. an zwei Gedichtbänden, die viele der schönsten Gedichte enthielten, in denen seine Lebenserfahrung in leuchtenden Bildern und vollendeter Form zu einzigartiger Poesie wurde: „Der Turm" (1928) und „Die Wendeltreppe" (1933). Mit dem Problem des Alterns setzte er sich in seinem letzten Werk, „Letzte Gedichte" (1939), auseinander. Von 1922 bis 1928 war Y. Senator im Irischen Freistaat.

Weitere Werke: „Schattige Wasser" (1900); „Das Stundenglas" (1903); „Des Königs Schwelle" (1904); „Die wilden Schwäne von Coole" (1917); „Michael Robartes und der Tänzer" (1921); „Das Einhorn von den Sternen" (1908).

FRIEDEN

Addams, Jane Laura – amerikanische Sozialreformerin und Frauenrechtlerin
geb. 6.9.1860 in Cedarville (Illinois)
gest. 21.5.1935 in Chicago
Nobelpreis 1931
A. stammte aus einer wohlhabenden Quäkerfamilie und verbrachte ihre Kindheit in dem 300-Seelen-Dorf Cedarville. Zwei Jahre nach ihrer Geburt verstarb die Mutter, zum moralischen Vorbild wurde der Vater, der sich zum wohlhabenden Landbesitzer hochgearbeitet hatte und später Bankpräsident und ein bedeutender Regionalpolitiker wurde. Wie bereits ihre drei älteren Schwestern trat Jane mit 17 Jahren ins „Rockford Female Seminary" ein, eine Art Internat für höhere Töchter. Sie wurde Klassensprecherin und Herausgeberin der Schulzeitung. Die jungen Frauen beschäftigten sich mit Weltliteratur, Medizin und hatten den Glauben, die Welt müsse sich bessern lassen.

1883 begab sich A. in Begleitung ihrer Stiefmutter zuerst nach England und Deutschland, dann reiste sie nach Italien, Frankreich und Spanien. Während dieser Reise lernte sie beim Studium der modernen Sozialpolitik die Elendsviertel in den Großstädten kennen und war tief beeindruckt von der Not und der Armut, denen Hunderttausende von Menschen ohne jede staatliche Unterstützung preisgegeben waren. 1885 kehrte A. nach Amerika zurück und arbeitete in Baltimore in einer karitativen Organisation mit, die sich um schwarze Waisenkinder kümmerte.

Am 18. September 1889 wurde „Hull-House" eröffnet. Mit dem Vermögen ihres Vaters, er war 1881 verstorben, erwarb A. dieses völlig vernachlässigte Gebäude in einem Arbeiterviertel von Chicago. Es war ein Asyl für die Heimatlosen und Heruntergekommenen, eine Schule mit Kursen verschiedener Art, mit Kinderkrankenhaus, Klubs und Volksgaststätte. Dieses erste und berühmteste „Settlement-House" in Amerika – eine Kommunikations- und Sozialstätte für die bedürftigen Schichten der Bevölkerung – leitete A. 46 Jahre lang. Durch freiwillige Spenden konnte das Hull-House ständig ausgebaut werden, Anfang des 20. Jahrhunderts bestand es aus 13 Gebäuden, darunter eine Kunsthalle, ein Gymnasium und ein Theater. A. wirkte noch gleichzeitig für den internationalen Frieden, für Abrüstung und um Durchsetzung des Frauenstimmrechts. 1907 veröffentlichte sie ein Buch mit dem Titel „Neuere Ideale des Friedens". Mit ihren Publikationen und vielen politischen Aktionen kämpfte A. für soziale Gerechtigkeit, Verbesserung des Jugendschutzes und Armenpflege. Tatsächlich regte sie damit an, daß die Gesetzgebung sich mit Problemen wie Verbot der Kinderarbeit, Einführung der allgemeinen Schulpflicht und Krankenfürsorge befaßte.

Der Ausbruch des Ersten Weltkrieges war für die überzeugte Pazifistin A. ein großer Schock. Am 10.1.1915 gründete sie die „Friedenspartei der Frauen", nach dem Vorbild der englischen Vereinigung für demokratische Kontrolle. Sie sprach sich gegen die Teilnahme der USA am Ersten Weltkrieg aus und unterstützte darin Präsident Wilson. Im April 1915 übernahm A. die Leitung der großen Internationalen Frauenkonferenz gegen den Krieg in Den Haag. Trotz Grenzschwierigkeiten, Anfeindungen in den Heimatländern und finanzieller Probleme kamen 1.500 Frauen aus 28 Ländern zusammen. Als die Internationale Frauenliga im Mai 1935 ihr 20jähriges Bestehen feierte, 1929 hatte man sie zur Ehrenvorsitzenden ernannt, nahm auch A. noch einmal teil. Doch bereits Tage später verschlechterte sich ihr Gesundheitszustand, sie mußte operiert werden und starb am 21. Mai 1935 an Krebs.

Für ihr soziales Engagement, für ihre 20jährige Aktivität in der Weltfriedensbewegung sowie in ihrer Eigenschaft als Mitbegründerin und Präsidentin der IFFF wurde ihr – viel zu spät – der Nobelpreis verliehen. A. hinterließ der Nachwelt Tausende von Druckseiten über ihr Leben, ihre Erfahrungen und Ideen – insgesamt mehr als 500 Publikationen.

Amnesty International – unabhängige und überparteiliche Hilfsorganisation für die Freilassung politischer Gefangener mit Sitz in London
Nobelpreis 1977
Amnesty International wurde von dem britischen Rechtsanwalt Peter Benenson gegründet. 1960 las er in einem Zeitungsbericht über zwei portugiesische Studenten, die während der Salazar-Diktatur auf die Freiheit getrunken hatten und dafür zu sieben Jahren Haft verurteilt worden waren. Benenson war empört und beschloß, etwas dagegen zu tun. Er kam auf die Idee, Regierungen mit Protestbriefen unter Druck zu setzen und so für die Menschenrechte einzutreten.

Am 28. Mai 1961 veröffentlichte Benenson einen Artikel in der Londoner Wochenzeitung „Observer" mit dem Titel „Die vergessenen Gefangenen", in dem er auf das Schicksal der politischen Gefangenen in aller Welt hinwies. Mit einer zeitlich befristeten Kampagne wollte er die Aufmerksamkeit der internationalen Öffentlichkeit auf das Problem politischer Verfolgung lenken. Benensons Initiative war eine Reaktion auf die politische Einäugigkeit, mit der Menschenrechtsverletzungen wahrgenommen wurden. Nach dem überraschenden Echo auf seinen Appell, in kurzer Zeit wollten rund 1.000 Bürger Benenson in seiner Arbeit unterstützen, entwickelte er zusammen mit seinen Mitstreitern ein Konzept für eine kontinuierliche Arbeit zugunsten von Gefangenen, die allein wegen ihrer politischen Überzeugung, ihres Glaubens, ihrer Rasse oder ihrer Zugehörigkeit zu einer bestimmten ethnischen Gruppe in Haft gehalten wurden. Engagierte Menschen, so die Idee Benensons, sollten sich in Gruppen zusammenschließen und gemeinsam für die Freilassung gewaltloser politischer Gefangener arbeiten. Die ursprünglich für ein Jahr geplante Kampagne „Appeal for Amnesty" war so erfolgreich, daß ab 1962 die Organisation Amnesty International entstand. Die drei Journalisten Carola Stern, Gerd Ruge und Felix Rexhausen riefen im selben Jahr die erste deutsche Amnesty-Gruppe in Köln ins Leben. Sie betreuten Joseph Brodsky aus Leningrad, der 1961 wegen seiner politischen Gesinnung nach Archangelsk in Nordrußland verbannt wurde und 1987 den Nobelpreis für Literatur erhielt.

Amnesty International hilft Gewissensgefangenen, die keine Gewalt angewendet haben; sie wendet sich gegen die Todesstrafe und die Anwendung der Folter; die Organisation ist parteipolitisch unabhängig und bezieht niemals für eine politische Richtung oder Ideologie Stellung. Als Grundlage für alle Aktivitäten dient die Menschenrechtserklärung der Vereinten Nationen vom 10. Dezember 1948.

Die Zentrale von Amnesty befindet sich in London. Dort sammeln und prüfen fast 300 Angestellte aus 50 Ländern Fakten über Menschenrechtsverletzungen. Dem Internationalen Sekretariat von AI in London sind nationale Sektionen zugeordnet, die wiederum von kleinen Adoptionsgruppen gebildet werden. Jede dieser Gruppen besteht aus 15 bis 20 Mitgliedern und betreut in der Regel zwei Gefangene aus verschiedenen geographischen Regionen und politischen Systemen. Jeden Monat führt AI weltweit eine sogenannte Briefaktion zugunsten von in der Regel drei gewaltlosen politischen Gefangenen in verschiedenen Ländern durch. Eilaktionen werden von der Hilfsorganisation eingeleitet, wenn einem Gefangenen die Folter droht, eine Hinrichtung bevorsteht oder ein Gefangener sofortige medizinische Hilfe benötigt.

Der Einsatz für politisch Verfolgte ist oft langwierig und erfordert großes Durchhaltevermögen. Das Sekretariat in London entscheidet auch, welche der weltweit mehr als 4.300 ehrenamtlichen örtlichen Gruppen die jeweiligen Schützlinge betreut. Über eine Million Mitglieder und Förderer in mehr als 170 Ländern der Erde unterstützen die Organisation. In Deutschland und Österreich hat Amnesty heute zusammen über 30.000 Mitglieder und Förderer in knapp 700 Gruppen. Sie alle kämpfen nicht nur bei den Regierungen für die Einhaltung der Menschenrechte und die Gefangenen; sie versuchen auch, den Inhaftierten selbst durch den persönlichen Kontakt Mut zu machen.

Für ihren Beitrag zur Sicherung der Grundlagen für Freiheit, für Gerechtigkeit und damit auch für den Frieden in der Welt erhielt Amnesty International den Friedensnobelpreis, und 1978 wurde sie mit dem Menschenrechtspreis der Vereinten Nationen ausgezeichnet.

Angell, Sir (ab 1931) **Norman Lane** (eigentlich Ralph Norman Angell-Lane) – britischer Schriftsteller und Publizist

geb. 26.12.1874 in Holbeach (Lincolnshire)
gest. 7.10.1967 in Croydon (heute zu London)
Nobelpreis 1933, für seine Verdienste um die Völkerverständigung und für seine Publikationen im Sinne des Völkerbundgedankens.

A. war das jüngste von sechs Kindern einer Farmer- und Kaufmannsfamilie und mußte auf Wunsch seiner Eltern die kaufmännische Laufbahn einschlagen. Mit 13 Jahren schickte man ihn auf das Lycée St. Omer in Nordfrankreich, danach studierte er ein Jahr Wirtschaftswesen in London und betätigte sich schon frühzeitig journalistisch an einer Provinzzeitung. Dann verbrachte A. ein Jahr in Genf, wo er Vorlesungen in Literatur besuchte und kleinere Artikel veröffentlichte. Ab 1894 folgten amerikanische Wanderjahre, er arbeitete als Aufseher, Cowboy, Farmer und Lehrer in Kalifornien. Bei seinen Reisen durch Mexiko und Mittelamerika wurde A. zutiefst von der „Anglophobie" (Abneigung gegen alles Englische) erschüttert. Als Journalist des „San Francisco Chronicle" lernte er die Fremdenfeindlichkeit in der US-Öffentlichkeit kennen und schrieb über die nationalistischen Ausbrüche im Spanisch-Amerikanischen Krieg (1898). Nach Europa zurückgekehrt, arbeitete A. als Korrespondent und berichtete u. a. über die Dreyfus-Affäre, kritisierte die britische Politik, die zum Burenkrieg führte, und gab in Paris den „Daily Messenger" heraus.

Im Jahre 1903 veröffentlichte er sein erstes Buch „Patriotismus unter drei Flaggen: Ein Argument für den Verstand in der Politik" und lenkte die Aufmerksamkeit des britischen Pressemagnaten Alfred Charles William Harmsworth Viscount Northcliffe auf sich. Er erhielt den Herausgeberposten der in Paris erscheinenden „Continental Daily Mail" und kam durch Lord Northcliffe mit führenden Politikern in Kontakt. Berühmt wurde A. durch sein zweites Buch „The Great Illusion" (Die große Illusion, 1910), das innerhalb eines Jahres in elf Ländern publiziert und in 15 Sprachen übersetzt wurde. Er wies darauf hin, daß der Krieg nicht einmal den Siegern Nutzen bringe, vielmehr sei der mit kriegerischen Mitteln erzwungene Zugang zu neuen Märkten und Rohstoffen nur mit immensem finanziellen Aufwand und vielen Todesopfern zu verwirklichen. Seine Darlegungen waren nicht nur eine Anklage gegen den Krieg und allgemeine Gewaltanwendung, sondern auch gegen den traditionellen Pazifismus. Der „neue Pazifismus", für den sich A. einsetzte, betrachtete „Kriege als Mangel an Vernunft". Nicht nur in Großbritannien entstand die neue Friedensbewegung „Norman Angellismus", mit Clubs für Außenpolitik und N.A.-Vereinen an Universitäten sowie einer eigenen Monatszeitschrift. Gegen Ende des Jahres 1912 gab es bereits 40 solcher Clubs in Britannien. Als der Erste Weltkrieg ausbrach, war A. ein Gegner der Beteiligung Großbritanniens, und er gründete die „Britische Vereinigung für Neutralität". Im April 1915 ging er in die USA, wo er sich während des Krieges zweimal für längere Zeit aufhielt. Er spielte eine wichtige Rolle bei der Stellungnahme gegen den amerikanischen Isolationismus und die amerikanische Neutralität, er war ein Befürworter für den Eintritt der USA

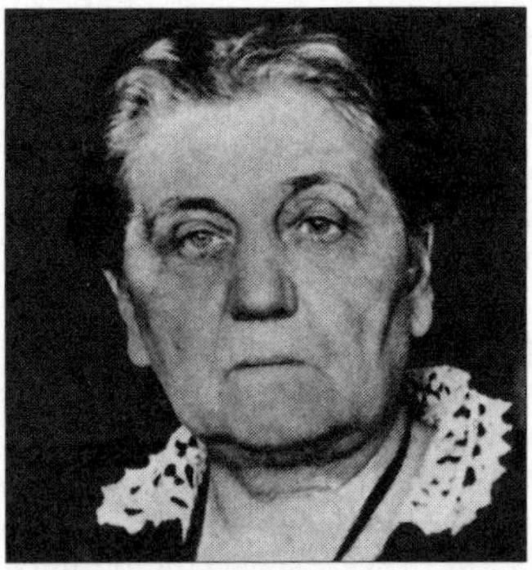
Jane Addams

Willy Brandt

Henri Dunant

Michail Gorbatschow

Martin Luther King

Nelson Mandela

Rigoberta Menchú

Alva Myrdal

Fridtjof Nansen

Andrej Sacharow

Bertha von Suttner

Elie Wiesel

in den Krieg. Während dieser Zeit entwickelte A. Vorstellungen über die Gründung eines Völkerbundes und über gemeinsame Verteidigung oder Sicherheit.

Als liberaler Pazifist setzte er sich für die politische Verständigung und eine internationale Friedensordnung ein sowie nach dem Ersten Weltkrieg für eine Revision des Versailler Friedensvertrages zugunsten Deutschlands, das als alleiniger Kriegsschuldiger Milliarden an Reparationen aufbringen sollte. 1919 trat A. der Labour Party bei und wurde ein wichtiger außenpolitischer Berater. Von 1928 bis 1931 gab er die Zeitschrift „Foreign Affairs" heraus, und von 1929 bis 1931 war er Mitglied des britischen Unterhauses. 1931 wurde er geadelt. Als der Zweite Weltkrieg herannahte, war es A., der sich um die Sache der Emigranten und Flüchtlinge aus dem Hitlerreich kümmerte. Sein Buch „Du und der Flüchtling" (1939) versuchte die öffentliche Meinung über dieses Thema aufzuklären. 1951 zog er sich nach Surrey zurück, reiste aber in den 60er Jahren noch einige Male nach Amerika. Trotz seines bedenklichen Gesundheitszustandes veröffentlichte A. noch einige Bücher und Artikel über internationale Fragen.

A. war Mitglied des Exekutivkomitees des Völkerbundes.

Arafat, Jasir Mohammed, genannt Abu Ammar – palästinensischer Politiker und Guerillaführer
geb. 27.8.1929 in Jerusalem
Nobelpreis 1994

A., Sohn eines Händlers, war das sechste von insgesamt sieben Kindern. Sein Vater, Abder Rauf A., der aus einer Landbesitzerfamilie in Gaza – einem entfernten Zweig des berühmten Husseini-Clans – stammte, lebte zuerst einige Zeit in Jerusalem und zog 1927 mit seiner Familie nach Kairo. Auch A. verbrachte die ersten Jahre in der ägyptischen Hauptstadt. Schon als Kind fiel A. mit seinen geschickten Entwürfen auf, wenn er für seinen jüngeren Bruder Papierkameras und primitive Radios baute. Verwandte in Gaza schlugen ihm vor, mit ihnen zusammen an der Fakultät für Ölingenieurwesen an der Universität von Texas zu studieren. Doch A. änderte seinen Entschluß, und er schrieb sich in der modernen, westlich orientierten Universität von König Fuad I. ein, die später in Kairo-Universität umbenannt wurde. Als Palästinenser war A. nicht befugt, an den Aktivitäten der ägyptischen Studenten teilzunehmen, aber als arabischem Nationalisten fiel es ihm schwer, sich zu enthalten. 1950 gestattete die ägyptische Regierung den islamischen Aktivisten stillschweigend, Sabotageakte gegen die Briten auszuführen. A. verließ die Ingenieursakademie und beteiligte sich mit den Moslembrüdern an Überfällen auf britische Truppen. Bei den Scharmützeln am Suezkanal sammelte A. praktische Erfahrung als Soldat und bekam Kontakt zu jenen Militärs, die für ihn wichtig werden konnten. Als er nach Kairo zurückkehrte, bekam er das Recht, an der Universität ein Ausbildungszentrum für alle Studenten zu eröffnen, die bereit waren, an Aktivitäten gegen die Briten teilzunehmen. Als Leiter der militärischen Ausbildung für die Studenten und als Hauptmann der Reserve in der ägyptischen Armee war A. auf dem Campus bald sehr bekannt.

Nach Abschluß seines Studiums erhielt er 1957 einen Job als Ingenieur in Kuweit. Es dauerte nicht lange, bis der auf Unabhängigkeit bedachte A. mit mehreren anderen Ingenieuren zusammen seine eigene Firma gründete. Tagsüber widmete er sich als Bauingenieur dem Gelderwerb, abends jedoch der Politik. Kuweit, die Quelle von A.s materiellem Reichtum, sollte bald zum Ursprung seiner revolutionären Bewegung werden. Wie die anderen von dem Gedanken an ihr Heimatland beherrschten Palästinenser waren A. und Abu Dschihad von dem Wunsche beseelt, den bewaffneten Kampf zu beginnen. Am 10. Oktober 1959 begannen sie, die Infrastruktur der neuen Militärorganisation aufzubauen. Sie gründeten die Palästinensische Nationale Befreiungsbewegung FATAH. Im Februar 1963 bildete die FATAH ihr erstes Zentralkomitee, das kollektiv von A., Abu Dschihad, Khaled-al-Hassan und Abdel Karim geleitet wurde.

Im Januar 1964 lud der ägyptische Präsident G. A. Nasser mehrere arabische Führer zum ersten Arabischen Gipfel nach Kairo ein. Nasser erklärte, es sollte eine offizielle palästinensische Gruppe geben, die die Israelis bekämpfe. Ihr politischer Arm sollte den Namen „Palästinensische Befreiungsorganisation" (PLO) erhalten. Im Mai 1964 hielt die PLO ihre Gründungsversammlung in Ostjerusalem ab. Die Charta und das Bündnis riefen zum bewaffneten Kampf gegen die Zionisten sowie zur Zerstörung des jüdischen Staates auf. Ende August 1967 hatte A. in den wichtigsten Zentren Kommandeure und Kampfgruppen eingesetzt und genug Waffen eingeschmuggelt, um mit den Aktionen zu beginnen. Im Februar 1969 gelangte A. an die Spitze der PLO und die ganze Welt sah entsetzt zu, wie die Bombenattentate immer barbarischer, die Flugzeugentführungen und Geiselnahmen immer unverfrorener wurden. Während Israel und Ägypten Schritte in Richtung auf einen Frieden mit den Nachbarstaaten unternahmen, setzten A. und die PLO ihren Krieg fort. Die PLO saß nun in den Flüchtlingslagern Libanons, und ihre Führer planten eine neue Strategie für Kommandounternehmen über die Grenze nach Israel. Dann kam es im Oktober 1974 zum Arabischen Gipfel in Rabat. Die Bereitschaft A.s, sich mit einem Teil Palästinas zu begnügen und damit eine Zweistaatenlösung anzuerkennen, galt vielen als ein Schritt in Richtung auf eine gemäßigte Politik.

1979 wurde dann zwischen Israel und Ägypten ein Friedensvertrag unterzeichnet. Nach dem Abzug der PLO-Verbände aus dem Südlibanon am 30.8.1982 errichtete die PLO ein provisorisches Hauptquartier in Tunis. Am 20.12.1983 erfolgte dann die Evakuierung A.s und seiner Anhänger mit Schiffen unter UNO-Flagge aus Tripolis. Anfang Mai 1984 erklärte sich A. erstmals zur Anerkennung Israels bereit, wenn Israel das gleiche mit einem palästinensischen Staat tue, der auf dem Westufer des Jordan errichtet werden soll. Nachdem König Hussein von Jordanien im Juli 1988 die rechtlichen und administrativen Bindungen seines Landes mit Westjordanien löste und die PLO aufforderte, das Machtvakuum zu füllen, proklamierte der „Palästinensische Nationalrat" unter A. am 15.11.1988 in Algier einen unabhängigen Palästinenserstaat in den von Israel besetzten Gebieten mit der Hauptstadt Jerusalem und erkannte erstmals indirekt das Existenzrecht Israels an, indem die Mehrheit der Delegierten der UNO-Resolution 242 von 1967 (in der Israel zum Rückzug aus den besetzten arabischen Gebieten und die Araber zur Einstellung der Feindseligkeiten gegen Israel aufgefordert werden) zustimmte.

Auf einer Sitzung des Zentralrates in Tunis am 2.4.1989 wird A. zum Präsidenten des „Unabhängigen Staates Palästina" gewählt, bis „nach dem Ende der israelischen Besatzung freie und demokratische Wahlen abgehalten werden können". Nach einem Treffen mit dem französischen Staatspräsidenten Mitterrand am 2.5.1989 in Paris erklärte A. die PLO-Charta von 1964, die das Verschwinden Israels von der Landkarte vorsah, öffentlich als hinfällig. Am 4.5.1994 unterzeichneten A. und Israels Ministerpräsident Y. Rabin den Vertrag über die Umsetzung des im September 1993 in Washington geschlossenen Grundsatzabkommens, das der PLO erstmals eine begrenzte Autonomie im Gazastreifen zugesteht.

Arias Sanchez, Oscar – costaricanischer Politiker
geb. 13.9.1941 in Heredia bei San José
Nobelpreis 1987

In der Begründung des norwegischen Komitees wird sein Beitrag für das Zustandekommen der Vereinbarung über das „Vorgehen zur Herstellung eines beständigen und dauerhaften Friedens in Mittelamerika" hervorgehoben.

A., Sohn eines wohlhabenden Plantagenbesitzers, besuchte die Grundschule in Heredia und erhielt dann eine höhere Schulbildung auf dem Franziskanerkolleg in Moravia. An der Nationaluniversität seines Landes studierte er anschließend Rechts-, Wirtschafts- und Politikwissenschaften. Seine Hochschulausbildung setzte er in Großbritannien an der Universität von Essex und der London School of Economics and Political Science fort. 1974 promovierte er an der Universität von Essex zum Doktor der Staatswissenschaften.

Schon während seiner Studienzeit war A. der sozialdemokratisch orientierten „Partei der Nationalen Befreiung" (PLN) beigetreten. Unter den PLN-Präsidenten Jose Figueres Ferrer und Daniel Oduber übernahm er von 1972 bis 1977 das Amt des Ministers für Planung und Wirtschaftspolitik. 1978 verlor die PLN zwar die Präsidentschaftswahlen gegen die konservative Christlich-Soziale Einheitspartei (PUSC) des neuen Staatschefs Rodrigo Carazzo, als Abgeordneter seiner Heimatstadt Heredia zog A. jedoch in den Kongreß ein. Die PLN hatte ihn bereits im August 1975 zu ihrem „international secretary" gewählt, und 1979 übernahm er das Amt des Generalsekretärs.

1980 verhalf sein engagierter Wahlkampf für den Präsidentschaftskandidaten L. A. Monge der PLN zum erneuten Wahlsieg. Im Januar 1984 gab A. seinen Posten als Generalsekretär der PLN auf, um sich als Kandidat für die Präsidentschaftswahlen aufbauen zu können. Er avancierte zur Symbolfigur der jungen Generation seines Landes, die auf ökonomischen Aufschwung und Frieden in Mittelamerika hoffte. Bei den Wahlen vom 2. Februar 1986 konnte er 52,3 Prozent der Stimmen auf sich vereinen und durchbrach mit seinem Sieg über den Kandidaten der PUSC, Calderon, den in Costa Rica üblich gewordenen Parteienwechsel in der Präsidentennachfolge. Am 8. Mai 1986 übernahm A. als jüngster Präsident in der Geschichte des Landes das höchste Staatsamt. A. versprach, während seiner Präsidentschaft folgende Ziele zu verfolgen: eine wirtschaftliche Strukturreform, Demokratisierung in Politik und Wirtschaft, Dezentralisierung, Korruptionsbekämpfung, Gleichstellung der Frau, Jugendförderung und Frieden in der von Konflikten erschütterten Region.

Ein Glanzstück seiner Amtszeit war die Befriedung des mittelamerikanischen Krisengebietes durch den sogenannten A.-Plan, der auf dem mittelamerikanischen Gipfeltreffen am 7. August 1987 die Zustimmung der beteiligten Regierungen fand. Mit Unterzeichnung des Abkommens durch die Präsidenten von Nicaragua, El Salvador, Guatemala, Honduras und Costa Rica verpflichteten sich die Staatschefs u. a., einen Dialog zur nationalen Versöhnung einzuleiten, Amnestiedekrete zu erlassen, keine in den Nachbarländern operierende Guerillakräfte zu unterstützen, Waffenstillstandsverhandlungen einzuleiten, demokratische Grundrechte zu garantieren und freie Wahlen vorzubereiten. Außerdem verpflichteten sich die Unterzeichnerstaaten zur Freilassung politischer Gefangener und zur Akzeptierung von Oppositionsparteien. Dank des Planes gelang der erste Schritt zu dauerhaftem Frieden, Kooperation und Demokratie in Zentralamerika. Auch ohne Staatsamt nutzt A. sein internationales Ansehen, um für eine weitere Festigung des Friedensprozesses in Mittelamerika einzutreten.

Arnoldson, Klas Pontus – schwedischer Schriftsteller und Politiker
geb. 27.10.1844 in Göteborg
gest. 20.2.1916 in Stockholm
Nobelpreis 1908

A. mußte nach dem Tod seines Vaters mit 16 Jahren die Ausbildung am Gymnasium abbrechen. Er erhielt daraufhin eine Anstellung bei der neu gebildeten staatlichen Eisenbahngesellschaft. Während der siebziger Jahre des 19. Jahrhunderts war A. Stationsvorsteher kleinerer Bahnhöfe. Neben seiner Arbeit widmete er sich dem Journalismus und der Religionsphilosophie. Indem er die Religion von Intoleranz und Dogmatismus befreien wollte, fand er den Weg zum Pazifismus. Bei A. verbinden sich früh demokratische und republikanische Ideen mit Antimilitarismus und Pazifismus. Die Kriege von 1864 und 1870/71 stärkten seine innere Abneigung gegen den Krieg. 1872 gab er die Schrift „Der Norden als Freistaat" heraus, es war ein Plädoyer für einen skandinavischen Einheitsstaat. 1881 gab A. den Dienst bei der Eisenbahn auf und beschäftigte sich vorwiegend mit Problemen des Friedens.

Seine publizistisch-politische Aktivität brachte ihm bei den Wahlen im Jahre 1881 auch einen Sitz in der zweiten

Kammer des schwedischen Reichstages ein. Er brachte die Fragen der Neutralität Schwedens und Norwegens und der gesicherten Unabhängigkeit der kleineren Staaten in Anregung und rief dadurch eine ständige Volksbewegung zugunsten dieser Forderungen ins Leben. 1883 wurde A. Mitbegründer der „Schwedischen Gesellschaft für Schiedsgericht und Frieden", deren Sekretär er mehrere Jahre war. In den achtziger Jahren hatte A. eine solide Basis für seine Friedensarbeit gelegt. Er war Parlamentsmitglied, der Redakteur einer Zeitung der Hauptstadt, und er war anfangs die treibende Kraft in der „Gesellschaft für Schiedsgerichte und Frieden". In der zweiten Hälfte der 80er Jahre verlor A. seine Position im Reichstag und bei der Zeitung, er mußte wirtschaftliche und gesundheitliche Schwierigkeiten überstehen. Die Friedensarbeit betrieb er nun auf einer individuellen Basis. Als die schwedisch-norwegische Union im Jahre 1895 in ihr letztes Jahrzehnt eintrat, das schließlich ihre Auflösung bringen sollte, war es wieder A., der den Frieden höher als die Erhaltung der Union stellte. „Frieden mit Norwegen – die Union mag halten oder brechen" hieß eine seiner Flugschriften, die Teil seines umfangreichen publizistischen Werkes waren. Im Jahre 1901 erschien eine historische Darstellung der internationalen Friedensarbeit, der A. den Titel „Die Hoffnung der Jahrhunderte" gab.

Politisch hatte sich A. dem sozialdemokratischen Lager angeschlossen. Die schwedische Sozialdemokratie hatte in ihr Programm solche Ziele wie die allmähliche militärische Abrüstung, bindende Schiedsgerichtsvereinbarungen und dauerhafte skandinavische Neutralität aufgenommen. Der Erste Weltkrieg war für A.s Friedensideologie ein schwerer Schlag. In dem verfaßten Stück „Das Reich" behandelte er das Thema Krieg oder Frieden. Die Arbeit knüpft an biblische Motive und Personen an. In den von ihm herausgegebenen periodischen Schriften „Der Wahrheitssucher" (1877–1881) und „Das Buch des Volkes" (1882–1884) sowie in den von ihm redigierten Zeitungen „Nordisches Tageblatt" (1870/71), „Stockholmer Morgenblatt" (1877/78), „Die Zeit" (1883/85) und „Der Friedensfreund" (1885/88) vertrat A. konsequent seine Friedensideen. A. zeigte Beharrlichkeit und Integrität in seiner Friedensarbeit, und er muß deshalb zu den Begründern der schwedischen Friedens- und Neutralitätsideologie gezählt werden. Doch wollte er die Neutralität nicht auf militärische Stärke gründen, sondern auf juristische und moralische Werte.

Im Herbst 1905 wurde A. erstmals als Kandidat für den Friedensnobelpreis vorgeschlagen. Es waren seine Freunde in der norwegischen Friedensbewegung und namhafte Politiker, die seinen Namen nannten. Auch in den Jahren danach gehörte er zu den Kandidaten für den Preis. Im Jahre 1908 wurde A. erneut vorgeschlagen, und zusammen mit dem dänischen Politiker F. Bajer erhielt er die hohe Auszeichnung.

Ärzte ohne Grenzen (Médecins Sans Frontières)
Nobelpreis 1999
Der kanadische Arzt James Orbinski gründete 1971 die Organisation Médecins Sans Frontières (Ärzte ohne Grenzen) in Frankreich. Das norwegische Nobelkomitee begründete die Auszeichnung damit, daß Ärzte ohne Grenzen durch Hinweise auf die Ursachen der jeweiligen Katastrophen, in denen sie zum Einsatz kämen, die öffentliche Meinung gegen Machtmißbrauch und Übergriffe mobilisierten. Die Organisation leistet mit mehreren tausend freiwilligen Mitarbeitern, darunter Krankenschwestern, Pfleger und Techniker, medizinische Nothilfe in über 80 Ländern. Seit fast drei Jahrzehnten haben sich die „Ärzte ohne Grenzen" der engagierten Hilfe im Interesse der Menschlichkeit verschrieben.

Der schon seit langem vergessene Krieg in Biafra (Nigeria), wo in einem blutigen Bürgerkrieg von Juli 1967 bis Januar 1970 die Unabhängigkeit Biafras durch nigerianische Bundestruppen rückgängig gemacht wurde, und eine Flutkatastrophe in Bangladesch mit mehr als 300.000 Toten im November 1970 führten 1971 zur Gründung der „Médecins Sans Frontières" (MSF). Aus den sogenannten „Hippie-Ärzten" der ersten Jahre ist rasch eine schlagkräftige Hilfsorganisation auf internationaler Ebene geworden – mit Sitz in Paris. Medizinische Hilfe dort, wo sie gebraucht wird, und zwar ohne Angst vor den Mächtigen dieser Welt, das ist die Devise der Ärzte. Von Afghanistan bis Kongo reicht die Liste der Länder, in denen sie geholfen haben, derzeit sind es 84 solcher Brennpunkte.

Im Jahr 1995 wurden die „störenden Zeugen" aus Ruanda ausgewiesen, da sie Massaker und Hinrichtungen publik machten. Weil „Völkermord nicht von den Ärzten gestoppt werden kann", hatten sie für ein bewaffnetes Eingreifen plädiert – ungewöhnlich für eine humanitäre Organisation. Bereits zehn Jahre zuvor hatten sie Äthiopien verlassen müssen, nachdem sie über Zwangsumsiedlungen berichteten. Neben die Nothilfe für Menschen in Krisengebieten, Kriegen und Katastrophen ist auch umfassende Vorbeugung getreten.

Die Organisation „Ärzte ohne Grenzen", die jährlich über 2.000 Freiwillige ins Feld schickt, veranstaltete am Tag der Vergabe des Friedensnobelpreises mit der Weltgesundheitsorganisation in Paris eine Konferenz über die Behandlung ansteckender Krankheiten. In Frankreich, Belgien, Spanien, den Niederlanden, in Luxemburg und in der Schweiz gibt es nationale MSF-Verbände. In inzwischen 14 Ländern, darunter Deutschland, wurden Büros der MSF eröffnet.

Asser, Tobias Michael Carel – niederländischer Rechtswissenschaftler und Politiker
geb. 29.4.1838 in Amsterdam
gest. 29.7.1913 in Den Haag
Nobelpreis 1911
A.s Familie gehörte zu den Ashkenazim, deutschen Juden, die in den Niederlanden von alters her einen Zufluchtsort suchten. Sein Urgroßvater, Gründer eines angesehenen Anwaltbüros, war der Führer der jüdischen Emanzipationsbewegung, die Ende des 18. Jahrhunderts in den Niederlanden die Bürgerrechte erkämpfte. A. wuchs in einem aufgeklärten Milieu von Juristen auf, und so war es auch vorbestimmt, daß er Rechtswissen-

schaften studierte. Bereits 1860 promovierte er mit einer Arbeit über die Außenpolitik. Mit 24 Jahren wurde A. Hochschullehrer an der Universität von Amsterdam. Sein Lehrauftrag für zeitgenössisches Recht wurde 1877 auf seine eigentlichen Interessengebiete, internationales Privatrecht und Handelsrecht, eingegrenzt.

Bereits in seiner Dissertation hatte A. ein Programm des friedlichen Verkehrs zwischen den Völkern entworfen. 1869 gründete er zusammen mit zwei Belgiern die „Revue de Droit International", eine internationale Zeitschrift über die Friedensbewegung. 1873 war A. einer der maßgeblichen Mitbegründer des Instituts für Völkerrecht, das bis heute die angesehenste Institution ihrer Art geblieben ist.

1875 wurde A. zum juristischen Berater der holländischen Regierung ernannt, 1893 wurde er Mitglied des Staatsrates und 1904 Staatsminister. Auf dem diplomatischen Parkett erwies sich A. bereits 1885 bei der Suezkonferenz in Paris als ein Meister des Ausgleichs, indem er für alle Parteien akzeptable Garantien ausarbeitete. Seine Kompetenz im Handelsrecht kam unter anderem dem Berner Übereinkommen über Eisenbahnverkehr von 1890, der Zentralen Rheinfahrtkommission und dem Abkommen zur Neutralisierung unterseeischer Telegrafenkabel zugute. Neben dem Völkerrecht war auch das internationale Privatrecht Gegenstand seiner Arbeit. Er stellte dieses unter höhere, umfassende Gesichtspunkte, wie sein bekanntestes rechtstheoretisches Buch beweist („Elemente des internationalen Privatrechts oder des Konflikts der Gesetze"). Auf seine Anregung hatte die holländische Regierung in den Jahren 1893, 1894, 1900 und 1904 vier Konferenzen über das internationale Privatrecht einberufen, die unter seinem Vorsitz tagten. Die auf den Konferenzen vorbereiteten Abkommen über Prozeß- und Familienrecht stellten wichtige Schritte auf dem Wege zu internationalem Rechtsschutz des Bürgers dar.

Bei den Haager Friedenskonferenzen von 1899 und 1907 war A. aktiver Vertreter der Niederlande. Auf der Friedenskonferenz von 1899 war er einer der eifrigsten Vorkämpfer der „Konvention für die friedliche Lösung von Konflikten". Als Mitglied des neuerrichteten Schiedshofes konnte er im Konflikt zwischen Mexiko und USA vermitteln – dem ersten Fall, der dem Schiedshof überhaupt vorgelegt wurde –, und auch im russisch-amerikanischen Streit um die Beringstraße fungierte A. als maßgebender Schiedsrichter. Letztmalig aktiv war er 1912 bei der Erarbeitung der „Konvention für das Wechselrecht", in der durch einheitliche Regeln das Vertrauen in den internationalen Handel gestärkt werden sollte.

Mit der Preissumme des Nobelpreises finanzierte A. die Haager Akademie für Völkerrecht mit und errichtete eine Spezialbibliothek für internationales Privatrecht.

Aung San Suu Kyi – birmanische Politikerin und Oppositionsführerin
geb. 19.6.1945 in Rangun (heute Yangon)
Nobelpreis 1991

A. erhielt den Friedensnobelpreis für ihren gewaltlosen und unermüdlichen Einsatz für den demokratischen Umbruch in dem von Militärs diktatorisch regierten Myanmar (früherer Name: Birma).

Die Tochter des legendären Nationalhelden General Aung San, Freiheitskämpfer und Mitbegründer des modernen birmanischen Staates (wurde 1947 ermordet), mußte zeitig ihre Heimat verlassen. Ihre Mutter, Khin Kyi, eine angesehene Diplomatin, wurde Anfang der 50er Jahre als Botschafterin nach Indien gesandt. Nach ihrem Schulabschluß begann A. in Dehli Politische Wissenschaften und die Philosophie Mahatma Gandhis zu studieren. Anschließend ging sie nach England und studierte in Oxford Philosophie, Politologie und Nationalökonomie. Hier lernte sie auch ihren späteren Ehemann, den Universitätsprofessor und Tibetologen Michael Aris, kennen. Von 1969 bis 1971 war A. Mitarbeiterin der UNO. 1988 kehrte sie nach Birma zurück, um ihre schwerkranke Mutter zu pflegen. Da sie einen Briten geheiratet hatte, durfte sie ihr Land nur unter strengen Auflagen besuchen, und politische Aktivitäten waren ihr untersagt. In Rangun mußte sie erkennen, wie schwer das ganze Land zu leiden hatte. Birma hatte sich nach der Entlassung in die Unabhängigkeit zu einer Diktatur entwickelt. Die über zwei Jahrzehnte währende Alleinherrschaft des Generals Ne Win, er hatte 1962 mit einem Staatsstreich die Regierung von U Nu gestürzt, hatte Birma in den totalen Niedergang gezwungen.

Gegen dieses Regime marschierten wenige Monate nach A.s Rückkehr Demonstranten mit Porträts ihres Vaters durch die Straßen der großen Städte. Sie gab ihre politische Zurückhaltung auf und beteiligte sich an Protestaktionen. Ihr Aufstieg zur führenden Oppositionspolitikerin in Birma begann. Bei ihrem ersten öffentlichen Auftritt in Yangon (früher Rangun) im August 1988, zu dem über eine halbe Million Menschen gekommen waren, proklamierte A. den „zweiten Kampf für die Unabhängigkeit". Sie beteiligte sich an der Gründung der National League of Democracy (NLD) und wurde 1989 deren Generalsekretärin, nachdem ihr Amtsvorgänger zu Kerker und Zwangsarbeit verurteilt wurde. Das Militärregime wagte es anfangs nicht, mit Gewalt gegen die von Gandhi geprägte Protagonistin der Gewaltlosigkeit vorzugehen. Da aber auch alle Verleumdungen als kommunistische Agentin oder ausländerwillige Prostituierte, weil sie einen Briten geheiratet hatte, ihrer Popularität keinen Abbruch taten, stellte die Junta A. sowie weitere NLD-Politiker unter Hausarrest. Durch diese Maßnahme rückte die politische Lage in Birma in den Blickpunkt der Weltöffentlichkeit. A. wurde zur Symbolfigur im Widerstand gegen die Unterdrückung in Asien.

Ihre Partei fügte den Militärs bei den auf internationalen Druck der Weltöffentlichkeit im Mai 1990 abgehaltenen freien Parlamentswahlen eine vernichtende Niederlage zu. Obwohl viele Wahlhelfer A.s umgebracht wurden oder der Verfolgung ausgesetzt waren und der Opposition weder der Zugang zu den staatlich kontrollierten Medien noch zu ihr erlaubt war, hatte sie in vielen öffentlichen Reden Demokratie, Wahrung der Menschenrechte und den Rücktritt der Militärregierung gefordert. Bei den Parlamentswahlen errang die NLD einen triumphalen Erfolg, denn von den 485 Parlamentssitzen konnte sie 397 gewinnen. A., noch immer unter Hausarrest stehend, durfte an der Wahl nicht teilnehmen. Doch die Junta ignorierte das eindeutige Wahlergebnis und ließ das gewählte Parlament nicht zusammentreten. A. hatte wiederholt den Vorschlag unterbreitet, die Verfassung von 1947 mit geringfügigen Änderungen wieder in Kraft zu setzen. Er blieb bislang ungehört. In Birma herrscht in der Bevölkerung Resignation. Wegen des brutalen Vorgehens der militärischen Machthaber gegen die politische Opposition sperrten die westlichen Länder ihre offizielle Hilfe für eines der ärmsten Länder der Welt.

Die Nationalliga für Demokratie wurde von der Junta einer regelrechten Zerschlagungskampagne unterzogen, ihre Mitglieder wurden inhaftiert, die Parteibüros im ganzen Land geschlossen, Papiere und Dokumente beschlagnahmt. Im März 1991 wurde A. aus der Parteiführung entlassen und im Dezember aus der NLD ausgeschlossen. Der immer noch im Hausarrest festgehaltenen Oppositionsführerin boten die Generäle wiederholt die freie Ausreise ins Exil an, aber sie weigerte sich, ihr Land zu verlassen 1994 wurde aufgrund internationaler Proteste ihr Hausarrest gelockert und schließlich 1995 aufgehoben. Nach ihrer Freilassung rief sie erneut zum Dialog und zur Versöhnung mit den Militärs auf, sie erklärte sich aber nicht bereit, ihre politischen Bemühungen für die Demokratiebewegung aufzugeben. Die Militärregierung bleibt gegenüber den Forderungen der demokratischen Opposition weiterhin unnachgiebig und erhält die Beschränkungen der Bewegungsfreiheit von A. aufrecht. Im August 2000 wurde sie von Polizeibeamten daran gehindert, die Hauptstadt Yangon erstmals nach zwei Jahren wieder zu verlassen.

Das Nobelkomitee hob hervor, daß der Einsatz der Preisträgerin auf dem Hintergrund einer auf Gewaltlosigkeit und ethnische Versöhnung gerichteten Politik geschehe. Ihr Einsatz ist eines der bemerkenswertesten Beispiele für Zivilcourage in Asien während der letzten Jahrzehnte.

1991 wurde A. vom Europäischen Parlament für ihr Eintreten für die Menschenrechte mit dem Sacharow-Preis ausgezeichnet.

Bajer, Fredrik – dänischer Politiker und Parlamentarier
geb. 21.4.1837 in Vesteregede
gest. 22.1.1922 in Kopenhagen
Nobelpreis 1908

B., Sohn eines Geistlichen, besuchte die Elite-Internatsschule Soro-Akademie, wo er von 1848 bis 1854 eine gründliche Ausbildung erhielt. Im letzten Schuljahr beschloß er, Berufsoffizier zu werden, deshalb verzichtete er auf den Abschluß und bereitete sich durch intensive Studien auf die Aufnahmeprüfung der Militärakademie in Kopenhagen vor. Nach seinem Abschluß 1856 wurde er der Kavallerie als Unterleutnant zugeteilt. Während seiner Militärzeit bildete er sich in Geschichte, Philosophie und Sprachwissenschaften weiter. Er nahm am Deutsch-Dänischen Krieg von 1864 teil, sah aber dann seine Berufung darin, ein Friedenskämpfer zu werden. Nach seiner Entlassung 1865 nahm B. intensive Sprachsstudien auf, befaßte sich mit nordischer Linguistik, schrieb Artikel und übernahm eine Lehrtätigkeit an verschiedenen Schulen in Kopenhagen, um den Lebensunterhalt für seine Familie zu bestreiten.

Als F. Passy (Friedensnobelpreis 1901) im Jahre 1867 die „Internationale und Ständige Friedensliga" gründete, trat B. ihr sofort bei. Er wirkte aktiv für die Popularisierung der Friedensliga in den skandinavischen Ländern. 1869 wurde B. zum Vorsitzenden einer Wählervereinigung in Kopenhagen gewählt, und drei Jahre später zog er ins Parlament ein. Bis 1895 war er Mitglied des dänischen Reichstags. Energisch trat B. für die Rechte der Frauen ein, er befürwortete eine Republik und kämpfte für ein Verhältniswahlrecht, die Verringerung der Zollschranken und für den Ersatz der traditionellen Armeen durch Volksmilizen. 1882 gründete B. den dänischen Friedensverein, daraus wurde später die „Dänische Friedensgesellschaft" gebildet, deren Vorsitzender er von 1884 bis 1892 war. Er ist der Gründer des „Berner Internationalen Friedensbüros", ein Werk, das ihm nach mühevoller Arbeit am 13.11.1891 auf dem Friedenskongreß in Rom gelang. Er wurde Präsident des Friedensbüros und blieb es bis 1907, dann trat er aus gesundheitlichen Gründen zurück. Von Anfang an hatte das Büro die Aufgabe, die Tagesordnung der internationalen Friedenskongresse festzulegen, ihr Organisationskomitee zu beraten und die Entscheidungen der Kongresse durchzuführen.

B. begründete außerdem die dänische interparlamentarische Gruppe. Während seiner Tätigkeit im Parlament hat er vielfach die Friedensidee vor das Forum des Reichstages gebracht und wiederholt Anträge gestellt, wonach die Regierung zum Abschluß von Schiedsgerichtsverträgen aufgefordert wurde. Er nahm an den Friedenskongressen der „Internationalen Liga für Frieden und Freiheit" 1884 in Bern, 1886 in Genf, 1888 in Neuchatel teil und seit 1889 an allen Weltfriedenskongressen mit Ausnahme der Kongresse von Glasgow, Rouen und Boston sowie an allen interparlamentarischen Konferenzen, mit Ausnahme der in Paris und St. Louis. Er war aktiver Teilnehmer an den skandinavischen National-Friedenskongressen in Gothenburg (1886), Kopenhagen (1890), Stockholm (1895), Skien (1901), Kopenhagen (1904) sowie an der Friedensvereinigung von Seljord in Norwegen im Jahre 1891.

Außer seiner Friedensarbeit war B. zusammen mit seiner Frau, die selbst eine führende Rolle in der dänischen Friedensbewegung einnahm, auch im Kampf um die Gleichberechtigung der Frau tätig und gründete bereits 1871 die Dänische Frauenliga.

Nach 1907 zog sich B. allmählich aus der aktiven Friedensarbeit zurück, und er mußte mitansehen, daß seine Ideale vom Ersten Weltkrieg zerschlagen wurden. In seiner Nobelpreisrede machte er kritische Anmerkungen bezüglich der noch unzureichenden Organisation der Friedensbewegung. Als die drei wichtigsten Säulen der Friedensarbeit stellte er die Völker, die Parlamente und die Regierungen heraus. Er verfaßte zahlreiche Bücher und hat in diesen wie in weiteren Veröffentlichungen alle wesentlichen Fragen der Friedenssicherung abgehandelt.

Balch, Emily Greene – amerikanische Schriftstellerin, Wirtschaftswissenschaftlerin und Pazifistin
geb. 8.1.1867 in Jamaica Plain (Massachusetts)
gest. 9.1.1961 in Cambridge (Massachusetts)
Nobelpreis 1946

B. wuchs mit fünf Geschwistern in einer wohlhabenden Neuengland-Familie, ihr Vater war Jurist und die Mutter Lehrerin, auf. Sie trat 1886 in das neu eröffnete Bryn Mawr College in Boston ein, wo sie Griechische und Römische Literatur studierte. Doch schon bald wechselte sie zur Volkswirtschaft über und beschäftigte sich mit sozialen Problemen. Sie erwarb das Diplom und erhielt wegen ihrer hervorragenden geistigen Begabung ein Europa-Stipendium. 1890/91 studierte B. an der Sorbonne in Paris Volkswirtschaft und erarbeitete eine Studie mit dem Titel „Öffentliche Hilfe für die Armen in Frankreich". 1892 kehrte sie in die USA zurück, belegte ein Sommersemester in Ethik, besuchte 1893 die Harvard University und studierte 1895 Soziologie und Volkswirtschaft an der Universität Chicago. Dann ging sie für ein Jahr an die Universität in Berlin und nahm an dem letzten Treffen der Sozialistischen Internationale teil. B. gehörte zu den wenigen Frauen, denen es in dieser Zeit möglich war, eine gute Ausbildung zu erhalten, ein Studium aufzunehmen und einen qualifizierten Beruf auszuüben.

B. verfolgte nicht nur ihre wissenschaftliche Laufbahn, sondern betätigte sich schon frühzeitig auf sozialem Gebiet. Sie engagierte sich in der Settlement-Bewegung, einer sozial- und bildungspolitischen Bewegung, die gemeinnützige Einrichtungen, wie Nachbarschaftsheime, in den Großstädten förderte. Sie war 1892 an der Gründung des Denison-Hauses, eines Settlement-Hauses, in Boston beteiligt, das sich um Bedürftige und Unterprivilegierte kümmerte. Die Settlement-Häuser boten Bildungsmöglichkeiten für Erwachsene wie Sprachkurse für Einwanderer, sie leisteten Beratungsdienste, sie kümmerten sich um die gesundheitliche Versorgung von Kindern und Müttern. Sie setzten sich mit den vielfältigen Problemen der unteren Schichten auseinander, mit schlechten Wohnverhältnissen, hygienischen Mängeln, Krankheiten, Arbeitskonflikten und Arbeitslosigkeit.

1897/98 gehörte B. dem Bostoner Magistrat an und befaßte sich mit der Betreuung von Kindern. Die Armut in den Städten, die Not der Einwanderer, die mangelnden Rechte der Frauen im Berufsleben forderten sie heraus; sie ging in die Elendsquartiere und arbeitete für soziale Reformen. Während der Arbeit an ihrer Untersuchung über die slawischen Mitbürger, 1910 erschienen, lebte sie eine Zeitlang in den slawischen Vierteln mehrerer amerikanischer Städte, und sie fuhr nach Osteuropa, um auch die Lebensbedingungen in den Heimatländern kennenzulernen. 1913/14 arbeitete sie in einer Staatskommission für Einwanderung und war von 1914 bis 1917 im Bostoner Stadtplanungskomitee.

Vor allem prägte jedoch ihr Einsatz für die Friedensbewegung und für die Gleichberechtigung der Frauen ihr Leben. Aufgrund ihrer pazifistischen Überzeugung wandte sich B. im Ersten Weltkrieg gegen den Eintritt der USA in den Krieg und verlor daraufhin 1919 ihren Lehrstuhl am Wellesley College, wo sie fast zwanzig Jahre tätig war. Bereits im Frühjahr 1915 nahm sie am Internationalen Frauenkongreß in Den Haag teil. Der Kongreß führte zur Gründung des Internationalen Frauenkomitees für dauernden Frieden, das 1919 in „Internationale Frauenliga für Frieden und Freiheit" umbenannt wurde. In den verabschiedeten Resolutionen forderten die Frauen die kriegsführenden Länder dazu auf, das Blutvergießen sofort einzustellen und Friedensverhandlungen aufzunehmen. Um ihren Resolutionen Gehör zu verschaffen, übertrugen die Kongreßteilnehmerinnen einer Delegation von acht Frauen die Aufgabe, die Regierungen von 14 Ländern persönlich von ihren Forderungen zu unterrichten. Diesem Gremium gehörte auch B. an, sie suchte die russische und die skandinavischen Regierungen auf. Die Frauen wurden überall empfangen und konnten in Unterredungen mit den Staatsmännern ihre Auffassungen über den Krieg, die politische Lage und die Unterdrückung der Frauen darlegen. Praktische Auswirkungen hatten ihre Missionen jedoch nicht, die Interessengruppen, die den Krieg weiterführen wollten und sich von ihm Gewinne versprachen, waren zu stark.

Nach Kriegsende arbeitete B. bis 1922 als Schatzmeisterin im Sekretariat der „Internationalen Frauenliga für Frieden und Freiheit" in Genf, wo sie sich besonders für die Werbung neuer Mitglieder engagierte und zur Festigung der Liga beitrug. Ihr Bestreben war es außerdem, international auf die Beseitigung möglicher Kriegsursachen hinzuarbeiten. Gesundheitshalber mußte sie 1922 ihre Führungsposition aufgeben, arbeitete aber ehrenamtlich weiter für die Internationale Frauenliga. 1926 wurde B. damit beauftragt, die Verhältnisse auf Haiti zu untersuchen. 1927 verfaßte sie eine Studie, in der sie empfahl, daß die USA ihre Truppen abziehen und die Eingeborenen die Erlaubnis zur Selbstverwaltung erhalten sollten. 1931 wurde B. Präsidentin der amerikanischen Sektion und kehrte in einer finanziellen Krise der Organisation 1934 auf ihren Posten in Genf zurück.

Ende der dreißiger Jahre zog sich B. nach Wellesley zurück, um sich ihrer Arbeit für europäische Flüchtlinge sowie anderen Asylsuchenden zu widmen. Nach dem japanischen Überfall auf Pearl Harbor änderte sie ihren früheren pazifistischen Standpunkt und plädierte für den Kriegseintritt der USA. Später wandte sie sich gegen die atomare Aufrüstung und warb für eine zu gründende „Friedenspartei der Frauen". In der Laudatio für B. wurde ihr Wirken u. a. wie folgt gewürdigt: „Diese aufrichtige Frau hat von Jahrzehnt zu Jahrzehnt jede Stunde ihres Lebens der Arbeit an der Sicherheit des Friedens unter den Völkern gewidmet." Sie spendete den größten

Teil der Preissumme der „Internationalen Frauenliga für Frieden und Freiheit", zu deren Ehrenpräsidentin sie 1936 gewählt worden war.

Beernaert, Auguste Marie François – belgischer Politiker
geb. 26.7.1829 in Ostende
gest. 6.10.1912 in Luzern (Schweiz)
Nobelpreis 1909
B., Sohn eines Finanzbeamten, studierte Jura an der Universität Löwen und promovierte 1850. Mit einem Reisestipendium der Regierung konnte er dann zwei Jahre lang an den Universitäten von Paris, Berlin und Heidelberg seine Kenntnisse vertiefen. Nach weiteren Studien in Leipzig und Straßburg kehrte B. im Jahr 1853 in seine Heimat zurück und wurde schnell zu einem erfolgreichen Anwalt. Bis Anfang der siebziger Jahre deutete nichts darauf hin, daß er einmal eine politische Karriere anstreben sollte.

1873 wurde B. in die belgische Regierung berufen, 1884 übernahm er das Amt des Regierungschefs und Finanzministers. Er trug zur Verbesserung der Seewege bei und war maßgeblich an der Verschönerung der Hauptstadt Brüssel beteiligt. Außerdem vermittelte er bei den Spannungen im belgischen Konfessionsstreit zwischen protestantischen Flamen und katholischen Wallonen. In der Kongoangelegenheit, belgische und französische Ansprüche auf das Territorium im Kongo, war B. Hauptberater des belgischen Königs Leopold II. Im Jahr 1894 gab er die Regierungsarbeit auf, weil die Kolonialpolitik Leopolds in eine Ausbeutungspolitik umschlug und das Abgeordnetenhaus seinen Vorschlag zur Einführung des Verhältniswahlrechts ablehnte. Er nahm seine Anwaltstätigkeit wieder auf und blieb als Mitglied der klerikalen Partei im Parlament.

B. bemühte sich frühzeitig um Friedenssicherung durch internationales Recht. Mit diplomatischem Geschick setzte er sich für einen weiteren Annäherungsprozeß zwischen Belgien und den Niederlanden ein. Er veranlaßte die Gründung des Belgischen Vereins zur Vereinheitlichung des Seerechts und des Internationalen Maritimkomitees, dessen Präsidentschaft er übernahm. Er war Vorsitzender der „International Law Association" und Ehrenmitglied des „Institut de Droit International" und weitete seine Arbeit zielstrebig auch auf die Interparlamentarische Union und auf die Haager Friedenskonferenzen aus. Auf der Haager Friedenskonferenz von 1899, B. hatte bereits das 70. Lebensjahr erreicht, spielte er eine entscheidende Rolle und war auch Präsident der ersten Kommission. Der Grund für das Treffen in Haag war eine allgemeine Rüstungsbegrenzung und die Senkung der Kosten für Kriegsausgaben. Trotz seines fortgeschrittenen Alters und gesundheitlicher Probleme nahm B. als Leiter der belgischen Delegation auch an der zweiten Haager Friedenskonferenz von 1907 teil und war Präsident der zweiten Kommission, die mit ihrer Arbeit die Ergebnisse von 1899 fortführen sollte. Er setzte sich besonders für die Unverletzlichkeit des feindlichen Eigentums im Seekrieg ein.

Neben seiner Mitgliedschaft und zeitweiligen Präsidentschaft in der Interparlamentarischen Union, der Mitgliedschaft beim Ständigen Schiedshof und weiteren Institutionen war B. 1912 auch Ehrenpräsident der Belgischen Katholischen Liga für Frieden und der Internationalen Liga Katholischer Pazifisten. Noch kurz vor seinem Tode setzte er sich auf der Genfer Konferenz der Interparlamentarischen Union für ein Verbot des Luftkrieges ein.

Für seinen beharrlichen Einsatz bei der Lösung internationaler Streitfälle, für die vertraglich festgelegte Rüstungsbeschränkung und für die exakte Formulierung der Rechte und Gewohnheitsrechte des Krieges zu Land und zur See wurde B. mit dem Friedensnobelpreis ausgezeichnet.

Begin, Menachem – israelischer Politiker und Regierungschef
geb. 16.8.1913 in Brest-Litowsk
gest. 9.3.1992 in Jerusalem
Nobelpreis 1978
B.s Vater war Sekretär einer jüdischen Gemeinde, und seine Mutter entstammte einer Rabbinerfamilie. Seine Eltern und der Bruder kamen während der Naziherrschaft ums Leben. Er besuchte die hebräische Misrachi-Schule und ein polnisches Gymnasium in Brest-Litowsk. Bereits mit 16 Jahren schloß sich B. dem Betar, einer radikalen zionistischen Jugendbewegung, an. Danach studierte er in Warschau Rechtswissenschaften, und während des Studiums stieg er in Führungspositionen der Betar auf. Von 1936 bis 1938 war B. Generalsekretär des tschechoslowakischen Betarzweiges. Nach Polen zurückgekehrt, wurde er 1939 schließlich Chef der polnischen Betarbewegung. Wenige Monate später mußte B. vor den in Polen eindringenden Deutschen nach Litauen fliehen, wo er 1940 von den einmarschierenden Sowjets verhaftet wurde. Als angeblicher „Agent des britischen Imperialismus" wurde er zu acht Jahren Zwangsarbeit verurteilt und nach Sibirien (1940/41) verbannt. Durch das Abkommen zwischen Stalin und Sikorski konnte er als polnischer Staatsbürger im Mai 1942 nach Palästina auswandern.

Nach seiner Ankunft trat B. der jüdischen Untergrundbewegung „Irgun Zwai Leumi" bei, wo er im Guerillakampf gegen die britische Mandatsmacht eine führende Rolle einnahm. Ab 1943 führte er die 10.000 Mann starke Guerillatruppe und wies sie systematisch zu Terrorakten (insbesondere Bombenanschläge) gegen die Briten an. Als „Terrorist Nr. 1" wurde B. steckbrieflich gesucht, auf seinen Kopf war eine Belohnung von 2.000 Pfund Sterling ausgesetzt. Nach der Unabhängigkeit Israels erklärte sich B. erst auf militärischen Druck bereit, seine Organisation in die offizielle Armee einzugliedern.

Mit der Gründung des Staates Israel 1948 löste sich die Irgun auf. An ihre Stelle trat die extreme Cheruth-Partei, die eine Ausdehnung Israels auf die Grenzen des Altertums anstrebte. Zwar wurde seine Partei bei den Wahlen 1949 drittstärkste Kraft, aber B. war als ehemaliger „Terrorist" lange Zeit Outsider der israelischen Politik.

Doch Mitte der 60er Jahre galt er wegen seiner Wortgewalt als gefürchteter Oppositionsführer. Nach dem Sechstagekrieg 1967 trat er als Minister ohne Geschäftsbereich dem Kabinett der Nationalen Einheit bei. Das Kabinett zerbrach, als sich die Regierung 1970 für die Annahme der Friedensinitiative des USA-Außenministers Rogers aussprach, der u. a. einen Rückzug Israels auf „sichere Grenzen" vorgeschlagen hatte. Bei den Wahlen 1977 wurde B.s Likud-Block erstmals zur stärksten Gruppe. Nur wenige Monate nach einem schweren Herzinfarkt konnte B. am 20.6.1977 ein aus Likud und Nationalreligiösen gebildetes Kabinett vorstellen. Er wurde Premierminister und unterzeichnete am 26.3.1979 mit dem ägyptischen Staatspräsidenten M. A. Sadat einen Friedensvertrag. Zwar verpflichtete sich B. zum stufenweisen Rückzug Israels vom Sinai, doch in den für die arabischen Staaten entscheidenden Punkten blieb er hart: Einen vollständigen Rückzug Israels auf die Grenzen von 1967 lehnte er ebenso ab wie Verhandlungen über eine Autonomieregelung für die Palästinenser und über den Status Jerusalems.

Den erneuten Wahlsieg im Juni 1981 verdankte B. vor allem den orthodoxen Juden. Mit seinen Siedlungsplänen für das Westjordanland und durch die Annexion der besetzten syrischen Golan-Höhen begab sich B. weiter auf Konfliktkurs. Ungeachtet seiner relativ schwachen parlamentarischen Position und der desolaten Wirtschaftslage seines Landes ließ sich B. auf ein neues politisches Abenteuer ein, als er am 6.6.1982 seine Truppen in den Libanon einmarschieren ließ. Am 17.5.1983 wurde schließlich ein israelisch-libanesisches Abkommen unterzeichnet, mit dem der Kriegszustand zwischen beiden Ländern formell beendet werden sollte und das gleichzeitig den Rückzug aller ausländischen Truppen aus dem Libanon vorsah. Im Juli 1983 nahm B. einen Teilrückzug seiner Truppen im Libanon vor, eine Entscheidung, die zur Befriedung des Libanons wenig beitrug.

Am Ende von B.s Amtszeit war Israel aufgrund seiner Ablehnung jeglicher Friedenspläne für den Nahen Osten international isoliert. Am 15.9.1983 trat B. als Regierungschef zurück, sein nach mehreren Herzattacken und einem Oberschenkelbruch stark angegriffener Gesundheitszustand und der Tod seiner Frau hatten zu diesem Entschluß beigetragen.

Belo, Carlos Felipe Ximenes – katholischer Bischof
geb. 3.2.1948 in Baucau (Osttimor)
Nobelpreis 1996

B., Sohn eines Bauern, mußte als Kind Wasserbüffel hüten, bevor er mit einem Armenstipendium in eine Missionsschule aufgenommen wurde. Bereits mit 14 Jahren konnte er in das Vorseminar der Diözese der Hauptstadt Dili eintreten. 1968 ging B. nach Lissabon und studierte dort Philosophie. Nach dem Studium war er als Lehrer auf Osttimor tätig, und nach der Invasion durch Indonesien ging er 1976 nach Macau. Im gleichen Jahr begann B. ein Theologiestudium an der katholischen Universität Lissabon, das er später an der Salesianer-Universität in Rom fortsetzte. Im Jahre 1980 wurde er zum Priester geweiht.

Timor liegt rund 500 Kilometer nördlich vom australischen Festland. Die westliche Hälfte der Insel war jahrhundertelang niederländische Kolonie und ging nach dem Zweiten Weltkrieg an Indonesien. Osttimor war bis 1975 im Besitz Portugals, Indonesien annektierte das Gebiet im Juli 1976, nachdem die marxistisch orientierte Unabhängigkeitspartei Fretilin eine „Volksrepublik" ausgerufen hatte. Die Vereinten Nationen, die Osttimor als ein „nichtautonomes Territorium" unter portugiesischer Verwaltung ansehen, haben die Annexion bis heute nicht anerkannt. Seit 1976 sind in Osttimor mehrere Aufstände blutig niedergeschlagen worden. Indonesische Soldaten gehen brutal gegen Rebellen und die Zivilbevölkerung vor. Nach Angaben internationaler Menschenrechtsorganisationen sind seit 1975 mehr als 200.000 Osttimoresen gewaltsam getötet worden. Größere Publizität erhielt der Konflikt zuletzt im November 1991, als indonesische Truppen während einer antiindonesischen Kundgebung ein Blutbad anrichteten und über 200 Menschen töteten.

B. wurde 1983 vom Vatikan zum apostolischen Verwalter der direkt dem Vatikan zugeordneten Diözese der osttimorischen Hauptstadt Dili ernannt. 1988 wurde er zum Bischof geweiht. Obwohl er nach seiner Ernennung zum apostolischen Verwalter zu den wenigen einheimischen Priestern gehörte, die die indonesische Staatsbürgerschaft akzeptierten, war er stets einer der schärfsten und einflußreichsten Kritiker und Gegner der indonesischen Besatzungsmacht. Die Machthaber Indonesiens behandeln den unbequemen katholischen Bischof B. mit unverhüllter Feindseligkeit. Er wird von Jakarta geschnitten, aber wegen seines Einflusses auf Schritt und Tritt beobachtet. Sein australischer Amtsbruder H. Daekin nennt den trotz Mordanschlägen und Isolation ungebeugt streitbaren Kirchenmann B. „die einzige hörbare Stimme Osttimors, die Frieden und Freiheit fordert".

Ebenso standfest und beharrlich wie in seinem Bekenntnis zum Dialog erwies sich B. auch in seinem Kampf gegen die Verletzung der Menschenrechte der osttimoresischen Bevölkerung. Trotz ständiger Bespitzelung wurde seine Wohnung zu einem Zufluchtsort für Regimekritiker und Verfolgte. Internationale Aufmerksamkeit erregte B., als er 1989 in einem Brief an den damaligen UNO-Generalsekretär Javier Perez de Cuellar eine Volksabstimmung auf Osttimor über die Zukunft des Landes anregte.

Das Nobelkomitee begründete seine Entscheidung, daß B. unter Einsatz seines Lebens die Bevölkerung vor Übergriffen der indonesischen Machthaber zu schützen versucht habe und sich gleichzeitig für einen Kurs der Gewaltlosigkeit und des Dialogs mit der indonesischen Regierung eingesetzt hat.

Borlaug, Norman Ernest – amerikanischer Agrarwissenschaftler
geb. 25.3.1914 in Cresco (Iowa)
Nobelpreis 1970

B., Sohn eines Farmers, besuchte bis 1932 die High-School in Cresco und studierte dann Forst- und Agrarwissenschaften an der Universität von Minnesota, hier erwarb er 1937 den Bachelor of Science. 1941 promovierte er. 1938/39 war B. im Forstdienst der USA beschäftigt, 1941 wurde er Dozent an der Universität von Iowa, und von 1942 bis 1944 arbeitete er als wissenschaftlicher Mitarbeiter in den Forschungslaboratorien der DuPont de Nemours Foundation.

Im Jahre 1943 hatte in Mexiko die sogenannte „Weizenrevolution" begonnen, nachdem die Rockefeller Foundation auf Ersuchen der US-Regierung eine Gruppe von Wissenschaftlern mit der Erforschung von Möglichkeiten zur Steigerung der Weizen-, Mais- und Bohnenerzeugung betraut hatte. Als Mitarbeiter der Rockefeller Foundation kam B. 1944 zu dieser Gruppe und arbeitete dort bis 1960. Von 1964 bis 1979 leitete er dann die Weizenabteilung des Internationalen Mais- und Weizenveredelungszentrums in Mexiko. B. hat sich zunächst in Mexiko, später in anderen Ländern besondere Verdienste um die Entwicklung der Hochleistungssorten erworben, und er gehörte auch zu einer Gruppe von Fachleuten, die die Grundlagen für die ersten Versuche mit Weizenhochleistungssorten in Pakistan und im Mittleren Osten legten. Berühmt wurde vor allem der Mexikanerweizen, dem man 1954 das „Zwerggen" aus einer japanischen Sorte eingekreuzt hatte. Der Mexikanerweizen zeichnet sich durch hohe Erträge aus, und seine kurzen Halme können die schweren Ähren tragen, ohne zu knicken.

Spektakuläre Erfolge erzielte B. mit dieser Sorte vor allem in Indien, wo man 1962 versuchsweise mit dem Anbau begonnen hatte. Nachdem es gelungen war, den Mexikanerweizen an Klima und Bodenverhältnisse des Subkontinents anzupassen, stieg die Weizenproduktion Indiens in zehn Jahren fast auf das Dreifache. B. hat als Initiator der „Grünen Revolution" den Entwicklungsländern eine Möglichkeit gegeben, aus Hunger und Armut auszubrechen. Er hat mit seinen Arbeiten zumindest den Versuch unternommen, die Ernährungssituation in den Ländern der Dritten Welt zu verbessern.

Bourgeois, Leon Victor Auguste – französischer Politiker
geb. 29.5.1851 in Schloß Oger bei Epernay
gest. 29.9.1925 in Paris
Nobelpreis 1920

B., Sohn eines Uhrmachers, besuchte mehrere Schulen und erhielt dann eine kaufmännische Ausbildung. Nach einem Jurastudium an der Universität Paris war er kurzzeitig als Anwalt tätig, danach begann seine steile Karriere. Bereits mit 31 Jahren war er Präfekt des Departements Tarn, und 1885 wurde er oberster Verwaltungsbeamter in Haute-Garonne. Bereits zwei Jahre später war B. Polizeipräfekt von Paris. Anfang des Jahres 1888 begann er seine politische Laufbahn als Staatssekretär des Innern im Ministerium Floquet, aber nach Unstimmigkeiten im Kabinett gab B. bereits ein Jahr später seinen Rücktritt bekannt. 1895 bildete B. als Ministerpräsident das erste rein linksdemokratische Kabinett Frankreichs, das auch von den Sozialisten unterstützt wurde. Überzeugt von der Notwendigkeit sozialer Reformen, setzte sich B. für Arbeitsgesetzgebung, Schul- und Universitätsreform und Gesundheitsfürsorge ein. Die Einführung einer progressiven Einkommens- und Erbschaftssteuer und eines Rentensystems für Arbeiter standen auf dem Programm. Mangel an Finanzmitteln brachte das Programm zu Fall, B. demissionierte und ging in die Opposition. 1897 schrieb er das vieldiskutierte und vielgedruckte Buch „Solidarité", in dem er den Gedanken einer auf „Solidarität" gegründeten internationalen Gesellschaft entwickelte, die sich in einem Völkerbund organisieren und die Schiedsgerichtsbarkeit als Mittel zur Regelung auftauchender Konflikte anwenden sollte.

Bis zum Ersten Weltkrieg war diese Solidaritätstheorie in Frankreich zu einer führenden Sozialphilosophie geworden. Von 1902 bis 1904 war B. Präsident der Abgeordnetenkammer und 1906 kurzzeitig Außenminister. 1899 war er Leiter der französischen Delegation auf der Haager Friedenskonferenz und führte den Vorsitz in der Kommission für Internationale Schiedsgerichtsbarkeit. Die Konferenzteilnehmer bewunderten die Ausgewogenheit seiner Persönlichkeit, seine diplomatischen Feinheiten und seine Begabung, gegensätzliche Meinungen zu versöhnen. Auf der zweiten Haager Konferenz 1907 machte B. die Schiedsgerichtsbarkeit zu einem Hauptthema der Verhandlungen. Seine Grundsatzvorstellungen faßte er 1910 zusammen in dem Buch „Für den Völkerbund".

Im Ersten Weltkrieg übernahm B. wieder verschiedene Ministerämter. Vor allem die sozialen Kriegsfolgen versuchte er zu mildern. Im letzten Kriegsjahr wurde er an die Spitze einer Regierungskommission berufen, die einen Entwurf für den künftigen Völkerbund ausarbeiten sollte. In der Geburtsstunde des Völkerbundes (1919) trat B. mit Nachdruck dafür ein, diese Organisation mit einer starken, selbständigen Exekutive, d. h. mit militärischer und polizeilicher Gewalt auszustatten, um ihr damit eine größere Autorität zu verleihen. Diese Forderungen scheiterten am Widerstand Englands, das befürchtete, Frankreich würde den so gestärkten Völkerbund zum Instrument einer europäischen Hegemonialpolitik machen. 1920 wurde B. zum ersten Präsidenten des Völkerbunds gewählt. In Paris versah er noch von 1920 bis 1923 das Amt als Präsident des französischen Senats.

Eine zunehmende Blindheit zwang ihn in den letzten Lebensjahren zum Abschied von der Politik. Als Krönung seines Lebenswerks empfand er die Errichtung eines Ständigen Internationalen Gerichtshofs in Haag. Sein Völkerbundsentwurf gehört zu den mutigsten Projekten einer Weltfriedensordnung im 20. Jahrhundert.

Boyd Orr, John, Lord of Brechin Mearns (ab 1949) – britischer Ernährungswissenschaftler
geb. 23.9.1880 in Kilmaurs (Schottland)
gest. 25.6.1971 in Newton bei Brechin (Schottland)
Nobelpreis 1949

B. O. wurde als Initiator und erster Direktor der im Jahr 1945 gegründeten Organisation für Ernährung und Landwirtschaft der Vereinten Nationen (FAO) geehrt.

B. O., Sohn eines Landwirts, studierte Philosophie an der Universität Glasgow und wurde dann Religionslehrer. Danach widmete er sich dem Studium der Medizin und der Naturwissenschaften, erwarb akademische Grade und wirkte kurze Zeit als Arzt. Bereits in dieser Zeit beschäftigte er sich intensiv mit Stoffwechsel- und ernährungswissenschaftlichen Problemen. In zäher Kleinarbeit baute B. O. ab 1914 das Rowett-Institut für Tierernährung an der Universität von Aberdeen auf, das unter seiner Leitung (bis 1945) bald zur zentralen britischen Forschungseinrichtung auf diesem Gebiet wurde. Am Ersten Weltkrieg nahm er als Sanitätsoffizier teil, danach arbeitete er wieder am Institut für Tierernährung und untersuchte u. a. die Zusammenhänge zwischen Weideland und der Qualität tierischer Nahrung.

B. O. wußte seine ernährungs- und agrarwissenschaftliche Tätigkeit mit der eines Landwirts zu verbinden und wirkte immer für echte Humanität. Er tat vieles, um die Gesundheit und das Wachstum der Kinder zu fördern, und konnte beispielsweise aufgrund von eigenen statistischen Erhebungen eine qualitative Verbesserung der Schulspeisung erreichen. B. O. betätigte sich als überzeugter Anwalt einer planmäßigen Ernährungswirtschaft mit staatlicher Kontrolle der Verteilung und der Preise, aber auch mit der Beihilfe für bedürftige Verbraucherschichten. Seine Forschungen galten auch dem notwendigen Mineralstoffwechsel in der Nahrung und dessen biologischer Auswertung. B. O. leitete zeitweilig das Imperial-Bureau für Tierernährung, und zwischen den beiden Weltkriegen war er in verschiedenen Kommissionen des Landwirtschaftsministeriums tätig. 1935 wurde er für seine Verdienste um die Landwirtschaft geadelt. Seine Bestrebungen galten nicht nur der Steigerung der Agrarproduktion, sondern auch der Vermeidung ständiger Preisfluktuationen und nicht verwendbarer Überproduktionen.

Auf internationaler Ebene setzte sich B. O. als Mitglied des Ausschusses für Ernährungsfragen des Völkerbundes für die Gründung einer Welternährungsorganisation ein, weil nach seiner Ansicht der Frieden durch Beseitigung der Hungersnöte sicherer werden könnte. Von 1942 bis 1945 war er Professor für Landwirtschaft an der Universität Aberdeen, und er war auch Mitherausgeber der Zeitschrift „Nutrition Abstracts and Reviews". 1945 wurde B. O. zum Generaldirektor der Organisation für Ernährung und Landwirtschaft der Vereinten Nationen berufen. Diese Funktion gab er jedoch bereits ein Jahr später mit der Begründung auf, daß die USA durch ihr Verhalten seine Forderungen nach einem Welternährungsplan zu Fall gebracht hätten. Seit 1946 widmete B. O. einen großen Teil seiner Zeit dem Kanzleramt an der Universität Glasgow. Immer wieder warnte er vor einer Weltkatastrophe durch Hunger und Armut infolge des starken Anwachsens der Weltbevölkerung. 1948 wählte die „Weltdemokratische Union" in Luxemburg B. O. zum Präsidenten des Internationalen Friedensrates und des Weltbundes der Friedensorganisationen. In einer Schrift bemerkte er, „der Friede kann nur durch Befreiung der Menschheit vom Hunger und der Furcht vor dem Hunger erhalten werden", und er hat seine Bemühungen immer als ein Programm für den Frieden angesehen. 1949 wurde B. O. ins Oberhaus berufen. 1952 übernahm er den Vorsitz bei der Moskauer Weltwirtschaftskonferenz.

Als langfristige Lösung des Ernährungsproblems, vor allem in Ländern der Dritten Welt, vertrat er folgende Entwicklungspolitik: Gewährung von Krediten, technische Unterstützung beim Aufbau einer modernen Landwirtschaft sowie Bereitstellung lagerfähiger Nahrungsmittel. Die Frage einer politischen Lösung – Verteilung des Landbesitzes – wurde von B. O. nicht gestellt. Seine Mahnungen und Forderungen an die Regierungen und Völker hat er in dem Buch „Werden nur die Reichen satt?" mit Nachdruck und neuem Material belegt. Sein Nobelpreisgeld stiftete er Friedensorganisationen.

Brandt, Willy – deutscher Politiker und Bundeskanzler
geb. 18.12.1913 in Lübeck
gest. 8.10.1992 in Unkel
Nobelpreis 1971
B. wurde als Herbert Ernst Karl Frahm geboren. Seine Mutter, Martha Frahm, arbeitete als Verkäuferin und sein Vater, John Möller, war ein sozialdemokratischer Lehrer, mußte aber seinen Lebensunterhalt als Buchhalter bestreiten, da ihn die Nazis aus dem Schuldienst entlassen hatten. Schon als Schüler hatte sich B. der sozialistischen Jugendbewegung angeschlossen und war einer ihrer leitenden Funktionäre. Als Gymnasiast schrieb er für das SPD-Blatt „Lübecker Volksbote". Dessen Chefredakteur, Julius Leber, wurde B.s Mentor und erreichte auch die Aufnahme des erst 16jährigen in die SPD. Ab 1932 war er zeitweise bei einer Lübecker Schiffsmaklerfirma und als Mitarbeiter des „Lübecker Volksboten" tätig.

Nach Errichtung der nationalsozialistischen Diktatur in Deutschland ging B. kurzzeitig in den Untergrund – er nannte sich nun Willy B. –, bis er im April 1933 auf einem Motorkutter über die Ostsee fliehen mußte. Er emigrierte nach Norwegen, wo er Unterstützung für die Sozialistische Arbeiterpartei (SAP) und den antifaschistischen Kampf in Deutschland suchte. Während seiner Emigration studierte B. in Oslo Geschichte, setzte seine politische Arbeit fort und erhielt nach seiner Ausbürgerung im Jahre 1938 die norwegische Staatsangehörigkeit. Mitte des Jahres 1936 begab sich B. als angeblich norwegischer Student unter dem Namen Gunnar Gaasland nach Berlin und leitete hier die Untergrundorganisation „Metro". Während des Spanischen Bürgerkriegs 1937 hielt er sich zeitweilig auf republikanischer Seite in Spanien auf und wirkte als Pressekorrespondent bei Reisen nach den Niederlanden, Belgien, Frankreich, England und in die Tschechoslowakei als Kontaktperson zwischen deutschen sozialistischen Exilgruppen. 1939 war B. einer der drei Sekretäre der norwegischen Volkshilfe, die sich während des Winterkrieges der humanitären Hilfe für Finnland annahm. Angesichts des deutschen Einmarsches in Norwegen 1940 ging er nach Schweden. Von 1940 bis 1945 wirkte B. unter dem Namen Felix Franke journalistisch und politisch in Stockholm.

1947 nahm er unter seinem Pseudonym „Willy B." wieder die deutsche Staatsbürgerschaft an und trat erneut der SPD bei. Kurz darauf wählte der SPD-Bundesvorstand auf Vorschlag des damaligen SPD-Vorsitzenden Dr. Kurt Schumacher B. 1948/49 als dessen Vertreter in Berlin. Von 1950 bis 1969 saß er im Abgeordnetenhaus von Berlin und war von 1955 bis 1957 dessen Präsident. Am 3. Oktober 1957 wurde B. zum Regierenden Bürgermeister von Berlin gewählt. 1961 war B. erstmals Kanzlerkandidat seiner Partei, doch die Mehrheit blieb ihm versagt. 1964 wurde er als Nachfolger E. Ollenhauers Bundesvorsitzender der SPD. Nach Bildung der Großen Koalition zwischen CDU/CSU und SPD übernahm B. in der Regierung Kiesinger 1966 das Amt des Vizekanzlers und Außenministers. Er setzte sich besonders für den Beitritt der Bundesrepublik zum Kernwaffensperrvertrag ein. In der Ostpolitik setzte B. die von seinem Amtsvorgänger Schröder vorsichtig begonnene Politik der normalen Beziehungen mit den Ostblockländern systematisch fort.

Am 21. Oktober 1969 wurde B. zum Bundeskanzler gewählt. In seiner Regierungserklärung stellte er unter dem Leitgedanken „mehr Demokratie wagen" ein Programm innerer Reformen in den Mittelpunkt. Seine erste Amtszeit war jedoch bestimmt von der Durchführung der neuen Deutschland- und Ostpolitik, die im Bundestag zu scharfen Auseinandersetzungen mit der Opposition (CDU/CSU), in der Öffentlichkeit zu leidenschaftlichen Diskussionen führte. Unter Betonung der Eingebundenheit der Bundesrepublik Deutschland in das europäische Einigungs- und das atlantische Verteidigungssystem sollte diese Politik der Entspannung im Ost-West-Konflikt dienen. Nachdem B. in seiner Regierungserklärung sich zur „Existenz von zwei deutschen Staaten in einer Nation" bekannt hatte, traf er sich 1970 in Erfurt und Kassel mit DDR-Ministerpräsident W. Stoph, es kam jedoch zu keinen greifbaren Ergebnissen. Im August 1970 unterzeichnete B. den Moskauer Vertrag und im Dezember 1970 den Warschauer Vertrag. Die von ihm als Vorbedingung zur Ratifizierung dieser Verträge geforderte befriedigende Berlin-Regelung sah er 1971 im Berlinabkommen als erfüllt an. Für seine Bemühungen um Entspannung im Ost-West-Konflikt erhielt er den Friedensnobelpreis.

Nachdem seine Regierung die parlamentarische Mehrheit im Bundestag verloren hatte, öffnete er mit der Vertrauensfrage im September 1972 den Weg zu Neuwahlen. An der Spitze der SPD/FDP-Koalition wurde B. erneut zum Bundeskanzler gewählt. Mit dem Abschluß des Grundvertrags mit der DDR im Dezember 1972 und des deutsch-tschechoslowakischen Vertrags 1973 setzte er seine Initiativen in der Deutschland- und Ostpolitik fort. Für die Öffentlichkeit vollkommen überraschend trat B. am 7. Mai 1974 vom Amt des Bundeskanzlers zurück. In seinem Rücktrittsschreiben erklärte er, er übernehme damit die Verantwortung „für Fahrlässigkeiten" im Zusammenhang mit der Affäre des DDR-Spions G. Guillaume.

Nach seinem Rücktritt als Bundeskanzler nutzte B. sein großes Ansehen auf internationaler Bühne in der neuen Rolle als „großer Vorsitzender". Ende 1976 wurde B. in Genf zum Präsidenten der Sozialistischen Internationale gewählt. Als Leiter der Nord-Süd-Kommission legte er 1980 und 1982 Vorschläge für eine Neuorientierung der internationalen Entwicklungspolitik vor. Die große Mehrheit des Münchner Parteitags 1982 bestätigte B. erneut als Parteivorsitzenden. 1983 wurde er Alterspräsident des 10. Deutschen Bundestages. Betont freundlich wurde B. im Mai 1985 während eines Gedankenaustausches mit dem neuen Generalsekretär Gorbatschow empfangen. Am 23. März 1987 erklärte er nach heftiger innerparteilicher Kritik an seinem Führungsstil seinen vorzeitigen Rücktritt als Parteivorsitzender der SPD. In seiner Abschiedsrede erwies sich B. einmal mehr als Staatsmann und Politiker, der den Weg seiner Partei durch Jahrzehnte geprägt hat. Er wurde der erste Ehrenvorsitzende in der Geschichte der SPD. Breite Zustimmung gewann B. noch einmal in Zusammenhang mit der Reformbewegung in der DDR, die binnen weniger Wochen der „deutschen Frage" zu unerwarteter Brisanz verhalf.

Branting, Hjalmar Karl – schwedischer Politiker und Journalist
geb. 23.11.1860 in Stockholm
gest. 24.2.1925 in Stockholm
Nobelpreis 1921
Nach dem Abitur studierte B. Astronomie in Uppsala und war bis 1883 Assistent am Stockholmer Observatorium. Neben der Wissenschaft fesselten ihn vor allem soziale Fragen. 1883 gab B. die Astronomie auf und wandte sich dem politischen Journalismus zu. Im Laufe der Jahre wurde er ein überzeugter Sozialist. 1884 trat er in die Redaktion der bürgerlich-liberalen Zeitung „Tiden" ein, bekannte sich 1886 zur selbständigen Arbeiterbewegung und wurde Chefredakteur des „Social-Demokraten". Zwischen 1886 und 1889 war er mehrmals in politischer Haft. Er war Mitbegründer und Führer der Sozialdemokratischen Arbeiterpartei Schwedens und 1897 erster Arbeitervertreter in der Kammer des Reichstages. Er übernahm wichtige Funktionen im Reichstag, insbesondere bei der Demokratisierung der politischen Einrichtungen Schwedens.

Von 1901 bis 1907 vollzog B. seine Abkehr vom Marxismus und begründete die sozialreformistische Auffassung vom „schwedischen Sozialismus". B. mobilisierte 1905 die schwedische Arbeiterbewegung für die friedliche Auflösung der schwedisch-norwegischen Union und organisierte 1909 die internationale Hilfe für den schwedischen Generalstreik. Seit 1907 war er Parteivorsitzender, Vorsitzender der Reichstagsfraktion, Chefredakteur des „Social-Demokraten" und des theoretischen Organs „Tiden". B. war einer der Führer der II. Internationale, einer lockeren Vereinigung selbständiger sozialistischer Parteien und Gewerkschaften.B. war schwedischer Delegierter auf den drei ersten Völkerbundversammlungen, und er beteiligte sich aktiv an der Lösung internationaler Probleme. Am 1.8.1914 gab er eine Burgfriedenserklärung ab und orientierte auf die Neutralität Schwedens. Später verurteilte B. den Sozialchauvinismus der Sozialdemokraten, war aber im Sommer 1917 Mitinitiator der Stockholmer Konferenz sozialdemokratischer Parteien. B. war ab Oktober 1917 Finanzminister (als erster Politiker der Schwedischen Sozialdemokratischen Arbeiterpartei in einem bürgerlichen Kabinett) und danach in sozialdemokratischen Minderheitskabinetten Ministerpräsident (1920/25), von 1921 bis 1923 war er zugleich Außenminister. Im Januar 1919 nahm B. an den Pariser Friedenskonferenzen teil, hatte von 1920 bis 1924 in der Völkerbundsversammlung den Vorsitz der Abrüstungskommission inne und vertrat Schweden ab 1923 im Völkerbundsrat. Er lehnte die Intervention gegen Sowjetrußland ab und bemühte sich 1922 um Handelsbeziehungen mit der UdSSR. Er trat gegen die französische Ruhrbesetzung und für die Mitgliedschaft Deutschlands im Völkerbund ein. Von 1919 bis 1923 war B. als Vertreter der Berner Internationale an der Schaffung der Sozialistischen Arbeiter-Internationale beteiligt, und von Mai 1923 bis Oktober war er Mitglied ihres Büros und ihrer Exekutive.

Über drei Jahrzehnte lang kämpfte B. für seine Ideen und sah die schwedische Arbeiterbewegung zu einer beachtenswerten Macht anwachsen. Für seine Bemühungen um die friedliche Lösung des Konflikts mit Finnland wegen der Alandinseln erhielt B. zusammen mit C. Lange den Friedensnobelpreis.

Briand, Aristide – französischer Diplomat und Staatsmann
geb. 28.3.1862 in Nantes
gest. 7.3.1932 in Paris
Nobelpreis 1926
An dem unbürgerlichen, saloppen Habitus B.s waren sicherlich die Eindrücke nicht unschuldig, die er als Kind in der turbulenten Hafenkneipe seines Vaters in Saint-Nazaire empfing. In der Schule wie auch später gehörte er nicht zu den Fleißigsten; aber die Gabe rascher Auffassung und ein hervorragendes Gedächtnis garantierten eine brillante Laufbahn. Nach dem Jurastudium in Paris, das er sich als Werkstudent verdienen mußte, ließ er sich als Rechtsanwalt in seiner Heimatstadt nieder. Doch bald interessierte ihn die Politik mehr als das Studium trockener Akten. Nach kurzer Anwalts- und journalistischer Tätigkeit begann B.s glänzende politische Karriere als Propagandist und Taktiker auf den sozialistischen Kongressen, auf deren Seite ihn der Gewerkschaftsführer Fernand Pelloutier (1868–1901) gezogen hatte.

Als die Einigung der verschiedenen sozialistischen Gruppen im Jahre 1905 unter dem Drängen der Internationale zustande kam, zögerte er nicht, seine eigenen Wege zu gehen. Er verließ die Internationale und wurde in der politischen Führung der bürgerlichen Dritten Republik aktiv. Nach mehreren gescheiterten Versuchen war B. bereits 1902 in die Kammer eingezogen, und er behielt seinen Sitz bis zu seinem Tode. Als geborener Parlamentarier entfaltete B. nun alle seine Qualitäten. Einfühlsam, jede Stimmung sicher erahnend und ausnutzend, wurde er zu einem großen Meister der Tribüne. Bald erhielt er seine erste große Aufgabe: Er hatte den Bericht über die Gesetzesvorlage zur Trennung von Staat und Kirche abzufassen. Er tat es in einem möglichst liberalen Geist, damit diese schmerzhafte Operation weder religiöse Empfindungen noch die Freiheit der Kultausübung verletzte. Er beschwichtigte unentwegt die Fanatiker der Rechten wie der Linken. Anpassungsfähige Geschmeidigkeit, eine hochentwickelte diplomatische Taktik, der Sinn für Kompromiß und Ausgleich, ohne die Substanz einer Sache zu opfern, waren die Quellen seines Erfolges. B. entwickelte sich zu einem der führenden bürgerlichen Politiker der III. Republik, der die französische Politik maßgeblich mitbestimmte.

Von 1906 bis 1932 war B. 19 Jahre lang Regierungsmitglied, davon 15mal als Außenminister und von 1909 bis 1929 elfmal als Ministerpräsident. Seine gemäßigte, auf Ausgleich und Versöhnung bedachte Innen- und Außenpolitik betrieb er nach dem Ersten Weltkrieg im Rahmen des Völkerbundes mit dem Ziel der Abrüstung und der Schaffung eines kollektiven Sicherheitssystems bei gleichzeitiger Erhaltung des Status quo, wie er aus dem Versailler Vertrag hervorgegangen war. B.s besonderer Wunsch war die Annäherung, ja Aussöhnung mit Deutschland, die ihm allerdings in Frankreich als Nachgiebigkeit gegenüber dem heimlich gefürchteten Nachbarn ausgelegt wurde. Diesem Ziel dienten die Verträge von Locarno (1925), die Zusammenkunft mit G. Stresemann im September 1926 in Thoiry, der B.-Kellogg-Pakt (1928) und auch B.s berühmtes, allerdings nur mit halbem Herzen formuliertes Memorandum über die Schaffung einer europäischen Union (1929/30). So wurde B. zur Verkörperung des „Gewissens von Locarno" und der Hoffnung auf einen dauerhaften Frieden. Tragischerweise war diese Politik aber bereits gescheitert, als sich B. Anfang 1932 ins Privatleben zurückzog. Sie vermochte zwei unabdingbare Voraussetzungen zu ihrem Erfolg nicht zu schaffen: die Stärkung des Völkerbundes und die Durchführung einer allgemeinen Abrüstung. Um die nationalsozialistische Bedrohung einzudämmen, mußten B.s Nachfolger wieder zur traditionellen Bündnispolitik zurückkehren.

Für ihre Verdienste um die friedliche Regelung zwischenstaatlicher Probleme erhielten B., Gustav Stresemann und Joseph Austen Chamberlain den Friedensnobelpreis.

Buisson, Ferdinand Edouard – französischer Pädagoge und Politiker
geb. 20.12.1841 in Paris
gest. 16.2.1932 in Thien-Saint-Antoine
Nobelpreis 1927
B., Sohn eines Untersuchungsrichters, besuchte das Gymnasium in Saint-Étienne und sah hier die elenden

Lebensumstände der Arbeiter. Er studierte an der Universität Paris Philosophie und machte 1868 sein Examen. Als er den Loyalitätseid für Kaiser Napoleon III. verweigerte, erhielt er keine Anstellung in Frankreich. Mit Hilfe von Freunden bekam B. eine Lehrerstelle an der Akademie von Neuchatel in der Schweiz. 1867 gehörte er zu den Teilnehmern des Genfer Friedenskongresses. Dieser bemerkenswerte Kongreß war eine Zusammenkunft des republikanischen Europas und führte zur Gründung der „Internationalen Liga für Frieden und Freiheit", die bis 1936 existierte. Schon bald veröffentlichte die Liga ihr Organ „Die Vereinigten Staaten von Europa", die älteste Zeitschrift auf dem Kontinent, die sich mit Fragen des Krieges, des Friedens und der Menschenrechte beschäftigte.

Nach dem Sturz Napoleons im September 1870 kehrte B. wie viele andere Gleichgesinnte nach Frankreich zurück, und da er sich mit dem republikanischen Unterrichtsminister J. Simon gut verstand, wurde er Leiter des Volksschulwesens in Paris. Das erregte großes Aufsehen in der Nationalversammlung, denn B.s antiklerikale Ideen waren nicht geduldet, und er mußte nach kurzer Amtszeit zurücktreten. 1879 begann der Unterrichtsminister J. Ferry die weltlichen Gesetze neu zu entwerfen und ernannte B. zum Generalinspektor des Erziehungswesens. 17 Jahre hatte er in dieser Stellung gewirkt und war zum Experten von Erziehungssystemen anderer Länder geworden. Eines der Ergebnisse war ein vierbändiges Nachschlagewerk für Pädagogik und Grundschulerziehung.

In Frankreich war B. einer der treuesten Anhänger der Friedensbewegung. Er setzte sich konsequent für die Menschen- und Bürgerrechte ein, für die Rechte der Frauen und für den Frieden. Er trat energisch für die Neuaufnahme des Dreyfus-Prozesses ein. Damals bildeten französische Politiker, Wissenschaftler und Publizisten die „Liga für Menschenrechte", die sich um die Entlastung von Dreyfus bemühte. Von 1913 bis 1926 war B. ihr Präsident, und er setzte sich vor allem für verfolgte Minderheiten ein. 1902 wurde B. als Abgeordneter gewählt und blieb bis 1914 in der Kammer. Mit Beginn des Ersten Weltkrieges wurde er Präsident der Liga für Menschenrechte und verlor seinen Sitz im Parlament. Während des Krieges benutzte B. seine Präsidentschaft, um auf die Erhaltung der Bürgerrechte in Kriegszeiten zu drängen und auf eine Zukunft mit langem Frieden hinzuarbeiten. Die Versöhnung der europäischen Völker untereinander erschien ihm als die wichtigste Aufgabe überhaupt, insbesondere die Aussöhnung zwischen Frankreich und Deutschland. Er kritisierte den Versailler Vertrag, aber den Völkerbund begrüßte er trotz seiner Unvollkommenheiten als eine Stätte für alle Menschen guten Willens. 1924 begab sich B. auf eine Friedensreise nach Deutschland, wo er u. a. vor dem Reichstag in Berlin zu einer deutsch-französischen Versöhnung aufrief. Die humanitären Ideen bewegten B. bis an sein Lebensende.

Die Verleihung des Friedensnobelpreises an B. und L. Quidde ehrte zwei Bürger, die gegen die öffentliche Meinung angekämpft hatten, gegen Drohungen von Rechtsnationalisten, gegen Gleichgültigkeit und gegen die schwere Last einer Geschichte von Gegensätzen. Seinen Anteil des Preises ließ er Organisationen zukommen, die den Frieden zwischen den Völkern förderten.

Bunche, Ralph Johnson – amerikanischer Gelehrter und Politiker
geb. 7.8.1904 in Detroit
gest. 9.12.1971 in New York
Nobelpreis 1950

B., Sohn eines Friseurs, mußte schon in seinen ersten Kinderjahren mit seinen Eltern nach New Mexico ziehen, wo sie hofften, ihre Tuberkulose auszuheilen. Sie ließen B. 13jährig als Waisen zurück. Er und seine Schwester wurden dann von der Großmutter erzogen, der er – wie er später erzählt hat – jeden Erfolg im Leben zu verdanken hatte. Die Großmutter war es auch, die dem sehr begabten Jungen die höhere Schule und schließlich ein Studium an der Universität von Kalifornien in Los Angeles finanzierte. Nach ausgezeichneten Examen vervollkommnete B. sein Wissen durch ein Studium an der Harvard-Universität, wo er auf dem Gebiet der Verwaltungswissenschaft und der Internationalen Beziehungen mit dem Thema „Die französische Verwaltung in Togoland und Dahomey" promovierte. Danach trieb er weitere Studien über Kolonialfragen an der Northwestern Universität in Chicago, an der London School of Economics und an der Universität von Kapstadt (Südafrika). Der junge Gelehrte beschäftigte sich dann auf Reisen in Afrika, Indien und Malaysia mit Anthropologie und Kolonialpolitik. 1925 begann B. seine akademische Laufbahn als Dozent für Politische Wissenschaften an der Universität Los Angeles. Ein umfangreicher Forschungsauftrag über Fragen der Kolonialverwaltung und von 1928 bis 1930 ein Lehrauftrag an der Howard-Universität für Schwarze in Washington waren weitere wichtige Etappen. Von 1933 bis 1938 war B. am gleichen Institut außerordentlicher und von 1938 bis 1950 ordentlicher Professor.

Von 1938 bis 1940 arbeitete er zusammen mit G. Myrdal an einem Standardwerk über die Stellung der amerikanischen Schwarzen in der USA-Gesellschaft, das 1944 von Myrdal unter dem Titel „An American Dilemma" herausgegeben wurde. 1941 wurde B. in den amerikanischen Staatsdienst übernommen und dem Office of Strategic Service als sozialwissenschaftlicher Analytiker zugeteilt. 1943/44 leitete er dort die Sektion Afrika. Von 1944 bis 1947 war er im State Department der erste Schwarze, der eine Abteilung leitete. 1945 war er Kommissar für Angelegenheiten der Karibischen Gebiete. Von 1946 bis 1954 war B. Leiter der Abteilung für Treuhand-Angelegenheiten bei den Vereinten Nationen. Von nachhaltigster Wirkung dürfte seine Tätigkeit als UNO-Vermittler im Palästina-Konflikt von September 1948 bis August 1949 gewesen sein. Während des ersten Nahostkrieges zwischen Israel und den Arabern war B. zunächst Stellvertreter des UN-Vermittlers Graf Bernadotte. Nach dessen Ermordung durch israelische Extremisten führte B. als Nachfolger die Verhandlungen mit großem Geschick, so daß Anfang März 1949 ein Waffenstillstandsabkommen unterzeichnet werden konnte. Ein Angebot des amerikanischen Präsidenten Truman, als Staatssekretär im US-Außenministerium das neugeschaffene Ressort für Afrika und den Nahen Osten zu übernehmen, lehnte B. ab. In Anerkennung seiner großen Leistungen wurde ihm 1954 das Amt eines der beiden Untersekretäre der UNO übertragen, und zwar das für Politische Angelegenheiten. Danach zog er sich vorübergehend von der internationalen Bühne zurück und beschäftigte sich mit Problemen des Koreakrieges, mit der Kontrolle der Atomenergie, mit Abrüstungsfragen, mit der Entwicklungshilfe für Vietnam, mit dem Krieg in Algerien und der Aufnahme junger afrikanischer Staaten in internationale Gremien.

Doch bereits 1956 spielte B. wieder eine entscheidende Rolle bei den Verhandlungen, die während der Suezkrise zur Stationierung einer UNO-Streitmacht in Palästina führten. 1960 und 1963 leitete er die militärischen und zivilen Operationen der Vereinten Nationen im Kongo. Im Frühjahr 1963 versuchte B. vergeblich, im Auftrag der UNO im Jemenkrieg zu vermitteln. 1964 war er Spiritus rector der UN-Streitkräfte in Zypern, die dort halfen, den Frieden einigermaßen zu bewahren. 1965 organisierte er eine Beobachterkommission der UN nach dem Waffenstillstand im indisch-pakistanischen Krieg, die den Rückzug der Streitkräfte auf ihre Positionen vor dem Krieg kontrollierte. Seit 1967 trug B. den Titel eines stellvertretenden Generalsekretärs der Vereinten Nationen. Im Oktober 1971 gab er sein Amt aus gesundheitlichen Gründen auf. Nur Wochen später ist er im Alter von 67 Jahren an Diabetes gestorben.

B. war der erste Schwarze, dem ein Friedensnobelpreis verliehen wurde.

Butler, Nicholas Murray – amerikanischer Philosoph und Publizist
geb. 2.4.1862 in Elizabeth (New Jersey)
gest. 7.12.1947 in New York
Nobelpreis 1931
B. wurde insbesondere für seine Initiative zur Gründung der Carnegie-Stiftung für den internationalen Frieden ausgezeichnet.

B., Sohn eines Fabrikanten und Textilimporteurs, studierte Philosophie und Pädagogik am New Yorker Columbia College, erwarb den Magister mit einer Arbeit über Immanuel Kant und promovierte im Jahr 1884 zum Doktor der Philosophie. Schon mit 28 Jahren erhielt B. einen Lehrstuhl als Professor für Philosophie, fünf Jahre später erhielt er auch die Professur für Pädagogik. 1902 wurde er zum Präsidenten des College gewählt, das unter seiner Leitung nach dem Muster der Universitäten von Berlin und Paris zur berühmten Columbia University wurde. Erst im Alter von 83 Jahren gab B. sein Amt als Präsident der Universität ab.

Bereits in jungen Jahren wandte er sich der Friedensarbeit zu. Angebotene Ämter als Gouverneur, Botschafter und Außenminister schlug er aus, um als international anerkannte Persönlichkeit des akademischen Establishment für Völkerverständigung und Frieden zu wirken. Er setzte sich intensiv für die internationale Zusammenarbeit ein und entfaltete in den USA und in Europa eine unermüdliche Tätigkeit für den Frieden. Bereits 1907 gründete B. einen amerikanischen Zweig der von dem Franzosen Paul Balluat d'Estournelles (Friedensnobelpreis 1909) ins Leben gerufenen Gesellschaft für internationale Verständigung. Er beteiligte sich in Lake Mohonk an den amerikanischen Vorbereitungskonferenzen (1907–1912) für den Internationalen Schiedsgerichtshof, der im Jahr 1921 in Den Haag eingerichtet wurde. Eine großartige Rolle spielte B. bei der Gründung der „Carnegie-Stiftung für internationalen Frieden", indem er den ehemaligen Stahlindustriellen Andrew Carnegie dazu bewegte, finanzielle Mittel für die Friedensförderung zur Verfügung zu stellen. Der aus Schottland stammende A. Carnegie erwarb durch Spekulationen und Verwertung fremder Erfindungen ein riesiges Vermögen und baute damit einen Stahlkonzern auf. Carnegie schuf viele gemeinnützige Einrichtungen, u. a. 1900 das C.-Institute of Technology in Pittsburgh, 1902 die C.-Institution für wissenschaftliche Forschungen in Washington, 1904 den C.-Hero Fund für Lebensrettung in Pittsburgh, und 1910 stiftete er zehn Millionen Dollar zur Unterstützung internationaler Friedensbestrebungen. Damit wurde der Friedensbewegung ein großer Dienst erwiesen, fehlte es ihr doch nicht an Mitarbeitern und an Ideen, sondern in erster Linie an materiellen Hilfsmitteln. Aufgrund dieser Schenkung wurde die „Carnegie Endowment for International Peace" in Washington gegründet. An ihrer Spitze stand ein Ausschuß von Vertrauensmännern (Trustees), dem 28 hervorragende Persönlichkeiten des öffentlichen Lebens der USA angehörten.

Als Direktor der Abteilung für Austausch und Erziehung in der Carnegie-Stiftung und von 1925 an als Stiftungspräsident setzte B. eine Vielzahl von Initiativen in Gang. Mehr als fünf Jahrzehnte diente B. sieben amerikanischen Präsidenten inoffiziell als Berater und wurde als „heimlicher Außenminister der USA" bezeichnet. Auf diplomatischer Ebene traf er sich u. a. mit dem sowjetischen Regierungs- und Staatschef Wladimir I. Lenin und dem Führer der italienischen Faschisten Benito Mussolini. Nach dem Ersten Weltkrieg gehörte B. zu jenen Kritikern, die dem von dem US-Präsidenten Thomas Woodrow Wilson (Friedensnobelpreis 1919) gegründeten Völkerbund skeptisch gegenüberstanden und die Verwicklung der USA in militärische Konflikte befürchteten, wenn der Völkerbund Sanktionen gegenüber Friedensbrechern ausüben sollte. Als der französische Außenminister Aristide Briand (Friedensnobelpreis 1926) im Jahre 1927 öffentlich die Idee vertrat, daß der Krieg in einem allgemeinen internationalen Vertrag aller Staaten als unzulässiges Instrument internationaler Politik erklärt werden müsse, legte B. diese Idee den Amerikanern nahe und wirkte dafür in vielen Artikeln und Reden. Bei der Unterzeichnung des Briand-Kellogg-Paktes über die Ächtung des Krieges 1928 wurde B. als dem wirksamsten Förderer des Paktes große Hochachtung ausgesprochen.

Cassin, René – französischer Jurist und Politiker
geb. 5.10.1887 in Bayonne
gest. 20.2.1976 in Paris
Nobelpreis 1968
C., Sohn eines Kaufmanns, besuchte das Gymnasium in Nizza und studierte dann an den Universitäten Aix-en-Provence und Paris Rechtswissenschaft. Er erwarb den Doktorgrad der Juristischen, Volkswirtschaftlichen und Politischen Wissenschaften. Von 1920 bis 1929 war C. Professor für Rechtswissenschaften an der Universität Lille, von 1929 bis 1960 an der Pariser Universität. Ab 1924 gehörte C. bis zum Ausbruch des Zweiten Weltkrieges der französischen Delegation im Völkerbund an. Er war dann der erste Zivilist, der 1940 Bordeaux verließ, um dem Aufruf General de Gaulles zu folgen, der als selbsternannter Repräsentant Frankreichs von London aus zur Kriegsfortführung aufrief und das Haupt der Widerstandsbewegung wurde. Das Vichy-Regime erkannte C. dafür die französische Staatsbürgerschaft ab und verurteilte ihn in Abwesenheit zum Tode. Als einziger Jurist von Format, der de Gaulle im Londoner Exil zur Verfügung stand, handelte C. mit Churchill und dem Foreign Office den Rechtsstatus der Freien französischen Streitkräfte aus. Von 1940 bis 1941 war er ständiger Sekretär des Verteidigungsrates, den de Gaulle damals gegründet hatte, von 1941 bis 1943 war er Nationalkommissar für Justiz und Erziehung in der Freien französischen Regierung in London. In Algier gehörte C. dann der Verfassunggebenden Versammlung an und war Präsident des juristischen Komitees der Algier-Regierung. Auf ihn gehen die Prinzipien der Gesetzgebung in der Vierten Republik unmittelbar nach der Befreiung zurück.

Von 1944 bis 1960 fungierte C. als Vizepräsident des Staatsrates. Von 1945 bis 1960 war C. auch Präsident der Nationalen Hochschule für Verwaltung und des Obersten Schiedsgerichtshofs. Von 1946 bis 1958 war er Vertreter Frankreichs bei der UNO, von 1959 bis 1965 Vizepräsident und von 1965 bis 1968 Präsident des Europäischen Gerichtshofes für Menschenrechte. Er war maßgeblich an der Abfassung der Menschenrechtserklärung der Vereinten Nationen beteiligt, die von der Generalversammlung der Vereinten Nationen am 10.12.1948 verkündet wurde.

Der Erklärung des norwegischen Nobelkomitees zufolge hat C. die vergangenen 20 Jahre seines Lebens mit der Arbeit verbracht, die Menschenrechtserklärung in der ganzen Welt und vor allem in Europa zu verwirklichen. Bereits 1945 war C. Mitbegründer der UNESCO, einer Sonderorganisation der Vereinten Nationen, die die Zusammenarbeit ihrer Mitgliedsländer in Erziehung, Wissenschaft und Kultur fördern soll. Sie unterstützt besonders auch Erziehungsprogramme in Entwicklungsländern. 1969 gründete C. das Internationale Institut zur Erforschung der Menschenrechte in Straßburg, wozu er die mit dem Nobelpreis verbundene finanzielle Zuwendung in Höhe von 280.000 DM verwendete.

Cecil of Chelwood, Viscount (ab 1923) **Edgar Algernon Robert** – britischer Politiker und Diplomat
geb. 14.9.1864 in Salisbury
gest. 24.11.1958 in Tunbridge Wells (Kent)
Nobelpreis 1937
C. entstammte einer berühmten englischen Familie, sein Vater war der Marquis von Salisbury, der von 1885 bis 1902 das Amt des Premierministers innehatte. Seine erste Ausbildung erfolgte an den Elite-Hochschulen in Eton und Oxford, wo er Jura studierte. Nach dem Studienabschluß arbeitete er einige Monate als einer der Privatsekretäre seines Vaters, bevor er eine juristische Laufbahn als Anwalt einschlug.

Dann entschloß sich C., in die Politik zu gehen, wurde 1906 Parlamentsmitglied für die Konservativen und blieb es mit kleinen Unterbrechungen bis 1923. Während des Ersten Weltkrieges war er als Unter-Staatssekretär im Auswärtigen Amt, und von 1916 bis 1918 war er als Blockade-Minister tätig. Den Krieg bezeichnete er als fundamentale Bedrohung der ererbten Werte und der sozialen Struktur Europas. Im September 1916 entwarf C. ein „Memorandum über Vorschläge, wie die Gelegenheiten für künftige Kriege verringert werden könnten", und sprach sich für die Bildung eines Völkerbundes aus. Er drängte die Regierungen unnachgiebig, die Frage des Völkerbundes genau zu prüfen und die nötigen praktischen Schritte zu unternehmen. Ebenfalls 1916 hatte der amerikanische Präsident Thomas Woodrow Wilson (Friedensnobelpreis 1919) aufgrund älterer Pläne zu einer Weltorganisation und in Fortführung der Gedanken der Haager Konferenzen die Schaffung eines Völkerbundes angeregt. Im November 1918 wurde C. Leiter der Völkerbundsabteilung im britischen Außenministerium, und ein Entwurf, den er schon vorbereitet hatte, sollte als „C.-Plan" nach Paris gehen. Anfang 1919 reiste er nach Paris, wo er führend bei der Erarbeitung der Satzung beschäftigt war und die Sitzungen der britischen Völkerbundsabteilung bei der Friedenskonferenz leitete. Die Friedensstifter in Paris stimmten darin überein, daß die Nationen versuchen müßten, ihre Differenzen mit allen friedlichen Mitteln zu beheben, bevor sie sich in den Krieg stürzten, und daß jede Nation, die dieses Vorgehen außer acht ließe, wirtschaftlichen, finanziellen und wenn nötig auch militärischen Sanktionen unterworfen würde.

Mit Inkrafttreten des Versailler Vertrages am 10.1.1920 bestand der Völkerbund. Die Siegermächte des Ersten Weltkrieges spielten in ihm eine führende Rolle mit Ausnahme der USA, die ihm fernblieben, nachdem der Senat im März 1920 den Versailler Vertrag abgelehnt hatte. 1923 wurde C. Mitglied des Oberhauses und in den Peer-Stand erhoben. Seitdem saß er mit dem Titel eines Viscount of Chelwood bis zu seinem Tod im Oberhaus. 1923/24 war er Lordsiegelbewahrer, 1924/27 Lancaster-Kanzler und als führender britischer Völkerbundspolitiker in der Abrüstungskommission tätig. 1923 wurde C.

Präsident des Völkerbundes und blieb es bis zu dessen letzter Sitzung am 8. April 1946. Im selben Jahr wurde er zum Ehrenpräsidenten der Vereinten Nationen auf Lebenszeit ernannt. Er war auch Gründer, Vorsitzender und von 1923 bis 1945 Präsident der britischen „League of Nations Unions". 1938 stimmte er gegen das Münchner Abkommen, mit dem der britische Premier Arthur Neville Chamberlain sowie die Regierungen Frankreichs und Italiens Adolf Hitlers ultimative Forderung nach Abtretung des Sudetenlandes an das Deutsche Reich erfüllten. Er erwies sich damit als weitsichtiger Gegner der britischen Appeasement-Politik, die überzeugt war, Hitler durch Konzessionen beschwichtigen zu können.

Bis zu seinem Tod blieb C. der geachtete ältere und erfahrene Staatsmann der britischen Politik.

Chamberlain, Sir (ab 1925) **Joseph Austen** – britischer Politiker
geb. 16.10.1863 in Birmingham
gest. 16.3.1937 in London
Nobelpreis 1925
C. entstammte einer der führenden britischen Politikerfamilien, was sich auf seine spätere Laufbahn entscheidend auswirken sollte, da im Elternhaus politische Gespräche zur Tagesordnung gehörten. Sein Vater Joseph C. war eine der dominierenden Persönlichkeiten der britischen politischen Szenerie am Ende des 19. Jahrhunderts, er war Handels- und Kolonialminister, und sein jüngerer Halbbruder Arthur Neville C. war von 1937 bis 1940 Premierminister. C. wurde zuerst an der Rugby School ausgebildet, dann ging er auf das Trinity College in Cambridge, um Geschichte zu studieren. Ende 1885 ging er einige Monate nach Paris, um an der École des Sciences Politiques Vorlesungen zu besuchen. Danach folgte ein Besuch des Mittleren Ostens und 1887 ein Studienaufenthalt in Berlin.

Nach dem Studium entschied er sich für die Politik, zu der er aufgrund seines großen historischen Wissens und seiner als Privatsekretär seines Vaters erworbenen Kenntnisse prädestiniert war. Im März 1892 kam C. als Abgeordneter der von seinem Vater geführten „Liberalen Unionisten" ins Unterhaus und war dort Mitglied bis 1937. Zunächst von seinem Vater protegiert, stieg er schon bald durch eigene Leistungen zu höchsten Regierungspositionen auf. 1895 gelangten die Konservativen wieder an die Macht, und C. erhielt die Stellung des Civil Lord of the Admiralty (ziviles Mitglied der Admiralität). 1900 erhielt er den Posten des Finanzsekretärs im Schatzamt. Danach übernahm er das Amt des Postministers, und von 1903 bis 1905 war er Schatzkanzler. Von 1915 bis 1917 war C. Staatssekretär für Indien, mußte aber wegen der mißlungenen Expedition gegen Bagdad dieses Amt aufgeben. Im April 1918 wurde er Mitglied des Kriegskabinetts. C. hatte im Ersten Weltkrieg kein deutliches Engagement für den Frieden erkennen lassen, er trat im Gegenteil entschieden für die britische Beteiligung am Krieg ein. Nach dem Krieg vertrat er als Finanzminister (1919–1921) eine strenge Steuerpolitik, zahlte enorme Staatsschulden zurück und sorgte für Großbritanniens Kreditwürdigkeit. Im März 1921 wurde C. Parteiführer der Konservativen, eine Position, die er aufgrund der Rebellion der konservativen Unterhausabgeordneten und Parteimitglieder gegen die von ihm gewünschte Fortsetzung der Koalition mit Lloyd George bereits im folgenden Jahr niederlegen mußte.

Unter Premierminister Stanley Baldwin wurde C. 1924 Außenminister, leitete bis 1927 die britische Außenpolitik und bemühte sich um eine europäische Zusammenarbeit. 1924 unterstützte er den amerikanischen Finanzpolitiker und späteren Vizepräsidenten Charles Gates Dawes (ebenfalls Friedensnobelpreis 1925) bei einem Plan, der die inflationäre deutsche Währung stabilisieren sollte. Durch amerikanische Anleihen sollte die deutsche Zahlungsfähigkeit gestärkt werden, damit Deutschland die Reparationen an die Siegermächte zahlen konnte. Es war das Ziel des Dawes-Planes, durch die Stabilisierung der deutschen Wirtschaft den Wiederaufbau der europäischen Wirtschaft und eine allgemeine Vertrauensbildung zu fördern. Dieser Plan trat am 1. November 1924 in Kraft, und es bildete sich ein Klima der Verständigung, das 1925 zum Locarno-Pakt führte. Neben dem Außenminister von Frankreich, Aristide Briand, und von Deutschland, Gustav Stresemann (beide Friedensnobelpreis 1926), war auch C. entscheidend an der Vorbereitung und dem Abschluß des Locarno-Paktes am 16. Oktober 1925 beteiligt. Kern des Vertrages von Locarno waren eine gemeinsame Bürgschaft der Vertragspartner für die deutschen Westgrenzen und die Entmilitarisierung des Rheinlandes, ein Verbot des Angriffs und eine friedliche Regelung aller Streitigkeiten.

Großbritanniens König Georg V. schlug ihn zum Ritter des Hosenbandordens, und für seine auf Versöhnung zielenden Anstrengungen erhielt C. den Friedensnobelpreis.

Corrigan, Mairead – nordirische Friedenskämpferin
geb. 27.1.1944 in Belfast
Nobelpreis 1976
C. entstammt einer kinderreichen streng katholischen Familie. Ihr Vater, von Beruf Fensterputzer, konnte den Besuch einer höheren Schule nicht bezahlen, so daß sie mit 14 Jahren die Schule verließ, sich aber mit eigenen Mitteln an einer Handelsschule weiterbildete. Das Geld verdiente sie sich als Babysitterin. Mit 16 Jahren erhielt C. eine Anstellung als Hilfsbuchhalterin in einer Textilfabrik, und mit 21 Jahren wurde sie Sekretärin in der bekannten Guiness-Brauerei. Hier erarbeitete sie sich eine Stellung als Chefsekretärin bei einem Direktor. C. engagierte sich neben dem Beruf jahrelang karitativ mit Sozialarbeit bei den Unterprivilegierten in der katholischen Wohlfahrtsorganisation „Legion der Jungfrau Maria".

1969 hat C. die Eskalation der religiös-politischen Auseinandersetzung in Nordirland miterlebt. Brennende Häuser im katholischen Stadtviertel, Attentate und eine stetig wachsende Lebensgefahr für Unschuldige und vor allem auch für Kinder. Als die Briten intervenierten und Lager für Revolutionäre einrichteten, besuchte sie dort

Inhaftierte und lernte die Denkweise vieler junger Kämpfer kennen und verstehen. Im August 1976 wurde ihre Schwester schwer verletzt und deren drei Kinder getötet, als ein führerloses Auto der Terroristenorganisation IRA, dessen Fahrer durch britische Soldaten getötet worden war, in die Gruppe auf dem Fußgängerweg hineinfuhr. Betty Williams, eine ebenfalls katholische irische Hausfrau und Mutter, wurde Zeuge des schrecklichen Geschehens. Frau Williams ergriff die Initiative und mobilisierte Hunderte von Frauen, sie sollten gegen Terror und Gewalt demonstrieren. In nur drei Tagen hatte sie 6.000 Unterschriften gesammelt, zu den ersten gehörte auch C.

Die beiden Frauen wurden die Führerinnen einer Massenbewegung, deren Ziel es sein sollte, die Versöhnung der Protestanten und Katholiken in Nordirland und das Ende des sinnlosen Tötens zwischen den feindlichen Konfessionen zu erreichen. Im Dezember 1976 gab C. ihre Arbeit auf, um sich nur noch der Friedensarbeit zu widmen. Über 10.000 Menschen marschierten mit den Frauen eine Woche nach dem Tod der Kinder und protestierten gegen den aufkommenden Terror. Die „Friedensfrauen" wurden plötzlich ein weltweit diskutiertes Phänomen. Menschen von den britischen Inseln und anderen europäischen Ländern sandten Geld, Briefe und Ermutigung für die beiden Frauen. Den Demonstrationen mußte harte Arbeit in den katholischen Ghettos der nordirischen Städte folgen. Aus diesem Grunde beendeten die beiden Frauen Anfang 1977 die Friedensmärsche und widmeten sich Gemeinschaftsprojekten wie der Errichtung von Clubhäusern u. a. Im Herbst 1977 machten die „peace people" Schlagzeilen, als die beiden größten Belfaster Ortsgruppen der Bewegung geschlossen mit dem Austritt drohten, um aus der Vereinigung eine Partei zu machen. Der radikale Flügel der IRA nannte die in der Bewegung mitarbeitenden Frauen Heuchlerinnen und stieß wiederholt Todesdrohungen aus.

Die nachträgliche Vergabe des Friedensnobelpreises 1976 an die beiden Gründerinnen der Bewegung „Frauen für den Frieden" im Oktober 1977 fand weltweit Zustimmung. Wenig später erhielten C. und Williams einen in Norwegen gesammelten „Volksfriedenspreis". Von den Geldern des Nobelpreises wurde der überwiegende Teil für Projekte der Dritten Welt zur Verfügung gestellt. Als aber die beiden Frauen beschlossen, je 30.000 Pfund für sich zu behalten, wurde dies hart kritisiert, obwohl sie allein im ersten Jahr mehr als 293.000 Pfund gesammelt und davon die Organisation mit acht Beschäftigten, die Zeitschrift „Peace by Peace" und ein Dutzend Gemeindeprojekte finanziert hatten.

Cremer, Sir (ab 1907) **William Randal** – britischer Politiker und Arbeiterführer
geb. 18.3.1828 in Fareham (Hampshire)
gest. 22.7.1908 in London
Nobelpreis 1903

C., Sohn eines Wappenmalers, wurde nahezu ausschließlich von der Mutter erzogen, da der Vater kurz nach seiner Geburt die Familie verlassen hatte. Er wuchs in äußerster materieller Not auf und mußte schon mit zwölf Jahren harte Nebenarbeiten auf einer Werft verrichten. Drei Jahre später bekam er bei seinem Onkel eine Lehrstelle als Zimmermann. Seine erste Arbeitsstelle war in Brighton, dann ging C. 1852 nach London. Er bildete sich autodidaktisch weiter und schloß sich frühzeitig der Gewerkschaftsbewegung an. Er entwickelte sich zu einem geachteten Arbeiterführer und gehörte 1859 zu den Mitbegründern der „Amalgamated Carpenters' and Joiners' Union" (Vereinigte Gewerkschaft der Zimmerleute und Tischler). Erste internationale Kontakte erhielt C. als Sekretär eines Arbeiterkomitees, das sich nach dem Ausbruch des amerikanischen Bürgerkriegs bildete, um den Nordstaaten im Kampf gegen die Sklaverei beizustehen. Er organisierte 1863 eine Protestkundgebung gegen die britische Regierung in London, da sie mit den Südstaaten sympathisierte. In der 1864 gegründeten „Internationalen Arbeiter-Assoziation" wirkte C. zwei Jahre als ehrenamtlicher Sekretär. 1866 war er Delegierter und Sekretär der britischen Sektion am ersten Kongreß der Internationalen Arbeiter-Assoziation in Genf. Die britische Delegation plädierte für kürzere Arbeitszeiten und höhere Löhne, während der Begründer der Arbeiter-Assoziation, Karl Marx, eine Revolution anstrebte. Konsequent brach C. daraufhin die Verbindung zur „Internationale" ab.

Durch seine Erfahrungen bei Streitigkeiten zwischen Gewerkschaften und Arbeitgebern war er der Meinung, daß Streiks durch Verhandlungen vermieden werden könnten und auch internationale Konflikte auf ähnliche Art und Weise gelöst werden könnten. Deshalb verstärkte er seinen Einsatz für die Friedensarbeit. Während des Deutsch-Französischen Krieges von 1870/71 gründete C. die „Workman's Peace Association", die später „Internationale Liga für Schiedsgerichtsbarkeit" genannt wurde. Bis 1903 war er Generalsekretär dieser Vereinigung und engagierte sich für die Verwirklichung ihrer Ziele. C. gelangte zu der Überzeugung, daß die Interessen der Arbeiter im Parlament stärker vertreten werden müßten, und so bewarb er sich um ein Mandat. Als einfacher Arbeiter unterlag er bei den Wahlen 1868 und 1874. In den Jahren 1885, 1886 und 1892 erwarb C. einen Sitz im Parlament, wurde 1895 geschlagen, 1900 wieder gewählt und blieb Parlamentsmitglied bis zu seinem Tod. Er war dort ein energischer Verfechter der Schiedsgerichtsbarkeit und der Friedensbewegung. In den Jahren zwischen 1888 und 1893 war es vor allem C., der unermüdlich auf einen britisch-amerikanischen Vertrag über die Schiedsgerichtsbarkeit hinwirkte.

Im Jahre 1888 wurde die „Interparlamentarische Union" gegründet, und bereits an ihrer ersten Konferenz 1889 nahmen Abordnungen aus zehn Ländern teil. Der Friedensnobelpreisträger von 1901, der französische Nationalökonom und Politiker Frédéric Passy, wurde einer der Präsidenten der Union, und C. wurde einer der Vizepräsidenten und Sekretär der britischen Sektion. Ihm fiel die Aufgabe zu, die Konferenz des Jahres 1890 vorzubereiten. In den folgenden Jahren konnten durch seine aktive Mitarbeit zahlreiche Schiedsgerichtsverträge zwischen europäischen und überseeischen Staaten abgeschlossen werden. Der Burenkrieg von 1899 bis 1902 versetzte der Friedensbewegung in England einen schweren Schlag, weil die britische Regierung auf die Vermittlung durch einen internationalen Schiedshof verzichtete. Diesen Krieg zwischen Großbritannien und den südafrikanischen Burenstaaten verurteilte C. als einen Angriff gegen Freiheit und Humanität, sein Einsatz für eine friedliche Konfliktlösung wurde jedoch von der englischen Presse kritisiert.

C. war ein wacher Geist, der die Schwächen und Stärken der Friedens- und Schiedsgerichtsbewegung genau kannte. Sein bleibendes Verdienst ist es, die Basis der Friedensbewegung und der Schiedsgerichtsbarkeit entscheidend verbreitert zu haben. Im Jahre 1906 sollte C. zum Ritter geschlagen werden, er lehnte dies jedoch ab, da er aus pazifistischen Gründen kein Schwert zur Kleidung tragen wollte. König Eduard VII. erlaubte ihm jedoch 1907, im gewöhnlichen Anzug zur Zeremonie zu erscheinen. Den größten Teil des Geldbetrages für den Friedensnobelpreis stiftete C. der Internationalen Liga für Schiedsgerichtsbarkeit.

Dalai Lama (eigentlich Tanchu Dhondup, Mönchsname Tenzin Gyatsu) – tibetischer Religionsführer
geb. 6.6.1935 in Takser bei Kumbum (Osttibet)
Nobelpreis 1989

Dalai Lama (Dalai, mongolisch „Meer des Wissens"; Lama, tibetisch „Priester") ist seit dem 14. Jahrhundert der Titel des höchsten Priesters und weltlichen Würdenträgers Tibets. Nach Auffassung der tibetischen Buddhisten ist der D. L. die immer wiederkehrende Inkarnation des Bodhisattva Avalokiteschwara, der sich nach dem Tod eines D. L. an einem gleichzeitig geborenen Knaben anhand ausgewählter körperlicher Merkmale als neue Verkörperung offenbart.

Der 13. Dalai Lama gab vor seinem Tod durch mehrere, nicht ganz eindeutige Zeichen zu verstehen, daß er im Nordosten Tibets wiedergeboren werde. Suchtrupps machten sich heimlich auf den Weg gen Osten, ein Großteil Osttibets wurde bereits von den Chinesen kontrolliert, und sie fanden in einem Dorf eine Familie mit einem zweijährigen Knaben, der nach mehreren Prüfungen als der 14. Dalai Lama erkannt wurde. Ein Jahr verbrachte der kleine D. L. in der Obhut des Klosters Kumbum. 1939 traten der vierjährige D. L. und sein Gefolge die monatelange Reise nach Lhasa an, und im März 1940 wurde der neue D. L., Tenzin Gyatsu, im Potala-Palast inthronisiert. Damit war der 14. Dalai Lama ins Amt gesetzt, seit sich Mitte des 17. Jahrhunderts auf dem „Dach der Welt" ein theokratischer Staat etabliert hatte. Der D. L. wurde von Privatlehrern unterrichtet, und neben dem Studium der religiösen Schriften zeigte er lebhaftes Interesse an technischen Geräten, er befaßte sich aber auch mit Englisch und Geographie.

Doch das Leben des D. L. sollte sich bald für immer verändern. Am 7.10.1950 griff die chinesische Armee das Herzstück Tibets von sechs Stellen aus an, und die winzige tibetische Armee hatte keine Chance. Das tibetische Kabinett drängte den D. L., Lhasa sofort zu verlassen und vom sicheren Ausland aus für sein Land einzutreten. Nur ungern stimmte Seine Heiligkeit zu, denn er wollte sein Volk nicht allein lassen. Schließlich begab er sich Ende 1950 nach Yatung an die indische Grenze. Im Mai 1951 fanden Verhandlungen zwischen Tibet und China in Peking statt, und die Tibeter wurden gezwungen, ein Siebzehn-Punkte-Abkommen zu unterzeichnen, wonach Tibet zu einem festen Bestandteil Chinas erklärt wurde. Im Gegenzug versprachen die Chinesen, das politische System Tibets und die Position des D. L. zu wahren sowie Religion und Bräuche Tibets zu respektieren. Ende 1951 kehrte er in sein Land zurück, um eine Zusammenarbeit mit den Chinesen zu versuchen. Zwar respektierten die Chinesen nach außen hin die Position des D. L., aber sie schränkten gleichzeitig die Selbstbestimmung der Tibeter ein. 1954 reiste Seine Heiligkeit nach Peking und wurde von Mao Tse-tung empfangen. In den folgenden Jahren wurden durch die chinesischen Truppen Siedlungen und Klöster bombardiert, und der Widerstand der Tibeter begann sich landesweit zu organisieren. Trotz allem Chaos fand der D. L. noch Zeit, sich auf die Prüfung eines Geshe vorzubereiten, des höchsten akademischen Grades in Tibet, der ihm 1958 verliehen wurde. Im März 1959 kam es zum Aufstand in Lhasa, doch das Aufbegehren der Tibeter wurde von den Chinesen blutig niedergeschlagen, und der D. L. mußte nach Indien fliehen. Kommunistische Reformen wurden in ganz Tibet durchgeführt. In dieser Zeit war die Lage so verzweifelt, daß eine Kommission der Vereinten Nationen angesichts der unzähligen tibetischen Flüchtlinge, die nach Indien strömten, von einem von China betriebenen „Völkermord" sprach.

Nach seiner gefahrvollen Flucht wurde der D. L. von Indiens Regierung und Volk herzlich aufgenommen, und man gewährte ihm und seinen Landsleuten Asyl. 1960 stellte er seine Exilregierung im nordindischen Dharasala auf. Sein vordringlichstes Problem war es, sich um tausende Flüchtlinge, die nach Indien strömten, zu kümmern. Der D. L. setzte seine religiösen Studien und Lehren fort, entwickelte für den tibetischen Regierungsapparat Reformen und entwarf 1963 eine neue liberale und demokratische Verfassung für Tibet. Alle Ansprachen und Schriften des D. L. sind geprägt von großer gedanklicher Klarheit und innerer Bescheidenheit.

Ab 1979 waren erste Anzeichen einer offeneren Haltung Chinas gegenüber Tibet zu erkennen, und erstmals konnte eine Delegation tibetischer Flüchtlinge in die Heimat reisen. Weitere Delegationen folgten, und alle waren schockiert von den schlimmen Zuständen in ihrer Heimat. Heilige Bilder waren zerstört, kostbare Statuen und Tempelschmuck eingeschmolzen und in Peking verkauft. Überall erblickten sie Klosterruinen, von den 3.500 Klöstern und Bibliotheken standen nur noch etwa einhundert. Dieser Frevel an ihrer Religion war für die Tibeter viel demütigender als der riesige finanzielle Verlust. 1984 veröffentlichte der D. L. „Ein menschlicher Weg zum Weltfrieden", eine Schrift, die auf unkomplizierte Weise seinen persönlichen Weg zum Weltfrieden beschreibt. Im gleichen Jahr wurde Tibet für westliche Touristen geöffnet. 1987 stellte der D. L. seinen Fünf-Punkte-Friedensplan auf. Er verlangt die Entmilitarisierung Tibets, die Entfernung der atomaren Raketenbasen, das Ende der Besiedlung durch China und völlige Freiheit für Tibet.

Im Oktober brachen in Lhasa schwere Unruhen aus, und Tibet wurde für Touristen wieder geschlossen. Im März 1988 kam es zu weiteren schweren Unruhen, schließlich mußte China einwilligen, den Friedensplan des D. L. zu erörtern. Daß das chinesische Militär seit 40 Jahren die Mönche und das sanftmütige Volk Tibets verfolgt, ist eine der größten Tragödien unseres Jahrhunderts. Die Verleihung des Friedensnobelpreises an den D. L. läßt aber hoffen, daß er nun mehr internationale Aufmerksamkeit auf sein Land lenken kann.

Dawes, Charles Gates – amerikanischer Politiker und Finanzier
geb. 27.8.1865 in Marietta (Ohio)
gest. 23.4.1951 in Evanston (Illinois)
Nobelpreis 1925, verliehen 1926.
D., Sohn eines Brigadegenerals, erhielt seine erste Ausbildung am Marietta College und dann an der Cincinnati Law School. Er studierte Rechtswissenschaften und war zugleich für eine Eisenbahngesellschaft tätig. Nach seinem Studienabschluß machte sich D. zunächst als Anwalt selbständig. Bereits in dieser Zeit zeigte er hervorragende Fähigkeiten als Anwalt und Geschäftsmann, auch sein politisches Engagement wurde geschätzt. 1896 unterstützte er McKinleys Präsidentschaftskandidatur, der ihm dafür 1898 das Amt des Währungskommissars der Regierung übertrug. Er setzte Bankreformen durch und plädierte für eine Einschränkung der Konzernbildung. Nach McKinleys Ermordung 1901 und T. Roosevelts Amtsantritt zog sich D. aus dem Regierungsamt zurück und wurde Aufsichtsratsvorsitzender einer der größten Banken in Chicago.

Während der wirtschaftlichen Depression von 1907 setzte sich D. für wohltätige Zwecke ein. 1913 gründete er in Chicago eine Art Hotel, ein besseres Obdachlosenasyl, das „R. F. Dawes Hotel for Men". Zwei Jahre später öffnete in Boston ein weiteres „D.-Hotel" dieser Art seine Pforten. Inzwischen standen die USA mit Deutschland im Krieg. General Pershing machte D. zum Brigade-General und vertraute ihm die Versorgung der amerikanischen Truppen an. Nach dem Krieg berief Präsident Harding den Finanzexperten D. zum Leiter des neugeschaffenen Budget Bureau (1921/22). Als Deutschland im Winter 1922/23 seinen Zahlungsverpflichtungen gegenüber den Siegern nicht nachkam, besetzten die Franzosen das Ruhrgebiet, und die Krise drohte sich zu vertiefen. Die USA boten nun ihre Hilfe bei der Lösung des Reparationsproblems an. Mit Owen D. Young gehörte D. zu einer alliierten Expertenkommission, die einen Plan zur Stabilisierung der inflationären deutschen Währung ausarbeiten sollte. Er wurde Vorsitzender der Kommission. Im April 1924 lag der D.-Plan vor. Die deutsche Zahlungsfähigkeit sollte durch amerikanische Anleihen gestärkt, Deutschland dadurch in den Stand gesetzt werden, Reparationszahlungen an die Siegermächte – vor allem England und Frankreich – zu leisten, und diese sollten ihre Kriegsanleihen an die USA zurückzahlen. Das Reparationsproblem war dadurch nicht endgültig gelöst, aber das Klima zwischen Siegern und Besiegten begann sich zu bessern, ein Durchbruch zur Verständigung war erzielt und der Weg für den Locarno-Pakt geebnet.

Als Vorsitzender einer internationalen Sachverständigenkommission hatte D. die Leitlinien des D.-Planes entworfen, dafür erhielt er mit Sir J. A. Chamberlain den Friedensnobelpreis. Die Preissumme für den Nobelpreis gab D. an die „Walter Hines Page School of International Relations"; diese Stiftung half, die Amerikaner auf die Teilnahme an der Weltpolitik vorzubereiten.

Ducommun, Élie – Schweizer Publizist und Politiker
geb. 19.2.1833 in Genf
gest. 7.12.1906 in Bern
Nobelpreis 1902
D., Sohn eines Uhrmachers, erhielt eine ausgezeichnete Erziehung und Ausbildung. Nach vier Jahren Primarschule und fünf Jahren am College besuchte er die Genfer Akademie und gab gleichzeitig schon Unterricht. Als Pädagoge ausgebildet, ging er 1850 nach Deutschland und nahm in Auerbach/Sachsen eine Stelle als Hauslehrer an, er selbst lernte gleichzeitig die deutsche Sprache und Literatur kennen. Nach dem Tod seines Vaters kehrte er 1853 in seine Heimatstadt zurück. 1855 erkannte der Genfer Regierungschef J. Fazy die politische Begabung D.s und holte ihn in die Redaktion der Tageszeitung „Revue de Genève". Von 1856 bis 1865 war er Mitglied des Großen Rates und von 1862 bis 1865 Staatskanzler des Kanton Genf.

Ab 1863 beteiligte sich D. lebhaft und begeistert an Friedensbestrebungen. In seinen fortschrittlichen politischen Überzeugungen setzte er sich für die freiheitliche Entwicklung von Gewerbe und Industrie sowie für Sozialreformen ein. 1865 zog er nach Delemont und übernahm die Redaktion der Tageszeitung „Le Progrès". Er hatte aktiven Anteil an der 1867 gegründeten „Internationalen Liga für Frieden und Freiheit". 1868 übersiedelte D. nach Bern und leitete dort die Übersetzungsdienste im Parlament, nachdem er schon zwei Jahre lang während der Sessionszeiten im Nationalrat als Übersetzer gearbeitet hatte. Im gleichen Jahr übernahm er die Redaktion des Blattes „Die Vereinigten Staaten von Europa". 1869 wurde D. in den Großen Rat des Kantons Bern gewählt. Im selben Jahr hatte er sich auch an der Gründung der „Volksbank" in Bern beteiligt, die heute einer der vier Großbanken der Schweiz ist. 1873 übernahm D. die neugeschaffene Stelle eines Generalsekretärs der Jura-Bern-Bahn. Vierzig Jahre lang organisierte er die Geschäfte dieser Gesellschaft, die nach verschiedenen Fusionen von 1889 an Jura-Simplon-Bahn hieß.

Weiterhin widmete sich D. in seiner Freizeit politischen, kulturellen und sozialen Fragen. Auf dem 3. Internationalen Friedenskongreß in Rom 1891 wurde er beauftragt, die Leitung des Sekretariats des dort gegründeten „Internationalen Ständigen Friedensbüros in Bern" zu übernehmen. Seit 1889 nahm D. an fast allen Friedenskongressen teil. Er verstand sich und das Friedensbüro auch maßgeblich als Vermittlungs- und Propagandaorgan für die Anliegen des Pazifismus gegenüber der Öffentlichkeit. Er plädierte für eine moralische Abrüstung, die der militärischen vorausgehen müsse. Er organisierte 1892 den Berner Friedenskongreß und gründete im Zuge dieser Vorbereitungen den „Berner Friedensverein".

Im Mai 1904 reiste D. nach Norwegen und hielt seine Nobelpreisrede über „Die Sinnlosigkeit des Krieges, wie sie die Geschichte beweist". Von den alten Griechen und Römern an über die Kreuzzüge und den Dreißigjährigen Krieg bis zur Gegenwart und zur Haager Friedenskonvention gab er eine höchst fesselnde Darstellung des menschlichen Wahnsinns.

Dunant, Henry – Schweizer Philanthrop und Schriftsteller
geb. 8.5.1828 in Genf
gest. 30.10.1910 in Heiden (Kanton Appenzell)
Nobelpreis 1901
D.s Vater war ein wohlhabender Kaufmann und gehörte als Ratsherr zu den Honoratioren von Genf. Er teilte, wie alle Genfer von Rang und Ansehen, seine Lebensarbeit zwischen Geschäft und Wohltätigkeit. Er spendete einen Teil seiner Einkünfte für die Bedürftigen, er verwaltete die staatlichen Armengelder und betreute die Waisenkinder der Stadt. Der junge D. hat frühzeitig als Begleiter seiner Eltern, aber auch aus eigenem Antrieb die körperliche, wirtschaftliche und seelische Not seiner Mitmenschen gesehen und zu mindern gesucht. D. lernte Bankkaufmann, und mit 18 Jahren trat er der „Genfer Gesellschaft für Almosenspenden" bei. 1849 gründete er auf dem elterlichen Landgut die karitative „Donnerstag-Vereinigung" und war 1852 Mitbegründer des daraus erwachsenden Genfer „Christlichen Vereins Junger Männer".

Eine entscheidende Wende in D.s Leben trat ein, als ihn eine seiner Bank nahestehende Schweizer Firma für mehrere Jahre nach Französisch-Nordafrika entsandte. Dort entwickelte er, bald schon als Präsident der von ihm und einem Partner 1858 gegründeten „Aktiengesellschaft der Mühlen von Mons Djemila" in Algier, großzügige Finanzprojekte. Weite algerische Gebiete kaufte er für den Anbau von Getreide und die Errichtung von Mühlen, die das Korn an Ort und Stelle mahlen sollten. Wenige Jahre später stürzte die Mühlen-Spekulation D. in ein geschäftliches Fiasko. Um wegen der notwendigen Konzessionen für seine Mühlenprojekte Kaiser Napoleon III. direkt anzusprechen, reiste der junge Unternehmer im Sommer 1859 in die Lombardei. Am 24. Juni 1859 geriet D. auf das Schlachtfeld von Solferino (hier fügten die Truppen Napoleons den Österreichern die entscheidende Niederlage im italienischen Unabhängigkeitskrieg zu), und am Abend nach der Schlacht lagen mehr als 40.000 Tote und Verwundete unversorgt auf dem Schlachtfeld. Ohne Ausrüstung begab sich der Zivilist D. in dieses Inferno und organisierte spontan Hilfe für die Verwundeten jeder Nationalität. Er ließ Karren und Wagen mit Zugtieren bespannen, auf ihnen wurden die Verwundeten in die Kirchen, Klöster und öffentlichen Gebäude der Umgebung gebracht, die sich rasch in Notlazarette verwandelten. Die kleine Stadt Castiglione wurde das Zentrum des freiwilligen Helferdienstes, und in dieser Atmosphäre wurde am Tage nach der Schlacht von Solferino der Gedanke des Roten Kreuzes geboren.

Danach vergingen fast drei Jahre, ohne daß die weitere Öffentlichkeit etwas von D. hörte. Er war zu seinen Geschäften nach Algerien zurückgekehrt. 1862 veröffentlichte er das Buch „Eine Erinnerung an Solferino". Dank D.s Initiative gelang bereits 1863 die Einberufung eines internationalen Kongresses nach Genf. 1864 fand vom 8. bis 22. August die historisch gewordene Genfer Konferenz statt, auf der 26 Delegierte 16 Staaten vertraten. Sie unterzeichneten die Genfer „Konvention zur Verbesserung des Schicksals der verwundeten Soldaten der Armeen im Felde". Heute gilt international der 29.10.1863, der Schlußtag der ersten Genfer Konferenz, als Gründungsdatum des Internationalen Komitees vom Roten Kreuz. Doch die geschäftlichen Sorgen bedrückten D., der viel Geld und Zeit der Verwirklichung seiner Ideen widmete, immer mehr. Im Jahre 1867 konnte er seinen Aktionären und Gläubigern nicht mehr verheimlichen, daß alle Spekulationen mißglückt waren. Er war völlig am Ende, und das Genfer Handelsgericht verhängte den Konkurs über ihn. Alle Versuche, sich eine neue Existenz als Geschäftsmann aufzubauen, scheiterten. Aus dem Roten Kreuz ausgeschlossen, versuchte D. vergeblich, in Paris und London weiter für Verwundete und Kriegsgefangene zu wirken. Als D. sechzig Jahre alt war, bewilligte ihm seine Familie – sein Bruder war in Genf ein angesehener Professor der Hygiene geworden – eine monatliche Rente von 100 Franken. Er kehrte in die Schweiz zurück und zog in das Dorf Heiden in der Nähe des Bodensees.

Der Menschenfreund D., der eine international angesehene Persönlichkeit war, verbrachte die letzten 22 Jahre seines Lebens im Bezirksspital Heiden – von der Welt vergessen. D. aber verlor nie sein ersehntes Ziel, rehabilitiert zu werden, aus den Augen. Als 1892 in Rom der Kongreß des Internationalen Roten Kreuzes tagte, wirkte ein Telegramm des Heidener Lehrers W. Sonderegger „D. lebt und ist in großer Not" wie eine Sensation. Die Welt entdeckte ihn von neuem. An seinem Lebensabend wurde der verarmte Einsiedler von Heiden noch einmal berühmt. D. erlebte eine vollkommene moralische Rehabilitierung. Von Monarchen, Kongressen, Berühmtheiten, Vereinigungen kamen Telegramme, Briefe, Diplome, Orden und Ehrenurkunden. Er erhielt von einer Schweizer Stiftung eine Rente, die deutsche Kaiserin sandte eine Spende, die Zarenwitwe überwies einen Geldbetrag und setzte ihm eine Ehrenpension aus. Auf Vorschlag R. Virchows erkannte ihm der Internationale Medizinische Kongreß in Moskau 1897 den Ehrenpreis für hervorragende humanitäre Leistungen zu.

1901 wurde D. gemeinsam mit F. Passy der Friedensnobelpreis verliehen. Über materielle Güter vermochte er sich nicht mehr zu freuen. Das Geld des Nobelpreises beließ er in Norwegen, und es sollte wohltätigen Vereinigungen zugute kommen.

Bis zu seinem letzten Atemzug bekannte er sich zu den Gedanken des Friedens und bejahte leidenschaftlich die Forderungen der Humanität. D. war kein Arzt, doch nimmt er als Schöpfer der humanitären Rote-Kreuz-Organisation und als geistiger Urheber der ersten Genfer Konvention einen Ehrenplatz in der Medizingeschichte ein.

Estournelles, Paul Balluat Baron de Constant de Rebecqued – französischer Politiker
geb. 22.11.1852 in La Fleche bei Le Mans
gest. 15.5.1924 in Paris
Nobelpreis 1909
Als Großneffe des berühmten Schriftstellers Benjamin Constant kam E. schon in jungen Jahren mit der Literatur in Kontakt. Nachdem er seine Schullaufbahn in Athen absolviert hatte, begab er sich auf Entdeckungsfahrten durch Griechenland. Mit der literarischen Verarbeitung dieser Reisen trat er nach seinem Jurastudium in Paris hervor. Er machte sich einen Namen als Reiseschriftsteller und trat im Jahre 1876 in den diplomatischen Dienst seines Landes ein. Für seine Laufbahn wichtig waren zwei Jahre in London, dann ging E. 1882 als Botschaftssekretär nach Tunis. Auch über diese Arbeit schrieb er Artikel und schließlich ein umfassendes Buch über die französische Politik in Tunesien, das 1891 von der Académie Française mit einem Preis ausgezeichnet wurde. Über Den Haag kam E. 1890 wieder nach London, wo er acht Jahre blieb, zuerst die Funktion eines Gesandtschaftsrates und danach die eines bevollmächtigten Ministers ausübte. Mitte der 90er Jahre verzichtete E. auf eine weitere diplomatische Laufbahn und wandte sich der Politik zu.

Im Jahre 1895 wurde er als Kandidat der Republikaner ins Abgeordnetenhaus gewählt und behielt sein Mandat bis an sein Lebensende, seit 1904 als Senator. 1899 nahm P. als Mitglied der französischen Delegation an der ersten Haager Friedenskonferenz teil. Nach Abschluß der Konferenz wurde er zum Mitglied des Internationalen Schiedsgerichtshofes ernannt, und er widmete sich dann dem Ausbau des Haager Werkes. Er bereiste mehrere Länder Europas und die USA, um das Werk der Konferenz in Vorträgen und Unterredungen mit politischen Persönlichkeiten zu fördern. So bewegte er 1902 den US-Präsidenten Theodore Roosevelt (Friedensnobelpreis 1906), in einem Rechtsstreit mit Mexiko den Schiedshof anzurufen. Seit dieser Zeit widmete sich E. mit Aufsätzen und Vorträgen fast ausschließlich der Idee der internationalen Schiedsgerichtsbarkeit und der Friedenssicherung.

1903 gründete E. eine überparteiliche Parlamentariergruppe für internationale Schiedsgerichtsbarkeit, die zur Unterzeichnung der zahlreichen in den Jahren 1903 und 1904 abgeschlossenen Schiedsgerichtsverträge und diplomatischen Konventionen entscheidend beitrug. Parlamentarierreisen nach London und in die skandinavischen Länder brachten ein breites Presseecho. Die französisch-englische Verständigung kam voran, ein Schiedsvertrag wurde abgeschlossen, doch weitere hochgespannte Hoffnungen auf ein geeintes Europa ebenso wie die Appelle zur Rüstungsbeschränkung verebbten. 1905 gründete E. ein „Komitee zur Verteidigung der nationalen Interessen und der internationalen Aussöhnung". Diese Vereinigung führender Persönlichkeiten aus Wirtschaft, Kultur und Politik wurde auch von dem amerikanischen Großindustriellen Andrew Carnegie gefördert.

1911 folgte eine weitere Amerikareise, und E. erlebte die Gründung der Carnegie-Stiftung zur Unterstützung internationaler Friedensbestrebungen. Als im gleichen Jahr in Paris ein europäisches Zentrum der Carnegie-Stiftung eingerichtet wurde, übernahm er dessen Leitung. Fast verzweifelt bemühte sich der Diplomat E. auf der zweiten Haager Friedenskonferenz und in den folgenden Jahren darum, die internationale Abrüstung sowie die Verständigung Frankreichs und Deutschlands zu fördern, während die Gefahr eines Weltkrieges herannahte. Als der Erste Weltkrieg ausbrach und der Einmarsch in Belgien folgte, rief auch E. zum äußersten Kampf auf, um den deutschen Militarismus und Machtwahn zu besiegen. In zahlreichen Briefen und Artikeln warb er in den USA für seinen Standpunkt, die Amerikaner müßten Solidarität üben mit dem moralisch fundierten Kampf Frankreichs. Pazifistisch konsequent blieb E. bei der Diskussion um die Friedensbedingungen. Das deutsche Volk, das nicht mit seiner Regierung gleichzusetzen sei, dürfe nicht gedemütigt und in seinen Lebensmöglichkeiten beschnitten werden. Auch französische Annexionsforderungen prangerte er unerbittlich an.

E. arbeitete am französischen Entwurf für den Völkerbund mit und versuchte bis an sein Lebensende, die Schwächen dieser Institution zu beheben und den Völkerbund zu stärken.

Fried, Alfred Hermann – österreichischer Pazifist und Journalist
geb. 11.11.1864 in Wien
gest. 4.5.1921 in Wien
Nobelpreis 1911
F. besuchte bis zum 15. Lebensjahr die Schule und wurde zunächst Buchhändler. Durch eine Ausstellung der Wereschaginschen Kriegsbilder 1881 zum Kriegsgegner geworden, widmete er sich seit 1891 der aktiven Friedenspropaganda. 1891 begründete er die Revue „Die Waffen nieder!", die er dann auch verlegte und für deren Herausgabe er die Baronin Bertha von Suttner gewann. 1892 gründete F. in Berlin die „Deutsche Friedensgesellschaft". Es gelang ihm, ein Komitee hervorragender Personen der Politik, Literatur und der Gelehrtenwelt zusammenzubringen. Er erkannte bereits in jungen Jahren, daß der Friede nicht von heute auf morgen geschaffen werden, sondern erst das Ergebnis einer längeren Entwicklung sein könne. Von 1894 an besuchte er alle

Friedenskongresse mit Ausnahme des Bostoner Kongresses und die interparlamentarischen Konferenzen von Brüssel, Budapest, Kristiania und Wien. Seine Tätigkeit bestand hauptsächlich in der Anfertigung der Berichte und deren Verbreitung in der deutschen Presse. Während der Haager Konferenz war F. als Vertreter zweier großer und einer Anzahl kleinerer deutscher Blätter in Haag anwesend. Von Anfang 1896 bis Ende 1900 redigierte er die „Monatliche Friedens-Korrespondenz", damals Organ der deutschen Friedensgesellschaft, und von 1899 bis Ende 1900 war er Redakteur der Revue „Die Waffen nieder!".

Im Juli 1899 gründete F. die Zeitschrift „Die Friedens-Warte", in der er mit großer schriftstellerischer Begabung seine Friedensideen und ihre Richtigkeit an den Tagesereignissen zu demonstrieren versuchte. Er verfaßte Leitartikel und Aufsätze über die aktuellen internationalen Probleme und schrieb zudem fundierte Buchrezensionen. In erster Linie war er bemüht, die deutschen Völkerrechtler für die Sache des Friedens zu gewinnen. Im Jahre 1899 rief er das Berliner „Komitee zur Kundgebung für die Friedenskonferenz" ins Leben. 1902 nahm er an der Eröffnung des Kriegs- und Friedensmuseums in Luzern teil, und er wurde 1903 zum Mitglied des Internationalen Friedensinstituts ernannt. Später wandte er sich auch der mündlichen Propaganda zu und hielt in verschiedenen Städten Deutschlands, Österreichs, Ungarns und der Schweiz zahlreiche Vorträge.

Der Weltkrieg traf ihn aufs schwerste. Nach seinem Ausbruch ging er in die Schweiz, wo er die politischen Ereignisse kritisierte und für einen Völkerbund eintrat. Nach seinem Ende bekämpfte er die Friedensverträge von Versailles und St. Germain und zeigte sich dem Völkerbund gegenüber kritisch. Sein 1911–1913 in zwei Bänden neuaufgelegtes „Handbuch der Friedensbewegung" enthält reichhaltiges Material an statistischen und historischen Angaben. Es ist ein bedeutendes Quellenwerk über alle Fragen der Friedensbewegung, ihrer Organisationen und Aktivitäten.

Weitere Werke: „Die Haager Konferenz, ihre Bedeutung und ihre Ergebnisse" (1900); „Die Grundlagen der modernen Wirtschaft und der Krieg" (1903); „Die Lasten des bewaffneten Friedens und der Zukunftskrieg" (1903); „Kaiser, werde modern" (1905); „Probleme der Friedenstechnik" (1911).

García Robles, Alfonso – mexikanischer Diplomat und Politiker

geb. 20.3.1911 in Zamora (Zentralmexiko)
gest. 2.9.1991 in Mexiko-Stadt
Nobelpreis 1982

Nach dem Schulbesuch studierte G. Rechtswissenschaften an der Universität in Mexiko-Stadt, anschließend Völkerrecht in Paris und Den Haag. 1939 trat er in den diplomatischen Dienst seines Landes ein und arbeitete zunächst bis 1941 an der mexikanischen Botschaft in Schweden. Anschließend war G. bis 1946 in der Zentrale des mexikanischen diplomatischen Dienstes tätig, zuletzt war er zuständig für den Bereich Politische Angelegenheiten. Von 1946 bis 1957 war er Direktor im Generalsekretariat der Vereinten Nationen. Er war dort insbesondere verantwortlich für Nahostfragen und an der Schaffung des Staates Israel durch die Vereinten Nationen beteiligt. Danach leitete er im mexikanischen Außenministerium bis 1961 die Abteilung Europa, Asien und Afrika. Von 1962 bis 1964 war G. mexikanischer Botschafter in Brasilien, danach war er bis 1971 Staatssekretär im Außenministerium. Er hatte wesentlichen Anteil am Zustandekommen des 1967 abgeschlossenen Vertrages über eine atomwaffenfreie Zone in Lateinamerika. Von 1971 bis 1975 vertrat er sein Land als Botschafter bei den Vereinten Nationen in New York. Während dieser Zeit war G. Vorsitzender der Gruppe der „77", die sich mit Problemen der Entwicklungsländer beschäftigte. 1976/77 war er Außenminister seines Landes. 1977 wurde G. zum ständigen Vertreter und Leiter der mexikanischen Delegation bei der Abrüstungskommission der UN in Genf ernannt.

Sein Name ist vor allem verbunden mit der UNO-Sonderkonferenz über Abrüstung, die erstmals 1978 in New York stattfand. Der mexikanische Diplomat und Politiker wurde damals mit der Aufgabe betraut, die verschiedenen Meinungen und Vorschläge in einer gemeinsamen Erklärung zusammenzufassen. Bei diesen Verhandlungen ist G. als entschiedener Gegner des Rüstungswettlaufs hervorgetreten. Die Abschreckungspotentiale der Großmächte bezeichnete er als „Gleichgewicht des Terrors", und er äußerte die Ansicht, im Grunde sei die Menschheit die Geisel der wenigen Mächte, die über Kernwaffen verfügten. Diese Arsenale könnten den Frieden jedoch nicht garantieren: „Die Welt muß heute wählen, ob sie das Wettrüsten zügeln oder sich selbst vernichten will!" 1985 wurde G. zum Vorsitzenden des UN-Abrüstungs-Komitees gewählt.

Während G.s Arbeit dank der Entspannung im Ost-West-Konflikt in den Abrüstungsverhandlungen zwischen den USA und der UdSSR zu greifbaren Erfolgen führte, waren Fortschritte in der Frage der Nicht-Verbreitung von Atomwaffen kaum erkennbar. Im März 1985 nahmen die USA und die UdSSR ihre seit 1983 unterbrochenen Abrüstungsgespräche in Genf wieder auf und signalisierten ihre Bereitschaft, das seit Beginn der 80er Jahre abgekühlte Verhältnis zwischen den Großmächten wieder zu verbessern. Bei den Verhandlungen über eine Verringerung ihrer Waffenpotentiale erzielten die USA und die UdSSR 1986/87 u. a. bei einem Gipfeltreffen zwischen Präsident Reagan und Parteichef Gorbatschow im Oktober 1986 in Reykjavík eine Annäherung ihrer Standpunkte, ohne jedoch konkrete Abrüstungsvereinbarungen zu treffen. Erstmals in der fast 40jährigen Geschichte des Ost-West-Konflikts schlossen die USA und die UdSSR im Dezember 1987 ein Abkommen, das die Vernichtung von einem Teil der Atomwaffen festschrieb.

Die Sowjetunion und die USA schlossen am 31.7.1991 in Moskau ein Abkommen über die Verringerung der Strategischen Waffen um rund 30 Prozent. Die 22 Staaten der NATO und des Warschauer Pakts, der im April

1991 militärisch aufgelöst wurde, unterzeichneten am 19.11.1990 in Paris einen Vertrag über die konventionelle Abrüstung in Europa, der einen Abbau der Waffenarsenale beider Bündnisse bis 1994 vorsah.

In Anerkennung seines Einsatzes für eine weltweite Abrüstungskampagne und seines Beitrages, die Abrüstungsproblematik bewußt zu machen, wurde G. zusammen mit der schwedischen Politikerin und Friedensforscherin Alva Myrdal mit dem Friedensnobelpreis ausgezeichnet. Er ist der erste mexikanische Nobelpreisträger.

Zum Problem der Abrüstung hat sich G. in zahlreichen Büchern geäußert.

Gesellschaft der Freunde (Quäker) – The Friend's Service Council, London, und The American Friend's Service Comitee, Washington

Nobelpreis 1947

Das Quäkertum entstand Mitte des 17. Jahrhunderts in England, hervorgegangen aus religiösen Auseinandersetzungen, die zu dieser Zeit die politischen Kämpfe um Monarchie und Republik begleiteten. Der englische Laienprediger George Fox (1624–1691) war der Begründer der Quäker, die konstituierende Gründungsversammlung fand im Jahr 1647 statt. Die ersten Bekenner des neuen Glaubens nannten sich „Children of the Light" („Kinder des Lichts"), nach 1652 wurden sie als „Society of Friends" („Gesellschaft der Freunde") bezeichnet, die sich als von Gott unmittelbar belehrt verstanden. Ein früherer Spottname hieß „Zitterer" (Quakers), und daraus wurde ihr Name abgeleitet. Grundlegend für den Lebensvollzug der Quäker wurde die mystische Erfahrung des „inneren Lichts", durch das jeder Mensch von Gott erleuchtet werde. Dies führte zum Verzicht auf ein dogmatisches Lehrgebäude, eine hierarchische Organisation, kirchliche Ämter und Sakramente. Ebenso gründete darauf die Auffassung von der Gleichheit aller Menschen, auch im Hinblick auf die Rechte der Frauen. Wegen der Ablehnung der englischen Staatskirche, des Eides und des Kriegsdienstes waren die ersten Jahrzehnte des Quäkertums eine Zeit des Martyriums.

Trotz rücksichtsloser Unterdrückung und Verfolgung behauptete sich die junge religiöse Gemeinschaft, und Anfang des 18. Jahrhunderts gab es in England etwa 50.000 Quäker. Ihr Glaube wurde durch Auswanderer und Missionsreisen auch nach Nordamerika verbreitet. Dort erhielt der ausgewanderte englische „Quäkerapostel" William Penn 1681 in Ablösung ererbter Schuldforderungen an die Krone ein großes Gebiet nördlich von Maryland, das zu Ehren seines Vaters Pennsylvania genannt wurde. Penn schuf mit seinem „heiligen" Experiment (Religionsfreiheit, nachbarliche Beziehungen zu den Indianern, günstige Bedingungen für den Landerwerb) eine Freistatt für Quäker und andere Sekten. Die Quäker gehörten zu den ersten konsequenten Pazifisten der Neuzeit. Schon 1660 bekannten sie sich feierlich zur unbedingten Gewaltlosigkeit.

Anfang des 19. Jahrhunderts gründeten sie die ersten „Friedensgesellschaften" – 1815 in den USA und ein Jahr später in Großbritannien – und plädierten für Schiedsgerichtsbarkeit anstelle gewaltsamer Auseinandersetzungen. Die Quäker gründeten weltweit Hilfswerke und spielten in den USA eine wichtige Rolle bei der Beseitigung der Sklaverei, in der Gefängnisreform und in der Frauenbewegung. Im deutsch-französischen Krieg 1870/71 halfen Quäker des Friends War Victim Relief Comitee erstmals Flüchtlingen und Verwundeten, damit sorgten sie in Europa für Aufsehen.

Noch 1913 hatte die Generalversammlung der englischen Quäker eindringlich vor den zu befürchtenden Folgen des Rüstungswettlaufs in Europa gewarnt. Während Quäker auch nach der Einführung der Wehrpflicht in Großbritannien 1916 in ihrer großen Mehrheit den Dienst mit der Waffe verweigerten, halfen sie bei der Linderung der Not auf den Kriegsschauplätzen und später beim Wiederaufbau sowie bei der Versorgung der Hungernden. Die britischen und amerikanischen Quäker versorgten während des Ersten Weltkriegs die hungernde europäische Bevölkerung mit Lebensmitteln und setzten ihre Hilfearbeit nach dem Ende des Krieges fort. In Deutschland waren auch englische Quäker in den Jahren des antisemitischen NS-Terrors unerschrocken für die Unterstützung und Rettung von Juden tätig. Nach dem Zweiten Weltkrieg halfen sie bei der Linderung der Hungersnot und beim Wiederaufbau.

Mehr als fünfzig Jahre sind seit der Verleihung des Friedensnobelpreises an die Quäker für ihre Hilfe für die Bedürftigen sowie ihren Einsatz für Frieden und Versöhnung vergangen, und die „Freunde" haben viele neue Aufgaben übernommen, vor allem in der Dritten Welt.

Mitte der 90er Jahre gab es weltweit über 200.000 Quäker, über die Hälfte von ihnen sind in den USA aktiv tätig. Die größten Gruppen in Europa existieren in Großbritannien und Irland. Zentrum der etwa 500 deutschen Mitglieder ist Bad Pyrmont. In den 50er Jahren nahmen die deutschen Quäker an den ersten Ostermärschen gegen die Wiederbewaffnung und die Atomrüstung teil. Außerdem unterstützen sie den Kampf zur Abschaffung der Todesstrafe und setzen sich für politische Gefangene ein.

Gobat, Charles Albert – Schweizer Jurist und Politiker

geb. 21.5.1843 in Tramelan (Berner Jura)

gest. 16.3.1914 in Bern

Nobelpreis 1902

G., Sohn eines Pfarrers, besuchte zunächst die Volksschule und wurde dann von seinem Vater in das württembergische Institut Kornthal der Herrnhuther Brüdergemeinde gebracht. Der französischsprachige G. wurde so bereits in früher Jugend mit der deutschen Sprache vertraut. In die Schweiz zurückgekehrt, besuchte er das Gymnasium und dann das Pädagogium in Basel, wo er mit 19 Jahren die Maturitätsprüfung bestand und sich an der juristischen Fakultät immatrikulierte. Gleichzeitig belegte er Vorlesungen an der philosophischen Fakultät. Von Basel ging G. nach Heidelberg, wo er zum Doctor juris promovierte. Danach folgte ein Studium an der Sorbonne in Paris, und schließlich bestand er an der Universität Bern das Staatsexamen und wurde zum Rechtsanwalt patentiert. 1867 ließ sich G. als Anwalt in Delsberg nieder und habilitierte sich kurz darauf an der juristischen Fakultät der Universität Basel und gleichzeitig für französisches Zivilrecht in Bern. 1882 wurde er Leiter des Unterrichtswesens im Kanton Bern und vermochte entscheidende Reformen durchzusetzen.

Seine politische Karriere führte 1882 zur Wahl in den Großen Rat des Kantons Bern, wo er auch Mitglied der Regierung wurde. Damit war für ihn entschieden, daß er seine Zukunft nicht in einer wissenschaftlichen, sondern in einer politischen Laufbahn sah. 1883 wurde G. auch bernischer Ständerat, 1886 und 1895 Regierungspräsident des Kantons Bern. 1890 wurde er in den eidgenössischen Nationalrat gewählt.

Ab 1890 widmete sich G. der Friedensarbeit. 1892 war er Vorsitzender der vierten Konferenz der „Interparlamentarischen Union", und im gleichen Jahr übernahm er die Leitung des Ständigen Büros der Interparlamentarischen Union in Bern. Die Union entwickelte sich in vielen Ländern auf nationalem Boden weiter, und G. war der Mann, der zwischen allen die Verbindung herstellte und damit ihre Wirksamkeit stark erhöhte. Er redigierte auch die Zeitschrift der Union, „La Conferenze Interparlementaire", die sich friedenspolitisch immer wieder mit Fragen des Völkerrechts beschäftigte. Er bereitete die Konferenzen der Union vor und arbeitete ihre Programme aus. Außerordentlich erfolgreich bemühte sich G., weltweit die Mitgliedschaft der Union auszubauen und zu stärken.

Als G. 1902 zusammen mit E. Ducommun der Friedensnobelpreis verliehen wurde, erfolgte diese Ehrung vor allem für seinen unermüdlichen Einsatz bezüglich einer funktionsfähigen Interparlamentarischen Union. In der Folgezeit zeigte sich aber, daß Regierungen und Parlamente sich von außen angeregten Initiativen gegenüber ablehnend verhielten, und so beschränkte sich die Union vorwiegend auf Resolutionen und Vorschläge, die zum Teil den Haager Friedenskonferenzen dienen sollten und auch Abrüstungsprojekte umfaßten. Nach dem Tode E. Ducommuns wurde G. 1906 auch Generalsekretär des „Ständigen Friedensbüros" in Bern. Die Herausgabe von Friedensliteratur, Eingaben an Regierungen und Aufrufe an die Weltöffentlichkeit gehörten zu seiner Arbeit.

Großes Aufsehen erregte G., als er 1910 in Straßburg und Paris die Schrift „Der Alpdruck Europas" herausgab. Das Motto des Buches hieß: „Für Elsaß-Lothringen, für die Abrüstung, für den Frieden." Er plädierte für eine rechtliche Besserstellung Elsaß-Lothringens im Verband des Deutschen Reiches. Im Frühjahr 1912 trat G. nach dreißig Jahren Amtszeit als Regierungsrat zurück. Im Mai 1913 brachte er auch das einzige Treffen deutscher und französischer Parlamentarier in Bern zustande. Aus Deutschland kamen über 30 Reichstagsabgeordnete.

Als G. am 16.3.1914 im Friedensbüro an einer Komiteesitzung teilnahm, erlitt er einen Schlaganfall und verstarb im Krankenhaus.

Gorbatschow, Michael Sergejewitsch – sowjetischer Politiker

geb. 2.3.1931 in Priwolnoje bei Stawropol (Nordkaukasus)
Nobelpreis 1990

G., Sohn eines Bauern und einer orthodoxen Katholikin, war nach seiner Lehrzeit bis 1950 Arbeiter in einer Maschinen-Traktoren-Station. Schon als 15jähriger trat er dem Jugendverband Komsomol bei. Während seines Jurastudiums von 1950 bis 1955 in Moskau lernte G. die Philosophiestudentin Raissa Titorenko kennen, die er 1956 heiratete. Bereits 1952 war er der KPdSU beigetreten. Es folgte ein weiteres Studium am Agrarinstitut in Stawropol mit dem Abschluß als Diplom-Agraringenieur. Hier erwarb er sich durch Landwirtschaftsexperimente, die zu erheblichen Ertragssteigerungen führten, den Ruf eines Agrarfachmanns.

Danach begann seine politische Laufbahn als Komsomol- und Parteifunktionär. Von 1966 bis 1968 war G. Parteivorsitzender in Stawropol und von 1970 bis 1978 Erster Sekretär des Regionskomitees. 1970 wurde G. Mitglied des Obersten Sowjet, hier leitete er ab 1974 die Jugendkommission und ab 1979 die Gesetzgebungskommission des Unionssowjet. 1971 erfolgte seine Aufnahme in das Zentralkomitee. 1978 wurde G. ZK-Sekretär für Landwirtschaft, und 1980 wurde er jüngstes Mitglied im Politbüro.

G.s Aufstieg begann 1982 unter KPdSU-Chef Jurij Andropow, den er aus Stawropol kannte. Im Auftrag Andropows organisierte er die durchgreifende Ablösung korruptionsverdächtiger Funktionäre. Entgegen allen Erwartungen mußte er nach Andropows Tod 1984 Konstantin Tschernenko den Vortritt als KPdSU-Chef lassen. Seit März 1984 war er Vorsitzender des außenpolitischen Ausschusses des Obersten Sowjet. Nach dem Ableben von Tschernenko am 10.3.1985 wurde G. innerhalb weniger Stunden auf Vorschlag von Außenminister Andrej Gromyko zum Generalsekretär des ZK der KPdSU gewählt. In den ersten Wochen seiner Amtszeit verbesserte er seine Machtposition durch großangelegte Entlassungen quer durch die Funktionärskader. Prominenteste Opfer waren Außenminister Gromyko sowie sein Hauptwidersacher im Politbüro, Grigorij Romanow. Bei der Unterzeichnung der Verlängerung des „Warschauer Vertrages" bis 2005, die am 26.4.1985 in Warschau erfolgte, beschwor G. die „Einheit von Marxismus-Leninismus und sozialistischem Internationalismus".

Angesichts schwerer ökonomischer Probleme eröffnete er 1986 unter den Leitbegriffen „Glasnost" (Offenheit) und „Perestroika" (Umgestaltung) tiefgreifende Reformen des sowjetischen Staats- und Wirtschaftssystems in Richtung Demokratisierung. Eckpunkte waren stärkere Eigeninitiative sowie die Einführung marktwirtschaftlicher Elemente, beispielsweise stärkere Ausrichtung der Produktion an der Nachfrage. Eine offene Informationspolitik sollte die Entscheidungen der Regierung für alle Teile der Bevölkerung nachvollziehbar machen. Außenpolitisch stützte G. seine Reform von oben durch aufsehenerregende Abrüstungsinitiativen ab. In den Abrüstungsverhandlungen mit den Vereinigten Staaten zeigte er sich kompromißbereit (Verzicht auf die bisherige sowjetische Forderung, alle Waffensysteme einzubeziehen) und ermöglichte damit im Dezember 1987 die sogenannte Null-Lösung zur Beseitigung aller Mittelstreckenraketen in Mitteleuropa. Weitere Abrüstungsschritte folgten. 1988 gab er den Befehl zum Rückzug der Truppen aus dem besetzten Afghanistan, der den Abschied der Sowjetunion von hegemonialer Großmachtpolitik signalisierte. Im gleichen Jahr wählte ihn der neugeschaffene Kongreß der Volksdeputierten zum Vorsitzenden des Obersten Sowjets (Staatsoberhaupt) mit weitreichenden Vollmachten, die sich durch eine weitere Verfassungsreform 1990 und die Umwandlung in das Amt des Staatspräsidenten noch vergrößerten.

Mit wachsender innenpolitischer Instabilität, die sich durch die chaotische Einführung marktwirtschaftlicher Prinzipien verschärfte, bremste G. seit Mitte 1990 das Tempo der Reform. Die Beendigung des Kalten Krieges besiegelte die von G. ermöglichte deutsche Vereinigung 1990 und den Zerfall des militärisch und ökonomisch an die UdSSR gebundenen Ostblocks (Auflösung von Warschauer Pakt und Comecon 1991). Trotz der außenpolitischen Erfolge, für die er den Friedensnobelpreis erhielt, häufte sich im Inland die Kritik. Die Konservativen sahen Einfluß und Weltmachtstellung der UdSSR schwinden, die radikalen Reformer beanstandeten ein zu zögerliches Vorgehen. Trotz erweiterter Vollmachten war G. den aufflackernden Nationalitätenkonflikten sowie den Unabhängigkeitsbestrebungen der Sowjetrepubliken nicht gewachsen. Die einst mächtige UdSSR, die G. als Staatenbund erhalten wollte, zerfiel.

Das letzte Aufbäumen der kommunistischen Machtelite, die im August 1991 erfolglos putschte, bedeutete auch das Ende der Ära G. Als Generalsekretär der KPdSU, die sich so kompromittiert hatte und verboten wurde, trat er zurück. Angesichts seines Autoritätsverlustes zugunsten des Radikalreformers Boris Jelzin suchte er vorsichtig ein Arrangement mit den gemäßigt Konservativen. Als Verfechter des staatlichen Zusammenhalts legte G. nach der friedlichen Selbstauflösung der UdSSR mit der Gründung der Gemeinschaft Unabhängiger Staaten (GUS) auch das Amt des Staatspräsidenten der zerfallenen Sowjetunion nieder. G. meldete sich zwar immer wieder zur russischen Politik zu Wort, spielte in der neuen politischen Landschaft jedoch keine Rolle mehr.

Hammarskjöld, Dag Hjalmar Agne Carl – schwedischer Politiker und Diplomat
geb. 29.7.1905 in Jönköping
gest. 18.9.1961 in Ndola/Sambia (Flugzeugabsturz)
Nobelpreis postum 1961

Die Familie Hammarskjöld zählte seit 1610 zur schwedischen Aristokratie. Sie stand seither immer mit Offizieren und Beamten im Dienst des Königshauses.

Bis 1928 studierte H. Philosophie, wo er auch promovierte, und bis 1930 Nationalökonomie sowie Jura in Uppsala und Stockholm. Er befreundete sich mit einer Gruppe junger, von J. M. Keynes (britischer Nationalökonom) beeinflußter Volkswirtschaftler, die sich ein paar Jahre später als „Stockholmer Schule" europaweit einen Namen machten. Er war dann als Jurist und Dozent tätig. Seine brillanten Wirtschaftsexpertisen bringen ihm mit 31 Jahren den für sein Alter außergewöhnlichen Posten des Staatssekretärs im Finanzministerium ein, den er bis 1945 ausübt. Von 1941 bis 1949 war E. Vorstandsvorsitzender der schwedischen Reichsbank im Range eines Bevollmächtigten Ministers. 1946 wechselte er auf Wunsch der Regierung als Berater für wirtschaftliche Fragen ins Außenministerium. In dieser Position nahm er an mehreren internationalen Nachkriegsverhandlungen teil. 1949 amtierte H. als Unterstaatssekretär im Außenministerium, 1951 als stellvertretender Außenminister, und von 1951 bis 1953 wirkte er als Finanzminister.

1949 wurde H. schwedischer Delegierter zur Generalversammlung der UNO. Als geschickter Verhandlungsführer erwarb er sich bald hohes Ansehen. 1952 wurde er als stellvertretender Leiter der schwedischen Delegation zur siebten Vollversammlung der Vereinten Nationen nach New York entsandt. Ein halbes Jahr später wurde H. zum Nachfolger für UNO-Generalsekretär T. Lie ausgewählt. Die Generalversammlung bestätigte H. am 7. April 1953 mit überwältigender Mehrheit zum Generalsekretär der Vereinten Nationen. Er konzentrierte sich zuerst auf die Reorganisation und Stärkung des UN-Apparats, wobei er in aller Stille Vertrauenskapital für sich selbst wie für die UN ansammelte. Unter seiner Führung gewann die UN durch die Schlichtung internationaler Konflikte an Ansehen und Einfluß. Als Ägypten 1956 den Suezkanal verstaatlichte und daraufhin Israel, Großbritannien und Frankreich ihre Truppen einmarschieren ließen, vertrauten ihm alle Seiten als Vermittler. Mit Rückendeckung der USA und der UN bewog H. die Invasoren zum Rückzug und sorgte 1957 für die Stationierung einer UN-Friedenstruppe in der Suezkanalzone und im Gazastreifen. Im September 1957 einigte sich der Sicherheitsrat darauf, seine Amtszeit zu verlängern.

Während der Libanon-Krise 1958 schuf H. jenen Präzedenzfall, der ihm für die folgenden Alleingänge die Grundlage verschaffte: Sowohl der Sicherheitsrat als auch die Generalversammlung hatten sich blockiert. In dieses Vakuum stieß nun der Generalsekretär vor, indem er so handelte, wie es seiner Auslegung nach der übereinstimmenden Meinung aller vor dem Veto entsprach. Diesen Handlungsspielraum entwickelte H. noch weiter: Befanden sich Mitgliederstaaten in Schwierigkeiten, konnten sie, statt vor den Sicherheitsrat zu gehen, direkt bei ihm um Vermittlung ersuchen. Dies tat er ohne Widerspruch im Grenzstreit zwischen Kambodscha und Thailand. Beide Staaten hatten die diplomatischen Beziehungen zueinander abgebrochen. Er beriet beide Länder einzeln und entsandte dann einen UN-Botschafter, der die Angelegenheit vor Ort schlichtete. Immer mehr Regierungen kleiner Länder zogen es vor, sich von den Vereinten Nationen anstatt von den rivalisierenden Großmächten helfen zu lassen.

Zur demonstrativen Unterstützung der jungen unabhängigen Staaten der Dritten Welt reiste H. Anfang 1959 nach Südasien, wo er auf große Hoffnungen und Erwartungen stieß, die in die UNO gesetzt wurden. 1960 unternahm H. eine sechswöchige Rundreise durch Afrika, die ihn in 24, meist gerade erst unabhängig gewordene Staaten führte. Diese Tour sollte die wichtigste Reise seines Lebens werden. Hier verstärkte sich seine Überzeugung, daß die ehemaligen Kolonien beträchtliche wirtschaftliche Hilfen benötigen, um politischen und sozialen Unruhen vorzubeugen. Nach seiner Rückkehr ging H. sofort eine Resolution des Wirtschafts- und Sozialrates der UNO an, die eine wesentliche Verstärkung der UN-Hilfe für Afrika forderte und am 14.4.1960 einstimmig angenommen wurde.

Nach der Unabhängigkeit von Belgisch-Kongo (später Zaire) entsandte H. 1961 auf Anforderung des kongolesischen Ministerpräsidenten P. Lumumba eine UN-Friedenstruppe von 20.000 Mann zur Schlichtung des Bürgerkrieges in den Kongo. Doch es kam zu einer dramatischen Eskalation der Ereignisse, die ersten Blauhelme wurden getötet, Anfang 1961 wurde Lumumba in Katanga ermordet, schwarze Amerikaner aus Harlem stürmten den Sicherheitsrat und forderten Taten. H. mußte handeln, und er flog am 13.9.1961 in den Kongo, um mit Kasavubu über weitere UN-Hilfen für das Land zu sprechen. Am 17.9. bestieg H. in Leopoldville eine DC-6B, um sich mit dem Ministerpräsidenten von Katanga, M. Tshombe, zu treffen. Doch die Maschine kam nicht an, am nächsten Tag wurde das noch rauchende Wrack mitten im Urwald, in der Nähe von Ndola, entdeckt.

Für sein aufopferndes Engagement erhielt H. postum den Friedensnobelpreis.

Henderson, Arthur – britischer Politiker
geb. 13.9.1863 in Glasgow
gest. 20.10.1935 in London
Nobelpreis 1934

H., Sohn eines schottischen Baumwollspinners, besuchte die Schule in Newcastleupon-Tyne, erlernte den Beruf eines Eisengießers und wurde schon frühzeitig in der Gewerkschaft und Regionalpolitik aktiv. Im Jahr 1892 ernannte man ihn zum Gewerkschaftsdelegierten für Northumberland, Durham, Lancashire und zum Stadtrat in Newcastle. Er war dann zunächst als Sekretär und 1908 als Vorsitzender des Schlichtungsausschusses für die nordöstlichen Küstenbezirke tätig. Zwischendurch war er kurzzeitig Bürgermeister (1903) in Darlington.

H. nahm am Gründungskongreß der Labour Party im Jahre 1900 teil, und er beteiligte sich aktiv an deren Aufbau. Aus einem Wahlkampfbündnis von Arbeiterparteien, Gewerkschaften und kleinbürgerlich-radikalen sowie philanthropischen Gesellschaften ging die Labour Party hervor. Im Jahre 1903 wurde H. Schatzmeister der Labour Party und Mitglied des Unterhauses. Von 1908 bis 1911, von 1914 bis 1922 und von 1931 bis 1934 spielte er als Vorsitzender der Labour Party eine wichtige Rolle als Vermittler zwischen den unterschiedlichen Strömungen in der Partei.

Nach Ausbruch des Ersten Weltkrieges war H. als Parteiführer, als Sekretär der Labour Party, als Erster Minister und als Mitglied zahlreicher Regierungs- und anderer Kommissionen maßgeblich für die volle Unterstützung des britischen Kriegskurses durch die Partei- und Gewerkschaftsmehrheit verantwortlich. H. gehörte zu den Führern der typisch englischen Brotherhood-Bewegung (Bruderschaft-Bewegung), und er war 1914/15 deren Präsident. Die „Bruderschaft-Bewegung" wurde 1875 von J. Blackham gegründet und ist eine von England ausgegangene christlich-soziale, überkonfessionelle Bewegung. Sie ist bemüht, die den Kirchen entfremdeten Arbeiter zurückzugewinnen. Diese Bewegung breitete sich von England, Wales und Schottland über die britischen Kolonien und das europäische Festland aus und schloß sich 1919 zu einem Weltbund zusammen.

Auch während des Ersten Weltkrieges hatte H. das Ziel der Einheit Europas und das Ende der Feindseligkeiten zwischen den europäischen Ländern nicht aus dem Auge verloren. Von 1915 bis 1917 gehörte H. der Koalitionsregierung Lloyd George an, unter anderem als Erziehungsminister, später als Berater in Arbeiterfragen. Im August 1917 unternahm er eine Informationsreise nach Rußland und trat anschließend zurück, da seine Regierung eine geplante Friedenskonferenz in Stockholm nicht unterstützte. Mit S. Webb arbeitete er 1918 eine Parteisatzung aus, die die Labour Party von einer locker gefügten Vereinigung verschiedener Arbeiterorganisationen zu einer sozialistischen Partei umformte. Er führte mit MacDonald die Majorität der Labour Party über die „Londoner Internationale" in die Sozialistische Arbeiter-Internationale, deren Vorsitzender er 1923/24 und von 1925 bis 1929 war, und er lehnte jede Zusammenarbeit mit der Kommunistischen Partei Großbritanniens und der Kommunistischen Internationale ab.

H. war einer der einflußreichsten Befürworter des Völkerbundes, den er als politischen und ökonomischen Stabilisator des Weltsystems ansah. In der ersten von seiner Partei gebildeten Regierung im Jahre 1924 beteiligte er sich als Innenminister an der Ausarbeitung des Genfer Protokolls über Abrüstungsfragen, als Außenminister (1929/31) nahm er an den Young-Plan-Konferenzen zur Neuregelung der deutschen Reparationszahlungen 1929/30 und an der Flottenkonferenz 1930 teil. 1929 stellte H. die diplomatischen Beziehungen mit der Sowjetunion wieder her. Er wurde nach Bildung der „Nationalen Regierung" am 25.8.1931 erneut Parteiführer und mußte aus taktischen Gründen für den Parteiausschluß MacDonalds (Führer der Labour Party), P. Snowdens (reformistischer Politiker) und anderer plädieren.

Für seine Tätigkeit als Präsident der internationalen Genfer Abrüstungskonferenzen 1932/33 erhielt H. den Friedensnobelpreis. Er war einer der bedeutendsten reformistischen Arbeiterführer und setzte sich besonders für die friedliche Beilegung internationaler Streitfragen ein.

Hull, Cordell – amerikanischer Rechtsanwalt und Politiker
geb. 2.10.1871 in Overton County (Tennessee)
gest. 23.7.1955 in Bethesda (Maryland)
Nobelpreis 1945
H., Sohn eines Farmers, studierte Rechtswissenschaften am Montvale Institute in Celina (Tennessee), an der National Normal University in Lebanon (Ohio) und an der Cumberland University Law School in Lebanon. Er war dann als Rechtsanwalt und Richter tätig. Schon mit 22 Jahren wurde er ins Parlament von Tennessee gewählt. 1898, als die USA gegen Spanien Krieg führten, diente er als Captain auf Kuba. Von 1903 bis 1907 übte er das Richteramt aus. Von 1907 bis 1921 war H. Abgeordneter für Tennessee im Repräsentantenhaus in Washington. Als Kongreßabgeordneter befürwortete er den Völkerbund sowie den Abbau von Zöllen und anderen Handelsbarrieren. 1930 wurde H. in den US-Senat gewählt, und er war einer der wichtigsten Urheber der Wirtschafts- und Finanzpolitik der Regierung Wilson. Er entwickelte die Beziehungen zu den Staaten Lateinamerikas entsprechend der „Politik der guten Nachbarschaft" und leitete die amerikanische Delegation auf der internationalen Wirtschaftskonferenz 1933 in London.

1933 wurde H. zum Gouverneur von Tennessee gewählt und im gleichen Jahr von Präsident F. D. Roosevelt ins Amt des Außenministers berufen. Im Dezember 1933 konnte H. auf der Konferenz der Amerikanischen Staaten in Montevideo den offiziellen Kurs der Nichteinmischung in die inneren und äußeren Angelegenheiten der anderen amerikanischen Staaten verkünden. Im Mai 1934 wurde das „Platt Amendment" von 1901 widerrufen, in dem sich die USA bisher einen Interventionsvorbehalt festgeschrieben hatten, im August 1934 verließen die USA-Truppen Haiti, und 1939 hob man die Sonderrechte gegenüber Panama auf. Ein Erfolg guter Nachbarschaft war die Deklaration von Lima, in der sich die Staaten Nord- und Südamerikas solidarisierten. Amerikanische Wirtschaftsinteressen blieben allerdings auch weiterhin ein Hauptmotiv der US-Politik in Lateinamerika. In der Ostasienpolitik hatte sich H. mit der japanischen Expansion auseinanderzusetzen, die nach der Okkupation der Mandschurei 1937 zum Krieg mit China führte. Von Februar bis Oktober 1941 führte H. mit der japanischen Regierung Verhandlungen zur Wahrung der chinesischen Rechte, doch in Japan gewann der Militarismus die Oberhand. Dann kam die militärische Katastrophe von Pearl Harbor, wo am 7.12.1941 japanische Flugzeuge ohne Kriegserklärung den Stützpunkt bombardierten. Der blutigste aller Kriege hatte auch in Asien begonnen. Mit der deutschen Kriegserklärung an die USA am 11.12.1941 verzahnten sich dann endgültig alle Kriegsschauplätze.

Die Rolle des Friedenspolitikers hat H. vor allem mit seinem Anteil an der Vorbereitung der „Vereinten Nationen" erfüllt. Die Gründung der Vereinten Nationen (UN) sollte eine gerechte Weltordnung nach dem Zweiten Weltkrieg in die Wege leiten. Die Kriegskoalition gegen die „Achsenmächte" hatte sich schon früh als Vereinte Nationen bezeichnet. Die Deklaration der Vereinten Nationen vom 1.1.1942 wurde zuerst von den sogenannten „Großen Vier" (USA, UdSSR, Großbritannien, China) getragen, der sich dann 22 andere Nationen anschlossen. Die genannten vier Länder vereinbarten auf einer Außenministerkonferenz in Moskau 1943 die Neubelebung des Völkerbundgedankens, wobei sich besonders H. auf dieser Konferenz für eine Zusammenarbeit der Verbündeten auch in der Nachkriegsperiode einsetzte. Auf der Dumbarton-Oaks-Konferenz 1944, an der die Delegierten von 35 Nationen teilnahmen, wurden die Grundzüge einer UN-Charta beschlossen. Im Februar 1945 konnten in Jalta von Roosevelt, Stalin und Churchill noch einige Unstimmigkeiten befriedigend gelöst werden. An beiden Konferenzen hatte H. mitgewirkt.

1944 war er als Außenminister zurückgetreten, wurde aber von Präsident Truman als Vertreter der USA zur Gründungskonferenz der Vereinten Nationen nach San Francisco entsandt. Präsident Roosevelt war es gewesen, der seinen langjährigen Außenminister H. als „Vater der Vereinten Nationen" bezeichnet hatte.

Hume, John – nordirischer Politiker
geb. 18.1.1937 in Londonderry
Nobelpreis 1998
H., Sohn eines Werftarbeiters, wuchs in bescheidenen Verhältnissen auf und erlebte schon als Kind die Unterdrückung der katholischen, irischnationalen Minderheit durch das protestantische nordirische Establishment. Er studierte an der Irischen Nationaluniversität und erwarb den Magister of Arts. Später war er Forschungsstudent am Trinity College in Cambridge sowie Gasthörer am Centre for International Affairs an der Harvard University. Nach Abschluß seiner Studien war er als Lehrer im Schuldienst tätig, engagierte sich aber Mitte der 60er Jahre zunehmend für öffentliche Belange. 1968 übernahm H. die Führung der Bürgerrechtsbewegung „Non-violent Civil Rights". 1969 zog er als Abgeordneter in das nordirische Parlament ein, das jedoch im März 1972 von den Briten aufgelöst wurde, nachdem London die direkte Polizeigewalt an sich gezogen hatte und die Regierung in Belfast aus Protest zurückgetreten war.

1970 gehörte H. zu den Mitbegründern der „Social Democratic and Labour Party" (SDLP), der ersten für ein einiges Irland eintretenden Partei, die sich von Anfang an entschieden für absolute Gewaltlosigkeit aussprach. Nachdem die protestantische Mehrheit im Frühjahr 1973 für einen Verbleib Nordirlands innerhalb des Vereinigten Königreichs votiert hatte, wurde eine neue parlamentarische Versammlung gewählt sowie eine neue, von London mit begrenzten Kompetenzen ausgestattete Exekutive eingesetzt. H. gehörte dem Vertretungsorgan, eine Zeitlang als Handelsminister auch der Northern Ireland Executive an, bis 1974 beide Einrichtungen aufgehoben wurden. Er richtete den „Inner City Trust" ein, dem Mitglieder beider Religionsgemeinschaften angehören und dem es im Laufe der Zeit gelang, den Wiederaufbau der im Bürgerkrieg erheblich zerstörten Innenstadt von Londonderry zu bewerkstelligen. Außerdem sorgte H. dafür, daß jede der im Kommunalparlament vertretenen Parteien für je ein Jahr den Bürgermeister stellte.

Im Juni 1979 wurde H. ins Europäische Parlament gewählt, wo er im Ausschuß für Regionalplanung und in der Gemeinsamen Versammlung der AKP-Staaten (Entwicklungsländer aus Afrika, der Karibik und dem Pazifik) und EG-Staaten mitarbeitete und als sozialistischer Co-Vorsitzender die Interparlamentarische Gruppe für kulturelle und sprachliche Minderheiten leitete. Seit Dezember 1979 ist H. Parteivorsitzender der SDLP. Ende 1982 rief H. das „New Ireland Forum" ins Leben, das eine Vereinigung Nordirlands mit der katholischen Republik vorbereiten helfen sollte, damit aber an der Haltung der irisch republikanischen Partei Sinn Fein scheiterte.

Im Juni 1983 zog H. als einziger SDLP-Abgeordneter ins Londoner Unterhaus ein, wo er seither den Wahlbezirk Foyle vertritt. Im Februar 1985 sorgte er für Aufsehen, als er eine grundsätzliche Gesprächsbereitschaft mit Sinn Fein und der IRA (Irish Republican Army) erkennen ließ und damit einen Sturm der Entrüstung auf seiten der protestantischen Extremisten auslöste, die dies als „Pakt mit dem Teufel" werteten. Ohne sein Zutun hätte es wohl kaum den Waffenstillstand der katholischen Untergrundorganisation IRA gegeben. Mit Gerry Adams, dem Chef der IRA-Partei Sinn Fein, führte H. hinter den Kulissen Gespräche für deren Einbeziehung in den Friedensprozeß. Tatsächlich gewannen die Friedensbemühungen ungeachtet wiederholter Rückschläge mehr und mehr an Boden. So kam es im August 1994 zu einem bedingungslosen Waffenstillstand der IRA, der 18 Monate hielt.

Im Mai 1997 erhielten die Bemühungen um Frieden in Nordirland mit Bildung der neuen britischen Labour-Regierung unter Tony Blair neuen Auftrieb, der mit seinem irischen Amtskollegen Bertie Ahern und zusammen mit den auf Frieden bedachten Politikern Nordirlands den Nordirland-Friedensplan vom Karfreitag 1998 ausarbeitete. Die Bevölkerungen Irlands und Nordirlands haben die Abkehr von der Gewalt bei Volksbefragungen anschließend eindrucksvoll bestätigt. Doch da brachte der 15.8.1998 das Friedensgebäude wieder an den Rand des Zusammensturzes. Eine proirische Splittergruppe zündete in der nordirischen Marktstadt Omagh eine Bombe. Dem Anschlag fielen 29 Menschen zum Opfer. Das weltweite Echo auf die Bluttat brachte wohl auch die Attentäter zur Besinnung: Sie schlossen sich dann dem Gewaltverzicht an. H. hat seit Jahrzehnten daran gearbeitet, die immer tiefer gewordene Kluft zwischen proirischen Nationalisten und probritischen Unionisten zu überwinden.

David Trimble und H. bekommen den Friedensnobelpreis stellvertretend für jeden, der in Nordirland unermüdlich für ein Ende des Blutvergießens streitet. Die persönliche Integrität dieser beiden rechtfertigt allerdings den Vorzug vor allen anderen. In der Zuerkennung des Nobelpreises sieht H. eine „mächtige Unterstützung für den Friedensprozeß".

Institut für Völkerrecht in Genf (Schweiz)
Nobelpreis 1904
Am 8. September 1873 wurde von Staatsmännern und Völkerrechtlern aus Argentinien, Belgien, Deutschland, Italien, den Niederlanden, der Schweiz und den USA das Institut für Internationales Recht in Gent (Belgien) gegründet. Nur eine begrenzte Anzahl international anerkannter Rechtsexperten war und ist zur Mitgliedschaft berechtigt. Das Institut sollte die Fortschritte des internationalen Rechts wissenschaftlich und praktisch verfolgen, entsprechende Rechtsnormen erfassen und für die Einhaltung der im Krieg geltenden Konventionen wirken. Als private Gründung war die Einrichtung immer von anderen öffentlichen oder privaten Institutionen unabhängig, oft aber an deren Entstehung und Entwicklung beteiligt. So bei der Errichtung des „Internationalen Rechtsvereins" im Jahr 1873, bei der Haager „Akademie für Internationales Recht" 1913 und bei der Internationalen Rechtskommission der Vereinten Nationen 1948. Formell ist das Institut seit 1913 Berater der Carnegie-Stiftung für Internationalen Frieden. Das Institut für Völkerrecht trug wesentlich bei zur Vorbereitung der ersten internationalen Schiedsgerichtskonferenz im Jahre 1899 in Den Haag. Grundsätzliche völkerrechtliche Regeln über die internationale Schiedsgerichtsbarkeit enthalten die Haager Abkommen von 1899 und 1907.

Die internationale Schiedsgerichtsbarkeit beruht auf freiwilliger Vereinbarung von Staaten; ihr unterliegen nur Streitigkeiten zwischen den Teilnehmern an der Vereinbarung und nur Streitfälle der vereinbarten Art. Die Staaten, die für Streitfälle, welche zwischen ihnen auftreten, die internationale Schiedsgerichtsbarkeit vereinbaren, regeln dabei auch die Zusammensetzung und das Verfahren des Schiedsgerichts. Wenn für bestimmte Streitigkeiten zwischen den beteiligten Staaten die Entscheidung durch ein internationales Schiedsgericht vereinbart und dieses angerufen worden ist, ist seine Entscheidung für die Parteien verbindlich. Wie wichtig diese Institution bereits unmittelbar nach ihrer Gründung für das Völkerrecht war, ist darin zu sehen, daß bis 1904 in verschiedenen europäischen Städten 22 Tagungen stattfanden.

Das Institut hat auch die Arbeit internationaler Rechtsorgane mit maßgeblichen Vorschlägen unterstützt. Seine Resolutionen über den Schutz der Menschenrechte (1929, 1947), den Umweltschutz der Meere (1937, 1966) und die friedliche Nutzung des Weltraums (1963) hatten bahnbrechende Bedeutung für das Rechtsdenken. Am Institut für Völkerrecht ist eine begrenzte Anzahl international anerkannter Rechtsexperten (132) aus 45 Staaten zugelassen.

Internationale Arbeitsorganisation (IAO), International Labour Organization (ILO), Organisation Internationale du Travail (OIT) – Sitz Genf
Nobelpreis 1969 anläßlich ihres 50jährigen Bestehens.
Auf gewerkschaftliche Initiative wurde im Jahr 1919 durch den Versailler Friedensvertrag mit engem Bezug

zum Völkerbund diese Institution gegründet. Eine wesentliche Rolle bei der Gründung der IAO spielten die ökonomischen und sozialen Veränderungen des 19. Jahrhunderts. Durch die Industrielle Revolution und die Ausweitung der kapitalistischen Produktionsweisen war vor allem in den Industriestaaten eine neue Schicht entstanden – die Arbeiterklasse.

Die Arbeiter mußten unter teilweise unwürdigen Bedingungen arbeiten und leben, und mit der Gründung von Gewerkschaften und Parteien versuchte die Arbeiterschaft ihre Situation zu verbessern. In einigen wirtschaftlich weit entwickelten Ländern wurden auf Druck der Arbeiterbewegung arbeitsrechtliche und soziale Gesetze zum Schutz der Beschäftigten erlassen.

Mit der Gründung der IAO sollte die Lage der Arbeiter weltweit verbessert werden und die Beschäftigungsbedingungen in den einzelnen Ländern abgestimmt werden. Gemäß ihrem Grundsatz, daß „der Weltfriede nur auf sozialer Gerechtigkeit aufgebaut werden kann", verfolgt die IAO vor allem folgende Ziele: globale Förderung der sozialen Gerechtigkeit durch verbesserte Lebens- und Arbeitsbedingungen, Schaffung neuer Beschäftigungsmöglichkeiten und Anerkennung fundamentaler Menschenrechte. Sie strebt außerdem die Ausarbeitung internationaler Übereinkommen und Empfehlungen an. Seit 1919 wurden von der IAO über 160 Übereinkommen verabschiedet, so die Konvention über das Verbot von Zwangsarbeit und Diskriminierung in Beschäftigung und Beruf, über Vereinigungsfreiheit und Gleichheit der Entlohnung.

Die IAO hat aber nicht die politischen Möglichkeiten, um wirksame Verbesserungen in allen Ländern durchzusetzen. Sie kann Mindeststandards festlegen, die jedoch oft nur Empfehlungscharakter haben, weil in vielen Ländern die wirtschaftlichen Probleme unterschiedlicher Natur sind. Schon in ihren Anfangsjahren befaßte sich die IAO mit Fragen des Arbeitsschutzes, dem Achtstunden-Arbeitstag, der Festlegung des Schwangerschaftsurlaubs auf mindestens zwölf Wochen, Verbot von Nachtarbeit für Frauen und Jugendliche unter 18 Jahren. 1927 und 1933 wurden die Mitgliedsstaaten verpflichtet, ein Sozialversicherungssystem zum Schutz der Arbeiter bei Krankheit, Invalidität und im Alter einzuführen.

Im Rahmen der Entwicklungshilfe fördert die IAO die internationale technische Zusammenarbeit und die Weiterbildung von Fachkräften aus den Entwicklungsländern, u. a. durch das Internationale Zentrum für berufliche und fachliche Fortbildung in Turin. Ein weiteres Tätigkeitsfeld ist die arbeitswissenschaftliche und sozialpolitische Forschung, Dokumentation und Information durch das Internationale Institut für Arbeitsfragen in Genf. Seit 1946 ist die Internationale Arbeitsorganisation eine Sonderorganisation der Vereinten Nationen (Wirtschafts- und Sozialrat).

Die IAO ist charakterisiert durch eine Besonderheit: In allen Gremien sind neben Regierungsvertretern Arbeitgeber- und Arbeitnehmervertreter gleichberechtigt vertreten (Tripartismus). Jedes Mitgliedsland entsendet vier Delegierte, zwei Regierungs-, einen Arbeitgeber- und einen Arbeitnehmervertreter, in das oberste Beratungsorgan, die Internationale Arbeitskonferenz, die jährlich in Genf zusammentritt. Der Verwaltungsrat besteht aus 56 Mitgliedern (28 Regierungsvertreter, davon sind zehn ständige Sitze für die wirtschaftlich bedeutendsten Staaten reserviert, und jeweils 14 Arbeitgeber- und Arbeitnehmervertreter). Das Internationale Arbeitsamt ist das Sekretariat der Organisation; es wird von einem Generaldirektor geleitet und hat weltweit rund 3.000 Beschäftigte. Seine Hauptaufgabe ist die Beratung der über 170 Mitgliedsstaaten und die Festlegung des Haushalts, der aus Beiträgen der Mitgliedsländer finanziert wird.

Es sind vor allem die ökonomischen und sozialen Probleme der Entwicklungsländer, welche die IAO mit der komplizierten Aufgabe konfrontiert haben, die sie in den nächsten Jahren im Rahmen des Weltbeschäftigungsprogramms lösen möchte.

In Anerkennung ihrer Bemühungen um die Verbesserung der wirtschaftlichen und sozialen Verhältnisse der Völker erhielt die Internationale Arbeitsorganisation den Friedensnobelpreis.

Internationale Ärztebewegung zur Verhütung eines Atomkrieges (International Physicians for the Prevention of Nuclear War – IPPNW)
Nobelpreis 1985
Die beiden Kopräsidenten, Dr. Jewgeni Tschasow, Generaldirektor des Nationalen Forschungszentrums für Kardiologie der Sowjetunion, und Dr. Bernard Lown, Professor für Kardiologie an der Harvard-Universität in Boston (USA), waren die Initiatoren der Internationalen Ärztebewegung. Der amerikanische Herzspezialist und der sowjetische Kardiologe traten im Herbst 1980 in einen Briefwechsel über die grausamen Folgen eines möglichen Kernwaffenkrieges für das Leben der Menschheit. Wenige Monate später trafen sich drei amerikanische und drei sowjetische Ärzte zu Gesprächen in Genf. Daraus ging die Internationale Ärztebewegung zur Verhinderung eines Atomkriegs hervor. In den folgenden Jahren wurden überall auf der Welt nationale Sektionen gegründet.

Ihr Anliegen ist es, die Weltöffentlichkeit mit medizinischer Sachkenntnis über die Gefahren eines Kernwaffenkrieges zu informieren und gegen die nukleare Gefahr zu mobilisieren. Grundlage für die Entwicklung der Kernwaffen war die Entdeckung der Uranspaltung durch Otto Hahn (Chemie-Nobelpreis 1944) und Fritz Strassmann Ende 1938. Darauf aufbauend untersuchte Enrico Fermi (Physik-Nobelpreis 1938) die Möglichkeit zur Erzeugung einer nuklearen Kettenreaktion, die ihm in Chicago im Dezember 1942 gelang.

Die erste Atombombe wurde am 16.7.1945 auf dem Versuchsgelände bei Alamogordo in New Mexico (USA) gezündet. Die zweite Bombe explodierte am 6.8.1945 in 600 Meter Höhe über Hiroshima. Die Stadt wurde zu 80 Prozent zerstört, und es starben fast 200.000 Menschen, und über 100.000 Menschen erlitten Brandverletzungen und Verstrahlungen, an denen sie jahrelang leiden mußten und die noch Jahrzehnte später zu Leukämie und mißgebildeten Neugeborenen führten. Der Welt wurde schlagartig bewußt, welche Folgen eine derartige Waffe hat. In den ersten Jahren nach Ende des Zweiten Weltkrieges verfügten die USA über ein uneingeschränktes Kernwaffenmonopol, das erst am 29.8.1949 durch die Explosion der ersten sowjetischen Atombombe gebrochen wurde. Inzwischen reicht das vorhandene Potential an Kernwaffen aus, die Erde mehrfach zu verwüsten, ihre Bewohner auszulöschen oder die Menschen mehrerer Generationen physisch und psychisch zu schädigen.

Gegen die Bedrohung der Menschheit durch die militärische Nutzung der Kernkraft wendet sich vor allem die Friedensbewegung; sie verstärkte besonders seit den 70er Jahren den Druck auf die kernwaffenbesitzenden Mächte, im Rahmen von Abrüstungsverhandlungen die Bestände an Kernwaffen zu reduzieren und letztendlich aufzulösen. Bereits Anfang der 60er Jahre entstand in den USA die Vereinigung „Ärzte für soziale Verantwortung" (Physicians for Social Responsibility), die vor den Auswirkungen von Kernwaffeneinsätzen warnte. In den 70er Jahren waren es dann die Ärzte, die sich mit den Gefahren der Kernkraftwerke und dem radioaktiven Müll befaßten.

Im Zeichen starker Kontroversen zwischen den Staaten der NATO und des Warschauer Pakts über den Rüstungsstand der jeweils anderen Seite entwickelte sich in vielen NATO-Staaten eine Protestbewegung gegen den NATO-Doppelbeschluß von 1979. Jetzt traten auch die Ärzte auf den Plan, und sie warnten vor einem erneuten atomaren Wettrüsten. In zahlreichen Veröffentlichungen und mit vielfältigen Aktionen wiesen die Ärzte auf ihre medizinische Machtlosigkeit im Falle eines Atomkrieges hin. Die Internationale Ärztebewegung startete eine Kampagne zur medizinischen Aufklärung über die katastrophalen Folgen eines Atomkrieges.

Inzwischen hat die Organisation weltweit etwa 145.000 Ärzte aus über 50 Ländern zusammengeschlossen, die jede Form der medizinischen Vorbereitung auf die Folgen eines Atomkrieges mit ihren ethischen Vorstellungen als Arzt für unvereinbar halten. Die IPPNW setzt sich für atomare Abrüstung und vor allem für das Verbot von Kernwaffentests ein. Während des 6. Kongresses in Köln im Juni 1986 sprach sich die deutsche Sektion angesichts der Reaktorkatastrophe im sowjetischen Kernkraftwerk von Tschernobyl am 25.4.1986 für den Ausstieg aus der Kernenergie aus. Delegierte aus den USA und der UdSSR bekundeten demgegenüber ihre Überzeugung, daß ein Engagement gegen atomare Aufrüstung sich nicht notwendig gegen die friedliche Nutzung von Atomenergie richte.

In der Begründung des Nobelkomitees heißt es, die Internationale Ärztebewegung habe eine „wichtige und sachkundige Informationsarbeit" geleistet und damit das Bewußtsein über die „katastrophalen Folgen eines Nuklearkrieges" erhöht.

Internationale Kampagne zum Verbot von Landminen: siehe WILLIAMS, JODY

Internationale Pugwash-Konferenzen

Nobelpreis 1995, in Würdigung für deren weltweites Engagement gegen den Atomkrieg und für die Abschaffung der Nuklearwaffen.

Die Pugwash-Bewegung ist eine gemeinnützige Vereinigung zur Förderung der Verantwortung in der Wissenschaft und der interdisziplinären Forschung. Sie will auf die Gefahren des nuklearen Rüstungswettlaufs hinweisen und globale Probleme der Abrüstung und Weltentwicklung auf internationaler Ebene behandeln. Die Pugwash-Konferenzen haben ihren Ursprung in einem Aufruf, den der britische Philosoph, Mathematiker und Literatur-Nobelpreisträger des Jahres 1950 Bertrand Russell zusammen mit dem britischen Physiker Joseph Rotblat im Jahr 1955 zur Zeit des kalten Krieges und kurz nach der Erfindung der Wasserstoffbombe entwarf und der dann noch von zehn anderen Wissenschaftlern, darunter acht Nobelpreisträger, unterzeichnet wurde. Zu ihnen zählte auch Albert Einstein (Physik-Nobelpreis 1921), der wenige Tage nach der Unterzeichnung starb.

Die Konferenz, zu der Russell und seine Mitunterzeichner aufgerufen hatten, kam 1957 in dem kanadischen Fischerdorf Pugwash in Neu-Schottland zustande. Insgesamt 25 prominente Wissenschaftler aus Australien, China, Frankreich, Großbritannien, Japan, Kanada, Österreich, Polen, der UdSSR und den USA nahmen daran teil. Sie besprachen Möglichkeiten der Zusammenarbeit, um einen Atomkrieg zu verhindern, beschäftigten sich mit der Verantwortung der Wissenschaftler für ihre Erfindungen auf dem Gebiet der Atomphysik, behandelten Fragen der Abrüstung und Rüstungskontrolle sowie wirtschaftliche und soziale Probleme der sogenannten Entwicklungsländer.

Die erste Hälfte der Pugwash-Geschichte fällt zusammen mit den kältesten Jahren der Nachkriegszeit – der Bau der Berliner Mauer am 13. August 1961, der Konflikt zwischen den USA und der UdSSR, ausgelöst durch den im Juni 1962 begonnenen Bau von Abschußbasen für sowjetische Mittelstreckenraketen auf Kuba (Kubakrise), und der Einmarsch der Truppen des Warschauer Paktes am 21.8.1968 in die Tschechoslowakei sind dafür Stichworte. Es waren Jahre, in denen die offiziellen Kanäle zwischen Ost und West oft stumm blieben. Hier setzten die Pugwash-Mitglieder an, die noch heute ihren Platz an der Schnittstelle zwischen Forschung und Politik sehen. Ohne politische Berührungsängste konnten Experten aus Ost und West zusammenkommen. Wichtige Vorarbeiten für den Vertrag über das Verbot von Kernwaffenversuchen in der Atmosphäre, im Weltraum und unter Wasser zwischen den USA und der UdSSR von 1963 und den Kernwaffensperrvertrag über die Nichtweiterverbreitung nuklearer Waffen von 1968 wurden so geleistet. Auch die internationale Konvention über biologische und später chemische Waffen wäre ohne den Einsatz der Pugwash-Konferenzen kaum zustande gekommen.

Seit Ende der 60er Jahre wurden die Probleme der Entwicklungsländer ein Schwerpunkt der Pugwash-Konferenzen, an denen jetzt auch sehr häufig Wissenschaftler der Politologie und Ökonomen teilnahmen. Ziel von Pugwash war es immer, Forum für unterschiedliche politische Positionen zu sein. Deshalb sind, trotz der eindeutigen Verurteilung der französischen Atomwaffentests im Pazifik (zwischen September 1995 und Januar 1996 fanden sechs Tests auf dem Moruroa-Atoll statt), auch Treffen mit Experten organisiert worden, die am Atomprogramm der Regierung in Paris arbeiten. In den nichtöffentlichen Foren konnten Militärexperten und Wissenschaftler sowie Diplomaten nach Lösungen für die meist schleppenden offiziellen Verhandlungen in Fragen der Abrüstung suchen. Klar bleibt aber: Auch nach Ende des kalten Krieges geht die größte Bedrohung für unsere Zivilisation immer noch von den schätzungsweise über 50.000 Atomwaffen und Atomsprengköpfen auf der Erde aus.

In der letzten Zeit ist es zwar etwas still geworden um die Pugwash-Konferenzen, doch ihr Verdienst, Wissenschaftler sowie Politiker zusammengeführt zu haben, um eine internationale Zusammenarbeit und Vorschläge zur Reduzierung der nuklearen Gefahr zu entwickeln, ist durch die Verleihung des Friedensnobelpreises gewürdigt worden.

Internationales Komitee vom Roten Kreuz und **Liga der nationalen Rot-Kreuz-Verbände** in Genf, Schweiz
Nobelpreis 1917
Nobelpreis 1945 für das vergangene Jahr 1944
Nobelpreis 1963
Im Jahre 1863 wurde aufgrund einer Empfehlung des späteren Friedensnobelpreisträgers Henry Dunant, freiwillige Hilfsorganisationen zur Unterstützung der militärischen Sanitätsabteilungen zu schaffen, das „Internationale Komitee zur Unterstützung der Verwundeten" gegründet. Im Herbst des gleichen Jahres einigte sich in Genf eine Konferenz mit Vertretern aus 16 Staaten auf einen gemeinsamen Appell, freiwillige Hilfsgesellschaften für kranke und verwundete Kriegsopfer zu bilden und eine internationale Konvention zum Schutz verwundeter Soldaten zu schaffen. Ambulanzen und Krankenhäuser sollten neutral und unverletzlich sein. Als Symbol und Schutzzeichen wurde schon damals das rote Kreuz auf weißem Grund bestimmt. 1876 erfolgte die Umbenennung in „Internationales Komitee vom Roten Kreuz". Mit der „Genfer Konvention zur Verbesserung der Lage Verwundeter und Kranker in den Streitkräften" vom 22.8.1864 erhielten die privaten Rote-Kreuz-Gesellschaften die völkerrechtliche Basis. Die grundlegende Genfer-Konvention wurde später durch das Genfer Abkommen vom 6.7.1906 erweitert und verbessert. Seit 1869 wurde ein „Internationales Bulletin" herausgegeben, das dem Kontakt zwischen den immer zahlreicheren nationalen Gesellschaften und der Vorbereitung internationaler Konferenzen diente.

Das Internationale Rote Kreuz (IRK) ist die Gesamtheit aller Rotkreuzverbände, zu denen das Internationale Komitee vom Roten Kreuz (IKRK), die Liga der Rotkreuzgesellschaften, die nationalen Gesellschaften einschließlich der islamischen Organisationen Roter Halbmond (Türkei) und Roter Löwe mit der Roten Sonne (Iran) gehören. Im Ersten Weltkrieg leistete dann in Genf die „Internationale Zentralstelle für Kriegsgefangene" millionenfache Hilfe mit einem damals noch einzigartigen Vermißtensuchdienst und der Postvermittlung für Gefangene. Appelle und Proteste des Internationalen Komitees versuchten zugleich, die kriegsführenden Mächte zur Respektierung der Genfer Konvention zu bewegen. Am 1.2.1919 konstituierte sich das „Komitee der Gesellschaften vom Roten Kreuz" in Cannes. Es setzte sich aus Vetretern der USA, Englands, Frankreichs, Italiens und Japans zusammen und berief eine „Conférence Médicale" prominenter Mediziner aus den fünf Staaten ein. Am 5.5.1919 wurde in Paris von den gleichen Staaten offiziell die Liga der Rote-Kreuz-Gesellschaften gegründet. Das amerikanische Rote Kreuz spendete zwei Millionen Dollar für die Geschäftsführung der Liga. Die Gründung der Liga und die ihr zugewiesenen Aufgaben – Förderung der nationalen Rote-Kreuz-Gesellschaften und ihrer Jugendorganisationen, Verbreitung und praktische Umsetzung neuester medizinischer Erkenntnisse, gegenseitige Hilfe bei nationalen und internationalen Notständen – entsprachen zweifellos den Erfordernissen der Nachkriegszeit, in der die Menschen unter Epidemien, Hungersnöten und Infektionskrankheiten litten. Auch die Rückführung von Kriegsgefangenen in ihre Heimat gehörte zu den Aufgaben des Internationalen Komitees.

Erstmals wurden 1929 in einem internationalen Vertragswerk die Aufgaben des Internationalen Komitees vom Roten Kreuz niedergelegt und damit völkerrechtlich anerkannt. In den Jahren zwischen den Weltkriegen wurden die strukturellen Grundlagen geschaffen, die bis in die Gegenwart das Profil des „Internationalen Roten Kreuzes" bestimmen. Das Internationale Komitee vom Roten Kreuz besteht aus 15 bis 25 Schweizer Bürgern und ist nach schweizerischem Recht eine juristische Person. Durch die ihm aufgrund des Genfer Rotkreuzabkommens zufallenden Aufgaben wird es häufig als Völkerrechtssubjekt betrachtet. Schwerpunkte des Roten Kreuzes im Zweiten Weltkrieg waren u. a. die Nachrichtenvermittlung für Kriegsgefangene – zwischen 1939 und 1945 trafen 46 Millionen Briefe ein, 48 Millionen Auskünfte entsandte die Genfer Zentrale –, die Betreuung der Kriegsgefangenen und Zivilinternierten, Versorgung der alliierten Kriegsgefangenen und Zivilinternierten – mehr als 165.000 Tonnen Güter wurden zwischen 1941 und 1945 unter größten Schwierigkeiten transportiert – und begrenzte Hilfeleistungen für Häftlinge in Konzentrationslagern.

Für die diplomatischen Vermittlungsbemühungen der Komiteemitglieder, die mühsamen logistischen Arbeiten von zahlreichen Helfern, die aufopferungsvollen und nicht ungefährlichen Tätigkeiten der Delegierten erhielt das Internationale Komitee für seine Hilfstätigkeit 1944 den Friedensnobelpreis.

Internationales Nansenamt für Flüchtlinge

(Office International Nansen pour les refugies)

Nobelpreis 1938

Für seine langjährige Wohltätigkeitsarbeit, die viele Flüchtlinge und Hungernde nach dem Ersten Weltkrieg unterstützt hatte, erhielt das Nansenamt den Friedensnobelpreis.

Im Frühjahr 1920 wurde der norwegische Polarforscher Fridtjof Nansen (Friedensnobelpreis 1922) vom Völkerbund mit der Heimführung der Kriegsgefangenen des Ersten Weltkrieges betraut und im August 1921 zum Hohen Kommissar für Flüchtlingsfragen berufen. Bereits 1919 versuchte N. als Privatmann, eine internationale Hilfe für die Hungernden in Rußland zu organisieren. Um diese Aktion zu organisieren, gründete der Norweger im Jahre 1921 die „Nansenhilfe", in der Vertreter Sowjetrußlands, Österreichs, Deutschlands, des Internationalen Roten Kreuzes und der Young Men's Christian Association zusammenarbeiteten. Dank seiner enormen Tatkraft konnte Nansen die Probleme der Hilfeleistung und der Rückführung der Kriegsgefangenen bewältigen. Er bewegte Regierungen dazu, Kredite zur Verfügung zu stellen, und koordinierte die Arbeit der Hilfsorganisation. Der von ihm organisierten „Nansenhilfe" ist es zu verdanken, daß von 1921 bis 1923 durch Hilfslieferungen von Lebensmitteln die Hungersnot in vielen Teilen Rußlands und der Ukraine gelindert werden konnte. Es gelang außerdem bis 1922, fast eine halbe Million Kriegsgefangener aus 26 Nationen aus der Sowjetunion in ihre Heimat zurückzuführen.

Zu den von Nansen eingeleiteten Hilfsaktionen der Flüchtlingsrück- und -umsiedlung gehörte auch ein umfangreiches Besiedlungsprogramm in Westthrakien, um den Vertriebenen eine gesicherte Existenzgrundlage zu bieten. Für die notwendige Übersiedlung Hunderttausender staatenlos gewordener Menschen in ein anderes Land schuf er im Juni 1922 als Identitätsausweis den sogenannten „Nansenpaß", der von 52 Regierungen anerkannt wurde. Dieses Reisedokument wurde von den Behörden jenes Staates ausgestellt, in dem sich der betreffende Flüchtling aufhielt; er hatte eine Geltungsdauer von einem Jahr und gestattete die Rückkehr in das Gebiet des ausstellenden Staates. 1946 wurde die Form des Ausweises durch das London Travel Document und 1951 durch das Reisedokument der Genfer Flüchtlingskonvention weitergeführt.

1922 wurde Nansen für sein humanitäres Wirken mit dem Friedensnobelpreis geehrt. Die gesamte Summe des Preisgeldes stiftete er für die Flüchtlingshilfe.

Nach Nansens Tod am 13.5.1930 wurde vom Völkerbund seine Arbeit mit der Gründung des „Internationalen Nansenamtes für Flüchtlinge" fortgeführt. Materielle Hilfeleistung, politische Unterstützung und Rechtsbeistand für die Flüchtlinge waren die Hauptaufgaben des Nansenamtes. In den dreißiger Jahren wurde über einer Million Flüchtlingen geholfen, zu vielen blieb aber eine Hilfe versagt – so den seit 1933 aus Deutschland fliehenden jüdischen Emigranten und den republikanischen Flüchtlingen des Spanischen Bürgerkrieges, da viele Staaten nicht bereit waren, die Verfolgten aufzunehmen. Für die Flüchtlinge aus Deutschland war das Nansenamt nicht zuständig, da man 1933 das Hochkommissariat für Flüchtlinge aus Deutschland geschaffen hatte. 1938 wurde eine Organisation mit dem Friedensnobelpreis ausgezeichnet, deren Mandat kurze Zeit später auslief. Das Nobelpreisgeld floß einer neuen Völkerbundorganisation zu, die Anfang 1939 ihre Tätigkeit aufnahm und die Arbeit des Nansenamtes für ganz bestimmte Flüchtlingsgruppen mit dem Hochkommissariat für Flüchtlinge aus Deutschland kombinierte.

Im Zweiten Weltkrieg hatten dann aus politischen, religiösen und rassischen Gründen Verfolgte kein Amt mehr, das sich ihrer annehmen konnte. Nach 1945 mußten andere Organisationen die Arbeit der Flüchtlingshilfe aufnehmen, darunter das 1951 gegründete Amt des UNO-Hochkommissariats für Flüchtlinge (Friedensnobelpreis 1954 und 1981) und Amnesty International (Friedensnobelpreis 1977).

Internationales Ständiges Friedensbüro

(Bureau International Permanent de la Paix) mit Sitz in Bern (Schweiz)

Nobelpreis 1910

Auf dem Dritten Universellen Weltfriedenskongreß beschlossen am 13.11.1891 die in Rom versammelten Delegierten die Gründung des „Permanenten Internationalen Friedensbüros", um Fragen und Anträge für künftige internationale Friedenskongresse auszuarbeiten. Die geistigen Väter waren der dänische Parlamentsabgeordnete Frederik Bajer (Friedensnobelpreis 1908), der auch bis 1907 erster Präsident war, der französische Journalist und Philosophieprofessor Charles Lemonier und der britische Pazifist Hodson Pratt.

Als Prinzipien des internationalen Rechts wurden festgehalten:

- Das Prinzip der Pflichten und der Moral der Nationen ist das gleiche wie das der Moral und der Pflichten der Individuen;
- da niemand das Recht hat, Selbstjustiz zu üben, kann auch kein Staat einem anderen Staat den Krieg erklären;
- alle Differenzen zwischen den Völkern müssen auf dem Rechtsweg gelöst werden;
- alle Völker stehen sich als Wesenheiten gegenüber und haben wie Individuen das Recht auf gesetzmäßige Verteidigung;
- es existiert kein Recht durch Eroberung;
- die Völker haben das unveräußerliche und unabdingbare Recht, frei über sich selbst zu verfügen;
- das Recht jeder Nation auf Selbstbestimmung ist unverletzlich.

Von Anfang an hatte das Friedensbüro die Aufgabe, die Tagesordnung der Internationalen Friedenskongresse festzulegen, ihr Organisationskomitee zu beraten und die Entscheidungen der Kongresse durchzuführen. Darüber hinaus machte es pazifistische Propaganda und sorgte für verbesserte Koordination zwischen Institutionen und Personen, die sich für den Frieden engagierten.

Erster Generalsekretär wurde der Schweizer Politiker Elie Ducommun (Friedensnobelpreis 1902), und als Sitz der Organisation wählte man Bern, um die Neutralität der weltweiten Vereinigung zu verdeutlichen. Nach den Statuten war die jährliche Generalversammlung der Mitglieder das oberste Entscheidungsgremium.

15 Jahre lang führte Ducommun die Geschäfte des Friedensbüros, und nach seinem Tod im Jahre 1906 wurde der Schweizer Jurist Charles Albert Gobat (Friedensnobelpreis 1902) sein Nachfolger als Generalsekretär. Doch die Rolle des Büros wurde bereits in den letzten Jahren vor dem Ersten Weltkrieg in Frage gestellt, als die amerikanische Carnegie-Stiftung ihre finanziellen Beiträge kürzte und später einstellte und in Paris ein konkurrierendes internationales Friedenszentrum eröffnete. Nach dem Tode von Gobat im Frühjahr 1914 übernahm Henry Golay das Sekretariat und kämpfte verzweifelt um die Existenz der Organisation.

Im Ersten Weltkrieg versuchte er das Friedensbüro auf den Kurs der Ententemächte gegen Deutschland und Österreich-Ungarn zu steuern. Erst der Kriegseintritt der USA sowie die russische Frühjahrsrevolution vermochten das Friedensbüro zu einem öffentlichen Aufruf zu bewegen. Es war eine Stellungnahme derjenigen Pazifisten, die während der vergangenen Jahre den Standpunkt vertreten hatten, der Frieden unter den Völkern sei allein auf der Grundlage politischer Freiheit und internationaler Selbstbestimmung zu sichern.

In den Nachkriegsjahren verlor das Internationale Friedensbüro seinen Rang und spielte keine entscheidende Rolle mehr in der Friedenspolitik. Im Jahr 1924 verlegte das Friedensbüro sein Sekretariat nach Genf, doch die Teilnahme der Pazifisten an den Friedenskongressen wurde immer spärlicher, und neue Finanzquellen blieben aus. Unter dem Eindruck der schlimmen Folgen des Weltkrieges hatte sich auch die Friedensbewegung verändert. Dringende Appelle von Golay hinsichtlich einer Zusammenarbeit mit anderen Gruppen blieben erfolglos. Der Tod von Golay im Jahre 1950 bedeutete auch das Ende des Friedensbüros, es wurde im gleichen Jahr aufgelöst.

Jouhaux, Léon – französischer Politiker und Gewerkschafter
geb. 1.7.1879 in Paris
gest. 28.4.1954 in Paris
Nobelpreis 1951
J., Sohn eines Fabrikarbeiters, mußte schon frühzeitig die Schule verlassen, um in der Familie zu helfen und durch kleine Nebenjobs das karge Einkommen aufzubessern. Er lernte aber fleißig weiter und bereitete sich auf den Besuch einer höheren Schule vor. Daraus wurde jedoch nichts, denn schon nach wenigen Monaten mußte J. den Schulbesuch abbrechen, die häusliche Not zwang ihn, eine Arbeit in einer Zündholzfabrik aufzunehmen. Der ersehnte Weg zur Gewerbeschule war damit verbaut. Betrieb, Gewerkschaft und ein anarchistischer Bildungsverein in Aubervilliers wurden die Lernorte, an denen J. seine Erziehung erhielt. Bereits mit 16 Jahren arbeitete er in der Gewerkschaft mit, gehörte zu den Organisatoren eines Streiks für bessere Gesundheitsbedingungen und verlor daraufhin seinen Arbeitsplatz. Als Autodidakt holte er sich sein Rüstzeug für seine bemerkenswerte Laufbahn. Er war kein Theoretiker, sondern ein Mann der Praxis, der seinen Aufstieg in der französischen Gewerkschaftsbewegung zäher Kleinarbeit und einem beachtlichen rednerischen Talent verdankte.

Mit 30 Jahren war J. zum Generalsekretär der Confédération Générale du Travail (CGT), des allgemeinen französischen Gewerkschaftsbundes, berufen worden. Er kämpfte für die Einheit dieser in zahlreiche Richtungsgewerkschaften zersplitterten Bewegung. In den folgenden Jahren organisierte er die Streikkampagnen gegen die Verlängerung der Wehrpflicht und sorgte für die Unabhängigkeit des Gewerkschaftsdachverbandes von der Parteipolitik. Während des Ersten Weltkrieges betrieb er eine „Politik gewerkschaftlicher Präsenz", die auf Kooperation mit staatlichen Institutionen gerichtet war. Zur Entschärfung von Tarifkonflikten wurden Schiedskommissionen eingerichtet, die mit Unternehmer- und Gewerkschaftsvertretern besetzt waren. Im Arbeitsministerium entstanden Ausschüsse, in denen Arbeiter mit Regierungsbeamten an einem Tisch saßen.

Nach Kriegsende arbeitete J. intensiv mit am Neuaufbau der gewerkschaftlichen Internationale. Auf der Pariser Friedenskonferenz 1919, an der er als technischer Experte des Ausschusses für Internationale Arbeitergesetzgebung teilnahm, begann für den Gewerkschaftsführer ein wichtiger Abschnitt seiner internationalen Tätigkeit. Im gleichen Jahr wurde J. zum Vizepräsidenten des Internationalen Gewerkschaftsbundes gewählt. Er gehörte zu den Gründern der Internationalen Arbeitsorganisation (ILO) und war Aufsichtsratmitglied bis zu seinem Tode.

Im Rahmen der ILO und des Völkerbundes, in den J. von 1924 bis 1938 als Delegierter Frankreichs entsandt wurde, widmete er sich besonders den Fragen der Abrüstungspolitik. In seiner Schrift „Die Abrüstung" publizierte er 1927 eine Reihe konkreter Vorschläge, die der Sicherung des Weltfriedens dienen sollten. Zur Verringerung des Konfliktpotentials müsse man auf nationaler Ebene die Rüstungsproduktion und den Waffenhandel unter staatliche und auf internationaler Ebene unter Kontrolle des Völkerbundes stellen. Durchzusetzen waren seine Vorschläge nicht, denn die Weltpolitik der 30er Jahre ging einen anderen Weg. Auch J. zog aus dieser Entwicklung seine Konsequenzen. Innenpolitisch traten er und die CGT offensiv gegen die auch in Frankreich sich entfaltenden militanten Rechtstendenzen auf. 1938 traf J. während einer USA-Reise mit dem amerikanischen Präsidenten Roosevelt zusammen und unternahm den Versuch, den Präsidenten für eine internationale Konferenz über die Probleme Europas zu gewinnen, doch die Aktion scheiterte. Dann begann der Zweite Weltkrieg und im Sommer 1940 der Überfall der deutschen Wehrmacht auf Frankreich. Die CGT wurde aufgelöst, J. wurde mehrfach verhaftet und schließlich unter Hausarrest gestellt. 1943 wurde er nach Buchenwald deportiert, bald darauf mit anderen prominenten französischen Politikern auf dem Tiroler Schloß Itter inhaftiert. Am 5.5.1945 befreiten ihn amerikanische Truppen aus der Haft.

Trotz eines Herzleidens, das während der Haft aufgetreten war, stürzte J. sich wieder in die Arbeit. Er widmete sich jetzt verstärkt internationalen Aufgaben. Er wurde Vertreter Frankreichs bei den Vereinten Nationen, Präsident der Abteilung Arbeit der ILO und später auch Vizepräsident des Internationalen Bundes Freier Gewerkschaften und Vorsitzender des Internationalen Rates der Europa-Bewegung. Seit 1947 stand er auch dem französischen Wirtschaftsrat vor. 1948 trat J. vom Amt des Generalsekretärs zurück und gründete eine neue Gewerkschaft: die Confédération du Travail – Force Ouvriere. Die Preissumme für den Nobelpreis stiftete J. zum größten Teil für den Aufbau einer Friedensinitiative mit dem programmatischen Namen „Kämpferische Demokratie".

Jung, Kim Dae – südkoreanischer Politiker und Staatspräsident
geb. 3.12.1925 in Hugwang-ri
Nobelpreis 2000

K., zweites von sieben Kindern eines kleinen Bauern auf der Insel Ha Enido in der Provinz Cholla am äußersten Südzipfel der koreanischen Halbinsel, wuchs unter der japanischen Kolonialherrschaft auf. Er besuchte bis 1943 eine Handelsschule in Mokpo und arbeitete dann bei einer japanischen Schiffahrtslinie. Nach der Niederlage Japans übernahm J. 1945 die Reederei, die er bis 1955 leitete, und daneben war er noch drei Jahre lang Zeitungsverleger der „Mokpo Daily News". Zu Beginn des Koreakrieges (Kampfhandlungen von 1950–1953 zwischen Truppen der Volksrepublik und Streitkräften der Republik Südkorea), der zur Teilung des Landes führte, geriet J. vorübergehend in Gefangenschaft.

1954 kandidierte J. als Unabhängiger mit Unterstützung der Gewerkschaften erstmals für das Parlament. 1961 schaffte er nach mehreren Anläufen schließlich den Einzug ins Parlament. In den 60er Jahren absolvierte J. in Etappen ein Ökonomiestudium an den Universitäten Seouls, das er 1970 beendete. 1992 promovierte er an der Diplomatenakademie in Moskau im Fach Politische Wissenschaften zum Doktor der Philosophie. 1963 wurde er für die Volkspartei erneut ins Parlament gewählt, und 1967 machte J. als Kandidat der neu gegründeten oppositionellen Neuen Demokratischen Partei durch einen überwältigenden Wahlerfolg erstmals landesweit von sich reden.

1971 trat er bei der Präsidentschaftswahl gegen Diktator General Park Chung Hee an und unterlag knapp. Im Oktober 1972, wenige Tage vor Verhängung des Kriegsrechts in Südkorea, verließ er das Land und wurde im Exil in Japan zum Führer der Opposition. 1973 wurde J. in Tokio von Agenten des südkoreanischen Geheimdienstes entführt, kam aber durch Intervention der Geheimdienstbehörde der USA wieder frei und wurde unter Hausarrest gestellt. Wegen Verstoßes gegen die Notstandsverordnung der Junta wurde J. im März 1976 verhaftet und zu fünf Jahren Haft bei Aberkennung der Bürgerrechte verurteilt. Im Dezember 1978 wurde er entlassen, stand bis Ende 1979 aber erneut unter Hausarrest, und erst nach der Ermordung von Diktator Park erhielt J. seine Freiheit und seine vollen Bürgerrechte zurück. Nach der Machtübernahme durch General Chun Doo Hwan im September 1980 wurde J. wegen angeblicher Umsturzpläne vor Gericht gestellt und trotz Protesten des Auslands zum Tode verurteilt. Doch das Regime mußte nachgeben, und später wurde die Todesstrafe in eine zwanzigjährige Haftstrafe umgewandelt.

Ende des Jahres 1982 kam J. überraschend frei und durfte in die USA ausreisen. Von 1983 bis 1984 wirkte er als Visiting Fellow am Center for International Affairs der Harvard University in Cambridge (Massachusetts). 1985 kehrte J. in seine Heimat zurück und wurde erneut unter Hausarrest gestellt, der erst 1987 wieder aufgehoben wurde. Dennoch steuerte J. zusammen mit dem Oppositionspolitiker Kim Young Sam die „Neue Koreanische Demokratische Partei", was ihm immer wieder die Beschränkung seiner persönlichen Freiheit einbrachte. 1987 kam es zur Spaltung der NKDP als Folge von Meinungsverschiedenheiten der beiden Kims über das weitere politische Vorgehen gegen das Chun-Regime, und so war es auch nicht verwunderlich, daß J. im Dezember 1987 die Präsidentenwahl verlor. In den folgenden Jahren kam die Demokratisierung Südkoreas nur mühsam voran, es kam häufig zu Unruhen und Zusammenstößen zwischen Studenten und Polizei. Auch bei den Parlamentswahlen 1992 bewarb sich J. vergeblich um die Präsidentschaft, und er kündigte seinen Rückzug aus dem politischen Leben an. Anfang der 90er Jahre hielt J. als Honorarprofessor Vorlesungen an den Universitäten in Moskau, Südkorea und China.

1995 engagierte er sich dann doch wieder im Wahlkampf und gründete eine neue Partei, den Nationalen Kongreß für Neue Politik (NCNP). Im vierten Anlauf gewann er am 18.12.1997 mit einem Bündnis seiner Partei und den „Vereinigten Liberaldemokraten" (ULD) die Präsidentschaftswahlen und wurde am 25.2.1998 als Nachfolger von Kim Young Sam als neuer Präsident vereinigt. Südkoreas Präsident J. wird in seinem Land oft als „Nelson Mandela von Asien" bezeichnet. Wie der südafrikanische Friedensnobelpreisträger des Jahres 1993 erwarb er sich im In- und Ausland hohes Ansehen durch mutiges Eintreten für Menschenrechte und Demokratie. Erstmals in der Geschichte des Landes wurde ein Oppositionskandidat Staatsoberhaupt. Mit seinem Programm will er demokratische und marktwirtschaftliche Reformen sowie die Bekämpfung der Korruption und Verflechtung von Politik und Wirtschaft erreichen.

Vor allem aber wollte J. versuchen, mit dem seit über 50 Jahren völlig abgeschotteten kommunistischen Nachbarn Nordkorea einen direkten Dialog aufzunehmen. Zwei Jahre nach seinem Amtsantritt erzielte Präsident J. mit seiner zunächst umstrittenen Strategie, den kalten Krieg auf der koreanischen Halbinsel durch eine auf Dialog, Verständigung und wirtschaftliche Kooperation angelegte „Sonnenscheinpolitik" gegenüber Nordkorea zu überwinden, einen Durchbruch. Am 20.1.2000 schlug J. dem nordkoreanischen Staatschef Kim Jong-il eine Zusammenkunft vor, um auf bilateralem Weg über Frieden, Versöhnung und Zusammenarbeit zu reden.

Das historische Treffen zwischen den Repräsentanten Nord- und Südkoreas fand vom 12. bis 14.6.2000 in unerwartet entspannter Atmosphäre statt. Es mündete in die Unterzeichnung einer Vier-Punkte-Vereinbarung, mit der eine neue Ära der Kooperation und Verständigung beginnen soll: Schritte zur Versöhnung, die die Möglichkeit einer Wiedervereinigung offenläßt; Zusammenführung von durch die Teilung getrennten Familien; Abbau von Spannungen; wirtschaftliche und kulturelle Zusammenarbeit. Jeweils 100 Süd- und Nordkoreaner durften Mitte August in einer „Woche der Versöhnung" in Gruppen für vier Tage in die Hauptstadt des jeweiligen Nachbarlandes reisen.

Kellogg, Frank Billings – amerikanischer Jurist und Politiker
geb. 22.12.1856 in Potsdam (New York)
gest. 21.12.1937 in Saint Paul (Minnesota)
Nobelpreis 1929
K. wurde für den 1928 geschlossenen Vertrag über die Ächtung des Krieges mit dem französischen Außenminister Aristide Briand mit dem Friedensnobelpreis ausgezeichnet.

K. wuchs in Minnesota auf, wo er eine etwas oberflächliche Ausbildung an einer Dorfschule erhielt. Dank seiner Fähigkeiten und Eigeninitiative, er mußte sich während seiner juristischen Ausbildung den Lebensunterhalt mit Landarbeit verdienen, konnte er Rechtswissenschaft an der Universität Rochester studieren. Mit 21 Jahren wurde er zur Advokatur zugelassen, und er machte ein glänzendes Examen. Danach praktizierte er in Saint Paul und wurde Anwalt führender Industrie- und Bankunternehmen. Sein Name wurde weithin bekannt, als er im Rahmen von Theodore Roosevelts (US-Präsident, Friedensnobelpreis 1906) Antitrust-Politik die Regierung gegen Rockefellers Standard Oil Trust vertrat und eine Entscheidung des Obersten Bundesgerichts erreichte, die zur Entflechtung des Unternehmens führte. Im Jahr 1912 wurde K. Präsident der Assoziation amerikanischer Rechtsanwälte und unterstützte Roosevelt bei der Präsidentenwahl.

Zu Beginn des Ersten Weltkrieges wechselte er in die Politik. 1916 in den Senat gewählt, lehnte er die Völkerbundsidee nicht vollkommen ab, machte aber Bedenken geltend, die ihn später in die Reihe der gemäßigten Opposition führten und zur Trennung von Senator Lodge, als er dessen Plan durchschaute, die Annahme des Vertrages vollkommen zu Fall zu bringen. Von 1917 bis 1923 war K. Senator der Republikaner für Minnesota und unterstützte US-Präsident Thomas Woodrow Wilsons (Friedensnobelpreis 1919) Kriegserklärung an das Deutsche Reich. Ab 1923 konnte K. diplomatische Erfahrungen in Südamerika und Großbritannien sammeln. Als amerikanischer Botschafter in London hat er während der Konferenz über die Durchführung des Dawes-Planes im Juli 1924 eine wichtige Rolle bei der Einigung der deutschen und französischen Vertreter gespielt, als die Konferenz über die Ruhrgebietsfrage zu scheitern drohte.

Fast siebzigjährig, gesundheitlich geschwächt und äußerst nervös, übernahm K. im März 1925 unter dem 30. Präsidenten der USA, Calvin Coolidge, das Außenministerium. Seine Politik gegenüber Lateinamerika hatte vorerst wenig Aktivposten aufzuweisen. Die mexikanisch-amerikanischen Beziehungen hat er eher verschärft als gelöst; sie konnten nur durch die Wahl eines gewandten Diplomaten durch den Präsidenten erfolgreich gestaltet werden. Gegenüber China hielt K. an der Nichteinmischungspolitik fest, jedoch wurde die Kuomintang-Regierung durch den Abschluß eines Zollvertrages über Zollautonomie anerkannt.

Im April 1927 unterbreitete der französische Außenminister Aristide Briand (Friedensnobelpreis 1926) seinem amerikanischen Amtskollegen K. den Vorschlag, einen französisch-amerikanischen Pakt abzuschließen, der den Krieg als Mittel der internationalen Politik ächten sollte. Der Pakt war zunächst als bilaterales Abkommen von Briand konzipiert worden, um den französischen Sicherheitsbedürfnissen nachzukommen. Mit Verzögerung war es der amerikanischen Diplomatie gelungen, Briands Vorschlag in ein multilaterales, moralisch anspruchsvolles, aber politisch entschärftes Vertragswerk umzuwandeln, das am 27. August 1928 in Paris von fünfzehn Staaten unterzeichnet wurde. Unmißverständlich appellierte K. an das Verantwortungsbewußtsein der Staaten und der Staatsmänner, die zunehmende Bewaffnung einzuschränken.

Die Unterzeichner des Briand-K.-Paktes verurteilten den Krieg als Mittel zur Lösung internationaler Streitfälle und verzichteten auf den Krieg als Werkzeug nationaler Politik. Sie verpflichteten sich, alle Streitfragen mit friedlichen Mitteln zu regeln. Das Recht eines jeden Staates auf Selbstverteidigung blieb als unveräußerliches Recht anerkannt. Der Pakt, dem bis 1939 immerhin 63 Staaten beitraten, stellt grundsätzliche völkerrechtliche Regeln auf, die später in die Satzung der Vereinten Nationen eingingen. In der Praxis erwies sich der Vertrag allerdings dann als wenig tauglich zur Verhinderung von Kriegen, beispielsweise konnten die Besetzung der Mandschurei durch Japan im Jahr 1931 oder Äthiopiens durch Italien 1935 und auch der Zweite Weltkrieg nicht verhindert werden. Da im Vertrag keine Sanktionen gegen einen „Aggressor" vorgesehen waren und nicht einmal der Begriff „Angriffskrieg" definiert wurde, blieb der Pakt ohne große Wirkung. Er diente jedoch 1946 als Grundlage für die Anklageerhebung des Internationalen Militärtribunals in Nürnberg. Von 1930 bis 1935 war K. Mitglied des Internationalen Gerichtshofes in Den Haag.

King, Martin Luther – amerikanischer Bürgerrechtler und baptistischer Geistlicher
geb. 15.1.1929 in Atlanta (Georgia)
gest. (ermordet) 4.4.1968 in Memphis (Tennessee)
Nobelpreis 1964

K., Sohn eines angesehenen Pastors, besuchte die Grundschule und später die Booker T. Washington High School. 1944 kam er in das Morehouse College in Atlanta. Er entschloß sich, Pfarrer zu werden, und wurde bereits 1947 geweiht und als Hilfspfarrer an die Kirche seines Vaters berufen. 1948 beendete K. seine Studien am Morehouse College und setzte ein theologisches Studium am Crozer Theological Seminary in Chester fort. Im Juni 1951 bestand er seine Abschlußprüfung mit glänzenden Noten und erhielt als bester Student das J.-Lewis-Crozer-Stipendium für ein Fachstudium an einer beliebigen Universität. Im gleichen Jahr ließ er sich als Student der Philosophie in Boston einschreiben. 1955 erwarb er den philosophischen und den theologischen Doktorgrad. Nach Abschluß des Universitätsstudiums bot man K. mehrere Stellen an, er entschied sich aber, in den Süden zu gehen. K. bekam eine Anstellung als Pfarrer an der Dexter Avenue Baptist Church in Montgomery (Alabama).

Mit seiner Wahl zum Leiter des Boykottkomitees am 5.12.1955 wurde er zum Führer des Kampfes um die politische Gleichberechtigung und soziale Gleichheit der Afroamerikaner. Anfang des Jahres 1956 ging die weiße Stadtverwaltung zu einer Politik der „harten Hand" über, da sie einsah, daß die Schwarzen sich nicht durch Verhandlungen von ihren Forderungen abbringen ließen. Am 30.1. erfolgte ein Bombenanschlag auf das Haus K.s, der inzwischen als die führende Kraft unter der schwarzen Bevölkerung in Montgomery galt. Er gründete 1957 die „Southern Christian Leadership Conference" (Christliche Führungskonferenz des Südens) als organisatorische Basis der Bürgerrechtsbewegung im Süden. Er entwickelte, inspiriert von den Ideen M. Gandhis und des amerikanischen Dichters und Philosophen H. D. Thoreau, die Taktik des gewaltlosen direkten Massenkampfes gegen das System der Rassenunterdrückung, wobei jeweils besonders ungerechte Gesetze und entwürdigende Praktiken der Segregation im Mittelpunkt der einzelnen Aktionen (Boykotte, Sitzstreiks, Massendemonstrationen) standen.

Seit 1957 hatte K. auch immer wieder die Regierung der USA gebeten, energische Maßnahmen für die Unterstützung der Freiheitsbewegung der Schwarzen zu unternehmen. Er bemühte sich in Artikeln und Aussprachen, die schwarze Bevölkerung und die Weißen über die soziale Lage in den USA zu informieren, und forderte sie auf, bei der gerechten Einführung der Integrationsgesetze mitzuhelfen. Er reiste von Stadt zu Stadt, und sein Name wurde immer bekannter. Nach einer Ansprache in Harlem im September 1958, als er sein Buch „Freiheit" signierte, näherte sich ihm eine Frau und stach ihm plötzlich einen Brieföffner in die linke Brustseite. Er wurde lebensgefährlich verletzt, aber er überstand diesen Mordanschlag. 1959 kündigte K. seine Pfarrstelle in Montgomery und ging nach Atlanta. Dort konnte er seinen Vater als Hilfspastor unterstützen, aber zugleich seinen zahlreichen Verpflichtungen als Führer der Schwarzenbewegung besser nachkommen.

1963 veröffentlichte K. das Buch „Warum wir nicht warten können", im Mittelpunkt stehen die Ereignisse mit den gewaltlosen Aktionen in Birmingham und dem Marsch auf Washington. Er rief die Schwarzen auf, den begonnenen Weg der Freiheit weiterzugehen und hoffnungsvoll in die Zukunft zu sehen. Sichtbarer Erfolg der von K. geführten Massenbewegung war das Bürgerrechtsgesetz vom Juli 1964, das die Segregation im gesamten US-Territorium für ungesetzlich erklärte. Als am 22.11.1963 die Nachricht über die Ermordung Präsident Kennedys in Dallas bekannt wurde, merkten viele Amerikaner mit Entsetzen, daß die Unruhen in den USA noch lange nicht beendet sein würden. K. war tief erschüttert über den Tod des Präsidenten, der in seiner Amtszeit mutige Schritte für die allgemeinen Bürgerrechte unternommen hatte.

Auf dem vierten europäischen Baptistenkongreß in Amsterdam 1964 erklärte K., er sei nach wie vor davon überzeugt, daß die Anerkennung der amerikanischen Schwarzenbevölkerung auf friedlichem Wege erreicht werden könne. Im September 1964 kam K. nach Berlin zur Verleihung der Ehrendoktorwürde durch die Kirchliche Hochschule Berlin. Er setzte den Kampf mit der Kampagne für das Recht der Afroamerikaner auf Registrierung in den Wählerlisten fort (Märsche von Selma nach Montgomery, März 1965), mit dem Ergebnis, daß im Wahlrechtsgesetz vom 6.8.1965 die Verweigerung des Wahlrechts aus Gründen der Rasse oder Hautfarbe verboten wurde. Trotz dieser Fortschritte in der Gesetzgebung tobte der Rassismus weiter. K., den Angriffen der rassistischen Reaktion, aber auch linksextremistischen Kräften ausgesetzt, hielt am Prinzip des gewaltlosen Massenkampfes fest und hob ihn durch die Verbindung des Kampfes gegen die rassistische Unterdrückung mit dem gegen den Vietnamkrieg und die Armut auf ein neues Niveau.

Die Verleihung des Friedensnobelpreises wurde für K. zum persönlichen Höhepunkt seines Lebens – und damit auch für seine Anhänger. Zu Beginn des Jahres hatte ihn das Nachrichtenmagazin „Time" zum „Mann des Jahres" gewählt – eine Ehrung, die bisher als Schwarzer nur noch Kaiser Haile Selassie aus Äthiopien erhalten hatte.

Am 5.4.1968 wurde K. um ein Uhr mitteleuropäischer Zeit auf dem Balkon seines Hotels erschossen. Er war nach Memphis (Tennessee) gekommen, um hier eine Bürgerrechtsdemonstration vorzubereiten und zu leiten. Am 9. April wurde er in seiner Heimatstadt Atlanta beigesetzt.

Kissinger, Henry Alfred – amerikanischer Politiker und Hochschullehrer
geb. 27.5.1923 in Fürth
Nobelpreis 1973

K., Sohn eines Gymnasiallehrers, besuchte die Schule in Deutschland, doch 1938 mußte die Familie nach den USA auswandern. 1943 wurde er naturalisiert. Er besuchte die George Washington High School in New York und wurde 1943 zu den Landstreitkräften der USA einberufen. Nach dem Krieg arbeitete er in der amerikanischen Besatzungszone in Deutschland bei der Spionageabwehr der Armee. Im Jahre 1947 kehrte K. wieder in die USA zurück und setzte, als hochbegabter Student durch zahlreiche Stipendien gefördert, sein Studium an der Harvard-Universität fort. 1954 promovierte er. Seine Dissertation wurde damals mit dem Sumner-Preis ausgezeichnet, drei Jahre später erschien sie, zum Buch erweitert, unter dem Titel „A World Restored: Metternich, Castlereagh and the Problems of Peace 1812–1822". Das Buch, das 1962 auch in deutscher Übersetzung herauskam („Großmacht Diplomatie"), zählt inzwischen zu den Klassikern der Geschichtsschreibung.

K. war damals am Aufbau des Internationalen Seminars in Harvard beteiligt, das junge Führungskräfte aus aller Welt in die Wissenschaft von der Politik einführen will, und er gab die Seminarzeitschrift „Confluence" heraus. Von 1951 bis 1971 war er Direktor des Seminars. Von 1954 an arbeitete K. gleichzeitig als Studiendirektor eines Forschungsprogramms zur Beantwortung der Frage, wie der militärischen Herausforderung durch die UdSSR begegnet werden könne. Seine Analyse unter dem Titel „Nuclear Weapons and Foreign Policy" (1957) machte ihn weltbekannt. Von 1954 bis 1971 gehörte K. dem Lehrkörper der Harvard-Universität an, ab 1962 als ordentlicher Professor. Von 1957 bis 1960 war er stellvertretender Direktor des Harvard Center for International Affairs. Außerdem war er von 1958 bis 1969 Direktor von Harvards Defense Studies Program. Zu dieser Zeit stellte K. Kontakte nicht nur zu Fachleuten für internationale Fragen, sondern auch zu Politikern und Diplomaten her. Von 1950 bis 1960 war K. Berater der Behörde für Waffenentwicklung beim Vereinigten Generalstab und von 1961 bis 1968 Berater der US Agentur für Waffenkontrolle und Abrüstungsfragen.

Als Berater N. A. Rockefellers kam K. 1957 erstmals aktiv mit der hohen Politik in Berührung und war von nun an auch geschätzter Ratgeber der amerikanischen Präsidenten Kennedy, Johnson und Nixon. Als Nixon 1968 Präsident wurde, berief er K. als Berater für Außen- und Sicherheitspolitik. Zu dieser Zeit befand sich die amerikanische Außenpolitik in einem deprimierenden Zustand: Das aussichtslose militärische Engagement in Vietnam löste in den USA zusehends politischen Widerstand und moralische Zersetzung aus, und im Nahen Osten hatte seit 1967 die UdSSR Oberwasser gewonnen. Im Einvernehmen mit Präsident Nixon begegnete K. dieser Situation mit einer Politik des weitgehenden Verzichts auf die traditionelle Rolle der USA als Weltgendarm und verordnete seinem Land eine Wandlung zur kompromißbereiten Großmacht.

1971 besuchte K. Peking und führte die entscheidenden amerikanischen Verhandlungen mit China, die schließlich zur Aufnahme in die UN führten. Im gleichen Jahr war er in Moskau, wo er den Abschluß des ersten Abkommens zur Begrenzung der strategischen Rüstung zwischen den USA und der UdSSR vorbereitete. Nach jahrelangen Geheimverhandlungen zwischen K. und dem nordvietnamesischen Politiker Lê Đuc Tho wurde am 27.1.1973 in Paris „das Abkommen über die Beendigung des Krieges und die Wiederherstellung des Friedens in Vietnam" unterzeichnet. Die praktische Durchführung des Abkommens stieß allerdings auf immer neue Schwierigkeiten. Die Hoffnung auf eine Beendigung des Blutvergießens in Vietnam erfüllte sich nicht, denn der friedlose blutige Zustand zwischen Nord- und Südvietnam ging weiter, bis die USA ihr militärisches Engagement für Südvietnam endgültig aufgeben mußte. Von Ende 1973 bis Mitte 1974 befand sich K. ständig auf Reisen, vor allem in den Staaten des Nahen Ostens. Schwierigster Teil seiner Friedensbemühungen war die Vermittlung zwischen Israel und Syrien. Ende Mai 1974 kam es dann zu der überraschenden Vereinbarung einer Pufferzone zwischen Syrien und Israel.

Nach dem Debakel in Vietnam und K.s erfolgloser Nahost-Mission im Frühjahr 1975 mehrten sich die Stimmen, die seinen Rücktritt forderten. Mit dem Amtsantritt des Präsidenten J. Carter im Januar 1977 schied K. aus der Regierung aus. Trotz aller Kritik und Mißerfolge wurde der Abschied des brillanten Krisenmanagers aus der aktiven Politik vielerorts bedauert. Im Juni 1977 nahm K. einen Lehrauftrag für Internationale Diplomatie an der Georgetown-Universität in Washington an. Er unterstützte die Kandidatur von R. Reagan und wurde nach Reagans Wahlsieg schon bald dessen Beraterkreis zugerechnet. Heftig diskutiert wurden 1984 seine Vorschläge zu einer Reform der NATO im Sinne eines „vernünftigen Gleichgewichts der Verantwortlichkeiten" zwischen Europäern und Amerikanern.

Klerk, Frederik Willem de – Staatspräsident Südafrikas und Vorsitzender der Nationalen Partei
geb. 18.3.1936 in Johannesburg
Nobelpreis 1993

K., Sohn eines prominenten Politikers, besuchte die Hoerskool Monument High School, studierte dann u. a. Jura an der Potchefstroom-Universität und erwarb dort ein Bachelor of Arts Degree. Bereits als Student engagierte er sich politisch in der Nationalen Partei (NP). Nach Abschluß seines Studiums war K. von 1961 bis 1972 als Anwalt in Vereeniging tätig. Er wurde in dieser Zeit Vorsitzender der Law Society in Transvaal und Mitglied des Vaal Triangle Technikon Council. Als Direktor war er in der Leitung verschiedener privater Firmen vertreten.

Im November 1972 wurde K. als Vertreter der NP in das damals noch rein weiße Abgeordnetenhaus der Republik Südafrika gewählt. 1978 berief ihn der damalige Premier Vorster als Minister in sein Kabinett. Innerhalb der NP gewann er zunehmend an Bedeutung und wurde im Dezember 1980 zu einem der drei Vizepräsidenten der Parteiorganisation in Transvaal gewählt. Im Juli 1982 übertrug ihm Botha das Innenministerium, 1984 wurde K. Minister für Nationale Erziehung, und ab Juli 1985 wurde er zum Vorsitzenden des Ministerausschusses im Abgeordnetenhaus ernannt. Als im Januar 1989 Botha aus gesundheitlichen Gründen seine Parteiämter abgab, wurde K. im Februar 1989 zum neuen Parteivorsitzenden gewählt.

Galt K. bisher eher als Verfechter der Apartheid, so profilierte er sich nach der Wahl als pragmatischer Reformer, der ein „Gleichgewicht der Gruppen" propagierte, aber völlige Gleichberechtigung der schwarzen Bevölkerungsmehrheit stets ablehnte. Nach dem Rücktritt Bothas wurden Parlamentswahlen notwendig, und am 14.9.1989 wurde K. erwartungsgemäß zum Staatspräsidenten gewählt. Im Februar 1990 verkündete er die Legalisierung des „African National Congress" (ANC), des „Pan Africanist Congress of Azania" (PAC), der Kommunistischen Partei und 30 weiterer verbotener Organisationen. ANC-Führer N. Mandela wurde zusammen mit 120 weiteren politischen Gefangenen ohne Bedingungen aus der Haft entlassen. Ein Großteil der Bestimmungen des Ausnahmezustands und der Beschränkungen der freien Presseberichterstattung wurde aufgehoben. Im Mai 1990 fanden erstmals formelle Gespräche zwischen Regierungsvertretern und einer ANC-Delegation unter Leitung Mandelas über die politische Zukunft Südafrikas statt. Im Juni erklärte K. den Ausnahmezustand in drei der vier Provinzen des Landes für beendet. Im gleichen Monat beschloß das Parlament die Aufhebung des „Separate Amenities Act" von 1953, der die Rassentrennung in öffentlichen und betrieblichen Einrichtungen ermöglicht hatte. Im Oktober wurde die Nationale Partei auf Betreiben K.s für alle Rassen geöffnet. Im Februar 1991 kündigte K. die Abschaffung weiterer Apartheidsgesetze an.

Trotz anhaltender Unruhen, Demonstrationen, Streiks und Terroraktionen schwarzer genauso wie rechtsradikaler weißer Gruppen sowie weiterhin höchst unterschiedlicher Auffassungen zwischen Regierung und ANC über Tempo und Ziel des geplanten Reformprozesses fand im Dezember 1991 eine Mehrparteienkonferenz statt, die mit der Vorbereitung und Einleitung der verfassungsrechtlichen Reformen betraut wurde. Außen- und wirtschaftspolitisch ist es K. dank seiner Reformpolitik gelungen, Südafrika aus seiner internationalen Paria-Stellung zu befreien. Im April 1991 beschlossen die EG-Außenminister die Aufhebung der 1986 erlassenen Wirtschaftssanktionen. Mit der Wiederaufnahme diplomatischer Beziehungen zu zahlreichen Ländern in Ost und West wurde Südafrika in die internationale Staatengemeinschaft reintegriert.

Im Februar 1993 berief K. erstmals schwarze Politiker aus den Reihen der sogenannten Mischlinge und der indischstämmigen Südafrikaner zu Ministern. K., dessen Vorgänger den ANC immer nur als Terrorbande bezeichneten und bekämpften, kann den Friedensnobelpreis als Bestätigung dafür werten, daß er die Mauer der Apartheid konsequent abgetragen hat.

La Fontaine, Henri – belgischer Hochschullehrer, Anwalt und Politiker
geb. 22.4.1854 in Brüssel
gest. 14.5.1943 in Brüssel
Nobelpreis 1913

L. F. wuchs in wohlhabenden Verhältnissen auf, seine Eltern gehörten dem gehobenen Bürgertum an. Er besuchte das Brüsseler Athenäum und begann anschließend ein Jurastudium an der Freien Universität Brüssel, wo er 1877 promovierte. Danach absolvierte L. F. seine Referendarzeit bei bekannten Rechtsanwälten und veröffentlichte mehrere rechtswissenschaftliche Arbeiten. Weil er sich schon als junger Anwalt mit Fragen der Friedenserhaltung beschäftigte, wurde er von seinen Kollegen angegriffen. Seine berufliche Karriere war unter diesen Umständen nicht eine der glanzvollsten.

L. F. stieß zur pazifistischen Bewegung in einer Zeit ihrer Erneuerung. Ab 1885 war er unter dem Einfluß des damals bekannten englischen Pazifisten H. Pratt als Vorkämpfer für den Frieden tätig. 1889 war dann ein bedeutendes Jahr, da in diese Zeit die Anfänge des Internationalen Friedensbüros, der Interparlamentarischen Union, der Zweiten Internationalen und der erste Kongreß einer neuen Serie von Friedenskongressen fielen. L. F. nahm an allen diesen Initiativen teil. In Belgien gründete er 1889 zusammen mit A. Couvreur die belgische Abteilung des Internationalen Verbandes für Schiedsgerichtsbarkeit und Frieden, deren Generalsekretär er wurde. Er blieb bis zur Auflösung des Verbandes 1914 in diesem Amt.

Als Mitglied der Sozialistischen Partei wurde L. F. auch in den belgischen Senat gewählt, dem er mit kurzen Unterbrechungen von 1895 bis 1936 angehörte, in den Jahren von 1919 bis 1932 als Vizepräsident. 1895 wurde er Mitglied der Interparlamentarischen Union. 1922 wurde er in ihren Rat aufgenommen und stellvertretender Vorsitzender des Kongresses in Wien. 1935 führte er den Vorsitz des Kongresses in Bukarest. Bis 1938 nahm L. F. an fast allen Konferenzen der Union teil und arbeitete als Referent in mehreren Ausschüssen mit. L. F. war bis 1914 die Seele der belgischen Friedensbewegung. Nachdem er 1894 den Universalen Friedenskongreß in Antwerpen organisiert hatte, war sein Ansehen in der Friedensbewegung enorm gewachsen. Seine Hauptziele waren internationale Schiedsgerichtsbarkeit, die Schaffung eines Weltgerichtshofes, Abrüstung und die Ausweitung der internationalen Rechtssicherheit. L. F. war an der Gründung des Internationalen Friedensbüros in Bern beteiligt. 1907 wurde er der Nachfolger von F. Bajer als Präsident des Friedensbüros und hatte dieses Amt bis zu seinem Tod inne.

L. F. übte neben seinen juristischen, politischen und pazifistischen Tätigkeiten auch den Beruf eines Hochschullehrers und Bibliographen aus. Von 1894 bis 1914 lehrte er an der Universität Brüssel Völkerrecht, Internationales Privatrecht sowie Volkswirtschaftslehre. Während des Ersten Weltkrieges hielt er in den USA Vorlesungen über den Internationalismus, über Belgien und den Völkerbund. Von 1919 bis 1939 nahm er seine Lehrtätigkeit am Institut des Hautes Études wieder auf. Gemeinsam mit P. Otlet gründete er 1907 ein Zentralbüro der internationalen Gesellschaften, aus dem später der Verband internationaler Gesellschaften wurde, der heute noch besteht.

Nach dem Ersten Weltkrieg wurde L. F. als belgischer Delegierter zur Friedenskonferenz und zum Völkerbund entsandt. Er arbeitete außerdem für die Interparlamentarische Union, für das Friedensbüro und für die Carnegie-Stiftung für Internationalen Frieden. Wichtig ist auch seine Urheberschaft am Internationalen Institut für Bibliographie. Unter seinen Veröffentlichungen sind vor allem die „Pasicrisie internationale" zu nennen, eine Geschichte der Dokumente über internationale Schiedsgerichte, in der man alle Ereignisse auf diesem Gebiet zusammengestellt findet. Diese Dokumente nebst der Bibliographie über den Frieden und das internationale Schiedsgerichtswesen füllen drei Bände.

Mit der Preissumme für den Nobelpreis wollte L. F. eine „Internationale Stadt" als eine Art Weltkulturzentrum gründen, doch der Krieg und später der Geldmangel verhinderten dieses Vorhaben. Er war auch ein leidenschaftlicher Feminist. L. F. beschäftigte sich mit der Emanzipation der Frau und mit zu verbessernden Ausbildungsbedingungen. Er war Generalsekretär, später Vorsitzender des Verbands für die Berufsausbildung von Frauen.

Lange, Christian – norwegischer Politiker
geb. 17.9.1869 in Stavanger
gest. 11.12.1938 in Oslo
Nobelpreis 1921
L., Sohn einer angesehenen Familie, studierte in Kristiania (heute Oslo), London und Paris Geschichte sowie moderne Sprachen und arbeitete dann als Lehrer. Als Pädagoge glaubte er an die Zukunft der neuen intellektuellen und sozialen Kräfte, die sich um 1880 in Norwegen rührten und die Jugend bewegten. Auch er beteiligte sich frühzeitig am Kampf um die politische und nationale Freiheit Norwegens. Politisch wandte er sich der Linken zu und trat Ende des 19. Jahrhunderts für die Unabhängigkeit des damals vom schwedischen König in Personalunion mitregierten Norwegen sowie für das allgemeine Wahlrecht ein.

Mit 30 Jahren betrat L. die internationale Bühne, und durch seine Sprachkenntnisse, sein Organisationstalent und sein diplomatisches Geschick war er 1899 bei der Vorbereitung einer Konferenz der Interparlamentarischen Union in Kristiania maßgeblich beteiligt. Die IPU ist eine Vereinigung von Abgeordneten aus über 100 Parlamenten und möchte durch persönliche Kontakte die politische Verständigung zwischen den Völkern und die friedliche Beilegung von Konflikten zwischen ihnen fördern. Die IPU wurde 1888 in Paris von den späteren Friedensnobelpreisträgern W. R. Cremer und F. Passy gegründet. Durch seine ausgezeichneten Leistungen wurde L. vom Friedensnobelpreis-Komitee des Storting (Parlament) zum ersten Sekretär berufen. Er übernahm eine führende Rolle im Ausbau des Systems, nach dem die Friedensnobelpreisträger bis heute ausgewählt werden. In den ersten Jahren war L. der einzige Berater, er schrieb alle Berichte über die Kandidaten, die dann dem Komitee zur Auswahl vorgelegt wurden. Von 1904 bis 1909 war er Direktor des Nobel-Instituts. Neben seiner offiziellen Arbeit und Lehrtätigkeit wurde er ein vielbegehrter Vortragsreisender. Während einer Konferenz kam es zu einer Begegnung mit dem französischen Politiker Paul Balluat Baron de Constant de Rebecque d'Estournelles (Friedensnobelpreis 1909), der ihn als hauptberuflichen Generalsekretär der Interparlamentarischen Union für internationale Schiedsgerichtsbarkeit vorschlug. Im Jahr 1909 trat L. dieses Amt in Brüssel an, und er wirkte fast ein Vierteljahrhundert in dieser Position. Seine Hauptaufgabe sah er darin, als Brücke zwischen den nationalen Gruppen und der Zentrale zu dienen und die Bewegung der Ideen und Reformen im Wirkungsbereich der Union zu verfolgen.

Als die deutschen Truppen 1914 Belgien besetzten, verlegte L. das Büro der Interparlamentarischen Union nach Oslo in sein Wohnhaus, entwickelte hier bereits Pläne für eine Friedensorganisation nach dem Krieg und hielt erfolgreich die Union am Leben. Im April 1915 konnte in Den Haag eine internationale pazifistische Konferenz stattfinden, auf der L. den Impuls zu jenem Programm gab, das in der Folge von der „Zentralorganisation für einen dauerhaften Frieden" übernommen wurde. Während des Krieges war er zeitweise Berichterstatter der Carnegie-Stiftung. Im Jahr 1919 veröffentlichte L. den ersten Band seiner „Geschichte des Internationalismus", in dem die Geschichte von der Antike bis zum Westfälischen Frieden 1648 behandelt wurde. Für dieses Werk erhielt er den Doktorgrad der Universität Kristiania. Im Oktober 1919 gelang es L., den Rat der Interparlamentarischen Union nach Genf einzuberufen, zehn Länder delegierten ihre Vertreter. Bis 1921 gelang es, die erste Nachkriegskonferenz in der Schweizer Stadt zu organisieren, wo sich seit 1920 auch der Sitz des Büros befand. L.s Arbeit für die Union fand größte Anerkennung, und er blieb ihr Generalsekretär bis zum Jahr 1933.

Im Jahr 1920 war L. Norwegens Delegierter zur ersten Versammlung des Völkerbundes, wo er einen aufsehenerregenden Standpunkt zugunsten der Abrüstung einnahm, die er durch die Politik der Großmächte blockiert sah. Die Siegermächte des Ersten Weltkriegs spielten im Völkerbund eine führende Rolle mit Ausnahme der USA, die ihm fernblieben, nachdem der amerikanische Senat im März 1920 den Versailler Vertrag abgelehnt hatte. Neben seiner verantwortlichen Tätigkeit in der Interparlamentarischen Union war L. bis an sein Lebensende aktiver norwegischer Delegierter in der Vollversammlung des Völkerbundes. Die Interparlamentarische Union überlebte auch den Zweiten Weltkrieg und ist noch heute tätig.

Lê Đuc Tho (eigentl. Phan Dinh Khai) – vietnamesischer Politiker
geb. 14.10.1911 in Dich Le, Provinz Nam Ha
gest. 13.10.1990 in Hanoi
Nobelpreis 1973
L., Sohn eines Beamten in der französischen Kolonialverwaltung, arbeitete als Telegrafist bei der Post und war 1930 einer der Mitbegründer der Kommunistischen Partei Indochinas. Wegen Aktivitäten gegen die französische Kolonialmacht wurde L. zu zehnjähriger Zwangsarbeit auf die Insel Poulo Condor verbannt. 1936 wurde er durch die Volksfront-Regierung in Frankreich vorfri-

stig entlassen. Danach leitete er die kommunistische Propaganda in Nam Dinh, bis er 1939 erneut verhaftet wurde. 1940 entkam L. nach China und beteiligte sich an der Gründung der Liga für den Kampf um die Unabhängigkeit Vietnams. Er wurde wieder inhaftiert und erst 1944 aus dem Gefängnis in Son La entlassen. 1945 wurde L. Mitglied des Zentralkomitees und des Ständigen Ausschusses der Kommunistischen Partei Indochinas.

1948 begab er sich in den Süden des Landes und organisierte zusammen mit Le Duan (1907–1986) den Widerstandskampf gegen die französische Kolonialmacht. Nach dem vietnamesischen Sieg über die Franzosen 1954 bei Dien Bien Phu und der Genfer Indochinakonferenz ging L. nach Hanoi zurück und wurde Mitglied des Politbüros. L. gehört mit Ho Chi Minh (1890–1969), ab 1954 Staatspräsident von Nordvietnam, zu den legendären Führern des Kampfes um ein unabhängiges Vietnam. Seit 1960 übte er die Funktion eines Sekretärs des Zentralkomitees aus. Auf der Genfer Indochina-Konferenz beschlossen die beteiligten Parteien die Teilung Vietnams. Während in Nordvietnam die Kommunisten die Führung übernahmen, bildete sich in Südvietnam eine antikommunistisch eingestellte Regierung. Die Amerikaner wollten zwar eine Machtübernahme der Kommunisten in Südvietnam unter allen Umständen verhindern, doch da dringend notwendige Wirtschaftsreformen unterblieben, wuchs der Widerstand gegen die Regierung.

Ab 1960 organisierte er sich in der vom Vietcong getragenen Befreiungsfront von Südvietnam. Ihr erklärtes Ziel war die Wiedervereinigung Vietnams unter kommunistischer Führung. Unterstützung erhielten sie von Nordvietnam. Eine militärische Auseinandersetzung entbrannte, in die die USA immer tiefer hineingezogen wurden. 500.000 amerikanische Soldaten kämpften zeitweise in Vietnam. Ab Sommer 1968 verhandelte L. mit dem amerikanischen Sonderbotschafter H. Kissinger auf der Pariser Vietnamkonferenz über einen Frieden. Nach langen, immer wieder unterbrochenen Sitzungen erreichte L. schließlich 1973 ein Waffenstillstandsabkommen. In zähem diplomatischen Ringen sollte eine Beendigung des Blutvergießens in Vietnam erreicht werden, doch erst im April 1975 wurde nach dem Abzug der letzten US-Amerikaner der Frieden in Südvietnam Wirklichkeit.

Zusammen mit H. Kissinger wurde L. der Friedensnobelpreis zugesprochen, doch die Verleihung war von vornherein sehr umstritten gewesen. L. lehnte damals die Annahme der Auszeichnung mit der Begründung ab, daß seine Bemühungen zwar zu einem Sieg über die „amerikanische Aggression und den Imperialismus“ geführt hätten, es jedoch noch keinen echten Frieden in Südvietnam gebe. Am 2.7.1976 fand die formelle Wiedervereinigung des Landes unter dem Namen Sozialistische Republik Vietnam statt. L. blieb Mitglied des Politbüros und war weiterhin für Organisation und Kaderfragen verantwortlich. Ende 1979 verteidigte er die international kritisierte militärische Präsenz Vietnams in Kambodscha.

L. gilt als Verantwortlicher für den Einmarsch der Vietnamesen in Kambodscha, der zum Sturz des Pol-Pot-Regimes führte. Die vietnamesischen Streitkräfte engagierten sich bis 1989 im benachbarten Kambodscha, wo sie das von China unterstützte Schreckensregime der Roten Khmer stürzten und eine ihnen ergebene Regierung einsetzten. Die weitere Entwicklung Vietnams ist gekennzeichnet durch wirtschaftliche Schwierigkeiten und niedrigen Lebensstandard. Nach jahrelanger Feindschaft besiegelten China und Vietnam 1991 in mehreren Abkommen die Normalisierung ihrer Beziehungen. Im Rahmen einer Regierungsumbildung im August 1991 übernahmen Wirtschaftsreformer wichtige Kabinettsposten. Das Machtmonopol der Kommunistischen Partei wird jedoch beibehalten, am Sozialismus wird grundsätzlich festgehalten.

Bereits 1986 war L. zusammen mit fünf weiteren Politbüromitgliedern zurückgetreten, fungierte aber weiterhin als Berater dieses Gremiums.

Luthuli, Albert John – südafrikanischer Politiker
geb. 1898 in Grontville (Südrhodesien)
gest. 21.7.1967 in Stanger
Nobelpreis 1960

L., Sohn eines Stammeshäuptlings und christlichen Missionars, wurde an einer Missionsschule in Groutville (Natal), am Ohlange-Institut und an einem methodistischen Institut in Edendale erzogen, wo er auch noch eine Ausbildung als Lehrer absolvierte. Er begann seine Lehrtätigkeit in Blaauwbosch im Hochland Natals, studierte noch zwei Jahre am Lehrerseminar des Adams College und lehrte dann 13 Jahre an der gleichen Hochschule. Als überzeugter Christ war L. Laienprediger der kongregationalistischen Kirche, Lehrer für Geschichte und Literatur seines Stammes und leitete einen Kirchenchor. 1934 wurde er zum Häuptling seines Stammes gewählt, und nach dem Tod des Vaters mußte er seine Laufbahn als Erzieher aufgeben. Bis 1953 leitete L. die Stammesgeschicke in Groutville und widmete sich erfolgreich den umfangreichen Aufgaben. 1938 war er Teilnehmer an der Tagung des Internationalen Missionsrates in Indien. 1946 trat L. dem Native's Representative Council (NCR) bei, das sich jedoch nach kurzer Zeit wegen politischer Machtlosigkeit auflöste.

Im gleichen Jahr schloß er sich dem African National Congress (ANC) an und wurde bald Präsident der Gruppe von Natal. Der ANC wurde 1912 von Schwarzafrikanern gegründet und organisierte den Kampf gegen die Apartheidgesetzgebung, befaßte sich vorwiegend mit Fragen des Stimmrechts und der Rassentrennung. 1948 weilte L. als Teilnehmer am nordamerikanischen Missionskongreß in den USA. 1952 eröffnete der ANC zusammen mit dem South African Indian Congress eine Protestaktion gegen die Apartheidsgesetze der Regierung Südafrikas, die L. damals zwangen, seinen Häuptlingstitel aufzugeben. Im Dezember 1952 wurde er Präsident des ANC und somit Gegenspieler des südafrikanischen Premiers Dr. Verwoerd. Nach wenigen Jahren war L. einer der prominentesten schwarzen Politiker Südafrikas.

Er war bestrebt, die Doktrin der menschlichen Gleichberechtigung, die er getreu und überzeugt verfocht, im eigenen Land mit friedlichen Mitteln durchzusetzen. Er ermahnte seine schwarzen Landsleute immer wieder zur Geduld und Disziplin. Wegen seines Kampfes für die Rechte der afrikanischen Bevölkerung und seines konsequenten Auftretens gegen die Apartheidpolitik wurde er mehrmals verhaftet und verbannt.

Kurz nach der Wahl zum ANC-Präsidenten wurde L.s Aufenthalt durch die Regierung auf das Gebiet von Groutville beschränkt. Nach der Aufhebung seines Reiseverbotes begab er sich nach Johannesburg, wo er erneut Redeverbot und eine zweijährige Verbannung erhielt. Im Januar 1957 begann in Pretoria ein groß angelegter Prozeß, der erst im Sommer 1961 mit dem Freispruch aller Angeklagten zu Ende ging und in dem L. als Hauptangeklagter in Erscheinung trat. Ende 1958 mußte er freigelassen werden, die Tatbestände der Verschwörung und Aufhetzung zum Rassenkampf waren unhaltbar. Im Mai 1959 wurde L. erneut verhaftet und ihm ein Zwangsaufenthalt in seiner Heimat zugewiesen. Diese Maßnahme wurde bis an sein Lebensende nicht mehr rückgängig gemacht.

Im November 1961 wurde L. der bisher noch nicht verliehene Friedensnobelpreis für das Jahr 1960 in Anerkennung seiner Bemühungen um die friedliche Beseitigung der Rassendiskriminierung in Südafrika zuerkannt. Die Regierung Verwoerd reagierte zwar mit großer Verärgerung, doch ließ man ihn schließlich unter dem Druck der Weltöffentlichkeit zur Entgegennahme des Preises für zehn Tage nach Oslo reisen. In seinem Nobelpreisvortrag bemerkte L.: „In dieser Lage neutral zu bleiben, in der die Landesgesetze in der Tat Gott verurteilen, daß er schwarze Menschen geschaffen hat, das könnte ich nicht, und ich könnte es als ein Christ nicht tolerieren." Weitere Ehrungen wurden L. später zuteil: 1962 die Rektorwürde der Universität Glasgow und 1964 der amerikanische Preis der „Society for the Family of Men" in New York.

1953 erschien seine Autobiographie unter dem Titel „Mein Land, mein Leben". Das Buch ist nicht nur ein persönlicher Lebensbericht von eigentümlicher Faszination, mit ihm bietet L. zugleich die Lebensgeschichte seines Volkes und einen der ersten gültigen Beiträge zur eigenen Geschichtsschreibung auf dem afrikanischen Kontinent.

MacBride, Sean – irischer Jurist und Politiker
geb. 26.1.1904 in Paris
gest. 15.1.1988 in Dublin
Nobelpreis 1974
M. erhielt den Preis für seine Bemühungen vor allem als Präsident von Amnesty International, die Menschenrechte in aller Welt durchzusetzen und zu schützen.

M., Sohn eines Offiziers und Freiheitskämpfers, wurde vorwiegend von seiner Mutter erzogen, da sein Vater von den Briten hingerichtet wurde, weil er 1916 am Osteraufstand gegen die britische Besatzung teilgenommen hatte. Er besuchte die kirchliche Schule Mount St. Benedict in Gorey, und bereits als Schüler war er im Widerstand gegen die Briten aktiv. Als 14jähriger wurde er erstmals inhaftiert, und nach der Entlassung nahm er erneut am Kampf um die Unabhängigkeit teil. Er lehnte auch den Vertrag über die Unabhängigkeit von 1921 ab, der die sechs nordirischen Provinzen von Ulster bei Großbritannien beließ, und beteiligte sich wieder am Bürgerkrieg. Nach der Niederlage der Republikaner ging M. nach London und arbeitete als Journalist in der Redaktion der „Morning Post".

1926 kehrte M. nach Irland zurück, schloß sich der Irisch Republikanischen Armee (IRA) an und wurde 1928 Stabschef. Erst nach der neuen Verfassung von 1937 gab er seine Bindungen zur IRA auf und betrieb eine Politik im Rahmen der Verfassung. Nach einem Jurastudium an der Universität Dublin war er zunächst als Journalist und Korrespondent tätig, Anfang des Jahres 1938 erhielt er eine Zulassung als Anwalt. Er wurde ein bekannter Strafverteidiger, und während des Zweiten Weltkrieges verteidigte er Republikaner, die wegen ihrer Antikriegshaltung im Gefängnis saßen. 1946 gehörte M. zu den Begründern der Republikanischen Partei Irlands, die er von 1947 bis 1958 im irischen Unterhaus vertrat. Von 1948 bis 1951 war er irischer Außenminister und von 1954 bis 1957 Delegierter Irlands im Europarat. Er war weiterhin Berichterstatter des Wirtschaftskomitees und von 1963 bis 1970 Generalsekretär der Internationalen Juristenkommission.

Der britische Anwalt Peter Benenson wies am 28. Mai 1961 in einem Artikel in einer britischen Zeitung auf das Schicksal der politischen Gefangenen in aller Welt hin und richtete einen Appell an die internationale Öffentlichkeit, durch Publikationen und Proteste Druck auf die verantwortlichen Machthaber auszuüben. Einer der ersten war M., die zusammen mit Benenson den Aufbau von Amnesty International organisierten. Als Mitglied des Council of Minorities Rights Group, Exekutivvorsitzender des Internationalen Friedensbüros in Genf und Ehrenmitglied des Institut des Sciences Administratives in Brüssel sowie als Mitbegründer und Präsident von Amnesty International (1961 bis 1974) hat sich M. durch seinen Kampf für die Menschenrechte und gegen Unrecht in aller Welt Verdienste erworben. Er nutzte seine guten Kontakte, die er als ehemaliger Außenminister erworben hatte, um das Schicksal von politischen Gefangenen zu erleichtern.

Von 1974 bis 1976 war er UN-Kommissar für Namibia mit der Aufgabe, die South West Africa People's Organization (SWAPO) zu unterstützen und die Befreiung des Landes zu fördern. 1977 übernahm M. den Vorsitz einer Arbeitsgruppe zur Untersuchung der Kommunikationsprobleme in der modernen Gesellschaft, die von der UNESCO, der UN-Organisation für Erziehung, Wissenschaft und Kultur, eingerichtet worden war. In seinem 1980 vorgelegten Bericht zur Mediendeklaration der UNESCO kritisierte er die Abhängigkeit der armen Länder der Dritten Welt auch in Medienfragen von der westlichen Welt. Einen Teil seines Preisgeldes stiftete M. dem Internationalen Friedensbüro in Genf, damit dessen Vorschläge zur Abrüstung in allen bei der UN vertretenen Sprachen verbreitet werden konnten.

M. erhielt 1977 den Lenin-Friedenspreis, 1978 die American Medal of Justice, 1980 die Silbermedaille der UNESCO und 1985 die ALESCO Goldmedaille. Er war Kommandeur des Französischen Ordens des Arts et des Lettres. Fünf Universitäten verliehen ihm den Ehrendoktortitel.

Mandela, Nelson Rolihlahla – südafrikanischer Jurist und Bürgerrechtler
geb. 18.7.1918 in Umtata (Transkei)
Nobelpreis 1993
M. entstammt der königlichen Familie der Tembu und besuchte bis 1934 eine Missionsschule, dann eine höhere Schule der Methodisten in Healdtown. Sein Jurastudium an der Universität von Fort Hare mußte er 1940 abbrechen, er wurde als einer der Anführer eines Studentenstreiks relegiert. Er arbeitete als Polizist und Aufseher in den Goldminen von Transvaal, nahm ein juristisches Fernstudium an der Universität von Witwatersrand auf, das er 1942 an der Universität von Südafrika in Pretoria beendete. Zunächst war M. als juristischer Referendar tätig, eröffnete dann mit Oliver Tambo 1952 das erste schwarze Rechtsanwaltbüro in Johannesburg.

1944 war M. Mitglied des African National Congress (ANC) geworden. Zusammen mit W. Sisuli und O. Tambo gründete er die Jugendliga des ANC. 1951 fungierte er als deren Präsident, 1952 übernahm er die Leitung der Transvaal-Sektion des ANC und wurde gleichzeitig Vizepräsident auf Landesebene. In diese Zeit fiel auch seine erste politische Verwicklung. 1952 hatte er zum „Widerstand gegen ungerechte Gesetze" aufgerufen, die zur permanenten Unterdrückung der Schwarzen geführt hatten. Das Ergebnis dieses Widerstands: Über 8.000 Beteiligte wurden verhaftet, M. und andere „gebannt" und die Gesetze weiter verschärft. Drei Jahre später hat M. zusammen mit seinen Freunden etwas auf die Beine gestellt, was es bis dahin noch nie gegeben hatte: einen Kongreß, bei dem alle Rassen vertreten waren, Schwarze, Inder, Mischlinge und auch Weiße. Aufgerufen hatte zu dem Kongreß der ANC-Präsident und spätere Friedensnobelpreisträger A. Luthuli. Monatelang reiste M. kreuz und quer durch das Land, um die Leute zu mobilisieren. Und tatsächlich kamen schließlich fast 3.000 Repräsentanten aus allen Landesteilen und von allen möglichen Organisationen zusammen: Ärzte, Pfarrer, Bauern, Gewerkschafter, Anwälte und eine Menge Frauen. Aber drei Monate nach dem Kongreß fand das größte Polizeiunternehmen statt, daß Südafrika je erlebt hat. Mehr als 1.000 Polizisten durchsuchten Häuser und Büros und beschlagnahmten alles, was ihnen verdächtig erschien; 156 führende Mitglieder des ANC wurden verhaftet. Schließlich, im Dezember 1956, wurde auch M. arretiert und wegen Hochverrats angeklagt.

Nach seiner Freilassung war er im Dezember 1961 Mitbegründer von „Umkhonto we Sizwe" – Speer der Nation – und wurde erster Kommandant der im Untergrund mittels Sabotageanschlägen arbeitenden Organisation. Im Jahr 1962 gelang es M., heimlich das Land zu verlassen und nach Addis Abeba zu einer Konferenz zu reisen. Er traf sich mit vielen afrikanischen und asiatischen Führern und besuchte anschließend Europa. Im Juli 1962 kehrte M. nach Südafrika zurück, wurde im August verhaftet und wegen verschiedener Protestaktionen zu fünf Jahren Gefängnis verurteilt. Im Oktober 1963 stand er erneut vor Gericht, und im August 1964 verurteilte man M. und sieben Mitangeklagte wegen Sabotage zu lebenslänglicher Freiheitsstrafe.

Bis 1981 verbüßte er seine Strafe auf der berüchtigten Felseninsel „Robben Island" vor Kapstadt, dann wurde er in das Hochsicherheitsgefängnis Pollsmoor verlegt. Als eine Delegation der Commonwealth-Staaten M. nach 22 Jahren Haft im Juni 1986 im Gefängnis besuchte, war sie höchst überrascht, als ihr eine sehr gepflegte Erscheinung gegenübertrat: gut angezogen, straff und elastisch. Ab Dezember 1988 lebte er in einem Haus auf dem Areal des Victor-Verster-Gefängnisses bei Paarl/Kapstadt, nachdem er zuvor zur Behandlung seiner Tuberkulose einige Wochen in der Kapstädter Constantiaberg-Klinik verbracht hatte. Der wohl berühmteste Gefangene der Welt, der im Juli 1987 erstmalig seit seiner Verurteilung seine Frau, Kinder und Enkel treffen konnte, wurde zum Mythos des schwarzen Südafrika, obgleich er weder zitiert noch ein Foto von ihm veröffentlicht werden durfte. Alle, die M. im Gefängnis gesprochen haben, waren beeindruckt von seiner Offenheit und überzeugt, daß er meinte, was er als seine Ziele kennzeichnete: erstens ein vereinigtes Südafrika – keine künstlichen homelands; zweitens Vertretung im Parlament bei gleichem Wahlrecht für alle; drittens die Teilung der Macht mit den Weißen.

Als Staatspräsident Botha ihm auf internationalen Druck hin 1985 die Entlassung aus dem Gefängnis anbot, wenn er bereit sei, auf Gewalt zu verzichten, lehnte M. ab und stellte seinerseits die Forderung, das Verbot des ANC aufzuheben und das allgemeine Wahlrecht einzuführen. Er war bereit, für die Befreiung seines Volkes von der Apartheid weiter zu leiden. Nach Präsident F. W. de Klerks Amtsantritt im September 1989 erhielten bislang geheime Kontakte zwischen M. und der Regierung erstmals offiziellen Charakter. Mitte Dezember 1989 fand das erste Treffen zwischen M. und de Klerk statt, der sein Amt mit dem Versprechen angetreten hatte, die Rassenaussöhnung voranzutreiben. Als M. im Februar 1990 aus der Haft entlassen wurde, hielt er längst die Zügel in der Hand: Sein Gefängnis war in den letzten beiden Jahren zu einem Beratungszentrum geworden. Noch nie zuvor hat ein Gefangener während seiner Haftzeit Besuche von Ministern empfangen, nie zuvor ist bei einem Gefangenen ein Telefon installiert worden, damit er sich mit seiner verbotenen Organisation in Verbindung setzen könne.

Nach seiner Freilassung triumphal von seinen Landsleuten gefeiert, trat M. erneut an die Spitze der Antiapartheidbewegung. Mit der Legalisierung des ANC und anderer bis dahin verbotener politischer Organisationen im Februar 1990 und der Freilassung weiterer prominenter ANC-Mitglieder schuf de Klerk die Basis für den Dialog mit der schwarzen Opposition. Im März 1990 war M. als Stellvertreter O. Tambos zum ANC-Vizepräsidenten gewählt worden. Bis 1991 wurden alle wesentlichen Apartheidgesetze abgeschafft, darunter die Rassentrennung in öffentlichen und betrieblichen Einrichtungen, die Erfassung und Klassifizierung nach Rassenzugehörigkeit und die Bestimmungen über getrennte Wohngebiete. Politische Gefangene wurden amnestiert, rückkehrwilligen Emigranten wurde Straffreiheit und Unterstützung bei der Repatriierung zugesichert. Der ANC hatte sich im Gegenzug verpflichtet, den bewaffneten Kampf auszusetzen.

Im Juli 1991 wurde M. auf der Nationalkonferenz in Durban als Nachfolger des erkrankten O. Tambo einstimmig zum ANC-Präsidenten gewählt. Für die Schwarzen ist er nicht nur ein nationaler Freiheitskämpfer, er ist der Freiheitsheld schlechthin. Für den ANC, der bereits 1960 in der Person seines damaligen Präsidenten A. Luthuli mit dem Friedensnobelpreis geehrt wurde, bedeutet die erneute Auszeichnung die Anerkennung als eine dem friedlichen Wandel verpflichtete Organisation. Als ANC-Chef hatte sich M. auch stets gegen eine den tatsächlichen Demokratisierungserfolgen vorauseilende Aufhebung der internationalen Sanktionen gegen Südafrika und eine diplomatische Wiedereingliederung des Landes in die Staatengemeinschaft ausgesprochen, wie sie de Klerk mit seiner Reformbereitschaft bis 1992 erreicht hatte.

Im September 1992 vereinbarten de Klerk und M. die Wiederaufnahme der Verfassungsverhandlungen. Regierung und ANC einigten sich auf die Bildung einer gemischten Wahlkommission aus Weißen und Schwarzen bis Juni 1993 und auf die Ausarbeitung einer vorläufigen Verfassung bis September 1993. Bis April 1994 sollten Wahlen für eine Allparteien-Übergangsregierung abgehalten werden.

Marshall, George Catlett – amerikanischer General und Politiker
geb. 31.12.1880 in Uniontown (Pennsylvania)
gest. 16.10.1959 in Washington
Nobelpreis 1953
M., Sohn eines Holz- und Kohlehändlers, studierte von 1897 bis 1901 am Virginia Military Institute in Lexington. Bereits 1902/03 und von 1912 bis 1916 tat er Truppendienst auf den Philippinen und war von 1917 bis 1919 im Stab der amerikanischen Expeditionsarmee in Frankreich. Schon im Ersten Weltkrieg hatte sich der Berufsoffizier M. als außergewöhnliches strategisches Talent bewährt. Von 1919 bis 1924 war er Adjutant von General J. J. Pershing, tat von 1924 bis 1927 Dienst im 15. Infanterieregiment in Tientsin (China) und übte nach seiner Beförderung zum Brigadegeneral wichtige militärische Funktionen in den USA aus.

1939 übernahm M. nach der deutschen Invasion in Polen die Leitung des amerikanischen Generalstabs und war an allen Plänen und Aktionen der USA während des Zweiten Weltkrieges entscheidend beteiligt. Im Dezember 1944 wurde M. zum Armeegeneral ernannt. Seit 1942 drängte er zum direkten Angriff auf das von Deutschland besetzte Frankreich und trat gegen die von W. Churchill befürwortete Front in Nordafrika auf. Er wurde jedoch von Präsident F. D. Roosevelt überstimmt. Als die zweite europäische Front nach den Landungen der amerikanischen Truppen im Juni 1944 errichtet wurde, plädierten die Amerikaner für einen einzigen Oberbefehlshaber in Nordeuropa und dem Mittelmeerraum. Die Wahl M.s schien schon sicher. Aber dann entschloß man sich doch zu getrennten Kommandos, und D. Eisenhower wurde zum amerikanischen Oberbefehlshaber in Europa ernannt. Zu M.s Aufgabenbereich gehörten auch diplomatische Missionen.

Als er vom Amt des Stabschefs zurücktrat, betraute Präsident Truman ihn mit der heiklen Aufgabe, zwischen Amerikas Kriegsverbündeten in China – den Kommunisten um Mao Tse-tung und den Nationalisten um Tschiang Kai-schek – zu vermitteln. Während des Zweiten Weltkrieges hatten die USA beide Seiten als gemeinsame Verbündete im Kampf gegen Japan unterstützt. Zunächst kam M. mit seiner Mission gut voran. Ein Zusammentreffen beider Seiten konnte vereinbart werden, es blieb jedoch ohne Ergebnis.

M. nahm an den alliierten Konferenzen von Casablanca, Quebec, Teheran, Jalta und Potsdam teil. Im Januar 1947 wurde er von Präsident Truman zum Außenminister ernannt. Er befaßte sich sofort mit der ruinierten Wirtschaft Europas. Innerhalb eines Monats kurbelte er die amerikanische Soforthilfe für Griechenland und die Türkei an. Dann bereitete er seinen umwälzenden Plan für den allgemeinen europäischen Wiederaufbau vor. Im Juni 1947 stellte M. diesen Plan in einer Rede an der Harvard-Universität vor. Nachdem er erläutert hatte, daß das Nachkriegseuropa auf Jahre hinaus unfähig sein würde, den Wiederaufbau aus eigener Kraft zu bewerkstelligen, führte M. aus: „Es ist logisch, daß die USA bei der Normalisierung und Gesundung der Weltwirtschaft behilflich sein sollten, denn ohne das gibt es keine politische Stabilität und keinen sicheren Frieden." Die britische und französische Regierung griffen das Angebot auf und luden die Sowjetunion zu einem Außenministertreffen in Paris ein, wo eine Aufstellung der europäischen Erfordernisse ausgearbeitet werden sollte. Die Russen hielten sich zurück, und als die Briten und Franzosen 22 weitere europäische Staaten einluden, untersagten sie den Ländern ihres Machtbereiches die Teilnahme. Dieses einleitende Treffen bereitete eine ganze Reihe von Einrichtungen zur europäischen Zusammenarbeit vor.

Am bedeutendsten war die OEEC, der Europäische Wirtschaftsrat, der 1948 von Österreich, Belgien, Dänemark, Frankreich, Griechenland, Island, Irland, Italien, Luxemburg, den Niederlanden, Norwegen, Portugal, Schweden, der Schweiz, der Türkei und Großbritannien gebildet wurde. Im Oktober 1949 kam die Bundesrepublik Deutschland dazu. 1950 wurden die USA und Kanada assoziierte Mitglieder. Da dieser Organisation ehemalige Feinde und Neutrale angehörten, wurde sie ein Hauptinstrument der europäischen Einigung. Ihre unmittelbare Aufgabe bestand darin, die Geldmittel zu verwalten, die jetzt vom US-Kongreß vorgestreckt wurden. Von 1948 bis 1952 bewilligte der Kongreß rund 14 Milliarden US-Dollar für den sogenannten „M.-Plan". Die wirtschaftliche Hilfe wurde in Form von Waren, Sachleistungen und Krediten für das nichtkommunistische Europa zur Verfügung gestellt. Die ECA, das Durchführungsorgan der M.-Planhilfe, sorgte dafür, daß die Selbsthilfe der einzelnen Empfängerländer durch Einzahlung einer genau der jeweiligen Hilfsleistung entsprechenden Summe in einen sogenannten Ergänzungsfonds gewährleistet wurde.

M. hatte auch wesentlichen Anteil an der Gründung der North Atlantic Treaty Organization (NATO) im Jahre 1949. Aus gesundheitlichen Gründen gab er 1950 das Amt des Außenministers ab und war dann kurzzeitig Präsident des amerikanischen Roten Kreuzes. Auf Drängen von Präsident Truman übernahm M. 1950 das Verteidigungsministerium und organisierte den Einsatz der US-Truppen im Koreakrieg. Ab 1951 befand er sich im Ruhestand.

Menchu, Rigoberta – guatemaltekische Bürgerrechtskämpferin
geb. 15.1.1959 auf einem Bauernhof in der Nähe der Stadt Chimaltenango im guatemaltekischen Hochland
Nobelpreis 1992
Das norwegische Nobelkomitee hat den Preis an M. für ihre Arbeit für soziale Gerechtigkeit und ethnisch-kulturelle Versöhnung auf der Basis von Respekt für die Rechte der Urbevölkerung vergeben. Das Komitee würdigte sie u. a. als „lebendes Symbol für Frieden und Versöhnung über trennende ethnische und kulturelle Grenzen hinweg in ihrem eigenen Land, auf dem amerikanischen Kontinent und in der Welt". Auch der Umstand, daß der Preis erneut an eine Frau vergeben wurde, ist bemerkenswert. Der Kampf gegen nationale Unterdrückung und um Gleichberechtigung der Frau erhält damit neuen Auftrieb.

Das bisherige Leben der Quiche-Indianerin wurde geprägt von Armut und Unterdrückung in ihrem Heimatland, von Gewalt und Mord an ihrer Familie und ihrem Volk. Ihr Vater, Kleinbauer und Landarbeiter, verdingte sich in den Erntezeiten wie Zehntausende anderer Indios als Wanderarbeiter und Tagelöhner auf Kaffee-, Baumwoll- und Zuckerplantagen, wobei ihn seine kinderreiche Familie begleitete. Mit acht Jahren verdiente sich M. ihr erstes Geld beim Kaffeepflücken, danach beim Baumwollpflücken. Mit 13 Jahren ging sie in die Hauptstadt und arbeitete bei einem Großgrundbesitzer. In einem Nonnenkloster lernte sie Spanisch, bekannte sich schließlich zum katholischen Glauben und wurde Katechetin (Religionslehrerin).

Ihr Vater war einer der ersten Indios, die es wagten, auch im Ausland auf die Not, das Leiden und die Gewalt aufmerksam zu machen, mit der die Militärdiktatur des Generals García sie knechtete. Er bezahlte dafür 1980 mit seinem Leben. Kurze Zeit später mußte M. miterleben, wie Soldaten ihre Mutter vergewaltigten und zu Tode folterten. Auch ihre Brüder wurden bestialisch ermordet, weitere Verwandte, Freunde und Bekannte niedergemetzelt. Hintergründe der Gewalttaten waren Ölfunde, die die Großgrundbesitzer im Verein mit der Armee dazu veranlaßten, die ortsansässigen Kleinbauern von ihren Feldern zu vertreiben.

Ende 1977 trat sie einer Gruppe von Campesinos (Landarbeiter) in Huehuetenango bei. Es waren heimlich im Comite de Unidad Campesina (Komitee der Landarbeitervereinigung) organisierte Campesinos, die auf die Fincas gingen und dort die Bauern mobilisierten. 1979 war die Organisation nicht mehr nur ein kleines Samenkorn, sondern hatte die Herzen der meisten Guatemalteken erobert. Die meisten Guatemalteken sind Indios, Campesinos und arme Ladinos (Mestizen). Im Februar 1980 fand der letzte Landarbeiterstreik in Guatemala statt. Es ging um Mindestlohnforderungen und eine bessere Behandlung der Arbeiter. Etwa 80.000 Kaffee- und Baumwollarbeiter streikten an der Südküste und in der Küstenebene. Viele Companeros wurden bei dem Streik erschossen, doch dann stürmten die Leute los und jagten die Armee davon.

M. war inzwischen Gewerkschaftsführerin geworden, arbeitete aber gleichzeitig als Tagelöhnerin auf den Fincas. Sie unterrichtete Companeros in Lesen und Schreiben, brachte ihnen die spanische Sprache bei. Sie wurde von der Armee überall gesucht, mußte sich in den Untergrund begeben, schließlich wurde sie von Companeros nach Mexiko gebracht. Hier wurde sie 1981 Vorsitzende des von ihrem Vater gegründeten Komitees für die Einheit der Bauern. Im mexikanischen Exil beteiligte sich M. an der Gründung der Vereinigten Repräsentanz der Guatemaltekischen Opposition, die sich für die Menschenrechte einsetzt und von der guatemaltekischen Regierung als politischer Arm der im Lande aktiven Guerilla bedroht und bekämpft wird.

Seit 1983 ist sie Mitarbeiterin der UNO-Menschenrechtskommission, und seit 1986 gehört sie dem Rat der Vereinten Nationen für die Rechte der Indios an. 1990 erhielt sie den UNESCO-Preis für „Erziehung zum Frieden". Mehr als internationale Auszeichnungen motiviert sie jedoch die von ihren Vorfahren ererbte Hoffnung. „Die Hoffnung gehört uns, weil wir nicht pessimistisch sein können. Unser Volk hat 500 Jahre Unterdrückung in unendlicher Geduld ertragen. Unsere Großeltern haben uns die Geduld gelehrt."

Der Vorschlag, M. für ihren unermüdlichen Kampf um die Rechte der Indigenas den Friedensnobelpreis zu verleihen, geht auf einen Beschluß der Sozialistischen Partei Italiens aus dem Jahre 1989 zurück. Die früheren Preisträger A. P. Esquivel, O. Arias und Bischof D. Tutu befürworten offen die Bewerbung. In mehreren Ländern entstehen Komitees zur Unterstützung der Kandidatur. Den Tag der Entscheidung der Friedensnobelpreisverleihung erlebte M. in ihrem Heimatland Guatemala, wohin sie trotz massiver Todesdrohungen und Belästigungen durch die Polizei seit 1988 immer wieder für kurze Zeit zurückkehrt. Während die indianische Bevölkerung die Preisträgerin begeistert feierte, waren die

Reaktionen seitens der Regierung reserviert. Das Preisgeld in Höhe von 1,8 Millionen DM soll nach M.s Willen in eine Stiftung zum Schutz der indianischen Ureinwohner Lateinamerikas fließen, die nach ihrem Vater benannt werden soll.

Die durch die Nobelpreisverleihung gewonnene internationale Aufmerksamkeit und Rückendeckung für ihre Arbeit soll, wie sie erklärte, vor allem der Stärkung der Bürgerrechte der Indio-Bevölkerung dienen. Ihre Unterstützung für den Friedensdialog zwischen Regierung und Widerstandsgruppen hat sie mit der Forderung verbunden, diesen auch durch Sozialreformen, insbesondere eine Landreform zugunsten der verarmten Kleinbauern, zu untermauern.

Moneta, Ernesto Teodoro – italienischer Publizist und Politiker
geb. 20.9.1833 in Mailand
gest. 10.2.1918 in Mailand
Nobelpreis 1907
M., Sohn eines Eisenhändlers, wurde zusammen mit seinen zehn Geschwistern patriotisch erzogen. Im September 1847 erlebte der Junge die ersten Volksunruhen. Schon als 15jähriger nahm er am Mailänder Aufstand gegen die Österreicher teil und in den folgenden Jahren an anderen Freiheitskämpfen. Diese Erlebnisse prägten ihn in seiner Jugend bis hin zu seinem späteren Engagement für die Unabhängigkeit Italiens.

1859 ging er als Freiwilliger in ein Alpenregiment, ebenso fünf seiner Brüder. Ein Jahr später war er unter Garibaldis Truppen in Kalabrien. Er wurde Adjutant eines Generals, war bei der Schlacht von Volturno dabei und bei der Einnahme von Gaeta. Nach der Niederlage der Italiener bei Custoza im Jahre 1866 verließ er im Range eines Offiziers die Armee und trat in die Redaktion der berühmten Mailänder Zeitung „Il Secolo" (Das Jahrhundert) ein, an deren Leitung er drei Jahrzehnte beteiligt war. Er vertrat die fortschrittlichen Ideen seiner Zeit – Abrüstung, Schiedsgerichtsbarkeit und Föderalismus.

Seit 1870 war M. für die italienische Friedensbewegung tätig. Nach den Unruhen um Bosnien-Herzegowina 1978 gründete er mit anderen die „Lega di Liberta, Fratellanza e Pace", die jedoch bald in Vergessenheit geriet. Erst durch die Initiative des englischen Pazifisten Pratt bildete sich erneut eine Friedensvereinigung in Mailand. 1887 gründete er die „Unione Lombarda", die zur aktivsten und wichtigsten Friedensgesellschaft Italiens wurde. 1891 wurde M. ihr Präsident und half darüber hinaus bei der Gründung anderer Friedensvereine. 1890 begann die Arbeit am jährlich erscheinenden „Almanacco della Pace" (Friedensalmanach).

1898 gründete er die Zeitschrift „La Vita Internazionale", eine Halbmonatszeitschrift, die bald zu den angesehensten Pazifistenblättern Europas zählte. Die Zeitschrift war vielseitig und widmete sich neben dem Pazifismus auch Problemen internationaler Politik, sozialen Fragen, Musik, Kunst, Theater und Literatur. M. organisierte die Konferenz der italienischen Friedensgesellschaften von 1891 und war deren Berichterstatter über die Abrüstungsfrage. Als Delegierter der „Unione Lombarda" war er auf fast allen Friedenskongressen und beteiligte sich aktiv an den Arbeiten. Auf dem Antwerpener Kongreß wurde auf seinen Vorschlag beschlossen, daß künftig zu Beginn eines jeden Kongresses ein Bericht über die Ereignisse des abgelaufenen Jahres in Bezug auf Krieg und Frieden erstattet und daß am Schluß des Kongresses ein „Aufruf an die Völker" erlassen wird.

Im Jahre 1894 veranstaltete M. in Mailand eine Propagandaausstellung im Sinne der Friedensidee, und im Jahre 1896 gelang es ihm, nach der Schlacht von Adua eine mit 120.000 Unterschriften versehene Petition gegen die Fortsetzung des Krieges dem Parlament zu unterbreiten und diese Forderung durchzusetzen. Um die Jahrhundertwende unterstützte M. die Idee eines Schiedsvertrages zwischen Italien, Großbritannien und Frankreich. Er gab mehrere Bände seines Werkes „Die Kriege, die Aufstände und der Frieden im 19. Jahrhundert" heraus. 1904 hatte M. den Vorsitz über den ersten nationalen Friedenskongreß in Turin. Einen großen Teil des Preisgeldes übergab er der „Unione Lombarda", aber sein Ruhm wurde durch den Krieg zwischen Italien und der Türkei getrübt. Er ergriff 1911 Partei für die Regierung, und sein Eintreten für einen Eroberungskrieg wurde heftig kritisiert. Im Ersten Weltkrieg versuchte der fast völlig erblindete M. sein Volk zu ermutigen, und er schrieb noch als 84jähriger Artikel in „La Vita Internazionale", mit denen er das italienische Volk zu begeistern suchte.

M. war Mitglied der Kommission des Berner Bureaus, Mitglied des internationalen Friedensinstituts in Monaco, Ehrenpräsident der Internationalen Concordia in Paris, Mitglied der Union Internationale und Präsident der Gesellschaft für den internationalen Austausch von Schulkindern.

Mott, John Raleigh – amerikanischer methodistischer Theologe
geb. 25.5.1865 in Livingston Manor (New York)
gest. 31.1.1955 in Orlando (Florida)
Nobelpreis 1946
M. widmete sein Lebenswerk der Verbreitung christlicher Ideen in aller Welt, der ökumenischen und der missionarischen Bewegung sowie der Arbeit mit Jugendlichen. Der Sohn einer Farmerfamilie wurde in methodistischer Frömmigkeit erzogen. Er studierte zunächst Jura und Geschichte, doch bereits während des Studiums erfuhr sein Leben die entscheidende Wende: Er beschloß, sein Wirken in den Dienst des Christentums zu stellen.

M. gehörte den Methodisten an, einer der großen religiösen Gemeinschaften der USA, und trat als Laienprediger auf. Die Methodisten sind Anhänger verschiedener christlicher Kirchen, die sich im 18. Jahrhundert im Zusammenhang mit der Erweckungsbewegung im angelsächsischen Sprachraum gebildet haben. Sie gehen zurück auf eine von den Brüdern J. und C. Wesley während ihrer Studentenzeit in Oxford in den 20er Jahren des 18. Jahrhunderts begründete Erneuerungsbewegung. Seit seiner Graduierung an der Cornell-Universität in Ithaca im Jahre 1888 widmete sich M. weltweiten Plänen zur Organisation nationaler und internationaler Studentenvereinigungen. Im gleichen Jahr wurde er Studentensekretär des Christlichen Vereins Junger Männer (Young Men's Christian Association, YMCA), einer 1844 in London entstandenen Bewegung, die 1851 in den USA Fuß faßte und rasch viele Anhänger fand. Im Jahr 1895 war M. Mitbegründer des Christlichen Studenten-Weltbundes (World's Student Christian Federation) und wurde zu dessen Vorsitzenden gewählt. Bis 1920 war er Generalsekretär des Christlichen Weltbundes der Studenten, und von 1915 bis 1928 übernahm er auch die Leitung der US-amerikanischen YMCA, die in mehr als dreißig Ländern vertreten war und die er veranlaßte, die Bemühungen im Interesse des Friedens und des weitgehend anerkannten Schiedsrechts zu unterstützen. Von 1926 bis 1937 war M. auch Präsident des Weltbundes dieser Vereinigung.

Neben der Ökumene stellte die christliche Mission eines der wichtigsten Anliegen von M. dar. Zwischen 1900 und 1941 reiste er mehrfach um die ganze Welt, um für die Missionsarbeit zu werben. Er gehörte zu den Organisatoren der ersten Weltmissionskonferenz, die 1910 in Edinburgh stattfand. Über 1.000 Delegierte aus aller Welt nahmen an dieser Zusammenkunft teil. Seit Beginn des 20. Jahrhunderts bestanden Bestrebungen, die Missionsgesellschaften auf internationaler Ebene zusammenzuschließen. Die Missionskonferenz von Edinburgh gründete das erste internationale christliche Kooperationsgremium und markierte damit den Beginn der modernen ökumenischen Bewegung. Die Konferenz gab auch den Anstoß zur Gründung des Internationalen Missionsrates, der sich aus Nationalen Missionsräten zusammensetzte. 1912/13 unternahm M. eine Reise in den Fernen Osten und regte in Japan, China, Indien und Korea die Bildung von nationalen Christenräten an. Als 1921 die Gründung des Internationalen Missionsrates zustande kam, an dem allerdings die römisch-katholische und die orthodoxen Kirchen nicht beteiligt waren, wurde M., der sich maßgeblich für den Zusammenschluß eingesetzt hatte, zum Präsidenten gewählt. Die Bewegung zur Einigung der christlichen Kirchen erhielt zahlreiche Impulse, die schließlich 1948 in Amsterdam in der Konstituierung des Ökumenischen Rates oder Weltrates der Kirchen mündeten. Das Ziel war, die Ökumene zu fördern, die Spaltung zwischen den christlichen Lehren zu überwinden und Rassenschranken abzubauen. Bei der Gründung waren 147 Kirchen aus 47 Ländern anwesend, und Mitte der 90er Jahre gehörten über 300 Kirchen aus mehr als 90 Ländern dem Ökumenischen Rat an. Der seit Jahren in der ökumenischen Bewegung tätige M. wurde zum Ehrenpräsidenten gewählt.

M.s Aktivitäten richteten sich nicht nur auf kirchliche Angelegenheiten, sondern auch auf soziale Probleme. Bereits 1923 hatte er nach dem verheerenden Erdbeben in Tokio die Katastrophenhilfe organisiert, nach dem Ersten Weltkrieg bemühte er sich um die Betreuung von Kriegsgefangenen, und nach dem Zweiten Weltkrieg informierte er sich in Europa über die Folgen des Krieges.

1946 würdigte das Osloer Nobelkomitee M.s Engagement für die ökumenische Bewegung und sein weltweites Wirken im Missionsdienst sowie seine Bemühungen, Menschen unterschiedlicher Herkunft zur Mitarbeit an überkonfessionellen Aufgaben zu bewegen. Zusammen mit der amerikanischen Pazifistin Emily Greene Balch erhielt M. den Friedensnobelpreis.

Mutter Teresa (eigentlich Agnes Gonxha Bojaxhiu) – indische katholische Ordensschwester albanischer Herkunft

geb. 27.8.1910 in Skopje (Mazedonien)
gest. 5.9.1997 in Kalkutta (Indien)
Nobelpreis 1979

Ihre Eltern waren fromme katholische Christen, die die Armen in der Region mit Essen und Geld unterstützten. Als Agnes acht Jahre alt war, starb ihr Vater. Doch die Mutter ermöglichte ihren beiden Töchtern den Besuch der höheren Schule. Als Agnes achtzehn Jahre alt war, stand ihr Entschluß bereits fest: Sie wollte als Missionarin nach Indien gehen. Sie erfuhr von jugoslawischen Geistlichen, die in Bengalen arbeiteten, daß dort Missionarinnen des irischen Ordens der Schwestern von Loreto lebten. Sie beschloß deshalb, in diesen Orden aufgenommen zu werden. Im September 1928 verläßt Agnes Skopje und tritt in das Loreto-Kloster Rathfarmham in Dublin ein. Hier wurde sie zunächst in der englischen Sprache unterrichtet und auf ihren Dienst vorbereitet. Noch im gleichen Jahr schickte man sie nach Darjeeling im Himalaya, wo sie ihr Noviziat ableistete. Die großartige Landschaft beeindruckte sie tief und galt ihr als Zeichen göttlicher Allmacht. Am Ende ihres zweijährigen Noviziats legte sie ihre ersten zeitlichen Gelübde ab, die Gelübde der Armut, der Ehelosigkeit und des Gehorsams. Sie nahm den Namen Teresa nach der „kleinen" Heiligen an. Sie wurde dann nach Entally gesandt, das im Osten von Kalkutta liegt, um dort an der von den Schwestern unterhaltenen High-School für bengalische Mädchen Geographie und Geschichte zu unterrichten.

Am 14.5.1937 legte Schwester Teresa ihre Ewigen Gelübde ab. Sie wurde nun endgültig in den Orden aufgenommen und wurde Direktorin der St.-Mary-Schule, einer höheren Schule für Töchter wohlhabender Eltern. Als Schwester Teresa im September 1946 zu einem Erholungsaufenthalt nach Darjeeling reiste, erging während der Eisenbahnfahrt die Berufung an sie. Ganz plötzlich spürte sie, daß Gott sie zum Dienst der Nächstenliebe an den Allerärmsten ausersehen hatte. Dies war für sie „der Tag der Entscheidung". Doch zunächst mußte sie sich von der Oberin ihres Ordens die Erlaubnis erbitten, das Kloster verlassen und allein außerhalb arbeiten zu dürfen. Dazu brauchte sie die Genehmigung des Erzbischofs von Kalkutta, die dieser ihr nach eingehender Prüfung ihrer Gründe gewährte. Nach einer kurzen Ausbildung in der Krankenpflege verließ sie das schützende Haus am 8.8.1948 im weißen Sari mit blauer Borte und einem Kreuz auf der linken Schulter. Sie verzichtete damit auf die Sicherheit, die der Orden ihr bot, und auf die Gemeinschaft mit den Schwestern. Als Schwester Teresa das Kloster verließ, besaß sie nicht mehr als fünf Rupien.

Im Dezember 1948 begab sich Schwester Teresa nach Kalkutta, um dort bei den Armen zu leben. Als sie mit ihrer Arbeit in den Slums begann, versuchte sie von Anfang an, denen zu helfen, die allein und verlassen in den Straßen Kalkuttas lagen und starben. Es ist ein Rätsel, wie sie es fertigbrachte, zu existieren, zu helfen und zu geben. Doch sagt sie selbst, daß sie nicht betteln mußte, sondern immer Menschen fand, die sie unterstützten, weil sie ihr Tun beobachtet hatten. Eine indische Familie bot ihr eine leere Etage in ihrem Haus an, die sie im Februar 1949 bezog. Weitere Frauen schlossen sich Schwester Teresa an, darunter ausgebildete Ärztinnen und Schwestern, und so war ihre Hilfstruppe auf 28 Personen angewachsen, als sie ein Haus im Stadtteil Kalighat beziehen konnten.

Jetzt waren die Voraussetzungen zur Gründung und Anerkennung einer Kongregation erfüllt, und 1950 gaben sie sich den Namen „Missionaries of Charity". Die „Missionarinnen der Nächstenliebe" lebten nach strengen Regeln, unbedingte Armut und die Verkündigung der Frohen Botschaft durch den Dienst an den Ärmsten waren die obersten Gebote. Zehn Jahre lang durften die „Missionarinnen der Nächstenliebe" ihren Dienst nicht über Kalkutta hinaus ausdehnen, so verlangen es die Regeln der Kirche. Ein Orden braucht diese Zeit, um sich in Ruhe zu konstituieren und das für seine Zwecke nötige Team aufzubauen.

Sie und ihre Schwestern übernahmen die schwersten sozialen Aufgaben, die man sich vorstellen kann: Sterbepflege, Sammeln und Aufziehen verwaister und unerwünschter Kinder und die Versorgung von Leprakranken. Die Kongregation, die im Jahre 1950 die päpstliche Approbation (Bewilligung) erhielt, ist heute eine weltweite Organisation mit rund 200 Niederlassungen (inzwischen gibt es auch einen männlichen Zweig mit etwa 200 Brüdern). Schwester Teresa, einst Lehrerin der Schule des Loreto-Klosters, war nun Mutter Teresa geworden. 1953 eröffnete sie mit ihren Schwestern ein Mutterhaus und 1955 das erste Kinderheim. 1959 wurde durch ihre Mithilfe mit der „Stadt des Friedens" eine Kolonie für Leprakranke samt Rehabilitationszentrum gegründet. Auf der Welt gibt es etwa vier Millionen Leprakranke, davon leben allein in Indien zwei Millionen.

Als die zehnjährige Wartezeit um war, begann M. T. mit der Vorbereitung, Niederlassungen in Neu-Delhi und anderen indischen Städten einzurichten. Inzwischen war die Kunde von ihrem Wirken weit in alle Welt gedrungen. 1960 besuchte M. T. die USA, England, Italien und Deutschland, wobei sie ihr Hauptaugenmerk darauf richtete, den Reichen klarzumachen, daß sie geben müssen, aber nicht nur Almosen, sondern auch Gaben, die Opfer bedeuten. 1964 besuchte der Papst Indien, und als er wieder abreiste, überließ er M. T. den Rolls Royce. Sie versteigerte das Auto und verwandelte es in mehr Hilfe für die Armen. 1965 eröffnete sie die erste überseeische Station der „Missionarinnen" in der Nähe von Caracas (Venezuela). Es folgten weitere in Tansania, Australien, Rom und in Jordanien. 1970 entstand ein Noviziat für Novizen aus aller Welt in London. Der Orden weitete sich 1971 bis New York, nach Nordirland und Bangladesh aus. Es folgten Gründungen im Jemen, in Peru, in Äthiopien und Neuguinea. Seit 1969 wurde auch die „Internationale Vereinigung der Mitarbeiter M. T.s" dem Orden der „Missionare der Nächstenliebe" angegliedert, und Papst Paul VI. segnete die Verfassung ab. Öffentliche Ehrungen kamen hinzu.

M. T. betrachtete die Auszeichnung mit dem Friedensnobelpreis als eine Würdigung der Armen, „denen wir dienen". Das, was ihre Arbeit kennzeichnet, ist der Respekt vor dem Wert und vor der Würde des einzelnen Menschen, stellte das Nobelkomitee fest. „Die Einsamsten, die Elendsten und die Sterbenden haben Mitgefühl ohne Herablassung bekommen, gegründet auf die Ehrfurcht vor dem Menschen." Diese Grundhaltung sei fest im christlichen Glauben M. T.s verankert.

Was M. T. mit ihrem Orden praktisch erreichte, mag wie ein Tropfen im Ozean des Leides der Welt sein. Aber das Beispiel ist, was zählt. Es wirkt weiter und hat ein weltweites Echo gefunden.

Myrdal, Alva – schwedische Sozialwissenschaftlerin, Politikerin und Friedensforscherin
geb. 31.1.1902 in Uppsala
gest. 1.2.1986 in Stockholm
Nobelpreis 1982
Alva, Tochter des Bauunternehmers A. Reimers, wuchs in kleinen ländlichen Städten auf und besuchte in Eskilstuna die Schule. Nach einem Jahr Handelsschule begann die fünfzehnjährige Alva im Rechnungsamt als Kassiererin zu arbeiten. Doch den Gedanken an eine höhere Schulbildung hatte sie nicht aufgegeben. Unaufhörlich bedrängte sie ihren Vater, bis der schließlich nachgab und bei der Schulbehörde erreichte, daß Gymnasialkurse auch für Mädchen eingerichtet wurden. 1922 bestand Alva ihr Abitur und nahm ihr Studium in Stockholm auf, wo auch Gunnar Myrdal Rechtswissenschaften studierte. Sie belegte Literaturgeschichte, Nordische Sprachen, Religionsgeschichte und machte bereits 1924 das Magisterexamen. Im selben Jahr heiratete sie G. Myrdal, der inzwischen als Jurist am Stadtgericht Stockholm beschäftigt war. M. studierte bis zu ihrer Promotion im Jahre 1934 in Uppsala sowohl in England, Deutschland, den USA und der Schweiz Psychologie, Pädagogik, Philosophie und Statistik. Bereits 1927 wurde ihr Sohn Jan geboren, der später als Schriftsteller und Journalist wirkte. 1934 und 1936 bekam M. die Töchter Sissela und Kaj.

Seit sie Mutter war, interessierte sie sich besonders für die Situation von Frauen und Kindern in der immer stärker industrialisierten Gesellschaft. Sie entwickelte familienpolitische Ideen, die von der Sozialdemokratischen Partei, der sie 1932 beigetreten war, aufgegriffen wurden. Unermüdlich setzte sich M. für eine gezielte Erziehung innerhalb und außerhalb der Familie ein. Durch ihre publizistischen Vorarbeiten angeregt, entstand das Sozialpädagogische Seminar in Stockholm, die erste Ausbildungsstätte für Erzieher im vorschulischen Bereich, deren Direktorin sie von 1936 bis 1948 war. Im Jahr 1934 publizierten Alva und Gunnar M. ihre gemeinsamen Thesen zur Reformierung der schwedischen Gesellschaft in einem heftig diskutierten Buch. Sie nannten es „Krise in der Bevölkerungsfrage". In Schweden waren die Geburtenziffern drastisch zurückgegangen, eine Überalterung der Gesellschaft drohte. Für Alva und Gunnar M. lag die Ursache für diese Entwicklung in den schlechten Lebensbedingungen für Familien mit Kindern. Sie forderten ein familienfreundliches Wohnungsbauprogramm, Kindergeld u. a. Die sozialdemokratische Regierung setzte nach Erscheinen des Buches eine Kommission aus Wissenschaftlern und Politikern ein, die für die praktische Umsetzung der Reformvorschläge sorgen sollte.

1938 wurde M.s Mann in die USA gerufen, er sollte dort mit finanziellen Mitteln aus der Carnegie-Stiftung die „Negerfrage" analysieren. Sie folgte mit den drei Kindern, aber sie konnte sich nicht wie in Schweden sozialpolitisch engagieren. In dieser Zeit entstand das Buch „Nation and Family", in dem sie erneut die schwedische Familienpolitik diskutierte, diesmal unter Berücksichtigung amerikanischer Verhältnisse. 1940 kehrten sie nach Schweden zurück und veröffentlichten ein gemeinsames Buch mit dem Titel „Kontakt mit Amerika". Darin stellten sie die große Demokratie im Westen der nationalsozialistischen Diktatur entgegen. Während und nach dem Krieg war M. in verschiedenen Kommissionen tätig, die sich mit dem Aufbau von Demokratie durch Erziehung, mit Flüchtlingsfragen, mit der Entwicklung des Nachkriegsprogramms der schwedischen Arbeiterbewegung und dem Wiederaufbau der Sozialistischen Internationale beschäftigten. 1946 bekam M. ein verlockendes Angebot, sie sollte Direktorin der UNESCO werden, doch aus familiären Gründen lehnte sie ab.

1947 begab sich die Familie nach Genf, wo ihr Mann als Chef der UN-Wirtschaftskommission berufen wurde. Als M. 1949 erneut einen Posten bei der UNO in New York angeboten wurde, nahm sie sofort an – diesmal ohne Rücksicht auf ihre Kinder oder den Mann. Sie wurde Direktorin des Sozialen Amtes im UNO-Sekretariat. Ihre Aufgaben umfaßten internationale Wohlfahrts- und Sozialpolitik, Flüchtlingsfragen, Menschenrechtsprobleme und die Rechte der Frauen. 1951 ließ sich M. zur UNESCO nach Paris versetzen. Sie wurde Leiterin der sozialwissenschaftlichen Abteilung und sollte die wissenschaftliche und kulturelle Zusammenarbeit zwischen den Ländern aufbauen.

Von 1956 bis 1961 war sie Botschafterin in Indien, Ceylon, Burma und Nepal. 1962 wurde sie schwedische Chefdelegierte bei der Genfer Abrüstungskonferenz, übrigens wieder einmal die einzige Frau im gesamten Gremium. Von 1962 bis 1970 war sie Abgeordnete im schwedischen Reichstag und 1966 wurde sie Staatsministerin für Abrüstungsfragen. Von 1972 bis 1973 war M. Vorsitzende der UNO-Kommission für Abrüstung und Entwicklung. Später stand sie dem Schwedischen Internationalen Institut für Friedensforschung und dem Friedensforum der Arbeiterbewegung des Landes vor. Nachdem sie 1973 die Regierung verlassen hatte und pensioniert wurde, faßte sie ihre enttäuschenden Erfahrungen bei den Abrüstungsverhandlungen in dem Buch zusammen: „Falschspiel mit der Abrüstung."

Die „große alte Dame der schwedischen Politik" ließ für sich am liebsten die Bezeichnung Friedensforscherin gelten, wenngleich sie mehr als das war. Bei der Verleihung des Friedensnobelpreises forderte M. in einer Pressekonferenz die NATO-Länder auf, keine zusätzlichen US-amerikanischen Mittelstreckenraketen in Europa zu stationieren, selbst wenn die Verhandlungen ergebnislos verlaufen sollten. In ihren zahlreichen Büchern sowie in ihrer politischen Arbeit wandte sich M. immer wieder gegen den weltweiten Rüstungswahnsinn und wurde zu einer Art moralistischer Instanz der neuen Friedensbewegung.

Als engagierte Befürworterin einer allgemeinen Abrüstung erhielt sie zahlreiche Auszeichnungen. In ihren letzten Jahren hatte M. mit ihrem Mann in einer Wohnanlage für ältere Menschen gelebt, wo sie auch an den Folgen eines Hirntumors starb.

Nansen, Fridtjof – norwegischer Polarforscher und Zoologe
geb. 10.10.1861 auf Gut Store-Fröen bei Oslo
gest. 13.5.1930 in Lysaker
Nobelpreis 1922

N., Sohn eines Rechtsanwalts, besuchte die berühmte Schule von Aars und Voss in Kristiania. Besonders interessierten ihn Mathematik, Physik und Chemie. Nach dem Abitur entschied sich N. zunächst für die Marineoffizierslaufbahn. Dem Rat des Vaters folgend, entschloß er sich dann zu einem naturwissenschaftlichen Studium. Er entschied sich für die Zoologie in der Hoffnung, in diesem Fach wissenschaftliche Arbeit mit dem Wirken in der freien Natur verbinden zu können. Nach Abschluß des zweiten Semesters riet ihm sein Professor, mit einem Robbenfängerschiff ins Eismeer zu fahren, um für sein weiteres Studium sehr nützliche Beobachtungen über das Leben der Tiere und über die arktische Natur machen zu können. Die Faszination dieser Reise war für sein künftiges Lebensziel bestimmend. Nach dieser Eismeerreise und Abschluß seines Studiums arbeitete N. sieben Jahre lang als Konservator in der zoologischen Abteilung des naturkundlichen Museums in Bergen. Seine ersten Forschungen galten Leben und Bau der Myozostome. In mühevollen wissenschaftlichen Detailforschungen entstand das wissenschaftliche Werk „Struktur und Verbindung der histologischen Elemente des Zentralen Nervensystems". Nach seiner Rückkehr forschte N. in Bergen weiter über den Aufbau des Zentralnervensystems niederer Tiere (Würmer, Krebse, Weichtiere) und konnte Aufklärung über die Struktur ihrer Nervenzellen, -knoten und -fasern geben. Am 28. April 1888 verteidigte er in Bergen seine Dissertation.

Wenige Tage nach der Promotion trat N. gemeinsam mit fünf Gefährten die wagemutige Expedition an, in der sie auf Schneeschuhen in neun Wochen erstmals die

560 km breite Binneneisfläche Grönlands von Ost nach West durchquerten. Er hatte mit seiner Eiswanderung nachgewiesen, daß das Innere Grönlands von einer geschlossenen Eisdecke überzogen ist. Neben neuen geographischen Erkenntnissen vermittelten seine Beobachtungen über Form, Ausdehnung und Bewegung der Gletscher wesentliche Aufschlüsse zur Lösung geologischer Probleme. Er hat damit den Grundstein zur modernen Gletscherkunde gelegt, außerdem trugen seine Messungen zur Klärung von Zusammenhängen der Witterungsverhältnisse über Europa und dem nördlichen Atlantischen Ozean bei. Von noch größerer Bedeutung war N.s Nordpolarfahrt mit der „Fram" von 1893 bis 1896, die erste Driftfahrt im Arktischen Ozean von den Neusibirischen Inseln bis in die Gegend von Spitzbergen. Im Juli 1893 verließ die „Fram" mit zwölf Mann Besatzung und einem Rudel Schlittenhunde an Bord Norwegen. Er wollte versuchen, mit dem Schiff über den Nordpol zu driften. Als N. feststellte, daß die Eisdrift doch nicht über den Pol führen würde, entschloß er sich zu einem Vorstoß mit Schlitten und Hunden nach Norden. Am 14. März 1895 setzte N. mit seinem Freund H. Johansen und 28 Schlittenhunden zu einem verwegenen Plan an, Erreichung des Pols mit dem Hundeschlitten. Doch diese Reise mußte am 8. April abgebrochen werden, etwa 300 km vom Nordpol entfernt. Insgesamt dauerte ihre Drift, die das Vorhandensein der angenommenen ostwestlichen Meeresströmung überzeugend bewies, 1.055 Tage.

Mit dieser Expedition hatte N. die größten Rätsel des zentralen Polarmeeres gelöst. Er hatte festgestellt, daß die Innerarktis ein Tiefseebecken von mindestens 3.000 bis 3.840 m Tiefe ist. Ferner wurden wertvolle meereskundliche, wetterkundliche und biologische Beobachtungen gemacht. N. wurde 1897 Professor für Meereskunde an der Universität in Oslo. Er orientierte auf die Verbesserung der internationalen Zusammenarbeit und den Aufbau einer zwischenstaatlichen wissenschaftlichen Organisation, die er 1902 mit dem „Internationalen Rat für Meeresforschung" begründen konnte.

Der selbständig gewordene norwegische Staat bedurfte dringend angesehener Persönlichkeiten, die im Ausland die Interessen des Vaterlandes vertraten. 1906/07 war N. als erster Gesandter Norwegens in London tätig, wo er unter Zurückstellung seiner wissenschaftlichen Arbeit die positive Neutralität der Großmächte für sein Land sicherte. Besondere Beachtung widmete N. ökonomischen Fragen als Faktor der Völkerverständigung. Doch dann stand Europa in Flammen, und er war entsetzt über das Versagen der Völker und das erbarmungslose Wüten des Krieges. Als Beauftragter der Regierung sicherte N. im Juli 1917 in den USA die weiteren Getreidelieferungen für Norwegen und bewahrte sein Land vor einer Hungersnot.

In den Notzeiten nach dem Ersten Weltkrieg stellte er sich in den Dienst des internationalen Hilfswerkes des Völkerbundes und bewährte sich hier als großer Menschen- und Friedensfreund. Als Hoher Kommissar des Völkerbundes wirkte N. für die Heimbeförderung der Kriegsgefangenen. Der von ihm organisierten „N.-Hilfe" ist es zu verdanken, daß in 18 Monaten eine halbe Million Kriegsgefangener aus 26 Nationen in die Heimat zurückgeführt werden konnte. Zu den von ihm eingeleiteten Hilfsaktionen der Flüchtlingsrück- und -umsiedlung gehörte auch ein umfangreiches Besiedlungsprogramm in Westthrakien, um den Flüchtlingen eine gesicherte Existenzgrundlage zu bieten. Für die notwendige Übersiedlung Hunderttausender staatenlos Gewordener in ein anderes Land schuf N. im Juni 1922 als Identitätsausweis den „N.-Paß", der von 52 Regierungen anerkannt wurde.

Am 10. Dezember 1922 wurde N. für sein humanitäres Wirken der Friedensnobelpreis verliehen. Die gesamte Summe des Preises stiftete er für die Flüchtlingshilfe. 1927 legte er aus Altersgründen schweren Herzens das Amt als Hochkommissar des Völkerbundes nieder. Seinen Kampf für Frieden und Humanität aber setzte er unermüdlich fort. Vor allem der Jugend wollte er die hohen Menschheitsideale weitervermitteln.

Noel-Baker, Philip John Baron of the City of Derby (seit 1977) – britischer Politiker, Diplomat und Autor

geb. 1.11.1889 in London

gest. 8.10.1982 in London

Nobelpreis 1959

N.-B. war der Sohn eines Parlamentsabgeordneten und entstammte einer Quäker-Familie mit pazifistischen Traditionen. Er besuchte die Bootham School in York und das Haverford College in Pennsylvania (USA). Danach studierte er kurzzeitig an der Sorbonne, in München und schließlich in Cambridge am King's College Geschichte und Volkswirtschaft, hier erwarb er den Master of Arts. 1912 wurde N.-B. Präsident der Cambridge Union Society und zugleich Präsident ihres Sportklubs. Er war Teilnehmer an den Olympischen Spielen 1912 in Stockholm und spielte auch danach eine führende Rolle im Sportleben. 1915 heiratete er Irene Noel, die Tochter eines britischen Grundbesitzers, und sie vereinigten beide Familiennamen. Er nahm auch an den Olympischen Spielen 1920 in Antwerpen teil, errang eine Silbermedaille im 1.500-m-Lauf und war später einer der Verantwortlichen für die britischen Olympiamannschaften und saß im Olympischen Komitee. Seit 1960 war er Präsident des Weltrates für Sport und Körpererziehung.

Seine berufliche Laufbahn führte N.-B. zunächst 1914 auf den Posten des stellvertretenden Direktors des Ruskin Colleges in Oxford. Während des Ersten Weltkrieges versah er seinen Dienst in der Freiwilligen Britischen Krankenpflege in Belgien, Frankreich und als Organisator der britischen Ambulanz in Italien. Nach Kriegsende nahm er als Assistent von Cecil of Chelwood (Friedensnobelpreis 1937) und Mitglied der britischen Delegation an den Versailler Friedensverhandlungen teil. Von 1922 bis 1924 war N.-B. Sekretär der britischen Delegation beim Völkerbund. Von 1924 bis 1929 war er Professor auf dem „Cassell-Lehrstuhl für Internationale Beziehungen" an der Universität London.

Es folgte von 1929 bis 1931 seine erste Periode parlamentarischer Tätigkeit als Abgeordneter der Arbeiterpartei für Coventry und gleichzeitig als parlamentarischer Privatsekretär des Staatssekretärs des Auswärtigen Amtes. Auch während der 10. Völkerbunds-Versammlung (1929–1931) kam N.-B. als Mitglied der Britischen Delegation nach Genf. Auf der Abrüstungskonferenz in Genua (1932/33) fungierte er als Privatsekretär des Präsidenten Sir A. Hendersons. Auch N.-B. ging es vor allem um die Abrüstung, und er übte harte Kritik an der privaten Kriegsindustrie. 1936 wurde er wieder in das Unterhaus gewählt, dem er dann ununterbrochen bis 1970 als Labour-Abgeordneter für Derby South angehörte. Im gleichen Jahr nahm er an der Sozialistischen Internationale in Wien teil. In der Koalitionsregierung W. S. Churchill war N.-B. von 1942 bis 1945 parlamentarischer Sekretär des Ministers für Kriegstransport. Während dieser Jahre wandte er sich im Britischen Rundfunk mit Ansprachen in Deutsch, Französisch, Italienisch, Griechisch und Norwegisch an die Völker Europas. 1945/46 war N.-B. Staatsminister im Auswärtigen Amt und befaßte sich dort vor allem mit den Problemen der UNO.

Im Juni 1946 wurde er mit großer Mehrheit zum Vorsitzenden der Britischen Arbeiterpartei gewählt. In der Labourregierung von C. R. Attlee war N.-B. 1946/47 Staatssekretär für die Luftfahrt, von 1947 bis 1950 Staatssekretär für Commonwealth-Beziehungen und 1950/51 Minister für Treib- und Brennstoffversorgung. Als Minister für die Beziehungen zum Commenwealth führte er die Verhandlungen mit Indien, Irland und Neufundland, als es das Statut, das diese Länder im Rahmen des Commenwealth erhalten sollten, zu bestimmen galt. Besonders seit den 50er Jahren trat N.-B. für die Beendigung des Wettrüstens, für Abrüstung und internationale Verständigung ein und unterstützte die Gegner der amerikanischen Raketenstationierung in Europa. Von 1964 bis 1970 war er Vorsitzender des Parlamentsausschusses für Auswärtige Beziehungen der Labour-Fraktion. Er war einige Zeit als Beobachter bei den UN, wurde 1955 Vertreter Großbritanniens bei der Beratenden Versammlung des Europarats und der Versammlung der Westeuropäischen Union.

N.-B. ist auch als Autor von Artikeln und Büchern hervorgetreten, in denen er sich insbesondere mit den Möglichkeiten einer weltweiten Abrüstung befaßt hat. Zu nennen sind vor allem „Wettlauf der Waffen" (1958) und „Weltabrüstung – jetzt" (1963).

Die Verleihung des Friedensnobelpreises an N.-B. erfolgte in Anerkennung seines Einflusses auf die Ausgestaltung der Vorschläge, die der Errichtung der UN zugrunde gelegt wurden.

Ossietzky, Carl von – deutscher Publizist
geb. 3.10.1889 in Hamburg
gest. 4.5.1938 in Berlin
Nobelpreis 1935

O.s Vater starb, als er zwei Jahre alt war. Eine wohlhabende Tante erzog den Jungen bis zu dessen zehnten Lebensjahr. Dann heiratete die Mutter den Bildhauer G. Walter, der leidenschaftlicher Sozialdemokrat war und durch viele Gespräche O.s politisches Interesse weckte. Er besuchte dann das Gymnasium, mußte aber aus materiellen Gründen die Schule ohne Abschluß verlassen und wurde Angestellter beim Grundbuchamt der Stadtverwaltung in Hamburg. Während seiner Tätigkeit als Beamter eignete sich O. eine vielseitige Allgemeinbildung an. Er besaß schon damals eine stark ausgeprägte Individualität und verblüffte seine Umgebung mit freisinnigen, demokratischen und republikanischen Anschauungen. Er studierte die zeitgenössische angelsächsische Literatur und interessierte sich besonders für das Werk Shakespeares. Er begeisterte sich für die satirische Polemik eines Junius und für die englischen Graphiker des 19. Jahrhunderts.

1911 wurde O. Mitarbeiter an der bürgerlich-demokratischen Wochenzeitung „Das freie Volk". Ein Jahr später hatte sein Artikel „Das Erfurter Urteil" Ärgernis erregt, weil er die wilhelminische Rechtsprechung angeprangert hatte. O. wurde sein erster Beleidigungsprozeß angehängt. Seine spätere Frau, die Engländerin M. Woods-Lichfield, beglich schließlich die 500 Mark Buße. Nach weiteren kritischen Artikeln mußte er 1915 als Soldat an die Westfront.

Die grauenvollen Kriegserlebnisse bestärkten O. in seiner pazifistischen Haltung. Er gehörte zu den wenigen Soldaten, die bereits als überzeugte Kriegsgegner die Uniform anziehen mußten. Nach dem Kriege redigierte er in Hamburg die pazifistische Zeitung „Nie wieder Krieg" und wurde Mitglied der Deutschen Friedensgesellschaft. Ende 1919 wurde er Sekretär des Zentralbüros in Berlin. Als O. dort begann, das Mitteilungsblatt der Gesellschaft durch eigene, unkonventionelle Beiträge interessant zu machen, stieß er auf erheblichen Widerstand. 1923 gab er seine Funktion als Sekretär der Deutschen Friedensgesellschaft auf. Er vertraute sich nunmehr ganz dem „großen Umschmelzungsprozeß der Zeit" an und warf sich in den beiden folgenden Jahren ohne feste Bindung als „Außenseiter" ins Getümmel.

Von 1920 bis 1924 war O. erst außenpolitischer Mitarbeiter, dann Redakteur der „Berliner Volkszeitung". Aber auch in der „Frankfurter Zeitung", in „Berlin am Montag" und einzelnen ausländischen Zeitungen wurde er ein begehrter und geschätzter Mitarbeiter. In diese Zeit fällt seine erste Bekanntschaft mit dem Herausgeber der „Weltbühne". Er kam zu der Ansicht, daß das politische Leben der bürgerlichen und sozialdemokratischen Linken neuer Impulse bedurfte, und gründete im März 1924 gemeinsam mit Vetter die kurz darauf durch den Gang der Ereignisse wieder zur Auflösung gezwungene Republikanische Partei. Bei den Neuwahlen zum Reichstag im Mai 1924 kandidierte O. im Wahlkreis Potsdam für die Republikanische Partei, obwohl er schon vorher von der Niederlage überzeugt war. Das magere Gesamtergebnis von 50.000 Stimmen bestätigte seinen Zweifel. Im Winter 1924 mußten O. und K. Vetter das „Palais Mosse" verlassen, weil sie an der Gründung der Republikanischen Partei führend teilgenommen hatten. Er trat jetzt der Redaktion des „Tage-Buch" bei, der er bis

Ende 1926 angehörte und war außerdem verantwortlicher Redakteur beim „Montag-Morgen".

Im April 1926 wurde O. ständiger Leitartikler in S. Jacobsohns Wochenschrift „Die Weltbühne", diesem unabhängigen, einzigartigen Forum der linksdemokratischen Intelligenz in der Weimarer Republik. An und mit den Kämpfen der „Weltbühne" eroberte er sich eine feste weltanschauliche Position. Nach Heine und Mehring hat kaum einer der linken Publizisten den politischen Essay mit solch künstlerischer Meisterschaft gehandhabt wie O. Mit der Akribie des Chronisten, aber nicht ohne die Parteilichkeit des Historikers betrieb er seine glänzende und vernichtende Gesellschaftskritik. Als er nach dem Tode von S. Jacobsohn am 3.12.1926 und einem kurzen Interregnum von K. Tucholsky an Nr. 41/1927 die Leitung der „Weltbühne" übernahm, blieb der alte Kreis der Mitarbeiter bis auf wenige Ausnahmen in verschworener Gemeinschaft beisammen. Unter seiner Leitung wurde „Die Weltbühne" noch stärker als zuvor zum offensiven, von den reaktionären Kräften gefürchteten Kampfblatt gegen Militarismus und Faschismus. Die Zuspitzung der wirtschaftlichen und politischen Krise 1928/29 trieb O. aus der Redaktionsstube auf den Schauplatz des direkten politischen Kampfes. Er übernahm nach den blutigen Maivorgängen 1929 in Berlin, erschüttert und erbittert über den Polizeiterror, den Vorsitz im „Ausschuß zur Untersuchung der Berliner Maivorgänge", in dem sich Menschen verschiedener Weltanschauungen und Berufe gesammelt hatten. Bereits seit Herbst 1929 schwebte gegen die „Weltbühne" ein Untersuchungsverfahren. Wegen eines Artikels, der die Geheimaufrüstung entlarvte, wurde O. wegen angeblichen Landesverrats und Militärspionage zu einundeinhalb Jahren Gefängnis verurteilt.

1931 wurde er verhaftet, ein Jahr später wieder freigelassen, jedoch in den Tagen nach dem Reichstagsbrand 1933 erneut von der Gestapo festgenommen und in das Konzentrationslager Sonnenburg verschleppt. Sofort nach O.s Verhaftung organisierten seine Freunde einen weltweiten Protest. Die Gruppe der „Liga für Menschenrechte" in Straßburg stellte im Mai 1934 den ersten offiziellen Antrag, O. mit dem Friedensnobelpreis zu ehren. In den nächsten beiden Jahren schwemmte eine Flut von Fürsprachen alle konventionellen Vorbehalte des Verleihungskomitees in Oslo hinweg. Am 25.11.1936 bestätigte das norwegische Parlament den tapferen Friedenskämpfer und Antifaschisten als Nobelpreisträger. Nach der Preisverleihung und auf Grund internationaler Proteste sahen sich die Nazis gezwungen, O. zu entlassen, doch bis zu seinem Tode blieb er im Sanatorium Berlin-Nordend faktisch ihr Gefangener.

Da er nicht nach Oslo reisen durfte, wurde das Preisgeld von umgerechnet 99.875 Mark später an die Deutsche Reichsbank überwiesen. Durch geschickte und erst lange nach dem Zweiten Weltkrieg aufgedeckte Manipulationen sicherte sich die Gestapo ihren Teil. Nur eine relativ kleine Summe konnte für O.s Familie und seinen Aufenthalt im Sanatorium verwendet werden. O. war einer der profiliertesten Publizisten der Weimarer Republik, der vor allem in seinen glänzend geschriebenen „Weltbühne"-Leitartikeln Stellung nahm zu den Fragen der Zeit, der Reaktion und Militarismus bekämpfte und den zur Macht strebenden Faschismus entlarvte.

Passy, Frédéric – französischer Politiker und Nationalökonom

geb. 20.5.1822 in Paris
gest. 12.6.1912 in Neuilly bei Paris
Nobelpreis 1901

P., Sohn einer wohlhabenden Beamtenfamilie, studierte Philosophie, Recht und Wirtschaftswissenschaften. Nach dem juristischen Examen wurde er 1845 Beisitzer im Staatsrat, doch reichte er schon 1849 seinen Abschied ein. Das Angebot zur Mitarbeit in der Regierung Napoleons III. lehnte P. aus politischer Überzeugung ab. Reich verheiratet führte er das Leben eines freien Autors und Vortragsredners. In seinen Artikeln und Vorträgen befaßte er sich hauptsächlich mit Fragen über Krieg und Frieden.

Ab 1850 hat er zahlreiche Beiträge in französischen und ausländischen Organen veröffentlicht, und um 1860 hatten ihn seine Vorträge so berühmt gemacht, daß er von vielen französischen und ausländischen Städten als Redner begehrt wurde. Er widmete sich dann der Nationalökonomie und lehrte in Peau, Bordeaux, Nizza und ab 1866 in Paris. Als 1867 wegen der Festung Luxemburg ein Krieg zwischen Preußen und Frankreich auszubrechen drohte, rief P. mit einflußreichen Persönlichkeiten der Wirtschaft, der Wissenschaft und der Kirchen in Frankreich eine Bewegung ins Leben, der es damals gelang, den Krieg zu verhindern, und die zur Gründung der „Internationalen und ständigen Friedensliga" führte. Es war die erste französische und internationale Friedensgesellschaft, deren Generalsekretär P. wurde.

Nachdem es 1870/71 dennoch zum Krieg zwischen Deutschland und Frankreich gekommen war, entstand unmittelbar nach dem Kriege die Friedensbewegung unter dem neuen Namen „Französische Gesellschaft der Friedensfreunde" unter seiner Leitung. 1889 wurde die Gesellschaft unter Betonung des juristischen Elementes umgewandelt und hieß dann „Französische Gesellschaft für Internationale Schiedsgerichtsbarkeit", deren Präsident P. bis 1903 blieb. Wissenschaftsorganisationen wie die „Gesellschaft für Volkswirtschaft" und der „Verband zur Förderung der Wissenschaft" machten ihn 1877 und 1879 zu ihrem Vorsitzenden. Die „Académie des Sciences morales et politiques" berief ihn 1877 zum Mitglied. Bei der „Gesellschaft für Frauenbildung" und der „Vereinigung für Kinderschutz" arbeitete er im Vorstand mit. Von 1881 bis 1889 war er Mitglied des Parlaments.

Das Jahr 1889 war ein Höhepunkt im pazifistischen Wirken P.s. Mit seinen Freunden gründete er eine Zeitschrift „Arbitrage entre Nations", später „Revue de la Paix", die für Jahrzehnte ein Forum ihrer Ideen bleiben sollte. Im gleichen Jahr wurde in Paris unter P.s Vorsitz die Reihe der jährlichen Internationalen Friedenskongresse eröffnet, und es trafen sich erstmals auch Parlamentarier vieler Länder in Paris und gründeten die „Interparlamentarische Union für Schiedsgerichtsbarkeit und Frieden". Die Initiative zu dieser Gründung war von dem Briten W. Cremer und P. ausgegangen. 1889 organisierte er in Paris den ersten Weltfriedenskongreß, 1890 trat man in London zusammen, dann in Rom, Antwerpen, Chicago, Hamburg, Budapest und Turin. Die alljährlichen Friedenskongresse wurden zu einer beachteten Erscheinung des öffentlichen Lebens in Europa. Es gab jetzt eine organisierte internationale Friedensbewegung. 1892 erhielt sie eine feste Organisationszentrale, in Bern wurde ein Internationales Büro der Friedensgesellschaften eingerichtet. In dieser Zeit der sich formierenden und stabilisierenden Friedensbewegung, die P. international als ihren Sprecher anerkannte, erlebte er trotz seines fortgeschrittenen Alters einen zweiten Frühling. Obwohl P. an einem schweren Augenleiden fast erblindet war, führte er seine Arbeit als Redner und Organisator weiter.

P., wirtschaftsliberaler Advokat des Friedens, hat sich energisch gegen den Kolonialismus und für die Achtung der nationalen Unabhängigkeit der von den Großmächten bedrängten Völker eingesetzt. Die Verleihung des ersten Friedensnobelpreises an H. Dunant und P. war für die Pazifisten Europas eine großartige Bestätigung ihrer Arbeit.

Eine weltumspannende Friedensbewegung mit reicher Publizistik war aufgebaut worden, doch P. mußte noch erleben, daß die heraufziehende Gefahr eines Weltkrieges bedrohlich näher kam.

Pearson, Lester Bowles – kanadischer Historiker, Diplomat und Politiker
geb. 23.4.1897 in Toronto
gest. 27.12.1972 in Ottawa
Nobelpreis 1957

Kanada besitzt weltweit den Ruf, ein friedliebendes und den internationalen Frieden förderndes Land zu sein. Wesentlichen Anteil an der Formulierung dieser Politik hatte der kanadische Außenminister und spätere Premier P., der dafür als erster Kanadier den Friedensnobelpreis erhielt.

Der Abkömmling einer wohlhabenden Familie, sein Vater war Methodistenpfarrer, studierte an den Universitäten Toronto und Oxford (Großbritannien) Geschichte. Er nahm als Freiwilliger am Ersten Weltkrieg teil und diente im Royal Flying Corps. Von 1919 bis 1921 war P. bei einer Firma in Chicago beschäftigt, und von 1924 bis 1928 lehrte er Moderne Geschichte an der Universität Toronto.

Im Jahr 1928 trat P. in den diplomatischen Dienst ein und wurde in das damals neu errichtete Außenministerium berufen. Er war zunächst beim Völkerbund in Genf tätig, vorwiegend als Berater bei internationalen Konferenzen. Von 1935 bis 1941 assistierte er als Erster Sekretär dem kanadischen Botschafter in Großbritannien und erlebte so die Entwicklungen, die zum Zweiten Weltkrieg führten, aus der Nähe. 1941 wurde P. stellvertretender Unterstaatssekretär im Außenministerium in Ottawa, und 1942 ging er als Botschaftsrat an die amerikanische Botschaft in Washington, deren Leitung er 1945 übernahm. 1946 wurde er Staatssekretär in Ottawa und im September 1948 Außenminister in der Regierung des liberalen Premierministers Louis St. Laurent. Auch in dieser Funktion widmete er den Vereinten Nationen (UN) einen großen Teil seiner Energie.

Die Jahre seines Wirkens in hohen Regierungsämtern hatten P. große Erfahrungen in internationalen Fragen eingebracht. Er nutzte sie in vielen der Erhaltung des Friedens dienenden Aktivitäten. Er war Vertreter Kanadas bei den Versammlungen der UNO, dem Nordatlantikpakt sowie anderen internationalen und Commonwealth-Konferenzen. 1951/52 war P. Vorsitzender des NATO-Rates. Wegen seiner diplomatischen Fähigkeiten wurde er als erster Generalsekretär der UN vorgeschlagen, was aber am Veto der UdSSR scheiterte. Auf der UN-Generalversammlung im Oktober 1952 wurde P. zum Präsidenten gewählt. Im gleichen Jahr bemühte er sich um einen Kompromiß, der die Beendigung des Koreakriegs erleichterte.

Im Juli 1956 kam es durch die Verstaatlichung des Suezkanals seitens der ägyptischen Regierung zur sogenannten Suezkrise, bei der es zur militärischen Intervention von Briten, Franzosen und Israelis kam. Auf einer UN-Krisensitzung wurde das Vorgehen der drei Staaten verurteilt. Es ist P. zu verdanken, daß man sich für die Entsendung einer UNO-Friedenstruppe an den Kanal einsetzte. Kanadische Truppen beteiligten sich als erste an der United Nations Emergency Force. Von 1958 bis 1968 war P. Vorsitzender der Liberalen Partei, und 1963 löste er J. Diefenbaker als Regierungschef ab. Er hatte wie dieser schwere Auseinandersetzungen wegen der von den USA geforderten Atombewaffnung der kanadischen Streitkräfte zu bestehen. Auch als Premierminister hat P. als Friedensstifter zu wirken versucht.

Er hat u. a. im April 1967 einen Friedensplan für Vietnam und im Juni 1967 einen solchen für die Befriedung in Nahost vorgelegt. Rückschläge in der Wirtschaftsentwicklung sowie zunehmende Spannungen zwischen Anglo- und Frankokanadiern führten zur Wahlniederlage P.s bei den Parlamentswahlen von 1968. Seit 1969 war er Leiter der 1968 gegründeten Kommission für Internationale Entwicklung, der sogenannten P.-Kommission. Sie ging auf die Initiative des amerikanischen Politikers und Weltbankpräsidenten McNamara zurück. Auf dem 2. Weltkongreß für Ernährung im Sommer 1970 in Den Haag legte P. einen Bericht über die Bilanz der zu diesem Zeitpunkt 25jährigen, von ihm mitgegründeten Organisation der UNO für Ernährung und Landwirtschaft vor. Im Hinblick auf die zu erwartende Weltbevölkerungszunahme zeichnete er ein kritisches Bild und erklärte es als schmerzlich, daß heute etwa eine Milliarde Kinder unter 14 Jahren Hunger leide und in vielen Fällen einem frühen Tod aus Mangel an geeigneter Ernährung ausgesetzt sei.

P. war seit 1969 Kanzler der Carleston-Universität in Ottawa und seit 1968 Reith Lecturer des BBC. Er veröffentlichte eine Reihe bemerkenswerter Arbeiten, so 1955 „Demokratie in der Weltpolitik", dann 1959 „Diplomatie im Atomzeitalter" sowie 1964 „Vier Gesichter des Friedens" und 1970 „Krise der Entwicklung".

Im Alter von 75 Jahren ist P. in seinem Heim in Rockcliffe bei Ottawa an einem Leberkrebsleiden gestorben. Nachrufe in aller Welt würdigten das politische Leben des kanadischen Staatsmannes.

Peres, Shimon – israelischer Politiker
geb. 15.8.1923 in Woloschin (Ostpolen, heute Rußland)
Nobelpreis 1994

P., Sohn eines Getreide- und Holzhändlers, wanderte mit seinen Eltern 1934 in Palästina ein. Er besuchte die landwirtschaftliche Schule in Ben Shemen bei Lod (Judäa) und wurde 1940 Mitglied der jüdischen Selbstschutzorganisation „Haganah". 1941 gehörte P. zu den Mitbegründern des Kibbuz Alumot in Galiläa, einer kollektiven, basisdemokratischen Siedlung mit angegliederten Gewerbebetrieben. Politisch engagierte sich P. in der Mapai, einem Vorläufer der israelischen Arbeiterpartei. Er zählte außerdem zu den wichtigsten Organisatoren der Jugendbewegung des Gewerkschaftsverbandes Histadrut, deren Generalsekretär er von 1941 bis 1945 war. 1946 wurde P. in die Mapei-Zentrale gewählt. Er wurde dann nach Europa beordert, um Waffen für die Haganah zu kaufen. 1948 berief ihn Ministerpräsident Ben-Gurion an die Spitze der Marineabteilung im Verteidigungsministerium. 1953 wurde P. Generaldirektor im Verteidigungsministerium. In dieser Funktion war er maßgeblich beteiligt an der modernen Ausrüstung der israelischen Streitkräfte und beim Aufbau einer leistungsfähigen Rüstungsindustrie. Nach dem Rücktritt von Ben-Gurion blieb P. stellvertretender Verteidigungsminister im Kabinett Eshkol. Nach innerparteilichen Streitigkeiten gab er Mitte 1965 dieses Amt auf.

Im September 1965 gehörte P. zu den Mitbegründern der Rafi-Partei, die sich von der Mapai abgespaltet hatte. Er wurde Generalsekretär bis zum Zusammenschluß von Rafi und Mapai zur Israelischen Arbeiterpartei 1968. Von 1969 bis 1977 übernahm P. verschiedene Ministerämter. Nach dem Rücktritt von Premierminister Y. Rabin Mitte 1977 übernahm er die Geschäfte des Regierungschefs und führte den Wahlkampf. Als Oppositionsführer unterstützte er weitgehend die Politik der Regierung und widmete sich als Vorsitzender der Mapai der Festigung seiner Partei.

Mitte 1979 ging P. auf Kollisionskurs gegenüber Begin. Er trat für eine Rückgabe des Westjordanlandes und für Gespräche mit den Arabern ein. Bei den Parlamentswahlen 1981 blieb der Likud-Block mit der Mehrheit von einem Mandat stärkste Partei. In den folgenden Jahren wurde P. einer der schärfsten Kritiker Begins. Als Spitzenkandidat seiner Partei setzte er im Wahlkampf auf Friedenswillen und sprach sich für Verhandlungen mit Jordanien aus. Bei den Wahlen am 23.7.1984 wurde die Arbeitspartei zwar stärkste Kraft in der Knesset, mußte aber mit dem Likud-Block eine große Koalition eingehen. Am 13.9. wurde P. Chef einer „Regierung der nationalen Einheit", einer großen Koalition aus zehn Parteien und Gruppierungen. Gemäß dem Koalitionsabkommen teilten sich P. und der bisherige Ministerpräsident Shamir das Amt des Regierungschefs. Die erste Hälfte übernahm P., der interimistisch auch die Ressorts Inneres und Religiöse Fragen leitete.

P. zieht die israelischen Truppen aus dem Libanon zurück, setzt sich konsequent für das wirtschaftliche Stabilisierungsprogramm ein, das von der US-Sonderhilfe in Höhe von 1,5 Milliarden Dollar unterstützt wurde, lädt Jordanien ein, sich dem Friedensprozeß anzuschließen, und führt im September 1985 in Helsinki mit Gorbatschow Gespräche über die Wiederaufnahme der 1967 einseitig durch die UdSSR abgebrochenen diplomatischen Beziehungen. Am 21.7.1986 reist P. überraschend zu Geheimgesprächen zu König Hassan nach Marokko, und im September kommt es zu einem Gipfeltreffen mit dem ägyptischen Staatspräsidenten Mubarak. Gemäß dem Koalitionsabkommen der „Regierung der Nationalen Einheit", das in der zweiten Hälfte der Legislaturperiode eine Rotation im Amt des Regierungschefs vorsah, trat P. Mitte Oktober zurück und übergab sein Amt Y. Shamir.

Er wurde neuer Außenminister und Vizepremier, konnte aber in den folgenden zwei Jahren politisch nicht mehr viel bewegen. Die Wahlen 1988 brachten wiederum keine klare Entscheidung zwischen den beiden großen Blöcken, und so kam es zur Fortsetzung der großen Koalition, in der P. das Finanzministerium übernahm. In der Außenpolitik sprach sich P. im September 1989 für den Friedensplan des ägyptischen Präsidenten Mubarak aus und unterstützte die Friedensinitiative von US-Außenminister Baker.

Im März 1990 kommt es wegen der Differenzen über die Beteiligung der Palästinenser an Friedensgesprächen zum Bruch der großen Koalition. Staatspräsident C. Herzog beauftragt den Vorsitzenden der Arbeiterpartei, P., mit der Regierungsbildung. Nach dem Scheitern seiner Bemühungen, eine Parlamentsmehrheit zu finden, gibt er schon am 26.4. sein Mandat zur Regierungsbildung zurück. Bei den Neuwahlen im Juni 1992 konnte sich Rabin gegen P. durchsetzen. In der neuen Regierung übernahm P. das Amt des Außenministers, mußte aber den Bereich Nahost-Friedensverhandlungen offiziell an Premierminister Rabin abgeben.

Mit der Unterzeichnung des Grundlagenabkommens am 13.9.1993 in Washington, das den Palästinensern in den von Israel besetzten Gebieten Gazastreifen und Westjordanland eine begrenzte Autonomie einräumt, verbuchte der im Oktober eingeleitete Nahost-Friedensprozeß einen als historisch eingestuften Teilerfolg. Am Zustandekommen dieses Abkommens war P. entscheidend beteiligt. Nach dem Vertrag über die Umsetzung des sogenannten Gaza-Jericho-Abkommens vom 4.5.1994 räumten israelische Truppen den Gazastreifen sowie Jericho und übergaben die Verwaltung an palästinensische Behörden. Neben ungelösten Detailfragen bildeten die radikalen Kräfte auf israelischer und palästinensischer Seite das Haupthindernis bei der Umsetzung des Abkommens. Mitte 1994 konzentrierten sich die diplomatischen Bemühungen auf eine Friedensregelung zwischen Israel und Syrien.

Das Nobelpreis-Komitee hat mit Arafat, Rabin und P. erstmals in einem Jahr drei Politiker ausgezeichnet.

Pérez Esquivel, Adolfo – argentinischer Bürgerrechtler, Architekt und Bildhauer
geb. 26.11.1931 in Buenos Aires
Nobelpreis 1980
P., Sohn eines aus Spanien eingewanderten Fischers, besuchte private Schulen und interessierte sich für religiöse Literatur. Nach dem Abitur studierte er an der Kunsthochschule in Buenos Aires Architektur und erhielt 1956 das Diplom. In den folgenden 15 Jahren arbeitete P. als Bildhauer und lehrte als Professor an der Kunstakademie in Buenos Aires sowie an anderen Kunstschulen. Er war auch als Architekt und Kunstmaler tätig. Mit seinen Arbeiten gewann er zahlreiche Preise, darunter den bedeutenden Premio La Nación de Escultura. In den ersten Jahren seiner Entwicklung als Bildhauer beschäftigte sich P. mit Geschichts- und Kunstthemen Lateinamerikas. Sein „Templo del Sol" (1966) lehnt sich an präkolumbianische Vorbilder an. Ein weiteres Thema ist die Mutterschaft, die P. zu einigen großen Werken inspirierte. Ende der 60er Jahre wurden soziale und religiöse Themen in seinen Werken vorherrschend.

Die kritische wirtschaftliche Entwicklung Argentiniens unter der Militärherrschaft unter General J. C. Ongania und die damit verbundene Verelendung der Massen sowie eine repressive Innenpolitik veranlaßten P., sich in der Menschenrechtsbewegung zu engagieren. Im Jahr 1968 trafen sich die Vertreter von südamerikanischen Menschenrechtsgruppen, um über gewaltlose Aktionen zur Veränderung der diktatorischen Gesellschaftsstrukturen in vielen Ländern Lateinamerikas zu beraten. An dieser Konferenz nahm auch P. teil, und er war einer der Mitbegründer der Dachorganisation für alle gewaltlosen Menschenrechtsgruppen in Lateinamerika, der „Servicio Paz y Justicia" (Dienst für Frieden und Gerechtigkeit). Der Verband schloß sich der Internationalen Ökumenischen Aussöhnungsbewegung mit Sitz in den Niederlanden an. 1973 gründete er die Monatszeitschrift „Paz y Justicia" (Frieden und Gerechtigkeit). Im Jahr 1974 hatte P. seine Lehrtätigkeit als Professor für Architektur aufgegeben, um sich der Koordination lateinamerikanischer Gruppen zu widmen, die gewaltlos für die Aufrechterhaltung oder Wiedererlangung der Menschen- und Bürgerrechte kämpfen. Im gleichen Jahr wurde er zum Generalsekretär der Servicio Paz y Justicia gewählt. Der Schwerpunkt seiner Arbeit liegt in der Unterrichtung und Ausbildung der Armen, um sie zur Selbsthilfe zu befähigen, der Unterstützung von Familien politischer Häftlinge und der Verbreitung der Idee der gewaltlosen Befreiung. 1974 startete P. eine Kampagne zugunsten landsuchender Indios in Ecuador, und 1975 besuchte er Paraguay, um den von den Kirchen organisierten Bauern-Ligen gegen die Regierungsattacken beizustehen.

1976 besuchte P. Europa und die USA, um für seine Ideen und seine Organisation zu werben. Im gleichen Jahr wurde im Zuge eines Militärputsches unter Führung von General Jorge Rafael Videla die Präsidentin Isabel Peron abgesetzt. Gestützt auf die von den Oberbefehlshabern von Heer, Marine und Luftwaffe gebildete Militärjunta löste Präsident Videla das Parlament auf, verbot jede parteipolitische Tätigkeit und schränkte die Pressefreiheit ein. Seine Regierung bekämpfte den Terrorismus im Lande, allerdings vielfach unter schwerer Verletzung der Menschenrechte; eine große Zahl von Menschen, die des Terrorismus beschuldigt wurden, verschwand spurlos, und viele von ihnen wurden später in Massengräbern gefunden. Im Frühjahr 1977 wurde P. ohne Anklageerhebung von der Militärjunta verhaftet und 14 Monate inhaftiert. Die Gefangenenhilfsorganisation Amnesty International betreute ihn und führte eine Kampagne zu seiner Freilassung durch. Im Mai 1978 wurde er in „kontrollierte Freiheit" entlassen, d. h., er wurde in den folgenden neun Monaten unter Hausarrest gehalten. Ab 1980 konnte sich P. wieder aktiv am Kampf für die Menschenrechte in Argentinien betätigen. Schon vorher hatte eine UN-Kommission die Verletzung der Menschenrechte in Argentinien scharf angeprangert. Völlig unvorbereitet traf ihn und die gesamte Weltöffentlichkeit seine Auszeichnung mit dem Friedensnobelpreis.

Das Nobelkomitee des Norwegischen Storting hat in seiner Preisbegründung darauf verwiesen, daß P. den friedlichen Kampf für die Menschenrechte mit den Mitteln des Rechts und des persönlichen Mutes unter komplizierten Bedingungen führt und er dafür geehrt wurde. Durch die Verleihung des Nobelpreises wurden viele Länder der Welt auf die politische Situation in Argentinien aufmerksam gemacht. Nach der militärischen Niederlage im Falklandkrieg wurde 1983 das Ende der Militärdiktatur eingeleitet. Als erster freigewählter Präsident Argentiniens bestätigte Raul Alfonsin seinen Ruf als kompromißloser Verfechter der Demokratie und machte sich um die Wiederherstellung der Menschenrechte und rechtsstaatlicher Verhältnisse verdient. Im Dezember 1985 verurteilte ein Militärgericht zahlreiche Militärs wegen Menschenrechtsverletzungen zu Gefängnisstrafen, u. a. den früheren Präsidenten Videla zu lebenslänglicher Haft.

Den Geldbetrag für den Nobelpreis verwendete P. für die Arbeit seiner Organisation sowie für die Indio-Gruppen im Land und wohnungslose Familien. Seit 1987 ist P. Präsident der „International League for the Rights and Liberation of Peoples". Er erhielt die Ehrendoktorwürde der St.-Joseph-Universität Philadelphia.

Pire, Dominique Georges – belgischer katholischer Theologe
geb. 10.2.1910 in Dinant
gest. 30.1.1969 in Löwen
Nobelpreis 1958
P. besuchte das humanistische Gymnasium Bellevue und studierte danach zwei Semester Philosophie. 1928 trat er in das Dominikanerkloster von La Sarte-Huy ein und setzte seine philosophischen Studien fort. Von 1932 bis 1936 studierte P. Theologie an der Universität „Angeli-

cum" in Rom. Bereits 1934 wurde er zum Priester geweiht. 1936 promovierte er mit einer Arbeit über „Die Infiltration der Lehre der Stoiker in christlichen Schriften des 2. Jahrhunderts" zum Doktor der Theologie. 1936/37 studierte P. Soziale und Politische Wissenschaften an der Universität Löwen und lehrte dann bis 1947 als Professor für Moraltheologie an der Ordensschule La Sarte in Huy.

Seine privaten Initiativen erbrachten weitreichende humanitäre Leistungen. 1938 gründete P. zwei Wohlfahrtsorganisationen, die später die Grundlage für seine Flüchtlingsbetreuung wurden: den Service d'Entre' Aide Familiale (kostenlose Hilfe für Familien in Not) und die Stations de Plein Air de Huy (Hilfsstationen im Freien). Die letztere Einrichtung war besonders während des Zweiten Weltkrieges segensreich. Tausende von Kindern aus belgischen und französischen Städten wurden aus bombengefährdeten Gebieten nach Huy evakuiert und dort versorgt. Während des Krieges war P. Kaplan der „Geheimen Armee" sowie bei Informations- und Aktionsstellen tätig. Im Mai 1949 besuchte er österreichische Altersheime und Flüchtlingslager, in denen damals circa 60.000 sogenannte „Displaced Persons" (verschleppte Personen) untergebracht waren. Ohne Bargeld, ohne Mäzene und Hilfsorganisationen schickte sich P. nunmehr an, das „Europa des Herzens", wie er es nannte, für heimatlose Ausländer zu gründen. Unter dem Namen „Sponsorship" (Patenschaft) setzte er eine Hilfsaktion in Gang, die sich sehr rasch entfaltete und den Flüchtlingsfamilien materielle Hilfeleistungen gewährte. Er reiste predigend und werbend durch viele Länder Europas.

1950 gründete P. die Organisation „Hilfe für heimatlose Ausländer und deren Europadörfer" mit ihrem Sitz in Huy (Provinz Lüttich). 1956 begann er mit dem Aufbau der sogenannten „Europadörfer", für die er nach Überwindung großer Schwierigkeiten schließlich weltweite Unterstützung fand. Das erste Dorf entstand 1956 bei Aachen, das zweite in Bregenz am Bodensee, das dritte entstand 1957 bei Augsburg, das vierte erhielt den Namen „Nansen-Dorf", und das fünfte wurde „Albert-Schweitzer-Dorf" genannt. Bis 1962 entstanden sieben Europadörfer in Belgien, Deutschland und Österreich. Für die von P. organisierten Patenschaften, Beherbergungswerke und Unterbringungen ausländischer Familien in den sogenannten Europadörfern erhielt er den Friedensnobelpreis. Im Jahre 1959 gründete P. den Verband „Die Welt des offenen Herzens", der alle Menschen guten Willens in der gemeinsamen Bemühung, nationale, konfessionelle, soziale, sprachliche und andere Hindernisse zu überwinden, vereinen sollte. Im Rahmen dieser Organisation entstand 1959 der „Brüderliche Dialog zwischen Schwarz, Weiß und Gelb".

1960 gründete P. das Mahatma Gandhi International Peace Centre, das später als „Friedensuniversität" über Huy hinaus bekannt wurde. An der Friedensuniversität wurden inzwischen viele Teilnehmer zahlloser Länder und aller Hautfarben und Religionen von einem internationalen Team von Wirtschaftsexperten, Geschichtswissenschaftlern, Philosophen und Soziologen ausgebildet. Außerdem wurde 1962 eine erste „Friedensinsel" in Ostpakistan begründet, ein Projekt, an dem mehr als 25.000 Einwohner einer ländlichen Entwicklungsgegend beteiligt waren. 1967 entstand eine weitere Friedensinsel in Indien. 1960 unternahm P. mehrere Reisen und bemühte sich dabei um Verständigung gegeneinander kämpfender Menschen und Interessen, besonders im Kongo und in Südafrika.

1964 erhielt er den mit 100.000 dänischen Kronen dotierten Sonning-Preis. Er verwendete dieses Geld und die finanziellen Zuwendungen für den Friedensnobelpreis für seine caritativen Einrichtungen. 1966 veröffentlichte er die Schrift „Baut den Frieden!". P. war Ritter der französischen Ehrenlegion, erhielt die Widerstandsmedaille und das Kriegskreuz. In Deutschland wurde er mit dem Großen Bundesverdienstkreuz geehrt.

Quidde, Ludwig – deutscher Historiker und Politiker
geb. 23.3.1858 in Bremen
gest. 6.3.1941 in Genf
Nobelpreis 1927
Q., ältester Sohn einer wohlhabenden Kaufmannsfamilie, trat 1869 in die Sexta des bremerischen humanistischen Gymnasiums ein, das er 1876 mit einem vorzüglichen Abitur beendete. 1877 ließ er sich an der Universität Straßburg immatrikulieren und belegte die Fächer Philosophie, Nationalökonomie und Geschichte. 1878 wechselte Q. nach Göttingen und begann sich hier in die spätmittelalterliche Verfassungsgeschichte einzuarbeiten, ein Thema, das ihn vor allem hinsichtlich der Bedeutung für seine Zeit nicht mehr loslassen sollte. 1881 veröffentlichte er seine erste – allerdings anonym erschienene – Schrift: „Die Antisemitenagitation und die Deutsche Studentenschaft." Im gleichen Jahr promovierte Q. mit der Arbeit „König Siegmund und das Deutsche Reich von 1410 bis 1419. Die Wahl Siegmunds" zum Doktor der Philosophie.

Im Jahre 1885 übernahm er die selbständige Leitung der Reichstagsakten-Edition, es handelt sich hier um die Sammlung der Dokumente der Deutschen Reichstage von 1376 an. Zwei Jahre später wurde er zum außerordentlichen Mitglied der Historischen Kommission gewählt. Im Jahre 1888 gründete Q. in Königsberg die „Deutsche Zeitschrift für Geschichtswissenschaft", die in kurzer Zeit, besonders durch einen mustergültigen Bibliographie- und wissenschaftlichen Nachrichtenteil, in den Fachkreisen zu einem guten Ruf gelangte. 1890 nahm er die mit der Berufung zum Professor verbundene Stelle des leitenden Sekretärs des Preußischen Historischen Instituts in Rom an. 1892 beendete Q. seinen römischen Aufenthalt und kehrte nach München zurück. Im selben Jahr erhielt er die Berufung zum außerordentlichen Mitglied der Historischen Klasse der Bayerischen Akademie der Wissenschaften. Mit dieser akademischen Ehrung neigte sich gleichsam Q.s Laufbahn als Historiker dem Ende entgegen. 1893 veröffentlichte er seine zweite politische Schrift: „Der Militarismus im heutigen Deutschen Reich."

Die Schrift gegen den Militarismus brachte Q. in die Reihen der Deutschen Volkspartei, 1895 wurde er Vorsitzender des Bayerischen Landesausschusses dieser Partei, und 1907 wurde er in den Bayerischen Landtag gewählt. Seit 1892 hat er regelmäßig an den Sitzungen des Rates des Internationalen Friedensbüros in Bern teilgenommen und war der Leiter der deutschen Delegation auf den Weltfriedenskongressen, die bereits seit 1889 regelmäßig abgehalten wurden. 1907 organisierte Q. den 16. Weltfriedenskongreß in München, der als „Modellkongreß" in die Geschichte der bürgerlichen Friedensbewegung eingehen sollte. 1914 wurde er zum Vorsitzenden der Deutschen Friedensgesellschaft gewählt. Nach Ende des ersten Weltkrieges wurde Q. im November 1918 Vizepräsident des Provisorischen Bayerischen Nationalrates. Im Januar 1919 war er Abgeordneter der Deutschen Demokratischen Partei auf der Weimarer Nationalversammlung, hier trat er als Vertreter des linken Flügels der Partei für eine engere Verbindung zur SPD ein. Bei allem Engagement vermochte Q. jedoch nicht, Erscheinungen, die Ausdruck der sich verschärfenden Klassenkampfsituation waren, zu deuten. Im Frühjahr 1924 wurde er kurzzeitig inhaftiert, weil er deutlich vor heimlichen militärischen Vorbereitungen gewarnt hatte.

Im Oktober 1930 trat Q. aus der Friedensgesellschaft aus. Sein Verhalten in den letzten Jahren der Weimarer Republik zeigt, daß er dem immer stärker werdenden Faschismus gänzlich verständnislos gegenüberstand. Sein vom demokratischen Geist geprägtes Weltbild vermochte diese Unkultur und rohe Gewalt nicht zu erfassen. In den ersten beiden Jahren der faschistischen Herrschaft hat Q. versucht, er war inzwischen nach Genf ins Exil gegangen, mit den ihm zur Verfügung stehenden Mitteln des Protestes nach Deutschland hinein zu wirken. Er verkörperte in dieser ersten Zeit des Exils praktisch die Stimme des deutschen Pazifismus. Seine Gesinnungsfreunde in Deutschland waren verstummt, andere, die fliehen konnten, kämpften im Exil oft um elementarste Lebensbedingungen.

1935 gründete er ein Hilfskomitee, das am 5. Oktober 1936 eine Rekonstruktion erfuhr und unter dem Namen „Comité de secours aux pacifistes exiles" um Hilfe für pazifistische Emigranten bemüht war. Die immer stärker dem Kriege entgegenstrebende Entwicklung hat er mit großer Sorge betrachtet. Es ist Q.s Haltung in den Jahren des Exils gewesen, seine letztlich gegen den Faschismus gerichtete Position, die die Machthaber in Deutschland veranlaßte, den inzwischen über Achtzigjährigen auf der Liste 196 von 1940 auszubürgern. Nach seiner Emigration in die Schweiz im Jahre 1933 wirkte Q. im Sinne seines ethisch begründeten Pazifismus weiter und geriet zunehmend in Widerspruch zu der sich radikalisierenden Friedensbewegung.

Die Verleihung des Friedensnobelpreises an Q. war vor allem Anerkennung für seine Bemühungen um die deutsch-französische Verständigung und seine internationale Betätigung, aber auch eine gewisse internationale Entschädigung für seine politisch schwierige Position in der Weimarer Republik.

Rabin, Yitzhak – israelischer Politiker und General
geb. 1.3.1922 in Jerusalem
gest. 4.11.1995 in Tel Aviv (Attentat)
Nobelpreis 1994

R., Sohn eines jüdischen Volontärs, der im Ersten Weltkrieg aus den USA eingewandert war, und einer russischen Mutter, ging in Tel Aviv zur Schule und besuchte dann eine Landwirtschaftsschule. Bereits 1940 trat er als Freiwilliger der „Palmach" bei, einer Eliteeinheit der jüdischen Miliz. Ab 1941 war er im britischen Dienst, nahm am britischen Einmarsch in Syrien teil und war an den Vorbereitungen zur Zusammenarbeit mit den Briten im Fall der deutschen Invasion beteiligt. 1944 wurde R. stellvertretender Befehlshaber des ersten „Palmach"-Bataillons, das gegen die britischen Mandatstruppen kämpfte. Im Juli 1946 wurde er von den britischen Behörden zu sechs Monaten Haft verurteilt. 1948 wurde er Brigade-Kommandeur im israelisch-arabischen Krieg. Im Frühjahr 1949 ging er als Mitglied der Waffenstillstandsdelegation nach Rhodos. 1953 übernahm er in Israel die Leitung der Ausbildungsabteilung der Armee, und 1956 erhielt R. das Kommando an der syrischen Grenze. Von 1965 bis 1967 war er Chef des Generalstabes. Im sogenannten Sechs-Tage-Krieg im Juni 1967 war R. entscheidend am Ausbau der Luft- und Panzerwaffen beteiligt.

Im Dezember 1967 gab R. sein Amt an General Bar-Lew ab und wechselte in den diplomatischen Dienst. Von 1968 bis 1973 vertrat er Israel als Botschafter in den USA. Im Frühjahr 1973 kam er nach Jerusalem zurück, wurde als Knesset-Abgeordneter gewählt und im Kabinett von Golda Meir Arbeitsminister. Nach dem Rücktritt von Golda Meir im April 1974 wurde R. von der Arbeiterpartei zu ihrem Nachfolger nominiert. Als Ministerpräsident gelang es ihm jedoch nicht, die erbitterten Flügelkämpfe und Rivalitäten im Regierungslager zu beenden. Sein umsichtiges Verhalten während des Bürgerkrieges im Libanon und seine entschlossene Haltung bei der israelischen Geißelbefreiungsaktion auf dem Flughafen Entebbe in Uganda im Juli 1976 fanden internationale Anerkennung. Innenpolitisch war R.s Regierungszeit von Unruhen in den besetzten Gebieten und von der wachsenden Wirtschaftsmisere überschattet. Im Dezember 1976 kam es zum Bruch der Koalition mit den Nationalreligiösen, und im April 1977 gab R. seine Amtsgeschäfte ab. Ministerpräsident wurde M. Begin, der bis 1983 politischer Führer Israels war. Nach Begins Rückzug aus der Politik einigten sich Likud und Arbeitspartei im Juli 1984 auf eine Große Koalition. In der von S. Peres geführten Regierung übernahm R. das Amt des Verteidigungsministers und zeichnete für den Rückzug aus dem südlichen Libanon verantwortlich. Auch nach der Regierungsübernahme durch Y. Shamir im Herbst 1986 blieb R. bis 1990 Verteidigungsminister.

Danach profilierte sich R. zunehmend als Fürsprecher von Friedensgesprächen zwischen Israel und seinen arabischen Nachbarn. Im Sommer 1990 warnte er vor einem Einfrieren des Friedensprozesses durch die Rechtsregierung und meldete gleichzeitig seine Kandidatur für den Parteivorsitz gegen Peres an. Aus dem Führungskampf in der Arbeiterpartei ging R. im Februar 1992 als Sieger hervor. Ministerpräsident R. übertrug seinem langjährigen politischen Konkurrenten Peres das Außenministerium, behielt aber selbst zusätzlich das Verteidigungsressort sowie die Leitung der Friedensgespräche mit den arabischen Ländern und den Palästinensern. Im Oktober 1991 trafen sich Delegationen Israels und seiner arabischen Nachbarstaaten in Madrid zu einer großen Nahost-Friedenskonferenz. Schirmherren waren die USA und Rußland. Es wurde vereinbart, daß Israel jeweils getrennt mit Libanon, Syrien und Jordanien weiterverhandelt. In der palästinensischen Delegation akzeptierte Israel aber nur Bürger aus den besetzten Gebieten, um dadurch Mitglieder der ins Exil verbannten Palästinensischen Befreiungsorganisation (PLO) auszuschließen.

Anfang September 1992 rief R. seine Landsleute auf, die „Illusion" von einem „Groß-Israel" aufzugeben, und signalisierte gleichzeitig Syrien Israels Bereitschaft, über einen Rückzug von den Golanhöhen zu verhandeln. Während Fundamentalisten und andere Gegner des Friedensprozesses im Westjordanland, im Gazastreifen und in Israel mit Terroraktionen die Verhandlungen zum Scheitern bringen wollten, vertraute offenbar die Mehrzahl der Israelis dem von R. geführten Friedensprozeß. Doch es wurde immer mehr deutlich, daß keine Entscheidung ohne die PLO-Führung zustande kommen würde. In dieser Situation entschloß sich die israelische Regierung im Sommer 1993, es über direkte Kanäle zur PLO zu versuchen, während das israelische Gesetz derartige Kontakte offiziell noch verbot. Hilfreich dabei waren zunächst Privatleute und Außenstehende wie der Norweger Larsen, heute UN-Beauftragter im Gazastreifen, die über gute Kontakte in beiden Richtungen verfügten.

Als „wirklichen Fortschritt" in Richtung Nahost-Friedensregelung werteten Beobachter dann im August 1993 Israels Bereitschaft, in der elften Runde der Nahost-Gespräche erstmals seit Beginn 1991 mit offiziellen Vertretern der PLO verhandeln zu wollen. Schließlich führten die Verhandlungen zum Erfolg – dokumentiert in der gegenseitigen Anerkennung von Israel und der PLO, im vereinbarten Gewaltverzicht und im Autonomieabkommen für die Palästinenser –, am 9. und 10. September 1993 unterzeichneten PLO-Chef Y. Arafat und R. die Urkunden. Am 4. Mai 1994 setzten beide Politiker ihre Unterschrift unter den Vertrag über die Umsetzung des in Washington geschlossenen Grundsatzabkommens, das der PLO erstmals eine begrenzte Autonomie im Gazastreifen und im Gebiet um Jericho zugesteht. Nach der Unterzeichnung des Abkommens in Kairo begann der Abzug der israelischen Truppen aus dem Gazastreifen und Jericho. Eine palästinensische Regierungsbehörde, der Erziehung, wirtschaftliche Entwicklung, Umweltschutz, Steuern und Soziales unterstellt sind, übernahm die Verwaltung. Die Palästinenser erhielten das Recht, eine 9.000 Mann starke Polizei zu bilden. Etwa 8.500 palästinensische Gefangene wurden nach der Unterzeichnung des Vertrags stufenweise aus israelischen Gefängnissen freigelassen.

Ramos-Horta, José – Oppositionsführer in Osttimor
geb. 26.12.1949 in Dili (Osttimor)
Nobelpreis 1996

R.-H., Nachfahre portugiesischer Einwanderer, besuchte die Schulen seiner Heimatstadt und interessierte sich schon frühzeitig für Sprachen und Politik. 1974 war er Mitbegründer des Timoresischen Sozialdemokratischen Verbandes, aus dem später die Befreiungsbewegung Fretilin hervorging. Im gleichen Jahr zog sich die bisherige Kolonialmacht Portugal aus Osttimor zurück, und im November 1975 wurde die „Demokratische Republik Osttimor" ausgerufen. In der nur 14 Tage dauernden Unabhängigkeit amtierte R.-H. als Außen- und Informationsminister. Im Dezember 1975 nutzte Indonesien das durch den Abzug der Portugiesen entstandene Machtvakuum und entsandte eigene Besatzungstruppen auf die Insel. Kurz vor dem Einmarsch der indonesischen Truppen gelang R.-H. die Flucht. Im Juli 1976 wurde Osttimor von Indonesien formell als 27. Provinz des Landes annektiert.

Obwohl die UNO die Besetzung mehrfach verurteilte, hat sich die Weltöffentlichkeit offensichtlich mit der Annexion durch Indonesien abgefunden. Die Osttimoresen, nach 400 Jahren portugiesischer Kolonialherrschaft europäisiert und christlich und daher mit völlig anderer Identität als die neuen Machthaber, fanden sich sehr schnell als diskriminierte, am Rande stehende und politisch verfolgte Minderheit wieder. Javanisch wurde zur Landessprache erhoben, der Islam zur Staatsreligion. Unabhängigkeitsbestrebungen wurden unterdrückt und Demonstrationen wiederholt brutal niedergeschlagen. Menschenrechtsorganisationen berichten immer wieder über systematische Folterungen und Hinrichtungen aus dem von Indonesien besetzten Ostteil der Insel Timor. Die Gefangenenhilfsorganisation Amnesty International nannte im Jahresbericht 1995 fünf Personen, die in Osttimor verschwunden sind, und berichtete über Hinrichtungen.

Nach seiner Flucht studierte R.-H. Internationale Beziehungen, Politik und Recht in den USA, in Holland und Frankreich. Er spricht neben Portugiesisch auch Englisch, Französisch und Spanisch. Beruflich ist er als Dozent an der University of New South Wales in Sydney tätig. Von 1976 bis 1986 führte R.-H. von New York aus den Kampf für ein unabhängiges Osttimor. Offiziell ist er der persönliche Sprecher des Widerstandsführers Xanana Gusmao, der den bewaffneten Kampf gegen die indonesischen Truppen angeführt hatte. Gusmao war im November 1992 in Dili von den Indonesiern festgenommen worden und befindet sich seither in Haft. Mehrere Familienmitglieder von R.-H. sind im Kampf für die Unabhängigkeit Osttimors ums Leben gekommen. Seine Schwester wurde bei einem Bombenangriff im Jahr 1977 getötet, und ein Bruder starb während eines Verhörs durch die Behörden. Ein weiterer Bruder von R.-H. verschwand im Alter von 14 Jahren spurlos. R.-H. wurde zur herausragenden Stimme der Unabhängigkeitsbewegung Osttimors im

Ausland und vertrat sein Land auch jahrelang bei der UNO.

Das Nobelkomitee würdigte insbesondere seine Anregung von sogenannten Versöhnungsgesprächen und seinen maßgeblichen Beitrag an der Ausarbeitung eines dreistufigen Friedensplans, dem auch Bischof Belo und die portugiesische Regierung zustimmten. Der Plan sieht indonesisch-portugiesische Verhandlungen unter UN-Schirmherrschaft unter späterer Teilnahme osttimoresischer Vertreter vor. Nahziele sind ein Waffenstillstand und eine Demilitarisierung. Um die indonesische Führung zu mehr Verhandlungsbereitschaft zu bewegen, hat R.-H. wiederholt ein Waffenembargo gefordert. Nach der Preisverleihung erklärte er, daß er mit dem Preisgeld eine Stiftung mit Sitz in Lissabon zur Unterstützung der Opfer des Unabhängigkeitskampfes Osttimors gründen werde.

Das Osloer Nobelkomitee scheint es sich in den letzten Jahren immer mehr zum Prinzip zu machen, neben „Realpolitikern" wie M. Gorbatschow (1990), N. Mandela und F. de Klerk (1993) sowie I. Rabin, S. Peres und J. Arafat (1994) immer wieder auch Menschenrechtler zu ehren: 1991 war es die Birmesin Aung San Suu Kyi, 1992 die guatemaltekische Indianerin Rigoberta Menchu und 1996 Bischof Belo und sein im Ausland wirkender Mitstreiter R.-H.

Renault, Louis – französischer Jurist und Völkerrechtler
geb. 21.5.1843 in Autun (Saone-et-Loire)
gest. 7.2.1918 in Barbizon (Seine-et-Marne)
Nobelpreis 1907

R., Sohn eines Buchhändlers, besuchte das Collège und erlangte 1860 das Baccalauréat-des-lettres der Fakultät in Dijon. Nach einjähriger Tätigkeit bei einem Advokaten begann er 1861 das Rechtsstudium in Paris. Von 1868 bis 1873 war R. Dozent an der juristischen Fakultät in Dijon. 1873 wurde er an die Universität Paris berufen und lehrte außerdem von 1874 an Völkerrecht an der kurz zuvor gegründeten „École libre des Sciences Politiques", in einem eigens für den diplomatischen Nachwuchs eingerichteten Lehrgang. 1879 verfaßte er eine Einführung in das Studium des Völkerrechts. 1881 wurde R. Inhaber des Lehrstuhls für Völkerrecht an der Rechtsfakultät der Universität in Paris. R. galt als namhaftester Interpret des Völkerrechts seiner Zeit. Viele seiner Schüler wirkten in führenden Positionen in Frankreich und anderen europäischen Ländern.

1875 wurde er Mitglied des Instituts für Internationales Recht. Auf den Sessionen des Instituts trafen Theoretiker und Praktiker des Völkerrechts und des internationalen Privatrechts regelmäßig zusammen. Als im französischen Außenministerium die steigende Bedeutung von Rechtsfragen für die Außenpolitik erkannt wurde, schuf man 1890 den Posten eines Rechtsberaters. Diesen Posten erhielt R., und er konnte nun aktiv an den internationalen Beziehungen mitwirken. R. vertrat die französische Regierung bei vielen internationalen Zusammenkünften. Seine Reden waren Meisterwerke an Klarheit und Präzision. Besonders erfolgreich war sein Mitwirken bei Verständigungs- und Ausgleichsverhandlungen, so in Turin, Paris, Bern und Den Haag, wo er sich mit Rechtsfragen über Unterseekabel bis zum Urheberrecht, vom Konkursrecht bis zum internationalen Mädchenhandel beschäftigte. Trotz der Mehrbelastung hielt R. weiter die Vorlesungen über Völkerrecht, war von 1880 bis 1900 Herausgeber der „Diplomatischen Archive" und wurde 1901 zum Mitglied des Institut de France gewählt, und zwar in die Akademie für Moralische und Politische Wissenschaften. Wegen seiner Verdienste wurde ihm 1902 vom Außenministerium der Titel „bevollmächtigter Minister" verliehen.

Am bedeutsamsten war R.s Teilnahme an den Haager Friedenskonferenzen von 1899 und 1907. Schon auf der ersten Haager Friedenskonferenz 1899 erwarb er sich als Mitglied von Kommissionen und als Berichterstatter große Verdienste. Er wurde außerdem von Frankreich für den Internationalen Schiedshof nominiert und hat in wichtigen Streitfällen mitgewirkt. Auch auf der zweiten Haager Friedenskonferenz 1907 gehörte R. zu den meistbeschäftigten Delegierten. Er war Berichterstatter für die Formulierung einer Konvention über den Beginn von Feindseligkeiten, die Anwendung des Genfer Abkommens auf den Seekrieg, die Errichtung eines Internationalen Prisenhofes, die Rechte und Pflichten der Neutralen in einem Seekrieg, und schließlich war er Berichterstatter des Redaktionskomitees der Schlußakte der Konferenz. Das Hauptaugenmerk R.s galt der Haager Landkriegsordnung, die auf der ersten Friedenskonferenz ausgearbeitet, auf der zweiten aber nochmals kontrovers diskutiert wurde. Nach Ausbruch des Ersten Weltkrieges hat R. ihre Verletzungen durch die deutschen Heere völkerrechtlich dargelegt.

Bis 1914 hat er in sieben Fällen als Mitglied oder Vorsitzender des Haager Ständigen Schiedshofes mitgewirkt. Ihm ist auch weitgehend die Neufassung der Konvention des Roten Kreuzes von 1906 zu verdanken.

Der Erste Weltkrieg verdüsterte R.s letzte Jahre, und nach einer Vorlesung in Paris verstarb er plötzlich in seinem Landhaus.

Roosevelt, Theodore („Teddy") – amerikanischer Politiker und 26. Präsident der Vereinigten Staaten
geb. 27.10.1858 in New York City
gest. 6.1.1919 in Oyster Bay (New York)
Nobelpreis 1906

R. stammte aus einer etablierten und vermögenden Familie, die auf holländische und schottische Vorfahren zurückblickte. Der Vater war Geschäftsmann. Auf Reisen mit seinen Eltern besuchte er zwischen 1869 und 1873 verschiedene europäische Länder und Ägypten. Schon frühzeitig hat er einen starken Willen gezeigt, mit dem er die durch Krankheit und körperliche Mängel hervorgerufene innere Unsicherheit auszugleichen versuchte. Während seines Studiums von 1876 bis 1880 an der Harvard-Universität zeigte R. besonderes Interesse für Naturgeschichte. Danach widmete er sich unterschiedlichen Aufgaben. 1882 veröffentlichte er sein erstes Buch „The Naval War of 1812". Bereits darin zeigte sich sein lebenslanges Eintreten für strikte Flottenrüstung und die Pflege militärischer Tugenden.

Seine politische Laufbahn begann R. 1882 als unabhängiger Republikaner im Abgeordnetenhaus des Staates New York. Sein Eintreten für politische Reformen machte auf den jüngsten Abgeordneten der Kammer aufmerksam. 1884 zog sich R. auf seine Ranch in North Dakota zurück, arbeitete zeitweilig auch als Deputy Sheriff und begann sein bekanntes Werk „Die Eroberung des Westens". 1886 kandidierte er ohne Erfolg für das Amt des Bürgermeisters von New York City. 1895 übernahm er die Leitung der New Yorker Polizeibehörde. In dieser Tätigkeit lernte er Korruption und die Elendsviertel der Stadt mit eigenen Augen kennen. Unter Präsident McKinley wurde R. 1897 stellvertretender Marineminister. Er trat für den Krieg gegen Spanien ein, das damals in Kuba Krieg gegen die dortige Unabhängigkeitsbewegung führte. Nach dem Beginn des Krieges im April 1898 trat er von seinem Amt im Marineministerium zurück und stellte aus Freiwilligen eine Kavallerieeinheit auf, die „Rough Riders". Mit ihr nahm R. im Rang eines Oberstleutnants am Krieg teil. Sein tapferes Verhalten förderte seinen Ruhm als Kriegsheld und brachte ihm 1899 einen knappen Wahlsieg als Gouverneur von New York ein. Er initiierte Reformen der Arbeitsbedingungen in der Industrie und setzte die Besteuerung der Konzerne im Verkehrs- und Versorgungssektor durch. Ein Jahr später übernahm er den Posten des Vizepräsidenten.

Am 14.9.1901 starb Präsident McKinley an den Folgen eines Attentats, und R. wurde noch am gleichen Tag in Buffalo als Präsident vereidigt. Er war mit 42 Jahren der jüngste Präsident beim Amtsantritt, und er prägte mit seinem persönlichen Stil erheblich die Präsidentenmacht in seiner Zeit. R. erwies sich als ein starker Präsident, der es glänzend verstand, die Öffentlichkeit im Sinne seiner politischen Ziele zu mobilisieren. In richtiger Einschätzung der öffentlichen Meinung nützte er als Präsident die progressive Bewegung und deren Forderung nach Monopolkontrolle und fairer Behandlung der Arbeitnehmer, um sich zum Führer einer nationalen Bewegung zu machen. Schon frühzeitig erkannte er die Notwendigkeit durchgreifender Reformen in der Verwaltung, in den kommunalen Verhältnissen, in der Wirtschaft und in der Umweltpolitik. Zum Entsetzen seiner eigenen Parteiführer, die traditionell das „Big Business" unterstützten, zeigte sich R. schon bald entschlossen, denjenigen ans Leder zu gehen, die auf Kosten der Allgemeinheit ein Vermögen machten. Im Herbst 1901 setzte R. erstmals in der Geschichte der Bundesregierung den Staat zur Schlichtung eines erbitterten Streiks von 150.000 Bergleuten in Pennsylvania ein. Er sprach sich für eine gesetzliche Regelung der Arbeitsbedingungen, für den Achtstundentag und eine Arbeitsschutzgesetzgebung aus. Unter seiner Präsidentschaft wurden neue wirtschafts- und sozialpolitische Einrichtungen der Bundesregierung geschaffen.

In der Außenpolitik gewann R. durch sein demonstratives Auftreten sofort eigenes Profil. Unter R.s Führung begannen die USA eine Schiedsrichterrolle bei Streitigkeiten zwischen anderen Staaten zu spielen. Im Dezember 1904 verkündete er die „R.-Corollary" zur Monroedoktrin, wonach die USA das Recht beanspruchten, in Lateinamerika als „internationale Polizeimacht" aufzutreten. Die frühere Isolationspolitik der USA gegenüber Europa erfährt durch sein Eingreifen in die Marokkokrise (1906) eine neue Wendung. Er interveniert, um negative Auswirkungen europäischer Streitigkeiten auf die USA zu verhindern. Im Fernen Osten darauf bedacht, das Gleichgewicht zwischen Rußland und Japan zu erhalten, nimmt er zurückhaltend die Vermittlung zwischen den Kriegführenden auf und bringt die Gegner 1905 nach Portsmouth an den Verhandlungstisch. Für diese Bemühungen erhielt R. als erster Amerikaner den Friedensnobelpreis.

Die letzten beiden Jahre R.s im Weißen Haus waren gekennzeichnet durch die sich vertiefende Kluft zwischen konservativen und progressiven Republikanern. Am Ende seiner Amtszeit glaubte R., in W. H. Taft den richtigen Nachfolger gefunden zu haben, und verzichtete auf eine dritte Amtsperiode. Nach dem Regierungsantritt seines Nachfolgers zog sich R. zunächst ins Privatleben zurück.

Nach Beginn des Ersten Weltkrieges befürwortete R. den Kriegseintritt seines Landes an der Seite der Ententemächte. 1918 stimmte er für die Beteiligung der USA an der Intervention in Rußland, mit der man alliiertenseits auf die Oktoberrevolution reagierte. Als starke Persönlichkeit hatte R. die Präsidentschaft mit festen Händen als Verwalter für das Volk ergriffen, den Kongreß teilweise führen können und oft die öffentliche Meinung geformt und ausgezeichnet interpretiert. Er hatte eine aufgeklärte konservative Innenpolitik betrieben und durch seine Vitalität Verwaltung und Volk inspiriert. Er war wahrscheinlich der energiereichste Mann, der je im Weißen Haus residierte.

Root, Elihu – amerikanischer Jurist und Politiker
geb. 15.2.1845 in Clinton (New York)
gest. 7.2.1937 in New York
Nobelpreis 1912

R., Sohn eines Mathematikprofessors, wuchs in einem von wissenschaftlichem Geist durchwehten Hause auf, das ihn die Nachteile des örtlichen Schulunterrichts leicht überwinden ließ. Er konnte bald das College besuchen, wobei er sich die Studiengebühren durch Schulunterricht selbst verdienen mußte. Er studierte dann Rechtswissenschaften in New York und konnte 1865, er war einer der jüngsten Absolventen, sein Jurastudium erfolgreich abschließen. Er gründete eine eigene Anwaltskanzlei und war nach kurzer Zeit in der Lage, seinen Vater finanziell zu unterstützen. R.s phänomenales Gedächtnis, die logische Genauigkeit seines Denkens und die Klarheit seiner Argumentation sollten ihn bald zu einem anerkannten Führer der amerikanischen Anwaltschaft machen. Durch den großen Kreis seiner Klienten bedingt, gehörten konservative Republikaner ebenso zu seinen politischen Freunden wie Theodore

Roosevelt, 26. Präsident der USA, mit dem ihn für längere Zeit eine enge Freundschaft verband.

Inzwischen war R. als politischer Stratege und begabter Organisator bekannt geworden, so daß Präsident William McKinley ihn bat, das Kriegsministerium zu übernehmen, da er für die Verwaltung der ehemalig spanischen Inseln einen erfolgreichen Juristen haben wollte. Die Erfolge R.s als Kriegsminister lagen vor allem in der Anwendung einer weitsichtigen Kolonialpolitik gegenüber Puerto Rico, Kuba und den Philippinen sowie in einer grundlegenden Armeereform begründet. Die verbürokratisierte Armee hat er wesentlich vergrößert und entscheidend modernisiert. Gegen den Widerstand der Abteilungschefs führte R. die Generalstabsidee, verbunden mit einer Armeekriegsschule, ein und machte Front- und Stabsposten austauschbar. Im Jahr 1903 trat er aus Rücksicht auf seine Familie und seinen angegriffenen Gesundheitszustand zurück, konnte sich aber auch in der Folgezeit politischen Aufgaben nicht entziehen.

Bereits 1905 berief ihn Präsident T. Roosevelt zum Außenminister. In dieser Funktion reiste R. 1906 nach Südamerika, nahm in Rio de Janeiro am 3. Panamerikanischen Kongreß teil und bekundete sich als eifriger Förderer der panamerikanischen Bewegung. 1907 bereiste R. Mexiko, und wieder war es sein Bestreben, auszugleichen zwischen den Ansprüchen der romanischen und angelsächsischen Republiken Amerikas. Zusammen mit Präsident T. Roosevelt arbeitete er gegen die Diskriminierung von Japanern in den Vereinigten Staaten, und es gelang ihm, in der kriegsgeladenen Atmosphäre von 1908 das R.-Takahira-Abkommen mit Japan zu schließen. In diesem Abkommen wurde von den Vereinigten Staaten und Japan der Status quo im Pazifik anerkannt. Für diese Bemühungen wurde R. 1912 mit dem Friedensnobelpreis ausgezeichnet.

Nach seinem Rücktritt von der internationalen politischen Bühne im Jahre 1909 verbrachte er die folgenden sechs Jahre als Senator von New York und widmete sich vorwiegend der Friedensarbeit. Bei Ausbruch des Ersten Weltkrieges wurde R. zum Mitglied des Auswärtigen Ausschusses des Senats ernannt. Obwohl zunächst Neutralist, wurde er aber bald zum scharfen Gegner von Präsident W. Wilson, um ihn dann jedoch bei Kriegseintritt der Vereinigten Staaten zu unterstützen. Wilsons Mißtrauen ihm gegenüber blieb bestehen; die Nichtteilnahme R.s an der Pariser Friedenskonferenz zeigte es. In der Völkerbundfrage war R. für eine Annahme mit Vorbehalten, da er glaubte, die Vereinigten Staaten könnten im Ernstfall ihre Zusagen nicht einlösen. Seine ganze Persönlichkeit setzte er für die Stärkung des Völkerrechts und Amerikas Beitritt zum Internationalen Gerichtshof ein. Zusammen mit Lord Phillimore war er an der Ausarbeitung des Statuts für diese Institution beteiligt. Seine eindrucksvollen staatsmännischen Leistungen machten R. in den späteren Jahren zu einem vielgesuchten Ratgeber und wirkungsvollen Verteidiger. Er beschloß sein Leben als Präsident der amerikanischen Gesellschaft für Völkerrecht und der Carnegie-Stiftung für den Frieden.

Rotblat, Joseph – britischer Atomphysiker polnischer Herkunft
geb. 4.11.1908 in Warschau
Nobelpreis 1995

R., Sohn einer jüdischen Familie, studierte Physik an der Universität in Warschau und war dann Forschungsassistent am Radiologischen Labor der Wissenschaftlichen Gesellschaft. 1937 wurde er stellvertretender Direktor des polnischen Instituts für Atomphysik an der Freien Universität von Polen, und 1938 promovierte er im Fachbereich Physik. Unmittelbar nach Ausbruch des Zweiten Weltkrieges 1939 emigrierte R. nach Großbritannien und setzte an der Universität von Liverpool seine wissenschaftliche Arbeit als Kernphysiker fort. Von 1940 bis 1949 lehrte er als Physikdozent in Liverpool.

Während des Zweiten Weltkrieges wurde R. von den Amerikanern nach den USA verpflichtet, wo er sich unter der Leitung von R. Oppenheimer in Los Alamos (New Mexico) im Rahmen des „Manhattan Projects" ab 1943 am Bau der ersten Atombomben beteiligte. Als einziger Wissenschaftler verließ er Ende 1944, nachdem bekannt geworden war, daß die Deutschen nicht im Besitz der Atombombe waren, das geheime Forschungszentrum und kehrte an die Universität Liverpool zurück. Angesichts der Folgen des Abwurfs der Atombomben in Hiroshima und Nagasaki wurde R. zum Atomwaffengegner. Von 1945 bis 1949 war er Direktor des Forschungszentrums für Nuklearphysik an der Universität Liverpool, wo er noch zum Doctor of Philosophy promovierte. 1950 erhielt R. einen Lehrstuhl für Physik an der Universität London und lehrte hier bis zu seiner Emeritierung im Jahre 1976. Von 1950 bis 1976 war er außerdem Leitender Physiker am Medical College des St. Bartholomew's Hospital.

Neben seinen Forschungsarbeiten über die Wirkung der Atomstrahlung war R. auch ein unermüdlicher Streiter für die Eindämmung der nuklearen Rüstung. Zusammen mit dem walisischen Naturwissenschaftler und Philosophen Bertrand Russell und dem Physiker Albert Einstein sowie weiteren namhaften Wissenschaftlern forderte R. 1955 in einem Manifest, durch eine internationale Gelehrtenkonferenz die Zusammenarbeit von kommunistischen und nichtkommunistischen Staaten zu fördern. In dem Manifest wurde zur Abkehr von der atomaren Aufrüstung aufgerufen. Hieraus entwickelten sich die „Pugwash Conferences on Science and World Affairs", jene nach dem kanadischen Ort Pugwash (Provinz Nova Scotia) – hier fand im Jahre 1957 das erste Treffen statt – benannten Wissenschaftlerkonferenzen mit Teilnehmern aus aller Welt.

Die Pugwash-Bewegung ist eine gemeinnützige Vereinigung zur Förderung der Verantwortung in der Wissenschaft und der interdisziplinären Forschung. Die Pugwash-Konferenzen und Arbeitstagungen wollen die Auswirkungen von Wissenschaft und Technik auf Mensch und Natur erforschen und fachübergreifende Lehrinhalte in das Universitätsstudium integrieren. Seit 1957 fanden über 200 Konferenzen und Tagungen statt, bei denen über die zu lösenden Probleme der Rüstungskontrolle, der Konfliktregelung, der Friedenserhaltung und der Weltentwicklung diskutiert und wichtige politische Entscheidungen mit vorbereitet wurden. Bei den Vorarbeiten für das Atomteststopp-Abkommen 1963 (Vertrag über das Verbot von Kernwaffenversuchen in der Atmosphäre, im Weltraum und unter Wasser, abgeschlossen am 5.8.1963 von den USA und der UdSSR), den Atomwaffensperrvertrag 1968 (Vertrag über die Nichtweiterverbreitung nuklearer Waffen, am 1.7.1968 von den USA, der UdSSR und Großbritannien unterzeichnet), den Anti-Raketen-Vertrag 1972 und die Konventionen zum Verbot chemischer und biologischer Waffen 1972 und 1993 spielten die „Pugwash"-Konferenzen, -Symposia und -Workshops eine nicht unerhebliche Rolle. Auch in der Kubakrise 1962 sollen die „Pugwashhites" vermittelt haben, und an der Beendigung des Vietnamkrieges sollen sie ebenfalls beteiligt gewesen sein. Außerdem wirkten sie an den Vorbereitungen zu den SALT-Abrüstungsgesprächen (Verhandlungen zwischen den USA und der UdSSR über die Begrenzung nuklearstrategischer Waffensysteme) und der Konferenz für Sicherheit und Zusammenarbeit in Europa (KSZE) mit.

Von 1957 bis 1973 war R. Generalsekretär, und seit 1988 ist er Präsident der Pugwash-Bewegung. Mit dem Ende des kalten Krieges wandten sich die Pugwash-Konferenzen auch anderen Themenbereichen zu. 1988 wurden Probleme der Entwicklung und Umwelt in das Pugwash-Repertoire aufgenommen. Die Verleihung des Friedensnobelpreises an R. und die von ihm mitbegründete Pugwash-Bewegung war Anerkennung für vier Jahrzehnte Engagement für eine weltweite Abschaffung der Kernwaffen.

Saavedra Lamas, Carlos de – argentinischer Diplomat und Politiker
geb. 1.11.1878 in Buenos Aires
gest. 5.5.1959 in Buenos Aires
Nobelpreis 1936
S., Sohn wohlhabender Eltern, wuchs in einer Zeit auf, die den uralten Gegensatz von Stadt und Land aufzuheben suchte. Er studierte Jura und beschäftigte sich schon während einer Studienreise nach Paris vornehmlich mit rechtlichen und wirtschaftlichen Beziehungen der Agrarpolitik europäischer Länder. Nach seiner Assistentenzeit wurde S. Professor für Internationales Recht und widmete sich frühzeitig nationalen und internationalen Rechtsproblemen. Trotz der schwierigen innenpolitischen Lage verstand es S., er war seit 1915 Justiz- und Kulturminister, das öffentliche Schulwesen gründlich zu reformieren und dabei die Berufsschulen zur Heranbildung von Facharbeitern zu fördern. Sein Hauptanliegen war aber die integrative Abstimmung der Agrar-, Einwanderungs- und Arbeitspolitik im Rahmen eines friedlich ausgehandelten Vertragsrechts mit einer Reihe von Schlichtungsmöglichkeiten im Falle von Konflikten.

Sein Interesse für wirtschaftliche Fragen und sein Einsatz für Gerechtigkeit in der Arbeitswelt wurde bei der Gründung der „International Labor Organization" (Internationale Arbeitsorganisation) im Jahre 1919, S. war maßgeblich an der Gründung beteiligt, ein wesentlicher Bestandteil. 1928 leitete er die argentinische Delegation nach Genf, und er war Präsident der ILO-Konferenz. Von 1932 bis 1938 bekleidete S. das Amt des Außenministers. 1932 brach um den wirtschaftlich und strategisch wichtigen Chaco Boreal der Krieg zwischen Bolivien und Paraguay aus. Ursache des sogenannten Chacokrieges waren besonders der Drang Boliviens nach einem Zugang zum Meer und die Erdölfunde in dem umstrittenen Gebiet. 1933 gelang es S., auf der 7. Internationalen Konferenz der Amerikanischen Staaten in Montevideo breite Zustimmung zu einem Kriegsächtungspakt zu gewinnen, der im Oktober in Rio de Janeiro als S.-Lamas-Vertrag von sechs südamerikanischen Staaten unterzeichnet wurde. In ihm wurden Angriffskriege, gewaltsame Aneignung fremden Gebiets und Militärinterventionen verboten.

Auch Paraguay hatte den Vertrag signiert, obwohl seit 1932 ein verlustreicher Krieg mit Bolivien um den Gran Chaco geführt wurde, bei dem 50.000 Bolivianer und 35.000 Paraguayer getötet wurden. Der Krieg hatte tiefgreifende Folgen für die innenpolitische Entwicklung Boliviens. Es war S. vergönnt, mit der Friedenskonferenz in Buenos Aires am 28. Oktober 1935 den Kriegszustand zwischen Paraguay und Bolivien für beendet zu erklären. Bis 1935 kontrollierte Paraguay den größten Teil des Gebietes, und unter maßgeblicher Beteiligung von S. konnte ein Waffenstillstand abgeschlossen werden. Der Gebietsstreit wurde von einem inneramerikanischen Sonderausschuß im Friedensvertrag von 1938 so geregelt, daß Paraguay seine historischen Rechte am Gran Chaco bestätigt bekam, dagegen mußte Bolivien auf zwei Drittel des umstrittenen erdölfündigen Gebietes verzichten. Damit hatten sich beide Länder einem Schiedsurteil unterworfen, das im Geiste S.s und dessen Friedensvermittlung erarbeitet worden war.

1938 zog er sich aus innenpolitischen Gründen aus der hohen Politik zurück. In den folgenden Jahren war S. als Rektor der Nationaluniversität von Buenos Aires und als Professor für Wirtschaftswissenschaften tätig.

Sacharow, Andrei Dimitrijewitsch – sowjetischer Atomphysiker
geb. 23.5.1921 in Moskau
gest. 14.12.1989 in Moskau
Nobelpreis 1975
S., Sohn einer Lehrerfamilie, beendete 1938 die Schule mit Auszeichnung und wurde in der Physikalischen Fakultät der Moskauer Universität immatrikuliert. Diese schloß er ebenfalls mit Auszeichnung 1942 ab. Im September 1942 wurde er in das Laboratorium des Wolodarski-Rüstungswerkes in Uljanowsk vermittelt, wo er bis 1945 als Entwicklungsingenieur arbeitete. Hier gelangen ihm eine Reihe von Erfindungen, und er schrieb gleichzeitig einige Arbeiten auf dem Gebiet der theoretischen Physik. 1945 wurde S. Aspirant des Physikalischen Instituts der Akademie der Wissenschaften der UdSSR. 1948 wurde er in die Forschungsgruppe zur Entwick-

lung einer Thermonuklearwaffe aufgenommen. Die folgenden 20 Jahre waren ununterbrochene Arbeit unter den Bedingungen äußerster Geheimhaltung, zuerst in Moskau, dann in einem geheimen speziellen Forschungszentrum. 1950 wurde S. zusammen mit I. J. Tamm einer der Initiatoren der Arbeiten zur Erforschung der gesteuerten thermonuklearen Reaktion. 1952 begannen aufgrund seiner Initiative die experimentellen Arbeiten zur Entwicklung von Magnet-Explosivgeneratoren, Apparaten, in denen sich die Explosionsenergie einer chemischen oder Kernreaktion in Energie eines Magnetfeldes verwandelt. 1953 wurde S. zum Mitglied der Akademie der Wissenschaften der UdSSR gewählt.

Durch die Arbeit an der Schaffung einer Massenvernichtungswaffe erkannte er frühzeitig die der Menschheit durch deren Herstellung und durch die Versuche damit erwachsende Gefahr, und er drängte die Regierung zu einer Begrenzung der Versuche. Aber zu dieser Zeit wurden seine Appelle nicht beachtet. Seit Ende der fünfziger Jahre trat S. aktiv für die Einstellung oder Begrenzung von Kernwaffenversuchen ein. 1961 geriet er deswegen mit Chruschtschow in Konflikt. Er war einer der Initiatoren des Moskauer Vertrages von 1963 über das Verbot von Versuchen in der Erdatmosphäre, im Wasser und im Kosmos.

Mitte der sechziger Jahre begann er sich verstärkt politisch zu engagieren. Er wandte sich gegen eine Weiterentwicklung der Atomwaffen, aus den Jahren 1966/67 stammen seine ersten Aufrufe zur Verteidigung Verfolgter, er sympathisierte mit dem „Prager Frühling" 1968, trat offen für eine Demokratisierung seines Landes ein, gründete 1970 ein Komitee für Menschenrechte und forderte die Freilassung aller politischen Gefangenen. Damit geriet S. mehr und mehr in Auseinandersetzungen mit der KPdSU-Führung unter Breshnew. 1968 stiftete er fast alle persönlichen Ersparnisse für den Bau einer onkologischen Klinik und für das Rote Kreuz. Im Juli 1968, nach der Publikation des Artikels „Gedanken" im westlichen Ausland, wurde S. von geheimen Forschungsaufgaben ausgeschlossen. In den folgenden Jahren verlor er alle seine Ämter, nur die Mitgliedschaft in der Akademie der Wissenschaften blieb ihm erhalten. Von da an widmete er sich hauptsächlich der Verwirklichung der Menschenrechte in der UdSSR. Sein Ansehen in der Welt schützte ihn vor einer härteren Verfolgung durch das System, das vergeblich versuchte, ihn völlig auszuschalten. Im Januar 1980 wurden S. alle von der Regierung verliehenen Auszeichnungen (Leninpreis, Staatspreis, dreimal Stern des Helden der Sozialistischen Arbeit in Gold) aberkannt, und nach seinem Protest gegen den Einmarsch sowjetischer Truppen in Afghanistan wurde er nach Gorki verbannt. Vier Jahre später wurde auch seine Frau, Jelena Bonner, dorthin verbannt.

Der politische Widerstand hat S. viel Kraft gekostet. Aber auch in schweren Zeiten riß seine fruchtbare wissenschaftliche Arbeit nicht ab. Es erschienen exzellente Arbeiten zur Elementarteilchen-Physik und zur Kosmologie. Eine seiner außerordentlichen Leistungen ist die Idee von der Instabilität eines der Elementarteilchen – des Protons. Dieser Gedanke erschien zuerst irreal, aber einige Jahre später nannte die Wissenschaft der Welt die Versuche zum Protonenzerfall das „Experiment des Jahrhunderts". Er entwickelte die Idee der gesteuerten thermonuklearen Reaktoren, desgleichen erforschte er das Problem der Myonen-Kernkatalyse und schlug eine Methode zur Herstellung superstarker Magnetfelder vor.

Im Dezember 1986 durfte der Verbannte zurück nach Moskau, Gorbatschow hatte sich für ihn eingesetzt. Er setzte seine Arbeit an der Akademie der Wissenschaften fort, und im Frühjahr 1989 wurde S. zum Abgeordneten des Kongresses der Volksdeputierten gewählt. S. ist in seinem Leben nichts erspart worden – Krieg, Verbannung und jahrelange Demütigung. Er hat sich Zeit seines Lebens keiner politischen Organisation oder Gruppierung angeschlossen, doch er hat viele unterstützt und initiiert. Er setzte sich vor allem für die Schwachen und Entrechteten ein.

Sadat, Mohammad Anwar as – ägyptischer Politiker und Staatsmann
geb. 25.12.1918 in Talah Monufiya (Nildelta)
gest. 6.10.1981 in Kairo (ermordet)
Nobelpreis 1978

S., Sohn eines Fellachen und einer Sudanesin, wuchs in dem Dorf Mit Abu Al Kaum im Nildelta auf. 1924 zog die Familie nach Kairo, wo der Vater in einem Krankenhaus arbeitete. Nach dem Abitur schlug er eine militärische Laufbahn ein und wurde in die Ägyptische Militärakademie in Kairo aufgenommen. Während der Ausbildung lernte er den späteren ägyptischen Präsidenten Gamal Abd el-Nasser kennen. Mit ihm gehörte S. zu den elf Offizieren, die 1938 das Komitee der Freien Offiziere gründeten, um Ägypten vom Einfluß der britischen Mandatsmacht zu befreien. Während des Zweiten Weltkrieges sympathisierte S. mit den Deutschen und wurde wegen antibritischer Äußerungen 1942 verhaftet und aus der Armee ausgeschlossen. Nach dem Krieg arbeitete er als Journalist und durfte 1949 wieder in die Armee eintreten. Am 23. Juni 1952 beteiligte er sich am Putsch gegen König Faruk I. Unter Leitung von G. A. Nasser und A. M. Nagib ergriff der „Geheimbund der Freien Offiziere" die Macht. Sie verkündeten eine Bodenreform und verboten alle politischen Parteien. Am 18. Juni 1953 proklamierte der Revolutionsrat die Republik, zwang Großbritannien 1954 zum Abschluß eines Vertrages über die Räumung der Suezkanalzone und unterstützte die Politik der friedlichen Koexistenz. S., inzwischen zum Oberst befördert, war zuständig für das Pressewesen und leitete u. a. die Staatszeitung „Die Republik". Mit seinen Artikeln und Kommentaren erwarb er sich den Ruf als „Stimme Nassers". Von 1954 bis 1956 war er Informationsminister. Von 1960 bis 1969 war er Präsident der Nationalversammlung.

Nach dem plötzlichen Tod Nassers am 28.9.1970, im Alter von 52 Jahren erlag er in Kairo einem Herzinfarkt, übernahm S. die Führung der Staatsgeschäfte. Mit Hilfe ergebener Polizei- und Armeeverbände verhaftete er seine innenpolitischen Gegner, darunter den Innenminister, den Verteidigungsminister sowie den Geheimdienstchef. In allgemeinen Wahlen wurde S. zum Staatspräsidenten und kurze Zeit später zum Vorsitzenden der Arabischen Sozialistischen Union gewählt. S. blieb anfangs noch auf Nassers Kurs einer engen Zusammenarbeit mit der UdSSR, doch trotz wiederholter Besuche in Moskau wurde dann eine Verschlechterung des Klimas deutlich. Als der Kreml sich S.s Waffenwünschen verweigerte, veranlaßte er im Juli 1972 rigoros den Abzug der 17.000 sowjetischen Militärberater, was zu weiteren Konflikten führte. Mit dem überraschenden Angriff auf Israel am 6.10.1973 versuchte S., seine Ausgangsposition für spätere Nahost-Verhandlungen zu verbessern. Mit der Überschreitung des Suezkanals auf breiter Front war es ihm gelungen, der arabischen Welt verlorenes Selbstbewußtsein wiederzugeben und den Mythos von der Unbesiegbarkeit Israels zu zerstören. In einem vom amerikanischen Außenminister H. A. Kissinger vermittelten Truppenentflechtungsabkommen 1974 gewann Ägypten einen Gebietsstreifen auf der Halbinsel Sinai zurück. Außenpolitisch wendete sich S. nun stärker dem Westen zu und innenpolitisch wurden Liberalisierungstendenzen spürbar, u. a. wurde die ägyptische Wirtschaft dem Zufluß ausländischen Kapitals geöffnet. 1976 leitete S. den Übergang zum Mehrparteienstaat ein, und mit der Verabschiedung eines neuen Parteiengesetzes 1977 konnte sich ein breiteres politisches Spektrum entwickeln. Bei den Präsidentschaftswahlen im September 1976 wurde S. als einziger Kandidat mit 99 Prozent der Wählerstimmen für eine weitere Amtsperiode bestätigt.

Mit einem Besuch in Jerusalem im November 1977 leitete S. eine Friedensinitiative gegenüber Israel ein. Vor der Knesset wiederholte er seine Forderung nach einem Rückzug Israels aus den 1967 besetzten Gebieten und einer gerechten Lösung des Palästinenserproblems. Die mutige Friedensinitiative und die damit faktisch vollzogene Anerkennung Israels wurde in der westlichen Welt als „historische Mission" gefeiert, stieß jedoch bei den meisten arabischen Staaten auf erbitterte Ablehnung. In Ägypten fand das Vorgehen S.s breite Zustimmung, und auch in Israel wurde eine tiefe Friedenssehnsucht spürbar. Unter Vermittlung des amerikanischen Präsidenten J. Carter vereinbarten S. und der israelische Ministerpräsident M. Begin 1978 in Camp David (USA) Rahmenbedingungen eines ägyptisch-israelischen Friedensvertrags, der im März 1979 u. a. gegen den heftigen Widerstand Syriens, Libyens, Algeriens, Iraks und der PLO unterzeichnet wurde und der zur Suspendierung der ägyptischen Mitgliedschaft in der Arabischen Liga führte. Während S. die Friedenssehnsucht seines Volkes richtig eingeschätzt hatte, isolierte ihn das Abkommen in der arabischen Welt, die den Separatfrieden mit Israel als Verrat betrachtete.

Trotz mehrfacher persönlicher Kontakte zwischen S. und Begin verlief die weitere Realisierung des Camp-David-Abkommens für S. enttäuschend. Die Weigerung Israels, den Friedensvertrag in allen Punkten zu erfüllen, schwächte S.s Position. Die innenpolitische Opposition und die immer stärker werdenden islamischen Extremisten machten S. für die Isolation Ägyptens und die daraus resultierenden wirtschaftlichen Probleme verantwortlich. Nach der Verhaftung Tausender Opponenten im September 1981 wurde S. am 6. Oktober 1981 von islamischen Fanatikern während einer Militärparade in Kairo erschossen.

Sato, Eisaku – japanischer Politiker und Staatsmann
geb. 27.3.1901 in Tabuse (Provinz Yamaguchi, Honshu)
gest. 2.6.1975 in Tokio
Nobelpreis 1974

Sein Vater war der Beamte und Reisweinfabrikant Kishi, der von der vornehmen Familie seiner Frau adoptiert wurde und den Namen Sato erhielt. S. behielt diesen Namen bei, während sein leiblicher Bruder, der langjährige Ministerpräsident Nobusuke Kishi, wieder in die Kishi-Familie zurückadoptiert wurde, als dieser der Stammhalter versagt blieb. S. besuchte die Kuniki-Schule in Tabuse und eine höhere Schule in Kumamoto. Danach studierte er bis 1924 Rechtswissenschaften an der Kaiserlichen Universität in Tokio. Nach dem Examen ging S. zum Eisenbahnministerium, in dem er 24 Jahre lang gearbeitet hat. Zu Studien- und Informationsreisen war er zwischen 1934 und 1937 mehrfach in den USA und in Europa. 1941 wurde er Leiter des Kontrollbüros des Eisenbahnministeriums und ab 1945 Chef des gesamten japanischen Eisenbahnsystems.

Nach dem Zweiten Weltkrieg erregte S. die Aufmerksamkeit von Premierminister Yoshida, der ihn als Kabinettschef einsetzen wollte. Die US-Besatzungsbehörden ließen dies zunächst nicht zu, weil sein Bruder N. Kishi als angeblicher Kriegsverbrecher im Gefängnis saß. 1947/48 war S. stellvertretender Verkehrsminister im Kabinett Katayama. Im März 1948 wurde er Mitglied der Liberal-Demokratischen Partei und bald Vorsitzender der Partei in der Provinz Yamaguchi. Im Oktober 1948 wurde er Kabinettschef in der Regierung Yoshida. Von 1949 bis 1972 war S. Unterhausmitglied, 1951/52 Post- und Telegrafenminister und 1952/53 Minister für Wiederaufbau. 1953 wurde er Generalsekretär der Liberal-Demokratischen Partei. 1954 war er eine Schlüsselfigur in einem Bestechungsskandal um eine japanische Werft und mußte im Juli 1954 als Generalsekretär zurücktreten. Er trat danach mehrere Jahre politisch in den Hintergrund.

Sein Bruder N. Kishi wurde 1958 Premierminister und S. in seinem Kabinett Finanzminister. Unter Premierminister Ikeda wurde er 1961 Minister für Außenhandel und Industrie, 1963/64 Staatssekretär für Wissenschaft und Technik sowie Vorsitzender der japanischen Kernenergiekommission. Auch die Vorbereitung der Olympischen Spiele 1964 in Tokio gehörte zu seinen Aufgaben. Am 25. Oktober 1964 trat Ikeda wegen eines Kehlkopfleidens zurück und benannte S. als Nachfolger. Er setzte die Politik des hohen Wirtschaftswachstums fort, und im Rahmen seiner Grundkonzeption der verstärkten Zusammenarbeit mit den USA unterstützte S. die amerikanische Aggression in Vietnam. Im November 1968 wurde er nach einem Wahlsieg seiner Partei bei den Wahlen zum Oberhaus des Parlaments erneut als Parteiführer und Ministerpräsident bestätigt.

Im November 1969 reiste S. nach Washington, um dort über die Rückgabe der Riu-Kiu-Inseln mit Okinawa an Japan zu verhandeln. Aus dem Kommuniqué über seine Gespräche mit Präsident Nixon ging klar hervor, daß Japan zum gleichwertigen Partner der USA im pazifischen Asien aufgerückt war und künftig nicht nur mehr wirtschaftliche, sondern auch mehr militärische Verantwortung übernehmen sollte. Der japanisch-amerikanische Sicherheitsvertrag wurde in seiner Wirksamkeit gestärkt. Einen erneuten Erfolg errang die von S. geführte Liberal-Demokratische Partei bei den Parlamentswahlen im Februar 1970. Am 15. Mai 1972 übergab die US-Regierung der japanischen Regierung das Okinawa-Archipel. Im Juli 1972 trat S. vor Ablauf seiner Amtsperiode von seinem Amt als Ministerpräsident und als Parteiführer der Liberal-Demokratischen Partei zurück. Kein Regierungschef in Japans Geschichte hat so lange wie S. das Amt ohne Unterbrechung ausgeübt. In seiner Regierungszeit ist Japan zur drittgrößten Wirtschaftsmacht aufgerückt, und das Selbstbewußtsein der Japaner hat gewaltigen Auftrieb erhalten.

Etwas überraschend verlieh das Nobelkomitee 1974 S. neben dem Initiator von „Amnesty International", Sean MacBride, je zur Hälfte den Friedensnobelpreis. Doch das norwegische Gremium würdigte S. für seinen Kampf gegen die Ausbreitung von Atomwaffen, seine Versöhnungspolitik und seinen persönlichen Beitrag zur Beruhigung des pazifischen Raumes.

Schweitzer, Albert – elsässischer Arzt, Theologe und Musiker
geb. 14.1.1875 in Kaysersberg (Oberelsaß)
gest. 4.9.1965 in Lambarene (Gabun)
Nobelpreis 1952

S., Sohn einer evangelischen Pfarrersfamilie, verlebte im Pfarrhaus von Günsbach mit drei Schwestern und einem Bruder eine schöne Kindheit. Die liberale und aufgeschlossene Atmosphäre in seinem Elternhaus ermöglichte es, in den fünf Kindern der Familie die Fähigkeit zur kritischen Auseinandersetzung mit dem alltäglichen Lebensgeschehen zu erwecken. Unter dieser Voraussetzung müssen auch S.s Erlebnisse aus der Kindheit gesehen werden, die entscheidend für seine Auffassung des Lebens wurden. Von 1880 bis 1884 besuchte er die Dorfschule in Günsbach, dann 1884/85 die Realschule in Münster/Elsaß und von 1885 bis 1893 das Gymnasium in Mühlhausen, das er am 18. Juni 1893 mit dem Abitur beendete.

Im Oktober des gleichen Jahres begann S. ein Studium der Theologie und Philosophie an der Universität in Straßburg. Schon als Student zeigte S. eine besondere Befähigung zur wissenschaftlichen Arbeit, so analysierte er bereits 1894 die Markushypothese seines Lehrers der Synoptik, H. J. Holtzmanns, und legte damit den Grundstein für seine späteren theologischen Schriften. 1894/95 machte er sein Militärjahr beim Infanterieregiment 143 in Straßburg. Am 6. Mai 1898 bestand S. die erste theologische Prüfung, das sogenannte Staatsexamen. Ende Oktober 1898 begibt er sich nach Paris, um an der Sorbonne Philosophie zu hören und sich im Orgelspiel weiterzubilden. 1899 verbringt S. einige Monate in Berlin und beschäftigt sich hauptsächlich mit philosophischen Studien. Am 2. August 1899 promovierte S. in Straßburg über „Die Religionsphilosophie Kants von der Kritik der reinen Vernunft bis zur Religion innerhalb der Grenzen der bloßen Vernunft". Am 1. Dezember 1899 erhielt er ein Predigtamt zu St. Nicolai in Straßburg, zuerst als sogenannter „Lehrvikar", später nach der zweiten theologischen Prüfung als regulärer Vikar. Seine umfangreichen theologischen Arbeiten über die Persönlichkeit Jesu als historisches Subjekt bildeten die Grundlage für die Prüfungen zur Erlangung des akademischen Grades eines Lizentiaten der Theologie. 1902 habilitierte sich S. an der evangelisch-theologischen Fakultät in Straßburg über „Das Messianitäts- und Leidensgeheimnis". Im gleichen Jahr wurde er Privatdozent der Theologie an der Straßburger Universität, und von 1903 bis 1905 war er Stiftsdirektor am Thomasstift in Straßburg.

Schon als 21jähriger hatte er sich vorgenommen, sich nach seinem 30. Lebensjahr einem „unmittelbaren menschlichen Dienen" zu widmen. Den Entschluß, dazu in das Innere Afrikas zu gehen, faßte er acht Jahre später, als ihm durch Zufall bekannt wurde, daß die Pariser Missionsgesellschaft Helfer brauchte, um den schwarzen Bewohnern der damaligen französischen Kolonien in ihrer Not beizustehen. Daraufhin nahm S. noch ein Medizinstudium auf, das er von 1905 bis 1911 absolvierte. Es ist bemerkenswert, daß er während des Studiums keine seiner weiteren Tätigkeiten vernachlässigte – er hielt theologische Vorlesungen, predigte allsonntäglich in Sankt Nicolai zu Straßburg, gab Orgelkonzerte in verschiedenen europäischen Ländern und befaßte sich weiterhin mit wissenschaftlichen Studien. 1911 legte er das medizinische Staatsexamen ab. Im Anschluß daran nahm der junge Arzt ein Zusatzstudium der Tropenmedizin in Paris auf und bemühte sich um das Verständnis der Paranoia-Problematik (Zustand, der durch wahnhafte Überzeugungen gekennzeichnet ist). Im März 1913 promovierte S. zum Doktor der Medizin mit einer Dissertation über „Die psychiatrische Beurteilung Jesu".

Im Frühjahr 1913 trat S. gemeinsam mit seiner Frau die erste von insgesamt zwölf Reisen nach Lambarene an. Seine Entscheidung, als Arzt nach Lambarene zu gehen, bedeutete die Bereitschaft, seine christlichen Wertvorstellungen zum Leitmotiv der praktischen Tätigkeit zu machen. Sein Entschluß bedeutete gleichzeitig die Aufgabe seiner wissenschaftlichen und künstlerischen Karriere. Auch mußte er davon ausgehen, daß es in der afrikanischen Missionsstation an den elementarsten Voraussetzungen für eine wirksame medizinische Betreuung fehlen würde, insbesondere an Medikamenten, Verbandmaterial und Instrumenten. Die notwendigen finanziellen Mittel erbrachte er dabei weitgehend selbst, und zwar durch Sammlungen und aus Einkünften seiner Konzertreisen. War S. während seines ersten Aufenthaltes der einzige Arzt in Lambarene, unter seiner Anleitung wurde ein Tropenkrankenhaus mit einer Leprastation aufgebaut, so standen ihm in späteren Jahren aufgrund seiner zunehmenden Popularität engagierte Ärzte und Pfleger zur Seite, die infolge ähnlicher weltanschaulicher Standpunkte den Weg in den afrikanischen Regenwald fanden. Der Erste Weltkrieg unterbrach seine tropenärztliche Tätigkeit, im September 1917 wurden er und seine Frau zwangsweise nach Europa zurückgebracht und interniert. Im Juli 1918 kehrten sie nach Straßburg zurück, wo er eine Anstellung als Hilfsgeistlicher und eine Assistenzarztstelle an der Hautklinik des Bürgerspitals erhielt.

Im Frühjahr 1924 kehrte S. nach Lambarene zurück; im Jahr darauf begann er, sein Spital an anderer Stelle, einige Kilometer den Ogowe aufwärts, neu zu errichten. 1927 kehrte er nach Europa zurück, gab Konzerte und Vorträge in Schweden, Dänemark, Holland, England, der Schweiz, Deutschland und der Tschechoslowakei, um finanzielle Mittel für sein Urwaldhospital zu beschaffen. 1930 unternahm er seine dritte Afrikareise, nachdem er einen Ruf an die theologische Fakultät der Universität Leipzig abgelehnt hatte. Dem „Urwalddoktor" ging es nicht darum, an der Erforschung relevanter medizinischer Probleme mitzuwirken, sondern seine Sorge galt dem erkrankten Menschen, an dem er durch ärztliche Zuwendung das von ihm im christlichen Sinne interpretierte und pflichtbewußte „menschliche Dienen" realisierte. Nach dem Zweiten Weltkrieg und besonders in seiner Nobel-Ansprache nahm S. öffentlich Stellung zu den Gefahren eines neuen Krieges.

Söderblom, Nathan (eigentlich Lars Olof Jonathan) – schwedischer Theologe und Religionshistoriker
geb. 15.11.1866 in Trönö, Bezirk Gävleborg
gest. 12.7.1931 in Uppsala
Nobelpreis 1930

S., Sohn eines Pfarrers, mußte auf Drängen des Vaters mit fünf Jahren Latein lernen. Von 1886 bis 1892 studierte er in Uppsala Literaturwissenschaft und Theologie. Als Student nahm er 1890 an der internationalen christlichen Studentenkonferenz in Northfield in Neuengland teil, und er war begeistert von der Bewegung mit Menschen verschiedener Nationalitäten und Glaubensgemeinschaften. Bereits ein Jahr später war S. Teilnehmer am Kongreß des Christlichen Vereins Junger Männer in Amsterdam.

Nach Abschluß seines Theologiestudiums wurde er 1893 als Priester ordiniert und versah in einer psychiatrischen Klinik seinen ersten Dienst als Seelsorger. Im folgenden Jahr erhielt er das Amt eines Legationspfarrers der Schwedischen Kirche in Paris. Er war nun finanziell unabhängig und konnte Anna Forsell, eine begabte Studentin an der Universität Uppsala, heiraten. Sie schenkte ihm im Laufe ihrer Ehe 13 Kinder und half bei den Vorbereitungen der zahlreichen Publikationen. In Paris vervollständigte S. seine Kenntnisse in Theologie, Religionsgeschichte und klassischen Sprachen. Im Jahre 1901 promovierte er als erster Ausländer an der Evangelischen Fakultät der Sorbonne. Noch im gleichen Jahr erhielt er eine Berufung als Professor der Religionsgeschichte an die Universität Uppsala, die er bis 1914 ausübte. Daneben übernahm S. von 1912 bis 1914 den ersten Lehrstuhl für Religionsgeschichte an der Universität Leipzig.

Im Mai 1914 wurde S. zum Erzbischof von Uppsala und damit zum Haupt der Schwedischen Kirche erhoben. Als designierter Erzbischof hatte S. den Ausbruch des Ersten Weltkrieges mit seiner Familie in einem böhmischen Dorf an der österreichischen Grenze erlebt, wo er sich aus Gesundheitsgründen aufhielt. Schon auf der Rückreise nach Schweden begann er gegen den Krieg zu predigen. Mit seinen während des Krieges eingeleiteten Versöhnungsbemühungen unter den christlichen Kirchen stellte sich S. an die Spitze der ökumenischen Bewegung, allerdings blieb sein Friedensappell an die kriegführenden und neutralen Länder leider ohne eingreifende Wirkung. Unentwegt arbeitete S. trotzdem für die Versöhnung der christlichen Kirchen und lud 1917 zur Nordischen Kirchenkonferenz nach Uppsala ein. Bemerkenswert war, daß der Erzbischof in den folgenden Jahren den ökumenischen Charakter seiner Friedensbewegung in Gottesdiensten stets betonte. Er besuchte die Gemeinden, ließ Kirchen instand setzen und neue erbauen, wirkte als Vizekanzler der Universität Uppsala und veröffentlichte wichtige Bücher, u. a. „Die Religionen der Erde" (1905), „Das Werden des Gottesglaubens" (1916), „Einigung der Christenheit" (1923) und postum 1932 „Der lebendige Gott im Zeugnis der Religionsgeschichte".

Ein persönlicher Triumph seiner Aufbauarbeit für den Frieden war zweifellos die letzte bedeutende ökumenische Konferenz vor dem Zweiten Weltkrieg, die Stockholmer Weltkirchenkonferenz für praktisches Christentum von 1925. Die Repräsentanten der Anglikanischen Kirche, der Kirchen protestantischer Konfessionen und der Orthodoxen Kirche waren S.s Einladung gefolgt, nur der Papst war nicht anwesend. Bis zum Zweiten Weltkrieg gelang es nicht mehr, nochmals eine ökumenische Friedenskonferenz der christlichen Kirchen zu organisieren, die Initiative S.s wirkte aber fort bis in unsere Zeit.

S. hat die ökumenische Kirchenbewegung zum Zweck des völkerverbindenden Friedens entscheidend gefördert, und er war eine der angesehensten Persönlichkeiten, die sich darum bemühten, den Begriff weltweiter Brüderlichkeit im Gewissen der Menschen zu verankern. Mit großer Energie arbeitete S. auf nationaler und internationaler Ebene, seine Tätigkeit war von der Achtung und Liebe zu den Menschen geprägt. Der Begründer der modernen Religionswissenschaft in Schweden bewahrte die religiöse Tradition der Volkskirche und wirkte für eine liturgische Erneuerung. Nach einer kurzen Krankheit starb er mit 65 Jahren an einer Herzkrise.

Stresemann, Gustav – deutscher Politiker und Staatsmann
geb. 10.5.1878 in Berlin
gest. 3.10.1929 in Berlin
Nobelpreis 1926

S. war das achte und jüngste Kind eines Gastwirts und Bierverlegers. Während er noch zur Schule ging, mußte er im elterlichen Geschäft tatkräftig mitarbeiten. Nach dem Abitur im März 1897 nahm S. ein Studium an der Berliner Universität auf, das sich bald sehr zielgerichtet der Nationalökonomie zuwandte und das er zum Jahresbeginn 1901 mit der Promotion an der Universität Leipzig abschloß. Neben dem Studium widmete sich S. vor allem dem Leben in der Neo-Germania, einer Reformburschenschaft, die die Sittenlosigkeit und Dünkelhaftigkeit der Corps ablehnte und die Wiederherstellung der liberalen, burschenschaftlichen Traditionen auf ihre Fahnen geschrieben hatte.

Im Frühjahr 1901 erhielt S. eine Anstellung als Geschäftsführer des Verbandes Deutscher Schokolade-Fabrikanten in Dresden. Als Syndikus der Schokolade-Fabrikanten tat er sich mit innovativen Ideen hervor, so mit dem erfolgreichen Vorschlag zur Gründung einer eigenen Zuckerfabrik. Seine erste bedeutende Leistung war der von ihm angeregte Zusammenschluß der beiden BDI-Bezirksvereine Dresden-Bautzen und Leipzig-Zwickau zum Verband Sächsischer Industrieller, zu dessen Syndikus er 1902 gewählt wurde und der sich unter seiner Führung zu einem der größten regionalen Wirtschaftsverbände entwickelte. Von 1903 bis 1918 war S. zugleich stellvertretender Vorsitzender des Bundes Deutscher Industrieller.

S. war schon frühzeitig politisch tätig geworden, 1903 trat er in die Nationalliberale Partei ein, war von 1907 bis 1912 und von 1914 bis 1918 Reichstagsabgeordneter und seit 1917 als Nachfolger Bassermanns Fraktionsvorsitzender im Reichstag. S.s berufliche und politische Karriere vor dem Ersten Weltkrieg war sicher vor allem das Ergebnis seiner Fähigkeiten und seines Durchsetzungsvermögens, sie war aber auch Ausdruck gesellschaftlicher Modernisierung. Als Syndikus verkörperte er den Typus des wirtschaftlichen Interessenvertreters, als Politiker entwickelte er ein ausgeprägtes Gespür für die Notwendigkeit sozialpolitischer und in beschränktem Maße demokratischer Erneuerung, ohne die eine moderne Gesellschaft nicht funktionieren kann und ohne die sein persönlicher Aufstieg kaum möglich gewesen wäre. Nach der Novemberrevolution bildete S. – weil die Deutsche Demokratische Partei seine Mitgliedschaft ablehnte – die Deutsche Volkspartei und führte diese in der neuen Weimarer Republik aus der Opposition bis zur Regierungsverantwortlichkeit. Die DVP, deren Vorsitz S. im Dezember 1918 ohne Gegenkandidaten übernommen hatte, war keine echte Neugründung, sondern die Fortführung der Rumpfnationalliberalen, die sich nicht mit den neuen Verhältnissen abfinden wollten. Weder die Umwälzungen von 1918/19 noch die krankheitsbedingte Politikpause im Sommer 1919 taten S.s Karriere ernsthaften Abbruch. Er blieb der Führer einer gemäßigten Rechtspartei, die zwar bei den Wahlen zur Nationalversammlung aufgrund ihrer organisatorischen Schwäche mit 4,4 Prozent der Stimmen sehr mäßig abgeschnitten hatte, hinter der aber einflußreiche und finanzstarke Wirtschaftskreise standen.

Am 13. August 1923 ernannte Ebert S. zum Reichskanzler. In den 100 Tagen bis zum 23. November 1923, in denen er als Reichskanzler und Außenminister die Reichsregierung führte, gelang es ihm, die schwerste wirtschaftliche und politische Krise der jungen Republik zu überwinden. Er sorgte für eine Beendigung des passiven Widerstandes gegen die Ruhrbesetzung, schlug Putschversuche sowohl Links- als auch Rechtsradikaler nieder und stoppte die Inflation durch Einführung der „Rentenmark". S. erkannte, daß der Versuch einer Verständigungspolitik mit den alliierten Mächten auf dem Boden der durch den Versailler Friedensvertrag gegebenen Tatsachen Deutschlands wahren Interessen weitaus stärker dienen konnte als die verzweifelte Auflehnung nationalistischer Kreise. Gegen den erbitterten Widerstand der Rechtsparteien setzte er den mit dem Abbruch des Ruhrkampfes begonnenen Kurs fort, auch nachdem er infolge des Ausscheidens der SPD aus der Regierung der Großen Koalition von seinem Kanzlerposten zurücktrat.

S.s Leistungen in den 100 Tagen seiner Kanzlerschaft sind oft idealisiert worden, was angesichts der riesigen Schwierigkeiten, denen er sich gegenübersah, nicht erstaunt. In der Außen- und Währungspolitik sollten sich die unter seiner Führung eingeschlagenen Wege in der Tat als gangbar erweisen, die schweren inneren Probleme der Weimarer Republik lagen freilich jenseits der Lösungskompetenz eines Reichskanzlers, mochte er auch ein noch so versierter Taktiker sein. In der Folgezeit war S. Außenminister der verschiedensten Kabinette und verfolgte sein Ziel, Deutschland wieder zu wirtschaftspolitischer Größe zu verhelfen, auch durch diplomatische Beziehungen um eine günstigere Auslegung und Modifizierung des Versailler Vertrages. Auf diese Weise erreichte S. 1924 gemäßigte Reparationen (Dawes-Plan), 1925 die Räumung des Ruhrgebietes sowie die Verständigung mit Frankreich und Belgien (Locarno-Verträge), 1926 die Aufnahme Deutschlands in den Völkerbund, die Fortsetzung der auf eine Verständigung mit Rußland gerichteten Rapallo-Politik durch Abschluß eines deutsch-russischen Neutralitätsabkommens (Berliner Vertrag). Auf der Haager Konferenz 1929 konnte S. als politischen Erfolg die Abmachung über eine Verringerung der Reparationen sowie die Zusage der vorzeitigen Räumung des Rheinlandes (Young-Plan) verbuchen.

Bis zuletzt rastlos tätig, erlag er, nur 51jährig, einem Schlaganfall. Mit seinem Tod verlor die Weimarer Republik ihren wohl einflußreichsten Staatsmann internationalen Ansehens, der ihr nach den Jahren der Erniedrigung das Vertrauen einer auf Frieden bedachten Welt erworben hatte. Für seine auf eine Verständigung zwischen den Völkern und die Wiederherstellung der deutschen Souveränität gerichtete Politik erhielt S. gemeinsam mit A. Briand den Friedensnobelpreis.

Suttner, Bertha Freifrau von – österreichische Pazifistin und Schriftstellerin
geb. 9.6.1843 in Prag
gest. 21.6.1914 in Wien
Nobelpreis 1905
Sie erhielt, nachdem sie selbst Alfred Nobel zur Stiftung dieses Preises bewogen hatte, als erste Frau den Friedensnobelpreis.

Als das väterliche Vermögen aufgebraucht war, mußte die Adlige Bertha Kinsky eine Berufstätigkeit aufnehmen. Nach einer Sprach- und Musikausbildung wurde sie 1873 Gouvernante im Haus des Freiherrn von Suttner in Wien. Sie erteilte den vier Töchtern Musik- und Sprachunterricht, entscheidender aber für ihre weitere Entwicklung war, daß sie in dem jüngsten Sohn der Familie ihren künftigen Mann kennenlernte. Da die Familie Suttner eine eheliche Verbindung mit der verarmten Komtesse mißbilligte, heiratete sie 1875 den Sohn Arthur Gundaccar von Suttner ohne Wissen der Eltern in einer entlegenen Vorstadtkirche von Wien. Da sie von der Familie daraufhin enterbt wurden, zogen beide für fast zehn Jahre in den Kaukasus. Zunächst versuchten sie, sich als Sprach- und Musiklehrer durchzuschlagen, später nahm der Mann eine Stelle als Ingenieur an. In den Nöten des Russisch-Türkischen Krieges von 1877/78 entdeckten sie ihr Talent für die Journalistik. Arthur von Suttner schrieb Kriegsberichte und Reisefeuilletons, Bertha kurze Geschichten und Essays, das war der Auftakt zu einer langen Reihe literarischer Publikationen. Im Mai 1885 kehrten die beiden Abenteurer nach Österreich zurück. Ausgesöhnt mit ihren Angehörigen, ließen sie sich auf dem Familienbesitz der Suttners, dem Schloß Hermannsdorf in Niederösterreich, nieder.

Der Antrieb ihres Denkens, Dichtens und Handelns war der Wille zur weltverbessernden Tätigkeit. V. S. zeichnete sich vor anderen liberalen Reformerinnen auch dadurch aus, daß sie unverzüglich zu realisieren versuchte, was sie als richtig erkannt hatte. In einem ihrer Romane jener Jahre, in „High Life" (1886), rühmt sie die freie Entschlußkraft des Bürgers und den Respekt vor dem persönlichen Wert des Menschen, die sie für bezeichnende Merkmale demokratischer Staaten hielt. Ende der 80er Jahre während eines Winteraufenthaltes in Frankreich, vernahm sie in den Salondebatten über Krieg und Frieden aus dem Munde des französischen Philosophen und Schriftstellers Ernest Renan die eindeutige Verabscheuung jeden Völkergemetzels. Bald darauf erhielt sie dort auch Kunde von der Existenz einer organisierten Friedensbewegung, der „International Arbitration and Peace Association", die der britische Pazifist H. Pratt in London gegründet hatte. Mit der ihr eigenen Hellhörigkeit erfaßte v. S. das Zeitgemäße dieser Idee. Leidenschaftlich erfüllt von dem Friedensgedanken, schrieb sie dann den Roman „Die Waffen nieder!" (1889), der sie schlagartig berühmt machte. Mit diesem Werk, sie beschrieb die Schrecken der Schlachtfelder und den kriegerischen Wahnsinn, wurde v. S. zu einer bekannten Persönlichkeit und Leitfigur des Pazifismus. Der zweibändige Roman wurde in fast alle europäischen Sprachen übersetzt. Europa befand sich in einem Zustand, in dem der Kampf gegen Militarismus und Krieg zu einer Lebensfrage wurde. Darin lag die entscheidende Bedingung, unter der v. S. mit ihrem Ruf „Die Waffen nieder!" am Vorabend des heraufziehenden Weltkrieges Einfluß gewinnen konnte.

Am 3. September 1891 veröffentlichte sie in der Wiener „Neuen Freien Presse" einen großen Aufsatz über die Notwendigkeit, die Kriege abzuschaffen. Der Artikel klang in dem Aufruf zur Gründung einer österreichischen Friedensgesellschaft aus. Eine Flut von Zuschriften unterstützte das Vorhaben, und nach kurzer Zeit wurde die Österreichische Gesellschaft der Friedensfreunde (seit 1964 S.-Gesellschaft) gegründet, die nach wenigen Tagen bereits 2.000 Mitglieder zählte. V. S. wurde in den neunziger Jahren eine der exponiertesten Vertreterinnen der bürgerlichen Friedensbewegung. Sie nahm an den Friedenskongressen 1892 in Bern, 1894 in Antwerpen und 1897 in Hamburg teil. Gemeinsam mit ihrem Mann setzte sie sich für die Gründung einer deutschen Friedensgesellschaft ein. Diese erfolgte am 9. November 1892. So schien es, als seien mit der Schaffung solcher Bastionen in diesen beiden Staaten und mit der scheinbaren Interessiertheit des russischen Zaren an der Friedensfrage gute Voraussetzungen für einen erfolgreichen Verlauf der langerstrebten ersten Friedenskonferenz 1899 in Den Haag gegeben.

Im Mai wurde eine internationale Konferenz nach Den Haag einberufen, auf der die diplomatischen Vertreter von 26 Staaten über Maßnahmen zur dauerhaften Erhaltung des Friedens und zur Herabsetzung der Kriegsrüstungen beraten sollten. Die tatsächlichen Ergebnisse der Konferenz entsprachen nicht den Erwartungen. Zwar konnte eine Übereinkunft zur friedlichen Beilegung internationaler Streitigkeiten getroffen werden, aber diejenigen Vereinbarungen, auf die man vor allem gehofft hatte, kamen nicht zustande: Weder wurde ein ständiges Schiedsgericht eingesetzt noch das Schiedsgerichtsverfahren beschlossen, das für alle Staaten verbindlich sein sollte. Der Hauptprogrammpunkt, die Reduzierung der Kriegsrüstungen herbeizuführen, wurde in einer phrasenhaften Resolution begraben. V. S. war 1893 Präsidentin der Wiener Friedensgesellschaft und Vizepräsidentin des Internationalen Friedensbüros in Bern. Außerdem veröffentlichte sie weitere Romane mit pazifistischer und sozialkritischer Grundhaltung („Ein schlechter Mensch", 1885; „Hanna", 1894; „Martha's Kinder", 1903). Es gelang ihr auch, den schwedischen Chemiker und Industriellen Alfred Nobel für ihre Bestrebungen zu interessieren.

Im Dezember 1902 verstarb ihr Mann, und sie übersiedelte nach Wien. Sie beschäftigte sich weiterhin mit literarischen und publizistischen Arbeiten, besuchte Kongresse und unternahm Vortragsreisen. Im Sommer 1907 nahm sie an der zweiten Haager Friedenskonferenz teil. Wieder wurde mehr über die Regelung des Kriegsrechts verhandelt als über Abrüstung und Sicherung des Friedens. In den nächsten Jahren wurde v. S. gegenüber der scheinbar friedlichen Entwicklung immer skeptischer.

Etwa seit der Zeit der verstärkten deutschen Flottenrüstung (1906/08) und der bosnischen Annexionskrise (1908) klärte sie die Öffentlichkeit wiederholt über die Gefährlichkeit der am Waffengeschäft interessierten Rüstungsindustriellen und der von ihnen abhängigen chauvinistischen Presse auf. Seit dem Balkankonflikt des Jahres 1912 begann die geringe Wirksamkeit der pazifistischen Bewegung ihr Sorge zu bereiten. Neben den konventionellen Kriegen sah sie nun auch die Möglichkeit von Vernichtungskatastrophen.

V. S. starb nur wenige Wochen vor Ausbruch des Ersten Weltkrieges in Wien. Im Rausch des Nationalismus und im Lärm der Waffen gingen ihr Wort und die Nachwirkung ihrer Persönlichkeit verloren. Doch noch heute zählt ihr Name zu den glänzendsten, die die internationale Friedensbewegung aufzuweisen hat. Das Ziel, die europäische Feuersbrunst zu verhindern, hat sie nicht erreicht. Ihr Hauptanliegen, eine umfassende internationale Einrichtung für die Zusammenarbeit der Staaten bei der Sicherung des Weltfriedens zu schaffen, ist in der Organisation der Vereinten Nationen verwirklicht worden.

Trimble, David William – nordirischer Politiker
geb. 15.10.1944 in Bangor nordöstlich von Belfast
Nobelpreis 1998

T., Sohn eines Beamten, besuchte die Bangor Grammar School und studierte dann Rechtswissenschaften an der Queen's University in Belfast. Mit dem Bachelor of Laws schloß er 1968 sein Studium ab und wurde Dozent an der Queen's University. Ein Jahr später wurde T. als Rechtsanwalt zugelassen. Ab 1977 war er Senior lecturer an der Juristischen Fakultät der Universität.

T. erstritt sich mit seinem Einsatz für das Friedensabkommen unter den teilweise störrischen nordirischen Unionisten eine Führungsposition. Von 1975 bis 1976 gehörte er der Verfassunggebenden Versammlung an, die im Mai 1975 gewählt worden war, nachdem das Sunningdale Agreement zwischen Großbritannien, Irland und der nordirischen Exekutive gescheitert war und die Londoner Regierung – nach einem von den Protestanten inszenierten Generalstreik – Ulster wieder ihrer direkten Kontrolle unterstellt hatte. 1975 sprach sich T. für eine Koalition der militanten Vanguard Unionist Party (VUP) mit der gemäßigten Social Democratic and Labour Party (SDLP) aus, brachte sich damit aber selbst ins Abseits. Ende der 70er Jahre zerfiel die VUP, und T. wechselte zur protestantischen Ulster Unionist Party (UUP), der größten und politisch wichtigsten Partei Nordirlands. 1985 wurde er Mitglied der extremistischen Ulster Clubs, die erbittert jeglichen Einflußversuch Irlands in Ulster bekämpften. Im Mai 1990 gelang T. der Einzug in das britische Unterhaus. Als Mitglied der Orange Society, einer extremen protestantischen Gruppierung, festigte er in der Folgezeit seinen Ruf als Hardliner und unbeugsamer Vertreter der Radikalen in seiner Partei. Als es im Februar 1995, nach Einstellung der militärischen Operationen durch die katholische Irish Republican Army (IRA) und nach Aufhebung des Medienbannes gegen die Sinn Fein (irische republikanische Partei), zu einem britisch-irischen Rahmenabkommen kam, das einen neuen Weg aus dem blutigen Bürgerkrieg suchte, erwies sich T. als entschiedener Gegner des Abkommens.

Am 10. September 1995 wurde T. zum Nachfolger des nach 16 Jahren zurückgetretenen UUP-Führers J. Molyneaux gewählt. Er setzte sich gegen den Widerstand innerparteilicher Gegner mit seiner Erkenntnis durch, daß die überkommenen religiösen und sozialen Gegensätze in Nordirland nur durch Versöhnungsbereitschaft überwunden werden können. Noch 1995 hatte sich T. demonstrativ an die Spitze einer Gruppe von Anhängern des protestantischen Oranier-Ordens gestellt. Bereits ein Jahr später begann seine aktive Teilnahme am Friedensprozeß, bis er im September erstmals seinem politischen Erzfeind, Gerry Adams, die Hand reichte. In der Folge überraschte T. jedoch durch eine unerwartete pragmatische und zunehmend reformwillige Haltung. Erstmals deutlich wurde dies im März 1996, als die UUP-Spitze in Dublin mit dem irischen Premier Bruton zusammentraf. Das Treffen wurde als „historisch" gewertet, weil die Unionisten bis dahin Verhandlungen mit Dublin über die „inneren Angelegenheiten Ulsters" stets konsequent abgelehnt hatten. Im Juli 1997 kam es zu ersten Gesprächen zwischen dem neuen britischen Premier Tony Blair und führenden Vertretern der nordirischen Unionisten, darunter auch T., die dem Friedensprozeß weiteren Auftrieb gaben. Im April 1998 einigten sich die Regierungschefs von Großbritannien (T. Blair) und Irland (B. Ahern) sowie die Parteiführer T. und G. Adams (Sinn Fein) unter Vermittlung des früheren US-Senators G. Mitchell auf ein Friedensabkommen für Nordirland, das einen halbautonomen Status für die britische Provinz vorsah. Bei den Wahlen zur nordirischen Regionalversammlung im Juni 1998 wurde T.s Ulster Unionist Party mit 28 Sitzen stärkste Fraktion. Die SDLP unter Führung J. Humes erreichte 24 und Sinn Fein 18 Sitze. Mit insgesamt 28 Mandaten verfehlten die Gegner des Friedensabkommens die angestrebte Sperrminorität von 35 Sitzen.

Am 1. Juli 1998 wurde T. in der Regionalversammlung mit 61 gegen 27 Stimmen zum „Ersten Minister" gewählt. Frieden in Nordirland wird von den Menschen in der britischen Provinz Nordirland schon lange herbeigesehnt. Nach Jahrzehnten der Angst und blutiger Dramen mit mehr als 3.300 Todesopfern sind Iren und Briten diesem Ziel inzwischen näher gekommen denn je. Aber noch ist der lange Marsch zum nordirischen Frieden nicht zu Ende. Noch bilden Mißtrauen und Haß komplizierte Barrieren. In einer Welt voller Konflikte kann auch die Verleihung eines Friedensnobelpreises nicht unumstritten sein. Zwischen 139 Kandidaten mußte sich diesmal das Komitee in Oslo entscheiden. Daß am Ende die Wahl auf John Hume und T. fiel, ist sicher voll gerechtfertigt, wirft aber auch einige Fragen auf. Am komplizierten Gebilde eines Friedensprozesses sind nämlich zahlreiche Konstrukteure beteiligt. Wer zwei von ihnen auszeichnet, stößt unter Umständen andere vor den Kopf.

J. Hume und T. bekommen den Nobelpreis stellvertretend für jeden, der in Nordirland unermüdlich für ein Ende des Blutvergießens streitet. Die persönliche Integrität dieser beiden rechtfertigt allerdings den Vorzug vor allen anderen. Hinter Männern wie Hume und T. stehen die Regierungen in London und Dublin, aber sicher auch Sinn-Fein-Führer wie G. Adams und M. McGuinness, die eine radikale Untergrundarmee zur Niederlegung der Waffen zu bewegen suchen.

Tutu, Desmond Mpilo – südafrikanischer Erzbischof
geb. 7.10.1931 in Klerksdorp (Transvaal/Südafrika)
Nobelpreis 1984
T. gehört entsprechend der Herkunft seiner Eltern sowohl dem Stamm der Tswana als auch den Xhosa an. Sein Vater war Leiter der methodistischen Grundschule in Klerksdorp. Ursprünglich wollte T. Arzt werden, mußte aber aus finanziellen Gründen den Lehrerberuf wählen. Ab 1954 unterrichtete er einige Jahre an Oberschulen für Schwarze, wandte sich aber dann der Theologie zu. Von 1958 bis 1960 besuchte er ein anglikanisches theologisches Kolleg in Rosettenville und wurde 1961 zum Priester geweiht. 1962 begab er sich zu weiteren theologischen Studien nach England und legte 1966 am King's College der Londoner Universität die Magisterprüfung ab. Anschließend wirkte T. bis 1969 als Dozent an einem theologischen Seminar in Alice. 1970/71 war er Dozent an der Universität in Lesotho. Die nächsten Jahre verbrachte er dann wieder in England, als stellvertretender Direktor des Theologischen Ausbildungsfonds des Weltkirchenrates in Bromley (Kent).

1975 kehrte T. nach Südafrika zurück und wurde Superintendent von Johannesburg. Er nahm seinen Wohnsitz in der Schwarzen-Vorstadt Soweto und machte zunehmend Front gegen die Apartheidpolitik. Von 1976 bis 1978 amtierte er als anglikanischer Bischof von Lesotho und unterstützte in dieser Funktion verschiedentlich Aktionen der Antiapartheidbewegung. 1979 wurde T. Generalsekretär des Südafrikanischen Kirchenrates, zu dessen Bildung er maßgeblich beigetragen hatte. Der Südafrikanische Kirchenrat (SACC) ist eine Dachorganisation von 25 verschiedenen Glaubensgemeinschaften mit insgesamt etwa 15 Millionen Mitgliedern, unter ihnen auch zahlreiche weiße Christen. Der SACC lehnt die Apartheid konsequent ab, und er verurteilte die Zerstörung von Siedlungen der Afrikaner und deren Deportierung in die Elendsreservationen. Einige seiner führenden Vertreter wurden verhaftet, als sie zusammen mit Jugendlichen gegen die diskriminierenden Ausbildungsbedingungen protestierten. So auch der im Johannesburger Afrikanerghetto Soweto lebende Bischof T. Er gehörte auch zu den Geistlichen, die zum Boykott der von Pretoria inszenierten Wahlfarcen aufriefen. Was er überhaupt von den sogenannten Apartheidreformen hielt, faßte er in die Worte: „Wir, die schwarz sind, wollen kein neues Arrangement der alten Möbel – wir fordern fundamentale Veränderungen. Wir sind an den Konzessionskrumen, die vom Tische des Herren fallen, nicht mehr interessiert. Wir wollen dabeisein, wenn das Hauptgericht zusammengestellt wird."

Breite Zustimmung fand T. mit seinen Forderungen nach einer gemeinsamen Staatsbürgerschaft aller Rassen in Südafrika, nach Aufhebung der Ausweisgesetze, nach Beendigung der Zwangsumsiedlungen und nach Schaffung eines gemeinsamen Erziehungssystems für alle Südafrikaner. Wegen seiner klaren Haltung stand der schwarze Bischof seit langem unter Polizeiüberwachung. Telefonisch wurde ihm wie auch seiner Familie und den Kindern sogar mit der Ermordung gedroht. Südafrikas Regierung beschimpfte ihn, unter der weißen Bevölkerung „übertriebene Schuldkomplexe zu verbreiten und damit die Stabilität des Landes zu erschüttern und Gewalt zu schüren". Die Behörden in Pretoria entzogen ihm im März 1980 und im Mai 1981 vorübergehend den Paß, konnten damit aber nicht verhindern, daß T.s Wirken internationale Anerkennung fand. So wurde er 1981 als Ehrendoktor der Ruhruniversität Bochum und 1983 mit dem Onassis-Preis für Völkerverständigung ausgezeichnet. Im November 1984 wurde T. zum Bischof der anglikanischen Diözese Johannesburg gewählt und damit zum ersten schwarzen Bischof seiner Kirche im wichtigsten anglikanischen Kirchenbezirk Südafrikas.

Als sich 1985 die Lage in Südafrika weiter verschärfte, nutzte T. als Sprecher der Schwarzen im In- und Ausland jede Gelegenheit, die Apartheidspolitik anzuprangern, und er forderte die westlichen Industriestaaten wiederholt zum wirtschaftlichen Boykott Südafrikas auf. Die Regierung Botha bezichtigte ihn daraufhin des Landesverrats. Nach einer Eskalation von Gewalt forderte T. im Oktober 1985 die Regierung ultimativ auf, innerhalb von sechs Monaten die Rassentrennung aufzuheben. Im Januar 1986 wurde T. mit dem Martin-Luther-King-Preis geehrt. Seit April 1986 ist er Erzbischof von Kapstadt und damit Oberhaupt der etwa zwei Millionen südafrikanischen anglikanischen Christen. Er setzte seine ganze Kraft, sein Können und seine Ausstrahlung dafür ein, um der „Schande des 20. Jahrhunderts", wie die UNO die Apartheid charakterisierte, ein Ende zu bereiten.

UNICEF (United Nations International Children's Emergency Fund) – Weltkinderhilfswerk des Wirtschafts- und Sozialrates der Organisation der Vereinten Nationen mit Sitz in New York (USA)
Nobelpreis 1965
Zur Linderung des absehbaren Elends am Ende des Zweiten Weltkrieges war 1943 eine Hilfsorganisation gegründet worden, die sich unter der Abkürzung UNRRHA große Verdienste erwarb. Als aber der Eiserne Vorhang in Europa sich herabsenkte, verweigerten die Amerikaner die weitere Kooperation mit UNRRHA, weil die auch in Osteuropa weiter tätig bleiben wollte. Angesichts des elenden Schicksals der Millionen unterernährten und kranken Kinder im kriegszerstörten Europa wurde dann am 11. Dezember 1946 mit einer Resolution der UN-Vollversammlung UNICEF gegründet. Das UN-Kinderhilfswerk hat sich zum Ziel gesetzt, notleidenden

Kindern und ihren Müttern vor allem in Asien, Afrika und Lateinamerika eine bessere Zukunft zu ermöglichen – unabhängig von politischer, rassischer oder religiöser Zugehörigkeit.

1953 wurde der „United Nations International Children's Emergency Fund" (UNICEF) zum ständigen Nebenorgan der UNO. Aus der Nothilfe wuchs eine Entwicklungsorganisation, die heute in mehr als 140 Ländern als „Anwalt der Kinder" aktiv ist. Sie finanziert sich durch freiwillige Beiträge der Länder, Spenden und den Verkauf von Grußkarten. Im Mittelpunkt der Tätigkeit von UNICEF stehen Probleme der gesundheitlichen Betreuung von Mutter und Kind, insbesondere der durch Krankheiten (Malaria, Tuberkulose, Lepra, Trachoma) gefährdeten Kinder, der Familienplanung, der Entwicklung und Verteilung neuer proteinhaltiger Nahrung, des Bildungs- und Erziehungswesens. Die Schwerpunkte haben sich immer wieder geändert. In den 50er und 60er Jahren befreiten sich zahlreiche Länder aus den Zwängen des Kolonialismus und wurden souverän; oft mußte das mit noch größerer Armut bezahlt werden. UNICEF entwickelte immer umfangreichere Programme zur Überwindung der Not in der Welt. Aber die Strategie wuchs dann bald über das schlichte Verteilen von Grundnahrungsmitteln hinaus. Die Hilfe für die neuen Nationen erforderte umfangreiche Konzeptionen: Gesundheit für Kinder und ihre Mütter, Grundschulen, Wasserversorgung und Abwasserentsorgung, Slum-Bereinigung und Bevölkerungspolitik. Dazu kamen immer wieder Katastrophen und Kriege, unter denen die Kinder noch mehr als die Erwachsenen zu leiden hatten. In den 80er Jahren gab es schwere wirtschaftliche Rückschläge für viele Entwicklungsländer, vor allem in Afrika und Lateinamerika.

UNICEF war trotzdem erfolgreich. Die 1982 gestartete Initiative für das Überleben von Kindern, die zu Millionen an eigentlich nicht lebensbedrohenden Krankheiten wie Masern oder Durchfall litten, rettete ganze Generationen. Als in Äthiopien 1984 viele hunderttausend Kinder den Hungertod starben, öffnete die norwegische Schauspielerin Liv Ullmann der Welt die Augen. Waren Spendenaufrufe zuvor ohne Resonanz verklungen, so setzte mit Liv Ullmanns Mission endlich der bitter nötige Geldsegen für das nordafrikanische Land ein. Liv Ullmann ist „Goodwill Ambassador", das heißt soviel wie Botschafterin des Guten Willens. Außer Ullmann dienen dem UNICEF noch vier andere Botschafter als Sterntaler für notleidende Kinder: H. Belafonte (USA), T. Kuroyanagi (Japan) und die Engländer Sir P. Ustinov und Lord R. Attenborough. In Deutschland engagieren sich u. a. Sabine Christiansen, Nina Ruge und J. Fuchsberger. 1987 konnten laut UNICEF-Jahresbericht rund zwei Millionen Kinder durch gezielte Gesundheitsmaßnahmen vor dem Tod gerettet werden. Mit nationalen Impfprogrammen in 119 Entwicklungsländern wurden ca. 1,3 Millionen Kinder vor Infektionskrankheiten geschützt. Durch die Verteilung von Medikamenten konnten 600.000 Kinder vor Durchfallerkrankungen gerettet werden, an denen jährlich etwa drei Millionen Kleinkinder sterben. Nach Angaben der UNICEF könnte der Tod vieler Kinder in Entwicklungsländern an vermeidbaren Krankheiten und Unterernährung durch verstärkte internationale Zusammenarbeit verhindert werden. Berühmte Maler – wie Pablo Picasso – stellten ihre Werke kostenlos zur Verfügung, die UNICEF vervielfältigte und als Karten und Poster in über 100 Ländern verkaufte. UNICEF stellte für zehn Millionen Dollar Dichlordiphenyltrichloräthan (DDT) und die erforderlichen Spritzgeräte zur Verfügung, um in Mexiko die Malaria auszurotten. Die ägyptische Augenkrankheit wurde bekämpft, gegen Tuberkulose geimpft und bei über 40 Millionen Menschen in 35 Ländern die weitverbreitete Frambösie (Himbeerseuche, eine der schlimmsten Tropenkrankheiten) mit Erfolg behandelt.

In den Kindertagen von UNICEF erlebten 25 Millionen junger Erdenbürger ihren fünften Geburtstag nicht. Seitdem gelang es dem Kinderhilfswerk der UNO, die Kindersterblichkeit global auf die Hälfte zu reduzieren. Doch in den ärmsten Ländern der Welt sterben noch immer zwanzigmal mehr Kinder vor Erreichen des Schulalters als in den Industrienationen. Doch mit den jüngsten Erfolgen verspricht UNICEF gegen die Erreger Oberhand zu gewinnen. Die UN-Vollversammlung verabschiedete 1989 die „Konvention über die Rechte des Kindes". 1990 fand auch der „Weltkindergipfel" in New York statt, die bis dahin höchstrangig besetzte internationale Konferenz mit 71 Staats- oder Regierungschefs. UNICEF konnte ihn als neues Ruhmesblatt verbuchen.

UNO-Friedenstruppen (United Nations Peace-Keeping Forces)
Nobelpreis 1988
Die oft als „Blauhelme" oder „Friedenstruppen" bezeichneten Soldaten, die auf Ersuchen des Sicherheitsrates der Vereinten Nationen (UN) in Krisengebieten überall auf der Welt eingesetzt werden, erhielten den Friedensnobelpreis für die Verdienste, die sie sich in den vergangenen Jahrzehnten bei ihren friedenbewahrenden Einsätzen auf allen Kontinenten erworben hatten.

Gestützt auf die Atlantikcharta, schlossen sich am 1.1.1942 im „Washington-Pakt" 26 gegen die Achsenmächte kämpfende Staaten zu den United Nations zusammen. Auf der Konferenz von San Francisco (USA) vom April bis Juni 1945, an der alle Mächte teilnehmen durften, die vor dem 1.3.1945 Deutschland den Krieg erklärt hatten, verabschiedeten 51 Nationen am 26.6.1945 die Charta der Vereinten Nationen. Damit war ein Instrument der Friedenssicherung, zur Abwehr militärischer Aggressionen, zur friedlichen Konfliktlösung, Forcierung der Abrüstung sowie zur wirtschaftlichen und kulturellen Zusammenarbeit geschaffen worden. 1947 wurden von der UN Militäreinheiten oder zivile Kommissionen aufgestellt, die weltweit zu sogenannten friedenssichernden Operationen eingesetzt werden. Der Sicherheitsrat, das höchste ständige Gremium der UN, hat nach der Satzung der Völkergemeinschaft die Möglichkeit, eigenständig zu entscheiden, ob geeignete Gegenmaßnahmen getroffen werden, wenn nach seiner Meinung der Frieden bedroht oder gebrochen ist oder ein Mitgliedstaat angegriffen wird. Dazu sieht die UN-Charta eine internationale Streitmacht vor, die aber bisher noch nicht bereitgestellt wurde. Deshalb konnten die UN nur mit ihren Friedenstruppen eingreifen, die aus von den Mitgliedsländern freiwillig bereitgestellten Truppeneinheiten bestehen. Seit dem ersten Einsatz der „Blauhelme" ab 1948 in Palästina hat es unterschiedliche militärische Operationen im Auftrag der UN gegeben, wobei die Friedenstruppen bislang keinen Einsatz durchführten, bei dem sie ihre Ziele mit Waffengewalt durchsetzen sollten.

Einen äußerst schwierigen Einsatz hatten die UN-Friedenstruppen in der Zeit zwischen 1960 und 1964 im Kongo: Um einer Meuterei des Militärs und einer Abspaltung der Region Katanga unter M. Tshombe Herr zu werden, waren bis zu 20.000 Mann weitgehend aus den blockfreien Staaten Afrikas und Asiens im Einsatz, dabei wurden über 200 Blauhelme getötet. Weitere Einsätze gab es 1964 auf Zypern, wo eine UN-Streitmacht von über 2.000 Blauhelmen die Kontrolle der Demarkationslinie zwischen dem griechischen und türkischen Teil der Insel übernommen hat. Seit 1974 erfolgt die Kontrolle des Waffenstillstandes zwischen Israel und Syrien sowie das Auseinanderrücken ihrer Truppen auf den Golanhöhen, und seit 1978 sind über 5.000 Blauhelme zur Friedenssicherung im Libanon im Einsatz.

Der UNO-Sicherheitsrat beschloß im April 1991, Friedenstruppen an die irakisch-kuwaitische Grenze zu entsenden. Sie sollen die Waffenruhe überwachen, die zwischen dem Irak und der von den USA geführten multinationalen Streitmacht zur Befreiung Kuwaits vereinbart worden war. Im Mai 1991 wurden zur Sicherung des Waffenstillstands zwischen verschiedenen militärischen Kampftruppen UNO-Friedenstruppen in die Westsahara und nach Angola entsandt. Mit einem Kontingent von 22.000 Blauhelmen und Zivilisten sowie Kosten in Höhe von rund zwei Milliarden DM stellt der Einsatz in Kambodscha seit 1992 die bis dahin umfangreichste UNO-Mission dar. Die Friedenstruppen sollen die Gewährleistung der Menschenrechte, die Organisation freier Wahlen, die Überprüfung des Waffenstillstandes, des Truppenabzuges und die Rückkehr der Flüchtlinge überwachen. Im Mai 1994 beschloß der UNO-Sicherheitsrat die Entsendung von 5.000 UNO-Soldaten in das ostafrikanische Bürgerkriegsland Ruanda. Ihr Mandat ist auf humanitäre Aufgaben, insbesondere den Schutz von Flüchtlingen und Zivilisten, beschränkt.

Mitte 1994 wurden ca. 12.000 UNO-Soldaten in Bosnien-Herzegowina stationiert, sie gehörten zur 25.000 Mann starken Schutztruppe der UNO, die auch in Kroatien eingesetzt war. Die Blauhelme waren zur Überwachung der Entmilitarisierung Sarajevos, zur Errichtung von Schutzzonen für moslemische Zivilisten in von Serbien belagerten Städten und zum Schutz von humanitären Hilfstransporten eingesetzt. Seit Beginn der 90er Jahre sind auch deutsche Truppen bei UN-Aktionen eingesetzt, wie in Somalia und im ehemaligen Jugoslawien. Zum Schutz des mit dem Vertrag von Dayton eingeleiteten Friedensprozesses auf dem Balkan wurde 1996 erstmals eine Friedenstruppe mit Beteiligung der USA und Rußlands eingesetzt.

1997 nahmen rund 20.000 Mann der UNO-Friedenstruppen an 17 weltweiten Einsätzen teil; die Kosten beliefen sich auf etwa 1,3 Milliarden Dollar. 1998/99 standen knapp 15.000 Blauhelm-Soldaten inklusive Polizisten und Beobachtern im Dienst der Vereinten Nationen. Seit Gründung der UN fanden insgesamt 49 Friedensmissionen statt, 1999 wurden noch 15 UN-Aktionen durchgeführt. Die größte laufende Operation mit 4.500 UNO-Soldaten sollte Feindseligkeiten an der Grenze zwischen Libanon und Israel unterbinden. Seit 1948 kamen mehr als 1.500 Blauhelme bei Friedensmissionen und sonstigen Einsätzen ums Leben.

UNO-Hochkommissariat für Flüchtlinge (Office of the United Nations' High Commissioner Refugees – UNHCR)
Nobelpreis 1954 und 1981
Das 1950 gegründete Hochkommissariat der Vereinten Nationen (UN) für Flüchtlinge erhielt 1954 den Friedensnobelpreis für seine humanitäre Hilfe in den Ländern Europas nach dem Zweiten Weltkrieg und im Jahr 1981 für die Organisation und Koordination der Flüchtlingshilfe vor allem in den Ländern der sogenannten dritten Welt. Der Zweite Weltkrieg bewirkte, daß rund 20 Millionen Menschen aus ihren Heimatgebieten flüchteten oder aus ihnen vertrieben wurden. Nach dem Krieg waren erneut Millionen Menschen auf der Flucht, und die von Hunger, Krankheit und Hoffnungslosigkeit gekennzeichnete Lage war der Anlaß, daß 1947 die Vereinten Nationen die International Refugee Organization (IRO, Internationale Flüchtlingsorganisation) gründeten. Innerhalb von drei Jahren sollte die Organisation das Problem der Heimatlosen in Europa lösen. Durch die ständige Zunahme der Flüchtlinge auf der ganzen Welt wurde im Dezember 1950 die Gründung eines Hochkommissariats für Flüchtlinge unter der Obhut der UNO beschlossen, und bereits Anfang des Jahres 1951 konnte die Organisation ihre Arbeit aufnehmen.

Als erster Hochkommissar der Vereinten Nationen für Flüchtlinge wurde der niederländische Journalist und Politiker Gerrit Jan van Heuven-Goedhart berufen, der das Amt von 1951 bis zu seinem Tod am 8.7.1956 ausübte. Das UNO-Hochkommissariat für Flüchtlinge mit Sitz in Genf hatte von der Völkergemeinschaft den Auftrag erhalten, möglichst Dauerlösungen für die Flüchtlinge zu finden, vielseitige Nothilfe zu leisten und einen umfassenden internationalen Rechtschutz zu gewährleisten. In erster Linie sollte sich das Amt um Menschen kümmern, die aus begründeter Furcht vor Verfolgung zu Flüchtlingen geworden waren. Das Genfer Abkommen über die Rechtsstellung der Flüchtlinge von 1951 (Genfer Flüchtlings-Konvention), das Grundlage des internationalen Flüchtlingsrechts ist, benutzt einen engen Begriff des „politischen Flüchtlings": Als Flüchtling gilt demnach nur eine Person, die sich „aus wohlbegründeter Furcht vor Verfolgung aus Gründen der Rasse, der

Religion, der Nationalität, der Zugehörigkeit zu einer bestimmten gesellschaftlichen Gruppe oder der politischen Meinung außerhalb des Landes ihrer Nationalität befindet".

Das UNO-Hochkommissariat beschäftigt sich mit Flüchtlingsgruppen, koordiniert die Hilfsleistungen und versucht auf internationaler Ebene den Schutz der Flüchtlinge zu sichern. Das Hochkommissariat kann allerdings nur die Notlage der Flüchtlinge lindern, die Ursachenbekämpfung der politischen und wirtschaftlichen Zustände obliegt den Heimatländern. Aus Anlaß des dreißigjährigen Bestehens der UNHCR und der in dieser Zeit geleisteten Arbeit wurde die Organisation erneut 1981 mit dem Friedensnobelpreis geehrt. Das Nobelkomitee erwähnte bei der Auszeichnung besonders die Flüchtlingshilfe für die Menschen aus Vietnam, Afghanistan und Äthiopien. In den drei Jahrzehnten, in denen das UNHCR bis 1981 versucht hatte, die Flüchtlingsproblematik einigermaßen zu lösen, ist die Zahl der Flüchtlinge durch Bürgerkriege, Diktaturen, ausländische Invasionen und Katastrophen auf mehrere Millionen angestiegen. Zwischen 1979 und 1982 gab es etwa eine Million Vietnamflüchtlinge, seit Beginn des Afghanistankriegs sind Millionen Menschen in die Nachbarländer geflohen, und seit den 80er Jahren ist jeder zweite Flüchtling der Welt ein Afrikaner.

Im Jahr 1997 betreute das UNHCR über 22 Millionen Flüchtlinge. Zusätzlich zu den Menschen, die infolge von Krieg, politischer Verfolgung, Armut, Hunger und Umweltschäden ihre Heimat verließen, gab es etwa 25 Millionen Flüchtlinge, die in ihren Heimatländern auf der Flucht waren, sogenannte Binnenflüchtlinge. Das Kinderhilfswerk der UNO (UNICEF) bezifferte die Zahl der flüchtenden Kinder 1997 auf 20 Millionen. Sieben der zehn Hauptherkunftsländer von Flüchtlingen lagen 1997 in Afrika. Dort verzeichnete das UNHCR über vier Millionen Flüchtlinge, zwei Millionen Rückkehrer und 16 Millionen Binnenflüchtlinge. Bewaffnete Konflikte u. a. in Burundi, Ruanda, Somalia und im Sudan lösten Fluchtwellen in die Nachbarstaaten aus. Neben Soforthilfeprogrammen bei Massenfluchten (Grundversorgung mit Nahrungsmitteln, Trinkwasser, Unterkünften, Kleidung und Medikamenten) und der längerfristigen Versorgung für Flüchtlinge in Wartesituationen strebt UNHCR vor allem dauerhafte Lösungen für Flüchtlinge an. Hierbei gibt es drei Alternativen: freiwillige Rückkehr in das Heimatland, Eingliederung in das Erstasylland oder Umsiedlung in ein Drittland, wenn Flüchtlinge auf Dauer nicht im Erstasylland bleiben können.

Das UNO-Hochkommissariat für Flüchtlinge hat in 120 Ländern seine Aufgaben an über 200 Wohlfahrtsverbände oder private Hilfsorganisationen delegiert. In Deutschland sind das der Caritasverband, das Diakonische Werk, das Rote Kreuz und die Arbeiterwohlfahrt. Der Hohe Kommissar des UNHCR wird von der Generalversammlung der UN gewählt und ist an deren Weisungen sowie an die des Wirtschafts- und Sozialrates gebunden. Hohe Flüchtlingskommissarin ist seit 1991 die Japanerin Sadako Ogata. Finanziert wird das UNHCR überwiegend durch freiwillige Beiträge.

Wałesa, Leszek – polnischer Gewerkschaftsführer und Staatspräsident
geb. 29.9.1943 in Popowo bei Lipno (Nordpolen)
Nobelpreis 1983

W., Sohn eines Kleinbauern, besuchte die Grundschule und wurde dann zum Elektromonteur ausgebildet. Nach dem Militärdienst arbeitete er ab 1967 als Elektromonteur in der Danziger Leninwerft. Als gewählter Betriebsrat und Gewerkschaftsmitglied engagierte er sich frühzeitig für die Rechte und Interessen seiner Kollegen und spielte schon bei den blutigen Streikunruhen des Jahres 1970 eine wichtige Rolle. Nach einer weiteren Streikaktion wurde W. 1976 fristlos entlassen, und er arbeitete danach in Reparaturbetrieben. Sein aktives Engagement für gewerkschaftliche Rechte brachte ihn in Kontakt zu dem 1976 von Warschauer Intellektuellen gegründeten „Komitee zur Verteidigung der Arbeiter" (KOR). 1978 beteiligte sich W. an der Gründung einer „freien Gewerkschaft des Küstengebietes".

Im Juli 1980 kam es in Lublin wegen Preissteigerungen zum Streik, der einen Monat später auf die Leninwerft in Danzig und die gesamte Ostseeküste übergriff. Als Vorsitzender des Streikkomitees der Leninwerft trat W. wenig später auch an die Spitze eines überbetrieblichen Streikkomitees, das erstmals einen umfangreichen politischen Forderungskatalog vorlegte. Kernpunkte waren die Schaffung unabhängiger Gewerkschaften und die Einführung des Streikrechts. Nach zähen Verhandlungen unterzeichnete W. am 31.8.1980 ein Abkommen, in dem die Regierung die Gründung unabhängiger Gewerkschaften, eine Garantie des Streikrechts, soziale Verbesserungen und die Freilassung politischer Häftlinge zugestehen mußte.

Am 18.9.1980 wählten die Vertreter von über 300 Streikkomitees eine Dachkommission der neuen Gewerkschaftsorganisation „Solidarität" und W. zu ihrem Vorsitzenden. Da die wirtschaftliche Lage Polens sich ständig verschlechterte, kam es in den folgenden Monaten zu einem dramatischen Autoritätsverlust von Partei und Regierung. Nach Verhängung des Kriegsrechts am 13.12.1981 wurde W. als Führer der am 8.10. durch Gesetz verbotenen „Solidarität" inhaftiert und erst im November 1982 wieder freigelassen. Ende Januar 1983 konnte er an seinen Arbeitsplatz in der Leninwerft zurückkehren. Im März 1983 rief W. in einem Interview dazu auf, mit friedlichen Aktionen nach dem Vorbild Gandhis die polnische Regierung zu Reformen zu zwingen.

Im Oktober 1983 wurde W. als „Exponent der aktiven Sehnsucht nach Frieden und Freiheit" mit dem Friedensnobelpreis ausgezeichnet, was seine Position erheblich stärkte. Die Nobelmedaille stellte der strenggläubige W. dem Schatz des Klosters von Tschenstochau, den Geldbetrag dem Agrarfonds zur Förderung der privaten Landwirtschaft zur Verfügung. Den erklärten Bemühungen der Regierung, zu einem Interessenausgleich zu gelangen, stand W. in der Folge nicht ablehnend gegenüber, und er warnte seine Anhänger immer wieder vor Gewaltanwendung. Im August 1988 deutete sich endlich ein Erfolg von W.s zäh verfolgtem Verhandlungs- und Reformkurs an, als Innenminister Kiszczak Gespräche zwischen Regierung und Opposition anbot. Im April 1989 handelte W. mit dem Innenminister am „Runden Tisch" einen „Neuen Gesellschaftsvertrag" aus, der unter anderem die „Solidarität" als Oppositionspartei zuließ.

Bei den ersten teilweise freien Parlamentswahlen in Polen seit der kommunistischen Machtübernahme (1947) erreichte die unabhängige Gewerkschaft „Solidarität" im Senat 99 von 100 Sitzen. Als dann die früheren Satelliten der PVAP die Fronten wechselten, kam es am 12.9.1989 zur Bildung der ersten von einem Nichtkommunisten geführten Regierung in Polen. Bereits ab April 1990 ließ W. seinen Anspruch auf das Amt des Staatspräsidenten erkennen und begann den Kurs der Regierung Mazowiecki zu attackieren. Nachdem Präsident Jaruzelski einer vorzeitigen Beendigung seiner Amtszeit zugestimmt hatte, wurden W. und Ministerpräsident Mazowiecki zu Konkurrenten um das Amt des Staatspräsidenten. Erst im zweiten Wahlgang am 9.12. siegte er mit 74,25 % der Stimmen.

Am 22.12.1990 trat W. sein Amt als Staatspräsident an. Den Gewerkschaftsvorsitz hat er aufgegeben. Als Würdigung für seine enge Bindung an die schwarze Madonna von Tschenstochau wurde W. als „Ehrenmönch" in den Paulinerorden des Klosters Jasna Gora aufgenommen.

Wiesel, Elie (eigentlich Elisaha) – amerikanischer Schriftsteller jüdischer Herkunft
geb. 30.9.1928 in Sighet (Siebenbürgen, Rumänien)
Nobelpreis 1986

W., Sohn eines jüdischen Kaufmanns, wuchs im orthodox-jüdischen Milieu auf und besuchte die Schule im damaligen ungarischen, heute rumänischen Sighet an der Theiss. Zur Nazizeit fiel Sighet an Ungarn und wurde später von deutschen Truppen besetzt. 1944 wurden W. und seine gesamte Familie von den Nazis zuerst in das Konzentrationslager Auschwitz und später nach Buchenwald deportiert. Seine Eltern und seine jüngere Schwester wurden dort ermordet. Als Überlebender des Holocaust wurde er von den Amerikanern am 11.4.1945 aus dem Konzentrationslager Buchenwald befreit.

Nach 1945 lebte W. zunächst in Frankreich, zuerst in Straßburg, wo er Französisch lernte und zu schreiben begann, danach ging er nach Paris. Von 1947 bis 1951 studierte er an der Sorbonne. 1948 ging W. kurzzeitig nach Israel, um für die französische Zeitung „L'Arche" über die Staatsgründung zu berichten. 1952 wurde er Pariser Korrespondent der in Tel Aviv erscheinenden Zeitung „Yediot Ahronoth", für die er dann ab 1956 in New York bei den Vereinten Nationen tätig war. 1963 übersiedelte W. in die Vereinigten Staaten und nahm die amerikanische Staatsbürgerschaft an. Nach mehreren Studien an verschiedenen Universitäten erhielt er 1972 eine Berufung als Professor an das City College in New York, wo er Literatur, Philosophie und Judaismus lehrte. Seit 1978 ist W. Professor für Jüdische Studien an der Universität Boston, und seit 1979 ist er Vorsitzender des vom amerikanischen Präsidenten Reagan ins Leben gerufenen „Holocaust Memorial Council".

W. zählt zu den bedeutendsten zeitgenössischen jüdischen Schriftstellern. Ohne den Zuspruch des französischen Schriftstellers F. Mauriac (Literatur-Nobelpreis 1952) hätte er möglicherweise keine literarische Karriere begonnen. Seitdem versucht W. in zahlreichen Romanen, Erzählungen, Essays und Betrachtungen immer wieder von neuem, mit seinen Erinnerungen an das Schicksal der Juden unter Hitler gegen Gleichgültigkeit und Vergessen anzukämpfen. In seinem ersten Buch „Nacht", erster Band der Trilogie „Die Nacht zu begraben, Elischa", schildert W. sein Martyrium in den Vernichtungslagern. Zunächst umfaßte das in jiddischer Sprache geschriebene Manuskript 800 Seiten, doch kein Verleger wollte es haben. Nachdem W. es auf 127 Seiten gekürzt hatte, erschien es 1958 mit einem Vorwort von F. Mauriac und ist heute fast millionenfach verbreitet. In dem zweiten Band der Trilogie, „Morgendämmerung" (1960), ist aus dem nunmehr 18jährigen Elischa ein Terrorist in Palästina geworden, der durch einen Geiselmord schuldig wird. Im dritten Band „Tag" (1961) bemüht sich Elischa, Anschluß an das Leben zu gewinnen. Das gelingt nur mühsam, obgleich ihm Liebe und Freundschaft zuteil werden.

In dem Roman „Gezeiten des Schweigens" (1962) beschreibt W. die heimliche Rückkehr eines jüdischen Emigranten namens Michael in seine ungarische Heimat nach dem Krieg. Von Menschen, die im Konzentrationslager umkamen, und von Menschen, die überlebten, handeln die autobiographischen Skizzen in „Der Gesang der Toten" (1967). In einigen Beiträgen rechnet W. mit politischen Führern von damals und heute ab und weist an der Entwicklung der Judenverfolgung im Dritten Reich folgerichtig nach, daß durch öffentlichen Protest Schlimmeres hätte verhütet werden können. In „Der Bettler von Jerusalem" (1968) – der Roman spielt während des Sechs-Tage-Krieges 1967 in Israel – berichtet W. von einem orthodox erzogenen Juden, dem es schwerfällt, in israelischer Uniform die Gesetzesüberlieferungen des Talmud mit dem täglichen Leben in Einklang zu bringen. Um jüdisches Schicksal unter Stalin geht es in dem Theaterstück „Zalmen" (1968), ebenso in „Das Testament eines ermordeten jüdischen Dichters" (1980). Um Pogrome, die die jüdische Geschichte seit dem Aufkommen des Christentums begleitet und verdunkelt haben, geht es sowohl im Roman „Der Schwur von Kolvillag" (1973) als auch im Drama „Der Prozeß von Schamgorod" (1979).

Immer wieder greift W. auf die Bibel, den Talmud und die chassidische Literatur zurück, wenn er sich in Form von Legenden und Geschichten mit der Tradition und dem Leidensweg des jüdischen Volkes auseinandersetzt und dabei existentielle Fragen aufwirft: nach dem Sinn des Lebens, der Geschichte und nach der Möglichkeit des Glaubens. In seinen Erzählungen nimmt auch das durch den Holocaust vernichtete osteuropäische Judentum breiten Raum ein, so in den Bänden „Chassidische Feier“ (1972) und „Was die Tore des Himmels öffnet“ (1978). Während W. in „Adam oder das Geheimnis des Anfangs“ (1975) Adam, Kain und Abel, Issak, Jakob, Josef, Moses und Hiob als brüderliche Urgestalten der Juden deutet, erzählt er in „Geschichten gegen die Melancholie“ (1984) vom Leben berühmter und weniger berühmter Rabbis. In seinem 1987 erschienenen Band „Jude heute“ untersucht W. unter anderem die heutigen Schwierigkeiten jüdischer Identitätsfindung inmitten einer Gesellschaft, die zum Vergessen neigt. Daneben widmet sich W. aktuellen Problemen, zum Beispiel der Terroristen- und der Palästinenserfrage, und er richtete seinen Blick auf die unwürdigen Zustände der hungernden Menschen in Äthiopien, Ruanda, Sudan und anderen afrikanischen Ländern, auf die Flüchtlingslager in Kambodscha und auf das Los der Juden in der Sowjetunion, so in der Studie „Die Juden in der UdSSR“ aus dem Jahre 1966.

Anläßlich der Verleihung der Goldmedaille des amerikanischen Kongresses an ihn im April 1985 machte er US-Präsident Reagan vor dessen Besuch auf dem Bitburger Soldatenfriedhof, auf dem auch Angehörige der SS begraben wurden, darauf aufmerksam, daß sein Platz an der Seite der Opfer sein müßte.

Für sein Engagement gegen Rassismus und Unterdrückung auf der ganzen Welt wurde W. der Friedensnobelpreis verliehen.

Weitere Werke: „Die Pforten des Waldes“ (1964); „Zwischen zwei Sonnen“ (1970); „Chassidische Feier“ (1972); „Seelen in Brand“ (1972); „Der Eid“ (1976); „Die Prüfung von Gott“ (1979); „Das Testament eines ermordeten jüdischen Dichters“ (1980); „Von Gott gepackt. Prophetische Gestalten“ (1982); „Das Geheimnis des Golem“ (1983); „Der fünfte Sohn“ (1983); „Macht Gebete aus meinen Geschichten“ (1985); „Hiob oder Gott im Ungewitter“ (1986); „Ein Lied für die Hoffnung“ (1987) und „Abenddämmerung in der Ferne“ (1987).

Williams, Betty – nordirische Friedenskämpferin
geb. 22.5.1943 in Belfast
Nobelpreis 1976

„Betty W. und Mairead Corrigan handelten“, wie es in der Begründung des norwegischen Nobelpreis-Komitees heißt, „aus der tiefen Überzeugung heraus, daß der einzelne Mensch durch ein konstruktives Versöhnungswerk einen bedeutenden Beitrag für den Frieden leisten kann.“

W., Tochter einer katholischen Mutter, in diesem Glauben wurde sie erzogen, und eines protestantischen Vaters, wuchs in dem durch die jahrhundertealten Spannungen zwischen der protestantischen Mehrheit und der katholischen Minderheit geprägten Klima Nordirlands auf. Seitdem Irland 1921 die Unabhängigkeit erlangte, Nordirland jedoch bei Großbritannien verblieb, ist die Wiedervereinigung beider Landesteile Bestandteil der irischen Verfassung. Seit Beginn des Bürgerkriegs 1969, als britische Truppen stationiert wurden, hatte der Nordirland-Konflikt bis 1994 über 3.000 Menschenleben gefordert. Unter den Todesopfern, die die wechselseitigen Terroraktionen forderten, befanden sich auch zwei entfernte Verwandte von W.: Der eine wurde von einem protestantischen Mordkommando erschossen, der andere fiel einer Bombe katholischer Terroristen zum Opfer. W., bis dahin eine völlig unbekannte Hausfrau im katholischen Stadtteil Andersonstown in Belfast, verheiratet mit einem protestantischen Schiffsingenieur und Mutter von zwei Kindern, griff im August 1976 in die Auseinandersetzungen ein. Schockiert vom Tod dreier Kinder, die vor ihren Augen von einem Terroristenauto überfahren wurden, sammelte sie spontan Unterschriften für eine Friedensaktion und organisierte einen Friedensmarsch mit über 10.000 Menschen, vor allem katholischen und protestantischen Frauen aus Nordirland, um die Gewalt auf friedliche Weise zu beenden. Diese Aktion erregte großes Aufsehen in dem von Terror und Haß geprägten Land.

Zusammen mit Mairead Corrigan, einer Tante der getöteten Kinder, gründete sie die Bewegung „Women for Peace“, die sich später „Community of the People“ nannte und gegen Gewalt bzw. ihre Verherrlichung und für eine Veränderung der Gesellschaft demonstrierte. Schon nach wenigen Wochen wurden von dieser Bewegung in den Straßen von Nordirland mehrere Friedensdemonstrationen organisiert. Den Höhepunkt bildete eine Großkundgebung mit der amerikanischen Protestsängerin Joan Baez auf dem Londoner Trafalgar Square im Oktober 1976. Aus aller Welt erhielten die Frauen Sympathiebeweise und beträchtliche Geldmittel. W. und Corrigan reisten durch Europa, Australien und die USA, wo sie mit ihren engagierten Auftritten innerhalb eines Jahres die erstaunliche Geldmenge von 293.000 englischen Pfund zusammenbrachten. Daraus wurde ein Hauptquartier, die Verbandszeitschrift „Peace by Peace“ und mehrere Gemeindeprojekte finanziert.

Eine weltweite Ehrung bedeutete die Verleihung des mit 325.000 DM dotierten Friedensnobelpreises an W. und Corrigan im Oktober 1977, nachträglich für das Jahr 1976, da der Preis in dem Jahr nicht verliehen wurde. In der Folgezeit verlor die Friedensbewegung an Attraktion. Die beiden Frauen wurden in der Öffentlichkeit kritisiert, ihre erfolgreichen Werbereisen im Ausland wurden als „Globetrotterei“ herabgewürdigt, und es gab internen Streit um die Verwendung der Gelder. Angeregt von Kritik wegen angeblicher Konzeptionslosigkeit, wurden beträchtliche Mittel auch Projekten der Dritten Welt zur Verfügung gestellt. Als sich W. und Corrigan auch noch weigerten, die Nobelpreisgelder in die Stiftung einzubringen, und je 30.000 Pfund für sich behalten wollten, kam es zu heftigen Auseinandersetzungen in der Führungsspitze der Organisation. W. befand sich in dieser Zeit in einer schwierigen persönlichen Situation, da sie durch das Scheitern ihrer Ehe zu einem völligen Neuanfang gezwungen war. Die ständige Kritik an der Organisation führte dazu, daß beide Frauen sich im Oktober 1978 nicht mehr zur Wiederwahl in den Exekutivausschuß des „Commitee of Peace People" aufstellen ließen. Obwohl die Welle der Gewaltakte geringer wurde, verließ W. im Frühjahr 1980 die Organisation. Im Oktober 1982 siedelte sie mit ihrer Tochter in die USA um und heiratete 1983 den amerikanischen Geschäftsmann J. Perkins.

Nach Meinung von W. haben ihre Friedensaktionen in Nordirland ein Klima und die Voraussetzung geschaffen, daß künftig ein Frieden denkbar sei.

Williams, Jody – amerikanische Bürgerrechtsaktivistin
geb. 9.10.1950 in Brattleboro (Vermont)
Nobelpreis 1997
Zu gleichen Teilen wurde der Friedensnobelpreis 1997 an die Internationale Kampagne zum Verbot von Landminen (ICBL) sowie an deren Sprecherin W. verliehen. Der seit 1992 bestehende Dachverband setzt sich nachhaltig für die Ächtung von Landminen ein und kümmert sich um die Betreuung der Opfer.

W. studierte an der Johns Hopkins School of Advanced International Studies, an der sie 1981 ihren Abschluß in Internationaler Politik erwarb. Nach dem Studium arbeitete sie als Koordinatorin beim „Nicaragua-Honduras-Aufklärungsprojekt", das amerikanische Entscheidungsträger über die Folgen des Bürgerkriegs in Zentralamerika aufklärte. Dann war sie als stellvertretende Direktorin einer medizinischen Hilfsorganisation für El Salvador tätig. Während dieser Zeit lernte W. Mitarbeiter der Vietnam Veterans of America Foundation kennen, die neben der Finanzierung von Bildungsprogrammen orthopädische und prothetische Spezialkliniken für Opfer von Antipersonenminen betrieben. Seit 1991 arbeitet sie für diese Stiftung, für die sie ein Programm zur Bekämpfung von Landminen aufbaute. Für die Finanzierung des Antilandminenprojekts gelang es W., andere Stiftungen davon zu überzeugen, daß langfristig Millionen von Dollar für medizinische Maßnahmen für Minenopfer eingespart werden könnten, wenn ein internationales Verbot von Landminen durch führende Politiker unterstützt würde. 1992 entstand die „Internationale Kampagne zum Verbot von Landminen" (ICBL), und als Koordinatorin wurde W. eingesetzt. Als Dachverband für alle Initiativen, die sich für die Ächtung von Landminen, Minenräumaktionen und für die Betreuung von Minenopfern einsetzen, umfaßte die ICBL nach fünf Jahren bereits über 1.000 Organisationen und Gruppen aus über 60 Ländern.

Ihren internationalen Ruf als engagierte Kämpferin gegen den Mineneinsatz erwarb sich W. als Koautorin des Buches „After the Guns Fall Silent. The Enduring Legacy of Landmines" (1995). Einen wichtigen Impuls erhielt die Kampagne im Oktober 1996, als der kanadische Außenminister Lloyd Axworthy vorschlug, daß die Länder, die ein Verbot von Landminen umsetzen wollen, einen entsprechenden Vertrag ausarbeiten und bis zum Ende des Jahres 1997 unterzeichnen. Im September 1997 fanden die konkreten Vertragsverhandlungen in Oslo statt, bei denen W. als „unermüdliche Antreiberin im Hintergrund" fungierte. Die Konvention umfaßt das Verbot des Einsatzes, der Lagerung, der Herstellung und der Weitergabe von Personenminen. Nach UNO-Angaben aus dem Jahr 1997 werden jährlich etwa 25.000 Menschen durch Landminen getötet oder verletzt. Weltweit sind über 115 Millionen Landminen in 64 Ländern verlegt. Jährlich werden zwei Millionen Minen neu in den Boden gebracht und nur 100.000 Minen geräumt. Obwohl Landminen angeblich zum Selbstschutz von den Militärs benutzt werden, sind es nicht Armeeangehörige, sondern zu 90 Prozent Zivilisten und zu 30 Prozent Kinder, die durch die Sprengkörper getötet oder schwer verletzt werden. Auch lange nach dem Kriegsende stellen diese Minen eine tödliche Gefahr dar.

Der Vorsitzende des norwegischen Nobelkomitees, Francis Sejersted, sagte in seiner Laudatio, die Kampagne gegen Landminen habe mit ihrem Einsatz entscheidend zu dem am 3. Dezember in Ottawa von 122 Staaten unterzeichneten Verbot von Landminen beigetragen. Die Teilung der Auszeichnung zwischen der Organisation und ihrer Sprecherin W. begründete er damit, daß sie „als Person die treibende Kraft" gewesen sei. Viele Befürworter eines weltweiten Minenverbots zeigten sich optimistisch, daß dieser Prozeß auch auf die noch abseits stehenden Länder übergreifen werde.

Wilson, Thomas Woodrow – amerikanischer Historiker, Staatswissenschaftler und 28. Präsident der Vereinigten Staaten
geb. 28.12.1856 in Staunton (Virginia)
gest. 3.2.1924 in Washington
Nobelpreis 1919
W., Sohn eines Pfarrers, wuchs in den Südstaaten auf und studierte Jura von 1875 bis 1879 an der Princeton-Universität und von 1879 bis 1881 an der Universität von Virginia. 1882 wurde er in Atlanta als Anwalt zugelassen, fand diesen Beruf aber wenig befriedigend. So begann er dann 1883 an der Johns-Hopkins-Universität in Baltimore seine staatswissenschaftlichen und historischen Studien fortzusetzen. 1886 legte er dort im Fach Politische Wissenschaft sein Doktorexamen ab. Bereits 1885 begann W. eine Lehrtätigkeit in verschiedenen sozialwissenschaftlichen Disziplinen. 1890 folgte die Berufung zum Professor der Rechts- und Staatswissenschaften an die Princeton-Universität. Aufgrund seines wissenschaftlichen Ansehens wurde W. 1902 zum Präsidenten dieser Universität gewählt. Durch tiefgreifende Reformen machte er Princeton zu einer amerikanischen Musteruniversität.

1910 bewarb er sich als Kandidat der Demokraten um die Wahl zum Gouverneur von New Jersey, wurde mit sicherer Mehrheit gewählt und erklärte nun als erstes seine Unabhängigkeit von den Parteibossen. Sein politisches Vorbild war damals der britische liberale Staatsmann Gladstone. Liberale Grundsätze, christliche Moral und Reformbereitschaft verbanden sich bei ihm seitdem zu einer charakteristischen Einheit. Als Gouverneur des industriell wichtigen Bundesstaats New Jersey führte W. in den Jahren 1911 und 1912 ein soziales und politisches Reformprogramm durch. Nach dieser glänzenden Bewährung auf Staatsebene wurde W. 1912 als Demokratischer Präsidentschaftskandidat aufgestellt und gewann die Wahl überlegen gegen die Republikaner. Er stellte sich mit seinem ganzen Einfluß hinter die von ihm gewünschten Maßnahmen, notfalls auch mit direkten Appellen an die öffentliche Meinung. Die Reformgesetzgebung der Jahre 1913 bis 1916, die W. unter dem Motto „Neue Freiheit" eingeführt hatte, brachte den ersten entscheidenden Einbruch auf nationaler Ebene in die unerhörte Machtstellung des Großkapitals. Zu den wichtigsten Maßnahmen gehörten die Herabsetzung der hohen Einfuhrzölle zugunsten der Verbraucher, die Einführung einer abgestuften Einkommenssteuer, die Etablierung des staatlich kontrollierten Federal-Reserve-Bank-Systems und ein wirksames Anti-Trust-Gesetz, das die Legalität von Gewerkschaften und ihr Recht auf Streiks anerkannte. Die Sozialgesetzgebung gipfelte in dem Verbot der Kinderarbeit.

Von besonderer Tragweite war jedoch W.s Außenpolitik. Zum Schutz amerikanischer Finanzinteressen und aus Befürchtung einer europäischen Intervention unternahm der Präsident Schritte, die aus den von ständigen Revolten zerrissenen karibischen Kleinstaaten Nicaragua, San Domingo und Haiti praktisch amerikanische Protektorate machten. Im Frühjahr 1916 kam es dann auch zu einer Intervention gegen Mexiko. Seine Bemühung um einen panamerikanischen Bund auf der Grundlage völliger Gleichberechtigung und der Wahrung bestehender Grenzen scheiterte am Widerstand Chiles, das seine Gebietsforderungen an Peru nicht aufgeben wollte, und an dem durch die bisherige amerikanische Politik in Lateinamerika ausgelösten Mißtrauen. Nach Ausbruch des Ersten Weltkrieges proklamierte W. am 4.8.1914 die Neutralität der USA, doch es änderten sich die innenpolitischen Verhältnisse und Prioritäten. Vordringlich wurden nun zunehmend Maßnahmen zur rüstungspolitischen Vorbereitung auf eine eventuelle Kriegsteilnahme. Er selbst blieb zunächst noch auf Distanz zur Forderung nach nationaler Aufrüstung, aber seit der Verschärfung des deutschen U-Boot-Krieges im Februar 1915 wurde auch der Präsident ein Befürworter verstärkter Rüstung. Im Vorfeld der Präsidentschaftswahlen von 1916 vermochten die Reformer um W. noch einige beachtliche sozialpolitische Reformen zu erzwingen. Die Wahlen von 1916 endeten im November mit dem knappen Sieg des Präsidenten über den republikanischen Kandidaten Hughes.

Die zweite Amtszeit W.s stand dann hauptsächlich unter dem Einfluß des Kriegseintritts der USA. Im Dezember 1916 schlug er den in Europa streitenden Völkern einen Friedensschluß vor, als aber von deutscher Seite der uneingeschränkte U-Boot-Krieg erklärt wurde, führte W. im April 1917 die USA an der Seite der Entente in den Krieg gegen Deutschland. Die Entscheidung zugunsten der Kriegserklärung wurde schließlich ausschlaggebend gefördert durch die Hoffnung, dieser Kampf würde „die Welt sicher für die Demokratie" machen und durch entscheidende amerikanische Einflußnahme künftige Kriege verhindern – Ziele, die W. im Januar 1918 durch seine „Vierzehn Punkte" vor aller Welt zum Programm erhob. Demokratie, internationales Recht, Freiheit der Meere, Selbstbestimmung der Völker, Abrüstung und ein den Frieden sichernder Bund der Nationen sollten das Bild der Nachkriegszeit bestimmen. W., der nach seiner Ankunft in Europa im Dezember 1918 in Frankreich, Großbritannien und Italien enthusiastisch als „Friedensstifter" begrüßt wurde, gelang die Aufnahme der Völkerbundsatzungen in den Versailler Friedensvertrag. Die nationalistischen kurzsichtigen Interessen der europäischen Siegermächte setzten sich jedoch in Versailles weitgehend durch, wenn auch nicht übersehen werden darf, daß Deutschland in wichtigen Punkten eine Milderung der zunächst vorgesehenen noch härteren Bedingungen dem amerikanischen Präsidenten verdankte. W. setzte alle Hoffnungen darauf, daß der von ihm als Kernstück des Friedenswerkes propagierte Völkerbund unter amerikanischer Führung die notwendigen Änderungen bewirken würde. Die Enttäuschung über die sehr lückenhafte Verwirklichung der amerikanischen Ziele, dazu ein Wiederaufleben der Monroe-Doktrin und der Furcht, durch den zur Friedenswahrung verpflichtenden Artikel 10 der Völkerbundssatzung in europäische Konflikte hineingezogen zu werden, führten dazu, daß der Senat diesen Vertrag nicht ratifizierte, so daß die USA weder das Versailler Friedensabkommen unterzeichneten noch dem Völkerbund beitraten. Seine Politik der Stabilisierung und Neuordnung der Staatenwelt mußte eine Niederlage hinnehmen.

Sein Idealismus und sein Einsatz für die heute in neuer Form wirksamen Vereinten Nationen auch auf Kosten seiner Popularität und vor allem seine bedeutenden Leistungen auf innenpolitischem Gebiet sichern W. dennoch einen Platz unter den größten amerikanischen Präsidenten.

WIRTSCHAFTSWISSENSCHAFTEN

Allais, Maurice – französischer Wirtschaftstheoretiker
geb. 31.5.1911 in Paris
Nobelpreis 1988, für seine bahnbrechenden Leistungen auf dem Gebiet der Theorie des Marktes und effektiver Ressourcenausnutzung.
Seine Eltern besaßen ein kleines Käsegeschäft, und als der Vater 1915 in deutscher Gefangenschaft starb, kam es oftmals zu familiären Schwierigkeiten. Dennoch konnte A. die höhere Schule absolvieren, und er erhielt 1928 in Latein und Naturwissenschaften sein Baccalauréat sowie 1929 in Mathematik und Philosophie. Ab 1931 besuchte er die École Polytechnique, 1933 schloß er als Bester seiner Klasse ab und trat in die staatliche Verwaltung ein, weil die besten Absolventen der École alljährlich diesen Staatsdienst wählten, da er Aufstiegsmöglichkeiten in die großen Industrieunternehmen des Landes eröffnete. Nach einem Jahr Militärdienst und zwei Jahren an der École Nationale Supérieure des Mines in Paris begann A. 1936 als Ingenieur in der Bergbauverwaltung. Von 1937 bis 1943 leitete er die Dienststelle für Gruben und Steinbrüche in Nantes. Von 1943 bis 1948 war er Direktor des Büros für Dokumentationen und Statistik der Gruben in Paris.

Von 1944 an war A. Professor der ökonomischen Analyse an der École Nationale Supérieure des Mines in Paris und ab 1946 Direktor einer Forschungsgruppe des Centre National de la Recherche Scientifique. Er nahm auch Lehrverpflichtungen an anderen Institutionen an, so am Institute of Statistics an der Universität Paris (1947–1968), am Thomas Jefferson Center der Universität Virginia (1958/59), am Graduate Institute of International Studies in Genf (1967–1970) und an der Universität Paris (1970–1985). Am 31.5.1980 schied A. aus dem Staatsdienst aus.

Für seine Arbeiten erhielt A. von 1933 bis 1987 insgesamt 14 wissenschaftliche Preise, darunter die Goldmedaille des Nationalen Zentrums für wissenschaftliche Forschung, die bisher einzige Auszeichnung für einen Ökonomen. In den Jahren nach dem Zweiten Weltkrieg und bis zur Gründung der Europäischen Wirtschaftsgemeinschaft war er als nationaler und internationaler Berichterstatter auf vielen Kongressen höchst aktiv. Von 1959 bis 1962 war A. Gründer und Hauptdelegierter der Bewegung für eine Freie Gesellschaft, einer liberalen parapolitischen Organisation. A.s Beiträge zur fundamentalen ökonomischen Wissenschaft beschäftigen sich im wesentlichen mit der Forschung nach den Bedingungen für eine maximale Effizienz der Wirtschaft und mit der Analyse der Bestimmungsfaktoren für die Verteilung der Einkommen.

Alle seine Arbeiten zur angewandten Ökonomie stehen in engem Zusammenhang mit den Arbeiten zur ökonomischen Analyse. Insgesamt war seine Arbeit bestrebt, die Rolle der ökonomischen Freiheit und einer Wirtschaft mit Märkten neu zu überdenken, was die Suche nach Effizienz und die Verwirklichung der ethischen Ziele unserer Zeit anbelangt. In seinem Werk „Aufstieg und Niedergang von Zivilisationen – ökonomische Faktoren" versucht A. aus der Geschichte der Zivilisationen permanente Regelmäßigkeiten, insbesondere quantitativer Natur, abzuleiten. Es beschäftigt sich mit Wirtschaftssystemen, Lebensstandards, Technologien, demographischen Faktoren, Ungleichheit und sozialen Klassen, internationalen Beziehungen, exogenen physikalischen Einflüssen auf menschliche Gesellschaften und politischen Systemen.

Die wichtigsten Beiträge von A. zur ökonomischen Wissenschaft:
- die Theorie der allgemeinen Wirtschaftsentwicklung und des Gleichgewichts, der maximalen Effizienz und der Grundlagen des ökonomischen Kalküls;
- die Theorie intertemporaler Prozesse und der größtmöglichen kapitalistischen Effizienz;
- die Theorie der Wahl unter Unsicherheit und der Kriterien, die bei rationalen ökonomischen Entscheidungen zu berücksichtigen sind;
- die Theorie des Geldes, des Kredits und der monetären Dynamik;
- die Theorie der Zeitreihen und ihrer exogenen Komponenten.

Arrow, Kenneth Joseph – US-amerikanischer Nationalökonom
geb. 23.8.1921 in New York
Nobelpreis 1972, für bahnbrechende Arbeiten zur allgemeinen Theorie des ökonomischen Gleichgewichts und zur Wohlfahrtstheorie.
A. erwarb 1941 am New York City College auf dem Gebiet der Sozialwissenschaften den Master of Arts. Zum weiteren Studium ging er an die Columbia-Universität, wo er 1941 das Diplom in Mathematik erhielt. Danach wechselte er an die wirtschaftswissenschaftliche Fakultät, sein Studium wurde aber durch den Zweiten Weltkrieg unterbrochen. An der Universität Chicago war er 1948/49 Assistenzprofessor der Ökonomie. Seit 1968 ist er Professor für Wirtschaftswissenschaften an der Harvard-Universität. A. war Mitglied des Wirtschaftsbeirats der Vereinigten Staaten (1962) und wurde zum Mitglied der National Academy of Sciences und der American Academy of Arts and Sciences. 1972 wurde er zum Präsidenten der American Economic Association gewählt.

A. konzentrierte sich auf Themen der Existenz, Konsistenz und Stabilität von allgemeinen Gleichgewichtssystemen. Er dehnte darüber hinaus durch seine

Studien über die Bedeutung von Unsicherheit und Risikoabsicherung das Feld der allgemeinen Gleichgewichtsanalyse aus. Der Hauptbeitrag von A. und später G. Debreu (Nobelpreis 1983) zur allgemeinen Gleichgewichtstheorie besteht wohl darin, daß sie beide größere Allgemeinheit und ebenso in vielen Fällen einfachere Aussagen erreicht haben, weil sie moderne mathematische Methoden anwandten. Ihre größere Allgemeinheit spiegelt sich zum Teil darin wider, daß der Begriff „Gut" von beiden Wissenschaftlern so umfassend definiert wurde, daß man ihre Theorie nicht nur für die reine statische Gleichgewichtsanalyse verwenden kann. Sie gilt auch, wenn man die räumliche Verteilung von Produktion und Konsum untersucht, ebenso in der dynamischen Analyse und bei der Berücksichtigung von Unsicherheit.

In einigen Forschungsrichtungen war die Struktur der allgemeinen Gleichgewichtstheorie entweder unvollständig oder stand nicht im Einklang mit den Lehren, die in der ökonomischen Theorie großes Ansehen genießen. Sobald das grobe Verfahren für die Analyse der Existenz eines allgemeinen Gleichgewichts herausgefunden war, konnte es auf vielfältige Art angewendet werden.

Von A. erschien 1951 das berühmte Buch „Social Choice and individual Values". Seine Verdienste liegen auch auf dem Gebiet der Wohlfahrtstheorie. Es ist eine über die Preistheorie hinausgehende umfassende Theorie der marktwirtschaftlichen Lenkung, die die Möglichkeit sucht, die individuellen Wünsche der Bürger in eine logische widerspruchsfreie Rangordnung mit denen der gesamten Gesellschaft zu bringen.

Becker, Gary Stanley – amerikanischer Wirtschaftswissenschaftler
geb. 2.12.1930 in Pottsville (Pennsylvania)
Nobelpreis 1992, für seine Verdienste um die Ausdehnung der mikroökonomischen Theorie auf einen weiten Bereich menschlichen Verhaltens und menschlicher Zusammenarbeit, auch außerhalb von Märkten.
B. absolvierte nach Abschluß der High-School ein wirtschaftswissenschaftliches Studium an der Princeton University, setzte seine Studien an der University of Chicago fort, erhielt hier 1953 den Magister of Arts und promovierte 1955. 1970 folgte B. einem Ruf als ordentlicher Professor an die University Chicago, wo er seit 1983 neben den Wirtschaftswissenschaften auch das Fach Soziologie lehrt. Seit 1980 ist B. dort Forschungsmitglied am National Opinion Research Center.

B. war bereits seit einigen Jahren der meistzitierte Nationalökonom ohne Nobelpreis gewesen. Seinen Ruf als origineller Denker begründete er mit zahlreichen Arbeiten, die den ökonomischen Ansatz konsequent aus dem engeren traditionellen Anwendungsbereich der Volkswirtschaftslehre hinausführten. Die Schwedische Akademie der Wissenschaften führt in ihrer Begründung vier Gebiete an, die B. entscheidend beeinflußte: die Humankapitaltheorie, die Familienökonomie, die Ökonomie der Kriminalität und die Diskriminierungstheorie. Sein Forschungsprogramm gründet in der Idee, daß sich das Verhalten des Menschen auf den unterschiedlichsten Gebieten nach denselben Grundsätzen richtet, die er zusammengefaßt den „ökonomischen Ansatz" nennt. Ökonomische Prinzipien würden in allen möglichen Bereichen auch außerhalb der Wirtschaft herrschen, so in soziologischen, demographischen und kriminologischen Beziehungen. Auch die Familie wäre davon berührt.

Nach zahlreichen Aufsätzen publizierte B. 1964 sein Buch „Human Capital", das in seinen empirischen Anwendungen in praktisch jedem Land der Erde, das wichtiges Datenmaterial zur Verfügung hatte, nachvollzogen wurde. Die Humankapitaltheorie beschäftigt sich mit dem Bestand an Wissen, Fertigkeiten und Erfahrungen eines Individuums, der seine Arbeitsproduktivität erhöht. Es ist B.s Verdienst, die Theorie konsequent zu Ende gedacht, formalisiert und einer empirischen Prüfung zugänglich gemacht zu haben. Die wachsende ökonomische Kluft zwischen Industrie- und Entwicklungsländern läßt sich zu einem Teil auf Differenzen in der Humankapitalentwicklung zurückführen.

B.s Theorien waren immer umstritten, weil sie sich nahtlos in die Chicago-Schule der Neoklassik einreihen lassen. Die Chicago-Schule ist eine neoliberale Richtung der Volkswirtschaftslehre im 20. Jahrhundert. Sie betont mit neuen Theorien und Argumenten die Überlegenheit eines privat-marktwirtschaftlichen Systems gegenüber staatlicher Regulierung der Wirtschaft.

Buchanan, James McGill – US-amerikanischer Wirtschaftswissenschaftler
geb. 2.10.1919 in Murfreesboro (Tennessee)
Nobelpreis 1986, für die Entwicklung der kontrakttheoretischen und konstitutionellen Grundlagen der ökonomischen und politischen Beschlußfassung.
B. promovierte 1948 an der Universität Chicago und übernahm 1950/51 als außerordentlicher Professor für Wirtschaftswissenschaften Lehraufgaben an der Universität von Tennessee. 1956 begann seine Lehr- und Forschungstätigkeit an der Universität von Virginia, wobei er bis 1962 als Professor für Wirtschaftswissenschaften und Leiter des Department of Economics wirkte. 1968/69 war er an der Universität von Kalifornien tätig, 1969 geht B. als ordentlicher Professor für Wirtschaftswissenschaften an das Virginia Polytechnic Institute und gründet dort im gleichen Jahr ein Forschungszentrum, das Center for Study of Public Choice. Seit 1983 hat B. an der George-Mason-Universität in Fairfax (Virginia) einen Lehrstuhl inne. Gastprofessuren und Forschungstätigkeit führten ihn an verschiedene in- und ausländische Universitäten.

Nach Ansicht der preisverleihenden Schwedischen Akademie der Wissenschaften haben die Arbeiten von B. mit dazu beigetragen, daß heute unter Wirtschaftswissenschaftlern das Interesse an Rahmenbedingungen und allgemeinen Regeln im Grenzbereich von Volkswirtschaft und Staatswissenschaft wieder größer geworden sei. Heute werde es wieder als wichtige Aufgabe anerkannt, eine bessere Koppelung zwischen Steuern und öffentlichen Ausgaben herzustellen, während man vor zwanzig Jahren noch bestrebt gewesen sei, den politischen Beschlußprozeß so wenig wie möglich zu behindern.

Der Themenkreis der Forschungen und Veröffentlichungen von B. war anfänglich durch Probleme der Finanztheorie und -politik (besonders der Steuer- und Haushaltspolitik) bestimmt, so daß er über längere Zeit als Fachmann für öffentliches Finanzwesen galt und in den USA als einer der „Erben einer alten europäischen finanzwirtschaftlichen Tradition" angesehen wurde. In den zurückliegenden zwei Jahrzehnten trat jedoch mehr und mehr die detaillierte, mit spieltheoretischen Elementen durchsetzte Untersuchung des Wechselverhältnisses von Staat und Markt in den Mittelpunkt seiner wissenschaftlichen und publizistischen Arbeit, bekannt geworden als Theorie der „Public Choice". Das Grundprinzip dieser an neoklassischen Wirtschafts- und Gesellschaftsmodellen ausgerichteten Theorie besteht darin, ökonomische Kriterien und Instrumentarien der Volkswirtschaft in die Bewertung und Entscheidung politischer Phänomene, speziell der Institutionen und Organisationen des Staates, der Verbände und Parteien, einfließen zu lassen.

Wichtigste Buchveröffentlichungen: „Fiscal Theory and Political Economy" (1960); „Public Finance in Democratic Process" (1967); „Democracy in Deficit" (1977); „Freedom in Constitutional Contract" (1978); „The Reason of Rules" (1985).

Coase, Ronald Harry – britischer Volkswirtschaftler
geb. 29.12.1910 in Willesden (heute zu London)
Nobelpreis 1991, für die Entdeckung und Klärung der Bedeutung der Transaktionskosten und der wirtschaftlichen Rechte für die institutionelle Struktur und Funktionsweise des wirtschaftlichen Systems.
C. absolvierte ein wirtschaftswissenschaftliches Studium an der London School of Economics. Schon als Student beschlich ihn das Gefühl, daß in der vorherrschenden neoklassischen Theorie etwas fehlte. Er untersuchte die Fragestellung, warum es überhaupt Unternehmungen gibt, die sich mittels längerfristiger Verträge und hierarchischer Strukturierung als „Firma" etablieren, wenn doch auf freien Märkten Angebot und Nachfrage das Verhalten der Menschen regeln. Seine Antwort fand C. in den sogenannten „Transaktionskosten", wie die auf dem Markt auftretenden „Reibungsverluste" bezeichnet werden. Sein Konzept der Transaktionskosten wurde in den 70er Jahren zum Herzstück der „Neuen Institutionenökonomik", einer erst vor wenigen Jahren entstandenen ökonomischen Disziplin, die nicht nur die Analyse von Firmen, Konglomeraten und Vereinen ermöglicht, sondern sich auch mit „gemischten Organisationsformen" befaßt, in denen Markt und Hierarchie verschiedenartig zusammengesetzt sind. Anders als die traditionelle neoklassische Theorie untersucht dieser Zweig auch die Rolle der Institutionen – etwa wie Regierungen, Zentralbanken oder Gerichte das ökonomische Verhalten von Unternehmen und Haushalten beeinflussen. Dabei spielt der Transaktionskostenansatz eine zentrale Rolle. Denn er erklärt das Zustandekommen bestimmter Institutionen.

C. kommt im Unterschied zu den meisten heutigen Wirtschaftswissenschaftlern in seinen Arbeiten ohne mathematische Modelle und Formeln aus und schreibt in einer einfachen, klaren Sprache. Er verlangt, daß die Ökonomen ihr Augenmerk auf die Wirklichkeit richten und sich nicht in abgehobene Modelle flüchten. Von 1964 bis zu seiner Emeritierung 1979 unterrichtete er Volkswirtschaft an der Law School der Universität von Chicago.

Debreu, Gerard – amerikanischer Wirtschaftswissenschaftler französischer Herkunft
geb. 4.7.1921 in Calais
Nobelpreis 1983, für das Einbringen neuer analytischer Methoden in die ökonomische Theorie sowie für seine grundlegende Neuformulierung der Theorie des allgemeinen Gleichgewichts der Märkte.
D. erhielt seine Schulbildung bis zur Reifeprüfung im Jahr 1939 an der höheren Schule von Calais. Durch den Zweiten Weltkrieg konnte er das geplante Mathematikstudium nicht aufnehmen, deshalb begann er 1941 eine Lehrerausbildung an der École Normale Supérieure in Paris. Doch die Invasion unterbrach sein Studium, und er mußte in die französische Armee eintreten. Im Sommer 1948 nahm D. mehrere Wochen am Salzburger Seminar für Amerikanische Studien teil, danach erhielt er das Rockefeller-Stipendium. Er besuchte die Harvard-University in Cambridge (Massachusetts), die University of California in Berkeley, die University of Chicago und die Columbia University in New York. Außerdem besuchte er 1950 mehrere Monate die Universitäten von Uppsala und Oslo.

Von 1950 bis 1955 war er wissenschaftlicher Mitarbeiter der Cowles-Kommission für wirtschaftswissenschaftliche Forschungen an der Universität Chicago. In dieser ungewöhnlich hilfreichen Umgebung konnte D. sich vorwiegend der Forschung widmen, so daß seine Arbeiten über das Pareto-Optimum (Begriff der Wohlfahrtsökonomik für einen Zustand, bei dem Produktion und Einkommensverteilung nicht geändert werden können, um das Nutzenniveau eines Wirtschaftssubjektes oder mehrerer zu erhöhen, ohne dabei den Nutzen anderer zu verringern), die Existenz des allgemeinen ökonomischen Gleichgewichts und die Nutzentheorie schnelle Fortschritte machten. Von 1955 bis 1961 lehrte er als Dozent an der Yale-Universität in New Haven (Connecticut). In dieser neuen Umgebung vervollständigte D. einen Artikel über das Marktgleichgewicht sowie seine Monographie, deren Zweck es war, eine axiomatische (widerspruchsfreie) Analyse der Theorie des allgemeinen ökonomischen Gleichgewichts zu liefern.

Das Jahr 1961 verbrachte er am Center for Advanced Study in the Behavioral Sciences in Stanford. Dort widmete er sich dem komplexen Beweis eines allgemeinen Theorems über die Existenz eines ökonomischen Gleichgewichts. 1962 folgte er einem Ruf als Professor für Ökonomie an die University of California in Berkeley. Hier erregte Mitte der 60er Jahre die Maßtheorie in ihrer Anwendung auf Räume der Wirtschaftssubjekte sein besonderes Interesse.

Mit Hilfe von D.s Formeln wird heute untersucht, wie in Volkswirtschaften knappe Ressourcen effizient genutzt werden und die Produktionsprofile den Verbraucherwünschen entsprechen. 1975 übernahm er noch den Lehrstuhl für Mathematik an der Universität von Berkeley, den er bis zu seiner Emeritierung 1986 innehatte. Im gleichen Jahr erhielt er die amerikanische Staatsbürgerschaft. Von 1969 bis 1971 war D. Vizepräsident und Präsident der Econometric Society.

Fogel, Robert William – amerikanischer Wirtschaftswissenschaftler
geb. 1.7.1926 in New York City
Nobelpreis 1993, für seinen Beitrag zur Erneuerung der wirtschaftsgeschichtlichen Forschung mittels der Anwendung von Wirtschaftstheorie und quantitativen Methoden zur Erklärung wirtschaftlicher und institutioneller Veränderungen.
Nach seinem College-Studium an der Cornell University in Ithaca studierte F. Wirtschaftswissenschaften an der Columbia University in New York und promovierte 1963 an der Johns Hopkins University in Baltimore zum Doctor of Philosophy. 1964 übernahm F. eine Gastprofessur an der Universität Chicago, an der er ein Jahr später auch eine ordentliche Professur für Wirtschaftswissenschaften erhielt. 1970 wurde er zum Professor für Wirtschaftswissenschaften und Geschichte berufen. Parallel dazu hatte F. bereits ab 1968 eine Professur an der University of Rochester inne. 1973/74 war er Forschungsprofessor an der Harvard University in Cambridge (Massachusetts) und ab 1975 ordentlicher Professor für Politische Ökonomie und Wirtschaftsgeschichte. Seit 1981 hat F. den Charles-R.-Walgreen-Lehrstuhl für Amerikanische Institutionen an der Universität Chicago inne.

Überraschend wurden 1993 die zwei Wirtschaftshistoriker D. C. North und F. mit dem Nobelpreis für Wirtschaftswissenschaften geehrt. Damit wurde gewissermaßen bestätigt, daß Wirtschaftsgeschichte eben doch als ein integraler Bestandteil der Ökonomie angesehen werden muß. Dieses Fach befaßt sich mit den historischen Prozessen wirtschaftlicher Entwicklung, mit dem Einfluß verschiedener Wirtschaftsordnungen hierauf, mit den geschichtlichen Konstellationen und Konjunkturen makroökonomischer Größen wie Investition, Verbrauch und Außenhandel sowie mit den ihre materielle Basis betreffenden vergangenen Entscheidungen von Haushalten, Unternehmungen und Staaten. D. North und F. gehören zu den Begründern der sogenannten „New Economic History", die auch „Cliometrie" genannt wird.

Anfang der 60er Jahre hatte F. mit Veröffentlichungen Aufsehen erregt, die die zu jener Zeit allgemein akzeptierten Auffassungen über die Bedeutung von „Führungssektoren" für das Wirtschaftswachstum eines Landes einer kritischen Überprüfung unterzogen. Besondere Aufmerksamkeit erweckte F. mit dem 1974 gemeinsam mit S. Engerman veröffentlichten Buch „Time on the Cross. The Economics of American Negro Slavery", in dem er die herkömmliche Auffassung widerlegte, die Sklaverei sei eine nach wirtschaftlichen Kriterien betrachtet ineffektive, verlustbringende Institution gewesen. F. und Engerman wiesen nach, daß die Effizienz der Landwirtschaft in den Südstaaten 1860 um etwa ein Drittel höher war als im Norden der USA, wo es die Sklaverei nicht gab. Außerdem sei der materielle Lebensstandard eines Sklaven im Durchschnitt eher besser als derjenige eines freien Arbeiters gewesen, habe er doch rund 20% des durch die Institution der Sklaverei erwirtschafteten Mehrprodukts selbst konsumiert und im Verlauf seines Lebens insgesamt 90% des seiner Leistung zurechenbaren Einkommens tatsächlich erhalten.

Seit einiger Zeit arbeitet F. als Direktor des Center for Population Economics an der University of Chicago an der Erforschung des Einflusses der Industrialisierung auf das biologische Wohlergehen des Menschen. Angelegt als interdisziplinäre Langzeitanalyse, wurden für die Untersuchung nicht nur Sterblichkeits-, Krankheits- und Ernährungsstatistiken berücksichtigt, sondern auch schon Hunderttausende Daten über Körpergröße und Körpergewicht von amerikanischen Soldaten gesammelt.

Friedman, Milton – amerikanischer Wirtschaftswissenschaftler
geb. 31.7.1912 in New York
Nobelpreis 1976, für seine Leistungen auf dem Gebiet der Konsumanalyse, der Geschichte und Theorie des Geldes sowie für seine verdeutlichenden Darstellungen des komplexen Wesens der Stabilitätspolitik.
F.s Herkunft war bescheiden, seine Mutter arbeitete als Näherin in einem New Yorker Betrieb, und sein Vater war im Textilgroßhandel tätig. 1932 begann er ein Studium an der ökonomischen Fakultät der Universität Chicago. 1937 übernahm er eine Tätigkeit im National Bureau of Economic Research, wo er Kuznets bei seinen Studien über Einkommen von Berufsgruppen assistierte. Das Ergebnis war eine gemeinsam veröffentlichte Publikation unter dem Titel „Incomes from Independent Professional Practice", die gleichzeitig seine Dissertation an der Columbia-Universität war. 1946 nahm er ein Lehrangebot der Universität Chicago für ökonomische Theorie an, wo er auch zum Doktor der Philosophie promovierte. Ab 1948 war F. ordentlicher Professor an der Universität von Chicago, wo er über 30 Jahre forschte und lehrte.

F., Anhänger des klassischen Kapitalismus, ist der bekannteste Vertreter des sogenannten Monetarismus, mit dieser Lehre wurde er zum Begründer der Chicago-Schule. Der Monetarismus geht von einem engen Zusammenhang zwischen der Entwicklung der Geldmenge und der des nominellen Bruttosozialprodukts aus und stellt die Geldpolitik in den Mittelpunkt wirtschaftspolitischer Steuerung. Im Gegensatz zu dem britischen Nationalökonomen J. M. Keynes vertraute F. den Selbstheilungskräften des Marktes, der aus sich heraus fähig sei, Vollbeschäftigung herbeizuführen und die menschlichen Bedürfnisse zu befriedigen. Staatliche Maßnahmen mit dem Ziel der Vollbeschäftigung lehnte F. auch in Zeiten konjunkturellen Abschwungs ab. 1959 brachte F. eine moderne, verfeinerte Version der Quantitätstheorie des Geldes heraus. Sein Grundsatz lautete, daß der Wettbewerbskapitalismus alles besser erledigen könne als der Staat, mit bestimmten Ausnahmen wie Erhaltung von Recht und Ordnung, Verteidigung und Währungskontrolle.

Ab den 60er Jahren gehörte F. zu den einflußreichsten Beratern des rechten Flügels der Republikaner. Er plädierte für die Abschaffung des Wohlfahrtssystems in seiner gegenwärtigen Form, da es Betrug an allen sei, die arbeiten und Steuern zahlen. Der Staat nehme ihnen das rechtmäßig verdiente Geld weg, um es für diejenigen, die nicht arbeiten, auszugeben. Als Alternative schlug F. vor, den tatsächlich Bedürftigen, die ein bestimmtes Einkommen nicht erreichen, einen pauschalen staatlichen Geldzuschuß zu gewähren. Damit wollte er die weitverzweigte und kostspielige Bürokratie sowie die vielfältigen Sozialleistungen ausschalten. Die Lehre von F. wurde u. a. in den USA („Reaganomics") und Großbritannien („Thatcherism") praktiziert, hat jedoch seit Mitte der 80er Jahre an Bedeutung verloren. F.s wichtigstes wissenschaftliches Buch „Geschichte der Geldentwicklung in den Vereinigten Staaten" (1963) wurde zur Grundlage der monetaristischen Doktrinen, die er über Jahre hinweg in Vorlesungen, öffentlichen Vorträgen und Publikationen verbreitete.

Frisch, Ragnar Anton Kittil – norwegischer Wirtschaftswissenschaftler
geb. 3.3.1895 in Kristiania (Oslo)
gest. 31.1.1973 in Oslo
Nobelpreis 1969, für die Entwicklung und Anwendung dynamischer Modelle zur Analyse ökonomischer Prozesse.
Als erste Preisträger wurden F. und der niederländische Ökonom Jan Tinbergen mit dem „Alfred-Nobel-Gedächtnispreis für Wirtschaftswissenschaften" ausgezeichnet.

F., Sohn eines Gold- und Silberschmieds, wollte die Familientradition der Gold- und Silberverarbeitung fortsetzen. Er begann eine Lehre in der Werkstatt der berühmten Osloer Firma D. Andersen, wo er 1920 seine Prüfung als Goldschmied ablegte. Doch seine Mutter setzte sich dafür ein, daß ihr begabter Sohn ein Studium aufnehmen sollte. Bereits während seiner Lehre begann er ein Studium der Ökonomie an der Universität Oslo, und schon 1921 bestand er die Abschlußprüfung. 1926 promovierte er über ein mathematisch-statistisches Thema an der Universität Oslo. 1931 wurde er zum ordentlichen Professor für Wirtschaftswissenschaften ernannt. 1930 ging er ein Jahr als Gastprofessor an die Yale-Universität (USA), und 1933 war er als Gastprofessor an der Sorbonne in Paris. 1965 wurde er emeritiert.

1930 war F. mit dem österreichisch-amerikanischen Nationalökonom Joseph Schumpeter (1883–1950) und Jan Tinbergen Mitbegründer der Econometric Society in Cleveland (Ohio). Hier wurde auch die Ökonometrie als eigene Fachrichtung entwickelt. Bereits 1926 hatte F. den Begriff „Ökonometrie" in Anlehnung an die Begriffe „Biometrie" und „Makroökonomie" in die Ökonomie eingeführt. Die Ökonometrie ist ein Zweig der Wirtschaftswissenschaften, der die Wahrscheinlichkeitstheorie auf wirtschaftsstatistische Daten im Rahmen wirtschaftstheoretischer Modelle zum Zweck der Bestimmung wirtschaftlicher Konstanten, der Prüfung wirtschaftstheoretischer Hypothesen und der Prognose wirtschaftlicher Erscheinungen anwendet. Hauptanwendungsgebiet ist die Volkswirtschaftspolitik.

Seine grundlegenden Forschungen waren vor allem darauf gerichtet, die Theorie für Wirtschaftsabläufe in eine solche Form zu bringen, daß eine empirische Quantifizierung und damit auch eine statistische Hypothesenprüfung möglich wurde. Bei der Erforschung des Wirtschaftskreislaufs von Nationen befaßte sich F. mit Ungleichgewichten sowie Arbeitslosigkeit und stellte dynamische makroökonomische Modelle auf. Damit wurden Hilfsmittel für die Ausarbeitung langfristiger Wirtschaftspläne geschaffen. In den letzten Jahren ist die wirtschaftswissenschaftliche Forschung immer stärker auf langfristige Wachstums- und Planungsprobleme ausgerichtet worden. Auch auf diesen Gebieten haben F. und Tinbergen neue Modellkonstruktionen geschaffen, die nicht zuletzt große Bedeutung für die wirtschaftliche Planung in den Entwicklungsländern erlangt haben.

Haavelmo, Trygve Magnus – norwegischer Wirtschaftswissenschaftler
geb. 13.12.1911 in Skedsmo
gest. 28.7.1999 in Oslo
Nobelpreis 1989, für seine grundlegenden Leistungen und die Klärung der wahrscheinlichkeitstheoretischen Grundlagen auf dem Gebiet der Ökonometrie und seine Analyse simultaner ökonomischer Strukturen.
H. arbeitete nach dem Examen in Politischer Ökonomie 1933 bei Ragnar Frisch (Nobelpreis für Wirtschaftswissenschaften 1969) als Forschungsassistent am Institut für Sozialökonomie in Oslo. 1941 promovierte H. an der Harvard-Universität in Cambridge (Massachusetts) über Methoden der Wahrscheinlichkeitsrechnung für die Überprüfung von Theorien in der Wirtschaftswissenschaft. Seine Dissertation war wichtiger Ausgangspunkt für das ökonometrische Seminar, das er im Herbst 1941 in New York ins Leben rief. 1947 kehrte er nach Norwegen zurück. Ab 1948 lehrte und forschte er als Professor für Statistik und Ökonometrie an der Universität Oslo.

Mit seinen Arbeiten legte H. einen wesentlichen Grundstein dafür, daß in der Ökonomie nicht mehr hauptsächlich qualitative Aussagen über die Beziehungen zwischen verschiedenen wirtschaftlichen Größen (Zinssatz, Preissteigerungsrate, Investitionen, Produktivität) getroffen werden konnten, sondern auch genaue zahlenmäßige Angaben möglich wurden. Mit den von ihm entwickelten Methoden wurde es erstmals möglich, Wirtschaftsdaten auszuwerten und ökonomische Theorien statistisch zu überprüfen.

Ein Begriff geworden ist H. als Namensgeber des „H.-Theorems", das besagt, daß eine Erhöhung der Staatsnachfrage unter bestimmten Umständen auch dann zur Steigerung von Volkseinkommen und Beschäftigung beitragen kann, wenn sie komplett aus Steuern finanziert wird. Das Theorem beruht u. a. auf der Annahme, alle Wirtschaftssubjekte hätten die gleiche Konsumquote und die privaten Investitionen seien unabhängig von einer Änderung in den öffentlichen Finanzen, vor allem der Steuern.

H. hat wesentliche Probleme gelöst, die bei der quantitativen Überprüfung ökonomischer Theorien auftreten, indem er theoretische Thesen in Aussagen der Wahrscheinlichkeitsrechnung umformulierte und statistisch überprüfte.

Im Oktober 1989 erkannte das Stockholmer Preiskomitee dem „Vater der modernen Ökonometrie" den Nobelpreis zu. In der Würdigung H.s erklärte die Schwedische Akademie, er habe zeigen können, daß grundlegende Probleme bei der empirischen Überprüfung ökonomischer Theorien sich lösen lassen, wenn volkswirtschaftliche Probleme mit Hilfe der wahrscheinlichkeitstheoretischen Terminologie formuliert werden. Später hat er dann mitgewirkt, ausgewählte Theoriegebiete so umzuformen, daß die neuen ökonometrischen Methoden auf sie anwendbar wurden.

Harsanyi, John Charles – amerikanischer Volkswirtschaftler ungarischer Herkunft
geb. 29.5.1920 in Budapest
gest. 9.8.2000 in Berkeley (USA)
Nobelpreis 1994, für seine grundlegenden Beiträge zu Gleichgewichtsanalysen in der nichtkooperativen Spieltheorie.
H. studierte Wirtschaftswissenschaften an der Universität von Budapest und promovierte dort 1947. 1948 emigrierte er mit seiner Frau nach Australien. Von 1954 bis 1956 wirkte er als Dozent für Wirtschaftswissenschaften an der Queensland University in Brisbane. Er ging dann in die USA, wo er mit einer Arbeit über die Spieltheorie promovierte. 1961 erhielt H. eine Berufung als Professor für Wirtschaftswissenschaften an die Wayne State University in Detroit (Michigan). Von 1964 bis zu seiner Emeritierung 1990 hatte er eine Professur für das Fachgebiet Business Administration an der University of California in Berkeley inne.

In den Wirtschaftswissenschaften hat sich die Spieltheorie, die mathematische Analyse strategischer Entscheidungssituationen, zu einem wichtigen Werkzeug der Analyse ökonomischer Strategien entwickelt, beispielsweise bei der Untersuchung von Wettbewerbssituationen oder Schwankungen auf den Finanzmärkten.

Die drei Preisträger H., John Forbes Nash und Reinhard Selten nahmen als Grundlage für ihre Forschungen Gesellschaftsspiele. Sie versuchten, die Spielzüge anderer vorauszusehen, und übertrugen ihre Erkenntnisse auf das Wirtschaftsleben. Grundprinzip soll dabei sein, daß kein Mitspieler übervorteilt wird, sondern vielmehr der größtmögliche Nutzen für alle erreicht wird. Der Beitrag H.s zur Spieltheorie besteht vor allem in der Weiterentwicklung des nach J. Nash benannten „Nash-Gleichgewichts". Alle Spieler müssen über die Struktur des Spieles vollständig informiert sein, um ein „Nash-Gleichgewicht" ableiten zu können: Sie müssen den genauen Spielablauf kennen, insbesondere aber auch die Auszahlungsfunktionen ihrer Gegenspieler. In der Regel verfügen die Spieler jedoch nur über unvollständige Informationen bezüglich der Auszahlungen der Gegenspieler.

Der Wirtschaftswissenschaftler H. bewies, daß Prognosen auch möglich sind, wenn die „Spieler" nur unvollständig über Absichten oder Vorhaben der gegnerischen Seite informiert sind. Er fand einen genialen Kunstgriff, der es ermöglicht, Spiele mit unvollständiger Information zu analysieren. Wenn die Auszahlungsfunktion des Gegenspielers nicht bekannt ist, so bedeutet dies einfach, daß es verschiedene Typen von Gegenspielern geben kann. Jeder Typ wird dann wie ein eigener Spieler behandelt. Die Natur wählt jeweils einen der verschiedenen Spielertypen aus. Den Spielzug der Natur kann jedoch nur der betreffende Spieler selbst beobachten. Durch diese Uminterpretation wird das Spiel unvollständiger Informationen in ein Standardspiel mit unvollendeter Information überführt, bei dem die einzelnen Spieler ihre Entscheidungen treffen, ohne alle Spielzüge der anderen Spieler zu kennen. Auf diese Weise läßt sich dann auf dieses Spiel wieder das Gleichgewichtskonzept von Nash und dessen Existenzbeweis anwenden.

Für die praktische Anwendung spieltheoretischer Analysen hatte H.s Methode große Bedeutung.

Hayek, Friedrich August von – österreichischer Wirtschaftswissenschaftler
geb. 8.5.1899 in Wien
gest. 23.3.1992 in Freiburg
Nobelpreis 1974, für bahnbrechende Arbeiten auf dem Gebiet der Geld- und Konjunkturtheorie und ihre tiefgründigen Analysen der wechselseitigen Abhängigkeit von wirtschaftlichen, sozialen und institutionellen Verhältnissen.
Von 1918 bis 1921 studierte H. Rechts-, Wirtschafts- und Sozialwissenschaften an der Universität Wien, wo er auch promovierte. Bereits 1927 wurde er Direktor des von ihm gegründeten Österreichischen Instituts für Konjunkturforschung, das er bis 1931 leitete. Dann erhielt H. eine Professur für Politische Ökonomie und Statistik an der renommierten London School of Economics, an der er bis 1950 lehrte. Von 1950 bis 1962 war

er Professor der Sozialen und Moralischen Wissenschaften an der Universität Chicago, und von 1962 bis 1968 war H. ordentlicher Professor für Volkswirtschaftslehre an der Rechts- und Staatswissenschaftlichen Fakultät der Universität Freiburg im Breisgau.

Das wissenschaftliche Werk H.s umfaßt ein breites Spektrum und erstreckt sich von der Geld- und Konjunkturtheorie bis hin zur Sozialphilosophie. Er war einer der herausragenden Verfechter einer liberalen Wirtschafts-, Gesellschafts- und Staatsordnung und überraschte immer wieder durch radikale ordnungspolitische Vorschläge. Er hat hervorgehoben, daß für das individuelle Verhalten auch ethische Normen und der institutionelle Rahmen eine wichtige Rolle spielen.

H. und K. G. Myrdal (ebenfalls Nobelpreis 1974) haben Pionierarbeit auf dem Felde der Geldtheorie und der Theorie der ökonomischen Schwankungen geleistet, und sie konnten auch die gegenseitige Abhängigkeit von ökonomischen, gesellschaftlichen und institutionellen Phänomenen tiefgründig analysieren. Beide verwendeten die Konzepte des aggregierten Sparens und Investierens, um makroökonomische Schwankungen zu erklären, wenngleich mit entgegengerichteten Schlußfolgerungen. Sie erweiterten später den Bereich der ökonomischen Analyse dadurch, daß sie zusätzlich den institutionellen, rechtlichen, politischen und ideologischen Rahmen wirtschaftlicher und sozialer Prozesse betonten. H. betrachtete das Wirtschaftsgeschehen als einen evolutionären Prozeß, der nicht im voraus exakt erfaßt werden kann. Das Marktgeschehen ordnet sich selbständig und bedarf keiner staatlichen Eingriffe.

In dem 1937 erschienenen Werk „Nationale Geldwährung und Internationale Stabilität" gab sich H. als überzeugter Anhänger der monetären Konjunkturtheorie, die Konjunkturschwankungen auf ein Mißverhältnis zwischen Geld- und Güterseite zurückführt. Vor allem wandte er sich gegen die sogenannte gemischte Wirtschaftsordnung, in der Elemente von Plan- und Marktwirtschaft miteinander verbunden sind.

Nach H.s Meinung müssen sich auch die Löhne nach Angebot und Nachfrage richten und entsprechend der Wirtschaftslage steigen bzw. sinken. Mit dieser Forderung stieß er auf heftige Kritik des britischen Nationalökonomen J. M. Keynes und seiner Anhänger. Im Gegensatz zu H., der Konjunkturprogramme ablehnte und dem Staat nur eine begrenzte Ordnungsfunktion zubilligte, befürworteten die Keynesianer unter bestimmten Voraussetzungen staatliche Eingriffe zur Konjunkturbelebung.

Heckman, James Joseph – amerikanischer Wirtschaftswissenschaftler

geb. 19.4.1944 in Chicago

Nobelpreis 2000, für die Entwicklung von Theorien und Methoden zur Analyse selektiver Stichproben.

H. begann ein Studium der Mathematik am Colorado College, wo er 1965 den Bachelor of Arts erwarb. 1968 erhielt er den Master of Arts in Wirtschaftswissenschaften an der Princeton University. 1971 promovierte H. Im Jahr 1976 wurde er an der University of Chicago zum ordentlichen Professor ernannt. Von 1985 bis 1995 hatte er die „Henry-Schultz-Professur für Wissenschaften" inne.

Der Vorsitzende des schwedischen Nobelpreis-Komitees, Lars Svensson, hob die „herausragende praktische Bedeutung" der im Bereich mikroökonomischer statistischer Theorien und Methoden voneinander unabhängig betriebenen Arbeiten von H. und Daniel L. McFadden hervor. So habe sich H. intensiv mit statistischen Methoden zur Analyse des Arbeitsmarktes befaßt, die bei der Entwicklung von arbeitsmarktpolitischen Programmen Anwendung gefunden hätten.

H.s Forschungsinteresse galt besonders den Auswirkungen unterschiedlicher Sozialprogramme auf die Volkswirtschaft, aber auch auf die Gesellschaft als Ganzes. In seinen zahlreichen Veröffentlichungen behandelte H. Themen wie die Auswirkungen von Förderprogrammen für Minoritäten, den Einfluß der Steuerpolitik auf die Arbeitsmarktsituation oder die Auswirkungen gewerkschaftlicher Organisation auf den Arbeitsmarkt in Entwicklungsländern. Solche Fragestellungen und Forschungsfelder sind der „empirischen Wirtschaftsforschung" zuzurechnen, zu großen Teilen der sogenannten „Mikroökonometrie". Die Mikroökonomik analysiert im Unterschied zur Makroökonomik das Funktionieren eines Wirtschaftssystems unter der Berücksichtigung des Verhaltens von Einzelwirtschaften (Haushalt, Unternehmen oder Einzelpersonen).

Mikroökonomische Daten haben nun in der Regel einen großen Nachteil: Bei ihrer Auswahl spielt nicht nur der Zufall eine Rolle, sie werden vielmehr systematisch verfälscht. Schon allein die Tatsache, daß die Daten eines Menschen in der Statistik auftauchen, ist meist auf eine individuelle Entscheidung dieses Menschen zurückzuführen, die das Ergebnis der Statistik beeinflußt. Für dieses Problem der „Selbst-Selektion" hat H. eine Lösung gefunden. Ökonomen und Politiker interessieren sich schon immer dafür, wie wirksam Maßnahmen der Arbeitsförderung sind. Dazu ist es wichtig zu wissen, wie hoch Arbeitslose die Aussicht auf Arbeit im Verhältnis zu den Alternativen (Arbeitslosenunterstützung oder Sozialhilfe) bewerten. Die Erforschung dieser Frage jedoch leidet offenkundig darunter, daß niemand weiß, was passiert wäre, wenn der Betreffende nicht an der Arbeitsbeschaffungsmaßnahme teilgenommen hätte, und daß man all die Arbeitslosen nicht erfassen kann, die nicht teilgenommen haben. Hierzu hat H. nun eine theoretisch fundierte Methode entwickelt, deren Arbeitsneigung zu schätzen, die auf der simplen und plausiblen Annahme beruht, daß die Arbeitsmotivation der Nicht-Teilnehmer niedriger ist.

Seine Forschungen ergaben im übrigen ziemlich pessimistische Prognosen über den Erfolg von Arbeitsmarktpolitik. Er gilt heute als führend bei der Analyse und Bewertung von Maßnahmen zur Bekämpfung von Arbeitslosigkeit.

Hicks, Sir (ab 1964) **John Richard** – britischer Wirtschaftswissenschaftler
geb. 8.4.1904 in Warwick
gest. 20.5.1989 in Blockley/Gloucestershire
Nobelpreis 1972, für bahnbrechende Arbeiten zur allgemeinen Theorie des ökonomischen Gleichgewichts und zur Wohlfahrtstheorie.
H. konzentrierte seine Studien zunächst auf Mathematik, wandte sich aber dann besonders den Wirtschaftswissenschaften zu. Nach dem Examen in Oxford nahm er eine Lehrtätigkeit als Dozent an der London School of Economics auf. Von 1938 bis 1946 war er Professor für Politische Ökonomie an der Universität in Manchester. Dort beschäftigte sich H. im wesentlichen mit der Wohlfahrtstheorie und ihrer Anwendung auf die Volkswirtschaftliche Gesamtrechnung. 1946 kehrte H. nach Oxford zurück. Von 1960 bis 1962 war er Präsident der Royal Economic Society.

H. hat der Volkswirtschaftslehre auf nahezu allen Gebieten neue Anstöße gegeben und ließ sich weder auf ein Spezialgebiet noch auf eine Schule festlegen. Berühmt war seine ungewöhnliche intellektuelle Redlichkeit, die es ihm möglich machte, seine eigenen geistigen Vorstellungen immer wieder zu überprüfen und gelegentlich auch öffentlich zu widerrufen.

Die Arbeiten von H. waren insofern bahnbrechend, weil er die allgemeine Gleichgewichtstheorie auf ein solideres mikroökonomisches Fundament gestellt hat, indem er die älteren Produktions- und Konsumtheorien weiterentwickeln konnte. Er hat die Bedingungen für die Stabilität eines simultanen Marktgleichgewichts formuliert, die Anwendungsmöglichkeiten von statischen Analysemethoden um mehrperiodische Untersuchungen erweitert; schließlich entwickelte er eine Kapitaltheorie, die auf der Annahme der Gewinnmaximierung basierte. Da diese in den Theorien des Konsumenten- und Produzentenverhaltens tief verankert war, zeigte H.s Modell weitaus bessere Möglichkeiten auf, wie man die Konsequenzen einer Änderung exogener Variablen studieren kann, als es bei früheren Modellen möglich war. Als in der ersten nachkeynesianischen Zeit (J. M. Keynes, 1883–1946, gilt als der Begründer der modernen Nationalökonomie auf der Basis des Privateigentums und einer freien kapitalistischen Marktwirtschaft) Wachstums- und Konjunkturtheorie fast zusammenhanglos nebeneinander betrieben wurden, gehörte H. zu den ersten, die ein Modell entwickelten, das Wachstum und Konjunktur zusammen erfaßte, indem er die zyklischen Konjunkturschwankungen als Abweichungen vom Gleichgewichtspfad des wirtschaftlichen Wachstums deutete.

In der von H. 1950 vorgelegten „dynamischen Gleichgewichtsanalyse" werden nicht die Kräfte beschrieben, die das Wirtschaftswachstum bedingen, sondern es wird dargestellt, wie sich Kapitalstock, Einkommen, Investitionen und Konsumausgaben entwickeln müssen, wenn der langfristige Wachstumsprozeß ohne Gleichgewichtsstörungen vor sich gehen soll. In seinem Modell kommt er zu dem Ergebnis, daß sich die Konjunkturausschläge immer weiter vom Gleichgewichtspfad entfernen, wenn nicht von außen eingegriffen, das heißt, wenn nicht Konjunkturpolitik gegen diese Schwankungen betrieben wird. Er konstruierte zudem ein vollständiges Gleichgewichtsmodell auf Makroebene mit aggregierten Märkten für Güter, Produktionsfaktoren, Kredit und Geld.

Kantorowitsch, Leonid Witaljewitsch – sowjetischer Mathematiker und Ökonom
geb. 19.1.1912 in Petersburg
gest. 7.4.1986 in Moskau
Nobelpreis 1975, für den Beitrag zur Theorie der optimalen Ressourcenverwendung.
K., Sohn einer Arztfamilie, studierte ab 1926 am Physikalisch-mathematischen Institut der Leningrader Universität hauptsächlich Naturwissenschaften, er war aber auch an Politischer Ökonomie und moderner Geschichte interessiert. 1933 erhielt K. eine Professur und leitete gleichzeitig die Mathematische Abteilung des Instituts für Mathematik und Mechanik der Lomonossow-Universität. Seit 1971 arbeitete er im System des Staatlichen Komitees für Wissenschaft und Technik des Ministerrats der UdSSR und war Leiter des Problemlaboratoriums für ökonomisch-mathematische Methoden und Operationsforschung des Instituts für die Leitung der Volkswirtschaft.

K. entwickelte eine neue Richtung in der praktischen Mathematik, die als „lineare Optimierung" oder auch als „Simplexmethode" bezeichnet wurde. Er prägte den Begriff der objektivbedingten Preise, der bei der Analyse von Optimierungsmodellen der Ökonomie eine Rolle spielt. Auf dieser Grundlage wurde die Theorie der optimalen Planung und Leitung der Volkswirtschaft entwickelt und Probleme der sozialistischen Ökonomie bearbeitet.

In den 50er Jahren wuchs das Interesse bedeutsam, die Wirtschaftskontrollen der UdSSR zu verbessern. Hierzu verfaßte K. mehrere Berichte und Publikationen. 1959 erschienen „Die weitere Entwicklung mathematischer Methoden und die Perspektiven ihrer Anwendung in Planung und Wirtschaft" und „Ökonomische Berechnungen der bestmöglichen Ausnutzung der Ressourcen". Dieses Werk enthielt eine komplexe Erklärung optimaler Näherungsmethoden für zentrale Fragen der Ökonomie wie Planung, Preisstellung, Berechnungen des Rentenwertes, optimale Lagerhaltung und Dezentralisierung von Entscheidungen. K. und Koopmans haben mit ihren Arbeiten unser Verständnis für fundamentale ökonomische Themen der normativen Allokation wesentlich verbessert, indem sie neue Analyseinstrumente auf diesem Gebiet anwandten. Nach Meinung von K. werden sich mathematische Methoden zur Optimierung in der Wirtschaftswissenschaft und der ökonomischen Kontrolle auf allen Ebenen weit ausbreiten. Das kann die Planung wesentlich leistungsfähiger machen, den Einsatz von Ressourcen verbessern und das Volkseinkommen sowie den Lebensstandard erhöhen. Die Schwierigkeiten beim Aufstellen der Modelle und beim Gewinnen der Daten lassen sich in ähnlicher Weise überwinden wie die Probleme in den Naturwissenschaften und technischen Wissenschaften.

K. war Doktor der physikalisch-mathematischen Wissenschaften und wurde 1964 Ordentliches Mitglied der Akademie der Wissenschaften der UdSSR.

Klein, Lawrence Robert – amerikanischer Ökonom
geb. 14.9.1920 in Omaha (Nebraska)
Nobelpreis 1980, für die Entwicklung ökonometrischer Modelle und ihre Anwendung auf die Analyse wirtschaftlicher Schwankungen in der Wirtschaftspolitik.
1942 beendete K. sein Studium an der Berkeley-Universität von Kalifornien. Von entscheidender Bedeutung waren die nächsten beiden Stationen seiner Ausbildung: die Gelegenheit, am Massachusetts Institute of Technology bei P. Samuelson zu studieren, wo er auch promovierte, und der Beitritt zur Arbeitsgruppe für Ökonometrie der Cowles Commission an der Universität von Chicago. In Chicago erstellte K. sein erstes ökonometrisches Makromodell. 1948 wurde er Mitarbeiter im National Bureau of Economic Research. Hier beschäftigte er sich mit ökonometrischen Analysen von Produktionsuntersuchungen, deren Ergebnisse bis heute aktuell geblieben sind. 1949 wechselte er ans Survey Research Center der Universität Michigan über, wo er seine Arbeiten über die makroökonometrische Modellbildung fortsetzte. Zusammen mit dem Studenten A. Goldberger entwickelte er das als K.-Goldberger-Modell bekannte Muster, das später zum sogenannten Michigan-Modell weiterentwickelt worden ist. Nach vierjähriger Tätigkeit in Michigan ging K. nach Oxford, wo er mit Untersuchungen über das Sparverhalten ein ökonometrisches Modell für Großbritannien erstellte.

1958 kehrte K. nach Amerika zurück, um einen Ruf an die Universität von Pennsylvania anzunehmen. Er war 1976 Wirtschaftsberater von Präsident Carter und arbeitete 1977 im Rat der Wirtschaftsexperten beim Präsidenten der USA. K. war Mitglied und später Forschungsleiter des Sozialwissenschaftlichen Forschungsbeirates, der sich mit dem Aufbau eines umfassenden ökonometrischen Modells für die USA befaßte. Ein Vorhaben der Arbeitsgruppe – das sogenannte LINK-Projekt – galt einem Welthandelsmodell, mit dessen Hilfe die internationalen Transportmechanismen untersucht werden sollten. In dieses Projekt wurden weitere Länder und zusätzliche ökonomische Mechanismen aufgenommen, und man erweiterte den Zeithorizont. Vortragsreisen führten K. nach Israel an die Hebrew-Universität und nach Wien an das Institute for Advanced Studies.

Durch K.s Arbeiten ist die empirische volkswirtschaftliche Forschung stark beeinflußt worden.

Koopmans, Tjalling Charles – amerikanischer Nationalökonom und Wirtschaftstheoretiker niederländischer Herkunft
geb. 28.8.1910 in 's-Graveland (Niederlande)
gest. 26.2.1985 in New Haven (Connecticut)
Nobelpreis 1975, für seine Beiträge zur Theorie der optimalen Ressourcenverwendung.
K. wandte sich an der Universität Utrecht der Mathematischen Ökonomie zu, nachdem er sich dort zunächst mit Mathematik und theoretischer Physik beschäftigt hatte. In seiner Doktorarbeit behandelte er ein Thema aus der mathematischen Statistik. Von 1936 bis 1938 lehrte K. in Rotterdam. 1938 wurde er in die Finanzabteilung des Völkerbundes nach Genf berufen. Im Juni 1940 emigrierte K. in die Vereinigten Staaten. Von 1946 an war er Professor an der Universität Chicago und später an der Universität Yale, und von 1961 bis 1967 bekleidete er das Amt des Direktors der Cowles Foundation for Research Economics. 1968/69 war er in Stanford (Kalifornien) tätig, anschließend in einem Komitee für die National Academy of Sciences. Im Jahre 1981 wurde K. an der Yale University emeritiert.

K. beschäftigte sich hauptsächlich mit der Theorie der optimalen Allokation von Ressourcen (Zuteilung von finanziellen Mitteln, Produktivkräften und Material). Die gemeinsame Verleihung des Nobelpreises an K. und L. Kantorowitsch kann man als Auszeichnung für die Entwicklung und Anwendung neuer Methoden in der ökonomischen Analyse betrachten. Seit Jahrzehnten beschäftigten sich beide Wissenschaftler mit den Zusammenhängen zwischen vorhandenen Produktionsmitteln, Produktion und Preisen. Sie haben die Methodik zur Analyse des klassischen nationalökonomischen Problems bezüglich der optimalen Verwendung knapper Ressourcen erneuert, verallgemeinert und verdeutlicht. Ihre Theorien beschäftigten sich mit der grundlegenden Frage, wie bei der Produktion von Gütern und Dienstleistungen die zur Verfügung stehenden Mittel am besten eingesetzt werden können. Beide Forscher sind mit neuen Problemformulierungen und Versuchen, den Zusammenhang zwischen Produktionserfolg und den eingesetzten Mitteln zu beschreiben, sehr erfolgreich gewesen.

K. hat nachgewiesen, wie aus gewissen Effektivitätskriterien direkt relevante Folgerungen für die Gestaltung optimaler Preissysteme gezogen werden können. Er widmete sich in den 60er Jahren hauptsächlich der Suche nach Kriterien für ein optimales Wachstum der Volkswirtschaft. K. verfolgte Probleme der Wechselwirkung zwischen Bevölkerungswachstum, technischer Entwicklung und individuellem Konsumverhalten zu bestimmten Zeiten. Ausgehend von diesen Untersuchungen, entwickelte er eine sogenannte Aktivitätsanalyse. Im Rahmen dieser Methode wurden neue Erkenntnisse der Produktionstechnik verwendet, um den Zusammenhang zwischen Produktionseffektivität und einem System für Preiskalkulation zu erklären. Die Aktivitätsanalyse wird in der Haushalts-

und Unternehmenstheorie angewendet, um bestmögliche Verbrauchs- bzw. Produktionspläne aufzustellen.

Kuznets, Simon Smith – amerikanischer Ökonom russischer Herkunft
geb. 30.4.1901 in Charkow
gest. 8.7.1985 in Cambridge (USA)
Nobelpreis 1971, für seine erfahrungsgemäß gefundenen Erklärungen von wirtschaftlichem Wachstum, welche zu neuen und vertieften Einsichten in die wirtschaftlichen und sozialen Strukturen und Entwicklungsprozesse führten.
K. begann ein Studium an der Columbia-Universität und wurde 1926 Doctor of Philosophy. Er war Mitarbeiter des National Bureau of Economic Research und arbeitete als Vorsitzender des Social Science Research Council Committee für Wirtschaftswachstum von 1949 bis 1968 hauptsächlich an vergleichenden quantitativen Analysen des nationalen Wirtschaftswachstums. Von 1931 bis 1954 lehrte er als Professor für Wirtschaft und Statistik an der Universität von Pennsylvania. Von 1954 bis 1960 lehrte K. als Professor für Finanzwissenschaft an der Johns-Hopkins-Universität und von 1960 bis 1971 als Professor für Politische Ökonomie an der Harvard-Universität. K. hatte mehrere wirtschaftlich orientierte Ämter inne.

K. hat das Wirtschaftswachstum während des vergangenen Jahrhunderts durch Fakten erhellt und durch Analysen erklärt. Die Schwedische Akademie hob hervor, daß K.s Arbeiten über modernes Wirtschaftswachstum neues Material, ursprüngliche Interpretationen und wichtige internationale Vergleiche des Produktionszuwachses und der Einkommensentwicklung und -verteilung enthielten. K. hat langfristige Wirtschaftszyklen aufgezeigt. Er erhellte auch den Zusammenhang zwischen Sparen und Investieren sowie die Veränderung des Zinsniveaus.

K.s Stärke war es, neue Fakten und Interdependenzen über die reale Welt zu finden, begründet mit Hilfe des gesunden Menschenverstandes und einem Minimum an formalen Modellen. Dies verdeutlichen besonders sein „Gesetz" der Beziehung zwischen Wachstum und Einkommensverteilung wie auch seine Entdeckung von Tendenzen konstanter langfristiger Durchschnittskonsumneigungen mit Hilfe von Zeitreihenanalysen, im Gegensatz zu fallenden Neigungen, die man aus Querschnittsdaten errechnete.

Indem K. Methoden der ökonomischen Theorie mit solchen der wirtschaftshistorischen Forschung verknüpfte, wollte er Sachverhalte quantifizieren, die unerläßlich für das Verständnis ökonomischer und gesellschaftlicher Entwicklung sind, ohne daß er dabei die für solche Dinge normale Untersuchungsweise berücksichtigt hätte. Auf der Grundlage von Erfahrungen aus der Vergangenheit leitete er die allgemeinen Tendenzen oder Regelmechanismen ab, die in vielen Ländern und zu unterschiedlichen Zeitpunkten das Wachstum oder die Einkommensverteilung charakterisieren.

K. gilt als einer der führenden amerikanischen Volkseinkommensstatistiker und Wachstumstheoretiker. Er lieferte auch interessantes Material zur Verifizierung des Verhältnisses von Industrialisierungsfortschritt und Rückgang der landwirtschaftlichen Bevölkerung. Dabei ging es K. nicht nur um theoretische Erörterungen, sondern um die Schaffung von Grundlagen für eine effektivere Wirtschaftspolitik, um die Analyse der Faktoren langfristiger Veränderungen des Wirtschaftswachstums und ihrer Handhabbarkeit im Wirtschaftssystem.

Leontief, Wassily – amerikanischer Ökonom russischer Herkunft
geb. 5.8.1906 in St. Petersburg
gest. 5.2.1999 in New York
Nobelpreis 1973, für die Entwicklung der Input-Output-Methode und ihre Anwendung auf wichtige ökonomische Problemstellungen.
L. hat die meiste Zeit seines Lebens der formalen Wirtschaftstheorie und besonders der Weiterentwicklung des ökonomischen Modells gewidmet, das er in seiner Jugend entworfen hatte: der Input-Output-Analyse.

1922 begann er sein Studium an der Universität Leningrad. 1926 erwarb er an der Universität Berlin den Doktorgrad. 1932 ging L. an die wirtschaftswissenschaftliche Fakultät der Harvard-Universität in Cambridge (Massachusetts).

Jahrelang hatte L. an seiner allgemeinen Gleichgewichtstheorie gearbeitet, und dann hatte er seine ersten vier Jahre in Harvard damit verbracht, die Daten für seine ersten Input-Output-Tabellen zu sammeln. Die langwierige und aufwendige Arbeit der Berechnung der Gleichungen mußte mit Handrechenapparaten durchgeführt werden; erst die Entwicklung der elektronischen Datenverarbeitung machte die Input-Output-Analyse zu einem für Regierung und Wirtschaft anwendbaren Instrument.

Von 1946 bis 1975 war L. ordentlicher Professor für Wirtschaftswissenschaften an der Harvard-Universität, und seit 1975 war er Direktor des Instituts für Ökonomische Analysen in New York.

L.s Modelle konnten für die Produktionsplanung während des Zweiten Weltkrieges noch nicht eingesetzt werden; als aber die Siegeserwartungen stiegen – und die Bedenken zunahmen, wie die Wirtschaft die Umstellung auf Friedenszeiten verkraften würde –, taten sich Ökonomen des Büros für Arbeitsmarktstatistik mit L. zusammen, um detaillierte Input-Output-Tabellen auf der Basis der letzten produktionsstatistischen Erhebung des Jahres 1939 aufzustellen.

Die Tatsache, daß die Input-Output-Analyse eine konsistente, ordentliche und umfassende Sammlung ökonomischer Daten erforderlich gemacht hat, war für die quantitative Wirtschaftswissenschaft von unermeßlichem Nutzen. Heute haben mehr als 50 Länder Input-Output-Tabellen aufgestellt, darunter die USA, Rußland, die Länder der Europäischen Gemeinschaft und Japan. Trotz ihrer Unvollkommenheiten und Nachteile hat die Methode der Input-Output-Rechnung als eine heroische Vereinfachung der Wirtschaftstheorie einen nachhaltigen Effekt auf die ökonomische

Analyse und Planung. Sehr früh hat L. auch erkannt, daß sein Input-Output-System ein wichtiges Instrument werden könnte, um den unterentwickelten Ländern dabei zu helfen, ihre Wirtschaften zu modernisieren, und tatsächlich ist die Input-Output-Analyse ein nützliches Element der Entwicklungsplanung geworden.

Lewis, Sir (ab 1963) **William Arthur** – britischer Ökonom
geb. 23.1.1915 in Castries (Saint Lucia, Britisch-Westindien)
gest. 15.6.1991 in Saint Michael (Barbados)
Nobelpreis 1979, für bahnbrechende Forschungen zur wirtschaftlichen Entwicklung unter besonderer Berücksichtigung der Probleme der Entwicklungsländer.
1933 begann L. mit staatlicher Förderung sein wirtschaftswissenschaftliches Studium an der London School of Economics. Im Jahr 1940 promovierte er in Industrieökonomik. Seinen ersten Lehrauftrag übernahm L. bereits 1938, dem weitere folgten. 1963 erhielt er eine Professur für Wirtschaftswissenschaften und Internationale Politik an der Woodrow Wilson School of Public and International Affairs der Princeton University in New Jersey. L. war wiederholt entwicklungspolitischer Berater verschiedener Regierungen und internationaler Organisationen.

L. widmete sich zuerst wirtschaftspolitischen Problemen in Industriegesellschaften und dann zunehmend den Wirtschaftsproblemen der Dritten Welt. Er wurde als Pionier der Wirtschaftsforschung der Entwicklungsländer geehrt; mit besonderem Nachdruck hat er sich für die Befreiung der Frau in diesen Ländern eingesetzt. Seit Mitte der 30er Jahre studierte L. Berichte aus den Kolonien über landwirtschaftliche Probleme, Bergbau und Währungsfragen. Sein Interesse galt aber auch politischen Fragen, hierzu erweiterte er seine Kenntnisse durch zahlreiche Besuche und Arbeitsaufenthalte in afrikanischen und asiatischen Ländern. L. hat sich auf den Nord-Süd-Handel und Planungsfragen der unterentwickelten Länder spezialisiert. Nach seiner Ansicht ist die geringe Produktivität der Landwirtschaft ausschlaggebend für die Armut der Entwicklungsländer und hemmt den Zuwachs im Handel mit Industrieländern. Seit seiner Studentenzeit hatte er über die Faktoren nachgedacht, die die relativen Preise von Stahl und Kaffee bestimmen.

Ein weiterer Beitrag besteht in seiner Erklärung der Änderungen der „Terms of Trade“ zwischen Entwicklungsländern und Industrienationen, seinem bekannten Nord-Süd-Modell. In seiner Nobel-Lesung ergänzt L. diese Theorien um die Folgen des sinkenden Wirtschaftswachstums der Industrieländer, besonders des rückläufigen Welthandels, für die Entwicklungsländer, wobei er seine früheren Modelle so verändert, daß sie auch die Kräfte und deren Folgen berücksichtigen, die am Werke sind. Den Schlüssel zum Erfolg dieser Entwicklungsstrategie sah L. u. a. in einer umfassenden Ausbildungsverbesserung des großen Reservoirs ungelernter Arbeitskräfte. Entwicklungshemmende Strukturdefizite, Kapitalmangel und die Abhängigkeit vom Weltmarkt unter ungünstigen „Terms of Trade“ ließen sich auf diese Weise am leichtesten kompensieren, die Erträge aus Landwirtschaft und Kleinindustrie könnten in die weitere Industrialisierung investiert werden.

Lucas, Robert Emerson jr. – amerikanischer Wirtschaftswissenschaftler
geb. 15.9.1937 in Yakima (Washington)
Nobelpreis 1995, für die Entwicklung und Anwendung der Hypothese rationaler Erwartungen und der dabei erfolgten Umwandlung makroökonomischer Analyse und Vertiefung unseres Verständnisses von Wirtschaftspolitik.
L. studierte Wirtschaftswissenschaften und promovierte 1964 an der University of Chicago. 1970 erhielt er eine Berufung als ordentlicher Professor für Wirtschaftswissenschaften an der Carnegie-Mellon University in Pittsburgh (Pennsylvania). 1975 folgte er einem Ruf an die University of Chicago, wo er seit 1980 die John-Dewey-Distinguished-Service-Professur ausübt.

Die Königlich-Schwedische Akademie der Wissenschaften in Stockholm begründete die Vergabe des Nobelpreises an L. damit, daß er weltweit der Nationalökonom mit der größten Bedeutung für die makroökonomische Forschung der letzten 25 Jahre sei. Seine Leistungen haben zu einer schnellen und umwälzenden Entwicklung hinsichtlich der Hypothese rationaler Erwartungen geführt. Gemeint sei damit die systematische und wissenschaftliche Erfassung von wirtschaftlichen Zukunftserwartungen, die vor seinen bahnbrechenden Arbeiten lange Zeit „stiefmütterlich“ behandelt worden seien.

Mit seiner Theorie der rationalen Erwartungen stellte L. die These auf, daß sich die Teilnehmer am Wirtschaftsprozeß letztlich so verhalten, daß ökonomische Steuerungsversuche des Staates unterlaufen werden. Ein komplexes Geflecht von Erwartungen und Reaktionen aller am Wirtschaftsprozeß Beteiligten lasse es ratsam erscheinen, staatliche Eingriffe in die wirtschaftliche Entwicklung möglichst gering zu halten. L. entwickelte eine Erweiterung des wirtschaftswissenschaftlichen Modells der Volkswirtschaft: Begründete Zukunftserwartungen beeinflussen danach entscheidend die Beschlüsse von privaten Haushalten und Unternehmen, das Verhalten der Tarifparteien und schließlich die gesamtwirtschaftliche Entwicklung.

Die Absicht einer Regierung, etwa durch Geldmengenerhöhung die Wirtschaftskonjunktur positiv zu beeinflussen und Arbeitsplätze zu schaffen, kann nach der Hypothese rationaler Erwartungen nur kurzzeitig gelingen, auf lange Sicht würde sie eher das Gegenteil erreichen. Da eine Geldmengenerhöhung eine bleibend hohe Inflation erwarten läßt, würden Gewerkschaften als Ausgleich für den drohenden Kaufverlust höhere Löhne fordern, die Unternehmen dagegen ihr Kapital vermehrt in Länder mit stabiler Währung investieren. Seine These von der Wirkungslosigkeit staatlicher Konjunkturstrategien hat L. mit ökonometrischen Untersuchungen untermauert.

Weiterhin entwickelte L. neue Modelle in der Konjunkturtheorie (Gleichgewichtstheorie für Konjunkturzyklen), der Ökonometrie und der Wachstumstheorie (Erklärung des technischen Fortschritts).

Markowitz, Harry Max – amerikanischer Wirtschaftswissenschaftler
geb. 24.8.1927 in Chicago
Nobelpreis 1990, für seine bahnbrechenden Leistungen auf dem Gebiet der Theorie der Finanzmärkte und der optimalen Kapitalanlage.
M. studierte an der Universität Chicago Ökonomie, und nach Abschluß seines Studiums spezialisierte er sich auf dem Gebiet der Finanzmarkttheorie, die als Grundlage für Investitions- und Finanzierungsentscheidungen enorme Bedeutung hat. Von 1952 bis 1963 war M. Forscher bei der Rand-Corporation in Santa Monica (Kalifornien). Von 1964 bis 1968 war er technischer Direktor des Consolidated Analysis Centers in Santa Monica. Von 1974 bis 1983 wirkte er als Forscher bei IBM in New York. Von 1983 bis 1993 war er Professor für Wirtschafts- und Finanzwissenschaften am Barcu College der City-Universität in New York.

Bereits als Student in Chicago entwickelte M. die sogenannte „Portfoliotheorie". Die Portefeuilleauswahl ist die Verteilung eines gegebenen Vermögensbestandes auf unterschiedliche Vermögensobjekte, in der Regel nach Finanzanlagen (Kasse, Einlagen, festverzinsliche Wertpapiere) und Realanlagen (Aktien, Grundstücke, Kunstgegenstände). Die einzelnen Vermögensobjekte unterscheiden sich nach erwartetem Ertrag oder Wertentwicklung (Performance) und Risikograd. In seiner mikroökonomischen Portfoliotheorie wies N. für Anleger, welche höhere Risiken nur bei höherem erwarteten Ertrag eingehen, eine Nutzenssteigerung durch Diversifikation (Erweiterung der sektoralen Produktions- und Exportstruktur einer Volkswirtschaft) nach. Je unterschiedlicher die einzelnen Anlageobjekte auf zukünftige unsichere Ereignisse reagieren, desto größer ist die risikomindernde Wirkung durch Diversifikation. Das optimale Portefeuille (der Bestand an Wertpapieren und Vermögenswerten) wird neben den Erwartungen des Anlegers von der Risikoeinstellung bestimmt, wobei M. für beides anwendbare Maßgrößen angibt.

M.s Leistung bestand vor allem darin, eine rigoros formulierte, operationelle Theorie für die Zusammenstellung eines Portefeuilles unter unsicheren Bedingungen zu entwickeln. Der Grundgedanke der Theorie liegt darin, daß sich Risiken einzelner Anlagen durch Portfoliobildung erheblich reduzieren oder ausschalten lassen. Da die Diversifizierung der Anlagen eine Möglichkeit der Risikominderung bietet, beruht das Risiko des gesamten Portefeuilles – gemessen als seine Varianz – auf den paarweise gegenübergestellten Varianzen sämtlicher Vermögenswerte. Damit wird die aufgrund der großen Zahl unterschiedlicher Anlagenwerte an sich komplizierte Zusammenstellung eines Portefeuilles auf das zweidimensionale Problem einer „mean-variance-analyse" reduziert. Stellt man die Risiken der einzelnen Anlagen, statistisch gemessen als Quadrat der Standardabweichung (Varianz), gegenüber, so wird das Problem der optimalen Portfolioauswahl auf das Verhältnis zwischen Gewinnerwartung und Durchschnittsvarianz reduziert. Mit Hilfe der von M. entwickelten Methode der „quadratischen Programmierung" lassen sich dann jene Portfolios bestimmen, die für ein vorgegebenes Risiko eine maximale Renditeerwartung aufweisen. Die solchermaßen gewonnenen Portfolios liefern das Menü für rationale Investitionsentscheidungen.

McFadden, Daniel L. – amerikanischer Wirtschaftswissenschaftler
geb. 29.7.1937 in Raleigh (North Carolina)
Nobelpreis 2000, für die Entwicklung von Theorien und Methoden zur Analyse diskreter Wahlentscheidungen.
M. studierte Physik an der University of Minnesota, wo er 1962 auch promovierte. 1969 wurde er zum ordentlichen Professor für Wirtschaftswissenschaften an die University of California in Berkeley berufen. 1978 erhielt M. eine Berufung an das Massachusetts Institute of Technology in Cambridge, an dem er von 1984 bis 1991 den James R.-Killian-Lehrstuhl innehatte. 1990 ging er zurück nach Berkeley und übernahm den E.-Morris-Cox-Lehrstuhl für Wirtschaftswissenschaften.

Die Königlich-Schwedische Akademie der Wissenschaften hat im Jahr 2000 mit James C. Heckman und M. zwei Preisträger ausgewählt, die im Felde der Mikroökonometrie Theorien und Methoden entwickelt haben, die heute weitreichende Verwendung in der empirischen Analyse des Verhaltens von Individuen und Haushalten finden. M.s bevorzugtes Forschungsgebiet ist die Ökonometrie, ein Zweig der Wirtschaftswissenschaften, der im Grenzbereich zwischen Ökonomie und Statistik anzusiedeln ist.

M. befaßte sich mit einem Problem der Mikroökonometrie (die Wissenschaft von der Messung individueller ökonomischer Entscheidungen in Unternehmen und Privathaushalten), dem der „diskreten Entscheidungssituationen". Die meisten mikroökonomischen Modelle gehen davon aus, daß einem bei Entscheidungen eine unendlich große Fülle von Alternativen zur Auswahl stehen, etwa um sein Geld auszugeben. In der Wirklichkeit sind die Alternativen jedoch meist sehr begrenzt, die Entscheidung wird dadurch qualitativ. Es gelang M., verschiedene Modelle bzw. statistische Verfahren zu entwickeln, mit denen sich der Anteil derjenigen schätzen ließ, die sich für ein bestimmtes Verkehrsmittel oder beispielsweise für neuere Telefondienstleistungen oder Wohnungen entscheiden würden. Mit M.s Ergebnissen läßt sich ermitteln, wie sich Transportsysteme ändern, wenn Preise oder die Zusammensetzung der jeweiligen Bevölkerung schwanken. Seine Transportstudien wurden zur Vermeidung von Staus in Kalifornien angewandt. M. hat eine Vielzahl von Studien und Fachbeiträgen zur Ökonometrie veröffentlicht.

Meade, James Edward – britischer Wirtschaftswissenschaftler
geb. 23.6.1907 in Swanage (Dorset)
gest. 22.12.1995 in Cambridge
Nobelpreis 1977, für bahnbrechende Arbeiten auf dem Gebiet der Theorie des internationalen Handels und der internationalen Kapitalbewegung.
M. studierte Wirtschaftswissenschaften am Trinity College in Cambridge. Von 1931 bis 1937 war er Dozent für Ökonomie und Mitglied des Hertford College der Universität Oxford. Von 1938 bis 1940 war er Wirtschaftsberater beim Völkerbund in Genf. 1947 ging M. an die Hochschule zurück und war bis 1957 Professor für Handelsrecht an der London School of Economics. 1957 wurde M. Professor für Wirtschaftspolitik und Volkswirtschaft an der Universität Cambridge.

Sein besonderes Interesse galt der allgemeinen Wirtschaftstheorie, den Beziehungen zwischen ihren verschiedenen Teilen und deren Bedeutung für das Konzept der Wirtschaftspolitik. Er befürwortete bei schlechter Wirtschaftslage sowohl finanz- wie währungspolitische Maßnahmen des Staates.

M.s Hauptbeitrag zur Theorie des internationalen Handels und der internationalen Kapitalströme besteht zweifellos in seiner systematischen Arbeit zur Makrotheorie offener Volkswirtschaften. Als besonders wichtig erwies sich seine Analyse des Zusammenhanges zwischen binnen- und außenwirtschaftlichem Gleichgewicht, ebenso seine Untersuchungen zur Beziehung von Zielen und Mitteln der Wirtschaftspolitik in diesem Zusammenhang.

M. plädiert in seinen Arbeiten für ein hohes Maß an staatlicher Voraussicht und staatlichen Eingriffen, um die Gefahr von Inflation und Deflation zu vermeiden und um eine „einigermaßen gerechte Verteilung von Einkommen und Vermögen zu gewährleisten" sowie „eine unsoziale Manipulation der Märkte durch private Interessen" zu verhüten und dies zu kontrollieren. Seine Arbeiten zur Steuer- und Einkommenspolitik haben besonders in Großbritannien das Denken der Wirtschaftspolitiker beeinflußt. Während seiner Tätigkeit als Berater der Britischen Regierung erhielt M. den Auftrag, Möglichkeiten einer Reform des Steuersystems zu untersuchen. Zusammen mit anderen Ökonomen äußerte sich M. über die Vorteile einer Umstellung der Einkommenssteuer auf die stärkere Besteuerung des Konsums.

M. war u. a. Leiter einer Kommission, die die wirtschaftlichen Probleme auf Mauritius zu untersuchen und Lösungsvorschläge auszuarbeiten hatte. Seit 1947 ist er Gouverneur des Nationalen Instituts für Wirtschafts- und Sozialforschung. Sein Werk „Die Theorie der internationalen Wirtschaftspolitik" (1951–55, 2 Bände) war auch an deutschen Universitäten einige Jahre Pflichtlektüre.

Merton, Robert Cox – amerikanischer Wirtschaftswissenschaftler
geb. 31.7.1944 in New York City
Nobelpreis 1997, für die Entwicklung einer bahnbrechenden Methode der Bewertung von Derivatinstrumenten.
M. absolvierte ein Mathematikstudium an der Columbia University in New York. Anschließend widmete er sich den Wirtschaftswissenschaften und promovierte 1970 am Massachusetts Institute of Technology in Cambridge. 1974 wurde er hier ordentlicher Professor für Wirtschafts- und Finanzwissenschaften. 1988 ging er an die Business School der Harvard University, wo er eine Professur für Business Administration übernahm.

M.s Forschungsarbeit konzentrierte sich auf die Entwicklung von Finanztheorien im Bereich Kapitalmärkte und Finanzwirtschaft. In Zusammenarbeit mit dem 1995 verstorbenen Fischer Black und M. S. Scholes fand M. 1973 eine Formel in Form einer partiellen Differenzialgleichung, die es zuließ, Aktien und andere risikobehaftete Finanzprodukte wie Lebens- und Rentenversicherungen oder Firmenverbindlichkeiten zu bewerten. Schon seit Beginn des 20. Jahrhunderts haben Wissenschaftler nach einer einfachen Formel für die Preisbildung abgeleiteter Finanzprodukte gesucht.

Optionen geben ihren Inhabern das Recht, ein bestimmtes Wertpapier in der Zukunft zu einem bestimmten Preis zu kaufen oder zu verkaufen. Der Käufer einer Option entscheidet darüber, ob er von ihr Gebrauch macht; der Verkäufer ist von dessen Entscheidung abhängig („Stillhalter"). Für das Kauf- oder Verkaufsrecht hat der Erwerber der Option dem Stillhalter ein Entgelt zu zahlen (Optionspreis, Optionsprämie), das seinen Verlust darstellt, wenn er von der Option keinen Gebrauch macht. Die Option verfällt, falls sie nicht innerhalb der Optionsfrist ausgeübt wird. Blacks, Scholes' und M.s besondere Leistung bestand darin, gezeigt zu haben, daß man bei der Bewertung von Optionen auch ohne die Bezugnahme auf individuelle Risikovorlieben auskommt. Am Beispiel einer europäischen Kaufoption hatten Black und Scholes eine partielle Differentialgleichung zur Bewertung der Option entwickelt, ein sogenanntes „Optionspreis-Modell". Die Anwendungsmöglichkeiten dieser Formel wurden von M. erweitert und allgemeingültig abgeleitet.

Die von Black, Scholes und M. entwickelte Bewertungsmethode trug in den 80er und 90er Jahren wesentlich zum schnellen Anwachsen der Risikomärkte bei. Außerdem ließen sich mit dem Optionspreis-Modell Preise für alle möglichen risikobehafteten Finanzprodukte errechnen.

Miller, Merton Howard – amerikanischer Ökonom
geb. 16.5.1923 in Boston (Massachusetts)
gest. 3.6.2000 in Chicago
Nobelpreis 1990, für seine grundlegenden wissenschaftlichen Beiträge auf dem Gebiet der betrieblichen Finanzierungstheorie und der Theorie der Finanzmärkte.
M. studierte Rechts- und Wirtschaftswissenschaften an der Harvard-Universität in Cambridge (Massachusetts). Von 1944 bis 1947 arbeitete er als Wirtschaftswissenschaftler im amerikanischen Finanzministerium. Nach der Promotion an der Johns-Hopkins-Universität

in Baltimore (Maryland) lehrte M. als Dozent. Ab 1961 forschte und lehrte er als Professor für Bankwesen und Finanzen an der Universität Chicago.

1958 entwickelten F. Modigliani und M. einen Ansatz der modernen Finanzierungstheorie, das sogenannte Modigliani-M.-Theorem, wonach auf vollkommenen Kapitalmärkten unter Berücksichtigung des Risikos die Verschuldung eines Unternehmens für dessen Marktwert irrelevant ist. Der Wert eines Unternehmens beruhe ausschließlich auf dem Wert der Investitionen und werde nicht durch die Art der Finanzierung beeinflußt. Die durchschnittlichen Kapitalkosten seien unabhängig von der Kapitalstruktur, einen optimalen Verschuldungsgrad gebe es nicht. Diese Aussagen beruhen auf der Annahme, daß sich die Eigenkapitalgeber auf einem vollkommenen Kapitalmarkt zu den gleichen Bedingungen verschulden können wie Unternehmen und dadurch aus der Verschuldung des Unternehmens kein zusätzlicher Vorteil entstehen kann.

1961 zeigten Modigliani und M., daß bei Existenz von Unternehmenssteuern zunehmende Verschuldung vorteilhaft wird. Die Bedeutung des Theorems liegt in der für die Betriebswirtschaftslehre neuen Art der Analyse eines Kapitalmarktgleichgewichts. Ausgehend von der Annahme, daß Aktionäre und Unternehmen Zugang zum selben Kapitalmarkt haben, Unternehmen ihre Finanzierungsentscheidungen jedoch nicht den unterschiedlichen Risikopräferenzen der Aktionäre anzupassen brauchen, weil diese selbst schon im Rahmen ihrer Vermögenswertportefeuilles (die Portefeuillewahl-Theorie gibt Finanzanlegern ein Menü rationaler Entscheidungskriterien für die Bildung eines wirkungsvollen diversifizierten [ein Unternehmen auf neue Produktionsbereiche umstellen] Anlageportefeuilles in die Hände) diese Risiko-Gewinn-Abwägung vornehmen, der Unternehmenswert damit also „unabhängig" von der Form der Finanzierung ist, entwickelten Modigliani und M. zwei sogenannte „Invarianztheoreme", die inzwischen bekannten „MM-Theoreme".

Das erste „Invarianztheorem" besagt zum einen, daß die Entscheidung, ob die Finanzierung eines Unternehmens über Aktien oder Kreditaufnahme erfolgen soll, keinen Einfluß auf den Marktwert des Unternehmens und seine durchschnittlichen Kapitalkosten hat, zum anderen, daß der erwartete Gewinn linear mit der Quote zwischen Unternehmensschulden und Unternehmenskapital ansteigt. Das zweite „Invarianztheorem" besagt, daß unter den gleichen Voraussetzungen auch die Ausschüttungspolitik des Unternehmens seinen Marktwert nicht beeinflußt. Da jeder Investor durch individuelle Vermögensdispositionen sein gewünschtes Portefeuille selbst erzeugen kann, bietet die Unternehmung mit ihrer Finanzierungsstruktur dem Anleger nichts, was dieser nicht selbst durch Änderung seines Portefeuilles auf dem Kapitalmarkt erreichen könnte. Die gesamte Finanzierung und die Dividendenpolitik einer Aktiengesellschaft sind damit für den Reichtum ihrer Aktionäre unerheblich.

Ökonomisch bedeutend sind diese Arbeiten vor allem deshalb, weil sie zeigen, daß der Handlungsspielraum für Finanzierungsentscheidungen unter dem Vorrang der Gewinnmaximierung auf dem Hintergrund gut funktionierender Kapitalmärkte wesentlich größer ist, als die klassische Finanzierungslehre es annahm.

Mirrlees, James Alexander – britischer Wirtschaftswissenschaftler
geb. 5.7.1936 in Minnigaff (Schottland)
Nobelpreis 1996, für seine grundlegenden Beiträge zur ökonomischen Theorie über Anreiz bei asymmetrischer Information.
M. studierte Mathematik und Volkswirtschaftslehre an der Universität Edinburgh. Er promovierte 1963 an der Universität Cambridge. Nach Beratungstätigkeiten in New Delhi und Swaziland wurde M. im Jahre 1968 als Edgeworth-Professor für Volkswirtschaft an die Universität Oxford berufen. Seit 1995 lehrt er als Professor für Politische Ökonomie am Trinity College in Cambridge.

Die beiden Nobelpreisträger für Wirtschaftswissenschaften W. Vickrey und M. haben unabhängig voneinander grundlegende Beiträge zur theoretischen Analyse des „Anreiz bei asymmetrischer Information" geleistet. Beide Preisträger haben sich in einem großen Teil ihrer Arbeiten finanzwissenschaftlichen Fragen gewidmet und damit die moderne Entwicklung dieses Faches entscheidend mitgeprägt. Der Vorsitzende des Nobelkomitees, A. Lindbeck, sagte: „Die beiden Wirtschaftswissenschaftler haben das Fundament für zentrale Entscheidungen geschaffen, die für Unternehmen und staatliche Stellungen von immenser Bedeutung sind."

Von Bedeutung war die von Vickrey und M. – im zeitlichen Abstand von mehreren Jahrzehnten – entwickelte und verfeinerte Frage, wie sich Akteure bei unvollständiger oder ungleich verteilter Kenntnis wirtschaftlicher Bedingungen verhalten. Ungleich verteilte Kenntnisstände, „Informationsasymmetrien", führen nach ihrer These zu Vorteilen für einzelne Akteure, können von diesen strategisch genutzt werden, bestimmen in vielen Fällen deren Handeln und haben maßgeblichen Einfluß auf die Funktion des Marktes. Daraus ergibt sich die Fragestellung, wie Verträge oder Institutionen so gestaltet werden können, daß den unterschiedlichen Kenntnisständen und den daraus resultierenden Problemen der Handlungssteuerung und der Handlungsanreize Rechnung getragen wird.

M. und Vickrey haben die Bedeutung von Informationsasymmetrien in sehr unterschiedlichen Gebieten analysiert; beispielsweise das Kreditinstitut, das keine vollständige Kenntnis über die zukünftigen Einkommensverhältnisse eines Schuldners besitzt, oder der Unternehmer, der über jeweilige Kosten und Konkurrenzverhältnisse weniger gut informiert ist als das geschäftsführende Management. M. gelang es, das von Vickrey skizzierte Problem der optimalen Einkommensbesteuerung 25 Jahre später mathematisch so weit auszuformulieren, daß nun ein vollständiges Modell vorlag.

Das Nobelkomitee der Schwedischen Akademie der Wissenschaften brachte zum Ausdruck, daß die Erkenntnisse von M. für ein breites Band von wirtschaftlichen Fragen, bei denen asymmetrische Informationen eine wichtige Rolle spielen, schulbildend wirken sollten.

Modigliani, Franco – amerikanischer Ökonom italienischer Herkunft
geb. 16.8.1918 in Rom
Nobelpreis 1985, für seine bahnbrechende Analyse über das Sparverhalten der Finanzmärkte.
M.schrieb sich mit 17 Jahren für Rechtswissenschaften an der Universität Rom ein. Im zweiten Studienjahr beteiligte er sich an einem nationalen Wettbewerb in Wirtschaftswissenschaften und gewann den ersten Preis. 1939 promovierte er zum Doktor der Rechtswissenschaften. Wenige Tage vor Ausbruch des Zweiten Weltkrieges verließ er mit seiner Frau Italien, und sie fanden in New York eine neue Heimat. Tagsüber arbeitete M. als Verkäufer europäischer Bücher, und am Abend studierte er Nationalökonomie. Ab 1941 wirkte er als Dozent. 1948 verließ M. New York und übernahm an der University of Illinois eine reizvolle Aufgabe als Leiter eines Forschungsprojektes über individuelle Erwartungen und Konjunkturschwankungen.

An der Universität von Illinois blieb er bis 1952, hier schuf er in Zusammenarbeit mit R. Brumberg die Grundlage für die Hypothese über das Sparen im Lebenszyklus. Sie wurde 1953/54 in zwei Abhandlungen ausgearbeitet. Die eine behandelte das Verhalten des Individuums, die andere das aggregierte Sparen. Bis 1960 war M. am Carnegie Institute of Technology tätig. Hier vervollständigte er die beiden grundlegenden Schriften über die Lebenszyklushypothese und arbeitete an einem Buch mit, welches sich mit dem Problem der optimalen Kapazitätsauslastung befaßt. Außerdem schrieb er die beiden Aufsätze über die Wirkung von Kapitalstruktur und Dividendenpolitik auf den Marktwert eines Unternehmens. Es folgte eine Abhandlung über die Vorhersagbarkeit gesellschaftlicher Ereignisse, wenn das Individuum auf die Prognose reagiert. Sie sollte später eine der tragenden Säulen für die „Theorie der rationalen Erwartungen" werden.

1960 wurde M. Gastprofessor am Massachusetts Institute of Technology in Cambridge. Hier hat er seine früheren Interessen auf dem Gebiete der Makroökonomie weiterverfolgt, einschließlich einer kritischen Analyse monetaristischer Standpunkte, einer Verallgemeinerung des Geldmechanismus und empirischer Tests der Lebenszyklushypothese. Darüber hinaus hat er seine Arbeit auf die internationale Geldwirtschaft und das internationale Zahlungssystem, auf die Stabilitätspolitik in einer extensiv offenen Volkswirtschaft und auf zahlreiche Probleme der Finanzierung, wie Kreditrationierung, Entwicklung der Zinssätze und Bewertung spekulativer Vermögenswerte ausgedehnt. In den späten sechziger Jahren trug M. für die Entwicklung eines Wirtschaftsmodells der Vereinigten Staaten die Hauptverantwortung. Schließlich hat er sich aktiv an der Debatte über die Wirtschaftspolitik in Italien wie auch in den Vereinigten Staaten beteiligt. Neuerdings konzentriert sich M. auf die negativen Auswirkungen der beträchtlichen Defizite der öffentlichen Hand.

Mundell, Robert Alexander – kanadischer Wirtschaftswissenschaftler
geb. 24.10.1932 in Kingston (Ontario)
Nobelpreis 1999, für seine Analyse der Geld- und Fiskalpolitik in verschiedenen Wechselkurssystemen und für seine Analyse optimaler Währungsgebiete.
M. studierte Wirtschaftswissenschaften an der Universität von British Columbia und an der Universität von Washington. 1956 promovierte er in Cambridge. Seine akademische Laufbahn begann M. 1957. Ab 1961 arbeitete er für den International Monetary Fund (IMF). Von 1965 bis 1975 arbeitete er als wissenschaftlicher Berater am Institute of International Studies in Genf und nahm außerdem von 1966 bis 1971 noch eine Professur für Wirtschaftswissenschaften an der University of Chicago wahr. 1972 übernahm M. eine Professur sowie die Leitung des Wirtschaftsdepartments an der Universität von Waterloo in Ontario. 1974 erhielt er eine Berufung als Professor für Wirtschaftswissenschaften an die Columbia University in New York.

M. konzentrierte sich in seiner Forschungsarbeit auf eine Analyse der sogenannten Stabilisierungspolitik und zeigte weit vorausschauend die Grenzen auf, denen Geld- und Fiskalpolitik in offenen Volkswirtschaften unterliegen, die in internationale Waren- und Kapitalmärkte eingebunden sind.

Im Jahr 1961 veröffentlichte M. seinen bahnbrechenden Aufsatz über eine „Theorie optimaler Währungsgebiete", die nicht zuletzt durch das Projekt der Europäischen Währungsunion in den vergangenen Jahren immer stärkere Beachtung fand und zum Ausgangspunkt der meisten Analysen wurde. Bei der Abwägung der Vor- und Nachteile eines gemeinsamen Währungsgebiets verschiedener Staaten sah M. vor allem Schwierigkeiten beim Ausgleich „asymmetrischer Schocks". Solche Störungen seien nur aufzufangen, wenn das nach seiner Ansicht wichtigste Kriterium für die optimale Nutzung einer Gemeinschaftswährung erfüllt sei, die hohe Mobilität der Arbeit.

1963 wies M. auf die unterschiedlichen Konsequenzen hoher internationaler Kapitalbeweglichkeit hin: Frei bewegliches Kapital stelle die Geldpolitik vor die Wahl, entweder ein externes Ziel, den Wechselkurs, im Auge zu behalten, oder aber ein internes Ziel, die Preisstabilität, zu verfolgen. Eine Geldpolitik, die beide Ziele gleichzeitig verfolge, sei zum Scheitern verurteilt.

Die Schlußfolgerungen von M. führten unter anderem zu der Erkenntnis, daß eine optimale Arbeitsteilung zwischen staatlicher Haushalts- und Fiskalpolitik sowie der Geldpolitik der Zentralbank nur gewährleistet wird, wenn sich Regierung und Zentralbank auf ihre jeweiligen Aufgaben konzentrieren. Bei freien Wechselkursen habe die Geldpolitik große Spielräume, die Fiskalpolitik dagegen sei wirkungslos. Mit seinem sogenannten „monetären Ansatz der Zahlungsbilanz“ hatte M. die Wechselwirkung zwischen festen Wechselkursen, einer expansiven Geldpolitik und der Entwicklung der Zahlungsbilanz untersucht. Er trat den Beweis an, daß Ungleichgewichte in der Zahlungsbilanz durch eine entsprechende Geld- und Haushaltspolitik ausgeglichen werden können.

Myrdal, Karl Gunnar – schwedischer Wirtschaftswissenschaftler
geb. 6.12.1898 in Gustafs (Darlekarlien)
gest. 17.5.1987 in Stockholm
Nobelpreis 1974, für bahnbrechende Arbeiten auf dem Gebiet der Geld- und Konjunkturtheorie und ihre tiefgründigen Analysen der wechselseitigen Abhängigkeit von wirtschaftlichen, sozialen und institutionellen Verhältnissen.
M. studierte Jura, Volkswirtschaft, Soziologie und Finanzwissenschaften an der Universität in Stockholm. Als Doktor der Wirtschaftswissenschaften wurde er 1927 Dozent für Politische Ökonomie in Stockholm.

Schon früh bemühte sich M., der Volkswirtschaft den Status einer moralischen Wissenschaft zu geben. 1930 kritisierte er die Wohlfahrtsökonomie, die das Wirtschaftsleben unter dem Aspekt untersucht, den Wohlstand aller zu maximieren, als überholt.

1933 wurde M. auf den Lars-Hierta-Lehrstuhl für Politische Ökonomie und Finanzwirtschaft der Universität Stockholm berufen. Von 1934 bis 1936 war er Senator der Sozialdemokratischen Partei im Parlament und arbeitete in verschiedenen Regierungsausschüssen. 1938 betraute ihn die Carnegie-Stiftung in New York mit der Ausarbeitung einer Studie über die Rassenproblematik in den USA. Von 1945 bis 1947 war er in Schweden Handelsminister, anschließend wurde er zum Generalsekretär der Europäischen Wirtschaftskommission der Vereinten Nationen berufen. In dieser Funktion setzte sich M. vehement für ein vereintes Europa ein, das auch die Staaten des Ostblocks umfassen sollte. 1961 wurde er zum Professor für Internationale Ökonomie an der Universität Stockholm ernannt.

Die frühen hochinnovativen Beiträge F. v. Hayeks (ebenfalls Nobelpreis 1974) und M.s über Konjunkturzyklen waren bemerkenswert. Sie behandelten die Verbindungen zwischen einigen zentralen wirtschaftlichen Phänomenen, sozialen und politischen Organisationen sowie Prozessen. Die ökonomische Analyse hat M. mit einer weiteren soziologischen Perspektive verknüpft. Damit wollte er zeigen, wie gesellschaftliche, ökonomische und politische Kräfte so zusammenwirken, daß sie das Schicksal von Individuen oder gesellschaftlichen Gruppen bestimmen.

M. wollte mit Hilfe eines Systems tiefgreifender Eingriffe des Staates, vor allem in der Produktion, die Arbeitslosigkeit bekämpfen. Er machte auf die Rolle des Sparens als Nachfrageausfall aufmerksam und plädierte für kreditfinanzierte öffentliche Arbeitsprogramme. M. galt viele Jahre als ein Begründer und wichtiger Repräsentant der Theorie vom Wohlfahrtsstaat, einer Theorie, wonach alle Klassen und Schichten Einkommenserhöhungen erreichen, die zum Teil durch Umverteilungsmaßnahmen des Staates durchgesetzt werden.

M. ist als entschiedener Gegner der Rassendiskriminierung hervorgetreten und hat zahlreiche Vorschläge zur materiellen und sozialen Besserstellung der Menschen in Asien, Afrika und Lateinamerika gemacht.

Nash, John Forbes – amerikanischer Ökonom und Mathematiker
geb. 13.6.1928 in Bluefield (West-Virginia)
Nobelpreis 1994, für die grundlegende Analyse des Gleichgewichts in nichtkooperativer Spieltheorie.
N. studierte Mathematik am Carnegie Institute of Technology in Pittsburgh (Pennsylvania) und promovierte 1950 an der Princeton University in New Jersey mit einer Dissertation über „Nicht-Kooperative Spiele“, die zu seinen grundlegenden Arbeiten über den Gleichgewichtsbegriff in der nichtkooperativen Spieltheorie zählt. Seit 1959 wirkt er als Professor an der mathematischen Abteilung der Universität Princeton.

N. entwickelte ein allgemeines Lösungskonzept für Spiele, in denen keine verbindlichen Absprachen der Akteure möglich sind, und bewies die Existenz eines Gleichgewichtspunkts für Spiele mit einer beliebigen Zahl von Teilnehmern. Ein Gleichgewichtspunkt muß aus der Sicht der Betroffenen keineswegs zu einem optimalen Ergebnis führen. Dies wird am bekanntesten Beispiel der Spieltheorie, dem Gefangenendilemma, deutlich. Es zeigt, daß eigennütziges, individuell rationales Handeln Konsequenzen haben kann, die im Sinne aller Beteiligten suboptimal sind. Dennoch besteht für das Individuum keinerlei Anreiz, aus dieser Situation auszubrechen: Da die Strategien der Gleichgewichtslösung individuell optimal sind, sind alle Spieler ohne die Möglichkeit bindender Absprachen in einer untergeordneten Lösung gefangen.

N.s Verdienst besteht darin, die klassische Spieltheorie auf ökonomisch wirklichkeitsnähere Situationen erweitert zu haben. Das Gesamtergebnis solcher nichtkooperativen Spiele zu prognostizieren ist das zentrale Problem der Spieltheorie, zu dessen Lösung N. mit dem als „N.-Gleichgewicht“ bekanntgewordenen Konzept einen fundamentalen Beitrag leistete. Er untersuchte, welche Lösung sich ergibt, wenn alle Spieler unabhängig voneinander, ohne die Strategien der anderen Spieler zu beobachten, allein aus Kenntnis der Struktur des Spiels eine rationale Prognose über das Spielergebnis anstellen. Wenn sämtliche Spieler vollständig über die Struktur des Spiels und die Präferenzen der Gegenspieler informiert sind, können sie ableitend die optimalen Strategien berechnen. Im Gegensatz zu den Modellen der neoklassischen Ökonomie handelt es sich bei dem „N.-Gleichgewicht“ um eine Lösung, die zwar die Erwartungen aller Einzelakteure erfüllt, darum aber für die Gesamtheit der Marktteilnehmer nicht „optimal" sein muß. Tatsächlich gibt es oft keine eindeutigen (optimalen) Lösungen und infolgedessen mehrere mögliche „N.-Gleichgewichte". Das Konzept des „N.-Gleichgewichts" ist so zentral, daß es heute durchgängig in der Wirtschaftstheorie verwendet wird.

Die Arbeiten von Harsanyi, N. und Selten schufen letztlich das theoretische Instrumentarium für einen völlig neuen Zweig der Wirtschaftswissenschaften, nämlich die Informationsökonomie. Sie ermöglicht es, die Bedeutung von Anreizen, von Glaubwürdigkeit und Reputation in ganz unterschiedlichen Bereichen der Wirtschaftswissenschaften zu analysieren. Dies hat zunächst das Verständnis der Industrieökonomie – der Analyse von Marktverhalten bei wenigen Anbietern – grundlegend verändert.

North, Douglass Cecil – amerikanischer Volkswirtschaftler und Wirtschaftshistoriker
geb. 5.11.1920 in Cambridge (Massachusetts)
Nobelpreis 1993, für seinen Beitrag zur Erneuerung der wirtschaftsgeschichtlichen Forschung mittels der Anwendung von Wirtschaftstheorie und quantitativen Methoden zur Erklärung wirtschaftlicher und institutioneller Veränderungen.
N. studierte Wirtschaftswissenschaften an der University of California in Berkeley, wo er 1952 promovierte. An der University of Washington in Seattle wurde er 1960 zum ordentlichen Professor berufen. 1983 wurde N. emeritiert.

Mit seinen Arbeiten wurde N. zum Mitbegründer der neuen Wirtschaftsgeschichte („New Economic History", „Cliometrie"), die durch die Anwendung von Wirtschaftstheorie und quantitativen Methoden der Ökonometrie versucht, wirtschaftliche Entwicklungen und institutionelle Veränderungen zu erklären. Insbesondere relativierte N. die Bedeutung von Erfindungen und technischen Innovationen für das wirtschaftliche Wachstum. Wirtschaftshistoriker werden vor allem dann um Rat gefragt, wenn es um tiefgreifende Strukturbrüche in der Wirtschaftsentwicklung geht, wie etwa heute um die Transformation einer Zentralplanung in eine Marktwirtschaft, und wenn die auf Daten der nur kurz zurückliegenden Vergangenheit aufgebauten Modelle der Ökonomen versagen.

In den 60er Jahren hatte N. mit Veröffentlichungen Aufsehen erregt, die die zu jener Zeit allgemein akzeptierten Auffassungen über die Bedeutung von Erfindungen und technischen Veränderungen für das Wirtschaftswachstum eines Landes einer kritischen Überprüfung unterzogen. Eine solche entscheidende „Führungs"-Rolle war beispielsweise in der amerikanischen Wirtschaft der Erfindung und der Entwicklung der Eisenbahnen zugeschrieben worden. N. entzog dieser These dadurch die Grundlage, daß er die Vielfalt der Antriebskräfte, die schon vor dem Sezessionskrieg zur Wirkung gelangt waren, aufgriff und in ein statistisches Bild faßte.

N. liegt vor allem eine bestimmte Theorie am Herzen, die er besonders geeignet hält, die langfristige Wirtschaftsentwicklung zu erklären. Die Theorie ist der Property-Rights-Ansatz und die Transaktionskostentheorie. Mit ihrer Hilfe erklärte er zusammen mit R. Thomas Aufstieg und Niedergang der mittelalterlichen Grundherrschaft vom Typ der Villikation (Bewirtschaftung eines Landgutes). Charakteristisch für die damalige Situation war, daß die einzelnen Grundherrschaften ein weitgehend wirtschaftlich unabhängiges Leben führten. Land war im Überfluß vorhanden, es war jedoch nur in Kombination mit Arbeit und militärischem Schutz etwas wert. Die Villikationsverfassung interpretierten Thomas und N. als einen Vertrag zwischen Herrn und Bauern, in dem Schutz gegen Frondienste getauscht wurde, ohne daß die Eigentumsrechte am Land streng definiert worden wären, da dieses sozusagen ein freies Gut war. Ein solcher Vertrag war rational, da Märkte weitgehend fehlten und daher auch keine etablierten Preise zur Bewertung von Gütern vorhanden waren, was bei einem Lohn- oder Rentenvertrag angesichts der Ernteschwankungen immer wieder lange Handelsprozesse und somit hohe Transaktionskosten hervorgerufen hätte. Die hauptsächliche Triebkraft, die dieses Arrangement gefährdete und letztlich zerstörte, war das Bevölkerungswachstum. Dies führte zu einer dichteren Besiedlung, zur Steigerung des Wertes von Grund und Boden, zur Minderung des Preises der Arbeit, zu vermehrtem Handel sowie zur Entstehung von Märkten. Damit war von der Anreizstruktur her die Grundlage für den Übergang zu einer wachsenden Wirtschaft gelegt.

N. lieferte den Nachweis, daß jede institutionelle Neuerung Transaktionskosten senkt, Wachstum und Entwicklung fördert und damit tatsächlich kollektiver Rationalität entspricht. N. gilt als Mitbegründer der Institutionenökonomik.

Ohlin, Bertil Gotthard – schwedischer Ökonom und Politiker
geb. 23.4.1899 in Grämanstorp
gest. 3.8.1979 in Välädalen
Nobelpreis 1977, für bahnbrechende Arbeiten auf dem Gebiet der Theorie des internationalen Handels und der internationalen Kapitalbewegung.
O. studierte an der Universität Lund Mathematik, Statistik und Wirtschaftswissenschaften. 1924 erhielt er den Doktortitel. 1925 übernahm er den Lehrstuhl für Wirtschaftswissenschaften an der Universität von Kopenhagen. Nach fünfjähriger Tätigkeit folgte er einer Berufung zum Professor für Wirtschaftswissenschaften an die Handelshochschule Stockholm, die er bis 1965 ausübte.

Seit dieser Zeit konzentrierte sich seine Aufmerksamkeit hauptsächlich auf die Geld- und Kredittheorie sowie das Wirtschaftswachstum. Unter Anwendung früherer Erkenntnisse von K. Wicksell, E. Lindahl und G. Myrdal versuchte O., ein Modell für die Analyse eines Wachstumsprozesses unter den Bedingungen großer ungenutzter Ressourcen zu konstruieren.

O.s Arbeiten, die bis in die 30er und 50er Jahre zurückreichen, erwiesen sich für die Außenpolitik erst viel später als bedeutend. Ursache dafür sei gewesen, daß erst in dieser Zeit der Zusammenhang zwischen einzelstaatlichen Faktoren (Verteilung der Einkommen und Ressourcen sowie konjunkturelle Entwicklung) und der Weltwirtschaftslage in vollem Ausmaß erkannt worden sei. Er stellte auch Ähnlichkeiten und Unterschiede zwischen internationalem und regionalem Handel sowie den Zusammenhang zwischen Außenhandel und Standortmustern dar. O. gilt als „Urheber der modernen Handelstheorie". Er hat u. a. aufgezeigt, daß der Austausch von Produkten auf weltweiter Ebene von zahlreichen Faktoren in den einzelnen Ländern im Bereich der Produktion bestimmt werde. Es läßt sich ohne weiteres sagen, daß O. wichtige und hochinnovative Forschungsarbeit ins Zentrum der Handelstheorie rückte. Nach seinen Arbeiten ist auch das sogenannte Heckscher-O.-Theorem benannt (der Ansatzpunkt stammt von dem schwedischen Nationalökonomen E. F. Heckscher), das die Richtung und die Stärke der internationalen Güterströme aus den Unterschieden der jeweiligen Produktionsstrukturen erklärt.

Als Präsident stand O. von 1969 bis 1974 dem Nobelkomitee für Wirtschaftswissenschaften vor.

Samuelson, Paul Anthony – amerikanischer Wirtschaftswissenschaftler

geb. 15.5.1915 in Gary (Indiana)

Nobelpreis 1970, für wissenschaftliche Arbeiten, durch welche er eine statische und dynamische wirtschaftliche Theorie entwickelte und aktiv zur Hebung des Niveaus der Analyse in der Wirtschaftswissenschaft beitrug.

1932 schrieb sich S. an der Universität von Chicago ein, deren wirtschaftswissenschaftliche Abteilung Zentrum und Spitze der „Laisser-faire-Philosophie" in den USA war. Er verließ Chicago nach dem Examen, und noch während S. in Harvard promovierte, hatte er sich aufgrund seiner bemerkenswerten Beiträge zur Wirtschaftstheorie einen internationalen Ruf erworben.

Es war ihm gelungen, Keynes' statische Analyse der Kräfte, die Depression und hohe Arbeitslosigkeit verursachten, in eine dynamische Beschreibung derjenigen Faktoren zu transformieren, die bewirken, daß kapitalistische Wirtschaften sowohl Abschwungs- wie auch Aufschwungsphasen durchlaufen. S. konnte zeigen, daß die Wirtschaftsentwicklung nicht lediglich zurückgeht, bis ein neues Gleichgewicht erreicht ist, sondern daß der Rückgang sich verlangsamen und schließlich umkehren würde. Im Jahre 1940 übernahm S. eine Professur am Massachusetts Institute of Technology. Er veröffentlichte weiterhin wissenschaftliche Arbeiten über ein ganzes Spektrum unterschiedlicher Themen sowohl im Bereich der Ökonomik wie auch der theoretischen Mathematik. 1965 wählte ihn die International Economic Association zu ihrem Präsidenten.

Ein Höhepunkt aller Aktivitäten S.s in der Wirtschaftspolitik und der Wirtschaftspraxis der USA war zweifellos seine Tätigkeit als Wirtschaftsberater von Präsident John F. Kennedy während dessen Wahlkampagne. In seinem Bericht für Präsident Kennedy stellte S. politische Minimalforderungen auf. Er empfahl eine strikte Förderung von verbürgten Ausgabenprogrammen, die folgendes beinhalten sollten: steigende Verteidigungsausgaben und Auslandshilfe auf der Basis von Verdienst und Bedürftigkeit. Hohe Priorität muß städtischen Erneuerungs-, Gesundheits- und Wohlfahrtsprogrammen eingeräumt werden, größte Priorität der Förderung der Arbeitslosenunterstützung, der Beschleunigung von sinnvollen öffentlichen Ausgaben und Straßenbauprogrammen. Gleiches gilt für Programme, die wirtschaftlich zurückgebliebenen Gebieten helfen, und für Projekte zur Nutzung der natürlichen Ressourcen. Der Geldpolitik riet er im besonderen, sich mehr auf kurzfristige Ziele zu konzentrieren und energische Maßnahmen zu treffen, um im internationalen Vergleich die Zahlungsbilanz zu verbessern.

S. hat mit seinen Arbeiten beträchtliche Teile der zentralen ökonomischen Theorie erneuert. Seine Ergebnisse stehen heute unter den klassischen Theoremen der Ökonomie. S.s weltliche und demokratische Sozialphilosophie ist ein organischer Bestandteil seiner wirtschaftspolitischen Grundsätze. Er ist ein Philosoph der „mixed economy", in welcher privater und öffentlicher Sektor, Marktprozesse und politische Entscheidungen, individuelle Freiheiten und soziale Verantwortung, persönliche und gemeinschaftliche Wohlfahrt sich mischen. Man kann durchaus behaupten, daß während des 20. Jahrhunderts kein anderer Wissenschaftler, außer Keynes, einen größeren Einfluß auf die ökonomische Theorie ausübte.

Scholes, Myron S. – amerikanischer Wirtschaftswissenschaftler

geb. 1.7.1941 in Timmins (Kanada)

Nobelpreis 1997, für seine neue Methode zur Bewertung von Aktienoptionen und anderen risikobehafteten Finanzprodukten.

S. studierte Wirtschaftswissenschaften an der University of Chicago und promovierte 1969. 1973 erhielt er eine Berufung an die University of Chicago, an der er bis 1983 eine ordentliche Professur innehatte. Ab 1983 wirkte er als Professor an der Stanford University in Kalifornien. Ab 1996 ließ er seine Professorentätigkeit ruhen, um sich intensiver der von ihm 1994 mitbegründeten Investment-Management-Firma „Long-Term Capital Management" zu widmen.

Zusammen mit R. C. Merton und dem 1995 verstorbenen F. Black hatte S. Anfang der 70er Jahre ein Optionspreismodell entwickelt. Am Beispiel einer europäischen Kaufoption hatte S. zusammen mit Black, mit dem er zu jener Zeit auch beratend für die Wells Fargo Bank tätig war, eine partielle Differentialgleichung zur Bewertung der Option entwickelt, ein „Optionspreismodell" (OPM), auch bekannt als „Black-S.-

Formel". Optionsgeschäfte dienen zur Absicherung von Zins-, Währungs- und Kursrisiken und zur Spekulation. Die dem Optionsgeschäft zugrunde gelegten Güter sind vor allem Aktien oder Schuldverschreibungen, können aber auch Devisen oder börsenmäßig gehandelte Waren sein. Seit Anfang 1990 werden Optionen an der Deutschen Terminbörse gehandelt.

Auf der Basis der von Black, Merton und S. entwickelten Formel läßt sich jeweils ein risikoloses Portfolio (Verteilung eines gegebenen Vermögensbestandes auf unterschiedliche Vermögensobjekte, in der Regel nach Finanzanlagen wie festverzinsliche Wertpapiere, Aktien etc.) aus Aktien und „leerverkauften" Optionen bilden, mit dessen Hilfe der Wert der Option als Funktion des Aktienkurses ausgedrückt werden kann. „Leerverkauf" von Optionen bezeichnet dabei den Verkauf auf Termin von Wertpapieren, die der Verkäufer noch gar nicht besitzt. Die von Black, Merton und S. entwickelte Bewertungsmethode hat den Grundstein für das schnelle Anwachsen der Derivatmärkte in den 80er und 90er Jahren gelegt. Darüber hinaus ließen sich mit dem „Optionspreismodell" Preise für alle möglichen risikobehafteten Finanzprodukte errechnen, von Firmenverbindlichkeiten bis zu Lebens- und Rentenversicherungen.

Schultz, Theodore William – amerikanischer Wirtschaftswissenschaftler

geb. 30.4.1902 in Arlington (South Dakota)
gest. 26.2.1998 in Evanston (Illinois)
Nobelpreis 1979, für bahnbrechende Arbeiten in der Erforschung der wirtschaftlichen Entwicklung, unter besonderer Berücksichtigung der Probleme der Entwicklungsländer.

Ab 1924 studierte S. Nationalökonomie. 1930 promovierte er an der University of Wisconsin. 1943 folgte S. einem Ruf als Professor an die University of Chicago. 1946 erhielt er hier den Charles-L.-Hutchinson-Lehrstuhl für Wirtschaftswissenschaften, 1972 wurde er emeritiert. Von 1953 bis 1958 war S. Bevollmächtigter des Institute of Current World Affairs, außerdem war er als Berater u. a. in den USA und Indien tätig.

Mit der Preisverleihung an S. wurden seine Untersuchungen gewürdigt, welche Rolle Humankapital und Investitionen für die wirtschaftliche, besonders die landwirtschaftliche Entwicklung spielen.

S. betrachtete die Agrarökonomie nicht isoliert, sondern stets als integrierenden Bestandteil der Gesamtwirtschaft. Die Unausgeglichenheit zwischen verhältnismäßiger Armut und Unterentwicklung in der Landwirtschaft im Vergleich zur größeren Produktivität und höheren Einkommenslage in der Industrie stand im Mittelpunkt seines analytischen Interesses. Durch seine praktischen Studien der Produktivitätsprobleme der Landwirtschaft in konkreten Ländern erhielt er starke Impulse für seine aufsehenerregende Analyse der Bedeutung menschlicher Ressourcen für die wirtschaftliche und soziale Entwicklung.

Die von S. und A. Lewis in den 50er und 60er Jahren erschienenen Arbeiten sind heute Standardwerke der politischen Ökonomie. S. übte scharfe Kritik an der Industrialisierungspolitik der Entwicklungsländer und beschuldigte deren Politiker, durch die Vernachlässigung der Landwirtschaft für den langsamen ökonomischen Fortschritt ihrer Länder verantwortlich zu sein. Er betrachtete zutreffend die Landwirtschaft als integralen Bestandteil einer funktionstüchtigen Gesamtwirtschaft und wandte sich gegen deren Unterschätzung zugunsten einer forcierten und prestigesüchtigen Industrialisierung.

Aufsehen erregte seine Analyse über die Bedeutung des Bevölkerungspotentials für die wirtschaftliche und soziale Entwicklung, die S. im Ergebnis seiner praktischen Studien der Produktionsprobleme der Landwirtschaft in verschiedenen Ländern aufstellte. In seinen Erkenntnissen seiner Zeit voraus, mußte S. mitansehen, wie erst in den 80er Jahren allmählich die Landwirtschaft und die Weiterbildung der „human resources" in den Mittelpunkt staatlicher Entwicklungspolitik rückten.

Selten, Reinhard – deutscher Wirtschaftswissenschaftler

geb. 5.10.1930 in Breslau
Nobelpreis 1994, für die grundlegende Analyse des Gleichgewichts in nichtkooperativer Spieltheorie.

S. studierte Mathematik an der Universität Frankfurt, legte 1957 sein Examen ab und promovierte 1961 mit einer Arbeit über experimentelle Wirtschaftsforschung. 1968 habilitierte er sich in Frankfurt. Von 1969 bis 1972 lehrte S. Volkswirtschaftslehre an der Freien Universität Berlin, dann von 1973 bis 1984 an der Universität Bielefeld. Seit 1984 ist er ordentlicher Professor für Wirtschaftstheorie an der Universität Bonn.

Die Spieltheorie ist eine mathematische Methode zur Analyse von Konfliktsituationen. Praktische Anwendungsmöglichkeiten der Spieltheorie liegen nicht nur in rein ökonomischen Problemfeldern wie etwa der Preisbildung, sondern betreffen neben der Wirtschaftspolitik auch die taktischen Probleme wie Tarifverhandlungen oder Wahlkämpfe und Koalitionsbildungen.

Die Leistung S.s wird insbesondere in der Weiterentwicklung des nach J. F. Nash (ebenfalls Nobelpreis 1994) benannten „N.-Gleichgewichts" gesehen. S. ging es darum, „uninteressante" N.-Gleichgewichte auszumerzen. Dies ist für Märkte von Bedeutung, auf denen es nur einen Anbieter gibt. Drängt noch ein Anbieter mit Preisunterbietungen auf den Markt, so muß nach S.s Erkenntnissen dessen Absicht zumindest glaubwürdig sein. 1965 analysierte er die extensive Form eines Spiels, die die zeitliche Reihenfolge der Spielzüge mit Hilfe von Spielbäumen erfaßt. Er wies nach, daß manche Nash-Gleichgewichte auf unglaubwürdigen Drohungen basieren. Das bekannteste Beispiel ist das zweistufige Markteintrittsspiel: Läßt sich ein potentieller Konkurrent durch die Drohung mit einem aggressiven Preiskampf vom Markteintritt abhalten, kann der Monopolist seine Monopolstellung unangefochten aufrechterhalten. Gegeben die Erwartung, daß die Drohung später auch tatsächlich ausgeführt würde, stellt dieses Verhalten ein Nash-Gleichgewicht dar – der Konkurrent wird erst gar nicht versuchen, in den Markt einzudringen. S. entwickelte eine Verfeinerung des N.-Gleichgewichts, die solche unplausiblen Drohungen ausschließt. Die Idee besteht darin, nur solche Strategien als Gleichgewichtsstrategien zuzulassen, die auch für alle Teilspiele optimal sind, und zwar auch für solche Teilspiele, die entlang des betrachteten Spielverlaufs gar nicht erreicht werden.

Angeregt von J. C. Harsanyi, verfeinerte S. die Idee perfekter Gleichgewichte. Daraus entwickelte sich das „Gleichgewicht der zitternden Hand". Es geht davon aus, daß Gleichgewichte in folgendem Sinn robust sein müssen: Die Gleichgewichtsstrategien sollen selbst dann noch wechselseitig optimal sein, wenn Spieler mit (beliebig kleiner) Wahrscheinlichkeit Fehler bei ihrer Strategiewahl machen. Der Grund dafür, das mathematische Konzept der zitternden Hand einzuführen, soll sicherstellen, daß jede mögliche Strategie mit positiver Wahrscheinlichkeit gewählt wird.

Erst die von S. initiierte Methode der Verfeinerungen ermöglicht eine sinnvolle Analyse von Spielen mit unvollständiger Information.

Sen, Amartya Kumar – indischer Wirtschaftswissenschaftler
geb. 3.11.1933 in Santiniketan (Bengalen)
Nobelpreis 1998, für seine Arbeiten zur Theorie kollektiver Entscheidungen, seine Beiträge zur Messung von Ungleichheit und Armut sowie seine empirischen Studien zur Ursache von Hungersnöten.
S. erlebte als Kind – wenngleich nicht persönlich betroffen – die große bengalische Hungersnot mit, der 1943 drei Millionen Menschen zum Opfer fielen. Er studierte Volkswirtschaftslehre am Trinity College in Cambridge, wo er 1959 promovierte. 1963 erhielt er eine Berufung als Professor für Volkswirtschaftslehre an die Universität von Delhi, 1971 erhielt er einen Lehrstuhl an der London School of Economics, und von 1977 bis 1988 lehrte S. an der Universität Oxford. 1989 wechselte er an die Harvard-Universität in Cambridge (Massachusetts) als Professor für Politische Philosophie und Wirtschaftswissenschaften. 1998 kehrte er als Direktor an das Trinity College in Cambridge (England) zurück.

Mit seinen Studien habe er das „Verständnis der ökonomischen Mechanismen, die Hungersnöten zugrunde liegen, entscheidend verbessert", begründete die Königlich-Schwedische Akademie der Wissenschaften in Stockholm die Preisverleihung.

Zunächst wurde S. durch seine formalen Analysen gesellschaftlicher Entscheidungen bekannt, wobei er in der Diskussion die Dimension individueller Rechte einbrachte. Er legte großen Wert auf die liberalen Freiheitsrechte, betonte jedoch, daß diese immer auch am daraus resultierenden Ergebnis für andere gemessen werden müssen. Über die Frage nach der Vergleichbarkeit individueller Nutzen führte ihn der Weg seiner Forschungen dann zu der Frage, wie sich Reichtum bzw. Armut in einer Gesellschaft erfassen lassen. Seine Analyse unterschiedlicher Formen der Nutzen- und Wohlfahrtsvergleichbarkeit in seiner Monographie von 1970 hat die Forschung auf dem Gebiet der Ungleichheits- und Armutsmessung ungemein beflügelt.

In Hungersnöten bedürfe es einer Kombination von Marktkräften und staatlichen Hilfsmaßnahmen. Internationale Nahrungsmittelhilfen können dabei stets nur eines von vielen Instrumenten sein. Daneben empfiehlt S. staatliche Programme zur Arbeitsbeschaffung und privaten Handel zum Transport der Nahrungsmittel. Eine solche kombinierte Strategie verringere den bürokratischen Aufwand, lasse weniger Spielraum für Korruption und rege die Bedürftigen an, sich eine bezahlte Arbeit zu suchen. Weit über die Grenzen des engeren Fachgebietes bekannt geworden ist S. mit seiner Untersuchung über Armut und Hungersnöte („Poverty and Famines") aus dem Jahr 1981.

S. setzte der liberalen Ideologie die kritische Analyse der Auswirkungen des Marktsystems entgegen. Er vertritt die Ansicht, daß ein Wachstum des Marktes nicht das Allheilmittel für fast alle sozialen und wirtschaftlichen Probleme sei. S. gehört zu den prominenten Beratern des Entwicklungsprogramms der Vereinten Nationen. Er ist der erste Nobelpreisträger für Wirtschaftswissenschaften aus einem Land der Dritten Welt.

Sharpe, William Forsyth – amerikanischer Wirtschaftswissenschaftler
geb. 16.6.1934 in Boston (Massachusetts)
Nobelpreis 1990, für seinen bahnbrechenden Beitrag zur wissenschaftlichen Theorie der Preisbildung für Finanzanlagen.
S. studierte zuerst Naturwissenschaften an der Universität in Berkeley (Kalifornien) und wechselte dann zum Studium der Betriebswirtschaftslehre an die Universität in Los Angeles. Von 1956 bis 1961 arbeitete er als wissenschaftlicher Mitarbeiter für die Rand-Corporation, seit 1948 eine der großen unabhängigen amerikanischen Forschungsgesellschaften auf gemeinnütziger Basis in Santa Monica (Kalifornien). Von 1961 bis 1968 wirkte S. als Dozent und Professor an der Universität von Seattle (Washington), danach an der Universität in Irvine (Kalifornien) und von 1970 bis 1989 an der Stanford-Universität in Palo Alto (Kalifornien). In dieser Zeit war S. auch als Finanzberater an der Wall Street in New York tätig.

Ausgehend von der sogenannten Portfoliowahltheorie von Markowitz, die heute als erster Baustein zur Entwicklung der modernen Finanz- und Kapitalmarkttheorie angesehen wird, schlug S. die Brücke von der finanziellen Mikroanalyse zur Marktanalyse der Preisbildung für finanzielle Vermögenswerte. S.s Leistung besteht darin, die Auswirkungen des Verhaltens von Investoren auf Kapitalmärkte und Preise auf ebenso geniale wie einfache Weise analysiert zu haben. Er entwickelte das Capital-Asset-Pricing-Modell (CAPM), mit dem man untersuchen kann, wie sich die Marktpreise verschiedener Anlageformen verändern. Das Modell zeigt, wie Risiken auf Kapitalmärkten bewertet und entsprechend Papiere gehandelt werden können.

Der Ausgangspunkt seines Analysemodells CAPM besteht darin, daß der einzelne Anleger selbst darüber entscheidet, welchem Risiko er sich aussetzen möchte, indem er einerseits Kreditgewährung bzw. Kreditaufnahme und andererseits ein für seine Absichten geeignetes „Optimales" Risikoportefeuille miteinander kombiniert. Ein so agierender Anleger wird in der Regel ein sogenanntes „Marktportefeuille" wählen, wie es sich auch andere Anleger zusammenstellen, und dieses mit risikolosen Anlagen kombinieren. Aus diesen Überlegungen ergibt sich, daß die Renditeerwartung für jede risikobehaftete Anlage im Kapitalmarktgleichgewicht aus der risikolosen Verzinsung zuzüglich einer Risikoprämie besteht. Das CAP-Modell ermöglicht eine einfache, kapitalmarktbezogene Quantifizierung von Risikoprämien.

Das CAPM wurde zum Rückgrat der heutigen Preistheorie auf Kapitalmärkten. Das Modell wird in der praktischen Forschung vielfach angewendet und ist auf zahlreichen Gebieten zur wichtigen Grundlage der Entscheidungsfindung geworden, beispielsweise für Kostenkalkulationen bei Investitionen.

Nach dem Börsenkrach im Oktober 1987 war S. Vorsitzender einer Untersuchungskommission an der Börse von Chicago.

Simon, Herbert Alexander – amerikanischer Sozial- und Wirtschaftswissenschaftler
geb. 15.6.1916 in Milwaukee (Wisconsin)
Nobelpreis 1978, für seine pionierhafte Forschung auf dem Gebiet der Entscheidungsprozesse innerhalb wirtschaftlicher Organisationen.
1933 begann S. an der Universität Chicago das Studium der Sozialwissenschaften. Er erarbeitete sich ein breites Basiswissen in Ökonomie und Politikwissenschaft. 1943 promovierte er. 1942 ging S. an das Illinois Institute of Technology, wo er zuerst als Assistenzprofessor, dann als ordentlicher Professor für Politikwissenschaft tätig war.

In seinem Werk „Verwaltungsverhalten" von 1947 und einer Reihe späterer Schriften entwickelte S. eine Unternehmertheorie, in der die Vielzahl der Beschlußfasser im heutigen Unternehmen und die Auswirkungen ihrer persönlichen, sozialen und anderer Bedingungen berücksichtigt werden. Er zählt auch zu den führenden Theoretikern der Management-Computerisierung. Er versucht den Einfluß der Computerisierung aus der Sicht der von ihm erarbeiteten „Entscheidungsbildungskonzeption" abzuschätzen, die Ansichten der Theoretiker von der „nachindustriellen Gesellschaft" mit den Grundpostulaten seiner Konzeption zu verknüpfen und auf dieser Grundlage die Gesetzmäßigkeiten herauszufinden, die den Organisationsaufbau in einer computerisierten Gesellschaft regeln.

1949 ging S. als Professor für Wirtschaftsverwaltung an die Graduate School of Industrial Administration der Carnegie-Mellon University in Pittsburgh. 1965 erhielt er in Pittsburgh die Richard-King-Mellon-Professur für Informationstheorie und Psychologie, darüber hinaus übernahm er eine Reihe wichtiger Positionen in wissenschaftlichen Gremien und Kommissionen.

In erster Linie befaßte sich S. mit Fragen des Industriebetriebes, doch bewegte er sich in seinen Forschungen weit darüber hinaus und machte Erkenntnisse auf den verschiedensten Gebieten (Betriebswirtschaftslehre, Informatik, Ökonomie, Staatswissenschaften, Psychologie, Neurophysiologie) für seine Arbeiten nutzbar. Sie wurden bedeutsam für den Wirtschaftsbetrieb, staatliche Verwaltungen und für die Streitkräfte. Im Zentrum seiner wissenschaftlichen Arbeit stand das Bemühen, öffentliche und private Unternehmen nicht mehr nur als Wirtschaftsgebilde, sondern als menschliche Organisationen, als „anpassungsfähige Systeme" aus physischen, personellen und sozialen Bestandteilen zu begreifen und darzustellen.

S. erhielt den Preis wohl vor allem deshalb, weil er versuchte, die Black box der „Mikrotheorie von Unternehmen und anderen Organisationen" zu öffnen, indem er den Entscheidungsprozeß innerhalb verschiedener Organisationen untersuchte. Seine Arbeit hebt sich von den schematischen Ad-hoc-Verhaltenstheorien ab, die aber herkömmlichen mikroökonomischen Modellen unterliegen und eher darauf angelegt sind, eine geeignete Einteilung für die Aggregation einzelner Wirtschaftssubjekte zu finden, als daß sie das Verhalten spezifischer Firmen oder anderer Organisationen „realistisch" beschreiben. In S.s Analysen wird daher die Ökonomie als eine Gesellschafts- und Verhaltenswissenschaft betrachtet; dabei nimmt er an, daß die Individuen aus Erfahrung lernen können. Seine Gedanken wurden weiterentwickelt, so daß sich die spezielle Denkrichtung der „entscheidungsorientierten Betriebswirtschaftslehre" herausgebildet hat.

Solow, Robert Merton – amerikanischer Wirtschaftswissenschaftler
geb. 23.8.1924 in Brooklyn (New York)
Nobelpreis 1987, für seine neoklassische Wirtschaftstheorie, die auf die Bedeutung von Kapital und technischem Fortschritt für das Wachstum eingeht.
S. begann 1940 ein Studium der Soziologie, Anthropologie und elementaren Wirtschaftswissenschaft am Harvard College, doch der Krieg unterbrach sein Studium. Als er 1945 von der Front an die Harvard-Universität zurückkehrte, mußte er sich entscheiden, was er künftig studieren wollte. Wie er selbst eingesteht, fiel seine Wahl rein zufällig auf die Ökonomie: Seine spätere Ehefrau studierte Ökonomie und sagte ihm, daß dies eine interessante Disziplin sei. 1947 beendete S. sein Studium. Ab 1950 arbeitete er an seiner Dissertation. Im Jahre 1958 erhielt er eine Professur für Ökonomie am Massachusetts Institute of Technology in Cambridge.

S. unterzog das zur damaligen Zeit allgemeingültige Modell des Wirtschaftswachstums einer kritischen Analyse. Zwischen den voneinander unabhängigen Parametern des Modells, z. B. der Aggregate-Kapitalintensität, der Akkumulationsrate, der Wachstumsrate der Arbeitskräfteressourcen oder der Wachstumsrate der Arbeitsproduktivität, sollte ein bestimmtes Verhältnis bestehen. Die kleinste Abweichung von der Linie der ausgeglichenen Entwicklung bringt Prozesse in Gang, welche die Wirtschaft von dieser Linie weit ablenken. Diese Schlußfolgerung resultiert aus der Grundvoraussetzung, daß die Kapitalintensität, d. h. das Verhältnis zwischen Bruttosozialprodukt und Produktionsfondsumfang, eine konstante Größe und auch das Verhältnis zwischen Produktionsfonds und Arbeitskräfteressourcen fest vorgegeben ist. Diese Schlußfolgerung ist nach Ansicht S.s für langfristige Entwicklungsprozesse der Wirtschaft absolut unrealistisch.

Er schlug vor, an ihrer Stelle die sogenannte Aggregat-Produktionsfunktion in das Modell aufzunehmen, d. h. eine Funktion, welche die Abhängigkeit zwischen Bruttosozialprodukt einerseits und Produktionsfondsvolumen und Arbeitskräfteressourcen andererseits beschreibt. Der Unterschied bestand darin, daß jetzt im Modell verschiedenen Kombinationen zwischen dem Produktionsfondsvolumen und den Arbeitskräfteressourcen möglich waren. Es gelang S. nachzuweisen, daß unter den hier angenommenen Bedingungen eine Linie ausgeglichenen Wirtschaftswachstums vorhanden ist, die durch eine konstante Zuwachsrate der Hauptkennwerte gekennzeichnet ist. Das von ihm vorgeschlagene Modell gestattet die Beantwortung eines breiten Kreises von Fragen zum Wirtschaftswachstum, und zwar von einheitlichen Positionen aus. Seine Annahme, daß der technische Fortschritt in Maschinen und anderen Produktionsanlagen gleichsam eingebaut ist und deshalb bei empirischen Messungen die Bedeutung des Kapitals berücksichtigt werden muß, war der Ursprung des sogenannten „Jahrgangsansatzes".

Weiterhin hat S. seit Mitte der 70er Jahre einige weitere zentrale Bereiche der Wirtschaftstheorie analysiert, so die Ökonomie der Naturressourcen, wobei er auch auf gewisse ökologische Probleme einging, und die makroökonomische Problematik von Arbeitslosigkeit und Wirtschaftspolitik.

Heute gilt S. zu Recht als bedeutendster amerikanischer Wirtschaftstheoretiker in der makroökonomischen Theorie.

Stigler, George Joseph – amerikanischer Wirtschaftswissenschaftler
geb. 17.1.1911 in Renton (Washington)
gest. 2.12.1991 in Chicago
Nobelpreis 1982, für seine bahnbrechenden Studien der industriellen Struktur, über das Funktionieren der Märkte sowie über Fälle und Auswirkungen staatlicher Regulierungen.
S. nahm ein wirtschaftswissenschaftliches Studium an der University of Washington auf. Er promovierte 1938 an der University of Chicago. 1938 ging er an die Universität von Minnesota, wo er bis 1946, zuletzt als ordentlicher Professor, tätig war. 1947 folgte S. einem Ruf an die Columbia University, der er bis 1958 als ordentlicher Professor angehörte. Von 1958 bis zu seiner Emeritierung 1981 hatte er den renommierten Charles-R.-Walgreen-Lehrstuhl für Amerikanische Institutionen an der University of Chicago inne.

S. gilt als hervorragender Analytiker wirtschaftswissenschaftlicher Theorien und ist neben M. Friedman der bedeutendste Repräsentant der Chicagoer Schule, die in den USA die klassische liberale Tradition der Ökonomie vertritt.

In den sechziger Jahren begann er die eingehende Untersuchung über öffentliche Regulierung. S. hat grundlegende Beiträge zur Funktionsweise der Märkte und zur Analyse der Struktur und Entwicklung der Industrie und Erwerbszweige geleistet. Er untersuchte, wie Märkte durch Gesetzgebung beeinflußt werden, einschließlich jener Kräfte, die eine solche Gesetzgebung herbeiführen. Er gilt insbesondere als einer der Pioniere innerhalb der ökonomischen Forschung im Grenzbereich zwischen Wirtschafts- und Rechtswissenschaft und als Schöpfer der sogenannten „Economics of Information" und „Economics of Regulation".

Die Schwerpunkte seiner wissenschaftlichen Arbeit gingen dann hin zur Informationsökonomie, als deren geistiger Begründer er gilt. Hier untersuchte S. die Hypothesen, daß Industrien mit hoher Konzentration höhere Renditen haben als diejenigen, die mehr im Wettbewerb stehen, und er schlußfolgerte, daß es keine signifikante Beziehung zwischen Grad der Konzentration und Rendite gäbe. Obwohl selbst ein Gegner staatlicher Eingriffe in die freie Marktwirtschaft, hat es S. allerdings immer energisch von sich gewiesen, als einer der Lehrmeister der von der Reagan-Administration propagierten angebotsorientierten Wirtschaftspolitik in Anspruch genommen zu werden.

S. gehörte zu den Repräsentanten einer positiven Tradition in der ökonomischen Forschung, die mit einer betont analytischen Einfachheit und einer möglichen empirischen Bestätigung hervorgetreten waren.

Stone, Sir (seit 1978) **John Richard Nicholas** – britischer Ökonom und Volkswirtschaftler
geb. 30.8.1913 in London
gest. 6.12.1991 in Cambridge
Nobelpreis 1984, für seine bahnbrechenden Leistungen bei der Entwicklung von volkswirtschaftlichen Gesamtrechnungssystemen, wodurch er die Grundlage empirischer Wirtschaftsanalysen wesentlich verbessert hat.
Ab 1933 studierte S. an der Universität Cambridge Wirtschaftswissenschaften. Er verzichtete auf ein angebotenes Forschungsstipendium und arbeitete stattdessen für die Londoner Versicherungsfirma Lloyd's an einer regelmäßig erscheinenden Wirtschaftsbroschüre. 1945 wurde er zum ersten Direktor des neugegründeten Departments für Angewandte Ökonomie der Universität Cambridge berufen. Von 1955 bis zu seiner Emeritierung 1980 war S. Professor für Finanzwis-

senschaft und Volkswirtschaftliche Gesamtrechnung in Cambridge.

Gegen Ende der 50er Jahre wurde S. dazu angeregt, ein ökonometrisches Modell für die britische Wirtschaft zu entwerfen, das war der Anfang des Cambridge-Projects. Es war ein verzweigtes Modell, das in verschiedene Produktionszweige, Warentypen, Konsumgüter und Dienstleistungen unterschied, und es beruhte auf einer gesellschaftsorientierten Buchungsmatrix. Zuerst war es ein statistisches Modell, das Projektionen für etwa fünf Jahre vorsah, ohne jedoch den Weg zu berücksichtigen, den man würde verfolgen müssen, um die projizierte Situation zu erreichen. Heute ist es eines der größten Modelle der Nationalökonomie.

S. hat mit der Weiterentwicklung der volkswirtschaftlichen Gesamtrechnung den Weg zum internationalen Vergleich nationaler Volkswirtschaften geebnet. Er leistete eine umfangreiche statistische Forschungsarbeit, um den Forderungen der volkswirtschaftlichen Gesamtrechnung nach empirischem Material entsprechen zu können. Begriffe wie Bruttosozialprodukt oder Volkseinkommen sind nicht zuletzt auf jene Gesamtrechnungssysteme zurückzuführen, für deren Entwicklung der hervorragende Analytiker S. den entscheidenden Beitrag geleistet hat. Außerdem hat S. Rechnungssysteme entwickelt, die von Regierungen und Notenbanken zur Beurteilung der jeweiligen wirtschaftlichen Verfassung und des Schuldenstandes ihres Landes relativ einfach angewendet werden können.

1970 interessierte sich das Büro für Statistik der UN dafür, ein integriertes System gesellschaftlicher und demographischer Statistik zu entwickeln. Es berief S. zum Berater.

Tinbergen, Jan – niederländischer Nationalökonom
geb. 12.4.1903 in Den Haag
gest. 9.6.1994 in Den Haag
Nobelpreis 1969, für die Entwicklung und Anwendung dynamischer Modelle zur Analyse von Wirtschaftsprozessen.
T. studierte an der Universität Leiden Physik, und nebenher absolvierte er ein Studium der Wirtschaftswissenschaften. 1929 promovierte er mit einer Dissertation über Minimierungsprobleme in der Physik und Ökonomie. Im gleichen Jahr übernahm er die Leitung der Abteilung für die Erforschung von Konjunkturzyklen im Zentralbüro für Statistik in Den Haag. Von 1933 bis 1973 war T. als Assistent, dann als ordentlicher Professor für Wirtschaftsplanung und -entwicklung an der Universität Rotterdam tätig. Er war von 1945 bis 1955 Direktor der zentralen Planungsbehörde der Regierung in Den Haag, und von 1973 bis 1975 lehrte er als Professor für Internationale Kooperation an der Universität Leiden. Außerdem war er Berater der Regierungen zahlreicher Entwicklungsländer sowie internationaler Organisationen.

T. ist einer der einflußreichsten Wirtschaftswissenschaftler nach dem Zweiten Weltkrieg gewesen. Er versuchte, wirtschaftstheoretische Modelle zu anspruchsvollen Entscheidungsmodellen für die Praxis umzufunktionieren. Er befürwortete eine Politik staatlicher Nachfragestimulierung, weil nach seiner Ansicht nicht eine restriktive, sondern nur eine expansive Finanzpolitik einen ökonomischen Aufschwung herbeiführen könne. Nachdem sich T. in den 50er Jahren vorwiegend mit Fragen der Wirtschaftspolitik unter dem Blickwinkel der Ökonometrie (die Ökonometrie überprüft mit Hilfe mathematisch-statistischer Methoden sowie anhand von Wirtschaftsstatistiken, inwieweit wirtschaftstheoretische Modelle der Realität entsprechen und welchen Erklärungswert sie haben) auseinandergesetzt hatte, widmete er sich in den 60er Jahren der Entwicklungspolitik.

Auf dem Gebiet der langfristigen Wachstums- und Planungsproblematik haben Frisch und T. neue Modellkonstruktionen geschaffen, die nicht zuletzt große Bedeutung für die wirtschaftliche Planung in den Entwicklungsländern erlangt haben. T. betonte die Notwendigkeit ökonomischer Hilfe für die Entwicklungsländer, und er hat häufig eine Umverteilung der finanziellen Mittel durch internationale Organisationen zugunsten der Entwicklungsländer vorgeschlagen. Als wichtige Möglichkeit dazu betrachtete er eine unbedingte Reduzierung der Rüstungsausgaben in den entwickelten Industriestaaten.

Tobin, James – amerikanischer Wirtschaftswissenschaftler
geb. 5.3.1918 in Champaign (Illinois)
Nobelpreis 1981, für seine Analyse der Finanzmärkte und deren Auswirkungen auf Ausgabenbeschlüsse und damit auf Beschäftigung, Produktion und Preisentwicklung.
T. studierte ab 1935 Rechtswissenschaften an der Harvard-Universität. In seiner Dissertation befaßte er sich mit der Theorie und statistischen Erfassung der Konsumfunktion. Seit 1955 war er ordentlicher Professor und Direktor für Forschung an der Yale-Universität. 1961/62 war T. Mitglied von Präsident Kennedys Council of Economic Advisors, eines Reports über die ausführliche Darstellung von Theorie und Praxis der Stabilitäts- und Wachstumspolitik.

T. befaßte sich vor allem mit dem Zusammenspiel von Entscheidungen der Haushalte und Unternehmen, mit der Zusammensetzung ihres Vermögens sowie mit gesamtwirtschaftlichen Größen wie Konsum, Investitionen, Beschäftigung und Preisentwicklung. Er hat einige Vereinfachungen der Keynesianer, so die Annahme eines starren Preisniveaus, berichtigt und mit seiner Portfoliotheorie die Zinstheorie verfeinert.

Tatsächlich wurde die Kategorisierung von Vermögenswerten, wie sie T. vornahm, für die makroökonomische Abbildung ganzer Volkswirtschaften wie auch für die Analyse der Verkettung verschiedener Volkswirtschaften zunehmend wichtiger. Weitet man den Vermögensbegriff aus, so daß er ebenso reale Vermögenspositionen wie Land, Immobilien, Inventar und Ansprüche auf Rohstoffe enthält, so ist das Portfoliomodell T.s ganz natürlich die analytische Komponente, mit der man die Quantitätstheorie des Geldes ableiten kann; damit lassen sich „direkte" Effekte von Geldmengenänderungen auf das Preisniveau bestimmen. T.s Auffassung zufolge ruft die Defizitfinanzierung Inflation hervor oder schwächt die Kapitalbildung ab; er hält es aber für unwahrscheinlich, daß sie beides bewirkt. In dem Maße, in dem die Defizitfinanzierung inflationär wirke, mache sie Geld zu einem wenig attraktiven Mittel zur Vermögensaufbewahrung und fördere das Sparen in anderen Formen, einschließlich der Bildung von Produktivkapital. T. hat eine alternative Theorie der Liquiditätspräferenz vorgeschlagen, die angeblich keinen Widerspruch zwischen tatsächlichen und erwarteten Zinssätzen aufweist.

Ein Großteil der Forschungen über Kreditpolitik, staatliche Haushaltsdefizite und Konjunkturpolitik stützt sich auf die Arbeiten T.s.

Vickrey, William S. – kanadisch-amerikanischer Wirtschaftswissenschaftler
geb. 21.6.1914 in Victoria (British Columbia, Kanada)
gest. 11.10.1996 in New York
Nobelpreis 1996, für seine grundlegenden Beiträge zur ökonomischen Theorie über Anreize bei asymmetrischer Information.
V. studierte Naturwissenschaften an der Yale University in New Haven und an der Columbia University in New York. Nach einer längeren Tätigkeit als Steuerberater erhielt er 1946 eine Dozentenstelle an der Columbia University und promovierte 1947. Von 1958 bis 1981 (Emeritierung) war er dort Professor für Ökonomie.

Die beiden Nobelpreisträger für Wirtschaftswissenschaften J. A. Mirrlees und V. wurden vom Nobelkomitee der Schwedischen Akademie der Wissenschaften als Pioniere der immer bedeutungsvolleren „Informationsökonomie" bezeichnet. Mit ihren grundlegenden Beiträgen haben sie das Fundament für zentrale Entscheidungen geschaffen, die für Unternehmen und staatliche Stellungen von großer Bedeutung sind.

Im Jahre 1939 hatte V. erstmals einen Vorschlag zur Reform der Einkommenssteuer vorgestellt und 1947 in einem Buch weiterentwickelt. Die klassische Einkommenssteuer sieht vor, den Reinvermögenszugang als Einkommensbegriff bei der Besteuerung zugrunde zu legen. Grundsätzlich sind dabei sowohl realisierte als auch nichtrealisierte Vermögensänderungen zu erfassen. Probleme bei der Beobachtung von Wertänderungen und Liquiditätsüberlegungen führen allerdings dazu, daß bei der praktischen Umsetzung letztlich nur realisierte Vermögensänderungen, beispielsweise beim Verkauf von Immobilien anfallende Erträge, besteuert werden. V. schlägt als Lösung eine sogenannte kumulative Durchschnittsbesteuerung vor. Sein Grundgedanke ist dabei, bei der Einkommensbesteuerung das Lebenseinkommen zugrunde zu legen, das sich in seiner Konzeption aus der Kumulation aller Einkünfte in allen Lebensjahren ergibt. Das Konzept der kumulativen Durchschnittsbesteuerung hat sich allerdings in der Praxis niemals durchgesetzt, was V. als schweres Versäumnis der Steuerpolitik kritisiert hat.

In den fünfziger und sechziger Jahren legte V. bahnbrechende Arbeiten zur Gebührengestaltung und -erhebung im öffentlichen und privaten Verkehr, in der Elektrizitätswirtschaft, der Telekommunikation und der Wasserversorgung vor. Anfang der sechziger Jahre widmete sich V. vor allem den Verkaufs- und Kaufmechanismen bei Auktionen. Das Problem, wie ein potentieller Käufer zu einem realistischen, dem Wert des Versteigerungsgutes angemessenen Angebot veranlaßt werden kann, das auch seinem tatsächlichen Zahlungswillen entspricht, hat er mit der sogenannten „V.-Auktion" gelöst. In diesem Falle würde bei geheimer Gebotsabgabe der Käufer mit dem höchsten Gebot den Zuschlag erhalten, aber nur den Preis des zweithöchsten Gebots entrichten müssen.

Nur drei Tage nach der Auszeichnung mit dem Nobelpreis ist V. auf der Fahrt von New York zu einer wissenschaftlichen Konferenz in Boston in seinem Auto zusammengebrochen. Schon kurze Zeit später stellte man seinen Tod fest.

LITERATUR (AUSWAHL)

Autorenkollektiv: Lebensbilder deutscher Ärzte, Leipzig 1966
Bagge, E.: Die Nobelpreisträger der Physik, Reihe Forum Imaginum, München 1964
Biographien bedeutender Techniker, Ingenieure und Technikwissenschaftler, Berlin 1983
Biographien hervorragender Naturwissenschaftler, Techniker und Mediziner, Teubner-Verlag Leipzig
Bonin, W. v.: Die Nobelpreisträger der Chemie, Reihe Forum Imaginum, München 1964
Brockhaus – Enzyklopädie, Mannheim, 19. Auflage
Bugge, G.: Das Buch der großen Chemiker, München 1965
Conrad, W.: Erfinder, Erforscher, Entdecker – Leipzig, Jena, Berlin – 1981
Conrad, W.: Physiker im Kreuzverhör, Leipzig 1983
Deutsche Forscher aus sechs Jahrhunderten – Lebensbilder von Ärzten, Naturwissenschaftlern und Technikern, Berlin 1980
Die berühmten Erfinder, Physiker und Ingenieure, Aulis-Verlag, Köln
Die großen Ärzte – Geschichte der Medizin in Lebensbildern, Hrsg. P. Wiensch, Droemersche Verlagsanstalt, München 1992
Diepgen, P.: Geschichte der Medizin, Berlin 1955/59
Erckmann, R.: Via Triumphalis – Nobelpreisträger im Kampf gegen den Tod, München/Wien 1954
Erckmann, R.: Via Regia – München/Wien 1955
Erckmann, R.: Via Gloriosa – Nobelpreisträger aus aller Welt dienen dem Leben, München 1956
Erckmann, R.: Via Humana – Wohltäter der Menschheit, München/Wien, 1958
Fachlexikon ABC – Forscher und Erfinder, Thun/Frankfurt-Main, 1992
Falkenhagen, H.: Die Naturwissenschaft in Lebensbildern großer Forscher, Hirzel-Verlag, Stuttgart 1948
Feldmann, A./Ford, P.: Erfinder und Wissenschaftler, Klagenfurt 1980
Floyd, E./Hindley, G.: Gestalter der Geschichte, Klagenfurt 1980
Freye, H. A.: Spur der Gene, Leipzig 1980
Füller, H.: Das Bild der modernen Biologie, Leipzig/Jena/Berlin, 1974
Glaser, H.: Aufstieg der Heilkunde – Die letzten 100 Jahre medizinischer Forschung, Zürich 1958
Graupner, H.: Sie erforschten das Leben – Eine Geschichte der Biologie, Oldenburg/Hamburg 1960
Haas, W.: Die Nobelpreisträger der Literatur, Reihe Forum Imaginum, München 1964
Harenberg – Lexikon der Nobelpreisträger, Dortmund 1998
Hartmann, A.: Die Friedensnobelpreisträger, Berlin 1971
Hartmann, H.: Schöpfer des neuen Weltbildes, Bonn 1952
Hartmann, H.: Lexikon der Nobelpreisträger, Frankfurt/Main – Berlin, 1967
Heinig, K.: Biographien bedeutender Chemiker, Berlin 1983
Hermann, A.: Große Physiker, Stuttgart 1959
Hermann, A.: Lexikon Geschichte der Physik von A bis Z, Köln 1972
Hermann, A.: Deutsche Nobelpreisträger, Augsburg/München, 1987
Herneck, F.: Bahnbrecher des Atomzeitalters, Berlin 1974
Herrlinger, R.: Die Nobelpreisträger der Medizin, Reihe Forum Imaginum, München 1963
Herzfeld, H.: Geschichte in Gestalten – Ein biographisches Lexikon, München 1981
Hochhut, R./Reinoß, H.: Ruhm und Ehre. Die Nobelpreisträger für Literatur, Stuttgart/Wien, 1971
Internationale Jahrbücher Wissenschaft und Menschheit, Urania-Verlag, Leipzig/Jena/Berlin
Jahn, Löther, Senglaub: Geschichte der Biologie, Jena 1982
Jordan/Lenz: Die 100 des Jahrhunderts – Naturwissenschaftler, Hamburg 1994
Kant, H.: Alfred Nobel, Leipzig 1986
Karger-Decker, B.: Aber die Wahrheit ist stärker – Große Forscher und Gelehrte ringen um Anerkennung, Leipzig 1961
Karger-Decker, B.: Ärzte im Selbstversuch – Ein Kapitel heroischer Medizin, Leipzig 1967
Karger-Decker, B.: Unsichtbare Feinde – Ärzte und Forscher im Kampf gegen den Infektionstod, Leipzig 1968
Karger-Decker, B.: Kräuter, Pillen, Präparate – Abenteuer der Arzneimittelforschung, Leipzig 1970
Karger-Decker, B.: Der Griff nach dem Gehirn – Bericht über eines der spannendsten Kapitel medizinischer Forschung, Leipzig 1977
Kerner, Ch.: Nicht nur Madame Curie – Frauen, die den Nobelpreis bekamen, Weinheim 1991
Lexikon der Forscher und Erfinder, Rowohlt-Taschenbuch-Verlag, 1997
Lexikon fremdsprachiger Schriftsteller, Leipzig 1980
Lindenberg, W.: Tragik und Triumph großer Ärzte, Ulm 1948
Martin, W.: Verzeichnis der Nobelpreisträger, München 1985
Meyen, K. v.: Die großen Physiker, Verlag C.H.Beck, München 1997
Munzinger-Internationales Biographie-Archiv
Naturwissenschaftliche Rundschau
Neumann, M.: Der Friedens-Nobelpreis von 1901 bis heute, 12 Bände, Zug/Schweiz 1989
Neumann, W.: Nobelpreisträger für Literatur, Bielefeld 1962
Nobelstiftungs-Jahrbücher: Les Prix Nobel, Stockholm
Plesse/Rux: Biographien bedeutender Biologen, Berlin 1986
Pötsch, W.: Lexikon bedeutender Chemiker, Leipzig 1988
Popp, G.: Große Frauen der Welt, Würzburg 1989
Popp, G.: Große Frauen des 20. Jahrhunderts, Würzburg 1989
Recktenwald, H.: Die Nobelpreisträger der ökonomischen Wissenschaft 1969–1988, Düsseldorf 1989
Sachtleben, R./Hermann, A.: Große Chemiker, Stuttgart 1960
Schmidt, R./Wessinger, W.: Nobelpreisträger-Rundschau – Arbeiten, Daten, Tagungen; Nobelpreisträger in Lindau 1951 bis 1980, Stuttgart 1981
Schreier: Biographien bedeutender Physiker, Berlin 1984
Schriftsteller-Lexikon, Leipzig 1988
Stenzel, D. u. G.: Das große Lexikon der Nobelpreisträger, Hamburg 1992
Thorwald, J.: Das Jahrhundert der Chirurgen, Stuttgart 1956
Thorwald, J.: Das Weltreich der Chirurgen, Stuttgart 1958
Weißbach, M.: Die Töchter Nobels – Eine Studie über das Leben der Preisträgerinnen, Lünen: Wuth 1990
Who is Who der Wissenschaften – Scientific 100 von J. Simmons, Bettendorfsche Verlagsanstalt München/Essen 1997
Wußing, H.: Geschichte der Naturwissenschaften, Leipzig 1983
Zeitschrift Spektrum der Wissenschaften

BILDNACHWEIS

Bildtafel Nobelpreisträger Chemie
Arrhenius/Debye/Hahn/Crowfoot Hodgkin/Libby/Pauling/Rutherford/Sanger/Staudinger. © ullstein bild, Berlin.
Baeyer. © INTERFOTO, München.
Corey/Ernst. © dpa, Frankfurt.
Bildtafel Nobelpreisträger Frieden
Addams/Brandt/Dunant/Gorbatschow/Mandela/Menchú/Myrdal/Nansen/Sacharow/Wiesel. © ullstein bild, Berlin.
King. © KNA-Bild, Bonn.
Suttner. © bildarchiv preussischer kulturbesitz, Berlin.
Bildtafel Nobelpreisträger Literatur
Böll/Galsworthy/García Márquez/Gordimer/Hauptmann/Hemingway/Johnson/Mann/Neruda/Shaw. © ullstein bild, Berlin.
Soyinka/Tagore. Patmos-Archiv.
Bildtafel Nobelpreisträger Medizin/Physiologie
Banting. © dpa, Frankfurt.
Crick/Domagk/Ehrlich/Fleming/Koch/Landsteiner/McClintok/Morgan/Prusiner/Waksman. © ullstein bild, Berlin.
Levi-Montalcini. © INTERFOTO, München.
Bildtafel Nobelpreisträger Physik
Bardeen, de Gennes. © dpa, Frankfurt.
Bohr/Bragg jun./de Broglie/Gell-Mann/Heisenberg/Landau/Pauli/Planck/Schrödinger. © ullstein bild, Berlin.
Curie. © Süddeutscher Verlag Bilderdienst, München.